Die Neuregelung zum Schutz der Geschäftsgeheimnisse
und ihre Auswirkungen für das Arbeitsrecht

Zivilrechtliche Schriften
Beiträge zum Wirtschafts-, Bank- und Arbeitsrecht

Herausgegeben von Arnd Arnold, Dorothee Einsele,
Jan Lieder und Hartmut Oetker

Begründet von Peter Kreutz und Dieter Reuter

Band 77

PETER LANG

Hendrike Schuth

Die Neuregelung zum Schutz der Geschäftsgeheimnisse und ihre Auswirkungen für das Arbeitsrecht

PETER LANG

Bibliografische Information der Deutschen Nationalbibliothek
Die Deutsche Nationalbibliothek verzeichnet diese Publikation in der Deutschen Nationalbibliografie; detaillierte bibliografische Daten sind im Internet über http://dnb.d-nb.de abrufbar.

Zugl.: Kiel, Univ., Diss., 2020

D 8
ISSN 0941-147X
ISBN 978-3-631-83508-1 (Print)
E-ISBN 978-3-631-85028-2 (E-PDF)
E-ISBN 978-3-631-85029-9 (EPUB)
E-ISBN 978-3-631-85030-5 (MOBI)
DOI 10.3726/b18181

Peter Lang – Berlin · Bern · Bruxelles · New York · Oxford · Warszawa · Wien

Diese Publikation wurde begutachtet.

www.peterlang.com

Vorwort

Die vorliegende Arbeit wurde im Wintersemester 2020/21 von der Rechtswissenschaftlichen Fakultät der Christian-Albrechts-Universität zu Kiel als Dissertation angenommen. Die Arbeit entstand während meiner Zeit als wissenschaftliche Mitarbeiterin am Lehrstuhl für Bürgerliches Recht, Arbeitsrecht und Wirtschaftsrecht (Lehrstuhlinhaber: Univ.-Prof. Dr. Hartmut Oetker). Rechtsprechung und Schrifttum konnten bis einschließlich September 2020 berücksichtigt werden.

Mein Dank gilt zunächst meinem Doktorvater Herrn Univ.-Prof. Dr. Hartmut Oetker für die sehr gute Betreuung und wohlwollende Unterstützung der Arbeit. Auch möchte ich mich an dieser Stelle bei ihm herzlich für meine Zeit am Lehrstuhl bedanken, an dem ich zunächst als studentische Hilfskraft und später als wissenschaftliche Mitarbeiterin tätig war. Die freundschaftliche und kollegiale Atmosphäre dort hat zu dem Gelingen dieser Arbeit beigetragen, weshalb ein ganz besonderer Dank auch meinen Kollegen und dem ganzen Lehrstuhlteam gilt.

Ebenfalls danken möchte ich darüber hinaus auch Herrn Univ.-Prof. Dr. Timo Fest, nicht nur für die Erstellung des Zweitgutachtens, sondern insbesondere auch für die sehr hilfreichen und konstruktiven Anregungen, die ich bei der Überarbeitung berücksichtigen konnte. Ebenfalls danke ich den Herausgebern der „Zivilrechtlichen Schriften zum Wirtschafts-, Bank- und Arbeitsrecht" für die Aufnahme in die Schriftenreihe.

Von ganzem Herzen möchte ich meinen Eltern Michael und Dr. Silke Schuth danken, die mir mit Rückhalt und Unterstützung nicht nur während meiner Promotionszeit, sondern während meines gesamten bisherigen Lebensweges zur Seite gestanden haben. Dies gilt auch für meine restliche Familie, meine Freunde und alle die mein Leben während meiner Promotionszeit bereichert haben. Besonders herausheben möchte ich meine Schwester Maximiliane, die alle Höhen und Tiefen meiner Studien- und Promotionszeit mit mir durchlebt hat und mir stets ein Anker war.

Hendrike Schuth

Inhaltsverzeichnis

Teil 2 Neuerungen im Geheimnisschutz durch die RL (EU) 2016/943 und das Gesetz zum Schutz der Geschäftsgeheimnisse

Teil 3 Auswirkungen des Geschäftsgeheimnisgesetzes auf das arbeitsvertragliche Rechte- und Pflichtengefüge

§ 1 Einleitung und Gang der Untersuchung

A. Die wirtschaftliche Bedeutung von Unternehmensgeheimnissen

Die Schaffung eines kohärenten Geheimnisschutzes war lange überfällig. Der Umgang mit Know-how, technischen und geschäftlichen Informationen, Kenntnissen, Herstellungsverfahren, Rezepturen, Daten und sonstigen Informationen gehört zu der alltäglichen Geschäftsroutine in Unternehmen.[1] Oft verkörpern diese immateriellen Güter erhebliche Vermögenswerte und prägen damit wesentlich die Werthaltigkeit des Unternehmens.[2] Daraus resultiert ein gesteigertes Bedürfnis nach rechtlicher Absicherung. Hierfür existieren zahlreiche rechtliche Schutzkonzepte.[3] Zu nennen sind beispielhaft die gesetzlich anerkannten gewerblichen Schutzrechte, welche dem Rechtsinhaber eine ausschließliche Rechtsposition und damit die Möglichkeit verschaffen, andere von der Nutzung auszuschließen.[4] Kehrseite ist jedoch, dass die Erlangung eines gewerblichen Schutzrechtes zwingend auch die Offenlegung voraussetzt.[5]

Häufig resultiert jedoch die wirtschaftliche Relevanz einer Information aus deren Geheimhaltung.[6] Setzen Unternehmen eine besondere Rezeptur, ein Herstellungsverfahren oder ein spezielles technisches Gerät ein, resultiert der Vorteil gegenüber Wettbewerbern gerade aus dem Umstand, dass diese von dem unternehmensinternen Know-how keine Kenntnis haben und deshalb daran nicht partizipieren können.[7] Hieraus kann ein Wettbewerbsvorsprung des Geheimnisinhabers entstehen.[8] In der Literatur vielfach angeführtes Beispiel ist die Rezeptur

---

1 *Alexander* WRP 2017, 1034, 1034; Köhler/Bornkamm/Feddersen/*Alexander* Vor § 1 GeschGehG Rn. 38.

2 Köhler/Bornkamm/Feddersen/*Alexander* Vor § 1 GeschGehG Rn. 38; *Rody,* Der Begriff und die Rechtsnatur von Geschäfts- und Betriebsgeheimnissen unter Berücksichtigung der Geheimnisschutz-Richtlinie, S. 17.

3 *Wiese,* Die EU-Richtlinie über den Schutz vertraulichen Know-hows und vertraulicher Geschäftsinformationen, S. 1.

4 *Kalbfus,* Know-how-Schutz in Deutschland, S. 10.

5 *Ann* GRUR 2007, 39, 40; *McGuire* GRUR 2016, 1000, 1004.

6 *Hauck* WRP 2018, 1032, 1032; *Kalbfus,* Know-how-Schutz in Deutschland, S. 11; *Rody,* Der Begriff und die Rechtsnatur von Geschäfts- und Betriebsgeheimnissen unter Berücksichtigung der Geheimnisschutz-Richtlinie, S. 17.

7 Köhler/Bornkamm/Feddersen/*Alexander* Vor § 1 GeschGehG Rn. 39; *Wiese,* Die EU-Richtlinie über den Schutz vertraulichen Know-hows und vertraulicher Geschäftsinformationen, S. 1.

8 *Alexander* WRP 2017, 1034, 1035; Köhler/Bornkamm/Feddersen/*Alexander* Vor § 1 GeschGehG Rn. 39.

des Erfrischungsgetränks der Coca-Cola-Company.[9] Diese wurde nicht patentiert, sondern wird lediglich durch tatsächliche Geheimhaltung geschützt.[10] Entscheiden sich Unternehmen dafür, sensible Informationen, Verfahren, Rezepte, Produktionsvorgänge und sonstiges Know-how patentieren zu lassen oder im Wege eines anderen absoluten Schutzrechtes abzusichern, können die mit der Geheimheit einhergehenden Vorteile nicht mehr realisiert werden. Diese Schutzkonzepte sind stets mit einer Offenlegung verbunden.[11] Daher erscheint in vielerlei Konstellationen der eigenständige rechtliche Schutz als Betriebs- oder Geschäftsgeheimnis vorteilhaft. Dieser weist dem Rechtsinhaber keine exklusiven Einwirkungs- und Handlungsmodalitäten zu. Das Geheimnis wird lediglich gegen spezifische Einwirkungen abgesichert. Die Besonderheit des Geheimnisschutzes liegt darin, dass die Information tatsächlich geheim bleibt.[12] Hinzutritt, dass die Erteilung eines gewerblichen Schutzrechtes zeitlich beschränkt erfolgt.[13] Für Unternehmensinhaber bedeutet dies, dass sie ihre durch die Offenlegung erwirkte Schutzposition nach Zeitablauf wieder verlieren. Ein weiterer Nachteil ist, dass gewerbliche Schutzrechte in einem kostenpflichtigen Verfahren erlangt werden müssen. Der Schutz als Betriebs- und Geschäftsgeheimnis löst solche Kosten nicht aus und wirkt zeitlich unbegrenzt.[14] Deswegen bietet sich dieses Schutzkonzept immer dann gegenüber den absoluten Schutzrechten an, wenn diese aus rechtlichen Gründen nicht eingreifen können, der Geheimnisinhaber die oftmals damit verbundene (z.B. im Patentverfahren) Offenlegung, die zeitliche Begrenzung des Schutzes oder aber Kosten vermeiden möchte.[15]

Auf der anderen Seite ist der Geheimnisschutz untrennbar mit der Geheimheit der fraglichen Information oder Tatsache verknüpft.[16] Daraus resultiert ein

---

9 *Rody,* Der Begriff und die Rechtsnatur von Geschäfts- und Betriebsgeheimnissen unter Berücksichtigung der Geheimnisschutz-Richtlinie, S. 17; *Wiese,* Die EU-Richtlinie über den Schutz vertraulichen Know-hows und vertraulicher Geschäftsinformationen, S. 21.

10 *Rody,* Der Begriff und die Rechtsnatur von Geschäfts- und Betriebsgeheimnissen unter Berücksichtigung der Geheimnisschutz-Richtlinie, S. 17; *Wiese,* Die EU-Richtlinie über den Schutz vertraulichen Know-hows und vertraulicher Geschäftsinformationen, S. 21.

11 *Wiese,* Die EU-Richtlinie über den Schutz vertraulichen Know-hows und vertraulicher Geschäftsinformationen, S. 2.

12 *Ann* GRUR 2007, 39, 40; *Wiese,* Die EU-Richtlinie über den Schutz vertraulichen Know-hows und vertraulicher Geschäftsinformationen, S. 1.

13 *Ann* GRUR 2007, 39,40.

14 *Ann* GRUR 2007, 39, 40; *McGuire* GRUR 2019, 1000,1000.

15 *Ann* GRUR 2007, 39, 40; *Wiese,* Die EU-Richtlinie über den Schutz vertraulichen Know-hows und vertraulicher Geschäftsinformationen, S. 1.

16 *Wiese,* Die EU-Richtlinie über den Schutz vertraulichen Know-hows und vertraulicher Geschäftsinformationen, S. 1.

spezifisches, diesem Schutzkonzept anhaftendes Gefährdungspotential.[17] Jede unbefugte Offenlegung der Information birgt die Gefahr, den rechtlichen Schutz zu vernichten.[18] Gerade durch die Entwicklungen der letzten Jahre sind Unternehmen gewachsenen Risiken ausgesetzt.[19] Die fortschreitende Digitalisierung und die technische Innovation bieten zahlreiche Möglichkeiten für potenzielle Rechtsverletzer, sensible Unternehmensinformationen zu erlangen und unbefugt weiterzuverwenden bzw. offenzulegen.[20] Dadurch drohen dem Geheimnisinhaber erhebliche finanzielle Schäden und Einbußen der Wettbewerbsfähigkeit.[21] Aufgrund des evidenten Auseinanderfallens von rechtlicher Bedeutung und Schutzfähigkeit[22] war eine Stärkung dieser Regelungsmaterie für die Förderung der Wirtschaftskraft von Unternehmen unerlässlich.[23]

Triebfeder innovativer Unternehmenstätigkeit ist darüber hinaus auch die grenzüberschreitende Kooperation von Unternehmen. Unter Berücksichtigung der wirtschaftlichen Relevanz von Betriebs- und Geschäftsgeheimnissen versteht sich, dass Unternehmen hierbei jedoch sensible Informationen weiter geschützt wissen wollen.[24] Auf der Ebene der Union existierte dennoch lange kein einheitlicher Geheimnisschutz.[25] Dieser war vielmehr höchst uneinheitlich ausgestaltet und teilweise lückenhaft.[26] Aus der Unternehmensperspektive war der Aufnahme grenzüberschreitender Tätigkeit stets das Risiko immanent, im Falle einer Geheimnisverletzung über keine ausreichenden Ausgleichsansprüche und Möglichkeiten

17 *McGuire* GRUR 2016, 1000, 1000; *Wiese,* Die EU-Richtlinie über den Schutz vertraulichen Know-hows und vertraulicher Geschäftsinformationen, S. 1.

18 Köhler/Bornkamm/Feddersen/*Alexander* Vor § 1 GeschGehG Rn 38ff.; *Rody,* Der Begriff und die Rechtsnatur von Geschäfts- und Betriebsgeheimnissen unter Berücksichtigung der Geheimnisschutz-Richtlinie, S. 17.

19 *Alexander* WRP 2017, 1034, 1035; *Wiese,* Die EU-Richtlinie über den Schutz vertraulichen Know-hows und vertraulicher Geschäftsinformationen, S. 2.

20 Köhler/Bornkamm/Feddersen/*Alexander* Vor § 1 GeschGehG Rn. 40; *Wiese,* Die EU-Richtlinie über den Schutz vertraulichen Know-hows und vertraulicher Geschäftsinformationen, S. 2.

21 Köhler/Bornkamm/Feddersen/*Alexander* Vor § 1 GeschGehG Rn. 40.

22 *McGuire* GRUR 2016, 1000, 1000.

23 *Alexander* WRP 2017, 1034, 1035; *Wiese,* Die EU-Richtlinie über den Schutz vertraulichen Know-hows und vertraulicher Geschäftsinformationen, S. 3.

24 Im Ergebnis *Wiese,* Die EU-Richtlinie über den Schutz vertraulichen Know-hows und vertraulicher Geschäftsinformationen, S. 3.

25 *Alexander* WRP 2017, 1034, 1035; *Heinzke* CCZ 2016, 179, 179; *Wiese,* Die EU-Richtlinie über den Schutz vertraulichen Know-hows und vertraulicher Geschäftsinformationen, S. 1.

26 *Hauck* WRP 2018, 1032, 1032; *Hogan Lovells,* Report on Trade Secrets fort the European Commission (2011) Rn. 242ff.; *Ohly* GRUR 2014, 1, 2; *Wiese,* Die EU-Richtlinie über den Schutz vertraulichen Know-hows und vertraulicher Geschäftsinformationen, S. 3.

zur Rechtsverfolgung zu verfügen.[27] Damit standen die unterschiedlichen und teilweise mangelhaften Schutzsysteme in den Mitgliedsstaaten einer wirkungsvollen Zusammenarbeit entgegen.[28] Dieser Umstand widerspricht den erklärten Zielen der europäischen Union, die sich gemäß Art. 3, III, 114 I EUV zur Schaffung eines einheitlichen Binnenmarktes verpflichtet hat. In diesem Sinne sollen grenzüberschreitende Zusammenarbeit, Kooperation und staatenübergreifender Austausch gerade gefördert werden. Unternehmen können jedoch nur wirksam kooperieren, wenn sie nicht den Verlust sensibler Daten befürchten müssen.[29] Die Schaffung eines einheitlichen europäischen Geheimnisschutzes war deshalb auch unter unionsrechtlichen Gesichtspunkten überfällig.[30]

B. Gang der Untersuchung

Mit der Richtlinie (EU) 2016/943[31] sollte den soeben vorgestellten Überlegungen nachgekommen werden. Innerstaatlich wurde diese Vorgabe durch das Stammgesetz zum Schutz von Geschäftsgeheimnissen umgesetzt. Ziel der vorliegenden Arbeit ist es, die damit erfolgten Neuregelungen des rechtlichen Schutzes von Betriebs- und Geschäftsgeheimnissen im Vergleich zur vormaligen Rechtslage zu untersuchen. Ferner sollen die arbeitsrechtlichen Auswirkungen des Gesetzes herausgearbeitet werden. Die Untersuchung gliedert sich in vier Hauptteile.

Im ersten Teil der Arbeit wird zunächst die innerstaatliche Ausgestaltung des tradierten Geheimnisschutzes dargestellt. Dabei handelt es sich um Vorüberlegungen, die zu einem umfassenden Verständnis des vollzogenen rechtlichen Wandels beitragen sollen. Anschließend werden im Überblick verschiedene supranationale Regelungen vorgestellt, die in thematischem Zusammenhang mit dem Schutz von Betriebs- und Geschäftsgeheimnissen stehen. Diese sollen im Hinblick auf einen etwaigen Beitrag zur Schaffung eines einheitlichen europäischen Geheimnisschutzes untersucht und bewertet werden.

Der zweite Teil befasst sich mit der Neuregelung des Geheimnisschutzes. Dieser Untersuchungsabschnitt ist auf die Darstellung der durch die RL (EU) 2016/943 vorgegebenen Neuregelungen und der Umsetzung dieser durch das Geschäftsgeheimnisgesetz ausgerichtet. Dabei sollen insbesondere auch Abweichungen des Umsetzungsgesetzes von den unionsrechtlichen Vorgaben in den Blick genommen

---

27 *Wiese,* Die EU-Richtlinie über den Schutz vertraulichen Know-hows und vertraulicher Geschäftsinformationen, S. 3.

28 *Wiese,* Die EU-Richtlinie über den Schutz vertraulichen Know-hows und vertraulicher Geschäftsinformationen, S. 3.

29 *Wiese,* Die EU-Richtlinie über den Schutz vertraulichen Know-hows und vertraulicher Geschäftsinformationen, S. 3.

30 *Ohly* GRUR 2014, 1, 2; *Wiese,* Die EU-Richtlinie über den Schutz vertraulichen Know-hows und vertraulicher Geschäftsinformationen, S. 4.

31 Im Folgenden Richtlinie oder Geheimnisschutz-Richtlinie.

und hinsichtlich ihrer Richtlinienkonformität bewertet werden. Einen zentralen Punkt dieser Ausführungen bildet die durch Art. 2 Nr. 1 RL (EU) 2016/943 neugeschaffene Legaldefinition eines Geschäftsgeheimnisses und deren Umsetzung in § 2 Nr. 1 GeschGehG. Neben anderweitigen Regelungen des neuen Stammgesetzes sollen insbesondere auch die in § 5 GeschGehG normierten „Ausnahmen" untersucht werden. Gegenstand dieser Darstellungen ist neben den Inhalten des § 5 GeschGehG auch dessen Rechtswirkungen über den Anwendungsbereich des Geschäftsgeheimnisgesetzes hinaus. Um diese Fragestellung einheitlich zu klären, sollen diese Überlegungen bereits vorweg im zweiten Teil der Arbeit erfolgen. Der Untersuchungsabschnitt schließt mit einer Darstellung der durch die Neuregelung erfolgten Änderungen im Vergleich mit der tradierten Rechtslage.

Der dritte Teil der Untersuchung arbeitet die Folgen der Neuregelung für das arbeitsrechtliche Rechte- und Pflichtengefüge im Verhältnis Arbeitnehmer – Arbeitgeber heraus. Dieser Untersuchungsabschnitt soll schwerpunktmäßig der Frage nachgehen, ob sich für die Beurteilung der vertraglichen Nebenpflichten eines Arbeitnehmers Änderungen dadurch ergeben, dass mit dem Stammgesetz zum Schutz von Geschäftsgeheimnissen normative Vorgaben begründet werden, nach welchen Maßgaben sensible, interne Informationen des Arbeitgebers schutzfähig sind und wie mit diesen umzugehen ist. In diesem Zusammenhang ist insbesondere auch die Rechtsproblematik des „externen Whistleblowings" Gegenstand der Erläuterungen. Diese fokussieren sich darauf, ob die arbeitsrechtliche Würdigung dieses Sachverhalts durch das Geschäftsgeheimnisgesetz Änderungen erfährt.

Der vierte Teil thematisiert außerhalb des Geschäftsgeheimnisgesetzes bestehende gesetzliche Regelungen über den Umgang mit „Betriebs- und Geschäftsgeheimnissen". Diese sind insbesondere darauf zu untersuchen, ob auch in diesen Zusammenhängen fortan die Voraussetzungen des § 2 Nr. 1 GeschGehG weiterreichend Geltung beanspruchen. Anschließend werden die weiteren Auswirkungen des Geschäftsgeheimnisgesetzes für die Beurteilung spezifischer im jeweiligen Regelungszusammenhang bestehender Rechtsprobleme herausgearbeitet.

Teil 1 Historischer Schutz von Betriebs- und Geschäftsgeheimnissen vor Inkrafttreten der Neuregelung

§ 2 Innerstaatliche Ausgestaltung des Geheimnisschutzes bis zur Geheimnisschutz-Richtlinie und ihrer Umsetzung in Deutschland

A. Gesetzliche Schutznormen

I. Einführung

Vor dem Inkrafttreten der RL (EU) 2016/943 und den dadurch angestoßenen Veränderungen in Deutschland war der Geheimnisschutz rudimentär ausgestaltet.[32] Zusammenhängend kodifizierte Rechtsnormen oder gar eine klar abgrenzbare Regelungsmaterie zum Schutz der Unternehmensgeheimnisse existierten nicht.[33] Vielmehr thematisierten den Schutz von Betriebs- und Geschäftsgeheimnissen geradezu mosaikartig einzelne Normen verschiedener Rechtsgebiete.[34] Den Schwerpunkt hierbei bildeten in den Jahren vor Beginn der Neuregelung die lauterkeitsrechtlichen Vorschriften der §§ 17 ff. UWG 2004.[35] Eine Legaldefinition des Schutzgegenstandes von Betriebs- und Geschäftsgeheimnissen existierte jedoch nicht.[36] Neben diesem gesetzlichen Konzept wird der Schutz von Unternehmensgeheimnissen in den arbeitsvertraglichen Nebenpflichten gemäß §§ 241 II, 242 BGB verortet.[37] Damit musste vor Inkrafttreten der Neuregelungen zwischen dem gesetzlich konzipierten Geheimnisschutz und den auf vertraglicher Ebene angesiedelten Schutzinstrumenten unterschieden werden.[38]

---

32 Umfassend zu der Entwicklung des Geheimnisschutzes *Harte-Bavendamm/*Ohly/ Kalbfus Einl. A. Rn. 35ff.

33 *Wiese,* Die EU-Richtlinie über den Schutz vertraulichen Know-hows und vertraulicher Geschäftsinformationen, S. 61.

34 *V. Busekist/Racky* ZRP 2018, 135; *Apel/Walling* DB 2019, 891, 892; *Dumont* BB 2018, 2441, 2441; *Ohly* GRUR 2019, 441, 441.

35 *Apel/Walling* DB 2019, 891, 891; *Baranowski/Glaßl BB 2016, 2563, 2563; Dann* NJW 2019, 1774, 1774; *Dumont* BB 2018, 2441, 2441; *Freckmann/Schmoll* BB 2017, 1780, 1780; *Hauck* NJW 2016, 2218, 2218; *Kalbfus* GRUR 2016, 1009, 1009; *Oetker* ZESAR 2017, 257, 257; *Ullrich* NZWiSt 2019, 65, 66; *Wiese,* Die EU-Richtlinie über den Schutz vertraulichen Know-hows und vertraulicher Geschäftsinformationen, S. 61.

36 *Maaßen* GRUR 2019, 352; *Ullrich* NZWiSt 2019, 65, 66.

37 ErfK/*Preis* § 611a BGB Rn. 711; Lunk/*Panzer-Heermeier/Zange,* S. 441 Rn. 1389– 1393; *Reichhold,* MünchArbR § 54 Rn. 32; *Preis/Reinfeld* AuR 1989, 361, 362; *Taeger,* Betriebs- und Geschäftsgeheimnisse im Arbeitsrecht, S. 95.

38 *Ohly* GRUR 2019, 441, 441.

II. Lauterkeitsrechtlicher Schutz von Betriebs- und Geschäftsgeheimnissen vor der UWG Reform im Jahr 2004

Die historische Entwicklung des Geheimnisschutzes in Deutschland lässt sich nicht sehr weit zurückdatieren. Lange existierten keine Regelungen bezüglich dieser Thematik. Dies änderte sich erst mit der Partikulargesetzgebung in den einzelnen Ländern.[39] Eine reichseinheitliche Regelung fand der Schutz vor Geheimnisverrat erstmals mit Inkrafttreten des neuen Gesetzes zur Bekämpfung des unlauteren Wettbewerbs vom 1. 7. 1896[40.41] Dessen §§ 9 und 10 pönalisierten die Weitergabe von Geschäfts- und Betriebsgeheimnissen durch Arbeitnehmer und damit in Zusammenhang stehende Handlungen.[42] Die erhebliche Kritik an dieser Modifikation mündete in das UWG vom 1.10.1909.[43] Seither fand sich der Verrat von Geschäfts- und Betriebsgeheimnissen in den §§ 17–19 UWG geregelt.[44] § 17 UWG 1909 wurde im Jahre 1932 durch die Notverordnung des Reichspräsidenten zum Schutze der deutschen Wirtschaft[45] verändert und ausgeweitet.[46] Ungeachtet

---

39 Umfassend bei *Prein,* Der Geheimnisschutz im wirtschaftlichen Wettbewerb nach deutschem Recht, S. 12ff. und *Taeger,* Die Offenbarung von Betriebs- und Geschäftsgeheimnissen, S. 2626ff.; *Rody,* Der Begriff und die Rechtsnatur von Geschäfts- und Betriebsgeheimnissen unter Berücksichtigung der Geheimnisschutz-Richtlinie, S. 21.

40 RGBL. 1896, S. 145–149.

41 *Alexander* WRP 2017, 1034, 1035; *Köhler*/Bornkamm/Feddersen, 37. Auflage 2019, § 17 UWG Rn. 1; *Prein,* Der Geheimnisschutz im wirtschaftlichen Wettbewerb nach deutschem Recht, S. 19; *Reinfeld,* Das neue Gesetz zum Schutz von Geschäftsgeheimnissen, S. 4; *Rody,* Der Begriff und die Rechtsnatur von Geschäfts- und Betriebsgeheimnissen unter Berücksichtigung der Geheimnisschutz-Richtlinie, S. 22; *Taeger,* Die Offenbarung von Betriebs- und Geschäftsgeheimnissen, S. 28.

42 *Köhler*/Bornkamm/Feddersen, 37. Auflage 2019, § 17 UWG Rn. 1; *Reinfeld,* Das neue Gesetz zum Schutz von Geschäftsgeheimnissen, S. 4; *Rody,* Der Begriff und die Rechtsnatur von Geschäfts- und Betriebsgeheimnissen unter Berücksichtigung der Geheimnisschutz-Richtlinie, S. 22; *Taeger,* Die Offenbarung von Betriebs- und Geschäftsgeheimnissen, S. 28.

43 *Ramirez,* Der strafrechtliche Schutz von Geschäfts- und Betriebsgeheimnissen, S. 93; *Rody,* Der Begriff und die Rechtsnatur von Geschäfts- und Betriebsgeheimnissen unter Berücksichtigung der Geheimnisschutz-Richtlinie, S. 23; *Taeger,* Die Offenbarung von Betriebs- und Geschäftsgeheimnissen, S. 29.

44 GK-UWG/*Wolter* § 17 Rn. 7; *Köhler*/Bornkamm/Feddersen, 37. Aufl. 2019, § 17 UWG Rn. 1; *Rody,* Der Begriff und die Rechtsnatur von Geschäfts- und Betriebsgeheimnissen unter Berücksichtigung der Geheimnisschutz-Richtlinie, S. 23; *Taeger,* Die Offenbarung von Betriebs- und Geschäftsgeheimnissen, S. 29.

45 RGBl. Teil I, 1932, S. 122–124.

46 Zu den einzelnen Änderungen GK-UWG/*Wolters* § 17 Rn. 8; *Reinfeld,* Das neue Gesetz zum Schutz von Geschäftsgeheimnissen, S. 5; *Rody,* Der Begriff und die Rechtsnatur von Geschäfts- und Betriebsgeheimnissen unter Berücksichtigung der Geheimnisschutz-Richtlinie, S. 23; *Taeger,* Die Offenbarung von Betriebs- und Geschäftsgeheimnissen, S. 36.

kleinerer redaktioneller Änderungen galt der § 17 in der Ausformung durch die Notverordnung bis zum Inkrafttreten des Zweiten Gesetzes zur Bekämpfung der Wirtschaftskriminalität (2. WiKG)[47] im Jahre 1986.[48] Dadurch wurden die Regelungen in den §§ 17ff. UWG 1909 neu gefasst und erneut erweitert.[49] Die bis zum Inkrafttreten des Geschäftsgeheimnisgesetzes gültige Fassung der §§ 17ff. UWG resultierte aus der im Jahre 2004 erfolgten Reform dieses Gesetzes.[50] In ihrer historischen Entwicklung waren diese Regelungen und damit auch der gesetzliche Geheimnisschutz bis zu seiner umfassenden Neuregelung über die §§ 17–19 UWG 2004 im Strafrecht verortet.[51]

III. Strafrechtlicher Schutz von Betriebs- und Geschäftsgeheimnissen nach den vormaligen §§ 17–19 UWG 2004

1. Systematischer Aufbau der §§ 17–19 UWG 2004

Vor Inkrafttreten der Neuregelungen bildeten die §§ 17–19 UWG 2004 den Kern des gesetzlichen Schutzes von Betriebs- und Geschäftsgeheimnissen.[52] § 17 UWG 2004 normierte in drei unterschiedlichen Tatbeständen verschiedene Begehungsvarianten des Verrats von Geschäfts- und Betriebsgeheimnissen.[53] § 17 I UWG 2004

---

47 BGBl. S. 721.

48 GK-UWG/*Wolters* § 17 Rn. 8 und 9; *Reinfeld,* Das neue Gesetz zum Schutz von Geschäftsgeheimnissen, S. 5; *Rody,* Der Begriff und die Rechtsnatur von Geschäfts- und Betriebsgeheimnissen unter Berücksichtigung der Geheimnisschutz-Richtlinie, S. 23–24.

49 GK-UWG/*Wolters* § 17 Rn. 9; *Köhler*/Bornkamm/Feddersen, 37. Aufl. 2019, § 17 UWG Rn. 1; *Reinfeld,* Das neue Gesetz zum Schutz von Geschäftsgeheimnissen, S. 5.

50 GK-UWG/*Wolters* § 17 Rn. 9; *Köhler*/Bornkamm/Feddersen, 37. Aufl. 2019, § 17 UWG Rn. 1; *Reinfeld,* Das neue Gesetz zum Schutz von Geschäftsgeheimnissen, S. 6; *Rody,* Der Begriff und die Rechtsnatur von Geschäfts- und Betriebsgeheimnissen unter Berücksichtigung der Geheimnisschutz-Richtlinie, S. 24.

51 *Ramirez,* Der strafrechtliche Schutz von Geschäfts- und Betriebsgeheimnissen, S. 98; *Rody,* Der Begriff und die Rechtsnatur von Geschäfts- und Betriebsgeheimnissen unter Berücksichtigung der Geheimnisschutz-Richtlinie, S. 25.

52 *Kalbfus,* Know-how-Schutz in Deutschland, S. 116; *Ohly,* FS Harte-Bavendamm 2020, S. 385, 388; *Rody,* Der Begriff und die Rechtsnatur von Geschäfts- und Betriebsgeheimnissen unter Berücksichtigung der Geheimnisschutz-Richtlinie, S. 29; *Wiese,* Die EU-Richtlinie über den Schutz vertraulichen Know-hows und vertraulicher Geschäftsinformationen, S. 61; *Witz,* FS Harte-Bavendamm 2020, S. 441, 441.

53 Fezer/Büscher/Obergfell/*Rengier* § 17 UWG Rn. 1; GK-UWG/*Wolters* § 17 Rn. 4; *Kalbfus,* Know-how-Schutz in Deutschland, S. 117; *Köhler*/Bornkamm/Feddersen, 37. Aufl. 2019, § 17 UWG Rn. 7; MüKo-Lauterkeitsrecht/*Brammsen* § 17 UWG Rn. 3; *Ohly*/Sosnitza § 17 UWG Rn. 2; *Rody,* Der Begriff und die Rechtsnatur von Geschäfts- und Betriebsgeheimnissen unter Berücksichtigung der Geheimnisschutz-Richtlinie, S. 29–30.

behandelte den Verrat von Geschäfts- und Betriebsgeheimnissen durch Beschäftigte. Anschließend behandelte § 17 II Nr. 1 UWG 2004 die Betriebsspionage und § 17 II Nr. 2 UWG 2004 die Geheimnishehlerei.[54] Gemäß § 17 III UWG 2004 war der Versuch strafbar. Zudem fand sich in § 17 IV UWG 2004 eine Regelung für besonders schwere Fälle. In dem anschließenden § 18 UWG 2004 wurde die sogenannte Vorlagenbeuterei unter Strafe gestellt.[55] Der § 19 UWG 2004 regelte in den Absätzen 1 und 2 das Verleiten und das Erbieten zum Verrat von Geschäftsgeheimnissen.[56] Insgesamt bildete § 17 UWG 2004 den Grundtatbestand, dessen Schutzzweck darauf ausgerichtet war, einerseits den Unternehmensinhaber vor Verletzungen seiner Betriebs- und Geschäftsgeheimnisse und zugleich den Wettbewerb vor Verfälschungen zu schützen.[57] Die §§ 18 und 19 UWG 2004 dehnten die Strafbarkeit des Geheimnisverrats auf weitere involvierte Personen und bestimmte Vorbereitungshandlungen aus.[58]

2. *Strafbarkeit des Verrats von Betriebs- und Geschäftsgeheimnissen, § 17 UWG 2004*

a) *Verrat durch Beschäftigte (§ 17 I UWG 2004)*

Gemäß § 17 I UWG 2004 wurde mit Freiheitstrafe bis zu drei Jahren oder mit Geldstrafe bestraft, wer als eine bei einem Unternehmen beschäftigte Person ein Geschäfts- oder Betriebsgeheimnis, das ihr im Rahmen des Dienstverhältnisses anvertraut worden war oder zugänglich geworden ist, während der Geltungsdauer des Dienstverhältnisses unbefugt an jemanden zu Zwecken des Wettbewerbs, aus Eigennutz, zugunsten eines Dritten oder in der Absicht, dem Inhaber des Unternehmens Schaden zuzufügen, mitteilte. Damit unterlag die Strafbarkeit nach § 17 I UWG 2004 tatbestandlichen Einschränkungen. Zunächst kam als Täter

---

54 Fezer/Büscher/Obergfell/*Rengier* § 17 UWG Rn. 1; GK-UWG/*Wolters* § 17 Rn. 4; *Kalbfus*, Know-how-Schutz in Deutschland, S. 117; *Köhler*/Bornkamm/Feddersen, 37. Aufl. 2019, § 17 UWG Rn. 7; MüKo-Lauterkeitsrecht/*Brammsen* § 17 UWG Rn. 3; *Ohly*/Sosnitza § 17 UWG Rn. 2; *Rody*, Der Begriff und die Rechtsnatur von Geschäfts- und Betriebsgeheimnissen, S. 30.

55 *Rody*, Der Begriff und die Rechtsnatur von Geschäfts- und Betriebs-Geheimnissen unter Berücksichtigung der Geheimnisschutz-Richtlinie, S. 30.

56 *Rody*, Der Begriff und die Rechtsnatur von Geschäfts- und Betriebs- Geheimnissen unter Berücksichtigung der Geheimnisschutz-Richtlinie, S. 30.

57 Fezer/Büscher/Obergfell/*Rengier* § 17 UWG Rn. 4; GK-UWG/*Wolters* § 17 Rn. 1–2; *Köhler*/Bornkamm/Feddersen, 37. Aufl. 2019, § 17 UWG Rn. 2; MüKo-Lauterkeitsrecht/*Brammsen* § 17 UWG Rn.8; *Ohly*/Sosnitza § 17 UWG Rn. 1.

58 Fezer/Büscher/Obergfell/*Rengier* § 17 UWG Rn. 1; GK-UWG/*Wolters* § 18 Rn. 1 und § 19 Rn. 1; *Kalbfus*, Know-how-Schutz in Deutschland, S. 149ff.; *Köhler*/Bornkamm/Feddersen, 37. Aufl. 2019, § 17 UWG Rn. 7; *Ohly*/Sosnitza § 17 UWG Rn. 4.

nur ein Beschäftigter des Unternehmens in Betracht.[59] Dieser Begriff wurde weit ausgelegt, sodass damit sämtliche in einem Unternehmen tätige Personen unabhängig von der konkreten Ausgestaltung ihrer Tätigkeit erfasst waren.[60] Insbesondere kam es für die Begriffsbestimmung nicht auf eine Weisungsgebundenheit an[61], sodass der Begriff des „Beschäftigten" weiter gefasst war als der klassische Arbeitnehmerbegriff im Arbeitsrecht.[62] Zudem war der Abschluss eines gesonderten Dienstvertrages entgegen des ausdrücklichen Wortlautes nicht erforderlich.[63] Gegenständlich musste ein Geschäfts- oder Betriebsgeheimnis vorliegen.[64] Auf diesen Fachterminus ist an anderer Stelle gesondert einzugehen. Dem Täter musste dieses Geschäfts- oder Betriebsgeheimnis im Rahmen seines Dienstverhältnisses anvertraut oder zugänglich geworden sein.[65] Damit war verbunden, dass die Kenntniserlangung durch den Beschäftigten gerade auch kausal auf dessen Eingliederung in das Unternehmen beruht.[66] Zudem musste die fragliche Handlung im Zeitraum des Dienstverhältnisses stattgefunden haben.[67] In subjektiver Hinsicht

---

59 *Ohly* GRUR 2014, 1, 5; *Wiese,* Die EU-Richtlinie über den Schutz vertraulichen Know-hows und vertraulicher Geschäftsinformationen. S. 66.

60 Fezer/Büscher/Obergfell/*Rengier* § 17 UWG Rn. 28; GK-UWG/*Wolters* § 17 Rn. 34; *Harte-Bavendamm*/Henning-Bodewig § 17 UWG Rn. 8; *Kalbfus,* Know-how-Schutz in Deutschland, S. 118; *Köhler*/Bornkamm/Feddersen, 37. Aufl. 2019, § 17 UWG Rn. 14; MüKo-Lauterkeitsrecht/*Brammsen* § 17 UWG Rn. 34; *Ohly*/Sosnitza § 17 UWG Rn. 13.

61 *Kalbfus,* Know-how-Schutz in Deutschland, S. 118; *Köhler*/Bornkamm/Feddersen, 37.Aufl. 2019, § 17 UWG Rn. 14; MüKo-Lauterkeitsrecht/*Brammsen* § 17 UWG Rn. 34; *Ohly*/Sosnitza § 17 UWG Rn. 13; im Ergebnis: Fezer/Büscher/Obergfell/*Rengier* § 17 UWG Rn. 28.

62 GK-UWG/*Wolters* § 17 Rn. 34; *Kalbfus,* Know-how-Schutz in Deutschland, S. 118; MüKo-Lauterkeitsrecht/*Brammsen* § 17 UWG Rn. 34; *Ohly*/Sosnitza § 17 UWG Rn. 13; diese Begriffe vermischend *Harte-Bavendamm*/Henning-Bodewig § 17 UWG Rn. 9.

63 *Köhler*/Bornkamm/Feddersen, 37. Aufl. 2019, § 17 UWG Rn. 14; dies offenlassend: Fezer/Büscher/Obergfell/*Rengier* § 17 UWG Rn. 31.

64 Fezer/Büscher/Obergfell/*Rengier* § 17 UWG Rn. 7; GK-UWG/*Wolters* § 17 Rn. 38; *Harte-Bavendamm*/Henning-Bodewig § 17 UWG Rn. 9; *Kalbfus,* Know-how-Schutz in Deutschland, S. 119; *Köhler*/Bornkamm/Feddersen, 37. Aufl. 2019, § 17 UWG Rn. 15; *Ohly*/Sosnitza § 17 UWG Rn. 14.

65 *Wiese,* Die EU-Richtlinie über den Schutz vertraulichen Know-hows und vertraulicher Geschäftsinformationen, S. 66.

66 Fezer/Büscher/Obergfell/*Rengier* § 17 UWG Rn. 31; GK-UWG/*Wolters* § 17 Rn. 39; *Harte-Bavendamm*/Henning-Bodewig § 17 UWG Rn. 9; *Kalbfus,* Know-how-Schutz in Deutschland, S. 119; *Köhler*/Bornkamm/Feddersen, 37. Aufl. 2019, § 17 UWG Rn. 16–17; MüKo-Lauterkeitsrecht/*Brammsen* § 17 UWG Rn. 37; *Ohly*/Sosnitza § 17 UWG Rn. 14; *Wiese,* Die EU-Richtlinie über den Schutz vertraulichen Know-hows und vertraulicher Geschäftsinformationen, S. 66.

67 Büscher/*McGuire* Vor §§ 17–19 UWG Rn. 28; Fezer/Büscher/Obergfell/*Rengier* § 17 UWG Rn. 37; GK-UWG/*Wolters* § 17 Rn. 47; *Harte-Bavendamm*/Henning-Bodewig § 17 UWG Rn. 12; *Kalbfus,* Know-how-Schutz in Deutschland, S. 121; *Köhler*/Bornkamm/Feddersen, 37. Aufl. 2019, § 17 UWG Rn. 22; MüKo-Lauterkeitsrecht/*Brammsen*

erforderte der Tatbestand des § 17 I UWG 2004, dass der Täter vorsätzlich und entweder zu Zwecken des Wettbewerbs, aus Eigennutz, zugunsten eines Dritten oder in der Absicht, dem Inhaber des Unternehmens Schaden zuzufügen, gehandelt hat.[68] Die Tatbestände der §§ 17 und 18 UWG 2004 setzten übereinstimmend voraus, dass die Tathandlung unbefugt vorgenommen wurde.[69] Im Zusammenhang mit § 17 I UWG 2004 wurde dieses Merkmal überwiegend als allgemeines Rechtswidrigkeitserfordernis verstanden, sodass der Täter stets unbefugt handelte, wenn kein Rechtfertigungstatbestand erfüllt war.[70] Dies sollte nach überwiegendem Verständnis jedoch lediglich für die erste Begehungsvariante gelten, sodass dem Merkmal im Absatz II ein eigenständiger Bedeutungsgehalt zukam.[71]

b) *Strafbarkeit von Betriebsspionage (§ 17 II UWG Nr. 1 UWG 2004)*

Gemäß § 17 II Nr.1 UWG 2004 machte sich strafbar, wer sich ein Geschäfts- oder Betriebsgeheimnis unter Anwendung bestimmter gesetzlich umschriebener Handlungen verschafft oder sichert. Signifikanter Unterschied zwischen dieser sogenannten Betriebsspionage und dem in Absatz I verankerten Geheimnisverrat war, dass sich der persönliche Anwendungsbereich des Absatzes II nicht auf Beschäftigte des Unternehmens beschränkte.[72] Demgegenüber definierte § 17 II Nr. 1

---

§ 17 UWG Rn. 44; *Ohly*/Sosnitza § 17 UWG Rn. 16; *Wiese*, Die EU-Richtlinie über den Schutz vertraulichen Know-hows und vertraulicher Geschäftsinformationen, S. 66.

68 Fezer/Büscher/Obergfell/*Rengier* § 17 UWG Rn. 39ff.; GK-UWG/*Wolters* § 17 Rn. 49ff.; *Harte-Bavendamm*/Henning-Bodewig § 17 UWG Rn. 13; *Kalbfus*, Know-how-Schutz in Deutschland, S. 122–123; *Köhler*/Bornkamm/Feddersen, 37. Aufl. 2019, § 17 UWG Rn. 23–27; MüKo-Lauterkeitsrecht/*Brammsen* § 17 UWG Rn. 47; *Ohly*/Sosnitza § 17 UWG Rn. 23ff.; *Wiese*, Die EU-Richtlinie über den Schutz vertraulichen Know-hows und vertraulicher Geschäftsinformationen, S. 74ff.

69 Büscher/*McGuire* Vor §§ 17–19 UWG Rn. 34; GK-UWG/*Wolters* § 17 Rn. 58 und 88; *Köhler*/Bornkamm/Feddersen, 37. Aufl. 2019, § 17 UWG Rn. 21, 36 und 43; *Ohly*/Sosnitza § 17 UWG Rn. 26.

70 OLG Karlsruhe MMR 2016, 562, 564; Fezer/Büscher/Obergfell/*Rengier* § 17 UWG Rn. 45; GK-UWG/*Wolters* § 17 Rn. 58; *Harte-Bavendamm*/Henning-Bodewig § 17 UWG Rn. 11; *Kalbfus*, Know-how-Schutz in Deutschland, S. 121; *Köhler*/Bornkamm/Feddersen, 37. Aufl. 2019, § 17 UWG Rn. 21, 36 und 43; MüKo-Lauterkeitsrecht/*Brammsen* § 17 UWG Rn. 55; GK-UWG/*Wolters* § 17 Rn. 58 und 88; *Ohly*/Sosnitza § 17 UWG Rn. 15; **a.A.** Büscher/*McGuire* Vor §§ 17–19 UWG Rn. 34; *Ohly* GRUR 2014, 1, 6; *Wiese*, Die EU-Richtlinie über den Schutz vertraulichen Know-hows und vertraulicher Geschäftsinformationen, S. 67.

71 GK-UWG/*Wolters* § 17 Rn. 58 und 88; *Ohly* GRUR 2014, 1, 6; *Ohly*/Sosnitza § 17 UWG Rn. 15; **a.A.** *Kalbfus*, Know-how-Schutz in Deutschland, S. 132.

72 Fezer/Büscher/Obergfell/*Rengier* § 17 UWG Rn. 52; GK-UWG/*Wolters* § 17 Rn. 71; *Harte-Bavendamm*/Henning-Bodewig § 17 UWG Rn. 19; *Kalbfus*, Know-how-Schutz in Deutschland, S. 131; *Köhler*/Bornkamm/Feddersen, 37. Aufl. 2019, § 17 UWG Rn. 37; MüKo-Lauterkeitsrecht/*Brammsen* § 17 UWG Rn. 82; *Ohly*/Sosnitza § 17

UWG 2004 die untersagten Handlungsweisen nach Art ihrer Ausführungen und schränkte damit den sachlichen Anwendungsbereich im Vergleich zu § 17 I UWG 2004 ein.[73] Die subjektiven Voraussetzungen des § 17 I UWG 2004 waren auch im Rahmen des Absatzes II maßgeblich.[74]

c) *Strafbarkeit der Geheimnishehlerei (§ 17 II Nr. 2 UWG 2004)*

Gemäß § 17 II Nr. 2 UWG 2004 war auch die Geheimnisverwertung verboten.[75] Danach durften Geschäfts- und Betriebsgeheimnisse, die unter den Vorrausetzungen von § 17 II Nr. 1 UWG 2004 erlangt oder sonst unbefugt verschafft oder gesichert wurden, nicht verwertet oder weitergegeben werden. Der Täter musste zumindest bedingt vorsätzlich handeln.[76] Hinzutreten musste eine der weiteren, subjektiven Tatbestandsalternativen des § 17 II UWG 2004.[77]

3. *Erweiterung der Strafbarkeit über §§ 18 und 19 UWG 2004*

Gemäß § 18 I UWG 2004 wurde mit Freiheitsstrafe bis zu zwei Jahren oder mit Geldstrafe bestraft, wer die ihm im geschäftlichen Verkehr anvertrauten Vorlagen oder Vorschriften technischer Art, insbesondere Zeichnungen, Modelle, Schablonen,

---

UWG Rn. 17; *Wiese,* Die EU-Richtlinie über den Schutz vertraulichen Know-hows und vertraulicher Geschäftsinformationen, S. 62.

73 Büscher/*McGuire* Vor §§ 17–19 UWG Rn. 29; Fezer/Büscher/Obergfell/*Rengier* § 17 UWG Rn. 55; GK-UWG/*Wolters* § 17 Rn. 77; *Köhler*/Bornkamm/Feddersen, 37. Aufl. 2019, § 17 UWG Rn. 29; MüKo-Lauterkeitsrecht/*Brammsen* § 17 UWG Rn. 84; *Ohly*/Sosnitza § 17 UWG Rn. 19; *Wiese,* Die EU-Richtlinie über den Schutz vertraulichen Know-hows und vertraulicher Geschäftsinformationen S. 62.

74 Büscher/*McGuire* Vor §§ 17–19 UWG Rn. 29; GK-UWG/*Wolters* § 17 Rn. 6887; *Kalbfus,* Know-how-Schutz in Deutschland, S. 134; *Köhler*/Bornkamm/Feddersen, 37. Aufl. 2019, § 17 UWG Rn. 38; MüKo-Lauterkeitsrecht/*Brammsen* § 17 UWG Rn. 95; *Ohly*/Sosnitza § 17 UWG Rn. 23ff.; *Wiese,* Die EU-Richtlinie über den Schutz vertraulichen Know-hows und vertraulicher Geschäftsinformationen, S. 75.

75 Fezer/Büscher/Obergfell/*Rengier* § 17 UWG Rn. 60; *Köhler*/Bornkamm/Feddersen, 37. Auflage 2019, § 17 UWG Rn. 40ff.

76 Fezer/Büscher/Obergfell/*Rengier* § 17 UWG Rn. 77; GK-UWG/*Wolters* § 17 Rn. 112; *Harte-Bavendamm*/Henning-Bodewig § 17 UWG Rn. 25; *Kalbfus,* Know-how-Schutz in Deutschland, S. 145; *Köhler*/Bornkamm/Feddersen,37. Aufl. 2019, § 17 UWG Rn. 48; MüKo-Lauterkeitsrecht/*Brammsen* § 17 UWG Rn. 130–132; *Ohly*/Sosnitza § 17 UWG Rn. 24; *Wiese,* Die EU-Richtlinie über den Schutz vertraulichen Know-hows und vertraulicher Geschäftsinformationen, S. 74.

77 Fezer/Büscher/Obergfell/*Rengier* § 17 UWG Rn. 77; GK-UWG/*Wolters* § 17 Rn. 113; *Harte-Bavendamm*/Henning-Bodewig § 17 UWG Rn. 25; *Kalbfus,* Know-how-Schutz in Deutschland, S. 145; *Köhler*/Bornkamm/Feddersen, 37. Aufl. 2019, § 17 UWG Rn. 48; MüKo-Lauterkeitsrecht/*Brammsen* § 17 UWG Rn. 130–132; *Ohly*/Sosnitza § 17 UWG Rn. 25; *Wiese,* Die EU-Richtlinie über den Schutz vertraulichen Know-hows und vertraulicher Geschäftsinformationen, S. 75.

Schnitte und Rezepte, zu Zwecken des Wettbewerbs oder aus Eigennutz unbefugt verwertet oder jemandem mitteilte. Dieser Straftatbestand bewirkte eine Erweiterung des Geheimnisschutzes. Auch vertraulich eingeweihte Geschäftspartner sollten einbezogen werden, um missbräuchlichem Verhalten im Kampf um günstigere Wettbewerbspositionen entgegenzuwirken.[78] Demgemäß stellt § 18 UWG 2004 die Vorlagenbeuterei, also die Nutzung anvertrauter Information durch externe Personen unter Strafe.[79] Das Konzept des lauterkeitsrechtlichen Geheimnisschutzes rundete § 19 UWG 2004 mit dem Einbezug näher beschriebener Vorbereitungshandlungen ab.[80]

4. *Dogmatische Einordnung des über die §§ 17ff. UWG 2004 vermittelten Schutzes*

a) *Hinführung zur Problematik und rechtlicher Rahmen*

Die rechtliche Einordnung des gemäß §§ 17 ff. UWG 2004 vermittelten Schutzes war nicht eindeutig. Da Geschäfts- und Betriebsgeheimnisse rein tatsächlich betrachtet immaterielle Schutzobjekte darstellen, ließen sich Parallelen zu den Rechten des geistigen Eigentums ziehen.[81] Vor diesem Hintergrund war umstritten, ob der rechtliche Geheimnisschutz zu den klassischen Immaterialgüterrechten bzw. den Rechten des geistigen Eigentums gezählt werden kann.[82]

Die Begriffe des geistigen Eigentums- und des Immaterialgüterrechts werden weitgehend synonym verwendet.[83] Sie lassen sich als Oberbegriffe für verschiedene Rechte verstehen, die sich übereinstimmend nicht auf ein körperliches, sondern ein rein geistiges Schutzobjekt beziehen.[84] Gemeinsam ist den erfassten Rechten die Einordnung als subjektives absolutes Ausschließlichkeitsrecht, welches seinem Inhaber eine umfassende Herrschaftsmacht über ein im Wege geistigen Schaffens produziertes immaterielles Gut verleiht.[85] Das deutsche Recht

---

78 Fezer/Büscher/Obergfell/*Rengier* § 18 UWG Rn. 3; *Harte-Bavendamm*/Henning-Bodewig § 17 UWG Rn. 1; *Kalbfus,* Know-how-Schutz in Deutschland, S. 149; *Köhler*/Bornkamm/Feddersen, 37. Aufl. 2019, § 18 UWG Rn. 2; *Ohly*/Sosnitza § 18 UWG Rn. 1.

79 Fezer/Büscher/Obergfell/*Rengier* § 18 UWG Rn. 6; GK-UWG/*Wolters* § 18 Rn. 1; MüKo-Lauterkeitsrecht/*Brammsen* § 18 UWG Rn. 8; *Ohly*/Sosnitza § 18 UWG Rn. 1.

80 Büscher/*McGuire* Vor §§ 17–19 UWG Rn. 35; GK-UWG/*Wolters* § 19 Rn. 1; *Kalbfus,* Know-how-Schutz in Deutschland, S. 155; *Köhler*/Bornkamm/Feddersen, 37. Aufl. 2019, § 19 UWG Rn. 2; *Ohly*/Sosnitza § 19 UWG Rn. 1.

81 BGH GRUR 1955, 388, 390; BGH GRUR 1977, 539, 542; *Harte-Bavendamm*/Henning-Bodewig Vor §§ 17–19 UWG Rn. 2a; *Ohly* GRUR 2014, 1, 1; *Ohly*/Sosnitza Vor §§ 17–19 UWG Rn. 3; *Wirtz,* FS Bornkamm, S. 513ff.

82 Dargestellt durch *Kalbfus,* FS Harte-Bavendamm 2020, S. 341, 342.

83 *Hoffmann,* Mehrfachschutz geistigen Eigentums im deutschen Rechtssystem, S. 5.

84 *Oebbecke,* Der „Schutzgegenstand" der Verwandten Schutzrechte, S. 25.

85 *Hilty/Jaeger/Kitz,* Geistiges Eigentum, S. 3; *Wolf/Wellenhofer,* Sachenrecht, S. 19 Rn. 14.

unterteilt diese Rechtsmaterie in die gewerblichen Schutzrechte und das Urheberrecht.[86] Die Frage, ob sich auch der Geheimnisschutz hierunter fassen lässt, wurde anhand unterschiedlicher Kriterien bewertet. Ausgangspunkt war die Überlegung, dass die geheime Information ein Immaterialgut ist.[87]

b) Ablehnende Meinungen in der Literatur

Die überwiegende lauterkeitsrechtliche Literatur lehnte es ab, den rechtlichen Geheimnisschutz dem anerkannten Kanon der Rechte des geistigen Eigentums zuzuordnen.[88] Begründet wurde dies vorwiegend damit, dass der rechtliche Geheimnisschutz dem Inhaber gerade kein absolutes subjektives Recht verleiht, welches geheime Informationen vor jedermanns Zugriff schützt. Vielmehr werde nur eine unbefugte Nutzung unterbunden und damit lediglich eine faktische Rechtsposition geschaffen.[89]

c) Bejahende Meinungen in der Literatur

Vereinzelt wurde vertreten, dass eine Einordnung als Immaterialgüterrecht dennoch möglich ist.[90] Auch Vertreter dieser Ansicht negierten nicht die signifikanten Unterschiede zu den klassischen Immaterialgüterrechten, hielten diese jedoch nicht für generell geeignet, eine dogmatische Einbeziehung von vornherein auszuschließen.[91] Das Geschäftsgeheimnis sei demnach ein „unvollkommenes Immaterialgüterrecht", welches zwar Unterschiede aufweist, letztendlich jedoch gleichwohl zu den Rechten des geistigen Eigentums gezählt werden kann.[92]

---

86 *Wolf/Wellenhofer,* Sachenrecht, S. 19 Rn. 14.

87 *Harte-Bavendamm*/Hennig-Bodewig Vor §§ 17–19 UWG Rn. 2a; *Köhler*/Bornkamm/Feddersen, 37. Aufl. 2019, Vor § 17 UWG Rn. 2; *Ohly* GRUR 2014, 1, 3; *Ohly*/Sosnitza Vor §§ 17–19 UWG Rn. 3.

88 *Ann* GRUR-Prax 2016, 465, 466; *Ann* GRUR 2007, 39, 43; *Baranowski/Glaßl* BB 2016, 2563, 2563; *Harte-Bavendamm,* FS Köhler, S.235, 238; *Harte-Bavendamm*/Henning-Bodewig Vor §§ 17–19 UWG Rn. 2a; *Hauck* NJW 2016, 2218, 2221; *Köhler*/Bornkamm/Feddersen, 37. Aufl. 2019, § 17 Rn. 2; *Ohly*/Sosnitza Vor §§ 17–19 UWG Rn. 3; so wohl auch *Wirtz,* FS Bornkamm, S. 513, 514.

89 *Ann* GRUR-Prax 2016, 465, 466; *Ann* GRUR 2007, 39, 43; *Harte-Bavendamm,* FS Köhler, S. 235, 238; *Harte-Bavendamm*/Hennig-Bodewig § 17 UWG Rn. 2a; *Köhler*/Bornkamm/Feddersen, 37. Aufl. 2019, Vor § 17 UWG Rn. 2; *Ohly*/Sosnitza Vor §§ 17–19 UWG Rn. 3.

90 *McGuire* GRUR 2016, 1000, 1005; *McGuire* GRUR 2015, 424, 426; *Ohly* GRUR 2014, 1, 3–4.

91 *McGuire* 2016, 1000, 1005; *McGuire* GRUR 2015, 424, 426; *Ohly* GRUR 2014, 1, 3–4.

92 *McGuire* 2016, 1000, 1005; *Ohly* GRUR 2014, 1, 4; *Ohly*/Sosnitza Vor §§ 17–19 UWG Rn. 4.

d) *Stellungnahme zu der dogmatischen Einordnung des rechtlichen Geheimnisschutzes gemäß §§ 17ff. UWG 2004*

Die Frage, ob ein rechtlicher Regelungszusammenhang einer bestimmten Rechtsmaterie zugeordnet werden kann, muss anhand verschiedener Kriterien beurteilt werden. Der über die §§ 17 ff. UWG 2004 vermittelte Geheimnisschutz ähnelte den klassischen Immaterialgüterrechten im Grunde nur hinsichtlich des Schutzobjektes.[93] Bei Geschäfts- und Betriebsgeheimnissen handelt es sich um ein auf eine geistige Leistung rückführbares und von körperlichen Manifestationen lösbares immaterielles Substrat. Der in der Literatur oftmals geäußerten Einschätzung, bei Geschäfts- und Betriebsgeheimnissen handele es sich grundsätzlich um ein Immaterialgut kann deshalb aus diesem Blickwinkel zugestimmt werden.[94] Neben der Inbezugnahme eines unkörperlichen Schutzgegenstandes eint die klassischen Rechte des Geistigen Eigentums jedoch primär, dass sie dem Rechtsinhaber eine absolute subjektive Rechtsposition vermitteln.[95] Damit geht die Möglichkeit einher, jedermann von der Nutzung des Schutzobjektes auszuschließen und dieses selbst umfassend zu nutzen.[96] Immaterialgüterrechte sind damit schutzobjektsbezogen zu verstehen. Einen in diesem Sinne umfassenden Schutz des lauterkeitsrechtlichen Zielobjekts begründeten die §§ 17ff. UWG 2004 indessen nicht.[97] Der tradierte Geheimnisschutz war nicht darauf angelegt die geheime Information allumfassen und damit absolut zu schützen.[98] Dem Rechtsinhaber wurden die Geschäfts- und Betriebsgeheimnisse nicht im Sinne eines absoluten subjektiven Rechts zugewiesen.[99] Vielmehr schufen die §§ 17 ff. UWG 2004 eine Art Geheimsphäre, die sich um das betroffene Unternehmen lagert, um dieses zu schützen.[100] Der Geheimnisschutz wurde erst bei einem

93 *Köhler*/Bornkamm/Feddersen, 37. Aufl. 2019, Vor § 17 UWG Rn. 2.

94 *Ann* GRUR 2007, 39, 43; *Kalbfus*, Know-how-Schutz in Deutschland, S. 9; *Köhler*/Bornkamm/Feddersen, 37. Aufl. 2019, Vor § 17 UWG Rn. 2; *Ohly* GRUR 2014, 1, 3; *Ohly*/Sosnitza § 17 UWG Rn. 3.

95 *Köhler*/Bornkamm/Feddersen, 37. Aufl. 2019 Vor § 17 UWG Rn. 2.

96 *Rody*, Der Begriff und die Rechtsnatur von Geschäfts- und Betriebsgeheimnissen unter Berücksichtigung der Geheimnisschutz-Richtlinie, S. 172ff.

97 *Baranowski/Glaßl* BB 2016, 2563, 2563; *Harte-Bavendamm*/Hennig-Bodewig Vor §§ 17–19 UWG Rn. 2a; *Hauck* NJW 2016, 2218, 2218; *Heinzke* CCZ 2016, 179, 179; *Ohly*/Sosnitza Vor §§ 17–19 UWG Rn. 3.

98 *Baranowski/Glaßl* BB 2016, 2563, 2563; *Harte-Bavendamm*/Hennig-Bodewig Vor §§ 17–19 UWG Rn. 2a; *Hauck* NJW 2016, 2218, 2218; *Heinzke* CCZ 2016, 179, 179; *Ohly*/Sosnitza Vor §§ 17–19 UWG Rn. 3.

99 *Hauck* NJW 2016, 2218, 2219; *Ohly* GRUR 2014, 1, 3; *Ohly*/Sosnitza Vor §§ 17–19 UWG Rn. 3.

100 *Baranowski/Glaßl* BB 2016, 2563, 2563; *Hauck* NJW 2016, 2218, 2218; *Ohly* GRUR 2014, 1, 3.

unlauteren Eindringen in diese Geheimsphäre ausgelöst.[101] Vor diesem Hintergrund vermittelten die §§ 17 ff. UWG 2004 einen handlungsbezogenen Schutz. Fehlte es somit an der charakteristischen mit Absolutheitsanspruch versehenen Ausschlussfunktion und Nutzungszuweisung konnte der lauterkeitsrechtliche Geheimnisschutz i.S.d. §§ 17 ff. UWG 2004 zumindest nicht als klassisches Immaterialgüterrecht im engeren Sinne gewertet werden, war diesem nach Konzeption und Gestaltung her aber durchaus angenähert.[102]

IV. Zivilrechtlicher Schutz von Betriebs- und Geschäftsgeheimnissen

1. Einführung

Auch wenn der Schutz der Unternehmensgeheimnisse somit fundamental auf die Strafnormen §§ 17–19 UWG 2004 gestützt wurde, existierte ein gleichlaufender zivilrechtlicher Schutz. Eine allgemeine zivilrechtliche Anspruchsgrundlage gab es jedoch nicht.[103] Vielmehr wurde auch der zivilrechtliche Schutz uneinheitlich unter Heranziehung verschiedener Anspruchsgrundlagen vermittelt.[104] Grob betrachtet kann der zivilrechtliche Geheimnisschutz in zwei Funktionsweisen unterteilt werden.[105] Einerseits ist hier der strafrechtsakzessorische Schutz zu nennen. Bei diesem knüpfen Transfernormen an die lauterkeitsrechtlichen Straftatbestände an und lassen diese in das Zivilrecht „hineinwirken".[106] Zudem existiert ein autonomer zivilrechtlicher Schutz. Die Anwendbarkeit einschlägiger Normen steht nicht unter der Voraussetzung, dass die objektiven und subjektiven Voraussetzungen einer der Tatbestände der §§ 17, 18 UWG 2004 vollständig erfüllt sind.[107]

---

101 *Heinzke* CCZ 2016, 179, 179; *Ohly* GRUR 2014, 1, 3; *McGuire* GRUR 2015, 424, 426; *Ohly*/Sosnitza § 17 UWG Rn. 4.

102 *Ann* GRUR-Prax 2016, 465, 466; *Harte-Bavendamm*/Henning-Bodewig § 17 UWG Rn. 2a; *Köhler*/Bornkamm/Feddersen, 37. Aufl. 2019, Vor § 17 UWG Rn. 2; *Ohly*/Sosnitza § 17 UWG Rn. 4; **a.A.** extensiver *McGuire* GRUR 2016, 1000, 1005; *Ohly* GRUR 2014, 1, 4.

103 Vgl. den Überblick bei *Kraßer* GRUR 1977, 177; *Köhler*/Bornkamm/Feddersen, 37. Aufl. 2019, § 17 UWG Rn. 51 ff.; *Ohly* GRUR 2014, 1, 7; *Ohly*/Sosnitza § 17 UWG Rn. 35 ff.

104 *Alexander* WRP 2017, 1034, 1035; *Kalbfus* GRUR 2016, 1009, 1009; *Ohly* GRUR 2014, 1, 7–8.

105 *Kalbfus* GRUR 2016, 1009, 1009; *Ohly* GRUR 2014, 1, 7/8.

106 *Apel/Walling* DB 2019, 891, 891; *Kalbfus* GRUR 2019, 1009, 1009; *Ohly* GRUR 2014, 1, 7; *Rauer/Eckert* DB 1239, 1239.

107 *Kalbfus* GRUR 2016, 1009, 1009; *Ohly* GRUR 2014, 1, 8.

2. *Strafrechtsakzessorischer Schutz von Betriebs- und Geschäftsgeheimnissen*

Bei den §§ 17, 18 UWG 2004 handelte es sich um Schutzgesetze i.S.d. § 823 II BGB[108], sodass der Unternehmensinhaber bei Vorliegen der tatbestandlichen Voraussetzungen Ansprüche aus § 823 II BGB gegebenenfalls in Verbindung mit § 1004 I BGB analog[109] geltend machen kann.[110] Des Weiteren konnte bei Vorliegen einer der Tatbestände der §§ 17–19 UWG 2004 zugleich ein Verstoß gegen das in § 3 I UWG normierte Verbot der unlauteren geschäftlichen Handlung vorliegen, wenn der Täter zu Zwecken des Wettbewerbs handelt.[111] Insbesondere stellten die §§ 17, 18 UWG 2004 Marktverhaltensregelungen i.S.d. § 3a UWG dar[112], sodass auch über § 3 I (ggf. §§ 3a, 4 UWG) i.V.m. § 8 UWG zivilrechtliche Ansprüche herzuleiten waren.[113] Diese knüpften jedoch aufgrund ihrer Akzessorietät zu den §§ 17, 18 UWG 2004 an die Erfüllung der jeweiligen objektiven und subjektiven Tatbestandsmerkmale an.[114]

3. *Autonom zivilrechtlicher Schutz von Betriebs- und Geschäftsgeheimnissen*

a) *Lauterkeitsrechtliche Rechtsnormen*

Die Verletzung eines Betriebs- oder Geschäftsgeheimnisses kann eine unlautere geschäftliche Handlung gemäß § 3 I UWG darstellen. Dies war unter Geltung der §§ 17 ff. UWG 2004 auch dann anerkannt, wenn keiner dieser Tatbestände erfüllt war.[115] Ein solcher Verstoß kommt dann in Betracht, wenn der Handelnde Waren

---

108 *Alexander* WRP 2017, 1034, 1035 Rn. 12; *Harte-Bavendamm*/Hennig-Bodewig § 17 UWG Rn. 43; *Köhler*/Bornkamm/Feddersen, 37. Aufl. 2019, § 17 UWG Rn. 53; *Kraßer* GRUR 1977, 177, 178; MüKo-Lauterkeitsrecht/*Brammsen* § 17 UWG Rn. 7; *Ohly* GRUR 2014, 1,7; *Ohly*/Sosnitza § 17 UWG Rn. 36; *Wiese,* Die EU- Richtlinie über den Schutz vertraulichen Know-hows und vertraulicher Geschäftsinformationen, S. 62.

109 *Ohly* GRUR 2014, 1, 7.

110 *Ohly* GRUR 2014, 1, 7.

111 *Köhler*/Bornkamm/Feddersen, 37. Aufl. 2019, § 17 UWG Rn. 52; *Ohly* GRUR 2014, 1, 7.

112 *Ohly* GRUR 2014, 1, 7; *Ohly*/Sosnitza § 17 UWG Rn. 36; *Rody,* Der Begriff und die Rechtsnatur von Geschäfts- und Betriebsgeheimnissen unter Berücksichtigung der Geheimnisschutz-Richtlinie, S. 31; *Wiese,* Die EU-Richtlinie über den Schutz vertraulichen Know-hows und vertraulicher Geschäftsinformationen, S. 80.

113 BGH GRUR 2006, 1044, 1045 Rn. 17; *Harte-Bavendamm*/Hennig-Bodewig, UWG § 17 Rn. 44; *Kalbfus* GRUR 2016, 1009, 1009; *Köhler*/Bornkamm/Feddersen § 17 UWG Rn. 52, 37. Auflage 2019; *Ohly* GRUR 2014, 1, 7–8.

114 *Ohly* GRUR 2014, 1, 8; *Rody,* Der Begriff und die Rechtsnatur von Geschäfts- und Betriebsgeheimnissen unter Berücksichtigung der Geheimnisschutz-Richtlinie, S. 31.

115 *Harte-Bavendamm*/Hennig-Bodewig § 17 UWG Rn. 43a; *Kalbfus* GRUR 2016, 1009, 1009; *Ohly* GRUR 2014, 1, 8; *Ohly*/Sosnitza § 17 UWG Rn. 4; *Wiese,* Die EU-Richtlinie

oder Dienstleistungen anbietet, die eine Nachahmung von Waren oder Dienstleistungen eines Mitbewerbers sind und er die hierfür erforderlichen Kenntnisse unredlich erlangt hat (§ 4 Nr. 3 lit. c) UWG) oder Mitbewerber gezielt behindert hat (§ 4 Nr. 4 UWG)[116], und zu Zwecken des Wettbewerbs gehandelt wurde.[117] Sind die Voraussetzungen des § 3 I UWG erfüllt, resultiert daraus ein zivilrechtlicher Unterlassungsanspruch gemäß § 3 I UWG i.V.m. § 8 UWG.[118]

b) *Deliktsrechtlicher Schutz gemäß §§ 823 ff. BGB*

Darüber hinaus nahmen auch die deliktsrechtlichen Regelungen der §§ 823 ff. BGB eine zentrale Position im tradierten Normen- und Pflichtengefüge zum Schutze von Betriebs- und Geschäftsgeheimnissen ein.[119]

Bei einer Verletzung fremder Unternehmensgeheimnisse kam zunächst ein Verstoß gegen § 826 BGB in Betracht.[120] Diese Norm setzt jedoch vorsätzliches Handeln und Schädigungsabsicht voraus.[121] Nach dem oben skizzierten verblieben jedoch Schutzlücken bei fahrlässigem Handeln, da dann die §§ 17, 18 UWG 2004 und § 826 BGB nicht erfüllt waren. Gleiches gilt, wenn der Täter aus anderen Motiven handelt als zu Zwecken des Wettbewerbes. In diesen Fällen kam auch ein Verstoß gegen die Regelungen in § 3 I UWG nicht in Betracht, der eine geschäftliche Handlung i.S.d. § 2 UWG fordert.[122]

über den Schutz vertraulichen Know-hows und vertraulicher Geschäftsinformationen, S. 80.

116 *Köhler*/Bornkamm/Feddersen, 37. Aufl. 2019, § 17 UWG Rn. 52.

117 *Köhler*/Bornkamm/Feddersen, 37. Aufl. 2019, § 17 UWG Rn. 52.

118 BGH GRUR 2012, 1048, 1049 Rn. 22; BGH GRUR 2009, 603, 605 Rn. 22; BGH GRUR 2006, 1044, 1045 Rn. 17; *Harte-Bavendamm*/Hennig-Bodewig, § 17 UWG Rn. 43; *Köhler*/Bornkamm/Feddersen, 37. Aufl. 2019, § 17 UWG Rn. 52; *Wiese*, Die EU-Richtlinie über den Schutz vertraulichen Know-hows und vertraulicher Geschäftsinformationen, S. 80.

119 *Dann/Markgraf* NJW 2019, 1774, 1774; *Ohly* GRUR 2014, 1, 8; *Wiese*, Die EU-Richtlinie über den Schutz vertraulichen Know-hows und vertraulicher Geschäftsinformationen, S. 87.

120 BGH NJW 1977, 1062, 1062; BGH GRUR 2003, 356, 358; BeckOK BGB/*Spindler* § 826 Rn. 121; *Harte-Bavendamm*/Hennig-Bodewig § 17 UWG Rn. 44; Erman/*Wilhelmi* § 826 BGB Rn. 43; *Köhler*/Bornkamm/Feddersen, 37. Aufl. 2019, § 17 UWG Rn. 53; Palandt/*Sprau* § 826 Rn. 40; *Rody*, Der Begriff und die Rechtsnatur von Geschäfts- und Betriebsgeheimnissen unter Berücksichtigung der Geheimnisschutz-Richtlinie; Staudinger/*Oechsler* § 826 BGB Rn. 386c; *Wiese*, Die EU-Richtlinie über den Schutz vertraulichen Know-hows und vertraulicher Geschäftsinformationen, S. 87; so wohl auch MüKoBGB/*Wagner* § 826 Rn. 204.

121 BeckOK BGB/*Spindler* § 826 Rn. 121.1; Erman/*Wilhelmi* § 826 BGB Rn. 14–15; *Wiese*, Die EU-Richtlinie über den Schutz vertraulichen Know-hows und vertraulicher Geschäftsinformationen, S. 87.

122 *Köhler*/Bornkamm/Feddersen, 37. Aufl. 2019, § 17 UWG Rn. 52.

c) *Betriebs- und Geschäftsgeheimnisse als sonstiges Recht im Sinne des § 823 I BGB*

aa) Tradierte Auffassung zu der Einbeziehung in den Anwendungsbereich von § 823 I BGB

Die soeben festgestellten Schutzlücken ergaben darüberhinausgehend das Bedürfnis, Betriebs- und Geschäftsgeheimnisse subsidiär auch über § 823 I BGB zu schützen.[123] Dabei wurde die rechtliche Möglichkeit eines solchen Konzepts in der Literatur uneinheitlich beantwortet. Zusammenfassend tendierte die überwiegende Meinung dahin, Unternehmensgeheimnisse auch über § 823 I BGB zivilrechtlich abzusichern.[124] Wegen der grundsätzlich erforderlichen absoluten Wirkung von sonstigen Rechten i.S.d. § 823 I BGB wurde dieses Schutzkonzept jedoch kritisch betrachtet[125] und unter Heranziehung von insbesondere zwei dogmatischen Ansätzen bewertet. Einzelne Stellungnahmen in der Literatur tendierten dahin, sich gegen eine Einbeziehung gemäß § 823 I BGB auszusprechen.[126]

bb) Schutz über eine eigenständige Fallgruppe eines „sonstigen Rechtes" im Sinne des § 823 I BGB

Einerseits wurde erörtert, ob Betriebs- und Geschäftsgeheimnisse ein eigenständiges „sonstiges Recht" im Sinne des § 823 I BGB darstellen. Der Anwendungsbereich dieses deliktsrechtlichen Tatbestandes bezieht neben den enumerativ genannten Rechtsgütern und dem Eigentumsrecht ausdrücklich auch sonstige Rechte ein.[127] Nach herrschender Ansicht können diesem Begriff jedoch nur absolute subjektive Rechte zugeordnet werden.[128] Diese sind dadurch gekennzeichnet, dass sie ihrem Inhaber eine Zuordnungs-, Nutzungs-, und Ausschlussfunktion vermitteln.[129] Da

---

123 *McGuire* GRUR 2016, 1000, 1002; *Wiese,* Die EU-Richtlinie über den Schutz vertraulichen Know-hows und vertraulicher Geschäftsinformationen, S. 87.

124 BeckOK BGB/*Förster* § 823 Rn. 180; Erman/*Wilhelmi* § 823 BGB Rn. 57; HK-BGB/*Staudinger* § 823 Rn. 120; *Köhler*/Bornkamm/Feddersen, 37. Aufl. 2019, § 17 UWG Rn. 53; einschränkend MüKoBGB/*Wagner* § 823 Rn. 284; *Ohly* GRUR 2014, 1, 8; Staudinger/*Hager* § 823 Rn. B 139; **a.A.** Büscher/*McGuire* Vor §§ 17–19 UWG Rn. 25; dargestellt bei *Kalbfus,* FS Harte-Bavendamm 2020, S. 341, 342.

125 *Alexander* WRP 2017, 1034, 1035 Rn. 12; *Ohly* GRUR 2014, 1, 8; *Wiese,* Die EU-Richtlinie über den Schutz vertraulichen Know-hows und vertraulicher Geschäftsinformationen, S. 87.

126 MüKoBGB/*Wagner* § 823 Rn. 284; Im Ergebnis offenlassend: *Ann* GRUR 2007, 39, 43.

127 *Wiese,* Die EU-Richtlinie über den Schutz vertraulichen Know-hows und vertraulicher Geschäftsinformationen, S. 87.

128 Stellvertretend MüKoBGB/*Wagner* § 823 Rn. 267.

129 MüKoBGB/*Wagner* § 823 Rn. 267; Palandt/*Sprau* § 823 BGB Rn. 11; Staudinger/*Hager* § 823 BGB Rn. B 124; *Wiese,* Die EU-Richtlinie über den Schutz vertraulichen Know-hows und vertraulicher Geschäftsinformationen, S. 87.

Betriebs- und Geschäftsgeheimnisse dieser Voraussetzung, wie oben ausgeführt[130] nicht entsprachen und lediglich einen Schutz vor unlauterem Zugriff gewährten, wurde in der Literatur teilweise vertreten, diese könnten nicht als „sonstiges Recht“ im Sinne von § 823 I BGB eingeordnet werden.[131] Die überwiegende Auffassung tendierte jedoch dahin, auch Unternehmensgeheimnissen den Status eines sonstigen Rechtes zuzugestehen.[132] Dies wurde jedoch überwiegend ohne nähere Begründung angenommen.[133] Andere stellen darauf ab, ob das Betriebs- oder Geschäftsgeheimnis von dem Betrieb abgelöst werden kann.[134]

cc) Schutz über das Recht am eingerichteten und ausgeübten Gewerbebetrieb

Andererseits wurde in der Literatur vertreten, Geschäfts- und Betriebsgeheimnisse seien über das Recht am eingerichteten und ausgeübten Gewerbebetrieb geschützt.[135] Bei diesem handelt es sich um eine richterrechtlich entwickelte und allgemein anerkannte Fallgruppe eines „sonstigen Rechts“ im Sinne von § 823 I BGB[136], welche als Auffangtatbestand fungiert.[137] Der Schutzbereich dieses Rechts ist weit ausgestaltet und umfasst sämtliche Tätigkeiten, die mit einem Gewerbebetrieb und dessen Entfaltung und Wirkung im Wirtschaftsleben zusammenhängen.[138] Der danach extensive Anwendungsbereich erfährt dadurch eine Begrenzung, dass ein Eingriff nur bei Vorliegen einer gewissen Betriebsbezogenheit angenommen werden kann.[139] Dies verlangt einen unmittelbaren Eingriff in

---

130 Zur Rechtsnatur des Geheimnisschutzes, siehe Teil 1, § 2, A., III., 4., S. 50ff.

131 Erman/*Wilhelmi* § 823 BGB Rn. 40; MüKoBGB/*Wagner* § 823 Rn. 284; *Ohly* GRUR 2014, 1, 8; *Wiese*, Die EU-Richtlinie über den Schutz vertraulichen Know-hows und vertraulicher Geschäftsinformationen, S. 87; *Wirtz*, FS Bornkamm, S. 513, 514.

132 BGH, GRUR 1955, 388, 389; *Köhler*/Bornkamm/Feddersen, 37. Aufl. 2019, § 17 UWG Rn. 53; *Kraßer* GRUR 1977, 177, 178; *Mes* GRUR 1979, 584, 591; *Nastelski* GRUR 1957, 1, 6; *Ohly* GRUR 2014, 1, 8; Staudinger/*Hager* § 823 BGB Rn. B 139; offengelassen in BGH, GRUR 1963, 367, 369; **a.A.** MüKo-Lauterkeitsrecht/*Brammsen* § 17 UWG Rn. 7; *Wiese*, Die EU-Richtlinie über den Schutz vertraulichen Know-hows und vertraulicher Geschäftsinformationen, S. 90–91.

133 *Kraßer* GRUR 1977, 177, 178; *Mes* GRUR 1979, 584, 591; weitergehend *Ohly* GRUR 2014, 1, 8.

134 Staudinger/*Hager* § 823 BGB Rn. B 139.

135 *Ann* GRUR 2007, 39, 43; BeckOK BGB/*Förster* § 823 Rn. 180; Erman/*Wilhelmi* § 823 BGB Rn. 57; HK-BGB/*Staudinger* § 823 Rn. 120; Staudinger/*Hager* § 823 Rn. D 9.

136 BGH NJW 1952, 660, 661 = BGHZ 3, 270; BeckOK BGB/*Förster* § 823 Rn. 177; MüKoBGB/*Wagner* § 823 Rn. 317; Palandt/*Sprau* § 823 BGB Rn. 20.

137 BeckOK BGB/*Förster* § 823 Rn. 177; Palandt/*Sprau* § 823 BGB Rn. 133; Staudinger/*Hager* § 823 BGB Rn. B 139.

138 BeckOK BGB/*Förster* § 823 Rn. 180; HK-BGB/*Staudinger* § 823 Rn. 120; Palandt/*Sprau* § 823 Rn. 134; Staudinger/*Hager* § 823 BGB Rn. D 9.

139 BeckOK BGB/*Förster* § 823 Rn. 182; HK-BGB/*Staudinger* § 823 Rn. 117; MüKoBGB/*Wagner* § 823 Rn. 323; Staudinger/*Hager* § 823 BGB Rn. D 11.

die betriebliche Tätigkeit des Rechtsinhabers.[140] Nach überwiegender Ansicht konnten Geschäfts- und Betriebsgeheimnisse dem Recht am eingerichteten und ausgeübten Gewerbebetrieb zugeordnet werden.[141]

dd) Eigene Bewertung

Unter Berücksichtigung vorstehender Aspekte tendierte die überwiegende Literatur dahin, Unternehmensgeheimnisse als „sonstiges Recht" im Sinne des § 823 I BGB zu bewerten, zugleich jedoch eine dogmatische Einordnung als absolutes Recht zu negieren[142]. Dies erscheint widersprüchlich.[143] Sonstige Rechte im Sinne des § 823 I BGB müssen nach allgemeiner Ansicht eine Ausschluss-, Zuordnungs- und Nutzungsfunktion erfüllen.[144] Gerade diese Voraussetzungen erfüllen Betriebs- und Geschäftsgeheimnisse nicht. Dieses Defizit wurde in der Literatur nahezu einhellig herangezogen, um die rechtliche Bewertung als klassisches Immaterialgüterrecht abzulehnen. Weshalb dieses Charakteristikum des Geheimnisschutzes an anderer Stelle übergangen werden kann, wird nicht hinreichend bzw. überhaupt nicht begründet.[145] Dogmatisch stringent wäre es, Betriebs- und Geschäftsgeheimnisse zumindest nicht als eigenständiges sonstiges Recht im Sinne von § 823 I BGB zu bewerten.[146] Allenfalls der Schutz über die Fallgruppe des eingerichteten und ausgeübten Gewerbebetriebs lässt sich aufgrund des mangelnden anderweitigen zivilrechtlichen Schutzes dogmatisch begründen.[147]

4. *Spezialnormen*

Darüber hinaus waren Unternehmensgeheimnisse über weitere zahlreiche, insbesondere auch arbeitsrechtliche Spezialnormen geschützt. § 79 BetrVG verpflichtet die Mitglieder und Ersatzmitglieder des Betriebsrats, Betriebs- oder Geschäftsgeheimnisse, die ihnen wegen ihrer Zugehörigkeit zum Betriebsrat bekannt geworden sind und vom Arbeitgeber ausdrücklich als geheimhaltungsbedürftig bezeichnet worden sind, nicht zu verwerten. § 35 III Nr. 4 EBRG

---

140 BeckOK BGB/*Förster* § 823 Rn. 184; MüKoBGB/*Wagner* § 823 Rn. 323; Palandt/*Sprau* § 823 Rn. 136; Staudinger/*Hager* § 823 BGB Rn. D 11.

141 *Ann* GRUR 2007, 39, 43; BeckOK BGB/*Förster* § 823 Rn. 179; *Harte-Bavendamm*/ Hennig-Bodewig § 17 UWG Rn. 50; HK-BGB/*Staudinger* § 823 Rn. 120; *Kraßer* GRUR 1977, 177, 178; MüKoBGB/*Wagner* § 823 Rn. 284; kritisch: *Ohly* GRUR 2014, 1, 8.Palandt/*Sprau* § 823 Rn. 134; Staudinger/*Hager* § 823 BGB Rn. D 9.

142 Zu der Rechtsnatur des Geheimnisschutzes, siehe Teil 1, § 2, A., III., 4., S. 50ff.

143 *Ann* GRUR 2007, 39, 43; *Ohly* GRUR 2014, 1, 8.

144 *Ann* GRUR 2007, 39, 43; *Ohly* GRUR 2014, 1, 8.

145 *Ohly* GRUR 2007, 39, 43.

146 MüKoBGB/*Wagner* § 823 Rn. 284; in Tendenz *Ann* GRUR 2007, 39, 43; *Ohly* GRUR 2014, 1, 8; *Wirtz*, FS Bornkamm, S. 513, 514.

147 *Ann* GRUR 2007, 39, 43; MüKoBGB/*Wagner* § 823 Rn. 284; kritisch *Ohly* GRUR 2014, 1, 8.

i.V.m. § 35 II EBRG normiert entsprechendes für Mitglieder des Europäischen Betriebsrates und § 41 IV Nr. 2 SEBG i.V.m. § 41 II SEBG für den SE-Betriebsrat. Auch für die Mitglieder der Schwerbehindertenvertretung existiert eine entsprechende Verpflichtung in § 179 VII S.1 Nr. 2 SGB IX. Die Arbeitnehmervertreter im Aufsichtsrat sind gemäß § 116 S.1 und 2 AktG i.V.m. § 93 I AktG ebenfalls zum Stillschweigen über Betriebs- und Geschäftsgeheimnisse verpflichtet.[148] In den §§ 120 BetrVG, 404 AktG, 43 I, 44, I EBRG, 45 I Nr. 1, II Nr. 1 SEBG und 273a I, 273b I SGB IX finden sich mit diesen Verschwiegenheitsverpflichtungen korrelierende Strafnormen. Eine vergleichbare Regelung beinhaltet § 85 GmbHG, womit Geschäftsführer, Mitglieder des Aufsichtsrates und Liquidatoren auf Vertraulichkeit verpflichtet sind. § 13 S. 2 Nr. 6 BBiG enthält ein spezielles Stillschweigegebot für Auszubildende.

Auch neben diesen arbeitsrechtlichen und gesellschaftsrechtlichen Zusammenhängen waren Betriebs- und Geschäftsgeheimnisse über gesetzliche Spezialvorschriften geschützt. Zu nennen ist § 203 StGB, welcher die Verletzung von Privatgeheimnissen durch enumerativ genannte Berufsgruppen (Abs. 1) bzw. Amtsträger (Abs. 2) unter Strafe stellt.

B. Vertragliches Schutzkonzept

I. System der vertraglichen Nebenpflichten gemäß §§ 242, 241 II BGB

Der rechtliche Schutz von Betriebs- und Geschäftsgeheimnissen war nicht auf gesetzliche Regelungen beschränkt.[149] Auch auf vertraglicher Ebene – insbesondere im Rahmen des arbeitsvertraglichen Rechte- und Pflichtengefüges – wurden Unternehmensgeheimnisse relevant.[150] Dogmatische Grundlage bilden die §§ 242, 241 II BGB, nach deren Regelungsgehalt jedem Vertragsverhältnis nicht nur die jeweiligen Hauptleistungspflichten, sondern auch eine Reihe von Nebenpflichten erwachsen.[151] Dies gilt auch für das Arbeitsverhältnis.[152] Historisch fußt dies auf der Lehre von Otto von Gierke, nach der das Arbeitsverhältnis als personenrechtliches

---

148 *Oetker* ZESAR 2017, 257, 257 - 258.

149 Umfassend *Harte-Bavendamm*/Ohly/*Kalbfus* Einl. A. Rn. 5ff.

150 *Bissels/Schroeders/Ziegelmayer* DB 2016, 2295, 2295; ErfK/*Preis* § 611a BGB Rn. 710; Küttner/*Kreitner*, Personalbuch *Betriebsgeheimnis*, Rn. 4; MüKoBGB/*Spinner* § 611a BGB Rn. 1007; *Oetker* ZESAR 2017, 257, 257, *Rody*, Der Begriff und die Rechtsnatur von Geschäfts- und Betriebsgeheimnissen unter Berücksichtigung der Geheimnisschutz-Richtlinie, S. 31; Staudinger/*Richardi/Fischinger* § 611 BGB Rn. 1201.

151 ErfK/*Preis* § 611a BGB Rn. 707; HWK/*Thüsing* § 611a BGB Rn. 501; *Kamanabrou*, Arbeitsrecht § 15 Rn. 837;

152 AR-*Löwisch* § 241 BGB Rn. 1–2; *Kamanabrou*, Arbeitsrecht § 15 Rn. 837.

Gemeinschaftsverhältnis gewertet wurde, welches den Parteien weitergehende Treue- und Fürsorgepflichten auferlegt.[153] Diese Ansicht ist mittlerweile überholt. Nach heutigem Verständnis ist der Arbeitsvertrag ein klassisches Austauschverhältnis, welches beide Parteien gemäß § 242 BGB verpflichtet, die Hauptleistungspflicht so zu erfüllen, wie Treu und Glauben mit Rücksicht auf die Verkehrssitte es verlangen.[154] Unter Rückgriff auf § 241 II BGB begründet der Arbeitsvertrag eine Vielzahl von Nebenpflichten, die dem Arbeitnehmer Rücksichtnahme, Schutz und Förderung des Vertragszwecks abverlangen.[155] Dabei ergibt sich der konkrete Inhalt der Nebenpflichten aus dem jeweiligen Arbeitsverhältnis.[156] Ein allgemein anerkanntes System zur Kategorisierung dieser Pflichten existiert nicht.[157] Meist erfolgt jedoch eine Unterteilung in Interessenwahrungs- bzw. Unterlassungspflichten, Schutzpflichten und Verhaltenspflichten.[158] Dabei haben Rechtsprechung und Literatur einzelne Fallgruppen übereinstimmend anerkannt.[159] Hierbei wurden Betriebs- und Geschäftsgeheimnisse an verschiedenen Punkten relevant. Um dies nachvollziehbar zu skizzieren, müssen die einzelnen in Rede stehenden Nebenpflichten getrennt betrachtet werden.

II. Arbeitsvertragliche Interessenwahrungspflicht

Eine Untergruppe des arbeitsvertraglichen Pflichtengefüges bildet die allgemeine Interessenwahrungspflicht.[160] Nach ursprünglicher Formulierung des Bundesarbeitsgerichts muss der Arbeitnehmer den Interessen des Arbeitgebers dahingehend Rechnung tragen, dass er sämtliche Tätigkeiten zu unterlassen

153 *Depenheuer,* Zulässigkeit und Grenzen der Verwertung von Unternehmensgeheimnissen, S. 12; ErfK/ *Preis* § 611a BGB Rn. 707; HWK/*Thüsing* § 611a BGB Rn. 500/501; *Kamanabrou,* Arbeitsrecht § 15 Rn. 838; *Preis/Temming,* Arbeitsrecht I, S. 250 Rn. 1160; *Reinfeld,* Verschwiegenheitspflicht und Geheimnisschutz im Arbeitsrecht, S. 3; *Reinhold,* MünchArbR § 53 Rn. 8; Schaub/*Linck* § 53 Rn. 1–2.

154 HWK/*Thüsing* § 611a BGB Rn. 501.

155 AR-*Löwisch* § 241 BGB Rn. 1–2; BeckOK ArbR/*Joussen* BGB § 611a Rn. 443; ErfK/*Preis* § 611a BGB Rn. 707; HWK/*Thüsing* § 611a BGB Rn. 500; *Reichhold,* MünchArbR § 53 Rn. 13; *Preis/Temming,* Arbeitsrecht I, S. 250 Rn. 1160; Schaub/*Linck* § 53 Rn. 3.

156 *Reichhold,* MünchArbR § 53 Rn. 13.

157 BeckOK ArbR/*Joussen* BGB § 611a Rn. 444; HWK/*Thüsing* § 611a BGB Rn. 502.

158 AR-*Löwisch* § 241 BGB Rn. 2; BeckOGK/*Maties* BGB § 611a Rn. 976; ErfK/*Preis* § 611a BGB Rn. 709; *Reichhold,* MünchArbR § 53 Rn. 15/16; *Preis/Temming,* Arbeitsrecht I, S. 251 Rn. 1172.

159 BeckOK ArbR/*Joussen* BGB § 611a Rn. 443.

160 BAG NZA 1991, 141, 142 = AP BGB § 611 Treuepflicht Nr. 10; BAG 2016, 540 Rn. 24 = AP KSchG 1996 § 1 Verhaltensbedingte Kündigung Nr. 75; BAG NZA 2017, 703, 703 Rn. 11 = AP KSchG 1969 § 1 Verhaltensbedingte Kündigung Nr. 76.

hat, die diesen schädigen können.[161] Diese Formel wurde in der Literatur aufgrund ihrer Allgemeinheit kritisiert.[162] Die Interessenwahrungspflicht müsse durch Fallgruppen weiter konkretisiert werden, die auch die Rechte der Arbeitnehmer ausreichend berücksichtigen.[163] Zudem müsse die von dem Arbeitnehmer abverlangte Rücksichtnahme sachlich mit der Hauptleistungspflicht verknüpft sein.[164] Danach lässt sich die allgemeine Interessenwahrungspflicht dahingehend zusammenfassen, dass Arbeitnehmer die mit dem Arbeitsverhältnis in Zusammenhang stehenden Interessen des Arbeitgebers in dem Maße zu wahren haben, wie es unter Berücksichtigung ihrer Stellung im Betrieb, ihrer Interessen, der Interessen der übrigen Arbeitnehmer und des übergeordneten Vertragszwecks nach dem Grundsatz von Treu und Glauben gerechtfertigt erscheint.[165] Kommt ein Arbeitnehmer bei der Durchführung seiner Hauptleistungspflichten mit unternehmensinternen Informationen in Berührung und behandelt diese nicht vertraulich, kann dieses Verhalten einen Bruch der arbeitsvertraglichen Interessenwahrungspflicht bedeuten.[166] Dies galt insbesondere auch, wenn es sich bei den fraglichen Informationen tatbestandlich um ein Betriebs- und Geschäftsgeheimnis handelt.[167] Zwingend war dies jedoch nicht, da die geforderte Rücksichtnahme des Arbeitnehmers gegenständlich nicht auf Unternehmensgeheimnisse beschränkt ist.[168] Das als Bruch der allgemeinen Interessenwahrungspflicht bemakelte Verhalten war nicht die Geheimnisverletzung an sich, sondern die damit verstandene mangelnde Rücksichtnahme auf die Interessen und Rechtsgüter des Arbeitgebers. Die Offenlegung bzw. Nutzung eines Betriebs- oder Geschäftsgeheimnisses war damit eine hinreichende, jedoch nicht notwendige Voraussetzung, um eine arbeitsvertragliche Verletzung der allgemeinen Interessenwahrungspflicht zu bejahen.

---

161 BAG AP BGB § 611 Treuepflicht Nr. 7; BAG NZA 1991, 141, 142 = AP BGB § 611 Treuepflicht Nr. 10.

162 BeckOK/*Joussen* BGB § 611a Rn. 443; ErfK/*Preis* § 611a BGB Rn. 709; ebenfalls kritisch BAG NZA 2010, 693, 694 Rn. 17 = AP GG Art. 12 Nr. 141.

163 BeckOK/*Joussen* BGB § 611a Rn. 443.

164 BeckOK ArbR/*Joussen* BGB § 611a Rn. 444; ErfK/*Preis* § 611a BGB Rn. 708; *Reichhold,* MünchArbR § 53 Rn. 13; Staudinger/*Richardi/Fischinger* § 611 BGB Rn. 1168.

165 DHSW/*Kreuder/Matthiessen-Kreuder* § 611 a BGB Rn. 471; ErfK/*Preis* § 611a BGB Rn. 707; HWK/*Thüsing* § 611a BGB Rn. 500; *Reichhold,* MünchArbR § 53 Rn. 1; MüKoBGB/*Spinner* § 611a BGB Rn. 993; *Preis/Temming,* Arbeitsrecht I, S. 252 Rn. 1173; *Reinfeld,* Verschwiegenheitspflicht und Geheimnisschutz im Arbeitsrecht, S. 4; Schaub/*Link* § 53 Rn. 3.

166 *Richters/Wodtke* NZA-RR 2003, 281, 283.

167 *Reinfeld,* Verschwiegenheitspflicht und Geheimnisschutz im Arbeitsrecht, S. 6.

168 *Reichhold,* MünchArbR § 54 Rn. 38; *Richters/Wodtke* NZA-RR 2003, 281, 283.

III. Arbeitsvertragliche Pflicht zur Verschwiegenheit

1. *Inhalt der Verschwiegenheitspflicht*

Vor den Neuregelungen war eine anerkannte Konkretisierung der Interessenwahrungspflichten die arbeitsvertragliche Pflicht zur Verschwiegenheit.[169] Inhaltlich war diese Pflicht darauf gerichtet, dass Arbeitnehmer Betriebs- und Geschäftsgeheimnisse ihres Arbeitgebers Dritten gegenüber nicht offenbaren dürfen.[170] Dabei wirkte der Begriff des Betriebs- und Geschäftsgeheimnisses konkretisierend. Dessen tatbestandliche Voraussetzungen müssen stets vorliegen, damit der Anwendungsbereich der Fallgruppe eröffnet ist.[171] Auf die Definition dieses Begriffes und die mit dieser einhergehenden einzelnen Tatbestandsmerkmale ist an späterer Stelle gesondert einzugehen.[172]

---

169 BAG NZA 2004, 427, 429 = AP KSchG 1969 § 1 Verhaltensbedingte Kündigung Nr. 45; BAG NZA 2009, 855, 858 Rn. 23 = AP BetrVG 1972 § 103 Nr. 58; BAG NZA 2014, 1258, 1260 Rn. 26 = AP BGB § 626 Nr. 247; *Becker,* Whistleblowing, S. 32/33; *Brungs,* Whistleblowing, S. 39; *Depenheuer,* Zulässigkeit und Grenzen der Verwertung von Unternehmensgeheimnissen durch den Arbeitnehmer, S. 17; DHSW/*Kreuder/Matthiessen-Kreuder* § 611 a BGB Rn. 485; ErfK/*Preis* § 611a BGB Rn. 710; Harte-Bavendamm/Ohly/*Kalbfus* Einl. C. Rn. 5; HWK/*Thüsing* § 611a BGB Rn. 503; *Kamanabrou,* Arbeitsrecht § 15 Rn. 841; *Kreitner,* Küttner Personalbuch, S. 914 Rn. 4; *Reichhold,* MünchArbR § 54 Rn. 32 ¸MüKoBGB/*Spinner* § 611a BGB Rn. 1007; *Preis/Temming,* Arbeitsrecht I, S. 252 Rn. 1174; *Richters/Wodtke* NZA-RR 2003, 281, 283; *Salger/Breitfeld* BB 2005, 154, 155; Schaub/*Linck* § 53 Rn. 47; *Taeger,* Die Offenbarung von Betriebs- und Geschäftsgeheimnissen, S. 95.

170 BAG NZA 2004, 427, 229 = AP KSchG 1969 § 1 Verhaltensbedingte Kündigung Nr. 45; BAG NZA 2009, 855, 858 Rn. 23 = AP BetrVG 1972 § 103 Nr. 58; BAG NZA 2014, 1258, 1260 Rn. 26 = AP BGB § 626 Nr. 247; *Becker,* Whistleblowing, S. 32/33; *Brungs,* Whistleblowing, S. 39; *Depenheuer,* Zulässigkeit und Grenzen der Verwertung von Unternehmensgeheimnissen durch den Arbeitnehmer, S. 17; DHSW/*Kreuder/Matthiessen-Kreuder* § 611 a BGB Rn. 485; ErfK/*Preis* § 611a BGB Rn. 710; HWK/*Thüsing* § 611a BGB Rn. 503; *Kamanabrou,* Arbeitsrecht § 15 Rn. 841; *Kreitner,* Küttner Personalbuch, S. 914 Rn. 4; *Reichhold,* MünchArbR § 54 Rn. 32 ¸MüKoBGB/*Spinner* § 611a BGB Rn. 1007; *Preis/Temming,* Arbeitsrecht I, S. 252 Rn. 1174; *Richters/Wodtke* NZA-RR 2003, 281, 283; *Salger/Breitfeld* BB 2005, 154, 155; Schaub/*Linck* § 53 Rn. 47; *Taeger,* Die Offenbarung von Betriebs- und Geschäftsgeheimnissen, S. 95.

171 ErfK/*Preis* § 611a BGB Rn. 711; Küttner/*Kreitner,* Personalbuch *Betriebsgeheimnis,* Rn. 4; *Reichhold,* MünchArbR § 54 Rn. 33; MüKoBGB/*Spinner* § 611a BGB Rn. 1007; *Preis/Temming,* Arbeitsrecht I, S. 252 Rn. 1175; *Reinfeld,* Verschwiegenheitspflicht und Geheimnisschutz im Arbeitsrecht, S. 5; Staudinger/*Richardi/Fischinger* § 611 BGB Rn. 1212; die vertragliche Verschwiegenheitspflicht weiter verstehend Harte-Bavendamm/Ohly/*Kalbfus* Einl. C. Rn. 7.

172 Zu den Voraussetzungen eines Betriebs- und Geschäftsgeheimnisses, siehe Teil 1, § 2, C., S. 65ff.

2. *Zeitlicher Geltungsbereich*

Die arbeitsvertragliche Verschwiegenheitspflicht bestand während des gesamten Zeitraumes zwischen rechtlicher Begründung und Beendigung des Arbeitsverhältnisses.[173] Darüber hinaus kann bereits vor Abschluss des Arbeitsvertrages ein Schuldverhältnis gemäß §§ 311 II, 241 II BGB entstehen, welches entsprechende Nebenpflichten beinhaltet. Je nach Fallkonstellation konnten Arbeitnehmer deshalb bereits mit der Aufnahme von Vertragsverhandlungen (§ 311 II Nr. 1 BGB) und während des Zeitraumes der Vertragsanbahnung (§ 311 II Nr. 2 BGB) verpflichtet sein, in diesem Zusammenhang erlangte Kenntnisse über Betriebs- und Geschäftsgeheimnisse für sich zu behalten.[174]

Ob die Verschwiegenheitspflicht auch in das Stadium nach der Beendigung des Dienst- oder Arbeitsverhältnisses fortwirken konnte, wurde nicht einheitlich beantwortet. In frühen Entscheidungen des Bundesgerichtshofs finden sich Stellungnahmen dahingehend, dass Verschwiegenheitspflichten der Arbeitnehmer unter besonderen Umständen auch nach Beendigung des Arbeitsverhältnisses bestehen können.[175] In jüngeren Entscheidungen wird jedoch zunehmend betont, dass dies nur vorbehaltlich besonderer Umstände angenommen werden kann und Arbeitnehmer in der Weitergabe und Verwertung redlich erlangter Betriebsgeheimnisse grundsätzlich frei sind.[176] Dem wurde in der Literatur teilweise eine generell ablehnende Haltung bezüglich der nachvertraglichen Fortwirkung der arbeitsvertraglichen Verschwiegenheitspflicht entnommen.[177] Dagegen sind die späteren Feststellungen des Bundesgerichtshofs dahin zu deuten, dass eine Nachwirkung nicht ohne weiteres, sondern nur bei Vorliegen besonderer Umstände angenommen werden kann. Diese müssen im Rahmen einer Interessenabwägung unter Einbeziehung aller relevanter Faktoren ermittelt werden.[178]

Das Bundesarbeitsgericht betonte in seinen Entscheidungen dagegen, dass Arbeitnehmer grundsätzlich auch über das Arbeitsverhältnis hinaus verpflichtet seien, Betriebs- und Geschäftsgeheimnisse vertraulich zu behandeln.[179] Dies gelte jedoch nur eingeschränkt, da ehemalige Beschäftigte die Geheimnisse Dritten gegenüber zwar nicht offenlegen, rechtmäßig erworbenes Erfahrungswissen

---

173 BGH NJW 1955, 463, 463 = AP UWG § 17 Nr. 2; BeckOK ArbR/*Joussen* BGB § 611a Rn. 470; *Reichhold,* MünchArbR § 54 Rn. 43; Schaub/*Linck* § 53 Rn. 52.

174 BeckOK ArbR/*Joussen* BGB § 611a Rn. 470; Küttner/*Kreitner,* Personalbuch *Betriebsgeheimnis,* Rn. 6; *Richters/Wodtke* NZA-RR 2003, 281, 283; Schaub/*Linck* § 53 Rn. 52.

175 BGH NJW 1955, 463 = AP § 60 HGB Nr. 1; BGH GRUR 1963, 367, 369 = AP UWG § 17 Nr. 7.

176 BGH GRUR 1983, 179, 180 = AP UWG § 17 Nr. 11; BGH NJOZ 2001, 2357, 2361.

177 *Depenheuer,* Zulässigkeit und Grenzen der Verwertung von Unternehmensgeheimnissen durch den Arbeitnehmer, S. 28; *Salger/Breitfeld* BB 2005, 154, 156.

178 *Richters/Wodtke* NZA-RR 2003, 281, 286.

179 BAG NJW 1983, 134, 135 = AP BGB § 611 Betriebsgeheimnis Nr. 1; BAG NZA 1988, 502 = AP BGB § 611 Betriebsgeheimnis Nr. 5.

und ordnungsgemäß angeeignete Kenntnisse jedoch frei nutzen dürfen.[180] Dem folgte die wohl herrschende Meinung in der Literatur.[181] Einige kritische Stimmen sahen darin jedoch eine unzulässige Beschränkung der beruflichen Entwicklungsmöglichkeiten des einzelnen Arbeitnehmers.[182] Darüber hinaus verweisen Rechtsprechung und Literatur auf die Möglichkeit, die nachvertragliche Geheimhaltungspflicht individualvertraglich abzusichern und knüpfen dies an besondere Voraussetzungen.[183] Diese sind an gesonderter Stelle eingehend zu erörtern.[184]

3. *Rechtsfolgen einer arbeitsvertraglichen Pflichtverletzung*

Die Verletzung der arbeitsvertraglichen Verschwiegenheitspflicht konnte dogmatisch als Schlechtleistung im weiteren Sinne gewertet werden.[185] Eine Schlechtleistung berührt die synallagmatische Hauptleistungsbeziehung zwischen Arbeitnehmer und Arbeitgeber nicht unmittelbar. Der Arbeitnehmer muss seiner Hauptleistungspflicht weiterhin nachkommen. Auch sein Lohnanspruch besteht fort.[186] Für den Arbeitgeber bestehen jedoch mehrere rechtliche Möglichkeiten auf die Schlechtleistung des Arbeitnehmers zu reagieren. Zunächst kann er von dem Arbeitnehmer ein Unterlassen der geheimnisverletzenden Handlung nach den allgemeinen Regeln gemäß §§ 74 I HGB, 1004 BGB verlangen.[187] Außerdem kann der Arbeitnehmer dem Arbeitgeber gemäß §§ 280 I, 241 II BGB bzw. § 823 I, II BGB i.V.m. Schutzgesetzen auf Ersatz des entstandenen Schadens haften.[188]

---

180 BAG NZA 1988, 502, 504 = AP BGB § 611 Betriebsgeheimnis Nr. 5; BAG NZA 1994, 502, 505 = AP BGB § 611 Konkurrenzklausel Nr. 40.

181 AR-*Kamanabrou* § 611a BGB Rn. 378; BeckOK ArbR/*Joussen* BGB § 611a Rn. 470; *Dietz*, FS Hedemann, S. 330, 344; Küttner/*Kreitner*, Personalbuch *Betriebsgeheimnis*, Rn. 9; *Reichhold*, MünchArbR § 54 Rn. 44; MüKoBGB/*Spinner* § 611a BGB Rn. 1012; *Reinfeld*, Verschwiegenheitspflicht und Geheimnisschutz im Arbeitsrecht, S. 13; Schaub/*Linck* § 53 Rn. 53; kritisch *Preis/Reinfeld* AuR 1989, 361, 365.

182 *Gaul* NZA 1988, 225, 233; *Depenheuer*, Zulässigkeiten und Grenzen der Verwertung von Unternehmensgeheimnissen durch den Arbeitnehmer, S. 52; Staudinger/*Richardi/Fischinger* § 611 BGB Rn. 1214; ebenfalls kritisch HWK/*Thüsing* § 611a BGB Rn. 504; *Taeger*, Die Offenbarung von Betriebs- und Geschäftsgeheimnissen, S. 97.

183 Schaub/*Linck* § 53 Rn. 53.

184 Zu den Voraussetzungen arbeitsvertraglicher Verschwiegenheitsklauseln, siehe Teil 3, § 12, C., S. 376ff.

185 BeckOK ArbR/*Joussen* BGB § 611a Rn. 420; ErfK/*Preis* § 611a BGB Rn. 682; *Reichhold*, MünchArbR § 43 Rn. 30.

186 *Preis/Temming*, Arbeitsrecht I, S. 517 Rn. 2454.

187 AR-*Kamanabrou* § 611a BGB Rn. 379; *Preis/Temming*, Arbeitsrecht I, S. 521 Rn. 2476, *Reinfeld*, Verschwiegenheitspflicht und Geheimnisschutz im Arbeitsrecht, S. 46ff.; *Taeger*, Die Offenbarung von Betriebs- und Geschäftsgeheimnissen, S. 100.

188 AR-*Kamanabrou* § 611a BGB Rn. 379; ErfK/*Preis* § 611a BGB Rn. 748; *Reichhold*, MünchArbR § 54 Rn. 46; MüKoBGB/*Ernst* § 280 Rn. 91; *Preis/Temming*, Arbeitsrecht, S. 521 Rn. 2478; *Reinfeld*, Verschwiegenheitspflicht und Geheimnisschutz im

Die Weitergabe eines Betriebs- oder Geschäftsgeheimnisses kann zur Begründung einer verhaltensbedingten ordentlichen und gegebenenfalls außerordentlichen Kündigung herangezogen werden.[189] Als Vorstufe zu dieser kommt zudem eine Abmahnung in Betracht.[190] Denkbar ist auch die Verwirkung einer Vertragsstrafe, wie zum Beispiel im Falle eines Wettbewerbsverbots[191], sofern die Vertragsparteien dieses wirksam vereinbart haben.[192]

C. Tradiertes Verständnis von der Reichweite des Geheimnisschutzes

I. Einführung

Die vorgestellten gesetzlichen Vorschriften und die arbeitsvertragliche Pflicht zur Verschwiegenheit knüpfen übereinstimmend an den Begriff des Betriebs- und Geschäftsgeheimnisses an. Ungeachtet der damit einhergehenden Relevanz dieses Begriffspaares existierte nach der vormaligen Rechtslage keine Legaldefinition.[193] Als der Schutz von Betriebs- und Geschäftsgeheimnissen mit dem Inkrafttreten des UWG 1896 erstmalig kodifiziert wurde, wurde eine Legaldefinition für überflüssig erachtet.[194] Dieser Begriff sei sowohl umgangssprachlich als auch rechtlich

---

Arbeitsrecht, S. 50ff; *Taeger,* Die Offenbarung von Betriebs- und Geschäftsgeheimnissen, S. 100.

189 AR-*Kamanabrou* § 611a BGB Rn. 379; BeckOK ArbR/*Joussen* BGB § 611a Rn. 471; ErfK/*Preis* § 611a BGB Rn. 748; HWK/*Thüsing* § 611a BGB Rn. 505; MüKoBGB/*Ernst* § 280 Rn. 91; *Reichhold,* MünchArbR § 54 Rn. 46; *Preis/Temming,* Arbeitsrecht I, S. 521 Rn. 2480; *Reinfeld,* Verschwiegenheitspflicht und Geheimnisschutz im Arbeitsrecht, S. 46; *Taeger,* Die Offenbarung von Betriebs- und Geschäftsgeheimnissen, S. 100.

190 AR-*Kamanabrou* § 611a BGB Rn. 379; BeckOK ArbR/*Joussen* BGB § 611a BGB Rn. 471; ErfK/*Preis* § 611a BGB Rn. 748; ErfK/*Preis* § 626 BGB Rn. 29; HWK/*Thüsing* § 611a BGB Rn. 505; *Preis/Temming,* Arbeitsrecht I, S. 521 Rn. 2480; *Reinfeld,* Verschwiegenheitspflicht und Geheimnisschutz im Arbeitsrecht, S. 46.

191 Näheres zum Wettbewerbsverbot, siehe Teil 3, § 12, C., S. 376ff.

192 ErfK/*Preis* § 611a BGB Rn. 748; HWK/*Thüsing* § 611a BGB Rn. 505; *Reichhold,* MünchArbR § 54 Rn. 47; *Preis/Temming,* Arbeitsrecht I, S. 521 Rn. 2480.

193 *Kalbfus,* Know-how-Schutz in Deutschland zwischen Strafrecht und Zivilrecht, S. 68; *Rody,* Der Begriff und die Rechtsnatur von Geschäfts- und Betriebsgeheimnissen unter Berücksichtigung der Geheimnisschutz-Richtlinie, S. 35; *Wiese,* Die EU-Richtlinie über den Schutz vertraulichen Know-hows und vertraulicher Geschäftsinformationen, S. 21.

194 Ebenfalls dargestellt bei *Kalbfus,* Know-how-Schutz in Deutschland, S. 68; *Prein,* Der Geheimnisschutz im wirtschaftlichen Wettbewerb nach deutschem Recht, S. 3; *Rody,* Der Begriff und die Rechtsnatur von Geschäfts- und Betriebsgeheimnissen unter Berücksichtigung der Geheimnisschutz-Richtlinie, S. 35; *Taeger,* Die Offenbarung von Betriebs- und Geschäftsgeheimnissen, S. 27–29.

vorbekannt.[195] Zudem sei eine einheitliche Definition nur schwer möglich.[196] Andere Stimmen bemängelten den Verzicht auf eine Legaldefinition.[197]

In Ermangelung einer gesetzlichen Regelung wurde der Begriff des „Betriebs- und Geschäftsgeheimnisses" durch Rechtsprechung und Literatur ausgeformt.[198] Für ein tieferes Verständnis der Reichweite des herkömmlichen Geheimnisschutzes ist zunächst das vormalige tatbestandliche Verständnis des Begriffs der Betriebs- und Geschäftsgeheimnisse in Rechtsprechung und Literatur zu betrachten.

II. Herkömmlicher Begriff des Betriebs- und Geschäftsgeheimnisses

1. Begriffsbestimmung durch die Rechtsprechung

Nach gefestigter Rechtsprechung wurden Betriebs- und Geschäftsgeheimnisse definiert als Tatsachen, die im Zusammenhang mit einem Geschäftsbetrieb stehen, nicht offenkundig, sondern nur einem eng begrenzten Personenkreis bekannt sind, an deren Geheimhaltung der Unternehmer ein berechtigtes wirtschaftliches Interesse hat und die nach seinem bekundeten oder doch erkennbaren Willen auch geheim bleiben sollen.[199]

---

195 *Alexander-Katz,* Verhandlungen des 23. DJT, Bd. I, S. 181–182; vgl. die Ausführung bei *Prein,* Der Geheimnisschutz im wirtschaftlichen Wettbewerb nach deutschem Recht, S. 3; *Taeger,* Die Offenbarung von Betriebs- und Geschäftsgeheimnissen, S. 28.

196 *Alexander-Katz,* Verhandlungen des 23. DJT, Bd. I, S. 181–182; Nr. 35, Drucks. des Rechtst. 1895/96, S. 2; vgl. die Ausführungen bei *Prein,* Der Geheimnisschutz im wirtschaftlichen Wettbewerb nach deutschem Recht, S. 3; *Taeger,* Die Offenbarung von Betriebs- und Geschäftsgeheimnissen, S. 28.

197 Vgl. die Darstellung bei *Schmid,* Der gesetzliche Schutz der Fabrik- und Geschäftsgeheimnisse, S. 72–73; *Prein,* Der Geheimnisschutz im wirtschaftlichen Wettbewerb nach deutschem Recht, S. 3.

198 *Kalbfus,* Know-how-Schutz in Deutschland, S. 68; *Rody,* Der Begriff und die Rechtsnatur von Geschäfts- und Betriebsgeheimnissen unter Berücksichtigung der Geheimnisschutz-Richtlinie, S. 35; *Wiese,* Die EU-Richtlinie über den Schutz vertraulichen Know-hows und vertraulicher Geschäftsinformationen, S. 21.

199 BVerfG NVwZ 2006, 1041, 1042, Rn. 87; BGH GRUR 1955, 424, 425; BGH NJW 1995, 2301, 2301; BGH GRUR 2003, 356, 358; BGH GRUR 2006, 1044, 1046 Rn. 19; BGH GRUR 2009, 603, 604 Rn. 13; BGH GRUR 2018, 1161, 1163 Rn. 28; BAG NJW 1983, 134, 134 = AP BGB § 611 Betriebsgeheimnis Nr. 1; BAG NZA 1988, 63, 63 = AP BetrVG 1972 § 79 Nr. 2; BAG NZA 1988, 502, 503 = AP BGB § 611 Betriebsgeheimnis Nr. 5; BAG NZA 2010, 180, 183 Rn. 25 = AP BetrVG 1972 § 87 Nr. 16; OLG Stuttgart wistra 1990, 277, 278; BayObLG GRUR 1991, 694, 695; OLG Celle WRP 2015, 1009 Rn. 14; OLG Jena NJOZ 2016, 175, 183 Rn. 93; LAG Schleswig-Holstein NZA-RR 2016, 77, 78 Rn. 44; zusammenfassend *Köhler*/Bornkamm/Feddersen, 37. Aufl. 2019, § 17 UWG Rn. 4.

Die Ursprünge der Entwicklung der Definition des Begriffes der Betriebs- und Geschäftsgeheimnisse kann bis in die frühen Jahre des 20. Jahrhunderts zurückdatiert werden.[200] Schon das Reichsgericht geht von einer anerkannten, gefestigten Definition aus, die sich zumindest bezüglich des Unternehmensbezugs, der fehlenden Offenkundigkeit und des Geheimhaltungswillens weitgehend mit der soeben vorgestellten deckt.[201] Auch Erwägungen zum Erfordernis eines berechtigten Geheimhaltungsinteresses sind in Entscheidungen des Reichsgerichts zu finden.[202] Dieses stellte fest, dass die Beziehung einer Tatsache zu einem bestimmten Geschäftsbetrieb nicht mit der Veräußerung und der Entfernung einzelner, aus dieser gewonnenen Erzeugnisse aus dem Geschäftsbetrieb beendet wird. Vielmehr stünde die fragliche Tatsache solange in einem Zusammenhang zu dem Betrieb, wie dessen Inhaber ein berechtigtes wirtschaftliches Interesse hat, diesen Zusammenhang geheim zu halten.[203] Mit der Verknüpfung der Merkmale „Unternehmensbezug“ und des erforderlichen berechtigten wirtschaftlichen Geheimhaltungsinteresses forderte somit bereits das Reichsgericht letzteres als weiteres Tatbestandsmerkmal ein.[204]

Unter den Begriff Betriebsgeheimnis fallen technische Vorgänge wie Konstruktionszeichnungen, Herstellungsverfahren und Fertigungsmethoden.[205] Geschäftsgeheimnisse sind dagegen Daten, die sich auf den kaufmännischen Geschäftsverkehr beziehen. Beispiele hierfür sind Kunden- oder Mitarbeiterlisten oder Bilanzen.[206] In der Rechtsprechung und in der Literatur wurde jedoch keine Notwendigkeit

200 Dargestellt bei *Prein,* Der Geheimnisschutz im wirtschaftlichen Wettbewerb nach deutschem Recht, S. 3 und 11ff., *Taeger,* Die Offenbarung von Betriebs- und Geschäftsgeheimnissen, S. 29ff.

201 RG JW 1936, 2081, 2081; RG JW 1938, 3050, 3050f.

202 RG JW 1936, 874, 875 = RGZ 149, 329.

203 RG JW 1936, 874, 875 = RGZ 149, 329.

204 *Rody,* Der Begriff und die Rechtsnatur von Geschäfts- und Betriebsgeheimnissen unter Berücksichtigung der Geheimnisschutz-Richtlinie, S. 37.

205 BVerfG NVwZ 2006, 1041, 1042 Rn. 87; BAG NJW 1988, 1686, 1686 = AP BGB § 611 Betriebsgeheimnis Nr. 5 = NZA 2988, 502, 503; Büscher/*McGuire* Vor §§ 17–19ff. UWG Rn. 8; *Harte-Bavendamm*/Henning-Bodewig § 17 UWG Rn. 7; *Köhler*/Bornkamm/Feddersen, 37. Aufl. 2019, § 17 UWG Rn. 4a; MüKo-Lauterkeitsrecht/*Brammsen* § 17 UWG Rn. 8; *Rody,* Der Begriff und die Rechtsnatur von Geschäfts- und Betriebsgeheimnissen unter Berücksichtigung der Geheimnisschutz-Richtlinie, S. 40; *Wiese,* Die EU-Richtlinie über den Schutz vertraulichen Know-hows und vertraulicher Geschäftsinformationen, S. 22.

206 BVerfG NVwZ 2006, 1041, 1042, Rn. 87; BAG NJW 1988, 1686, 1686 = AP BGB § 611 Betriebsgeheimnis Nr. 5 = BAG NZA 1988, 502, 503; LAG Schl.-H. NZA-RR 2016, 77 Rn. 46; Büscher/*McGuire* Vor §§ 17–19 UWG Rn. 11; *Köhler*/Bornkamm/Feddersen, 37. Aufl. 2019, § 17 UWG Rn. 12; *Rody,* Der Begriff und die Rechtsnatur von Geschäfts- und Betriebsgeheimnissen unter Berücksichtigung der Geheimnisschutz-Richtlinie, S. 39; *Wiese,* Die EU-Richtlinie über den Schutz vertraulichen Know-hows und vertraulicher Geschäftsinformationen, S. 22.

gesehen, diese beiden Begriffe weiter abzugrenzen und hierfür Kriterien herauszubilden, da das Gesetz hinsichtlich der Rechtsfolgen keine Differenzierung vorgesehen hatte.[207] Nach der Definition der Rechtsprechung waren somit vier Voraussetzungen vonnöten um den Geheimnisschutz auszulösen. Bei diesen vier Voraussetzungen handelte es sich um den Zusammenhang mit einem Geschäftsbetrieb (1); die fehlende Offenkundigkeit (2); das Geheimhaltungsinteresse (3) und den Geheimhaltungswillen (4).

2. *Generelle Übernahme des Begriffsverständnisses durch die einschlägige Literatur*

Der Begriff des Betriebs- und Geschäftsgeheimnisses ist Gegenstand verschiedenster Rechtsmaterien.[208] Dementsprechend wurde das Begriffsverständnis unter anderem in der lauterkeitsrechtlichen, der individualarbeitsrechtlichen, der betriebsverfassungsrechtlichen und der aktienrechtlichen Literatur thematisiert. Diese unterschiedlichen Zusammenhänge werden bei der Betrachtung des tradierten arbeitsrechtlichen Verständnisses des Geheimnisschutzes relevant. Auch voranzustellen ist, dass die herrschende Meinung in der Literatur rechtsgebietsübergreifend die von der Rechtsprechung herausgearbeiteten Kriterien adaptiert hat.[209] Somit war der oben vorgestellten Definition, durchaus eine gewisse Allgemeingültigkeit zuzusprechen.[210] Für die Interpretation der Tatbestandsmerkmale wurde weiterhin auf die Ausführungen und Konzeptionen zurückgegriffen, die zu

---

207 *Köhler*/Bornkamm/Feddersen, 37. Auf. 2019, § 17 UWG Rn. 4a; *Reichold,* MünchArbR § 54 Rn. 34; MüKo-Lauterkeitsrecht/*Brammsen* § 17 UWG Rn. 8; *Preis/Reinfeld,* AuR 1989, 261, 362; *Reinfeld,* Verschwiegenheitspflicht und Geheimnisschutz im Arbeitsrecht, S. 4; *Schnabel* CR 2016, 342, 343; zusammenfassend *Rody,* Der Begriff und die Rechtsnatur von Geschäfts- und Betriebsgeheimnissen, S. 40–41.

208 Siehe Teil 1, § 2, A., IV., 4., S. 58f.

209 *Beyer,* Whistleblowing in Deutschland und Großbritannien, S. 71, DKKW/*Buschmann,* 16. Aufl. 2018, § 79 Rn. 7; ErfK/*Kania* § 79 BetrVG Rn. 2; ErfK/*Preis* § 611a Rn. 711; Fetzer/Büscher/Obergfell/*Rengier* § 17 UWG Rn. 7; Fitting, 29. Aufl. 2018, § 79 BetrVG Rn. 3; GK-BetrVG/Oetker § 79 Rn. 11; GK-UWG/*Wolters* § 17 Rn. 13; *Harte-Bavendamm*/Hennig-Bodewig § 17 UWG Rn. 1; AnwK-ArbR/*Besgen* § 79 BetrVG Rn. 2; HWK/*Thüsing* § 611a BGB Rn. 503; *Köhler*/Bornkamm/Feddersen, 37. Aufl. 2019, § 17 UWG Rn. 4; DHZ/*Becker* § 54 Rn. 5; *Reichold,* MünchArbR § 54 Rn. 33; MüKo-Lauterkeitsrecht/*Brammsen* § 17 UWG Rn. 9; *Ohly*/Sosnitza § 17 UWG Rn. 5; *Preis,* Arbeitsrecht I, 5. Aufl. 2017, S. 243 Rn. 1175, *Reinfeld,* Verschwiegenheitspflicht und Geheimnisschutz im Arbeitsrecht, S.5; Richardi/*Thüsing* § 79 Rn. 5; zusammenfassend *Rody,* Der Begriff und die Rechtsnatur von Geschäfts- und Betriebsgeheimnissen unter Berücksichtigung der Geheimnisschutz-Richtlinie, S. 37; *Wiese,* Die EU-Richtlinie über den Schutz vertraulichen Know-hows und vertraulicher Geschäftsinformationen, S. 21.

210 MüKo-Lauterkeitsrecht/*Brammsen* § 17 UWG Rn. 9.

der früheren Definition des § 17 UWG entwickelt wurden.[211] Nichtsdestotrotz zeigt eine genaue Betrachtung der Tatbestandsmerkmale einige Divergenzen im Verständnis der verschiedenen Auffassungen in der Literatur und Rechtsprechung.

3. Verknüpfung der zu schützenden Tatsache mit einem Geschäftsbetrieb

Sowohl die Rechtsprechung als auch die lauterkeitsrechtliche, arbeitsrechtliche und betriebsverfassungsrechtliche Literatur forderten übereinstimmend unter dem Schlagwort Unternehmensbezug, dass die geheim zu haltende Tatsache im Zusammenhang mit dem Geschäftsbetrieb steht.[212] Präziser forderte man im betriebsverfassungsrechtlichen Kontext, dass die Tatsache mit dem technischen Betrieb und seinen Abläufen oder mit der wirtschaftlichen Betätigung des Unternehmens in Zusammenhang steht.[213]

Unter Tatsachen verstand man in diesem Zusammenhang alle inneren oder äußeren, vergangenen oder gegenwärtigen, sinnlich wahrnehmbaren Geschehnisse, die einem objektiven Beweis zugänglich sind. Hierunter können sowohl körperliche Gegenstände als auch geistige Sachverhalte fallen.[214] Untechnisch gesprochen kann mithin alles, was objektiv erfasst und in Bezug zur Realität gesetzt werden kann, ein Betriebs- oder Geschäftsgeheimnis darstellen. Darüber hinaus musste diese Tatsache in Zusammenhang mit einem Geschäftsbetrieb stehen. Hinter diesem Erfordernis verbarg sich, dass die geheim zu haltende Tatsache aus der Sphäre des Unternehmens stammt und dergestalt mit diesem verknüpft

---

211 DHSW/*Kreuder/Matthiessen-Kreuder* § 611 a BGB Rn. 485; GK-BetrVG/*Oetker* § 79 BetrVG Rn. 11; *Oetker* ZESAR 2017, 257, 258; Richardi/*Thüsing* § 79 Rn. 5; *Schnabel* CR 2016; 342, 343.

212 So schon RGZ 149, 329, 332; außerdem BGH GRUR 1955, 424, 426; BGH GRUR 1961, 40, 43; BGH GRUR 2003, 356, 358; BGH GRUR 2006, 1044, 1046 Rn. 28; BGH GRUR 2009, 603, 604 Rn. 13; BGH GRUR 2018, 1161, 1163 Rn. 28; BAG NJW 1983, 134, 134 = AP BGB § 611 Betriebsgeheimnis Nr. 1; BAG NZA 1988, 63, 63 = AP BetrVG 1972 § 79 Nr. 2; BAG NZA 1988, 502, 503 = AP BGB § 611 Betriebsgeheimnis Nr. 5; BAG NZA 2010, 180, 183 Rn. 25 = AP BetrVG 1972 § 87 Nr. 16; BayObLG GRUR 1991, 694, 695; LAG Schleswig-Holstein NZA-RR 2016, 77, 78 Rn. 44; Fetzer/Büscher/Obergfell/*Rengier* § 17 UWG Rn. 10; GK-UWG/*Wolters* § 17 Rn. 14; *Harte-Bavendamm*/Hennig-Bodewig § 17 UWG Rn. 2; *Köhler*/Bornkamm/Feddersen, 37. Aufl. 2019, § 17 UWG Rn. 5; *Kraßer* GRUR 1977, 177, 178; *Reichold,* MünchArbR § 54 Rn. 34; *Mayer* GRUR 2011, 884, 884; MüKo-Lauterkeitsrecht/*Brammsen* § 17 UWG Rn. 12; *Ohly*/Sosnitza § 17 UWG Rn. 6; *Rody,* Der Begriff und die Rechtsnatur von Geschäfts- und Betriebsgeheimnissen, S. 58–59; *Schnabel* CR 342, 343; *Wiese,* Die EU-Richtlinie über den Schutz vertraulichen Know-hows und vertraulicher Geschäftsinformationen, S. 23.

213 DKKW/*Buschmann*, 16. Aufl. 2018 § 79 Rn. 7; ErfK/*Kania* § 79 BetrVG Rn. 2; Fitting, 29. Aufl. 2018, § 79 Rn. 3; GK-BetrVG/*Oetker* § 79 Rn. 11.

214 MüKo-Lauterkeitsrecht/*Brammsen* § 17 UWG Rn. 10.

ist, dass sich ihr Bekanntwerden konkret auf die Tätigkeit des Unternehmens auswirkt.[215] Dieser Bezug zwischen Tatsache und Unternehmen fehlte zum Beispiel bei Tatsachen, die der Privatsphäre des Unternehmers, seiner Mitarbeiter oder Dritten zugehören.[216]

Das Tatbestandsmerkmal setzt somit grundsätzlich zweierlei voraus. Die geheim zu haltende Tatsache musste sich einem Unternehmen konkret zuordnen lassen. Darüber hinaus musste sie geschäftlicher Natur sein. Es darf sich nicht um ein privates Geheimnis handeln.[217] Für den Unternehmensbezug war es irrelevant, ob bestimmte Tatsachen per se geheim gehalten werden sollten oder nur die Information, dass grundsätzlich bekannte Tatsachen in Bezug zu einem bestimmten Unternehmen gesetzt werden können.[218] Zudem konnte der Unternehmensbezug nicht nachträglich dadurch beseitigt werden, dass Waren, in denen das Geheimnis verkörpert ist, durch Verkauf oder Entsorgung die Sphäre des Unternehmens verlassen.[219]

4. Erfordernis tatsächlicher Geheimheit

a) Allgemeine Eingrenzung des Tatbestandsmerkmals

Schon begriffsnotwendig war erforderlich, dass das in Rede stehende potenzielle Geheimnis noch unbekannt ist. Deswegen wurde tatbestandsbegrenzend verlangt, dass die Tatsache nicht offenkundig, sondern nur einem eng begrenzten Personenkreis bekannt sein durfte.[220] Präzisiert wurde dieses Merkmal, indem zunächst

---

215 OLG Hamm BeckRS 1992, 2681; *Mayer* GRUR 2011, 884, 885; *Wiese*, Die EU-Richtlinie über den Schutz vertraulichen Know-hows und vertraulicher Geschäftsinformationen, S. 36.

216 OLG Stuttgart GRUR 1982, 315, 316; OLG Stuttgart wistra 1990, 277, 278; Fetzer/Büscher/Obergfell/*Rengier* § 17 UWG Rn. 10f.; *Köhler*/Bornkamm/Feddersen, 37. Aufl. 2019, § 17 UWG Rn. 5; *Mayer* GRUR 2011, 884, 884; *Schnabel*, CR 2016, 342, 343.

217 *Ohly*/Sosnitza § 17 UWG § 17 Rn. 6.

218 BGH GRUR 1961, 40, 43; BGH GRUR 1963, 207, 211; BGH GRUR 2003, 256, 258; OLG Hamm BeckRS 1922, 1333 Rn. 28; *Köhler*/Bornkamm/Feddersen, 37. Aufl. 2019, § 17 UWG Rn. 5; *Mayer* GRUR 2011, 884, 885.

219 RG JW 1932 874, 875 = RGZ 149, 329, 334; BayObLG GRUR 1991, 694, 695; MüKo-Lauterkeitsrecht/*Brammsen* § UWG 17 Rn. 2b; *Rody*, Der Begriff und die Rechtsnatur von Geschäfts- und Betriebsgeheimnissen, S. 76; *Wiese*, Die EU-Richtlinie über den Schutz vertraulichen Know-hows und vertraulicher Geschäftsinformationen, S. 36.

220 RG JW 1936 2081, 2081; RG JW 1938, 3050, 3051; BGH GRUR 1955, 424, 426; BGH NJW 1995, 2301, 2301; BGH GRUR 2003, 356, 358; BGH GRUR 2006, 1044, 1046 Rn. 19; BGH GRUR 2009, 603, 604 Rn. 13; BGH GRUR 2018, 1161, 1163 Rn. 28; BAG NJW 1983, 134, 134 = AP BGB § 611 Betriebsgeheimnis Nr. 1; BAG NZA 1988, 63, 63 = AP BetrVG 1972 § 79 Nr. 2; BAG NZA 1988, 502, 503 = AP BGB § 611 Betriebsgeheimnis Nr. 5; BAG NZA 2010, 180, 183 Rn. 25 = AP BetrVG 1972 § 87 Nr. 16; OLG Stuttgart wistra 1990, 277, 278; BayObLG GRUR 1991, 694, 695; LAG Schleswig-Holstein NZA 2016–RR, 77, 78 Rn. 44; ErfK/*Kania* § 79 BetrVG Rn. 2;

definiert wurde, unter welchen Voraussetzungen Offenkundigkeit gegeben ist. Anschließend konnte man negativ abgrenzen, wann diese Voraussetzungen nicht erfüllt sind.[221] Offenkundig war eine Tatsache, die in einer Art und Weise an die Öffentlichkeit gelangt ist, dass jedermann ohne größere Schwierigkeiten und auf normalem lauterem Wege Zugriff hat.[222] Eine Tatsache war hiernach offenkundig, wenn sie allgemein bekannt oder leicht zugänglich ist.[223] Hierbei wurde ein faktischer Maßstab angelegt, sodass nicht die tatsächliche Kenntnisnahme, sondern deren bloße Möglichkeit, entscheidend war.[224] Zudem musste eine Tatsache nicht in ihrer Gesamtheit geheim sein, sondern es genügte auch, dass die genaue Zusammensetzung, Gewichtung und Anordnung einzelner Komponenten unbekannt war.[225]

b) Kriterium der allgemeinen Bekanntheit

Allgemeine Bekanntheit wurde als gegeben angesehen, wenn eine Information dergestalt nach außen gedrungen war, dass man eine beliebige und unkontrollierte Kenntnisnahme durch die Allgemeinheit erwarten konnte.[226] Folglich fiel der Geheimnischarakter nicht per se mit jeder Weitergabe der Information an Außenstehende weg.[227] Vielmehr war die Möglichkeit maßgeblich, den Mitwisserkreis zu kontrollieren.[228] Daraus ergab sich zum Beispiel, dass eine Bekanntmachung

---

ErfK/*Preis* § 611 a BGB Rn. 711; Fetzer/Büscher/Obergfell/*Rengier* § 17 UWG Rn. 12; GK-BetrVG/*Oetker* § 79 Rn. 12; GK-UWG/*Wolters* § 17 Rn. 17; *Harte-Bavendamm*/ Hennig-Bodewig § 17 UWG Rn. 3; HWK/*Thüsing* § 611 a BGB Rn. 503; *Köhler* / Bornkamm/Feddersen, 37. Aufl. 2019, § 17 UWG Rn. 6; *Mayer* GRUR 2011, 884, 885; *Schnabel*, CR 2016, 342, 343; *Wiese*, Die EU-Richtlinie über den Schutz vertraulichen Know-hows und vertraulicher Geschäftsinformationen, S. 23.

221 *Wiese*, Die EU-Richtlinie über den Schutz vertraulichen Know-hows und vertraulicher Geschäftsinformationen, S. 23.

222 BGH GRUR 1958, 297, 299; BGH GRUR 2002, 91, 92f.; ErfK/Preis § 611 a BGB Rn. 712; Harte-*Bavendamm* /Hennig-Bodewig § 17 UWG Rn. 3; MüKo-Lauterkeitsrecht/ *Brammsen* § 17 UWG Rn. 15; *Preis*, Arbeitsrecht I, 5. Aufl. 2017 § 27 Rn. 1177.

223 Fetzer/Büscher/Obergfell/*Rengier* § 17 UWG Rn. 12; GK-BetrVG/*Oetker* § 79 Rn. 12; GK-UWG/*Wolters* § 17 Rn. 17; *Köhler*/Bornkamm/Feddersen, 37. Aufl. 2019, § 17 UWG Rn. 6; *Mayer* GRUR 2011, 884, 885; MüKo-Lauterkeitsrecht/*Brammsen* § 17 UWG Rn. 13; *Ohly*/Sosnitza § 17 UWG Rn. 7; *Wiese*, Die EU-Richtlinie über den Schutz vertraulichen Know-hows und vertraulicher Geschäftsinformationen, S. 23.

224 ErfK/*Preis* § 611a BGB Rn. 712; Fetzer/Büscher/Obergfell/*Rengier* § 17 UWG Rn. 13; GK-BetrVG/*Wolters* § 17 Rn. 18; *Mayer* GRUR 2011, 884,885.

225 BGH GRUR 1966, 152, 154; BGH GRUR 1980, 750,751.

226 GK-UWG/*Wolters* § 17 Rn. 18; *Harte-Bavendamm*/Hennig-Bodewig § 17 UWG Rn. 3; *Köhler* /Bornkamm/Feddersen § 17 UWG Rn. 7; *Mayer* GRUR 2011, 884, 885; MüKoStGB/*Janssen/Maluga* § 17 UWG Rn. 23.

227 *Mayer* GRUR 2011, 884,885.

228 GK-BetrVG/*Oetker* § 79 Rn. 12; *Köhler*/Bornkamm/Feddersen, 37. Aufl. 2019, § 17 UWG Rn. 7a; *Mayer* GRUR 2011, 884, 886; MüKo-Lauterkeitsrecht/*Brammsen* § 17

durch Patentanmeldung oder eine Veröffentlichung in allgemein zugänglichen Medien oder Fachzeitschriften den Geheimnischarakter neutralisierte.[229] Bei einer Weitergabe an einen eingegrenzten Personenkreis musste differenzierend vorgegangen werden und der Geheimnischarakter danach beurteilt werden, ob eine Weitergabe durch diese Personen aufgrund von vertraglichen oder gesetzlichen Geheimhaltungsverpflichtungen oder aus tatsächlichen Gründen beschränkt werden konnte.[230] Maßstab hierbei war jedoch allein die tatsächliche Lage, sodass nicht das normative Bestehen einer Geheimhaltungsverpflichtung, sondern das faktische Einhalten dieser ausschlaggebend war.[231] Bei der Bewertung der Offenkundigkeit legten Rechtsprechung und Literatur keine abstrakten Zahlen fest, sondern machten deutlich, dass es auf die Umstände des Einzelfalls ankommt.[232]

c) Kriterium der leichten Zugänglichkeit

Demgegenüber war eine Information leicht zugänglich, wenn es dem für die Beurteilung maßgeblichen Personenkreis möglich war, sich ohne größere Schwierigkeiten und Opfer mit lauteren Mitteln Kenntnis zu verschaffen.[233] Unter diesem Gesichtspunkt lassen sich jedoch Unstimmigkeiten bezüglich des Beurteilungshorizontes

---

UWG Rn. 16; *Schnabel* CR 2016, 342, 344; *Wiese,* Die EU-Richtlinie über den Schutz vertraulichen Know-hows und vertraulicher Geschäftsinformationen, S. 23.

229 BGH GRUR 1975, 206, 207; BGH GRUR 2012, 1048, 1049; OLG Frankfurt NJW 1996, 264, 264; *Köhler*/Bornkamm/Feddersen, 37. Aufl. 2019, § 17 UWG Rn. 7; *Mayer* GRUR 2011, 884, 886; MüKo-Lauterkeitsrecht/*Brammsen* § 17 UWG Rn. 18; *Ohly*/Sosnitza § 17 UWG Rn. 9; *Wiese,* Die EU-Richtlinie über den Schutz vertraulichen Know-hows und vertraulicher Geschäftsinformationen, S. 23f.

230 Fetzer/Büscher/Obergfell/*Rengier* § 17 UWG Rn. 14; *Harte-Bavendamm*/Hennig-Bodewig § 17 UWG Rn. 4; *Köhler*/Bornkamm/Feddersen, 37. Aufl. 2019, § 17 UWG Rn. 7a; MüKo-Lauterkeitsrecht/*Brammsen* § 17 UWG Rn. 16; *Ohly*/Sosnitza § 17 UWG Rn. 8; *Schnabel,* CR 2016, 342, 344; *Wiese,* Die EU-Richtlinie über den Schutz vertraulichen Know-hows und vertraulicher Geschäftsinformationen, S. 24.

231 *Schnabel* CR 2016, 342, 343; *Wiese,* Die EU-Richtlinie über den Schutz vertraulichen Know-hows und vertraulicher Geschäftsinformationen, S. 25.

232 BayObLG GRUR 1991, 694, 696; Fetzer/Büscher/Obergfell/*Rengier* § 17 UWG Rn. 14; *Harte-Bavendamm*/Hennig-Bodewig § 17 UWG Rn. 4; *Köhler*/Bornkamm/Feddersen, 37. Aufl. 2019. § 17 UWG Rn. 7a; *Mayer* GRUR 2011, 884, 886; MüKo-Lauterkeitsrecht/*Brammsen* § 17 UWG Rn. 14; *Ohly*/Sosnitza § 17 UWG Rn. 8; *Schnabel,* CR 2016, 342, 344.

233 BGH GRUR 1958, 297, 299; BGH GRUR 2006, 1044, 1046 Rn. 19; BGH GRUR 2009, 603, 604 Rn. 13; BGH GRUR 2012, 1048, 1049 Rn. 21; OLG Karlsruhe NStZ-RR 2016, 258, 259; Fetzer/Büscher/Obergfell/*Rengier* § 17 UWG Rn, 12–13; *Köhler*/Bornkamm/Feddersen, 37. Aufl. 2019, § 17 UWG Rn. 8; *Mayer* GRUR 2011, 884, 886; MüKo-Lauterkeitsrecht/*Brammsen* § 17 UWG Rn. 15; *Ohly*/Sosnitza § 17 UWG Rn. 10; *Schnabel* CR 2016, 342, 344; *Wiese,* Die EU-Richtlinie über den Schutz vertraulichen Know-hows und vertraulicher Geschäftsinformationen, S. 26.

feststellen. Literatur und Rechtsprechung legten nicht stringent denselben Personenkreis als Maßstab zugrunde.[234] Während überwiegend gefordert wurde, dass sich jeder Interessierte ohne größere Schwierigkeiten und mit lauteren Mitteln Kenntnis verschaffen kann[235], stellen andere hierfür auf einen durchschnittlichen Fachmann[236] oder die interessierten Fachkreise[237] ab. Wieder andere definierten keine eigene Personengruppe für die leichte Zugänglichkeit und legten somit den Schluss nahe, dass es wie bei der allgemeinen Bekanntheit auf die Allgemeinheit ankommt.[238] Dies wurde teilweise in der Literatur dahingehend interpretiert, dass der Beurteilungshorizont hier dezidiert umstritten war.[239] Nach hier vertretener Auffassung wäre dies jedoch zu weit gegriffen. Es dürfte sich vielmehr um bloße Divergenzen in der Formulierung handeln. Schlüssiger erscheint die Ansicht, dass Bekanntheit oder Zugänglichkeit in der (Fach)-öffentlichkeit als Mindestvoraussetzung genügt.[240] So lässt sich schwerlich begründen, warum derjenige, der eine leichte Zugänglichkeit für jedermann fordert, eine andere Rechtsansicht vertritt als derjenige, der auf jeden Interessierten abstellt, da doch grundsätzlich jeder interessiert sein und deshalb auch jeder jederzeit zum „Interessierten" aufrücken kann. Allein diejenigen, die auf den durchschnittlichen Fachmann abstellen, weichen in gewissen Punkten ab. Allerdings unterscheiden diese Stimmen nicht scharf zwischen der allgemeinen Offenkundigkeit und dem Sonderproblem des Reverse Engineering, sodass der Aussagegehalt nicht überstrapaziert und zu einem veritablen Meinungsstreit ausgeweitet werden darf.

234 So schon *Wiese,* Die EU-Richtlinie über den Schutz vertraulichen Know-hows und vertraulicher Geschäftsinformationen, S. 26.

235 BayObLG GRUR 1991, 694, 695; OLG Karlsruhe NStZ-RR 2016, 258, 259; LAG Schleswig-Holstein. NZA-RR 2016, 77, 78 Rn. 45; *Köhler*/Bornkamm/Feddersen, 37. Aufl. 2019, § 17 UWG Rn. 8; *Mayer* GRUR 2011, 884, 886; MüKo-Lauterkeitsrecht/*Brammsen* § 17 UWG Rn. 15; *Ohly*/Sosnitza § 17 UWG Rn. 10; *Otto* wistra 1988, 125, 126; *Schnabel* CR 2016, 342, 344; *Többens* NStZ 2000, 505, 506.

236 Fezer/Büscher/Obergfell/*Rengier* § 17 UWG Rn. 12; *Harte-Bavendamm*/Hennig-Bodewig § 17 UWG Rn. 3; *Kalbfus,* Know-how-Schutz in Deutschland, S. 84 Rn. 134; auf Wettbewerber abstellend *Götz,* Der Schutz von Betriebs- und Geschäftsgeheimnissen im Zivilverfahren, S. 16; für ein weiteres Verständnis *Witz,* FS Harte-Bavendamm 2020, S. 441, 443.

237 *Baranowski/Glaßl* BB 2016, 2563, 2564; *Heinzke* CCZ 2016, 179, 181.

238 ErfK/*Preis* § 611a BGB Rn. 712; GK-BetrVG/*Oetker* § 79 Rn. 12.

239 *Wiese,* Die EU-Richtlinie über den Schutz vertraulichen Know-hows und vertraulicher Geschäftsinformationen, S. 26ff.

240 *Kalbfus,* Know-how-Schutz in Deutschland zwischen Strafrecht und Zivilrecht, S.84 Rn. 134.

d) Rechtliche Bewertung des Reverse Engineering nach altem Recht

Offenkundigkeit trat nicht allein dadurch ein, dass ein Produkt, in dem geheime Informationen verborgen sind, in den Verkehr gebracht wird.[241] Kontrovers diskutiert wurde unter diesem Gesichtspunkt jedoch das sogenannte „Reverse Engineering". Dieser Begriff beschreibt die Möglichkeit im Wege einer „Rückwärtsanalyse", also durch Zerlegen und Untersuchen eines in den Verkehr gebrachten Produktes, diesem immanente Betriebs- und Geschäftsgeheimnisse zu offenbaren.[242] Nach altem Recht wurde Offenkundigkeit und damit der Verlust des Geheimnischarakters überwiegend erst angenommen, wenn es jedem interessierten Durchschnittsfachmann möglich war, die geheime Information ohne größeren Aufwand zu ermitteln.[243] Deswegen hatte die bloße Möglichkeit eines „Reverse Engineering" noch keinen Einfluss auf den Fortbestand des Geheimnischarakters.[244] Darüber hinaus galt das „Reverse Engineering" als unzulässig.[245] Bereits zur Zeit des überkommenen Schutzsystems fand diese Ansicht Kritik in der Literatur, die sich für die Anerkennung der grundsätzlichen Möglichkeit eines rechtlich zulässigen Reverse Engineering aussprach.[246]

5. Wille eine Tatsache geheim zu halten

Das weitere Tatbestandsmerkmal der viergliedrigen Definition markierte den Übergang zwischen einer schlicht unbekannten Tatsache und einem Betriebs- und Geschäftsgeheimnis.[247] Die Rechtsprechung und überwiegende Ansicht in der Literatur forderten begriffskonstituierend, dass der Geheimnisinhaber den Willen

---

241 *Harte-Bavendamm* GRUR 1990, 657, 661; *Kalbfus,* Know-how-Schutz in Deutschland, S. 321 Rn. 544; *Wiese,* Die EU-Richtlinie über den Schutz vertraulichen Know-hows und vertraulicher Geschäftsinformationen, S. 30.

242 *Kalbfus,* Know-how-Schutz in Deutschland, S. 319.

243 RGZ 149, 329, 334; BAG NJW 1983, 134, 134 = AP BGB § 611 Betriebsgeheimnis Nr. 1; OLG Hamburg GRUR-RR 2001, 137, 137f.; Fezer/Büscher/Obergfell/*Rengier* § 17 UWG Rn. 12ff.; *Köhler*/Bornkamm/Feddersen, 37. Aufl. 2019, § 17 UWG Rn. 8a; *Kraßer* GRUR 1977, 177, 179; *Ohly*/Sosnitza § 17 UWG Rn. 10; *Schnabel* CR 2016, 342, 344; *Wiese,* Die EU-Richtlinie über den Schutz vertraulichen Know-hows und vertraulicher Geschäftsinformationen, S. 30/31; *Witz,* FS Bornkamm, S. 513, 517; *Witz,* FS Harte-Bavendamm 2020, S. 441, 442–443; **a.A.** MüKo-Lauterkeitsrecht/*Brammsen* § 17 UWG Rn. 15.

244 *Harte-Bavendamm* GRUR 1990, 657, 661.

245 RGZ 149, 329, 332ff.; *Alexander* WRP 2017, 1034, 1041 Rn. 77; *Ohly* GRUR 2014, 1, 7.

246 *Ohly* GRUR 2014, 1, 7; *Witz,* FS Bornkamm, S. 513, 519; für eine einzelfallbezogene Bewertung *Harte-Bavendamm* GRUR 1990, 657, 664.

247 *Götz,* Der Schutz von Betriebs- und Geschäftsgeheimnissen im Zivilverfahren, S. 16; *Harte-Bavendamm*/Hennig-Bodewig § 17 UWG Rn. 5; *Mayer* GRUR 2011, 884, 886; *Schnabel,* CR 2016, 342, 344.

hat, die fragliche Tatsache geheim zu halten.[248] Der Geheimhaltungswille ist bei der Betrachtung der vormaligen Rechtslage aus zwei Gründen hervorzuheben. Zunächst ist es das einzige Tatbestandsmerkmal, welches nicht rechtsgebietsübergreifend gefordert und pauschal anhand der zu den vormaligen §§ 17 ff. UWG entwickelten Kriterien ausgelegt wurde. Des Weiteren bestanden Meinungsunterschiede ob der generellen Berechtigung dieses Tatbestandsmerkmals und der genaueren Anforderungen an den Geheimhaltungswillen.[249] Ausgehend von der Rechtsprechung und der herrschenden Literaturansicht im Lauterkeitsrecht waren an den Geheimhaltungswillen und dessen Manifestation keine zu hohen Anforderungen zu stellen.[250] Er konnte sowohl ausdrücklich zu Tage treten, sich aber auch aus den Umständen oder der Natur der geheim zu haltenden Tatsache ergeben.[251] Im Zweifel war der Geheimhaltungswille für alle Geschehnisse zu vermuten, welche die übrigen tatbestandlichen Voraussetzung erfüllen und auf die Wettbewerbsposition des Unternehmers von Einfluss sind.[252] Es wurde nicht einmal gefordert, dass der Unternehmer Kenntnis von der fraglichen Tatsache hat, sondern der allgemeine oder hypothetische Geheimhaltungswille für ausreichend erachtet, wenn

---

248 So schon RG JW 1936, 874, 875 = RGZ 149, 329; ebenso BGH GRUR 1955, 424, 425–426; BGH GRUR 1969, 341, 343; BGH GRUR 2003, 356, 358; BGH GRUR 2006, 1044, 1046 Rn. 19; BGH GRUR 2009, 603, 604 Rn. 13; BGH GRUR 2018, 1161, 1163 Rn. 28; BAG NJW 1983, 134, 134 = AP BGB § 611 Betriebsgeheimnis Nr. 1; BAG NZA 1988, 63, 63 = AP BetrVG 1972 § 79 Nr. 2; BAG NZA 1988, 502, 503 = AP BGB § 611 Betriebsgeheimnis Nr. 5; BAG NZA 2010, 180, 183 Rn. 25 = AP BetrVG 1972 § 87 Nr. 16; OLG Stuttgart wistra 1990, 277, 278; BayObLG GRUR 1991, 694, 695; LAG Schleswig-Holstein NZA-RR 2016, 77, 78 Rn. 44; Fezer/Büscher/Obergfell/*Rengier* § 17 UWG Rn. 18; GK-UWG/*Wolters* § 17 Rn. 29; *Götz,* Der Schutz von Betriebs- und Geschäftsgeheimnissen im Zivilverfahren, S. 16; *Harte-Bavendamm*/Hennig-Bodewig § 17 UWG Rn. 5; HWK/*Thüsing* § 611a BGB Rn. 503; *Köhler*/Bornkamm/Feddersen, 37. Aufl. 2019, § 17 UWG Rn. 10; *Schnabel* CR 2016, 342, 344; GK-UWG/*Wolters* § 17 Rn. 29; *Wiese,* Die EU-Richtlinie über den Schutz vertraulichen Know-hows und vertraulicher Geschäftsinformationen, S. 36.

249 *Oetker* ZESAR 2017, 257, 258.

250 BGH NJW 1995, 2301, 2301 = BGHst 41, 140, 142; BGH GRUR 2006, 1044, 1046; Fetzer/Büscher/Obergfell/*Rengier* § 17 UWG Rn. 18; *Mayer* GRUR 2011, 884, 886; *Schnabel,* CR 2016, 342, 344; GK-UWG/*Wolters* § 17 Rn. 29.

251 OLG Stuttgart wistra 1990, 277, 278; Fetzer/Büscher/Obergfell/*Rengier* § 17 UWG Rn. 18; *Freckmann*/Schmoll BB 2017, 1780, 1780; *Götz,* Der Schutz von Betriebs- und Geschäftsgeheimnissen im Zivilverfahren, S. 16; *Harte-Bavendamm*/Hennig-Bodewig § 17 UWG Rn. 5; *Köhler*/Bornkamm/Feddersen, 37. Aufl. 2019, § 17 UWG Rn. 10; *Mayer* GRUR 2011, 884, 886.

252 *Freckmann/Schmoll* BB 2017, 1780, 1780; *Harte-Bavendamm*/Hennig-Bodewig § 17 UWG Rn. 5; *Köhler*/Bornkamm/Feddersen, 37. Aufl. 2019, § 17 UWG Rn. 10; *Mayer* GRUR 2011, 884, 886; **a.A.** *Götz,* Der Schutz von Betriebs- und Geschäftsgeheimnissen im Zivilverfahren, S. 18.

der Unternehmer im Falle der Kenntnisnahme einen Geheimhaltungswillen bilden würde.[253]

In der lauterkeitsrechtlichen Literatur wurde dies jedoch nicht einheitlich so gesehen. Einige Stimmen waren der Ansicht, der Begriff des Geheimhaltungswillens sei derart aufgeweicht, dass ihm keine eigenständige Bedeutung mehr zukomme. Aus diesem Grund sollte auf den Geheimhaltungswillen als tatbestandsbegrenzendes Merkmal gänzlich verzichtet werden.[254] Auch in der Rechtsprechung fanden sich Divergenzen. So definierte das Bundesverfassungsgericht den Begriff des Betriebs- und Geschäftsgeheimnisses unter Verzicht auf den Willen zur Geheimhaltung lediglich dreigliedrig.[255] In der arbeitsrechtlichen Literatur dagegen wurde für den Begriff des Betriebs- und Geschäftsgeheimnisses im Rahmen des § 611a BGB weitgehend auf die zu dem früheren § 17 UWG entwickelten Konzeptionen verwiesen.[256] Hierbei wurden nur begrenzt Fragen aufgeworfen. Der Geheimhaltungswille wurde einhellig gefordert, aber nur vereinzelt weiter diskutiert. Dabei findet sich gehäuft die Formulierung, dass „der Wille zur Geheimhaltung für den Arbeitnehmer erkennbar, möglicherweise auch konkludent zu Tage getreten sein muss".[257] Dies lässt Raum für eine Interpretation dergestalt, dass der Geheimhaltungswille im Arbeitsrecht weniger restriktiv gehandhabt wurde als im Rahmen des Lauterkeitsrechts. Insbesondere äußerte sich, das arbeitsrechtliche Schrifttum nicht zu der Vermutung eines Geheimhaltungswillens.

Demgegenüber ergaben sich im Betriebsverfassungsrecht klare Unterschiede. § 79 BetrVG normiert für den Begriff des Betriebs- und Geschäftsgeheimnisses engere Voraussetzungen. Erforderlich ist hier das Vorliegen eines sogenannten formellen Geheimnisses, welches nur bejaht werden kann, wenn der Arbeitgeber die Tatsache ausdrücklich als geheimhaltungsbedürftig bezeichnet hat.[258] Aus dieser Formulierung ergab sich, dass es im Rahmen des § 79 BetrVG gerade nicht ausreicht,

---

253 BGH GRUR 1977, 539, 540; OLG Stuttgart wistra1990, 277, 278; Fezer/Büscher/Obergfell/*Rengier* § 17 UWG Rn. 18; *Freckmann/Schmoll* BB 2017, 1780, 1780; *Harte*-Bavendamm/Hennig-Bodewig § 17 UWG Rn. 5; *Köhler*/Bornkamm/Feddersen, 37. Aufl. 2019, § 17 UWG Rn. 10; *Mayer* GRUR 2011, 884, 886.

254 MüKo-Lauterkeitsrecht/*Brammsen* § 17 UWG Rn. 9; *Ohly*/Sosnitza § 17 UWG Rn. 11; *Wiese*, Die EU-Richtlinie über den Schutz vertraulichen Know-hows und vertraulicher Geschäftsinformationen, S. 38.

255 BVerfG NVwZ 2006, 1041, 1042 = BVerfGE 115, 205; BVerfG NVwZ 2014, 1652, 1661 Rn. 182.

256 *Reichold*, MünchArbR § 54 Rn. 33;

257 HWK/*Thüsing* § 611a BGB Rn. 503; *Reichold*, MünchArbR § 54 Rn. 35.

258 LAG Hamm BeckRS 2011, 77605; LAG Rheinland-Pfalz BeckRS 2008, 51666; LAG Schleswig-Holstein AuR 2015, 418, 418–419; DKKW/*Buschmann*, 16. Aufl. 2018, § 79 Rn. 14; Düwell/*Lorenz* § 79 BetrVG Rn. 10; ErfK/Kania § 79 BetrVG Rn. 7; Fitting, 29. Aufl. 2018, § 79 BetrVG Rn. 5; GK-BetrVG/*Oetker* § 79 Rn. 21; Richardi/*Thüsing* § 79 BetrVG Rn. 7; WPK/*Preis* § 79 Rn. 6.

wenn sich die Geheimhaltungsbedürftigkeit aus den Umständen ergibt.[259] Unter diesen strengeren formellen Voraussetzungen war man der Ansicht, dass eine darüber hinausgehende Prüfung des Geheimhaltungswillens obsolet sei, da sich dieser in der formellen Geheimhaltungserklärung manifestiere.[260]

Das Merkmal des Geheimhaltungswillens wurde in der Vergangenheit nicht nur wie oben skizziert im zivilrechtlichen Schrifttum kritisiert und mit unterschiedlichen Anforderungen versehen.[261] Auch in der Literatur zum Nebenstrafrecht wurden Betriebs- und Geschäftsgeheimnissen erörtert. Aus strafrechtlicher Sicht wurde die im Lauterkeitsrecht entwickelte Vermutungswirkung negiert und gefordert, dass der Geheimhaltungswille offen zutage treten muss.[262]

6. *Rechtlicher Inhalt und die Bedeutung des Geheimhaltungsinteresses*

a) *Tradierter Meinungsstand zum Merkmal des berechtigten Geheimhaltungsinteresses*

Weit überwiegend wurde schließlich ein objektives Geheimhaltungsinteresse des Unternehmensinhabers gefordert.[263] Dieses war nach nahezu einhelliger Ansicht in Literatur und Rechtsprechung gegeben, wenn eine Tatsache geeignet ist, sich auf die Wettbewerbsfähigkeit des Unternehmens positiv oder negativ auszuwirken

---

259 DKKW/*Buschmann*, 16. Aufl. 2018, § 79 Rn. 14; ErfK/*Kania* § 79 BetrVG Rn. 7; Fitting, 29. Aufl. 2018 § 79 Rn. 5; GK-BetrVG/*Oetker* § 79 Rn. 25; Richardi/*Thüsing* § 79 BetrVG Rn. 8; WPK/*Preis* § 79 Rn. 6.

260 GK-BetrVG/*Oetker* § 79 Rn. 22.

261 *Götz*, Der Schutz von Betriebs- und Geschäftsgeheimnissen im Zivilverfahren, S, 18.

262 *Dannecker* BB 1987, 1614, 1615; MüKoStGB/*Janssen/Maluga* § 17 UWG Rn. 32.

263 BGH GRUR 1955, 424, 425f.; BGH GRUR 2003, 356, 358; BGH GRUR 2006, 1044, 1046 Rn. 19; BGH GRUR 2009, 603, 604 Rn. 13; BGH GRUR 2018, 1161, 1163 Rn. 28; BAG NJW 1983, 134, 134 = AP BGB § 611 Betriebsgeheimnis Nr. 1; BAG NZA 1988, 63, 63 = AP BetrVG 1972 § 79 Nr. 2; BAG NZA 2010, 180, 183 Rn. 25 = AP BetrVG 1972 § 87 Nr. 16; LAG Schleswig-Holstein NZA 2016, 77, 78 Rn. 44; *Dorner*, Know-how-Schutz im Umbruch, S. 32; Düwell/*Lorenz* § 79 BetrVG Rn. 9; ErfK/*Kania* § 79 BetrVG Rn. 4; ErfK/*Preis* § 611a BGB Rn. 713; Fezer/Büscher/Obergfell/*Rengier* § 17 UWG Rn. 20; Fitting, 29. Aufl. 2018, § 17 Rn. 3; GK-BetrVG/*Oetker* § 79 Rn. 13; GK-UWG/*Wolters* § 17 Rn. 27; *Götz*, Der Schutz von Betriebs- und Geschäftsgeheimnissen im Zivilverfahren, S. 19; *Harte-Bavendamm*/Hennig-Bodewig § 17 UWG Rn. 6; HWK/*Thüsing* § 611a BGB Rn. 503; *Köhler*/Bornkamm/Feddersen, 37. Aufl. 2019, § 17 UWG Rn. 9; *Kraßer* GRUR 1977, 177, 178; *Mayer* GRUR 2011, 884, 887; MüKoBGB/*Spinner* § 611a Rn. 1007; MüKo-Lauterkeitsrecht/*Brammsen* § 17 UWG Rn. 19; *Reichold*, MünchArbR § 54 Rn. 36; *Oetker* ZESAR 2017, 257, 258; *Ohly*/Sosnitza § 17 UWG Rn. 12; *Reinfeld*, Verschwiegenheitspflicht und Geheimnisschutz im Arbeitsrecht, S. 5; *Schnabel*, CR 2016, 342, 343; *Wiese*, Die EU-Richtlinie über den Schutz vertraulichen Know-hows und vertraulicher Geschäftsinformationen, S. 33; WPK/*Preis* § 79 BetrVG Rn. 4.

oder dem Geheimnisträger wirtschaftlichen Schaden zuzufügen.[264] Während hieraus teilweise geschlussfolgert wurde, dass die Information wirtschaftlich wertvoll sein muss,[265] konkretisierte der Bundesgerichtshof die Anforderungen an das objektive Geheimhaltungsinteresse dahingehend, dass ein bestimmter Vermögenswert nicht erforderlich sei.[266] Es genüge bereits das Potential der geheimen Information, sich auf den Geheimnisinhaber nachteilig auszuwirken.[267] Dies wurde auch von der herrschenden Meinung in der Literatur angenommen.[268] Davon abweichend war man vereinzelt in der Literatur der Auffassung, das berechtigte Geheimhaltungsinteresse sei nicht Bestandteil der tatbestandlichen Anforderungen eines Betriebs- und Geschäftsgeheimnisses.[269] Das Interesse des Unternehmens an der Zurückhaltung sensibler Informationen sei lediglich bei der Ermittlung des Geheimhaltungswillens zu berücksichtigen.[270]

b) Stellungnahme zur Verortung des berechtigten Geheimhaltungsinteresses auf Tatbestandsebene

Das Erfordernis eines objektiven Geheimhaltungsinteresses hatte einen besonderen Stellenwert für die Funktionsfähigkeit und Wirksamkeit der tradierten Definition.[271] Die übrigen drei Tatbestandsmerkmale ließen sich der subjektiven Sphäre des Geheimnisinhabers zuordnen. Ohne das Kriterium eines objektiv zu beurteilenden Geheimhaltungsinteresses wäre es diesem möglich gewesen, alle unbekannten unternehmensbezogenen Tatsachen unbeschränkt in den rechtlichen

---

264 RG JW 1936, 874, 875 = RGZ 149, 329, 334; BGH NJW 1995, 2301, 2301 = BGHst, 41, 140 (142); BVerwG NVwZ 2009, 113, 114 Rn. 13; BVerwG NVwZ 2011, 577, 582f.; OLG Stuttgart wistra 1990, 277, 278; *Dorner,* Know-how-Schutz im Umbruch, S. 32; Fetzer/Büscher/Obergfell/*Rengier* § 17 UWG Rn. 20; GK-BetrVG/*Oetker* § 79 Rn. 13; *Götz,* Der Schutz von Betriebs- und Geschäftsgeheimnissen im Zivilverfahren, S. 20; *Harte-Bavendamm*/Hennig-Bodewig § 17 UWG Rn. 6; *Köhler*/Bornkamm/Feddersen, 37. Aufl. 2019, § 17 UWG Rn. 9; *Mayer* GRUR 2011, 884, 887; MüKo-Lauterkeitsrecht/*Brammsen* § 17 UWG Rn. 22; *Ohly*/Sosnitza § 17 UWG Rn. 12; *Schnabel* CR 2016, 342, 344.

265 MüKoStGB/*Janssen/Maluga* § 17 UWG Rn. 34.

266 BGH GRUR 2006, 1044, 1046 Rn. 19.

267 BGH GRUR 2006, 1044, 1046 Rn. 19.

268 BeckOK UWG/*Kalbfus* § 17 Rn. 55; *Köhler*/Bornkamm/Feddersen, 37. Aufl. 2019, § 17 UWG Rn. 11; *Mayer,* GRUR 2011, 884, 887; MüKoStGB/*Janssen/Maluga* § 17 UWG Rn. 33; MüKo-Lauterkeitsrecht/*Brammsen* § 17 UWG Rn. 22; *Ohly*/Sosnitza § 17 UWG Rn. 12; *Wiese,* Die EU-Richtlinie über den Schutz vertraulichen Know-hows und vertraulicher Geschäftsinformationen, S. 34.

269 GroßKom-AktG/*Hopt/Roth* § 116 Rn. 195.

270 GroßKom-AktG/*Hopt/Roth* § 116 Rn. 195.

271 *Taeger,* Die Offenbarung von Betriebs- und Geschäftsgeheimnissen, S. 79.

Geheimnisschutz mit einzubeziehen.[272] Deswegen wurde in der Literatur häufig auf die Korrektivfunktion des objektiven Geheimhaltungsinteresses abgestellt[273] und die besondere Bedeutung dieses Tatbestandsmerkmals hervorgehoben. Der Geheimnisschutz konnte so dem subjektiven Belieben der einzelnen Unternehmensinhaber entzogen und willkürlich generierte Geheimnisse vermieden werden.[274] Die Schutzfähigkeit einer Tatsache war vielmehr anhand objektiver, außerhalb der subjektiven Sphäre des Unternehmensinhabers liegenden Umständen zu beurteilen.[275] Aufgrund dieser besonderen Korrektivfunktion erscheint die von der herrschenden Meinung in Literatur und Rechtsprechung vertretene Ansicht vorzugswürdig, nach der das objektive Geheimhaltungsinteresse Bestandteil der Tatbestandsmerkmale war.

c) Einbeziehung von Tatsachen über einen rechts- bzw. sittenwidrigen Sachverhalt

aa) Dogmatische Grundlagen

Ungeklärt war, ob ein objektives Geheimhaltungsinteresse bei rechtswidrigen bzw. sittenwidrigen Tatsachen und Vorgängen bejaht werden kann und ob deshalb „illegale Geheimnisse" tatbestandlich in den Geheimnisschutz mit einzubeziehen sind. Dieser Meinungsstreit resultierte aus der Frage, welche Anforderungen an das Tatbestandsmerkmal des objektiven Geheimhaltungsinteresses zu stellen sind. Einerseits wurde vertreten, jedes wirtschaftliche Interesse sei ausreichend, während andere Stimmen ein rechtlich schützenswertes Interesse forderten.[276] Ein solches kann bereits begrifflich nicht bei rechtlich oder moralisch zu missbilligenden Sachverhalten bejaht werden. Bei einer ad-libitum Forderung eines jedweden wirtschaftlichen Interesses ist zunächst nichts über die rechtlichen oder sittlichen Anforderungen an ein solches Geheimnis gesagt.[277]

---

272 *Mayer* GRUR 2011, 884, 887; *Taeger*, Die Offenbarung von Betriebs- und Geschäftsgeheimnissen, S. 79.

273 *Harte-Bavendamm*/Hennig-Bodewig § 17 UWG Rn. 6; *Mayer* GRUR 2011, 884, 887; *Oetker* ZESAR 2017, 257, 258; *Wiese*, Die EU-Richtlinie über den Schutz vertraulichen Know-hows und vertraulicher Geschäftsinformationen, S.33.

274 *Harte-Bavendamm*/Hennig-Bodewig § 17 UWG Rn. 6; *Mayer* GRUR 2011, 884, 887; *Ohly*/Sosnitza § 17 UWG Rn. 12; *Schnabel* CR 2016, 342, 344; *Wiese*, Die EU-Richtlinie über den Schutz vertraulichen Know-hows und vertraulicher Geschäftsinformationen, S 33.

275 *Dorner*, Know-how-Schutz im Umbruch, S. 32; *Harte-Bavendamm*/Henning-Bodewig § 17 UWG Rn. 6; *Oetker* ZESAR 2017, 257, 260; *Taeger*, Die Offenbarung von Betriebs- und Geschäftsgeheimnissen, S. 79.

276 *Rützel* GRUR 1995, 557, 557.

277 *Rützel* GRUR 1995, 557. 557.

bb) Meinungsstand in der Rechtsprechung

Die Rechtsprechung zu diesem Thema ist nicht einheitlich. Klare Aussagen sind den einschlägigen Entscheidungen kaum zu entnehmen. Dennoch sind grobe Strömungen zu erkennen, wie im Folgenden dargestellt.[278]

(1) Rechtsprechung der Arbeitsgerichtsbarkeit

In der Arbeitsgerichtsbarkeit befasste man sich mit dem objektiven Geheimhaltungsinteresse bei rechtswidrigen bzw. sittenwidrigen Sachverhalten bereits zur Zeit des Reichsarbeitsgerichts. Das Reichsarbeitsgericht formulierte mit Urteil vom 27.8.1930[279], dass „unter Geschäftsgeheimnis nach dem Sinn des Gesetzes zur Bekämpfung des unlautereren Wettbewerbes nur ein solches geheimes Verfahren angesehen werden kann, dessen sich der Geschäftsinhaber befugterweise bedient."[280] Ausgehend von diesem Urteil und unter Auswertung der nachfolgenden arbeitsrechtlichen Rechtsprechung lässt sich zusammenfassen, dass die Arbeitsgerichtsbarkeit ein objektives Geheimhaltungsinteresse bezüglich der Geheimhaltung rechtswidriger Sachverhalte ablehnt.[281] So entschied das Landesarbeitsgericht Berlin am 12.12.1968, dass „der Unternehmer kein schutzwürdiges Interesse im Sinne des § 17 des Gesetzes gegen den unlauteren Wettbewerb an der Geheimhaltung eines Vertrages hat, mit dessen Abschluss er selbst gegen § 1 UWG verstoßen hat".[282] Das Landesarbeitsgericht Köln bezog mit Urteil vom 21.1.2008 eine insoweit eindeutige Position, wenn es feststellt, dass „unlautere oder gesetzeswidrige Vorgänge, (...) keinen Geheimnisschutz genießen."[283]

Aber auch in der Arbeitsgerichtsbarkeit wird dies nicht konsequent vertreten.[284] So entschied das Landesarbeitsgericht Düsseldorf am 23.10.1960, dass die arbeitsvertragliche Verschwiegenheitspflicht nicht automatisch entfällt, wenn der Arbeitgeber gegen gesetzliche Pflichten verstößt und sich strafbar macht, sondern „allenfalls bei der Wahrung höherrangiger Interessen".[285] In der jüngeren arbeitsgerichtlichen Rechtsprechung ist jedoch ein neuer Trend erkennbar. Es wird nicht mehr apodiktisch von einem Wegfall des Schutzes bei illegalen unternehmensinternen Vorgängen ausgegangen. Vielmehr wird auf eine Interessenabwägung im Einzelfall abgestellt. Hierbei müssen unter anderen die Motive des Arbeitnehmers, die Möglichkeit einer innerbetrieblichen Klärung und die Frage, ob der Arbeitgeber

---

278 Ebenfalls dargestellt bei *Dorner,* Know-how-Schutz im Umbruch, S. 132ff.
279 RAG 156/30 – Dortmund.
280 RAG JW 1931, 490, 490.
281 RAG JW 1931, 490, 490; LAG Berlin BB 1970, 710, 710; LAG Köln BeckRS 2008, 5237; so auch: BeckOK UWG/*Kalbfus* 17 Rn. 57.2; *Dorner,* Know-how-Schutz im Umbruch, S. 132.
282 LAG Berlin BB 1970, 710, 710.
283 LAG Köln BeckRS 2008, 52737.
284 So wohl auch *Dorner,* Know-how-Schutz im Umbruch, S. 132.
285 LAG Düsseldorf BB 1960, 523, 523.

selbst den Gesetzesverstoß begangen hat oder nur ein Mitarbeiter, mit einbezogen werden.[286]

Teilweise wurde dies in der Literatur so gedeutet, dass das Bundesarbeitsgericht nicht mehr pauschal rechts- oder sittenwidrige Vorgänge aus dem Tatbestand des Betriebs- und Geschäftsgeheimnisses ausklammert, sondern nunmehr auf eine Einzelfallentscheidung unter umfassender Interessenabwägung abstellt.[287] Der übergreifende Aussagegehalt dieser Entscheidung darf nach hier vertretener Auffassung jedoch nicht überstrapaziert werden, da auffällig ist, dass in den genannten Entscheidungen nicht mehr dogmatisch sauber zwischen den in Rede stehenden arbeitsvertraglichen Nebenpflichten unterschieden wurde. Betriebs- und Geschäftsgeheimnisse wirken wie oben ausgeführt jedoch nur für die Verschwiegenheitspflicht schutzbereichsbegrenzend.[288] Somit liefern diese für die juristische Streifrage, ob des tatbestandlichen Schutzes rechtlich oder moralisch verurteilenswerter „Geheimnisse" nur begrenzt neuen Diskussionsstoff. Vielmehr lässt sich lediglich schlussfolgern, dass die arbeitsgerichtliche Rechtsprechung nunmehr dahin tendiert, strafbares bzw. sittenwidriges Verhalten nicht generell schutzlos zu stellen, sondern im Einzelfall die widerstreitenden Interessen miteinander in Ausgleich zu bringen. Diese Einschätzung deutet zumindest eine Verlagerung der Problematik von der tatbestandlichen Ebene auf die Ebene etwaiger Rechtfertigungsgründe an.

(2) Rechtsprechung des Bundesverfassungsgerichts und Bundesverwaltungsgerichts

Die Rechtsprechung des Bundesverfassungsgerichts[289] und des Bundesverwaltungsgerichts steht der Einbeziehung von rechtswidrigen respektive sittenwidrigen Sachverhalten in den Schutzbereich von Betriebs- und Geschäftsgeheimnissen grundsätzlich kritisch gegenüber.[290]

Mit Beschluss vom 24.5.2006 hatte sich das Bundesverfassungsgericht unabhängig von der Rechtsproblematik Geheimnisschutz zu der Schutzwürdigkeit rechtsbrüchigen Verhaltens geäußert.[291] In dem zugrundeliegenden Sachverhalt hatte

---

286 BAG NJW 2004, 1547, 1549f. = AP KSchG 1969 § 1 Verhaltensbedingte Kündigung Nr. 45; BAG NZA 2004, 427, 430 = AP KSchG 1969 § 1 Verhaltensbedingte Kündigung Nr. 45; BAG NZA 2007, 502, 503 Rn. 16, 18 = AP KSchG 1969 § 1 Verhaltensbedingte Kündigung Nr. 55; LAG Köln NZA-RR 2012, 298, 300.

287 So interpretiert durch *Dorner*, Know-how-Schutz im Umbruch, S. 132; im Ansatz auch *Groneberg*, Whistleblowing, S. 209.

288 Siehe Teil 1, § 2, B., I., S. 59ff.

289 Die Rechtsprechung des BVerfG ebenfalls so auffassend *Dorner*, Know-how-Schutz im Umbruch, S. 132.

290 BVerfGE 38, 312, 320f.; BVerfG NJW 2001, 3474, 3475; BVerwG NVwZ 2009, 1114, 1116 Rn. 14; kritisch, dafür plädierend, dass diese Problematik in der Rechtsprechung des BVerfG nicht abschließend geklärt ist *Schreiber*, NZWiSt 2019, 332, 335.

291 BVerfG NVwZ 2006, 807 = BVerfGE 116, 24.

sich der Beschwerdeführer gegen die Rücknahme einer durch Täuschung erwirkten Einbürgerung gewendet. Dem im Jahre 2000 eingebürgerten Beschwerdeführer wurde am 27.2.2002 rückwirkend die deutsche Staatsangehörigkeit entzogen, da dieser die Einbürgerungsbehörde wissentlich über das Bestehen eines Arbeitsverhältnisses arglistig getäuscht hatte. Die daraufhin erhobene Verfassungsbeschwerde wurde als unbegründet abgewiesen.[292] Die in Art. 16 I GG verankerten Rechte des Beschwerdeführers seien durch die Rücknahme der Einbürgerung nicht verletzt.[293] In diesem Zusammenhang stellte das Bundesverfassungsgericht dezidiert fest, dass „die Rechtsordnung keine Prämien auf die Missachtung ihrer selbst setzten darf".[294] Diese Entscheidung belegt die grundsätzliche Ablehnung der Schutzwürdigkeit rechtsbrüchigen Verhaltens.

In einem anderen Verfahren hatte das Bundesverfassungsgericht zu beurteilen, ob § 53 I Nr. StPO einem Tierarzt ein berufsbezogenes Zeugnisverweigerungsrecht einräumt. Diese Entscheidung basierte auf folgendem Sachverhalt. Die Beschwerdeführerin war Tierärztin und überprüfte die Verkehrstauglichkeit tierischer Lebensmittel. Im Rahmen eines Ermittlungsverfahrens gegen einen ihrer Auftraggeber wurde sie als Zeugin vernommen. Die Beschwerdeführerin verweigerte die Aussage. Deshalb wurden amtsgerichtlich Ordnungsmittel verhängt. Das anschließende Beschwerdeverfahren hatte keinen Erfolg. Die Beschwerdeführerin sah sich durch das Ordnungsgeld in ihren Grundrechten aus Art. 2 I, 3 I und 12 I GG verletzt.[295] In seiner Entscheidungsbegründung stellte das Bundesverfassungsgericht fest, dass „die Gefährdung wichtiger Betriebs- und Geschäftsgeheimnisse die strafprozessuale Zeugnispflicht nicht beschränkt".[296] „Das Interesse der Allgemeinheit an der Gewährleistung einer funktionstüchtigen Strafrechtspflege überwiege etwaige Geheimhaltungsbelange."[297] Obgleich damit keine ausdrücklichen Feststellungen in Bezug auf die rechtliche Schutzwürdigkeit rechts- bzw. sittenwidriger Sachverhalte als Betriebs- und Geschäftsgeheimnis erfolgt, lässt sich jedoch eine generelle Positionierung des Gerichts dahin ableiten, dass die objektive Rechtsordnung und die Funktionsfähigkeit des Rechtssystems durch etwaige Geheimhaltungsinteressen nicht beschränkt werden dürfen. Damit wäre eine Auffassung, nach der Rechtsverstöße über den tatbestandlichen Geheimnisschutz erfasst sind, nicht zu vereinbaren.

Mit Urteil vom 19.1.2009 hatte das Bundesverwaltungsgericht über das Bestehen öffentlich-rechtlicher Informationsansprüche zu befinden und sich in gleicher Weise positioniert. Diese Entscheidung erging im Rahmen eines Zwischenverfahrens, durch welches die Kläger uneingeschränkte Einsicht in die dem Senat

---

292 BVerfG NVwZ 2006, 807, 807 = BVerfGE 116, 24.
293 BVerfG NVwZ 2006, 807, 807 = BVerfGE 116, 24.
294 BVerfG NVwZ 2006, 807, 810 Rn. 63 = BVerfGE 116, 24, 49.
295 Auf die gesamte Sachverhaltsschilderung bezogen BVerfGE 38, 312ff.
296 BVerfGE 38, 312, 320.
297 BVerfGE 38, 312, 320.

vorgelegten Betriebsakten erreichen wollten.[298] Das Gericht hatte darüber zu entscheiden, ob der Einsichtnahme der Kläger Betriebs- und Geschäftsgeheimnisse der beklagten Behörde entgegenstehen.[299] Das Bundesverwaltungsgericht hielt fest, dass Betriebs- und Geschäftsgeheimnisse ein berechtigtes Interesse an der Nichtverbreitung voraussetzten.[300] Vorliegend seien die Beigeladenen zu einer umfassenden Aktenvorlage verpflichtet.[301] Ein überzeugendes Geheimhaltungsinteresse könne im Streitfall nämlich nicht bejaht werden, da ein unerlaubtes Produktionsverfahren eingesetzt worden war.[302] Derjenige, der einen Gesetzesverstoß begehe, könne sich nicht auf das Bestehen eines berechtigten Geheimhaltungsinteresses berufen.[303] Damit stellt das Bundesverwaltungsgericht dezidiert klar, dass ein berechtigtes Geheimhaltungsinteresse und damit einhergehend der tatbestandliche Geheimnisschutz verneint werden muss, wenn der zu beurteilende Vorgang einen rechtswidrigen Sachverhalt betrifft.

(3) Rechtsprechung des Bundesgerichtshofs

Demgegenüber lässt sich der Rechtsprechung der ordentlichen Gerichtsbarkeit, insbesondere des Bundesgerichtshofs keine eindeutige Aussage zu der hier behandelten Frage entnehmen.[304] Einen ersten Anhaltspunkt bietet die Definition des Begriffs eines Betriebs- und Geschäftsgeheimnisses in der Rechtsprechung. In älteren Entscheidungen wurde verlangt, dass der Betriebsinhaber „ein berechtigtes wirtschaftliches Interesse an der Geheimhaltung hat".[305] Diese Formulierung lässt sich als Ausgrenzung rechtswidriger Sachverhalte deuten. Die Gerichte repräsentieren den Rechtsstaat, den Rechtsfrieden und das Interesse an der Durchsetzung der anwendbaren Rechtsnormen und Gesetze. Damit ist es nicht vereinbar, einem rechtlich missbilligten Verhalten die justizielle Bewertung als „berechtigt" zukommen zu lassen. In diesem Sinne lassen sich auch diejenigen Entscheidungen deuten, in denen der Wortlaut „ausreichendes Interesse" verwendet wird.[306] Auch diese Formulierung deutet darauf hin, dass ein Mindestmaß an Rechtskonformität des Geheimnisses gefordert wird und nicht allein das wirtschaftliche Interesse des Betriebsinhabers genügt. Es fällt auf, dass der Bundesgerichtshof in neueren Entscheidungen einen nuancierten Wortlaut verwendet hat und nunmehr fordert, dass „der Geheimhaltungswille des Betriebsinhabers auf wirtschaftlichen

---

298 BVerfG NVwZ 2009, 1114, 1115.
299 BVerwG NVwZ 2009, 1114, 1116 Rn. 12.
300 BVerwG NVwZ 2009, 1114, 1116 Rn. 11.
301 BVerwG NVwZ 2009, 1114, 1116 Rn. 12.
302 BVerwG NVwZ 2009, 1114, 1116 Rn. 14.
303 BVerwG NVwZ 2009, 1114, 1116 Rn. 14.
304 So auch schon *Dorner*, Know-how-Schutz im Umbruch, S. 132–133.
305 RG JW 1936, 874, 875 = RGZ 149, 329, 334; BGH NJW 1960, 1999, 2000 = AP UWG § 17 Nr. 6; BGH NJW 1995, 2301, 2301 = BGHSt 41, 140.
306 BGH GRUR 1955, 424, 424; BGH GRUR 2003, 356, 358.

Interessen beruht".[307] Dieser Formulierung könnte sich entnehmen lassen, dass der Bundesgerichtshof seine Anforderungen an das objektive Interesse relativiert hat und möglicherweise doch die Einbeziehung rechts- bzw. sittenwidriger Sachverhalte zulässt. Stringent wird diese Formulierung jedoch keineswegs verwendet, da auch in neuen Entscheidungen zuweilen die engere Formulierung auftaucht, nach der ein berechtigtes Interesse gefordert wird.[308]

Eine Betrachtung der Rechtsprechungsentwicklung lässt die Interpretation zu, dass der Bundesgerichtshof zunächst von einem engen Tatbestand und dem Erfordernis eines schützenswerten „legalen Geheimnisses" ausging, sich im Weiteren jedoch zunehmend auch einer rein wirtschaftlichen Betrachtung geöffnet hat. Grund für eine abschließende Entscheidung dieser Rechtslage hatte der Bundesgerichtshof jedoch nicht, da in den jeweiligen Verfahren gerade keine rechts- oder sittenwidrigen Geheimnissachverhalte in Rede standen. Bei rein praktischer Betrachtung war ein höchstrichterliches Verdikt auch kaum zu erwarten. Dazu bedürfte es eines Betriebsinhabers, der eigenes rechtswidriges Tun vor Gericht bringt, um die Verletzung seiner Geheimnissphäre geltend zu machen. Diese Erwartung ist lebensfern. Wohl auch aufgrund dieser mangelnden praktischen Relevanz wurde die Frage in der Rechtsprechung ausdrücklich offengelassen.[309] Dennoch finden sich Entscheidungen, die eine tatbestandliche Einbeziehung rechtswidriger oder sittenwidriger Handlungsweisen ablehnen.[310]

(4) Zwischenergebnis

Es lässt sich zunächst festhalten, dass die Streitfrage in der Rechtsprechung nicht abschließend erörtert wurde und eine eindeutige Rechtsprechungslinie fehlt.[311] Vage Formulierungen und offene Fragen kennzeichnen insoweit die Rechtsprechung.

cc) Meinungsstand in der Literatur

(1) Einführung

In der Literatur wurde diese Fragestellung kontrovers diskutiert. Vorauszuschicken ist, dass die Frage im Lauterkeitsrecht anders beurteilt wurde als im Arbeitsrecht und im Betriebsverfassungsrecht.[312] Aufgrund dessen ist zu differenzieren.

---

307 BGH GRUR 2006, 1044, 1046 Rn. 19; BGH GRUR 2009, 603, 604 Rn. 13; BGH GRUR 2018, 1161, 1163 Rn. 28; auch verwendet durch LG Freiburg wistra 2012, 361,362.

308 BGH NStZ 2014, 325, 326 Rn. 21; so auch OLG Düsseldorf BeckRS 2017, 133828 Rn. 48 - 49.

309 OLG München GRUR-RR 2004, 1445,1447.

310 OLG München ZUM 2005, 399, 404–405.

311 So auch bei *Dorner,* Know-how-Schutz im Umbruch, S. 132–134.

312 So auch schon zusammengefasst durch *Kalbfus,* Know-how-Schutz in Deutschland, Rn. 125; *Oetker* ZESAR 2017, 257,261.

Das lauterkeitsrechtliche Schrifttum tendierte überwiegend zu einer Einbeziehung von Informationen über rechts- bzw. sittenwidrigen Tatsachen und Vorgänge in den Tatbestand des Geheimnisschutzes.[313] Demgegenüber sprach sich die herrschende arbeitsrechtliche Literatur gegen einen derart weit gefassten Tatbestand aus.[314] Dies wurde in der überwiegenden betriebsverfassungsrechtlichen Literatur entsprechend gesehen.[315]

(2) Einbeziehung rechts- bzw. sittenwidriger Sachverhalte bejahende Stimmen

Trotz der augenscheinlich kontroversen Auffassungen bejahten viele Stimmen die Einbeziehung von rechts- und sittenwidrigen Geheimnissen ohne vertiefte Begründung oder Auseinandersetzung mit der Thematik.[316] Wurde eine Begründung geliefert, ging diese häufig dahin, dass gerade sittenwidrige und gesetzwidrige Geheimnisse die Wettbewerbsposition und Wirtschaftskraft eines Unternehmens im Falle des Bekanntwerdens enorm beeinflussen können.[317] Des Weiteren wurde

---

313 *Eufinger,* ZRP 2016, 229, 230; Fetzer/Büscher/Obergfell/*Rengier* § 17 UWG Rn. 21; *Harte-Bavendamm*/Hennig-Bodewig § 17 UWG Rn. 6; *Kalbfus,* Know-how-Schutz in Deutschland, Rn. 126; *Köhler*/Bornkamm/Feddersen, 37. Aufl. 2019, § 17 UWG Rn. 9; *Mayer,* GRUR 2011, 884, 887; MüKoStGB/*Janssen/Maluga* § 17 UWG Rn. 35ff.; MüKo-Lauterkeitsrecht/*Brammsen* § 17 UWG Rn. 24; *Ohly*/Sosnitza § 17 UWG Rn. 12; *Többens,* NStZ 2000, 505, 506; *Wiese,* Die EU-Richtlinie über den Schutz vertraulichen Know-hows und vertraulicher Geschäftsinformationen, S. 34.

314 AR-*Kamanabrou* § 611a BGB Rn. 375; BeckOK ArbR/*Joussen* BGB § 611a Rn. 466; *Groneberg,* Whistleblowing, S. 208/209; DFL/*Kamanabrou* § 611 Rn. 375; ErfK/*Preis* § 611a BGB Rn. 713; *Preis/Reinfeld* AuR 1989, 361, 363; mit Einschränkungen HWK/*Thüsing* § 611a BGB Rn. 503; *Reinfeld,* Verschwiegenheitspflicht und Geheimnisschutz im Arbeitsrecht; offengelassen *Reichold,* MünchArbR § 54 Rn. 36; Schaub/*Linck* § 53 Rn. 51; *Taeger,* Die Offenbarung von Betriebs- und Geschäftsgeheimnissen, S. 76.

315 DKKW/*Buschmann,* 16. Aufl. 2018, § 79 BetrVG Rn. 9; Düwell/*Lorenz* § 79 BetrVG Rn. 12; ErfK/*Kania* § 79 BetrVG Rn. 6; GK-BetrVG/*Oetker* § 79 Rn. 13; *Weber,* Die Schweigepflicht des Betriebsrates, S. 114ff.; WPK/*Preis* § 79 BetrVG Rn. 4; daneben für eine einzelfallbezogene Interessenabwägung HWK/*Sittard* § 79 BetrVG Rn. 8.

316 *Harte-Bavendamm*/Hennig-Bodewig § 17 UWG Rn. 6; *Köhler*/Bornkamm/Feddersen, 37. Aufl. 2019, § 17 UWG Rn. 9; *Ohly*/Sosnitza § 17 UWG Rn. 12; *Schreiber* NZWiSt 2019, 332, 333; *Schnabel* CR 2016, 342, 344; Scholz/*Rönnau* § 85 GmbHG Rn. 25; umfassende Darstellung auch bei *Dorner,* Know-how-Schutz im Umbruch, S. 134; *Rody,* Der Begriff und die Rechtsnatur von Geschäfts- und Betriebsgeheimnissen unter Berücksichtigung der Geheimnisschutz-Richtlinie, S. 116ff.

317 Fezer/Büscher/Obergfell/*Rengier* § 17 UWG Rn. 21; *Götz,* Der Schutz von Betriebs- und Geschäftsgeheimnissen im Zivilverfahren, S. 21; *Mayer* GRUR 2011, 884, 887; *Többens* NStZ 2000, 505, 506; *Wiese,* Die EU-Richtlinie über den Schutz vertraulichen Know-hows und vertraulicher Geschäftsinformationen, S. 34–35.

zur Legitimierung Art. 12 I GG herangezogen. Dieses Grundrecht umfasst als Teil der Berufsausübungsfreiheit auch den Schutz von Betriebs- und Geschäftsgeheimnissen.[318] Hierzu wurde ausgeführt, dass das Grundrecht der Berufsfreiheit nicht apodiktisch daran geknüpft sei, dass alle Elemente des Berufes rechtmäßig sind. Dies müsse folglich auch für Betriebs- und Geschäftsgeheimnisse gelten.[319]

Dieses Argument wurde auch von der Gegenseite aufgegriffen, abgewogen und dahingehend entkräftet, dass Art. 12 I GG keineswegs pauschal alle rechtswidrigen Verhaltensweisen schütze. Gerade eine Differenzierung der Unternehmensangelegenheiten in rechtswidrig und rechtmäßig entspreche der Systematik des Art. 12 I GG. Zudem schütze Art. 12 I GG grundsätzlich keine sozial- und gemeinschädlichen Verhaltensweisen. Die typischen Fallgruppen, die bei rechtswidrigen Unternehmensgeheimnissen in Rede stehen (z.B. Korruption) dürften jedoch gerade unter dieses Begriffspaar fallen.[320] Auch die Vermeidung von strafrechtsfreien Räumen[321] oder einer künstlichen Differenzierung zwischen rechtmäßigen und rechtswidrigen Praktiken des Unternehmens[322] wurden als Argument für eine Einbeziehung angeführt. Hierzu führten einige Stimmen weiter aus, dass der dem Strafrecht angehörige, umstrittene Vermögensbegriff und die daraus resultierenden Streitigkeiten zu verschiedenen Besitzkonstellationen ebenfalls dazu genutzt werden kann, für eine tatbestandliche Einbeziehung zu plädieren.[323] So wurde vielfach, zur Vermeidung von strafrechtsfreien Räumen, ein rein wirtschaftlicher Vermögensbegriff vertreten, der den rechtlichen Schutz nicht von der Rechtmäßigkeit einer Vermögensposition abhängig macht. Hier kann beispielsweise der sogenannte „Diebes-Dieb" angeführt werden.[324]

Weiter wurde argumentiert, dass die Rechts- oder Sittenwidrigkeit der geheim zu haltenden Tatsache nicht der Kontrollbefugnis, der zur Geheimhaltung verpflichteten Person oder etwaigen Dritten, unterliegen dürfe.[325] So dürfe der Arbeitnehmer zum Beispiel seine Verpflichtung zur Verschwiegenheit nicht davon abhängig machen, ob er das Verhalten des Arbeitgebers als rechtlich zulässig oder nicht einstuft.[326] Des Weiteren wurde angeführt, dass sich einige Normen des Geheimnisschutzes gezielt auf rechtswidrige Vorgänge beziehen (zum Beispiel §§ 93 I, II,

---

318 BVerfG NVwZ 2006, 1041, 1042 Rn. 81.

319 MüKoStGB/*Janssen/Maluga* § 17 UWG Rn. 36.

320 *Schnabel* CR 2016, 342, 345–346.

321 *Kalbfus*, Know-how-Schutz in Deutschland, Rn. 127.

322 MüKoStGB/*Janssen/Maluga* § 17 UWG Rn. 35.

323 Fezer/Büscher/Obergfell/*Rengier* § 17 UWG Rn. 21; *Mayer* GRUR 2011, 884, 887; MüKo-Lauterkeitsrecht/*Brammsen* § 17 UWG Rn. 24.

324 MüKo-Lauterkeitsrecht/*Brammsen* § 17 UWG Rn. 24; zur genaueren Vertiefung *Eisele*, Strafrecht – Besonderer Teil II, S. 212 Rn. 605ff.

325 MüKo-Lauterkeitsrecht/*Brammsen* § 17 UWG Rn. 24; *Otto* wistra 1988, 125, 126; *Többens* NStZ 2000, 505, 506.

326 *Mayer* GRUR 2011, 884, 887; *Otto* wistra 1988, 125, 126; *Többens* NStZ 2000, 505, 506.

203 StGB u.a.).[327] Dem hielt eine Gegenansicht entgegen, dass die genannten Normen jeweils erhebliche Allgemeininteressen schützen sollen. Solche rechtfertigen jedoch nicht die Verletzung von „illegalen Geheimnissen".[328] Schlussendlich wurde für die Einbeziehung darauf verwiesen, dass die Abwägung der kollidierenden Interessen dogmatisch sauber im Rahmen der Rechtswidrigkeit verortet werden kann.[329]

(3) Einbeziehung rechts- bzw. sittenwidriger Sachverhalte ablehnende Stimmen

Dagegen wendeten die Gegner einer tatbestandlichen Einbeziehung von „illegalen Geheimnissen" ein, dass ein Unternehmer kein objektiv schutzwürdiges Geheimhaltungsinteresse vorweisen kann.[330] Im Einklang mit dem Bundesverfassungsgericht gingen die Verfechter dieser Ansicht davon aus, dass die Rechtsordnung keinen Schutz für diese missachtende Verhaltensweisen bieten kann.[331] Mithin wäre Geheimnisschutz im Falle von sittenwidrigem oder gar rechtsmissbräuchlichem Verhalten oder Praktiken ein innerer Selbstwiderspruch der Rechtsordnung.[332] Zweck des Gesetzes gegen den unlauteren Wettbewerb und mithin auch der früheren §§ 17 ff. UWG war es, Mitbewerber, Verbraucher und Verbraucherinnen und sonstige Marktteilnehmer vor unlauteren geschäftlichen Handlungen zu schützen. Rechtsverstöße stellen grundsätzlich unlautere Handlungen dar. Somit hätte deren Schutz dazu geführt, gerade wettbewerbswidrige Zustände aufrechtzuerhalten und sogar zu schützen.[333] Dies liefe dem Gesetzeszweck entgegen.[334] Die Vertreter dieser Rechtsansicht setzten sich umfänglich mit den Einwänden der Gegenauffassung auseinander[335], ließen im Einzelnen jedoch auch Unterschiede in der Argumentation erkennen. Während einige Stimmen „illegalen Geheimnissen"

327 *Kalbfus,* Know-how-Schutz in Deutschland, Rn. 126.

328 *Rützel* GRUR 1995, 557, 560.

329 Fezer/Büscher/Obergfell/*Rengier* § 17 UWG Rn. 21; *Köhler*/Bornkamm/Feddersen, 37. Aufl. 2019, § 17 UWG Rn. 9; MüKo-Lauterkeitsrecht/*Brammsen* § 17 UWG Rn. 24; *Wiese,* Die EU-Richtlinie über den Schutz vertraulichen Know-hows und vertraulicher Geschäftsinformationen, S. 35.

330 BeckOK ArbR/*Joussen* § 611a BGB Rn. 466; ErfK/*Preis* § 611a BGB Rn. 713; *Preis/Reinfeld* AuR 1989, 361, 363; *Richters/Wodtke* NZA-RR 2003, 281, 282; *Rützel* GRUR 1995, 557, 561; umfassend dargestellt bei *Rody,* Der Begriff und die Rechtsnatur von Geschäfts- und Betriebsgeheimnissen, S. 117ff.; *Schnabel* CR 2016, 342, 348; offengelassen MüKoBGB/*Spinner* § 611a Rn, 1007; MünchArbR § 54 Rn. 36.

331 BVerfGE 116, 24, 49; GK-BetrVG/*Oetker* § 17 Rn. 13; *Schnabel* CR 2016, 342,346.

332 GK-BetrVG/*Oetker* § 17 Rn. 13; *Rützel* GRUR 1995, 557, 558ff.; *Schnabel* CR 2016, 342,346.

333 *Schnabel* CR 2016, 342,346.

334 *Schnabel* CR 2016, 342,346.

335 Vertiefend *Rützel* GRUR 1995, 557, 558ff.; *Schnabel* CR 2016, 342,345ff.

apodiktisch jeglichen Schutz versagten[336], schlossen andere diesen nur bei Verhaltensweisen aus, die den Tatbestand einer Strafvorschrift erfüllen oder gegen Rechtspositionen des Arbeitnehmers verstoßen.[337] Wieder andere forderten eine Interessenabwägung.[338] In diese müsse unter anderem mit einbezogen werden, ob der Arbeitnehmer die Verletzung der Verschwiegenheitspflicht rechtsmissbräuchlich unternimmt, wie zum Beispiel im Falle von wissentlich oder leichtfertig falsch gemachten Aussagen.[339]

(4) Eigene Stellungnahme

In Ermangelung einer klaren gesetzlichen Regelung kam der Frage, ob rechts- bzw. sittenwidrige Vorgänge in Unternehmen dem tatbestandlichen Geheimnisschutz unterfallen sollen, eine signifikante Bedeutung zu. Dies erfordert eine differenzierte Betrachtung. In einem ersten Schritt muss erörtert werden, ob das Tatbestandsmerkmal des Geheimhaltungsinteresses mit weiteren Voraussetzungen verbunden ist, oder ob jedes erdenkliche, tatsächlich bestehende Interesse ausreicht.[340] Gelangt man zu dem Ergebnis, dass keine weiteren Voraussetzungen erforderlich sind, können rechtlich und gesellschaftlich missbilligte Sachverhalte mit einbezogen werden. Andernfalls bedürfte es einer weitergehenden Prüfung, ob diese bemakelten Vorgänge den weiteren Voraussetzungen des Geheimhaltungsinteresses potenziell genügen könnten.

Für eine pauschale Einbeziehung aller in Betracht kommenden Interessen plädierende Stimmen verwiesen auf die Irrelevanz einer tatbestandlichen Verortung dieser Problematik, da wertende Aspekte auf der Ebene der Rechtswidrigkeit aufgelöst werden könnten.[341] Auf tatbestandlicher Ebene könne hingegen jedes in Betracht kommende Interesse einen Schutz auslösen.[342] Dem kann nicht

---

336 DFL/*Kamanabrou* § 611 BGB Rn. 375; ErfK/*Kania* § 79 BetrVG Rn. 6; ErfK/*Preis* § 611a BGB Rn. 713; Küttner/*Kania* Kap. 438 S. 2682 Rn. 5; *Preis/Reinfeld* AuR 1989, 361, 363; *Schnabel* CR 2016, 342, 348.

337 BeckOK ArbR/*Joussen* § 611a BGB Rn. 466; HWK/*Thüsing* § 611a BGB Rn. 503.

338 HWK/*Thüsing* § 79 BetrVG Rn. 8.

339 BeckOK ArbR/*Joussen* § 611a BGB Rn. 467; im Einklang mit BVerfG NZA 2001, 888, 890 = AP BGB § 626 Nr. 170.

340 *Rützel* GRUR 1995, 557, 557.

341 Fezer/Büscher/Obergfell/*Rengier* § 17 UWG Rn. 21; *Köhler*/Bornkamm/Feddersen, 37. Aufl. 2019, § 17 UWG Rn. 9; MüKo-Lauterkeitsrecht/*Brammsen* § 17 UWG Rn. 24; *Rody*, Der Begriff und die Rechtsnatur von Geschäfts- und Betriebsgeheimnissen unter Berücksichtigung der Geheimnisschutz-Richtlinie, S. 119; *Wiese*, Die EU-Richtlinie über den Schutz vertraulichen Know-hows und vertraulicher Geschäftsinformationen, S. 35.

342 Fezer/Büscher/Obergfell/*Rengier* § 17 UWG Rn. 21; *Köhler*/Bornkamm/Feddersen, 37. Aufl. 2019, § 17 UWG Rn. 9; MüKo-Lauterkeitsrecht/*Brammsen* § 17 UWG Rn. 24; *Wiese*, Die EU-Richtlinie über den Schutz vertraulichen Know-hows und vertraulicher Geschäftsinformationen, S. 33ff.

zugestimmt werden. Eine rechtliche Beurteilung, welche auf der Annahme basiert, es mache keinen Unterschied, ob die Strafbarkeit eines Verhaltens bereits im Rahmen des gesetzlichen Tatbestandes oder erst bei der Frage der Rechtswidrigkeit beurteilt wird, würde der innerstaatlichen Rechtssystematik widersprechen. Tatbestand und Rechtswidrigkeit sind auseinander zu halten. Eine Auflösung durch eine dieser beiden kann einem Verhalten ein signifikant anderes rechtliches und insbesondere gesellschaftliches Gepräge verleihen.[343] Abweichende Auffassungen legen der Beurteilung eine pauschalierende Perspektive zugrunde, welche nicht mit dem in Art. 20 III GG verankerten Rechtsstaatsprinzip zu vereinbaren ist. In Art. 20 GG ist vorgegeben, wie der Staat seine grundlegenden Aufgaben auszuüben hat.[344] Aus Art. 20 III GG resultiert das sogenannte Rechtsstaatsprinzip, welches Legislative, Exekutive und Judikative verpflichtet, die ihnen eingeräumte Herrschaftsmacht ausschließlich im Rahmen eines vorgegebenen gesetzlichen Rahmens auszuüben.[345] Aus diesem ergeben sich einzelne Strukturprinzipien, welche die objektive Rechtsordnung prägen.[346] Zu nennen ist insbesondere der Gedanke der Rechtssicherheit.[347] Danach muss die objektive Rechtsordnung dahingehend ausgestaltet sein, dass ihr klare und rechtssichere Verhaltensanforderungen entnommen werden können.[348] Aufgrund dessen bedarf das Tatbestandsmerkmal des Geheimhaltungsinteresses eines weiteren Korrektivs. Es genügt nicht bereits jedes beliebige Interesse.[349] Vielmehr muss der Geheimnisinhaber ein „berechtigtes Geheimhaltungsinteresse" aufweisen. Ob rechts- bzw. sittenwidrige Sachverhalte als Betriebs- oder Geschäftsgeheimnis tatbestandlich geschützt sind, richtet sich danach, ob diese Gegenstand eines „berechtigten Geheimhaltungsinteresses" sein können.[350]

Mit dieser Formulierung ist ein wertendes Moment verbunden. Das Geheimhaltungsinteresse muss spezifischen Anforderungen genügen. Der Begriff *berechtigt* impliziert, dass ein Verhalten nach allgemein anerkannten Maßstäben toleriert

---

343 Vgl. die spätere Diskussion im Gesetzgebungsverfahrens des Geschäftsgeheimnisgesetzes: *Partsch,* Stellungnahme zur BT-Drucksache 19/4724, S. 1; Rechtsausschuss, BT-Drucksache, 19/8300, S. 14.

344 Umfassend BeckOK Grundgesetz/*Huster/Rux* Art. 20 GG Rn. 138ff.; Dreier/*Schulze-Fielitz* Art. 20 GG (Rechtsstaat) Rn. 1ff.; v. Mangoldt/Klein/Starck/*Sommermann* Art. 20 GG Rn. 227ff.

345 BeckOK Grundgesetz/*Huster/Rux* Art. 20 GG Rn. 138; Dreier/*Schulze-Fielitz* Art. 20 GG Rn. 38.

346 Dreier/*Schulze-Fielitz* Art. 20 GG Rn. 66.

347 BeckOK Grundgesetz/*Huster/Rux* Art. 20 GG Rn. 181; Dreier/*Schulze-Fielitz* Art. 20 GG Rn. Rn. 39; v. Mangoldt/Klein/Starck/*Sommermann* Art. 20 GG Rn. 239; *Sachs* Art. 20 GG Rn. 122.

348 BeckOK Grundgesetz/*Huster/Rux* Art. 20 GG Rn. 181; Dreier/*Schulze-Fielitz* Art. 20 GG Rn. 146ff.; v. Mangoldt/Klein/Starck/*Sommermann* Art. 20 GG Rn. 288.

349 *Rützel* GRUR 1995, 557, 558.

350 *Ohly*/Sosnitza § 17 UWG Rn. 12; *Richters/Wodtke* NZA-RR 2003, 281, 282.

und akzeptiert sein muss. Im Zusammenhang mit der rechtlichen Beurteilung von Sachverhalten bietet die objektive Rechtsordnung einen geeigneten Maßstab. Danach kann in Bezug auf einen Sachverhalt, der objektiven Rechtsnormen widerspricht, kein *berechtigtes* Interesse bestehen.[351] Auch die gesellschaftlich allgemein anerkannten Vorstellungen gemeinschaftlichen Verhaltens bieten einen geeigneten Beurteilungsmaßstab für die Qualifizierung eines Interesses als berechtigt. Deswegen kann auch bezüglich eines den geltenden Moralvorstellungen widersprechenden Verhaltens kein gerechtfertigtes Interesse bestehen, diese geheim zu halten und rechtlich zu schützen. Ein Rückgriff auf den Schutzzweck des § 17 UWG 2004 zeigt, weshalb der Verweis auf die Bewertung der strafrechtlichen Eigentumsdelikte nicht weiterführt.[352] Diese seien nach teilweise vertretener Ansicht teleologisch lediglich auf den formalen Schutz des Eigentums und des Gewahrsams und die Verhinderung der umschriebenen Verhaltensweisen ausgerichtet.[353] Die rechtliche und tatsächliche Wertigkeit der Sache bleibt unbeachtlich.[354] Auf dieser Betrachtungsweise aufbauend, können Straftatbestände, wie zum Beispiel §§ 242, 249 StGB auch verwirklicht werden, sofern, das Tatobjekt selbst zu missbilligen ist[355] (Bsp. Betäubungsmittel) oder auf rechtswidrige Weise erlangt wurde („Diebes-Dieb")[356]. Diesbezüglich dürfen keine rechtsfreien Räume geschaffen werden. Die §§ 17–19 UWG 2004 sollen jedoch vorrangig unlauteren Wettbewerb verhindern.[357] Wären rechtswidrige interne Unternehmensvorgänge über diese Normen geschützt, würde jedoch der unlautere Wettbewerb gefördert und dadurch gerade ein rechtsfreier Raum geschaffen.[358] Im Hinblick auf den vorliegenden Normzweck kann die Vermeidung rechtsfreier Räume umgekehrt angeführt werden, um gegen eine Einbeziehung rechts- bzw. sittenwidriger Sachverhalte zu plädieren.[359]

Unter Berücksichtigung des soeben erläuterten Rechtstaatsprinzips dürfen die gesetzlichen Normen zum Geheimnisschutz nicht herangezogen werden,

---

351 BeckOK ArbR/*Joussen* § 611a BGB Rn. 466; ErfK/*Preis* § 611a BGB Rn. 713.

352 *Schnabel* CR 2016, 342, 346; **a.A.** *Rody,* Der Begriff und die Rechtsnatur von Geschäfts- und Betriebsgeheimnissen unter Berücksichtigung der Geheimnisschutz-Richtlinie, S. 119.

353 *Eisele,* Strafrecht – Besonderer Teil II, S. 9 Rn. 24; **a.A.** MüKoStGB/*Schmitz* § 242 Rn. 4.

354 *Eisele,* Strafrecht – Besonderer Teil II, S. 10 Rn. 24; **a.A.** MüKoStGB/*Schmitz* § 242 Rn. 4.

355 BGH NJW 2006, 72, 72; BGH NJW 2015, 2898, 2900 Rn. 19 BGH NStZ 2018, 15, 15; *Eisele,* Strafrecht – Besonderer Teil II, S. 10 Rn. 24; kritisch MüKoStGB/*Schmitz* § 242 Rn. 16ff.

356 BGH NStZ-RR 2008, 76, 76; *Engländer/Zimmermann* NZWiSt 2012, 328, 330.

357 Zum Schutzzweck des § 17 UWG 2004, siehe Teil 1, § 2, A., III., 1., S. 45f.

358 *Rützel* GRUR 1995, 557, 560; *Schnabel* CR 2016, 342, 346.

359 *Schnabel* CR 2016, 342, 346; ähnlich *Rützel* GRUR 2995, 557, 559; **a.A.** *Rody,* Der Begriff und die Rechtsnatur von Geschäfts- und Betriebsgeheimnissen unter Berücksichtigung der Geheimnisschutz-Richtlinie, S. 119.

um ein rechtlich oder sittlich missbilligenswertes Verhalten zu schützen.[360] Den Regelungen müssen klare Verhaltensanforderungen für die lautere Teilnahme am Wettbewerb entnommen werden können. Dies wäre nicht gewährleistet, wenn Vorgänge, die unter anderweitigen Gesichtspunkten rechtlich bzw. sittlich bemakelt und damit unlauter sind, dem Schutz von Betriebs- und Geschäftsgeheimnissen unterfallen würden. Dies ändert auch nicht der soeben thematisierte Verweis auf den strafrechtlichen Vermögensschutz. Dieser beinhaltet eine teleologisch abweichende Schutzrichtung und soll lediglich das in den genannten Normen umschriebene Verhalten unterbinden. Der rechtliche Schutz von Betriebs- und Geschäftsgeheimnis ist aufgrund seiner abweichenden Schutzrichtung hiermit nicht zu vergleichen. Um eine rechtssichere objektive Rechtsordnung zu gewährleisten, muss diese auch einheitlich und widerspruchsfrei ausgestaltet sein.[361] Zur Wahrung dieser Prinzipien muss zwingend vermieden werden, ein und dasselbe Verhalten unter Heranziehung verschiedener Normen abweichend zu beurteilen. Dies wäre mit dem Rechtsstaatsprinzip nicht zu vereinbaren. Im Ergebnis muss die tradierte Definition eines Betriebs- und Geschäftsgeheimnisses zwingend dahin verstanden werden, dass rechtlich oder gesellschaftlich bemakelte Vorgänge nicht unter diese subsumiert werden können.[362].

III. Gegenrechte und insbesondere Rechtfertigungstatbestände

1. *Geheimnisinhaber ist mit dem Vorgang einverstanden*

Schon die überkommenen Schutzkonzepte gewährten keinen grenzenlosen Schutz. Seine Grenzen fand der Geheimnisschutz nach vormaliger Rechtslage aufgrund seiner strafrechtlichen Konzeption, in den gewöhnlichen strafrechtlichen Rechtfertigungstatbeständen und in den Grundrechten der potenziell geheimnisverletzenden Person. Die Verletzung von Betriebs- und Geschäftsgeheimnissen war nicht strafbar, soweit dies von dem Willen des Geheimnisinhabers gedeckt war. Volenti non fit iniura.

War dieser generell mit der Kenntnisnahme eines beliebigen Personenkreises einverstanden, lag ein tatbestandliches Einverständnis vor. Dies führte zu dem Wegfall des Geheimnischarakters.[363] Damit war bereits der Tatbestand der §§ 17ff.

---

360 GK-BetrVG/*Oetker* § 79 Rn. 13; *Schabel* CR 2016, 342, 346.

361 BVerfGE 108, 169, 181; v. Mangoldt/Klein/Starck/*Sommermann* Art. 20 GG Rn. 298.

362 BeckOK ArbR/*Joussen* § 611a BGB Rn. 466; ErfK/*Preis* § 611a BGB Rn. 713; *Preis/Reinfeld* AuR 1989, 361, 363; *Richters/Wodtke* NZA-RR 2003, 281, 282; *Rützel* GRUR 1995, 557, 561; *Schnabel* CR 2016, 342, 446; *Taeger*, Die Offenbarung von Betriebs- und Geschäftsgeheimnissen, S. 76; so wohl auch *Oetker* ZESAR 2017, 257, 261; **a.A.** *Rody*, Der Begriff und die Rechtsnatur von Geschäfts- und Betriebsgeheimnissen unter Berücksichtigung der Geheimnisschutz-Richtlinie, S. 119.

363 MüKo-Lauterkeitsrecht/*Brammsen* § 17 UWG Rn. 56; *Wiese*, Die EU-Richtlinie über den Schutz vertraulichen Know-hows und vertraulicher Geschäftsinformationen, S. 77.

UWG 2004 nicht erfüllt, sodass eine etwaige Rechtfertigung nicht mehr relevant wird.[364] War der Geheimnisinhaber dagegen mit der Weitergabe an einen klar abgrenzbaren Personenkreis einverstanden, handelte es sich um eine rechtfertigende Einwilligung.[365] Ein Sonderfall der Einwilligung lag in der Errichtung eines internen Whistleblowing-Systems.[366] Da der Unternehmensinhaber dadurch die Möglichkeit schafft, Informationen gegenüber internen Einrichtungen preiszugeben, drückt er damit konkludent seine generelle Akzeptanz dieses Vorgangs aus.[367]

2. *Gesetzliche Anzeige- und Aussagepflichten*

Zudem konnte die Aufdeckung von Betriebs- und Geschäftsgeheimnissen durch gesetzliche Anzeige- und Aussagepflichten gerechtfertigt sein. Die Anzeige von geplanten oder bereits teilweise ausgeführten Straftaten ist rechtmäßig, soweit ihr Unterlassen gegen § 138 StGB verstoßen würde.[368] Die Rechtfertigung sogenannter Whistleblowing-Handlungen[369] war umstritten und wurde teilweise auch im Rahmen des § 138 StGB diskutiert.[370] Darüber hinaus konnte die Preisgabe von Betriebs- und Geschäftsgeheimnissen durch Zeugen oder Sachverständige im Rahmen einer gerichtlichen Aussage gerechtfertigt sein. Gemäß § 48 I S. 2 StPO besteht eine gerichtliche Aussagepflicht, sofern keine gesetzliche Ausnahme eingreift.[371] Der Katalog strafprozessualer Zeugnisverweigerungsrechte in §§ 52ff. StPO i.V.m. § 76 StPO beinhaltet kein Schweigerecht in Bezug auf Wirtschaftsgeheimnisse. Deswegen ist deren Offenbarung im Rahmen einer Aussage gerechtfertigt.[372] Dagegen beinhaltet die Zivilprozessordnung geheimnisschützende

364 MüKo-Lauterkeitsrecht/*Brammsen* § 17 UWG Rn. 56.

365 *Harte-Bavendamm*/Hennig-Bodewig § 17 UWG Rn. 11; *Köhler*/Bornkamm/Feddersen, 37. Aufl. 2019, § 17 UWG Rn. 21a; MüKo-Lauterkeitsrecht/*Brammsen* § 17 UWG Rn. 56; *Wiese,* Die EU-Richtlinie über den Schutz vertraulichen Know-hows und vertraulicher Geschäftsinformationen, S. 76.

366 MüKo-Lauterkeitsrecht/*Brammsen* § 17 UWG Rn. 57.

367 MüKo-Lauterkeitsrecht/*Brammsen* § 17 UWG Rn. 57; **a.A.** *Wiese,* Die EU-Richtlinie über den Schutz vertraulichen Know-hows und vertraulicher Geschäftsinformationen, S. 78.

368 *Harte-Bavendamm*/Hennig-Bodewig § 17 UWG Rn. 11; *Köhler*/Bornkamm/Feddersen, 37. Aufl. 2019, § 17 UWG Rn. 21a; MüKo-Lauterkeitsrecht/*Brammsen* § 17 UWG Rn. 58.

369 Genaueres zum externen Whistleblowing, siehe Teil 3, § 14, S. 411ff.

370 MüKo-Lauterkeitsrecht/*Brammsen* § 17 UWG Rn. 60; *Ullrich* NZWiSt 2019, 65, 67.

371 *Köhler*/Bornkamm/Feddersen, 37. Aufl. 2019, § 17 UWG Rn. 21a; *Wiese,* Die EU-Richtlinie über den Schutz vertraulichen Know-hows und vertraulicher Geschäftsinformationen, S. 77.

372 MüKo-Lauterkeitsrecht/*Brammsen* § 17 UWG Rn. 58.

Zeugnisverweigerungsrechte § 382 I Nr. 6, 384 Nr. 3 ZPO i.V.m. § 408 I ZPO.[373] Auf diese können und müssen sich Zeugen und Sachverständige berufen, soweit die Geheimhaltung nicht gemäß § 172 Nr. 2 GVG sichergestellt ist. Ist dies jedoch der Fall, ist auch die zivilprozessuale Aussage gerechtfertigt.[374]

3. Allgemeine gesetzliche Rechtfertigungstatbestände

Die handelnde Person konnte sich zudem auf die gesetzlich normierten Rechtfertigungsgründe gemäß §§ 32, 34 StGB, §§ 227, 229 BGB stützen.[375] Relevant war hierbei insbesondere der rechtfertigende Notstand gemäß § 34 StGB.[376] Danach kann eine geheimnisverletzende Handlung unter Umständen gerechtfertigt sein, wenn dadurch eine gegenwärtige, nicht anders abwendbare Gefahr für Leib, Freiheit, Ehre, Eigentum oder ein anderes Rechtsgut abgewehrt werden soll und eine Abwägung der widerstreitenden Interessen ergibt, dass das geschützte Rechtsgut überwiegt. § 34 StGB wurde auch überwiegend zur Rechtfertigung externen Whistleblowings herangezogen.[377] Soweit es sich bei Hinweisgebern um Arbeitnehmer handelt, wurde dieses Recht zur Anzeige durch die arbeitsvertraglichen Rücksichtnahmepflichten gemäß §§ 611a, 241 II BGB beschränkt.[378]

---

373 *Köhler*/Bornkamm/Feddersen, 37. Aufl. 2019, § 17 UWG Rn. 21a; *Wiese*, Die EU-Richtlinie über den Schutz vertraulichen Know-hows und vertraulicher Geschäftsinformationen, S. 77.

374 *Harte-Bavendamm*/Hennig-Bodewig § 17 UWG Rn. 11a; *Köhler*/Bornkamm/Feddersen, 37. Aufl. 2019, § 17 UWG Rn. 21a; *Wiese*, Die EU-Richtlinie über den Schutz vertraulichen Know-hows und vertraulicher Geschäftsinformationen, S. 77.

375 *Köhler*/Bornkamm/Feddersen, 37. Aufl. 2019; § 17 UWG Rn. 21a.

376 *Engländer/Zimmermann* NZWiSt 2012, 328, 330; *Harte-Bavendamm*/Hennig-Bodewig § 17 UWG Rn. 11; MüKo-Lauterkeitsrecht/*Brammsen* § 17 UWG Rn. 59.

377 *Engländer/Zimmermann* NZWiSt 2012, 328, 330; *Ullrich* NZWiSt 2019, 65, 67; *Wiese*, Die EU-Richtlinie über den Schutz vertraulichen Know-hows und vertraulicher Geschäftsinformationen, S. 77.

378 *Wiese*, Die EU-Richtlinie über den Schutz vertraulichen Know-hows und vertraulicher Geschäftsinformationen, S. 77.

§ 3 Internationale und unionsrechtliche Grundlagen des Geheimnisschutzes

A. TRIPS-Abkommen

I. Schutz nicht offenbarter Informationen nach Art. 39 TRIPS

Die Etablierung eines international vereinheitlichten Geheimnisschutzes wurde im Zuge des TRIPS-Abkommens vom 15.4.1994[379] angestrebt.[380] Das TRIPS-Abkommen geht auf Art. 10bis PVÜ[381] zurück[382] und bezweckt Mindeststandards im Bereich des geistigen Eigentums.[383] Art. 39 I TRIPS statuiert die Verpflichtung der Mitgliedskörperschaften, nicht offenbarte Informationen nach Maßgabe näherer Bestimmung in den *nachfolgenden* Absätzen zu schützen. Das Tatbestandsmerkmal „nicht offenbarter Informationen" definiert Art. 39 TRIPS nicht. Es besteht weitgehende Einigkeit, dass die neutrale Formulierung Betriebs- und Geschäftsgeheimnisse umfasst.[384]

Art. 39 II TRIPS regelt die Voraussetzung dieses Schutzanspruchs hinsichtlich nicht offenbarter Informationen.[385] Dieser ist dann begründet, wenn (1) Informationen in dem Sinne geheim sind, dass sie entweder in ihrer Gesamtheit oder in der Anordnung und Zusammenstellung ihrer Bestandteile Personen in den Kreisen, die üblicherweise mit den fraglichen Informationen zu tun haben, nicht

---

379 Übereinkommen über handelsbezogene Aspekte der Rechte des geistigen Eigentums vom 15.4.1994, BGB. 1994 II, 1730.

380 EuArbRK/*Schubert* RL (EU) 2016/943 Art. 1 Rn. 6; *Henning-Bodewig* GRUR Int. 2013, 1, 9ff.; *Henning-Bodewig* GRUR Int. 2014, 997, 1000; *Wiese*, Die EU-Richtlinie über den Schutz vertraulichen Know-hows und vertraulicher Geschäftsinformationen, 29; umfassend Harte-Bavendamm/Ohly/*Kalbfus* Einl. A. Rn. 154ff.

381 Pariser Verbandsübereinkunft zum Schutz des gewerblichen Eigentums vom 20.3.1883, BGBl. 1970 II, 293.

382 EuArbRK/*Schubert* RL (EU) 2016/943 Art. 1 Rn. 6; *Henning-Bodewig* GRUR Int. 2013, 1, 9.

383 *Hermes*, TRIPS im Gemeinschaftsrecht, S. 30; *Wiese*, Die EU-Richtlinie über den Schutz vertraulichen Know-hows und vertraulicher Geschäftsinformationen, S. 29.

384 Busche/Stoll/*Wiebe/Peter*, TRIPs, Art. 39 Rn. 7; *Hermes*, TRIPS im Gemeinschaftsrecht, S. 260; *Kalbfus*, FS Harte-Bavendamm 2020, S. 341, 346; *Kalbfus*, Know-how-Schutz in Deutschland, S. 16 Rn. 20; Köhler/Bornkamm/Feddersen/*Alexander* Vor § 1 GeschGehG Rn. 35; *Reinfeld*, Das neue Gesetz zum Schutz von Geschäftsgeheimnissen, S. 5–6; *Rody*, Der Begriff und die Rechtsnatur von Geschäfts- und Betriebsgeheimnissen unter Berücksichtigung der Geheimnisschutz-Richtlinie, S. 34.

385 *Henning-Bodewig* GRUR Int. 2014, 997, 1000; Köhler/Bornkamm/Feddersen/*Alexander* Vor § 1 GeschGehG Rn. 36; *Reinfeld*, Das neue Gesetz zum Schutz von Geschäftsgeheimnissen, S. 5.

allgemein bekannt oder leicht zugänglich sind, (2) wirtschaftlichen Wert haben, weil sie geheim sind und (3) Gegenstand von den Umständen nach angemessenen Geheimhaltungsmaßnahmen seitens der Person waren, unter deren Kontrolle sie rechtmäßig stehen. Derjenige, unter dessen rechtmäßiger Kontrolle Informationen in diesem Sinne stehen, soll deren Offenbarung, Erwerb oder Benutzung ohne Zustimmung und in einer Weise, die den anständigen Gepflogenheiten in Gewerbe und Handel zuwiderläuft, verhindern können. Damit wurden erstmalig auf völkerrechtlicher Ebene die Voraussetzungen etabliert, nach denen geschäftliche Informationen rechtlichen Schutz genießen sollen.[386]

II. Rechtliche Bewertung

1. Rechtliche Einordnung des TRIPS-Abkommens

Das TRIPS-Abkommen ist ein internationales Abkommen der WTO-Mitgliedsstaaten und Teil der Welthandelsordnung.[387] Zweck war die Schaffung internationaler Mindeststandards im Bereich des geistigen Eigentumsrechts.[388] Es ist Bestandteil der Anlagen zum WTO-Übereinkommen vom 15.4.1994.[389] Gemäß Art. II Abs. 2 WTO-Übereinkommen integriert dieses das TRIPS-Abkommen als verbindlichen Bestandteil.[390] Sowohl die Gemeinschaft als auch die Mitgliedsstaaten haben das WTO-Abkommen unterzeichnet. Es vereint Bestandteile, die der Vertragsabschlusskompetenz der europäischen Gemeinschaft unterfallen und weitere Inhalte, die allein im Kompetenzbereich der Mitgliedsstaaten liegen.[391] Diese gespaltene Kompetenz weist das Abkommen als gemischtes Abkommen aus, weshalb eine Inkorporierung in das Unionsrecht nicht ipso iure geschieht.[392] Dies erforderte weitere Umsetzungsakte.[393]

---

386 *Hermes,* TRIPS im Gemeinschaftsrecht, S. 260; *Kalbfus,* Know-how-Schutz in Deutschland, S. 16 Rn. 20.

387 Busche/*Stoll*/Wiebe, TRIPs, Einleitung 1 Rn. 17.

388 *Reger,* Der internale Schutz gegen unlauteren Wettbewerb und das TRIPS-Übereinkommen, S. 61ff.; *Wiese,* Die EU-Richtlinie über den Schutz vertraulichen Know-hows und vertraulicher Geschäftsinformationen, S. 29.

389 Übereinkommen zur Errichtung der Welthandelsorganisation vom 15.04.1994, BGBl. 1994 II, 1625; Busche/*Stoll*/Wiebe, TRIPs, Einleitung 1 Rn. 17; *Hermes,* TRIPS im Gemeinschaftsrecht, S. 28/29.

390 *Hermes,* TRIPS im Gemeinschaftsrecht, S. 29.

391 *Hermes,* TRIPS im Gemeinschaftsrecht, S. 47.

392 *Hermes,* TRIPS im Gemeinschaftsrecht, S. 47.

393 Busche/Stoll/Wiebe, TRIPs, Art. 1 Rn. 8.

2. *Unmittelbare Geltung*

Der Rat der europäischen Kommission genehmigte das Abkommen mit Beschluss 94/800 vom 22.12.1994.[394] Gemäß Art. 216 II AEUV binden die von der Union geschlossenen Übereinkünfte die Organe der Union und die Mitgliedstaaten. Aufgrund dessen waren diese fortan an das TRIPS-Abkommen gebunden.[395] Darüber hinaus sind die Bestimmungen der von der Union geschlossenen Übereinkünfte nach ständiger Rechtsprechung des europäischen Gerichtshofs integraler Bestandteil der Unionsrechtsordnung.[396] Aus diesem wird in Rechtsprechung und Literatur geschlussfolgert, dass das TRIPS-Abkommen trotz seines gemischten Charakters unmittelbar in das Unionsrecht inkorporiert ist.[397] Am 30. 8. 1994 ist das Zustimmungsgesetz in Kraft getreten.[398] Damit ist das TRIPS-Abkommen deutsches Recht geworden.[399] Im Ergebnis beansprucht das TRIPS-Abkommen sowohl innerhalb der Europäischen Union als auch innerhalb Deutschlands unmittelbare Geltung.[400]

3. *Unmittelbare Anwendbarkeit*

Die – wie gezeigt – unmittelbare Geltung beantwortet noch nicht die Frage der unmittelbaren Anwendbarkeit.[401] Diese kommt nur Rechtsnormen zu, durch welche Einzelpersonen unmittelbare, subjektive Rechte verliehen werden.[402] Voraussetzung ist, dass Regelungen inhaltlich unbedingt und hinreichend genau sind.[403] Zudem dürfen weder ihre Natur noch ihre Systematik der unmittelbaren Anwendbarkeit entgegenstehen.[404] Die unmittelbare Anwendbarkeit des TRIPS-Abkommens wird unterschiedlich bewertet. Nach gefestigter Rechtsprechung des europäischen Gerichtshofs soll das TRIPS-Abkommen keine unmittelbaren Rechte für Einzelpersonen begründen.[405] Seiner Ansicht nach stehen dem Natur und Systematik des TRIPS-Abkommens entgegen.[406] Ergänzend verweist der europäische Gerichtshof

---

394 ABl. EU Nr. L 336 S. 1.
395 Köhler/Bornkamm/Feddersen/*Alexander* Vor § 1 GeschGehG Rn. 35.
396 EuGH GRUR 2012, 593 Rn. 39; EuGH BeckRS 2009, 71172; EuGH NJW 1988, 1142, 1443; EuGHE 1974, 449 = EuGH BeckRS 2004, 72053.
397 EuGH GRUR 2012, 593, 594 Rn. 39/40; BGH GRUR 2016, 1048, 1051 Rn. 43; *Hermes,* TRIPS im Gemeinschaftsrecht, S. 102.
398 BGBl. II 1994, S. 1438.
399 *Kalbfus,* Know-how-Schutz in Deutschland, S. 197 Rn. 319.
400 Busche/Stoll/*Wiebe/Peter*, TRIPs, Art. 39 Rn. 14; *Kalbfus* GRUR 2016, 1009, 1010; Köhler/Bornkamm/Feddersen/*Alexander* Vor § 1 GeschGehG Rn. 37.
401 *Kalbfus,* Know-how-schutz in Deutschland, S. 197 Rn. 319.
402 Busche/Stoll/*Wiebe/Peter*, TRIPs, Art. 39 Rn. 14.
403 EuGH GRUR 2012, 593, 594 Rn. 43.
404 EuGH GRUR 2012, 593, 594 Rn. 43.
405 EuGH GRUR 2012, 593, 594 Rn. 46; EuGH GRUR 2005, 153, 155; dem folgend BGH GRUR 2016, 1048, 1051 Rn. 43.
406 EuGH GRUR 2012, 593, 594 Rn. 46.

auf die Erwägungsgründe zum Genehmigungsbeschluss 94/800. Danach sei das Übereinkommen zur Errichtung der Welthandelsorganisation einschließlich seiner Anhänge nicht so angelegt, dass es unmittelbar vor den Rechtsprechungsorganen der Gemeinschaft und den Mitgliedsstaaten angeführt werden kann.[407]

Die Literatur bietet einen differenzierten Meinungsstand. Einige Stimmen heben auf eine Einzelbewertung jeder in Betracht kommenden Norm ab. Soweit sich die oben aufgezeigten Voraussetzungen einer unmittelbaren Anwendbarkeit feststellen lassen und verfassungsrechtliche Gründe nicht entgegenstehen, wird die unmittelbare Anwendbarkeit bejaht.[408] Vertreter dieser Auffassung kommen mit Blick auf Art. 39 II TRIPS zu unterschiedlichen Ergebnissen. Teilweise wird die unmittelbare Anwendbarkeit bejaht[409], wohingegen andere diese verneinen.[410] Andere Literaturstimmen lehnen die Begründung subjektiver Einzelrechte durch das TRIPS-Abkommen pauschal ab.[411] Dies lässt sich auch der Gesetzesbegründung des Umsetzungsgesetzes entnehmen.[412]

Im Ergebnis erscheint der Rechtsstandpunkt des europäischen Gerichtshofs und der ihm folgenden Literatur überzeugend. Die Erwägungsgründe des Beschlusses verdeutlichen, von welcher Zielsetzung sich die Union bei der Inkorporierung hat leiten lassen. Zudem führt die differenzierende Literaturansicht zu Bewertungsunsicherheiten, die einer klaren und rechtssicheren Handhabung entgegenstehen.

4. *Bewertung des durch das TRIPS-Abkommen vermittelten Schutzstandards*

Das TRIPS-Abkommen vermittelte erstmalig einen europarechtlich fundierten Begriff schützenswerter geschäftlicher Informationen und grenzte die tatsächlichen Voraussetzungen ein.[413] Der für den Berechtigten vermittelte Schutz gegenüber missbräuchlichen Zugriffen hingegen ging mangels unmittelbarer Anwendbarkeit ins Leere.[414] Da zunächst eine unionsweite Harmonisierung des

---

407 EuGH GRUR 2012, 593, 594 Rn. 45; Beschluss 94/800/EG, ABl. Nr. L336/1.

408 *Henning-Bodewig* GRUR Int. 2013, 1, 9; *Hermes*, TRIPS im Gemeinschaftsrecht, S. 260/261; *Kalbfus*, Know-how-Schutz in Deutschland, S. 198 Rn. 320; *Reger*, Der internationale Schutz gegen unlauteren Wettbewerb und das TRIPS-Übereinkommen, S. 94.

409 *Hermes*, TRIPS im Gemeinschaftsrecht, S. 260; *Reger*, Der internationale Schutz gegen unlauteren Wettbewerb und das TRIPS-Übereinkommen, S. 282, die unmittelbare Anwendbarkeit unter Heranziehung von Ausführungsnormen in Betracht ziehend Harte-Bavendamm/Ohly/*Kalbfus* Einl. A. Rn. 156.

410 *Kalbfus*, Know-how-Schutz in Deutschland, S. 200 Rn. 322.

411 Busche/Stoll/*Wiebe/Peter*, TRIPs, Art. 39 Rn. 13; *Dreier* GRUR Int. 1996, 205, 215; *McGuire*, FS Harte-Bavendamm 2020, S. 367, 370.

412 Begründung, BT-Drucks. 12/7655, S. 347.

413 Köhler/Bornkamm/Feddersen/*Alexander* Vor § 1 GeschGehG Rn. 35.

414 *McGuire*, FS Harte-Bavendamm 2020, S. 367, 370.

Geheimnisschutzes ausblieb, erweist sich das TRIPS-Abkommen mit Blick auf den subjektiven Geheimnisschutz als weitestgehend „stumpfes Schwert".[415]

B. Sekundäres Unionsrecht

I. Enforcement-Richtlinie

Am 29. 4. 2004 ist die Richtlinie 2004/48/EG des Europäischen Parlaments und Rates zur Durchsetzung der Rechte des geistigen Eigentums (Enforcement-Richtlinie) in Kraft getreten.[416] Es ist unklar, ob der dogmatisch nicht abschließend verortete Geheimnisschutz in den Anwendungsbereich der Richtlinie fällt, die ausweislich des Art. 1 auf Maßnahmen, Verfahren und Rechtsbehelfe gerichtet ist, die zur Durchsetzung der Rechte des geistigen Eigentums erforderlich sind.

1. Unionsrechtlicher Unternehmensschutz gemäß RL 2004/48/EG?

Der rechtliche Geheimnisschutz könnte nach unionsrechtlichem Verständnis in den Anwendungsbereich der Enforcement-Richtlinie fallen.[417] Gemäß Erwägungsgrund 39 der Richtlinienbegründung zur Geheimnisschutz-Richtlinie soll diese der RL 2004/48/EG im Falle einer Überschneidung als lex specialis vorgehen. Stehen zwei Normen respektive Regelungsbereiche in einem Spezialitätsverhältnis, setzt dies zunächst voraus, dass der fragliche Sachverhalt von dem engeren Regelungszusammenhang erfasst wird. Darüber hinaus muss auch der Anwendungsbereich der weiteren Regelung eröffnet sein, die jedoch neben der fraglichen Konstellation andere Sachzusammenhänge erfassen kann. Kann Erwägungsgrund 39 dahingehend verstanden werden, dass die RL (EU) 2016/943 der Enforcement-Richtlinie im Sinne des Grundsatzes *lex specialis derogat generali* vorgeht, müsste der rechtliche Geheimnisschutz in den Anwendungsbereich der Enforcement-Richtlinie fallen.[418]

2. Anwendungsbereich der Enforcement-Richtlinie

Art. 2 I RL 2004/48/EG beschreibt den Anwendungsbereich der Enforcement-Richtlinie. Danach können die vorgesehenen Maßnahmen, Verfahren und Rechtsbehelfe grundsätzlich auf jede Verletzung von Rechten des geistigen Eigentums, die im Gemeinschaftsrecht und/oder im innerstaatlichen Recht vorgesehen sind,

---

415 *Dumont* BB 2018, 2441, 2443; EuArbRK/*Schubert* RL (EU) 2016/943 Art. 1 Rn. 6; *Rauer* GRUR-Prax 2014, 2, 2.

416 ABl. L 195/16.

417 Dargestellt auch durch Harte-Bavendamm/Ohly/*Kalbfus* Einl. A. Rn. 167.

418 Stellungnahme des Max-Planck-Instituts vom 12.5.2014, GRUR Int. 2014, 554, 556; *Wiese*, Die EU-Richtlinie über den Schutz vertraulichen Know-hows und vertraulicher Geschäftsinformationen, S. 14.

angewendet werden. Damit regelt die Enforcement-Richtlinie – wie auch schon der amtlichen Überschrift entnommen werden kann – die Durchsetzung der Rechte des geistigen Eigentums.[419] Wie bereits erläutert, wurde der Geheimnisschutz nach tradiertem nationalen Verständnis dem nicht zugeordnet.[420] Dies entspricht dem überwiegenden Verständnis in den Mitgliedsstaaten.[421] Unter diesem Gesichtspunkt kann nicht ohne weiteres angenommen werden, dass der Unionsgesetzgeber den Schutz von Unternehmensgeheimnissen in den Anwendungsbereich der Enforcement-Richtlinie integrieren wollte. Dies kann zudem durch eine Stellungnahme der Europäischen Kommission gestützt werden.[422] Diese führt auf, welche Rechte mindestens von der Richtlinie erfasst sind.[423] Der rechtliche Geheimnisschutz wird nicht genannt.[424]

Unter Berücksichtigung des unionsrechtlichen Verständnisses – nach welchem der Schutz von Unternehmensgeheimnissen nur sehr vereinzelt den Rechten des geistigen Eigentums zugeordnet wird – spricht der klare Wortlaut von Überschrift und Art. 1 der Enforcement-Richtlinie dagegen, den Geheimnisschutz in den Anwendungsbereich zu integrieren. Dieses Verständnis wird durch Erwägungsgrund 8 der Begründung zur Enforcement-Richtlinie gestützt.[425] Nach dortiger Aussage beruht die Richtlinie gerade auf der Tatsache, dass das reibungslose Funktionieren des Binnenmarktes durch die unterschiedlich starke Ausgestaltung der Rechte des geistigen Eigentums in den Mitgliedsstaaten beeinträchtigt wird.[426] Da Geschäftsgeheimnisse nur vereinzelt als Rechte des geistigen Eigentums gezählt werden, würde die Einbeziehung dieser nicht eine Rechtsangleichung, sondern Rechtsunsicherheiten bewirken.

3. *Eigene Bewertung*

Erwägungsgrund 39 der Geheimnisschutz-Richtlinie kann auf eine andere Art und Weise verstanden werden. Der Wortlaut geht dahin, dass die Richtlinie die Anwendung sonstiger relevanter Rechtsvorschriften in anderen Bereichen einschließlich

---

419 *Kalbfus,* FS Harte-Bavendamm 2020, S. 341, 345; *Wiese,* Die EU-Richtlinie über den Schutz vertraulichen Know-hows und vertraulicher Geschäftsinformationen, S. 14.

420 Zur Rechtsnatur des tradierten Geheimnisschutzes A.III.3., S. 7; Köhler/Bornkamm/Feddersen/*Alexander* Vor § 1 GeschGehG Rn. 31.

421 *Kalbfus,* FS Harte-Bavendamm 2020, S. 341–345; *Wiese,* Die EU-Richtlinie über den Schutz vertraulichen Know-hows und vertraulicher Geschäftsinformationen, S. 15.

422 *Kalbfus,* FS Harte-Bavendamm 2020, S.341, 345.

423 *Europäische Kommission.* Erklärungen zu Art. 2 der RL 2004/48/EG des Europäischen Parlaments und Rates zur Durchsetzung der Rechte des geistigen Eigentums, Abl. L 94/37.

424 *Kalbfus,* FS Harte-Bavendamm 2020, S, 341, 345; *Wiese,* Die EU-Richtlinie über den Schutz vertraulichen Know-hows und vertraulicher Geschäftsinformationen, S. 14.

425 RL 2004/48/EG, Erwägungsgrund 8, L 195/17.

426 RL 2004/48/EG, Erwägungsgrund 8, L 195/17.

der Rechte des geistigen Eigentums und des Vertragsrechts unberührt lassen soll. Im Falle einer Überschneidung des Anwendungsbereichs der Richtlinie 2004/48/EG des Europäischen Parlaments und des Rates und des Anwendungsbereiches der Geheimnisschutz-Richtlinie soll diese der anderen Richtlinie als lex specialis vorgehen.[427] Diese Formulierung muss jedoch nicht zwingend beinhalten, dass der Geheimnisschutz unter die Enforcement-Richtlinie subsumiert werden kann.[428] Nach hier vertretener Ansicht kann Erwägungsgrund 39 wie folgt verstanden werden:

Die beiden Themenkomplexe „Geheimnisschutz" und „Rechte des geistigen Eigentums" sind thematisch miteinander verwoben. Der wesentliche Teil der damit verbundenen Rechtsfragen lässt sich unter die Enforcement-Richtlinie subsumieren. Lediglich der abgegrenzte Bereich der Geschäftsgeheimnisse fällt nicht in deren Anwendungsbereich. Damit verbundene Rechtsfragen werden im Rahmen der – speziell hierfür erlassenen – RL (EU) 2016/943 abgedeckt. Dies bedeutet jedoch nicht, dass die beiden Richtlinien in einem Spezialitätsverhältnis im Sinne des Grundsatzes lex specialis derogat generali stehen. Die Bezeichnung als „lex specialis" ist somit missverständlich. Gemeint ist nicht, dass der rechtliche Geheimnisschutz grundsätzlich unter beide Richtlinien subsumiert werden kann und die Geheimnisschutz-Richtlinie spezieller ist. Es soll vielmehr ausgedrückt werden, dass im Rahmen thematisch verwandter Themenbereiche ein wesentlicher Teil der Sachverhalte der Enforcement-Richtlinie zugeordnet werden kann, während der Geheimnisschutz ausgeklammert und mit den darauf zugeschnittenen Instrumenten der Geheimnisschutz-Richtlinie geregelt wird.[429]

Nach diesem Verständnis beinhaltet die Enforcement-Richtlinie keine unionsrechtlichen Vorgaben zum Geheimnisschutz.[430] Es bleibt der indizielle Hinweis, dass der Geheimnisschutz nicht zu den Rechten des geistigen Eigentums gezählt werden kann.[431]

II. Weitere den Schutz von Betriebs- und Geschäftsgeheimnissen thematisierende Richtlinien

Auf der Ebene des sekundären Unionsrechts existierten zudem weitere Richtlinien, welche Bestimmungen über den Schutz vertraulicher Informationen enthalten.

---

427 RL (EU) 2016/943, Erwägungsgrund 39, L 157/8; Harte-Bavendamm/Ohly/*Kalbfus* Einl. A. Rn. 167.

428 *Kalbfus,* FS Harte-Bavendamm 2020, S. 341, 345.

429 *Böhm/Nestler* GRUR-Prax 2018, 181, 181; so wohl auch Harte-Bavendamm/Ohly/*Kalbfus* Einl. A. Rn. 167.

430 Harte-Bavendamm/Ohly/*Kalbfus* Einl. A. Rn. 167; *Kalbfus,* FS Harte-Bavendamm 2020, S. 341, 345; Stellungnahme des Max-Planck-Instituts vom 12.5.2014, GRUR Int. 2014, 554, 556.

431 So wohl auch Köhler/Bornkamm/Feddersen/*Alexander* Vor § 1 GeschGehG Rn. 31.

Zunächst kann hier die Richtlinie 94/45/EG vom 22. 9. 1994 über die Einsetzung eines europäischen Betriebsrates oder die Schaffung eines Verfahrens zur Unterrichtung und Anhörung der Arbeitnehmer in gemeinschaftsweit operierenden Unternehmen und Unternehmensgruppen[432] genannt werden. Der dortige Art. 8 RL 94/45/EG verpflichtete unter der Überschrift „vertrauliche Informationen" die Mitgliedsstaaten sicherzustellen, dass sowohl den Mitgliedern der besonderen Verhandlungsgremien und des Europäischen Betriebsrates (Art. 8 I Uabs. 1) als auch den Arbeitnehmern (Art. 8 I Uabs. 2) nicht gestattet wird, ausdrücklich als vertraulich mittgeteilte Informationen an Dritte weiterzugeben.

In der – die vorherige RL 94/45/EG ersetzenden – RL 2009/38/EG über die Einsetzung eines Europäischen Betriebsrates oder die Schaffung eines Verfahrens zur Unterrichtung und Anhörung der Arbeitnehmer in gemeinschaftsweit operierenden Unternehmen und Unternehmensgruppen vom 6. 5. 2009[433] findet sich ebenfalls eine Regelung zum Schutz vertraulicher Informationen. Art. 8 I Uabs. 1 RL 2009/38/EG regelt, dass die Mitglieder der besonderen Verhandlungsgremien und des Europäischen Betriebsrates, sowie die gegebenenfalls unterstützenden Sachverständigen ausdrücklich als vertraulich mitgeteilte Informationen nicht an Dritte weitergeben dürfen. Dies gilt gemäß Art. 8 I Uabs. 2 RL 2009/38/EG auch für die Arbeitnehmervertreter. Nach dieser gesetzlichen Formulierung ist die Verschwiegenheitspflicht aus Art. 8 I RL 2009/38/EG nicht auf Betriebs- und Geschäftsgeheimnisse beschränkt.[434] Es sollen weitergehend alle Informationen erfasst werden, die ausdrücklich als vertraulich bezeichnet wurden.[435]

Auch die Richtlinie 2002/14/EG zur Festlegung eines allgemeinen Rahmens für die Unterrichtung und Anhörung der Arbeitnehmer in der Europäischen Gemeinschaft vom 11. 3. 2002[436] enthält mit Art. 6 I eine Regelung zum Schutz vertraulicher Informationen. Danach sollen die Mitgliedsstaaten sicherstellen, dass es den Arbeitnehmervertretern und etwaigen Sachverständigen nicht gestattet ist, ihnen im berechtigten Interesse der Unternehmen oder Betriebe ausdrücklich als vertraulich mitgeteilte Informationen an Arbeitnehmer oder Dritte weiterzugeben. In den Erwägungsgründen wird diese Bestimmung dahingehend erläutert, dass die Unternehmen oder Betriebe vor der Verbreitung bestimmter besonders sensibler Informationen geschützt werden sollen.[437] Hervorzuheben ist, dass Art. 6 RL 2002/14/EG für das Vorliegen vertraulicher Informationen nicht nur darauf abstellt, dass

432 ABl. der Europäischen Gemeinschaften, L 254/64.

433 ABl. Der Europäischen Union, L 122/28.

434 EuArbRK/*Oetker* RL 2009/38/EG Art. 8 Rn. 4; so auch bezüglich Art. 8 RL 95/45/EG: *Hromadka* DB 1995, 1125, 1129; **a.A.** dies für redaktionelles Versehen halten *Weiss* AuR 1995, 438, 443.

435 EuArbRK/*Oetker* RL 2009/38/EG Art. 8 Rn. 4.

436 ABl. Der Europäischen Gemeinschaften, L 80/29.

437 RL 2002/14/EG, Erwägungsgrund 25, ABl. Der Europäischen Gemeinschaften, L 80/30.

die Information ausdrücklich als vertraulich bezeichnet wurde, sondern mit dem berechtigten Interesse[438] ein objektives Korrektiv einführt.[439] Obgleich die Richtlinie in Bezug auf das erfasste Schutzgut ebenfalls umfassend auf „vertrauliche Informationen" abstellt, zeigt diese Formulierung Tendenzen einer Legaldefinition geheimhaltungsbedürftiger Informationen. Die Formulierung in Art. 6 I und II RL 2002/14/EG wurde teilweise herangezogen, um die Notwendigkeit des berechtigten Geheimhaltungsinteresses im Rahmen der richterrechtlich entwickelten Legaldefinition eines Betriebs- und Geschäftsgeheimnisses zu begründen.[440]

Diese unionsrechtlichen Vorgaben wurden unter anderem durch § 35 EBRG umgesetzt. Gemäß § 35 I EBRG besteht die Pflicht der zentralen Leitung, über die im Rahmen der §§ 18 und 19 vereinbarten oder die sich aus den §§ 29 und 30 I ergebenden Angelegenheiten zu unterrichten nur, soweit dadurch nicht Betriebs- und Geschäftsgeheimnisse des Unternehmens oder der Unternehmensgruppe gefährdet werden. Nach der deutschen Umsetzung wird der Begriff „vertrauliche Informationen" somit mit „Betriebs- und Geschäftsgeheimnissen" übersetzt. Dies wurde in der Literatur kritisiert.[441] Mit der gegenständlichen Beschränkung der Verschwiegenheitspflicht auf Betriebs- und Geschäftsgeheimnisse unterschreite der deutsche Gesetzgeber die unionsrechtlichen Vorgaben.[442]

Im Ergebnis können Betriebs- und Geschäftsgeheimnisse zwar dem Anwendungsbereich dieser Richtlinien unterfallen. Der gegenständliche Anwendungsbereich ist jedoch dezidiert weiter ausgestaltet.[443] Damit einhergehend gaben die sekundärrechtlichen Gesetzgebungsakte weder eine Legaldefinition noch weitere den Geheimnisschutz betreffende Regelungen vor. Lediglich Art. 6 I RL 2002/14/EG bot einen Anhaltspunkt dafür, dass das Vorliegen eines Betriebs- und Geschäftsgeheimnisses durch ein berechtigtes Interesse bedingt sein muss.[444]

---

438 *Reichhold* NZA 2003, 289, 297.
439 EuArbRK/*Weber* RL 2002/14/EG Art. 6 Rn. 3.
440 LAG Schleswig-Holstein NZA-RR 2016, 77, 79 Rn. 47 und 60.
441 EuArbRK/*Oetker* RL 2009/38/EG Art. 8 Rn. 6.
442 *Reichold* NZA 2003, 289, 297.
443 EuArbR/*Oetker* RL 2009/38/EG Art. 8 Rn. 4; *Hromadka* DB 1995, 1125, 1129; *Reichold* NZA 2003, 289, 297; **a.A.** *Weiss* AuR 1995, 438, 443.
444 LAG Schleswig-Holstein NZA-RR 2016, 77, 79 Rn. 47 und 60.

Teil 2 Neuerungen im Geheimnisschutz durch die RL (EU) 2016/943 und das Gesetz zum Schutz der Geschäftsgeheimnisse

§ 4 Informatorischer und rechtlicher Rahmen der Neuregelung

A. Ziel und Entstehungsprozess der Neuregelungen

Im Verlauf der letzten Jahre haben sich grundlegende Neuerungen für den rechtlichen Schutz von Unternehmensgeheimnissen ergeben. Mit der Richtlinie (EU) 2016/943 ist der Geheimnisschutz nunmehr Gegenstand einer unionsweiten Harmonisierungsmaßnahme geworden.[445] Wesentliche Grundlage der Geheimnisschutz-Richtlinie bildet das – in Art. 3 III EUV verankerte – Ziel der europäischen Union, einen funktionierenden Binnenmarkt herzustellen. Um diese übergeordnete Aufgabe rechtlich umsetzen zu können, ermächtigt Art. 114 AEUV das Europäische Parlament und den Rat zum Erlass von Maßnahmen zur Rechtsangleichung.[446] Mit der Etablierung eines kohärenten unionsweiten Geheimnisschutzes soll mittelbar auch die innovative, grenzüberschreitende Tätigkeit von Unternehmen innerhalb des Binnenmarktes gefördert werden.[447] Deswegen dient die Geheimnisschutz-Richtlinie auch der Herstellung und dem Erhalt eines funktionierenden Binnenmarktes.

Obwohl dem Geheimnisschutz lange wenig Aufmerksamkeit geschenkt wurde[448], war dem Inkrafttreten der Neuregelungen bereits ein längerer Zeitraum vorausgegangen, in dem der rechtliche Schutz von Unternehmensgeheimnissen zunehmend in den Fokus der Gesellschaft, Politik und Rechtswissenschaft gerückt war. Begonnen hatte dieser Prozess bereits im Jahr 2010 mit der von der europäischen Kommission entwickelten Strategie für ein intelligentes, nachhaltiges und integratives Wachstum.[449] Im Rahmen dieser definierte die Kommission fünf Leitziele zur Stärkung der Europäischen Union, die bis zum Jahre 2020 erreicht werden sollten.[450] Eines dieser Ziele war die Neuausrichtung der

---

445 Umfassend dargestellt durch Harte-Bavendamm/Ohly/*Kalbfus* Einl. A. Rn. 58ff.

446 Büscher/*McGuire* Vor §§ 17–19 UWG Rn. 58; EuArbRK/*Schubert* RL (EU) 2016/943 Art. 1 Rn. 2.

447 Büscher/*McGuire* Vor §§ 17–19 UWG Rn. 54; EuArbRK/*Schubert* RL (EU) 2016/943 Art. 1 Rn. 2ff.; *Hauck* NJW 2016, 2218; *Heinzke* CCZ 2016, 179, 179; *Kalbfus* GRUR 2016, 1009, 1009; *Köhler*/Bornkamm/Feddersen, 37. Aufl. 2019, Vor § 17 UWG Rn. 11; *Koós* MMR 2016, 225, 224.

448 *Reinfeld,* Das neue Gesetz zum Schutz von Geschäftsgeheimnissen, S. 11.

449 *Europäische Kommission,* Strategie Europa 2020; Harte-Bavendamm/Ohly/*Kalbfus* Einl. A. Rn. 71; *Wiese,* Die EU-Richtlinie über den Schutz vertraulichen Know-hows und vertraulicher Geschäftsinformationen, S.7.

450 *Europäische Kommission,* Strategie Europa 2020, S. 3; *Wiese,* Die EU-Richtlinie über den Schutz vertraulichen Know-hows und vertraulicher Geschäftsinformationen, S. 7.

Innovationspolitik.[451] Nach den Vorgaben der europäischen Kommission müssten unter anderem die Rechte des geistigen Eigentums gestärkt werden, um eine Verbesserung der Rahmenbedingungen für Unternehmensinnovation zu erreichen.[452] Um den unionsweiten Stand des Geheimnisschutzes zu evaluieren, hatte die Kommission in den Jahren 2011[453] und 2013[454] Studien in Auftrag gegeben.[455] Diese ergaben einen höchst unterschiedlich ausgestalteten Geheimnisschutz in den Mitgliedsstaaten.[456] Aus den festgestellten Differenzen wurde eine hemmende Wirkung für die positive Entwicklung des Binnenmarktes abgeleitet. Grenzüberschreitende Wettbewerbstätigkeit und kooperative Innovation würden erschwert.[457] Ergebnis dieser Erhebungen war nach einem ersten Entwurf der Geheimnisschutz-Richtlinie aus 2013[458] das Inkrafttreten der Richtlinie (EU) 2016/943 am 5.7.2016.[459]

Gemäß Art. 19 I RL (EU) 2016/943 war die Richtlinie bis zum 19.6.2018 in innerstaatliches Recht umzusetzen.[460] Dies erfolgte in Deutschland durch das Gesetz zum

451 *Europäische Kommission,* Strategie Europa 2020, S.3 u. 15; *Wiese,* Die EU-Richtlinie über den Schutz vertraulichen Know-hows und vertraulicher Geschäftsinformationen, S. 7.

452 *Europäische Kommission,* Strategie Europa 2020, S. 3 u. 15; *Wiese,* Die EU-Richtlinie zum Schutz vertraulichen Know-hows und vertraulicher Geschäftsinformationen, S. 7.

453 *Hogan Lovells,* Report on Trade Secrets for the European Commission (2011).

454 *Baker & McKenzie,* Study on Trade Secrets and Confidential Business Information in the Internal Market/2011/128/D.

455 Büscher/*McGuire* Vor §§ 17–19 UWG Rn. 55; *Wiese,* Die EU-Richtlinie zum Schutz vertraulichen Know-hows und vertraulicher Geschäftsinformationen, S. 7.

456 Büscher/*McGuire* Vor §§ 17–19 UWG.

457 *Ann* GRUR 2014, 1, 2; *Baranowski/Glaßl* BB 2016, 2563, 1563; *Harte-Bavendamm,* FS Köhler, S. 235, 237; *Köhler*/Bornkamm/Feddersen, 37. Auf. 2019, Vor § 17 UWG Rn. 8; *Wiese,* Die EU-Richtlinie über den Schutz vertraulichen Know-hows und vertraulicher Geschäftsinformationen, S. 9.

458 Vorschlag für eine Richtlinie über den Schutz vertraulichen Know-hows und vertraulicher Geschäftsinformationen (Geschäftsgeheimnisse) vor rechtswidrigem Erwerb sowie rechtswidriger Nutzung und Offenlegung vom 28.11.2013, KOM (2013) 813 endg.

459 *Ann* GRUR-Prax 2016, 465, 465; *Baranowski/Glaßl* BB 2016, 2563, 2563; Büscher/*McGuire* Vor §§ 17–19 UWG Rn. 58; EuArbRK/*Schubert* RL (EU) 2016/943 Art. 1 Rn. 1; *Kalbfus,* GRUR 2016, 1009, 1009; *Köhler*/Bornkamm/Feddersen, 37. Aufl. 2019, Vor § 17 UWG Rn. 8; *Reinfeld,* Das neue Gesetz zum Schutz von Geschäftsgeheimnissen, S. 11.

460 *Baranowski/Glaßl* BB 2016, 2563, 2563; EuArbRK/*Schubert* RL (EU) 2016/943 Art. 1 Rn. 1; *Köhler*/Bornkamm/Feddersen, 37. Aufl. 2019, Vor § 17 UWG Rn. 10; *Reinfeld,* Das neue Gesetz zum Schutz von Geschäftsgeheimnissen, S. 11; *Wiese,* Die EU-Richtlinie über den Schutz vertraulichen Know-hows und vertraulicher Geschäftsinformationen, S. 9.

Schutz von Geschäftsgeheimnissen (GeschGehG). Am 19.4.2018 wurde zunächst der Referentenentwurf des Bundesministeriums der Justiz und für Verbraucherschutz vorgelegt.[461] Dem folgte am 18.7.2018 der Entwurf der Bundesregierung.[462] Nach Überweisung des Entwurfs an den BT-Ausschuss für Recht und Verbraucherschutz hat dieser Sachverständige angehört.[463] Auf die abschließende Beschlussempfehlung des BT-Ausschusses für Recht und Verbraucherschutz vom 13.3.2019 wurde der Regierungsentwurf durch den Bundestag mit Änderungen am 21.3.2019 angenommen.[464] Das Gesetz wurde am 12.4.2019 vom Bundesrat verabschiedet und ist am 26.4.2019 in Kraft getreten.[465]

B. Dogmatische Einordnung und Bewertung der Rechtswirkungen

I. Rechtsnatur des Geheimnisschutzes nach der europäischen Richtlinie und der Umsetzung durch das Geschäftsgeheimnisgesetz

Unter Berücksichtigung der vormals unklaren rechtsdogmatischen Klassifizierung des Geheimnisschutzes fragt sich, ob eine solche im Zuge der Novellierung nunmehr erfolgt ist.

1. Vorgaben der RL (EU) 2016/943

Um die Rechtsnatur des Geheimnisschutzes zu bestimmen, müssen zunächst die mit der RL (EU) 2016/943 erfolgten Vorgaben bewertet werden. Es handelt sich um einen Akt des unionsrechtlichen Sekundärrechts[466], welcher durch das europäische Parlament und den Rat gemäß Art. 288 I AEUV erlassen wurde. Unionsrechtliche Richtlinien richten sich gemäß Art. 288 III AEUV ausschließlich an die Mitgliedsstaaten und verpflichten diese im Hinblick auf ein näher spezifiziertes Ziel.[467] Die Wahl von Form und Mittel bleibt den innerstaatlichen Stellen überlassen. Regelmäßig entfalten Richtlinien keine unmittelbare Regelungswirkung

---

461 Büscher/*McGuire* Einleitung GeschGehG Rn. 2; *Dumont* BB 2018, 2441, 2441; *Reinfeld,* Das neue Gesetz zum Schutz von Geschäftsgeheimnissen, S. 11.

462 Büscher/*McGuire* Einleitung GeschGehG Rn. 2; *Reinfeld,* Das neue Gesetz zum Schutz von Geschäftsgeheimnissen, S. 12.

463 *Reinfeld,* Das neue Gesetz zum Schutz von Geschäftsgeheimnissen, S. 12.

464 *Reinfeld,* Das neue Gesetz zum Schutz von Geschäftsgeheimnissen, S. 13.

465 *Reinfeld,* Das neue Gesetz zum Schutz von Geschäftsgeheimnissen, S. 13.

466 Callies/*Ruffert,* EUV/AEUV Art. 288 AEUV Rn. 15; EuArbRK/*Höpfner* Art. 288 AEUV Rn. 3; Pechstein/Nowak/Häde/*Grundel* Art. 288 AEUV Rn. 1.

467 Callies/*Ruffert,* EUV/AEUV Art. 288 AEUV Rn. 23; EuArbRK/*Höpfner* Art. 288 AEUV Rn. 22; Pechstein/Nowak/Häde/*Grundel* Art. 288 AEUV Rn. 18.

in den Mitgliedsstaaten.[468] Eine solche kommt nur ausnahmsweise in Betracht, wenn die Richtlinie nicht oder unzureichend umgesetzt wurde und die weiteren Voraussetzungen vorliegen.[469] Damit bedarf es für die innerstaatliche Anwendbarkeit grundsätzlich eines Umsetzungsaktes.[470] Zu diesem verpflichtet die Geheimnisschutz-Richtlinie die Mitgliedsstaaten gemäß Art. 19 RL (EU) 2016/943. Unter Einbeziehung von Art. 6 I RL (EU) 2016/943 und Erwägungsgrund 10 sind diese gehalten, einen ausreichenden und kohärenten zivilrechtlichen Schutz zu schaffen.[471] Damit enthält die RL (EU) 2016/943 ausschließlich Vorgaben bezüglich der zivilrechtlichen Ausgestaltung des Geheimnisschutzes.[472]

Weitere ausdrückliche Vorgaben bezüglich der dogmatischen Bewertung des vermittelten Schutzes enthält die Geheimnisschutz-Richtlinie nicht.[473] Nach unionsrechtlichem Verständnis wird der Geheimnisschutz aufgrund seiner erheblichen wirtschaftlichen Bedeutung dem Bereich sonstiger Rechte zum Schutz des geistigen Eigentums gleichgestellt.[474] Zum Teil wird daraus abgeleitet, dass das Unionsrecht den Geheimnisschutz dogmatisch den Rechten des Geistigen Eigentums zuordnet.[475] Hier ist jedoch zu berücksichtigen, dass die unionsrechtliche Einteilung nicht in den bekannten Kategorien absoluter Schutzrechte erfolgt und deswegen auch nicht für eine Bewertung nach innerstaatlichen Grundsätzen geeignet erscheint.[476]

Systematisch ähnelt die Konzeption der Richtlinie dem strukturellen Aufbau absoluter Schutzrechte.[477] In Art. 2 Nr. 2 RL (EU) 2016/943 wird der Schutzgegenstand

---

468 Callies/*Ruffert*, EUV/AEUV Art. 288 AEUV Rn. 51ff.; EuArbRK/*Höpfner* Art. 288 AEUV Rn. 24; Pechstein/Nowak/Häde/*Grundel* Art. 288 AEUV Rn. 18 und 38ff.

469 Callies/*Ruffert*, EUV/AEUV Art. 288 AEUV Rn. 51ff.; Pechstein/Nowak/Häde/*Grundel* Art. 288 AEUV Rn. 38.

470 Callies/*Ruffert*, EUV/AEUV Art. 288 AEUV Rn. 23; EuArbRK/*Höpfner* Art. 288 AEUV Rn. 22; Pechstein/Nowak/Häde/*Grundel* Art. 288 AEUV Rn. 18.

471 RL (EU) 2016/943, Erwägungsgrund 10, ABl.EU L 157/3.

472 *Alexander* WRP 2019, 673, 674; *Alexander* WRP 2017, 1034, 1036; *Bissels/Schroeders/Ziegelmayer* DB 2016, 2295, 2295; EuArbRK/*Schubert* RL (EU) 2016/943 Art. 1 Rn. 5; *Hauck* NJW 2016, 2218, 2218; *Heinzke* CCZ 2016, 179, 180; *Hoeren/Münker* WRP 2018, 150, 151; *Kalbfus* GRUR 2016, 1009, 1009; *Köhler*/Bornkamm/Feddersen, 37. Aufl. 2019, Vor § 17 UWG Rn. 11; *Koós* MMR 2016, 224, 225; *Oetker* ZESAR 2017, 257, 258; *Schmitt* RdA 2017, 365, 368; *Wiese*, Die EU-Richtlinie über den Schutz vertraulichen Know-hows und vertraulicher Geschäftsinformationen, S. 9.

473 *Ann*, Stellungnahme zur BT-Drucks. 19/4724, S. 6; Harte-Bavendamm/*Ohly*/Kalbfus Einl. A. Rn. 22.

474 RL (EU) 2016/943, Erwägungsgrund 2, ABl. EU L 157/1.

475 *McGuire* GRUR 2015, 424, 426; *Wiese*, Die EU-Richtlinie über den Schutz vertraulichen Know-hows und vertraulicher Geschäftsinformationen, S. 13.

476 *McGuire* GRUR 2015, 424, 426; *Wiese*, Die EU-Richtlinie über den Schutz vertraulichen Know-hows und vertraulicher Geschäftsinformationen, S.13.

477 Büscher/*McGuire* Vor §§ 17–19 UWG Rn. 63; *Heinzke* CCZ 2016, 179, 180; *Köhler*/Bornkamm/Feddersen, 37. Aufl. 2019, Vor § 17 UWG Rn. 12; *McGuire* GRUR 2016, 1000; *McGuire*, FS Harte-Bavendamm 2020, S. 367, 375; *Rody*, Der Begriff und die

einem Inhaber zugeordnet und somit eine subjektive Rechtsposition geschaffen.[478] Die Artikel 13 und 14 RL (EU) 2016/943 begründen ein Abwehr- und Schadenersatzregime, wie es für absolute Schutzrechte kennzeichnend ist.[479] Demgegenüber begründet die Richtlinie Abwehrrechte ausdrücklich nur gegenüber enumerativ beschriebenen Eingriffsformen.[480] Art. 1 I RL (EU) 2016/943 determiniert den Schutzbereich anhand der dort bezeichneten Verletzungshandlungen.[481] Die Erwägungsgründe zur Richtlinie verdeutlichen, dass der Unionsgesetzgeber kein Schutzrecht mit gleichem Umfang und gleicher Reichweite absoluter Schutzrechte begründen wollte.[482] Erwägungsgrund 2 stellt Geschäftsgeheimnisse zwar von ihrer wirtschaftlichen Bedeutung neben absolute Schutzrechte, betrachtet sie aber ausweislich der Formulierung als ein Aliud.[483] Erwägungsgrund 16 verdeutlicht dies ausdrücklich. Danach sollen explizit keine Exklusivrechte an als Geschäftsgeheimnis geschütztem Know-how oder als solches geschützten Informationen begründet werden.[484] Dieser Differenzierung entspricht Erwägungsgrund 39, wonach sonstige relevante Rechtsvorschriften in anderen Bereichen, einschließlich der Rechte des geistigen Eigentums und des Vertragsrechts, unberührt bleiben sollen. Dieses Verständnis bestätigt die Pressemitteilung IP/13/1176 der europäischen Kommission. Danach sollen sich Geschäftsgeheimnisse grundsätzlich von Rechten des geistigen

---

Rechtsnatur von Geschäfts- und Betriebsgeheimnissen unter Berücksichtigung der Geheimnisschutz-Richtlinie, S. 247; **a.A.** *Lejeune* CR 2016, 330, 331; für das Geschäftsgeheimnisgesetz Harte-Bavendamm/*Ohly*/Kalbfus Einl. A. Rn. 26; *Kalbfus,* FS Harte-Bavendamm 2020, S. 341, 347.

478 *Baranowski/Glaßl* BB 2016, 2563, 2563; *Kalbfus,* FS Harte-Bavendamm 2020, S. 341, 347; *McGuire* GRUR 2016, 1000, 1008; *McGuire,* FS Harte-Bavendamm 2020, S. 367, 377.

479 *McGuire* GRUR 2016, 1000, 1008; *McGuire,* FS Harte-Bavendamm 2020, S. 367, 375; *Rody,* Der Begriff und die Rechtsnatur von Geschäfts- und Betriebsgeheimnissen unter Berücksichtigung der Geheimnisschutz-Richtlinie, S. 253.

480 *Europäische Kommission,* Memo/13/1061, S.2; *Heinzke* CCZ 2016, 179, 180; Köhler/Bornkamm/Feddersen/*Alexander* Vor § 1 GeschGehG Rn. 75; *Rody,* Der Begriff und die Rechtsnatur von Geschäfts- und Betriebsgeheimnissen unter Berücksichtigung der Geheimnisschutz-Richtlinie, S. 259; *Wiese,* Die EU-Richtlinie über den Schutz vertraulichen Know-hows und vertraulicher Geschäftsinformationen, S.13.

481 Büscher/*McGuire* Vor §§ 17–19 UWG Rn. 67; Köhler/Bornkamm/Feddersen/*Alexander* Vor § 1 GeschGehG Rn. 75.

482 *Rody,* Der Begriff und die Rechtsnatur von Geschäfts- und Betriebsgeheimnissen unter Berücksichtigung der Geheimnisschutz-Richtlinie, S. 247; **a.A.** *McGuire,* FS Harte-Bavendamm 2020, S. 367, 375–376.

483 RL (EU) 2016/943, Erwägungsgrund 2, ABl. EU L 157/1; *Kalbfus,* FS Harte-Bavendamm 2020, S. 341, 349.

484 *Rody,* Der Begriff und die Rechtsnatur von Geschäfts- und Betriebsgeheimnissen unter Berücksichtigung der Geheimnisschutz-Richtlinie, S. 247; *Wiese,* Die EU-Richtlinie über den Schutz vertraulichen Know-hows und vertraulicher Geschäftsinformationen, S. 13.

Eigentums unterscheiden, die demgegenüber exklusiver Natur seien.[485] Vor diesem Hintergrund verneint das Schrifttum zutreffend die Begründung eines absoluten Schutzrechts durch die Richtlinie.[486] Freilich wird eine starke Annäherung an die Rechte des geistigen Eigentums erkannt.[487]

2. Umsetzung durch das Geschäftsgeheimnisgesetz

Um im Verlauf der weiteren Untersuchungen die Regelungen des Geschäftsgeheimnisgesetzes nachvollziehen zu können, muss das Stammgesetz zum Schutz der Geschäftsgeheimnisse zunächst in das System der deutschen Rechtsordnung eingegliedert werden. Das Gesetz enthält – in vier Abschnitte unterteilt – 23 Vorschriften, die überwiegend zivilrechtlicher Natur sind.[488] Mit dem § 23 GeschGehG beinhaltet das Gesetz zudem eine Strafvorschrift.

In systematischer Hinsicht übernimmt der Gesetzgeber die Richtlinienvorgaben. Deswegen ähnelt auch das Schutzkonzept des Geschäftsgeheimnisgesetzes – wie soeben für die Richtlinie dargestellt – den absoluten Schutzrechten.[489] Andererseits vermittelt auch das Umsetzungsgesetz dem Geheimnisinhaber keine absolute Rechtsposition.[490] Wie noch verdeutlicht wird, ist dieser über § 4 GeschGehG

---

485 *Europäische Kommission,* Pressemitteilung, IP/13/1176, S. 3.

486 *Alexander* WRP 2017, 1034, 1036; *Ann,* Stellungnahme zur BT-Drucks. 19/4724, S. 7; *Brammsen/Apel* BB 2019, I, S. 1; Büscher/*McGuire* Vor §§ 17–19 UWG Rn. 62; EuArbR/*Schubert* RL (EU) 2016/943 Art. 1 Rn. 2; *Harte-Bavendamm/*Hennig-Bodewig Vor §§ 17–19 UWG Rn. 10; *Hauck* NJW 2016, 2218, 2221; *Hauck* WRP 2018, 1032, 1033; *Heinzke* CCZ 2016, 179, 180; *Köhler/*Bornkamm/Feddersen/*Alexander* § 1 GeschGehG Rn. 12–13:; *Lejeune* CR 2016, 2016, 330; *Max-Planck-Institut,* Stellungnahme GRUR Int. 2014, 554, 556; *McGuire* GRUR 2016, 1000, 1005; *Ohly,* FS Harte-Bavendamm 2020, S. 385, 393–394; *Reinfeld,* Das neue Gesetz zum Schutz von Geschäftsgeheimnissen, S. 15; *Rody,* Der Begriff und die Rechtsnatur von Geschäfts- und Betriebsgeheimnissen unter Berücksichtigung der Geheimnisschutz-Richtlinie, S. 259/260; *Wiese,* Die EU-Richtlinie über den Schutz vertraulichen Know-hows und vertraulicher Geschäftsinformationen, S.13; im Ergebnis offenlassend *Kalbfus,* FS Harte-Bavendamm 2020, S. 341, 350; **a.A.** *Baranowski/Glaßl* BB 2016, 2563, 2564 („eine Art absolutes Recht").

487 *Baranowski/Glaßl* BB 2016, 2563, 2563; *Heinzke* 2016, 179, 183; *McGuire* GRUR 2016, 1000, 1006.

488 *Alexander* AfP 2019, 1, 2; *Hauck* GRUR-Prax 2019, 223, 223; Köhler/Bornkamm/Feddersen/*Alexander* Vor § 1 GeschGehG Rn. 2; *Ohly* GRUR 2019, 441, 442; MüKo-Lauterkeitsstrafrecht/*Brammsen* Vor §§ 17–19 UWG Rn. 14; *Reinfeld,* Das neue Gesetz zum Schutz von Geschäftsgeheimnissen, S. 15; *Rönnau,* FS Merkel, S. 909, 912.

489 *Alexander* AfP 2019, 1, 2; *Apel/Walling* DB 2019, 891, 893; *Dumont* BB 2018, 2441, 2442; Harte-Bavendamm/*Ohly/*Kalbfus Einl. A. Rn. 26; Köhler/Bornkamm/Feddersen/*Alexander* Vor § 1 GeschGehG Rn. 73; *Ohly* GRUR 2019, 441, 450; *Schreiber* NZWiSt 2019, 332, 333.

490 *Ann,* Stellungnahme zur BT-Drucks. 19/4724, S. 7; *Apel/Walling* DB 2019, 891, 893; Köhler/Bornkamm/Feddersen/*Alexander* Vor § 1 GeschGehG Rn. 73; *Reinfeld,* Das

lediglich vor unbefugten Einwirkungen geschützt.[491] Trotz der Parallelen spricht dies dagegen, den Geheimnisschutz als klassisches Immaterialgüterrecht zu bewerten. In diese Richtung gehen auch die Ausführungen in der Gesetzesbegründung.[492] Nach der dortigen Feststellung kann „der Schutz von Geschäftsgeheimnissen (...) weder den Marktverhaltensregelungen noch den vollständigen Immaterialgüterrechten zugeordnet (...) werden".[493] Die Begründung zu § 4 GeschGehG führt aus, „dass es sich bei Geschäftsgeheimnissen zwar in gewisser Weise um Immaterialgüterrechte handelt, aber anders als bei Patenten, Marken und Urheberrechten keine subjektiven Ausschließlichkeits- und Ausschließungsrechte vorliegen können (...)".[494] Dies verdeutlicht die thematische Verwandtschaft zwischen dem rechtlichen Geheimnisschutz und den Rechten des geistigen Eigentums[495], zeigt andererseits aber auch die Unterschiede der Regelungsmaterie auf.[496]

Mit Blick auf den fehlenden absoluten Schutz wird das Recht der Geschäftsgeheimnisse überwiegend nicht als klassisches Immaterialgüterrecht gewertet.[497] Diese Beurteilung erscheint zutreffend. Die Kodifizierung eines eigenen Stammgesetzes begründet vielmehr eine spezifische Regelungsmaterie.[498] Diese ist den Rechten des geistigen Eigentums, die ebenfalls in zusammenhängenden

---

neue Gesetz zum Schutz von Geschäftsgeheimnissen, S. 14; *Voigt/Herrmann/Grabenschröer* BB 2019, 142, 143; die Ausschlussfunktion bejahend, bezüglich der Zuweisungsfunktion offenlassend *Kalbfus,* FS Harte-Bavendamm 2020, S. 341, 351-352.

491 *Ann,* Stellungnahme zur BT-Drucks. 19/4724, S. 7; dies zwar anerkennend, daraus jedoch nicht zwingend schlussfolgernd, dem Geheimnisschutz käme keine Ausschlusswirkung zu *Kalbfus,* FS Harte-Bavendamm 2020, S. 341, 351.

492 Der Gesetzesbegründung Verweise auf das Immaterialgüterrecht und das Lauterkeitsrecht entnehmend *Kalbfus,* FS Harte-Bavendamm 2020, S. 341, 349.

493 Begr. RegE, BT-Drucks., 19/4725, S. 17.

494 Begr. RegE, BT-Drucks., 19/4725, S. 25.

495 *Alexander* WRP 2019, 673, 675; *Kalbfus,* FS Harte-Bavendamm 2020, S. 341, 349; *McGuire,* FS Harte-Bavendamm 2020, S. 267, 277; *Ohly,* FS Harte-Bavendamm 2020, S. 385, 395.

496 *Kalbfus,* FS Harte-Bavendamm 2020, S. 341, 349; *Ohly,* FS Harte-Bavendamm 2020, S. 385, 395; kritisch *McGuire,* FS Harte-Bavendamm 2020, S. 357, 368.

497 *Ann,* Stellungnahme zur BT-Drucks. 19/4724, S. 7; *Apel/Walling* DB 2019, 891, 893; Büscher/*McGuire* § 1 GeschGehG Rn. 1; *Hauck* GRUR-Prax 2019, 223, 223; *Reinfeld,* Das neue Gesetz zum Schutz von Geschäftsgeheimnissen, S. 14; *Witz,* FS Harte-Bavendamm 2020, S. 441, 442; von einem „unvollkommenen Immaterialgüterrecht" sprechend Harte-Bavendamm/*Ohly/*Kalbfus Einl. A. Rn. 30; die Einordnung als Immaterialgüterrecht für möglich erachtend, im Ergebnis jedoch offenlassend *Kalbfus,* FS Harte-Bavendamm 2020, S. 341, 353; das Geschäftsgeheimnis als „sonstige Schutzposition" bezeichnend *McGuire,* FS Harte-Bavendamm 2020, S. 367, 377; wohl **a.A.** *Gärtner/Oppermann* BB 35/2019, I, I.

498 Harte-Bavendamm/*Ohly/*Kalbfus Einl. A. Rn. 29; *Ohly* GRUR 2019, 441, 450; *Reinfeld,* Das neue Gesetz zum Schutz von Geschäftsgeheimnissen, S. 15.

Spezialgesetzen geregelt sind, in ihrer Wertigkeit gleichgestellt.[499] Obgleich der Gesetzgeber mit der Schaffung eines Stammgesetzes zum Schutz der Geschäftsgeheimnisse die Notwendigkeit betont, dies als eigenständige Rechtsmaterie zu begreifen, greift er Elemente bestehender Regelungsbereiche auf.[500]

Unter Berücksichtigung der Tatsache, dass das Geschäftsgeheimnisgesetz ein Schutzobjekt definiert und dem Geheimnisinhaber insoweit eine subjektive Rechtsposition vermittelt[501], ist der Anwendungsbereich des Gesetzes objektbezogen zu verstehen.[502] Die rechtliche Position des Geheimnisinhabers wird gemäß §§ 6–14 ff. GeschGehG durch diverse Rechtsbehelfe, namentlich über Beseitigungs-, Unterlassungs-, Herausgabe-, Rückruf-, Vernichtungs-, Auskunfts- und Schadensersatzansprüche abgesichert. Damit greift der Gesetzgeber Aspekte des Immaterialgüterrechts auf.[503] Andererseits ähnelt § 3 GeschGehG und die damit im Übrigen überwiegend handlungsbezogene Ausrichtung des Gesetzes dem Verbot unlauterer Handlungen in §§ 3, 3a UWG. Die Strafvorschrift in § 23 GeschGehG entspricht im Wesentlichen den tradierten Regelungen der §§ 17–19 UWG 2004.[504] Damit weist der rechtliche Geheimnisschutz auch Parallelen zum Lauterkeitsrecht auf.[505] Zudem enthält das Gesetz Regelungen, die dem Vertrags- bzw. Arbeitsrecht zugeordnet werden können.[506] Zu nennen sind § 1 III Nr. 3 und4, § 3 I Nr. 3, § 4 II Nr. 2 und 3, § 5 Nr. 3, § 10 GeschGehG. Insgesamt überwiegen die Ähnlichkeiten mit den Immaterialgüterrechten, weshalb der Geheimnisschutz in der Literatur[507] mit Recht als „Quasi-Schutzrecht" bezeichnet wird.

---

499 Begr. RegE, BT-Drucks., 19/4725, S. 25; *Dumont* BB 2018, 2441, 2442; Köhler/Bornkamm/Feddersen/*Alexander* Vor § 1 GeschGehG Rn. 76; *Reinfeld,* Das neue Gesetz zum Schutz von Geschäftsgeheimnissen, S. 14; im Ergebnis wohl auch Harte-Bavendamm/*Ohly*/Kalbfus Einl. A. Rn. 29ff.

500 Harte-Bavendamm/*Ohly*/Kalbfus Einl. A. Rn. 29; Köhler/Bornkamm/Feddersen/*Alexander* § 1 GeschGehG Rn. 14.

501 Harte-Bavendamm/*Ohly*/Kalbfus Einl. A. Rn. 30; *Kalbfus,* FS Harte-Bavendamm 2020, S. 341, 347-348; *McGuire,* FS Harte-Bavendamm 2020, S. 367, 377.

502 *McGuire,* FS Harte-Bavendamm 2020, S. 367, 375-377.

503 *Alexander* AfP 1, 2; *Apel/Walling* DB 2019, 891, 893; *Brammsen/Apel* BB 2019, I, 2; Harte-Bavendamm/*Ohly*/Kalbfus Einl. A. Rn. 29; *Hiéramente/Golzio* CCZ 2018, 262, 263; *Kalbfus,* FS Harte-Bavendamm 2020, S. 341, 349; *Ohly* GRUR 2019, 441, 449; *Ohly,* FS Harte-Bavendamm 2020, S. 385, 395; *Reinfeld,* Das neue Gesetz zum Schutz von Geschäftsgeheimnissen, S. 15; *Schreiber* NZWiSt 2019, 332, 333; *Voigt/Herrmann/Grabenschröer* BB 2019, 142, 143.

504 *Brammsen* wistra 2018, 449, 454; *Hiéramente/Golzio* CCZ 2018, 262, 264.

505 *Alexander* WRP 2019, 673, 674; Harte-Bavendamm/*Ohly*/Kalbfus Einl. A. Rn. 29; *Lejeune* CR 2016, 330, 331; *Ohly,* FS Harte-Bavendamm 2020, S. 385, 395; *Reinfeld,* Das neue Gesetz zum Schutz von Geschäftsgeheimnissen, S. 15; ähnlich *Kalbfus,* FS Harte-Bavendamm 2020, S. 341, 347.

506 *Reinfeld,* Das neue Gesetz zum Schutz von Geschäftsgeheimnissen, S. 15.

507 *Apel/Walling* DB 2019, 891, 893; *Dumont* BB 2018, 2441, 2446; die Nähe zu dem Geistigen Eigentum betonend *Schreiber,* NZWiSt 2019, 332, 333.

Im Ergebnis schafft der Gesetzgeber mit dem Geschäftsgeheimnisgesetz ein eigenständiges, zusammenhängendes Schutzrecht[508], welches nicht in das System bestehender Schutzrechte eingegliedert werden kann, sondern als selbstständige rechtliche Grundlage des Schutzes von Informationen und Know-how neben diese tritt.[509] Der rechtliche Geheimnisschutz lässt sich damit zweifelsfrei nicht als Unterform der klassischen Immaterialgüterrechte begreifen, obwohl er diesen deutlich ähnelt.[510] Damit hat sich die ursprünglich strittige Frage, ob Geheimnisschutz ein geistiges Eigentumsrecht ist, erübrigt.[511]

II. Verhältnis des Geschäftsgeheimnisgesetzes zur RL (EU) 2016/943 und zu dem TRIPS-Abkommen

1. RL (EU) 2016/943

Wie soeben dargestellt sind die Vorgaben unionsrechtlicher Richtlinien für die Mitgliedsstaaten gemäß Art. 288 III AEUV verbindlich. Daraus folgt die Pflicht zur richtlinienkonformen Auslegung der mitgliedsstaatlichen Umsetzungsnormen.[512] Dies gilt auch für das Geschäftsgeheimnisgesetz.[513]

2. TRIPS-Abkommen

Die Vorgaben des TRIPS-Abkommens wirken auf zwei Ebenen auf das Geschäftsgeheimnisgesetz ein. Zum einen ist Deutschland als WTO-Mitgliedsstaat gemäß Art. 1 I TRIPS an das Abkommen gebunden.[514] Gesetze sind im Wege der systematischen Auslegung im Gesamtzusammenhang der Rechtsordnung zu verstehen und auszulegen.[515] Unter diesem Gesichtspunkt müssen auch die Regelungen des TRIPS-Abkommens als Teil der Rechtsordnung Berücksichtigung finden und in

---

508 *McGuire,* FS Harte-Bavendamm 2020, S. 367, 377.

509 *Dumont* BB 2018, 2441, 2446; Köhler/Bornkamm/Feddersen/*Alexander* Vor § 1 GeschGehG Rn. 76.

510 *Ohly,* FS Harte-Bavendamm 2020, S. 385, 395; diese Frage im Ergebnis offenlassend, jedoch auf die Bewertung als „sonstiges Schutzrecht" abstellend *McGuire,* FS Harte-Bavendamm 2020, S. 367, 377.

511 *Reinfeld,* Das neue Gesetz zum Schutz von Geschäftsgeheimnissen, S. 14; im Ergebnis Harte-Bavendamm/*Ohly*/Kalbfus Einl. A. Rn. 31.

512 Callies/*Ruffert,* EUV/AEUV Art. 288 AEUV Rn. 77ff.; EuArbRK/*Höpfner* AEUV Art. 288 Rn. 65; Pechstein/Nowak/Häde/*Grundel* Art. 288 AEUV Rn. 64.

513 *Alexander* AfP 2019, 1, 2 Rn. 10; *Alexander* WRP 2017, 1034, 1037; Köhler/Bornkamm/Feddersen/*Alexander* Vor § 1 GeschGehG Rn. 60; *Partsch/Rump* NJW 2020, 118, 119; *Trebeck/Schulte-Wissermann* NZA 2018, 1175, 1776.

514 Zu den Rechtswirkungen des TRIPS-Abkommens, siehe Teil 1, § 3, A, II, S. 96ff.

515 MüKoBGB /*Säcker* Einleitung Rn. 140; Palandt/*Grüneberg* Einleitung Rn. 42; Staudinger/*Honsell* Einleitung zum BGB Rn. 143.

einen schlüssigen Verständniszusammenhang gebracht werden.[516] Zudem verweist die Richtlinienbegründung in Erwägungsgrund 5 darauf, dass die Union als Ganzes und auch die einzelnen Mitgliedsstaaten an die durch das TRIPS-Abkommen etablierten Vorgaben im Bereich des Geheimnisschutzes gebunden sind.[517] Deshalb lässt sich die Geschäftsgeheimnisschutz-Richtlinie auch als unionsrechtliche Umsetzung des TRIPS-Abkommens verstehen.[518] In Konsequenz muss die unionsrechtliche Vorgabe stets unter Berücksichtigung des Art. 39 II TRIPS verstanden werden.[519] Über die richtlinienkonforme Auslegung strahlt dies mittelbar auch auf das Geschäftsgeheimnisgesetz aus. Zusammenfassend müssen die Vorgaben des TRIPS-Abkommens sowohl aus nationaler Sicht als auch nach einem unionsrechtlichen Verständnis in die Gesetzesauslegung mit einfließen.

---

516 Köhler/Bornkamm/Feddersen/*Alexander* Vor § 1 GeschGehG Rn. 37; *Rody,* Der Begriff und die Rechtsnatur von Geschäfts- und Betriebsgeheimnissen unter Berücksichtigung der Geheimnisschutz-Richtlinie, S. 34; *Wiese,* Die EU-Richtlinie über den Schutz vertraulichen Know-hows und vertraulicher Geschäftsinformationen, S. 29.

517 RL (EU) 2016/943, Erwägungsgrund 5, L 157/2.

518 EuArbRK/*Schubert* RL (EU) 2016/943 Art. 1 Rn. 6; Kalbfus/*Harte-Bavendamm,* Fachausschuss für Wettbewerbs- und Markenrecht zum Richtlinienvorschlag über den Schutz von Geschäftsgeheimnissen, GRUR 2014, 453, 453.

519 EuArbRK/*Schubert* RL (EU) 2016/943 Art. 1 Rn. 6.

§ 5 Regelungsziel und Anwendungsbereich der Neuregelungen

A. Vorgaben der RL (EU) 2016/943

I. Regelungsgegenstand und Regelungsziel der unionsrechtlichen Vorgabe

Art. 1 RL (EU) 2016/943 bestimmt Gegenstand und Anwendungsbereich der nachfolgenden Artikel. Gemäß Art. 1 I Uabs. 1 RL (EU) 2016/943 beinhaltet die Richtlinie Vorschriften für den Schutz von Geschäftsgeheimnissen vor rechtswidrigem Erwerb, rechtswidriger Nutzung und rechtswidriger Offenlegung. Damit definiert die Norm den Regelungsgehalt der Richtlinie.[520] Welche darüberhinausgehenden Ziele mit dem Erlass der Richtlinie verfolgt werden sollten, lässt sich dem Wortlaut dieser Regelung nicht unmittelbar entnehmen. In den Erwägungsgründen zur Richtlinie betont der Unionsgesetzgeber die Bedeutung grenzüberschreitender Zusammenarbeit für die Funktionsfähigkeit und das wirtschaftliche Wachstum innerhalb des Binnenmarktes[521] und die Relevanz eines wirksamen Geheimnisschutzes für die innovative Tätigkeit von Unternehmen[522] und deren grenzüberschreitende Zusammenarbeit[523]. In den Mitgliedsstaaten sei der Geheimnisschutz unterschiedlich effektiv ausgestaltet.[524] Dies führe zu einer Minderung der grenzüberschreitenden Zusammenarbeit und schade dadurch der Funktionsfähigkeit des Binnenmarktes.[525] Um dem entgegenzuwirken, sollen die Mitgliedstaaten gemäß Art. 6 I RL (EU) 2016/943 verpflichtet werden, einen kohärenten zivilrechtlichen Schutz[526] der Geschäftsgeheimnisse vor rechtswidrigem Erwerb und rechtswidriger Nutzung bzw. Offenlegung in ihrem jeweiligen Rechtssystem zu

---

520 Büscher/*McGuire* Vor §§ 17–19 UWG Rn. 67.

521 RL (EU) 2016/943, Erwägungsgrund 3, ABl. EU L 157/2.

522 RL (EU) 2016/943, Erwägungsgrund 2, ABl. EU L 157/1; *Alexander* WRP 2017, 1034, 1035.

523 RL (EU) 2016/943, Erwägungsgrund 3, ABl. EU L 157/2.

524 RL (EU) 2016/943, Erwägungsgründe 6, 7, 8, ABL. EU L 157/2–3; *Alexander* WRP 2017, 1034, 1035.

525 RL (EU) 2016/943, Erwägungsgrund 9, ABl. EU L 157/3.

526 *Baranowski/Glaßl* BB 2016, 2563, 2564; *Brammsen* ZIP 2016, 2193, 2201; EuArbRK/*Schubert* RL (EU) 2016/943 Art. 1 Rn. 5; *Hauck* NJW 2016, 2218, 2218; *Heinzke* CCZ 2016, 179, 180; *Kalbfus* GRUR 2016, 1009, 1009; *Köhler*/Bornkamm/Feddersen, 37. Aufl. 2019, Vor § 17 UWG Rn. 11; *Oetker* ZESAR 2017, 257, 258; *Schmitt* RdA 2017, 365, 368.

etablieren.[527] Somit kann das Regelungsziel der Richtlinie mit der Stärkung des rechtlichen Geheimnisschutzes durch Rechtsangleichung in den Mitgliedsstaaten, um deren grenzüberschreitende Kooperation zu fördern, umschrieben werden.[528] Ausweislich der Formulierung in Art. 1 I Uabs. 1 RL (EU) 2016/943 sollen die Geschäftsgeheimnisse lediglich vor bestimmten näher umschriebenen Zugangsformen geschützt werden.[529] Deswegen soll nicht das Geheimnis per se, sondern die Geheimnissphäre des einzelnen Inhabers geschützt werden.[530]

II. Regelungsintensität der unionsrechtlichen Vorgabe

Zu klären ist ferner der angestrebte Grad der Harmonisierung. Gemäß Art. 1 I S. 2 RL (EU) 2016/943 dürfen die Mitgliedsstaaten von den Vorgaben der Richtlinie abweichen und einen weitergehenden Schutz errichten. Dabei müssen jedoch die Art. 3, 5, 6, 7 I, 8, 9 I Uabs. 2, III, IV, 10 II, 11, 13 und 15 III eingehalten werden. Dies bestätigt Erwägungsgrund 10[531], nach welchem ein weitergehender Schutz möglich ist, solange die ausdrücklich festgelegten Regelungen zum Schutz der Interessen anderer Parteien eingehalten werden.[532] Daraus kann abgeleitet werden, dass der Richtliniengeber keine abschließende Vollharmonisierung beabsichtigt hat.[533]

1. Meinungsstand in der Literatur

Die überwiegende Meinung in der Literatur wertet die Geheimnisschutz-Richtlinie daher insgesamt lediglich als Mindestvoraussetzung, die in den Mitgliedsstaaten

---

527 RL (EU) 2016/943, Erwägungsgrund 10, ABl. EU L 157/3.

528 *Alexander* WRP 1034, 1035; Büscher/*McGuire* Vor §§ 17–19 UWG Rn. 63; EuArbRK/*Schubert* RL (EU) 2016/943 Art. 1 Rn. 2ff.; *Hauck* NJW 2016, 2218, 2218; *Heinzke* CCZ 2016/179; Köhler/Bornkamm/Feddersen/*Alexander* Vor § 1 GeschGehG Rn. 16ff.; *Lejeune* CR 2016, 330, 331; *Naber/Peukert/Seeger* NZA 2019, 583, 583; *Preis/Seiwerth* RdA 2019, 351, 351–352; *Redeker/Pres/Gittinger* WRP 2015, 681, 682.

529 *Baranowski/Glaßl* BB 2016, 2563, 2564; EuArbRK/*Schubert* RL (EU) 2016/943 Art. 1 Rn. 2; *Heinzke* CCZ 2016, 179, 183.

530 Büscher/*McGuire* Vor §§ 17–19 UWG Rn. 61; EuArbRK/*Schubert* RL (EU) 2016/943 Art. 1 Rn. 2.

531 RL (EU) 2016/943, Erwägungsgrund 10, ABl. EU L 157/3.

532 *Kalbfus* GRUR 2016, 1009, 1010; *Köhler*/Bornkamm/Feddersen Vor § 1 GeschGehG Rn. 20–21.

533 *Alexander* WRP 2017, 1034, 1036; *Baranowski/Glaßl* BB 2016, 2563, 2563; *Bissels/Schroeders/Ziegelmayer* DB 2016, 2295, 2295; EuArbRK/*Schubert* (EU) 2016/943 Art. 1 Rn. 4; *Harte-Bavendamm*, FS Köhler, S. 235, 241; *Heinzke* CCZ 2016, 179, 180; *Herrmann* CB 2016, 368, 368; *Hoeren/Münker* WRP 2018, 150, 151 Rn. 4; *Kalbfus* GRUR 2016, 1009, 1010; *Köhler*/Bornkamm/Feddersen Vor § 1 GeschGehG Rn. 20–21; *Lejeune* CR 2016, 330, 331; *McGuire* GRUR 2016, 1000, 1005; *Oetker* ZESAR 2017, 257, 259; *Rauer/Eckert* DB 2016, 1239, 1239.

künftig eingehalten werden muss.[534] Teilweise wird jedoch auch auf Art. 1 I Uabs 2 RL (EU) 2016/943 verwiesen, nach dessen Wortlaut die Mitgliedsstaaten zwar weitergehende Regelungen treffen dürfen, die näher genannten Regelungen hierbei aber in jedem Fall gewährleistet bleiben müssen. Aufgrund dessen sei die Geheimnisschutz-Richtlinie ein Mischwerk aus mindest- und vollharmonisierenden Regelungen.[535]

2. Bewertung

Die Richtlinie regelt den Bereich des rechtlichen Geheimnisschutzes nicht umfassend, sondern beschränkt sich auf den rechtmäßigen Erwerb, bzw. die rechtswidrige Nutzung und Offenlegung.[536] In Art. 1 II lit. a-d) RL (EU) 2016/943 werden Regelungsbereiche benannt, die unberührt bleiben sollen. Gemäß Art. 3 II RL (EU) 2016/943 gelten Erwerb, Nutzung und Offenlegung als rechtmäßig, sofern dies durch das Unionsrecht oder das nationale Recht vorgeschrieben oder erlaubt ist. Dies zeigt, dass die Geheimnisschutz-Richtlinie bestehende Regelungen nicht überlagern, sondern vielmehr die vorhandenen Schutzlücken füllen sollte.[537] In der Richtlinienbegründung werden einzelne Rechtsgebiete – das Wettbewerbsrecht[538] und die Rechte des geistigen Eigentums[539] – für unberührt erklärt.[540] Damit soll auch thematisch lediglich der bis dato ungeregelte Bereich erfasst werden. Insgesamt entspricht die Charakteristik der Richtlinie, bestehende Rechtsmaterien und Normen zu berücksichtigen und ungeregelte Bereiche auszufüllen, lediglich einer

---

534 *Baranowski/Glaßl* BB 2016, 2563, 2563; *Böhm/Nestler* GRUR-Prax 2018, 181, 181; EuArbRK/*Schubert* RL (EU) 2016/943 Art. 1 Rn. 4; *Hauck* NJW 2016, 2218, 2218; *Kalbfus* GRUR 2016, 1009, 1010; *Lejeune* CR 2016, 330, 331; *McGuire* GRUR 2016, 1000, 1005; *Oetker*, FS Hopt 2020, S. 901, 915; *Oetker* ZESAR 2017, 257, 259, *Rauer/Eckert* DB 2016, 1239, 1239; *Wiese*, Die EU-Richtlinie über den Schutz vertraulichen Know-hows und vertraulicher Geschäftsinformationen, S. 10; im Ergebnis wohl auch *Bissels/Schroeders/Ziegelmayer* DB 2016, 2295, 2295.

535 *Alexander* WRP 2019, 673, 673; *Alexander* AfP 2019, 1, 1; *Alexander* AfP 2017, 469, 475; *Alexander* WRP 2017, 1034, 1036; Büscher/*McGuire* Vor §§ 17–19 UWG Rn. 67; *Harte-Bavendamm*, FS Köhler, S. 235, 241; *Harte-Bavendamm*/Hennig-Bodewig Vor §§ 17–19 UWG Rn.10a; *Harte-Bavendamm*/Ohly/Kalbfus Einl. A. Rn. 139; *Harte-Bavendamm*, Stellungnahme zur BT-Drucksache 19/4724; Köhler/Bornkamm/Feddersen/*Alexander* Vor § 1 GeschGehG Rn. 21.

536 *Alexander* WRP 2017, 1034, 1037; *Baranowski/Glaßl* BB 2016, 2563, 2565; *Gaugenrieder* BB 2014, 1987, 1987; *Herrmann* CB 2016, 368, 368; Köhler/Bornkamm/Feddersen/*Alexander* Vor § 1 GeschGehG Rn. 20; *Lejeune* CR 2016, 330, 331; *Rauer/Eckert* DB 2016, 1239, 1239; *Trebeck/Schulte-Wissermann* NZA 2018, 1175, 1176.

537 So wohl auch EuArbRK/*Schubert* RL (EU) 2016/943 Art. 1 Rn. 9; Köhler/Bornkamm/Feddersen/*Alexander* Vor § 1 GeschGehG Rn. 21.

538 RL (EU) 2016/943, Erwägungsgrund 38, ABl. EU L 157/8.

539 RL (EU) 2016/943, Erwägungsgrund 39, ABl. EU L 157/8.

540 EuArbRK/*Schubert* RL (EU) 2016/943 Art. 1 Rn. 9.

Teilharmonisierung. Art. 1 Uabs. 2 RL (EU) 2016/943 kann ausdrücklich entnommen werden, inwieweit die Richtlinie offen für Abweichungen ist. Bezüglich der gesondert genannten Artikel ist eine Vollharmonisierung vorgesehen. Ansonsten werden lediglich Mindestvoraussetzungen genannt, von denen schutzbereichserhöhend abgewichen werden darf. Zusammenfassend ist festzuhalten, dass die Materie des Schutzes von Geschäftsgeheimnissen nicht strikt und thematisch vollständig einer Harmonisierung zugeführt werden sollte.[541] Horizontal betrachtet erfolgt nur eine Teilharmonisierung. Vertikal handelt es sich um ein Mischkonzept aus Mindestvoraussetzungen und abweichungsfesten Vorgaben.[542]

3. *Einordnung des Art. 5 in das Harmonisierungskonzept der RL (EU) 2016/943*

Eine Sonderstellung in dem festgestellten Harmonisierungskonzept kommt Art. 5 RL (EU) 2016/943 zu.[543] Zunächst lässt sich Art. 1 I Uabs. 2 RL (EU) 2016/943 entnehmen, dass die Mitgliedsstaaten die unveränderte Übernahme der Ausnahmeregelung gewährleisten müssen.[544] Damit sind innerstaatliche Abweichungen bereits unter diesem Gesichtspunkt unzulässig. Der Katalog vorgesehener Ausnahmen darf nicht eingeschränkt werden.[545] In der Literatur wird teilweise vertreten, dass auch im Anwendungsbereich der abweichungsfesten Vorgaben – unter Berücksichtigung des jeweiligen Gesetzeszwecks – ein Umsetzungsspielraum in Betracht kommen könne.[546] Damit könnte die innerstaatliche Umsetzung möglicherweise weitere Ausnahmen des Geheimnisschutzes einführen. Hier muss jedoch berücksichtigt werden, dass sich die Vorgaben des Art. 5 RL (EU) 2016/943 auch auf die ganzheitliche Konzeption des Geheimnisschutzes auswirken.[547] Nach dem soeben herausgearbeiteten Harmonisierungsvorhaben kreiert die RL (EU) 2016/943 einen unionsweit einheitlich zu errichtenden Mindestschutz.[548] Von diesem darf lediglich in den durch Art. 5 lit. a-d) RL (EU) 2016/943 benannten Sachverhaltskonstellationen

---

541 *Harte-Bavendamm*, FS Köhler, S. 235, 241; *Harte-Bavendamm*/Ohly/Kalbfus Einl. A. Rn. 139.

542 *Alexander* AfP 2019, 1,1 Rn. 3; Büscher/*McGuire* Vor §§17–19 UWG Rn. 67; *Harte-Bavendamm*, FS Köhler, S. 235, 241.

543 *Alexander* WRP 2019, 673, 674; *Alexander* AfP 2017, 469, 475; *Alexander* AfP 2017, 1034, 1036; *Harte-Bavendamm*, Stellungnahme zur BT-Drucks. 19/4724, S. 6.

544 *Alexander* WRP 2019, 673, 673–674; *Alexander* AfP 2017, 469, 475; *Alexander* AfP 2017, 1034, 1036.

545 *Alexander* WRP 2019, 673, 673–674; *Alexander* AfP 2017, 1034, 1036.

546 Köhler/Bornkamm/Feddersen/*Alexander* § 5 GeschGehG Rn. 21.

547 Im Ergebnis auch *Alexander* AfP 2017, 1034, 1036; *Gramlich/Lütke* wistra 2019, 480, 481.

548 BeckOK GeschGehG/*Hiéramente* § 10 GeschGehG Rn. 10.1; *Oetker*, FS Hopt 2020, S. 901, 915.

abgewichen werden.[549] Damit beinhaltet Art. 5 RL (EU) 2016/943 dogmatisch betrachtet keine Regelung zur Aufrechterhaltung eines Mindestschutzes, sondern Ausnahmen von diesem. Soweit der innerstaatliche Gesetzgeber von den Vorgaben des Art. 5 RL (EU) 2016/943 erweiternd abweicht, würde dies nicht nur Art. 1 I Uabs. 2 RL (EU) 2016/943 zuwiderlaufen, sondern zudem das zwingend einzuhaltende Mindestschutzniveau herabsenken.[550] Dies würde das gesamte Schutzsystem der Geheimnisschutz-Richtlinie konterkarieren.[551]

III. Bereichsausnahmen in Art. 1 II RL (EU) 2016/943 und die Auswirkungen auf den Anwendungsbereich der Geheimnisschutz-Richtlinie

Der Art. 1 II RL (EU) 2016/943 enthält unter den Buchstaben a) bis d) Rechtsmaterien, welche durch die Neuregelung nicht berührt werden sollen. Diese Aufzählung begrenzt einerseits den Anwendungsbereich der Richtlinie und umschreibt anderseits das Verhältnis zu anderen unionsrechtlichen und mitgliedsstaatlichen Rechtsvorschriften.[552] Gemäß Art. 1 II lit. a) RL (EU) 2016/943 gilt dies zunächst für die Ausübung des Rechts der freien Meinungsäußerung und der Informationsfreiheit gemäß der Charta, einschließlich der Achtung der Freiheit und der Pluralität der Medien. Dem lässt sich entnehmen, dass die Meinungs- und Pressefreiheit uneingeschränkt bleiben.[553]

Unter Buchstabe b) wird die Fortgeltung derjenigen Vorschriften gewährleistet, nach denen die Offenbarung von Geschäftsgeheimnissen gegenüber der Öffentlichkeit oder staatlichen Stellen aus Gründen des öffentlichen Interesses verlangt werden kann.[554] Dies gilt gemäß dem Buchstaben c) auch für Vorschriften, die es den Organen bzw. Einrichtungen der Union und den nationalen Behörden gestatten oder vorschreiben, Unternehmensinformationen zu offenbaren, die sie aufgrund der Ausübung ihrer rechtmäßigen Pflichten in Besitz haben. In diesem

---

549 Im Ergebnis BeckOK GeschGehG/*Hiéramente* § 10 GeschGehG Rn. 10.1; *Gramlich/Lütke* wistra 2019, 480, 481; *Oetker*, FS Hopt 2020, S. 901, 914–915.

550 *Alexander* WRP 1034, 1036; BeckOK GeschGehG/*Hiéramente* § 10 GeschGehG Rn. 10.1; *Harte-Bavendamm*, Stellungnahme zur BT-Drucks. 19/4724, S. 6; *Oetker*, FS Hopt 2020, S. 901, 915; so wohl auch *Gramlich/Lütke* wistra 2019, 480, 481.

551 Im Ergebnis *Alexander* WRP 2017, 1034, 1036; BeckOK GeschGehG/*Hiéramente* § 10 GeschGehG Rn. 10.1; *Harte-Bavendamm*, Stellungnahme zur BT-Drucks. 19/4724; *Oetker*, FS Hopt 2020, S. 901, 915.

552 EuArbRK/*Schubert* RL (EU) 2016/943 Art. 1 Rn. 10; im Ergebnis auch *Lejeune* CR 2016, 330, 331.

553 *Alexander* AfP 2019, 1, 3 Rn. 19; *Alexander* AfP 2017, 469, 472; EuArbRK/*Schubert* (EU) 2016/943 Art. 1 Rn. 10; *Hoeren/Münker* WRP 2018, 150, 151; *Lejeune* CR 2016, 330, 331; vergleichbar auch bei *Schnabel* CR 2016, 342, 348.

554 *Lejeune* CR 2016, 330, 331.

Zusammenhang benennt die Richtlinienbegründung explizite Vorschriften[555], stellt durch die Verwendung des Begriffs „insbesondere" jedoch klar, dass die Aufzählung nicht abschließend ist.

Zuletzt normiert die Richtlinie gemäß Art. 1 II lit. d) RL (EU) 2016/943, dass auch die Autonomie der Sozialpartner und deren unionsrechtliche bzw. aus dem Recht und den Gepflogenheiten der Mitgliedsstaaten herrührenden Möglichkeiten, Kollektivverträge abzuschließen, unberührt bleiben sollen. Erwägungsgrund 12 konkretisiert dies dahingehend, dass die arbeitsrechtliche Möglichkeit Kollektivverträge abzuschließen durch die Verpflichtung zur Nichtoffenlegung von Geschäftsgeheimnissen und zur Beschränkung der Nutzung dieser nach der Richtlinie nicht beschränkt werden darf.[556] Der Richtliniengeber wollte somit die Möglichkeit der Sozialpartner, abweichende Kollektivvereinbarungen zu treffen, nur hinsichtlich der Verpflichtung zur Nichtoffenlegung von Geschäftsgeheimnissen, der Beschränkung ihrer Nutzung und hinsichtlich der Konsequenzen eines Verstoßes gewährleisten. Dies soll zudem an die Bedingung geknüpft sein, dass ein derartiger Kollektivvertrag nicht die in der Richtlinie enthaltenen Ausnahmen einschränkt, wenn ein Antrag auf die in der Richtlinie vorgesehenen Maßnahmen, Verfahren oder Rechtsbehelfe wegen des angeblichen Erwerbs, der angeblichen Nutzung und Offenlegung von Geschäftsgeheimnissen zurückzuweisen ist.[557] Der Aussagegehalt des Art. 1 II lit. d) RL (EU) 2016/943 fügt sich in die unionsrechtliche Werteordnung ein. Gemäß Art. 28 GrCh ist das Recht, Kollektivverträge abzuschließen grundrechtlich verankert[558] und dadurch bereits außerhalb der Geheimnisschutz-Richtlinie Teil der unionsrechtlichen Rechtsordnung. Deswegen lässt sich Art. 1 II lit. d) RL (EU) 2016/943 nicht nur die generelle Möglichkeit entnehmen, abweichende Kollektivvereinbarungen zu treffen.[559] Dieses Recht muss zudem insgesamt bei der Bewertung von Erwerb, Nutzung und Offenlegung von Geschäftsgeheimnissen berücksichtigt werden.[560]

---

555 Verordnung (EG) Nr. 1049/2001 des Europäischen Parlaments und des Rates, Verordnung (EG) Nr. 1367/2006 des Europäischen Parlaments und des Rates, Richtlinie 2003/4/EG des Europäischen Parlaments und des Rates und andere Bestimmungen über den Zugang der Öffentlichkeit zu Dokumenten oder über Transparenzverpflichtungen der nationalen Behörden.

556 RL (EU) 2016/943, Erwägungsgrund 12, ABl. EU L 157/3–4.

557 RL (EU) 2016/943, Erwägungsgrund 12, ABl. EU L 157/3.

558 EuArbRK/*Schubert* RL (EU) 2016/943 Art. 1 Rn. 10.

559 EuArbRK/*Schubert* RL (EU) 2016/943 Art. 1 Rn. 10, so auch bei *Hoeren/Münker* WRP 2018, 150, 151; *Lejeune* CR 2016, 330, 331.

560 EuArbRK/*Schubert* RL (EU) 2016/943 Art. 1 Rn. 10.

IV. Auslegungsregel in Art. 1 III RL (EU) 2016/943 und die Auswirkungen auf den Anwendungsbereich der Geheimnisschutz-Richtlinie

Gemäß Art. 1 III RL (EU) 2016/943 darf die Richtlinie nicht so ausgelegt werden, dass sie eine Grundlage dafür bietet, die Mobilität der Arbeitnehmer zu beschränken. Insbesondere dürfen Arbeitnehmer Informationen, die kein Geschäftsgeheimnis im Sinne des Art. 2 Nr. 1 RL (EU) 2016/943 darstellen, frei nutzen (Buchstabe a). Dies gilt auch für die Erfahrungen und Fähigkeiten, die sie im normalen Verlauf ihrer Tätigkeit redlich erworben haben (Buchstabe b). Darüber hinaus dürfen Arbeitnehmern keine zusätzlichen vertraglichen Beschränkungen auferlegt werden, sofern diese nicht gemäß dem Unionsrecht oder dem nationalen Recht auferlegt werden (Buchstabe c).

Die Erwägungsgründe konkretisieren dies dahin, dass die Auslegung der Richtlinie nicht dazu führen darf, dass sich eine Einschränkung der im Unionsrecht niedergelegten Niederlassungsfreiheit, der Freizügigkeit der Arbeitnehmer und der Mobilität der Arbeitnehmer ergibt. Zudem muss die Möglichkeit des Abschlusses von Vereinbarungen über ein Wettbewerbsverbot zwischen Arbeitgeber und Arbeitnehmer nach geltendem Recht unberührt bleiben.[561] Damit bestimmt Art. 1 III RL (EU) 2016/943, dass bei der Auslegung der Richtlinie stets ein Ergebnis gefunden werden muss, welches mit der gemäß Art. 45 AEUV gewährleisteten Arbeitnehmerfreizügigkeit zu vereinbaren ist und diese nicht beschränkt.[562] Die Richtlinie gewährleistet, dass Arbeitnehmer in ihrer individuellen Entfaltungsfreiheit und ihren individuellen Interessen nicht beschränkt werden. [Art. 3 I lit. c, Art. 5 lit.c (EU) 2016/943]. Um dies sicherzustellen ordnet Art. 1 III RL (EU) 2016/943 zusammenfassend an, dass redliche Arbeitnehmer weiter frei ihren Arbeitsplatz wechseln und erworbenes Wissen und Kenntnisse frei nutzen dürfen. Die Richtlinie muss dahingehend ausgelegt werden, dass diese Sachverhalte nicht in den Anwendungsbereich einbezogen sind.[563] Individualvertragliche Abreden sollen gemäß Art. 1 lit. c) RL (EU) 2016/943 weiterhin nach Maßgabe der alten Rechtslage und der dazu ergangenen Rechtsprechung beurteilt werden.[564] Die Richtlinie darf nicht so ausgelegt werden, dass sie eine Grundlage für – über den derzeit zulässigen Stand hinausgehende – Beschränkungen bietet.[565]

---

561 RL (EU) 2016/943, Erwägungsgrund 13, ABl. EU L 157/4.

562 EuArbRK/*Schubert* RL (EU) 2016/943 Art. 1 Rn. 14.

563 *Bissels/Schroeders/Ziegelmayer* DB 2016, 2295, 2297; EuArbRK/*Schubert* RL (EU) 2016/943 Art. 2 Rn. 17; *Lejeune* CR 2016, 330, 331/332.

564 *Freckmann/Schmoll* BB 2017, 1780, 1784.

565 *Bissels/Schroeders/Ziegelmayer* DB 2016, 2295, 2297; EuArbRK/*Schubert* RL (EU) 2016/943 Art. 2 Rn. 16; *Lejeune* CR 2016, 330, 331/332.

V. Arbeitsrechtliche Bewertung des Art. 1 RL (EU) 2016/943

Nach Konzeption der Richtlinie werden die bestehenden Rechte der Arbeitnehmer und ihrer Interessenvertretungen anerkannt.[566] Art. 1 II lit. c) RL (EU) 2016/943 gewährleistet die Möglichkeit der Arbeitsvertragsparteien, die Bedingungen des Arbeitslebens abweichend von den Vorgaben der Richtlinie durch Kollektivvereinbarungen zu regeln. Dadurch wird ein großer Freiraum geschaffen. Art. 1 III RL (EU) 2016/943 gibt vor, dass die Richtlinie dahingehend auszulegen ist, dass es zu keinen Beschränkungen der Arbeitnehmerfreizügigkeit gemäß Art. 45 AEUV kommt.[567]

B. Umsetzung durch das Geschäftsgeheimnisgesetz in § 1 GeschGehG

I. Regelungsziel des Geschäftsgeheimnisgesetzes

Mit lediglich sprachlichen Änderungen definiert § 1 I GeschGehG den Schutzzweck des Gesetzes.[568] Geschäftsgeheimnisse sollen vor unerlaubter Erlangung, Nutzung oder Offenlegung geschützt werden. Mit der Wahl des Begriffes „unerlaubt“ weicht § 1 GeschGehG von Art. 1 I RL (EU) 2016/943 ab, der den Schutz vor „rechtswidrigem“ Erwerb, Nutzung und Offenlegung benennt. Zudem spricht § 1 GeschGehG von der Erlangung eines Geschäftsgeheimnisses, wohingegen die Richtlinie auf den Erwerb abhebt.[569] Eine Handlung ist nach allgemeinem und juristischem Sprachgebrauch „unerlaubt“, wenn sie ohne entsprechende Legitimationsgrundlage erfolgt ist. Eine solche wäre grundsätzlich in einer gesetzlichen Regelung zu finden. Ein Tätigwerden muss demgegenüber als rechtswidrig bewertet werden, soweit es gesetzlichen Ge- oder Verbotsnormen widerspricht. Damit umschreiben die Begriffe „unerlaubt“ und „rechtswidrig“ übereinstimmend ein Vorgehen, welches nicht durch die objektive Rechtsordnung gestützt wird, bzw. dieser widerspricht. Unter diesem Gesichtspunkt sind mit den sprachlichen Änderungen in § 1 I GeschGehG keine inhaltlichen Abweichungen verbunden. Diese könnten jedoch mit der Wahl des Begriffes „Erlangung“ einhergehen. Um zu beurteilen, ob der deutsche Gesetzgeber dadurch von den Richtlinienvorgaben abgewichen ist, muss ermittelt werden, was „Erwerb“ im Sinne der Geheimnisschutz-Richtlinie bedeutet.

---

566 *Bissels/Schroeders/Ziegelmayer* DB 2016, 2295, 2296; *Freckmann/Schmoll* BB 2017, 1780, 1784.

567 EuArbRK/*Schubert* RL (EU) 2016/943 Art. 1 Rn. 14.

568 BeckOK GeschGehG/*Hiéramente* § 1 Rn. 1; *Brammsen* BB 2018, 2446, 2447; *Harte-Bavendamm*/Ohly/Kalbfus § 1 GeschGehG Rn. 1; Köhler/Bornkamm/Feddersen/*Alexander* Vor § 1 GeschGehG Rn. 6; *Richter* ArbRAktuell 2019, 375, 375.

569 BeckOK GeschGehG/*Spieker* § 3 Rn. 1; *Reinfeld,* Das neue Gesetz zum Schutz von Geschäftsgeheimnissen, S. 63.

Anhaltspunkte zur Beantwortung der Frage, wann ein Geschäftsgeheimnis wirksam erworben ist, lassen sich der Richtlinie nicht entnehmen.[570] Der Rechtsanwender steht insbesondere vor der Frage, ob „Erwerb" im Sinne eines juristischen Erwerbstatbestandes zu verstehen ist oder ob die Erlangung tatsächlicher Herrschaftsmacht genügt. Insofern bedarf der Begriff der Konkretisierung. Nach der Konzeption und Systematik der Richtlinie genießen Geschäftsgeheimnisse keinen absoluten Schutz, sondern müssen in unzulässiger Weise tangiert werden, damit dieser ausgelöst wird.[571] Dem Einwand entsprechend beinhaltet die Richtlinie Vorschriften für den Schutz von Geschäftsgeheimnissen vor rechtswidrigem Erwerb, rechtswidriger Nutzung und rechtswidriger Offenlegung, vgl. Art. 1 I RL (EU) 2016/943 Im Unterschied zum Begriff des Erwerbs beschreiben Nutzung und Offenlegung tatsächliche Sachverhalte. Wortlaut und Regelungssystematik legen es deshalb nahe, dass im Sinne einer einheitlichen Anwendung des Handlungstrias auch der Begriff des Erwerbs rein tatsächlich zu verstehen ist. Unter dieser Prämisse ist der Erwerb eines Geschäftsgeheimnisses dann zu bejahen, wenn sich der Rechtsverletzer Zugang und Zugriff verschafft und ein tatsächliches Herrschaftsverhältnis begründet hat.[572]

Art. 4 II lit. a) RL (EU) 2016/943, der beschreibt, welche Einwirkungsmöglichkeiten durch die Richtlinie nicht toleriert sind, stützt diese Annahme.[573] Diesem lässt sich entnehmen, dass Geschäftsgeheimnisse durch Zugang zu, Aneignung von und Kopieren von Dokumenten, Gegenständen, Materialien, Stoffen und elektronischen Daten erworben werden können. Für den Erwerb genügen danach bereits rein tatsächliche Vorgänge. Im Ergebnis ist der Begriff „Erwerb" faktisch zu verstehen.[574] Erforderlich, aber auch ausreichend ist die Erlangung tatsächlicher Herrschaftsmacht.[575] In ihrer sprachlichen und juristischen Bedeutung sind die Begriffe „Erwerb" und „Erlangung" somit synonym, sodass inhaltliche Änderungen nicht ersichtlich sind. Der veränderte Wortlaut bewirkt, dass die Handlungen zur Erlangung eines Geschäftsgeheimnisses nicht mit Erwerbstatbeständen im juristischen Sinne verwechselt werden.[576]

---

570 *Wiese,* Die EU-Richtlinie über den Schutz vertraulichen Know-hows und vertraulicher Geschäftsinformationen, S. 92.

571 Zu der dogmatischen Einordnung des Geheimnisschutzes, siehe Teil 1, § 2, A., III., 4., S. 50ff.

572 *Alexander* WRP 2017, 1034, 1042 Rn. 91; *Hoeren/Münker* WRP 2018, 150, 152 Rn. 11; *Reinfeld,* Das neue Gesetz zum Schutz von Geschäftsgeheimnissen, S. 63; *Wiese,* Die EU-Richtlinie über den Schutz vertraulichen Know-hows und vertraulicher Geschäftsinformationen, S. 93.

573 *Wiese,* Die EU-Richtlinie über den Schutz vertraulichen Know-hows und vertraulicher Geschäftsinformationen, S. 92 - 93.

574 BeckOK GeschGehG/*Spieker* § 3 Rn. 1.

575 **A.A.** Köhler/Bornkamm/Feddersen/*Alexander* § 1 GeschGehG Rn. 16.

576 BeckOK GeschGehG/*Spieker* § 3 Rn. 1; *Reinfeld,* Das neue Gesetz zum Schutz von Geschäftsgeheimnissen, S. 62.

II. Systematische Konzeption des Geschäftsgeheimnisgesetzes zur Definition des Anwendungsbereichs

Dem systematischen Aufbau der Richtlinie folgend, beschreibt § 1 GeschGehG den Anwendungsbereich des Gesetzes. Dabei bildet der Norminhalt Art. 1 RL (EU) 2016/943 nur teilweise ab.[577] § 1 II und III GeschGehG beschreiben den Anwendungsbereich des Gesetzes. Damit weicht der deutsche Gesetzgeber von dem systematischen Aufbau des Art. 1 RL (EU) 2016/943 ab.[578] Dieser fasst sämtliche Regelungen zum Anwendungsbereich der Richtlinie unter einem Absatz zusammen und gibt vor, dass die Richtlinie die genannten Bereiche „nicht berührt". Das Geschäftsgeheimnisgesetz gibt unter Absatz 2 vor, welche Vorschriften „vorgehen sollen" und legt mit Absatz 3 Regelungsbereiche fest, die „unberührt" bleiben sollen. Weshalb dies sprachlich und systematisch differenzierend geregelt wurde, wird weder durch den Gesetzestext noch die Gesetzesbegründung hinreichend verdeutlicht. Deswegen muss der Anwendungsbereich des Geschäftsgeheimnisgesetz und das Verhältnis zu anderen Normen und Rechtsverhältnissen im Wege der Auslegung des § 1 II, II GeschGehG ermittelt werden.

III. „Vorrang-Regelung" zugunsten öffentlich-rechtlicher Vorschriften zum Geheimnisschutz

§ 1 II GeschGehG legt fest, dass öffentlich-rechtliche Vorschriften zur Geheimhaltung, Erlangung, Nutzung oder Offenlegung von Geschäftsgeheimnissen vorgehen. Zielrichtung dieser Vorschrift ist es, den Anwendungsbereich des Gesetzes auf das Verhältnis zwischen Privaten zu beschränken.[579] Die Erlangung, Nutzung und Offenlegung von Geschäftsgeheimnissen im Verhältnis von Privaten und öffentlichen Stellen sollen ausgenommen sein.[580] Die Gesetzesbegründung nennt hierfür Informationsansprüche gegen staatliche Stellen, öffentlich-rechtliche Vorschriften zur Geheimhaltung von Geschäftsgeheimnissen oder Verschwiegenheitspflichten für Angehörige des öffentlichen Dienstes.[581] Diese Formulierung ist auf Kritik

577 *Brammsen* BB 2018, 2446, 2447; Köhler/Bornkamm/Feddersen/*Alexander* § 1 GeschGehG Rn. 33.

578 Büscher/*McGuire* § 1 GeschGehG Rn. 15ff.; Köhler/Bornkamm/Feddersen/*Alexander* § 1 GeschGehG Rn. 33.

579 BeckOK GeschGehG/*Hiéramente* § 1 Rn. 6; Büscher/*McGuire* § 1 GeschGehG Rn. 15; *Harte-Bavendamm*/Ohly/Kalbfus § 1 GeschGehG Rn. 8ff.; Hauck WRP 2018, 1032, 1036; Köhler/Bornkamm/Feddersen/*Alexander* § 1 GeschGehG Rn. 29; *Reinfeld,* Das neue Gesetz zum Schutz von Geschäftsgeheimnissen, S. 16–17; im Ergebnis wohl auch *Brammsen* BB 2018, 2446, 2448.

580 Begr. RegE, BT-Drucks. 19/4724, S. 20; BeckOK GeschGehG/*Hiéramente* § 1 Rn. 6; Köhler/Bornkamm/Feddersen/*Alexander* § 1 GeschGehG Rn. 29; *Reinfeld,* Das neue Gesetz zum Schutz von Geschäftsgeheimnissen, S. 17.

581 Begr. RegE, BT-Drucks. 19/4724, S. 20.

gestoßen. § 1 II GeschGehG sei unpräzise und beschreibe den Anwendungsbereich nicht hinreichend genau.[582] Mit Rücksicht auf die Gesetzesbegründung erscheinen diese Bedenken ungerechtfertigt. Die Gesetzesbegründung benennt Informationsansprüche gegen staatliche Stellen und Geheimhaltungspflichten für Angehörige des öffentlichen Dienstes ausdrücklich nur beispielhaft.[583] Eine abschließende Regelung ist damit folglich nicht verbunden.[584]

Eine weitere Klärung erbringt der Bezug zu den Erwägungsgründen 11 und 18 zur RL (EU) 2016/943, auf welche die Gesetzesbegründung verweist.[585] Erwägungsgrund 11 der Richtlinie bezieht sich auf Art. 1 II lit. b) und c) und stellt bezüglich dieser Vorschriften klar, dass unionsrechtliche und nationale Vorschriften, nach denen Inhaber von Geschäftsgeheimnissen diese der Öffentlichkeit oder staatlichen Stellen preisgeben müssen und Vorschriften, nach denen staatliche Stellen einschlägige Informationen an die Öffentlichkeit weitergeben dürfen, unberührt bleiben sollen. Erwägungsgrund 18 bezieht sich auf Art. 3 II RL (EU) 2016/943 und konkretisiert diesen dahingehend, dass der Erwerb im Rahmen von durch Unionsrecht oder nationales Recht vorgeschriebenen Pflichtprüfungen zwar rechtmäßig im Sinne der Richtlinie ist, dieses jedoch dazu führen soll, dass die Geheimhaltungspflicht in Bezug auf das erworbene Geschäftsgeheimnis eingeschränkt wird. Dieses Zusammenspiel der amtlichen Begründung und der Erwägungsgründe zur RL (EU) 2016/943 ermöglicht eine hinreichende Konkretisierung des Anwendungsbereichs von § 1 II GeschGehG. Es sollen Informationsansprüche sowohl des Privaten gegen staatliche Stellen als auch im gegenläufigen Verhältnis nicht mit der Begründung abgewiesen werden können, es handele sich bei den begehrten Informationen um ein Geschäftsgeheimnis.[586] Soweit öffentliche Stellen auf dieser Grundlage erlangte Geschäftsgeheimnisse nutzen oder offenlegen, kann nach dem systematischen Zusammenhang auch dies nur der hier behandelten Vorrangregelung unterfallen, wenn auch weitergehende Nutzung bzw. Offenlegung durch öffentlich-rechtliche Vorschriften legitimiert sind.[587]

Zusammenfassend greift der deutsche Gesetzgeber mit § 1 II GeschGehG die Buchstaben b und c des Art. 1 II RL (EU) 2016/943 auf und erweitert die unionsrechtlichen Vorgaben dahingehend, dass der Anwendungsbereich des Geschäftsgeheimnisgesetzes im Bereich öffentlich-rechtlicher Vorschriften grundsätzlich

582 Stellungnahme des Bundesrates vom 21.9.2018, Beschluss 382/18, S. 1.

583 Begr. RegE, BT-Drucks. 19/4724, S. 20; BeckOK GeschGehG/*Hiéramente* § 1 Rn. 6.1; *Reinfeld,* Das neue Gesetz zum Schutz von Geschäftsgeheimnissen, S. 17.

584 BeckOK GeschGehG/*Hiéramente* § 1 Rn. 6.1; *Reinfeld,* Das neue Gesetz zum Schutz von Geschäftsgeheimnissen, S. 17.

585 Begr. RegE, BT-Drucks. 19/4724, S. 20.

586 Köhler/Bornkamm/Feddersen/*Alexander* § 1 GeschGehG Rn. 29; Büscher/*McGuire* § 1 GeschGehG Rn. 16; im Ergebnis auch BeckOK GeschGehG/*Hiéramente* § 1 Rn. 7.

587 So zu Art. 3 II RL (EU) 2016/943 *Alexander* WRP 2017, 1034, 1042.

gesperrt ist.[588] Die Rechtswidrigkeit oder Rechtmäßigkeit von Erlangung, Nutzung und Offenbarung eines Geschäftsgeheimnisses beurteilt sich ausschließlich nach den öffentlich-rechtlichen Vorschriften und unabhängig von den Regelungen des Geschäftsgeheimnisgesetzes.[589]

IV. „Unberührt-Regelung" des § 1 III GeschGehG und deren rechtlicher Bedeutungsgehalt

1. Allgemeiner Bedeutungsgehalt des Merkmals „bleiben unberührt"

Aufgrund des vagen Wortlautes des § 1 III GeschGehG und mangelnder weiterer Eingrenzungen bleibt der Bedeutungsgehalt des Merkmals „unberührt" unklar.[590] Inhalt und Zielrichtung der Regelung lassen sich dem Gesetzeswortlaut nicht unmittelbar entnehmen. Auch die amtliche Begründung konkretisiert den Begriff nicht. Nach dem Gesetzeswortlaut sollen die unter § 1 III Nr. 1–4 GeschGehG genannten Regelungsbereiche „unberührt" bleiben. Unter Zugrundelegung eines allgemeinen Sprachverständnisses legt diese Formulierung nahe, dass deren Geltungsbereich durch das Geschäftsgeheimnisgesetz nicht eingeschränkt werden soll.[591] Dieses Verständnis lässt sich mit einem systematischen Vergleich zu § 1 II GeschGehG weiter ausformen. Dort wird der Anwendungsbereich des Gesetzes dahin begrenzt, dass öffentlich-rechtliche Rechtsverhältnisse grundsätzlich ausgenommen werden. Im Anwendungsbereich öffentlich-rechtlicher Vorschriften zur Geheimhaltung, Erlangung, Nutzung oder Offenlegung von Geschäftsgeheimnissen sollen die Regelungen des Geschäftsgeheimnisgesetzes grundsätzlich keine Geltung beanspruchen. Weil die Regelungsbereiche unter Nr. 1–4 in einem eigenständigen Absatz mit einem anders lautenden Merkmal (*unberührt bleiben* anstatt *vorgehen*) verbunden sind, kann davon ausgegangen werden, dass § 1 III GeschGehG einen von § 1 II GeschGehG abweichenden Regelungsinhalt hat.[592] Die Norm

---

588 *BDI,* Stellungnahme zur Umsetzung der Know-how-Richtlinie, S. 7; *DIHK,* Stellungnahme zum Referentenentwurf, S. Kritisch Stellungnahme des Bundesrates vom 21. 9. 2018, Beschluss 382/18, S. 1; Büscher/*McGuire* § 1 GeschGehG Rn. 15; *Reinfeld,* Das neue Gesetz zum Schutz von Geschäftsgeheimnissen, S. 17; im Ergebnis wohl auch *Brammsen* BB 2018, 2446, 2448.

589 Begr. RegE, BT-Drucks. 19/4724, S. 20; *DGB,* Stellungnahme zur BT-Drucks. 19/4724, S. 4; *DIHK,* Stellungnahme zum Referentenentwurf, S. 5; Köhler/Bornkamm/Feddersen/*Alexander* § 1 GeschGehG Rn. 29; im Ergebnis wohl auch *Brammsen* BB 2018, 2446, 2448; dies für den Anwendungsbereich der Vorschriften über den Zugang zu Umweltinformationen klarstellend *Harte-Bavendamm*/Ohly/Kalbfus § 1 GeschGehG Rn. 9.

590 *Naber/Peukert/Seeger* NZA 2019, 583, 583.

591 *Hauck* WRP 2018, 1032, 1036; *Hiéramente,* Stellungnahme zur BT-Drucks. 19/4724, S. 17.

592 Im Ergebnis *Brammsen* BB 2018, 2446, 2447.

ist somit nicht darauf gerichtet, das Geschäftsgeheimnisgesetz für unanwendbar zu erklären[593], sondern legt fest, wie sich dessen Inkrafttreten auf die genannten Regelungen auswirkt.[594] Dem entsprechen auch die Ausführungen in der Gesetzesbegründung. Danach regelt das Gesetz zwar den Schutz von Geschäftsgeheimnissen, anderweitige Rechte und Pflichten sollen jedoch fortbestehen.[595] Zusammenfassend lässt sich der Regelungsgehalt des § 1 III GeschGehG zunächst in zweifacher Hinsicht konkretisieren. Zunächst soll das Inkrafttreten des Geschäftsgeheimnisgesetzes den Fortbestand des strafrechtlichen Geheimnisschutzes gemäß § 203 StGB (Nr. 1), des Schutzbereiches der Meinungs,- Informations- und Pressefreiheit (Nr. 2), der Autonomie der Sozialpartner (Nr. 3), sowie der Rechte und Pflichten aus dem Arbeitsverhältnis und der Rechte der Arbeitnehmervertretungen nicht beeinträchtigen.[596] Dadurch wird die Anwendbarkeit des Geschäftsgeheimnisgesetzes jedoch nicht gesperrt.[597] Zwischen den Vorschriften und Pflichten herrscht Anspruchskonkurrenz[598].

Feststellungen bezüglich der Auswirkungen auf anderweitige Regelungsbereiche sind damit zunächst noch nicht verbunden. Da § 1 II, III GeschGehG den Anwendungsbereich und damit die Regelungsweite des Gesetzes bestimmen, muss der Norm durch weitere Auslegung entnommen werden, wie sich dessen Inkrafttreten auf anderweitige Rechte und Pflichten auswirkt, die in den in Frage kommenden Sachverhalten relevant werden.[599] Problematisch erscheint hierbei, dass die einzelnen von § 1 III Nr. 1–4 GeschGehG aufgeführten Bereiche auf den ersten Blick keinen inneren Zusammenhang erkennen lassen.[600] Die Auswahl einer

---

593 *Brammsen* BB 2018, 2446, 2447; Stellungnahme des Bundesrates vom 21.9.2018, Beschluss 382/18, S. 2; Büscher/*McGuire* § 1 GeschGehG Rn. 20; Köhler/Bornkamm/Feddersen/*Alexander* § 1 GeschGehG Rn. 32; so auch bezüglich des entsprechenden Art. 1 II RL (EU) 2016/943 EuArbRK/*Schubert* RL (EU) 2016/943 Art. 1 Rn. 10.

594 *Hiéramente,* Stellungnahme zur BT-Drucks. 19/4724, S. 17; Köhler/Bornkamm/Feddersen/*Alexander* § 1 GeschGehG Rn. 32.

595 Begr. RegE, BT-Drucks. 19/4724, S. 21.

596 *Brammsen* BB 2018, 2446, 2447; Büscher/*McGuire* § 1 GeschGehG Rn. 20ff.; *DGB,* Stellungnahme zur BT-Drucksache 19/472, S. 4; Köhler/Bornkamm/Feddersen/*Alexander* § 1 GeschGehG Rn. 34; *Oetker,* FS Hopt 2020, S. 901, 904; im Ergebnis wohl auch *Hiéramente,* Stellungnahme zur BT-Drucksache 19/4724, S. 17; *Reinfeld,* Das neue Gesetz zum Schutz von Geschäftsgeheimnissen, S. 17–18; *Trebeck/Schulte-Wissermann* NZA 2018, 1175, 1179.

597 *Brammsen* BB 2018, 2446, 2447; Stellungnahme des Bundesrates vom 21.9. 2018, Beschluss 382/18, S. 2; Büscher/*McGuire* § 1 GeschGehG Rn. 20; *Harte-Bavendamm*/Ohly/Kalbfus § 1 GeschGehG Rn. 12; Köhler/Bornkamm/Feddersen/*Alexander* § 1 GeschGehG Rn. 34; so auch bezüglich des entsprechenden Art. 1 II RL (EU) 2016/943 EuArbRK/*Schubert* RL (EU) 2016/943 Art. 1 Rn. 10.

598 BeckOK BGB/*Förster* § 823 Rn. 62; MüKoBGB/*Bachmann* § 241 Rn. 35ff; *Oetker,* FS Hopt 2020, S. 901, 904.

599 Köhler/Bornkamm/Feddersen/*Alexander* § 1 GeschGehG Rn. 34.

600 Büscher/*McGuire* § 1 GeschGehG Rn. 9.

Strafnorm aus dem StGB und eines verfassungsrechtlich und unionsrechtlich garantierten Grundrechts in den Nr. 1 und 2 lassen sich weder in Bezug zueinander noch in Bezug zu den unverständlichen Andeutungen über kollektiv- bzw. individualarbeitsrechtliche Rechtsverhältnisse der Nr. 3 und 4 setzten. Deswegen ist es wenig zweckmäßig, die Bedeutung von „unberührt bleiben“ pauschal und losgelöst von den einzelnen genannten Bereichen zu ermitteln. Ein tieferes Begriffsverständnis fordert, den Regelungsgehalt zunächst einzelfallgerecht anhand der jeweiligen Regelungsbereiche auszulegen.[601]

2. Auswirkungen des Geschäftsgeheimnisgesetzes auf bestehende strafrechtliche und zivilrechtliche Normen zum Schutz von Betriebs- und Geschäftsgeheimnissen

a) Allgemeiner Aussagegehalt des § 1 III Nr. 1 GeschGehG

Gemäß § 1 III Nr. 1 GeschGehG soll der berufs- und strafrechtliche Schutz von Geschäftsgeheimnissen, deren unbefugte Offenbarung von § 203 des Strafgesetzbuchs erfasst wird, unberührt bleiben. Diese Norm hat der deutschen Gesetzgeber eingefügt. Es existiert keine entsprechende Vorgabe auf unionsrechtlicher Ebene.[602] Mit dieser Regelung verweist das Geschäftsgeheimnisgesetz auf eine existierende Strafnorm zum Schutz von Unternehmensgeheimnissen und ordnet deren unveränderte Fortgeltung an.[603] Tatbestand, Voraussetzungen sowie dazu entwickelte Rechtsprechungsgrundsätze sollen unverändert fortgelten.[604] Wie bereits an anderer Stelle erörtert, existieren indessen neben § 203 StGB zahlreiche weitere gesetzliche Regelungen, die diesem Themenkreis zugeordnet werden können.[605] Die Auswirkungen von § 1 III Nr. 1 GeschGehG auf erschließen sich nicht ohne Weiteres.[606] Dies bedarf im Folgenden näherer Untersuchung.

b) Bedeutung des § 1 III Nr. 1 GeschGehG für den strafrechtlichen Schutz von Betriebs- und Geschäftsgeheimnissen

Der in § 1 III Nr. 1 GeschGehG genannte „(...) strafrechtliche Schutz von Geschäftsgeheimnissen“ basiert nicht nur auf § 203 StGB. Der pflichtwidrige Umgang mit Unternehmensgeheimnissen im Rahmen eines beruflichen Wirkens ist auch in

---

601 Köhler/Bornkamm/Feddersen/*Alexander* § 1 GeschGehG Rn. 34.

602 Büscher/*McGuire* § 1 GeschGehG Rn. 18.

603 *Brammsen* BB 2018, 2446, 2448; *Harte-Bavendamm*/Ohly/Kalbfus § 1 GeschGehG Rn. 12.

604 So wohl auch Köhler/Bornkamm/Feddersen/*Alexander* § 1 GeschGehG Rn. 35; *Oetker*, FS Hopt 2020, S. 901, 904.

605 Umfassend zu den spezialgesetzlichen Normen zum Umgang mit Betriebs- und Geschäftsgeheimnissen, siehe Teil 1, § 2, A., IV., 4., S. 58f.

606 Scholz/*Rönnau* § 85 GmbHG Rn. 15.

anderen Normen mit Strafe bedroht. Für Betriebsratsmitglieder bzw. anderweitige kollektivrechtliche Vertretungseinrichtungen ergibt sich die Strafbarkeit eines Geheimnisverrats aus §§ 120 BetrVG, 43 f. EBRG, 45 SEBG, 155 SGB IX, 35 SpAuG. Ebenso enthalten §§ 404 AktG, 151 GenG, 85 GmbHG, 315 UmwG, 138 VAG Strafnormen für Vertretungs- und Kontrollorgane.[607] Da diese Normen thematisch ebenfalls dem „berufs- und strafrechtlichen Schutz" zugeordnet werden können, kommen verschiedene Interpretationen des § 1 III Nr. 1 GeschGehG in Betracht. Dessen Regelungswirkung könnte zunächst abschließend und ausschließlich auf die Fortgeltung des § 203 StGB gerichtet sein.[608] In diesem Fall enthielte die Norm keine darüber hinausreichenden, generellen Aussagen. Alternativ ist denkbar, dass sämtliche strafrechtlichen Vorschriften zum Schutz von Betriebs- und Geschäftsgeheimnissen erfasst werden und § 203 StGB lediglich exemplarischer Charakter zukommt.[609]

Der Gesetzeswortlaut nimmt zwar ausdrücklich nur den strafrechtlichen Schutz gemäß § 203 StGB in Bezug. Dies könnte für den Regelungsgehalt sprechen, nur die uneingeschränkte Fortgeltung eben dieser Strafnorm anzuordnen.[610] Dies ist jedoch nicht zwingend. § 1 III Nr. 1 GeschGehG regelt nicht ausdrücklich, dass die Norm ausschließlich für § 203 StGB gilt. Ebenso gut lässt sich der Verweis sprachlich dahin verstehen, dass unter Bezugnahme auf § 203 StGB allein das Schutzgut exemplarisch verdeutlicht werden soll („...Schutz von Geschäftsgeheimnissen, *deren* unbefugte Offenbarung..."). Der expliziten Benennung einer Schutznorm lässt sich nicht notwendigerweise entnehmen, dass der Regelungsgehalt im Übrigen für andere Normen mit gleichgerichtetem Schutzzweck nicht zur Geltung kommen soll. Mit der Rechtsfolge des „unberührt Bleibens" unmittelbar und final verknüpft ist lediglich der weite Begriff des „berufs- und strafrechtlichen Schutzes". Obwohl der ausdrückliche Verweis auf § 203 StGB die Ausrichtung des Regelungsgehaltes auf diese Norm nahelegen könnte, lässt der Gesetzeswortlaut mithin ein Verständnis dahin zu, dass der gesamte berufs- und strafrechtliche Schutz unberührt bleiben soll.[611] Diese (zweite) Lesart liegt insbesondere auch deshalb nahe, weil mit Blick auf die intendierte Stärkung des Geheimnisschutzes kein sachlicher Grund für eine Absicht des Gesetzesgebers erkennbar ist, aus der Vielzahl strafbewehrter Schutznormen lediglich § 203 StGB „unberührte" Fortgeltung zu verleihen. Für

---

607 MüKo-Lauterkeitsrecht/*Brammsen* Vor §§ 17–19 UWG Rn. 16.

608 Köhler/Bornkamm/Feddersen/*Alexander* § 1 Rn. 35; *Reinfeld*, Das neue Gesetz zum Schutz von Geschäftsgeheimnissen, S. 17.

609 BeckOK GeschGehG/*Hiéramente* § 1 Rn. 23–25; *Brammsen* BB 2018, 2446, 2448; Büscher/*McGuire* § 1 GeschGehG Rn. 19; nicht dezidiert auf § 1 III Nr. 1 GeschGehG stützend *Harte-Bavendamm*/Ohly/Kalbfus § 1 Rn. 11; *Oetker*, FS Hopt 2020, S. 901, 904; im Ansatz auch *Hauck* WRP 2018, 1032, 1036; Scholz/*Rönnau* § 85 GmbHG Rn. 15.

610 Scholz/*Rönnau* § 85 GmbHG Rn. 15.

611 Im Ergebnis BeckOK GeschGehG/*Hiéramente* § 1 Rn. 17.

eine solche gesetzgeberische Einengung ist ein nachvollziehbarer Grund nicht ersichtlich. Nach alldem kann die Reichweite von § 1 III Nr. 1 GeschGehG anhand des Normwortlauts nicht abschließend bestimmt werden.[612]

Die Gesetzesbegründung gibt demgegenüber weitergehende Interpretationshinweise. Danach „regelt das Geschäftsgeheimnisgesetz zwar den Schutz von Geschäftsgeheimnissen, lässt jedoch anderweitige Verpflichtungen unberührt, die sich zum Beispiel aus dem Schutz der Geheimnissphäre des Einzelnen sowie dem Allgemeininteresse an der Verschwiegenheit der in Krankheit und Rechtsfragen helfenden Berufe ergeben".[613] Dies lässt sich dahin deuten, dass vor Inkrafttreten des Geschäftsgeheimnisgesetzes bereits existierende Regelungen zum Schutz von Betriebs- und Geschäftsgeheimnissen umfassend unberührt bleiben sollen, soweit eine übereinstimmende Schutzrichtung festzustellen ist. Gerade die Formulierung der Gesetzesbegründung, wonach die angesprochenen Verpflichtungssachverhalte „zum Beispiel" angeführt werden, legt eine weiterreichende Regelungsabsicht nahe. Im Ergebnis lässt die Gesetzesbegründung den Schluss zu, dass alle Normen, die den individuellen Schutz des Geheimnisinhabers oder des Allgemeininteresses an der Verschwiegenheit bestimmter Berufsgruppen bezwecken, unberührt bleiben sollen. Ein anderes Verständnis würde zudem auf Grund des ungeregelt bleibenden Verhältnisses von § 203 StGB zu anderen Schutznormen zu erheblicher Rechtsunsicherheit führen. Dies wäre mit dem durch die RL (EU) 2016/943 angestrebten Ziel zur Schaffung eines rechtssicheren und einheitlichen Schutzsystems für Unternehmensgeheimnisse nicht in Einklang zu bringen.

Vor dem Hintergrund dieses Verständnisses nimmt die in § 203 StGB strafbewehrte Verletzung von Privatgeheimnissen eine Leitbildfunktion für den strafrechtlichen Geheimnisschutz ein. Nach Wegfall der §§ 17–19 UWG 2004 existieren lediglich –mosaikartig auf einzelne zivilrechtlich geprägte Rechtsgebiete verteilt -, spezialgesetzliche nebenstrafrechtliche Vorschriften (vgl. § 120 BetrVG, 404 AktG, 84 GmbHG). Die Nennung des strafrechtlichen Schutzes, welcher von § 203 StGB erfasst wird, kann somit als missverständlicher, weil nur exemplarischer Verweis[614] auf andere strafrechtliche Normen zum Schutz von Betriebs- und Geschäftsgeheimnissen – welche hinsichtlich Schutzrichtung und Schutzgut dem § 203 StGB entsprechen – verstanden werden. Nach dieser Lesart bedeutet, „erfasst wird" in § 1 III Nr. 1 GeschGehG, dass dem auch andere Normen mit identischem Schutzzweck und Schutzgut zugeordnet werden können. Mit dieser Maßgabe unterfallen auch Strafnormen wie z.B. §§ 120 BetrVG, 404 AktG und 85 GmbHG, die primär den individuellen Schutz des Geheimnisinhabers bezwecken[615], dem Geltungsbereich von § 1 III Nr. 1 GeschGehG.

---

612 *Oetker*, FS Hopt 2020, S. 901, 904.

613 Begr. BT-Drucks. 19/4724, S. 21.

614 *Brammsen* BB 2018, 2446, 2448; Büscher/*McGuire* § 1 GeschGehG Rn. 19.

615 Statt vieler GK-BetrVG/*Oetker* § 120 Rn. 9; MüKoAktG/*Schaal* § 404 AktG; MüKoGmbHG/*Altenhain* § 85 Rn. 5; Scholz/*Rönnau* § 85 GmbHG Rn. 3.

Für diese Sichtweise sprechen auch unionsrechtliche Erwägungen. Die RL (EU) 2016/943 enthält keine Vorgabe bezüglich des strafrechtlichen Schutzes von Betriebs- und Geschäftsgeheimnissen.[616] Nach Art. 3 II RL (EU) 2016/943 gelten jedoch der Erwerb, die Nutzung und die Offenlegung eines Geschäftsgeheimnisses als rechtmäßig, sofern diese Handlungsformen durch Unionsrecht oder durch nationales Recht vorgeschrieben oder erlaubt sind. Dies wird in Erwägungsgrund 18 dahingehend erweitert, dass Erwerb, Nutzung und Offenlegung von Geschäftsgeheimnissen immer dann rechtmäßig sein sollen, wenn sie rechtlich vorgeschrieben oder zulässig sind.[617] Dies verdeutlicht die Intention des Unionsgesetzgebers, in den Mitgliedsstaaten bereits bestehende gesetzliche Regelungen zum Schutz von Betriebs- und Geschäftsgeheimnissen aufrecht zu erhalten und mit der Schaffung eines kohärenten zivilrechtlichen Konzeptes lediglich bestehende Schutzlücken auszufüllen. Diesen Vorgaben entspricht es eher, § 1 III Nr. 1 GeschGehG nicht abschließend, sondern auf die Fortgeltung des gesamten berufs- und strafrechtlichen Schutzes bezogen zu verstehen.[618]

In diesem Sinne lässt sich § 3 II GeschGehG die gesetzgeberische Wertung entnehmen, dass die Neuregelungen bestehende Normen und Verpflichtungen bezüglich des Umgangs mit Betriebs- und Geschäftsgeheimnisgesetzes nicht konterkarieren bzw. relativieren sollen. Gemäß Art. 5 GeschGehG wurden die §§ 17–19 UWG 2004 mit Inkrafttreten des Geschäftsgeheimnisgesetzes aufgehoben. Bezüglich anderer Strafnormen findet sich eine derartige Regelung nicht, sodass davon ausgegangen werden kann, dass diese weiterhin Geltung beanspruchen.[619] Unter Berücksichtigung des Regelungsgehaltes von § 3 II GeschGehG dürfen e contrario auch gesetzliche Regelungen, welche ein näher beschriebenes Verhalten im Zusammenhang mit Betriebs- und Geschäftsgeheimnissen strafrechtlich sanktionieren, nicht verdrängt werden. Im Ergebnis führen somit auch systematische Erwägungen zu einem weiten Verständnis des § 1 III Nr. 1 GeschGehG.

Dies Ergebnis stützt ferner die Überlegung, dass die Norm ansonsten gegenstandslos wäre.[620] Da die § 203 StGB und § 23 GeschGehG neben einigen Gemeinsamkeiten auch tatbestandliche Unterschiede aufweisen[621], ergibt sich die

---

616 *Alexander* WRP 2017, 1034, 1036; *Bissels/Schroeders/Ziegelmayer* DB 2016, 2295, 2295; EuArbRK/*Schubert* RL (EU) 2016/943 Art. 1 Rn. 5; *Hauck* NJW 2016, 2218, 2218; *Heinzke* CCZ 2016, 179, 180; *Hoeren/Münker* WRP 2018, 150, 151; *Kalbfus* GRUR 2016, 1009, 1009; *Köhler/*Bornkamm/Feddersen, 37. Aufl. 2019, Vor § 17 UWG Rn. 11; *Koós* MMR 2016, 224, 225; *Oetker* ZESAR 2017, 257, 258; *Schmitt* RdA 2017, 365, 368; *Wiese,* Die EU-Richtlinie über den Schutz vertraulichen Know-hows und vertraulicher Geschäftsinformationen, S. 9.

617 RL (EU) 2016/943, Erwägungsrund 18, ABl. EU L 157/4.

618 Scholz/*Rönnau* § 85 GmbHG Rn. 15.

619 BeckOK GeschGehG/*Hiéramente* § 1 Rn. 23; im Ergebnis *Hiéramente/Golzio* CCZ 2018, 262, 266.

620 Dies generell vertretend *Brammsen* BB 2018, 2446, 2448.

621 Büscher/*McGuire* § 1 GeschGehG Rn. 20.

Fortgeltung des § 203 StGB bereits aus rechtssystematischen Grundsätzen.[622] Bei einem engen Verständnis des § 1 III Nr. 1 GeschGehG nämlich stellte dieser lediglich eine Klarstellung ohne eigenen Regelungsgehalt dar.[623] Eine solche Interpretation ist jedoch unter Berücksichtigung des effet utile Grundsatzes abzulehnen. Gemäß Art. 4 III EUV, Art. 288 AEUV sind die Mitgliedsstaaten verpflichtet, unionsrechtliche Vorgaben wirksam umzusetzen.[624] Deshalb ist im Falle mehrerer in Betracht kommender Auslegungsvarianten stets diejenige heranzuziehen, welche die unionsrechtliche Grundlage am effizientesten zur Geltung bringt.[625] Durch die Richtlinie (EU) 2016/943 sollte der rechtliche Schutz von Geschäftsgeheimnissen zwecks Steigerung der Innovation vereinheitlicht und gestärkt werden. Gegenstandslose Normen, welche lediglich die innerstaatliche Rechtslage wiedergeben, würden diesem Regelungsziel nicht gerecht. Auch unter Berücksichtigung dieser Wertung muss § 1 III Nr. 1 GeschGehG weit ausgelegt werden. Nicht nur der strafrechtliche Schutz gemäß § 203 StGB, sondern alle innerstaatlichen Strafnormen zum Umgang mit Betriebs- und Geschäftsgeheimnissen sollen unberührt bleiben.[626]

Im Ergebnis sprechen sowohl die Gesetzesbegründung als auch die Erwägungen des Richtliniengebers und schließlich rechtssystematische bzw. rechtsstaatliche Aspekte für ein weites Verständnis des § 1 III Nr. 1 GeschGehG. Die Nennung des § 203 StGB hat lediglich beispielhaften Charakter.[627] Nach dem Norminhalt soll der gesamte strafrechtliche Schutz von Geschäftsgeheimnissen unverändert fortgelten.[628] Damit unterfallen auch Regelungen wie z.B. § 120 BetrVG, § 404 AktG und § 85 GmbHG usw. den Rechtswirkungen des § 1 III Nr. 1 GeschGehG.[629]

---

622 *Brammsen* BB 2018, 2446, 2448; Büscher/*McGuire* § 1 GeschGehG Rn. 20.

623 *Brammsen* BB 2018, 2446, 2448.

624 Grundlegend EuGH NJW 1976, 2065, 1067 = EuGH. Rs. 48/75, Slg. 1976, 497 Rn. 69–73 = EuGHE 76, 497; Callies/*Ruffert,* EUV/AEUV, Art. 288 AEUV Rn. 26; MüKo-Lauterkeitsrecht/*Leible* A. Grundlagen Rn. 170–171; Pechstein/Nowak/Häde/*Franzius* Art. 4 EUV Rn. 115; Streinz/*Streinz* Art. 4 EUV Rn. 32; Streinz/*Schroeder* Art. 288 AEUV Rn. 110.

625 St. Rspr. seit EuGH NJW 1984, 2021, 202 = EuGH, Rs. 14/83, Slg. 1984, 1891; Callies/*Ruffert,* EUV/AEUV Art. 288 AEUV Rn. 77; Gabitz/Hilf/*Nettersheim* Art. 288 AEUV Rn. 133; Palandt/*Grüneberg* Einleitung Rn. 50; Streinz/*Schroeder* Art. 288 AEUV Rn. 110.

626 BeckOK GeschGehG/*Hiéramente* § 1 Rn. 23.1; *Brammsen* BB 2018, 2446, 2448; *Oetker,* FS Hopt 2020, S. 901, 904; im Ergebnis *Hiéramente,* Stellungnahme zur BT-Drucks. 19/4724, S. 18; im Anklang *Fuhlrott/Hiéramente* DB 2019, 967, 969; *Hiéramente/Golzio* CCZ 2018, 262, 266; *Trebeck/Schulte-Wissermann* NZA 2018, 1175, 1178.

627 Beck OK GeschGehG/*Hiéramente* § 1 Rn. 20ff.; *Brammsen* BB 2018, 2446, 2448; *Oetker,* FS Hopt 2020, S. 901, 904; Scholz/*Rönnau* § 85 GmbHG Rn. 15.

628 Im Ergebnis BeckOK GeschGehG/*Hiéramente* § 1 Rn. 23; Büscher/*McGuire* § 1 GeschGehG Rn. 20; Scholz/*Rönnau* § 85 GmbHG Rn. 15.

629 Im Ergebnis BeckOK GeschGehG/*Hiéramente* § 1 Rn. 23.1; *Brammsen* BB 2018, 2446, 2448; Büscher/*McGuire* § 1 GeschGehG Rn. 19; *Hiéramente,* Stellungnahme zur BT-Drucks. 19/4724, S. 18; Scholz/*Rönnau* § 85 GmbHG Rn. 15; im Anklang *Fuhlrott/*

c) Weitere Regelungen zum Umgang mit Betriebs- und Geschäftsgeheimnissen

aa) Unmittelbare Wirkung des § 1 III Nr. 1 GeschGehG

Neben den soeben thematisierten Strafnormen existieren weitere spezialgesetzliche Rechtspflichten im thematischen Zusammenhang des Schutzes von Betriebs- und Geschäftsgeheimnissen. Zu nennen sind insbesondere die § 79 I BetrVG, §§ 35 Nr. 4 EBRG i.V. 35 II EBRG, § 41 IV Nr. 2 SEBG i.V.m. § 41 II SEBG, 179 IVV S. 1 Nr. 2 SGB IX, 116 S. 1 AktG i.V.m. § 93 I AktG. Nachdem nunmehr festgestellt ist, dass geheimnisschützende Strafnormen durch das Geschäftsgeheimnisgesetz insgesamt nicht berührt werden sollen, bleibt zu untersuchen, ob dies auch für anderweitige zivilrechtliche Rechtsnormen gilt.

Obgleich die Gesetzesbegründung ausführt, dass die in § 1 III Nr. 1 GeschGehG benannten Rechtsfolgen insgesamt für „Verpflichtungen" gelten, beschränkt sich der Gesetzeswortlaut auf den „berufs- und strafrechtlichen Schutz". Berufsrechtlicher Schutz meint die geschriebenen und ungeschriebenen Verhaltensanforderungen bestimmter Berufsgruppen.[630] Strafrechtlicher Schutz umfasst sämtliche Rechtnormen mit strafrechtlichem Charakter. Bei den hier behandelten Regelungen handelt es sich um spezialgesetzliche zivilrechtlich geprägte Rechtsnormen. Diese können weder als berufsständische Verhaltenspflichten noch als strafrechtliche Regelungen gewertet werden. Nach dem ausdrücklichen Wortlaut des § 1 III Nr. 1 GeschGehG unterfallen sie dem folglich nicht. Die Auslegung einer Norm muss sich stets in den Grenzen des möglichen Wortsinns bewegen.[631] Da § 1 III Nr. 1 GeschGehG ausdrücklich nur auf den berufs- und strafrechtlichen Schutz von Geschäftsgeheimnissen abzielt, widerspräche die Einbeziehung sonstiger zivilrechtlicher Verhaltensregelungen dem dezidierten Wortlaut der Norm. Die vorstehend angesprochene Grenze einer zulässigen Auslegung wäre damit verletzt. Im Ergebnis sind spezialgesetzliche Rechtspflichten, die über berufs- und strafrechtliche Regelungen i.S.d. § 1 III Nr. 1 GeschGehG hinaus gehen, nicht erfasst. Damit bleiben Normen wie §§ 79 I BetrVG, 116 S. 1 und 2 i.V.m. 93 I S. S. 3 AktG zumindest nicht unmittelbar unberührt im Sinne des § 1 III Nr. 1 GeschGehG.

bb) Analoge Anwendung des § 1 III Nr. 1 GeschGehG

Daraus lässt sich jedoch nicht zwingend schlussfolgern, dass die mit § 1 III GeschGehG einhergehenden Rechtswirkungen nicht auch auf andere spezialgesetzliche Normen übertragen werden können.[632] Möglicherweise kann § 1 III Nr. 1

Hiéramente DB 2019, 967, 969; *Hiéramente/Golzio* CCZ 2018, 262, 266; *Trebeck/Schulte-Wissermann* NZA 2018, 1175, 1178.

630 Zur Begriffsbestimmung berufsrechtlicher Normen, siehe Teil 2, § 8, B., III., 2., b), S. 256f.; BeckOK GeschGehG/*Hiéramente* § 1 Rn. 18ff.

631 Palandt/*Grüneberg* Einleitung Rn. 41; Staudinger/*Honsell* Einleitung zum BGB Rn. 139.

632 *Oetker*, FS Hopt 2020, S. 901, 904.

GeschGehG im Wege der analogen Anwendung auch für zivilrechtliche Regelungen Geltung beanspruchen. Eine Analogie ist ein Rechtsinstrument, mithilfe dessen eine Norm auf einen vergleichbar gelagerten, ungeregelten Sachverhalt angewendet wird.[633] Dies unterliegt zwei Voraussetzungen. Die zu schließende Regelungslücke muss planwidrig entstanden sein. Zudem muss eine vergleichbare Interessenlage bestehen, sodass davon ausgegangen werden kann, dass der Gesetzgeber dieselben Rechtssätze herangezogen hätte und zu demselben Abwägungsergebnis gekommen wäre, sofern er die Lücke erkannt hätte.[634]

In der Gesetzesbegründung wird ausgeführt, dass „anderweitige Verpflichtungen unberührt bleiben sollen, die sich aus der Geheimsphäre des Einzelnen sowie dem Allgemeininteresse an der Verschwiegenheit der in Krankheit und Rechtsfragen helfenden Berufe ergeben".[635] Diese nur allgemein „andere Verpflichtungen" thematisierende und folglich sehr weite Formulierung verdeutlicht, dass dementsprechende Verhaltensanforderungen insgesamt fortgelten sollen. Eine Fokussierung nur auf strafbewehrte Pflichten im engeren Sinne einer Strafnorm entspricht dem nicht, auch wenn im § 1 III Nr. 1 GeschGehG tatbestandlich nur der berufs- und strafrechtliche Schutz von Geschäftsgeheimnissen seinen Niederschlag gefunden hat. Das durch Normen wie § 120 BetrVG, § 404 AktG sanktionierte Verhalten ergibt sich jedoch erst in der Zusammenschau mit dem Bruch bestehender Rechtspflichten zum Umgang mit Betriebs- und Geschäftsgeheimnissen (vgl. § 79 I BetrVG, §§ 116 S. 1 AktG i.V.m § 93 I AktG). Aufgrund dieses systematischen Zusammenhangs kann nicht angenommen werden, dass der Gesetzgeber plangemäß zwar die Strafnormen unberührt fortgelten lassen, diese Regelungswirkung den damit letztlich untrennbar verbundenen Rechtspflichten jedoch nicht zukommen lassen wollte. Insofern kann von einer planwidrigen Regelungslücke ausgegangen werden. Da die Missachtung einer gesetzlichen Pflicht zum Geheimnisschutz Tatbestandsvoraussetzung einer anschließenden strafrechtlichen Sanktionierung ist, liegt notwendigerweise auch eine vergleichbare Interessenlage vor. Im Ergebnis ist § 1 III Nr. 1 GeschGehG im Wege der analogen Anwendung auch auf die sonstigen spezialgesetzlichen Normen zum Umgang mit Betriebs- und Geschäftsgeheimnissen anzuwenden.[636]

---

633 *Brox/Walker,* Allgemeiner Teil des BGB, S. 37 Rn. 16; Creifelds/*Groh,* Analogie; Palandt/*Grüneberg* Einleitung Rn. 48; Staudinger/*Honsell* Einleitung zum BGB Rn. 156.

634 BGH NJW 2015, 1176, 1176 Rn. 9; BGH NJW 2014, 2651, 2652–2653 Rn. 14; BAG NJW 2003, 2473, 2474/2475 = AP § 611 Organvertreter Nr. 24; BAG NZA 2001, 516, 518 = AP BetrVG 1972 § 103 Nr. 44; BAG NZA 1994, 957, 958 = AP ZPO § 579 Nr. 4; Palandt/*Grüneberg* Einleitung Rn. 48; Staudinger/*Honsell* Einleitung zum BGB Rn. 156.

635 Begr. RegE, BT-Drucks. 19/4724, S. 21.

636 Im Ergebnis *Oetker,* FS Hopt 2020, S. 901, 904; für ein weites Verständnis wohl auch *Harte-Bavendamm*/Ohly/Kalbfus § 1 GeschGehG Rn. 11; *Hauck* WRP 2018, 1032, 1036.

3. Auswirkungen des Geschäftsgeheimnisgesetzes auf die Ausübung der Meinungs-, Informations-, und Medienfreiheit gemäß § 1 III Nr. 2 GeschGehG

a) Allgemeiner Aussagegehalt des § 1 III Nr. 2 GeschGehG

§ 1 III Nr. 2 GeschGehG ordnet an, dass die Ausübung des Rechts der freien Meinungsäußerung und der Informationsfreiheit nach der Charta der Grundrechte der Europäischen Union (ABl. C 202 vom 7.6.2016, S. 389) einschließlich der Achtung der Freiheit und der Pluralität der Medien unberührt bleiben sollen. Die Angaben in der Gesetzesbegründung zum Regierungsentwurf beschränken sich darauf, dies zusammenfassend zu wiederholen und darauf hinzuweisen, dass die Norm Art. 1 II lit. a) RL (EU) 2016/943 umsetzten soll.[637] Wie sich das Geschäftsgeheimnisgesetz auf die genannten Grundrechte auswirkt, bleibt zunächst unklar.

Auf nationaler Ebene ist der Schutz der Meinungs-, Informations- und Pressefreiheit gemäß Art. 5 I GG verfassungsrechtlich verankert. Aus unionsrechtlicher Perspektive ergibt sich dies aus Art. 11 I, II GrCh. Grundsätzlich ermöglichen diese Grundrechte sämtliche Handlungen, die darauf gerichtet sind, die eigene Meinung in Wort, Schrift und Bild frei kundzutun.[638] Hierzu gehört auch die Mitteilung von Tatsachen, sofern sich diese dem Prozess der Meinungsbildung zuordnen lassen[639], was jedoch nur ausnahmsweise verneint wird[640]. Darüber hinaus ist auch die ungehinderte Kenntnisnahme von Informationen aus frei zugänglichen Quellen[641] und die Freiheit der Medien als Einrichtung zur Verbreitung von Masseninformationen im Interesse der Allgemeinheit[642] geschützt. Aufgrund des dieserart ausgestalteten Schutzbereiches umfasst die Meinungsfreiheit auch die Offenlegung von Betriebs- und Geschäftsgeheimnissen.[643] Dies kollidiert jedoch mit dem grundrechtlich

637 Begr. RegE, BT-Drucks. 19/4724, S. 21.

638 BeckOK Grundgesetz/*Schemmer* Art. 5 Rn. 9; Dreier/*Schulze-Fielitz* Art. 5 GG Rn. 71; Maunz/Dürig/*Grabenwarter* Art. 5 GG Rn. 87ff.

639 BVerfG NJW 1980, 2072, 2073 = BVerfGE 54, 208, 219; BVerfG NJW 1983, 1415, 1416 = BVerfGE 61, 1, 8; BVerfG NJW 1984, 419, 421 = BVerfGE 65, 1, 41; BVerfG NJW 1992, 1439, 1440 = BVerfGE 85, 1, 15; BVerfG NJW 1994, 1781, 1782 = BVerfGE 90, 1, 15; BVerfG NJW 1994, 1779, 1779 = BVerfGE 90, 241, 247; BeckOK Grundgesetz/*Schemmer* Art. 5 Rn. 6; Dreier/*Schulze-Fielitz* Art. 5 GG Rn. 63; ErfK/*Schmidt* Art. 5 GG Rn. 7; Maunz/Dürig/*Grabenwarter* Art. 5 GG Rn. 48.

640 Dreier/*Schulze-Fielitz* Art. 5 GG Rn. 64.

641 BeckOK Grundgesetz/*Schemmer* Art. 5 Rn. 25ff.; Dreier/*Schulze-Fielitz* Art. 5 GG Rn. 76; ErfK/*Schmidt* Art. 5 GG Rn. 13; Maunz/Dürig/*Grabenwarter* Art. 5 GG Rn. 326.

642 Dreier/*Schulze-Fielitz* Art. 5 GG Rn. 86; Maunz/Dürig/*Grabenwarter* Art. 5 GG Rn. 271ff.

643 BVerG NJW 1984, 1741, 1743 = BVerfGE 66, 116; *Schmitt* RdA 2017, 365, 365; *Taeger*, Die Offenbarung von Betriebs- und Geschäftsgeheimnissen, S. 83.

geschützten Geheimhaltungsinteresse des Geheimnisinhabers, weswegen diese Interessen im Einzelfall zum Ausgleich gebracht werden müssen.[644]

Dieser Ausgleich wird – wegen der nunmehr gesetzlich fundierten Position des Geheimhaltungsinteresses – durch die Neuregelungen des Geschäftsgeheimnisgesetzes beeinflusst. Aufgrund dessen erscheint es naheliegend, dass der Gesetzgeber mit § 1 III Nr. 2 GeschGehG klarstellen wollte, wie sich das Gesetz auf den Schutzbereich der Grundrechte auswirkt.[645] Laut der Gesetzesbegründung soll die Regelung die unionsrechtlichen Vorgaben in Art. 1 II lit. a) RL (EU) 2016/943 umsetzten.[646] Der Unionsgesetzgeber kommentiert diese Vorgabe in den Erwägungsgründen dahingehend, dass die „(...) Ausübung des Rechts auf Freiheit der Meinungsäußerung und Informationsfreiheit (...)“ und die „Freiheit der Medien und ihre Pluralität (...)“, „keinesfalls eingeschränkt werden dürfen“.[647] Unter Berücksichtigung dieser unionsrechtlichen Vorgabe ist die „unberührte Fortgeltung“ in § 1 III Nr. 2 GeschGehG dahingehend auszulegen, dass der Schutzbereich des Grundrechts nicht eingeschränkt werden darf.[648] Deswegen müssen die grundsätzlichen Gewährleistungen der Meinungs-, Informations- und Medienfreiheit und die hierzu bestehende Rechtsprechung beibehalten werden.

b) § 1 III Nr. 2 GeschGehG als umfassende Bereichsausnahme für die Meinungs,- Informations- und Pressefreiheit

Dabei ist jedoch unklar, ob dieses Ergebnis beinhaltet, dass § 1 III Nr. 2 GeschGehG eine Bereichsausnahme für den Bereich der Meinungs-, Informations- und Pressefreiheit normiert oder ob das Geschäftsgeheimnisgesetz dennoch auf Sachverhalte dieser Art einwirken kann. Die unveränderte Fortgeltung des Schutzbereiches bedeutet nicht zwangsläufig, dass der rechtliche Geheimnisschutz nicht bei überwiegendem Geheimhaltungsinteresse den genannten Grundrechten vorgehen kann.[649]

---

644 BVerfG NJW 1984, 1741, 1743 = BVerfGE 66, 116; *Taeger*, Die Offenbarung von Betriebs- und Geschäftsgeheimnissen, S. 83; siehe auch *Wiese*, Die EU-Richtlinie über den Schutz vertraulichen Know-hows und vertraulicher Geschäftsinformationen, S. 142.

645 So wohl auch *Alexander* AfP 2019, 1, 3; BeckOK GeschGehG/*Hiéramente* § 1 Rn. 26; *Hauck* WRP 2018, 1032, 1036; Köhler/Bornkamm/Feddersen/*Alexander* § 1 GeschGehG Rn. 36; *McGuire*, FS Harte-Bavendamm 2020, S. 367, 372.

646 Begr. RegE, BT-Drucks. 19/4724, S. 21.

647 RL (EU) 2016/943, Erwägungsgrund 19, ABl. EU L 157/5.

648 *Alexander* AfP 2019, 1, 3; *Hauck* WRP 2018, 1032, 1036; im Anklang BeckOK GeschGehG/*Hiéramente* § 1 Rn. 26; Köhler/Bornkamm/Feddersen/*Alexander* § 1 GeschGehG Rn. 38; *McGuire*, FS Harte-Bavendamm 2020, S. 367, 372.

649 *Harte-Bavendamm*/Ohly/Kalbfus § 1 GeschGehG Rn. 14.

Die Meinungsfreiheit ist nicht nur auf nationaler Ebene, sondern auch unionsrechtlich gemäß Art. 11 I, II GrCh kodifiziert. Auf Grund des Gebots zur richtlinienkonformen Auslegung müssen dessen Gewährleistung im Rahmen des Art. 5 I GG berücksichtigt werden. Gemäß Art. 52 III S. 1 GrCh müssen europäische Grundrechte, die auch Bestandteil der Europäischen Menschenrechtskonvention sind, so ausgelegt werden, dass sie in ihrer Bedeutung und Tragweite nicht hinter der genannten Konvention zurückbleiben.[650] In Art. 10 I EMRK ist die Freiheit der Meinungsäußerung normiert. Gemäß Art. 10 II EMRK ist dieses Recht jedoch mit Pflichten und Verantwortung verbunden und kann Formvorschriften, Bedingungen, Einschränkungen oder Strafandrohungen unterworfen sein. Daraus wird abgeleitet, dass im Rahmen des Art. 10 I EMRK eine Interessenabwägung vorzunehmen ist.[651] Aufgrund des Art. 52 III S. 1 GrCh muss die Interessenabwägung auch bei Art. 11 I, II GrCh vorgenommen werden.[652] Auf nationaler Ebene wiederum muss Art. 5 I GG europarechts- und konventionskonform ausgelegt werden, weshalb eine Interessenabwägung vorzunehmen ist.[653]

Im Rahmen dieser sind auch die – über das Geschäftsgeheimnisgesetz gesondert geschützten – Geheimhaltungsinteressen von Unternehmensinhabern zu berücksichtigen. Darüber hinaus ist das Geheimhaltungsinteresse nach herrschender Ansicht gemäß Art. 12 GG grundrechtlich geschützt.[654] Überwiegt dieses, kann der Geheimnisschutz die Meinungsfreiheit gemäß Art. 5 I GG, Art. 11 I, II GrCh und Art. 10 EMRK i.V.m. Art. 52 III S. 1 GrCh einschränken. Im Ergebnis beinhaltet § 1 III Nr. 2 GeschGehG keine Bereichsausnahme für die Meinungs-, Informations- und Pressefreiheit.[655]

---

650 EuArbRK/*Schubert* Art. 52 GrCh Rn. 10; *Harte-Bavendamm/*Ohly/Kalbfus § 1 GeschGehG Rn. 14; *Jarass* Art. 52 GrCh Rn. 56; Pechstein/Nowak/Häde/*Pache* Art. 52 GrCh Rn. 1ff.

651 BeckOK Informations- und Medienrecht/*Cornils* Art. 10 EMRK Rn. 54ff.; EuArbRK/*Schubert* Art. 10 EMRK Rn. 22ff.; *Harte-Bavendamm/*Ohly/Kalbfus § 1 GeschGehG Rn. 14; *Schmitt* RdA 2017, 365, 367.

652 BeckOK Informations- und Medienrecht/*Cornils* Art. 11 GrCh Rn. 8; *Harte-Bavendamm/*Ohly/Kalbfus § 1 GeschGehG Rn. 14; Pechstein/Nowak/Häde/*Thiele* Art. 11 GrCh Rn. 28; *Schmitt* RdA 2017, 365, 368.

653 *Schmitt* RdA 2017, 365, 368.

654 BVerfG NJW 2017, 3509 Rn. 33; *Mann/Worthmann* JuS 2013, 385, 388; *Wolff* NJW 1997, 98, 101.

655 *Alexander* AfP 2019, 1, 3 Rn. 19; BeckOK GeschGehG/*Hiéramente* § 1 Rn. 26; *Harte-Bavendamm/*Ohly/Kalbfus § 1 GeschGehG Rn. 14; Köhler/Bornkamm/Feddersen/*Alexander* § 1 GeschGehG Rn. 38; entsprechend für die RL (EU) 2016/943 *Alexander* AfP 2017, 469, 473.

4. *Auswirkungen des Geschäftsgeheimnisgesetzes auf die Autonomie der Sozialpartner gemäß § 1 III Nr. 3 GeschGehG*

a) *Inhaltlicher Regelungsbereich unter Berücksichtigung der unionsrechtlichen Vorgaben*

Gemäß § 1 III Nr. 3 GeschGehG bleibt die Autonomie der Sozialpartner und ihr Recht, Kollektivverträge nach den bestehenden europäischen und nationalen Vorschriften abzuschließen, unberührt. Die Gesetzesbegründung gibt lediglich dahingehend Aufschluss, dass die Norm Art. 1 II lit. d) RL (EU) 2016/943 umsetzten soll.[656] Aufgrund des Hinweises der Gesetzesbegründung und der Pflicht zur richtlinienkonformen Auslegung muss § 1 III Nr. 3 GeschGehG unter Berücksichtigung der unionsrechtlichen Vorgaben verstanden werden.[657] Unter Verweis auf die Auslegungsergebnisse zu Art. 1 II lit. d) RL (EU) 2016/943 kann der Regelungsgehalt der Norm deshalb dahingehend ausgelegt werden, dass von den Inhalten des Geschäftsgeheimnisgesetzes grundsätzlich durch Kollektivvertrag abgewichen werden darf.[658] Diese Möglichkeit besteht jedoch – nach Erwägungsgrund 12[659] – lediglich hinsichtlich von Vereinbarungen über die Nichtoffenlegung von Geschäftsgeheimnissen, diese betreffenden Nutzungsbeschränkungen und abweichenden Konsequenzen von Verstößen.[660] Dabei darf nicht von den Ausnahmetatbeständen des § 5 GeschGehG abgewichen werden.[661]

b) *Personeller und sachlicher Regelungsbereich unter Berücksichtigung der unionsrechtlichen Vorgaben*

Während sich der inhaltliche Regelungsgehalt des § 1 III Nr. 3 GeschGehG unter Rückgriff auf die unionsrechtlichen Vorgaben noch eindeutig bestimmen lässt, bleibt der personelle Anwendungsbereich der Norm weitgehend unbestimmt.[662] Der Gesetzeswortlaut verweist auf die Sozialpartner, setzt diesen Begriff jedoch voraus, ohne eine weitere Konkretisierung zu liefern.[663] Auch der Begriff des Kollektivvertrages wird nicht weiter eingegrenzt.

---

656 Begr. RegE, BT-Drucks. 19/4724, S. 21.

657 *Naber/Peukert/Seeger* NZA 2019, 583, 588.

658 BeckOK GeschGehG/*Fuhlrott* § 1 Rn. 27; Büscher/*McGuire* § 1 GeschGehG Rn. 22; *Harte-Bavendamm*/Ohly/Kalbfus § 1 GeschGehG Rn. 15; Köhler/Bornkamm/Feddersen/*Alexander* § 1 GeschGehG Rn. 39; *Naber/Peukert/Seeger* § 1 GeschGehG Rn. 22; *Reinfeld,* Das neue Gesetz zum Schutz von Geschäftsgeheimnissen, S. 18; *Richter* ArbRAktuell 2019, 375, 375.

659 RL (EU) 2016/943, Erwägungsgrund 12, ABl. EU L 157/3.

660 Büscher/*McGuire* § 1 GeschGehG Rn. 22.

661 *Harte-Bavendamm*/Ohly/Kalbfus § 1 GeschGehG Rn. 15; Köhler/Bornkamm/Feddersen/*Alexander* § 1 GeschGehG Rn. 41; *Naber/Peukert/Seeger* NZA 2019, 583, 588.

662 Zum Auslegungsbedarf des Begriffs der Sozialpartner *Karthaus* NZA 2018, 1180, 1181.

663 *Richter* ArbRAktuell 2019, 375, 376.

aa) Personeller Anwendungsbereich – Begriff der Sozialpartner

Unter Berücksichtigung des innerstaatlich vorgeprägten Normenverständnisses lässt sich der Begriff „Autonomie der Sozialpartner" gedanklich mit der in Art. 9 III GG verankerten Koalitionsfreiheit verknüpfen.[664] Dieses Grundrecht gewährleistet die Möglichkeit, zur Wahrung und Förderung der Arbeits- und Wirtschaftsbedingungen Vereinigungen zu bilden. Neben der individuellen Koalitionsfreiheit umfasst Art. 9 III GG auch die kollektive Koalitionsfreiheit, welche die Bestandsgarantie, die Verbandsautonomie und die Betätigungsgarantie umfasst.[665] Letztere gewährleistet alle koalitionsspezifischen Betätigungen, die notwendig sind, um den grundrechtlich abgesicherten Zweck – die Wahrung und Förderung der Arbeits- und Wirtschaftsbedingungen – zu verwirklichen.[666] Als Teil dieser koalitionsspezifischen Betätigungen gewährleistet Art. 9 III GG unter anderem die Tarifautonomie.[667] Hinter diesem Begriff verbirgt sich das Recht der Parteien des Arbeitslebens, die Bedingungen, unter denen abhängige Arbeit geleistet wird, grundsätzlich selbst durch Tarifverträge zu regeln.[668] Der persönliche Schutzbereich der kollektiven Koalitionsfreiheit aus Art. 9 III GG ist auf Koalitionen beschränkt.[669]

Das in § 1 III Nr. 3 GeschGehG mit der Verwendung der Begriffe „Autonomie" und „ihr Recht, Kollektivverträge (...) abzuschließen" zum Ausdruck gebrachte juristische Sprachverständnis lässt sich als Verweis auf diese in Art. 9 III GG verankerte kollektive Koalitionsfreiheit und die damit verbundene Tarifautonomie verstehen.[670] Dieses Begriffsverständnis findet auch in der amtlichen Begründung Anklang, in welcher der Gesetzgeber auf „die Autonomie der Sozialpartner und ihr

---

664 BeckOK GeschGehG/*Fuhlrott* § 1 Rn. 27; *Reinfeld,* Das neue Gesetz zum Schutz von Geschäftsgeheimnissen, S. 18.

665 *Bayreuther,* Tarifautonomie als kollektiv ausgeübte Privatautonomie, S. 14ff.; BeckOK Grundgesetz/*Cornils* Art. 9 III Rn. 55ff.; Dreier/*Bauer* Art. 9 III GG Rn. 69; ErfK/*Linsenmaier* Art. 9 III GG Rn. 39; Maunz/Dürig/*Scholz* Art. 9 III GG Rn. 170; *Rieble,* MünchArb § 218 Rn. 4; *Preis/Greiner,* Arbeitsrecht II, S. 28 Rn. 113ff; Sachs/*Höfling* Art. 9 III GG Rn. 69.

666 ErfK/*Linsenmaier* Art. 9 III GG Rn. 39; Küttner/*Griese,* Personalbuch *Tarifvertrag,* Rn. 1; *Rieble,* MünchArb § 218 Rn. 4; *Preis/Greiner,* Arbeitsrecht II, S. 31 Rn. 119; Sachs/*Höfling* Art. 9 III GG Rn. 69; *Stern/Becker* Art. 9 GG Rn. 41.

667 ErfK/*Linsenmaier* Art. 9 III GG Rn. 83; Küttner/*Griese,* Personalbuch *Tarifvertrag,* Rn. 1; Maunz/Dürig/*Scholz* Art. 9 III GG Rn. 165; *Rieble,* MünchArbR § 220 Rn. 35; *Preis/Greiner,* Arbeitsrecht II, S. 32 Rn. 129; Sachs/*Höfling* Art. 9 III GG Rn. 86.

668 *Bayreuther,* Tarifautonomie als kollektiv ausgeübte Privatautonomie, S. 230; ErfK/*Linsenmaier* Art. 9 III GG Rn. 83; Maunz/Dürig/*Scholz* Art. 9 III GG Rn. 167; *Rieble,* MünchArbR § 220 Rn. 34ff.; *Preis/Greiner,* Arbeitsrecht II, S. 64 Rn. 234; Sachs/*Höfling* Art. 9 III GG Rn. 87.

669 BeckOK Grundgesetz/*Cornils* Art. 9 Rn. 44; ErfK/*Linsenmaier* Art. 9 GG Rn. 21; *Rieble,* MünchArbR § 218 Rn. 55ff; Sachs/*Höfling* Art. 9 GG Rn. 56ff.

670 BeckOK GeschGehG/*Fuhlrott* § 1 Rn. 27.

Recht, Kollektivverträge (...) abzuschließen" verweist.[671] Diese begriffliche Verbindung spricht dafür, den Tatbestand der Autonomie der Sozialpartner Koalitionen zu zuordnen.[672] Eine Koalition ist eine privatrechtliche und auf Dauer angelegte Vereinigung, die den Zweck der Wahrung und Förderung der Arbeits- und Wirtschaftsbedingungen verfolgt. Weitere Voraussetzung ist, dass es sich um einen freiwilligen Zusammenschluss von Arbeitnehmern oder Arbeitgebern handelt, die gegnerfrei und gegnerunabhängig organisiert sind. Darüber hinaus wird teilweise eine Überbetrieblichkeit gefordert[673]. Schließlich sind ein Bekenntnis zur freiheitlichen Ordnung, eine demokratische Willensbildung und eine hinreichende soziale Mächtigkeit erforderlich.[674] Dieser Begriff umfasst primär die Tarifvertragsparteien, somit Gewerkschaften und Arbeitgeberverbände sowie einzelne Arbeitgeber.[675]

bb) Sachlicher Anwendungsbereich – Begriff des Kollektivvertrages

Aus § 1 III Nr. 3 GeschGehG wird nicht deutlich, in welcher Form abweichende kollektivrechtliche Vereinbarungen getroffen werden dürfen. Gesetzeswortlaut und amtliche Begründung definieren dies nicht, sondern verweisen lediglich auf die bestehenden europäischen und nationalen Vorschriften.[676] Unter Berücksichtigung des soeben untersuchten Sozialpartnerbegriffs erscheint es naheliegend, unter Kollektivverträgen die von Tarifvertragsparteien geschlossenen Tarifverträge zu subsumieren.[677]

Problematisch erscheint jedoch, dass der Begriff „Kollektivvertrag" weiter ist und weder nach innerstaatlichem noch nach unionsrechtlichem Verständnis trennscharf auf Tarifverträge begrenzt werden kann. Gemäß § 77 I S. 1 BetrVG können auch Arbeitgeber und Betriebsrat rechtlich bindende Vereinbarungen

---

671 Begr. RegE, BT-Drucks. 19/4724, S. 21.

672 BeckOK GeschGehG/*Fuhlrott* § 1 Rn. 27; *Richter* ArbRAktuell 2019, 375, 376.

673 Beck OK Grundgesetz/*Cornils* Art. 9 GG Rn. 49; Sachs/*Höfling* Art. 9 GG Rn. 60; **a.A.** ErfK/*Linsenmaier* Art. 9 GG Rn. 25; *Rieble,* MünchArbR § 218 Rn. 65; offengelassen durch BAG NZA 2005, 697, 700= AP TVG § 2 Tariffähigkeit Nr. 1.

674 ErfK/*Linsenmaier* Art. 9 III GG Rn. 21ff.; *Rieble,* MünchArbR § 218 Rn. 55ff.; *Preis/Greiner,* Arbeitsrecht II, S. 14 Rn. 48ff.; Sachs/*Höfling* Art. 9 III GG Rn. 56ff.; *Stern/Becker* Art. 9 GG Rn. 34.

675 So wohl BeckOK GeschGehG/*Fuhlrott* § 1 Rn. 27; *Reinfeld,* Das neue Gesetz zum Schutz von Geschäftsgeheimnissen, S. 18; *Richter* ArbRAktuell 2019, 375, 376; im Ergebnis *Karthaus* NZA 2018, 1180, 1181; Köhler/Bornkamm/Feddersen/*Alexander* § 1 GeschGehG Rn. 40; *Naber/Peukert/Seeger* NZA 2019, 583, 588; im Anklang *DGB,* Stellungnahme zur BT-Drucks. 19/4724, S. 5.

676 Begr. RegE, BT-Drucks. 19/4724, S. 21.

677 Beck OK GeschGehG/*Fuhlrott* § 1 Rn. 28; Harte-Bavendamm/Ohly/*Kalbfus* Einl. C. Rn. 122; Köhler/Bornkamm/Feddersen/*Alexander* § 1 GeschGehG Rn. 39; *Richter* ArbRAktuell 2019, 375, 376.

treffen.[678] Diese können entweder als Betriebsvereinbarung gemäß § 77 II-VI BetrVG oder als sonstige Regelungsabrede ausgestaltet sein.[679] Nach herrschender Ansicht handelt es sich auch bei Betriebsvereinbarungen um kollektivrechtliche Verträge.[680] Auch bei den Regelungsabreden handelt es sich um verbindliche Einigungen,[681] so dass diese zumindest begrifflich einen kollektivrechtlichen Vertrag darstellen. Auf unionsrechtlicher Ebene ist das Recht auf Kollektivverhandlungen und Kollektivmaßnahmen in Art. 28 GrCh verankert. Entgegen anderer Ansicht[682] werden Betriebsvereinbarungen, teilweise dem Schutzbereich dieses unionsrechtlichen Grundrechts zugeordnet.[683] Danach kann das in § 1 III Nr. 3 GeschGehG und der Gesetzesbegründung angeführte Recht, Kollektivverträge nach den europäischen und nationalen Vorschriften abzuschließen nicht auf die Tarifautonomie beschränkt werden. Kollektivrechtliche Vereinbarungen der Betriebsparteien können begrifflich ebenso erfasst sein.[684]

c) Einbeziehung der Betriebsparteien

aa) Anhaltspunkte im nationalen Recht

Können somit – wie oben gezeigt – grundsätzlich auch die Betriebsparteien Kollektivverträge abschließen, bleibt zu untersuchen, ob diese unter den Begriff der Sozialpartner zu subsumieren sind.[685] Betriebsräte sind jedoch typischerweise aufgrund fehlender Gegnerunabhängigkeit und Überbetrieblichkeit keine Koalitionen im Sinne des Art. 9 III GG.[686] Unter Zugrundelegung dieses innerstaatlichen Begriffsverständnisses unterfallen diese damit nicht dem Regelungsbereich von § 1 III Nr. 3 GeschGehG.[687] Dies stützt eine weitere Überlegung.[688] Denn die

---

678 ErfK/*Kania* § 77 BetrVG Rn. 2; GK-BetrVG/*Kreutz* § 77 Rn. 6; *Richardi* § 77 BetrVG Rn. 240.

679 ErfK/*Kania* § 77 BetrVG Rn. 2; GK-BetrVG/*Kreutz*§ 77 Rn. 6; *Richardi* § 77 BetrVG Rn. 240.

680 Beck OK ArbR/*Werner* § 77 BetrVG Rn. 10; ErfK/*Kania* § 77 BetrVG Rn. 17; GK-BetrVG/*Kreutz* § 77 Rn. 40; *Richardi* § 77 BetrVG Rn. 24.

681 GK-BetrVG/*Kreutz* § 77 Rn. 8; ähnlich ErfK/*Kania* § 77 BetrVG Rn. 127–129; *Richardi* § 77 BetrVG Rn. 244.

682 EuArbRK/*Schubert* Art. 28 GrCh Rn. 34.

683 Callies/Ruffert/*Krebber*, EUV/AEUV Art. 28 GrCh Rn. 5; *Jarass* Art. 28 GrCh Rn. 6; Köhler/Bornkamm/Feddersen/*Alexander* § 1 GeschGehG Rn. 40.

684 Köhler/Bornkamm/Feddersen/*Alexander* § 1 GeschGehG Rn. 40; *Naber/Peukert/Seeger* NZA 2019, 583, 588; im Ergebnis offenlassend Harte-Bavendamm/Ohly/*Kalbfus* Einl. C. Rn. 122; **a.A.** BeckOK GeschGehG/*Fuhlrott* § 1 Rn. 28.

685 Vgl. *DGB*, Stellungnahme zur BT-Drucks. 19/4724, S. 5.

686 Beck OK Grundgesetz/*Cornils* Art. 9 GG Rn. 49; *Karthaus* NZA 2018, 1180, 1181; im Ergebnis *Richter* ArbRAktuell 2019; 375, 376.

687 *Richter* ArbRAktuell 2019, 375, 376.

688 So auch *Karthaus* NZA 2018, 1180, 1181.

deutsche Gesetzesfassung übernimmt die unionsrechtlichen Vorgaben nicht wortlautgetreu. Während Art. 1 II lit. d) RL (EU) 2016/943 lautet, dass das Recht der Sozialpartner, Kollektivverträge gemäß dem Unionsrecht sowie gemäß den Gepflogenheiten und den Rechtsvorschriften der Mitgliedstaaten einzugehen, unberührt bleibt, stellt § 1 III Nr. 3 GeschGehG lediglich auf die bestehenden europäischen und nationalen Vorschriften ab. Die Möglichkeit, abweichende Kollektivvereinbarungen auf die Gepflogenheiten der jeweiligen Mitgliedsstaaten zu stützen, wurde somit nicht wörtlich in den Gesetzestext aufgenommen. Einige Stimmen halten diese Abweichung einer Einbeziehung der Betriebsparteien in den Anwendungsbereich des § 1 III Nr. 3 GeschGehG entgegen.[689] Das Recht der Sozialpartner, Kollektivvereinbarungen zu treffen, solle sich aus den bestehenden europäischen und nationalen Vorschriften ergeben. Ein wesentlicher Teil der gesetzlich normierten Rechte des Betriebsrates gemäß §§ 80 ff. BetrVG beinhaltet jedoch nicht, diesen zum Abschluss von Betriebsvereinbarungen zu ermächtigen.[690] Diese bildet nicht den Schwerpunkt des betriebsverfassungsrechtlichen Aufgabenbereichs des Betriebsrates. Demgegenüber fordert das Geschäftsgeheimnisgesetz dies jedoch auch nicht. Gemäß § 88 BetrVG ist der Abschluss von Betriebsvereinbarungen ausdrücklich und umfassend zulässig. Im Ergebnis steht die nur teilweise Übernahme der unionsrechtlichen Vorgaben einer begrifflichen Einbeziehung der Betriebsparteien nicht entgegen.

bb) Anhaltspunkte im Unionsrecht

Da der Begriff der „Sozialpartner" in § 1 III Nr. 3 GeschGehG zur Umsetzung einer unionsrechtlichen Vorgabe eingefügt wurde[691], könnte nicht das innerstaatliche, sondern ein abweichendes, unionsrechtlich geprägtes Begriffsverständnis maßgeblich sein. Die unionsrechtliche Vorgabe spricht in Art. 1 II lit. d) RL (EU) 2016/943 und Erwägungsgrund 12 von der Autonomie der Sozialpartner und dem Recht, Kollektivvereinbarungen abzuschließen. Näher erläutert werden diese Begrifflichkeiten nicht.

(1) Unionsrechtlich geprägter Begriff der Sozialpartner

Der Begriff der „Autonomie der Sozialpartner" wird auf unionsrechtlicher Ebene auch in anderen Regelungszusammenhängen verwendet. Die Art. 151– 161 AEUV beinhalten Sozialvorschriften. In diesem Zusammenhang verweist Art. 152 AEUV auf die Rolle der Sozialpartner auf der Ebene der Union und verpflichtet die Union, die „Autonomie der Sozialpartner" zu achten.[692] Im Rahmen dieser Normen geht man davon aus, dass der Begriff der Sozialpartner autonom auf europäischer Ebene

689 *Karthaus* NZA 2018, 1180, 1181.
690 *Karthaus* NZA 2018, 1180, 1181.
691 Begr. RegE, BT-Drucks. 19/4724, S. 21.
692 EuArbRK/*Franzen* Art. 154 AEUV Rn. 1ff.

zu definieren ist.[693] Die europäische Kommission hat in diesem Zusammenhang Kriterien entwickelt, die Organisationen erfüllen müssen, um in den Anwendungsbereich des Art. 154 AEUV einbezogen werden zu können.[694] Diese müssen (1) branchenübergreifend sektor- oder berufsspezifisch organisiert sein, (2) aus Verbänden bestehen, die in dem jeweiligen Mitgliedsstaat anerkannter Bestandteil der Arbeitsbeziehungen sind (3), Vereinbarungen aushandeln und die Mitgliedstaaten vertreten können und (4) über geeignete Strukturen verfügen, um effektiv an dem Anhörungsprozess teilnehmen zu können.[695] Zudem existiert ein Katalog der Kommission der in Betracht kommenden Organisationen.[696] Branchenübergreifende Verbände sind begriffsnotwendig auch überbetrieblich organisiert. Demnach umfasst der unionsrechtliche Begriff der Sozialpartner im Regelungszusammenhang der Art. 151 ff. AEUV nur überbetriebliche Zusammenschlüsse von Arbeitnehmern und Arbeitgebern, die nicht allein auf die individuelle und kollektive Gestaltung von Arbeitsbedingungen ausgerichtet sind[697], sondern auch übergeordnete politische Zwecke verfolgen. Vor dem Hintergrund dieses unionsrechtlichen Verständnisses sind die Betriebsparteien nicht erfasst.[698]

(2) Autonomer unionsrechtlicher Begriff der Sozialpartner

Möglicherweise schafft die RL (EU) 2016/943 jedoch in Art. 1 II lit. d) RL (EU) 2016/943 einen eigenständigen, autonomen Begriff der Sozialpartner, der unabhängig von anderen Regelungszusammenhängen zu verstehen ist. Soweit ist zunächst zu erörtern, ob sich der Begriff der Sozialpartner aus teleologischer Sicht für eine Anwendung im Rahmen des § 1 III Nr. 3 GeschGehG eignet. Hintergrund dessen sind die unter Titel X zusammengefassten Regelungen zur Arbeits- und Sozialpolitik in den Art. 151–161 AEUV.[699] In Art. 151 II AEUV formuliert der Unionsgesetzgeber die Ziele der Sozialpolitik. Diese können mittels verschiedener Instrumente realisiert werden.[700] Eine Möglichkeit zur Gestaltung der europäischen

---

693 Callies/Ruffert/*Krebber*, EUV/AEUV Art. 154 AEUV Rn. 8; EuArbRK/*Franzen* Art. 154 AEUV Rn. 3; *Karthaus* NZA 2018, 1180, 1182; Pechstein/Nowak/Häde/*Kocher* Art. 152 AEUV Rn. 11ff.

694 KOM (93) 600 vom 14.12.1993; EuArbRK/*Franzen* Art. 154 AEUV Rn. 4.

695 EuArbRK/*Franzen* Art. 154 AEUV Rn. 4.

696 EuArbRK/*Franzen* Art. 154 AEUV Rn. 5.

697 EuArbRK/*Franzen* Art. 154 AEUV Rn. 6.

698 Den europäischen Betriebsrat von dem Begriff der Sozialpartner ausnehmend Pechstein/Nowak/Häde/*Kocher* Art. 152 AEUV Rn. 13.

699 Callies/Ruffert/*Krebber*, EUV/AEUV Art. 151 AEUV Rn. 1; EuArbRK/*Franzen* Art. 151 AEUV Rn. 1; Pechstein/Nowak/Häde/*Kocher* Art. 151 AEUV Rn. 1ff; Streinz/*Eichenhofer* Art. 151 AEUV Rn. 2.

700 Callies/Ruffert/*Krebber*, EUV/AEUV Art. 151 AEUV Rn. 23ff; Streinz/*Eichenhofer* Art. 151 AEUV Rn. 2.

Sozialpolitik ist der soziale Dialog gemäß Art. 154 AEUV.[701] Dieser beschreibt in sachlicher Hinsicht die Kommunikation und den Meinungsaustausch bezüglich sozialer Fragestellungen von Arbeitnehmern, Arbeitgebern und weiteren Betroffenen auf europäischer Ebene.[702] Daneben existiert ein förmliches Verfahren, durch welches den Beteiligten Anhörungsrechte gemäß Art. 154 AEUV und die Möglichkeit zum Abschluss von Vereinbarungen gemäß Art. 154, 155 AEUV zugestanden werden.[703]

Zusammengefasst sind die Sozialpartner im Zusammenhang des Art. 151 AEUV Teil des Gesetzgebungsverfahrens, und sind funktionell darauf gerichtet, dieses zu ergänzen.[704] Obgleich der „soziale Dialog" nach Art. 154 AEUV auch konkrete arbeitsrechtliche Fragestellungen beinhalten kann, muss der Begriff weit verstanden werden und umfasst grundsätzlich sämtliche Kommunikation der Parteien im Bereich der Sozialpolitik.[705] Funktionell ist dieses Verfahren darauf gerichtet, die sozialpolitischen Ziele aus Art. 151 II AEUV zu fördern und zu verwirklichen. Dafür soll es Maßnahmen der Union begleiten und gewährleisten, dass die Meinungen der Sozialpartner in das Gesetzgebungsverfahren einfließen können.[706]

Der Abschluss von Kollektivvereinbarungen ist im Unterschied dazu darauf gerichtet, im Rahmen der bestehenden Vorschriften und Gepflogenheiten die Arbeitsbedingungen für einen bestimmbaren Kreis von Arbeitnehmern und Arbeitgebern zu regulieren.[707] Die in Art. 1 II lit. d) RL (EU) 2016/943 und § 1 III Nr. 3 GeschGehG in Bezug genommenen Sozialpartner erfüllen somit eine von den Art. 152 ff. AEUV ganz erheblich abweichende Funktion. Hinzutritt, dass die von Art. 154ff. AEUV erfassten Organisationsstrukturen auf europäischer Ebene angesiedelt sein müssen.[708] Obgleich die Geheimnisschutz- Richtlinie ebenfalls unionsrechtlicher Natur ist, richten sich die Normen an die Mitgliedsstaaten. Sozialpartner im Sinne des Art. 1 II lit. d) RL (EU) 2016/943 und § 1 III Nr. 3 GeschGehG werden deshalb vorrangig auf nationaler Ebene angeordnet sein. Aufgrund dieser Unterschiede kann das Begriffsverständnis aus Art. 154 AEUV nicht ohne weiteres übernommen werden.

---

701 Callies/Ruffert/*Krebber*, EUV/AEUV Art. 151 AEUV Rn. 25; Pechstein/Nowak/Häde/*Kocher* Art. 151 Rn. 15.

702 Callies/Ruffert/*Krebber*, EUV/AEUV Art. 154 AEUV Rn. 1; EuArbRK/*Franzen* Art. 154 AEUV Rn. 2 Pechstein/Nowak/Häde/*Kocher* Art. 154 Rn. 1.

703 Callies/Ruffert/*Krebber*, EUV/AEUV Art. 154 AEUV Rn. 2; EuArbRK/*Franzen* Art. 154 AEUV Rn. 2; Pechstein/Nowak/Häde/*Kocher* Art. 154 AEUV Rn. 2ff. und Art. 155 AEUV Rn. 1ff.; Streinz/*Eichenhofer* Art. 154 AEUV Rn. 1ff.

704 EuArbRK/*Franzen* Art. 154 AEUV Rn. 7.

705 Callies/Ruffert/*Krebber*, EUV/AEUV Art. 154 AEUV Rn. 1.

706 EuArbRK/*Franzen* Art. 151 Rn. 4.

707 Pechstein/Nowak/Häde/*Kocher* Art. 155 AEUV Rn. 2; *Zöllner/Loritz/Hergenröder*, Arbeitsrecht, S. 3 Rn. 9.

708 Vergleich Katalog aus KOM (93) 600 vom 14.12.1993; EuArbRK/*Franzen* Art. 154 AEUV Rn. 4.

Die Geheimnisschutz-Richtlinie und das Geschäftsgeheimnisgesetz zeigen in mehrfacher Hinsicht, dass neben den Rechten der Arbeitnehmer auch die ungestörte Aufgabenwahrnehmung der Arbeitnehmervertreter geschützt werden soll (Art. 3 I lit. c), Art. 5 lit. c) RL (EU) 2016/943 / §§ 3 I Nr. 3, 5 Nr. 3) GeschGehG). Gemäß Art. 1 III RL (EU) 2016/943 dürfen die unionsrechtlichen Vorgaben nicht dahingehend verstanden werden, dass es zu einer Einschränkung der Mobilität der Arbeitnehmer kommt. Mit dieser Regelung verdeutlicht der Unionsgesetzgeber, dass die Rechte der Arbeitnehmer umfassend geschützt werden sollen. Die Interessenvertretung durch den Betriebsrat ist ein elementares Instrument des Arbeitnehmerschutzes. Wenn die Richtlinie im Ganzen und das Geschäftsgeheimnisgesetz darauf ausgelegt sind, Arbeitnehmer nicht zu beschränken und abweichende Kollektivvereinbarung zu zulassen, ist kein sachlicher Grund ersichtlich, weshalb diese Zielsetzung nicht für Betriebsparteien gelten soll. Der umfassende Schutz der Arbeitnehmervertretungen dient jedenfalls mittelbar und im Ergebnis auch dem Schutz der beruflichen Entfaltung der Arbeitnehmer, der ausweislich des Art. 1 III RL (EU) 2016/943 durch den rechtlichen Geheimnisschutz nicht beschnitten werden sollte. Die Rechte der Arbeitnehmer werden am effektivsten gewährleistet, wenn nicht nur der wirksame Abschluss abweichender Tarifverträge, sondern auch die Möglichkeit der Betriebsparteien zum Abschluss von Betriebsvereinbarungen unberührt bleibt.[709] Auch die Betriebsparteien unterfallen nach alldem dem Regelungsbereich des § 1 III Nr. 3 GeschGehG.[710]

d) Fazit zu dem Regelungsinhalt des § 1 III Nr. 3 GeschGehG

Zusammenfassend lassen sich den Regelungsinhalten des § 1 III Nr. 3 GeschGehG die nachfolgenden Erkenntnisse entnehmen. Es dürfen abweichende kollektivrechtliche Vereinbarungen über die Nichtoffenlegung von Geschäftsgeheimnissen, etwaige Nutzungsbeschränkungen und die Rechtsfolgen eines Verstoßes getroffen werden.[711] Die Ausnahmetatbestände des § 5 GeschGehG dürfen hierbei nicht unterlaufen werden.[712] Anderweitige abweichende Regelungen sind unzulässig.[713] Von der „Autonomie der Sozialpartner“ sind sowohl die Tarifvertragsparteien als auch die Betriebsparteien erfasst.[714] Rechte zum Abschluss kollektivrechtlicher Verträge gemäß §§ 1 ff. TVG bzw. §§ 77, 88 BetrVG sollen nur insoweit eingeschränkt werden, wie es nötig ist, um die grundsätzlichen Wertungen durch § 5 GeschGehG

709 Für eine Einbeziehung der Betriebsparteien Köhler/Bornkamm/Feddersen/*Alexander* § 1 GeschGehG Rn. 40; *Naber/Peukert/Seeger* NZA 2019, 583, 588.

710 Köhler/Bornkamm/Feddersen/*Alexander* § 1 GeschGehG Rn. 40; **a.A.** BeckOK GeschGehG/*Fuhlrott* § 1 Rn. 28; *Reinfeld,* Das neue Gesetz zum Schutz von Geschäftsgeheimnissen, S. 17; *Richter* ArbRAktuell 2019, 375, 376.

711 Harte-Bavendamm/Ohly/*Kalbfus* Einl. C. Rn. 122; *Richter* ArbRAktuell 2019, 375, 376.

712 Harte-Bavendamm/Ohly/*Kalbfus* Einl. C. Rn. 123.

713 Harte-Bavendamm/Ohly/*Kalbfus* Einl. C. Rn. 123.

714 Kritisch, aber im Ergebnis bejahend *Richter* ArbRAktuell 2019, 375, 376.

zu gewährleisten. Damit dürfen von den Vorgaben des Geschäftsgeheimnisgesetzes abweichende Tarifverträge, Betriebsvereinbarungen und Regelungsabreden getroffen werden, sofern die genannten Vorbehalte eingehalten werden.[715]

5. *Auswirkungen des Geschäftsgeheimnisgesetzes auf die Rechte und Pflichten aus dem Arbeitsverhältnis und die Rechte der Arbeitnehmervertretungen gemäß § 1 III Nr. 4 GeschGehG*

a) *Hinführung zur Problematik*

Gemäß § 1 III Nr. 4 GeschGehG sollen die Rechte und Pflichten der Arbeitnehmer aus dem Arbeitsverhältnis und die Rechte der Arbeitnehmervertretungen unberührt bleiben. Wie die Regelung inhaltlich zu verstehen ist, lässt sich der gesetzlichen Formulierung nicht ohne weiteres entnehmen. Diese Frage wurde in der Literatur aufgegriffen. Ein klarer und differenzierter Meinungsstand hat sich dabei jedoch nicht herausgebildet. In der Literatur wird überwiegend vertreten, dass sich die Rechte und Pflichten aus dem Arbeitsverhältnis und die individuellen rechtsgeschäftlichen Vereinbarungen sowie die Rechte der Arbeitnehmervertreter durch Inkrafttreten des Geschäftsgeheimnisgesetzes nicht verändern sollen.[716] Die darüberhinausgehende Bedeutung der Vorschrift wird dabei überwiegend nicht näher begründet. Teilweise wird die Regelung als unverständlich gerügt.[717] Die Formulierung des Gesetzestextes lässt verschiedene Interpretationsmöglichkeiten zu. Deswegen muss der Aussagegehalt der „Unberührt-Regelung“ in § 1 III Nr. 4 GeschGehG im Wege weiterer Auslegung ermittelt werden.

b) *§ 1 III Nr. 4 GeschGehG im Sinne einer echten Bereichsausnahme für das Arbeitsrecht*

Die Aussage, die Rechte und Pflichten aus dem Arbeitsverhältnis und die Rechte der Arbeitnehmervertretungen sollen unberührt bleiben, könnte zunächst weit im Sinne einer umfassenden Bereichsausnahme für das gesamte Arbeitsrecht verstanden werden. Mit dieser Formulierung benennt der Gesetzgeber zwei Regelungskomplexe, deren Zusammenwirken mit dem Geschäftsgeheimnisgesetz über

---

715 Köhler/Bornkamm/Feddersen/*Alexander* § 1 GeschGehG Rn. 40; *Naber/Peukert/Seeger* NZA 2019, 583, 588; im Ergebnis *Richter* ArbRAktuell 2019, 375, 376.

716 BeckOK GeschGehG/*Fuhlrott* § 1 Rn. 33 ff.; *Harte-Bavendamm*/Ohly/Kalbfus § 1 GeschGehG Rn. 19; Köhler/Bornkamm/Feddersen/*Alexander* § 1 GeschGehG Rn. 43; *Oetker*, FS Hopt 2020, S. 901, 904; *Oltmanns/Fuhlrott* NZA 2019, 1384, 1387; *Reinfeld*, Das neue Gesetz zum Schutz von Geschäftsgeheimnissen, S. 18; *Richter* ArbRAktuell 2019, 375, 375.

717 BeckOK GeschGehG/*Fuhlrott* § 1 GeschGehG Rn. 31; *Naber/Peukert/Seeger* NZA 2019, 583, 583; *Oltmanns/Fuhlrott* NZA 2019, 1384, 1387; *Preis/Seiwerth* RdA 2019, 351, 352.

§ 1 III Nr. 4 GeschGehG geklärt werden soll. Aus dem Arbeitsverhältnis ergeben sich gemäß §§ 611a, 241 II BGB eine Reihe von Haupt- und Nebenleistungspflichten, die zwischen den Arbeitsvertragsparteien wirken.[718] Wie bereits an anderer Stelle herausgearbeitet, sind für die gegenständlichen Untersuchungen insbesondere die arbeitsvertragliche Nebenpflicht zur Verschwiegenheit und die weiter gefasste allgemeine Rücksichtnahmepflicht von Relevanz.[719] Daneben sollen mit einem pauschalen Verweis auch die Rechte der Arbeitnehmervertretungen unberührt bleiben. Unabhängig von der Frage, welche gesetzlichen Rechte hiervon im Detail erfasst sind und wie der Begriff Arbeitnehmervertretung verstanden werden muss[720], existieren gesetzliche Vorschriften, welche den Handlungsspielraum von Vertretungseinrichtungen im Rahmen der betrieblichen und unternehmensorientierten Mitbestimmung regeln. Bei einer nur am Wortlaut orientierten Auslegung könnte § 1 III Nr. 4 GeschGehG im Sinne einer Anwendungssperre verstanden werden.[721] In diesem Fall enthielte die Norm drei Kernaussagen. Sachverhalte, die in Regelungsgefüge eines Arbeitsverhältnisses oder der gesetzlich vorgesehenen Mitbestimmung durch Interessenvertretungen fallen, müssten weiterhin allein anhand der tradierten Kriterien oder gesetzlichen Regelungen beurteilt werden. Die Regelungen des Geschäftsgeheimnisgesetz wären daneben nicht anwendbar. Zuletzt dürften sich die Inhalte und dahinterstehenden Wertungen der Neuregelung auch nicht auf die arbeitsrechtliche Würdigung eines Sachverhaltes auswirken. Ein Verständnis des § 1 III Nr. 4 GeschGehG als echte Bereichsausnahme würde zusammengefasst dazu führen, dass in den Bereichen des Individualarbeitsrechts und kollektiven Arbeitnehmervertretungsrechts die tradierte Rechtslage konserviert und ohne Einflussnahme durch das Geschäftsgeheimnisgesetz weitergeführt werden muss.

c) § 1 III Nr. 4 GeschGehG im Sinne einer unechten Bereichsausnahme für das Arbeitsrecht

Möglich erscheint aber auch eine engere Lesart des § 1 III Nr. 4 GeschGehG, nach der die Rechte und Pflichten aus dem Arbeitsverhältnis und das Recht der Arbeitnehmervertretungen zwar in einem gewissen Umfang von den Regelungen des Geschäftsgeheimnisgesetzes unabhängig bleiben, durch die Norm jedoch keine echte Bereichsausnahme für das Arbeitsrecht geschaffen wird.[722] Der

718 BeckOK GeschGehG/*Fuhlrott* § 1 GeschGehG Rn. 33.

719 Zu den arbeitsvertraglichen Nebenpflichten, siehe Teil 1, § 2, B., I., S. 59ff.

720 Zu dem Begriff der Arbeitnehmervertretung im Sinne des Geschäftsgeheimnisgesetzes, siehe Teil 2, § 7, C., I., 4., b), S. 223ff.

721 So gefordert in den Anträgen der Fraktion BÜNDNIS 90/DIE GRÜNEN, BT-Drucks. 19/7453, S. 3 und der Fraktion DIE LINKE, BT-Drucks. 19/7704, S. 2.

722 BeckOK GeschGehG/*Fuhlrott* § 1 Rn. 30–32; Harte-Bavendamm/Ohly/*Kalbfus* Einl. C. Rn. 27; Köhler/Bornkamm/Feddersen/*Alexander* § 1 GeschGehG Rn. 42–44; *Preis/Seiwerth* RdA 2019, 351, 352; *Reinfeld,* Das neue Gesetz zum Schutz von

grammatikalische Aussagegehalt der Norm lässt sich auch dahin deuten, dass die dargestellten Regelungszusammenhänge zwar durch das Geschäftsgeheimnisgesetz nicht verändert werden dürfen, dieses daneben jedoch Anwendung findet. Eine solche Lesart zugrunde legend, läge die Kernaussage der Norm darin, dass die Parteien des Arbeitsverhältnisses ihre Rechtsbeziehungen – von dem Geschäftsgeheimnisgesetz abweichend – privatautonom regeln könnten. Zudem dürften die Rechte der Arbeitnehmervertretungen nicht eingeschränkt werden.

d) Bewertung der vorgestellten Interpretationsansätze

aa) Auslegung der Gesetzgebungsmaterialien

Da dem Wortlaut keine weitergehenden Anhaltspunkte zu der inhaltlichen Reichweite der „unberührt-Regelung“ entnommen werden können, muss die gesetzgeberische Intention anhand des Gesetzgebungsprozesses ermittelt werden. Der erste Regierungsentwurf enthielt eine § 1 III Nr. 4 GeschGehG entsprechende Regelung noch nicht. Im Gesetzgebungsverfahren wurde die Frage einer solchen Ergänzung mehrfach thematisiert. Im Rahmen der Sachverständigenanhörung hatte der Deutsche Gewerkschaftsbund eine Regelung gefordert, welche den geltenden arbeitsrechtlichen Vorschriften und der diesbezüglichen Rechtsprechung zur Geheimhaltung, Erlangung, Nutzung oder Offenlegung Vorrang gewährt. § 1 II des Entwurfs sei zwingend dahingehend zu ergänzen, dass (bestehende) arbeitsrechtliche Vorschriften sowie die entsprechende Rechtsprechung, insbesondere solche zu Geheimhaltungs- und Vertraulichkeitspflichten von einzelnen Beschäftigten sowie von Interessenvertretungen in Betrieben, Verwaltung und Aufsichtsgremien von Unternehmen, den Regelungen des Geschäftsgeheimnisgesetzes vorgehen. Die Stellungnahme bezeichnet diese Forderung als notwendigen Anwendungsvorrang für das Arbeitsrecht.[723]

Anschließende Beschlussanträge einzelner Fraktionen im BT-Ausschuss für Recht und Verbraucherschutz gingen darüber hinaus. So fordert die Fraktion der Grünen dezidiert, dass das Gesetz auf das Arbeitsrecht einschließlich der geltenden Regelungen für die Mitbestimmung in Unternehmen keine Anwendung finden soll.[724] Auch die Fraktion der Linken sah die individual- und kollektivrechtlichen Belange von Arbeitnehmern und Betriebsräten durch den Gesetzentwurf beeinträchtigt und forderte, dass bestimmte Verhältnisse vom Anwendungsbereich des Gesetzes ausgenommen werden sollen.[725] Diese

---

Geschäftsgeheimnissen, S. 18; so wohl auch *Fuhlrott/Hiéramente* DB 2019, 967, 968; *Harte-Bavendamm*/Ohly/Kalbfus § 1 GeschGehG Rn. 12 u. 16; *Oetker*, FS Hopt 2020, S. 901, 904; *Oltmanns/Fuhlrott* NZA 2019, 1384, 1387; *Richter* ArbRAktuell 2019, 375, 376.

723 *DGB*, Stellungnahme zur BT-Drucks. 19/4724, S. 4–5.

724 Antrag der Fraktion BÜNDNIS 90/DIE GRÜNEN, BT-Drucks. 19/7453, S. 3.

725 Antrag der Fraktion DIE LINKE, BT-Drucks. 19/7704, S. 2.

weitergehenden Anträge hat der BT-Ausschuss für Recht und Verbraucherschutz verworfen.[726] Die Beschlussempfehlung hat zwar den letztendlich beschlossenen Gesetzestext vorgegeben. Ausweislich der Begründung soll damit indessen allein der spezielle Vorrang rechtsgeschäftlicher Vereinbarungen in Arbeitsverträgen sowie spezialgesetzlicher arbeitsrechtlicher Regelungen im Bereich der Mitbestimmung klargestellt werden.[727] Der Beschlussempfehlung liegt somit nicht die Regelungsabsicht einer generellen Bereichsausnahme für das Individual- und Kollektivarbeitsrecht zugrunde, sondern allein die Klarstellung der vorgenannten spezifischen Teilaspekte.

bb) Auslegung unter Berücksichtigung des systematischen Aufbaus von § 1 GeschGehG

Auch der systematische Aufbau von § 1 GeschGehG spricht dagegen, eine echte Bereichsausnahme für das Arbeitsrecht anzunehmen. Während der Gesetzgeber in § 1 II GeschGehG eine echte Bereichsausnahme für das öffentliche Recht festlegt, enthält der dritte Absatz nur Regelungsbereiche, die mit dem Geschäftsgeheimnisgesetz in Ausgleich gebracht werden müssen, dieses jedoch nicht sperren. Damit spricht die Eingliederung in § 1 III GeschGehG dafür, dass das Geschäftsgeheimnisgesetz in arbeitsrechtlichen Sachverhaltskonstellationen grundsätzlich Anwendung finden kann.

cc) Richtlinienkonforme Auslegung des § 1 III Nr. 4 GeschGehG

(1) Unionsrechtliche Vorgaben zum Schutz der Arbeitnehmer

Nach dem Gebot einer richtlinienkonformen Auslegung – resultierend aus Art. 288 III AEUV – sind die Regelungsinhalte der Richtlinie heranzuziehen. Bei einer Betrachtung der Schutzvorschriften für einzelne Arbeitnehmer wie auch der kollektiven Arbeitnehmervertretung in Art. 1 II lit. d), III, Art. 3 I lit. c), Art. 5 lit. c) RL (EU) 2016/943 ist zu erkennen, dass die Richtlinie grundsätzlich von einer Anwendbarkeit ihrer Bestimmungen auch im Arbeitsrecht ausgeht.[728] Andernfalls bedürfte es gesonderter Schutzvorschriften nicht. Dem entsprechen die Erwägungsgründe 12, 13 und 18. Auch diese haben die Rechtsstellung von Arbeitnehmern und ihrer Interessenvertretungen zum Gegenstand. Gemäß Erwägungsgrund 12 soll die Richtlinie das Recht der Sozialpartner, Kollektivverträge einzugehen, hinsichtlich der Verpflichtung zur Nichtoffenlegung von

726 BT-Ausschuss für Recht und Verbraucherschutz, BT-Drucks. 19/8300, S. 3.

727 BT-Ausschuss für Recht und Verbraucherschutz, BT-Drucks. 19/8300, S. 13.

728 *Bissels/Schroeders/Ziegelmayer* DB 2016, 2295, 2296–2297; EuArbRK/*Schubert* Art. 1 (EU) RL 2016/943 Rn. 14ff.; *Freckmann/Schmoll* BB 2017, 1780, 1784; *Preis/Seiwerth* RdA 2019, 351, 352; so wohl auch Köhler/Bornkamm/Feddersen/*Alexander* § 1 GeschGehG Rn. 43; *Rauer/Eckert* DB 2016, 1239, 1241.

Geschäftsgeheimnissen oder zur Beschränkung ihrer Nutzung und hinsichtlich der Konsequenzen eines Verstoßes gegen diese Verpflichtung durch die Partei, die ihnen unterworfen ist, nicht berühren.[729] Erwägungsgrund 13 bestimmt, dass die Richtlinie nicht als Einschränkung der Niederlassungsfreiheit, der Freizügigkeit der Arbeitnehmer oder der Mobilität der Arbeitnehmer verstanden werden soll. Außerdem soll die Möglichkeit von Vereinbarungen über Wettbewerbsverbote zwischen Arbeitgebern und Arbeitnehmern unberührt bleiben.[730] Hinzu tritt Erwägungsgrund 18, nachdem Erwerb und Offenlegung von Geschäftsgeheimnissen im Rahmen der Inanspruchnahme von Arbeitnehmervertreterrechten und der kollektiven Interessenvertretung von Arbeitnehmern und Arbeitgebern rechtmäßig sein sollen.[731] Dies verdeutlicht, dass der Richtliniengeber die Rechte von Arbeitnehmern durchaus regeln und festlegen wollte, unter welchen Voraussetzungen abweichende vertragliche Vereinbarungen möglich sind.[732] Im Ergebnis ist eine generelle Bereichsausnahme für das Arbeitsrecht mit Zielen und Inhalten der Richtlinie nicht zu vereinbaren.[733]

(2) Richtlinienkonformität der herausgearbeiteten Ergebnisse

Fraglich ist, ob das engere Verständnis der Begründung zur Beschlussempfehlung richtlinienkonform ist und eine Eingrenzung der weiten Gesetzesfassung erlaubt. Anknüpfungspunkt ist Art. 1 III lit. c) RL (EU) 2016/943. Diese Regelung lässt das Bestreben des Richtliniengebers erkennen, nicht aufgrund der Richtlinie oder eines Umsetzungsgesetzes Rechtspflichten und belastende rechtliche Konsequenzen zuzulassen, die nicht bereits in bestehenden arbeitsvertraglichen Bindungen unter Berücksichtigung der einschlägigen Rechtsprechung enthalten sind. Mit anderen Worten: Die Richtlinie soll nicht weitergehende Beschränkungen ermöglichen, die über den gegenwärtigen arbeitsvertraglichen Regelungsgehalt einschließlich der dazu ergangenen nationalen Rechtsprechung hinausgeht.[734] Damit lässt sich der durch den BT-Ausschuss für Recht- und Verbraucherschutz angeführte Regelungszweck des § 1 III Nr. 4 GeschGehG in Einklang bringen. Die angestrebte „Klarstellung" entspricht dem soeben

---

729 RL (EU) 2016/943, Erwägungsgrund 12, AB. EU L 157/3–4.

730 RL (EU) 2016/943, Erwägungsgrund 13, AB. EU L 157/4.

731 RL (EU) 2016/943, Erwägungsgrund 18, AB. EU L 157/4.

732 **A.A.** *Wiese,* Die EU-Richtlinie über den Schutz vertraulichen Know-hows und vertraulicher Geschäftsinformationen, S. 109.

733 Im Ergebnis *Bissels/Schroeders/Ziegelmayer* DB 2016, 2295, 2296–2297; *Freckmann/Schmoll* BB 2017, 1180, 1184; *Rauer/Eckert* DB 2016, 1239, 1241; Auswirkungen für das nationale Arbeitnehmerrecht verneinend *Wiese,* Die EU-Richtlinie über den Schutz vertraulichen Know-hows und vertraulicher Geschäftsinformationen, S. 109.

734 *Bissels/Schroeders/Ziegelmayer* DB 2016, 2295, 2297; EuArbRK/*Schubert* RL 2016/943/EU Art. 1 Rn. 16; weiter *Wiese,* Die EU-Richtlinie über den Schutz vertraulichen Know-hows und vertraulicher Geschäftsinformationen, S. 109.

aufgezeigten[735] Regelungsziel von Art. 1 III lit. c) RL (EU) 2016/943. Der zulässige arbeitsvertragliche Status quo soll durch Hinzutreten der Richtlinie – und entsprechend eines nachfolgenden Umsetzungsgesetzes – nicht zum Nachteil der Arbeitnehmer verändert werden.[736]

dd) Stellungnahme zu der inhaltlichen Reichweite des § 1 III Nr. 4 GeschGehG

Zusammenfassend kann § 1 III Nr. 4 GeschGehG nicht als echte Bereichsausnahme für das Individualarbeitsrecht und kollektive Arbeitnehmervertretungsrecht gewertet werden.[737] Die Vorschriften des Geschäftsgeheimnisgesetzes verändern zwar nicht das zwischen den Arbeitsvertragsparteien bestehende synallagmatische Pflichtengefüge[738] und die Rechte der Arbeitnehmervertretungen.[739] Eine Sperrwirkung entfalten diese jedoch nicht.[740] Unter Berücksichtigung einer richtlinienkonformen Auslegung kann § 1 III Nr. 4 GeschGehG darüber hinaus entnommen werden, dass die Arbeitsvertragsparteien von dem Geschäftsgeheimnisgesetz abweichende Regelungen vereinbaren dürfen.[741] Bewertungsmaßstab für diese ist das vor Inkrafttreten der Neuregelungen bestehende innerstaatliche Rechtsverständnis und die dazu ergangene Rechtsprechung.[742] Dadurch soll insbesondere gewährleistet werden, dass bestehende wirksame Regelungen nicht durch das Inkrafttreten des Geschäftsgeheimnisgesetzes unwirksam oder eingeschränkt werden.[743]

---

735 Zu Art. 1 III RL (EU) 2016/943, siehe Teil 2, § 5, A., IV., S. 123.

736 *Reinfeld,* Das neue Gesetz zum Schutz von Geschäftsgeheimnissen, S. 18; im Ergebnis *Wiese,* Die EU- Richtlinie über den Schutz vertraulichen Know-hows und vertraulicher Geschäftsinformationen, S. 109.

737 Ausdrücklich Harte-Bavendamm/Ohly/*Kalbfus* Einl. C. Rn. 27; *Preis/Seiwerth* RdA 2019, 351, 352; so wohl auch BeckOK GeschGehG/*Fuhlrott* § 1 Rn. 30ff.; Köhler/Bornkamm/Feddersen/*Alexander* § 1 GeschGehG Rn. 42–44; *Oetker,* FS Hopt 2020, S. 901, 904; *Richter* ArbRAktuell 2019, 375, 376; *Reinfeld,* Das neue Gesetz zum Schutz von Geschäftsgeheimnissen, S. 18.

738 BeckOK GeschGehG/*Fuhlrott* § 1 Rn. 33; Köhler/Bornkamm/Feddersen/*Alexander* § 1 GeschGehG Rn. 43; *Reinfeld,* Das neue Gesetz zum Schutz von Geschäftsgeheimnissen, S. 18.

739 BeckOK GeschGehG/*Fuhlrott* § 1 Rn. 47; Köhler/Bornkamm/Feddersen/*Alexander* § 1 GeschGehG Rn. 43–44; *Oltmanns/Fuhlrott* NZA 2019, 1384, 1387; *Reinfeld,* Das neue Gesetz zum Schutz von Geschäftsgeheimnissen, S. 18.

740 Harte-Bavendamm/Ohly/*Kalbfus* Einl. C. Rn. 27; *Preis/Seiwerth* RdA 2019, 351, 352.

741 Harte-Bavendamm/Ohly/*Kalbfus* Einl. C. Rn. 27; Köhler/Bornkamm/Feddersen/*Alexander* § 1 GeschGehG Rn. 43.

742 Harte-Bavendamm/Ohly/*Kalbfus* Einl. C. Rn. 27.

743 BeckOK GeschGehG/*Fuhlrott* § 1 Rn. 33; Harte-Bavendamm/Ohly/*Kalbfus* Einl. C. Rn. 27; *Naber/Peukert/Seeger* NZA 2019, 583, 585; *Reinfeld,* Das neue Gesetz zum Schutz von Geschäftsgeheimnissen, S. 18.

Insoweit erweist sich die Regelung tatsächlich als Klarstellung[744] ohne weitergehenden Regelungsgehalt.[745] Die Richtlinienkonformität ist nicht in Frage gestellt.

6. *Abschließende Bewertung des § 1 III GeschGehG*

Im Ergebnis benennt § 1 III GeschGehG vier Regelungsbereiche, die im Zusammenhang mit dem Schutz von Geschäftsgeheimnissen relevant werden können und grundsätzlich trotz Inkrafttreten der Neuregelung weiter fortbestehen sollen. Den Nr. 2–4 lässt sich entnehmen, dass weder die grundgesetzlich verankerte Meinungs-, Informations- oder Pressefreiheit noch das spezifische Interessengefüge im kollektiven und individuellen Arbeitsrecht eingeschränkt werden dürfen. Diese drei Komplexe eint thematisch, dass es sich jeweils um dem Geheimnisinhaber und dessen Geheimhaltungsinteresse entgegenstehende Positionen handelt, die potenziell durch die Geheimhaltung von Informationen beschränkt werden könnten. Einzig § 1 III Nr. 1 GeschGehG nennt mit dem berufs- und strafrechtlichen Schutz von Geschäftsgeheimnissen im Sinne des § 203 StGB eine Strafnorm, deren Schutzrichtung davon abweichend selbst auf die Geheimhaltung ausgerichtet ist.

Damit scheint die erste Untergruppe in keinem systematischen Zusammenhang zu den übrigen zu stehen.[746] Versteht man § 1 III Nr. 1 GeschGehG wie oben aufgezeigt jedoch als offenen Tatbestand[747], dem grundsätzlich Strafnormen und in analoger Anwendung anderweitige Verhaltenspflichten, die auf den Schutz von Geschäftsgeheimnissen ausgerichtet sind unterfallen, zeigt sich die innere Systematik der „unberührt Regelung". § 1 III Nr. 3 GeschGehG beschreibt das Verhältnis des Geschäftsgeheimnisgesetzes zu dem bestehenden strafrechtlichen Geheimnisschutz (Nr. 1), grundrechtlich geschützten Betätigungen (Nr. 2) und individual oder kollektivvertraglichen Regelungen (Nr. 3 und 4), die sich auf den Umgang mit Betriebs- oder Geschäftsgeheimnissen beziehen. Zudem kann § 1 III GeschGehG analog die Fortgeltung sämtlicher gesetzlicher Regelungen zum Schutz von Betriebs- und Geschäftsgeheimnissen entnommen werden. Damit sollen externe verfassungsrechtliche, gesetzliche oder rechtsgeschäftliche Regelungen grundsätzlich uneingeschränkt fortbestehen, die Anwendung des Geschäftsgeheimnisgesetzes jedoch nicht sperren. Der Neuregelung kommt dadurch die Funktion eines „Lückenfüllers" zu. Die Vorschriften des

---

744 Von einer Klarstellung sprechend *Richter* ArbRAktuell 2019, 375, 375; *Fuhlrott/Hiéramente* DB 2019, 967, 968.

745 Von einer „Arbeitsrechtsneutralität" sprechend *Reinfeld,* Das neue Gesetz zum Schutz von Geschäftsgeheimnissen, S. 18.

746 *Brammsen* BB 2018, 2441, 2448.

747 Gegen eine abschließende Regelung durch § 1 III GeschGehG *Oetker,* FS Hopt 2020, S. 901, 904.

Geschäftsgeheimnisgesetzes sollen lediglich den ungeregelten Bereich ausfüllen, dabei die bestehende Rechtslage zumindest nach der gesetzgeberischen Intention jedoch nicht verändern.[748] Ob dies beibehalten werden kann, wird der weitere Gang der Untersuchung zeigen.

748 *Brammsen* BB 2018, 2446, 2448; EuArbRK/*Schubert* RL (EU) 2016/943 Art. 4 Rn. 3; *Hauck* WRP 2018, 1032, 1036; *Preis/Seiwerth* RdA 2019, 351, 360.

§ 6 Die Begriffsbestimmungen in § 2 GeschGehG unter besonderer Berücksichtigung der neuen Legaldefinition des Geschäftsgeheimnisses

A. Allgemeine Eingrenzung des Schutzobjektes nach den Vorgaben der RL (EU) 2016/943

I. Systematischer Aufbau des Art. 2 Nr. 1 RL (EU) 2016/943

Im Rahmen der Begriffsbestimmungen beschreibt Art. 2 Nr. 1 RL (EU) 2016/943 den Schutzgegenstand. Für die Zwecke der Richtlinie bezeichnet der Ausdruck „Geschäftsgeheimnis" gemäß Art. 2 Nr. 1 RL (EU) 2016/943 Informationen, die alle nachstehenden Kriterien kumulativ[749] erfüllen:

Sie sind (1) in dem Sinne geheim, dass sie weder in ihrer Gesamtheit noch in der genauen Anordnung und Zusammensetzung ihrer Bestandteile den Personen in den Kreisen, die üblicherweise mit dieser Art von Information umgehen, allgemein bekannt oder ohne weiteres zugänglich sind; (2) von kommerziellem Wert, weil sie geheim sind; (3) Gegenstand von den Umständen entsprechenden angemessenen Geheimhaltungsmaßnahmen durch die Person, die die rechtmäßige Kontrolle über die Information besitzt.

Die dreigliedrige Definition ist in ihrem Wortlaut eng an Art. 39 II TRIPS-Abkommen angelehnt.[750] Die Erwägungsgründe 5 und 6 zeigen, dass der Uniongesetzgeber die Vorgaben des TRIPS-Abkommens umsetzten wollte.[751]

---

749 EuArbRK/*Schubert* RL (EU) 2016/943 Art. 2 Rn. 2.

750 *Alexander* WRP 2017, 1034, 1037; *Baranowski/Glaßl* BB 2016, 2563, 2564; BeckOK GeschGehG/*Hiéramente* § 2 Rn. 1; EuArbRK/*Schubert* RL (EU) 2016/943 Art. 2 Rn. 1; *Freckmann/Schmoll* BB 2017, 1780, 1781; *Gärtner* NZG 2014, 650, 651; *Harte-Bavendamm*/Hennig-Bodewig Vor §§ 17–19 UWG Rn. 10b; *Heinzke* CCZ 2016, 179, 180; *Kalbfus* GRUR 2016, 1009, 1010; Köhler/Bornkamm/Feddersen/*Alexander* § 2 GeschGehG Rn. 13; *Lejeune* CR 2016, 330, 332; *McGuire* GRUR 2016, 1000, 1006; *Ohly* GRUR 2014, 1, 11; *Rauer/Eckert* DB 2016, 1239, 1239; RLE Kommission, S. 9, Erläuterung 5.1; *Schmitt* RdA 2017, 365, 368; *Wiese,* Die EU-Richtlinie über den Schutz vertraulichen Know-hows und vertraulicher Geschäftsinformationen, S. 40.

751 *Wiese,* Die EU-Richtlinie über den Schutz vertraulichen Know-hows und vertraulicher Geschäftsinformationen, S. 40.

II. Inhaltliche Reichweite des Begriffs „Geschäftsgeheimnis"

1. Konturierung des Begriffs „Geschäftsgeheimnis" unter Berücksichtigung der Richtlinienvorgaben

Nach Erwägungsgrund 14 soll der Begriff Geschäftsgeheimnis homogen definiert sein, ohne aber den zu schützenden Bereich einzuengen. Er soll Know-how, Geschäftsinformationen und technologische Informationen abdecken.[752] Das Verständnis des Begriffs „Geschäftsgeheimnis" erweist sich als offen.[753] Nach dem Schutzzweck der Richtlinie sollen sämtliche Informationen und Kenntnisse erfasst sein, so diese nur geschäftliche Bedeutung erlangen können und die weiteren Schutzvoraussetzungen erfüllen.[754] Dem entspricht der Richtlinientitel, der als Geschäftsgeheimnisse allgemein vertrauliches Know-how und vertrauliche Geschäftsinformationen benennt. Im Ergebnis lässt sich der Schutzgegenstand nicht entsprechend dem Wortlaut des Art. 2 Nr. 1 RL (EU) 2016/943 auf „Informationen" mit einem engen Begriffsverständnis beschränken. Er umfasst sowohl Know-how als auch geschäftliche und technologische Informationen.[755] Der Begriff „Geschäftsgeheimnis" fungiert als ein einheitlicher Oberbegriff für alle diese Sachverhalte.[756]

2. Bedeutungsgehalt des Begriffs „Information"

Nach dem Wortlaut des Art. 2 Nr. 1 RL (EU) 2016/943 handelt es sich bei Geschäftsgeheimnissen um *Informationen.* Die Richtlinie definiert diesen Begriff nicht, sondern setzt ihn voraus.[757] Die Erwägungsgründe und der Richtlinientitel ordnen den Begriff „Information" – wie oben gezeigt – jeglichen geschäftlich relevanten Sachverhalten bzw. Vorgängen zu.[758] Den gesetzgeberischen Verlautbarungen im

---

752 RL (EU) 2016/943, Erwägungsgrund 14, ABl. EU L 157/4.

753 EuArbRK/*Schubert* RL (EU) 2016/943 Art. 2 Rn. 1; im Ergebnis *Hauck* NJW 2016, 2218, 2219; *Hoeren/Münker* WRP 2018, 150, 151; Köhler/Bornkamm/Feddersen/*Alexander* § 2 GeschGehG Rn. 13.

754 Im Ergebnis *Alexander* WRP 2017, 1034, 1037–1038; *Koós* MMR 2016, 224, 225.

755 *Alexander* WRP 2017, 1034, 1037; *Alexander* AfP 2017, 469, 472; *Böhm/Nestler* GRUR-Prax 2018, 181, 181; EuArbRK/*Schubert* RL (EU) 2016/943 Art. 2 Rn. 1; *Hauck* NJW 2016, 2218. 2219; Köhler/Bornkamm/Feddersen/*Alexander* § 2 GeschGehG Rn. 13; *McGuire,* FS Harte-Bavendamm 2020, S. 367, 374; *Wiese,* Die EU-Richtlinie über den Schutz vertraulichen Know-hows und vertraulicher Geschäftsinformationen, S. 40.

756 *Alexander* WRP 2017, 1034, 1037; *Böhm/Nestler* GRUR-Prax 2018, 181, 181; EuArbRK/*Schubert* RL (EU) 2016/943 Art. 2 Rn. 1; *Hauck* NJW 2016, 2218, 2219; *Kalbfus* GRUR 2016, 1009, 1010; *McGuire,* FS Harte-Bavendamm 2020, S. 367, 374; *Rauer/Eckert* DB 2016, 1239, 1240; *Wiese,* Die EU-Richtlinie über den Schutz vertraulichen Know-hows und vertraulicher Geschäftsinformationen, S. 40.

757 *Krüger/Wiencke/Koch* GRUR 2020, 578, 580.

758 *Hauck* NJW 2016, 2218, 2219; *Ohly* GRUR 2019, 441, 442.

Entstehungsprozess der Richtlinie und den Erwägungsgründen lässt sich lediglich entnehmen, dass die Information geschäftlicher oder technologischer Natur zu sein hat.[759] Der allgemeine Sprachgebrauch versteht unter einer Information das gebündelte Wissen bzw. den Kenntnisstand über einen bestimmten Sachverhalt.[760] Kennzeichnend ist, dass sich dieses Wissen von einem Absender zu einem Empfänger transferieren lässt.[761] Prägend für den Begriff der Information ist somit die Mitteilbarkeit.[762] Mit diesem weiten Begriffsverständnis wurde bereits Art. 39 II TRIPS ausgelegt. Dessen Wirkungsbereich wird sämtliches Wissenskapital und die geschäftlichen Daten des Betriebes zugeordnet.[763] Im Ergebnis ist „Information" die einem Empfänger vermittelbare Bündelung von Wissen bzw. Kenntnisse über einen tatsächlichen Sachverhalt.[764]

3. *Die Einordnung von Know-how im Rahmen der Begriffsbestimmung*

Wie oben gezeigt, soll der Wirkungsbereich der Richtlinie ungeachtet der Beschränkung in Art. 2 Nr. 1 RL (EU) 2016/943 auf den Begriff „Information" auch Know-how erfassen.[765] In Ermangelung gesetzlicher Vorgaben bedarf auch dieser Begriff der weiteren Auslegung.[766] Der Begriff Know-how wird primär in der Praxis verwendet[767] und durch den allgemeinen Sprachgebrauch konturiert. Hierbei hat sich jedoch kein allgemeingültiges Begriffsverständnis herausgebildet.[768] Gemeinhin wird der Begriff „Know-how" mit den Begriffen „Erfahrung" bzw. „Fachwissen" verbunden.[769] Gemeint sind in der umgangssprachlichen Verwendung Wissen und Kenntnisse in einem bestimmten Sachgebiet.[770] Mit Blick auf den

---

759 *Europäisches Parlament und Rat der Europäischen Union,* Erwägungsgrund Nr. 8, RL-Vorschlag, COM 2013/0813 -final- 2013/0402 (COD); *Europäisches Parlament und Rat der Europäischen Union,* Erwägungsgrund Nr. 14 zu der RL(EU) 2016/943.

760 Siehe Duden, Information, die, Bedeutungsübersicht; BeckOK GeschGehG/*Hiéramente* § 2 Rn. 1; Köhler/Bornkamm/Feddersen/*Alexander* § 2 GeschGehG Rn. 25.

761 BeckOK GeschGehG/*Hiéramente* § 2 Rn. 2ff.

762 BeckOK GeschGehG/*Hiéramente* § 2 Rn. 2ff.

763 Busche/Stoll/ *Wiebe/Peter*, TRIPs, Art. 39 Rn. 7.

764 Siehe auch *Harte-Bavendamm*/Ohly/Kalbfus § 2 GeschGehG Rn. 14ff.; Köhler/Bornkamm/Feddersen/*Alexander* § 2 GeschGehG Rn. 25ff; ähnlich *Krüger/Wiencke/Koch* GRUR 2020, 578, 580.

765 *Wiese,* Die EU-Richtlinie über den Schutz vertraulichen Know-hows und vertraulicher Geschäftsinformationen, S. 17.

766 *Dorner,* Know-how-Schutz im Umbruch, S. 9.

767 *Kalbfus*, Know-how-Schutz in Deutschland, S. 8 Rn. 9.

768 *Dorner,* Know-how-Schutz im Umbruch, S. 9; *Kraßer* GRUR 1970, 587, 587.

769 *Wiese,* Die EU- Richtlinie über den Schutz vertraulichen Know-hows und vertraulicher Geschäftsinformationen, S. 18; ähnlich *McGuire,* FS Harte-Bavendamm 2020, S. 367, 374.

770 Siehe Duden, Know-how, das, Bedeutungsübersicht; ähnlich *McGuire,* FS Harte-Bavendamm 2020, S. 367, 374.

weiten Schutzzweck der Richtlinie ergibt sich kein Anhaltspunkt dafür, dass sich der Unionsgesetzgeber von einem engeren Begriffsverständnis hat leiten lassen.[771] Eine Verbindung zum Begriff der Information folgt daraus, dass auch Know-how gebündelt und mitteilbar ist. Es handelt sich um Erfahrungs- bzw. Fachwissen, das einer spezifischen Personengruppe zugeordnet ist. Auch hier steht die Zuordnung zu einem bestimmten Wissensträger im Vordergrund.[772] Die RL (EU) 2016/943 schafft keinen eigenständigen europarechtlichen Begriff des Know-hows.[773] Know-how im Sinne der Richtlinie ist ein Unterfall des Geschäftsgeheimnisses.[774] Seine Auslegung orientiert sich am allgemeinen Verständnis in rechtlichen und geschäftlichen Zusammenhängen.

B. Legaldefinition eines Geschäftsgeheimnisses in § 2 Nr. 1 GeschGehG unter Berücksichtigung der Richtlinienvorgaben

I. Systematische Abweichung in § 2 Nr. 1 GeschGehG

Gemäß § 2 Nr. 1 GeschGehG ist ein Geschäftsgeheimnis eine Information, die (1) weder insgesamt noch in der genauen Anordnung und Zusammensetzung ihrer Bestandteile, den Personen in den Kreisen, die üblicherweise mit dieser Art von Information umgehen, allgemein bekannt oder ohne weiteres zugänglich ist und daher von wirtschaftlichem Wert ist und (2) Gegenstand von den Umständen nach angemessenen Geheimhaltungsmaßnahmen durch ihren rechtmäßigen Inhaber ist und (3) bei der ein berechtigtes Interesse an der Geheimhaltung besteht. Mit dieser Definition weicht der gesetzliche Tatbestand in § 2 Nr. 1 GeschGehG von den Vorgaben des Art. 2 Nr. 1 RL (EU) 2016/943 ab.[775] Nach Art. 2 Nr. 1 RL (EU) 2016/943 knüpft der Begriff des Geschäftsgeheimnisses an drei Voraussetzungen an. Die normativen Merkmale sind dreigliedrig – jeweils mit einem eigenständigen Untergliederungsabsatz – angeordnet. § 2 Nr. 1 GeschGehG ist demgegenüber zwar ebenfalls

---

771 *Wiese,* Die EU-Richtlinie über den Schutz vertraulichen Know-hows und vertraulicher Geschäftsinformationen, S. 18.

772 *Wiese,* Die EU-Richtlinie über den Schutz vertraulichen Know-hows und vertraulicher Geschäftsinformationen, S. 18.

773 *Wiese,* Die EU-Richtlinie über den Schutz vertraulichen Know-hows und vertraulicher Geschäftsinformationen, S. 18.

774 *McGuire,* FS Harte-Bavendamm 2020, S. 367, 374; *Ohly* GRUR 2019, 441, 442; *Wiese,* Die EU-Richtlinie über den Schutz vertraulichen Know-hows und vertraulicher Geschäftsinformationen, S. 17.

775 Bücher/*McGuire* § 2 GeschGehG Rn. 1; *Hiéramente,* Stellungnahme zur BT-Drucks. 19/4724, S. 3; *Hiéramente/Golzio* CCZ 2018, 262, 262; Köhler/Bornkamm/Feddersen/*Alexander* § 2 GeschGehG Rn. 14; *Naber/Peukert/Seeger* NZA 2019, 583, 583; *Oetker,* FS Hopt 2020, S. 901, 908.

dreigliedrig aufgebaut, umfasst jedoch vier Tatbestandsmerkmale. Die Geheimheit einer Information und der damit verknüpfte wirtschaftliche Wert werden unter dem Buchstaben a) zusammengefasst.[776] Gemäß § 2 Nr. 1 lit. b) GeschGehG werden angemessene Geheimhaltungsmaßnahmen vorausgesetzt. Als weiteres eigenständiges Tatbestandsmerkmal enthält die Legaldefinition des Geschäftsgeheimnisgesetzes in § 2 Nr. 1 lit. c) GeschGehG das Erfordernis des *berechtigten Interesses an der Geheimhaltung*. Die unionsrechtliche Vorgabe enthält ein solches Merkmal ausdrücklich nicht.[777] Ein weiterer Unterschied liegt darin, dass Art. 2 Nr. 1 lit. b) RL (EU) 2016/943 voraussetzt, dass die Information von *kommerziellem Wert* ist, weil sie geheim ist. § 2 Nr. 1 lit. a) GeschGehG verlangt dagegen einen *wirtschaftlichen Wert*.[778] Mit lediglich kleineren sprachlichen Änderungen übernimmt der deutsche Gesetzgeber in § 2 Nr. 1 lit. a Hs. 1, lit. b) GeschGehG die Voraussetzungen der Geheimheit und der angemessenen Geheimhaltungsmaßnahmen.[779]

II. Geheimnischarakter der Information

1. *Inhaltlicher und systematischer Vergleich mit den Richtlinienvorgaben*

Gemäß § 2 Nr. 1 lit. a) Hs. 1 GeschGehG setzt der Tatbestand eines geschützten Geschäftsgeheimnisses zunächst voraus, dass die fragliche Information weder insgesamt noch in der genauen Anordnung und Zusammensetzung ihrer Bestandteile den Personen in den Kreisen, die üblicherweise mit dieser Art von Informationen umgehen, allgemein bekannt oder ohne Weiteres zugänglich ist. Unter Berücksichtigung des nahezu identischen Wortlauts soll § 2 Nr. 1 lit. a) Hs. 1 GeschGehG die Richtlinienvorgabe in Art. 2 Nr. 1 lit. a) RL (EU) 2016/943 umsetzten. Mit dieser Regelung gibt der Richtliniengeber vor, dass nur Informationen, die weder in ihrer *Gesamtheit* noch in der genauen Anordnung und Zusammensetzung ihrer Bestandteile den Personen in den Kreisen, die üblicherweise mit dieser Art von Information umgehen, allgemein bekannt oder ohne weiteres zugänglich sind unter den Begriff des „Geschäftsgeheimnisses" subsumiert werden können und tituliert diesen Zustand ausdrücklich als *geheim*. Statt „in ihrer *Gesamtheit*" heißt es in § 2 Nr. 1 lit. a) Hs. 1 GeschGehG „*insgesamt*". Der Begriff „*geheim*" wurde nicht in das Gesetz übernommen.[780] Es sind jedoch keine Anhaltspunkte dafür ersichtlich, dass

---

776 Köhler/Bornkamm/Feddersen/*Alexander* § 2 GeschGehG Rn. 14.

777 Köhler/Bornkamm/Feddersen/*Alexander* § 2 GeschGehG Rn. 14; *Naber/Peukert/Seeger* NZA 2019, 583, 584; *Oetker*, FS Hopt 2020, S. 901, 908.

778 *DGB*, Stellungnahme zur BT-Drucks. 19/4724, S. 7; *Hiéramente*, Stellungnahme zur BT-Drucks. 19/4724, S. 3; *Köhler*/Bornkamm/Feddersen, 37. Aufl. 2019, Vor § 17 UWG Rn. 47; *Trebeck/Schulte-Wissermann* NZA 2018, 1175, 1176–1177.

779 BeckOK GeschGehG/*Hiéramente* § 2 Rn. 7; Köhler/Bornkamm/Feddersen/*Alexander* § 2 GeschGehG Rn. 14.

780 *Harte-Bavendamm*/Ohly/Kalbfus § 2 GeschGehG Rn. 22.

diese sprachlichen Abweichungen[781] mit einem anderen Bedeutungsinhalt verbunden sein könnten.[782] Aufgrund dessen können Richtlinie und Gesetz im Folgenden einheitlich ausgelegt werden.

2. Bedeutungsgehalt des Merkmals „allgemein bekannt oder ohne weiteres zugänglich"

Richtlinie und Gesetz setzten übereinstimmend[783] voraus, dass die Information nicht allgemein bekannt oder ohne weiteres zugänglich sein darf. Dieser gesetzlichen Formulierung lässt sich entnehmen, dass keine „absolute Geheimheit" in dem Sinne, dass tatsächlich keine Kenntnisnahme durch Außenstehende erfolgt, gefordert ist.[784] Die Wortwahl verdeutlicht vielmehr, dass erst ein gewisser Grad der Bekanntheit die Eigenschaft als „geheim" entfallen lässt.[785] Die Adjektive „allgemein bekannt" und „leicht zugänglich" deuten darauf hin, dass ein Zustand eingetreten sein muss, in dem der maßgebliche Personenkreis ohne größere Hürden und damit ohne Entscheidungsbefugnis des Geheimnisinhabers auf die Information zugreifen kann.[786] Demnach ist es die Kontrollierbarkeit der Wissensverbreitung, die das entscheidende Kriterium zur Abgrenzung einer bekannten von einer geheimen Information bildet.[787] In Konsequenz ändert die Weitergabe an einzelne Personen nicht zwingend den Charakter der geheimen Information, solange der Geheimnisinhaber die Kontrolle über die weitere Verbreitung behält.[788] Dies

---

781 Köhler/Bornkamm/Feddersen/*Alexander* § 2 GeschGehG Rn. 32 und 35.

782 Vgl. *Hauck* WRP 2018, 1032, 1033.

783 Vgl. *Hauck* WRP 2018, 1032, 1033.

784 *Krüger/Wiencke/Koch* GRUR 2020, 578, 581; *Ohly* GRUR 2019, 441, 443; im Ansatz *Baranowski/Glaßl* BB 2016, 2563, 2564; bezüglich Art. 39 II TRIPS, *Reger,* Der internationale Schutz gegen unlauteren Wettbewerb und das TRIP-Übereinkommen, S. 260; Scholz/*Rönnau* § 85 GmbHG Rn. 17.

785 *Baranowski/Glaßl* BB 2016, 2563, 1565; *Böhm/Nestler* GRUR-Prax 2018, 181, 181; *Harte-Bavendamm*/Ohly/Kalbfus § 2 GeschGehG Rn. 23; *Heinzke* CCZ 2016, 179, 181; *Kalbfus* GRUR 2016, 1009, 1010; *Köhler*/Bornkamm/Feddersen, 37. Aufl. 2019, Vor § 17 UWG Rn. 15.

786 *Harte-Bavendamm*/Ohly/Kalbfus § 2 GeschGehG Rn. 23; *Ohly* GRUR 2019, 441, 443.

787 *Baranowski/Glaßl* BB 2016, 2563, 2564; Büscher/*McGuire* § 2 GeschGehG Rn. 30; *Harte-Bavendamm*/Ohly/Kalbfus § 2 GeschGehG Rn. 26; *Heinzke* CCZ 2016, 179, 181; MüKoStGB/*Joecks/Miebach* § 23 GeschGehG Rn. 23; *Reinfeld,* Das neue Gesetz zum Schutz von Geschäftsgeheimnissen, S. 29; Scholz/*Rönnau* § 85 GmbHG Rn. 21; so wohl auch *Krüger/Wiencke/Koch* GRUR 2020, 578, 581; *Ohly* GRUR 2019, 441, 443.

788 *Baranowski/Glaßl* BB 2016, 2563, 2564; BeckOK GeschGehG/*Hiéramente* § 2 Rn. 10; Büscher/*McGuire* § 2 GeschGehG Rn. 30; *Harte-Bavendamm*/Ohly/Kalbfus § 2 GeschGehG Rn. 26; *Heinzke* CCZ 2016, 179, 181; *Krüger/Wiencke/Koch* GRUR 2020, 578, 581; MüKoStGB/*Joecks/Miebach* § 23 GeschGehG Rn. 23; *Reinfeld,* Das neue

bestätigen der Wortlaut von Art. 2 Nr. 1 lit. a) RL (EU) 2016/943 bzw. § 2 Nr. 1 lit. a) Hs. 2 GeschGehG, die für die Frage allgemeiner Bekanntheit oder einer Zugänglichkeit ohne weiteres nicht auf Einzelpersonen, sondern auf „Personenkreise“ und damit eine relevante Personengruppe abstellen.[789] Dringt die Information derart nach außen, dass sie entweder Teil des bekannten Wissens des maßgeblichen Personenkreises wird, oder es diesem möglich wird, sich ohne größeren Aufwand aus frei zugänglichen Quellen zu informieren, verliert der Geheimnisinhaber die Kontrolle über die Informationsverbreitung.[790] Die Information ist dann bekannt bzw. ohne weiteres zugänglich und verliert ihre Eigenschaft als Geheimnis.[791]

3. *Maßgebliche Beurteilungsperspektive zur Bewertung der Bekanntheit oder Zugänglichkeit*

Art. 2 Nr. 1 lit. a) RL (EU) 2016/943 bzw. § 2 Nr. 1 lit. a) Hs. 1 GeschGehG normieren zur Bewertung der Bekanntheit oder Zugänglichkeit personelle und sachliche Maßstäbe.

a) Personeller Beurteilungsmaßstab

Personell kommt es auf die Personenkreise an, die üblicherweise mit dieser Art von Informationen umgehen.[792] Eine ausdrückliche Definition oder konkrete Anhaltspunkte zur Bestimmung dieses Personenkreises enthält die Richtlinie nicht.[793] Auch der nationale Gesetzestext und die dazu ergangene amtliche Begründung enthalten keine weitergehenden Informationen.[794] Art. 39 II lit. a) TRIPS enthält eine inhaltlich identische Formulierung. Ein einheitlicher Meinungsstand hat sich

---

Gesetz zum Schutz von Geschäftsgeheimnissen, S. 29; Scholz/*Rönnau* § 85 GmbHG Rn. 21; bezüglich Art. 39 II TRIP *Ohly* GRUR 2014, 1, 4.

789 *Baranowski/Glaßl* BB 2016, 2563, 2564; *Heinzek* CCZ 2016, 179, 181; *Wiese*, Die EU-Richtlinie über den Schutz vertraulichen Know-hows und vertraulicher Geschäftsinformationen, S. 41.

790 *Alexander* WRP 2017, 1034, 1038; *Baranowski/Glaßl* BB 2016, 2563, 2564; *Harte-Bavendamm*/Ohly/Kalbfus § 2 GeschGehG Rn. 23–26; *Heinzke* CCZ 2016, 179, 181; Köhler/Bornkamm/Feddersen/*Alexander* § 2 GeschGehG Rn. 35; *Ohly* GRUR 2019, 441, 443; *Preis/Temming*, Arbeitsrecht I, S. 253 Rn. 1177; *Redeker/Pres/Gittinger* WRP 2015, 681, 683; Scholz/*Rönnau* § 85 GmbHG Rn. 21; im Ergebnis auch *Krüger/Wiencke/Koch* GRUR 2020, 578, 581.

791 *Alexander* WRP 2017, 1034, 1038; *Baranowski/Glaßl* BB 2016, 2563, 2564; *Harte-Bavendamm*/Ohly/Kalbfus § 2 GeschGehG Rn. 23–26; *Heinzke* CCZ 2016, 179, 181; Köhler/Bornkamm/Feddersen/*Alexander* § 2 GeschGehG Rn. 35; *Ohly* GRUR 2019, 441, 443.

792 *Gaugenrieder* BB 2014, 1987, 1988; *Hoeren/Münker* WRP 2018, 150, 151; Köhler/Bornkamm/Feddersen/*Alexander* § 2 GeschGehG Rn. 33.

793 *Hoeren/Münker* WRP 2018, 150, 151.

794 *DIHK*, Stellungnahme zum Referentenentwurf, S. 1.

zum Verständnis dieses Merkmals nicht herausgebildet. Teilweise wird vertreten, der maßgebliche Personenkreis beschränke sich auf Wettbewerber.[795] Andere stellen auf die jeweiligen Fachkreise ab.[796] Zu Art. 39 II lit. a) TRIPS wird ein weitergehendes Verständnis für richtig gehalten. Danach könne auch jeder Interessierte zu dem Personenkreis zählen, der üblicherweise mit den fraglichen Informationen umgeht.[797]

Ungeeignet erscheint ein Maßstab, der allgemein die interessierte Öffentlichkeit[798] in den Blick nimmt.[799] Diesem Personenkreis kann praktisch jedermann zugehören, ohne dass es ein belastbares Abgrenzungskriterium gibt.[800] Mit der generalisierenden Eingrenzung der Richtlinie, wonach es auf den „üblichen" Umgang, und damit eine objektivierte Perspektive[801] ankommt, ist dies nicht zu vereinbaren. Wettbewerber kommen zwar üblicherweise mit einschlägigen Informationen in Berührung. Dieser Maßstab lässt jedoch geschulte und womöglich ständig berufsbedingt mit solchen Informationen umgehende Fachkreise außer Betracht, soweit zu diesen kein Wettbewerbsverhältnis besteht. Mit den hier behandelten Fachinformationen kommen vielmehr „üblicherweise" zwei Personengruppen in Berührung. Zum einen sind dies die Fachkreise des Gebietes, auf dem der jeweilige Geheimnissachverhalt verortet ist.[802] Zum anderen sind es Wettbewerber, die aufgrund ihrer Marktteilnahme mit solchen Informationen geschäftlich umgehen.[803] Beide verbindet die fachlich-berufliche Nähe zu Informationen der in Rede stehenden Art. Im Ergebnis ist auf Personengruppen abzuheben, die aufgrund ihrer

795 *Wiese,* Die EU-Richtlinie über den Schutz vertraulichen Know-hows und vertraulicher Geschäftsinformationen, S. 41.

796 *Alexander* WRP 2017, 1034, 1038 Rn. 44; *Baranowski/Glaßl* BB 2016, 2563, 2564; BeckOK GeschGehG/*Hiéramente* Rn. 12; *Hauck* GRUR-Prax 2019, 223, 224; *Heinzke* CCZ 2016, 179, 181; *Kalbfus* GRUR 2016, 1009, 1010; Köhler/Bornkamm/Feddersen/*Alexander* § 2 GeschGehG Rn. 33; *Redeker/Pres/Gittinger* WRP 2015, 681, 683; *Reinfeld,* Das neue Gesetz zum Schutz von Geschäftsgeheimnissen, S. 29; im Ansatz auch *Baranowski/Glaßl* BB 2016, 2563, 2564; auf Ähnlichkeiten mit dem Durchschnittsfachmann des Patentrechts verweisend *Ohly* GRUR 2019, 441, 443.

797 Busche/Stoll/*Wiebe/Peter,* TRIPs, Art. 39 Rn. 19; *Reger,* Der internationale Schutz gegen unlauteren Wettbewerb und das TRIPS-Übereinkommen, S. 260.

798 *Harte-Bavendamm*/Ohly/Kalbfus § 2 GeschGehG Rn. 23; MüKoStGB/*Joecks/Miebach* § 23 GeschGehG Rn. 25.

799 BeckOK GeschGehG/*Hiéramente* § 2 Rn. 12.

800 **A.A.** MüKoStGB/*Joecks/Miebach* § 23 GeschGehG Rn. 25.

801 Köhler/Bornkamm/Feddersen/*Alexander* § 2 GeschGehG Rn. 33.

802 BeckOK GeschGehG/*Hiéramente* § 2 Rn. 12; *Hauck* GRUR-Prax 2019, 223, 224; *Kalbfus* GRUR 2016, 1009, 1010; Köhler/Bornkamm/Feddersen/*Alexander* § 2 GeschGehG Rn. 33; *Redeker/Pres/Gittinger* WRP 2015, 681, 683; *Reinfeld,* Das neue Gesetz zum Schutz von Geschäftsgeheimnissen, S. 29.

803 *Wiese,* Die EU-Richtlinie über den Schutz vertraulichen Know-hows und vertraulicher Geschäftsinformationen, S. 41.

Teilnahme am Wettbewerb oder ihres branchenspezifischen Wissens mit solchen Informationen üblicherweise umgehen.[804]

b) Sachlicher Beurteilungsmaßstab

In sachlicher Hinsicht setzten Art. 2 Nr. 1 lit. a) RL (EU) 2016/943 und § 2 Nr. 1 lit. a) GeschGehG übereinstimmend – mit kleineren sprachlichen Abweichungen – voraus, dass die fragliche Information nicht nur insgesamt, sondern auch in ihrer genauen Anordnung oder Zusammensetzung nicht bekannt wird. Daraus folgt, dass eine grundsätzlich bekannte, aber mehrgliedrige Information auch deshalb geheim sein kann, weil ihre einzelnen Bestandteile oder deren Zusammensetzung den maßgeblichen Personenkreisen weder bekannt noch leicht zugänglich sind.[805]

III. Aus dem Geheimnischarakter abzuleitende wirtschaftliche Werthaltigkeit der Information

1. Inhaltlicher und systematischer Vergleich mit den Richtlinienvorgaben

Gemäß § 2 Nr. 1 lit. a) GeschGehG muss die Information gerade wegen der mangelnden Offenkundigkeit von wirtschaftlichem Wert sein. Diese Regelung dient der Umsetzung von Art. 2 Nr. 1 lit. b) RL (EU) 2016/943. Bereits ein oberflächlicher Vergleich der Richtlinienvorgabe und der Umsetzung in Deutschland zeigen die systematischen und sprachlichen Unterschiede. Während die Richtlinie fordert, dass die Information einen kommerziellen Wert aufweisen muss, weil sie geheim ist, ersetzt der deutsche Gesetzgeber dieses Merkmal durch den geforderten wirtschaftlichen Wert.[806] Auch systematisch decken sich die beiden Regelungen nicht. Art. 2 Nr. 1 lit. b) RL (EU) 2016/943 fordert den „kommerziellen Wert" als eigenständiges, alleinstehendes Tatbestandsmerkmal.[807] Das Geschäftsgeheimnisgesetz

---

804 So wohl auch *Baranowski/Glaßl* BB 2016, 2563, 2564; BeckOK GeschGehG/*Hieramente* § 2 Rn. 12; *Heinzke* CCZ 2016 179, 181; *Ohly* GRUR 2019, 441, 443; *Redeker/Pres/Gittinger* WRP 2017, 681, 683.

805 BeckOK GeschGehG/*Hiéramente* § 2 Rn. 8; *Harte-Bavendamm*/Ohly/Kalbfus § 2 GeschGehG Rn. 22; *Kalbfus* GRUR 2016, 1009, 1010; Köhler/Bornkamm/Feddersen/*Alexander* § 2 GeschGehG Rn. 32; *Krüger/Wiencke/Koch* GRUR 2020, 578, 580–581; *Ohly* GRUR 2019, 441, 443; *Wiese,* Die EU-Richtlinie über den Schutz vertraulichen Know-hows und vertraulicher Geschäftsinformationen, S. 41.

806 BeckOK GeschGehG/*Hiéramente* § 2 Rn. 13; *DGB,* Stellungnahme zum Referentenentwurf, S. 6; *Hauck* WRP 2018, 1032, 1033.

807 *Harte-Bavendamm*/Ohly/Kalbfus § 2 GeschGehG Rn. 36; Köhler/Bornkamm/Feddersen/*Alexander* § 2 GeschGehG Rn. 39; *Reinfeld,* Das neue Gesetz zum Schutz von Geschäftsgeheimnissen, S. 32.

fasst die Geheimheit und den daraus resultierenden wirtschaftlichen Wert gemäß § 2 Nr. lit. a) Hs. 1 und 2 GeschGehG in einem Tatbestandsmerkmal zusammen.[808]

2. Bedeutung des Merkmals „kommerzieller Wert" in Art. 2 Nr. 1 lit. b) RL (EU) 2016/943

Art. 2 Nr. 1 lit. b) RL (EU) 2016/943 erfordert, dass die Information von kommerziellem Wert ist, weil sie geheim ist. Der Wortlaut verknüpft den kommerziellen Wert und die Geheimheit einer Information.[809] Entgegen geäußerten Befürchtungen[810] soll nicht die Geheimheit allein den kommerziellen Wert begründen.[811] Bei dem geforderten Wert der Informationen handelt es sich um ein eigenständiges Tatbestandsmerkmal.[812] Die Verknüpfung mit der Geheimheit soll die Vertraulichkeit einer geschäftlichen Information und die darin begründete besondere Werthaltigkeit schützen.[813] Gerade aus der Exklusivität des Geschäftsgeheimnisses soll der Geheimnisträger einen besonderen Wertvorteil ziehen.[814]

Dabei definiert die Richtlinie weder in den Begriffsbestimmungen des Art. 2 noch an anderer Stelle Inhalt und Reichweite des Begriffs „kommerzieller Wert". Eine grammatikalische Auslegung führt zu keinem eindeutigen Ergebnis. Der Begriff lässt sich dahin deuten, dass die Information kommerziell verwertbar sein muss.[815] Unter diesem Blickwinkel bedarf eine kommerziell verwertbare

---

808 *Harte-Bavendamm*/Ohly/Kalbfus § 2 GeschGehG Rn. 36; Köhler/Bornkamm/Feddersen/*Alexander* § 2 GeschGehG Rn. 39; *Reinfeld,* Das neue Gesetz zum Schutz von Geschäftsgeheimnissen, S. 32.

809 *DGB,* Stellungnahme zu COM (2013) 813 final, S.2; *Kalbfus* GRUR 2016, 1009, 1011; *Lejeune* CR 2016, 330, 332; *Oetker* ZESAR 2017, 257, 259; *Wiese,* Die EU-Richtlinie über den Schutz vertraulichen Know-hows und vertraulicher Geschäftsinformationen, S. 44.

810 *DGB,* Stellungnahme zu COM (2013) 813 final, S. 2; *Oetker* ZESAR 2017, 257, 259.

811 Köhler/Bornkamm/Feddersen/*Alexander* § 2 GeschGehG Rn. 39; **a.A.** *Oetker,* FS Hopt 2020, S. 901, 907.

812 Köhler/Bornkamm/Feddersen/*Alexander* § 2 GeschGehG Rn. 39; im Ergebnis *Baranowski/Glaßl* BB 2016, 2563, 2565; *Heinzke* CCZ 2016, 179, 182; *Kalbfus* GRUR 2016, 1009, 1011; *Wiese,* Die EU-Richtlinie über den Schutz vertraulichen Know-hows und vertraulicher Geschäftsinformationen, S. 44ff.

813 *Alexander* WRP 2017, 1034, 1039; RLE Kommission, S. 9, Erläuterung 5.1; *DGB,* Stellungnahme zu COM (2013) 813 final, S. 2; *Wiese,* Die EU-Richtlinie über den Schutz vertraulichen Know-hows und vertraulicher Geschäftsinformationen, S. 44.

814 *Hauck* WRP 2018, 1032, 1033; Köhler/Bornkamm/Feddersen/*Alexander* § 2 GeschGehG Rn. 47; *Oetker* ZESAR 2017, 257, 259; *Rauer* GRUR-Prax 2014, 2, 2.

815 *Baranowski/Glaßl* BB 2016, 2563, 2565; *Böhm/Nestler* GRUR-Prax 2018, 181, 182; Büscher/*McGuire* § 2 GeschGehG Rn. 38; *Heinzke* CCZ 2016, 179, 182; *Kalbfus* GRUR 2016, 1009, 1011; *Redeker/Pres/Gittinger* WRP 2015, 681, 683; *Schmitt* RdA 2017, 365, 369; **a.A.** *Alexander* WRP 2017, 1034, 1039.

Information eines positiven Wertes.[816] Kommerzieller Wert kann aber auch so verstanden werden, dass eine nur mittelbare Auswirkung auf Vermögensinteressen eintritt. Das allgemeine Sprachverständnis lässt eine eindeutige und zwingende Einordnung nicht zu.

Weiteren Aufschluss kann die Richtlinienbegründung geben.[817] Nach Erwägungsgrund 14 soll die geschützte Information einen realen oder potenziellen Handelswert verkörpern.[818] Dieser wird beispielhaft nicht über positive Inhalte definiert, sondern durch Beschreibung nachteiliger Folgen, die eine unbefugte Verletzung der Interessen des Geheimnisträgers haben kann. Danach soll der Missbrauch der Information wissenschaftliches oder technisches Potenzial, die geschäftlichen oder finanziellen Interessen, die strategische Position oder die Wettbewerbsfähigkeit des berechtigten Geheimnisinhabers untergraben und diesen dadurch schädigen können.[819] Mit Blick auf den Begriff des kommerziellen Wertes ist die weitere Einschränkung in Erwägungsgrund 14 von Bedeutung, wonach „belanglose Informationen" nicht schutzfähig sein sollen.[820] Dies führt zu einem sehr weiten Verständnis des Begriffs kommerzieller Wert.[821] Es genügt bereits ein potenzieller kommerzieller Wert, nachdem Erwägungsgrund 14 daran anknüpft, dass sich dieser „aller Voraussicht nach" realisieren kann.[822]

Die beispielhaft aufgeführten Beeinträchtigungssachverhalte lassen noch ein Verständnis dahingehend zu, dass auch mittelbare Beeinträchtigungen von Vermögensinteressen den kommerziellen Wert einer Information begründen können.[823] Demgegenüber verlangt Erwägungsgrund 14 aber ausdrücklich einen „Handelswert" schutzfähiger Informationen.[824] Dieser soll in der Information verkörpert

---

816 *Kalbfus* GRUR 2016, 1009, 1011; *McGuire,* FS Harte-Bavendamm 2020, S. 367, 374; *Redeker/Pres/Gittinger* WRP 2015, 681, 683.

817 *Harte-Bavendamm*/Ohly/Kalbfus § 2 GeschGehG Rn. 36.

818 *Harte-Bavendamm*/Ohly/Kalbfus § 2 GeschGehG Rn. 36; *Hauck* WRP 2018, 1032, 1034; *Kalbfus* GRUR 2016, 1009, 1011; EuArbRK/*Schubert* Art. 2 RL (EU) 2016/943 Rn. 9.

819 *Harte-Bavendamm*/Ohly/Kalbfus § 2 GeschGehG Rn. 36.

820 GRUR-Stellungnahme v. 19.3. 2014 zu COM (2013) 813 final, S. 4.

821 *Alexander* WRP 2017, 1034, 1038; *Baranowski/Glaßl* BB 2016, 2563, 2565; *Heinzke* CCZ 2016, 179, 182; Köhler/Bornkamm/Feddersen/*Alexander* § 2 GeschGehG Rn. 41; *McGuire,* FS Harte-Bavendamm 2020, S. 367, 379; *Rauer/Eckert* DB 2016, 1239; 1240; *Wiese,* Die EU-Richtlinie über den Schutz vertraulichen Know-hows und vertraulicher Geschäftsinformationen, S. 46.

822 *Alexander* WRP 2017, 1034, 1038; Köhler/Bornkamm/Feddersen/*Alexander* § 2 GeschGehG Rn. 42; *Rauer/Eckert* DB 2016, 1239, 1240; *Wiese,* Die EU-Richtlinie über den Schutz vertraulichen Know-hows und vertraulicher Geschäftsinformationen, S. 44.

823 *Alexander* WRP 2017, 1034, 1038; *Rauer/Eckert* DB 2016, 1239, 1240.

824 *Hauck* WRP 2018, 1032, 1034; *Harte-Bavendamm*/Ohly/Kalbfus § 2 GeschGehG Rn. 36; *Kalbfus* GRUR 2016, 1009, 1011.

sein. Nicht jede Information aber, die sich auf das wirtschaftliche Wirken des Unternehmens auswirken kann, besitzt einen Handelswert.[825] Der Begriff des Handelswerts beinhaltet vielmehr, dass die Information im Handel eingesetzt und kommerziell verwertet werden können muss.[826] Dies bedeutet begriffsnotwendig, dass die Information, der Handelswert zukommen soll, auch verkehrsfähig sein muss.[827] Wirtschaftsgüter, die verkehrsfähig sind, können verkauft, gehandelt oder vermarktet werden. Dies setzt voraus, dass die Information einen positiven Vermögenswert hat.[828] Rechts- bzw. Wirtschaftsgüter, die einen positiven Wert haben und somit zumindest potenziell verwertet werden können[829], gehören zu dem Vermögen des jeweiligen Rechtsträgers.[830] In diesem Zusammenhang ist der Ausschlusstatbestand „belangloser" Informationen einzuordnen.[831] Für sich genommen bleibt der Begriff undeutlich, da er nicht erkennen lässt, in welchem Bezugsrahmen die Belanglosigkeit beurteilt werden soll. Insoweit ist an die obigen Ausführungen zum Inhalt des kommerziellen Werts anzuknüpfen. In diesem Kontext erweist sich eine Information als belanglos, wenn ihr kein positiver Vermögenswert zukommt und sie im Verkehr nicht verwertet werden kann.[832]

Diese Interpretation unterstützt die Betrachtung des Richtlinientextes in der englischen und der französischen Fassung.[833] Die englische Formulierung verwendet den Begriff „commercial value", der in der Übertragung ins Deutsche Handelswert oder Verkehrswert bedeutet. In der französischen Fassung wird der Begriff „valeur commercial" verwendet, was übertragen dem Begriff Verkehrswert entspricht. Beide Begriffe engen den in der deutschen Fassung unkonturierten Begriff

---

825 *Kalbfus* GRUR 2016, 1009, 1011; *McGuire,* FS Harte-Bavendamm 2020, S. 367, 379; **a.A.** *Alexander* WRP 2017, 1034, 1039.

826 *Baranowski/Glaßl* BB 2016, 2563, 2565; *Böhm/Nestler* GRUR-Prax 2018, 181, 182; Büscher/*McGuire* § 2 GeschGehG Rn. 38; *Hauck* WRP 2017, 1032, 1034; *Heinzke* CCZ 2016, 179, 182; *McGuire,* FS Harte-Bavendamm 2020, S. 367, 379; **a.A.** *Alexander* WRP 2017, 1034, 1039; kritisch *Harte-Bavendamm*/Ohly/Kalbfus § 2 GeschGehG Rn. 36.

827 *Baranowski/Glaßl* BB 2016, 2563, 2565; *Böhm/Nestler* GRUR-Prax 2018, 181, 182; *Heinzke* CCZ 2016, 179, 182; ähnlich auch *McGuire,* FS Harte-Bavendamm 2020, S. 367, 379; **a. A.** *Alexander* WRP 2017, 1034, 1039.

828 *Hauck* WRP 2018, 1032, 1034; *Kalbfus* GRUR 2016, 1009, 1011; so wohl auch *Redeker/Pres/Gittinger* WRP 2015, 681, 683 Rn. 7; **a.A.** *Alexander* WRP 2017, 1034, 1039; *Desaunettes/Hilty/Knaak/Kur,* MPI-Stellungnahme, S. 3; *Wiese,* Die EU-Richtlinie über den Schutz vertraulichen Know-hows und vertraulicher Geschäftsinformationen, S. 46.

829 Büscher/*McGuire* § 2 GeschGehG Rn. 38; *McGuire,* FS Harte-Bavendamm 2020, S. 367, 379.

830 Im Ergebnis wohl *Kalbfus* GRUR 2016, 1009, 1011.

831 GRUR-Stellungnahme v. 19.3.2014 zu COM (2013) 813 final, S. 4.

832 Köhler/Bornkamm/Feddersen/*Alexander* § 2 GeschGehG Rn. 29; so wohl auch GRUR-Stellungnahme v. 19.3.2014 zu COM (2013) 813 final, S. 4.

833 **A.A.** *Harte-Bavendamm*/Ohly/Kalbfus § 2 GeschGehG Rn. 36.

des „kommerziellen Wertes" im Sinne des vom Erwägungsgrund 14 verwendeten Handelswerts ein.[834] Im Ergebnis vereint der Begriff „kommerzieller Wert" zwei Merkmale. Zum einen muss die Information einen positiven realen oder potenziellen Vermögenswert verkörpern[835] und zum anderen der Bruch ihrer Vertraulichkeit unmittelbare Folgen für das wirtschaftliche Wirken des Berechtigten haben können.[836] Diese beiden Voraussetzungen müssen kumulativ vorliegen.[837]

3. Bedeutung des Merkmals „wirtschaftlicher Wert" in § 2 Nr. 1 lit. a) Hs. 2 GeschGehG

Um zu beurteilen, ob der sprachlich und systematisch von den Richtlinienvorgaben abweichende § 2 Nr. 1 lit. a) Hs. 2 GeschGehG den Richtlinienvorgaben entspricht, muss zunächst ermittelt werden, welcher Regelungsgehalt mit dem Tatbestandsmerkmal „von wirtschaftlichem Wert" verbunden ist. Nach allgemeinem Sprachverständnis umschreibt der Wert eines Bezugsobjektes, die diesem innewohnende Qualität, aufgrund derer es nach außen begehrlich erscheint.[838] Der Zusatz „wirtschaftlich" stellt den Bezug zu einer wie auch immer gearteten wirtschaftlichen

---

834 **A.A.** *Harte-Bavendamm*/Ohly/Kalbfus § 2 GeschGehG Rn. 36.

835 *Alexander* WRP 2017, 1034, 1039; *Baranowski/Glaßl* BB 2016, 2563, 2565; *Böhm/Nestler* GRUR-Prax 2018, 181, 182; Büscher/*McGuire* § 2 GeschGehG Rn. 38; GRUR-Stellungnahme v. 19.3.2014 zu COM (2013) 813 final, *S. 4; Hauck* WRP 2018, 1032, 1034; *Heinzke* CCZ 2016, 179, 182; *Kalbfus* GRUR 2016, 1009, 1011; Kalbfus/Harte-Bavendamm/*Krüger,* Fachausschuss für Wettbewerbs- und Markenrecht zum Richtlinienvorschlag über den Schutz von Geschäftsgeheimnissen, GRUR 2014, 453, 454; Köhler/Bornkamm/Feddersen/*Alexander* § 2 GeschGehG Rn. 44; *Lejeune* CR 2016, 330, 332; *Schmitt* RdA 2017, 365, 370; dies für möglich haltend EuArbRK/*Schubert* RL (EU) 2016/943 Art. 2 Rn. 9; **a.A.** *Harte-Bavendamm*/Ohly/Kalbfus § 2 GeschGehG Rn. 36; *Rauer/Eckert* DB 2016, 1239, 1240; *Oetker,* FS Hopt 2020, S. 901, 907; *Redeker/Pres/Gittinger* WRP 2015, 681, 683; *Wiese,* Die EU-Richtlinie über den Schutz vertraulichen Know-hows und vertraulicher Geschäftsinformationen, S. 44.

836 *Alexander* WRP 2017, 1034, 1039; *Baranowski/Glaßl* BB 2016, 2563, 2565; *Harte-Bavendamm*/Ohly/Kalbfus § 2 GeschGehG Rn. 36; *Heinzke* CCZ 2016, 179, 182; *Kalbfus* GRUR 2016, 1009, 1011; Köhler/Bornkamm/Feddersen/*Alexander* § 2 GeschGehG Rn. 45; *Rauer/Eckert* DB 2016, 1239, 1240; *Redeker/Pres/Gittinger* WRP 2015, 681, 683; *Wiese,* Die EU-Richtlinie über den Schutz vertraulichen Know-hows und vertraulicher Geschäftsinformationen, S. 46.

837 *Baranowski/Glaßl* BB 2016, 2563, 2565; *Hauck* WRP 2018, 1032, 1034; *Heinzke* CCZ 2016, 179, 182; *Kalbfus* GRUR 2016, 1009, 1011; **a.A.** für ein weiteres Verständnis *Alexander* WRP 2017, 1034, 1039; *Harte-Bavendamm*/Ohly/Kalbfus § 2 GeschGehG Rn. 36; Köhler/Bornkamm/Feddersen/*Alexander* § 2 GeschGehG Rn. 45; *Rauer/Eckert* DB 2016, 1239, 1240; *Redeker/Pres/Gittinger* WRP 2015, 681, 683; *Wiese,* Die EU-Richtlinie über den Schutz vertraulichen Know-hows und vertraulicher Geschäftsinformationen, S. 44.

838 Siehe Duden, Wert, der, Bedeutungsübersicht.

Tätigkeit her. In der Zusammenschau lässt sich der Wortlaut „wirtschaftlicher Wert" nach einem solchen, allgemeinem Sprachverständnis dahin begreifen, dass die geheim zu haltende Information zum einen wirtschaftliches Wirken betreffen und zum anderen mit einer – noch nicht eingrenzbaren – besonderen Wertschätzung verbunden sein muss.

Soweit im Gesetzgebungsverfahren beanstandet wurde, der Begriff *wirtschaftlich* sei gegenüber der Richtlinienvorgabe *kommerziell* schon sprachlich mit einem anderen Bedeutungsinhalt versehen[839], ist dies nicht überzeugend. Sowohl Richtlinie als auch Geschäftsgeheimnisgesetz intendieren den Schutz geheimer Informationen zur Gewährleistung des Geschäftsverkehrs. In einem solchem Zusammenhang aber werden beide Begriffe – wenn auch womöglich mit geringfügig unterschiedlicher Konnotation – in Verbindung mit geschäftlichen Vorgängen verwendet. In ihrem Kerngehalt sind sie insoweit synonym.[840] Andererseits handelt es sich um weitgefasste Begriffe, die eine ganz eindeutige Konturierung nach ihrem sprachlichen Gehalt nicht zulassen. Insbesondere lässt sich nicht eindeutig eingrenzen, ob ein unmittelbarer positiver Wert erforderlich ist oder aber mittelbare wirtschaftliche Auswirkungen genügen können. Beides könnte von der Wortbedeutung umfasst sein. Der Wortlaut gibt nach alldem keinen eindeutigen Aufschluss über die Reichweite des Merkmals „wirtschaftlicher Wert". Dies muss im Wege weiterer Auslegungen ermittelt werden.

Nach der Gesetzesbegründung besitzt eine Information wirtschaftlichen Wert, wenn ihre Erlangung, Nutzung oder Offenlegung ohne Zustimmung des Inhabers dessen wissenschaftliches oder technisches Potenzial, geschäftliche oder finanzielle Interessen, strategische Position oder Wettbewerbsfähigkeit negativ beeinflusst.[841] Damit soll sich der wirtschaftliche Wert einer Information aus den negativen Folgen, die mit ihrem Bekanntwerden einhergehen, ergeben.[842] Ergänzend verweist die Gesetzesbegründung auf Erwägungsgrund 14 zur RL (EU) 2016/943.[843] Dies könnte nahelegen, dass der Gesetzgeber die Begriffe wirtschaftlich und kommerziell in jeder Hinsicht synonym verstanden wissen will.[844] Die Gesetzesbegründung übernimmt jedoch die Ausführungen des Erwägungsgrundes 14 nur

---

839 *DGB*, Stellungnahme zum Referentenentwurf des BMVJ, S. 6.

840 BeckOK GeschGehG/*Hiéramente* § 2 Rn. 13–13.2; Büscher/*McGuire* § 2 GeschGehG Rn. 38; EuArbRK/*Schubert* RL (EU) 2016/943 Art. 2 Rn. 16; *Hauck* WRP 2018, 1032, 1034; Köhler/Bornkamm/Feddersen/*Alexander* § 2 GeschGehG Rn. 44; *Oetker*, FS Hopt 2020, S. 901, 905; *Wiese*, Die EU-Richtlinie über den Schutz vertraulichen Know-how und vertraulicher Geschäftsinformationen, S. 46–47.

841 Begr, RegE, BT-Drucks. 19/4724, S. 22.

842 *Hiéramente*, Stellungnahme zur BT-Drucks. 19/4724, S. 3,

843 Begr. RegE, BT-Drucks. 19/4724, S. 22.

844 So vertreten durch BeckOK GeschGehG/*Hiéramente* § 2 Rn. 13–13.2; *Hauck* WRP 2018, 1032, 1034; Köhler/Bornkamm/Feddersen/*Alexander* § 2 GeschGehG Rn. 44; *Trebeck/Schulte-Wissermann* NZA 2018, 1175, 1177; im Ansatz EuArbRK/*Schubert* RL (EU) 2016/943 Art. 2 Rn. 16;

teilweise.[845] Der dort dezidiert verlangte Handelswert hat keinen Eingang gefunden. Ausdrücklich schließt die Gesetzesbegründung hingegen Informationen aus, an denen ein Geheimhaltungsinteresse bestehen mag, die aber rein privat und nicht im geschäftlichen Verkehr verwertbar sind.[846]

Ergänzend werden praktische Beispiele benannt, die typischerweise Informationen von wirtschaftlichem Wert sein können. Dies sind Herstellungsverfahren, Kunden- und Lieferantenlisten, Kosteninformation, Geschäftsstrategien, Unternehmensdaten, Marktanalysen, Prototypen, Formeln und Rezepte.[847] Damit löst sich die Gesetzesfassung von der Anknüpfung an einen Handelswert. Dieser beinhaltet wie bereits gezeigt einen potenziellen positiven Vermögenswert. Zwar sind Informationen, die einen positiven Vermögenswert haben, in der Regel im geschäftlichen Verkehr verwertbar. Der umgekehrte Schluss ist aber nicht zwingend, weil nicht jede Information des geschäftlichen Verkehrs mit einem positiven Vermögenswert verbunden sein muss.[848] Insbesondere betrifft dies Informationen, die nur mittelbare wirtschaftliche Auswirkungen entfalten. So können Informationen über Unternehmensstrategien, Restrukturierungen o.ä. erhebliche mittelbare wirtschaftliche Auswirkungen haben. Nach dem Geschäftsgeheimnisgesetz ist eine Information bereits von Wert für den Geheimnisinhaber, wenn sie das Potential in sich birgt, bei Erlangung, Nutzung oder Offenbarung durch Außenstehende diesen wirtschaftlich zu schwächen.[849] Basierend auf diesen Voraussetzungen muss einer Information jedoch nicht zwingend Handelswert zugemessen werden.[850] Im Ergebnis lässt der wirtschaftliche Wert ein weiteres Verständnis[851] und insbesondere

845 **A.A.** *Hauck* WRP 2018, 1032, 1034.

846 Begr. RegE, BT-Drucks. 19/4724, S. 22.

847 Begr. RegE, BT-Drucks. 19/4724, S. 22.

848 Ähnlich bei *Ohly* GRUR 2019, 441, 443; *Reinfeld,* Das neue Gesetz zum Schutz von Geschäftsgeheimnissen, S. 32; das Erfordernis eines positiven Vermögenswerts nunmehr bejahend *Hauck* WRP 2018, 1032, 1034.

849 *Hiéramente,* Stellungnahme zur BT-Drucks. 19/4724, S. 3; Köhler/Bornkamm/Feddersen/*Alexander* § 2 GeschGehG Rn. 45; *Ohly* GRUR 2019, 441, 443; **a.A.** *Hauck* WRP 2018, 1032, 1034.

850 *Hiéramente,* Stellungnahme zur BT-Drucks. 19/4724, S. 3; *Krüger/Wiencke/Koch* GRUR 2020, 578, 581; so auch festgestellt in der Stellungnahme des Deutschen Gewerkschaftsbundes zum Referentenentwurf des BMVJ vom 18.5.2018, S. 6, „die Information „Personalabbau“ kann durchaus das unternehmerische Wirken beeinflussen und hat dementsprechend wirtschaftlichen Wert. Ein kommerzieller Wert kann darin jedoch nicht gesehen werden“; Scholz/*Rönnau* § 85 GmbHG Rn. 23; **a.A.** *Hauck* WRP 2018, 1032, 1034.

851 Auch von einem weiten Verständnis ausgehend *Harte-Bavendamm*/Ohly/Kalbfus § 2 GeschGehG Rn. 36; *Krüger/Wiencke/Koch* GRUR 2020, 578, 581; *Ohly* GRUR 2019, 441, 443; Scholz/*Rönnau* § 85 GmbHG Rn. 23; **a.A.** BeckOK GeschGehG/*Hiéramente* § 2 Rn. 13–13.2; Büscher/*McGuire* § 2 GeschGehG Rn. 38; *Hauck* WRP 2018, 1032, 1034; Köhler/Bornkamm/Feddersen/*Alexander* § 2 GeschGehG Rn. 44; *Oetker,* FS Hopt 2020, S. 901, 907–908; für ein enges Verständnis, welches inbesondere auch

auch die Einbeziehung mittelbarer Auswirkungen zu. Die Anforderungen an die Schutzfähigkeit werden gegenüber der Richtlinie herabgesetzt.[852]

4. Innerstaatlicher Gestaltungsspielraum zur Regelung der Legaldefinition

Eine von den unionsrechtlichen Vorgaben abweichende innerstaatliche Umsetzung ist nur zulässig, wenn sie dennoch insgesamt als richtlinienkonform bewertet werden kann. Grundsätzlich enthält die Richtlinie (EU) 2016/943 nur eine Mindestharmonisierung. Weitergehende Schutzmaßnahme durch die Mitgliedstaaten sind gemäß Art. 1 I Uabs. 1 RL (EU) 2016/943 möglich.[853] Dabei sind die in Art. 1 I Uabs. 2 RL (EU) 2016/943 enumerativ aufgezählten Regelungen veränderungsfest ausgestaltet. Die Richtlinienkonformität des § 2 Nr. 1 GeschGehG hängt davon ab, ob Art. 2 Nr. 1 RL (EU) 2016/943 konzeptionell für mitgliedsstaatliche Erweiterungen des Schutzbereichs offen ist oder ob ein unionsweit einheitlicher Geheimnisbegriff unveränderlich vorgegeben ist.

In der Literatur werden unterschiedliche Meinungen vertreten. Teilweise wird die Möglichkeit schutzbereichserweiternder Abweichungen von den Vorgaben des Art. 2 Nr. 1 RL (EU) 2016/943 befürwortet.[854] Die Geheimnisschutz-Richtlinie sei von ihrer grundsätzlichen Konzeption her lediglich eine Mindestharmonisierung.[855] Ihren Regelungen lasse sich ein Verbot der Erweiterung des Schutzbereichs nicht entnehmen.[856] Andere nehmen dagegen an, dass Art. 1 I Uabs. 2 RL (EU) 2016/943 nur Erweiterungen des Schutzumfangs ermögliche. Eine Erweiterung des

---

eine Bilanzierung des Geschäftsgeheimnisses erfordert *DIHK,* Stellungnahme zum Referentenentwurf, S. 2.

852 *Böning/Heidfeld* AuR 2018, 555, 556; *Hiéramente,* Stellungnahme zur BT-Drucks. 19/4724, S. 3; *DGB,* Stellungnahme zur BT-Drucks. 19/4724, S. 7; die Begriffe synonym verstehend BeckOK GeschGehG/*Hiéramente* § 2 Rn. 13–13.2; Büscher/*McGuire* § 2 GeschGehG Rn. 38; *Harte-Bavendamm/*Ohly/Kalbfus § 2 GeschGehG Rn. 36; *Hauck* WRP 2018, 1032, 1034; Köhler/Bornkamm/Feddersen/*Alexander* § 2 GeschGehG Rn. 44; von einem Gleichlauf mit den Richtlinienvorgaben ausgehend Scholz/*Rönnau* § 85 GmbHG Rn. 23.

853 Zu der Harmonisierungsintensität der RL (EU) 2016/943 Teil 2, § 5, A., II., S. 118ff.

854 EuArbRK/*Schubert* RL (EU) 2016/943 Art. 2 Rn. 18; *Naber/Peukert/Seeger* NZA 2019, 583, 584; in Bezug auf Art. 2 Nr. 1 lit. c) RL (EU) 2016/943 *Oetker* ZESAR 2017, 257, 259; *Ohly* GRUR 2019, 441, 444; *Reinfeld,* Das neue Gesetz zum Schutz von Geschäftsgeheimnissen, S. 35; *Rönnau,* FS Merkel, S. 909, 915 u. 917; Scholz/*Rönnau* § 85 GmbHG Rn. 26; *Schreiber* NZWiSt 2019, 332, 335; einschränkend BeckOK GeschGehG/*Hiéramente* § 2 Rn. 70.

855 *Ohly* GRUR 2019, 441, 444; *Schreiber* NZWiSt 2019, 332, 335.

856 EuArbRK/*Schubert* RL (EU) 2016/943 Art. 2 Rn. 18; *Oetker* ZESAR 2017, 257, 259; *Reinfeld,* Das neue Gesetz zum Schutz von Geschäftsgeheimnissen, S. 35.

Schutzgegenstandes hingegen sei dadurch nicht eröffnet.[857] Von der Legaldefinition dürfe nicht abgewichen werden.[858] Die bestehenden Vorgaben dürften nicht verändert[859], sondern lediglich durch weitergehende Vorschriften bezüglich rechtswidriger Handlungen und Rechtsbehelfe ergänzt werden.[860] Diese Ansicht stützt sich auf den Wortlaut des Art. 1 I Uabs. 2 RL (EU) 2016/943, der einen „(...) weitergehenden als den durch diese Richtlinie vorgeschriebenen Schutz von Geschäftsgeheimnissen (...)“ zulässt.[861] Ebenso wird für diese Auffassung auf Erwägungsgrund 14 der RL (EU) 2016/943 verwiesen[862], der die Bedeutung der Festlegung einer homogenen Definition des Begriffs Geschäftsgeheimnis hervorhebt. Dies erfordere ein Festhalten an der Legaldefinition des Art. 2 Nr. 1 RL (EU) 2016/943.[863]

5. Abschließende Bewertung der Richtlinienkonformität von § 2 Nr. 1 lit. a) Hs. 2 GeschGehG

Erwägungsgrund 10 macht deutlich, dass ein ausreichender und kohärenter zivilrechtlicher Schutz etabliert werden soll, der einen weitergehenden Schutz durch die Mitgliedstaaten nicht ausschließt.[864] Der Kanon veränderungsfester Regelungen der Richtlinie in Art. 1 I Uabs. 2 nimmt die Legaldefinition in Art. 2 Nr. 1 RL (EU) 2016/943 nicht in Bezug. In Argumentum e contrario lässt sich daraus ableiten, dass einer mitgliedsstaatlichen Ausweitung des Schutzbereich kein Verbot

857 *Gärtner/Oppermann* BB 35/2019, I, I; *Harte-Bavendamm*/Ohly/Kalbfus Einl. A. Rn. 140; *McGuire,* FS Harte-Bavendamm 2020, S. 367, 372.

858 Büscher/*McGuire* § 2 GeschGehG Rn. 3; *Deutsche Vereinigung für gewerblichen Rechtsschutz und Urheberrecht e.V.,* Stellungnahme zum RefE, S. 2; *Gärtner/Oppermann* BB 35/2019, I, I; GRUR-Fachausschuss/*Dittmer* GRUR 2018, 706, 707; *Harte-Bavendamm,* Stellungnahme zur BT-Drucks. 19/4724, S. 2; *Harte-Bavendamm*/Hennig-Bodewig Vor §§ 17–19 UWG Rn. 10a; *Harte-Bavendamm*/Ohly/Kalbfus § 2 GeschGehG Rn. 2; *Leister* GRUR-Prax 2019, 75, 75; *McGuire,* FS Harte-Bavendamm 2020, S. 367, 371; *Schmitt* RdA 2017, 365, 369; *Würtenberger/Freischem* GRUR 2018, 708, 709; so wohl auch *Baranowski/Glaßl* BB 2016, 2563, 2563; GRUR-Stellungnahme v. 19.3.2014 zu COM (2013) 813 final., S. 2, einschränkend *Maaßen* GRUR 2019, 352, 353.

859 *Gärtner/Oppermann* BB 35/2019, I, I; so wohl *Hauck* WRP 2018, 1032, 1033.

860 *Baranowski/Glaßl* BB 2016, 2563, 2563; *McGuire,* FS Harte-Bavendamm 2020, S. 367, 372; *Schmitt* RdA 2017, 365, 369, Fußnote 75; GRUR-Stellungnahme v. 19.3.2014 zu COM (2013) 813 final., S. 2.

861 *Harte-Bavendamm*/Hennig-Bodewig Vor zu §§17–19 Rn. 10a; *Schmitt* RdA 2017, 365, 369.

862 *Harte-Bavendamm*/Ohly/Kalbfus Einl. A. Rn. 140; *McGuire,* FS Harte-Bavendamm 2020, S. 367, 372.

863 *Harte-Bavendamm*/Hennig-Bodewig Vor zu §§ 17–19 Rn. 10a; *Harte-Bavendamm*/Ohly/Kalbfus Einl. A. Rn. 140; *Hauck* WRP 2018, 1032, 1033; *McGuire,* FS Harte-Bavendamm 2020, S. 367, 372; *Schmitt* RdA 2017, 365, 369.

864 RL (EU) 2016/943, Erwägungsgrund 10, ABl. EU L 157/3.

entgegensteht.[865] Die am Wortlaut orientierte, einschränkende Auffassung bleibt einer formalen Betrachtung verhaftet. Es ist unter diesem Aspekt nachvollziehbar, die Vorschrift dahingehend zu verstehen, dass der Geheimnisschutz nur in seinem Umfang erweitert werden kann.[866] Dies aber lässt unberücksichtigt, dass der Begriff „Schutz" nicht nur Schutzmaßnahmen und Rechtsbehelfe beinhaltet, sondern gleichermaßen auch die Definition des Schutzgegenstandes selbst. Ein weitergehender Schutz kann auch durch Einbeziehung sonstiger Sachverhalte in die Legaldefinition des Geschäftsgeheimnisses geschaffen werden. Ebenso wenig kann die Argumentation überzeugen, dass das Bestreben einer homogenen Definition einer Erweiterung entgegenstehe. Nachdem Art. 1 I Uabs. 2 RL (EU) 2016/943 nicht auf Art. 2 RL (EU) 2016/943 verweist, kann der Erwägungsgrund 14 mit Rücksicht auf Erwägungsgrund 10 nur dahingehend verstanden werden, dass mit der Legaldefinition ein einheitliches Mindestschutzniveau geschaffen werden sollte. Dieses darf nicht unterschritten werden[867], lässt aber die Einbeziehung weitergehender Sachverhalte auf nationalstaatlicher Ebene zu.[868] Eine unveränderliche Festschreibung dieses Mindestniveaus durch die Legaldefinition lässt sich weder dem Richtlinienwortlaut noch dessen Systematik und der Begründung entnehmen.[869]

Im Ergebnis weitet das Geschäftsgeheimnisgesetz den Schutzbereich aus. Die Legaldefinition des § 2 Nr. 1 lit. a) Hs. 2 GeschGehG reduziert mit dem Merkmal eines lediglich wirtschaftlichen Wertes die Voraussetzungen eines schutzfähigen Geheimnisses gegenüber den Vorgaben der Richtlinie.[870] Diese Erweiterung des Schutzbereichs erweist sich unionsrechtlich als zulässig. § 2 Nr. 1 lit. a) Hs. 2 GeschGehG ist richtlinienkonform.

IV. Das Erfordernis angemessener Geheimhaltungsmaßnahmen

1. *Historische Begründung des Begriffs der „angemessenen Geheimhaltungsmaßnahmen"*

Eine Information ist gemäß § 2 Nr. 1 lit. b) GeschGehG nur dann ein schützenswertes Geschäftsgeheimnis, wenn sie Gegenstand von den Umständen nach angemessenen Geheimhaltungsmaßnahmen durch ihren rechtmäßigen Inhaber ist. Dieses Tatbestandsmerkmal soll die Vorgaben aus Art. 2 Nr. 1 lit. c) RL (EU) 2016/943 umsetzen. Der Begriff „angemessene Geheimhaltungsmaßnahmen" ist jedoch

---

865 EuArbRK/*Schubert* RL (EU) 2016/943 Art. 2 Rn. 18; *Oetker* ZESAR 2017, 257, 259.
866 EuArbRK/*Schubert* RL (EU) 2016/943 Art. 2 Rn. 18.
867 *Naber/Peukert/Seeger* NZA 2019, 583, 584; einschränkend BeckOK GeschGehG/*Hiéramente* § 2 Rn. 70.
868 Kritisch Köhler/Bornkamm/Feddersen/*Alexander* § 2 GeschGehG Rn. 74.
869 **A.A.** Büscher/*McGuire* § 2 GeschGehG Rn. 3.
870 **A.A.** *Harte-Bavendamm*/Ohly/Kalbfus § 2 GeschGehG Rn. 36.

nicht erst seit Inkrafttreten der Geheimnisschutz-Richtlinie bekannt. Erstmalig fand diese Voraussetzung im US-amerikanischen Trade secrets act Erwähnung.[871] Zudem erforderte bereits Art. 39 II lit. c) TRIPS-Abkommen das Vorliegen angemessener Geheimhaltungsmaßnahmen als Bestandteil der dortigen Definition nicht offenbarter Informationen.[872] Allgemeine Kriterien zur Beurteilung angemessener Maßnahmen enthielt das TRIPS-Abkommen jedoch nicht und auch ansonsten hatten sich vor Inkrafttreten der Geheimnisschutz-Richtlinie keine verbindlichen Auslegungsmaßstäbe herausgebildet.[873] Nachdem das Tatbestandsmerkmal durch die Novellierung des Geheimnisschutzes zunehmend Bestandteil der rechtswissenschaftlichen Diskussion wurde, musste es durch Literatur und Rechtsprechung ausgefüllt werden.

2. Konkretisierung des Begriffs „angemessene Geheimhaltungsmaßnahmen" anhand der Richtlinienvorgaben

Auch die Richtlinie enthält weder einen festgelegten Maßnahmenkatalog noch auch nur allgemeine Beurteilungskriterien.[874] Die Erwägungsgründe konkretisieren den Begriff nicht.[875] Deswegen müssen die unionsrechtlichen Vorgaben anhand des Wortlauts unter Berücksichtigung des Verständnisses zum TRIPS-Abkommen beurteilt werden.[876] Der Begriff der Maßnahme impliziert aktives

---

871 *Freckmann/Schmoll* BB 2017, 1780, 1781, Fußnote 17; *Kalbfus* GRUR-Prax 2017, 391, 391; Kalbfus/Harte-Bavendamm/*Ohly*, Fachausschuss für Wettbewerbs- und Markenrecht zum Richtlinienvorschlag über den Schutz von Geschäftsgeheimnissen, GRUR 2014, 453, 454; *Partsch/Rump* NJW 2020, 118, 119; *Rosenkötter/Seeger* NZBau 2019, 619,620.

872 *Freckmann/Schmoll* BB 2017, 1780, 1781; *Kalbfus* GRUR-Prax 2017, 391, 391; Kalbfus/Harte-Bavendamm/*Ohly*, Fachausschuss für Wettbewerbs- und Markenrecht zum Richtlinienvorschlag über den Schutz von Geschäftsgeheimnissen, GRUR 2014, 453, 454; *Maaßen* GRUR 2019, 352, 352; *Partsch/Rump* NJW 2020, 118, 119; *Rosenkötter/Seeger* NZBau 2019, 619, 620; *Wiese*, Die EU-Richtlinie über den Schutz vertraulichen Know-hows und vertraulicher Geschäftsinformationen, S. 50.

873 BeckOK GeschGehG/*Fuhlrott* § 2 Rn. 22.1; *Kalbfus* GRUR-Prax 2017, 391, 391; *Koós* MMR 2016, 224, 225; *Maaßen* GRUR 2019, 352, 353; *Partsch/Rump* NJW 2020, 118, 119.

874 *Apel/Walling* DB 2019, 891, 894; *Baranowski/Glaßl* BB 2016, 2563, 2565; *Hauck* NJW 2016, 2218, 2220; *Heinzke* CCZ 2016, 179, 182; *Herrmann* CB 2016, 368, 369; *Hoeren/Münker* WRP 2018, 150, 152; *Leiter* GRUR-Prax 2019, 75, 76; *Maaßen* GRUR 2019, 352, 353; *Partsch/Rump* NJW 2020, 118, 119; *Redeker/Pres/Gittinger* WRP 2015, 681, 683; *Rosenkötter/Seeger* NZBau 2019, 619,620.

875 *Apel/Walling* DB 2019, 891, 894; EuArbRK/*Schubert* RL (EU) 2016/943 Art. 2 Rn. 4; *Herrmann* CB 2016, 368, 368; *Koós* MMR 2016, 224, 225; *Leister* GRUR-Prax 2019, 75, 76; *Maaßen* GRUR 2019, 352, 353; *Partsch/Rump* NJW 2020, 118, 119; *Redeker/Pres/Gittinger* WRP 2015, 681, 683; *Rosenkötter/Seeger* NZBau 2019, 619,621.

876 *Rosenkötter/Seeger* NZBau 2019, 619,620.

Tun.[877] Der Geheimnisinhaber muss tatsächliche Schutzvorkehrungen treffen.[878] Dies entspricht dem Normverständnis zu Art. 39 II TRIPS-Abkommen.[879] Damit führt Art. 2 Nr. 1 lit. c) RL (EU) 2016/943 ein objektiv feststellbares und tatsächlich prüfbares Kriterium eines schutzfähigen Geschäftsgeheimnisses ein.[880] Die offene Formulierung lässt Raum für alle Maßnahmen, die zum angemessenen Schutz einer Information geeignet sind. Unter dem Begriff „angemessen" versteht man nach allgemeinem Sprachverständnis, dass etwas den gegebenen Umständen entspricht.[881] Für die Interpretation des Art. 2 Nr. 1 lit. c) RL (EU) 2016/943 lässt sich daraus ableiten, dass nicht pauschalierend festgelegt werden kann, wann eine Maßnahme angemessen ist. Maßgeblich sind die jeweiligen Umstände des Einzelfalls.[882] Nach welchen Kriterien entschieden werden kann, ob die konkrete Maßnahme

877 *Apel/Walling* DB 2019, 891, 894; BeckOK GeschGehG/*Fuhlrott* § 2 Rn. 20; Köhler/Bornkamm/Feddersen/*Alexander* § 2 GeschGehG Rn. 49; *Leister* GRUR-Prax 2019, 75, 76.

878 *Apel/Walling* DB 2019, 891, 894; *Baranowski/Glaßl* BB 2016, 2563, 2565; BeckOK GeschGehG/*Fuhlrott* § 2 Rn. 20.1; *Bissels/Schroeders/Ziegelmayer* DB 2016, 2295, 2296; *Böhm/Nestler* GRUR-Prax 2018, 181, 182; Büscher/*McGuire* § 2 GeschGehG Rn. 43; EuArbRK/*Schubert* RL (EU) 2916/943 Art. 2 Rn. 4; *Freckmann/Schmoll* BB 2017, 1780, 1781; *Heinzke* CCZ 2016, 179, 182; Köhler/Bornkamm/Feddersen/*Alexander* § 2 GeschGehG Rn. 49; *Leister* GRUR-Prax 2019, 75, 76; *Rauer/Eckert* DB 2016, 1239, 1244; *Trebeck/Schulte-Wissermann* NZA 2018, 1175, 1177.

879 Busche/Stoll/*Wiebe*/Peter, TRIPs Art. 39 Rn. 23; *Rauer/Eckert* DB 2016, 1239, 1240; *Reger,* Der internationale Schutz gegen unlauteren Wettbewerb und das TRIPS-Übereinkommen, S. 263ff.; *Rosenkötter/Seeger* NZBau 2019, 619, 620; Stellungnahme des Max-Planck-Instituts vom 12.5.2014, GRUR Int. 2014, 554, 556; *Wiese,* Die EU-Richtlinie zum Schutz vertraulichen Know-hows und vertraulicher Geschäftsinformationen, S. 50–51.

880 *Alexander* WRP 2017, 1034, 1039 Rn. 52; BeckOK GeschGehG/*Fuhlrott* § 2 Rn. 20; *Bissels/Schroeders/Ziegelmayer* DB 2016, 2295, 2296; Büscher/*McGuire* § 2 GeschGehG Rn. 43; *Freckmann/Schmoll* BB 2017, 1780, 1781; *Hauck* NJW 2016, 2218, 2220; *Herrmann* CB 2016, 368, 369; *Kalbfus* GRUR-Prax 2017, 391, 391; *Leister* GRUR-Prax 2019, 75, 76; MüKoStGB/*Joecks/Miebach* § 23 GeschGehG Rn. 29; *Redeker/Pres/Gittinger* WRP 2015, 681, 683; *Richter* ArbRAktuell 2019, 375; *Trebeck/Schulte-Wissermann* NZA 2018, 1175, 1177.

881 Siehe Duden, angemessen, Bedeutungsübersicht.

882 *Alexander* WRP 2017, 1034, 1039; *Baranowski/Glaßl* BB 2016, 2563, 2564; *Dann/*Markgraf NJW 2019, 1774, 1775; *Hauck* NJW 2016, 2218, 2220; *Hauck* GRUR-Prax 2019, 223, 224; *Heinzke* CCZ 2016, 179, 182; *Herrmann* CB 2016, 368, 369; *Leister* GRUR-Prax 2019, 75, 76; *Maaßen* GRUR 2019, 352, 354; *Redeker/Pres/Gittinger* WRP 2015, 681, 684; *Wiese,* Die EU-Richtlinie über den Schutz vertraulichen Know-hows und vertraulicher Geschäftsinformationen, S. 52.

angemessen ist, präzisieren weder Richtlinientext noch Erwägungsgründe.[883] Dies muss im Wege der Auslegung ermittelt werden.

Im Regelungszusammenhang des wortgleichen Art. 39 II lit. c) TRIPS beurteilte man die Angemessenheit anhand eines Bündels verschiedener Umstände unter Rückgriff auf den jeweiligen Einzelfall. Herangezogen wurden hierbei insbesondere der Wert der Information, der Grad des Wettbewerbsvorteils, Schwierigkeiten der Geheimhaltung und die konkrete Gefährdungslage.[884] Mit Rücksicht auf die in den Erwägungsgründen erkennbare Absicht des Unionsgesetzgebers, die Standards des TRIPS-Abkommens zu gewährleisten und in eine homogene Gesamtregelung zu überführen[885], kann dieses Verständnis auch für Art. 2 Nr. 1 lit. c) RL (EU) 2016/943 herangezogen werden.[886] Eine TRIPS-konforme Auslegung stützt die Annahme, dass das Merkmal angemessener Geheimhaltungsmaßnahmen nicht pauschal, sondern im Einzelfall beurteilt werden muss. Dabei sind die genannten Faktoren zu berücksichtigen.

Zur weiteren Präzisierung des Begriffs sind die Ziele der Richtlinie einzubeziehen. Durch einen verstärkten rechtlichen Geheimnisschutz sollen die Kosten tatsächlicher Geheimhaltung reduziert werden.[887] Dadurch soll die wirtschaftliche Effizienz von Unternehmen verbessert werden.[888] Dieses Ziel findet sich in den Erwägungsgründen zur Richtlinie wieder[889], wonach ein verbesserter Geheimnisschutz wirtschaftlich sinnvolle und kostengünstige Innovationstätigkeit vorantreibt.[890] Mit Blick auf diese Intention dürfen die Anforderungen an angemessene Maßnahmen die Leistungsfähigkeit der Geheimnisinhaber nicht überspannen.[891] Das Merkmal muss so verstanden werden, dass der durchschnittliche Marktteilnehmer

---

883 *Baranowski/Glaßl* BB 2016, 2563, 2564; *Freckmann/Schmoll* BB 2017, 1780, 1781; *Hauck* NJW 2016, 2218, 2220; *Heinzke* CCZ 2016, 179, 182; *Herrmann* CB 2016, 368, 369; *Hoeren/Münker* WRP 2018, 150, 152; *Maaßen* GRUR 2019, 352, 353.

884 Busche/Stoll/*Wiebe/Peter*, TRIPs, Art. 39 Rn. 24; *Maaßen* GRUR 2019, 352, 353; *Wiese*, Die EU-Richtlinie über den Schutz vertraulichen Know-hows und vertraulicher Geschäftsinformationen, S. 51.

885 RL (EU) 2016/943, Erwägungsgrund 5, ABL EU L 157/2.

886 *Alexander* WRP 2017, 1034, 1039 Rn. 55; *Freckmann/Schmoll* BB 2017, 1780, 1781; *Hauck* NJW 2016, 2218, 2220; *Hermann* CB 2016, 368, 369.

887 *Harte-Bavendamm*/Ohly/Kalbfus § 2 GeschGehG Rn. 46; *Kalbfus* GRUR-Prax 2017, 391, 392; *Kalbfus*, Know-how-Schutz in Deutschland, S. 48 Rn. 71; Köhler/Bornkamm/Feddersen/*Alexander* § 2 GeschGehG Rn. 50; *Ohly* GRUR 2019, 441, 443.

888 *Harte-Bavendamm*/Ohly/Kalbfus § 2 GeschGehG Rn. 46; *Kalbfus* GRUR-Prax 2017, 391, 392; *Kalbfus*, Know-how-Schutz in Deutschland, S. 48 Rn. 71ff; Köhler/Bornkamm/Feddersen/*Alexander* § 2 GeschGehG Rn. 50; *Ohly* GRUR 2014, 1, 3.

889 RL (EU) 2016/943, Erwägungsgrund 9, ABl. EU L 157/3.

890 *Kalbfus* GRUR-Prax 2017, 391, 392.

891 *Hauck* GRUR-Prax 2019, 223, 224; *Kalbfus* GRUR -Prax 2017, 391, 392; Koós MMR 2016, 224, 225; *Maaßen* GRUR 2019, 352, 354; *Wiese*, Die EU-Richtlinie über den Schutz vertraulichen Know-how und vertraulicher Geschäftsinformationen, S. 51.

nach seinen tatsächlichen und wirtschaftlichen Unternehmensbedingungen in der Lage ist, dem nachzukommen. Dieses Bestreben bestätigt auch Erwägungsgrund 2, der gerade die Geheimhaltungsinteressen kleinerer und mittlerer Unternehmen in den Blick nimmt.[892] Gerade deren Stellung im Wettbewerb soll durch den verbesserten rechtlichen Schutz gestärkt werden.[893] Deshalb müssen die Anforderungen so ausgestaltet sein, dass auch wirtschaftlich schwächere Unternehmen partizipieren können.[894] Aus diesen Gründen darf das Merkmal der „angemessenen Geheimhaltungsmaßnahmen" nicht mit zu hohen Anforderungen versehen werden.[895] Es genügt, wenn sie in der konkreten Situation ausreichend sind.[896] Insbesondere ist nicht erforderlich, dass der Geheimnisinhaber die effizienteste Maßnahme auswählt.[897] Zusammenfassend gibt die Richtlinie somit nur vor, dass der Geheimnisinhaber tatsächliche Schutzvorkehrungen treffen muss und diese im Einzelfall[898]

892 RL (EU) 2016/943, Erwägungsgrund 2, ABL. EU L 157/1; *Hauck* GRUR-Prax 2019, 223, 224; Köhler/Bornkamm/Feddersen/*Alexander* § 2 GeschGehG Rn. 52; *Koós* MMR 2016, 224, 225; *Maaßen* GRUR 2019, 352, 353/354.

893 *Hauck* GRUR-Prax 2019, 223, 224; Köhler/Bornkamm/Feddersen/*Alexander* § 2 GeschGehG Rn. 52; *Koós* MMR 2016, 224, 225; *Maaßen* GRUR 2019, 352, 354; *Trebeck/Schulte-Wissermann* NZA 2018, 1175,1177.

894 Im Ergebnis Koós MMR 2016, 224,225.

895 *Alexander* WRP 2017, 1034, 1039; Büscher/*McGuire* § 2 GeschGehG Rn. 45; *Dann/Markgraf* NJW 2019, 1774; *Harte-Bavendamm/*Ohly/Kalbfus § 2 GeschGehG Rn. 43; *Hoeren/Münker* WRP 2018, 150, 152; *Kalbfus* GRUR-Prax 2017, 391, 392; Köhler/Bornkamm/Feddersen/*Alexander* § 2 GeschGehG Rn. 52; *Koós* MMR 2016, 224, 225; *Krüger/Wiencke/Koch* GRUR 2020, 578, 581; *Partsch/Rump* NJW 2020, 118, 120; *Trebeck/Schulte-Wissermann* NZA 2018, 1175, 1177; *Wiese,* Die EU-Richtlinie über den Schutz vertraulichen Know-hows und vertraulicher Geschäftsinformationen, S. 51.

896 *Alexander* WRP 2017, 1034, 1039; BeckOK GeschGehG/*Fuhlrott* § 2 Rn. 20; *Harte-Bavendamm/*Ohly/Kalbfus § 2 GeschGehG Rn. 43; *Hoeren/Münker* WRP 2018, 150, 152; *Kalbfus* GRUR-Prax 2017, 391, 392; *Krüger/Wiencke/Koch* GRUR 2020, 578, 581; *Maaßen* GRUR 2019, 352, 354; *Ohly* GRUR 2019, 441,443.

897 *Alexander* WRP 2017, 1034, 1039; *Apel/Walling* 891, 895; BeckOK GeschGehG/*Fuhlrott* § 2 Rn. 20; *Dumont* BB 2018, 2441, 2443; *Freckmann/Schmoll* BB 2017, 1780, 1781; *Harte-Bavendamm/*Ohly/Kalbfus § 2 GeschGehG Rn. 43; *Hoeren/Münker* WRP 2018, 150, 152; *Kalbfus* GRUR-Prax 2017, 391, 392; Köhler/Bornkamm/Feddersen/*Alexander* § 2 GeschGehG Rn. 65; *Krüger/Wiencke/Koch* GRUR 2020, 578, 581; *Maaßen* GRUR 2019, 352, 353; MüKoStGB/*Joecks/Miebach* § 23 GeschGehG Rn. 38; *Naber/Peukert/Seeger* NZA 2019, 583, 584; *Partsch/Rump* NJW 2020, 118, 120; *Reinfeld,* Das neue Gesetz zum Schutz von Geschäftsgeheimnissen, S. 50; *Scholtyssek/Judis/Krause* CCZ 2020, 23, 24; *Voigt/Herrmann/Grabenschröer* BB 2019, 142, 144.

898 *Alexander* WRP 2017, 1034, 1038; *Dann/Markgraf* NJW 2019, 1774, 1775; *Koós* MMR 2016, 224, 225; *Leister* GRUR-Prax 2019, 75, 76; *Reinfeld,* Das neue Gesetz zum Schutz von Geschäftsgeheimnissen, S. 50; *Scholtyssek/Judis/Krause* CCZ 2020, 23, 24; *Wiese,* Die EU-Richtlinie über den Schutz vertraulichen Know-hows und vertraulicher Geschäftsinformationen, S. 52.

den Umständen nach ausreichend sein müssen.[899] Die weitere Umsetzung liegt damit bei den Mitgliedsstaaten.[900]

3. Umsetzung durch das Geschäftsgeheimnisgesetz

a) Vorgaben in der Gesetzesbegründung

Das Geschäftsgeheimnisgesetz übernimmt die Vorgaben aus Art. 2 Nr. 1 lit. c) RL (EU) 2016/943 beinahe wortgleich in § 2 Nr. 1 lit. b) GeschGehG.[901] Die Begründung des Regierungsentwurfs konkretisiert, was unter einer angemessenen Maßnahme zu verstehen ist.[902] Welche *Maßnahme* im Einzelfall ergriffen werden muss, ist danach abhängig von der Art des Geschäftsgeheimnisses im Einzelfall und den konkreten Umständen der Nutzung. In Betracht kommen sowohl physische Zugangsbeschränkungen und Vorkehrungen wie auch vertragliche Sicherungsmechanismen. Es muss nicht jede geheim zu haltende Information gesondert gekennzeichnet werden. Vielmehr genügen grundsätzliche Maßnahmen für bestimmte Kategorien von Informationen, wie zum Beispiel technische Zugangshürden oder allgemeine Richtlinien und Anweisung, die auch in Arbeitsverträgen vorgegeben werden dürfen.[903] Ob eine Maßnahme *angemessen* ist, soll nach der Gesetzesbegründung unter Berücksichtigung aller relevanter Faktoren beurteilt werden. Diese sind insbesondere der Wert des Geschäftsgeheimnisses und dessen Entwicklungskosten, die Natur der Informationen, die Bedeutung für das Unternehmen, die Größe des Unternehmens, die üblichen Geheimhaltungsmaßnahmen in dem Unternehmen, die Art der Kennzeichnung der Informationen und vereinbarte vertragliche Regelungen mit Arbeitnehmern und Geschäftspartnern.[904]

Damit bestätigt die Gesetzesbegründung die Auslegungsergebnisse zu Art. 2 Nr. 1 lit. c) RL (EU) 2016/943 und präzisiert diese anhand von Beispielen. Die

899 *Alexander* WRP 2017, 1034, 1038; *Hoeren/Münker* WRP 2018, 150, 152; *Koós* MMR 2016, 224, 225; *Krüger/Wiencke/Koch* GRUR 2020, 578, 581; *Leister* GRUR-Prax 2019, 75, 76; *Scholtyssek/Judis/Krause* CCZ 2020, 23, 24; *Wiese,* Die EU-Richtlinie über den Schutz vertraulichen Know-hows und vertraulicher Geschäftsinformationen, S. 51.

900 *Wiese,* Die EU-Richtlinie über den Schutz vertraulichen Know-hows und vertraulicher Geschäftsinformationen, S. 56.

901 BeckOK GeschGehG/*Fuhlrott* § 2 Rn. 20; *Harte-Bavendamm*/Ohly/Kalbfus § 2 GeschGehG Rn. 40.

902 *Apel/Walling* DB 2019, 891, 895; BeckOK GeschGehG/*Fuhlrott* § 2 Rn. 22; *Fuhlrott/Hiéramente* DB 2019, 967, 970; *Holthausen* NZA 2019, 1377, 1379; *Maaßen* GRUR 2019, 352, 354; MüKoStGB/*Joecks/Miebach* § 23 GeschGehG Rn. 38; *Partsch/Rump* NJW 2020, 118, 119; *Preis/Seiwerth* RdA 2019, 351, 352; *Reinfeld,* Das neue Gesetz zum Schutz der Geschäftsgeheimnisse, S. 48; *Richter* ArbRAktuell 2019, 375, 375.

903 Begr. RegE BT-Drucks. 19/4724, S. 22.

904 Begr. RegE BT-Drucks. 19/4724, S. 22.

konkret angemessene Maßnahme ist im Wege einer Einzelfallentscheidung[905] unter Berücksichtigung aller mit einzubeziehenden Faktoren, die aus der geheimen Information[906] selbst, dem Unternehmen und Beziehungen zu Angestellten und Geschäftspartnern resultieren können, zu ermitteln.[907]

b) Personale und zeitliche Beurteilungsperspektive

Nicht ohne weiteres erschließt sich aus welcher Perspektive die Angemessenheit beurteilt werden muss.[908] In subjektiver Hinsicht kommt eine Bewertung aus Sicht des Geheimnisinhabers oder aber der mit der geheimen Information umgehenden Personen[909], die auf Vertraulichkeit verpflichtet sein sollen, oder eine Beurteilung aus Sicht eines sachkundigen Beobachters unter Berücksichtigung des allgemeinen Verkehrsverständnisses in Betracht. Eine der Regelung in § 2 Nr. 1 lit. a) GeschGehG vergleichbare Bestimmung eines Personenkreises enthält das Gesetz insoweit nicht.[910] Zwar sind die betrieblichen Verhältnisse des Geheimnisinhabers – wie oben gezeigt – von Bedeutung.[911] Wäre es aber ihm überlassen, nach eigener subjektiver Einschätzung die Angemessenheit einer Maßnahme ohne objektives Korrektiv zu bewerten, hätte er es allein in der Hand, über die Reichweite des Geheimnisschutzes nach eigenem Ermessen zu disponieren. Zum einen

905 *Apel/Walling* DB 2019, 891, 894; *Arens* GWR 2019, 375, 377; BeckOK GeschGehG/*Fuhlrott* § 2 Rn. 22; *Fuhlrott/Hiéramente* DB 2019, 967, 970; *Hauck* GRUR-Prax 2019, 223, 224; *Holthausen* NZA 2019, 1377, 1379; Köhler/Bornkamm/Feddersen/*Alexander* § 2 GeschGehG Rn. 66, *Krüger/Wiencke/Koch* GRUR 2020, 578, 581; *Leister* GRUR-Prax 2019, 75, 76; *Maaßen* GRUR 2019, 352, 354; MüKoStGB/*Joecks/Miebach* § 23 GeschGehG Rn. 38; *Preis/Seiwerth* RdA 2019, 351, 352; *Scholtyssek/Judis/Krause* CCZ 2020, 23, 24.

906 Büscher/*McGuire* § 2 GeschGehG Rn. 46; *DIHK*, Stellungnahme zum Referentenentwurf, S. 2; *Fuhlrott* ArbRAktuell 2020, 79, 80; MüKoStGB/*Joecks/Miebach* § 23 GeschGehG Rn. 38; *Scholtyssek/Judis/Krause* CCZ 2020, 23, 24; den Wert der Information als geeignetes Kriterium ablehnend *Lauck* GRUR 2019, 1132, 1133, offenlassend, ob der Wert des Geschäftsgeheimnisses berücksichtigt werden muss *Lejeune* ITRB 2018, 140, 140 und im Ergebnis auch *Krüger/Wiencke/Koch* GRUR 2020, 578, 582.

907 *Apel/Walling* DB 2019, 891, 895; *Arens* GWR 2019, 375, 377; BeckOK GeschGehG/*Fuhlrott* § 2 Rn. 22; *Fuhlrott/Hiéramente* DB 2019, 967, 970; *Hauck* GRUR-Prax 2019, 223, 224; Köhler/Bornkamm/Feddersen/*Alexander* § 2 GeschGehG Rn. 66ff.; *Krüger/Wiencke/Koch* GRUR 2020, 578, 582; *Leister* GRUR-Prax 2019, 75, 76; MüKoStGB/*Joecks/Miebach* § 23 GeschGehG Rn. 38; *Maaßen* GRUR 2019, 352, 354; auf die Legitimität der Geheimhaltungserwartung im Verhältnis zur Schutzbedürftigkeit des Geheimnisbrechers abstellend *Weigert* NZA 2020, 209, 209ff.

908 *Preis/Seiwerth* RdA 2019, 351, 352.

909 So wohl *Leister* GRUR-Prax 2019, 75, 77; *Partsch/Rump* NJW 2020, 118, 120; *Weigert* NZA 2020, 209, 210.

910 Den Adressatenkreis ebenfalls problematisierend *Leister* GRUR-Prax 2019, 75, 77.

911 *Leister* GRUR-Prax 2019, 75, 77.

steht dem entgegen, dass es Zweck der Richtlinie ist, einen homogenen, rechtssicheren Geheimnisschutz zu gewährleisten. Damit wäre es nicht vereinbar, ein Merkmal des Geheimnisbegriffs der rein subjektiven Bewertung des Berechtigten anheim zu geben. Zudem ist zu berücksichtigen, dass der unberechtigte Umgang mit einer geheimen Information in einer durch die Richtlinie inkriminierten Art und Weise zu erheblichen Rechtsfolgen für den Verletzer führen kann. Dem steht unter den Gesichtspunkten der Rechtssicherheit und Vorhersehbarkeit eine rein subjektive Bewertung, orientiert ausschließlich an der Sicht des Geheimnisinhabers, entgegen. Aus gleichen Gründen erscheint es auch ungeeignet, die Perspektive der Personen heranzuziehen, die auf Vertraulichkeit verpflichtet sein sollen[912], z.B. Arbeitnehmer des Betriebes des Geheimnisinhabers. Bei einer solchen Betrachtung wäre die Reichweite des Geheimnisschutzes der Beurteilung der Verpflichteten überlassen, was mit dem Gebot der Effektivität des beabsichtigten Geheimnisschutzes nicht zu vereinbaren ist.

Im Interesse auch einer systematischen Stringenz erscheint es deshalb sachgerecht, dem bereits zu Art. 2 Nr. 1 lit. a) RL (EU) 2016/943 und § 2 Nr. 1 lit. a) GeschGehG herausgearbeiteten Beurteilungsmaßstab auch hier heranzuziehen.[913] Die maßgeblichen Fachkreise kennen aus eigener Sachkunde die Relevanz geheimer Informationen und sind deshalb typischerweise in der Lage, das Maß nötiger Geheimhaltungsmaßnahmen und deren Effektivität einzuschätzen. Zudem erfordert eine rechtssichere Handhabung dieses unbestimmten Rechtsbegriffs die Heranziehung eines verobjektivierten Beurteilungskriteriums. Insoweit erscheint das allgemeine Verkehrsverständnis unter Berücksichtigung der Sicht maßgeblicher Fachkreise geeignet. Deshalb erscheint es sachgerecht, die Angemessenheit einer Maßnahme aus Sicht der Fachkreise zu beurteilen, die aufgrund ihrer beruflichen Sachkunde mit Informationen dieser Art umgehen.[914]

Ebenso wenig konkretisiert § 2 Nr. 1 lit. b) GeschGehG, ob die Angemessenheit einer Maßnahme ex-ante oder ex-post zu beurteilen ist. Die Problematik veranschaulicht folgende Konstellation. Werden Geheimhaltungsmaßnahmen im Einzelfall überwunden, erweise sich diese bei einer ex-post-Betrachtung jedenfalls als unzureichend. Dies könnte die Bewertung begründen, sie seien nicht angemessen gewesen, und zwar unabhängig von der Betrachtung des Geheimnisinhabers ex ante.[915] Rechtliche Folge wäre, dass mit der Angemessenheit der Schutzvorkehrung auch insgesamt ein

912 So wohl *Leister* GRUR-Prax 2019, 75, 77; *Parsch/Rump* NJW 2020, 118, 120; *Weigert* NZA 2020, 209, 210.

913 *Preis/Seiwerth* RdA 2019, 351, 352.

914 *Alexander* WRP 2017, 1034, 1039 Rn. 56; Köhler/Bornkamm/Feddersen/*Alexander* § 2 GeschGehG Rn. 66; von einem relativen Geheimnisbegriff ausgehend *Leister* GRUR-Prax 2019, 75, 77; ähnlich auch *Preis/Seiwerth* RdA 2019, 351, 352–353.

915 Problematik findet sich auch *Alexander* WRP 2017, 1034, 1039 Rn. 59; *Gaugenrieder* BB 2014, 1987, 1988; *Harte-Bavendamm*/Ohly/Kalbfus § 2 GeschGehG Rn. 44; *Wiese*, Die EU-Richtlinie über den Schutz vertraulichen Know-hows und vertraulicher Geschäftsinformationen, S. 52.

Geschäftsgeheimnis gemäß § 2 Nr. 1 lit. b) GeschGehG entfiele. Der Verletzer selbst könnte mithin durch die Verletzungshandlung den rechtlichen Schutz – womöglich rückwirkend – entfallen lassen. Dies erwiese sich als Zirkelschluss und würde den gesetzlich intendierten Schutz aushöhlen.[916] Mit dem Schutzzweck der Richtlinie wäre dies nicht zu vereinbaren.[917] Aus diesen Gründen ist die Angemessenheit von Geheimhaltungsmaßnahmen ex-ante zu beurteilen.[918]

V. Das Erfordernis eines berechtigten Geheimhaltungsinteresses

1. Hintergründe des Tatbestandsmerkmals

Gemäß § 2 Nr. 1 lit. c) GeschGehG muss ein berechtigtes Interesse an der Geheimhaltung der Information bestehen. In den frühen Stadien des Gesetzgebungsverfahrens war zunächst ein Tatbestandsmerkmal des „berechtigten Geheimhaltungsinteresses" nicht vorgesehen.[919] Lediglich die amtliche Begründung zum Regierungsentwurf verweist darauf, dass sich § 2 Nr. 1 GeschGehG an den Vorgaben des Erwägungsgrundes 14 orientiert. Danach soll die Definition des Geschäftsgeheimnisses nur Informationen abdecken, bei denen ein legitimes Interesse an ihrer Geheimhaltung besteht.[920] Die mangelnde Aufnahme eines wertenden Korrektivs in den Tatbestand der Legaldefinition hatte erhebliche Kritik zur Folge.[921] Befürchtet wurde, dass es fortan einseitig den Unternehmen obliegen würde, festzulegen, bei welchen Informationen es sich um geschützte Geschäftsgeheimnisse handele.[922] Als Ergebnis des Weiteren parlamentarischen Verfahrens[923] wurde die Begriffsbestimmung in § 2 Nr. 1 um lit. c) GeschGehG ergänzt.[924] Danach ist eine Information nur geschützt, wenn

---

916 So auch *Harte-Bavendamm*/Ohly/Kalbfus § 2 GeschGehG Rn. 44.

917 *Gaugenrieder* BB 2014, 1987, 1988.

918 *Alexander* WRP 2017, 1034, 1039 Rn. 59; Büscher/*McGuire* § 2 GeschGehG Rn. 48; *Harte-Bavendamm*/Ohly/Kalbfus § 2 GeschGehG Rn. 44; Köhler/Bornkamm/Feddersen/*Alexander* § 2 GeschGehG Rn. 70; *Wiese*, Die EU-Richtlinie über den Schutz vertraulichen Know-hows und vertraulicher Geschäftsinformationen, S. 51.

919 Im Referentenentwurf vom 19.4.2018 und im Regierungsentwurf vom 18.7.2018 war das Tatbestandsmerkmal des berechtigten Geheimhaltungsinteresses vom Wortlaut der Legaldefinition nicht umfasst.

920 Begr. RegE BT-Drucks. 19/4724, S. 21.

921 *DGB*, Stellungnahme zur BT-Drucks. 19/4724, S. 6; *Hauck*, Stellungnahme zur BT-Drucks. 19/4724, S. 1; *Semsrott*, Stellungnahme zur BT-Drucks. 19/4724, S. 2.

922 *DGB*, Stellungnahme zur BT-Drucks. 19/4724, S. 5; *Hauck* WRP 2018, 1032, 1033; *Hiéramente*, Stellungnahme zur BT-Drucks. 19/4724, S.6; *Weide*, GRUR 2016, 573.

923 Die Einführung des „berechtigten Geheimhaltungsinteresses" erfolgte im Rahmen der Beschlussempfehlungen des Ausschusses für Recht und Verbraucherschutz. Der Bundestag hat den Gesetzentwurf unter Einbeziehung dieser Änderungen angenommen.

924 *Rönnau*, FS Merkel, S. 909, 915.

ein berechtigtes Interesse an der Geheimhaltung besteht. Ausweislich der Begründung soll damit den Vorgaben des Erwägungsgrundes 14 der Richtlinie und ferner der Rechtsprechung des Bundesverfassungsgerichts entsprochen werden.[925] Mit welchem Inhalt dieses Tatbestandsmerkmal verbunden ist und ob die Aufnahme eines zusätzlichen – in Art. 2 Nr. 1 RL (EU) 2016/943 nicht vorgesehenen[926] – Kriteriums richtlinienkonform ist, muss im Rahmen der Auslegung ermittelt werden.

2. *Die Beurteilungsperspektive des berechtigten Geheimhaltungsinteresses*

a) Vorgaben des Gesetzeswortlauts

Wann ein solches berechtigtes Interesse gegeben ist, beantwortet das Gesetz nicht. Auch bleibt unklar, ob dieses Tatbestandsmerkmal objektiv – aus einer verallgemeinernden, objektiven Perspektive[927] – oder subjektiv[928] – aus der Sicht des Berechtigten – zu beurteilen ist. Nach allgemeinem Sprachverständnis beinhaltet das Adjektiv „berechtigt", dass etwas *zu Recht besteht* bzw. *sich ereignet* oder *begründet ist.*[929] Damit lässt sich assoziieren, dass ein Sachverhalt von der Allgemeinheit und der bestehenden Werteordnung akzeptiert ist. Aus rechtlicher Perspektive kann man unter „berechtigt" verstehen, dass eine Handlung gestattet ist und konsequenterweise nicht gegen Rechtsnormen verstößt. Eine wortlautorientierte Interpretation des Tatbestandsmerkmals beantwortet die Frage nach der Beurteilungsperspektive nicht.

b) Unionsrechtliche Vorgaben zu der maßgeblichen Beurteilungsperspektive

Um zu beurteilen, ob das berechtigte Geheimhaltungsinteresse in § 2 Nr. 1 lit. c) GeschGehG einem objektiven oder subjektivem Maßstab unterliegt, ist nach den Maßgaben der Richtlinie zu ermitteln. Nach Erwägungsgrund 14 ist ein legitimes Geheimhaltungsinteresse erforderlich.[930] Legitimität bedeutet nach allgemeinem Sprachverständnis, dass ein Sachverhalt gesetzlich oder zumindest nach allgemeiner Überzeugung anerkannt ist und deswegen von der breiten Gesellschaft angenommen wird.[931] Dies spricht gegen eine subjektive Beurteilungsperspektive aus Sicht des Geheimnisinhabers.[932] Ebenso legen die grundsätzlichen Ziele der Richtlinie – Förderung wirtschaftliche Effizienz und Zusammenarbeit innerhalb der Grenzen der

---

925 BT-Ausschuss für Recht und Verbraucherschutz, BT-Drucks. 19/8300, S. 13–14.
926 *Gärtner/Oppermann* BB 35/2019, I, I.
927 Köhler/Bornkamm/Feddersen/*Alexander* § 2 GeschGehG Rn. 77.
928 Im Anklang *Scholtyssek/Judis/Krause* CCZ 2020, 23, 24.
929 Siehe Duden, berechtigt, Bedeutungsübersicht.
930 RL (EU) 2016/943, Erwägungsgrund 14, ABL. EU L 157/4.
931 Siehe Duden, legitim, Bedeutungsübersicht; ähnlich *Baranowski/Glaßl* BB 2016, 2563, 2564.
932 Ähnlich *Baranowski/Glaßl* BB 2016, 2563, 2564.

europäischen Union[933] – nahe, das legitime Geheimhaltungsinteresse anhand eines objektiven Maßstabs zu beurteilen.[934] Es handelt sich um übergreifende, generalisierende Zielsetzungen, die sich einer subjektiven Bewertung des einzelnen Geheimnisinhabers entziehen. Andernfalls würde der Geheimnisschutz ausufern und könnte nicht mehr zu einer geordneten Steigerung der wirtschaftlichen Effizienz beitragen. Unter diesem Gesichtspunkt bedarf es eines objektiven Korrektivs. Dies bekräftigt die gesetzgeberische Erwägung, nach der belanglose Informationen von der Definition ausgeschlossen sein sollen.[935] Diese Einschränkung verdeutlicht, dass nicht jede beliebige Information in den Schutzbereich einbezogen werden kann, nur weil der Informationsinhaber sie für geheimhaltungsbedürftig erachtet. Geschäftsgeheimnisse sind somit objektiv nach einem generalisierenden Maßstab zu bestimmen. In konsequenter Umsetzung dessen ist auch das legitime Geheimhaltungsinteresse objektiv aus der Sicht der Allgemeinheit zu bestimmen.[936]

c) Übernahme der unionsrechtlichen Vorgaben zu Beurteilungsperspektive des Geheimhaltungsinteresses in das Geschäftsgeheimnisgesetz

aa) Verankerung im Wortlaut

Ausweislich der Beschlussempfehlung soll § 2 Nr. 1 lit. c) GeschGehG den Vorgaben des Erwägungsgrundes 14 gerecht werden. Dessen ungeachtet führt der Gesetzgeber nicht das legitime Interesse, sondern mit dem „berechtigten Interesse“ einen abweichenden Wortlaut ein.[937] Auch dabei handelt es sich zwar um einen auslegungsbedürftigen, unbestimmten Rechtsbegriff. Im Unterschied zu dem soeben behandelten „legitimen Interesse“ gemäß Erwägungsgrund 14 lässt sich jedoch nur schwer eine Beurteilungsperspektive entnehmen. Der Formulierung *berechtigt* fehlt im Unterschied zum Begriff *legitim* ein aus sich selbst heraus objektivierbarer Bedeutungsgehalt. Der Wortlaut könnte dahin zu interpretieren sein, dass das Geheimhaltungsinteresse objektiv begründet und aus der Perspektive der Allgemeinheit nachvollziehbar sein muss. Denkbar ist aber auch eine Lesart, nach welcher die Sicht des Geheimnisinhabers maßgeblich ist. Sowohl die objektive als auch die subjektive Beurteilungsperspektive sind grundsätzlich vom Wortlaut des § 2 Nr. 1 lit. c) erfasst, sodass der Bedeutungsgehalt durch weitere Auslegung ermittelt werden muss.

---

933 Vgl. RL (EU) 2016/943, Erwägungsgründe 1, 2, 3, 4, 8, 9.

934 *Hauck,* Stellungnahme zum Referentenentwurf, S. 1; Köhler/Bornkamm/Feddersen/*Alexander* § 2 GeschGehG Rn. 77.

935 Vgl. RL (EU) 2016/943, Erwägungsgrund 14, ABl. EU L 157/4.

936 So wohl auch *Baranowski/Glaßl* BB 2016, 2563, 2565; *Heinzke* CCZ 2016, 179, 182; *Kalbfus* GRUR 2016, 1009, 1011; Köhler/Bornkamm/Feddersen/*Alexander* § 2 GeschGehG Rn. 77; Stellungnahme des Max-Planck-Instituts vom 12.5.2014, GRUR Int. 2014, 554, 556; *Rauer/Eckert* DB 2016, 1239, 1240; *Schmitt* RdA 2017, 365, 369.

937 Köhler/Bornkamm/Feddersen/*Alexander* § 2 GeschGehG Rn. 74; *Preis/Seiwerth* RdA 2019, 351, 353; *Schreiber* NZWiSt 2019, 332, 335.

bb) Wille des Gesetzgebers

Aufschluss kann der gesetzgeberische Wille geben. Nach Vorgabe des Bundesverfassungsgerichts muss dieser unter umfassender Auswertung der Gesetzesmaterialien ermittelt werden.[938] Dabei dürfen insbesondere die Gesetzesbegründung, die darauf gemäß Art. 76 II 2 GG und Art. 76 III 2 GG erfolgten Stellungnahmen des Bundesrates und der Bundesregierung und die Berichte der Ausschüsse einbezogen und der Ermittlung zugrunde gelegt werden.[939] Ausweislich der Begründung der Beschlussempfehlung des BT-Ausschusses für Recht und Verbraucherschutz soll durch § 2 Nr. 1 lit. c) GeschGehG der Rechtsprechung des Bundesverfassungsgerichts nachgekommen werden.[940] Dieses hat entschieden, dass Betriebs- und Geschäftsgeheimnisse in den Schutzbereich des Art. 12 I GG einbezogen sind.[941] Nimmt der Staat Zugriff auf Betriebs- und Geschäftsheimnisse und verlangt deren Offenlegung, kann dies das eigene berufliche Wirken beeinträchtigen, da bestimmte Informationen nicht mehr exklusiv genutzt werden können.[942] In Konsequenz dessen wirkt sich die Bejahung eines berechtigten Geheimhaltungsinteresses mittelbar auch auf den Umfang des Grundrechtsschutzes gemäß Art. 12 I GG aus. Es kann jedoch nicht dem freien Ermessen des Grundrechtsträgers überlassen sein zu entscheiden, ob und inwieweit ein subjektiv eingeschätztes Interesse Grundrechtsschutz begründen soll. Diesem Bedenken entsprechend, wurde in den Anhörungen der Sachverständigen vor dem BT-Ausschuss für Recht und Verbraucherschutz gefordert, das berechtigte Geheimhaltungsinteresse in den Wortlaut der Definition aufzunehmen. Andernfalls nämlich obliege es allein dem Geheimnisinhaber festzulegen, welche Informationen in den Schutzbereich fallen.[943] Legte man dem Erfordernis des berechtigten Geheimhaltungsinteresses einen subjektiven Beurteilungsmaßstab zugrunde, wäre dies keine weiterführende Antwort auf diese Kritik. Einige Stellungnahmen weisen zudem dezidiert darauf hin, dass das berechtigte Geheimhaltungsinteresse objektiv zu verstehen sei.[944] Im Anschluss an diese Kritiken und Stellungnahmen wurde das berechtigte Geheimhaltungsinteresse in den Tatbestand der Legaldefinition aufgenommen, ohne dass eine Klarstellung bezüglich der Beurteilungsperspektive erfolgte. Das kann dahingehend interpretiert werden, dass der Gesetzgeber die Kritik aufgenommen und dementsprechend ein objektiv zu verstehendes Korrektiv in den Tatbestand eingegliedert hat.[945]

---

938 BVerfG NZA 2018, 774, 779 Rn. 73–74.

939 BVerfG NZA 2018, 774, 779 Rn. 73/74; BAG NZA 2019, 455, 461 Rn. 40.

940 BT-Ausschuss für Recht und Verbraucherschutz, BT-Drucks. 19/8300, S. 13–14.

941 BVerfG NVwZ 2006, 1041, 1042 Rn. 84.

942 BVerfG NVwZ 2006, 1041, 1042 Rn. 84.

943 *DGB*, Stellungnahme zur BT-Drucks. 19/4724, S. 5; *Hauck*, Stellungnahme zum Referentenwurf, S. 1; *Hiéramente*, Stellungnahme zur BT-Drucks. 19/4724, S. 6.

944 *DGB*, Stellungnahme zur BT-Drucks. 19/4724, S. 8; *Hauck*, Stellungnahme zum Referentenentwurf, S. 1; *Hiéramente*, Stellungnahme Zur BT-Drucks. 19/4724, S. 6.

945 Ähnlich Köhler/Bornkamm/Feddersen/*Alexander* § 2 GeschGehG Rn. 77.

d) Zwischenergebnis

Die vorstehenden Ergebnisse sind dahingehend zusammenzufassen, dass sowohl die Erläuterungen der unionsrechtlichen Vorgabe als auch die Materialien des Gesetzgebungsprozesses darauf hinweisen, dass das berechtigte Geheimhaltungsinteresse objektiv zu beurteilen ist.[946] Diese Ansicht ist auch mit dem Wortlaut in Einklang zu bringen.

3. Problematik des Abweichens von den unionsrechtlichen Vorgaben

a) Fehlende Übereinstimmung von Art. 2 Nr. 1 RL (EU) 2016/943 und § 2 Nr. 1 lit.c) GeschGehG

Mit der Aufnahme des berechtigten Geheimhaltungsinteresses in die Voraussetzungen der Legaldefinition weicht der Gesetzgeber von den unionsrechtlichen Vorgaben ab.[947] Art. 2 Nr. 1 RL (EU) 2016/943 setzt sich aus lediglich drei Tatbestandsmerkmalen zusammen. Ein berechtigtes oder legitimes Geheimhaltungsinteresse wird tatbestandlich nicht gefordert[948], sondern bei kumulativer Erfüllung der Voraussetzungen des Art. 2 Nr. 1 lit. a-c) RL (EU) 2016/943 vorausgesetzt.[949] Dass die Richtlinie grundsätzlich davon ausgeht, dass ein legitimes Interesse an der Geheimhaltung das Ergebnis der Voraussetzungen der Legaldefinition ist, bedeutet nicht, dass das Merkmal eines „berechtigten" Interesses ohne Weiteres als weitere Voraussetzung in den Gesetzeswortlaut aufgenommen werden durfte.[950] Um die Richtlinienkonformität des § 2 Nr. 1 lit. c) GeschGehG zu beurteilen, muss zunächst dessen Bedeutungsgehalt ermittelt werden.

---

946 Köhler/Bornkamm/Feddersen/*Alexander* § 2 GeschGehG Rn. 77; so wohl auch *Oetker,* FS Hopt 2020, S. 901, 908; im Anklang *Preis/Seiwerth* RdA 2019, 351, 354; *Preis/Temming,* Arbeitsrecht I, S. 253 Rn. 1178; *Schreiber* NZWiSt 2019, 332, 335.

947 BeckOK GeschGehG/*Hiéramente* § 2 Rn. 70; ErfK/*Preis* § 611a BGB Rn. 713; *Gärtner/Oppermann* BB 35/2019, I, I; Köhler/Bornkamm/Feddersen/*Alexander* § 2 GeschGehG Rn. 74; *McGuire,* FS Harte-Bavendamm 2020, S. 367, 372; *Naber/Peukert/Seeger* NZA 2019, 583, 583; *Ohly* GRUR 2019, 441, 443; *Preis/Seiwerth* RdA 2019, 351, 353; *Rönnau,* FS Merkel, S. 909, 915; Scholz/*Rönnau* § 85 GmbHG Rn. 30.

948 BeckOK GeschGehG/*Hiéramente* § 2 Rn. 70; *DGB,* Stellungnahme zu COM (2013) 813 final, S. 2; ErfK/*Preis* § 611a BGB Rn. 713; *Gärtner/Oppermann* BB 35/2019, I, I; Köhler/Bornkamm/Feddersen/*Alexander* § 2 GeschGehG Rn. 74; *Naber/Peukert/Seeger* NZA 2019, 583, 584; *Oetker* ZESAR 2017, 257, 259; *Oetker,* FS Hopt 2020, S. 901, 910; *Preis/Seiwerth* RdA2019, 351, 353; *Rönnau,* FS Merkel, S. 909, 915; im Ergebnis auch *Schabel* CR 2016, 342, 348.

949 Im Ergebnis *Ohly* GRUR 2019, 441, 444–445; ähnlich auch bei *Oetker,* FS Hopt 2020, S. 901, 911.

950 *Preis/Seiwerth* RdA 2019, 351, 353; *Rönnau,* FS Merkel, S. 909, 916.

b) Verschiedene Interpretationsansätze

aa) Tautologische Funktion des berechtigten Geheimhaltungsinteresses

Eine mögliche Interpretation des § 2 Nr. 1 lit. c) GeschGehG ist, dass dieses zusätzliche Tatbestandsmerkmal lediglich die Vorgaben des Erwägungsgrundes 14 tatbestandlich verankert.[951] Danach nämlich besteht bezüglich sämtlicher Informationen, die geheim, daher von kommerziellem Wert und Gegenstand von angemessenen Geheimhaltungsmaßnahmen sind, ein – auf dem gesetzlichen Tatbestand des Art. 2 Nr. 1 RL (EU) 2016/943 basierendes – legitimes Geheimhaltungsinteresse. Dieses Geheimhaltungsinteresse wird somit mit Vorliegen der in den Wortlaut der Richtliniendefinition aufgenommenen Kriterien unwiderleglich vermutet.[952] Das Geschäftsgeheimnisgesetz übernimmt diese in § 2 Nr. 1 lit. a) und b) GeschGehG. Gemäß § 2 Nr. 1 lit. c) GeschGehG muss zwar zusätzlich ein berechtigtes Interesse vorliegen. Gemäß Art. 288 III AUEV sind bei der Auslegung der Norm jedoch die Vorgaben des Erwägungsgrundes 14 zu beachten. Deswegen ergibt sich ein legitimes Geheimhaltungsinteresse schon zwingend aus der positiven Feststellung der ersten drei Voraussetzungen.[953] Das vierte Tatbestandsmerkmal wiederholte dies lediglich, ohne dass Spielraum für ein abweichendes Ergebnis bestünde.[954] Bei einem solchen Verständnis enthielte § 2 Nr. 1 lit. c) GeschGehG lediglich eine Tautologie ohne eigenständigen Regelungsgehalt.[955]

bb) Überschießende Funktion des berechtigten Geheimhaltungsinteresses

Mit Blick auf den fehlenden Mehrwert dieses rein tautologischen Ansatzes ist denkbar, dass § 2 Nr. 1 lit. c) GeschGehG die Möglichkeit eröffnen soll, das berechtigte Geheimhaltungsinteresse unabhängig von den anderen Voraussetzungen und eigenständig zu prüfen.[956] Das Geheimhaltungsinteresse würde in diesem Fall bei

---

951 BeckOK GeschGehG/*Hiéramente* § 2 Rn. 71; *Harte-Bavendamm*/Ohly/Kalbfus § 2 GeschGehG Rn. 69; *Ohly* GRUR 2019, 441, 445; diese Interpretation für möglich erachtend *Gärtner/Oppermann* BB 35/2019, I, I; *McGuire,* FS Harte-Bavendamm 2020, S. 367, 373; *Rönnau,* FS Merkel, S. 909, 916; Scholz/*Rönnau* § 85 GeschGehG Rn. 30.

952 *Oetker,* FS Hopt 2020, S. 901, 911; *Ohly* GRUR 2019, 441, 554; Scholz/*Rönnau* § 85 GmbHG Rn. 30; so wohl auch BeckOK GeschGehG/*Hiéramente* § 2 Rn. 70; diese Interpretation für möglich erachtend *Gärtner/Oppermann* BB 35/2019, I, I; kritisch *Hauck* GRUR-Prax 2019, 223, 224.

953 *Rönnau,* FS Merkel, S. 909, 916; Scholz/*Rönnau* § 85 GmbHG Rn. 30.

954 *Ohly* GRUR 2019, 441, 445; Scholz/*Rönnau* § 85 GmbHG Rn. 30.

955 *Hauck* GRUR-Prax 2019, 223, 224; *Oetker,* FS Hopt 2020, S. 901, 911; diese Interpretation für möglich erachtend *Harte-Bavendamm*/Ohly/Kalbfus § 2 GeschGehG Rn. 69; *McGuire,* FS Harte-Bavendamm 2020, S. 367, 373; *Rönnau,* FS Merkel, S. 909, 916; Scholz/*Rönnau* § 85 GmbHG Rn. 30.

956 *Oetker,* FS Hopt 2020, S. 901, 911; so wohl BeckOK GeschGehG/*Hiéramente* § 2 Rn. 71, diese Interpretation für möglich erachtend *Harte-Bavendamm*/Ohly/Kalbfus

Vorliegen der ersten drei Voraussetzungen lediglich widerleglich vermutet.[957] Konsequenz einer solchen Lösung wäre, dass die Gerichte dem Geheimnisinhaber das berechtigte Geheimhaltungsinteresse absprechen könnten, obwohl die fragliche Information geheim, daher von wirtschaftlichem Wert und Gegenstand von angemessenen Geheimhaltungsmaßnahmen ist. Im Ergebnis hätte dies zur Folge, dass Informationen dem tatbestandlichen Schutz entzogen werden könnten, die nach Konzeption der Richtlinie hingegen einzubeziehen sind. Sachverhalte, die nach der Richtlinie geschützt werden sollten, wären nach innerstaatlicher Beurteilung schutzlos. Dies ist mit dem durch die Richtlinie etablierten Mindestschutzniveau nicht vereinbar. Eine solche Interpretation des berechtigten Geheimhaltungsinteresses ist richtlinienwidrig.[958]

cc) Tatbestandsbegrenzende Funktion des berechtigten Geheimhaltungsinteresses

Neben den vorstehend dargelegten Problemen berücksichtigen diese Interpretationsmöglichkeiten nicht hinreichend, weshalb der Gesetzgeber ein berechtigtes Interesse statt – wie in den Erwägungsgründen erwähnt – ein legitimes Interesse fordert.[959] Mit Blick auf den veränderten Wortlaut könnte § 2 Nr. 1 lit. c) GeschGehG so gelesen werden, dass auch der bezweckte Bedeutungsgehalt über die Inhalte des Erwägungsgrundes 14 hinausgeht. Der gesetzgeberische Wille ist im Wege einer Analyse der Gesetzesmaterialien zu ermitteln.[960] In der Legaldefinition des Regierungsentwurfes wurde das berechtigte Geheimhaltungsinteresse noch nicht als gesondertes Tatbestandsmerkmal genannt. Die Begründung verweist auf Erwägungsgrund 14, wonach Grundlage der Definition von Geschäftsgeheimnissen ist, dass nur Informationen abgedeckt sind, bei denen ein legitimes Interesse an ihrer Geheimhaltung besteht.[961] Somit folgt der deutsche Gesetzgeber im Ausgangspunkt dem Richtliniengesetzgeber insoweit, als der Definition die Überlegung zugrunde liegt, dass bezüglich aller Informationen ein legitimes Geheimhaltungsinteresse besteht, welche die Voraussetzungen nach § 2 Nr. 1 lit. a-b) GeschGehG bzw. Art. 2 Nr. 1 lit. a-c) RL (EU) 2016/943 erfüllen.[962]

---

§ 2 GeschGehG Rn. 69; *McGuire,* FS Harte-Bavendamm 2020, S. 367. 373; *Rönnau,* FS Merkel, S: 909, 916.

957 *Oetker,* FS Hopt 2020, S. 901, 911.

958 *Harte-Bavendamm*/Ohly/Kalbfus § 2 GeschGehG Rn. 69; *Ohly* GRUR 2019, 441, 444–445; *McGuire,* FS Harte-Bavendamm 2020, S. 367, S. 367, 373; *Rönnau,* FS Merkel, S. 909, 916; **a.A.** *Oetker,* FS Hopt 2020, S. 901, 911.

959 *Schreiber* NZWiSt 2019, 332, 335.

960 BVerfG NZA 2018, 774, 779 Rn. 73–74; BAG NZA 2019, 455, 456 Rn. 40.

961 RL (EU) 2016/943, Erwägungsgrund 14, ABL. EU L 157/4; Begr. RegE, BT-Drucks. 19/4724, 21–22.

962 BeckOK GeschGehG/*Hiéramente* § 2 Rn. 70.

Zur Begründung des berechtigten Geheimhaltungsinteresses als Tatbestandsmerkmal verweist der BT- Ausschuss für Recht und Verbraucherschutz neben Erwägungsgrund 14 (RL (EU) 2016/943) auf die Rechtsprechung des Bundesverfassungsgerichts.[963] Die Ausführungen präzisieren jedoch nicht weiter, welche konkrete Entscheidung des Bundesverfassungsgerichts hiermit in Bezug genommen werden sollte.[964] In Betracht kommen insbesondere zwei Entscheidungen[965], in denen sich das Gericht thematisch mit der Schutzwürdigkeit von Rechtsverstößen und dem berechtigten Geheimhaltungsinteresse befasst.

Mit Urteil vom 24.5.2006 hatte das Bundesverfassungsgericht festgestellt, dass „eine Rechtsordnung, die sich ernst nimmt, keine Prämien auf die Missachtung ihrer selbst setzten darf. Sie schafft sonst Anreize zur Rechtsverletzung, diskriminiert rechtstreues Verhalten und untergräbt sich selbst".[966] Daraus ist die Ablehnung der Einbeziehung rechtswidriger Informationen in den Schutz von Betriebs- und Geschäftsgeheimnissen abzuleiten. Vor diesem Hintergrund könnte dem Merkmal des „berechtigten Geheimhaltungsinteresses" der eigenständige Bedeutungsgehalt beigemessen werden, dass die schutzwürdige Information keinen Rechtsverstoß zum Inhalt haben darf.[967] Damit wäre die Frage der Einbeziehung von Informationen über Rechtsverstöße oder missbilligte Verhaltensweisen in den Tatbestand eines Geschäftsgeheimnisses einer endgültigen, und zwar ablehnenden gesetzlichen Klärung zugeführt.[968]

In einer jüngeren Entscheidung vom 7.11.2017 hatte das Bundesverfassungsgericht über das Verhältnis des parlamentarischen Informationsanspruchs gemäß Art. 38 I S. 2, 20 II S. 2 GG und etwaigen entgegenstehenden Geheimhaltungsinteressen zu entscheiden.[969] In diesem Zusammenhang führt das Gericht aus, dass „gegebenenfalls Formen der Informationsvermittlung zu suchen sind, die geeignet sind, das Informationsinteresse des Parlaments unter Wahrung berechtigter Geheimhaltungsinteressen der Regierung zu befriedigen".[970] Danach erweist sich das „berechtigte Geheimhaltungsinteresse" als Korrektiv, welches die grundgesetzlich verankerten Abgeordnetenrechte mit entgegenstehenden Rechtsgütern in Ausgleich zu bringen sucht. Auch auf diese Rechtsprechung könnte der Gesetzgeber rekurriert haben, um die Einführung dieses Merkmals

---

963 Rechtsausschuss, BT-Drucks. 19/8300, S. 14.

964 *Ohly* GRUR 2019, 441, 444; *Preis/Seiwerth* RdA 2019, 351,356.

965 Davon abweichend werden in der Literatur weitere Entscheidungen angeführt BVerfGE 115, 205 (*Schreiber* NZWiSt 2019, 332, 335) und BVerfG NZA 2001, 888 (*Preis/Seiwerth* RdA 2019, 351,356).

966 BVerfGE 116, 24,49.

967 *Alexander*, Wettbewerbsrecht, S. 510 Rn. 1948; *Apel/Walling* DB 2019, 891, 894; *Hauck* GRUR-Prax 2019, 223, 224; Köhler/Bornkamm/Feddersen/*Alexander* § 2 GeschGehG Rn. 78.

968 Dies ablehnend Scholz/*Rönnau* § 85 GmbHG Rn. 26.

969 BVerfG NVwZ 2018, 51 = BVerfGE 147,50.

970 BVerfG NVwZ 2018, 51, 53 Rn. 202 = BVerfGE 147,50.

auch in das Geschäftsgeheimnisgesetz zu begründen. Es muss beachtet werden, dass es sich bei den parlamentarischen Frage- und Informationsrechten gemäß Art. 38 I S. 2 und 20 II S. 2 GG um grundrechtlich verankerte und letztlich auf das Rechtsstaats[971]- und Demokratieprinzip[972] rückführbare Regelungen handelt. Die Sitzungen der Abgeordneten des deutschen Bundestages können in einem besonderen Maße der inneren Struktur und Systematik, auf der die Deutsche Bundesrepublik und deren gesellschaftliches, politisches und rechtsstaatliches Funktionieren basiert, zugeordnet werden. Sie gehören dem Kernbereich des deutschen Staates an. In diesem Zusammenhang wäre es mit einer funktionierenden Rechtsordnung nicht zu vereinbaren, die grundrechtlich gewährleisteten Frage- und Informationsansprüche von Abgeordneten einzuschränken, um Informationen über Rechtsverstöße oder missbiligenswertes Verhalten zurückzuhalten. Auf Grundlage dieser Entscheidung des Bundesverfassungsgerichts kann der Begriff eines berechtigten Geheimhaltungsinteresses aus rechtsstaatlichen Gründen zwingend nur so verstanden werden, dass das berücksichtigungsfähige Interesse eine rechtlich und gesellschaftlich anerkannte Information betreffen muss. Der Verweis auf die beiden Entscheidungen ließe nach all dem die Wertung zu, dass ein „berechtigtes Geheimhaltungsinteresse" nicht bei rechts- bzw. sittenwidrigen Sachverhalten bejaht werden kann.[973]

In diesem Sinne lassen sich auch die Stellungnahmen der Sachverständigen im Rahmen der Anhörung des BT-Ausschusses für Recht und Verbraucherschutz interpretieren. Es wird kritisiert, dass die mangelnde Aufnahme des berechtigten Geheimhaltungsinteresses in den Tatbestand der Legaldefinition dazu führe, dass rechtswidrige Geheimnisse in den Schutzbereich mit einbezogen werden.[974] Im weiteren Verfahren wurde die Legaldefinition des Geschäftsgeheimnisses um eben dieses Tatbestandsmerkmal ergänzt. Ohne entgegenstehende Hinweise in der Gesetzesbegründung kann dies dahin gedeutet werden, dass mit diesem Kriterium sichergestellt werden sollte, Informationen über rechts- bzw. sittenwidrige Sachverhalte nicht unter den Tatbestand des § 2 Nr. 1 GeschGehG zu subsumieren.[975]

---

971 BeckOK Grundgesetz/*Huster/Rux* Art. 20 Rn. 140; Dreier/*Schulze-Fielitz* Art. 38 GG Rn. 38–40,

972 BeckOK Grundgesetz/*Huster/Rux* Art. 20 Rn. 55; *Dreier* Art. 20 GG Rn. 1.

973 Den Ausschluss rechtswidriger Informationen aus dem Tatbestand des § 2 Nr. 1 GeschGehG ablehnend Scholz/*Rönnau* § 85 GmbHG Rn. 26.

974 *DGB*, Stellungnahme zur BT-Drucks. 19/4724, S. 8; *Semsrott*, Stellungnahme zur BT-Drucks. 19/4724, S. 1–2; weiter wurde gefordert, dass die Definition eines Geschäftsgeheimnisses klarstellen müsse, dass rechtswidrige Informationen nicht erfasst sind *IG BAU*, Stellungnahme zum Referentenentwurf des BMJ, S. 2.

975 *Apel/Walling* DB 891, 894; *Hauck* GRUR-Prax 2019, 223, 224; *Krüger/Wiencke/Koch* GRUR 2020, 578, 582; **a.A.** Scholz/*Rönnau* § 85 GmbHG Rn. 26.

c) Abschließende Bewertung der dargestellten Interpretationsansätze

aa) Eigene Stellungnahme zu § 2 Nr. 1 lit. c) GeschGehG

Ein Verständnis des § 2 Nr. 1 lit. c) GeschGehG, wonach das Merkmal lediglich die Vorgaben aus Erwägungsgrund 14 in tatbestandliche Form gießt, ist abzulehnen. Dem berechtigten Geheimhaltungsinteresse käme danach keine eigenständige Bedeutung zu, da sich bereits aus den § 2 Nr. 1 a) und b) GeschGehG ergibt, dass der Wunsch, die fragliche Information geheim zu halten, legitim ist.[976] Dem kann auch nicht dadurch abgeholfen werden, dass die Prüfung des Geheimhaltungsinteresses von den übrigen Tatbestandsmerkmalen losgelöst wird. Ein solches Verständnis wäre mit den unionsrechtlichen Vorgaben nicht zu vereinbaren.[977] Es verletzte das Gebot der richtlinienkonformen Auslegung gemäß Art. 288 III AEUV, nach dem das nationale Recht nicht so ausgelegt werden darf, dass es Wortlaut und Zweck unionsrechtlicher Richtlinien widerspricht.[978] Deswegen ist ein solches Verständnis abzulehnen.

Ein richtlinienkonformes Verständnis des Tatbestandsmerkmals „berechtigtes Geheimhaltungsinteresse" bietet indessen die an dritter Stelle vorgestellte Interpretationsmöglichkeit. Danach erfordert § 2 Nr. 1 lit. c) GeschGehG ein „berechtigtes Interesse" im Sinne eines rechtmäßigen Geheimhaltungsinteresses.[979] Dieses vereint zwei Voraussetzungen. Zunächst müssen die – nach altem Recht bekannten – Anforderungen an ein objektives Geheimhaltungsinteresse vorliegen. Dies ist zu bejahen, wenn sich die fragliche Information auf die Wettbewerbsposition des Unternehmensinhabers auswirkt oder diesen sonst wie zu schädigen vermag.[980] Davon ist nun stets auszugehen, wenn die Voraussetzungen gemäß § 2 Nr. 1 lit. a) und b) GeschGehG vorliegen und bedarf keiner gesonderten Prüfung mehr. Des Weiteren ist ein rechtmäßiges Geheimhaltungsinteresse erforderlich. Dies ist ausgeschlossen, wenn die Information einen rechtswidrigen oder gesellschaftlich missbilligten Sachverhalt betrifft.[981] Der rechtliche Schutz nach dem

---

976 *Harte-Bavendamm*/Ohly/Kalbfus § 2 GeschGehG Rn. 69; *Oetker*, FS Hopt 2020, S. 901, 911.

977 *Harte-Bavendamm*/Ohly/Kalbfus § 2 GeschGehG Rn. 69.

978 EuGH NJW 1984, 2021, 2022; EuGH NJW 2006, 2465, 2467 Rn. 108; ErfK/*Höpfner* Art. 2888 AEUV Rn. 42ff.; *Streinz*, Europarecht, S. 175 Rn. 503; *Vedder*/Heintschel von Heinegg, Europäisches Unionsrecht Art. 288 Rn. 31.

979 *Apel/Walling* DB 2019, 891, 894; Köhler/Bornkamm/Feddersen/*Alexander* § 2 GeschGehG Rn. 78; *Krüger/Wiencke/Koch* GRUR 2020, 578, 582; *Schreiber* NZWiSt 2019, 332, 335; im Ansatz *Ohly* GRUR 2019, 441, 443.

980 *Reinfeld*, Das neue Gesetz zum Schutz von Geschäftsgeheimnissen, S. 36; ähnlich *Ohly* GRUR 2019. 441, 443.

981 *Alexander*, Wettbewerbsrecht, S. 509 Rn. 1944ff.; *Apel/Walling* DB 2019, 891, 894; DKW/*Buschmann* § 79 BetrVG Rn. 9; ErfK/*Preis* § 611a BGB Rn. 713; *Hauck* GRUR-Prax 2019, 223, 224; Köhler/Bornkamm/Feddersen/*Alexander* § 2 GeschGehG Rn. 78; *Krüger/Wiencke/Koch* GRUR 2020, 578, 582; *Preis/Temming*, Arbeitsrecht I, S. 253 Rn. 1178; *Schreiber* NZWiSt 2019, 332, 335; im Ansatz *Ohly* GRUR 2019, 441, 443;

Geschäftsgeheimnisgesetz gilt nicht für die Geheimhaltung von Gesetzesverstößen oder sittlichem Fehlverhalten.[982]

bb) Auseinandersetzung mit dem abweichenden Ansatz der Literatur

In der Literatur wird die Frage, ob der Einbeziehung rechts- bzw. sittenwidriger Sachverhalte in den Tatbestand eines geschützten Geschäftsgeheimnisses oftmals dogmatisch dem Erfordernis des wirtschaftlichen bzw. kommerziellen Werts der Information zugeordnet.[983] Informationen über Rechtsverstöße in Unternehmen haben keinen positiven Handelswert und könnten bereits deswegen tatbestandlich nicht geschützt sein.[984] Dem kann nach den herausgearbeiteten Ergebnissen nicht gefolgt werden. Ungeachtet des engeren Begriffsverständnisses der Richtlinie ist eine Information nach dem Regelungsgehalt des § 2 Nr. 1 lit. a) Hs. 2 GeschGehG nicht nur dann von wirtschaftlichem Wert, wenn sie einen tatsächlichen oder potenziellen Handelswert verkörpert. Darüber hinaus genügen auch mittelbare wirtschaftliche Auswirkungen, die sich zum Beispiel daraus ergeben können, dass das Bekanntwerden der fraglichen Information das Potential birgt, die Unternehmenstätigkeit negativ zu beeinflussen.[985] Dringen Information über Rechtsverstöße oder gesellschaftlich missbilligte Vorgänge in einer geschäftlichen Organisationseinheit nach außen, kann dies erhebliche schädigende Auswirkungen bezüglich der Unternehmensreputation oder der Stellung im Wettbewerb mit sich führen.[986] Ein wirtschaftlicher Wert kann solchen Informationen durchaus zugesprochen

---

zurückhaltend *McGuire,* FS Harte-Bavendamm 2020, S. 367, 380; **a.A.** MüKoStGB/*Joecks/Miebach* § 23 GeschGehG Rn. 41; *Reinfeld,* Das neue Gesetz zum Schutz von Geschäftsgeheimnissen, S. 37; *Rönnau,* FS Merkel, S. 909, 917.

982 *Alexander,* Wettbewerbsrecht, S. 509 Rn. 1944ff.; *Apel/Walling* DB 2019, 891, 894; DKW/*Buschmann* § 79 BetrVG Rn. 9; ErfK/*Preis* § 611a BGB Rn. 713; *Hauck* GRUR-Prax 2019, 223, 224; Köhler/Bornkamm/Feddersen/*Alexander* § 2 GeschGehG Rn. 78; *Krüger/Wiencke/Koch* GRUR 2020, 578, 582; *Preis/Temming,* Arbeitsrecht I, S. 253 Rn. 1178; *Schreiber* NZWiSt 2019, 332, 335; zurückhaltend *McGuire,* FS Harte-Bavendamm 2020, S. 367, 380; *Oetker,* FS Hopt 2020, S. 901, 905ff.; **a.A.** BeckOK GeschGehG/*Hiéramente* § 2 Rn. 73; MüKoStGB/*Joecks/Miebach* § 23 GeschGehG Rn. 41; *Reinfeld,* Das neue Gesetz zum Schutz von Geschäftsgeheimnissen, S. 37; *Rönnau,* FS Merkel, S. 909, 917.

983 *Alexander* WRP 2017, 1034, 1039; *Harte-Bavendamm*/Ohly/Kalbfus § 2 GeschGehG Rn. 39; *McGuire,* FS Harte-Bavendamm 2020, S. 367, 378–380; *Ohly* GRUR 2019, 441, 444; *Passarge* CB 2018, 144, 145; *Schmitt* RdA 2017, 365, 369–

984 *Passarge* CB 2018, 144, 145; *McGuire,* FS Harte-Bavendamm 2020, S. 367, 378–380, darauf abstellend, dass sich das Interesse an der Geheimhaltung zumindest nicht nur aus der Vermeidung von Schäden ergeben darf; *Schmitt* RdA 2017, 365, 369; **a.A.** *Böning/Heidfeld* AuR 2018, 555, 556; *Ohly* GRUR 2019, 441, 444.

985 So im Ansatz auch *Böning/Heidfeld* AuR 2018, 555, 556.

986 Köhler/Bornkamm/Feddersen/*Alexander* § 2 GeschGehG Rn. 79; *Rönnau,* FS Merkel, S. 909, 917.

werden.[987] Aus dem Tatbestand eines rechtlich geschützten Geschäftsgeheimnisses können diese methodisch überzeugender über die Verneinung eines nach objektiven Kriterien zu beurteilenden berechtigten Geheimhaltungsinteresses ausgeschlossen werden.[988]

d) Richtlinienkonformität des präferierten Interpretationsansatzes

aa) Vorgaben der RL (EU) 2016/943 zur Einbeziehung von rechtswidrigen Sachverhalten

Der soeben für vorzugswürdig befundene Interpretationsansatz würde dennoch nicht in Betracht kommen, wenn dem Wortlaut, Systematik, Zielsetzung und/oder die Erwägungsgründe der Geheimnisschutz-Richtlinie entgegenstehen. Die dortige Legaldefinition beinhaltet ein mit § 2 Nr. 1 lit. c) GeschGehG vergleichbares Tatbestandsmerkmal nicht.[989] Darüber hinaus bestimmen weder der gesetzliche Wortlaut in Art. 2 Nr. 1 lit. c) RL (EU) 2016/943 noch die Erwägungsgründe ausdrücklich, dass rechtswidrige Sachverhalte aus dem Geheimnisschutz ausgenommen sind. Allein der Umstand, dass sich dies in ausdrücklichen Regelungen nicht widerspiegelt, führt nicht zwangsläufig zu der umgekehrten Schlussfolgerung, dass auch rechtswidrige Sachverhalte dem Schutzbereich unterfallen müssen[990].

In der Literatur wird diese Frage uneinheitlich beantwortet.[991] Eine Meinungsgruppe tendiert dahin, derartigen Informationen den tatbestandlichen Schutz als Geschäftsgeheimnis im Sinne des Art. 2 Nr. 1 RL (EU) 2016/943 zu versagen.[992]

---

987 *Böning/Heidfeld* AuR 2018, 555, 556; *Harte-Bavendamm/*Ohly/Kalbfus § 2 GeschGehG Rn. 39; *Hiéramente,* Stellungnahme zur BT-Drucks. 19/4724, S. 3; Köhler/Bornkamm/Feddersen/*Alexander* § 2 GeschGehG Rn. 79.

988 *Alexander,* Wettbewerbsrecht, S. 509 Rn. 1944ff.; *Apel/Walling* DB 2019, 891, 894; DKW/*Buschmann* § 79 BetrVG Rn. 9; ErfK/Preis § 611a BGB Rn. 713; Hauck GRUR-Prax 2019, 223, 224; Köhler/Bornkamm/Feddersen/*Alexander* § 2 GeschGehG Rn. 79; *Schreiber* NZWiSt 2019, 332, 335; einschränkend, *McGuire,* FS Harte-Bavendamm 2020, 367, 380; wohl auch *Preis/Temming,* Arbeitsrecht I, S. 253 Rn. 1178; kritisch *Dann/Markgraf* NJW 2019, 1174, 1776; **a.A.** BeckOK GeschGehG/*Hiéramente* § 2 Rn. 72ff.; MüKoStGB/*Joecks/Miebach* § 23 GeschGehG Rn. 41; *Ohly* GRUR 2019, 441, 444; *Reinfeld,* Das neue Gesetz zum Schutz von Geschäftsgeheimnissen, S. 37; *Rönnau,* FS Merkel, S. 909, 917.

989 BeckOK GeschGehG/*Hiéramente* § 2 GeschGehG Rn. 70; ErfK/*Preis* § 611a BGB Rn. 713; Köhler/Bornkamm/Feddersen/*Alexander* § 2 GeschGehG Rn. 74; *Oetker* ZESAR 2017, 257, 261; *Preis/Seiwerth* RdA 2019, 351, 353; *Reinfeld,* Das neue Gesetz zum Schutz von Geschäftsgeheimnissen, S. 37.

990 EuArbRK/*Schubert* RL (EU) 2016/943 Art. 2 Rn. 10.

991 Dargestellt bei *Oetker,* FS Hopt 2020, S. 901, 906–907.

992 *Alexander* WRP 2017, 1034, 1039; EuArbRK/*Schubert* RL (EU) 2016/943 Art. 2 Rn. 10ff.; *Hauck* WRP 2018, 1032, 1034f.; *Kalbfus* GRUR 2016, 1009, 1011; *Lejeune* CR 2016, 330, 333; *McGuire,* FS Harte-Bavendamm 2020, S. 367, 380; *Schmitt* RdA 2017, 365, 369;

Dies wird mit der Kommentierung in Erwägungsgrund 14 begründet.[993] Die tradierten Voraussetzungen des berechtigten Geheimhaltungsinteresses ergäben sich nunmehr über den gemäß Art. 2 Nr. 1 lit. b) RL (EU) 2016/943 geforderten kommerziellen Wert.[994] Teilweise wird auch vertreten, die angemessenen Geheimhaltungsmaßnahmen seien Ausdruck des berechtigten Geheimhaltungsinteresses.[995] Nach anderer Ansicht können grundsätzlich auch rechtlich bemakelte Sachverhalte dem Schutz der Richtlinie zumindest auf tatbestandlicher Ebene unterfallen.[996] Unabhängig von der Frage, ob bereits die Richtlinie das objektiv berechtigte Geheimhaltungsinteresse als ungeschriebenes, jedoch normativ verankertes Tatbestandsmerkmal voraussetzt, dürfen die Mitgliedsstaaten von der Richtliniendefinition grundsätzlich abweichen. Dabei darf der vermittelte Schutz jedoch nicht eingeschränkt werden.[997] Aufgrund dessen wäre die soeben vorgestellte Interpretation des § 2 Nr. 1 lit. c) GeschGehG bereits dann richtlinienkonform, wenn der Geheimnisschutz-Richtlinie im Übrigen die Wertung entnommen werden kann, dass rechts- bzw. sittenwidrige Sachverhalte bereits nicht dem tatbestandlichen Geheimnisschutz unterfallen. Dies muss im Wege der Auslegung ermittelt werden.

Erwägungsgrund 14 beschreibt den Schutzbereich der Geschäftsgeheimnisse dahingehend, dass nur Informationen, an denen ein legitimes Geheimhaltungsinteresse besteht, geschützt sein sollen.[998] Oben wurde dargelegt, dass Legitimität begrifflich mit der gesetzlichen oder allgemeinen gesellschaftlichen Anerkennung eines Sachverhalts verbunden ist.[999] Es ergibt sich kein Anhaltspunkt dafür, dass der Unionsgesetzgeber dies anders versteht. „Rechtswidrige Geheimnissachverhalte" sind mit einem solchen Begriffsverständnis nicht vereinbar.[1000] Entsprechendes gilt,

---

993 *Hauck* WRP 2018, 1032, 1034; *Schmitt* RdA 2017, 365, 369.

994 *Alexander* WRP 2017, 1034; 1039; *Heinzke* CCZ 2016, 179, 182; *Kalbfus* GRUR 2016, 1009, 1011; *Rauer/Eckert* DB 2016, 1239, 1240; *Schmitt* RdA 2017, 365, 369; so wohl auch *McGuire,* FS Harte-Bavendamm 2020, S. 367, 378–380.

995 *Lejeune* CR 2016, 330, 333.

996 *Gaugenrieder* BB 2014, 1987, 1988; *Harte-Bavendamm*/Ohly/Kalbfus § 2 GeschGehG Rn. 39; *Oetker* ZESAR 2017, 257, 261; *Rauer* GRUR-Prax 2014, 2, 2; *Reinbacher* KriPoZ 2018, 115, 119; *Rody,* Der Begriff und die Rechtsnatur von Geschäfts- und Betriebsgeheimnissen unter Berücksichtigung der Geheimnisschutz-Richtlinie, S. 126ff.; *Rönnau,* FS Merkel, S. 909, 916; *Schnabel* CR 2016, 342, 348; *Wiese,* Die EU-Richtlinie über den Schutz vertraulichen Know-hows und vertraulicher Geschäftsinformationen, S. 48; so wohl auch *Reinfeld,* Das neue Gesetz zum Schutz von Geschäftsgeheimnissen, S. 26.

997 Zu der Harmonisierungsintensität des Art. 2 Nr. 1 RL (EU) 2016/943, siehe Teil 2, § 6, B., III., 4., S. 172f.

998 RL (EU) 2016/943, Erwägungsgrund 14, ABl. EU L 157/4.

999 Im Ergebnis auch *Hauck* WRP 2018, 1032, 1034.

1000 *Alexander* WRP 2017, 1034, 1038; *Hauck* GRUR-Prax 2019, 223, 224; *Hauck,* Stellungnahme zum Referentenentwurf, S. 1–2; *Hauck* WRP 2018, 1032, 1034; Köhler/Bornkamm/Feddersen/*Alexander* § 2 GeschGehG Rn. 78; *Schreiber* NZWiSt 2019,

soweit Erwägungsgrund 14 schützenswerte Informationen unmittelbar mit einem Handelswert verknüpft. Im Rahmen vorheriger Untersuchungen wurde bereits festgestellt, dass dieser voraussetzt, dass die schützenswerte Information einen verkehrsfähigen, wirtschaftlichen Wert verkörpert.[1001] Nach der Auffassung des Verkehrs kommt rechtswidrigen Sachverhalten ein Handelswert in diesem Sinne nicht zu.[1002] Zwar mag es möglich sein, auch diese gewinnbringend zu veräußern bzw. weiterzugeben. Eine solche Verwertung erweist sich aber selbst als regelmäßig rechtswidrig und damit nicht als Bestandteil der von der Wirtschaftsordnung akzeptierten Handelsgüter.[1003]

Dem entspricht der Richtlinienzweck.[1004] Nach der Intention des Richtliniengebers soll der Geheimnisschutz harmonisiert werden, um wirtschaftliche Innovationstätigkeit durch grenzüberschreitende Zusammenarbeit von Unternehmen zu fördern und mittelbar den Binnenmarkt zu stärken.[1005] Diese Ziele lassen sich schwerlich mit allgemein bemakelten, weil rechts- oder sittenwidrigen Verhaltensweisen in Übereinstimmung bringen.[1006] Der Binnenmarkt fußt auf einem von den Mitgliedsstaaten verhandelten Normengefüge, wonach sich wirtschaftliche Betätigung innerhalb eines rechtlichen Rahmens vollziehen soll. Rechtswidrige und letztlich gemeinschaftsschädliche Verhaltensweisen kann darin kein berechtigter Raum zugewiesen sein.[1007] Ziel und Zweck der Richtlinie stehen deshalb einem Ausschluss rechtswidriger Sachverhalte aus dem Schutzbereich des § 2 Nr. 1 GeschGehG nicht entgegen.[1008]

332, 334; **a.A.** *Harte-Bavendamm*/Ohly/Kalbfus § 2 GeschGehG Rn. 39; *Hiéramente,* Stellungnahme zur BT-Drucks. 19/4724, S. 4.

1001 Zu dem Bedeutungsgehalt des Merkmals „Kommerzieller Wert" in Art. 2 Nr. 1 lit. b) RL (EU) 2016/943, siehe Teil 2, § 6, B., III., 2., S. 166ff.; *McGuire,* FS Harte-Bavendamm 2020, S. 367, 379.

1002 *Alexander* WRP 2017, 1034, 1039; *Hauck* WRP 2018, 1032, 1034; *Kalbfus* GRUR 2016, 1009, 1011; *Schreiber* NZWiSt 2019, 332, 335; *Schmitt* RdA 2017, 365, 369; so auch *McGuire,* FS Harte-Bavendamm 2020, S. 367, 379.

1003 *Hauck,* Stellungnahme zum Referentenentwurf, S. 2.

1004 *Hauck* WRP 2018, 1032, 1034; *McGuire,* FS Harte-Bavendamm 2020, S. 367, 379; **a.A.** Scholz/*Rönnau* § 85 GmbHG Rn. 30.

1005 *McGuire,* FS Harte-Bavendamm 2020, S. 367, 379.

1006 *Hauck* GRUR-Prax 2019, 223, 224; *Hauck,* Stellungnahme zum Referentenentwurf, S. 2; *Hauck* WRP 2018, 1032, 1034–1035; ähnlich *McGuire,* FS Harte-Bavendamm 2020, S. 367, 379.

1007 *Hauck* GRUR-Prax 2019, 223, 224; *Hauck,* Stellungnahme zum Referentenentwurf, S. 2.

1008 *Böning/Heidfeld* AuR 2018, 555, 556; DKW/*Buschmann* § 79 BetrVG Rn. 8; EuArbRK/*Schubert* RL (EU) 2016/943 Art. 2 Rn. 12; *Hauck* GRUR-Prax 2019, 223, 224; *Hauck,* Stellungnahme zum Referentenentwurf, S. 2; *Hauck* WRP 2018, 1032, 1034–1035; *Schmitt* RdA 2017, 365, 369; *Schreiber* NZWiSt 2019, 332, 334; *Semsrott,* Stellungnahme zur BT-Drucks. 19/4724, S. 2; überwiegend *McGuire,* FS Harte-Bavendamm 2020, S. 367, 378–380; **a.A.** *Harte-Bavendamm*/Ohly/Kalbfus § 2 GeschGehG Rn. 39;

bb) Vereinbarkeit mit § 5 Nr. 2 GeschGehG

In der Literatur wird diskutiert, ob der Ausschluss rechtswidriger Geheimnisse unter systematischen Gesichtspunkten mit § 5 Nr. 2 GeschGehG bzw. Art. 5 lit. b) RL (EU) 2016/943 zu vereinbaren ist.[1009] Danach nämlich gäbe es Konstellationen, in denen Erlangung, Nutzung und Offenlegung von Informationen über rechtswidriges Handeln erst auf einer dem Tatbestand nachgelagerten Ebene von rechtlichem Schutz ausgenommen werden.[1010] Dieser Einwand erweist sich jedoch als nicht stichhaltig.[1011] Die Richtlinienbegründung konkretisiert Art. 5 lit. b) RL (EU) 2016/943 dahingehend, dass sich der Schutz von Geschäftsgeheimnissen nicht auf Fälle erstrecken soll, in denen die Offenlegung eines Geschäftsgeheimnisses dazu dient, ein regelwidriges Verhalten oder eine illegale Tätigkeit von unmittelbarer Relevanz aufzudecken.[1012] Diese Erläuterung zeigt, dass das Geschäftsgeheimnis und das rechtswidrige Verhalten nicht zwingend deckungsgleich sein müssen.[1013] Vielmehr geht es um Konstellationen, in denen ein Geschäftsgeheimnis offenbart wird

---

Hiéramente, Stellungnahme zur BT-Drucks. 19/4724, S. 4; *Rönnau,* FS Merkel, S. 909, 918; kritisch *Naber/Peukert/Seeger* NZA 2019, 583, 584; *Ohly* GRUR 2019, 441, 444.

1009 *Alexander* AfP 2019, 1, 5; *Alexander,* Wettbewerbsrecht, S. 510 Rn. 1948; BeckOK GeschGehG/*Hiéramente* § 2 Rn. 73; Büscher/*McGuire* § 5 GeschGehG Rn. 22; *Dann/Markgraf* NJW 2019, 1774, 1776; EuArbRK/*Schubert* (EU) 2016/943 Art. 2 Rn. 11; *Harte-Bavendamm*/Ohly/Kalbfus § 2 GeschGehG Rn. 39 u. 67; *Hiéramente,* Stellungnahme zur BT-Drucks. 19/4724, S. 4; Köhler/Bornkamm/Feddersen/*Alexander* § 2 GeschGehG Rn. 79; MüKoStGB/*Joecks/Miebach* § 23 GeschGehG Rn. 41; *Oetker* ZESAR 2017, 257, 262; *Ohly* GRUR 2019, 441, 444; *Reinbacher* KriPoZ 2018, 115, 119; *Reinfeld,* Das neue Gesetz zum Schutz von Geschäftsgeheimnissen, S. 37; *Rönnau,* FS Merkel, S. 909, 917–918; *Schmitt* RdA 2017, 365, 369; Scholz/*Rönnau* § 85 GmbHG Rn. 26; *Wiese,* Die EU-Richtlinie über den Schutz vertraulichen Know-hows und vertraulicher Geschäftsinformationen, S. 47.

1010 *Alexander* AfP 2019, 1, 5; EuArbRK/*Schubert* RL (EU) 2016/943 Art. 2 Rn. 11; *Harte-Bavendamm*/Ohly/Kalbfus § 2 GeschGehG Rn. 39; *Schmitt* RdA 2017, 365, 369; *Reinfeld,* Das neue Gesetz zum Schutz von Geschäftsgeheimnissen, S. 37; *Rönnau,* FS Merkel, S. 909, 917–918; *Wiese,* Die EU-Richtlinie über den Schutz vertraulichen Know-hows und vertraulicher Geschäftsinformationen, S. 47.

1011 Büscher/*McGuire* § 5 GeschGehG Rn. 22; EuArbRK/*Schubert* RL (EU) 2016/943 Art. 2 Rn. 12; Köhler/Bornkamm/Feddersen/*Alexander* § 2 GeschGehG Rn. 79; *Schmitt* RdA 2017, 365, 369; **a.A.** *Reinbacher* KriPoZ 2018, 115, 119.

1012 Vgl. RL (EU) 2016/943, Erwägungsgrund 20, ABl. EU L 157/5; *Schmitt* RdA 2017, 365, 369; *Wiese,* Die EU-Richtlinie über den Schutz vertraulichen Know-hows und vertraulicher Geschäftsinformationen

1013 Büscher/*McGuire* § 5 GeschGehG Rn. 22; Köhler/Bornkamm/Feddersen/*Alexander* § 2 GeschGehG Rn. 79; *Schmitt* RdA 2017, 365, 369; *Wiese,* Die EU-Richtlinie über den Schutz vertraulichen Know-hows und vertraulicher Geschäftsinformationen, S. 47.

und dadurch weiterführende rechtswidrige Handlungen aufgedeckt werden.[1014] Es ist deshalb zu differenzieren.[1015] Sofern sich die geheime Information und der Rechtsverstoß decken, ist bereits der Tatbestand gemäß § 2 Nr. 1 GeschGehG zu verneinen. § 5 Nr. 2 GeschGehG wird nicht mehr relevant.[1016] Hat die Offenbarung eines Geschäftsgeheimnisses lediglich zwingend zur Folge, dass davon unterschiedene, mit dem Geheimnissachverhalt selbst nicht identische Rechtsverstöße ans Licht kommen, liegt auf erster Ebene ein tatbestandlich geschütztes Geschäftsgeheimnis vor. Dessen Offenbarung kann jedoch in den Anwendungsbereich des § 5 Nr. 2 GeschGehG fallen.[1017]

Eine solche Differenzierung nach dem vorstehend vorgestellten Konzept verdeutlicht die österreichische Umsetzung der Richtlinie. Gemäß § 26 d III Nr. 2 lit. b) UWG-Ö sind Erwerb, Nutzung und Offenlegung eines Geschäftsgeheimnisses rechtmäßig, wenn dies erfolgt „(...) zur Aufdeckung einer rechtswidrigen Handlung *in Verbindung* mit einem beruflichen Fehlverhalten oder einer illegalen Tätigkeit *im Zusammenhang mit dem Geschäftsgeheimnis,* sofern die Person, welche das Geschäftsgeheimnis erwirbt, nutzt, oder offenlegt, in der Absicht gehandelt hat, das allgemeine öffentliche Interesse zu schützen". Dies lässt ein tatbestandliches rechtmäßiges Geschäftsgeheimnis zu, dessen Erwerb, Nutzung und Offenlegung allein durch die Verbindung mit einem rechtswidrigen Sachverhalt dann entsprechend Art. 5 lit. b) RL (EU) 2016/943 legitimiert sein soll. Im Ergebnis kann das Erfordernis eines berechtigten Interesses als richtlinienkonform gewertet werden.[1018]

1014 Büscher/*McGuire* § 5 GeschGehG Rn. 22; *Schmitt* RdA 2017, 365, 369; *Wiese,* Die EU-Richtlinie über den Schutz vertraulichen Know-hows und vertraulicher Geschäftsinformationen, S. 47.

1015 Büscher/*McGuire* § 5 GeschGehG Rn. 22; *Schmitt* RdA 2017, 365, 369; *Wiese,* Die EU-Richtlinie über den Schutz vertraulichen Know-hows und vertraulicher Geschäftsinformationen, S. 47.

1016 Büscher/*McGuire* § 5 GeschGehG Rn. 22; **a.A** *Reinfeld,* Das neue Gesetz zum Schutz von Geschäftsgeheimnissen, S. 37.

1017 Büscher/*McGuire* § 5 GeschGehG Rn. 22; Köhler/Bornkamm/Feddersen/*Alexander* § 2 GeschGehG Rn. 79; *Schmitt* RdA 2017, 365, 369.

1018 BeckOK GeschGehG/*Hiéramente* § 2 Rn. 70; ErfK/*Preis* § 611a BGB Rn. 713; *Naber/Peukert/Seeger* NZA 2019, 583, 584; *Ohly* GRUR 2019, 441, 444; kritisch *Harte-Bavendamm*/Ohly/Kalbfus § 2 GeschGehG Rn. 68–69; *Hauck* GRUR-Prax 2019, 223, 224; Köhler/Bornkamm/Feddersen/*Alexander* § 2 GeschGehG Rn. 74ff.; *Oetker,* FS Hopt 2020, S. 901, 910–911; kritisch *Ohly,* FS Harte-Bavendamm 2020, S. 385, 386; *Preis/Seiwerth* RdA 2019, 351, 353f; offenlassend *Dann/Markgraf* NJW 2019, 1774, 1776; *Scholtyssek/Judis/Krause* CCZ 2020, 23, 24; **a.A.** *Gärtner/Oppermann* BB 35/2019, I, I; *McGuire,* FS Harte-Bavendamm 2020, S. 367, 373; *Rönnau,* FS Merkel, S. 909, 916.

VI. Zusammenfassung und abschließende Bewertung der Legaldefinition eines Geschäftsgeheimnisses in § 2 Nr. 1 GeschGehG

Im Ergebnis lässt sich festhalten, dass die Legaldefinition in § 2 Nr. 1 GeschGehG sowohl in sprachlicher als auch in systematischer Hinsicht von den Vorgaben des Art. 2 Nr. 1 RL (EU) 2016/943 abweicht. Während die in Art. 2 Nr. 1 lit. a) RL (EU) 2016/943 geforderte Geheimheit der Informationen und die gemäß Art. 2 Nr. 1 lit. c) RL (EU) 2016/943 erforderlichen angemessenen Geheimhaltungsmaßnahmen mit lediglich kleineren sprachlichen Differenzen in § 2 Nr. 1 lit. a) Hs. 1 GeschGehG und § 2 Nr. 1 lit. b) GeschGehG abgebildet sind, entsprechen die weiteren Tatbestandsmerkmale der Legaldefinition nicht der unionsrechtlichen Vorgabe.

Wie aufgezeigt, ist der Begriff des wirtschaftlichen Werts in § 2 Nr. 1 lit. a) Hs. 2 GeschGehG weiter als der durch den Unionsgesetzgeber in Art. 2 Nr. 1 lit. b) RL (EU) 2016/943 vorgegebene kommerzielle Wert. Im Rahmen der Untersuchungen wurde herausgearbeitet, dass Art. 2 Nr. 1 RL (EU) 2016/943 nicht veränderungsfest ausgestaltet ist. Die Mitgliedsstaaten haben die Möglichkeit, einen weiteren Schutz zu etablieren. Dies ist mit § 2 Nr. 1 lit. a) Hs. 2 GeschGehG erfolgt, sodass auch das Erfordernis des wirtschaftlichen Werts als richtlinienkonform bewertet werden kann.

Die gewichtigste Abweichung von den unionsrechtlichen Vorgaben wurde in § 2 Nr. 1 lit. c) GeschGehG und dem dort geforderten berechtigten Interesse an der Geheimhaltung erkannt. Art. 2 Nr. 1 RL (EU) 2016/943 enthält diesbezüglich keine entsprechende Vorgabe. Im Rahmen vorstehender Untersuchung wurde das Tatbestandsmerkmal dahingehend interpretiert, dass über das berechtigte Geheimhaltungsinteresse in § 2 Nr. 1 lit. c) GeschGehG ein Ausschluss von Informationen über rechtswidrige Sachverhalte erfolgt. Wie dargestellt, entspricht dies der teleologischen Konzeption der Geheimnisschutz-Richtlinie, weshalb diese einer solchen Interpretation nicht entgegensteht. Damit ist auch § 2 Nr. 1 lit. c) GeschGehG mit den unionsrechtlichen Vorgaben vereinbar.[1019]

Insgesamt zeigen die vorstehenden Untersuchungen, dass die innerstaatlichen Abweichungen von den Vorgaben des Art. 2 Nr. 1 RL (EU) 2016/943 zwar rechtlichen Klärungsbedarf auslösen. Im Ergebnis hat der deutsche Gesetzgeber jedoch mit den Tatbestandsmerkmalen des § 2 Nr. 1 GeschGehG eine richtlinienkonforme Legaldefinition geschaffen. Der Begriff des *Geschäftsgeheimnisses* wurde damit zugleich erstmalig einer gesetzlichen Grundlage zugeführt.

1019 Kritisch *Harte-Bavendamm*/Ohly/Kalbfus § 2 GeschGehG Rn. 68–69.

§ 7 Zusammenspiel von unionsrechtlich bzw. innerstaatlich zugelassenen und inkriminierten Möglichkeiten auf Geschäftsgeheimnisse einzuwirken

A. Einführung in die systematische Darstellung

Die Richtlinie (EU) 2016/943 benennt mit dem Erwerb, der Nutzung und der Offenlegung drei Möglichkeiten, auf Geschäftsgeheimnisse einzuwirken. Dies wird in der Literatur als Handlungstrias bezeichnet. Wie Geschäftsgeheimnisse rechtmäßig erworben, genutzt und offengelegt werden können, lässt sich Art. 3 RL (EU) 2016/943 entnehmen. Art. 4 RL (EU) 2016/943 regelt anschließend unter welchen Voraussetzungen die gesetzlich vorgesehenen Umgangsformen als rechtswidrig bewertet werden müssen. Dem Geschäftsgeheimnisgesetz liegt ebenfalls ein vergleichbares Handlungstrias zugrunde. In § 1 I GeschGehG werden die Erlangung, die Nutzung und die Offenlegung von Geschäftsgeheimnissen kodifiziert. Den systematischen Vorgaben der Richtlinie nachkommend, lässt sich § 3 GeschGehG entnehmen, unter welchen Voraussetzungen diese drei Handlungsformen erlaubt sind. § 4 GeschGehG enthält dagegen einen Kanon von Handlungsverboten. Um die Vorgaben der Richtlinie und die Umsetzung durch das Geschäftsgeheimnisgesetz vollumfänglich nachzuvollziehen, soll zunächst das Zusammenwirken der Art. 3 und 4 RL (EU) 2016/943 im Zusammenhang dargestellt werden. Anschließend muss untersucht werden, ob dieses in §§ 3 und 4 GeschGehG vollständig wiedergegeben wird.

B. Überblick zu den Vorgaben der RL (EU) 2016/943

I. Rechtmäßiger Umgang mit einem Geschäftsgeheimnis

1. Systematischer Aufbau des Art. 3 RL (EU) 2016/943

Art. 3 RL (EU) 2016/943 gibt vor, unter welchen Voraussetzungen Erwerb, Nutzung und Offenlegung eines Geschäftsgeheimnisses rechtmäßig sind. Die Norm ist in zwei Absätze unterteilt. Während Art. 3 I RL (EU) 2016/943 lediglich Handlungsweisen beschreibt, durch welche Geschäftsgeheimnisse rechtmäßig erlangt werden dürfen, bezieht Absatz 2 sämtliche Varianten des Handlungstrias mit ein. Art. 3 I RL (EU) 2016/943 nennt vier Möglichkeiten, Geschäftsgeheimnisse rechtmäßig zu erwerben. Dies sind der Erwerb eines Geschäftsgeheimnisses durch unabhängige Entdeckung oder Schöpfung (lit. a), durch Reverse Engineering (lit. b) und durch die Inanspruchnahme des Rechts der Arbeitnehmer oder Arbeitnehmervertreter auf Information und Anhörung gemäß dem Unionsrecht oder dem Recht der Mitgliedstaaten (lit. c).[1020] Zudem dürfen Geschäftsgeheimnisse durch jede andere Vorgehensweise rechtmäßig erlangt werden, die unter den gegebenen Umständen mit einer seriösen Geschäftspraxis vereinbar ist (lit. d). Die Geschäftsgeheimnis-Richtlinie konkretisiert diesen generalklauselartig fungierenden Tatbestand[1021] nicht weiter, sodass dessen Regelungsgehalt im Wege der Auslegung ermittelt werden muss. Nach Art. 3 II RL (EU) 2016/943 dürfen Geschäftsgeheimnisse umfassend rechtmäßig erlangt, genutzt oder offengelegt werden, sofern dieser Vorgang durch Unionsrecht oder nationales Recht vorgeschrieben oder erlaubt ist.

Erfüllt der Erwerb die Voraussetzungen in Abs. 1 oder fällt eine Handlung unter den Abs. 2, soll die zu beurteilende Einwirkung auf das Geschäftsgeheimnis unmittelbar und aus sich heraus rechtmäßig sein.[1022] Damit stehen dem Geheimnisinhaber in diesen Fällen keine Rechtsbehelfe oder anderweitige Maßnahmen zu.

2. Regelungsgehalt des Auffangtatbestandes in Art 3 I lit. d) RL (EU) 2016/943

a) Vorgaben in Gesetzestext und Richtlinienbegründung

Die Geheimnisschutz-Richtlinie sieht nicht nur in Art. 3 I lit. d) RL (EU) 2016/943 einen weitläufig formulierten Auffangtatbestand vor. Spiegelbildlich hierzu ist gemäß Art. 4 II lit. b) RL (EU) 2016/943 jedes sonstige Verhalten rechtswidrig, sofern es unter den gegebenen Umständen nicht mit einer seriösen Geschäftspraxis zu vereinen ist.[1023] Damit markiert der Begriff der „seriösen Geschäftspraxis" die Grenze zwischen rechtswidrigem und rechtmäßigem Handeln.[1024] Die

---

1020 *Kalbfus* GRUR 2016, 1009, 1012; *Lejeune* CR 2016, 330, 333; *Wiese,* Die EU-Richtlinie über den Schutz vertraulichen Know-hows und vertraulicher Geschäftsinformationen, S. 118.

1021 *Harte-Bavendamm*/Hennig-Bodewig Vor §§ 17–19 UWG Rn. 10c-10d; Köhler/Bornkamm/Feddersen/*Alexander* § 3 GeschGehG Rn. 51.

1022 *Alexander* WRP 2017, 1034, 1039 Rn. 73; *Baranowski/Glaßl* BB 2016, 2563, 2565; *Heinzke* CCZ 2016, 179, 180; *Kalbfus* GRUR 2016, 1009, 1012; *Lejeune* CR 2016, 330, 333; *Schmitt* RdA 2017, 365, 370; *Wiese,* Die EU-Richtlinie über den Schutz vertraulichen Know-hows und vertraulicher Geschäftsinformationen, S. 118.

1023 *Alexander* WRP 2017, 1034, 1041; *Baranowski/Glaßl* BB 2016, 2563, 2565; *Bissels/Schroeders/Ziegelmayer* DB 2016, 2295, 2297–2298; EuArbRK/*Schubert* RL (EU) 2016/943 Art. 4 Rn. 1; GRUR-Stellungnahme v. 19.3.2014 zu COM (2013) 813 final, S. 8; *Heinzke* CCZ 2016, 179, 180; *Kalbfus* GRUR 2016, 1009, 1013; *Rauer/Eckert* DB 2016, 1239, 1241.

1024 *Baranowski/Glaßl* BB 2016, 2563, 2565; *Bissels/Schroeders/Ziegelmayer* DB 2016, 2295, 2298; EuArbRK/*Schubert* RL (EU) 2016/943 Art. 4 Rn. 5; diesen Begriff erläuternd *Harte-Bavendamm,* FS Köhler, S. 235, 248; *Rauer/Eckert* DB 2016, 1239, 1241.

Geheimnisschutz-Richtlinie setzt diesen Begriff voraus, ohne ihn weiter zu definieren.[1025] Weder der Gesetzestext noch die Erwägungsgründe der Richtlinienbegründung liefern Aufschluss, welche Voraussetzungen mit diesem unbestimmten Rechtsbegriff verbunden sein sollen. Anhaltspunkte ergeben sich lediglich über die Fallgruppen des Art. 3 I lit. a-c) RL (EU) 2016/943 und des Art. 4 II, III RL (EU) 2016/943.[1026]

Sowohl Art. 3 I lit. d) RL (EU) 2016/943 als auch Art. 4 II lit. b) RL (EU) 2016/943 benennen die „jeweiligen Umstände" als maßgeblich.[1027] Damit kann nicht pauschal vorgegeben werden, wann eine Handlung mit einer seriösen Geschäftspraxis vereinbar ist. Dies muss stets im Wege einer umstandsbezogenen Einzelfallbewertung ermittelt werden.[1028]

b) Auslegung des Auffangtatbestandes unter Rückgriff auf die Vorgaben des PVÜ- und TRIPS-Abkommens

Wie ein Vergleich mit der englischsprachigen Fassung zeigt, ist „seriöse Geschäftspraxis" die deutsche Übersetzung für „honest commercial practices".[1029] Diese Formulierung ist vorbekannt. Ursprünglich stammt diese aus Art. 10bis II PVÜ[1030] und findet sich auch in Art. 39 II TRIPS wieder.[1031] Aufgrund dieser Parallelen im Wortlaut und weil diese drei Regelungswerke historisch aufeinander aufbauen, liegt es

1025 *Baranowski/Glaßl* BB 2016, 2563, 2565; EuArbRK/*Schubert* RL (EU) 2016/943 Art. 4 Rn. 6; *Gaugenrieder* BB 2014, 1987, 1989; *Heinzke* CCZ 2016, 179, 180; *Hoeren/Münker* WRP 2018, 150, 152; Köhler/Bornkamm/Feddersen/*Alexander* § 3 GeschGehG Rn. 53; *Koós* MMR 2016, 224, 226; *Lejeune* CR 2016, 330, 333; MüKo-Lauterkeitsstrafrecht/*Brammsen* Vor §§ 17–19 UWG Rn. 18; *Rauer* GRUR-Prax 2014, 2, 3.

1026 *Baranowski/Glaßl* BB 2016, 2563, 2565; EuArbRK/*Schubert* RL (EU) 2016/943 Art. 4 Rn. 6; *Kalbfus* GRUR 2016, 1009, 1012–1013.

1027 *Bissels/Schroeder/Ziegelmayer* DB 2016, 2295, 2298; EuArbRK/*Schubert* RL (EU) 2016/943 Art. 4 Rn. 6.

1028 EuArbRK/*Schubert* RL (EU) 2016/943 Art. 4 Rn. 6.

1029 *Alexander* WRP 2017, 1034, 1041; *Harte-Bavendamm*, FS Köhler, S. 235, 248; *Koós* MMR 2016, 224, 226; *Wiese*, Die EU-Richtlinie über den Schutz vertraulichen Know-hows und vertraulicher Geschäftsinformationen, S. 97.

1030 EuArbRK/*Schubert* RL (EU) 2016/943 Art. 4 Rn. 5; Harte-Bavendamm/*Ohly*/Kalbfus § 4 GeschGehG Rn. 4; *Henning-Bodewig* GRUR Int. 2014, 997, 999.

1031 *Alexander* WRP 2017, 1034, 1041; EuArbRK/*Schubert* (EU) 2016/943 Art. 4 Rn. 5; *Gaugenrieder* BB 2014, 1987, 1989; *Harte-Bavendamm*, FS Köhler, S. 235, 244; Harte-Bavendamm/*Ohly*/Kalbfus § 4 GeschGehG Rn. 4; Köhler/Bornkamm/Feddersen/*Alexander* § 4 GeschGehG Rn. 27; *Koós* MMR 2016, 224, 226; *Wiese*, Die EU-Richtlinie über den Schutz vertraulichen Know-hows und vertraulicher Geschäftsinformationen, S. 97.

nahe, die Maßstäbe des PVÜ und des TRIPS zur Auslegung von Art. 3 I lit. d) und Art. 4 II lit. d) RL (EU) 2016/943 heranzuziehen.[1032]

Art. 10bis II PVÜ beinhaltet den Schutz gegen unlauteren Wettbewerb und definiert diesen in seiner englischen Fassung als: „*Any act of competition contrary to honest practices in industrial or commercial matters constitutes an act of unfair competition.*" In die deutsche Sprache überführt, kann „unlauterer Wettbewerb" als *Wettbewerbshandlung, die den anständigen Gepflogenheiten in Gewerbe oder Handel zuwiderläuft,* verstanden werden. Der Begriff „honest practices" ist dabei die Übersetzung für „anständige Gepflogenheiten" und dient der Konturierung des unlauteren Wettbewerbs. Diese Vorgaben finden sich auch in der englischen Fassung des Art. 39 II TRIPS.[1033] PVÜ- und TRIPS-konform handelt demnach unlauter, wer den anständigen Gepflogenheiten in Gewerbe oder Handel zuwiderhandelt.[1034]

In der Literatur wird die Auffassung vertreten, dass der Begriff „seriöse Geschäftspraxis" die Übersetzung des englischen „honest commercial practices" darstellt.[1035] Damit werde kein neuer Rechtsbegriff geschaffen, sondern „seriöse Geschäftspraxis" soll lediglich die bekannte Bezeichnung des „unlauteren Wettbewerbs" beschreiben.[1036] Unter dieser Prämisse ist ein Verhalten mit einer „seriösen Geschäftspraxis" vereinbar, wenn es den anständigen Gepflogenheiten im geschäftlichen Verkehr entspricht und folglich lauter ist.[1037]

c) Abschließende Bewertung des Auffangtatbestandes

Die Schlüssigkeit dieser Argumentation ist nicht von der Hand zu weisen. Der damit verbundene Erkenntnisgewinn ist jedoch gering. Der soeben dargestellten Auffassung ist zwar insoweit zuzustimmen, dass die Vereinbarkeit mit einer

---

1032 *Alexander* WRP 2017, 1034, 1041; EuArbRK/*Schubert* RL (EU) 2016/943 Art. 4 Rn. 7; *Gaugenrieder* BB 2015, 1987, 1989; *Hoeren/Münker* WRP 2018, 150, 152; Köhler/Bornkamm/Feddersen/*Alexander* § 4 GeschGehG Rn. 29; *Koós* MMR 2016, 224, 226; *Rauer/Eckert* DB 2016, 1239, 1241; *Redeker/Pres/Gittinger* WRP 2015, 681, 687; *Wiese,* Die EU-Richtlinie über den Schutz vertraulichen Know-hows und vertraulicher Geschäftsinformationen, S. 97.

1033 *Alexander* WRP 2017, 1034, 1041; EuArbRK/*Schubert* RL (EU) 2016/943 Art. 4 Rn. 5; *Harte-Bavendamm,* FS Köhler, S. 235, 248; *Koós* MMR 2016, 224, 226.

1034 *Alexander* WRP 2017, 1034, 1041; *Wiese,* Die EU-Richtlinie über den Schutz vertraulichen Know-hows und vertraulicher Geschäftsinformationen, S. 98.

1035 *Harte-Bavendamm,* FS Köhler, S. 235, 248; *Koós* MMR 2016, 224, 226; *Wiese,* Die EU-Richtlinie über den Schutz vertraulichen Know-hows und vertraulicher Geschäftsinformationen, S. 97.

1036 *Henning-Bodewig* GRUR Int. 2014, 997, 1004; *Koós* MMR 2016, 224, 226; Stellungnahme des Max-Planck-Instituts vom 12.5.2014, GRUR Int. 2014, 554, 557; *Wiese,* Die EU-Richtlinie über den Schutz vertraulichen Know-hows und vertraulicher Geschäftsinformationen, S. 119; **a.A.** *Alexander* WRP 2017, 1034, 1041.

1037 *Wiese,* Die EU-Richtlinie über den Schutz vertraulichen Know-hows und vertraulicher Geschäftsinformationen, S. 119; im Ansatz *Rauer/Eckert* DB 2016, 1239, 1241,

„seriösen Geschäftspraxis“ meint, dass das fragliche Verhalten den anständigen Gepflogenheiten im geschäftlichen Verkehr entsprechen und somit lauter sein muss. Damit wird jedoch der unbestimmte Begriff der „seriösen Geschäftspraxis“ durch den der „anständigen Gepflogenheiten im geschäftlichen Verkehr“ ersetzt. Dieser ist ebenfalls unbestimmt und bedarf der Auslegung.[1038] Die Erläuterung des TRIPS-Abkommens konkretisiert in Fußnote 10 die „anständigen Gepflogenheiten im geschäftlichen Verkehr“.[1039] Diesen laufen zumindest Verhaltensweisen wie Vertragsbruch, Vertrauensbruch oder Verleitung dazu zuwider.[1040] Diesen drei Handlungsformen ist gemeinsam die Verletzung bestehender vertraglicher oder zumindest vertragsähnlicher Verbindungen.

Auch die Fallgruppen des Art. 3 I lit. a-c), II RL (EU) 2016/943 und des Art. 4 II, III RL (EU) 2016/943 können zwecks weiteren Erkenntnisgewinnes herangezogen werden.[1041] Art. 3 I RL (EU) 2016/943 beschreibt Handlungen die rechtlich erlaubt sind oder deren Vornahme zumindest nicht gegen Rechtsvorschriften verstößt. Art. 3 II RL (EU) 2016/943 formuliert dies umfassend und lässt solche Verhaltensweisen als rechtmäßig gelten, die auf einer legitimierenden rechtlichen Grundlage basieren. Nach der Systematik des Art. 3 RL (EU) 2016/943 muss der Handelnde zur Vornahme der fraglichen Handlung rechtlich befugt sein.[1042] In Art. 4 II lit. a) RL (EU) 2016/943 wird – dazu komplementär – der unbefugte Zugang, das unbefugte Aneignen und das unbefugte Kopieren von Dokumenten, Materialien, Stoffen und Dateien als rechtswidrig ausgewiesen.

Nach Art. 4 III lit. a-c) RL (EU) 2016/943 gelten Nutzung oder Offenlegung von Geschäftsgeheimnissen als rechtswidrig, sofern diese auf rechtswidrige Weise erworben wurden oder gegen eine Vertraulichkeitsvereinbarung oder sonstige Verpflichtung, das Geschäftsgeheimnis nicht offenzulegen oder zu nutzen, verstoßen wurde. Zusammenfassend ist das Merkmal der fehlenden Befugnis, also der fehlenden rechtlichen Legitimation zur Vornahme dieser Handlung entscheidend.[1043] Dabei rückt Art. 4 RL (EU) 2016/943 insbesondere den Bruch einer bestehenden

---

1038 In diese Richtung *Alexander* WRP 2017, 1034, 1041.

1039 *Alexander* WRP 2017, 1034, 1041; Büscher/*McGuire* § 4 GeschGehG Rn. 3; EuArbRK/*Schubert* RL (EU) 2016/943 Art. 4 Rn. 7; *Gaugenrieder* BB 2014, 1987, 1989; Köhler/Bornkamm/Feddersen/*Alexander* § 4 GeschGehG Rn. 29; *Koós* MMR 2016, 224, 226; *Rauer/Eckert* DB 2016, 1239, 1241.

1040 *Alexander* WRP 2017, 1034, 1041; Büscher/*McGuire* § 4 GeschGehG Rn. 3; EuArbRK/*Schubert* RL (EU) 2016/943 Art. 4 Rn. 7; *Gaugenrieder* BB 2014, 1987, 1989; *Koós* MMR 2016, 224, 226; *Rauer/Eckert* DB 2016, 1239, 1241.

1041 *Baranowski/Glaßl* BB 2016, 2563, 2565; EuArbRK/*Schubert* RL (EU) 2016/943 Art. 4 Rn. 7; *Kalbfus* GRUR 2016, 1009, 1012–1013.

1042 EuArbRK/*Schubert* RL (EU) 2016/943 Art. 4 Rn. 5; im Ergebnis *Bissels/Schroeders/Ziegelmayer* DB 2016, 2295, 2298; *Schmitt* RdA 2017, 365, 370.

1043 EuArbRK/*Schubert* RL (EU) 2016/943 Art. 4 Rn. 5; MüKo-Lauterkeitsstrafrecht/*Brammsen* Vor §§ 17–19 UWG Rn. 18; im Ergebnis *Bissels/Schroeders/Ziegelmayer* DB 2016, 2295, 2298; *Schmitt* RdA 2017, 365, 370.

vertraglichen Absicherung in den Mittelpunkt.[1044] Dies entspricht dem Maßstab, der in den Erläuterungen zu Art. 39 II TRIPS vermittelt wird.[1045]

d) Zusammenfassung

Im Ergebnis kann den einzelnen Tatbeständen entnommen werden, dass die Befugnis zur Vornahme der fraglichen Handlung das maßgebliche Kriterium der Abgrenzung von rechtmäßigen und rechtswidrigen Handlungen darstellt.[1046] Diese fehlt bei einem Verstoß gegen bestehende Rechtsnormen.[1047] Unter Verweis auf die Fallgruppen des Art. 4 RL (EU) 2016/943 kann sich die mangelnde Befugnis aber auch aus dem Bruch bestehender vertraglicher Verpflichtungen ergeben.[1048] Nach alldem erweist sich eine Handlung unter den jeweiligen Umständen dann nicht mit einer seriösen Geschäftspraxis vereinbar, wenn sie unbefugt erfolgt.[1049] Dabei kann sich die fehlende Befugnis aus der Verletzung anderweitiger Rechtsnormen, bestehender vertraglicher Abreden oder anderweitiger Gepflogenheiten ergeben.[1050]

3. Analyse einzelner besonders relevanter Erwerbsmöglichkeiten in Art. 3 I RL (EU) 2016/943

a) Rechtmäßigkeit des Reverse Engineerings in Art. 3 I lit. b) RL (EU) 2016/943

Besonders herauszuheben ist Art. 3 I lit. b) RL (EU) 2016/943, wonach ein Geschäftsgeheimnis durch Beobachtung, Untersuchung, Rückbau oder Testen eines Produktes oder Gegenstandes zulässigerweise erworben werden kann. Damit legt Art. 3 I lit. b) RL (EU) 2016/943 fest, dass das sogenannte „Reverse Engineering“ bzw. die Rückwärtsanalyse eines Gegenstandes rechtmäßig ist.[1051] Hierfür bestehen zwei

---

1044 Köhler/Bornkamm/Feddersen/*Alexander* § 4 GeschGehG Rn. 30.

1045 *Koós* MMR 2016, 224, 226.

1046 *Baranowski/Glaßl* BB 2016, 2563, 2565; *DGB*, Stellungnahme zur BT-Drucks. 19/4724, S. 10; EuArbRK/*Schubert* RL (EU) 2016/943 Art. 4 Rn. 7; im Ergebnis *Bissels/Schroeders/Ziegelmayer* DB 2016, 2295, 2298.

1047 Köhler/Bornkamm/Feddersen/*Alexander* § 4 GeschGehG Rn. 30; im Ergebnis *Bissels/Schroeders/Ziegelmayer* DB 2016, 2295, 2298; MüKo-Lauterkeitsstrafrecht/*Brammsen* Vor §§ 17–19 UWG Rn. 18.

1048 EuArbRK/*Schubert* RL (EU) 2016/943 Art. 4 Rn. 7; im Ergebnis Köhler/Bornkamm/Feddersen/*Alexander* § 4 GeschGehG Rn. 30; *Koós* MMR 2016, 224, 226.

1049 EuArbRK/*Schubert* RL (EU) 2016/943 Art. 4 Rn. 7; im Ergebnis MüKo-Lauterkeitsstrafrecht/*Brammsen* Vor §§ 17–19 UWG Rn. 18.

1050 *DGB*, Stellungnahme zur BT-Drucks. 19/4724, S. 10; EuArbRK/*Schubert* RL (EU) 2016/943 Art. 4 Rn. 7; Köhler/Bornkamm/Feddersen/*Alexander* § 4 GeschGehG Rn. 30; *Schmitt* RdA 2017, 365, 370; im Ergebnis *Bissels/Schroeders/Ziegelmayer* DB 2016, 2295, 2298; *Koós* MMR 2016, 224, 226.

1051 *Alexander* WRP 2017, 1034, 1041; *Baranowski/Glaßl* BB 2016, 2563, 2566; *Brammsen* ZIP 2016, 2193, 2201; *Harte-Bavendamm*, FS Köhler, S. 235, 245; *Harte-Bavendamm*/Hennig-Bodewig Vor §§ 17–19 UWG Rn. 10c; *Heinzke* CCZ 2016, 179, 180; *Hoeren/*

Voraussetzungen. Der analysierte Gegenstand muss öffentlich verfügbar sein oder sich im rechtmäßigen Besitz des Testenden befinden. Außerdem darf keine rechtsgültige Pflicht zur Beschränkung des Erwerbs des Geschäftsgeheimnisses bestehen. Die zweite Voraussetzung zeigt, dass es dem Geheimnisinhaber obliegt, die Möglichkeit des „Reverse Engineering" vertraglich auszuschließen.[1052] Dies ergibt sich auch aus der Richtlinienbegründung in Erwägungsgrund 16.[1053] Diesem ist jedoch darüber hinaus zu entnehmen, dass die Mitgliedsstaaten die Möglichkeit haben dies wiederrum rechtlich auszuschließen.[1054] Somit muss der deutsche Gesetzgeber vertragliche Abreden zum Ausschluss des „Reverse Engineering" nicht zulassen und kann dieses durchaus zwingend rechtmäßig ausgestalten.[1055]

b) *Möglichkeit, ein Geschäftsgeheimnis im Rahmen der Inanspruchnahme der Rechte der Arbeitnehmer und Arbeitnehmervertreter zu erwerben gemäß Art. 3 I lit. c) RL (EU) 2016/943*

aa) Inhaltliche Reichweite der Regelung

Von spezifisch arbeitsrechtlicher Relevanz ist Art. 3 I lit. c) RL (EU) 2016/943. Dieser legitimiert den Erwerb von Geschäftsgeheimnissen, sofern die Inanspruchnahme des Rechts der Arbeitnehmer oder Arbeitnehmervertreter gemäß dem Unionsrecht oder den Rechtsvorschriften und Gepflogenheiten der Mitgliedsstaaten hierfür ausschlaggebend war. Zweck dieser Regelung ist es zu gewährleisten, dass die Richtlinie und ihre mitgliedsstaatliche Umsetzung die Interessen und insbesondere die ungestörte Kommunikation von Arbeitnehmer und Arbeitnehmervertretern nicht beeinträchtigen.[1056]

Münker WRP 2018, 150, 153 Rn. 21; *Kalbfus* GRUR 2016, 1009, 1012; *Köhler/*Bornkamm/Feddersen, 37. Aufl. 2019, Vor § 17 UWG Rn. 24; *Lejeune* CR 2016, 330, 333; MüKo-Lauterkeitsstrafrecht/*Brammsen* Vor §§ 17–19 UWG Rn. 19; Stellungnahme des Max-Planck-Instituts vom 12.5.2014, GRUR Int. 2014, 554, 558; *Rauer/Eckert* DB 2016, 1239, 1240; *Wiese,* Die EU-Richtlinie über den Schutz vertraulichen Know-hows und vertraulicher Geschäftsinformationen, S. 121; **a.A.** *Koós* MMR 2016, 224, 226

1052 *Alexander* WRP 2017, 1034, 1041; *Baranowski/Glaßl* BB 2016, 2563, 2566; *Heinzke* CCZ 2016, 179, 180; *Kalbfus* GRUR 2016, 1009, 1012; *Rauer/Eckert* DB 2016, 1239, 1240; *Wiese,* Die EU-Richtlinie über den Schutz vertraulichen Know-hows und vertraulicher Geschäftsinformationen, S. 123.

1053 RL (EU) 2016/943, Erwägungsgrund 16, ABl. EU L 157/4.

1054 *Wiese,* Die EU-Richtlinie über den Schutz vertraulichen Know-hows und vertraulicher Geschäftsinformationen, S. 123.

1055 *Wiese,* Die EU-Richtlinie über den Schutz vertraulichen Know-hows und vertraulicher Geschäftsinformationen, S. 123.

1056 *Alexander* WRP 2017, 1034, 1041 Rn. 81; EuArbRK/*Schubert* RL (EU) 2016/943 Art. 4 Rn. 2; *Harte-Bavendamm/*Hennig-Bodewig Vor §§ 17–19 UWG Rn. 10c; *Oetker* ZESAR 2017, 257, 260; *Rauer/Eckert* DB 2016, 1239, 1241.

Ausdrücklich benannt werden lediglich die Rechte auf Information und Anhörung.[1057] Nach dem Erwägungsgrund 18 sollen aber weiterreichend Informations-, Anhörungs-, Mitwirkungs- und Mitbestimmungsrechte erfasst sein.[1058] Zwar bezieht sich der Erwägungsgrund 18 zunächst unmittelbar auf Art. 3 II RL (EU) 2016/943. Trotz fehlender ausdrücklicher Bezugnahme auf Art. 3 I lit. c) RL (EU) 2016/943 macht Erwägungsgrund 18 jedoch deutlich, dass das ordnungsgemäße Funktionieren des Systems der Mitbestimmung umfassend gewährleistet bleiben soll. Dieser Aspekt kann für die Auslegung des Art. 3 I lit. c) RL (EU) 2016/943 herangezogen werden. Die fehlende Aufnahme der Mitwirkungs- und Mitbestimmungsrechte in den Tatbestand des Art. 3 I lit. c) RL (EU) 2016/943 lässt sich mit deren Einordnung als Spezifikum des deutschen Rechts begründen.[1059] Erkennbar ist es ein generelles Anliegen der Geheimnisschutz-Richtlinie, das System der Mitbestimmung nicht zu beschränken.[1060] Dies ist auch bei der Auslegung des Art. 3 I lit. c) RL (EU) 2016/943 zu beachten.[1061]

Nach alldem kann ein Geschäftsgeheimnis mittels einer Inanspruchnahme von Informations-, Anhörungs-, Mitwirkungs- und Mitbestimmungsrechten der Arbeitnehmer und Arbeitnehmervertreter zulässigerweise erworben werden.[1062] Neben den ausdrücklich erwähnten Rechten fällt das gesamte in den jeweiligen Mitgliedsstaaten geltende Recht der Arbeitnehmervertretung in den Anwendungsbereich des Art. 3 I lit. c) RL (EU) 2016/943.[1063] Bei der Umsetzung können die Mitgliedstaaten das gesamte Spektrum der bestehenden Rechte der Arbeitnehmervertretung ausschöpfen.[1064]

bb) Verhältnis der Regelung zu Art. 3 II RL (EU) 2016/943

Art. 3 II RL (EU) 2016/943 erklärt den Erwerb, die Nutzung und die Offenlegung eines Geschäftsgeheimnisses für zulässig, soweit diese durch Unionsrecht oder nationales Recht vorgeschrieben sind oder erlaubt werden. In der Zusammenschau

---

1057 *Bissels/Schroeders/Ziegelmayer* DB 2016, 2295, 2297; EuArbRK/*Schubert* RL (EU) 2016/943 Art. 4 Rn. 14.

1058 *Bissels/Schroeders/Ziegelmayer* DB 2016, 2295, 2297; EuArbRK/*Schubert* RL (EU) 2016/943 Art. 4 Rn. 14.

1059 *Bissels/Schroeders/Ziegelmayer* DB 2016, 2295, 2297.

1060 *Bissels/Schroeders/Ziegelmayer* DB 2016, 2295, 2297.

1061 EuArbRK/*Schubert* RL (EU) 2016/943 Art. 4 Rn. 14.

1062 *Bissels/Schroeders/Ziegelmayer* DB 2016, 2295, 2297; EuArbRK/*Schubert* RL (EU) 2016/943 Art. 4 Rn. 14.

1063 *Bissels/Schroeders/Ziegelmayer* DB 2016, 2295, 2297; EuArbRK/*Schubert* RL (EU) 2016/943 Art. 4 Rn. 14.

1064 EuArbRK/*Schubert* RL (EU) 2016/943 Art. 4 Rn. 14; auf die Unterschiede bei den Rechten der Arbeitnehmervertreter verweisend *Ohly*, FS Harte-Bavendamm 2020, S. 385, 386; **a.A.** im Anklang bei *Schmitt* RdA 2017, 365, 370; *Oetker* ZESAR 2017, 257, 260.

damit erscheint der eigenständige Bedeutungsgehalt des Art. 3 I lit. c) RL (EU) 2016/943 vakant.[1065] Denn die Rechte der Arbeitnehmer und deren Vertreter sind wesentlich im Unionsrecht und im nationalen Recht verankert, sodass Art. 3 I lit. c) RL (EU) 2016/943 vordergründig eine primär klarstellende Funktion zu erfüllen scheint.[1066] Doch bei näherer Betrachtung zeigt sich die eigenständige, über Art. 3 II RL (EU) 2016/943 hinausgehende Funktion. Es sollen nämlich auch Informations- und Anhörungsrechte legitimierend sein können, die nicht gesetzlich verankert sind, sondern den Gepflogenheiten entspringen.[1067] Damit sind insbesondere Rechte einbezogen, die sich aus kollektivvertraglichen Vereinbarungen ergeben.[1068]

II. Rechtswidriger Umgang mit einem Geschäftsgeheimnis

1. Systematischer Aufbau des Art. 4 RL (EU) 2016/943

Art. 4 RL (EU) 2016/943 ist zu entnehmen, unter welchen Voraussetzungen Erwerb, Nutzung und Offenlegung von Geschäftsgeheimnissen rechtswidrig sind.[1069] Art. 4 RL (EU) 2016/943 nennt mit dem Erwerb, der Nutzung und der Offenlegung drei potenziell rechtswidrige Handlungsformen.[1070] Art. 4 I RL (EU) 2016/943 beinhaltet die grundsätzliche Pflicht der Mitgliedstaaten, Maßnahmen, Verfahren und Rechtsbehelfe zur Verfügung zu stellen, um den Inhaber von Geschäftsgeheimnissen umfassend vor rechtswidrigen Zugriffen auf diese zu schützen.[1071] Diese Vorgabe wird in der Literatur als „Zentralverbot" tituliert.[1072] Die Voraussetzungen, unter denen der Erwerb, die Nutzung und die Offenlegung als rechtswidrig gelten, werden in den Absätzen zwei und drei konkretisiert.[1073] Dabei enthalten die

1065 *Alexander* WRP 2017, 1034, 1042; *Bissels/Schroeders/Ziegelmayer* DB 2016, 2295, 2297; EuArbRK/*Schubert* RL (EU) 2016/943 Art. 4 Rn. 19–20; *Schmitt* RdA 2017, 365, 370.

1066 EuArbRK/*Schubert* RL (EU) 2016/943 Art. 4 Rn. 19.

1067 EuArbRK/*Schubert* RL (EU) 2016/943 Art. 4 Rn. 20.

1068 EuArbRK/*Schubert* RL (EU) 2016/943 Art. 4 Rn. 20.

1069 *Alexander* WRP 2017, 1034, 1042; *Baranowski/Glaßl* BB 2016, 2563,2565; *Bissels/Schroeders/Ziegelmayer* DB 2016, 2295, 2298; *Harte-Bavendamm*/Hennig-Bodewig Vor §§ 17–19 UWG Rn. 10d; *Heinzke* CCZ 2016, 179, 180; *Kalbfus* GRUR 2016, 1009, 1012; *Lejeune* CR 2016, 330, 333; *Schmitt* RdA 2017, 365, 370; *Wiese*, Die EU-Richtlinie über den Schutz vertraulichen Know-hows und vertraulicher Geschäftsinformationen, S. 92.

1070 *Alexander* WRP 2017, 1034, 1042 Rn. 90; *Köhler*/Bornkamm/Feddersen, 37. Aufl. 2019, Vor § 17 UWG Rn. 28; *Rauer/Eckert* DB 2016, 1239, 1240.

1071 *Hoeren/Münker* WRP 2018, 150, 152; *Lejeune* CR 2016, 330, 333.

1072 *Hoeren/Münker* WRP 2018, 150, 152.

1073 *Alexander* WRP 2017, 1034, 1042; *Hoeren/Münker* WRP 2018, 150, 152; *Schmitt* RdA 2017, 365, 370.

Absätze zwei und drei kein Verschuldenserfordernis.[1074] Die Absätze vier und fünf verhalten sich über mittelbare Verletzungshandlungen durch andere Personen als den Erstverletzer und das Herstellen, Anbieten oder Inverkehrbringen rechtsverletzender Produkte.[1075]

2. *Rechtswidriger Erwerb eines Geschäftsgeheimnisses gemäß Art. 4 II RL (EU) 2016/943*

Der rechtswidrige Erwerb von Geschäftsgeheimnissen ist in Art. 4 II RL (EU) 2016/943 geregelt.[1076] Zunächst ist dieser unzulässig, wenn er durch unbefugten Zugang, unbefugte Aneignung oder unbefugtes Kopieren erfolgt (Buchstabe a).[1077] Sodann greift Art. 4 II lit. b) RL (EU) 2016/943 den bereits in Art. 3 I lit. d) RL (EU) 2016/943 verwendeten Begriff der „seriösen Geschäftspraxis" auf und statuiert einen generalklauselartig formulierten Auffangtatbestand, nach dem „jedes sonstige Verhalten, welches unter den jeweiligen Umständen als mit einer seriösen Geschäftspraxis unvereinbar gilt", rechtswidrig ist.[1078] Art. 4 II lit. b) RL (EU) 2016/943 bildet somit die spiegelbildliche Norm zu Art. 3 I lit. d) RL (EU) 2016/943.[1079] Wann ein Verhalten nicht mit einer seriösen Geschäftspraxis vereinbar ist, kann nach den soeben herausgearbeiteten Maßstäben beurteilt werden.[1080] Art. 4 II RL setzt voraus, dass der Inhaber dem Erwerb nicht zugestimmt hat. Daraus ergeben sich für die Annahme eines rechtswidrigen Geheimniserwerbs gemäß Art. 4 II RL (EU) 2016/943 drei Voraussetzungen. Zunächst muss ein Geheimniserwerb stattgefunden haben (1). Diesem darf der

---

1074 *Harte-Bavendamm*/Hennig-Bodewig Vor §§ 17–19 UWG Rn. 10e; *Heinzke* CCZ 2016, 179, 180; *Kalbfus* GRUR 2016, 1009, 1013; *Lejeune* CR 2016, 330, 334; *McGuire* GRUR 2016, 1000, 1006; *Rauer* DB 2016, 1239, 1241; *Schmitt* RdA 2017, 365, 370; *Wiese*, Die EU-Richtlinie über den Schutz vertraulichen Know-hows und vertraulicher Geschäftsinformationen, S. 101.

1075 *Alexander* WRP 2017, 1034, 1042.

1076 *Harte-Bavendamm*/Hennig-Bodewig Vor §§ 17–19 UWG Rn. 10d; *Hoeren/Münker* WRP 2017, 150, 152; *Kalbfus* GRUR 2016, 1009, 1012/1013; *Köhler*/Bornkamm/Feddersen, 37. Aufl. 2019; Vor § 17 UWG Rn. 28; *Schmitt* RdA 2017, 365, 370.

1077 *Baranowski/Glaßl* BB 2016, 2563, 2565; *Harte-Bavendamm*/Hennig-Bodewig Vor §§ 17–19 UWG Rn. 10d; *Heinzke* CCZ 2016, 179, 180; *Lejeune* CR 2016, 330, 333–334; *Schmitt* RdA 2017, 365, 370.

1078 *Baranowski/Glaßl* BB 2016, 2563, 2565; *Harte-Bavendamm*/Hennig-Bodewig Vor §§ 17–19 UWG Rn. 10d; *Heinzke* CCZ 2016, 179, 180/181; *Hoeren/Münker* WRP 2018, 150, 152; *Kalbfus* GRUR 2016, 1009, 1013; *Lejeune* CR 2016, 330, 334; *Schmitt* RdA 2017, 365, 370.

1079 *Alexander* WRP 2017, 1034, 1042; *Baranowski/Glaßl* BB 2016, 1563, 2565; EuArbRK/*Schubert* RL (EU) 2016/943 Art. 4 Rn. 1; *Kalbfus* GRUR 2016, 1009, 1013; *Köhler*/Bornkamm/Feddersen, 37. Aufl. 2019, Vor § 17 UWG Rn. 31.

1080 Zu dem Begriff einer „seriösen Geschäftspraxis", siehe Teil 2, § 7, B., I., 2., S. 200ff.

Geheimnisinhaber nicht zugestimmt haben (2). Kumulativ hierzu muss eine der beiden gemäß Art. 4 II lit. a/b) RL (EU) 2016/943 beschriebenen Handlungsformen vorliegen (3).

3. *Erwerb eines Geschäftsgeheimnisses*

Wie bereits aufgezeigt, setzt der Erwerb eines Geschäftsgeheimnisses die Erlangung tatsächlicher Herrschaftsmacht voraus. Wie diese Herrschaftsmacht beschaffen sein muss, ist dabei jedoch unklar. Es fragt sich, ob der Erwerb auch ein subjektives Element insoweit erfordert, dass die tatsächliche Kenntnisnahme des Geschäftsgeheimnisses mit dem Erwerb verbunden sein muss. Ausweislich des Wortlauts des Art. 4 II lit. a) RL (EU) 2016/943 genügt der Zugriff auf Materialien, die das Geschäftsgeheimnis enthalten oder aus denen sich das Geschäftsgeheimnis ableiten lässt.[1081] In Betracht kommen zunächst alle körperlichen Manifestationen[1082] in Form von analogen Datenträgern, namentlich ausgedruckten Materialien, Dokumenten und schließlich technischen Konstruktionen. Denkbar sind auch unkörperliche Manifestationen[1083], bei denen das Geschäftsgeheimnis beispielsweise auf einem digitalen Datenträger gespeichert ist. Aus alldem lässt sich eine subjektive Voraussetzung des Erwerbs im Sinne einer positiven Kenntnisnahme des Geschäftsgeheimnisses nicht ableiten. Im Ergebnis ist der Erwerb nicht erst dann zu bejahen, wenn der Rechtsverletzer unmittelbar das Geschäftsgeheimnis zur Kenntnis nimmt. Obwohl dann von einem Geheimniserwerb jedenfalls ausgegangen werden kann, kann die Kenntnisnahme der tatsächlichen Aneignung nachgelagert sein und ist deshalb als Beurteilungskriterium nicht geeignet.[1084] Ein Geschäftsgeheimnis ist vielmehr dann erworben im Sinne der Richtlinie, wenn sich der Geheimnisverletzer die jederzeitige Möglichkeit verschafft hat, auf die geheime Information zuzugreifen.[1085] Dabei muss dieser Zugriff allein von seiner Entscheidung abhängen, ohne dass es auf weitere außenstehende Faktoren ankommt.

1081 *Harte-Bavendamm*/Hennig-Bodewig Vor §§ 17–19 UWG Rn. 10d; *Wiese,* Die EU-Richtlinie über den Schutz vertraulichen Know-hows und vertraulicher Geschäftsinformationen, S. 93.

1082 *Alexander* WRP 2017, 1034, 1042; *Baranowski/Glaßl* BB 2016, 2563, 2565; *Heinzke* CCZ 2016, 179, 180.

1083 *Alexander* WRP 2017, 1034, 1042; *Baranowski/Glaßl* BB 2016, 2563, 2565; *Heinzke* 2016, 179, 180.

1084 *Wiese,* Die EU-Richtlinie über den Schutz vertraulichen Know-hows und vertraulicher Geschäftsinformationen, S. 93.

1085 So auch *Hoeren/Münker* WRP 2018, 150, 152; *Wiese,* Die EU-Richtlinie über den Schutz vertraulichen Know-hows und vertraulicher Geschäftsinformationen, S. 93.

4. *Fehlende Zustimmung des Geheimnisinhabers*

Für die beiden Handlungsvarianten des Art. 4 II RL (EU) 2016/943 gilt die Voraussetzung, dass der Geheimnisinhaber dem Erwerb nicht zugestimmt haben darf.[1086] Die Anforderungen an eine Zustimmung benennt die Richtlinie nicht.[1087] Auch in den Erwägungsgründen werden diese nicht konkretisiert. Insoweit muss die Auslegung teleologisch unter Beachtung des Schutzzwecks der Richtlinie erfolgen.

Die Zustimmung zum Erwerb muss an eine bestimmte Person oder einen näher spezifizierten Personenkreis adressiert sein.[1088] Würde der Geheimnisinhaber dem Erwerb generell zustimmen, läge bereits kein geschütztes Geheimnis mehr vor, da dieses durch einfache Nachfrage in Erfahrung zu bringen und demnach leicht zugänglich wäre.[1089] Auch darf sich die Zustimmung nicht pauschalierend auf alle Geheimnisse des Unternehmens richten, sondern muss stets in Bezug zu einer bestimmten oder bestimmbaren geheimen Information stehen. Andernfalls wären deren Voraussetzungen zu weit und würden dem Telos der Richtlinie nicht mehr gerecht. Die Richtlinie regelt nicht, ob eine Zustimmung ausdrücklich erfolgen muss oder eine konkludente Erteilung ausreichend ist. Mit Verweis auf die europäische Gemeinschaftsmarkenverordnung[1090], die in den Artikeln 9, 11 und 13 die Zustimmung erwähnt und für welche eine konkludente Erteilung als ausreichend gesehen wird[1091], wird angenommen, dies könne auf Art. 4 II RL (EU) 2016/943 übertragen werden.[1092] Da die Richtlinie nichts Gegenteiliges vorsieht, kann dem gefolgt werden. Der Ausnahmecharakter der Zustimmung zwingt ebenso wie die Ziele der Geheimnisschutz-Richtlinie allerdings dazu, das Vorliegen einer konkludenten Zustimmung nach strengen Voraussetzungen zu beurteilen. Nur dann, wenn der Erklärungswille des Berechtigten eindeutig und unmissverständlich festzustellen

---

1086 *Alexander* AfP 2017, 469, 473; *Alexander* WRP 2017, 1034, 1042; *Baranowski/Glaßl* BB 2016, 2563, 2565; *Hermann* CB 2016, 368, 369; *Hoeren/Münker* WRP 2018, 150, 152; *Koós* MMR 2016, 224, 226; *Rauer/Eckert* DB 2016, 1239, 1241.

1087 *Wiese*, Die EU-Richtlinie über den Schutz vertraulichen Know-hows und vertraulicher Geschäftsinformationen, S. 94.

1088 *Wiese*, Die EU-Richtlinie über den Schutz vertraulichen Know-hows und vertraulicher Geschäftsinformationen, S. 94.

1089 *Wiese*, Die EU-Richtlinie über den Schutz vertraulichen Know-hows und vertraulicher Geschäftsinformationen, S. 94.

1090 Verordnung (EG) Nr. 207/2009 über die Gemeinschaftsmarke, Amtsblatt der Europäischen Union L 78/1.

1091 BeckOK Markenrecht/*Müller*, Verordnung (EG) 207/2009, Art. 9 Rn. 14 und 15; Kur/v. Bomhard/Albrecht/*Grundmann*, Markenrecht, UMV Art. 9 Rn. 47.

1092 *Wiese*, Die EU-Richtlinie über den Schutz vertraulichen Know-hows und vertraulicher Geschäftsinformationen, S. 95.

ist, kann eine schlüssige Zustimmung angenommen werden. Soweit diese Voraussetzungen vorliegen, genügt aber auch eine konkludente Zustimmung.[1093]

In zeitlicher Hinsicht muss die Zustimmung nach dem Wortlaut des Art. 4 II RL (EU) 2016/943 dem Erwerb vorgelagert sein. Diese muss im Vorfeld der fraglichen Handlung erteilt worden sein.[1094] Zusammenfassend lässt sich die Zustimmung im Sinne des Art. 4 II RL (EU) 2016/943 definieren als tatsächlicher, im Vorfeld des Erwerbes eines Geschäftsgeheimnisses ausdrücklich oder hinreichend deutlich konkludent geäußerter Wille des Geheimnisinhabers, dass dieser mit der Zugriffnahme einer bestimmten Person auf eine bestimmte, geheim gehaltene Information einverstanden ist.[1095]

5. Voraussetzungen des Art. 4 II lit. a/b) RL (EU) 2016/943

Art. 4 II RL (EU) 2016/943 normiert unter den Buchstaben a und b zwei Handlungsmodalitäten für den rechtswidrigen Erwerb von Geschäftsgeheimnissen. Wird dieses unter den dort beschriebenen Voraussetzungen erworben und fehlt kumulativ die bereits erörterte Zustimmung des Geheimnisinhabers, war der Erwerb rechtswidrig. Zunächst dürfen Geschäftsgeheimnisse ausweislich des Art. 4 II lit. a) RL (EU) 2016/943 nicht durch unbefugten Zugang zu, unbefugte Aneignung oder unbefugtes Kopieren von Dokumenten, Gegenständen, Materialien, Stoffen oder elektronischen Daten, die der rechtmäßigen Kontrolle des Geheimnisinhabers unterliegen, erlangt werden. Weiter normiert Art. 4 II lit. b) RL (EU) 2016/943, dass Geschäftsgeheimnisse auch nicht durch jedes sonstige Verhalten, das unter den jeweiligen Umständen als mit einer seriösen Geschäftspraxis als nicht vereinbar gilt, erlangt werden dürfen.

Die Formulierung „jedes sonstige Verhalten" zeigt, dass Art. 4 II lit. b) RL (EU) 2016/943 als Auffangtatbestand fungiert.[1096] Die Fallgruppe des Buchstaben a) dient der Konkretisierung dieses Auffangtatbestandes.[1097] Zudem lässt sich aus der Wortwahl „sonstiges Verhalten" ableiten, dass der „unbefugte Zugang zu, die unbefugte Aneignung und das unbefugte Kopieren" Verhaltensweisen sind, die mit einer

---

1093 *Wiese,* Die EU-Richtlinie über den Schutz vertraulichen Know-hows und vertraulicher Geschäftsinformationen, S. 95; so für das nationale Markenrecht OLG Hamburg GRUR-RR 2005, 270, 273.

1094 *Wiese,* Die EU-Richtlinie über den Schutz vertraulichen Know-hows und vertraulicher Geschäftsinformationen, S. 94; im Anklang auch *Alexander* WRP 2017, 1034, 1042.

1095 Ähnlich *Alexander* WRP 2017, 1034, 1042; zu den Voraussetzungen einer Zustimmung auch Köhler/Bornkamm/Feddersen/*Alexander* § 4 GeschGehG Rn. 21ff.

1096 *Baranowski/Glaßl* BB 2016, 2563, 2565; *Gärtner* NZG 2014, 650, 651; *Heinzke* CCZ 2016, 179, 180; *Kalbfus* GRUR 2016, 1009, 1013.

1097 *Kalbfus* GRUR 2016, 1009, 1013; *Wiese,* Die EU-Richtlinie über den Schutz vertraulichen Know-hows und vertraulicher Geschäftsinformationen, S. 94.

seriösen Geschäftspraxis nicht vereinbar sind.[1098] Im Unterschied zu der Generalklausel muss dies nicht mehr gesondert geprüft werden, sondern wird durch die Richtlinie vorgegeben. Im Umkehrschluss geben die Fallgruppen des Art. 4 II lit. a) RL (EU) 2016/943 konkrete Hinweise zur Auslegung des generalklauselartigen Begriffs der „seriösen Geschäftspraxis" in Art. 4 II lit. b) RL (EU) 2016/943.[1099] Die beispielhafte Beschreibung bemakelter Praktiken erlaubt die Identifizierung und Gewichtung vergleichbarer Verstöße.

Im Rahmen der Auslegung des Art. 3 RL (EU) 2016/943[1100] wurde bezüglich des Begriffs der „seriösen Geschäftspraxis" festgestellt, dass eine Handlung dieser widerspricht, wenn sie unbefugt erfolgt. Dies kann sich aus einem Verstoß gegen anderweitige Rechtsnormen, vertragliche Abreden und Gepflogenheiten ergeben. Der Begriff „unbefugt" findet sich in Art. 4 II lit. a) RL (EU) 2016/943 wieder. Mit dem Merkmal „unbefugt" kann nicht die fehlende Zustimmung des Geheimnisinhabers gemeint sein.[1101] Bei dieser handelt es sich um eine gesondert zu prüfende Voraussetzung.[1102] Die Richtlinie gibt nicht an, was unter „unbefugt" im Sinne des Art. 4 II zu verstehen ist, sodass dieser Begriff im Kontext der Norm betrachtet werden muss. Die Tatsache, dass dem Zugang, der Aneignung und dem Kopieren das Adjektiv „unbefugt" vorangestellt wurde, zeigt, dass die Generalklausel der „seriösen Geschäftspraxis" umgekehrt auch auf die Fallgruppe des Art. 4 I lit. a) RL (EU) 2016/943 ausstrahlt.[1103] Nach dieser Lesart fordert Art. 4 II lit. a) RL (EU) 2016/943, dass der Geheimnisinhaber in einer Art und Weise Zugriff auf das fragliche Geheimnismaterial nimmt, die einer seriösen Geschäftspraxis widerspricht. Die gemäß Art. 4 II lit. a) RL (EU) 2016/943 gesondert genannten Begehungsarten müssen sich stets in einer Art und Weise ereignen, die zugleich die Voraussetzung des Auffangtatbestandes des Art. 4 II lit. b) RL (EU) 2016/943 erfüllen. Dies ist der Fall, wenn durch die verletzende Handlung Rechtsnormen, vertragliche Abreden[1104] oder Gepflogenheiten gebrochen werden. Liegen Rechtfertigungstatbestände vor, war die Handlung nicht unbefugt.[1105]

1098 *Wiese,* Die EU-Richtlinie über den Schutz vertraulichen Know-hows und vertraulicher Geschäftsinformationen, S. 94.

1099 *Wiese,* Die EU-Richtlinie über den Schutz vertraulichen Know-hows und vertraulicher Geschäftsinformationen, S. 94.

1100 Diese Verknüpfung ebenfalls herstellend *Alexander* WRP 2017, 1034, 1042; *Heinzke* CCZ 2016, 179, 180; *Kalbfus* GRUR 2016, 1009, 1013.

1101 *Alexander* WRP 2017, 1034, 1042; *Wiese,* Die EU-Richtlinie über den Schutz vertraulichen Know-hows und vertraulicher Geschäftsinformationen, S. 102.

1102 *Alexander* WRP 2017, 1034, 1042 Rn. 93; *Wiese,* Die EU-Richtlinie über den Schutz vertraulichen Know-hows und vertraulicher Geschäftsinformationen, S. 102.

1103 *Wiese,* Die EU-Richtlinie über den Schutz vertraulichen Know-hows und vertraulicher Geschäftsinformationen, S. 94.

1104 EuArbRK/*Schubert* RL (EU) 2016/943 Art. 4 Rn. 7.

1105 *Alexander* WRP 2017, 1034, 1042.

Die Ergebnisse bezüglich des rechtswidrigen Erwerbes gemäß Art. 4 II RL (EU) 2016/943 bestätigen die bereits getroffenen Aussagen. Das Ineinandergreifen der Artikel 3 und 4 RL (EU) 2016/943 richtet sich stets danach, ob die fragliche Handlung, durch die ein Geschäftsgeheimnis erworben wird, befugt oder unbefugt erfolgt.[1106] Die Handlung ist unbefugt, wenn sie gegen Rechtsnormen, vertragliche Abreden oder anderweitige Gepflogenheiten verstößt.

6. *Rechtswidrige Nutzung und Offenlegung von Geschäftsgeheimnissen*

Art. 4 III RL (EU) 2016/943 regelt die Nutzung und die Offenlegung von Geschäftsgeheimnissen.[1107] Diese Handlungen sind rechtswidrig, wenn das Geschäftsgeheimnis zuvor rechtswidrig erworben wurde (lit. a) oder der Rechtsverletzer gegen eine Verpflichtung, das Geschäftsgeheimnis nicht offenzulegen (lit. b) oder zu nutzen (lit. c), verstößt.[1108]

Art. 4 IV RL (EU) 2016/943 ergänzt diesen Schutz dahin, dass Erwerb, Nutzung und Offenlegung ebenfalls rechtswidrig sind, wenn der Handelnde das Geschäftsgeheimnis durch eine Person erlangt hat, die gegen Art. 4 III RL (EU) 2016/943 verstoßen hat, sofern der Handelnde dies wusste oder unter den gegebenen Umständen hätte wissen müssen.[1109] Art. 4 V RL (EU) 2016/943 bestimmt, dass eine rechtswidrige Nutzung auch durch das Herstellen, Anbieten oder Inverkehrbringen rechtsverletzender Produkte verwirklicht werden kann, wenn die handelnde Person wusste, dass das Geschäftsgeheimnis rechtswidrig i.S.d. Absatzes 3 genutzt wurde oder dies hätte erkennen müssen.[1110]

1106 Im Ergebnis *Hören/Münker* WRP 2018, 150, 152.

1107 *Alexander* AfP 2017, 469, 473; *Alexander* WRP 2017, 1034, 1042; *Kalbfus* GRUR 2016, 1009, 1013; *Koós* MMR 2016, 224, 226.

1108 *Alexander* WRP 2017, 1034, 1042; *Baranowski/Glaßl* BB 2016, 2563, 2565; *Harte-Bavendamm*/Hennig-Bodewig Vor §§ 17–19 UWG Rn. 10d; *Heinzke* CCZ 2016, 179, 181; *Koós* MMR 2016, 224, 226; *Lejeune* CR 2016, 330, 334; *Rauer/Eckert* DB 2016, 1239, 1242.

1109 *Alexander* AfP 2017, 469, 473; *Alexander* WRP 2017, 1034, 1042; *Baranowski/Glaßl* BB 2016, 2563, 2565; EuArbRK/*Schubert* RL (EU) 2016/943 Rn. 10; *Harte-Bavendamm*/Hennig-Bodewig Vor §§ 17–19 UWG Rn. 10d; *Heinzke* CCZ 2016, 179, 181; *Hoeren/Münker* CCZ 2018, 85, 85ff.; *Kalbfus* GRUR 2016, 1009, 1014; *Koós* MMR 2016, 224, 226; *Lejeune* CR 2016, 330, 334.

1110 *Alexander* WRP 2017, 1034, 1043; *Baranowski/Glaßl* BB 2016, 2563, 2566; *Harte-Bavendamm*/Hennig-Bodewig Vor §§ 17–19 UWG Rn. 10d; *Heinzke* CCZ 2016, 179, 181; *Hoeren/Münker* CCZ 2018, 85, 86ff.; *Kalbfus* GRUR 2016, 1009, 1014; *Koós* MMR 2016, 224, 226; *Lejeune* CR 2016, 330, 334.

III. Zusammenfassung des Verhältnisses von rechtmäßigen Handlung gemäß Art. 3 und rechtswidrigen Handlungen gemäß Art. 4 RL (EU) 2016/943

Zusammenfassend kann der durch die Geheimnisschutz-Richtlinie vermittelte Schutz von Geschäftsgeheimnissen folgendermaßen beschrieben werden. Das Zusammenspiel aus rechtmäßigen Handlungen in Art. 3 RL (EU) 2016/943 und rechtswidrigen Handlungen in Art. 4 RL (EU) 2016/943 basiert auf der in Art. 3 I lit. d) RL (EU) 2016/943 verankerten Grundlage, dass Geschäftsgeheimnisse frei erworben werden dürfen, solange das hierfür angewendete Verhalten unter den gegebenen Umständen mit einer seriösen Geschäftspraxis vereinbar erscheint.[1111] Unter Rückgriff auf die vorgenommene Auslegung des Begriffs „mit einer seriösen Geschäftspraxis vereinbar“ können Geschäftsgeheimnisse somit frei erworben werden, soweit hierfür keine unbefugten Handlungen notwendig werden.[1112] Die fehlende Befugnis kann aus der Verletzung von Rechtsnormen[1113], vertraglichen Abreden oder sonstigen Gepflogenheiten resultieren. In diesen Fällen ergibt sich gemäß Art. 4 II lit. b) RL (EU) 2016/943 die Rechtswidrigkeit des Erwerbs.

Die Art. 3 I lit. a-c) RL (EU) 2016/943 und Art. 4 II lit. a) RL (EU) 2016/943 enthalten Beispiele für Verhaltensweisen, die mit einer seriösen Geschäftspraxis vereinbar und somit befugt sind (Art. 3 I lit. a-c) RL (EU) 2016/943), bzw. solche, die dies gerade nicht sind (Art. 4 II lit. a) RL (EU) 2016/943). Der Negativformulierung in Art. 4 III lit. a) RL (EU) 2016/943 kann entnommen werden, dass Geschäftsgeheimnisse nach dem rechtmäßigen Erwerb auch frei genutzt und offengelegt werden dürfen. War der Erwerb rechtswidrig, gilt dies nicht. Nach Art. 4 III lit. b) und c) RL (EU) 2016/943 dürfen rechtmäßig erworbene Geschäftsgeheimnisse auch dann nicht genutzt und offengelegt werden, soweit der Erwerber einer Vertraulichkeitsverpflichtung oder Nutzungsbeschränkung unterliegt.

Das hier vertretene Auslegungsergebnis, wonach Geschäftsgeheimnisse durch Dritte erworben, genutzt und offengelegt werden dürfen, wenn das damit verbundene Verhalten rechtlich oder sittlich nicht zu beanstanden ist, bestätigt Art. 3 II RL (EU) 2016/943, der den rechtmäßigen Erwerb, die rechtmäßige Nutzung und Offenlegung gestaltet, soweit dies durch Unionsrecht oder nationales Recht vorgeschrieben oder erlaubt ist. Somit folgt der Geheimnisschutz einem Regel-Ausnahme-Prinzip.[1114] Geschäftsgeheimnisse sind nicht per se und aus sich heraus

---

1111 *Baranowski/Glaßl* BB 2016, 2563, 2565; *Hoeren/Münker* WRP 150, 152; *Kalbfus* GRUR 2016, 1109, 1012; wohl **a.A.** *Harte-Bavendamm,* FS Köhler, S. 235, 248.

1112 *Hoeren/Münker* WRP 2018, 150, 152; *Kalbfus* GRUR 2016, 1009, 1012; im Ergebnis auch *Preis/Temming,* Arbeitsrecht I, S. 253 Rn. 1180.

1113 *Wiese,* Die EU-Richtlinie über den Schutz vertraulichen Know-hows und vertraulichen Geschäftsinformationen, S. 101.

1114 *Hoeren/Münker* WRP 2018, 150, 152; *Kalbfus* GRUR 2016, 1009, 1012; kritisch *Heinzke* CCZ 2016, 179, 180.

vor Einwirkungen von Dritten geschützt, sondern können grundsätzlich durch diese frei erworben und damit auch frei genutzt und offengelegt werden.[1115] Dies gilt nur ausnahmsweise nicht, soweit der Erwerber bei Vornahme der fraglichen Handlung den Tatbestandsmerkmalen des Art. 4 II, III RL (EU) 2016/943 unterfällt.[1116]

C. Umsetzung durch das Geschäftsgeheimnisgesetz

I. Erlaubter Umgang mit einem Geschäftsgeheimnis

1. Systematischer Aufbau des § 3 GeschGehG im Vergleich zu den Richtlinienvorgaben

§ 3 GeschGehG legt fest, auf welche Art und Weise Geschäftsgeheimnisse erlaubt erlangt, genutzt und offengelegt werden dürfen. Der unionsrechtlichen Systematik in Art. 3 RL (EU) 2016/943 folgend[1117], ist die Norm in zwei Absätze unterteilt. § 3 I GeschGehG nennt besondere Konstellationen, bei deren Vorliegen ein Geschäftsgeheimnis erlangt werden darf. § 3 II GeschGehG regelt, dass Geschäftsheimnisse außerdem erlangt, genutzt und offengelegt werden dürfen, wenn dies aufgrund eines Gesetzes oder durch Rechtsgeschäft gestattet ist. Somit können Handlungen, die nach Konzeption des Geschäftsgeheimnisgesetzes grundsätzlich nicht erlaubt sind, aufgrund anderweitiger Gesetze oder in Rechtsgeschäften gestattet sein.[1118] Dieser Erlaubnistatbestand wirkt sich dergestalt auf das Geschäftsgeheimnis aus, dass die fragliche Handlung alsdann gemäß § 3 II GeschGehG zulässig ist.[1119]

1115 *Hoeren/Münker* WRP 2018, 150, 152; *Kalbfus* GRUR 2016, 1009, 1012; *Wiese,* Die EU-Richtlinie über den Schutz vertraulichen Know-hows und vertraulicher Geschäftsinformationen, S. 147.

1116 *Hoeren/Münker* WRP 2018, 150, 152; *Kalbfus* GRUR 2016, 1009, 1012; *Wiese,* Die EU-Richtlinie über den Schutz vertraulichen Know-hows und vertraulicher Geschäftsinformationen, S. 147.

1117 Büscher/*McGuire* § 3 GeschGehG Rn. 1; *Dumont* BB 2018, 2441, 2444; *Hauck* WRP 2018, 1032, 1036; *Ohly* GRUR 2019, 441,447;

1118 Büscher/*McGuire* § 3 GeschGehG Rn. 30; BeckOK GeschGehG/*Hiéramente* § 3 GeschGehG Rn. 39; EuArbRK/*Schubert* RL (EU) 2016/943 Art. 4 Rn. 28; Harte-Bavendamm/*Ohly*/Kalbfus § 3 GeschGehG Rn. 47; Köhler/Bornkamm/Feddersen/*Alexander* § 3 GeschGehG Rn. 2; *Ohly* GRUR 2019, 441, 448; *Reinfeld,* Das neue Gesetz zum Schutz von Geschäftsgeheimnissen, S. 62.

1119 EuArbRK/*Schubert* RL (EU) 2016/943 Art. 4 Rn. 21; *Reinfeld,* Das neue Gesetz zum Schutz von Geschäftsgeheimnissen, *Scholtyssek/Judis/Krause* CCZ 2020, 23, 25; S. 62; einen pauschalen Anwendungsvorrang verneinend Harte-Bavendamm/*Ohly*/Kalbfus § 3 GeschGehG Rn. 47; *Ohly* GRUR 2019, 441,448.

§ 3 I GeschGehG erlaubt die eigenständige Entdeckung oder Schöpfung eines Geheimnissachverhalts (Nr. 1), die Erlangung im Wege der Rückwärtsanalyse eines Produkts, welches entweder öffentlich verfügbar ist oder sich im rechtmäßigen Besitz des Handelnden befindet (Nr. 2) und schließlich die Erlangung durch Ausübung von Informations- und Anhörungsrechten der Arbeitnehmer oder Mitwirkungsrechten der Arbeitnehmervertretung (Nr. 3). Dies entspricht der unionsrechtlichen Vorgabe in Art. 3 RL (EU) 2016/943, dessen Tatbestandsalternativen nicht abschließend sind[1120] Einen Art. 3 I lit. d) RL (EU) 2016/943 entsprechenden Auffangtatbestand enthält das Geschäftsgeheimnisgesetz dagegen nicht.[1121]

Zusammenfassend ergibt der systematische Aufbau des § 3 GeschGehG, dass die hinter dem Geschäftsgeheimnis stehende Information keineswegs umfassend abgesichert ist.[1122] Die Schutzfunktion erstreckt sich nur auf tatbestandliche Geschäftsgeheimnisse[1123] und verbietet lediglich bestimmte missbilligte Handlungen.[1124] Unterfällt eine Handlung den Voraussetzung in § 3 GeschGehG können Geschäftsgeheimnisse rechtmäßig erlangt, genutzt und offengelegt werden.[1125] Dabei gewährleistet § 3 II GeschGehG, dass bestehende Schutzlücken beseitigt und anderweitige Erlaubnisnormen wirksam werden.[1126] Daraus ergibt sich, dass Handlungen, die zwar zu der Erlangung eines Geschäftsgeheimnisses führen, isoliert betrachtet jedoch nicht zu beanstanden sind, nicht verboten sind.

2. *Eigenständige Entdeckung oder Schöpfung eines Geschäftsgeheimnisses (§ 3 I Nr. 1 GeschGehG)*

Gemäß § 3 I Nr. 1 GeschGehG darf ein Geschäftsgeheimnis durch eigenständige Entdeckung oder Schöpfung erlangt werden. Dies entspricht unter Veränderung des Wortlauts inhaltlich den Vorgaben des Art. 3 I lit. a) RL (EU) 2016/943.[1127] Mit

---

1120 Büscher/*McGuire* § 3 GeschGehG Rn. 12; *Holthausen* NZA 2019, 1377, 1381.

1121 Büscher/*McGuire* § 3 GeschGehG Rn. 12; Köhler/Bornkamm/Feddersen/*Alexander* § 3 GeschGehG Rn. 6.

1122 BeckOK GeschGehG/*Hiéramente* § 4 Rn. 1; *Dumont* BB 2018, 2441, 2444; *Hiéramente* CCZ 2018, 262, 263, *Krüger/Wiencke/Koch* GRUR 2020, 578, 583; *Lejeune* ITRB 2018, 140, 141; *Ohly* GRUR 2019, 441, 447; *Passarge* CB 2018, 144, 146; *Reinfeld,* Das neue Gesetz zum Schutz von Geschäftsgeheimnissen, S. 62; *Schulte* ArbRB 2019, 143, 145; *Voigt/Herrmann/Grabenschröer* BB 2019, 142, 143.

1123 Büscher/*McGuire* § 3 GeschGehG Rn. 2.

1124 BeckOK GeschGehG/*Hiéramente* § 4 Rn. 1; *Dumont* BB 2018, 2441, 2444; *Hauck* WRP 2018, 1032, 1036; *Krüger/Wiencke/Koch* GRUR 2020, 578, 583; *Ohly* GRUR 2019, 441, 447; *Reinfeld,* Das neue Gesetz zum Schutz von Geschäftsgeheimnissen, S. 62; *Schulte* ArbRB 2019, 143, 145; *Voigt/Herrmann/Grabenschröer* BB 2019, 142, 143.

1125 *Krüger/Wiencke/Koch* GRUR 2020, 578, 583; *Scholtyssek/Judis/Krause* CCZ 2020, 23, 25.

1126 *Hiéramente* CCZ 2018, 262, 263; im Anklang auch Fitting § 79 BetrVG Rn. 3a.

1127 Köhler/Bornkamm/Feddersen/*Alexander* § 3 GeschGehG Rn. 14.

Blick auf die Pflicht zur richtlinienkonformen Umsetzung fragt sich, ob „unabhängig“ und „eigenständig“ lediglich sprachlich oder auch inhaltlich divergieren.[1128] Ausweislich der gesetzlichen Begründung soll durch die Regelung ausgedrückt werden, dass keine Exklusivrechte an Geschäftsgeheimnissen geschützt werden.[1129] Eine „unabhängige“ Entdeckung liegt demnach bereits vor, wenn das Ergebnis des Erlangungsprozesses in keinem Bezug zu dem ursprünglichen Geheimnisinhaber steht.[1130] Dagegen impliziert der Begriff „eigenständig“, dass der Erwerber selbst und proaktiv gehandelt haben muss.[1131] Dabei darf dieser an keinem Punkt des Erlangungsvorgangs Inspiration durch Arbeiten oder Ergebnisse anderer und insbesondere des Geheimnisinhabers gewonnen haben.[1132] Die Voraussetzungen einer eigenständigen Entdeckung oder Schöpfung sind damit schärfer als diejenigen einer nur unabhängigen.[1133] Aus den engeren Anforderungen des § 3 I Nr. 1 GeschGehG ergibt sich folglich ein erhöhtes Schutzniveau, welches mit der Konzeption als Mindestharmonisierung grundsätzlich zu vereinbaren sein kann.

Ausweislich des Art. 1 I Uabs. 2 RL (EU) 2016/943 darf von den Vorgaben des Art. 3 RL (EU) 2016/943 jedoch nicht abgewichen werden.[1134] Deswegen muss § 3 I Nr. 1 GeschGehG unter Beachtung des Art. 3 I lit. a) RL (EU) 2016/943 richtlinienkonform ausgelegt werden.[1135] Die Anforderungen an eine eigenständige Entdeckung oder Schöpfung sind durch den Begriff der Unabhängigkeit begrenzt und dürfen über diesen nicht hinausgehen.[1136] Zusammenfassend liegt eine eigenständige Entdeckung oder Schöpfung vor, wenn die Ergebnisse unabhängig von dem ursprünglichen Geheimnisinhaber zustande kommen.[1137] Ob der Erlangende dabei „eigenständig“ in vorstehendem Sinne gehandelt hat, ist jedoch irrelevant.[1138]

1128 Harte-Bavendamm/*Ohly*/Kalbfus § 3 GeschGehG Rn. 16; *Ohly* GRUR 2019, 441, 447; *Würtenberger/Freischem* GRUR 2018, 708, 710; den Begriff „eigenständig“ kritisierend GRUR-Fachausschuss/*Ohly* GRUR 2018, 706, 707.

1129 Begr. RegE, BT-Drucks. 19/4724, S. 23.

1130 Köhler/Bornkamm/Feddersen/*Alexander* § 3 GeschGehG Rn. 20; *Ohly* GRUR 2019, 441, 447; *Würtenberger/Freischem* GRUR 2018, 708, 710.

1131 Harte-Bavendamm/*Ohly*/Kalbfus § 3 GeschGehG Rn. 15; *Ohly* GRUR 2019, 441, 447; *Würtenberger/Freischem* GRUR 2018, 708, 710.

1132 Harte-Bavendamm/*Ohly*/Kalbfus § 3 GeschGehG Rn. 15; *Ohly* GRUR 2019, 441, 447.

1133 *Ohly* GRUR 2019, 441, 447.

1134 Köhler/Bornkamm/Feddersen/*Alexander* § 3 GeschGehG Rn. 19.

1135 Harte-Bavendamm/*Ohly*/Kalbfus § 3 GeschGehG Rn. 16; Köhler/Bornkamm/Feddersen/*Alexander* § 3 GeschGehG Rn. 19; *Ohly* GRUR 2019, 441, 447.

1136 *Ohly* GRUR 2019, 441, 447; so auch *Würtenberger/Freischem* GRUR 2018, 708, 710.

1137 Büscher/*McGuire* § 3 GeschGehG Rn. 14; Harte-Bavendamm/*Ohly*/Kalbfus § 3 GeschGehG Rn. 16; Köhler/Bornkamm/Feddersen/*Alexander* § 3 GeschGehG Rn. 20; *Ohly* GRUR 2019, 441, 447; *Würtenberger/Freischem* GRUR 2018, 708, 710.

1138 Harte-Bavendamm/*Ohly*/Kalbfus § 3 GeschGehG Rn. 16; *Ohly* GRUR 2019, 441, 447; *Würtenberger/Freischem* GRUR 2018, 708, 710.

3. *Erwerb eines Geschäftsgeheimnisses durch eine Rückwärtsanalyse bestehender Produkte (§ 3 I Nr. 2 GeschGehG)*

a) Informatorischer Rahmen zu dem Vorgang des Reverse Engineerings

§ 3 I Nr. 2 GeschGehG setzt die unionsrechtlichen Vorgaben dahingehend um, dass Reverse Engineering für grundsätzlich zulässig erklärt wird.[1139] Dies ist eine wesentliche Neuerung.[1140] Die Rückwärtsanalyse bestehender Produkte war nach bisheriger Rechtslage grundsätzlich unzulässig.[1141] Allenfalls entfiel der Geheimnischarakter, wenn diese Möglichkeit für jeden Fachmann ohne größere Anstrengungen und Mühen bestand.[1142] Das Geschäftsgeheimnisgesetz regelt dies gegenläufig. Die Entschlüsselung von Produkten aus sich heraus ist nunmehr – freilich unter weiteren Voraussetzungen – zulässig.[1143] Entsprechend der ersten Fallgruppe liegt auch dem die grundsätzliche Wertung zugrunde, dass keine Exklusivrechte an Geschäftsgeheimnissen begründet werden sollen.[1144]

1139 Begr. RegE, BT-Drucks. 19/4724, S. 23; *Alexander* AfP 2019, 1, 8; *Alexander,* Wettbewerbsrecht, S. 511 Rn. 1958; *Apel/Walling* DB 2019, 891; BeckOK GeschGehG/*Spieker* § 3 Rn. 8; *Bitkom,* Stellungnahme zum Referentenentwurf, S. 7; *Buck* JM 2020/2, 59, 61; Büscher/*McGuire* § 3 GeschGehG Rn. 2; *Dann/Markgraf* NJW 2019, 1774, 1776; *DIHK,* Stellungnahme zum Referentenentwurf, S. 6; *Hauck* GRUR-Prax 2019, 223, 224; Harte-Bavendamm/*Ohly*/Kalbfus § 3 GeschGehG Rn. 19ff.; *Hiéramente* CCZ 2018, 262, 263; *Köhler*/Bornkamm/Feddersen/*Alexander* § 3 GeschGehG Rn. 25–26; *Leister* GRUR-Prax 2019, 175, 175; *Lejeune* ITRB 2018, 140, 141; *Ohly* GRUR 2019, 441, 447; *Passarge* CB 2018, 144, 146; *Reinfeld,* Das neue Gesetz zum Schutz von Geschäftsgeheimnissen, S, 66; *Voigt/Herrmann/Grabenschröer* BB 2019, 142, 143; im Ergebnis *Ohly,* FS Harte-Bavendamm 2020, S. 385, 386–387; umfassend *Witz,* FS Harte-Bavendamm 2020, S. 441ff.

1140 *Alexander,* Wettbewerbsrecht, S. 511 Rn. 1958; *Buck* JM 2020/2, 59, 61; *DIHK,* Stellungnahme zum Referentenentwurf, S. 6; *Witz,* FS Harte-Bavendamm 2020, S. 441, 445.

1141 *Alexander,* Wettbewerbsrecht, S. 511 Rn. 1958; *Apel/Walling* DB 2019, 891, 896; *Buck* JM 2020/2, 59, 61; Büscher/*McGuire* § 3 GeschGehG Rn. 17; *Dumont* BB 2018, 2441, 2444; *Hauck* GRUR-Prax 2019, 223, 224; *Köhler*/Bornkamm/Feddersen/*Alexander* § 3 GeschGehG Rn. 24; *Ohly* GRUR 2019, 441, 447; *Reinfeld,* Das neue Gesetz zum Schutz von Geschäftsgeheimnissen, S. 66; *Voigt/Herrmann/Grabenschröer* BB 2019, 142, 143; *Ziegelmayer* CR 2018, 693, 697.

1142 Begr. RegE, BT-Drucks. 19/4724, S. 23; *Apel/Walling* DB 2019, 891, 896; Büscher/*McGuire* § 3 GeschGehG Rn. 18; *Dumont* BB 2018, 2441, 2444; *McGuire,* FS Harte-Bavendamm 2020, S. 367, 381; *Reinfeld,* Das neue Gesetz zum Schutz von Geschäftsgeheimnissen, S. 66; *Witz,* FS Harte-Bavendamm 2020, S. 441, 442.

1143 *Apel/Walling* DB 2019, 891, 896; Büscher/*McGuire* § 3 GeschGehG Rn. 16; *Dumont* BB 2018, 2441, 2444; *Hauck* GRUR-Prax 2019, 223, 224; Köhler/Bornkamm/Feddersen/*Alexander* § 3 GeschGehG Rn. 25; *Leister* GRUR-Prax 2019, 175, 175; *Ohly* GRUR 2019, 441, 447; *Reinfeld,* Das neue Gesetz zum Schutz von Geschäftsgeheimnissen, S. 66; *Ziegelmayer* CR 2018, 693, 697.

1144 Begr. RegE, BT-Drucks. 19/4724, S. 23.

b) Voraussetzungen des Reverse Engineering

Die Möglichkeit, im Wege einer Rückwärtsanalyse ein Geschäftsgeheimnis auf erlaubte Art und Weise zu erlangen, ist durch zwei alternative Voraussetzungen bedingt.[1145] Ein Reverse Engineering kommt gemäß § 3 I Nr. 2 lit. a) GeschGehG in Betracht, wenn das zu analysierende Produkt bzw. der Gegenstand öffentlich verfügbar gemacht wurde. Nach der gesetzlichen Begründung ist dies der Fall, wenn diese frei auf dem Markt erhältlich sind.[1146] Diese Tatbestandsvariante entspricht den Vorgaben der Geheimnisschutz-Richtlinie in Art. 3 I lit. b) RL (EU) 2016/943. Alternativ kann sich das Produkt bzw. der Gegenstand auch im rechtmäßigen Besitz des Analysierenden befinden, sofern dieser keiner Pflicht zur Beschränkung der Erlangung des Geschäftsgeheimnisses unterliegt, § 3 I Nr. 2 GeschGehG.[1147] Mit sprachlichen Abweichungen entspricht auch diese weitere Tatbestandsvariante der Geheimnisschutz-Richtlinie.

§ 3 I Nr. 2 GeschGehG geht ebenso wie Art. 3 I lit. b) RL (EU) 2016/943 davon aus, dass der Erwerber nach dieser Fallvariante rechtlichen, insbesondere vertraglichen Beschränkungen unterliegen kann.[1148] Erwägungsgrund 16[1149] lässt die Befugnis offen, die Freiheit zur Vereinbarung solcher Beschränkungen wiederum zu beschränken. Dass der Handelnde keiner Pflicht zur Beschränkung der Erlangung unterliegen darf, zeigt gleichzeitig, dass das Geschäftsgeheimnisgesetz von der Möglichkeit ausgeht, das Reverse Engineering vertraglich auszuschließen und so eine rechtmäßige Erlangung zu verhindern.[1150] Damit hat der deutsche Gesetzgeber von der – in Erwägungsgrund 16 eingeräumten – Möglichkeit, das Reverse Engineering zwingend auszugestalten, keinen Gebrauch gemacht. Nach dem Wortlaut

---

1145 *Apel/Walling* DB 2019, 891, 896; Harte-Bavendamm/*Ohly*/Kalbfus § 3 GeschGehG Rn. 23; Köhler/Bornkamm/Feddersen/*Alexander* § 3 GeschGehG Rn. 28; *Leister* GRUR-Prax 2019, 175, 176; *Reinfeld,* Das neue Gesetz zum Schutz von Geschäftsgeheimnissen, S. 64; *Witz,* FS Harte-Bavendamm 2020, S. 441, 444–446.

1146 Begr- RegE, BT-Drucks. 19/4724, S. 24; näher *Witz,* FS Harte-Bavendamm 2020, S. 444, 445.

1147 Harte-Bavendamm/*Ohly*/Kalbfus § 3 GeschGehG Rn. 23; eingehend *Witz,* FS Harte-Bavendamm 2020, S. 441, 445–446.

1148 Harte-Bavendamm/*Ohly*/Kalbfus § 3 GeschGehG Rn. 27; *Lejeune* ITRB 2018, 140, 141.

1149 Vgl. RL (EU) 2016/943, Erwägungsgrund 16, ABl. EU L 157/4.

1150 Begr. RegE, BT-Drucks. 19/4724, S. 24; *Alexander,* Wettbewerbsrecht, S. 512 Rn. 1959; *Apel/Walling* DB 2019, 891, 896; BeckOK GeschGehG/*Spieker* § 3 Rn. 10; *Bitkom,* Stellungnahme zum Referentenentwurf, S. 8; Büscher/*McGuire* § 3 GeschGehG Rn. 21; *Dumont* BB 2018, 2441, 2444; *Hauck* GRUR-Prax 2019, 223, 224–225, Köhler/Bornkamm/Feddersen/*Alexander* § 3 GeschGehG Rn. 37; *Leister* GRUR-Prax 2019, 175, 176; *Lejeune* ITRB 2018, 140, 141; *Ohly* GRUR 2019, 441, 447; *Passarge* CB 2018, 144, 146; *Reinfeld,* Das neue Gesetz zum Schutz von Geschäftsgeheimnissen, S. 67; *Witz,* FS Harte-Bavendamm 2020, S. 441, 441–442 u. 446; *Ziegelmayer* CR 2018, 693, 697.

des § 3 I Nr. 2 GeschGehG besteht die Möglichkeit der vertraglichen Beschränkung jedoch lediglich dann, wenn sich das Produkt im rechtmäßigen Besitzt des Testenden befindet.[1151] Die Rückwärtsanalyse von öffentlich verfügbaren Produkten ist ohne Einschränkungen zulässig.[1152]

Nach dem Richtlinienwortlaut muss die beschränkende Pflicht rechtsgültig sein.[1153] In dem Verzicht auf diesen Zusatz in § 3 I Nr. 2 lit. b) GeschGehG liegt jedoch lediglich eine sprachliche Vereinfachung und keine inhaltliche Abweichung. Denn nach der amtlichen Begründung des Geschäftsgeheimnisgesetzes muss die vertragliche Vereinbarung wirksam sein.[1154] Dies ist richtlinienkonform dahin zu verstehen, dass die Vereinbarung „rechtlich wirksam" und damit rechtmäßig sein muss.[1155]

c) *Rechtsfolgen des Reverse Engineering*

aa) Vorgaben der RL (EU) 2016/943 zu den Auswirkungen des Reverse Engineering

(1) Einführung

Nach dem Wortlaut des § 3 I Nr. 2 GeschGehG und der Gesetzesbegründung legitimiert die Vornahme einer Rückwärtsanalyse lediglich den Erwerb der Information.[1156] Wie mit dieser umgegangen werden darf und insbesondere, ob die anschließende Nutzung oder Offenlegung des Geschäftsgeheimnisses rechtmäßig oder rechtswidrig ist, bleibt nach dem gesetzlichen Wortlaut offen.[1157] Nach der Ausgestaltung der Richtlinie vermittelt diese lediglich Schutz vor

---

1151 *Apel/Walling* DB 2019, 891, 896; Büscher/*McGuire* § 3 GeschGehG Rn. 19; Harte-Bavendamm/*Ohly*/Kalbfus § 3 GeschGehG Rn. 25; *Leister* GRUR-Prax 2019, 175, 176; *Witz*, FS Harte-Bavendamm 2020, S. 441, 442; im Ergebnis *Reinfeld*, Das neue Gesetz zum Schutz von Geschäftsgeheimnissen, S. 67.

1152 *Apel/Walling* DB 2019, 891, 896; Büscher/*McGuire* § 3 GeschGehG Rn. 20; *Dumont* BB 2018, 2441, 2444; Harte-Bavendamm/*Ohly*/Kalbfus § 3 GeschGehG Rn. 25; *Leister* GRUR-Prax 2019, 175, 176; *Reinfeld*, Das neue Gesetz zum Schutz von Geschäftsgeheimnissen, S. 67; *Witz*, FS Harte-Bavendamm 2020, S. 441, 442.

1153 *Alexander* AfP 2019, 1, 9 Rn. 64; Köhler/Bornkamm/Feddersen/*Alexander* § 3 GeschGehG Rn. 38.

1154 Begr. RegE, BT-Drucks. 19/4724, S. 24; BeckOK GeschGehG/*Spieker* § 3 Rn. 10; *Dumont* BB 2018, 2441, 2444; Köhler/Bornkamm/Feddersen/*Alexander* § 3 GeschGehG Rn. 38.

1155 Köhler/Bornkamm/Feddersen/*Alexander* § 3 GeschGehG Rn. 38.

1156 Harte-Bavendamm/*Ohly*/Kalbfus § 3 GeschGehG Rn. 28; Kalbfus/Harte-Bavendamm/*Ohly*, Fachausschuss für Wettbewerbs- und Markenrecht zum Richtlinienvorschlag über den Schutz von Geschäftsgeheimnissen, GRUR 2014, 453, 455; *Wiese*, Die EU-Richtlinie über den Schutz vertraulichen Know-hows und vertraulicher Geschäftsinformationen, S. 126.

1157 Zur Richtlinie *Rauer/Eckert* DB 2016, 1239, 1241.

unbefugtem Zugang.[1158] Hiermit wäre eine Beschränkung der weiteren Nutzung einmal rechtmäßig erworbener Information indessen schwerlich vereinbar.[1159] Bestehen keine vertraglichen Beschränkungen von Nutzung und Offenlegung des Geschäftsgeheimnisses, ist für die Würdigung des weiteren Umgangs mit dem Erlangten maßgeblich, ob der Erwerb rechtlich bemakelt war oder nicht, vgl. Art. 4 II RL (EU) 2016/943. War dieser gemäß Art. 3 I lit. b) RL (EU) 2016/943 rechtmäßig und bestehen keine weitergehenden vertraglichen Einschränkungen, sind Nutzung und Offenlegung bereits gemäß Art. 4 RL (EU) 2016/943 rechtmäßig.[1160]

(2) Meinungsstand in der Literatur

Aus diesem Grund wird überwiegend angenommen, dass im Fall des Reverse Engineering neben dem Erwerb auch die spätere Verwendung des Geschäftsgeheimnisses nach der Geheimnisschutz-Richtlinie zulässig ist.[1161] Einige kritische Stimmen favorisieren eine Lesart des Art. 3 I lit. b) RL (EU) 2016/943, nach der sich die Anordnung der Rechtmäßigkeit zunächst nur auf den Erwerb bezieht.[1162] Der weitere Fortgang müsse differenziert betrachtet werden. Unter anderem seien auch die angestrebten Ziele und die zu erwartenden Folgen der Nutzung bzw. Offenlegung einzubeziehen.[1163]

1158 *Kalbfus*/Harte-Bavendamm, Fachausschuss für Wettbewerbs- und Markenrecht zum Richtlinienvorschlag über den Schutz von Geschäftsgeheimnissen, GRUR 2014, 453, 455; *Wiese*, Die EU-Richtlinie über den Schutz vertraulichen Know-hows und vertraulicher Geschäftsinformationen, S. 126.

1159 *Kalbfus*/Harte-Bavendamm, Fachausschuss für Wettbewerbs- und Markenrecht zum Richtlinienvorschlag über den Schutz von Geschäftsgeheimnissen, GRUR 2014, 453, 455; Stellungnahme des Max-Planck-Instituts vom 12.5.2014, GRUR Int. 2014, 554, 558; *Wiese*, Die EU-Richtlinie über den Schutz vertraulichen Know-hows und vertraulicher Geschäftsinformationen, S. 126.

1160 Harte-Bavendamm/*Ohly*/Kalbfus § 3 GeschGehG Rn. 28; *Rauer/Eckert* DB 2016, 1239, 1241.

1161 BeckOK GeschGehG/*Spieker* § 3 Rn. 4; *Kalbfus*/Harte-Bavendamm, Fachausschuss für Wettbewerbs- und Markenrecht zum Richtlinienvorschlag über den Schutz von Geschäftsgeheimnissen, GRUR 2014, 453, 455; Stellungnahme des Max-Planck-Instituts vom 12.5.2014, GRUR 2014, 554, 558; *Rauer/Eckert* DB 2016, 1239, 1241; *Wiese*, Die EU-Richtlinie über den Schutz vertraulichen Know-hows und vertraulicher Geschäftsinformationen, S. 126–127.

1162 Kalbfus/Harte-Bavendamm/*Ohly*, Fachausschuss für Wettbewerbs- und Markenrecht zum Richtlinienvorschlag über den Schutz von Geschäftsgeheimnissen, GRUR 2014, 453, 455; so wohl auch Köhler/Bornkamm/Feddersen/*Alexander* § 3 GeschGehG Rn. 39.

1163 *Harte-Bavendamm*, FS Köhler, S. 235, 247.

(3) Bewertung

Die zuletzt genannte Auffassung überzeugt nicht. Der Richtliniengeber hat mit Rücksicht auf das Ziel der Förderung von Innovationstätigkeit innerhalb der Union entschieden, dass Geschäftsgeheimnisse durch systematische Analysen rechtmäßig verfügbarer Gegenstände erworben werden dürfen. Das Reverse Engineering ist jedoch nur unter der Bedingung der freien Weiterverwendung zulässig gewonnener Informationen als Katalysator für Innovationstätigkeit im Binnenmarkt geeignet. Sowohl die Systematik der Art. 3 und 4 RL (EU) 2016/943 wie auch die mit der Richtlinie verfolgten Zwecke erfordern deshalb die Konsequenz, die Rechtmäßigkeit des Reverse Engineering auf die Nutzung und die Offenlegung der auf diesem Wege erworbenen Geschäftsgeheimnisse zu erstrecken. Im Ergebnis sind gemäß Art. 3 I lit. b) RL (EU) 2016/943 sowohl der Erwerb eines Geschäftsgeheimnisses im Wege des „Reverse Engineerings“ als auch die anschließende Nutzung und Offenlegung rechtmäßig.

bb) Auswirkungen auf die Rechtsfolgen von § 3 I Nr. 2 GeschGehG

Diese Wertungen sind im Wege der richtlinienkonformen Auslegung des § 3 I Nr. 2 GeschGehG zu berücksichtigen. Demnach lässt sich der Norm entnehmen, dass der Umgang mit Geschäftsgeheimnissen, die durch eine zulässig vorgenommene Rückwärtsanalyse erlangt werden, insgesamt als rechtmäßig zu bewerten ist.[1164] Mit der rechtmäßigen Erlangung wird der Analysierende ebenfalls Geheimnisinhaber im Sinne des § 2 Nr. 2 GeschGehG. Als solcher darf er das Geschäftsgeheimnis frei nutzen und verwerten.[1165] Dabei verdrängt er den ursprünglichen Geheimnisinhaber nicht aus seiner Position, sondern tritt neben diesen. Daran zeigt sich ein weiteres Mal, dass der Geheimnisschutz keine exklusiven Rechte an der geschützten Information vermittelt. Im Vergleich zur bisherigen Rechtslage genügt die Möglichkeit des „Reverse Engineering“ jedoch nicht, um den Geheimnischarakter einer Information entfallen zu lassen.[1166]

1164 Büscher/*McGuire* § 3 GeschGehG Rn. 18; Harte-Bavendamm/*Ohly*/Kalbfus § 3 GeschGehG Rn. 28.

1165 Büscher/*McGuire* § 3 GeschGehG Rn. 18; so wohl auch Harte-Bavendamm/*Ohly*/Kalbfus § 3 GeschGehG Rn. 28; wohl kritisch Köhler/Bornkamm/Feddersen/*Alexander* § 3 GeschGehG Rn. 39.

1166 Büscher/*McGuire* § 3 GeschGehG Rn. 18; Harte-Bavendamm/*Ohly*/Kalbfus § 3 GeschGehG Rn. 29; *Reinfeld,* Das neue Gesetz zum Schutz von Geschäftsgeheimnissen, S. 64.

4. *Erlaubter Erwerb im Rahmen der Kommunikation mit Arbeitnehmern und Arbeitnehmervertretungen (§ 3 I Nr. 3 GeschGehG)*

a) *Allgemeine Eingrenzung des Anwendungsbereichs*

§ 3 I Nr. 3 GeschGehG bestimmt, dass ein Geschäftsgeheimnis durch das Ausüben von Informations- und Anhörungsrechten der Arbeitnehmer oder Mitwirkungs- und Mitbestimmungsrechten der Arbeitnehmervertretung erlangt werden darf. Nach den obigen Ergebnissen definiert die Geheimnisschutz-Richtlinie nicht, welche Rechte umfasst sein sollen, sondern überlässt dies der Ausgestaltung durch die Mitgliedsstaaten. Dadurch soll den Spezifika mitgliedsstaatlichen Rechts Rechnung getragen werden.[1167] § 3 I Nr. 3 GeschGehG nennt zunächst die Informations- und Anhörungsrechte der Arbeitnehmer. Solche ergeben sich zunächst gemäß §§ 81, 82, 83, 84 BetrVG.[1168] Aber auch außerhalb des BetrVG bestehen Informations- und Anhörungsrechte der Arbeitnehmer. Genannt sei § 13 AÜG.[1169] Des Weiteren verweist § 3 I Nr. 3 GeschGehG auf die Mitwirkungs- und Mitbestimmungsrechte der Arbeitnehmervertretung. Hierunter können insbesondere die gesetzlichen Offenlegungspflichten des Arbeitgebers aus dem BetrVG und die Mitwirkungsrechte des Betriebsrates subsumiert werden.[1170] Zu nennen sind §§ 80 II, 85 III S. 1, 89 V, VI, 90 I, 92 I, 99 I S. 1, 100 I S. 2, 102 I, 105 und 111 S. 2 BetrVG.[1171] Da der Begriff Arbeitnehmervertretung durch das Geschäftsgeheimnisgesetz nicht definiert wird[1172], muss im Rahmen weiterer Auslegung eine Konkretisierung vorgenommen werden.

b) *Begriff der Arbeitnehmervertretung*

aa) Vorgaben der Gesetzesbegründung

Anhand der Gesetzesbegründung lässt sich der Begriff der Arbeitnehmervertretung nicht konkretisieren. Nach der Beschlussempfehlung des BT-Ausschusses für Recht und Verbraucherschutz ist, der Begriff weit zu verstehen.[1173] Dies bezieht sich zwar auf die Rechte selbst, kann jedoch als Anhaltspunkt dafür gewertet

---

1167 Zu den Vorgaben des Art. 3 I lit. c) RL (EU) 2016/943, siehe Teil 2, § 7, B., I., 3., b), aa), S. 205f.

1168 So auch Fitting § 79 BetrVG Rn. 3a.

1169 *Bissels/Schroeders/Ziegelmayer* DB 2016, 2295, 2297; *Reinfeld,* Das neue Gesetz zum Schutz von Geschäftsgeheimnissen, S. 69–

1170 *Bissels/Schroeders/Ziegelmayer* DB 2016, 2295, 2297; für ein weites Verständnis Fitting § 79 BetrVG Rn. 3a.

1171 EuArbRK/*Schubert* RL (EU) 2016/943 Art. 4 Rn. 16; *Preis/Seiwerth* RdA 2019, 351, 359; für ein weites Verständnis Fitting § 79 BetrVG Rn. 3a.

1172 *IG BAU,* Stellungnahme zum Referentenentwurf des BMJ, S. 2.

1173 BT-Ausschuss für Recht und Verbraucherschutz, BT-Drucks. 19/8300, S. 13.

werden, dass auch der Begriff der Arbeitnehmervertretung weit auszulegen ist.[1174] Die gemeinschaftliche Wahrnehmung von Arbeitnehmerinteressen durch Vertreter ist elementarer Bestandteil und Instrument des kollektiven Arbeitsrechts.[1175] Indes findet sich in diesen Regelungszusammenhängen keine allgemein anerkannte Definition dieser Begrifflichkeit, auf die zurückgegriffen werden könnte. Unter Berücksichtigung der kollektivarbeitsrechtlichen Ziele[1176] handelt es sich um einen untechnischen Oberbegriff für Zusammenschlüsse mit dem Zweck, die gemeinschaftlichen Interessen der Arbeitnehmer zu sichern und deren betriebliche und unternehmerische Mitwirkung zu gewährleisten.

Die Begriffe „Mitbestimmung" und „Arbeitnehmervertretung" werden überwiegend mit den betriebsverfassungsrechtlichen Organen zur Interessenvertretung assoziiert. Somit sind die betrieblichen Mitbestimmungsorgane von § 3 I Nr. 3 GeschGehG erfasst.[1177] Dies sind der Betriebsrat[1178], der Gesamtbetriebsrat, der Konzernbetriebsrat, der europäische Betriebsrat und der SE-Betriebsrat.[1179] Der Gesetzgeber fokussiert § 3 I Nr. 3 GeschGehG jedoch nicht allein auf die betriebliche Mitbestimmung, sondern stellt – weit formuliert – auf Arbeitnehmervertretungen ab.[1180] Daraus folgt, dass weitere Einrichtungen mit dieser Zielrichtung erfasst sein können. Ausweislich der Gesetzesbegründung soll § 3 I Nr. 3 GeschGehG bewirken, dass Beteiligungsrechte von Arbeitnehmervertretungen nicht mit dem Hinweis auf das Vorliegen eines Geschäftsgeheimnisses eingeschränkt werden können.[1181] Aus dieser Formulierung kann geschlussfolgert werden, dass sämtliche Interessenvertretungen erfasst sind[1182], die Anhörungs- und Informationsrechte bzw. Mitwirkungs- und Mitbestimmungsrechte gegenüber dem Arbeitgeber geltend machen können. Hierzu zählen der Sprecherausschuss der leitenden

---

1174 Harte-Bavendamm/*Ohly*/Kalbfus § 3 GeschGehG Rn. 40: für ein weites Verständnis des Begriffs der „Arbeitnehmervertretung" in Bezug auf § 5 Nr. 3 GeschGehG MüKoStGB/*Joecks/Miebach* § 23 GeschGehG Rn. 129.

1175 *Preis/Greiner,* Arbeitsrecht II, S. 1 Rn. 1.

1176 *Preis/Greiner,* Arbeitsrecht II, S. 1 Rn. 4ff.

1177 EuArbRK/*Schubert* RL (EU) 2016/943 Art. 4 Rn. 13; IG BAU, Stellungnahme zum Referentenentwurf des BMJ, S. 2; *Oetker,* FS Hopt 2020, S. 901, 912; *Reinfeld,* Das neue Gesetz zum Schutz von Geschäftsgeheimnissen, S. 69; *Scholtyssek/Judis/Krause* CCZ 2020, 23, 25.

1178 MüKoStGB/*Joecks/Miebach* § 23 GeschGehG Rn. 129.

1179 EuArbRK/*Schubert* RL (EU) 2016/943 Art. 4 Rn. 13; *Oetker,* FS Hopt 2020, S. 901, 912; im Ansatz *Reinfeld,* Das neue Gesetz zum Schutz von Geschäftsgeheimnissen, S. 69.

1180 MüKoStGB/*Joecks/Miebach* § 23 GeschGehG Rn. 129.

1181 Begr- RegE, BT-Drucks. 19/4724, S. 24.

1182 Für ein weites, insbesondere auch die Gewerkschaften mit einbeziehendes Verständnis *IG BAU,* Stellungnahme zum Referentenentwurf des BMJ, S. 2.

Angestellten, die Schwerbehindertenvertretung und die Personal- und Gesamtpersonalvertretung in Bund, Ländern und Gemeinden.[1183]

bb) Einbeziehung von Arbeitnehmervertretern im Aufsichtsrat

(1) Auslegung nach dem Gesetzeswortlaut

Nicht ohne weiteres erschließt sich, ob „Arbeitnehmervertreter" im Aufsichtsrat unter § 3 I Nr. 3 GeschGehG zu subsumieren sind. Bei einer nur am Wortlaut orientierten Betrachtung bilden diese eine Vertretung der Arbeitnehmer im weiteren Sinne und müssten deshalb erfasst sein. Deswegen werden Arbeitnehmervertretungen im Aufsichtsrat in der Literatur teilweise -wenngleich ohne nähere Begründung – einbezogen.[1184] Die Zusammensetzung des Aufsichtsrates folgt aus § 96 I AktG i.V.m. den mitbestimmungsrechtlichen Spezialnormen, die sich nach der konkret einschlägigen Form der Mitbestimmung richten.[1185] Dabei ergibt sich die Einbeziehung der Arbeitnehmer aus den spezifischen Regelungen des MitbestG, Montan-MitbestG, MitbestErgG, DrittelbG und MgVG.[1186]

(2) Auslegung nach dem Zweck der Arbeitnehmerbeteiligung im Aufsichtsrat

Unklar ist, ob die Aufgabe und Position der Arbeitnehmer im Aufsichtsrat mit den Zielen des § 3 I Nr. 3 GeschGehG funktionell harmoniert und diesen zweckdienlich ist. Unionsrechtliche Vorgabe dieser Norm ist Art. 3 I lit. c) RL (EU) 2016/943. Diese ist bei der Beurteilung des § 3 I Nr. 3 GeschGehG mit einzubeziehen. Der Geheimnisschutz kreiert ein Spannungsfeld zwischen dem angestrebten verbesserten Schutz von Unternehmensinformationen[1187] und den Arbeitnehmerschutzrechten.[1188] In der Praxis kommen nicht nur unredlich handelnde Betriebsfremde, sondern insbesondere auch Arbeitnehmer mit geheimen Betriebs- und Unternehmensinformationen in Berührung.[1189]

Um die bestehenden Rechte der Arbeitnehmer ausreichend zu berücksichtigen, wurden mit §§ 1 III Nr. 4, 3 I Nr. 3 und 5 Nr. 3 GeschGehG entsprechende Regelungen in das Geschäftsgeheimnisgesetz integriert. Insbesondere sollen Arbeitnehmer weiterhin ungehindert die Möglichkeiten in Anspruch nehmen, welche

---

1183 EuArbRK/*Schubert* RL (EU) 2016/943 Art. 4 Rn. 13; MüKoStGB/*Joecks/Miebach* § 23 GeschGehG Rn. 129; *Reinfeld,* Das neue Gesetz zum Schutz von Geschäftsgeheimnissen, S. 69.

1184 EuArbRK/*Schubert* RL (EU) 2016/943 Art. 3 Rn. 13; *Schulte* ArbRB 2019, 143, 145.

1185 *Drygala/Staake/Szalai,* Kapitalgesellschaftsrecht, S. 445 Rn. 130.

1186 *Drygala/Staake/Szalai,* Kapitalgesellschaftsrecht, S. 445 Rn. 130.

1187 Vgl. RL (EU) 2016/943, Erwägungsgrund 10, ABl. EU L 157/3.

1188 *Bissels/Schroeders/Ziegelmayer* DB 2016, 2295, 2295.

1189 *Bissels/Schroeder/Ziegelmayer* DB 2016, 2295, 2295; *DGB,* Stellungnahme zu COM (2013) 813 final.

die Existenz kollektiver Interessenvertretungen bietet, um dadurch ihre Rechte und ihre Position im betrieblichen und unternehmensinternen Machtgefüge zu stärken.[1190] Dieser Intention dient die betriebliche Mitbestimmung, die auf die Wahrung der kollektiven und individuellen Interessen der Arbeitnehmer bei der Gestaltung der betrieblichen Ordnung und des Arbeitsalltages der Mitarbeiter ausgerichtet ist.[1191]

Es ist unklar, ob sich die Position der Arbeitnehmer im Aufsichtsrat damit vergleichen lässt. Die unternehmerische Mitbestimmung dient nicht ausschließlich der Wahrnehmung von Arbeitnehmerinteressen.[1192] Gemäß § 111 AktG ist Aufgabe des Aufsichtsrates die Überwachung der Geschäftsführung. Die Mitwirkung von Arbeitnehmern gewährleistet, dass deren Perspektive bei unternehmerischen Entscheidungen berücksichtigt wird.[1193] Dies dient nicht nur und auch nicht primär einer verbesserten Stellung der Arbeitnehmer im Unternehmen. Entscheidende Funktion der Arbeitnehmerbeteiligung im Aufsichtsrat ist es, eine erhöhte Diversität von Einzelperspektiven zusammenzufassen und so das Unternehmensinteresse möglichst genau zu bestimmen und in diesem Sinne zu handeln.[1194] Die unternehmensorientierte Ausrichtung des Aufsichtsrates ist zudem normativ verankert. Gemäß § 111 III AktG hat der Aufsichtsrat eine Hauptversammlung einzuberufen, wenn das Wohl der Gesellschaft es erfordert. Auch die funktionelle Bedeutung der Vertreter der Belegschaft in Betriebsrat und Aufsichtsrat divergiert. Der Betriebsrat fungiert als „Durchsetzungsinstrument" und kann die Position von Arbeitnehmern faktisch – etwa durch verbesserte Arbeitsbedingungen – stärken.[1195] Diese Möglichkeiten haben die Arbeitnehmer im Aufsichtsrat aufgrund ihrer meist bestehenden Minderheitsposition und ihrer grundsätzlichen Kompetenzen weitestgehend nicht.[1196] Aus Sicht der Arbeitnehmer besteht der Vorteil ihrer Vertreter im Aufsichtsrat meist nur darin, dass diese Relevantes über das Unternehmen in Erfahrung bringen können.[1197] Im Ergebnis dienen die Arbeitnehmervertreter im Aufsichtsrat nach deutschem Verständnis des Begriffs zumindest nicht primär den Zwecken, die die Geheimnisschutz-Richtlinie mit der Einführung von arbeitsrechtsbezogenen Regelungen verwirklichen wollte.

1190 Zu dem Zweck der kollektiven Interessenvertretung ErfK/*Koch* BetrVG § 1 Rn. 1; *Preis/Greiner,* Arbeitsrecht II, S. 1 Rn. 4; *Zöllner/Loritz/Hergenröder,* Arbeitsrecht, S. 607 Rn. 13.

1191 ErfK/*Koch* BetrVG § 1 Rn. 1; GK-BetrVG/*Wiese* Einleitung Rn. 74.

1192 *Kolbe,* Mitbestimmung und Demokratieprinzip, S. 223.

1193 GroßKom-AktG/*Hopt/Roth* § 111 Rn. 78; *Preis/Greiner,* Arbeitsrecht II, S. 381 Rn.1564.

1194 *Drygala/Staake/Szalai,* Kapitalgesellschaftsrecht, S. 467 Rn. 186; ErfK/*Oetker* § 111 AktG Rn. 2ff; GroßKom-AktG/*Hopt/Roth* § 111 Rn. 78.

1195 DKW/*Däubler* Einleitung Rn. 68; ErfK/*Koch* BetrVG § 1 Rn. 1; GK-BetrVG/*Wiese* Einleitung Rn. 74.

1196 DKW/*Däubler* Einleitung Rn. 68.

1197 DKW/*Däubler* Einleitung Rn. 68.

(3) Strukturelle Erwägungen

Die Arbeitnehmervertreter bilden kein selbstständiges Vertretungsorgan.[1198] Sie sind lediglich Teil des Aufsichtsrates.[1199] Darin liegt ein wesentlicher Unterschied zu den im Übrigen erfassten Vertretungseinrichtungen. Aufgrund dieser strukturellen Besonderheit der „Vertretung“ des Aufsichtsrats könnte die Anwendbarkeit des § 3 I Nr. 3 GeschGehG zu erheblichen Rechtsunsicherheiten führen. Unterstellte man die Arbeitnehmervertreter im Aufsichtsrat dem Anwendungsbereich des § 3 I Nr. 3 GeschGehG, hätte dies zur Folge, dass diese mit den Arbeitnehmern ungehindert kommunizieren und dabei Geschäftsgeheimnisse erlaubt weitergeben dürften. Für die Anteilseignervertreter gölte dies nicht. Dies erweist sich als problematisch, da Arbeitnehmervertreter und Anteilseignervertreter im Aufsichtsrat grundsätzlich als gleichberechtigte Mitglieder desselben organschaftlichen Gremiums zu werten sind.[1200] Nach aktienrechtlichen Grundsätzen müssen die beiden Gruppen den gleichen Rechten und Pflichten bzw. Verhaltensanforderungen unterworfen werden.[1201] In diesem Zusammenhang wäre es mit erheblichen Rechtsunsicherheiten verbunden, wenn die Arbeitnehmer mit einzelnen Mitgliedern des Aufsichtsrates Geschäftsgeheimnisse erörtern dürften, mit anderen wiederum nicht. Dies würden dem klaren Ziel der Richtlinie, den Geheimnisschutz und dadurch die Innovationstätigkeit von Unternehmen zu stärken, widersprechen.

(4) Unionsrechtliches Begriffsverständnis

(a) Richtlinienkonforme Auslegung

Da § 3 I Nr. 3 GeschGehG die Vorgaben aus Art. 3 I lit. c) RL (EU) 2016/943 umsetzt, darf jedoch nicht ohne weiteres auf das nationale Begriffsverständnis zurückgegriffen werden.[1202] Die Geheimnisschutz-Richtlinie statuiert in Art. 1 III RL (EU) 2016/943, dass keine Bestimmung der Richtlinie so ausgelegt werden darf, dass sie eine Grundlage dafür bietet, die Mobilität der Arbeitnehmer zu beschränken. Um die bestehenden Rechte der Arbeitnehmer ausreichend zu berücksichtigen[1203], sehen die Bereichsausnahmen in Art. 3 RL (EU) 2016/943 und der Ausnahmetatbestand in Art. 5 RL (EU) 2016/943 Regelungen zugunsten von Arbeitnehmern und Arbeitnehmervertretungen vor [Art. 3 I lit. c), Art. 5 lit. c) RL (EU) 2016/943]. Die genannten Normen zielen darauf ab, die Kommunikation zwischen Arbeitnehmern

---

1198 *Oetker,* FS Hopt 2020, S. 901, 912.

1199 *Oetker,* FS Hopt 2020, S. 901, 912.

1200 ErfK/*Oetker* § 116 AktG Rn. 2; GroßKom-AktG/*Hopt/Roth* § 116 Rn. 33; *Oetker,* FS Hopt 2020, S. 901, 912.

1201 ErfK/*Oetker* § 116 AktG Rn. 2; GroßKom-AktG/*Hopt/Roth* § 116 Rn. 33.

1202 Harte-Bavendamm/*Ohly*/Kalbfus § 3 GeschGehG Rn. 40.

1203 Vgl. RL (EU) 2016/943, Erwägungsgrund 18, ABl. EU L 157/4; EuArbRK/*Schubert* RL (EU) 2016/943 Art. 4 Rn. 2.

und Arbeitnehmervertretungen zu sichern und zu verhindern, dass die hierfür erforderlichen mitgliedstaatlichen Rechte durch Inkrafttreten und Umsetzung der Richtlinie verkürzt werden.[1204] Um diese Vorgaben hinreichend in das nationale Recht zu überführen, muss § 3 I Nr. 3 GeschGehG das unionsrechtliche Verständnis einer Arbeitnehmervertretung zugrunde gelegt werden. Dieser Begriff wird jedoch auch durch die Geheimnisschutz-Richtlinie lediglich vorausgesetzt und nicht weiter konkretisiert. Dementsprechend muss ermittelt werden, ob weitergehende unionsrechtliche Vorgaben zur Bestimmung einer Arbeitnehmervertretung existieren.

(b) Begriffsbestimmung durch den Europäischen Gerichtshof

Zur Gewährleistung einer einheitlichen Rechtsanwendung sind einzelne Rechtsbegriffe einem autonomen europäischen Verständnis zu unterwerfen. Dies fällt grundsätzlich in den Kompetenzbereich des europäischen Gerichtshofs.[1205] Dieser entscheidet im Wege des Vorabentscheidungsverfahrens gemäß Art. 267 AEUV über die Auslegung des primären und sekundären Unionsrechts.[1206] Auf diesem Wege wurde zum Beispiel ein unionsweit geltender autonomer Arbeitnehmerbegriff gebildet.[1207] Ist auf der unionsrechtlichen Ebene ein vergleichbares autonomes Verständnis der Arbeitnehmervertretung festzustellen, müsste dieses auch der Auslegung von § 3 I Nr. 3 GeschGehG zugrunde gelegt werden.

Mit Urteil vom 18.7.2017 hatte der europäische Gerichtshof darüber zu entscheiden, ob Art. 45 AEUV Regelungen entgegensteht, nach denen das passive und aktive Wahlrecht bei den Wahlen der Arbeitnehmervertreter im Aufsichtsrat nur Arbeitnehmern der inländischen Betriebe zusteht.[1208] Im Rahmen dieser Entscheidung ordnet er diese Regelungen systematisch der kollektiven Vertretung und Verteidigung der Arbeitnehmerinteressen zu und benennt das kollektive Arbeitsrecht als einschlägiges Rechtsgebiet.[1209] Danach gehört die Interessenvertretung der Arbeitnehmer – nach dezidierter Auffassung des Gerichtshofs – zu den Aufgaben der Arbeitnehmervertreter im Aufsichtsrat. Dies könnte dahin zu interpretieren sein, dass der Begriff der Arbeitnehmervertretung durch dieses Urteil einheitlich ausgelegt werden sollte. Demnach müssten alle Vertretungseinrichtungen mit einbezogen werden, die zumindest auch der kollektiven Vertretung und Verteidigung von Arbeitnehmerinteressen dienen. In diesem Zusammenhang müssen jedoch auch der Schlussantrag und

---

1204 *Alexander* WRP 2017, 1034, 1041 Rn. 81; EuArbRK/*Schubert* RL (EU) 2016/943 Art. 4 Rn. 2 und 4.
1205 EuArbRK/*Höpfner* Art. 267 AEUV Rn. 8.
1206 EuArbRK/*Höpfner* Art. 267 AEUV Rn. 8.
1207 EuGH NZA 2018, 293, 294 Rn. 28; EUGH NZA 2015, 1444, 1445; EuGH BeckRS 2010, 91197; Harte-Bavendamm/*Ohly*/Kalbfus § 3 GeschGehG Rn. 39.
1208 EuGH NJW 2017, 2603, 2603 Rn. 37.
1209 EuGH NJW 2017, 2603, 2605 Rn.37/38.

die dortigen Ausführungen des Generalanwalts Berücksichtigung finden. Dort heißt es, dass „die deutsche Regelung über die Arbeitnehmermitbestimmung und die Vorschriften der Wahlordnungen (...) dem deutschen Recht angepasst seien".[1210] Damit bezieht sich der Regelungsgehalt der Entscheidung lediglich auf die deutsche Rechtslage. Eine autonome unionsweite Begriffsbestimmung ist daraus nicht abzuleiten.

(c) Übernahme des Begriffsverständnisses aus anderen Richtlinien

(aa) Einführung

Indessen wurde der Begriff „Arbeitnehmervertreter" bzw. „Vertreter der Arbeitnehmer" nicht erst mit der Geheimnisschutz-Richtlinie Bestandteil des unionsrechtlichen Sekundärrechts. Dieser Terminus wurde bereits in mehreren zuvor ergangenen Richtlinien verwendet. Zu untersuchen ist, ob sich in diesem Zusammenhang bereits eine unionsweit verbindliche Konkretisierung dieses Begriffes herausgebildet hat.

(bb) Massenentlassungs-Richtlinie – 98/59/EG

Bereits in der Richtlinie 75/129/EWG vom 17.2.1975 zur Angleichung der Rechtsvorschriften der Mitgliedsstaaten über Massenentlassungen wurde der Begriff verwendet.[1211] Diese wurde am 20.7.1998 mit der Richtlinie 98/59/EG[1212] weitergeführt. Gemäß Art. 1 I lit. b) RL 98/59/EG richtet sich der Begriff der „Arbeitnehmervertreter" nach den Rechtsvorschriften oder der Praxis der Mitgliedsstaaten. Diese Formulierung wird überwiegend dahin verstanden, dass die Richtlinie diesen Terminus nicht autonom für das Unionsrecht festlegen will. Die Ausgestaltung verbleibe bei den Mitgliedsstaaten.[1213] Nach innerstaatlichem Verständnis seien damit ausschließlich Gremien erfasst, welche nach den Regelungen des Betriebsverfassungsgesetzes die Vertretung der Arbeitnehmer übernehmen.[1214] Damit unterfallen Arbeitnehmervertreter im Aufsichtsrat nicht dem Begriffsverständnis der Richtlinie 98/59/EG.

(cc) Betriebsübergangs-Richtlinie

In einem anderen thematischen Zusammenhang greift auch die Richtlinie 77/87/EWG vom 14.2.1977 zur Angleichung der Rechtsvorschriften der Mitgliedsstaaten über die Wahrung von Ansprüchen der Arbeitnehmer beim Übergang von

---

1210 *Saugmandsgaard*, Schlussantrag vom 4.5.2017 – C-566/15, BeckRS 2017, 109457 Rn. 102.
1211 RL 75/129/EWG, L 48/29.
1212 RL 98/59/EG, L 225/16, im Folgenden als „Massenentlassungs-Richtlinie" tituliert.
1213 EuArbRK/*Spelge* RL 98/59/EG Art. 1 Rn. 66.
1214 EuArbRK/*Spelge* RL 98/59/EG Art. 1 Rn. 66.

Unternehmen, Betrieben oder Betriebsteilen den Begriff der „Arbeitnehmervertreter“ auf.[1215] Die Richtlinie wurde zunächst durch die RL 98/50/EG geändert und ist mittlerweile durch die Richtlinie 2001/23/EG vom 12.3.2001[1216] abgelöst.[1217] Gemäß Art. 2 lit. c) RL 77/87/EWG handelte es sich bei den Vertretern der Arbeitnehmer um die Arbeitnehmervertreter nach den Rechtsvorschriften oder der Praxis der Mitgliedsstaaten. Davon sollten jedoch die Mitglieder der Verwaltungs-, Leitungs-, oder Aufsichtsorganen, die diesen Organen in bestimmten Mitgliedsstaaten als Arbeitnehmervertreter angehören, ausgenommen sein. Art. 2 Nr. 1 lit. c) RL 2001/23/EG verzichtet auf die Ausnahmeregelung und verweist zur Begriffsbestimmung lediglich auf die Rechtsvorschriften und Praxis der Mitgliedsstaaten. In der Literatur wird diese Änderung teilweise herangezogen, um zu begründen, dass nunmehr auch die Arbeitnehmervertretungen der Unternehmensebene mit einbezogen sind.[1218] Überwiegend wird jedoch vertreten, dass die Begriffsbestimmung durch die Mitgliedsstaaten erfolgen muss.[1219] Unter Verweis auf den Richtlinienvorschlag müsse eine „Arbeitnehmervertretung“ die Voraussetzung erfüllen, dass sie aufgrund von Kollektivvereinbarungen oder sonst wie geeignet ist, die Interessen der Arbeitnehmer im Unternehmen zu vertreten.[1220] Der veränderte Wortlaut der Definition einer Arbeitnehmervertretung habe demnach lediglich formale und keine materiellen Auswirkungen.[1221] Dem Begriff können damit primär die betrieblichen Vertretungsgremien zugeordnet werden.[1222] Teilweise wird angeführt, dass auch Vertretungseinrichtungen auf der Unternehmensebene erfasst sein können, sobald die spezifische Situation dies rechtfertige.[1223]

(dd) Europäische Betriebsräte-Richtlinien und Rahmen-Richtlinie

Zudem existieren drei zeitlich nachfolgende Richtlinien, die sich mit der Einsetzung eines europäischen Betriebsrates und der Schaffung eines einheitlichen Verfahrens zur Unterrichtung und Anhörung von Arbeitnehmern in gemeinschaftlich tätigen Unternehmen und Unternehmensgruppen beschäftigen. Zunächst trat am

1215 RL 77/187/EWG, L 61/26.
1216 RL 2001/23/EG zur Angleichung der Rechtsvorschriften der Mitgliedsstaaten über die Wahrung von Ansprüchen der Arbeitnehmer beim Übergang von Unternehmen, Betrieben oder Unternehmens- oder Betriebsteilen, ABl. L 82/16; im Folgenden tituliert als Betriebsübergangs-Richtlinie.
1217 EuArbRK/*Winter* Vorbemerkungen zu RL 2001/23/EG Rn. 14ff.
1218 *Gaul* BB 1999, 526, 527.
1219 Kritisch EuArbRK/*Winter* RL 2001/23/EG Art. 2 Rn. 4ff.; Preis/Sagan/*Grau/Hartmann* § 15 Rn. 15.169.
1220 Preis/Sagan/*Grau/Hartmann* § 15 Rn. 15.168.
1221 Preis/Sagan/*Grau/Hartmann* § 15 Rn. 15.169.
1222 EuArbRK/*Winter* RL 2001/23/EG Art. 2 Rn. 8; Preis/Sagan/*Grau/Hartmann* § 15 Rn. 15.169.
1223 EuArbRK/*Winter* RL 2001/23/EG Art. 2 Rn. 8.

22.9.1994 die Richtlinie 94/45/EG[1224] zur Einsetzung eines europäischen Betriebsrates oder die Schaffung eines Verfahrens zur Unterrichtung und Anhörung der Arbeitnehmer in gemeinschaftsweit operierenden Unternehmen und Unternehmensgruppen in Kraft. Diese wurde durch die Rahmen-Richtlinie 2002/14/EG vom 11.3.2002[1225] ergänzt. Mittlerweile wurde die RL 94/45/EG durch die Richtlinie 2009/38/EG vom 6.5.2009 über die Einsetzung eines europäischen Betriebsrats oder die Schaffung eines Verfahrens zur Unterrichtung und Anhörung der Arbeitnehmer in gemeinschaftsweit operierenden Unternehmen und Unternehmensgruppen reformiert.[1226] Gemäß Art. 2 I lit. d) EBR-RL sind Arbeitnehmervertreter, die nach den Rechtsvorschriften und/oder Gepflogenheiten der Mitgliedsstaaten vorgesehenen Vertreter der Arbeitnehmer. Diese gesetzliche Begriffsbestimmung wird in der Literatur dahingehend interpretiert, dass die ERB-RL den Begriff der Arbeitnehmervertreter nicht autonom auf europäischer Ebene voraussetzten wollte.[1227] Vielmehr müsse hierfür stets auf die jeweilige Rechtslage in den Mitgliedsstaaten zurückgegriffen werden. In Deutschland wird angenommen, dass zu den „Arbeitnehmervertretern" im Sinne des Art. 2 I lit. d) EBR-RL ausschließlich die gemäß den Vorschriften des Betriebsverfassungsrechts vorgesehenen Mitbestimmungsgremien gezählt werden können.[1228] Die Arbeitnehmervertreter im Aufsichtsrat können dagegen nicht unter § 5 EBRG bzw. Art. 2 I lit. d) RL 2009/38/EG subsumiert werden.[1229]

Auch die Rahmen-Richtlinie 2002/14/EG enthält Vorgaben für Arbeitnehmervertretungen. Gemäß Art. 1 I RL 2002/14/EG ist es Ziel dieser Richtlinie einen allgemeinen Rahmen mit Mindestvorschriften für das Recht auf Unterrichtung und Anhörung der Arbeitnehmer festzulegen. Dies wird in der Literatur dahingehend aufgefasst, dass Eingriffe in das mitgliedsstaatliche kollektive Arbeitsrecht weitgehend vermieden werden sollten.[1230] Dementsprechend enthält die Richtlinie 2002/14/EG in Art. 2 lit. e) keine eigenständige Definition der Arbeitnehmervertretung, sondern verweist auf die Rechtsvorschriften und/oder Gepflogenheiten der Mitgliedsstaaten.[1231] Unter Rückgriff auf die lediglich einen generellen Rahmen vorgebende Ausgestaltung der RL 2002/14/EG soll das jeweils in den Mitgliedsstaaten

1224 RL 94/45/EG, L 254/64.

1225 RL 2002/14/EG zur Festlegung eines allgemeinen Rahmens für die Unterrichtung und Anhörung der Arbeitnehmer in der Europäischen Gemeinschaft.

1226 RL 2009/38/EG, L 122/28; Nachfolgend tituliert als Europäische Betriebsräte-Richtlinie (EBR-RL).

1227 EuArbRK/*Oetker* RL 2009/38/EG Art. 2 Rn. 22.

1228 DKW/*Däubler* § 5 EBRG Rn. 2; GK-BetrVG/*Oetker* § 5 EBRG Rn. 4; HWK/*Giesen* Vorbemerkungen zu EBRG Rn. 16; Preis/Sagan/*Müller-Bonanni/Witschen* § 17 Rn. 17.41.

1229 HWK/*Giesen* Vorbemerkungen zu EBRG Rn. 16.

1230 EuArbRK/*Weber* RL 2002/14/EG Art. 1 Rn. 7.

1231 EuArbRK/*Weber* RL 2002/14/EG Art. 2 Rn. 18; *Gerdom*, Gemeinschaftsrechtliche Unterrichtungs- und Anhörungspflichten, S. 52.

vorherrschende Verständnis einer Arbeitnehmervertretung unangetastet bleiben.[1232] In der Literatur werden sowohl der Betriebsrat, als auch der Gesamt- und der Konzernbetriebsrat als Arbeitnehmervertretungen im Sinne der RL 2002/14/EG gewertet.[1233] Darüber hinaus sollen auch der Sprecherausschuss der leitenden Angestellten, und im Bereich des Personalvertretungsrechts der Personalrat, die Stufenvertretung, der Gesamtpersonalrat und die Jugend- und Auszubildendenvertretung diesem Begriff unterfallen.[1234]

Weitere Anhaltspunkte für das Verständnis einer Arbeitnehmervertretung im Sinne der RL 2002/14/EG können den nachfolgenden Regelungen entnommen werden. Gemäß Art. 6 RL 2002/14/EG sollen die Mitgliedsstaaten vorsehen, dass es gemäß den in einzelstaatlichen Rechtsvorschriften festgelegten Bedingungen und Beschränkungen den Arbeitnehmervertretern und den etwaigen sie unterstützenden Sachverständigen nicht gestattet ist, ihnen im berechtigten Interesse der Unternehmen oder Betriebe ausdrücklich als vertraulich mitgeteilte Informationen an Arbeitnehmer oder Dritte weiterzugeben, die zur Vertraulichkeit verpflichtet sind. In der Literatur wird der Zusatz „gemäß den in den einzelstaatlichen Rechtsvorschriften festgelegten Bedingungen und Beschränkungen“ dahingehend verstanden, dass es für die weitere Ausgestaltung dieser Regelung auf die Rechtslage in den einzelnen Mitgliedsstaaten ankommt.[1235] Dem innerstaatlichen Gesetzgeber obliege es demnach Art. 6 RL 2002/14/EG weiter zu konkretisieren.[1236] In Deutschland wurde diese Vorgabe durch § 79 BetrVG[1237] und § 10 BPersVG umgesetzt.[1238] Arbeitnehmervertreter im Aufsichtsrat unterfallen diesen speziell betriebsverfassungsrechtlichen, bzw. bundespersonalvertretungsgesetzlichen Regelungen nicht. Auch der gemäß Art. 7 RL 2002/14/EG sicher zu stellende Schutz der Arbeitnehmervertreter muss unter Rückgriff auf die innerstaatliche Rechtslage ausgestaltet werden.[1239] Umgesetzt wurde dies im Betriebsverfassungsgesetz[1240] und im Bundespersonalvertretungsgesetz.[1241] Damit sind die Arbeitnehmervertreter im Aufsichtsrat keine Arbeitnehmervertretung im Sinne der RL 2002/14/EG.

1232 EuArbRK/*Weber* RL 2002/14/EG Art. 2 Rn. 18; *Gerdom,* Gemeinschaftsrechtliche Unterrichtungs- und Anhörungspflichten, S. 52.

1233 EuArbRK/*Weber* RL 2002/14/EG Art. 2 Rn. 20; *Gerdom,* Gemeinschaftsrechtliche Unterrichtungs- und Anhörungspflichten, S. 175.

1234 EuArbRK/*Weber* RL 2002/14/EG Art. 2 Rn. 20; *Gerdom,* Gemeinschaftsrechtliche Unterrichtungs- und Anhörungspflichten, S.177 und 264.

1235 EuArbRK/*Weber* RL 2002/14/EG Art. 6 Rn. 2.

1236 EuArbRK/*Weber* RL 2002/14EG Art. 6 Rn. 2.

1237 *Bonin* AuR 2004, 321, 327.

1238 EuArbRK/*Weber* RL 2002/14/EG Art. 6 Rn. 6.

1239 EuArbRK/*Weber* RL 2002/14/EG Art. 7 Rn. 3

1240 *Bonin* AuR 2004, 321, 327.

1241 *Deinert* NZA 1999, 800, 805; EuArbRK/*Weber* RL 2002/14/EG Art. 7 Rn. 5; *Gerdom,* Gemeinschaftsrechtliche Unterrichtungs- und Anhörungspflichten, S. 161ff.

(ee) Bewertung

Nach wohl einhelligem Verständnis sollte mit keiner der Regelungen ein übergreifender, autonomer europäischer Begriff der „Arbeitnehmervertretung" geschaffen werden. Das Begriffsverständnis muss unter Berücksichtigung des Regelungszwecks der jeweiligen Richtlinie nach der innerstaatlichen Rechtslage konkretisiert werden. Ein unionsweit einheitliches Verständnis der Reichweite einer Arbeitnehmervertretung existiert damit nicht. Weder dem Gesetzestext noch der Richtlinienbegründung lassen sich Anhaltspunkte dafür entnehmen, dass dies im Zusammenhang mit der Geheimnisschutz-Richtlinie anders beurteilt werden muss. Wollte der Unionsgesetzgeber in Art. 3 I lit. c) RL den Begriff der Arbeitnehmervertretung abweichend von der vorstehend dargelegten, allgemein vertretenen Auslegungspraxis, unionsweit einheitlich und autonom definieren, hätte dies jedenfalls eines eindeutigen Hinweises in den Erwägungsgründen oder der Richtlinie selbst bedurft. Dem entspricht zudem das parallele Auslegungsergebnis bezüglich der Rechte der Arbeitnehmer. Auch dieser Begriff soll nach den innerstaatlichen Rechtsvorschriften und Gepflogenheiten beurteilt werden.[1242]

Zusammenfassend sind Arbeitnehmervertretungen nach der Vorgabe der Geheimnisschutz-Richtlinie und der Umsetzung durch das Geschäftsgeheimnisgesetz strukturell abgeschlossene Einrichtungen oder Organisationseinheiten, die konkret auf die Wahrung spezifischer Arbeitnehmerrechte ausgerichtet sind.[1243] Die Einbeziehung von Arbeitnehmervertretern im Aufsichtsrat widerspricht der erkennbaren Konzeption der Richtlinie (EU) 2016/943. Eine abweichende Regelung im Geschäftsgeheimnisgesetz ist mit Blick auf eine richtlinienkonforme Auslegung nicht festzustellen. Im Ergebnis sind Arbeitnehmervertreter im Aufsichtsrat keine „Arbeitnehmervertretungen" im Sinne des § 3 I Nr. 3 GeschGehG.[1244]

II. Verbotener Umgang mit einem Geschäftsgeheimnis

1. Systematischer Aufbau des § 4 GeschGehG

Spiegelbildlich zu § 3 GeschGehG normiert § 4 GeschGehG Voraussetzungen, bei deren Vorliegen Geschäftsgeheimnisse nicht erlangt, genutzt oder offengelegt

---

1242 Zu den erfassten Rechten der Arbeitnehmer, siehe Teil 2, § 7, C., I., 4., a), S. 223.

1243 Köhler/Bornkamm/Feddersen/*Alexander* § 3 GeschGehG Rn. 46; so wohl auch Harte-Bavendamm/*Ohly*/Kalbfus § 3 GeschGehG Rn. 40.

1244 *Oetker,* FS Hopt 2020, S. 901, 912; so wohl auch *Reinfeld,* Das neue Gesetz zum Schutz von Geschäftsgeheimnissen, S. 69; so wohl auch MüKoStGB/*Joecks/Miebach* § 23 GeschGehG, der den Begriff der Arbeitnehmervertretung in Bezug auf § 5 Nr. 3 GeschGehG erörtert und die Arbeitnehmervertreter im Aufsichtsrat nicht benennt; **a.A.** EuArbRK/*Schubert* RL (EU) 2016/943 Art. 4 Rn. 13; für eine Einbeziehung im Rahmen von § 5 Nr. 3 GeschGehG *Schulte* ArbRB 2019, 143, 145; die Arbeitnehmervertreter im Aufsichtsrat nicht thematisierend, jedoch für ein weites Begriffsverständnis Stellung beziehend *IG BAU,* Stellungnahme des BMJ, S. 2.

werden dürfen. Dem systematischen Aufbau der erlaubten Handlungen folgend,[1245] beschränkt sich § 4 I GeschGehG auf die Erlangung von Geschäftsgeheimnissen. Nutzung und Offenbarung werden in § 4 II GeschGehG behandelt. Schließlich erweitert § 4 III GeschGehG den Kanon verbotener Handlungen auf die mittelbare Geheimnisverletzung durch bösgläubige Dritte. Den unionsrechtlichen Vorgaben entsprechend, enthalten die § 4 I und II GeschGehG kein Verschuldenserfordernis.[1246]

2. Erwerbsverbote des § 4 GeschGehG

§ 4 I GeschGehG legt in den Nr. 1 und 2 GeschGehG fest, unter welchen Voraussetzungen ein Geschäftsgeheimnis nicht erlangt werden darf. Gemäß § 4 I Nr. 1 GeschGehG darf ein Geschäftsgeheimnis nicht durch unbefugten Zugang zu, unbefugte Aneignung oder unbefugtes Kopieren von Dokumenten, Gegenständen, Materialien, Stoffen oder elektronischen Daten die der rechtmäßigen Kontrolle des Inhabers des Geschäftsgeheimnisses unterliegen und die das Geschäftsgeheimnis enthalten oder aus denen sich das Geschäftsgeheimnis ableiten lässt, erlangt werden. Wie bereits erörtert, bedeutet *unbefugt* im Zusammenhang dieses Gesetzes, dass sich der Handelnde weder auf eine gesetzliche noch eine rechtsgeschäftliche Ermächtigung stützen kann.[1247] Ungeachtet der sprachlichen Abweichung – *des Inhabers* anstelle von *durch den Inhaber* – entspricht dies den unionsrechtlichen Vorgaben in Art. 4 II lit. a) RL (EU) 2016/943.[1248] Die Abweichung in der Formulierung hat keine Auswirkungen auf den Aussagegehalt.[1249]

Ergänzend regelt § 4 I Nr. 2 GeschGehG in generalklauselartiger Formulierung, dass ein Geschäftsgeheimnis auch nicht durch jedes sonstige Verhalten erlangt werden darf, wenn dieses unter den jeweiligen Umständen dem Grundsatz von Treu und Glauben unter Berücksichtigung der anständigen Marktgepflogenheiten widerspricht.[1250] Daraus lässt sich ableiten, dass der Kanon inkriminierter Erwerbshandlungen insgesamt offen ausgestaltet ist.[1251] Der weiten Formulierung lässt sich

1245 *Ohly* GRUR 2019, 441, 447.

1246 BeckOK GeschGehG/*Hiéramente* § 4 Rn. 1; *Buck* JM 2020/2, 59, 61; *Dann/Markgraf* NJW 2019, 1774, 1776; *Dumont* BB 2018, 2441, 2444.

1247 Büscher/*McGuire* § 3 GeschGehG Rn. 18; Harte-Bavendamm/*Ohly*/Kalbfus § 4 GeschGehG Rn. 15; *Ohly* GRUR 2019, 441, 446; im Ergebnis *Reinfeld*, Das neue Gesetz zum Schutz von Geschäftsgeheimnissen, S. 71.

1248 Köhler/Bornkamm/Feddersen/*Alexander* § 4 GeschGehG Rn. 11.

1249 Köhler/Bornkamm/Feddersen/*Alexander* § 4 GeschGehG Rn. 11.

1250 *Alexander*, Wettbewerbsrecht, S. 514 Rn. 1971; BeckOK GeschGehG/*Hiéramente* § 4 Rn. 31; *Dann/Markgraf* NJW 2019, 1774, 1776; Harte-Bavendamm/*Ohly*/Kalbfus § 4 GeschGehG Rn. 19; *Holthausen* NZA 2019, 1337, 1381; *Ohly* GRUR 2019, 441, 446; *Reinfeld*, Das neue Gesetz zum Schutz von Geschäftsgeheimnissen, S. 72; *Würtenberger/Freischem* GRUR 2018, 708, 710.

1251 Harte-Bavendamm/*Ohly*/Kalbfus § 4 GeschGehG Rn. 19; *Hauck* WRP 2018, 1032, 1036; *Holthausen* NZA 2019, 1377, 1381; im Ergebnis BeckOK GeschGehG/

jedoch nicht unmittelbar entnehmen, welche konkreten Verhaltensweisen erfasst sein sollen.

3. Regelungsgehalt des Auffangtatbestandes in § 4 I Nr. 2 GeschGehG

a) Gesetzestext und amtliche Begründung

Die Gesetzesbegründung beschreibt § 4 I Nr. 2 GeschGehG als Auffangtatbestand, der jede Art von unlauterem Geschäftsgebaren als unzulässig einstuft.[1252] Dabei sei die Übernahme der Terminologie der lauterkeitsrechtlichen Generalklauseln beabsichtigt. Jede Art von unlauterem Geschäftsgebaren solle als unzulässig inkriminiert werden.[1253] Aus einer Zusammenschau von Gesetzestext und amtlicher Begründung ist abzuleiten, dass eine Handlung dem Grundsatz von Treu und Glauben unter Berücksichtigung der anständigen Marktgepflogenheiten widerspricht, wenn sie unlauter ist.[1254] Dabei muss durch weitere Auslegung ermittelt werden, welche Handlungen im Einzelnen als unlauter im Sinne des § 4 I Nr. 2 GeschGehG angesehen werden.[1255]

b) Rückgriff auf den Grundsatz von Treu und Glauben

aa) Begriff „Treu und Glaube“

Mit dem „Grundsatz von Treu und Glauben“ wählt der Gesetzgeber einen vorbekannten Rechtsbegriff. Gemäß § 242 BGB ist der Schuldner verpflichtet die Leistung so zu bewirken, wie Treu und Glauben mit Rücksicht auf die Verkehrssitte es erfordern. Es ist anhand einer umfassenden Interessenabwägung im Einzelfall zu bewerten, ob das Verhalten des Schuldners den Anforderungen nach § 242 BGB gerecht wird.[1256] Dazu haben sich Fallgruppen herausgebildet, mittels derer eine Systematisierung der Interessensabwägung erreicht werden soll.[1257] In Rechtsprechung und Literatur ist anerkannt, dass dieser Grundsatz über den Anwendungsbereich des § 242 BGB hinausgeht und im gesamten Rechtsleben bei der

---

Hiéramente § 4 Rn. 31; *Ohly* GRUR 2019, 441, 446; *Reinfeld,* Das neue Gesetz zum Schutz von Geschäftsgeheimnissen, S. 72; *Schulte* ArbRB 2019, 143, 145.

1252 Begr. RegE, BT-Drucks. 19/4724, S. 25; BeckOK GeschGehG/*Hiéramente* § 4 Rn. 32; *Hauck* WRP 2018, 1032, 1036; Köhler/Bornkamm/Feddersen/*Alexander* § 4 GeschGehG Rn. 26; *Lejeune* ITRB 2018, 140, 141.

1253 Begr. RegE, BT-Drucks. 19/4724, S. 25.

1254 *Ohly* GRUR 2019, 441, 446, die Aufnahme dieses Begriffes fordernd GRUR-Fachausschuss/*Ohly* GRUR 2018, 706, 707.

1255 *Holthausen* NZA 2019, 1377, 1381; *Ohly* GRUR 2019, 441, 446; *Reinfeld,* Das neue Gesetz zum Schutz von Geschäftsgeheimnissen, S. 73.

1256 *Brox/Walker,* Allgemeiner Teil des BGB, S. 303 Rn. 6; MüKoBGB/*Schubert* § 242 Rn. 46; Palandt/*Grüneberg* § 242 Rn. 7.

1257 *Brox/Walker,* Allgemeiner Teil des BGB, S. 303 Rn. 7; Palandt/*Grüneberg* § 242 BGB Rn. 2; MüKo/*Schubert* § 242 Rn. 44.

Erfüllung von Rechten und Pflichten Geltung beansprucht.[1258] Der Treuekomponente lässt sich entnehmen, dass der Schuldner redlich und vertragstreu handeln muss.[1259] Über den Begriff Glaube fließt das berechtigte Vertrauen des Vertragspartners mit ein. Der Schuldner muss dessen schutzwürdige Interessen hinreichend berücksichtigen.[1260] Im Ergebnis lässt sich aus § 242 BGB die allgemein anerkannte Handlungsanweisung ableiten, bei der Erfüllung von Pflichten die anderweitigen Rechte und schützenswerten Interessen des Gegenübers zu wahren.[1261] Wegen dieses allgemein anerkannten Verständnisses kann nicht davon ausgegangen werden, dass diesem Begriffspaar im Rahmen des Geschäftsgeheimnisgesetzes eine andere Bedeutung zukommen sollte.[1262] Dies bedürfte eines Anhalts in der Gesetzesbegründung, der nicht festzustellen ist.[1263]

bb) Korrektur durch die anständigen Marktgepflogenheiten

Bei der Beurteilung des Grundsatzes von Treu und Glauben sollen die anständigen Marktgepflogenheiten berücksichtigt werden. Dieser Zusatz dient der Konkretisierung. Der Gesetzgeber legt einen Maßstab fest, anhand dessen der Inhalt des wertungsbedürftigen Auffangtatbestandes gemessen werden kann.[1264] Auch der Begriff der „anständigen Marktgepflogenheiten" wird durch das Geschäftsgeheimnisgesetz nicht neu geschaffen, sondern ist bereits aus dem Lauterkeitsrecht bekannt. Im Rahmen der Begriffsbestimmungen des § 2 UWG werden die „anständigen Marktgepflogenheiten" herangezogen, um die „unternehmerische Sorgfalt" zu definieren. Gemäß § 2 I Nr. 7 UWG bedeutet „unternehmerische Sorgfalt" den Standard an Fachkenntnissen und Sorgfalt, von dem billigerweise angenommen werden kann, dass ein Unternehmer ihn in seinem Tätigkeitsbereich gegenüber Verbrauchern nach Treu und Glauben unter Berücksichtigung der anständigen Marktgepflogenheiten einhält.[1265] Diese Norm geht zurück auf Art. 2 lit. h) RL 2005/29/EG.[1266] Ursprünglich stammt der Begriff der anständigen Marktgepflogenheiten

---

1258 BGH NJW 1983, 109, 110 = BGHZ 85, 39; BAG NJW 2005, 775, 777; MüKo*BGB/Schubert* § 242 Rn. 93; *Palandt/Grüneberg* § 242 BGB Rn. 1.

1259 MüKoBGB/*Schubert* § 242 Rn. 8.

1260 MüKoBGB/*Schubert* § 242 Rn. 8.

1261 *Brox/Walker*, Allgemeiner Teil des BGB, S. 303 Rn. 5; MüKoBGB/*Schubert* § 242 Rn. 2; Palandt/*Grüneberg* § 242 BGB Rn. 1.

1262 Kritisch BeckOK GeschGehG/*Hiéramente* § 4 Rn. 41; **a.A.** *Alexander*, Wettbewerbsrecht, S. 514 Rn. 1972; Büscher/*McGuire* § 4 GeschGehG Rn. 21; Harte-Bavendamm/*Ohly*/Kalbfus § 4 GeschGehG Rn. 20; Köhler/Bornkamm/Feddersen/*Alexander* § 4 GeschGehG Rn. 28.

1263 **A.A.** Köhler/Bornkamm/Feddersen/*Alexander* § 4 GeschGehG Rn. 28.

1264 Köhler/Bornkamm/Feddersen/*Alexander* § 4 GeschGehG Rn. 32.

1265 Gegen einen Rückgriff auf § 2 I Nr. 7 UWG plädierend Köhler/Bornkamm/Feddersen/*Alexander* § 4 GeschGehG Rn. 34.

1266 Richtlinie 2005/29/EG des Europäischen Parlaments und des Rates über unlautere Geschäftspraktiken vom 11.5.2005, ABl. EU L 149/22.

aus Art. 10bis II, III PVÜ und der dortigen Definition unlauteren Wettbewerbs.[1267] In diesem Zusammenhang werden Marktgepflogenheiten definiert als gesetzlich nicht normierte Verhaltensregeln für einen Beruf oder eine Branche, welche anerkannt sind und grundsätzlich eingehalten werden.[1268] Nach der Begründung zu § 4 I Nr. 2 GeschGehG sollen die lauterkeitsrechtlichen Generalklauseln übernommen werden.[1269] Unter Übernahme der vorbekannten Wertungen[1270] bedeutet dies, dass die Erlangung eines Geschäftsgeheimnisses stets den Regeln und Gepflogenheiten der jeweiligen Branche und des jeweiligen Marktes entsprechen muss.[1271] Zudem kommt es – wie der Zusatz „anständig" zeigt – nicht allein darauf an, dass die fragliche Verhaltensregel grundsätzlich geübt wird. Vielmehr muss diese nach objektivem Maßstab allgemein anerkannt sein.[1272]

cc) TRIPS-konforme Auslegung des Begriffspaares

Im Rahmen der Auslegung heranzuziehen ist ausweislich der amtlichen Begründung die Fußnote 10 zu Art. 39 II TRIPS.[1273] Danach werden als Handlungen, die den anständigen Gepflogenheiten in Gewerbe und Handel zuwiderlaufen, beispielhaft Verhaltensweisen wie Vertragsbruch, Vertrauensbruch und Verleitung dazu genannt.[1274] Aufgrund der bereits erläuterten Bindung der Mitgliedsstaaten an das TRIPS-Abkommen, kann davon ausgegangen werden, dass mit § 4 I Nr. 2 GeschGehG den Vorgaben aus Art. 39 II TRIPS nachgekommen werden soll.[1275]

1267 *Desaunettes/Hilty/Knaack,* MPI-Stellungnahme, S. 7; Harte-Bavendamm/Hennig-Bodewig/*Keller* § 2 UWG Rn. 187; *Köhler*/Bornkamm/Feddersen § 2 UWG Rn. 136ff.; *Würtenberger/Freischem* GRUR 2018, 708, 710.

1268 Harte-Bavendamm/Hennig-Bodewig/*Keller* § 2 UWG Rn. 187a; *Köhler*/Bornkamm/Feddersen § 2 UWG Rn. 137; Ohly/*Sosnitza* § 2 UWG Rn. 94.

1269 Begr. RegE, BT-Drucks. 19/4724, S. 25; *Lejeune* ITRB 2018, 2018, 140, 141.

1270 Diese Parallele ebenfalls ziehend *Desaunettes/Hilty/Knaack,* MPI-Stellungnahme, S. 7; kritisch BeckOK GeschGehG/*Hiéramente* § 4 Rn. 41; diese Parallele ablehnend *Alexander* AfP 2019, 1, 5; *Alexander,* Wettbewerbsrecht, S. 514 Rn. 1972–1973; Harte-Bavendamm/*Ohly*/Kalbfus § 4 GeschGehG Rn. 20; Köhler/Bornkamm/Feddersen/*Alexander* § 4 GeschGehG Rn. 34; *Würtenberger/Freischem* GRUR 2018, 708, 710.

1271 Köhler/Bornkamm/Feddersen/*Alexander* § 4 GeschGehG Rn. 32.

1272 So auch die in Bezug auf § 2 UWG *Köhler*/Bornkamm/Feddersen, 37. Aufl. 2019, § 2 UWG Rn. 136.

1273 Begr. RegE, BT-Drucks. 19/4724, S. 25; *Alexander.* Wettbewerbsrecht, S. 514 Rn. 1973; BeckOK GeschGehG/*Hiéramente* § 4 Rn. 32.1; Büscher/*McGuire* § 4 GeschGehG Rn. 21; *Dann/Markgraf* NJW 2019, 1774, 1776; Harte-Bavendamm/*Ohly*/Kalbfus § 4 GeschGehG Rn. 4; *Ohly* GRUR 2019, 441, 446; *Reinfeld,* Das neue Gesetz zum Schutz von Geschäftsgeheimnissen, S. 72.

1274 Übereinkommen über handelsbezogene Aspekte der Rechte des geistigen Eigentums, BGBl. II, 1730, 1740 Fn. 10.

1275 Harte-Bavendamm/*Ohly*/Kalbfus § 4 GeschGehG Rn. 19; Köhler/Bornkamm/Feddersen/*Alexander* § 4 GeschGehG Rn. 27; *Ohly* GRUR 2019, 441, 447.

Deswegen können die Vorgaben des TRIPS-Abkommens zur Konkretisierung herangezogen werden.[1276]

c) *Fazit zu dem Regelungsgehalt des § 4 I Nr. 2 GeschGehG*

Zusammenfassend entspricht eine Handlung nicht den Grundsätzen von Treu und Glauben unter Berücksichtigung der anständigen Marktgepflogenheiten, wenn durch sie vertragliche Abreden[1277] gebrochen oder ein rechtlich begründetes Vertrauen verletzt werden.[1278] Dabei handelt es sich – dem gesetzgeberischen Hinweis auf das TRIPS folgend – nicht um abschließende Sachverhalte, sondern um Beispiele.[1279] Der Generalklausel des § 4 I Nr. 2 GeschGehG können demnach auch andere Verletzungshandlungen unterfallen, wenn diese sich bei einer wertenden Betrachtung in vergleichbarer Weise als unlauter erweisen.[1280] Bei dieser Betrachtung müssen die anerkannten Regelungen der jeweiligen Branche bzw. des jeweiligen Marktes mit einbezogen werden. Es ist eine umfassende Einzelfallbewertung erforderlich.[1281]

4. *Voraussetzungen eines Verbots der Nutzung und Offenlegung eines Geschäftsgeheimnisses, § 4 II GeschGehG*

a) *Systematische Abweichungen von den Vorgaben der RL (EU) 2016/943*

Gemäß § 4 II GeschGehG darf ein Geschäftsgeheimnis nicht nutzen oder offenlegen, wer dieses durch eine eigene Handlung im Sinne Abs. 1 erlangt hat (1) oder wer gegen eine Verpflichtung zur Beschränkung der Nutzung (2) oder der Offenlegung des Geschäftsgeheimnisses (3) verstößt. Der deutsche Gesetzgeber wählt bezüglich der verbotenen Nutzung bzw. Offenlegung einen von der Richtlinie abweichenden Aufbau.[1282] Wie bereits erläutert, regelt die Richtlinie diese Handlungsverbote in

---

1276 Büscher/*McGuire* § 4 GeschGehG Rn. 21; *Dann/Markgraf* NJW 2019, 1774, 1776; Harte-Bavendamm/*Ohly*/Kalbfus § 4 GeschGehG Rn. 21; Köhler/Bornkamm/Feddersen/*Alexander* § 4 GeschGehG Rn. 27.

1277 *Buck* JM 2020/2, 59, 61.

1278 *Dann/Markgraf* NJW 2019, 1774, 1776; Köhler/Bornkamm/Feddersen/*Alexander* § 4 GeschGehG Rn. 30; im Ansatz *Ohly* GRUR 2019, 441, 446; kritisch *Würtenberger/Freischem* GRUR 2018, 708, 710.

1279 *Alexander*, Wettbewerbsrecht, S. 514 Rn. 1973.

1280 *Alexander*, Wettbewerbsrecht, S. 514 Rn. 1973; Harte-Bavendamm/*Ohly*/Kalbfus § 4 GeschGehG Rn. 20; *Ohly* GRUR 2019, 441, 446; im Ergebnis *Schulte* ArbRB 2019, 143, 145.

1281 BeckOK GeschGehG/*Hiéramente* § 4 Rn. 41; Büscher/*McGuire* § 4 GeschGehG Rn. 20; *Harte-Bavendamm*, Stellungnahme zur BT-Drucks. 19/4724, S. 3; *Hauck*, Stellungnahme zum Referentenentwurf, S. 3; Köhler/Bornkamm/Feddersen/*Alexander* § 4 GeschGehG Rn. 32.

1282 Büscher/*McGuire* § 4 GeschGehG Rn. 10.

Art. 4 III (EU) 2016/943, wohingegen sie im Geschäftsgeheimnisgesetz in § 4 II GeschGehG verortet sind. Die Richtlinie sieht in Art. 4 III lit. a) RL (EU) 2016/943 vor, dass Geschäftsgeheimnisse nicht genutzt und offengelegt werden dürfen, sofern sie *rechtswidrig* erworben wurden. Das Geschäftsgeheimnisgesetz stellt dagegen lediglich darauf ab, dass die fragliche Information nicht durch eine eigene Handlung nach *Absatz eins Nummer eins oder Nummer zwei* erlangt wurde. Eine weitere Formulierungsabweichung findet sich in § 4 II Nr. 2 und 3 GeschGehG. Danach darf nicht gegen eine *Verpflichtung* zur Beschränkung der Nutzung oder Offenlegung verstoßen werden. Art. 4 III lit. b und c) RL (EU) 2016/943 stellen demgegenüber darauf ab, dass nicht gegen eine *Vertraulichkeitsverpflichtung oder sonstige Verpflichtung*, das Geschäftsgeheimnis nicht offenzulegen oder zu nutzen, verstoßen werden darf.[1283]

b) Inhaltliche Konformität mit den Vorgaben der Geheimnisschutz-Richtlinie

Trotz dieser systematischen und sprachlichen Differenzierungen weicht der Gesetzgeber in § 4 II GeschGehG inhaltlich nicht von den unionsrechtlichen Vorgaben ab. Durch das Ineinandergreifen der Art. 3 und 4 RL (EU) 2016/943 bedeutet „auf rechtswidrige Weise erworben" im Sinne des Absatzes 3, dass kein Verstoß gegen die ausweislich des Absatzes 2 untersagten Erwerbsmodalitäten vorliegen darf.[1284] § 4 II Nr. 1 lit. a) und b) GeschGehG formuliert dies lediglich präziser.[1285] Die Änderungen der weiteren Voraussetzungen sind auf sprachliche Vereinfachungen zurückzuführen. Während die Richtlinie Vertraulichkeitsvereinbarungen bzw. vertragliche Verpflichtungen oder sonstige Verpflichtungen nennt, verzichtet das Geschäftsgeheimnisgesetz auf diese Differenzierung. Von dem Begriff Verpflichtung sind auch vertragliche Pflichten umfasst.[1286]

5. Mittelbare Geheimnisverletzungen

Schließlich darf gemäß § 4 III S. 1 GeschGehG ein Geschäftsgeheimnis nicht durch eine dritte Person erlangt, genutzt oder offengelegt werden, die das Geheimnis über jemand anderen erlangt hat und weiß bzw. wissen müsste, dass dieser das Geschäftsgeheimnis entgegen Absatz zwei genutzt oder offengelegt hat.[1287] Damit wird eine subjektive Komponente eingeführt, die gutgläubige Dritte von den Handlungsverboten ausnimmt.[1288] Gemäß § 4 III S. 2 GeschGehG werden beispielhaft

1283 *Ohly* GRUR 2019, 441, 446.

1284 Köhler/Bornkamm/Feddersen/*Alexander* § 4 GeschGehG Rn. 42.

1285 BeckOK GeschGehG/*Hiéramente* § 4 Rn. 54.

1286 BeckOK GeschGehG/*Hiéramente* § 4 Rn. 57ff.; *Hauck* GRUR-Prax 2019, 223, 225; Köhler/Bornkamm/Feddersen/*Alexander* § 4 GeschGehG Rn. 45.

1287 Umfassend Harte-Bavendamm/*Ohly*/Kalbfus § 4 GeschGehG Rn. 43ff.; *Hoeren/Münker* CCZ 2018, 85, 85ff; *Krüger/Wiencke/Koch* GRUR 2020, 578, 583.

1288 *Alexander* AfP 2019, 1, 6; BeckOK GeschGehG/*Hiéramente* § 4 Rn. 73; Köhler/Bornkamm/Feddersen/*Alexander* § 4 GeschGehG Rn. 60; *Krüger/Wiencke/Koch*

marktübliche Nutzungsformen benannt, durch die Dritte in Produktions- und Lieferketten in den Wirkungsbereich einbezogen werden, soweit bei diesen die subjektiven Voraussetzungen vorliegen.[1289] § 4 III GeschGehG setzt die Vorgaben des Art. 4 IV, V RL (EU) 2016/943 praktisch inhaltsgleich um.[1290]

III. Richtlinienkonformität des Zusammenspiels von §§ 3 und 4 GeschGehG

1. *Auswirkungen der fehlenden Übernahme des Auffangtatbestandes auf das Zusammenspiel erlaubter und verbotener Handlungen gemäß § 3 und 4 GeschGehG*

Während der Gesetzgeber die Vorgaben des Art. 3 RL (EU) 2016/943 im Übrigen umgesetzt hat, findet sich in § 3 GeschGehG keine der Generalklausel des Art. 3 I lit. d) RL (EU) 2016/943 entsprechende Regelung.[1291] Konsequenz dieses systematischen Unterschieds zwischen der Richtlinienvorgabe und der Umsetzung könnte sein, dass das vorgegebene Regel-Ausnahme-Verhältnis zwischen erlaubten und verbotenen Handlungen nicht hinreichend deutlich zum Ausdruck kommt.[1292]

Um zu beurteilen, ob § 3 GeschGehG und damit das Zusammenwirken mit § 4 GeschGehG trotz der fehlenden Übernahme des Auffangtatbestandes richtlinienkonform ist, ist zu untersuchen, inwiefern sich dies auf das Zusammenspiel von erlaubten und verbotenen Handlungen auswirkt. Nach der Konzeption von Art. 3 und Art. 4 RL (EU) 2016/943 ist von dem Grundsatz der Zugangsfreiheit auszugehen, nach dem Geschäftsgeheimnisse rechtmäßig erworben werden dürfen, sofern dies auf eine Art und Weise erfolgt, die mit einer seriösen Geschäftspraxis vereinbar ist.[1293] Dieser Grundsatz ergibt sich aus den spiegelbildlich[1294] verwendeten Generalklauseln in Art. 3 I lit. d) RL (EU) 2016/943 und Art. 4 II lit. d) RL (EU) 2016/943. Die Fallgruppen in Art. 3 I lit. a-c) RL (EU) 2016/943 und Art. 4 II lit. a) RL (EU) 2016/943 konkretisieren Verhaltensweisen, die mit einer seriösen Geschäftspraxis vereinbar sind (Art. 3) bzw. gerade nicht vereinbar sind (Art. 4).[1295]

GRUR 2020, 578, 583; *Ohly* GRUR 2019, 441, 446–447; *Reinfeld,* Das neue Gesetz zum Schutz von Geschäftsgeheimnissen, S. 73.

1289 Begr. RegE, BT-Drucks. 19/4724, S. 26.

1290 **A.A.** BeckOK GeschGehG/*Hiéramente* § 4 Rn. 76.1.

1291 Büscher/*McGuire* § 3 GeschGehG Rn. 12; *Würtenberger/Freischem* GRUR 2018, 708, 709.

1292 Kritisch *DGB,* Stellungnahme zur BT-Drucks. 19/4724, S. 10f.

1293 *Hoeren/Münker* WRP 2018, 150, 152; *Kalbfus* GRUR 2016, 1009, 1012; *Würtenberger/Freischem* GRUR 2018, 708, 709.

1294 *Ohly* GRUR 2019, 441, 447.

1295 Zu dem Zusammenspiel von Art. 3 und 4 RL (EU) 2016/943, siehe Teil 2, § 7, B., III., S. 214f.

Mit Ausnahme des Fehlens einer vergleichbaren Generalklausel in dem Kanon der erlaubten Handlungen entsprechen die §§ 3 und 4 GeschGehG grundsätzlich den Vorgaben der Richtlinie. § 3 GeschGehG benennt Fallgruppen, bei deren Vorliegen ein Geschäftsgeheimnis erlangt werden darf.[1296] Der Zusatz „insbesondere" stellt klar, dass die Aufzählung nicht abschließend ist.[1297] Deswegen können Geschäftsgeheimnisse auch durch weitere Handlungen erlangt werden, die nach der Konzeption von §§ 3 und 4 GeschGehG erlaubt sind. Dies entspricht dem Aussagegehalt des Art. 3 I lit. d) RL (EU) 2016/943.[1298]

Nach der Generalklausel des § 4 I Nr. 2 GeschGehG darf ein Geschäftsgeheimnis nicht durch eine Verhaltensweise erlangt werden, die unter den jeweiligen Umständen nicht dem Grundsatz von Treu und Glauben unter Berücksichtigung der Marktgepflogenheiten entspricht. Ergänzt und konkretisiert wird dieser Auffangtatbestand durch § 4 I Nr. 1 GeschGehG, der Handlungen aufführt, die der rechtmäßigen Erlangung eines Geschäftsgeheimnisses entgegenstehen. Diese Aufzählung ist nicht abschließend, wie sich aus der Formulierung „jedes sonstige Verhalten" in § 4 I Nr. 2 GeschGehG ergibt. Dementsprechend sind die in Nr. 1 genannten Fallgruppen lediglich Beispiele für ein Verhalten, welches unter den Auffangtatbestand des § 4 I Nr. 2 GeschGehG subsumiert werden kann. Aus diesem Zusammenspiel der §§ 3 und 4 GeschGehG ergibt sich der Grundsatz der Zugangsfreiheit und eine umfassende Normierung entgegenstehender Verhaltensweisen.[1299] Im Ergebnis erweist sich die wörtliche Übernahme des Auffangtatbestandes in Art. 3 I lit. d) RL (EU) 2016/943 nicht als zwingend notwendig, um das Verhältnis zwischen den erlaubten und den verbotenen Handlungen umfassend und richtlinienkonform zu normieren.[1300]

2. Verortung des Grundsatzes der Zugangsfreiheit in § 3 II GeschGehG

§ 3 II GeschGehG wird teilweise als gesetzliche Ausformung des Grundsatzes der Zugangsfreiheit gesehen.[1301] Dies wurde jedoch aufgrund der erheblichen Abweichungen von Art. 3 I lit. d) RL (EU) 2016/943 kritisiert.[1302] Nach den oben vorgestellten

1296 *Adam* SPA 2019, 9, 10; *Dumont* BB 2018, 2441, 2444; *Hiéramente* CCZ 2018, 262, 263; *Hiéramente,* Stellungnahme zur BT-Drucks. 19/4724, S.6; *Voigt/Herrmann/Grabenschröer* BB 2019, 142, 143.

1297 Büscher/*McGuire* § 3 GeschGehG Rn. 12.

1298 Büscher/*McGuire* § 3 GeschGehG Rn. 12.

1299 *Würtenberger/Freischem* GRUR 2018, 708, 709; im Ergebnis GRUR-Fachausschuss/*Motejl* GRUR 2018, 706, 707.

1300 So wohl auch *Desaunettes/Hilty/Knaack,* MPI-Stellungnahme, S. 7; GRUR-Fachausschuss/*Motejl* GRUR 2018, 706, 707.

1301 *Harte-Bavendamm,* Stellungnahme zur BT-Drucks. 19/4724, S. 3; so wohl auch *Hauck,* Stellungnahme zum Referentenentwurf, S. 2.

1302 *Harte-Bavendamm,* Stellungnahme zur BT-Drucks. 19/4724, S. 3; vgl. auch *DGB,* Stellungnahme zur BT-Drucks. 19/4724, S. 10.

Ergebnissen basiert das Zusammenspiel von Art. 3 RL (EU) 2016/943 und Art. 4 RL (EU) 2016/943 auf der Überlegung, dass der Erwerb eines Geschäftsgeheimnisses grundsätzlich zulässig ist, solange dies nicht auf einer Handlung basiert, die gegen eine seriöse Geschäftspraxis verstößt.[1303] Dieses Erfordernis wurde dahin verstanden, dass der Handelnde zur Vornahme der Handlung rechtlich befugt gewesen sein muss.[1304] Unbefugt ist eine Handlung, wenn dadurch gegen Gesetz, eine vertragliche Vereinbarung oder anderweitige Gepflogenheiten verstoßen wird. Dies ist sodann nicht mehr mit einer seriösen Geschäftspraxis vereinbar. Nach der amtlichen Begründung soll § 3 II GeschGehG den Vorrang anderweitiger Sonderregelungen zum Umgang mit Geschäftsgeheimnissen gewährleisten.[1305] Danach kann sich eine Ermächtigung zur Erlangung, Nutzung oder Offenlegung auch aufgrund einer vertraglichen Vereinbarung oder aufgrund von Gesetzen ergeben.[1306] Damit regelt § 3 II GeschGehG mit anderen Worten, dass die Erlangung, Nutzung und Offenlegung von Geschäftsgeheimnissen möglich bleiben sollen, soweit die Handlung aufgrund anderweitiger Ermächtigungen legitimiert ist. Der Anwendungsbereich des Geschäftsgeheimnisgesetz bleibt demnach auf den unbefugten Umgang mit geheimen Informationen begrenzt.[1307] Befugte Handlungen, die mit einer seriösen Geschäftspraxis vereinbar sind, sollen grundsätzlich möglich bleiben. Dies entspricht Art. 3 I lit. d) RL (EU) 2016/943. Zusammenfassend ist festzuhalten, dass dessen rechtlicher Gehalt auch bei erheblicher sprachlicher Abweichung hinreichend in § 3 II GeschGehG Eingang gefunden hat.[1308]

3. Bewertung der Richtlinienkonformität des Verhältnisses von §§ und 4 GeschGehG

Im Ergebnis wirkt sich die fehlende wörtliche Übernahme des Art. 3 I lit. d) RL (EU) 2016/943 nicht auf das Regel-Ausnahme-Verhältnis der §§ 3 und 4 GeschGehG aus. Aus dem Zusammenspiel dieser beiden Normen unter Berücksichtigung des Auffangtatbestandes in § 4 I Nr. 2 GeschGehG ergibt sich richtlinienkonform der Grundsatz der Zugangsfreiheit. Dieser ist mittelbar über § 3 II GeschGehG im Gesetzeswortlaut verankert.[1309] Damit kommt das Geschäftsgeheimnisgesetz den

---

1303 Zu dem Zusammenspiel der Art. 3 und 4 RL (EU) 2016/943, siehe Teil 2, § 7, B., III., S. 214f.

1304 Zu dem Begriff der „seriösen Geschäftspraxis“, siehe, Teil 2, § 7, B., I., S. 200ff.

1305 Begr. RegE, BT-Drucks. 19/4724, S. 24.

1306 BeckOK GeschGehG/*Hiéramente* § 3 Rn. 28.

1307 BeckOK GeschGehG/*Hieramente* § 3 Rn. 31ff; Köhler/Bornkamm/Feddersen/*Alexander* § 3 GeschGehG Rn. 57ff; dies hervorhebend *DGB*, Stellungnahme zur BT-Drucks. 19/4724, S. 10.

1308 *Harte-Bavendamm*, Stellungnahme zur BT-Drucks. 19/4724, S. 3; *Würtenberger/Freischem* GRUR 2018, 708, 709; kritisch BeckOK GeschGehG/*Hiéramente* § 3 Rn. 35.

1309 *Harte-Bavendamm*, Stellungnahme zur BT-Drucks. 19/4724, S. 3; *Würtenberger/Freischem* GRUR 2018, 708, 709.

Vorgaben des Richtliniengebers insoweit nach, dass Geschäftsgeheimnisse grundsätzlich frei erworben und anschließend genutzt und offengelegt werden können. Geschützt ist der Geheimnisinhaber lediglich vor der unbefugten Einwirkung durch Dritte. Die besondere Konzeption des Geheimnisschutzes durch die Richtlinie wurde vollumfänglich in das Gesetz aufgenommen.

D. Abschließende Bewertung der Richtlinienkonformität von §§ 3 und 4 GeschGehG

Im Ergebnis setzt § 3 GeschGehG die unionsrechtlichen Vorgaben aus Art. 3 RL (EU) 2016/943 hinreichend um. Es finden sich sprachliche und systematische Abweichungen. § 3 I Nr. 1 GeschGehG muss richtlinienkonform ausgelegt werden. Die § 3 I Nr. 2 und 3 GeschGehG entsprechen den Vorgaben aus Art. 3 RL (EU) 2016/943. Die fehlende Übernahme der Generalklausel aus Art. 3 I lit. d) RL (EU) 2016/943 beeinträchtigt die Richtlinienkonformität nicht, da sich deren rechtlicher Inhalt sowohl aus den §§ 3 und 4 GeschGehG als auch aus § 3 II GeschGehG ergibt.

Auch die § 4 I-III GeschGehG enthalten im Vergleich mit Art. 4 RL (EU) 2016/943 sprachliche Unterschiede[1310], ohne dass damit inhaltliche Abweichungen verbunden sind. Demgegenüber wird es von einzelnen Stimmen für möglich gehalten, dass der veränderte Wortlaut in § 4 I Nr. 2 GeschGehG im Vergleich zu Art. 4 II lit. b) RL (EU) 2016/943 zu einer differenzierenden Interpretation führen könne.[1311] Jedoch ist zu berücksichtigen, dass trotz der unterschiedlichen Formulierung § 4 I Nr. 2 GeschGehG den rechtlichen Aussagegehalt des Art. 4 II lit. b) RL (EU) 2016/943 übernimmt. Beide dienen als Auffangtatbestand und verbieten sämtliche unbefugten bzw. unlauteren Handlungen, durch die anderweitige Rechtsnormen oder vertragliche Abreden gebrochen und/oder schützenswerte Interessen einer geschäftlich verbundenen Person unangemessen beeinträchtigt werden. Damit verbieten sowohl die Geheimnisschutz-Richtlinie als auch das Geschäftsgeheimnisgesetz über die hier behandelten Generalklauseln ein geschäftliches Verhalten, das rechtlich zu beanstanden und deshalb unredlich ist. Diese Sicht bestätigt die Gesetzesbegründung. Danach bezwecken Formulierungsabweichungen, den Auffangtatbestand in die deutsche Rechtsterminologie einzufügen.[1312] Ein anderes Verständnis oder gar eine Einschränkung soll damit nicht verbunden sein. Zwar eröffnet die Wahl des Begriffes „anständige Marktgepflogenheiten" – vom Richtlinienwortlaut abweichend – die Möglichkeit, innerstaatliche lauterkeitsrechtliche Wertungen mit einzubeziehen.[1313] Anders als es einzelne Stimmen für

---

1310 Büscher/*McGuire* § 4 GeschGehG Rn. 11.

1311 *Desaunettes/Hilty/Knaack*, MPI-Stellungnahme, S. 7; *Hauck*, Stellungnahme zum Referentenentwurf, S. 3; *Würtenberger/Freischem* GRUR 2018, 708, 710.

1312 Begr. RegE, BT-Drucks. 19/4724, S. 25; Büscher/*McGuire* § 4 Rn. 21.

1313 *Desaunettes/Hilty/Knaack*, MPI-Stellungnahme, S. 7; *Würtenberger/Freischem* GRUR 2018, 708, 710.

möglich halten[1314], steht dies der Richtlinienkonformität des § 4 I Nr. 2 GeschGehG jedoch aus obigen Gründen nicht entgegen. Denn auch Art. 4 II lit. b) RL (EU) 2016/943 ist aufgrund seiner weiten Formulierung offen für eine umfassende Abwägung im Einzelfall.[1315] Diese Flexibilität ermöglicht es, sämtliche Aspekte des Geheimnissachverhaltes zu berücksichtigen.[1316] Deshalb sind Verständnis- und Wertungsunterschiede zwischen Richtlinie und Gesetz in den hier erörterten Zusammenhängen tatsächlich nicht zu erkennen. § 4 GeschGehG erweist sich als richtlinienkonform.[1317] Wie soeben gezeigt geben die §§ 3 und 4 GeschGehG auch das Zusammenspiel von Art. 3 und 4 RL (EU) 2016/943 und den darin ausgeformten Grundsatz der Zugangsfreiheit richtlinienkonform wieder.

1314 *Desaunettes/Hilty/Knaack*, MPI-Stellungnahme, S. 7; *Würtenberger/Freischem* GRUR 2018, 708, 710.

1315 *Desaunettes/Hilty/Knaack*, MPI-Stellungnahme, S. 7; *Harte-Bavendamm*, Stellungnahme zur BT-Drucks. 19/4724, S. 3.

1316 *Desaunettes/Hilty/Knaack*, MPI-Stellungnahme, S. 7; *Harte-Bavendamm*, Stellungnahme zur BT-Drucks. 19/4724, S. 3.

1317 **A.A.** Büscher/*McGuire* § 4 GeschGehG Rn. 43.

§ 8 Inhalt und rechtliche Bewertung der Ausnahmen in § 5 GeschGehG

A. Vorgaben der RL (EU) 2016/943

I. Systematischer Aufbau der Vorgaben in Art. 5 RL (EU) 2016/943

Nach Art. 5 RL (EU) 2016/943 sollen die Mitgliedsstaaten sicherstellen, dass ein Antrag auf die in der Richtlinie vorgesehenen Maßnahmen, Verfahren und Rechtsbehelfe abgelehnt wird, wenn der angebliche Erwerb oder die angebliche Nutzung oder Offenlegung des Geschäftsgeheimnis in einem der anschließend normierten Fälle erfolgt ist. Diese Rechtsfolge soll gemäß Art. 5 lit. a) RL (EU) 2016/943 eintreten, wenn Erwerb, Nutzung oder Offenlegung zur Ausübung der Informations-, Medien- und Pressefreiheit erfolgt ist. Nach der Art. 5 lit. b) RL (EU) 2016/943 gilt dies ferner, soweit die Handlungen zur Aufdeckung eines beruflichen oder sonstigen Fehlverhaltens oder einer illegalen Tätigkeit erfolgt ist, sofern der Handelnde in der Absicht gehandelt hat, das allgemeine öffentliche Interesse zu schützen. Die Rechtsfolge tritt zudem ein, wenn die Offenlegung eines Geschäftsgeheimnisses durch Arbeitnehmer gegenüber ihren Vertretern im Rahmen der rechtmäßigen Erfüllung der Aufgaben dieser Vertreter gemäß dem Unionsrecht oder dem nationalen Recht erfolgt ist und wenn dies zur Erfüllung dieser Aufgaben erforderlich war, Art. 5 lit. c) RL (EU) 2016/943. Schließlich sieht Art. 5 lit. d) RL (EU) 2016/943 vor, dass eine Handlung auch dann in den Anwendungsbereich des Ausnahmetatbestandes fallen kann, wenn sie zum Schutz eines anderweitigen durch das Unionsrecht oder das nationale Recht anerkannten „legitimen Interesses" erfolgt.

II. Dogmatische Einordnung des Art. 5 RL (EU) 2016/943

1. *Meinungsstand in der Literatur*

Der Formulierung in Art. 5 RL (EU) 2016/943 lässt sich nicht zweifelsfrei entnehmen, wie die Norm dogmatisch einzuordnen ist. In der Literatur wird Art. 5 RL (EU) 2016/943 teilweise als Rechtfertigungstatbestand eingeordnet.[1318] Begründet wird dies mit der Struktur der Norm, nach der zwar die Tatbestandsvoraussetzungen vorliegen, die Handlung jedoch auf der nächsten Ebene von Rechtsfolgen ausgenommen wird.[1319] Demgegenüber versteht die überwiegende Meinung

1318 Büscher/*McGuire* Vor §§ 17–19 UWG Rn. 71; *Hoeren/Münker* WRP 2018, 150, 153 Rn. 19; *McGuire* GRUR 2016, 1000, 1006.

1319 Büscher/*McGuire* Vor §§ 17–19 UWG Rn. 71.

Art. 5 RL (EU) 2016/943 als Ausnahme-/Ausschlusstatbestand[1320] bzw. Schrankenbestimmung[1321], die den Verletzer lediglich vor den Rechtsfolgen bewahrt.[1322] Der Annahme eines klassischen Rechtfertigungstatbestandes stehe die Struktur des Art. 5 RL (EU) 2016/943 entgegen.[1323] Während die fragliche Handlung bei Eingreifen eines Rechtfertigungstatbestands schon per se nicht mehr rechtswidrig ist, müsse dies im Rahmen des Art. 5 RL (EU) 2016/943 durch eine einzelfallbezogene Interessenabwägung der in Rede stehenden Güter beurteilt werden. Ein solches Vorgehen entspreche nicht dem klassischen Aufbau eines Rechtfertigungstatbestandes.[1324]

2. Eigene Bewertung

a) Auslegung des Richtlinienwortlauts

Nach der Überschrift der Norm handelt es sich bei den dort aufgeführten Fallgruppen um Ausnahmen.[1325] Im Weiteren enthält die Regelung lediglich den Normbefehl an die Mitgliedsstaaten, sicher zu stellen, dass Anträge auf Maßnahmen, Verfahren und Rechtbehelfe bei Vorliegen näher bezeichneter Voraussetzungen abgelehnt werden.[1326] Dies lässt sich in grammatikalischer Hinsicht als Bereichsausnahme, aber auch als Einschränkung auf der Rechtsfolgenseite oder als Rechtfertigungstatbestand begreifen. Der Regelungswortlaut schließt die in Art. 5 RL

1320 *Bissels/Schroeders/Ziegelmayer* DB 2016, 2295, 2298; *Harte-Bavendamm/*Hennig/Bodewig Vor §§ 17–19 UWG Rn. 10f; Harte-Bavendamm/*Ohly/*Kalbfus § 5 GeschGehG Rn. 3; *Hiéramente,* Stellungnahme zur BT-Drucks. 19/4724, S. 5; *Oetker* ZESAR 2017, 257, 261; *Partsch,* Stellungnahme zur BT-Drucks. 19/4724, S. 2; *Wiese,* Die EU-Richtlinie über den Schutz vertraulichen Know-hows und vertraulicher Geschäftsinformationen, S. 132.

1321 *Alexander* WRP 2017, 1034, 1043; *Alexander* AfP 2017, 469, 473; EuArbRK/*Schubert* RL (EU) 2016/943 Art. 5 Rn. 1; *Eufinger* ZRP 2016, 229, 231; *Kalbfus* GRUR 2016, 1009, 1014; *Köhler/*Bornkamm/Feddersen, 37. Aufl. 2019, Vor § 17 UWG Rn. 36.

1322 *Alexander* WRP 2017, 1034, 1043 Rn. 111; *Bissels/Schroeders/Ziegelmayer* DB 2016, 2295, 2298; EuArbRK/*Schubert* RL (EU) 2016/943 Art. 5 Rn. 1; *Eufinger* ZRP 2016, 229, 230; *Kalbfus* GRUR 2016, 1009, 1014; *Schmitt* RdA 2017, 365, 370; *Wiese,* Die EU-Richtlinie über den Schutz vertraulichen Know-hows und vertraulicher Geschäftsinformationen, S. 132/133.

1323 *Alexander* WRP 2017, 1034, 1043 Rn. 111.

1324 *Alexander* WRP 2017, 1034, 1043 Rn.111; *Alexander* AfP2017, 469, 473; Kalbfus/Harte-Bavendamm, Fachausschuss für Wettbewerbs- und Markenrecht zum Richtlinienvorschlag über den Schutz von Geschäftsgeheimnissen, GRUR 2014, 453, 455; *Oetker* ZESAR 2017, 257, 261; *Wiese,* Die EU-Richtlinie über den Schutz vertraulichen Know-hows und vertraulicher Geschäftsinformationen, S. 132.

1325 *Alexander* AfP 2017, 469,473.

1326 *Kalbfus* GRUR 2016, 1009, 1014; *Lejeune* CR 2016, 330, 334; *Oetker* ZESAR 2017, 257, 262; *Schmitt* RdA 2017, 365,370.

(EU) 2016/943 genannten Konstellationen weder ausdrücklich vom Tatbestand aus noch werden diese als rechtmäßig ausgewiesen.[1327]

b) Systematische Auslegung

Weiteren Erkenntnisgewinn kann eine Beurteilung der Norm im Zusammenhang mit den übrigen Regelungen vermitteln. Die systematische Betrachtung spricht gegen die Annahme eines Rechtfertigungsgrundes im engeren Sinne, wie der Vergleich der Art. 3 und 5 RL (EU) 2016/943 zeigt.[1328] Die in Art. 3 RL (EU) 2016/943 normierten Handlungen gelten bereits unmittelbar kraft Gesetzes als rechtmäßig.[1329] Für die Fallgruppen des Art. 5 RL (EU) 2016/943 gilt dies nicht.[1330] Vielmehr benennen die Buchstaben a-d lediglich andere schützenswerte Rechtspositionen, zugunsten derer der Schutz von Unternehmensgeheimnissen zurücktreten soll.[1331] Dies kann dafür sprechen, dass Art. 5 RL (EU) 2016/943 einen von der schlichten Anordnung der Rechtmäßigkeit abweichenden Regelungsgehalt aufweist.[1332] Ob der Geheimnisschutz in diesen Kollisionsfällen stets als nachrangig bewertet wird oder ob eine konkrete Abwägung im Einzelfall erforderlich wird, lässt sich dem Gesetzestext nicht entnehmen. Dies muss im Wege der Auslegung ermittelt werden. Bei den Rechtspositionen der Buchstaben a-c) RL (EU) 2016/943 handelt es sich um grundrechtlich geschützte Positionen.[1333] Diese kollidieren in den genannten Fallkonstellationen mit dem Geheimhaltungsinteresse des Geheimnisinhabers. Der Schutz von Geschäftsgeheimnissen ist auf der unionsrechtlichen Ebene anerkannt[1334] und findet in Art. 17 GrCh eine grundrechtliche Verankerung.[1335] Kollidieren zwei grundgesetzlich geschützte Positionen miteinander, müssen diese im Wege einer einzelfallorientierten Interessenabwägung in Ausgleich gebracht

---

1327 EuArbRK/*Schubert* RL (EU) 2016/943 Art. 5 Rn. 1; *Oetker* ZESAR 2017, 257, 261.

1328 *Alexander* WRP 2017, 1034, 1043 Rn. 112; *Oetker* ZESAR 2017, 257, 261.

1329 *Alexander* WRP 2017, 1034, 1043 Rn. 111; *Oetker*, ZESAR 2017, 257, 261.

1330 *Wiese*, Die EU-Richtlinie über den Schutz vertraulichen Know-hows und vertraulicher Geschäftsinformationen, S. 133.

1331 *Alexander* WRP 2017, 1034, 1043; *Bissels/Schroeders/Ziegelmayer* DB 2016, 2295, 2298; *Eufinger* ZRP 2016, 229, 230; *Harte-Bavendamm*, FS Köhler, S.235, 249; *Wiese*, Die EU-Richtlinie über den Schutz vertraulichen Know-hows und vertraulicher Geschäftsinformationen, S. 132.

1332 *Wiese*, Die EU-Richtlinie über den Schutz vertraulichen Know-hows und vertraulicher Geschäftsinformationen, S. 133; *Oetker*, ZESAR 2017, 257, 261.

1333 Kalbfus/Harte-Bavendamm, Fachausschuss für Wettbewerbs- und Markenrecht zum Richtlinienvorschlag über den Schutz von Geschäftsgeheimnissen, GRUR 2014, 453, 455; *Wiese*, Die EU-Richtlinie über den Schutz vertraulichen Know-hows und vertraulicher Geschäftsinformationen, S. 132.

1334 EuGH BeckRS 2004, 76725 Rn. 37 = EuZW 1994, 631; EuGH EuZW 2008, 209, 2011 Rn. 49 = Slg. I 2008, 601.

1335 *Hans-Böckler-Stiftung*, Studie, S. 28; im Ansatz *Schmitt* RdA 2017, 365, 368.

werden.[1336] Obwohl der Richtlinientext dies nicht wörtlich aufführt, kann das Interesse am Schutz des Unternehmens demnach nur eingeschränkt werden, falls das kollidierende Interesse überwiegt.[1337] Nur in diesem Fall sollen Sanktionen unterbleiben.[1338] Diese Abhängigkeit von konkreten Wertungsspielräumen lässt sich nicht mit der Struktur eines klassischen Rechtfertigungstatbestandes vereinbaren.[1339]

Auch weitere systematische Erwägungen sprechen gegen die Annahme eines Rechtfertigungstatbestandes. Ordnete man die Fallgruppen des Art. 5 RL (EU) 2016/943 als klassische Rechtfertigungstatbestände, wären Handlungen bei Vorliegen deren Voraussetzungen als rechtmäßig zu bewerten.[1340] Die Art. 3 RL (EU) 2016/943 und Art. 5 RL (EU) 2016/943 hätten mit der Normierung von Fallkonstellationen, bei deren Vorliegen der Erwerb, die Nutzung und die Offenlegung als rechtmäßig zu bewerten sind, grundsätzlich denselben Anwendungsbereich. Dies entspricht nicht der Systematik der Richtlinie, die den rechtmäßigen Erwerb und die rechtmäßige Nutzung bzw. Offenlegung von Geschäftsgeheimnissen abschließend in Art. 3 RL (EU) 2016/943 regelt.[1341] Hätte der Richtliniengesetzgeber gewollt, dass die Fallgruppen des Art. 5 RL (EU) 2016/943 automatisch zur Rechtmäßigkeit der fraglichen Handlung führen, hätte dies in Art. 3 RL (EU) 2016/943 integriert werden müssen.[1342]

c) Auslegung nach dem Willen des Unionsgesetzgebers

Schließlich sprechen auch die Erwägungsgründe dagegen, die Sachverhalte des Art. 5 RL (EU) 2016/943 als Rechtfertigungstatbestände zu verstehen. Laut Erwägungsgrund 20 soll sich „(...) der Schutz von Geschäftsgeheimnissen nicht (...)“ auf die in Art. 5 RL (EU) 2016/943 genannten Fälle, insbesondere das Whistleblowing „erstrecken“. Die Formulierung spricht für den Willen des Unionsgesetzgebers, die

---

1336 *Alexander* WRP 2017, 1034, 1043 Rn. 114; *Schmitt* RdA 2017, 365, 371.

1337 *Alexander* AfP 2017, 469, 473; *Gärtner* NZG 2014, 650, 651; *Kokott*, Schlussanträge v. 7.4.2016 zu C-673/13 P, BeckRS 2016, 80597 Rn. 53; *Lejeune* CR 2016, 330, 334; *Schmitt* RdA 2017, 356, 371; *Wiese*, Die EU-Richtlinie über den Schutz vertraulichen Know-hows und vertraulicher Geschäftsinformationen, S. 133.

1338 *Gaugenrieder* BB 2014, 1987, 1991; GRUR-Stellungnahme v. 19.3.2014 zu COM (2013) 813 final, S. 8; *Lejeune* CR 2016, 330, 334; *Schmitt* RdA 2017, 365, 371; *Wiese*, Die EU-Richtlinie über den Schutz vertraulichen Know-hows und vertraulicher Geschäftsinformationen, S. 133.

1339 *Alexander* AfP 2017, 469, 473.

1340 *Wiese*, Die EU-Richtlinie über den Schutz vertraulichen Know-hows und vertraulicher Geschäftsinformationen, S. 132.

1341 EuArbRK/*Schubert* RL (EU) 2016/943 Art. 5 Rn. 2; *Wiese*, Die EU-Richtlinie über den Schutz vertraulichen Know-hows und vertraulicher Geschäftsinformationen, S. 132.

1342 *Oetker* ZESAR 2017, 257, 261.

in Art. 5 RL (EU) 2016/943 geregelten Sachverhalte grundsätzlich aus dem Schutzbereich auszunehmen.

d) Fazit

Art. 5 RL (EU) 2016/943 ist nicht rechtfertigend im engeren Sinne.[1343] Die Bestimmung wirkt vielmehr als Bereichsausnahme und dadurch legitimierend. Allerdings gibt Art. 5 RL (EU) 2016/943 nicht vor, wie diese „Ausnahme" rechtlich ausgestaltet sein soll.[1344] Dies bleibt den Mitgliedsstaaten überlassen.

B. Umsetzung durch das Geschäftsgeheimnisgesetz

I. Allgemeines zum Entstehungsprozess des § 5 GeschGehG

In Deutschland stand § 5 GeschGehG während des Umsetzungsprozesses im Zentrum der rechtswissenschaftlichen und gesellschaftlichen Diskussion.[1345] Im Laufe des Gesetzgebungsverfahrens war die Norm zunächst als Rechtfertigungstatbestand konzipiert.[1346] Dies stieß auf erhebliche Bedenken.[1347] Zum einen wurde die Richtlinienkonformität in Zweifel gezogen, weil Art. 5 RL (EU) 2016/943 nicht ausdrücklich eine solche Rechtfertigungslösung stütze.[1348] Daraus wurde zum anderen eine besondere Gefährdung für Journalisten und andere Hinweisgeber erkannt[1349], da diese zunächst den Tatbestand einer verbotenen Handlung objektiv verwirklichen und sich erst auf nächster Ebene mit der Rechtfertigungslast konfrontiert sehen; dies führe zu einer Umverlagerung der Beweislast auf den Hinweisgeber.[1350]

1343 EuArbRK/*Schubert* RL (EU) 2016/943 Art. 5 Rn. 1.

1344 *Ann,* Stellungnahme zur BT-Drucks. 19/4724, S. 3.

1345 Büscher/*McGuire* § 5 GeschGehG Rn. 1; *Hiéramente,* Stellungnahme zur BT-Drucks. 19/4724, S. 7; *Naber/Peukert/Seeger* NZA 2019, 583, 584.

1346 *Dann/Markgraf* NJW 2019, 1774, 1777; Harte-Bavendamm/*Ohly*/Kalbfus § 5 GeschGehG Rn. 4; *Naber/Peukert/Seeger* NZA 2019, 583, 584; *Reinfeld,* Das neue Gesetz zum Schutz der Geschäftsgeheimnisse, S. 83.

1347 *BDZV/u.A.*, Stellungnahme zum Referentenentwurf, S. 2; *Desaunettes/Hilty/Knaack,* MPI-Stellungnahme, S. 10–11; *Partsch,* Stellungnahme zur BT-Drucks. 19/4724, S. 4; zusammenfassend Büscher/*McGuire* § 5 GeschGehG Rn. 1; *Dann/Markgraf* NJW 2019, 1774, 1777; *Reinfeld,* Das neue Gesetz zum Schutz der Geschäftsgeheimnisse, S. 83.

1348 *Partsch,* Stellungnahme zur BT-Drucks. 19/4724, S. 4.

1349 Büscher/*McGuire* § 5 GeschGehG Rn. 1, Harte-Bavendamm/*Ohly*/Kalbfus § 5 GeschGehG Rn. 4; zusammenfassend *Fuhlrott/Hieramente* DB 2019, 967, 967; *Hauck* GRUR-Prax 2019, 223, 225; *Reinfeld,* Das neue Gesetz zum Schutz der Geschäftsgeheimnisse, S. 83.

1350 Harte-Bavendamm/*Ohly*/Kalbfus § 5 GeschGehG Rn. 4; *Müllmann* ZRP 2019, 25, 25–26; *Partsch,* Stellungnahme zur BT-Drucks. 19/4724, S. 4; zusammenfassend *Hauck* GRUR-Prax 2019, 223, 225.

Im Anschluss an die Änderungsvorschläge des Ausschusses für Recht und Verbraucherschutz erfolgte ein Paradigmenwechsel. § 5 GeschGehG beinhaltet nun – entsprechend dem Normentitel – eine Ausnahme für Handeln zum Schutz eines berechtigten Interesses.[1351] Erwerb, Nutzung und Offenlegung sind nicht nur gerechtfertigt, sondern vom Tatbestand des § 4 GeschGehG ausgenommen.[1352] § 5 GeschGehG beschreibt beispielhaft den Begriff der schützenswerten Interessen. Eine Enumeration soll dies nicht enthalten, wie die Formulierung „insbesondere" belegt.[1353] Im Einzelnen sind dies der Schutz der Meinungs-, Informations- und Medienfreiheit (Nr. 1), der Whistleblower-Schutz (Nr. 2) und die Kommunikation der Arbeitnehmer gegenüber der Arbeitnehmervertretung zur Erfüllung deren Aufgaben (Nr. 3). Somit stimmen die gesondert genannten Sachverhaltskonstellationen in Richtlinie und Gesetz grundsätzlich überein.

II. Ausnahme vom Geheimnisschutz zugunsten der Meinungs- und Informationsfreiheit

1. Unionsrechtliche Vorgaben

Die Erlangung, Nutzung und Offenlegung sollen gemäß § 5 Nr. 1 GeschGehG nicht unter die Verbote des § 4 GeschGehG fallen, wenn dies zur Ausübung des Rechts der freien Meinungsäußerung und der Informationsfreiheit einschließlich der Freiheit und der Pluralität der Medien erfolgt ist. Diese Regelung will Art. 5 lit. a) RL (EU) 2016/943 umsetzten, wonach die Mitgliedsstaaten sicherstellen sollen, dass Sanktionen ausbleiben, wenn Erwerb, Nutzung und Offenlegung zugunsten des Schutzes der Meinungs-, Informations- und Medienfreiheit, die in Art. 11 GrCh auf europäischer Ebene verankert ist, erfolgt ist.[1354] Nach der Richtlinienbegründung soll diese Ausnahme den investigativen Journalismus und den Schutz journalistischer Quellen sichern.[1355] Dem kann entnommen werden, dass der Richtliniengeber die Freiheit der Presse durch die Neuregelung des Geheimnisschutzes nicht beeinträchtigen will.[1356] Deswegen dürfen die Freiheit der Meinungsäußerung, die Informationsfreiheit und die Freiheit der Medien und ihre Pluralität gemäß Art. 11 GrCh keinesfalls eingeschränkt werden.[1357] Diese missverständliche Formulierung könnte dahingehend interpretiert werden, dass im Bereich der Gewährleistungen

1351 Harte-Bavendamm/*Ohly*/Kalbfus § 5 GeschGehG Rn. 4.
1352 BT-Ausschuss für Recht und Verbraucherschutz, BT-Drucks. 19/8300, S. 14.
1353 Büscher/*McGuire* § 5 GeschGehG Rn. 3.
1354 *Alexander,* Wettbewerbsrecht, S. 518 Rn. 1994; *Alexander* WRP 2017, 1034, 1043; Harte-Bavendamm/*Ohly*/Kalbfus § 5 GeschGehG Rn. 18.
1355 *Kalbfus* GRUR 2016, 1009, 1015; *Lejeune* CR 2016, 330, 334; *Wiese,* Die EU-Richtlinie über den Schutz vertraulichen Know-hows und vertraulicher Geschäftsinformationen, S.142.
1356 *Lejeune* CR 2016, 330, 334; *Schulte* ArbRB 2019, 143, 145.
1357 Vgl. Erwägungsgrund 19; *Alexander* WRP 2017, 1034, 143 Rn. 114.

des Art. 11 GrCh der Schutz der Geschäftsgeheimnisse stets zurückzutreten hat.[1358] Doch bei der Auslegung des Art. 11 GrCh muss gemäß Art. 52 III S. 1 GrCh auch Art. 10 EMRK mit einbezogen werden.[1359] Gemäß Art. 10 EMRK ist die Ausübung des Rechts auf freie Meinungsäußerung mit Pflichten und Verantwortung verbunden. Aus diesem Grund kann die Ausübung Formvorschriften, Bedingungen, Einschränkungen und Strafandrohungen unterworfen werden. Die Rechtsprechung geht deshalb davon aus, dass im Anwendungsbereich des Art. 10 EMRK gegenläufige Interessen zu berücksichtigen sind.[1360] Dies ist bei der Auslegung des Art. 11 GrCh zu berücksichtigen, sodass in dessen Anwendungsbereich eine Interessenabwägung vorzunehmen ist.[1361] Diesen Grundsätzen zufolge muss auch im Rahmen des Art. 5 Nr. 1 RL (EU) 2016/943 grundsätzlich eine Interessenabwägung erfolgen, soweit Art. 11 GrCh tangiert ist.[1362] Ergibt diese eine überwiegende Schutzwürdigkeit der genannten Rechtspositionen, muss der Geheimnisschutz im Einzelfall zurücktreten.[1363]

2. Umsetzung durch das Geschäftsgeheimnisgesetz

§ 5 Nr. 1 GeschGehG übernimmt weitgehend die Vorgaben der Richtlinie.[1364] Auch nach der Wertung des Stammgesetzes zum Schutz von Geschäftsgeheimnissen soll der investigative Journalismus weiter möglich bleiben.[1365] Einziger Unterschied zwischen Gesetz und Richtlinie ist, dass der Verweis auf die Grundrechtecharta – im Gegensatz zu den Gesetzesentwürfen – keinen Eingang in die endgültige Fassung des Geschäftsgeheimnisgesetzes gefunden hat[1366]. Dadurch sollte jedoch nur der Gesetzeswortlaut vereinfacht werden, ohne inhaltliche Änderungen zu

1358 *Alexander* WRP 2017, 1034, 1043 Rn. 114; *Trebeck/Schulte-Wissermann* NZA 2018, 1175, 1178.

1359 *Alexander* WRP 2017, 1034, 1043 Rn. 114; *Callies*/Ruffert, EUV/AEUV Art. 11 GRCh Rn. 30; Harte-Bavendamm/*Ohly*/Kalbfus § 5 GeschGehG Rn. 19; *Schmitt* RdA 2017, 365, 367/368; *Trebeck/Schulte-Wissermann* NZA 2018, 1175, 1178; Vedder/Heintschel von Heinegg/*Folz*, Europäisches Unionsrecht Art. 11 GR-Charta Rn. 2 und 6.

1360 EuGH EuR 2001, 542, 545 Rn. 40/41; *Alexander* WRP 2017, 1034, 1043 Rn. 114; *Callies/Ruffert*, EUV/AEUV Art. 11 GRCh Rn. 31.

1361 *Alexander*, Wettbewerbsrecht, S. 518 Rn. 1998; *Alexander* WRP 2017, 1034, 1043 Rn. 114; Köhler/Bornkamm/Feddersen/*Alexander* § 5 GeschGehG Rn. 19.

1362 *Alexander*, Wettbewerbsrecht, S. 518 Rn. 1998; *Alexander* WRP 2017, 1034, 1043; *Alexander* AfP 2017, 469.473.

1363 *Alexander* WRP 2017, 1034, 1043; *Alexander* AfP 2017. 469, 473.

1364 Harte-Bavendamm/*Ohly*/Kalbfus § 5 GeschGehG Rn. 18; Köhler/Bornkamm/Feddersen/*Alexander* § 5 GeschGehG Rn. 16.

1365 Begr. RegE, BT-Drucks. 19/4724, S. 27; *Alexander* AfP 2019, 1, 6 Rn. 42; MüKoStGB/*Joecks/Miebach* § 23 GeschGehG Rn. 123; *Ohly* GRUR 2019, 441, 448; *Schulte* ArbRB 2019, 143, 145.

1366 *Reinfeld*, Das neue Gesetz zum Schutz der Geschäftsgeheimnisse, S. 90; *Schulte* ArbRB 2019, 143, 145.

begründen.[1367] Dem entsprechend sind weiterhin die Anforderungen des Art. 11 GrCh zu beachten.[1368] Darauf weist die Gesetzesbegründung des Regierungsentwurfs ausdrücklich hin.[1369] Wie auch nach unionsrechtlicher Vorgabe, gelten die Rechtsfolgen des § 5 Nr. 1 GeschGehG nicht unmittelbar, sondern es muss stets eine Interessenabwägung im Einzelfall erfolgen.[1370] Der Geheimnisschutz soll demnach nicht stets, sondern nur dann zugunsten der Meinungs-, Informations- und Pressefreiheit zurücktreten, wenn bei einer Interessenabwägung im Einzelfall diese Grundrechte gegenüber denjenigen des Geheimnisschutzes überwiegen.[1371]

III. „Whistleblower-Schutz" gemäß § 5 Nr. 2 GeschGehG

1. *Systematischer und inhaltlicher Aufbau von § 5 Nr. 2 GeschGehG im Vergleich zu Art. 5 lit. b) RL (EU) 2016/943 und daraus resultierende Fragestellungen*

Im Zentrum der Diskussion stand § 5 Nr. 2 GeschGehG.[1372] Danach sollen Erlangung, Nutzung und Offenlegung insbesondere dann nicht unter die Verbote des § 4 GeschGehG fallen, wenn dies zur Aufdeckung einer rechtswidrigen Handlung oder eines beruflichen oder sonstigen Fehlverhaltens erfolgt ist und wenn die Erlangung, Nutzung und Offenlegung geeignet ist, das allgemeine öffentliche Interesse zu schützen. Die unionsrechtliche Vorgabe findet sich in Art. 5 lit. b) RL (EU) 2016/943.[1373] Nach Erwägungsgrund 20 der Richtlinienbegründung soll diese Norm sicherstellen, dass die in der Richtlinie vorgesehenen Maßnahmen, Verfahren und Rechtsbehelfe nicht dazu dienen, Whistleblowing-Aktivitäten einzuschränken.

1367 BT- Ausschuss für Recht und Verbraucherschutz, BT-Drucks. 19/8300, S. 14; ebenfalls feststellend *Reinfeld,* Das neue Gesetz zum Schutz der Geschäftsgeheimnisse, S. 90; *Schulte* ArbRB 2019, 143, 145.

1368 *Alexander* AfP 2019, 1, 6; BeckOK GeschGehG/*Hiéramente* § 5 Rn. 13; Harte-Bavendamm/*Ohly*/Kalbfus § 5 GeschGehG Rn. 26; *Reinfeld,* Das neue Gesetz zum Schutz der Geschäftsgeheimnisse, S. 90; *Schulte* ArbRB 2019, 143, 145.

1369 Begr. RegE, BT-Drucks. 19/4724, S. 27.

1370 Begr. RegE, BT-Drucks. 19/4723, S. 27; *Alexander* AfP 1, 6; Harte-Bavendamm/*Ohly*/Kalbfus § 5 GeschGehG Rn. 21–22; Köhler/Bornkamm/Feddersen/*Alexander* § 5 GeschGehG Rn. 22; *Ohly* GRUR 2019, 441, 448; *Reinfeld,* Das neue Gesetz zum Schutz von Geschäftsgeheimnissen, S. 90.

1371 *Alexander* AfP 2019, 1, 6; BeckOK GeschGehG/*Hiéramente* § 5 Rn. 13; Harte-Bavendamm/*Ohly*/Kalbfus § 5 GeschGehG Rn. 21–22; Köhler/Bornkamm/Feddersen/*Alexander* § 5 GeschGehG Rn. 20; *Ohly* GRUR 2019, 441, 448; *Reinfeld,* Das neue Gesetz zum Schutz von Geschäftsgeheimnissen, S. 90; im Ergebnis *Schulte* ArbRB 2019, 143, 145.

1372 BeckOK GeschGehG/*Hiéramente* § 5 Rn. 17; *Hauck* GRUR-Prax 2019, 223, 225; Köhler/Bornkamm/Feddersen/*Alexander* § 5 GeschGehG Rn. 24.

1373 BeckOK GeschGehG/*Hiéramente* § 5 Rn. 17; *Fuhlrott/Hiéramente* DB 2019, 967, 969; Köhler/Bornkamm/Feddersen/*Alexander* § 5 GeschGehG Rn. 29.

Dieser Schutz wirkt jedoch nicht grenzenlos.[1374] Vielmehr enthält Art. 5 lit. b) RL (EU) 2016/943 zwei Voraussetzungen, die den Anwendungsbereich der Norm begrenzen.[1375] Auf objektiver Ebene ist ein Handeln zur Aufdeckung eines beruflichen oder sonstigen Fehlverhaltens oder einer illegalen Tätigkeit erforderlich.[1376] Subjektiv muss dies von der Absicht motiviert sein, das öffentliche Interesse zu schützen.[1377] § 5 Nr. 2 GeschGehG soll dieser unionsrechtlichen Vorgabe nachkommen.[1378]

Die Norm gehört zu den Regelungen des Geschäftsgeheimnisgesetzes, die im Laufe des Gesetzgebungsverfahrens noch erheblich verändert wurden.[1379] In der Fassung des Regierungsentwurfs glich die Norm noch weitgehend der Richtlinienvorgabe und setzte voraus, dass die erlangende, nutzende oder offenlegende Person in der Absicht gehandelt hat, das allgemeine öffentliche Interesse zu schützen.[1380] Dabei musste die Absicht nach dezidierter Klarstellung in der Entwurfsbegründung nicht alleiniges, aber doch dominierendes Handlungsmotiv sein.[1381] Im weiteren Verlauf des Gesetzgebungsverfahrens wurde § 5 Nr. 2 GeschGehG Teil der Änderungsvorschläge durch den BT-Ausschuss für Recht und Verbraucherschutz[1382], die angenommen wurden.[1383] Nach der Begründung des BT-Ausschusses für Recht und Verbraucherschutz bedurfte § 5 Nr. 2 GeschGehG der Änderung, um den ablehnenden Reaktionen auf die Gesetzesentwürfe[1384] gerecht zu werden. Diese wurden insoweit kritisiert, als die über das „Absichtserfordernis" angelegte

---

1374 *Lejeune* CR 2016, 330, 334; *Oetker* ZESAR 2017, 257, 263.

1375 *Oetker* ZESAR 2017, 257, 263.

1376 *Alexander* WRP 2017, 1034, 1043 Rn. 115; EuArbRK/*Schubert* RL (EU) 2016/943 Art. 5 Rn. 6; *Eufinger* ZRP 2016, 229; 230; *Kalbfus* GRUR 2016, 1009, 1015; Köhler/Bornkamm/Feddersen/*Alexander* § 5 GeschGehG Rn. 32; *Oetker* ZESAR 2017, 257, 263; *Schmitt* RdA 2017, 365, 371; *Wiese,* Die EU-Richtlinie über den Schutz vertraulichen Know-hows und vertraulicher Geschäftsinformationen, S. 135.

1377 *Bissels/Schroeders/Ziegelmayer* DB 2016, 2295, 2298; EuArbRK/*Schubert* RL (EU) 2016/943 Art. 5 Rn. 8; *Eufinger* ZRP 2016, 229, 230; *Kalbfus* GRUR 2016, 1009, 1015; Köhler/Bornkamm/Feddersen/*Alexander* § 5 GeschGehG Rn. 32; *Ohly* GRUR 2019, 441, 448; *Schmitt* RdA 2017, 365, 371; *Schnabel* CR 2016, 342, 348; *Wiese,* Die EU-Richtlinie über den Schutz vertraulichen Know-hows und vertraulicher Geschäftsinformationen, S. 137.

1378 Begr. RegE, BT-Drucks. 19/4724, S. 28.

1379 BeckOK GeschGehG/*Hiéramente* § 5 Rn. 17; *Fuhlrott/Hiéramente* DB 2019, 967, 969; *Reinfeld,* Das neue Gesetz zum Schutz von Geschäftsgeheimnissen, S. 83.

1380 *Apel/Walling* DB 2019, 891, 897; *Hauck* GRUR-Prax 2019, 223, 225; *Ohly* GRUR 2019, 441, 448; *Reinfeld,* Das neue Gesetz zum Schutz von Geschäftsgeheimnissen, S. 90; *Rönnau,* FS Merkel, S. 909, 925.

1381 Begr. RegE, BT-Drucks. 19/4724, S. 27; *Reinfeld,* Das neue Gesetz zum Schutz von Geschäftsgeheimnissen, S. 90; *Schreiber* NZWiSt 2019, 332, 335.

1382 BT-Ausschuss für Recht und Verbraucherschutz, BT-Drucks. 19/800, S. 14.

1383 *Apel/Walling* 2019, 891/896; BeckOK GeschGehG/*Hiéramente* § 5 Rn. 17.

1384 *Semsrott,* Stellungnahme zur BT-Drucks. 19/4724, S. 2.

subjektive Gesinnungsprüfung als Tatbestandsmerkmal ungeeignet sei.[1385] Erwägungsgrund 20 zur Richtlinie führe aus, dass die Offenlegung insoweit dem öffentlichen Interesse diene, als ein regelwidriges Verhalten, ein Fehlverhalten oder eine illegale Tätigkeit von unmittelbarer Relevanz aufgedeckt wird.[1386] Der Zusatz „insoweit" stelle klar, dass die Absicht das öffentliche Interesse zu schützen, nicht der alleinige Motivator für die Offenlegung gewesen sein muss, sondern daneben auch andere Belange relevant werden dürfen.[1387] Deswegen könne es auch nach der deutschen Umsetzung nicht allein auf die Motivation des Hinweisgebers ankommen. Dieser Kritik sollte die tatbestandliche Änderung entsprechen.[1388]

Nach der verabschiedeten Gesetzesfassung ist nun Voraussetzung, dass die Handlung grundsätzlich geeignet ist, dass öffentliche Interesse zu schützen. Sprachlich betrachtet, weicht der deutsche Gesetzgeber damit jedoch von den Formulierungen der unionsrechtlichen Vorgabe ab.[1389] Art. 5 lit. b) RL (EU) 2016/943 setzt voraus, dass der Hinweisgeber *in der Absicht gehandelt hat, das öffentliche Interesse zu schützen.* Das Geschäftsgeheimnisgesetz regelt demgegenüber, dass *Erlangung, Nutzung oder Offenlegung geeignet seien müssen, das allgemeine öffentliche Interesse zu schützen.* Gemäß Art. 1 Uabs 2 RL (EU) 2016/943 dürfen die Mitgliedsstaaten von den Vorgaben des Art. 5 RL (EU) 2016/943 nicht abweichen. Mithin ist zu untersuchen, ob die grundsätzliche Umsetzung den Richtlinienvorgaben entspricht[1390] oder mit inhaltlichen Abweichungen verbunden ist, die sich womöglich als richtlinienwidrig erweisen.

Art. 5 lit. b) Hs. 1 RL (EU) 2016/943 erfordert objektiv, dass die Geheimnisverletzung zur Aufdeckung eines beruflichen oder sonstigen Fehlverhaltens oder einer illegalen Tätigkeit erfolgt sein muss. Mit geringen sprachlichen Abweichungen formuliert § 5 Nr. 2 Hs. 1 GeschGehG, dass die Erlangung, die Nutzung oder die Offenlegung nicht unter die Verbote des § 4 GeschGehG fallen, wenn dies zur Aufdeckung einer rechtswidrigen Handlung oder eines beruflichen oder sonstigen Fehlverhaltens erfolgt ist. Inhaltliche Abweichungen sind damit nicht verbunden[1391], sodass ein vertiefter Vergleich mit der unionsrechtlichen Vorgabe entbehrlich erscheint. Die soeben festgestellten Divergenzen in Art. 5 lit. b) Hs. 2

1385 *Alexander* AfP 2019, 1, 8 Rn. 57; *DIHK*, Stellungnahme zum Referentenentwurf, S. 3; *Hauck* GRUR-Prax 2019, 223, 225; *Hiéramente/Golzio* CCZ 2018, 262, 264; *Ullrich* NZWiSt 2019, 65, 69; zusammenfassend *Ohly* GRUR 2019, 441, 448; *Schreiber* NZWiSt 2019, 332, 336.

1386 RL (EU) 2016/943, Erwägungsgrund 20, ABl. EU L 157/5.

1387 BT- Ausschuss für Recht und Verbraucherschutz, BT- Drucks. 19/8300, S. 14.

1388 BT-Ausschuss für Recht und Verbraucherschutz, BT-Drucks. 19/8300, S. 14; *Ohly* GRUR 2019, 441, 448; *Schreiber* NZWiSt 2019, 332, 336.

1389 EuArbRK/*Schubert* RL (EU) 2016/943 Art. 5 Rn. 15; *Oetker*, FS Hopt 2020, S. 901, 912; *Ohly* GRUR 2019, 441, 448.

1390 Köhler/Bornkamm/Feddersen/*Alexander* § 5 GeschGehG Rn. 32.

1391 So wohl auch Köhler/Bornkamm/Feddersen/*Alexander* § 5 GeschGehG Rn. 32.

RL (EU) 2016/943 und § 5 Nr. 2 Hs. 2 GeschGehG indessen bedürfen einer weitergehenden Untersuchung.

2. Objektive tatbestandliche Begrenzung des § 5 Nr. 2 GeschGehG

Erlangung, Nutzung und Offenbarung müssen zur Aufdeckung einer „rechtswidrigen Handlung" oder eines „beruflichen oder sonstigen Fehlverhaltens" erfolgen. Nach den Verlautbarungen im Gesetzgebungsprozess müssen diese Voraussetzungen von „einigem Ausmaß und Gewicht" sein.[1392] Gesetzlich definiert sind die Begriffe nicht, sondern werden vorausgesetzt.[1393]

a) Tatbestandliche Bedeutung der rechtswidrigen Handlung

Orientiert am Verständnis des Rechtsverkehrs, erfasst der Begriff „rechtswidrige Handlung" Verstöße gegen geltende Rechtsnormen.[1394] Dennoch bleibt der genaue Inhalt dieses Merkmals zunächst unklar, da eine weitere Präzisierung in Gesetzestext und Begründung fehlen.[1395] Das Anknüpfen des berechtigten Interesses an eine Erheblichkeitsschwelle, die Verstöße von einigem Ausmaß und Gewicht fordert, könnte in einer parallelen Wertung strafbares Verhalten als Voraussetzung einer rechtswidrigen Handlung beanspruchen.[1396] Für eine solche Einschränkung indessen bieten weder Gesetzessystematik noch Begründung einen hinreichenden Anhaltspunkt. Eine wertende Gesamtbetrachtung beider Tatbestandsvarianten ergibt vielmehr, dass rechtswidrige Handlungen nicht auf die Verletzung von Strafnormen beschränkt sein sollen.[1397] Denn der Tatbestand führt gleichrangig auch anderes berufliches oder sonstiges Fehlverhalten an. Damit sollen erkennbar Verstöße im weitesten Sinne – auch ohne ausdrückliche Normengrundlage – erfasst

---

1392 BT-Ausschuss für Recht und Verbraucherschutz, BT-Drucks. 19/8300, S. 14; *Naber/Peukert/Seeger* NZA 2019, 583, 586; *Reinfeld,* Das neue Gesetz zum Schutz von Geschäftsgeheimnissen, S. 92.

1393 *Hiéramente/Golzio* CCZ 2018, 262, 264; *Hiéramente,* Stellungnahme zur BT-Drucks. 19/4724, S. 11; *Naber/Peukert/Seeger* NZA 2019, 583, 586.

1394 *Alexander* AfP 2019, 1, 7 Rn. 52; Büscher/*McGuire* § 5 GeschGehG Rn. 18; Harte-Bavendamm/*Ohly*/Kalbfus § 5 GeschGehG Rn. 36; *Hiéramente,* Stellungnahme zur BT-Drucks. 19/4724, S. 11; Köhler/Bornkamm/Feddersen/*Alexander* § 5 GeschGehG Rn. 35; *Reinfeld,* Das neue Gesetz zum Schutz von Geschäftsgeheimnissen, S. 91.

1395 BeckOK GeschGehG/*Hiéramente* § 5 Rn. 19; Büscher/*McGuire* § 5 GeschGehG Rn. 18; *Hiéramente,* Stellungnahme zur BT-Drucks. 19/4724, S. 11.

1396 *Hiéramente,* Stellungnahme zur BT-Drucks. 19/4724, S. 11; MüKoStGB/*Joecks/Miebach* § 23 GeschGehG Rn. 125.

1397 BeckOK GeschGehG/*Hiéramente* § 5 Rn. 20; Büscher/*McGuire* § 5 GeschGehG Rn. 18; Harte-Bavendamm/*Ohly*/Kalbfus § 5 GeschGehG Rn. 36; für eine solche Beschränkung MüKoStGB/*Joecks/Miebach* § 23 GeschGehG Rn. 125.

sein.[1398] Es führte zu einem Wertungswiderspruch, wollte man demgegenüber die Tatbestandsvariante rechtswidriger Handlungen allein auf die Verletzung von Strafnormen beschränken.[1399] Deshalb genügt bei dem gebotenen weiteren Verständnis für die legitimierende Wirkung des § 5 Nr. 2 GeschGehG jeder Normenverstoß.[1400] Bei einer solchen Auslegung sind auch Ordnungswidrigkeiten und die Verletzung sonstiger Gebotsnormen ausreichend.[1401]

b) Das Merkmal des beruflichen Fehlverhaltens

Ferner dürfen Erlangung, Nutzung und Offenlegung auch zur Aufdeckung eines beruflichen Fehlverhaltens erfolgen. Der Wortlaut „berufliches Fehlverhalten" intendiert, dass es sich bei dem aufzudeckenden Missstand um ein auf das berufliche Wirken des Handelnden bezogenes – nach weiter zu spezifizierenden Kriterien missbilligtes – Verhalten handelt. Nach der amtlichen Begründung des Regierungsentwurfs, ist der Verstoß gegen berufsständische Normen erfasst.[1402] Somit muss der Begriff „berufliches Fehlverhalten" unter Rückgriff auf anderweitige Normen verstanden werden.[1403] Für einzelne Berufe existieren kodifizierte Verhaltensanforderungen, die an die Zugehörigkeit zu einer bestimmten Berufsgruppe anknüpfen (BRAO, BNotO, BÄO).[1404] Die Beurteilung und Sanktionierung von Verstößen gegen diese obliegt den Körperschaften der autonomen Selbstverwaltung (Rechtsanwaltskammer, Ärztekammer etc.).[1405] Vor diesem Hintergrund erfasst berufliches

---

1398 BeckOK GeschGehG/*Hiéramente* § 5 Rn. 19ff; Büscher/*McGuire* § 5 GeschGehG Rn. 18.

1399 So auch *Hiéramente,* Stellungnahme zur BT-Drucks. 19/4724, S. 11; für ein weites Verständnis Büscher/*McGuire* § 5 GeschGehG Rn. 18; Köhler/Bornkamm/Feddersen/*Alexander* § 5 GeschGehG Rn. 35 der sowohl Verstöße gegen das Unionsrecht als auch das Recht der Mitgliedsstaaten mit einbezieht; **a.A.** MüKoStGB/*Joecks/Miebach* § 23 GeschGehG Rn. 125.

1400 *Alexander,* Wettbewerbsrecht, S. 518 Rn. 2000; BeckOK GeschGehG/*Hiéramente* § 5 Rn. 19.1; Harte-Bavendamm/*Ohly*/Kalbfus § 5 GeschGehG Rn. 36; im Ergebnis Büscher/*McGuire* § 5 GeschGehG Rn. 18; **a.A.** MüKoStGB/*Joecks/Miebach* § 23 GeschGehG Rn. 125.

1401 BeckOK GeschGehG/*Hiéramente* § 5 Rn. 19.1; Harte-Bavendamm/*Ohly*/Kalbfus § 5 GeschGehG Rn. 36; im Ergebnis wohl Büscher/*McGuire* § 5 GeschGehG Rn. 18; **a.A.** MüKoStGB/*Joecks/Miebach* § 23 GeschGehG Rn. 125.

1402 Begr. RegE, BT-Drucks. 19/4724, S. 29.

1403 BeckOK GeschGehG/*Hiéramente* § 5 Rn. 22; Büscher/*McGuire* § 5 GeschGehG Rn. 19.

1404 BeckOK GeschGehG/*Hiéramente* § 5 Rn. 22; Büscher/*McGuire,* GeschGehG, § 5 Rn. 19; Köhler/Bornkamm/Feddersen/*Alexander* § 5 GeschGehG Rn. 36; MüKoStGB/*Joecks/Miebach* § 23 GeschGehG Rn. 125; *Rönnau,* FS Merkel, S. 909, 922.

1405 BeckOK GeschGehG/*Hiéramente* § 5 Rn. 22; *Hiéramente,* Stellungnahme zur BT-Drucks. 19/4724, S. 12; Köhler/Bornkamm/Feddersen/*Alexander* § 5 GeschGehG Rn. 37.

Fehlverhalten solche Verstöße, die mit den normierten Verhaltensanforderungen der jeweiligen Berufsgruppe nicht zu vereinbaren sind[1406] und deswegen gegen berufsständische Normen Verstoßen.[1407]

Unklar bleibt zunächst, wie mit Verstößen gegen den in der Praxis etablierten Berufsethos umgegangen werden soll. Diese werden in der Literatur teilweise nicht als „berufliches Fehlverhalten" im Sinne des § 5 Nr. 2 GeschGehG gewertet.[1408] Dies ergäbe sich aus der Gesetzesbegründung, die ausdrücklich auf Normenverstöße verweist.[1409] Dem kann insofern nur eingeschränkt zugestimmt werden, als die Berufsordnungen teilweise über generalklauselartige Beschreibungen auch allgemeine berufsethische Verhaltensanforderungen benennen (§ 43 BRAO). Zudem geht der ausdrückliche Wortlaut der gesetzlichen Begründung dahin, dass Verstöße gegen berufsständische Normen von dem Begriff „berufliches Fehlverhalten" erfasst sind.[1410] Eine Begrenzung durch Normenverstöße lässt sich dieser Formulierung nicht entnehmen.[1411] Deswegen können auch Verstöße gegen den in der Praxis etablierten Berufsethos unter das „berufliche Fehlverhalten" des § 5 Nr. 2 GeschGehG subsumiert werden.[1412]

1406 *Alexander* AfP, 1, 7 Rn. 53; BeckOK GeschGehG/*Hiéramente* § 5 Rn. 22; Büscher/*McGuire* § 5 GeschGehG Rn. 19; Harte-Bavendamm/*Ohly*/Kalbfus § 5 GeschGehG Rn. 39; Köhler/Bornkamm/Feddersen/*Alexander* § 5 GeschGehG Rn. 36–37; *Ulrich* NZWiSt 2019, 65, 69.

1407 Begr. RegE, BT-Drucks. 19/4724, S. 28; *Alexander,* Wettbewerbsrecht, S. 519 Rn. 2001; BeckOK GeschGehG/*Hiéramente* § 5 Rn. 22; Büscher/*McGuire* § 5 GeschGehG Rn. 19; Harte-Bavendamm/*Ohly*/Kalbfus § 5 GeschGehG Rn. 39; MüKoStGB/*Joecks/Miebach* § 23 GeschGehG Rn. 125; *Reinfeld,* Das neue Gesetz zum Schutz von Geschäftsgeheimnissen, S. 91; *Rönnau,* FS Merkel, S. 909, 922; *Schulte* ArbRB 2019, 143, 146.

1408 *Bürkle* CCZ 2018, 193, 193; *Rönnau,* FS Merkel, S. 909, 922; so wohl auch *Hiéramente,* Stellungnahme zur BT-Drucks. 19/4724, S. 12; MüKoStGB/*Joecks/Miebach* § 23 GeschGehG Rn. 125.

1409 *Bürkle* CCZ 2018, 193, 193.

1410 Begr. RegE, BT-Drucks. 19/4724, S. 29.

1411 *Trebeck/Schulte-Wissermann* NZA 2019, 1175, 1179; für ein weiteres Verständnis *Alexander,* Wettbewerbsrecht, S. 519 Rn. 2001; BeckOK GeschGehG/*Hiéramente* § 5 Rn. 22 der lediglich davon spricht, dass berufsständische Vorschriften regelmäßig kodifiziert sind.

1412 So wohl auch *Alexander* AfP, 1, 1, 7; *Alexander,* Wettbewerbsrecht, S. 519 Rn. 2001; BeckOK GeschGehG/*Hiéramente* § 5 Rn. 22, *Trebeck/Schulte-Wissermann* NZA 2018, 1175, 1178; ebenfalls weit Köhler/Bornkamm/Feddersen/*Alexander* § 5 GeschGehG der auch Verstöße gegen privatautonom gesetzte Regelwerke mit einbezieht; dies bezweifelnd *Ohly* GRUR 2019, 441 Fn. 68; wohl **a.A.** Büscher/*McGuire* § 5 GeschGehG Rn. 19.

c) Das tatbestandliche Verständnis des sonstigen Fehlverhaltens

aa) Auslegung des Gesetzeswortlauts

Die weitere Tatbestandsvariante des „sonstigen Fehlverhaltens" bleibt begrifflich weitgehend konturlos.[1413] Der gesetzliche Wortlaut beinhaltet kaum Aufschluss für eine weitergehende Konkretisierung.[1414] Systematisch wird die Begrifflichkeit im Anschluss an das rechtswidrige Handeln und das berufliche Fehlverhalten genannt. Setzt man dies in Bezug zu der Wortbedeutung „sonstiges" lässt sich die Tatbestandsvariante zumindest dahin eingrenzen, dass die Qualifizierung als Fehlverhalten im Sinne des § 5 Nr. 2 GeschGehG nicht allein auf der Rechtswidrigkeit der Handlung oder dem Verstoß gegen berufsständische Normen oder Verhaltensregelungen beruhen kann. Andernfalls hätte es der gesonderten Nennung des sonstigen Fehlverhaltens nicht bedurft. Mit Berücksichtigung der weiten, unsteten Formulierung scheint die dritte Tatbestandsvariante eine Art Auffangtatbestand für – nach noch zu benennenden Kriterien missbilligte – Vorgänge bzw. Zustände und Verhaltensweisen darzustellen.[1415]

bb) Berücksichtigung der Gesetzesbegründung

Nach der Gesetzesbegründung sollen dem sämtliche unethische Verhaltensweisen unterfallen, ohne dass diese zwingend gegen geltendes Recht verstoßen müssen. Beispielhaft werden Auslandsaktivitäten eines Unternehmens benannt, die in den betreffenden Ländern nicht rechtswidrig sind, aber dennoch von der Allgemeinheit als Fehlverhalten gesehen werden (z.B. Kinderarbeit oder gesundheits- bzw. umweltschädliche Produktionsbedingungen). Als weiteren Beispielsfall benennt die Gesetzesbegründung die systematische oder unredliche Umgehung von Steuertatbeständen.[1416] Zusammengefasst kann ein Verhalten nach der gesetzlichen Begründung stets als „sonstiges Fehlverhalten" qualifiziert werden, wenn es unethisch ist.[1417]

1413 *BDI*, Ergänzung zur Stellungnahme zur Umsetzung der Know-how-Richtlinie, S. 1; BeckOK GeschGehG/*Hiéramente* § 5 Rn. 23; Harte-Bavendamm/*Ohly*/Kalbfus § 5 GeschGehG Rn. 40; *Hiéramente*, Stellungnahme zur BT-Drucks. 19/4724, S. 12; MüKoStGB/*Joecks/Miebach* § 23 GeschGehG Rn. 126; *Schreiber* NZWiSt 2019, 332, 336.

1414 BeckOK GeschGehG/*Hiéramente* § 5 Rn. 23; so wohl auch *Schreiber* NZWiSt 2019, 332, 336.

1415 BeckOK GeschGehG/*Hiéramente* § 5 Rn. 23; MüKoStGB/*Joecks/Miebach* § 23 GeschGehG Rn. 126.

1416 Begr. RegE, BT-Drucks. 19/4724, S. 28.

1417 *Alexander*, Wettbewerbsrecht, S. 519 Rn. 2002; Harte-Bavendamm/*Ohly*/Kalbfus § 5 GeschGehG Rn. 40; MüKoStGB/*Joecks/Miebach* § 23 GeschGehG Rn. 126; *Schulte* ArbRB 2019, 143, 146; *Trebeck/Schulte-Wissermann* NZA 2018, 1175, 1178.

Ob die Erkenntnis, dass ein Verhalten als sonstiges Fehlverhalten gewertet werden kann, soweit es unethisch ist dem tatbestandlichen Konkretisierungsbedürfnis hinreichend gerecht wird, ist jedoch zweifelhaft.[1418] Denn mit dem Verweis auf unethisches Verhalten wird eine moralische Kategorie eingeführt, deren Eignung zur rechtlichen Bewertung eines Sachverhalts zweifelhaft ist.[1419] Die Ethik als Wissenschaft und Teilbereich der Philosophie versucht menschliches Handeln zu bewerten und Kategorien der Einteilung nach „gut" oder „schlecht" zu entwickeln. Abzugrenzen ist dies von einem staatlichen und/oder berufsständischen Normengefüge, dass sich auf eine demokratische Legitimation stützen kann. Ethische Maßstäbe sind demgegenüber von subjektiven Vorstellungen geprägt und einem ständigen gesellschaftlichen Wandel unterworfen. Auch wenn nicht in Abrede zu stellen ist, dass es einzelne Verhaltensweisen gibt, die nach allgemeinem gesellschaftlichen Konsens als unethisch bewertet werden[1420], bleibt ein weiter Bereich, der sich einem solchen übereinstimmenden Verständnis entzieht.[1421] Gerade ethischen/moralischen Sachverhalten ist eigen, dass sie intensiven gesellschaftlichen Diskussionsprozessen unterliegen und unterschiedliche, geradezu gegensätzliche Auffassungen gleichermaßen vertreten werden.[1422] Indem die Gesetzesbegründung auf unethisches Verhalten abhebt, trägt dies nicht zur Lösung des Auslegungsproblems bei, sondern verlagert es nur.[1423] Pointiert ausgedrückt dürfen Geschäftsgeheimnisse danach frei erlangt, genutzt und offenbart werden, soweit sie ein – nach

---

1418 *BDI,* Ergänzung zur Stellungnahme zur Umsetzung der Know-how-Richtlinie, S. 1; *Bürkle* CCZ 2018, 193, 193; Harte-Bavendamm/*Ohly*/Kalbfus § 5 GeschGehG Rn. 40; Köhler/Bornkamm/Feddersen/*Alexander* § 5 GeschGehG Rn. 39; *Hiéramente,* Stellungnahme zur BT-Drucks. 19/4724, S. 13; MüKoStGB/*Joecks/Miebach* § 23 GeschGehG Rn. 126; *Passsarge* CB 2018, 144, 147; *Rönnau,* FS Merkel, S. 909, 922–923; *Ullrich* NZWiSt 2019, 65, 69; zusammenfassend BeckOK GeschGehG/*Hiéramente* § 5 Rn. 23ff.

1419 *Bürkle* CCZ 2018, 193, 193; Harte-Bavendamm/*Ohly*/Kalbfus § 5 GeschGehG Rn. 40; Köhler/Bornkamm/Feddersen/*Alexander* § 5 GeschGehG Rn. 39; *Lejeune* ITRB 2018, 140, 141; *Passarge* CB 2018, 144, 147; *Rönnau,* FS Merkel, S. 909, 922–923.

1420 *Hiéramente,* Stellungnahme zur BT-Drucks. 19/4724, S. 13; *Passarge* CB 2018, 144, 147.

1421 Harte-Bavendamm/*Ohly*/Kalbfus § 5 GeschGehG Rn. 40; *Hiéramente,* Stellungnahme zur BT-Drucks. 19/4724, S. 13; *Passarge* CB 2018, 144, 147; ebenfalls kritisierend „nach welcher maßgeblichen Sicht auch immer" MüKoStGB/*Joecks/Miebach* § 23 GeschGehG Rn. 126.

1422 Ähnlich Harte-Bavendamm/*Ohly*/Kalbfus § 5 GeschGehG Rn. 40; *Rönnau,* FS Merkel, S. 909, 922–923.

1423 *BDI,* Ergänzung zur Stellungnahme zur Umsetzung der Know-how-Richtlinie, S. 1; Harte-Bavendamm/*Ohly*/Kalbfus § 5 GeschGehG Rn. 40; *Hiéramente,* Stellungnahme zur BT-Drucks. 19/4724, S. 12; Köhler/Bornkamm/Feddersen/*Alexander* § 5 GeschGehG Rn. 39; *Lejeune* ITRB 2018, 140, 141; MüKoStGB/*Joecks/Miebach* § 23 GeschGehG Rn. 126; *Passarge* CB 2018, 144, 147; *Ulrich* NZWiSt 2019, 65,68.

nicht näher spezifizierten Kriterien zu bewertendes – „falsches“ Verhalten betreffen.[1424]

Die mangelnde Eignung der „Ethik“ als rechtssicheres Abgrenzungskriterium findet sich letztendlich auch in der Formulierung der Gesetzesbegründung selbst wieder.[1425] Diese benennt Beispielsfälle, die „(...) in der öffentlichen Diskussion häufig (...)“ als unethisch angesehen werden. Dies beinhaltet denklogisch, dass stets auch abweichende Auffassungen vertreten werden.[1426] Dem fehlt von vorne herein die Eindeutigkeit, die aber eine gleichmäßige Gesetzesanwendung erfordert.[1427] Solche volatilen Kriterien ermöglichen keine allgemeingültige Definition und rechtssichere Handhabung des Tatbestandsmerkmals „sonstiges Fehlverhalten“.[1428] Ob ein Verhalten rechtlich verboten ist und womit zivilrechtliche und strafrechtliche Sanktionen verbunden sind, kann nicht daran anknüpfen, was ein mehr oder minder großer Teil der Gesellschaft aktuell als moralisch vertretbar empfindet.[1429] Damit genügt die Angabe der Gesetzesbegründung, das „sonstiges Fehlverhalten“ Aktivitäten erfasst, die ein unethisches Verhalten darstellen, nicht um dieses Tatbestandsmerkmal hinreichend zu konkretisieren.[1430]

cc) Auslegung unter Rückgriff auf die Beispielssachverhalte der Gesetzesbegründung

Der Begriff „sonstiges Fehlverhalten“ kann anhand der konkret benannten Beispiele in der Gesetzesbegründung ausgelegt werden.[1431] Die Beispielssachverhalte –

1424 *Brammsen* BB 2018, 2446, 2450; *Bürkle* CCZ 2018, 193, 193; MüKoStGB/*Joecks/Miebach* § 23 GeschGehG Rn. 126.

1425 *Bürkle* CCZ 2018, 193, 193; Köhler/Bornkamm/Feddersen/*Alexander* § 5 GeschGehG Rn. 39; *Rönnau,* FS Merkel, S. 909, 923.

1426 *Hiéramente,* Stellungnahme zur BT-Drucks. 19/4724, S. 14.

1427 *Bürkle* CCZ 2018, 193, 193; *Hiéramente,* Stellungnahme zur BT-Drucks. 19/4724, S. 13; *Passarge* CB 2018, 144, 147.

1428 *Ann,* Stellungnahme zur BT-Drucks. 19/4724, S. 4; *Brammsen* CB 2018, 144, 147; *Bürkle* CCZ 2018, 193, 193; *Hiéramente/Golzio* CCZ 2018, 262, 264; *Hiéramente,* Stellungnahme zur BT-Drucks. 19/4724, S. 13; Industrieverband, Stellungnahme zum Referentenentwurf, S. 2; *Passarge* CB 2018, 144, 147; *Ullrich* NZWiSt 2019, 65, 69.

1429 *Hiéramente,* Stellungnahme zur BT-Drucks. 19/4724, S. 13; *Passarge* CB 2018, 144, 147; *Rönnau,* FS Merkel, S. 909, 923.

1430 *Bürkle* CCZ 2018, 193, 193; *Hiéramente,* Stellungnahme zur BT-Drucks. 19/4724, S. 13; Köhler/Bornkamm/Feddersen/*Alexander* § 5 GeschGehG Rn. 39; *Lejeune* ITRB 2018, 140, 141; *Passarge* CB 2018, 144, 147; *Rönnau,* FS Merkel, S. 909, 923; lediglich auf die Gesetzesbegründung verweisend *Reinfeld,* Das neue Gesetz zum Schutz von Geschäftsgeheimnissen, S. 91.

1431 Büscher/*McGuire* § 5 GeschGehG Rn. 19; Harte-Bavendamm/*Ohly*/Kalbfus § 5 GeschGehG Rn. 41–43; *Hiéramente,* Stellungnahme zur BT-Drucks. 19/4724, S. 13–14.

Kinderarbeit bzw. gesundheits- oder umweltschädliche Produktionsbedingungen im Rahmen von Auslandsaktivitäten und systematische bzw. unredliche Steuerumgehung – knüpfen indessen sehr wohl an Normenverstöße an.[1432] Sowohl Kinderarbeit als auch Umwelt- respektive Gesundheitsschutz unterfallen in Deutschland normativen Regelungen, welche diese Rechtsgüter schützen und Verstöße unter Strafe stellen. Zivil- bzw. strafrechtliche Sanktionen kommen in diesen Sachverhaltskonstellationen womöglich nur deshalb nicht in Betracht, weil an den jeweiligen Handlungsorten eine andere Rechtslage gilt.[1433] Diese Sachlage verlagert aber solche Verstöße nicht in den Bereich bloßen moralisch-ethischen Fehlverhaltens. Es bleiben konkrete Rechtsverstöße nach inländischem Normenverständnis.[1434]

Auch die „(...) systematische und unredliche Umgehung von Steuertatbeständen (...)“ bewegt sich nicht nur im Bereich moralisch – ethischen Fehlverhaltens.[1435] Es handelt sich um den Missbrauch rechtlicher Gestaltungsmöglichkeiten, der nach § 42 AO unzulässig ist.[1436] Auch insoweit liegt demnach regelmäßig ein Normenverstoß vor.[1437] Unter Berücksichtigung all dessen ist mit unethischem Verhalten nicht allein gemeint, dass die Handlung mit geltenden Moralvorstellungen nicht vereinbar ist. Die Beispiele der amtlichen Begründung beschreiben vielmehr Sachverhalte, in denen grundsätzlich unerlaubte Handlungen nur wegen Umgehung oder der Ausnutzung eines „Schlupflochs“ innerstaatlich nicht unmittelbar eine Norm verletzten.[1438] Tatsächlich sind auch dann Normenverstöße festzustellen.[1439]

Dieses Verständnis harmoniert mit den beiden anderen Begriffen. Soll ein Verhalten aufgedeckt werden, das gegen die objektive Rechtsordnung oder berufsständische Normen verstößt oder – aufgrund einer unredlichen Umgehung – zwar nicht geahndet werden kann, mit diesen jedoch nicht in Einklang zu bringen ist, kann der Geheimnisschutz im Einzelfall zurücktreten.[1440] Gestützt wird dieses Verständnis auch durch die Zielsetzungen des BT-Ausschusses für Recht und Verbraucherschutz. Nach dessen Beschlussempfehlung soll sich das „sonstige Fehlverhalten“

1432 So auch *Hiéramente,* Stellungnahme zur BT-Drucks. 19/4724, S. 13–14.

1433 Büscher/*McGuire* § 5 GeschGehG Rn. 19.

1434 Büscher/*McGuire* § 5 GeschGehG Rn. 19; insoweit wurde befürchtet unter den Begriff „sonstiges Fehlverhalten“ würden auch Handlungen fallen, die weder eine Ordnungswidrigkeit darstellen noch einen Straftatbestand erfüllen *DIHK,* Stellungnahme zum Referentenentwurf, S. 3.

1435 *Hiéramente,* Stellungnahme zur BT-Drucks. 19/4724, S. 14.

1436 *Hiéramente,* Stellungnahme zur BT-Drucks. 19/4724, S. 14.

1437 *Hiéramente,* Stellungnahme zur BT-Drucks. 19/4724, S. 14.

1438 *Trebeck/Schulte-Wissermann* NZA 2018, 1175, 1179; im Ergebnis Köhler/Bornkamm/Feddersen/*Alexander* § 5 GeschGehG Rn. 39.

1439 *Hiéramente,* Stellungnahme zur BT-Drucks. 19/4724, S. 14.

1440 Büscher/*McGuire* § 5 GeschGehG Rn. 19; im Ergebnis Köhler/Bornkamm/Feddersen/*Alexander* § 5 GeschGehG Rn. 39.

nach dem allgemeinen, objektivierbaren Rechtsverständnis richten.[1441] Objektivieren im Sinne einer allgemeingültigen Anwendbarkeit lässt sich aber nur ein normenbasiertes Rechtsverständnis.[1442] Jenseits eines solchen Anknüpfungspunktes bliebe nur die Heranziehung gänzlich unklarer Kriterien wie „die öffentliche Meinung“, „die guten Sitten“ oder der Natur der Sache nach nicht allgemeingültige Moralvorstellungen.[1443]

Normentext und Erwägungsgrund 20 der Richtlinie stehen einem solchen Verständnis nicht entgegen. Dass allgemeine moralische oder ethische Vorstellungen mehr oder minder großer Bevölkerungsgruppen Geltung beanspruchen können sollen, lässt sich dem nicht entnehmen. Mit dem Anknüpfen an berufliches Fehlverhalten oder illegale Tätigkeiten werden Verstöße gegen die jeweiligen Regelwerke benannt. Daraus lässt sich das Anknüpfen an verbindliche Normen ableiten.[1444] Dies kann durch einen Vergleich mit den anderen Sprachfassungen der RL (EU) 2016/943 gestützt werden.[1445] Sowohl die englische Sprachfassung (*„wrongdoing“) als auch die französische („acte répréhentable“)* verzichten auf einen weitläufig formulierten Auffangtatbestand.[1446] Dies kann dahingehend interpretiert werden, dass Art. 5 RL (EU) 2016/943 augenscheinlich eine tatbestandlich abgegrenzte, auf eindeutig feststellbare Verhaltensverstöße begrenzte Privilegierung enthält.[1447] Demgegenüber erweist sich die weitere Voraussetzung eines allein unethischen Verhaltens als systemwidrig, weil dem ein vergleichbares Normengefüge mit entsprechender Verbindlichkeit nicht zugeordnet werden kann.[1448] Im Ergebnis ist die Voraussetzung sonstigen Fehlverhaltens im Interesse einer rechtssicheren Handhabung einzugrenzen. Dies erscheint nur dann gewährleistet, wenn solches Fehlverhalten in Bezug auf die Beeinträchtigung rechtlich geschützter bzw. zumindest anerkannter Rechtsgüter oder Interessen festzustellen ist, und damit das allgemeine objektivierbare Rechtsverständnis nachteilig betroffen ist.[1449]

1441 BT-Ausschuss für Recht und Verbraucherschutz, BT-Drucks. 19/8300, S. 14.

1442 Im Ergebnis auch Harte-Bavendamm/*Ohly*/Kalbfus § 5 GeschGehG Rn. 41–43.

1443 Harte-Bavendamm/*Ohly*/Kalbfus § 5 GeschGehG Rn. 40ff.; *Passarge* CB 2018, 144, 147.

1444 *Ann,* Stellungnahme zur BT-Drucks. 19/4724; *Hiéramente,* Stellungnahme zur BT-Drucks. 19/4724, S. 14.

1445 *Hiéramente,* Stellungnahme zur BT-Drucks. 19/4724, S. 14.

1446 *Hiéramente,* Stellungnahme zur BT-Drucks. 19/4724, S. 14.

1447 *Hiéramente,* Stellungnahme zur BT-Drucks. 19/4724, S. 14.

1448 *Bürkle* CCZ 2018, 193, 193; *Hiéramente,* Stellungnahme zur BT-Drucks. 19/4724, S. 13; Köhler/Bornkamm/Feddersen/*Alexander* § 5 GeschGehG Rn. 39; *Passarge* CB 2018, 144, 147; lediglich auf die Gesetzesbegründung verweisend *Reinfeld,* Das neue Gesetz zum Schutz von Geschäftsgeheimnissen, S. 91.

1449 Im Ergebnis Büscher/*McGuire* § 5 GeschGehG Rn. 19; *Hiéramente,* Stellungnahme zur BT-Drucks. 19/4724, S. 15; Köhler/Bornkamm/Feddersen/*Alexander* § 5 GeschGehG Rn. 39.

dd) Kritische Bewertung des Tatbestandsmerkmals unter Berücksichtigung der Vereinbarkeit mit den unionsrechtlichen Vorgaben

Bereits während des Gesetzgebungsprozesses und auch nach Inkrafttreten des Gesetzes ist die Weite dieser Tatbestandsvariante thematisiert[1450] und kritisch bewertet worden.[1451] Mit der Formulierung „sonstiges Fehlverhalten" wird ein unbestimmter Rechtsbegriff eingeführt, der nach seinem Wortlaut und systematischen Zusammenhang eine weitergehende Eingrenzung nicht ermöglicht. Was dies im konkreten Anwendungsfall bedeuten soll, erschließt sich – über die in der Gesetzesbegründung benannten, wenigen Beispielsfälle hinaus – nicht und bedarf umfänglicher Auslegungsbemühungen. Die Angaben in der Gesetzesbegründung erscheinen ungeeignet, um die Tatbestandsvariante rechtssicher handhaben zu können.

Die Konkretisierung als „unethisches Fehlverhalten" erscheint ungeeignet[1452] und lässt sich zudem weder durch den Richtlinienwortlaut noch die Erwägungsgründe stützen.[1453] Gemäß Art. 5 lit. b) RL (EU) 2016/943 kann eine Privilegierung nur zur Aufdeckung eines beruflichen oder sonstigen Fehlverhaltens oder einer illegalen Tätigkeit erfolgen. Die Gegenüberstellung von dem beruflichen bzw. sonstigen Fehlverhalten einerseits und der illegalen Tätigkeit anderseits beinhaltet eine gewisse normative Verknüpfung der bemakelten Verhaltensweise.[1454] Diese muss gesetzlich kodifizierten oder zumindest allgemein anerkannten Anforderungen widersprechen.[1455] Anderweitige Maßstäbe sind den Richtlinienvorgaben nicht zu entnehmen.[1456] Deswegen wurde teilweise bezweifelt, ob § 5 Nr. 2 Hs. 1 Var. 3 GeschGehG den unionsrechtlichen Vorgaben entspricht.[1457] Durch diese Abweichung könnten zudem die mit der RL (EU) 2016/943 angestrebten Ziele konterkariert werden. Soll bei der Bewertung des sonstigen Fehlverhaltens an ein

---

1450 *BDA,* Stellungnahme zum Referentenentwurf, S. 1; *Brammsen* BB 2018, 2446, 2450; *Hiéramente/Golzio* CCZ 2018, 262, 264; *Hiéramente,* Stellungnahme zur BT-Drucksache 19/4724, S. 13; *Passarge* CB 2018, 144, 146; *Trebeck/Schulte-Wissermann* NZA 2018, 1175, 1179.

1451 *ASW,* Stellungnahme zum Referentenentwurf, S. 2; *BDA,* Stellungnahme zum Referentenentwurf, S. 1; *BDI,* Stellungnahme zur Umsetzung der Know-how-Richtlinie, S. 7; *Brammsen* BB 2018, 2446, 2450; *Bürkle* CCZ 2018, 193, 193; Harte-Bavendamm/*Ohly*/Kalbfus § 5 GeschGehG Rn. 40ff.; *Hiéramente/Golzio* CCZ 2018, 262, 264; *Hiéramente,* Stellungnahme zur BT-Drucks. 19/4724, S. 12; Köhler/Bornkamm/Feddersen/*Alexander* § 5 GeschGehG Rn. 39; *Passage* CB 2018, 144, 147; *Trebeck/Schulte-Wissermann* NZA 2018, 1175, 1179; *Ullrich* NZWiSt 2019, 65, 68/69.

1452 Harte-Bavendamm/*Ohly*/Kalbfus § 5 GeschGehG Rn. 40.

1453 *Ann,* Stellungnahme zur BT-Drucks. 19/4724, S. 4; *Bürkle* CCZ 2018, 193, 193; *Hiéramente,* Stellungnahme zur BT-Drucks. 19/4724, S. 14.

1454 Harte-Bavendamm/*Ohly*/Kalbfus § 5 GeschGehG Rn. 41–43.

1455 *Hiéramente,* Stellungnahme zur BT-Drucks. 19/4724, S. 14.

1456 *Hiéramente,* Stellungnahme zur BT-Drucks. 19/4724, S. 14.

1457 *Bürkle* CCZ 2018, 193, 193; *Ann,* Stellungnahme zur BT-Drucks. 19/4724, S. 4.

weitgehend unkonturiertes Merkmal angeknüpft werden, wird dem Hinweisgeber ein Bewertungsrisiko zugewiesen, dass sich einer auch nur im Ansatz belastbaren Einschätzung im Voraus entzieht.[1458] Er muss im Vorhinein bewerten, ob einer der gesetzlichen Ausnahmetatbestände vorliegt.[1459] Ein solches Risiko ist geeignet, den Hinweisgeber von entsprechenden Aktivitäten abzuhalten.[1460] Gemäß Erwägungsgrund 20 soll die Novellierung des Geheimnisschutzes jedoch nicht dazu dienen, Whistleblowing-Aktivitäten einzuschränken.[1461]

Unter Berücksichtigung des soeben vorgestellten Interpretationsansatzes des § 5 Nr. 2 Hs. 1 Var. 3 GeschGehG erweisen sich diese Bedenken jedoch als unbegründet. Über die Inbezugnahme rechtlich geschützter bzw. anerkannter Rechtsgüter und Interessen, wird ein rechtssicheres und handhabbares Kriterium zur Beurteilung eines sonstigen Fehlverhaltens geschaffen.[1462] Die Richtlinienkonformität dieses Tatbestandsmerkmals kann somit bejaht werden.

3. *Tatbestandliche Begrenzung des § 5 Nr. 2 GeschGehG durch die normativ vorgeschriebene Zielrichtung der Aufdeckungshandlung*

a) *Die Bedeutung der „Geeignetheit, das öffentliche Interesse zu schützen" gemäß § 5 Nr. 2 GeschGehG*

Nachdem § 5 Nr. 2 GeschGehG im Gesetzgebungsverfahren inhaltliche Änderungen erfahren hatte[1463], setzt die Norm nun voraus, dass die fragliche Handlung geeignet ist, das öffentliche Interesse zu schützen. Damit wird der Tatbestand der „Whistleblower-Regelung" durch zwei unbestimmte Rechtsbegriffe beschränkt. Diese sind die *Geeignetheit* und das *öffentliche Interesse.*

Durch die Änderung der Formulierung *„Absicht das öffentliche Interesse* zu schützen" in *„geeignet (...) das öffentliche Interesse* zu schützen", enthält das Tatbestandsmerkmal nach seinem Wortlaut eine Objektivierung.[1464] Unter Berücksichtigung der verbleibenden Ausfüllungsbedürftigkeit bedarf das Tatbestandsmerkmal einer weiteren Präzisierung. Eine Handlung ist nach der Rechtsprechung des Bundesverfassungsgerichts geeignet, wenn sie grundsätzlich qualifiziert ist, einen bestimmten Erfolg zu realisieren und zumindest auch zu diesem Zweck vorgenommen

---

1458 *Ann,* Stellungnahme zur BT-Drucks. 19/4724, S. 4; *Passarge* CB 2018, 144, 147; *Ullrich* NZWiSt 2019, 65, 69.

1459 *BDA,* Stellungnahme zum Referentenentwurf, S. 1; *Hiéramente,* Stellungnahme zur BT-Drucks. 19/4724, S. 13; *Passarge* CB 2018, 144, 147; *Ullrich* NZWiSt 2019, 65, 69.

1460 *Ullrich* NZWiSt 2019, 65, 69.

1461 RL (EU) 2016/943, Erwägungsgrund 20, ABl. EU L 157/5.

1462 Harte-Bavendamm/*Ohly*/Kalbfus § 5 GeschGehG Rn. 41–43.

1463 Harte-Bavendamm/*Ohly*/Kalbfus § 5 GeschGehG Rn. 44; *Ohly* GRUR 2019, 441, 448; *Schreiber* NZWiSt 2019, 332, 335–336.

1464 Harte-Bavendamm/*Ohly*/Kalbfus § 5 GeschGehG Rn. 44; Köhler/Bornkamm/Feddersen/*Alexander* § 5 GeschGehG Rn. 41; *Schreiber* NZWiSt 2019, 332, 335–336.

wurde.[1465] Daneben bestehende anderweitige Motivationen sind unschädlich.[1466] Diese Definition ist Bestandteil der Verhältnismäßigkeitsprüfung bei Prüfung der Rechtmäßigkeit bzw. Rechtswidrigkeit von Grundrechtseingriffen.[1467] Der Begriff „Geeignetheit" wird zudem in anderen Zusammenhängen verwendet, um die Verhältnismäßigkeit von Eingriffen in rechtlich geschützte Rechtsgüter und Interessen zu überprüfen. Dabei wird der Begriff stets einheitlich dahingehend verstanden, dass eine bestimmte Handlung nur geeignet ist, wenn sie objektiv in der Lage ist, das angestrebte Ziel zu erreichen.[1468] Deswegen kann davon ausgegangen werden, dass der Begriff im juristischen Sprachgebrauch mit diesem Bedeutungsgehalt verknüpft ist. Hätte der Gesetzgeber die „Geeignetheit" in § 5 Nr. 2 GeschGehG anders verstanden wissen wollen, hätte dies einer Klarstellung in den Gesetzgebungsmaterialien bedurft. Anhaltspunkte dafür finden sich nicht. Der gesetzliche Tatbestand ist demnach so zu verstehen, dass Erlangung, Nutzung und Offenlegung des Geschäftsgeheimnisses in Bezug zu der erkannten Gefährdung des allgemeinen öffentlichen Interesses zu setzten und daran zu messen ist. Die Gefährdung muss tatsächlich bestehen oder gutgläubig angenommen werden.[1469] Die tatbestandliche Verknüpfung verdeutlicht, dass es sich bei der Geeignetheit um einen objektiven Bewertungsmaßstab handelt, mithilfe dessen die vorgenommene Handlung in Bezug auf das zu verwirklichende Ziel beurteilt werden kann.[1470] Zusammenfassend kann das Tatbestandsmerkmal „geeignet das öffentliche Interesse zu schützen" dahingehend interpretiert werden, dass eine Handlung objektiv die Möglichkeit bieten muss, das öffentliche Interesse zu schützen.[1471]

Auch der Begriff des „öffentlichen Interesses" wird durch den Gesetzestext nicht weiter definiert.[1472] Nach der Gesetzesbegründung handelt eine Person in der

---

1465 Dies entspricht der Definition, die das Bundesverfassungsgericht dem Begriff der Geeignetheit in ständiger Rechtsprechung zukommen lässt, BVerfG NJW 1985, 121, 123 = BVerfGE 67, 157, 163; BVerfG NJW 2010, 833, 836 Rn. 207 = BVerfGE 125, 260; BVerfG NJW 2016, 1781, 1783 Rn. 97 = BVerfGE 141, 220; BVerfG NJW 2019, 827, 833 Rn. 86

1466 BT-Ausschuss für Recht und Verbraucherschutz, BT-Drucks. 19/8300, S. 14

1467 BVerfG NJW 2019, 3054, 3057 Rn. 59–61; *Hufen,* Staatsrecht II, S. 117 Rn. 20.

1468 Z.B. in § 32 StGB siehe BeckOK/*Momsen/Savic* § 32 Rn. 28; MüKoStGB/*Erb* § 32 Rn. 89, in § 112 SGB III siehe Gagel/*Nebe* § 112 SGB III Rn. 16, bei der Beurteilung von Arbeitskampfmaßnahmen nach Art. 9 III GG siehe BAG NZA 2007, 1055, 1056 Rn. 9 = BAGE 123, 124.

1469 BT-Ausschuss für Recht und Verbraucherschutz, BT-Drucks. 19/8300, S. 14; *Ann,* Stellungnahme zur BT-Drucks. 19/4724, S. 4.*Hiéramente,* Stellungnahme zur BT-Drucks. 19/4724, S. 9f.

1470 Köhler/Bornkamm/Feddersen/*Alexander* § 5 GeschGehG Rn. 42.

1471 Harte-Bavendamm/*Ohly*/Kalbfus § 5 GeschGehG Rn. 44; Köhler/Bornkamm/Feddersen/*Alexander* § 5 GeschGehG Rn, 42; so wohl auch BeckOK GeschGehG/*Hiéramente* § 5 Rn. 32.

1472 *Rönnau,* FS Merkel, S: 909, 924.

Absicht das öffentliche Interesse zu schützen, wenn ihr Tätigwerden von der Motivation getragen ist, auf Missstände hinzuweisen, um zu einer gesellschaftlichen Veränderung beizutragen.[1473] Das übergeordnete Ziel des öffentlichen Interesses liegt demnach in der positiven Entwicklung der Gesellschaft. Daraus abgeleitet setzt sich das öffentliche Interesse aus sämtlichen Belangen zusammen, die eine positive Entwicklung der Gesellschaft beeinflussen können.[1474] Hierbei ist insbesondere nicht erforderlich, dass die konkreten Themen stets die Allgemeinheit als Ganzes betreffen. Auch gruppenspezifische Interessen sind einbezogen.[1475] Diese bilden in mosaikartiger Zusammensetzung das öffentliche Interesse.[1476] Beispiele sind die öffentliche Sicherheit, Gesundheitsschutz und auch der Arbeitnehmerschutz, da in diesem Fall über Art. 12 GG ein staatlicher Schutzanspruch besteht.[1477]

b) Richtlinienkonformität des § 5 Nr. 2 GeschGehG

Bei einer am Wortlaut orientierten Betrachtung stimmen Art. 5 lit. b) Hs. 2 RL (EU) 2016/943 und § 5 Nr. 2 Hs. 2 GeschGehG nicht überein.[1478] Nachfolgend soll die inhaltliche Kongruenz der beiden Normen untersucht werden, um die Auswirkungen dieser Divergenzen auf die Richtlinienkonformität von § 5 Nr. 2 GeschGehG zu bewerten. Dafür ist der Inhalt der Richtlinienvorgabe zu ermitteln. Die Norm wird unterschiedlich interpretiert.[1479] Dabei sind grundsätzlich zwei mögliche Lesarten zu differenzieren.

aa) Subjektiv-finales Verständnis von Art. 5 lit. b) Hs. 2 RL (EU) 2016/943

Zunächst könnte Art. 5 lit. b) Hs. 2 RL (EU) 2016/943 subjektiv verstanden werden.[1480] Nach dem gesetzlichen Wortlaut der unionsrechtlichen Vorgabe muss „(...) der Antragsgegner in der Absicht gehandelt" haben, „das allgemeine öffentliche

---

1473 Begr. RegE, BT-Drucks. 19/4724, S. 28.

1474 *Reinhard-Kasperek/Kaindl* BB 2018, 1332, 1334; im Ergebnis Köhler/Bornkamm/Feddersen/*Alexander* § 5 GeschGehG Rn. 40.

1475 EuArbRK/*Schubert* RL (EU) 2016/943 Art. 5 Rn. 8; MüKoStGB/*Joecks/Miebach* § 23 GeschGehG Rn. 127.

1476 MüKoStGB/*Joecks/Miebach* § 23 GeschGehG Rn. 127.

1477 RL (EU) 2016/943, Erwägungsgrund 21, ABl. EU L 157/5; *Alexander* WRP 2017, 1034, 1044 Rn. 116; EuArbRK/*Schubert* RL (EU) 2016/943 Art. 5 Rn. 8; Köhler/Bornkamm/Feddersen/*Alexander* § 5 GeschGehG Rn. 40.

1478 EuArbRK/*Schubert* RL (EU) 2016/943 Art. 5 Rn. 15; *Oetker*, FS Hopt 2020, S. 901, 912; *Ohly* GRUR 2019, 441, 448f.; *Rönnau*, FS Merkel, S. 909, 920.

1479 *Hoeren/Münker* WRP 2018, 150, 154.

1480 *Alexander* AfP 2017, 469, 474; *Dumont* BB 2018, 2441, 2445; *Baranowski/Glaßl* BB 2016, 2563, 2567; EuArbRK/*Schubert* RL (EU) 2016/943 Art. 5 Rn. 8; *Kalbfus* GRUR 2016, 1009, 1015; *Koós* MMR 2016, 224, 227; *Oetker*, FS Hopt 2020, S. 901, 912; *Reinbacher* KriPoZ 2018, 115, 118; *Schmitt* RdA 2017, 365, 371; *Schnabel* CR 2016, 342, 348.

Interesse zu schützen". Ausschließlich am Wortlaut orientiert, setzt der Ausnahmetatbestand in § 5 Nr. 2 GeschGehG voraus, dass der Handelnde durch sein Tätigwerden subjektiv den Schutz öffentlicher Interessen bezwecken wollte. Nach dieser Lesart wäre über die „Absicht" des Antragsgegners eine finale Handlungsmotivation gefordert.[1481] Aus einer solchen Perspektive kann sich nur der Hinweisgeber den Verboten des Art. 4 RL (EU) 2016/943 entziehen, der mit der Offenlegung maßgeblich und zielgerichtet den Schutz des allgemeinen öffentlichen Interesses verfolgt. Derjenige kann sich darauf nicht berufen, der zwar womöglich objektiv mit seinem Verhalten dem allgemeinen öffentlichen Interesse dient, indessen genau dies nicht sein maßgebliches Handlungsmotiv war.

Aus dem Wortlaut der Richtlinie ergibt sich indes nicht, ob die Absicht das öffentliche Interesse zu schützen das alleinige Motiv des Hinweisgebers sein muss, oder ob dieser daneben weitere Interessen verfolgen darf.[1482] In der Literatur ist diese Frage weder abschließend geklärt noch hat sich ein klar konturierter Meinungsstand herausgebildet. Es finden sich jedoch vereinzelte Stellungnahmen, wonach der Hinweisgeber auch Eigeninteressen oder gruppenspezifische Interessen verfolgen darf, solange er nicht aus unlauteren Motiven handelt.[1483] Andere wiederum gehen davon aus, dass anderweitige Interessen verfolgt werden dürfen, solange das Ziel öffentliche Interessen zu schützen handlungsleitend bleibt.[1484] Teilweise wird angenommen, Personen, die dazu beitragen Unregelmäßigkeiten aufzudecken handeln immanent auch im öffentlichen Interesse.[1485] Einige Literaturstimmen deuten die Möglichkeit, anderweitige Motive zu verfolgen, lediglich anhand von vagen Formulierungen an, ohne die Problematik ausdrücklich anzusprechen.[1486]

Legt man dem Art. 5 lit. b) Hs. 2 RL (EU) 2016/943 ein subjektives Verständnis zugrunde, setzte dieser zusammenfassend voraus, dass der Hinweisgeber mit seinem Tätigwerden final und zielgerichtet den Schutz öffentlicher Interessen beabsichtigt. Da von dieser Vorgabe gemäß Art. 1 I Uabs. 2 RL (EU) 2016/943 nicht

---

1481 *Baranowski/Glaßl* BB 2016, 2563, 2567; *Bissels/Schroeders/Ziegelmayer* DB 2016, 2295, 2298; *Kalbfus* GRUR 2016, 1009, 1015; *Schmitt* RdA 2017, 365, 371; *Schnabel* CR 2016, 342, 348; *Wiese*, Die EU-Richtlinie über den Schutz vertraulichen Know-hows und vertraulicher Geschäftsinformationen, S. 134.

1482 *Reinbacher* KriPoZ 2018, 115, 118; der *DGB* ging so weit, zu fordern, dass das Handeln im öffentlichen Interesse nicht gesondert geprüft werden muss, sondern vorausgesetzt wird, wenn der Hinweisgeber durch sein Handeln Unregelmäßigkeiten aufdecken wollte, *DGB*, Stellungnahme zu COM (2013) 813 final, S. 6.

1483 EuArbRK/*Schubert* RL (EU) 2016/943 Art. 5 Rn. 8–9; **a.A.** *Oetker* ZESAR 2017, 257, 263.

1484 *Alexander* AfP 2017, 469, 474.

1485 *DGB*, Stellungnahme zu COM (2013) 813 final, S. 4.

1486 Angedeutet bei *Baranowski/Glaßl* BB 2016, 2563, 2567; *Kalbfus* GRUR 2019, 1009, 1015; *Koós* MMR 2016, 224, 227; *Wiese*, Die EU-Richtlinie über den Schutz vertraulichen Know-hows und vertraulicher Geschäftsinformationen, S. 134.

abgewichen werden darf, wäre die objektivierte Umsetzung in § 5 Nr. 2 GeschGehG nicht richtlinienkonform erfolgt.[1487]

bb) Objektives Verständnis von Art. 5 lit. b) Hs. 2 RL (EU) 2016/943

Denkbar ist jedoch auch, Art. 5 lit. b) RL (EU) 2016/943 objektiv zu verstehen. Die zu beurteilende Handlung müsse nach einer in der Literatur – bereits vor den innerstaatlichen Umsetzungsbemühungen – verstärkt vertretenen Meinung lediglich dem Schutz öffentlicher Interessen dienen.[1488] Dies wurde insbesondere durch den BT-Ausschuss für Recht und Verbraucherschutz vertreten, der seinen Vorschlag § 5 Nr. 2 GeschGehG unter zweierlei Aspekten begründete. Zum einen könne Erwägungsgrund 20 angeführt werden. Daher soll sich der Schutz von Geschäftsgeheimnissen nicht auf Fälle erstrecken, in denen die Offenlegung eines Geschäftsgeheimnisses insoweit dem öffentlichen Interesse dient, als ein regelwidriges Verhalten, ein Fehlverhalten oder eine illegale Tätigkeit von unmittelbarer Relevanz aufgedeckt wird.[1489] Dieser Formulierung lasse sich eine gewisse Objektivierung entnehmen.[1490] Sprachlich lässt diese Umschreibung auch das Verständnis zu, dass eben nicht die finale Handlungsmotivation des Hinweisgebers, sondern die objektive Bewertung von dessen Tätigwerden entscheidend ist.

Zudem beruhe der subjektiv anmutende Wortlaut der Richtlinie lediglich auf einer Übersetzungsungenauigkeit. Art. 5 lit. b) RL (EU) 2016/943 laute in englischer Sprache: „(...) for revealing misconduct, wrongdoing or illegal activity, provided that the respondent acted for the purpose of protecting the general public interest;" Der Begriff „Purpose" sei in der deutschen Fassung mit „Absicht" übersetzt, wohingegen die Übersetzung „Zweck" zutreffend gewesen wäre.[1491] Im Ergebnis ging der BT-Ausschuss für Recht und Verbraucherschutz davon aus, dass die englische Originalfassung der Richtlinie falsch interpretiert wurde. Art. 5 lit. b) RL (EU) 2016/943 und § 5 Nr. 2 GeschGehG seien dahingehend zu verstehen, dass die fragliche Handlung lediglich zu dem Zweck und nicht in der Absicht, das öffentliche Interesse zu schützen vorgenommen werden muss.[1492] Folgt man diesem objektiven

---

1487 **A.A.** *Schreiber* NZWiSt 2019, 332, 336.

1488 *Alexander* WRP 2017, 1034, 1043; *Alexander* WRP 2019, 673, 677; *DIHK*, Stellungnahme zum Referentenentwurf, S. 3; *Eufinger* ZRP 2016, 229, 230; *Harte-Bavendamm*/Hennig-Bodewig Vor §§ 17–19 Rn. 10f; Harte-Bavendamm/*Ohly*/Kalbfus § 5 GeschGehG Rn. 44; *Hoeren/Münker* WRP 2018, 150, 154; Köhler/Bornkamm/Feddersen/*Alexander* § 5 GeschGehG Rn. 42; *Lejeune* CR 2016, 330, 334; *Semsrott*, Stellungnahme zur BT-Drucks. 19/4724, S. 2; *Weiden* GRUR 2016, 573, 573.

1489 RL (EU) 2016/943, Erwägungsgrund 20, ABl. EU L 157/5.

1490 *Hoeren/Münker* WRP 2018, 150, 154.

1491 BT-Ausschuss für Recht und Verbraucherschutz, BT-Drucks. 19/8300, S. 14; *Semsrott*, Stellungnahme zur BT-Drucks. 19/4724, S. 2.

1492 BT-Ausschuss für Recht und Verbraucherschutz, BT-Drucks. 19/8300, S. 14.

Verständnis von Art. 5 lit. b) Hs. 2 RL (EU) 2016/943, entspräche § 5 Nr. 2 GeschGehG richtlinienkonform den unionsrechtlichen Vorgaben.

cc) Eigene Bewertung des „Absichtserfordernisses" in Art. 5 lit. b) Hs. 2 RL (EU) 2016/943

(1) Beurteilungsmaßstab für die Fokussierung auf den Schutz des allgemeinen öffentlichen Interesses

Der Wortlaut der deutschen Fassung fordert ausdrücklich die „Absicht" des Hinweisgebers, öffentliche Interessen zu schützen.[1493] Nach hier vertretener Ansicht vermag der Hinweis auf eine Übersetzungsungenauigkeit nicht zu überzeugen.[1494] Denn es kann zwar der englische Begriff „purpose" sowohl mit „Absicht" als auch mit „Zweck" übersetzt werden. Im Textzusammenhang indessen lässt auch dies die finale Ausrichtung unberührt, da es im Formulierungszusammenhang heißt „(...) *that the respondant* ***acted for*** *the purpose* (...)". In beiden Übersetzungen ist folglich eine einheitliche Handlungsrichtung gefordert.[1495]

Dem entspricht die Betrachtung der französischen Textfassung. Dort heißt es „(...) que le defendeur ait agi dans le but de proteger l`interet public general." Der französische Ausdruck *le but* bedeutet der „Zweck" oder die „Absicht". *Dans le but* wird durch „mit dem Ziel", „zu dem Zweck" oder „in der Absicht" übersetzt. Auch diese Übersetzung lässt sich eher dahin verstehen, dass der Hinweisgeber gerade handeln muss, um ein bestimmtes Ziel zu erreichen, als dass es darum geht, dass durch die Offenbarung bestimmte Zwecke objektiv mitverwirklicht werden.[1496] Es ist nicht von der Hand zu weisen, dass die Formulierung in Erwägungsgrund 20 dahin interpretiert werden kann, dass das Tätigwerden des Hinweisgebers objektiv mit dem Schutz öffentlicher Interessen verknüpft sein muss. Zwingend erscheint diese Schlussfolgerung nicht. Es ist zwar richtig, dass Erwägungsgrund 20 nicht ausdrücklich eine Motivation oder Absicht erwähnt. Aber auch die Formulierung „dienen" beinhaltet jedoch ein zweckgerichtetes, finales Moment. Eine Zusammenschau von Erwägungsgründen und dem ausdrücklichen Tatbestandsmerkmal in Art. 5 lit. b) RL (EU) 2016/943 lässt nach alldem ein rein objektives Verständnis nicht zu. Zusammenfassend muss die unionsrechtliche Vorgabe dahin verstanden werden, dass der Hinweisgeber durch sein Handeln subjektiv und final das öffentliche Interesse schützen wollte.[1497]

1493 *Schmitt* RdA 2017, 365, 371; im Ergebnis *Oetker* ZESAR 2017, 257, 263.
1494 Kritisch EuArbRK/*Schubert* (EU) 2016/943 Art. 5 Rn. 15.
1495 Ähnlich auch *Rönnau*, FS Merkel, S. 909, 920; kritisch EuArbRK/*Schubert* RL (EU) 2016/943 Art. 5 Rn. 15.
1496 Ähnlich auch *Rönnau*, FS Merkel, S. 909, 920; kritisch EuArbR/*Schubert* RL (EU) 2016/943 Art. 5 Rn. 15.
1497 Kritisch EuArbR/*Schubert* RL 2016/943/EU Art. 5 Rn. 15; im Ergebnis *Oetker*, FS Hopt 2020, S. 901, 912.

(2) Die Zulässigkeit anderer Interessen

Nach dem Wortlaut der Richtlinie ist lediglich erforderlich, dass der Hinweisgeber in der Absicht gehandelt hat, das allgemeine öffentliche Interesse zu schützen.[1498] Diese Formulierung enthält keinerlei Beschränkungen bezüglich daneben bestehender Eigeninteressen oder gruppenspezifischer Interessen.[1499] Auch handlungsleitend muss der Schutz öffentlicher Interessen zumindest nach ausdrücklichem Wortlaut nicht sein.[1500] Die Formulierung des Richtlinientextes lässt sich dahin verstehen, dass der Ausnahmetatbestand in Art. 5 lit. b) RL (EU) 2016/943 bereits dann eingreift, wenn der Hinweisgeber durch sein Tätigwerden allgemeine Interessen schützen wollte.[1501] Zusätzliche persönliche Motivationen erscheinen zumindest nach dem Wortlaut unschädlich.[1502]

Dies entspricht den Erläuterungen der Richtlinienbegründung. Gemäß Erwägungsgrund 20 muss die Offenlegung eines Geschäftsgeheimnisses lediglich insoweit dem öffentlichen Interesse dienen, als ein regelwidriges Verhalten, ein Fehlverhalten oder eine illegale Tätigkeit von unmittelbarer Relevanz aufgedeckt wird.[1503] Danach aber ist dem öffentlichen Interesse bereits damit genüge getan, dass ein sozialschädlicher Umstand öffentlich gemacht wird und im Zuge dessen aufgelöst werden kann.[1504] Die Beschränkung „insoweit" verdeutlicht, dass der Handelnde daneben durch anderweitige Vorstellungen motiviert sein darf.[1505]

Eine Offenheit des Art. 5 lit. b) Hs. 2 RL (EU) 2016/943 auch für weitere, hinzutretende Motivationen erscheint auch unter dem Aspekt der Rechtssicherheit vorzugswürdig.[1506] Bei der subjektiven Motivation des Geheimnisverletzers nämlich handelt es sich um einen Umstand, dessen Darlegung in einem Prozess typischerweise mit erheblichen Schwierigkeiten verbunden ist.[1507] Ob der Handelnde über den altruistisch motivierten Schutz öffentlicher Interessen hinaus auch persönliche Anliegen oder andere gruppenspezifische Interessen realisieren wollte, wird schwerlich beweiskräftig in die eine oder andere Richtung zu klären sein. Dies gilt erst recht für die innerliche Gewichtung verschiedener Motivationen.

1498 So auch *Baranowski/Glaßl* BB 2016, 2563, 2567.

1499 EuArbRK/*Schubert* RL (EU) 2016/943 Art. 5 Rn. 8; **a.A.** *Böning/Heidfeld* AuR 2018, 555, 557; *Oetker* ZESAR 2017, 257, 263.

1500 **A.A.** *Alexander* AfP 2017, 469, 474; *Böning/Heidfeld* AuR 2018. 555, 557.

1501 *Reinbacher* KriPoZ 2018, 115, 118.

1502 So wohl auch *Bissels/Schroeders/Ziegelmayer* DB 2019, 2295, 2298; Harte-Bavendamm/*Ohly*/Kalbfus § 5 GeschGehG Rn. 45; *Hauck* WRP 2018, 1032, 1037; *Reinbacher* KriPoZ 2018, 115, 118; **a.A.** *Lejeune* ITRB 2018, 140, 141.

1503 Diese Verknüpfung ebenfalls betonend *Alexander* WRP 2017, 1034, 1043.

1504 *DGB*, Stellungnahme zu COM (2013) 813 final, S. 4.

1505 *DGB*, Stellungnahme zu COM (2013) 813 final, S. 4.

1506 **A.A.** *Alexander* AfP 2017, 469, 474.

1507 Ebenfalls zu der Beweislast des Arbeitnehmers *Bissels/Schroeders/Ziegelmayer* DB 2016, 2295, 2298–2299.

Unter prozessualen Gesichtspunkten bedarf es eines objektivierbaren Anknüpfungspunktes in Art. 5 lit. b) Hs. 2 RL (EU) 2016/943, um die Zweckbindung des Handelns einem Beweis zugänglich zu machen. Um dem Bedürfnis nach Rechtssicherheit und prozessualer Handhabbarkeit gerecht zu werden, muss die zweite Voraussetzung des Auffangtatbestandes dahin verstanden werden, dass die fragliche Handlung objektiv geeignet sein muss, den Schutz öffentlicher Interessen zu realisieren[1508] und dass der Hinweisgeber dies zumindest auch wollte.[1509]

Dies gilt jedoch nicht gänzlich uneingeschränkt. Der Auffangtatbestand in Art. 5 lit. d) RL (EU) 2016/943 macht deutlich, dass Erwerb, Nutzung und Offenlegung aus dem Anwendungsbereich des Geheimnisschutzes ausgenommen sind, soweit die fragliche Handlung zum Schutz eines durch das Unionsrecht oder das nationale Recht anerkannten legitimen Interesses erfolgt sind. In diesem Auffangtatbestand spiegelt sich der Zweck des Art. 5 RL (EU) 2016/943 wider, sicherzustellen, dass bestimmte schützenswerte Interessen durch den rechtlichen Geheimnisschutzes nicht beschnitten werden. Damit gründet sich die Norm erkennbar auf der normativen Wertigkeit der zu schützenden Interessen. Mit dieser teleologischen Ausrichtung ist es nicht zu vereinbaren, Hinweisgeber freizustellen, die aus unlauteren Motiven, wie zum Beispiel Rache, Vernichtungsdrang, Habgier etc. handeln.[1510] Im Ergebnis ist die hier behandelte Frage dahin zu beantworten, dass der Hinweisgeber neben dem Schutz öffentlicher Interessen weitere Motive verfolgen darf, solange diese nicht unlauter sind.[1511]

Zusammenfassend setzt Art. 5 lit. b) Hs. 2 RL (EU) 2016/943 voraus, dass die fragliche Aufdeckung objektiv geeignet ist, allgemeine öffentliche Interessen zu schützen, dass sich der Hinweisgeber dieses Umstandes bewusst ist und dies mit seinem Handeln zumindest auch bezweckt hat. Der Wortlaut des § 5 Nr. 2 GeschGehG bildet dies so nicht ab.[1512]

c) Bewertung der Abweichungen in § 5 Nr. 2 GeschGehG

Allerdings ist § 5 Nr. 2 GeschGehG womöglich einer richtlinienkonformen Auslegung zugänglich. Zu berücksichtigen ist, dass der Wortlaut des § 5 GeschGehG in mehrfacher Hinsicht von Art. 5 RL (EU) 2016/943 abweicht. Während Art. 5 RL (EU) 2016/943 die Benennung einzelner Sachverhalte mit der neutralen Formulierung „(...) in einem der folgenden Fälle erfolgt ist (...)“ einleitet, wird in § 5 GeschGehG vorausgesetzt, dass die Erlangung, Nutzung oder Offenlegung „(...)

1508 *Gaugenrieder* BB 2014, 1987, 1991.

1509 EuArbRK/*Schubert* RL (EU) 2016/943 Art. 5 Rn. 8; ein engeres Verständnis von Art. 5 lit. b) RL (EU) 2016/943 vertretend *Alexander* AfP 2017, 469, 474.

1510 EuArbRK/*Schubert* RL (EU) 2016/943 Art. 5 Rn. 9.

1511 Büscher/*McGuire* § 5 GeschGehG Rn. 17; EuArbRK/*Schubert* RL (EU) 2016/943 Art. 5 Rn. 9; kritisch *Schnabel* CR 2016, 342, 348; für ein engeres Verständnis *Alexander* AfP 2017, 469, 474.

1512 *Oetker*, FS Hopt 2020, S. 901, 912.

zum Schutz eines berechtigten Interesses erfolgt, insbesondere (...)“. Auch dies beinhaltet mit der Formulierung „(...) zum Schutz (...) erfolgt (...)“ ein subjektives, zielgerichtetes Moment in der Person des Handelnden.[1513] Eine Handlung ist nur dann *zum* Schutz eines bestimmten Ziels erfolgt, wenn sie objektiv geeignet ist, dieses Ziel zu erreichen und der Handelnde sein Tun subjektiv zumindest auch auf die Verwirklichung dieses Ziels gerichtet hatte.[1514] Damit ist der Richtlinienvorgabe einer „Absicht“ hinreichend genüge geleistet. Unter Zugrundelegung eines solchen Verständnisses ist § 5 Nr. 2 GeschGehG richtlinienkonform dahingehend auszulegen, dass ein potenzieller Geheimnisverletzer mit der subjektiven Zielrichtung gehandelt haben muss, das öffentliche Interesse zu schützen.[1515] Diese Motivation muss dabei nicht überwiegen oder gar handlungsleitend gewesen sein.[1516] Lassen sich anderweitige Interessen zusätzlich feststellen, ist eine solche motivatorische Gemengelage unschädlich.[1517] Der objektiv orientierte Gesetzeswortlaut lässt es genügen, wenn das Vorgehen generell zum Schutz öffentlicher Interessen geeignet war[1518] und der Handelnde diese zumindest auch schützen wollte.[1519] Im Ergebnis liegt das subjektive Moment nur dann nicht vor, wenn die fragliche Handlung allein durch missbiligenswerte Ziele motiviert ist.[1520] Erst dann kann ein Handeln

---

1513 *Reinfeld,* Das neue Gesetz zum Schutz von Geschäftsgeheimnissen, S. 91.

1514 *Reinfeld,* Das neue Gesetz zum Schutz von Geschäftsgeheimnissen, S. 91; ein subjektives Verständnis ebenfalls in Betracht ziehend EuArbRK/*Schubert* RL (EU) 2016/943 Art. 5 Rn. 15.

1515 Im Ergebnis wohl auch *Alexander* AfP 2019, 1, 8; *Alexander,* Wettbewerbsrecht, S. 520 Rn. 2007; EuArbRK/*Schubert* RL (EU) 2016/943 Art. 5 Rn. 15; *Hauck* GRUR-Prax 2019, 223, 225; ein objektives Verständnis des Tatbestandsmerkmals befürwortend BeckOK GeschGehG/*Hiéramente* § 5 Rn. 34; *Dann/Markgraf* NJW 2019, 1777, 1774; Köhler/Bornkamm/Feddersen/*Alexander* § 5 GeschGehG Rn. 41–42.

1516 *Alexander* AfP 2019, 1, 8; EuArbR/*Schubert* RL (EU) 2016/943 Art. 5 Rn. 16; *Hauck* GRUR-Prax 2019, 223, 225; Köhler/Bornkamm/Feddersen/*Alexander* § 5 GeschGehG Rn. 42; *Ohly* GRUR 2019, 441, 448; *Schreiber* NZWiSt 2019, 332, 336; im Ergebnis wohl auch *Apel/Walling* DB 2019, 891, 897; Büscher/*McGuire* § 5 GeschGehG Rn. 17; **a.A.** *Böning/Heidfeld* AuR 2018, 555, 557.

1517 *Alexander* AfP 2019, 1, 8; EuArbRK/*Schubert* RL (EU) 2016/943 Art. 5 Rn. 16; Harte-Bavendamm/*Ohly*/Kalbfus § 5 GeschGehG Rn. 45; *Hauck* GRUR-Prax 2019, 223, 225; Köhler/Bornkamm/Feddersen/*Alexander* § 5 GeschGehG Rn. 42; *Preis/Temming,* Arbeitsrecht I, S. 255 Rn. 1181; *Ohly* GRUR 2019, 441, 448; *Schreiber* NZWiSt 2019, 332, 336; im Ergebnis wohl auch *Apel/Walling* DB 2019, 891, 897; Büscher/*McGuire* § 5 GeschGehG Rn. 17; **a.A.** *Böning/Heidfeld* AuR 2018, 555, 557.

1518 *Alexander,* Wettbewerbsrecht, S. 520 Rn. 2007.

1519 EuArbRK/*Schubert* RL (EU) 2016/943 Art. 5 Rn. 15–16; *Preis/Temming,* Arbeitsrecht I, S. 255 Rn. 1181; *Ohly* GRUR 2019, 441, 448; im Ergebnis wohl auch *Alexander* AfP 2019, 1, 8; *Apel/Walling* DB 2019, 891, 897.

1520 *Alexander* AfP 2019, 1, 8; *Alexander,* Wettbewerbsrecht, S. 520 Rn. 2007; Büscher/*McGuire* § 5 GeschGehG Rn. 17; im Ergebnis *Preis/Temming,* Arbeitsrecht I, S. 255 Rn. 1181; ein engeres Verständnis vertretend MüKoStGB/*Joecks/Miebach* § 23 GeschGehG Rn. 127.

im Interesse der Öffentlichkeit nicht mehr angenommen werden.[1521] Damit ist die Richtlinienkonformität des § 5 Nr. 2 GeschGehG zu bejahen.[1522]

4. *Rechtliche Bewertung des gutgläubigen Whistleblowers*

a) *Meinungsstand in der Literatur*

Zu klären bleibt, wie mit dem Whistleblower umzugehen ist, der gutgläubig, aber irrigerweise annimmt, die tatbestandlichen Voraussetzungen des § 5 Nr. 2 GeschGehG seien gegeben. Die Literatur bietet kein einheitliches Meinungsbild. In der Diskussion spiegelt sich die soeben erörterte Problematik wider, ob die tatbestandliche Voraussetzung „geeignet (...) das allgemeine öffentliche Interesse zu schützen" objektiv oder subjektiv zu bewerten ist.

Es wird einerseits vertreten, dass bereits der gutgläubige Hinweisgeber dem Ausnahmetatbestand des § 5 Nr. 2 GeschGehG unterfalle.[1523] Das subjektive Verständnis des Erfordernisses „geeignet das allgemeine öffentliche Interesse zu schützen" führe letztendlich dazu, dass es für die legitimierende Wirkung des § 5 Nr. 2 GeschGehG ausreicht, wenn der Handelnde von dessen Voraussetzungen fälschlicherweise ausgeht, dabei jedoch gutgläubig ist.[1524] Andere Stimmen nehmen an, die privilegierende Wirkung des § 5 Nr. 2 GeschGehG könne nicht eingreifen, wenn dessen Tatbestand nicht vollständig erfüllt ist.[1525] Nach dem ausdrücklichen Wortlaut der Ausnahmeregelung müsse eine Handlung objektiv geeignet sein, dass öffentliche Interesse zu schützen. Eine Lesart des § 5 Nr. 2 GeschGehG, welche auch den redlichen Hinweisgeber erfasst, könne hiermit nicht in Einklang

---

1521 *Alexander* AfP 2019, 1, 8; so wohl auch Büscher/*McGuire* § 5 GeschGehG Rn. 17; im Ergebnis *Preis/Temming,* Arbeitsrecht I, S. 255 Rn. 1181.

1522 *Dumont* BB 2018, 2441, 2445; Harte-Bavendamm/*Ohly*/Kalbfus § 5 GeschGehG Rn. 44; *Ohly* GRUR 2019, 441, 448; *Schreiber* NZWiSt 2019, 332, 336; kritisch *Oetker,* FS Hopt 2020, S. 901, 912.

1523 EuArbRK/*Schubert* RL (EU) 2016/943 Art. 5 Rn. 15; *McGuire,* FS Harte-Bavendamm 2020, S. 367, 381; *Reinfeld,* Das neue Gesetz zum Schutz von Geschäftsgeheimnissen, S. 92; *Trebeck/Schulte-Wissermann* NZA 2018, 1175, 1179; so wohl auch *Schreiber* NZWiSt 2019, 332, 336; so wohl auch *Rönnau,* FS Merkel, S. 909, 925.

1524 EuArbRK/*Schubert* RL (EU) 2016/943 Art. 5 Rn. 15; *McGuire,* FS Harte-Bavendamm 2020, S. 367, 381.

1525 *Alexander* AfP 2019, 1, 8; BeckOK GeschGehG/*Hiéramente* § 5 Rn. 33ff.; *Dann/Markgraf* NJW 2019, 1774, 1777; *Fuhlrott/Hiéramente* DB 2019, 967, 969; Harte-Bavendamm/*Ohly*/Kalbfus § 5 GeschGehG Rn. 47; *Hiéramente,* Stellungnahme zur BT-Drucks. 19/4724, S. Köhler/Bornkamm/Feddersen/*Alexander* § 5 GeschGehG Rn. 46; MüKoStGB/*Joecks/Miebach* § 23 GeschGehG Rn. 124; so wohl auch Büscher/*McGuire* § 5 GeschGehG Rn. 25; *Naber/Peukert/Seeger* NZA 2019, 583, 586.

gebracht werden. Mangels tatsächlichen Vorliegens einer Gefährdungslage, könne die Eignung zum Schutze des öffentlichen Interesses nicht bejaht werden.[1526]

b) Eigene Stellungnahme zu der Problematik

aa) Auslegung des Gesetzeswortlauts

§ 5 Nr. 2 GeschGehG enthält keine Vorgaben zur rechtlichen Einordnung des redlichen Hinweisgebers in der hier behandelten Konstellation. Die Formulierung in § 5 Nr. 2 Hs. 1 GeschGehG („zur Aufdeckung einer rechtswidrigen Handlung oder eines beruflichen oder sonstigen Fehlverhaltens") könnten zwar dafür sprechen, eine Handlung bereits aufgrund ihrer motivatorischen Zielrichtung dem Anwendungsbereich des Ausnahmetatbestandes zuzuordnen.[1527] § 5 Nr. 2 Hs. 2 GeschGehG fordert jedoch darüber hinaus, dass die zu privilegierende Handlung geeignet sein muss, das allgemeine öffentliche Interesse zu schützen. Dies setzt, wie soeben erörtert, voraus, dass die Erlangung, Nutzung oder Offenlegung zur Verwirklichung dieses Ziels einerseits objektiv geeignet sein muss und der Handelnde dies andererseits subjektiv zumindest auch angestrebt hat. Der Formulierung des zweiten Halbsatzes könnte mithin auch entnommen werden, dass der gutgläubige, jedoch irrende Hinweisgeber gerade nicht erfasst ist, da sein Tätigwerden in tatsächlicher Hinsicht keine Relevanz für das allgemeine öffentliche Interesse aufweist.[1528] Zusammenfassend lässt sich dem gesetzlichen Wortlaut des § 5 Nr. 2 GeschGehG nicht zweifelsfrei entnehmen, ob auch der gutgläubige Whistleblower umfasst ist oder nicht.

bb) Auslegung der Gesetzesbegründung

In der zur Entwurfsfassung des § 5 Nr. 2 GeschGehGE gegebenen amtlichen Begründung wird diese Frage ebenfalls nicht ausdrücklich thematisiert. Es findet sich jedoch der Hinweis, dass die „Erlangung, die Nutzung oder die Offenlegung eines Geschäftsgeheimnisses (...) gerechtfertigt ist, um eine rechtswidrige Handlung oder ein berufliches oder sonstiges Fehlverhalten aufzudecken.[1529] Diese Formulierung legt nahe, dass § 5 Nr. 2 GeschGehG das tatsächliche Vorliegen eines Fehlverhaltens voraussetzt. Dementsprechend wurde der Regierungsentwurf überwiegend dahingehend interpretiert, dass gutgläubige, aber irrende Hinweisgeber

---

1526 BeckOK GeschGehG/*Hiéramente* § 5 Rn. 34; *Dann/Markgraf* NJW 2019, 1774, 1777; *Fuhlrott/Hiéramente* DB 2019, 967, 969; Harte-Bavendamm/*Ohly*/Kalbfus § 5 GeschGehG Rn. 47; *Hiéramente,* Stellungnahme zur BT-Drucks. 19/4724, S. 9.

1527 BeckOK GeschGehG/*Hiéramente* § 5 Rn. 34.

1528 Beck OK GeschGehG/*Hiéramente* § 5 Rn. 34; Harte-Bavendamm/*Ohly*/Kalbfus § 5 GeschGehG Rn. 47.

1529 Begr. RegE, BT-Drucks. 19/4724, S. 29.

nicht in den Genuss der Privilegierungswirkung des § 5 Nr. 2 GeschGehG kommen sollen.[1530]

Die Begründung der Änderungen des BT- Ausschusses für Recht und Verbraucherschutz hingegen führt aus, dass Geschäftsgeheimnisse nur zur Abwehr von tatsächlichen oder gutgläubig angenommenen Verletzungen oder Gefährdungen öffentlicher Interessen offengelegt werden dürfen.[1531] Dies lässt erkennen, dass der Gesetzgeber ohne Weiteres auch eine gutgläubig gemutmaßte Schutzsituation zugunsten des Whistleblowers ausreichen lassen will.[1532] Diese gesetzliche Intention erkennen auch die eine Privilegierung des gutgläubigen Whistleblowers ablehnenden Stimmen an.[1533] Damit sollte die Änderungen im Wortlaut des § 5 Nr. 2 GeschGehG unter anderem deutlich machen, dass auch der gutgläubig, aber irrigerweise ein Fehlverhalten annehmende Hinweisgeber durch die Ausnahmeregelung geschützt ist. Dies ergäbe sich nach Auffassung des BT-Ausschusses für Recht und Verbraucherschutz aus Erwägungsgrund 20 der Richtlinienbegründung.[1534]

cc) Auslegung der unionsrechtlichen Vorgabe

Dass Hinweisgeber bereits dann aus dem Anwendungsbereich des Geheimnisschutzes ausgenommen sind, wenn sie gutgläubig von einem Fehlverhalten oder Missstand ausgehen, lässt sich Art. 5 RL (EU) 2016/943 nicht entnehmen. Damit ergibt sich die Privilegierung des gutgläubigen Whistleblowers nicht unmittelbar aus der unionsrechtlichen Vorgabe.[1535] In den Erwägungsgründen wird jedoch den Gerichten die Möglichkeit eröffnet, eine Person von der Rechtsverfolgung auszunehmen, die allen Grund hatte, gutgläubig anzunehmen, dass ihr Verhalten den Kriterien der Richtlinie entspricht.[1536] Dies zeigt eine grundsätzliche Offenheit des Unionsgesetzgebers dafür, auch den redlichen Whistleblower in den

---

1530 *Alexander* AfP 2019, 1, 8 Rn. 60; v. *Busekist/Racky* ZRP 2018, 135, 138; *Hiéramente,* Stellungnahme zur BT-Drucks. 19/4724, S. 9.

1531 BT-Ausschuss für Recht und Verbraucherschutz, BT-Drucks. 19/8300, S. 14.

1532 *Reinfeld,* Das neue Gesetz zum Schutz von Geschäftsgeheimnissen, S. 92; *Schreiber* NZWiSt 2019, 332, 336; im Ergebnis wohl EuArbRK/*Schubert* RL (EU) 2016/943 Art.5 Rn. 15; die Einbeziehung des gutgläubig handelnden Hinweisgebers bezweifelnd *Naber/Peukert/Seeger* NZA 2019, 583, 586; kritisch BeckOK GeschGehG/*Hiéramente* § 5 Rn. 33.1.

1533 Beck OK GeschGehG/*Hiéramente* § 5 Rn. 33.

1534 BT-Ausschuss für Recht und Verbraucherschutz, BT-Drucks. 19/8300, S. 14.

1535 *Alexander* WRP 2017, 1034, 1044; Beck OK GeschGehG/*Hiéramente* § 5 Rn. 33.1; *Hiéramente,* Stellungnahme zur BT-Drucks. 19/4724, S. 9; *Schmitt* RdA 2017, 365, 371.

1536 RL (EU) 2016/943, Erwägungsgrund 20, ABl. EU L 157/5; *Alexander* WRP 2017, 1035, 1044; *Alexander* AfP 2017, 469, 474; *Alexander* AfP 2019, 1, 8; Harte-Bavendamm/*Ohly*/Kalbfus § 5 GeschGehG Rn. 47; *Hiéramente,* Stellungnahme zur BT-Drucks. 19/4724, S. 9; *Hoeren/Münker* WRP 2018, 150, 154; Köhler/Bornkamm/Feddersen/*Alexander* § 5 GeschGehG Rn. 46; *Schreiber* NZWiSt 2019, 332, 335.

Anwendungsbereich der Ausnahmeregelung mit einzubeziehen.[1537] Damit eröffnet der Unionsgesetzgeber den Mitgliedsstaaten die Option eines weitergehenden innerstaatlichen Schutzkonzeptes, welches auch den gutgläubigen Whistleblower erfasst.[1538]

dd) Abschließende Interpretation der Rechtsproblematik des „gutgläubigen Whistleblowers"

Zusammengefasst lassen sich sowohl Anhaltpunkte für die Einbeziehung des gutgläubigen Whistleblowers als auch gegen eine solche aufzeigen. Während sich dem Wortlaut keine eindeutige Positionierung entnehmen lässt, macht indessen die Begründung im Gesetzgebungsprozess deutlich, dass auch ein gutgläubig, aber fälschlich angenommenes Fehlverhalten ausreichen soll.[1539] Die unionsrechtliche Vorgabe sieht eine solch weite Privilegierung nicht vor.[1540] Es lässt sich aber den Erwägungen des Richtliniengebers entnehmen, dass dieser die Schutzbedürftigkeit des gutgläubigen Whistleblowers durchaus anerkannt hat und diesen vor etwaigen Sanktionen schützen wollte.[1541] Unter Berücksichtigung der unionsrechtlichen Intention, Whistleblowing-Aktivitäten durch die Geheimnisschutz-Richtlinie und die nationalen Umsetzungsbemühungen nicht zu beschränken[1542], erscheint im Ergebnis das Verständnis des § 5 Nr. 2 GeschGehG vorzugswürdig, nach welchem bereits ein gutgläubig angenommenes Fehlverhalten legitimieren kann.[1543]

Die gegenläufige Kritik, eine solchen Interpretation würde dem ausdrücklichen Gesetzeswortlaut widersprechen, überzeugt nicht. § 5 Nr. 2 GeschGehG fordert lediglich, dass die zu beurteilende Handlung geeignet sein muss, das öffentliche Interesse zu schützen. Nach den vorstehend erarbeiteten Ergebnissen beinhaltet dies, dass die Erlangung, Nutzung oder Offenlegung hierzu objektiv *geeignet* sein muss und dass der Handelnde dies subjektiv zumindest auch wollte. Whistleblowing-Aktivitäten dienen dem öffentlichen Interesse und sind objektiv geeignet, dieses zu schützen.[1544] Dies spiegelt sich in der ganzheitlichen Konzeption des Geheimnisschutzes wider, dessen Ausgestaltung gewährleisten soll, dass

---

1537 *Alexander* WRP 2017, 1034, 1044; *Alexander* AfP 2019, 1, 8; Harte-Bavendamm/*Ohly*/Kalbfus § 5 GeschGehG Rn. 47; *Hiéramente,* Stellungnahme zur BT-Drucks. 19/4724, S. 9; *Hoeren/Münker* WRP 2018, 150, 154; Köhler/Bornkamm/Feddersen/*Alexander* § 5 GeschGehG Rn. 46; so wohl auch *Schmitt* RdA 2017, 365, 371; im Anklang *Baranowski/Glaßl* BB 2016, 2563, 2567.

1538 *Hiéramente,* Stellungnahme zur BT-Drucks. 19/4724, S. 9.

1539 Harte-Bavendamm/*Ohly*/Kalbfus § 5 GeschGehG Rn. 47.

1540 Harte-Bavendamm/*Ohly*/Kalbfus § 5 GeschGehG Rn. 47.

1541 Harte-Bavendamm/*Ohly*/Kalbfus § 5 GeschGehG Rn. 47; *Hiéramente,* Stellungnahme zur BT-Drucks. 19/4724, S. 9.

1542 RL (EU) 2016/943, Erwägungsgrund 20, ABl. EU L 157/5.

1543 **A.A.** Harte-Bavendamm/*Ohly*/Kalbfus § 5 GeschGehG Rn. 47.

1544 Siehe auch *Kreis,* Whistleblowing als Beitrag zur Rechtsdurchsetzung, S. 17ff.

Whistleblowing-Handlungen weiter möglich bleiben. Dem einzelnen Hinweisgeber wird es oftmals nicht möglich sein, das tatsächliche Vorliegen eines Fehlverhaltens abschließend feststellen zu können. Dies obliegt den ermittelnden Behörden. Stellt sich im Einzelfall retrospektiv heraus, dass die Voraussetzungen des § 5 Nr. 2 GeschGehG nicht gegeben waren, ändert dies nicht an der Beurteilung, dass das Tätigwerden gutgläubiger Hinweisgeber objektiv geeignet ist, dem öffentlichen Interesse zu dienen.[1545]

Nach alldem steht das hier erarbeitete Verständnis des § 5 Nr. 2 GeschGehG mit dem gesetzlichen Wortlaut im Einklang. Personen die gutgläubig, aber irrigerweise eine rechtswidrige Handlung oder ein berufliches oder sonstiges Fehlverhalten annehmen und dies zumindest auch zum Schutze des allgemeinen öffentlichen Interesses aufzudecken beabsichtigen unterfallen ebenfalls der privilegierenden Wirkung des § 5 Nr. 2 GeschGehG.[1546]

IV. Die Ausnahmeregelung zugunsten der Kommunikation von Arbeitnehmern und ihren Interessenvertretungen gemäß § 5 Nr. 3 GeschGehG

1. *Systematischer Vergleich mit den Richtlinienvorgaben*

§ 5 Nr. 3 GeschGehG schützt die Möglichkeit der Arbeitnehmer, sich bezüglich relevanter betriebsinterner Sachverhalte an ihre Interessenvertretung zu wenden.[1547] Die Offenlegung und Nutzung von Geschäftsgeheimnissen gegenüber den Arbeitnehmervertretern sollen vom Tatbestand des § 4 ausgenommen sein, soweit dies für deren Aufgabenerfüllung erforderlich ist. Parallel dazu ist auch die Erlangung dieser offengelegten Geschäftsgeheimnisse durch die Arbeitnehmervertretung vom Tatbestand ausgenommen.[1548] Mit einigen sprachlichen Abweichungen finden sich in § 5 Nr. 3 GeschGehG die unionsrechtlichen Vorgaben aus Art. 5 lit. c) RL (EU) 2016/943 wieder.[1549] Danach muss die *„Offenlegung durch Arbeitnehmer*

1545 **A.A.** Harte-Bavendamm/*Ohly*/Kalbfus § 5 GeschGehG Rn. 47.

1546 EuArbRK/*Schubert* RL (EU) 2016/943 Rn. 15; *McGuire,* FS Harte-Bavendamm 2020, S. 367, 381; *Reinfeld,* Das neue Gesetz zum Schutz von Geschäftsgeheimnissen, S. 92; *Trebeck/Schulte-Wissermann* NZA 2018, 1175, 1179; **a.A.** Harte-Bavendamm/*Ohly*/Kalbfus § 5 GeschGehG Rn. 47.

1547 BeckOK GeschGehG/*Fuhlrott* § 5 Rn. 50; Büscher/*McGuire* § 5 GeschGehG Rn. 26; Harte-Bavendamm/*Ohly*/Kalbfus § 5 GeschGehG Rn. 49ff.; Köhler/Bornkamm/Feddersen/*Alexander* § 5 GeschGehG Rn. 48; *Reinfeld,* Das neue Gesetz zum Schutz von Geschäftsgeheimnissen, S. 92–93.

1548 Begr. RegE, BT-Drucks. 19/4724, S. 28; BeckOK GeschGehG/*Fuhlrott* § 5 Rn. 50; Köhler/Bornkamm/Feddersen/*Alexander* § 5 GeschGehG Rn. 52; *Reinfeld,* Das neue Gesetz zum Schutz von Geschäftsgeheimnissen, S. 92–93.

1549 EuArbRK/*Schubert* RL (EU) 2016/943 Art. 5 Rn. 17; Köhler/Bornkamm/Feddersen/*Alexander* § 5 GeschGehG Rn. 50–51; *Naber/Peukert/Seeger* NZA 2019, 583, 587.

gegenüber ihren Vertretern" erfolgt sein. Wobei dies *„im Rahmen der rechtmäßigen Erfüllung der Aufgaben dieser Vertreter gemäß dem Unionsrecht oder dem nationalen Recht"* erfolgen muss. Zuletzt muss *„die Offenlegung zur Erfüllung dieser Aufgaben erforderlich"* sein. Die deutsche Umsetzung übernimmt dies dergestalt, dass die zu beurteilende Handlung nicht unter die Verbote des § 4 GeschGehG fällt, wenn sie sich *„im Rahmen der Offenlegung durch Arbeitnehmer gegenüber der Arbeitnehmervertretung"* ereignet hat und *„dies erforderlich ist, damit die Arbeitnehmervertretung ihre Aufgabe erfüllen kann"*.

Damit realisiert der deutsche Gesetzgeber die Richtlinienvorgaben aus Art. 5 lit. c) RL (EU) 2016/943 nicht wortgleich.[1550] Allerdings handelt es sich bei den festgestellten Unterschieden vorwiegend um sprachliche Differenzierungen.[1551] Der einzig signifikante – möglicherweise inhaltliche – Unterschied liegt darin, dass sich die fragliche Handlung nach Art. 5 lit. c) RL (EU) 2016/943 im Rahmen der *rechtmäßigen* Aufgabenerfüllung durch die Arbeitnehmervertreter gemäß dem Unionsrecht oder dem nationalen Recht ereignet haben muss.[1552] § 5 Nr. 3 GeschGehG dagegen enthält diesen Zusatz nicht.[1553] Die Begründung verweist in den Ausführungen zu § 5 Nr. 3 GeschGehG auf das Recht der Arbeitnehmer ihre Arbeitnehmervertretungen zu kontaktieren.[1554] Mit dem Verweis auf bestehende Rechte macht der Gesetzgeber deutlich, dass der Anwendungsbereich des § 5 Nr. 3 GeschGehG durch die bestehende Rechtsordnung begrenzt ist. Die zu beurteilende Handlung muss sich im Rahmen der gesetzlich festgelegten Aufgabenwahrnehmung durch die Arbeitnehmervertreter bewegen. Dies erfordert zugleich auch die Rechtmäßigkeit der Aufgabenerfüllung. Damit setzt auch § 5 Nr. 3 GeschGehG richtlinienkonform voraus, dass Erwerb, Nutzung und Offenlegung im Rahmen der rechtmäßigen Aufgabenerfüllung der Arbeitnehmervertreter erfolgt ist.[1555]

2. Tatbestandliche Voraussetzungen des Ausnahmetatbestandes in § 5 Nr. 3 GeschGehG

a) Allgemeine Einführungen und Begriffsbestimmung

Richtlinie und Gesetz sehen somit übereinstimmend eine Privilegierung für diejenigen Fälle vor, in denen Erwerb, Nutzung oder Offenlegung unter Vorliegen folgender Voraussetzungen erfolgt sind. Diese müssen sich zunächst im Rahmen

1550 Köhler/Bornkamm/Feddersen/*Alexander* § 5 GeschGehG Rn. 51; *Naber/Peukert/Seeger* NZA 2019, 583, 587.

1551 EuArbRK/*Schubert* RL (EU) 2016/943 Art. 5 Rn. 17; Köhler/Bornkamm/Feddersen/*Alexander* § 5 GeschGehG Rn. 51.

1552 Köhler/Bornkamm/Feddersen/*Alexander* § 5 GeschGehG Rn. 51.

1553 Köhler/Bornkamm/Feddersen/*Alexander* § 5 GeschGehG Rn. 56.

1554 Begr. RegE, BT-Drucks. 19/4724, S. 27; *Reinfeld,* Das neue Gesetz zum Schutz von Geschäftsgeheimnissen, S. 93.

1555 Köhler/Bornkamm/Feddersen/*Alexander* § 5 GeschGehG Rn. 56.

der Offenlegung durch Arbeitnehmer gegenüber ihren Vertretungseinrichtungen ereignet haben. Außerdem muss die zu beurteilende Handlung für die Erfüllung von deren Aufgaben erforderlich sein. Nach dem Wortlaut der Richtlinie – welcher durch Auslegung auch in der deutschen Umsetzung wiederzufinden ist – greift der Ausnahmetatbestand in Art. 5 lit. c) RL (EU) 2016/943 respektive § 5 Nr. 3 GeschGehG zudem nur insoweit, als die Aufgabenerfüllung rechtmäßig erfolgt ist.[1556] Voraussetzung ist zunächst, dass die zu beurteilende Handlung durch Arbeitnehmer an die Arbeitnehmervertretungen stattgefunden hat. Im Sinne einer systematisch konsequenten Auslegung des Gesetzes muss der Arbeitnehmervertreterbegriff aus § 3 I Nr. 3 GeschGehG auch im Rahmen des § 5 Nr. 3 GeschGehG angewendet werden.[1557] Dies entspricht den Vorgaben der Richtlinie, die den Begriff ohne inhaltliche Unterschiede in Art. 3 und 5 RL (EU) 2016/943 verwendet.

b) Gesetzliche Grundlage des Kommunikationsvorgangs

aa) Grundsätzlich in Betracht kommende Rechte

Rechte der Arbeitnehmer, Informationen gegenüber ihren Vertretern offenzulegen, finden sich in verschiedenen Regelungszusammenhängen. Zu nennen sind zunächst die betriebsverfassungsrechtlichen Beschwerderechte gemäß §§ 84, 85, 80 I Nr. 3, 82 I S. 1 BetrVG.[1558] Aber auch in anderen Gesetzen finden sich vergleichbare Regelungen. Für leitende Angestellte existiert zwar kein ausdrückliches Beschwerderecht.[1559] Gemäß § 26 I SprAuG haben diese jedoch die Möglichkeit, sämtliche ihrer Belange individuell geltend zu machen.[1560] Deswegen müssen leitende Angestellte auch die Möglichkeit haben, eine Beschwerde gegenüber dem Sprecherausschuss abzugeben.[1561] Auch gegenüber der Personalvertretung (§ 68 I Nr. 3 BPersVG) können Beschwerden erfolgen.[1562] Dies gilt ebenso gemäß § 178 I Nr. 3 SGB IX für Beschwerden gegenüber der Schwerbehindertenvertretung.[1563] Gemäß § 13 I AGG haben Arbeitnehmer die Möglichkeit, sich bei den zuständigen Stellen des Betriebes, des Unternehmens oder der Dienststelle zu beschweren, wenn sie sich im Zusammenhang mit ihrem Beschäftigungsverhältnis vom

1556 Köhler/Bornkamm/Feddersen/*Alexander* § 5 GeschGehG Rn. 56.
1557 Köhler/Bornkamm/Feddersen/*Alexander* § 5 GeschGehG Rn. 53; ebenso im Rahmen der Auslegung der Richtlinie EuArbRK/*Schubert* RL (EU) 2016/943 Art. 5 Rn. 14.
1558 EuArbRK/*Schubert* RL (EU) 2016/943 Art. 5 Rn. 21.
1559 GK-BetrVG/*Franzen* § 84 Rn. 5.
1560 ErfK/*Oetker* § 26 SprAuG Rn. 1; EuArbRK/*Schubert* RL (EU) 2016/943 Art. 5 Rn. 21; HWK/*Annuß/Girlich* § 26 SprAuG Rn. 1.
1561 EuArbRK/*Schubert* RL (EU) 2016/943 Art. 5 Rn. 21.
1562 EuArbRK/*Schubert* RL (EU) 2016/943 Art. 5 Rn. 21.
1563 EuArbRK/*Schubert* RL (EU) 2016/943 Art. 5 Rn. 21.

Arbeitgeber, von Vorgesetzten, anderen Beschäftigten oder Dritten wegen eines in § 1 AGG genannten Grundes benachteiligt fühlen.[1564]

bb) Problempunkt: Subjektive Betroffenheit in Bezug auf §§ 84, 85 BetrVG

Obwohl die §§ 84, 85 BetrVG zu den soeben genannten Beschwerderechten der Arbeitnehmer zählen[1565], ist zu hinterfragen, ob diese Norm der von § 5 Nr. 3 GeschGehG in Bezug genommenen Kommunikation dient. Der Ausnahmetatbestand gewährleistet, dass Arbeitnehmer – trotz des rechtlichen Geheimnisschutzes – ihre Kommunikationsrechte ausüben können, soweit dies erforderlich ist, damit die Arbeitnehmervertretung ihre Aufgaben wahrnehmen kann. § 84 BetrVG ermöglicht es dem Arbeitnehmer, sich bei den zuständigen Stellen des Betriebes zu beschweren, wenn er sich vom Arbeitgeber oder von Arbeitnehmern des Betriebes benachteiligt oder ungerecht behandelt oder in sonstiger Weise benachteiligt fühlt. Die Anwendungsbereiche dieser Regelungen werden sich nur in den seltensten Fällen decken. § 5 Nr. 3 GeschGehG stellt auf Informationen ab, die im Zusammenhang mit Geschäftsgeheimnissen stehen. Damit nimmt die Norm eine Kommunikation in den Blick, die sich gegenständlich auf betriebsbezogene interne Informationen richtet. Das Beschwerderecht gemäß § 84 BetrVG setzt dagegen eine subjektive Betroffenheit des Arbeitnehmers voraus.[1566] Sachverhalte, in denen Arbeitnehmer subjektiv in ihren Rechten durch geheimnisrelevante Sachverhalte betroffen und dadurch benachteiligt werden, dürften nur ausnahmsweise der betrieblichen Realität entsprechen. Auch bei § 26 SprAuG geht es um individuelle Belange des Arbeitnehmers.[1567] Eine praktische Relevanz dieser Normen im Rahmen des § 5 Nr. 3 GeschGehG ist nicht zu erkennen.[1568]

3. Inhaltliche Reichweite des Merkmals „Erforderlichkeit zur Aufgabenwahrnehmung“

a) Einführung in die Problematik

Hinzu tritt das Korrektiv, dass die Offenlegung des Geschäftsgeheimnisses erforderlich sein muss, damit die Arbeitnehmervertretung ihre Aufgaben erfüllen kann. Dieses Merkmal gehört ebenfalls zu den Regelungen, die im Laufe des

---

1564 EuArbRK/*Schubert* RL (EU) 2016/943 Art. 5 Rn. 21; GK-BetrVG/*Franzen* § 84 Rn. 6.

1565 EuArbRK/*Schubert* RL (EU) 2016/943 Art. 5 Rn. 21; *Reinfeld,* Das neue Gesetz zum Schutz von Geschäftsgeheimnissen, S. 93.

1566 ErfK/*Kania* § 84 BetrVG Rn. 4; Fitting § 84 BetrVG Rn. 4; GK-BetrVG/*Franzen* § 84 Rn. 8; HWK/*Sittard* § 83 BetrVG Rn. 2.

1567 ErfK/*Oetker* § 26 SprAuG Rn. 1.

1568 Von der Anwendbarkeit ohne weitere Problematisierung ausgehend EuArbRK/*Schubert* RL (EU) 2016/943 Art. 5 Rn. 21; *Reinfeld,* Das neue Gesetz zum Schutz von Geschäftsgeheimnissen, S. 93.

Gesetzgebungsprozesses kritisiert wurden.[1569] Grund war die Unbestimmtheit des Merkmals und die damit einhergehende Rechtsunsicherheit.[1570] Weder Gesetzestext noch amtliche Begründung konkretisieren einen Maßstab, anhand dessen beurteilt werden kann, ob eine Information erforderlich ist. Nach der Begründung zum Regierungsentwurf sei dieses Merkmal allerdings aus der Sicht der Arbeitnehmer zu beurteilen.[1571]

Im Ausgangspunkt ist unklar, was das Gesetz zu den Aufgaben der Arbeitnehmervertretung zählt. Mangels gesetzlicher Konkretisierung muss auf ein normativ geprägtes Vorverständnis zurückgegriffen werden. § 80 II BetrVG enthält einen Informationsanspruch des Betriebsrates gegenüber dem Arbeitgeber, sofern der Betriebsrat die Informationen zur Durchführung ihm obliegender Aufgaben benötigt. In diesem Zusammenhang ist der Begriff „Aufgaben der Arbeitnehmervertreter" weit zu verstehen. Neben der Aufzählung in § 80 I BetrVG sind sämtliche Mitbestimmungs- und Beteiligungsrechte erfasst.[1572] Sowohl § 5 Nr. 3 GeschGehG als auch § 80 II BetrVG verfolgen grundsätzlich den übereinstimmenden Zweck, die Interessenwahrnehmung durch Arbeitnehmervertreter zu stärken, indem diese über eine hinreichende Informationsgrundlage verfügen sollen.[1573] Unter Berücksichtigung dieser übereinstimmenden Intention ist das weite Begriffsverständnis des § 80 II BetrVG auch im Rahmen des § 5 Nr. 3 GeschGehG heranzuziehen.

b) *Bedeutung des Begriffs „Erforderlichkeit"*

aa) Bandbreite der Interpretationsmöglichkeiten

Offen bleibt jedoch, wann eine Information zur Wahrnehmung dieser Aufgaben erforderlich ist. Erforderlichkeit könnte weit zu verstehen sein und bereits vorliegen, wenn eine Information der Aufgabenerfüllung in irgendeiner Weise dienlich ist.[1574] Möglich erscheint auch, zur Konkretisierung des Begriffs „Erforderlichkeit" erneut auf § 80 II BetrVG zurückzugreifen und diesen kongruent zu den Voraussetzungen des Informationsanspruchs auszulegen.[1575] Nicht übergangen werden darf jedoch, dass der Begriff in der Rechtswissenschaft vorbekannt ist. Rechtsgebietsübergreifend assoziiert man mit einer *erforderlichen Maßnahme,* dass keine

1569 *DGB*, Stellungnahme zur BT-Drucks. 19/4724, S. 16; *Naber/Peukert/Seeger* NZA 2019, 583, 587.

1570 *Naber/Peukert/Seeger* NZA 2019, 583, 587.

1571 Begr. RegE, BT-Drucks. 19/4724, S. 28.

1572 DKW/*Buschmann* § 80 BetrVG Rn. 84; ErfK/*Kania* § 80 BetrVG Rn. 17; Fitting § 80 BetrVG Rn. 48; GK-BetrVG/*Weber* § 80 BetrVG Rn. 56.

1573 ErfK/*Kania* § 80 BetrVG Rn. 17.

1574 Harte-Bavendamm/*Ohly*/Kalbfus § 5 GeschGehG Rn. 52; Köhler/Bornkamm/Feddersen/*Alexander* § 5 GeschGehG Rn. 55; *Naber/Peukert/Seeger* NZA 2019, 583, 587; für ein weites Verständnis *Reinfeld,* Das neue Gesetz zum Schutz von Geschäftsgeheimnissen, S. 93.

1575 *Naber/Peukert/Seeger* NZA 2019, 583, 587.

milderen Mittel ersichtlich sind, die in derselben Art und Weise geeignet wären, den angestrebten Erfolg zu verwirklichen.[1576] Deswegen könnte das Merkmal auch dahingehend verstanden werden, dass die Offenlegung der Information gegenüber der Arbeitnehmervertretung nur als *ultima ratio* in Betracht kommt, wenn keine milderen Mittel ersichtlich sind, die der Aufgabenwahrnehmung in derselben Weise dienlich wären.

bb) Eigene Bewertung der Interpretationsmöglichkeiten

Angesichts des weiten Spektrums der Aufgaben einer Arbeitnehmervertretung wird sich regelmäßig eine Begründung finden, warum eine geheime Geschäftsinformation dem in irgendeiner – nicht näher eingegrenzten – Weise nützt. Deshalb bewirkt die erstgenannte Lesart eine unangemessene Ausweitung des Ausnahmetatbestandes.[1577] Ohne begriffliche Eingrenzung des Merkmals der bloßen Nützlichkeit liegt möglicher Missbrauch nahe. Arbeitnehmer könnten nahezu unbegrenzt Geschäftsgeheimnisse an ihre Vertreter weitergeben und damit legitimieren, dies sei zur sachgerechten Wahrnehmung ihrer Aufgaben erforderlich. Auch ein Rückgriff auf § 80 II BetrVG ist nicht zielführend. Der Informationsanspruch ist weiter gefasst als § 5 Nr. 3 GeschGehG. Zweck ist es, dem Betriebsrat sämtliche Informationen zukommen zulassen, damit dieser selbst beurteilen kann, ob ein Sachverhalt in seinen Aufgabenbereich fällt.[1578] Ein – dem § 5 Nr. 3 GeschGehG entsprechendes – Korrektiv, welches filtert, welche Informationen der Betriebsrat benötigt, enthält die Regelung gerade nicht. Bereits an anderer Stelle hat der Gesetzgeber – durch die Wahl terminologisch vorgeprägter Begriffe – Bezüge zu bekannten Definitionen hergestellt und die dahinterstehenden Wertungen in das Geschäftsgeheimnisgesetz transferiert.[1579]

Im Laufe des Gesetzgebungsverfahrens hat der Gesetzgeber zudem rechtlich definierte Begrifflichkeiten (Besitz, Erwerb) – deren Bedeutungsgehalt erkennbar nicht übernommen werden sollte – durch neutrale Formulierungen ersetzt. Erkennbar resultieren deshalb die Normen der Gesetzesfassung aus der Erkenntnis, dass sich die Eingliederung bekannter Rechtsbegriffe auf die Auslegung auswirkt. Unter zusammenfassender Würdigung dieser Gesichtspunkte und mangels anderslautender Hinweise in der Gesetzesbegründung ist davon auszugehen, dass „erforderlich" im Sinne des § 5 Nr. 3 GeschGehG bedeutet, dass der Arbeitnehmervertretung kein anderes, gleich geeignetes Mittel zur Wahrnehmung wesentlicher

---

1576 BVerfG NJW 2019, 827, 833 Rn. 88; Maunz/Dürig/*Durner* Art. 10 GG Rn. 147; MüKoStGB/*Erb* § 32 Rn. 129; Schönke/Schröder/*Perron/Eisele* § 32 StGB Rn. 34.

1577 **A.A.** Köhler/Bornkamm/Feddersen/*Alexander* § 5 GeschGehG Rn. 55; ebenfalls für ein weites Verständnis *Reinfeld,* Das neue Gesetz zum Schutz von Geschäftsgeheimnissen, S. 93.

1578 DKW/*Buschmann* § 80 BetrVG Rn. 84; ErfK/*Kania* § 80 BetrVG Rn. 17; Fitting § 80 BetrVG Rn. 51; GK-BetrVG/*Weber* § 80 Rn. 56.

1579 Bsp. Treu und Glaube, rechtswidrige Handlung.

Aufgaben zur Verfügung stehen darf. Mit der Wahl dieses Begriffes wird jedoch gleichermaßen deutlich, dass das Geheimhaltungsinteresse und das Kommunikationsinteresse der Arbeitnehmer und ihrer Vertretungen nicht zusätzlich im Wege einer Verhältnismäßigkeitsprüfung gegeneinander abgewogen werden müssen.[1580]

V. Bedeutung der Auffangregelung zum Schutz eines „berechtigten Interesses"

1. Systematischer Vergleich von Art. 5 RL (EU) 2016/943 und § 5 GeschGehG

Art. 5 lit. d) RL (EU) 2016/943 gibt generalklauselartig vor, dass die Ausnahme auch greifen soll, wenn der angebliche Erwerb, die angebliche Nutzung oder die angebliche Offenlegung zum Schutz eines durch das Unionsrecht oder das nationale Recht anerkannten legitimen Interesses erfolgt ist. Aufgrund der weiten Bezugnahme auf jedwedes anerkannte legitime Interesse erweist sich die Tatbestandsalternative als Auffangtatbestand.[1581] Weitere Anforderungen an dieses „legitime Interesse" konkretisiert die Richtlinie nicht.[1582] Aus der systematischen Stellung, eingegliedert in die Fallvarianten lit. a-d) lässt sich ableiten, dass sonstige legitime Interessen nach ihrer Wertigkeit vergleichbare Rechtsposition bzw. Interessenlagen tangieren müssen. Die Buchstaben a-c) dienen dem Schutz grundrechtlich verankerter Rechtspositionen. Daraus lässt sich folgern, dass auch der Auffangtatbestand des Art. 5 lit. d) RL (EU) 2016/943 eine grundrechtlich verankerte oder vergleichbar gewichtige Rechtsposition verlangt.[1583]

Das Geschäftsgeheimnisgesetz enthält keinen dem Art. 5 lit. d) RL (EU) 2016/943 vergleichbaren, gesonderten Tatbestand zum Schutz eines sonstigen legitimen Interesses.[1584] Damit lässt der systematische Aufbau des § 5 GeschGehG nicht ohne Weiteres erkennen, ob die genannten Ausnahmetatbestände enumerativ fungieren oder lediglich beispielhafte Aufzählungen darstellen. Allerdings verdeutlicht das Adverb „insbesondere", dass die Ausnahmetatbestände in § 5 Nr. 1–3 nicht abschließend sein sollen.[1585] Die Regelung enthält darüber hinaus die generalklauselartig formulierte Aussage, dass Erlangung, Nutzung und Offenlegung stets vom

1580 Köhler/Bornkamm/Feddersen/*Alexander* § 5 GeschGehG Rn. 55.

1581 *Alexander* WRP 2017, 1034, 1044; *Hoeren/Münker* WRP 2018, 150, 154; Köhler/Bornkamm/Feddersen/*Alexander* § 5 GeschGehG Rn. 57; *Wiese*, Die EU-Richtlinie über den Schutz vertraulichen Know-hows und vertraulicher Geschäftsinformationen, S. 145.

1582 *Wiese*, Die EU-Richtlinie über den Schutz vertraulichen Know-hows und vertraulicher Geschäftsinformationen, S. 146.

1583 *Alexander* WRP 2017, 1034, 1044; Köhler/Bornkamm/Feddersen/*Alexander* § 5 GeschGehG Rn. 61.

1584 Köhler/Bornkamm/Feddersen/*Alexander* § 5 GeschGehG Rn. 58.

1585 Büscher/*McGuire* § 5 GeschGehG Rn. 11; ErfK/*Preis* § 611a BGB Rn. 714; *Gramlich/Lütke* wistra 2019, 480, 481; Köhler/Bornkamm/Feddersen/*Alexander* § 5 GeschGehG Rn. 59.

Tatbestand des § 4 GeschGehG ausgenommen sein sollen, sofern sie zum Schutz eines berechtigten Interesses erfolgt sind. Nach der Konkretisierung in der Gesetzesbegründung kann ein „berechtigtes Interesse“ jedes von der Rechtsordnung gebilligte Interesse sein.[1586] Welche Voraussetzung eine Handlung im Einzelnen erfüllen muss, um dem Anwendungsbereich der Generalklausel zu unterfallen, bleibt dagegen offen.

2. Tatbestandliche Präzisierung der Voraussetzungen

Unter Berücksichtigung des grundsätzlich offenen Anwendungsbereichs des § 5 GeschGehG und der nur beispielhaften Konkretisierung diesbezüglicher Voraussetzungen, müssen die Anforderungen des Auffangtatbestandes weitergehend ermittelt werden.

Objektiv muss die Handlung zum Schutz eines – nicht näher konkretisierten – von der Rechtsordnung gebilligten Interesses erfolgt sein.[1587] Der Begriff „Rechtsordnung“ umschreibt in diesem Zusammenhang die Gesamtheit der innerstaatlich anwendbaren objektiven Rechtsnormen. Diese können sich sowohl aus Unionsrecht als auch aus dem mitgliedsstaatlichen Recht ergeben.[1588] Auf unionsrechtlicher Ebene sind zunächst Normen des Primärrechts einschlägig. Dies sind die europäischen Verträge (EUV, AEUV), die EU-Grundrechtecharta und die Rechtsprechung des europäischen Gerichtshofs.[1589] Daneben fließen auch Wertungen des sekundären Unionsrechts gemäß Art. 288 II AEUV in die objektive Rechtsordnung mit ein.[1590] Auf mitgliedsstaatlicher Ebene sind sowohl das gültig gesetzte Recht als auch gewohnheitsrechtlich anerkannte Rechtsgrundsätze zu nennen.[1591] Gesetztes Recht sind formelle Gesetze, Rechtsverordnungen und Satzungen.[1592] Der Begriff „Gewohnheitsrecht“ dagegen umfasst Rechtssätze, die nicht gesetzlich normiert sind, sondern sich aus der längerfristigen Ausübung bestimmter Regeln und Gebräuche ergeben.[1593] Nach übereinstimmender Ansicht in Rechtsprechung und Literatur werden diese unter den Gesetzesbegriff des

---

1586 Begr. RegE, BT-Drucks. 19/4724, S. 27.

1587 Büscher/*McGuire* § 5 GeschGehG Rn. 11–12.

1588 *Brox/Walker,* Allgemeiner Teil des BGB, S. 5–7 Rn. 4ff.; *Wiese,* Die EU-Richtlinie über den Schutz vertraulichen Know-hows und vertraulicher Geschäftsinformationen, S.145.

1589 *Brox/Walker,* Allgemeiner Teil des BGB, S. 7 Rn. 7; *Wiese,* Die EU-Richtlinie über den Schutz vertraulichen Know-hows und vertraulicher Geschäftsinformationen, S. 145.

1590 *Brox/Walker,* Allgemeiner Teil des BGB, S. 7 Rn. 7; *Wiese,* Die EU-Richtlinie über den Schutz vertraulichen Know-hows und vertraulicher Geschäftsinformationen, S. 145.

1591 *Brox/Walker,* Allgemeiner Teil des BGB, S. 5 Rn. 4.

1592 *Brox/Walker,* Allgemeiner Teil des BGB, S. 5 Rn. 4.

1593 *Brox/Walker,* Allgemeiner Teil des BGB, S. 7 Rn. 8.

Art. 2 EGBGB subsumiert.[1594] Ein durch die Rechtordnung gebilligtes Interesse darf gegen keine Rechtsnorm oder Rechtsgrundsätze in diesem umfassenden Sinne verstoßen. Weitere objektive Einschränkungen ergeben sich nicht. Nach der Gesetzesbegründung kann das Interesse wirtschaftlicher oder ideeller Art sein. Sowohl eigene Interessen wie die Durchsetzung von Ansprüchen oder Abwehr von Beeinträchtigungen, als auch die Verfolgung legitimer Gruppeninteressen sollen von dem Begriff erfasst sein.[1595]

Der objektiv weite Anwendungsbereich des § 5 GeschGehG wird auf subjektiver Ebene korrigierend beschränkt. Erlangung, Nutzung und Offenlegung müssen zum Schutz eines berechtigten Interesses erfolgen. Damit wird die Tatbestandsausnahme an die Motive des Handelnden geknüpft.[1596] Dessen Tätigwerden fällt nur dann nicht unter die gemäß § 4 verbotenen Handlungen, sofern dieser dadurch ein berechtigtes Interesse schützen wollte.[1597] Doch auch eventuell daneben bestehende Motive schaden nicht ohne weiteres. Derjenige, der zum Schutz eines berechtigten Interesses tätig werden will, geht dieser Motivation nicht bereits deshalb verlustig, weil die Handlung auch von anderen, persönlichen Vorstellung motiviert ist und zudem, für den Handelnden selbst auch vorteilhafte Effekte bewirkt. Im Rahmen des Auffangtatbestandes muss das Motiv jedoch erkennbar handlungsleitend sein, damit es der zu legitimierenden Erlangung, Nutzung oder Offenlegung eindeutig zugeordnet werden kann. Ansonsten wäre eine praktikable Handhabung des Auffangtatbestandes nicht möglich.

3. *Die Richtlinienkonformität des Auffangtatbestandes*

a) *Systematisch sprachliche Abweichungen von der unionsrechtlichen Vorgabe in Art. 5 RL (EU) 2016/943*

aa) Abweichungen

Mit der Generalklausel in § 5 S. 1 Hs. 2 GeschGehG weicht der deutsche Gesetzgeber von den systematischen Vorgaben der Richtlinie ab.[1598] Die Regelung erstreckt die legitimierende Wirkung der Norm auf sämtliche Handlungen zum Schutz eines

---

1594 *Brox/Walker,* Allgemeiner Teil des BGB, S. 7 Rn. 8; *Krebs/Becker* JuS 2013, 97, 97.

1595 Begr. RegE, BT-Drucks. 19/4724, S. 27.

1596 So wohl auch *Reinfeld,* Das neue Gesetz zum Schutz von Geschäftsgeheimnissen, S. 93; so auch zu Art. 5 lit. d) RL (EU) 2016/943 *Wiese,* Die EU-Richtlinie über den Schutz vertraulichen Know-hows und vertraulicher Geschäftsinformationen, S. 145; **a.A.** wohl Büscher/*McGuire* § 5 GeschGehG Rn. 12.

1597 So wohl auch *Oetker,* FS Hopt 2020, S. 901, 914.

1598 *Alexander* AfP 2019, 1, 10; *Bitkom,* Stellungnahme zum Referentenentwurf, S. 9; *DGB,* Stellungnahme zur BT-Drucks. 19/4724, S. 15; *Gramlich/Lütke* wistra 2019, 480, 481–482; Harte-Bavendamm/*Ohly*/Kalbfus § 5 GeschGehG Rn. 53; *Hiéramente,* Stellungnahme zur BT-Drucks. 19/4724, S. 15.; *Würtenberger/Freischem* GRUR 2018, 708, 710.

berechtigten Interesses.[1599] Darauf folgen gemäß § 5 Nr. 1–3 GeschGehG gesondert normierte Sachverhaltskonstellationen, die aufgrund der Verwendung des Begriffs „insbesondere" als Beispielsfälle für den Schutz eines berechtigten Interesses fungieren und diesen unbestimmten Rechtsbegriff damit konkretisieren.[1600] Dies übernimmt nicht den systematischen Aufbau des Art. 5 RL (EU) 2016/943.[1601] Dessen Eingangssatz beschränkt sich auf nachfolgende, enumerativ genannte Sachverhaltskonstellationen. Die Buchstaben a-c) entsprechen § 5 Nr. 1–3 GeschGehG. Allerdings enthält Art. 5 lit. d) RL (EU) 2016/943 einen generalklauselartigen Auffangtatbestand[1602], der – gleichrangig mit den zuvor genannten Sachverhalten – zum Schutz eins durch das Unionsrecht oder das nationale Recht anerkannten legitimen Interesses eine weitere Ausnahme begründet.[1603] Der deutsche Gesetzgeber hat die Generalklausel abweichend von der unionsrechtlichen Textgestaltung „vor die Klammer gezogen".[1604] Der systematische Unterschied zwischen dem Geschäftsgeheimnisgesetz und der Richtlinie liegt darin, dass letztere die in Art. 5 lit. a-c) RL (EU) 2016/943 gesondert genannten Ausnahmetatbestände nicht eigenständig als „legitimes Interesse" qualifiziert.[1605]

bb) Bewertung in der Literatur

In der Literatur wird teilweise vertreten, diese Abweichung sei unzulässig.[1606] Die gemäß Art. 5 lit. a-c) RL (EU) 2016/943 genannten Konstellationen seien kein Unterfall des berechtigten Interesses, sondern dienen diesem nur als Anhaltspunkt zur Konkretisierung.[1607] Andere gehen davon aus, der Aussagehehalt des

1599 *Alexander* AfP 2019, 1, 10; *DGB,* Stellungnahme zur BT-Drucks. 19/4724, S. 15; *Gramlich/Lütke* wistra 2019, 480, 481; *Hiéramente,* Stellungnahme zur BT-Drucks. 19/4724, S. 15.

1600 *Alexander* AfP, 1, 10; *BDZV/u.A.*, Stellungnahme zum Referentenentwurf, S. 6; *Bitkom,* Stellungnahme zum Referentenentwurf, S. 8; Büscher/*McGuire* § 5 GeschGehG Rn. 11; *Von Busekist/Racky* ZRP 135, 138; *DGB,* Stellungnahme zur BT-Drucks. 19/4724, S. 15; *Hiéramente,* Stellungnahme zur BT-Drucks. 19/4724, S. 15.

1601 *Alexander* AfP, 1, 10; *DGB,* Stellungnahme zur BT-Drucks. 19/4724, S.15.

1602 *Alexander* AfP 2019, 1, 10; *Hiéramente,* Stellungnahme zur BT-Drucks. 19/4724, S. 15.

1603 *V. Busekist/Racky* ZRP 2018, 135, 137; so auch EuArbRK/*Schubert* RL (EU) 2016/943 Art. 5 Rn. 1.

1604 *Gramlich/Lütke* wistra 2019, 480, 492; *Hiéramente,* Stellungnahme zur BT-Drucks. 19/4724, S. 15.

1605 *BDZV/u.A.*, Stellungnahme zum Referentenentwurf, S. 7.

1606 *Alexander* AfP 1, 10; kritisch *v. Busekist/Racky* ZRP 135, 138; *Gramlich/Lütke* wistra 2019, 480, 481–482; *Hiéramente,* Stellungnahme zur BT-Drucks. 19/4724, S. 15.

1607 *Hiéramente,* Stellungnahme zur BT-Drucks. 19/4724, S. 15; *Preis/Seiwerth* RdA 2019, 351, 354.

Art. 5 lit. d) RL (EU) 2016/943 spiegele sich vollständig in § 5 Hs. 1 GeschGehG wider.[1608]

cc) Eigene Bewertung

Die Bewertung des Art. 5 lit. d) RL (EU) 2016/943 geht dahin, dass der Geheimnisschutz zurücktreten soll, wenn Erwerb, Nutzung oder Offenlegung zum Schutz eines durch das Unionsrecht oder das nationale Recht anerkannten legitimen Interesses erfolgen. Die Norm wertet die zuvor genannten Sachverhaltskonstellationen nach ihrem sprachlichen Aufbau nicht als Unterfälle des legitimen Interesses.[1609] Eine systematische Betrachtung der Buchstaben a-d) zeigt jedoch, dass die Voraussetzungen des Art. 5 lit. d) RL (EU) 2016/943 mit Rückgriff auf die übrigen Fallgruppen bestimmt werden müssen.[1610] Legitim in diesem Sinne sind nur Interessen, die eine mit den Sachverhalten der Buchstaben a-c) vergleichbare Wertigkeit aufweisen.[1611] Die zuvor genannten Tatbestandsalternativen bezwecken durchweg den Schutz enumerativ begründeter Rechte. Es ist nicht ersichtlich, dass die Tatbestandsvariante zu lit. d) einen davon wesensverschiedenen Regelungsbereich eröffnen will. Vor diesem Hintergrund kann Art. 5 lit. d) RL (EU) 2016/943 eine eigene Bedeutung nur erhalten, wenn damit umfassend rechtlich anerkannte Interessen angesprochen sein sollen. § 5 GeschGehG benennt in gleicher Weise beispielhaft den Schutz des investigativen Journalismus (Nr.1), den Whistleblower-Schutz (Nr. 2) und die Rechte der Arbeitnehmer, sich an ihre Vertretungen zu wenden, (Nr. 3) als berechtigte Interessen. Diese Beispiele konkretisieren den Begriff des berechtigten Interesses.[1612] Im Ergebnis enthalten sowohl Art. 5 RL (EU) 2016/943 als auch § 5 GeschGehG eine weite Öffnungsklausel zugunsten sämtlicher Handlungen, die darauf ausgerichtet sind, ein rechtlich anerkanntes Interesse zu schützen. Damit sind die systematischen Vorgaben des Art. 5 lit. d) RL (EU) 2016/943 richtlinienkonform im Geschäftsgeheimnisgesetz umgesetzt.[1613]

b) Inhaltliche Abweichungen zu der unionsrechtlichen Vorgabe

aa) Einführung in die Problematik

Neben den systematisch sprachlichen Abweichungen gibt § 5 GeschGehG den Regelungsgehalt der unionsrechtlichen Vorgabe auch inhaltlich nicht vollständig

1608 *Bitkom,* Stellungnahme zum Referentenentwurf, S. 9; *Würtenberger/Freischem* GRUR 2018, 708, 710; für eine richtlinienkonforme Auslegung des § 5 Hs. 1 GeschGehG Harte-Bavendamm/*Ohly*/Kalbfus § 5 GeschGehG Rn. 53.

1609 *Von Busekist/Racky* ZRP 135, 137.

1610 Harte-Bavendamm/*Ohly*/Kalbfus § 5 GeschGehG Rn. 54.

1611 *Alexander* WRP 2017, 1034, 1044.

1612 *Preis/Seiwerth* RdA 2019, 351, 354.

1613 So wohl auch *Gramlich/Lütke* wistra 2019, 480, 481–482.

wieder.[1614] Art. 5 RL (EU) 2016/943 ist grundsätzlich abschließend konzipiert.[1615] In Abgrenzung zu den zuerst aufgeführten drei Fallvarianten ist die vierte Ausnahmeregelung in Art. 5 lit. d) RL (EU) 2016/943 zwar extensiv und generalklauselartig ausgestaltet. Die Formulierung „(...) zum Schutze eines durch das Unionsrecht oder das nationale Recht anerkannten legitimen Interesses" ist jedoch nicht dahingehend misszuverstehen, dass die inhaltliche Reichweite des Art. 5 RL (EU) 2016/943 unbeschränkt auf weitere unbenannte Sachverhalte ausgedehnt werden kann.[1616] Vielmehr ist auch die vierte Ausnahmeregelung durch Tatbestandsmerkmale begrenzt.[1617] Die zu beurteilende Handlung muss subjektiv und final zu Schutz eines durch das Unionsrecht oder mitgliedstaatliche Recht anerkannten Interesses erfolgt sein. Dieses Interesse muss zudem in seiner Wertigkeit mit den ausdrücklich benannten Varianten vergleichbar sein.[1618]

§ 5 GeschGehG enthält keinen vierten weitläufig formulierten Auffangtatbestand, sondern ist generell nicht abschließend konzipiert.[1619] Nach der Begründung des Gesetzgebers soll jedes von der Rechtsordnung gebilligte Interesse wirtschaftlicher oder ideeller Art genügen, um die tatbestandsausschließenden Wirkung des § 5 GeschGehG auszulösen.[1620] Damit geht die innerstaatliche Umsetzung über die Vorgaben der Geheimnisschutz-Richtlinie hinaus.[1621] Das in Betracht kommende Interesse muss nicht durch die Rechtsordnung anerkannt sein, sondern es ist bereits ausreichend, wenn es dieser nicht widerspricht. Jedwedes Interesse kommt einschränkungslos in Betracht.[1622] Es kommt nicht darauf an, ob es mit den in § 5 Nr. 1–3 GeschGehG genannten Schutzpositionen vergleichbar ist. Der § 5

1614 V. *Busekist/Racky* ZRP 135, 137; *Preis/Seiwerth* RdA 2019, 351, 359; **a. A.** *Würtenberger/Freischem* GRUR 2018, 708, 710.

1615 BeckOK GeschGehG/*Hiéramente* § 5 Rn. 9; *Gramlich/Lütke* wistra 2019, 480, 481; *Hiéramente,* Stellungnahme zur BT-Drucks. 19/4724, S. 15; Köhler/Bornkamm/Feddersen/*Alexander* § 5 GeschGehG Rn. 59; so wohl auch EuArbRK/*Schubert* RL (EU) 2016/943 Art. 5 Rn. 1.

1616 BeckOK GeschGehG/*Hiéramente* § 5 Rn. 9; *Gramlich/Lütke* wistra 2019, 480, 481; Köhler/Bornkamm/Feddersen/*Alexander* § 5 GeschGehG Rn. 59; so wohl auch *Preis/Seiwerth* RdA 2019, 351, 354.

1617 *Gramlich/Lütke* wistra 2019, 480, 481; Köhler/Bornkamm/Feddersen/*Alexander* § 5 GeschGehG Rn. 60; so wohl auch BeckOK GeschGehG/*Hiéramente* § 5 Rn. 9.

1618 *Oetker,* FS Hopt 2020, S. 901, 913; *Preis/Seiwerth* RdA 2019, 351, 354.

1619 BeckOK GeschGehG/*Hiéramente* § 5 GeschGehG Rn. 10; Büscher/*McGuire* § 5 GeschGehG Rn. 11; *DGB,* Stellungnahme zur BT-Drucks. 19/4724, S. 15; *Gramlich/Lütke* wistra 2019, 480481; *Hiéramente,* Stellungnahme zur BT-Drucks. 19/4724, S. 15; Köhler/Bornkamm/Feddersen/*Alexander* § 5 GeschGehG Rn. 57; *Preis/Seiwerth* RdA 2019, 351, 359.

1620 Begr. RegE, BT-Drucks. 19/4724, S. 28; BeckOK GeschGehG/*Hiéramente* § 5 Rn. 10; Büscher/*McGuire* § 5 GeschGehG Rn. 12; *Preis/Seiwerth* RdA 2019, 351, 354.

1621 *Alexander* AfP 2019, 1, 10; *Hiéramente,* Stellungnahme zur BT-Drucks. 19/4724, S. 15; **a.A.** *Würtenberger/Freischem* GRUR 2018, 708, 710.

1622 BeckOK GeschGehG/*Hiéramente* § 5 Rn. 10.

GeschGehG weicht insoweit von der Richtlinienvorgabe in Art. 5 lit. d) RL (EU) 2016/943 ab.[1623]

Diese inhaltliche Abweichung ist in zweierlei Hinsicht problematisch.[1624] Zunächst gehört Art. 5 RL (EU) 2016/943 zu den gemäß Art. 1 I Uabs. 2 RL (EU) 2016/943 abweichungsfesten Vorgaben.[1625] Bereits deshalb hätte der deutsche Gesetzgeber von der vorgegebenen Ausgestaltung der Ausnahmeregelung nicht abweichen dürfen.[1626] Darüber enthält die Richtlinie 2016/943/EU einen zwingenden Mindestschutz.[1627] Art. 5 RL (EU) 2016/943 normiert Ausnahmen von diesem Schutz. Eine innerstaatliche Ausweitung dieser Vorgaben hat zur Folge, dass der Kanon der gemäß Art. 4 RL (EU) 2016/943 und § 4 GeschGehG verbotenen Handlungen eingeschränkt wird.[1628] Damit würde das vorgegebene Schutzniveau herabgesenkt.[1629]

bb) Richtlinienkonforme Auslegung des § 5 GeschGehG

Das zuvor dargestellte Auslegungsergebnis gebietet eine richtlinienkonforme Auslegung der Norm.[1630] Deren Wortlaut gibt nur vor, dass die Erlangung, die Nutzung oder die Offenlegung eines Geschäftsgeheimnisses nicht unter die Verbote des § 4 GeschGehG fallen sollen, wenn dies zum Schutz eines berechtigten Interesses erfolgt. Wie dieses Interesse beschaffen sein muss, wird nicht näher konkretisiert. Mit diesem Wortlaut ist es folglich zu vereinbaren, zur Konturierung des Begriffs „berechtigtes Interesse" auf die Vorgaben des Art. 5 lit. d) RL (EU) 2016/943 zurückzugreifen.[1631] Darum unterfällt eine Handlung dem Ausnahmetatbestand nur, wenn sie zum Schutze eines objektiv durch das Unionsrecht oder das Recht in den Mitgliedstaaten anerkannten und dort verankerten Interesses erfolgt ist.[1632] Bei diesem muss es sich um eine grundrechtlich anerkannte Schutzposition

---

1623 BeckOK GeschGehG/*Hiéramente* § 5 Rn. 10.1; *Hiéramente,* Stellungnahme zur BT-Drucks. 19/4724, S. 15; Köhler/Bornkamm/Feddersen/*Alexander* § 5 GeschGehG Rn. 59; *Oetker,* FS Hopt 2020, S. 901, 914; *Preis/Seiwerth* RdA 2019, 351, 354.

1624 Zu der Möglichkeit von Art. 5 RL (EU) 2016/943 abzuweichen, siehe Teil 2, § 5, A., II., 3., S. 120f.

1625 *Gramlich/Lütke* wistra 2019, 480, 481; Köhler/Bornkamm/Feddersen/*Alexander* § 5 GeschGehG Rn. 21.

1626 Kritisch *Gramlich/Lütke* wistra 2019, 480, 481; Köhler/Bornkamm/Feddersen/*Alexander* § 5 GeschGehG Rn. 21.

1627 Köhler/Bornkamm/Feddersen/*Alexander* § 5 GeschGehG Rn. 20.

1628 BeckOK GeschGehG/*Hiéramente* § 5 Rn. 10.1; *Oetker,* FS Hopt 2020, S. 901, 915.

1629 BeckOK GeschGehG/*Hiéramente* § 5 Rn. 10.1; *Oetker,* FS Hopt 2020, S. 901, 915; im Ergebnis *Gramlich/Lütke* wistra 2019, 480, 481.

1630 Harte-Bavendamm/*Ohly*/Kalbfus § 5 GeschGehG Rn. 53.

1631 BeckOK GeschGehG/*Hiéramente* § 5 Rn. 10.2; Harte-Bavendamm/*Ohly*/Kalbfus § 5 GeschGehG Rn. 54; *Oetker,* FS Hopt 2020, S. 901, 915; *Preis/Seiwerth* RdA 2019, 351, 359.

1632 BeckOK GeschGehG/*Hiéramente* § 5 Rn. 10.2; *Oetker,* FS Hopt 2020, S. 901, 912–914.

handeln oder um ein damit vergleichbares Rechtsgut.[1633] § 5 GeschGehG ist in diesem Sinne einschränkend auszulegen.[1634] Damit bleibt die Richtlinienkonformität gewährleistet.[1635]

Es verengt sich jedoch dadurch der Anwendungsbereich des Ausnahmetatbestandes. Ausweislich der amtlichen Begründung sollen Erlangung, Nutzung und Offenlegung weitreichend zugunsten legitimer Interessen gerechtfertigt sein.[1636] Dies soll insbesondere auch für die – aus arbeitsrechtlicher Perspektive relevante – Unterrichtung der Belegschaft durch die Arbeitnehmervertretung gelten.[1637] Welche Veränderungen die Beurteilung derartiger Sachverhaltskonstellationen durch die richtlinienkonforme Auslegung des § 5 GeschGehG erfährt, ist an gesonderter Stelle zu erörtern.[1638]

VI. Rechtliche Folge des Ausnahmetatbestandes in § 5 GeschGehG

1. Auslegung nach dem Gesetzestext und der amtlichen Begründung

Der gesetzliche Tatbestand lässt nicht eindeutig erkennen, ob das Handeln bei Vorliegen der Voraussetzungen des § 5 GeschGehG stets vom Tatbestand der verbotenen Handlung ausgenommen ist oder ob im Einzelfall eine Abwägung widerstreitender Interessen zu erfolgen hat. Nach dem Wortlaut des § 5 GeschGehG sollen Erlangung, Nutzung und Offenlegung eines Geschäftsgeheimnisses nicht unter die Verbote des § 4 GeschGehG fallen, wenn dies zum Schutz eines berechtigten Interesses erfolgt. Eine darüberhinausgehende Verhältnismäßigkeitsprüfung wird nicht gefordert. Dieser Formulierung haftet eine generalisierende Komponente an. Allein am Wortlaut orientiert lässt sich § 5 GeschGehG nur so verstehen, dass die Rechtsfolge bei Vorliegen ihrer Voraussetzungen stets und ausnahmslos eingreifen. Auch der amtlichen Begründung lässt sich keine Präzisierung dahingehend entnehmen, dass die konfligierenden Rechtsgüter nach der positiven Feststellung aller Tatbestandsmerkmale in § 5 GeschGehG gegeneinander abzuwägen seien.[1639]

1633 BeckOK GeschGehG/*Hiéramente* § 5 Rn. 10.2; Harte-Bavendamm/*Ohly*/Kalbfus § 5 GeschGehG Rn. 54.

1634 Harte-Bavendamm/*Ohly*/Kalbfus § 5 GeschGehG Rn. 54; **a.A.** *Würtenberger/Freischem* GRUR 2018, 708, 710.

1635 Harte-Bavendamm/*Ohly*/Kalbfus § 5 GeschGehG Rn. 53; *Oetker*, FS Hopt 2020, S. 901, 912–914; so wohl auch BeckOK GeschGehG/*Hiéramente* § 5 Rn. 10.2; für eine einschränkende Auslegung wohl auch *Reinfeld*, Das neue Gesetz zum Schutz von Geschäftsgeheimnissen, S. 93.

1636 Harte-Bavendamm/*Ohly*/Kalbfus § 5 GeschGehG Rn. 54.

1637 Begr. RegE, BT-Drucks. 19/4724, S. 27.

1638 Siehe Teil 4, S. 437ff.

1639 Der Gesetzesbegründung entnehmend, dass eine Interessenabwägung im Einzelfall stattfinden muss Büscher/*McGuire* § 5 GeschGehG Rn. 13.

Lediglich in Bezug auf § 5 Nr. 1 GeschGehG enthalten die Verlautbarungen zu dem Regierungsentwurf den Hinweis, dass „(...) Einschränkungen der Meinungsfreiheit zum Schutz der Rechte der Inhaber von Geschäftsgeheimnissen erforderlich sein müssen und im Einzelfall eine Abwägung der entgegenstehenden Grundrechte des Inhabers des Geschäftsgeheimnisses (...) vorzunehmen ist."[1640]

Zwar könnte das Merkmal des „berechtigten Interesses" nahelegen, dass die Interessenabwägung bereits durch die im Einzelnen bezeichneten Sachverhaltskonstellationen verbindlich erfolgt und damit gleichsam vorgelagert ist.[1641] Bei einem solchen Verständnis ist für eine gesonderte Interessenabwägung bei der Betrachtung jeder einzelnen Konstellation kein Raum mehr.[1642] Dem widerspricht jedoch die in der gesetzlichen Begründung geäußerte Auffassung des Gesetzgebers, eine Abwägung widerstreitender Interesse sei durch Art. 5 RL (EU) 2016/943 zwar nicht verbindlich vorgegeben, könne jedoch über den Begriff des berechtigten Interesses im Einzelfall erfolgen.[1643] Vor diesem Hintergrund liegt die gesetzgeberische Intention nahe, dass in jeder der genannten Sachverhaltskonstellationen eine nachgelagerte Interessenabwägung unter dem Gesichtspunkt der Verhältnismäßigkeit zumindest möglich ist. Letztendlich lässt sich dem Gesetzestext und der amtlichen Begründung nicht zweifelsfrei entnehmen, welche Rechtsfolge bei Vorliegen sämtlicher Voraussetzungen des § 5 GeschGehG eintreten soll. Dies muss durch weitere Auslegung ermittelt werden.[1644]

2. *Tatbestandsausschluss ipso iure*

Möglich ist zunächst eine Lesart des § 5 GeschGehG, nach der eine Handlung bei Vorliegen sämtlicher Voraussetzungen zwingend und unmittelbar aus dem Anwendungsbereich des § 4 GeschGehG ausgenommen ist.[1645] Die zu beurteilende Handlung würde *ipso iure* nicht mehr als unerlaubte Erlangung, Nutzung oder Offenlegung gelten. Für dieses Verständnis des Ausnahmetatbestandes lässt sich primär der Wortlaut der Norm anführen. Die Formulierung des § 5 GeschGehG geht dahin, dass die zu beurteilende Handlung nicht unter die Verbote des § 4 GeschGehG fällt. Dies entspricht einer gewissen Finalität. Eine einzelfallorientierte Beurteilung der konfligierenden Interessen wäre damit nicht zu vereinbaren. Darüber hinaus heißt es in der Entwurfsbegründung, „Erlangung, Nutzung, und Offenlegung seien (...) ausgenommen, wenn dies zum Schutz eines berechtigten Interesses" erfolgt.[1646] Das „berechtigte Interesse" könnte Ausdruck einer

---

1640 Begr. RegE, BT-Drucks. 19/4724, S. 28–29.
1641 Köhler/Bornkamm/Feddersen/*Alexander* § 5 GeschGehG Rn. 5.
1642 Köhler/Bornkamm/Feddersen/*Alexander* § 5 GeschGehG Rn. 5.
1643 Begr. RegE, BT-Drucks. 19/4724, S. 27.
1644 In Bezug auf § 5 Nr. 2 GeschGehG *Hiéramente*, Stellungnahme zur BT-Drucks. 19/4724, S. 20.
1645 Köhler/Bornkamm/Feddersen/*Alexander* § 5 GeschGehG Rn. 5.
1646 Begr, RegE, BT-Drucks. 19/4724, S. 27.

gesetzgeberischen Wertung sein, dass die in Rede stehenden Rechtsgüter bereits für sich genommen und generalisierend derart gewichtig sind, dass der Geheimnisschutz zurücktreten muss.[1647] Eine einzelfallorientierte Interessenabwägung könnte in diesem Fall nicht mehr erfolgen.[1648]

3. *Interessenabwägung nach Wertungsgesichtspunkten*

Denkbar ist es aber auch, § 5 GeschGehG so zu verstehen, dass eine Handlung nur dann nicht unter die Verbotstatbestände in § 4 GeschGehG subsumiert werden kann, wenn die zu schützende Rechtsposition des Geheimnisinhabers im Einzelfall überwiegt.[1649] Dies könnte unter Berücksichtigung folgenden Umstandes der Intention des Gesetzgebers entsprechen. Gemäß § 5 GeschGehG führen nämlich nicht nur die gesondert genannten Tatbestandsvarianten, sondern grundsätzlich auch jedes andere berechtigte Interesse zur Anwendungsausnahme. Nach der Gesetzesbegründung kann dies jedes von der Rechtsordnung gebilligte Interesse sein. Sowohl wirtschaftliche als auch ideelle Interessen sind umfasst.[1650] Unterstellte man eine starre Regelung auf Rechtsfolgenseite, erwiese sich diese Erweiterung als fragwürdig und selbstwidersprüchlich. Es bestände dann ein Regelwerk, nach dem die unlautere Einwirkung auf Geschäftsgeheimnisse zwar grundsätzlich gemäß § 4 GeschGehG verboten ist, dies jedoch über § 5 GeschGehG zugleich wieder weitläufig und unkonturiert einer Durchbrechung zugänglich gemacht wäre, lediglich anknüpfend an ein nicht näher konkretisiertes berechtigtes Interesse. Eine rechtssichere Handhabung wäre dann nicht möglich. Dieser Gefahr könnte nur begegnet werden, wenn zumindest die ungeschriebenen weiteren Fallvarianten einer Interessenabwägung unterworfen werden müssten.

Eine unterschiedliche Behandlung der gesetzlich verankerten und der ungeschriebenen Fallgruppen des § 5 GeschGehG wäre jedoch unter den Gesichtspunkten der Rechtssicherheit und der Einheit der Rechtsordnung problematisch. Mit Rückgriff auf den gemäß § 1 I GeschGehG verankerten Schutzzweck ein Regelungswerk zugunsten des Schutzes von Geschäftsgeheimnissen vor unerlaubter Erlangung, Nutzung und Offenlegung zu schaffen, würde es eher der Intention des Gesetzgebers entsprechen, die Ausnahmeregelung insgesamt mit einem weiteren einzelfallorientierten Prüfungsmaßstab auf Rechtsfolgenseite zu versehen.[1651]

1647 Köhler/Bornkamm/Feddersen/*Alexander* § 5 GeschGehG Rn. 5.

1648 Köhler/Bornkamm/Feddersen/*Alexander* § 5 GeschGehG Rn. 5.

1649 *Alexander*, Wettbewerbsrecht, S. 517 Rn. 1993; Büscher/*McGuire* § 5 GeschGehG Rn. 13; Harte-Bavendamm/*Ohly*/Kalbfus § 5 GeschGehG Rn. 28; *McGuire*, FS Harte-Bavendamm 2020, S. 367, 381; *Rönnau*, FS Merkel, S. 909, 926.

1650 Begr. RegE, BT-Drucks. 19/4724, S. 27.

1651 Dies vertretend Harte-Bavendamm/*Ohly*/Kalbfus § 5 GeschGehG Rn. 55.

4. *Verhältnismäßigkeitsprüfung*

Es erscheint möglich, die Regelung in § 5 GeschGehG noch enger zu verstehen, nämlich nach der Feststellung aller Tatbestandsmerkmale zusätzlich auf Rechtsfolgenseite eine einzelfallorientierte strenge Verhältnismäßigkeitsprüfung vorzunehmen.[1652] Für eine solche Lesart spräche insbesondere die Grundrechtsrelevanz der widerstreitenden Rechtspositionen.[1653] Nach Rechtsprechung des Bundesverfassungsgerichts müssen Grundrechtseingriffe einer Verhältnismäßigkeitsprüfung im engeren Sinne standhalten. Wie bereits ausgeführt, unterfallen Geschäftsgeheimnisse dem grundrechtlichen Schutz gemäß Art. 12 I GG.[1654] Nach den vorherigen Auslegungsergebnissen kann die Erlangung, die Nutzung oder die Offenlegung eines Geschäftsgeheimnisses zudem nur dann gemäß § 5 GeschGehG legitimiert sein, wenn die fragliche Handlung zum Schutz einer Grundrechtsposition oder eines in seiner Wertigkeit vergleichbaren Rechtsgutes erfolgt. Diese demnach vergleichbare Wertigkeit der zum Ausgleich zu bringenden Rechtspositionen könnte dafürsprechen, im Anwendungsbereich des § 5 GeschGehG stets eine Verhältnismäßigkeitsprüfung im engeren Sinne zu verlangen.[1655]

5. *Abschließende Bewertung der vorgestellten Interpretationsansätze*

Da dem Geschäftsgeheimnisgesetz nicht unmittelbar und zweifelsfrei ein zwingendes Verständnis des § 5 GeschGehG zu entnehmen ist, muss diese Frage unter Rückgriff auf die unionsrechtlichen Vorgaben beantwortet werden. Die Geheimnisschutz-Richtlinie bietet nicht nur bei grundrechtlich verankerter Ausübung der Meinungs-, Informations- und Pressefreiheit, zulässigen Whistleblowing-Aktivitäten und der notwendigen Kommunikation von Arbeitnehmern und ihren Interessenvertretungen Ausnahmen von dem gesetzlichen Schutzkonzept. Mit Art. 5 lit. d) RL (EU) 2016/943 enthält die unionsrechtliche Vorgabe zudem einen weiteren Ausnahmetatbestand, der unbekannte, weitere Sachverhalte einbezieht.[1656] Unter Berücksichtigung der Richtlinienziele, insbesondere einer unionsweiten Stärkung und Optimierung des Geheimnisschutzes sowie einer insoweit rechtssicheren Kooperation der Mitgliedsstaaten erscheint indessen zweifelhaft, ob der Unionsgesetzgeber stets den Geheimnisschutz zurücktreten lassen will, sofern nur ein wie auch immer geartetes, berechtigtes Interesse zur Geltung gebracht werden kann. Eine dementsprechende Öffnungsregelung bewirkte eine mit den oben genannten Zielen nicht zu vereinbarende Schutzlücke.

1652 In diese Richtung *Rönnau,* FS Merkel, S. 909, 925ff.

1653 *Hiéramente,* Stellungnahme zur BT-Drucks. 19/4724, S. 20.

1654 Zu dem grundrechtlichen Schutz von Betriebs- und Geschäftsgeheimnissen, siehe Teil 2, § 6, B., V., 2., c), S. 185.

1655 *Ohly* GRUR 2019, 441, 448–449.

1656 Harte-Bavendamm/*Ohly*/Kalbfus § 5 GeschGehG Rn. 53.

Im Einzelfall kann § 5 GeschGehG nicht dahingehend verstanden werden, dass die zu beurteilende Handlung mit Vorliegen sämtlicher geschriebener Tatbestandsmerkmal ipso iure aus dem Anwendungsbereich des § 4 GeschGehG ausgenommen ist. Liegen die Voraussetzungen des § 5 GeschGehG vor, müssen vielmehr die zu schützende Rechtsposition und das Geheimhaltungsinteresse einzelfallorientiert gegeneinander abgewogen werden.[1657] Dies Korrektiv ist geeignet, eine unkonturierte und praktisch uferlose Relativierung des intendierten Geheimnisschutzes zu vermeiden. Die Ausnahmeregelung kommt zur Anwendung, sofern diese Abwägung ergibt, dass die Belange des Geheimnisinhabers weniger schutzwürdig sind.[1658] Diese Interpretation findet Rückhalt in der Gesetzesbegründung.[1659] Danach soll die Ausnahmeregelung gewährleisten, dass der Geheimnisschutz einzelfallbezogen hinter Belangen des Gemeinwohls zurückzutreten hat, denn „ (...) ist eine Handlung im Einzelfall gerechtfertigt, sind die in Abschnitt 2 aufgezählten Ansprüche ausgeschlossen“.[1660] Diese Formulierung verdeutlicht die gesetzgeberische Zielrichtung, § 5 GeschGehG als eine auf den jeweiligen Einzelfall zugeschnittene Ausnahmeregelung auszugestalten. Generalisierende und pauschalierende Ergebnisse lassen sich damit nicht vereinbaren.[1661]

Ungeklärt bleibt damit jedoch, welchen Anforderungen dieser Prüfungsmaßstab im Einzelnen zu entsprechen hat. Nach den vorgestellten Interpretationsansätzen kommt eine weitgefasste Interessenabwägung unter Wertungsgesichtspunkten oder aber eine strenge Verhältnismäßigkeitsprüfung in Betracht. Der Begriff des „berechtigten Interesses“ im Sinne von § 5 GeschGehG wird unter Berücksichtigung obiger Auffassung dahingehend ausgelegt, dass es sich um eine durch das Unionsrecht oder das Recht der Mitgliedsstaaten anerkannte Rechtsposition handeln muss.[1662] Mit der Anknüpfung an von der Rechtsordnung anerkannte Interessen[1663] wird ein objektiver Maßstab hergestellt. Eine von jedweden Wertungsgesichtspunkten bestimmte Interessenabwägung ohne feste Kriterien könnte demgegenüber die bezweckte normative Absicherung von Geschäftsgeheimnissen nicht gewährleisten. Nach alldem erscheint im Rahmen von § 5 GeschGehG eine

---

1657 Büscher/*McGuire* § 5 GeschGehG Rn. 13; zu § 5 Nr. 2 GeschGehG Harte-Bavendamm/*Ohly*/Kalbfus § 5 GeschGehG Rn. 55; *Hiéramente,* Stellungnahme zur BT-Drucks. 19/4724, S, 22; *McGuire,* FS Harte-Bavendamm 2020, S. 367, 381; **a.A.** Köhler/Bornkamm/Feddersen/*Alexander* § 5 GeschGehG Rn. 5; *Schreiber* NZWiSt 2019, 332, 336; derselbe tendiert in, Wettbewerbsrecht, S. 517 Rn. 1993 jedoch zu einer Interessenabwägung.

1658 Büscher/*McGuire* § 5 GeschGehG Rn. 13; *McGuire,* FS Harte-Bavendamm 2020, S. 367,381.

1659 Büscher/*McGuire* § 5 GeschGehG Rn. 13.

1660 Begr. RegE, BT-Drucks. 19/4724, S. 28.

1661 Im Ergebnis Harte-Bavendamm/*Ohly*/Kalbfus § 5 GeschGehG Rn. 55.

1662 Zur richtlinienkonformen Auslegung des § 5 GeschGehG, siehe Teil 2, § 8, B., V., 3., S. 285ff.

1663 Harte-Bavendamm/*Ohly*/Kalbfus § 5 GeschGehG Rn. 54.

strenge Verhältnismäßigkeitsprüfung geboten.[1664] Alle Sachverhaltsvarianten des § 5 Nr. 1–3 GeschGehG unterfallen dem.[1665] Dies gilt gleichermaßen für alle Handlungen zum Schutz eines berechtigten Interesses.[1666]

C. Abschließende Bewertung der Richtlinienkonformität von § 5 GeschGehG

Nach der unionsrechtlichen Vorgabe war die rechtliche Ausgestaltung den Mitgliedsstaaten überlassen. § 5 GeschGehG setzt die unionsrechtlichen Vorgaben des Art. 5 RL (EU) 2016/943 nicht wortlautgetreu um. Systematik und Wortlaut des § 5 GeschGehG weisen Unterschiede auf. § 5 GeschGehG ist dahin richtlinienkonform auszulegen, dass ein berechtigtes Interesse nur bei Vorliegen der in Art. 5 lit. d) RL (EU) 2016/943 normierten Voraussetzungen bejaht werden kann. Das zu schützende Interesse muss durch das Unionsrecht oder das mitgliedsstaatliche Recht anerkannt und den in § 5 Nr. 1–3 GeschGehG genannten Rechtspositionen gleichwertig sein. Während der deutsche Gesetzgeber mit den Fallgruppen in § 5 Nr. 1 und 3 GeschGehG bis auf kleine sprachliche Änderungen grundsätzlich die unionsrechtlichen Vorgaben richtlinienkonform wiedergegeben hat, finden sich in § 5 Nr. 2 GeschGehG Abweichungen. Die Richtlinienkonformität des § 5 GeschGehG stellt dies nicht in Frage, da auch dieser objektivierten Formulierung eine subjektive Komponente anhaftet. Die weiteren Unterschiede im Wortlaut haben keine inhaltlichen Auswirkungen, sodass § 5 GeschGehG insgesamt als richtlinienkonform bewertet werden kann.

1664 Begr. RegE, BT-Drucks. 19/4724, S. 27; *Bitkom*, Stellungnahme zum Referentenentwurf, S. 9; Büscher/*McGuire* § 5 GeschGehG Rn. 3; *Ohly* GRUR 2019, 441, 448–449; *Passarge* CB 2018, 144, 147; eine Interessenabwägung nahelegend *Dann/Markgraf* NJW 2019, 1774, 1777; **a.A.** *Alexander* AfP 2019, 1, 7 Rn. 47; eine schulmäßige Verhältnismäßigkeitsprüfung nur im Rahmen staatlicher Eingriffe für erforderlich haltend Harte-Bavendamm/*Ohly*/Kalbfus § 5 GeschGehG Rn. 28.

1665 *Bitkom*, Stellungnahme zum Referentenentwurf, S. 9; Büscher/*McGuire* § 5 GeschGehG Rn. 3 und 13; *Passarge* CB 2018, 144, 147; ausdrücklich nur für § 5 Nr. 2 GeschGehG *Ohly* GRUR 2019, 441, 448–449; **a.A.** Köhler/Bornkamm/Feddersen/*Alexander* § 5 GeschGehG Rn. 5; *Schreiber* NZWiSt 2019, 332, 337.

1666 Büscher/*McGuire* § 5 GeschGehG Rn. 3 und 13; Köhler/Bornkamm/Feddersen/*Alexander* § 5 GeschGehG Rn. 5.

D. Verallgemeinerungsfähigkeit von § 5 GeschGehG

I. Rechtswirkungen von § 5 GeschGehG außerhalb des Anwendungsbereichs des Stammgesetzes zum Schutz von Geschäftsgeheimnissen

1. *Hinführung zur Problematik der Reichweite von § 5 GeschGehG und Meinungsstand in der Literatur*

Wie an anderer Stelle dieser Arbeit bereits ausgeführt, existieren auch außerhalb des Geschäftsgeheimnisgesetzes Normen und Pflichten im Zusammenhang mit Betriebs- und Geschäftsgeheimnissen. Arbeitsrechtlich relevant sind insbesondere die arbeitsvertragliche Pflicht zur Verschwiegenheit gemäß §§ 242, 241 II BGB und die betriebsverfassungsrechtliche Verschwiegenheitspflicht gemäß § 79 BetrVG.[1667] Das mithin gewonnene Verständnis von § 5 GeschGehG führt zu der Frage, ob Handlungen, die aufgrund von § 5 GeschGehG nicht unter den Tatbestand des § 4 GeschGehG fallen, weiterhin Verschwiegenheitspflichten aus anderem Rechtsgrund unterfallen können. Möglicherweise müssen diese im Anwendungsbereich des Ausnahmetatbestandes ebenfalls zurücktreten. Denkbar ist jedoch auch, dass die Regelungsweite von § 5 GeschGehG auf die gesetzliche Verschwiegenheitspflicht des § 4 GeschGehG beschränkt bleibt. Die darüber hinaus reichende Wirkung von § 5 GeschGehG kann zudem nur dann angenommen werden, wenn sich dies methodisch überzeugend begründen ließe.

Die Literatur äußert sich nur vereinzelt zu dieser Fragestellung. Überwiegend wird § 5 GeschGehG auf das Geschäftsgeheimnisgesetz beschränkt verstanden.[1668] Dies ergäbe der ausdrückliche Gesetzeswortlauts.[1669] Davon ungeachtet müssten

---

1667 Zu den arbeitsrechtlich relevanten Verschwiegenheitspflichten, siehe Teil 1, § 2, B., I., S. 59ff.

1668 BeckOK GeschGehG/*Hiéramente* § 5 Rn. 8; Harte-Bavendamm/*Ohly*/Kalbfus § 5 GeschGehG Rn. 56; *Hiéramente/Golzio* CCZ 2019, 262, 265; Köhler/Bornkamm/Feddersen/*Alexander* § 5 GeschGehG Rn. 11; *Naber/Peukert/Seeger* NZA 2019, 583, 585; *Reinfeld*, Das neue Gesetz zum Schutz von Geschäftsgeheimnissen, S. 94; *Schreiber* NZWiSt 2019, 332, 337; im Anklang *Buschmann* AuR 2019, 197, 197; die Anwendbarkeit von § 5 Nr. 2 GeschGehG im Rahmen von § 85 GmbHG wegen der besonderen Pflichtenstellung von Gesellschaftsorganen ablehnend Scholz/*Rönnau* § 85 GmbHG Rn. 52; den Anwendungsbereich des Gesetzes als klar definiert beschreibend *ASW*, zum Referentenentwurf, S. 1.

1669 BeckOK GeschGehG/*Hiéramente* § 5 Rn. 8; *Hiéramente/Golzio* CCZ 2019, 262, 265; *Naber/Peukert/Seeger* NZA 2019, 583, 585; so auch *Hiéramente*, Stellungnahme zur BT-Drucks. 19/4724, S. 18, der für eine Ausstrahlungswirkung mit dem damals noch unbeschränkten Wortlaut des § 5 GeschGehG-E argumentierte; Scholz/*Rönnau* § 85 GmbHG Rn. 52.

jedoch gegebenenfalls die Wertungen des Ausnahmetatbestandes in anderen Regelungszusammenhängen Beachtung finden.[1670] Andere Stimmen in der Literatur ziehen § 5 GeschGehG auch außerhalb des Geschäftsgeheimnisgesetz zur Legitimation bestimmter Handlungen heran.[1671] Dabei wird nicht immer eine methodische Begründung geliefert.[1672] Teilweise wird eine entsprechende Anwendung des Ausnahmetatbestandes befürwortet.[1673]

2. *Legitimationswirkung von § 5 GeschGehG außerhalb des Geschäftsgeheimnisgesetzes*

a) *Analoge Anwendung von § 5 GeschGehG im Rahmen externer Verschwiegenheitspflichten*

Unterfällt eine Handlung den Voraussetzungen des § 5 GeschGehG könnte der Ausnahmetatbestand möglicherweise auf sonstige Verschwiegenheitspflichten analoge Anwendung finden.[1674] In Konsequenz würden nicht nur der Schutz nach dem Geschäftsgeheimnisgesetz, sondern auch andere gesetzliche oder vertragliche Pflichten (z.B. §§ 79 BetrVG, 116, 93, 404 AktG, 85 I GmbHG, 203 StGB, 241 II BGB) zum Schutz von Geschäftsgeheimnissen bei Vorliegen der tatbestandlichen Voraussetzungen des Geschäftsgeheimnisgesetzes zurücktreten.[1675] Wie bereits an früherer Stelle dargelegt, handelt es sich bei einer Analogie um ein Rechtsinstrument, mithilfe dessen eine Norm auf einen vergleichbar gelagerten, ungeregelten Sachverhalt übertragen wird.[1676] Voraussetzung ist, dass der fragliche Sachverhalt nur aufgrund einer planwidrigen Regelungslücke ungeregelt und die Interessenlage insoweit vergleichbar ist, sodass angenommen werden kann, der Gesetzgeber

---

1670 *Alexander* WRP 2019, 673, 675; Harte-Bavendamm/*Ohly*/Kalbfus § 5 GeschGehG Rn. 56; Köhler/Bornkamm/Feddersen/*Alexander* § 5 GeschGehG Rn. 11; *Ohly* GRUR 2019, 441, 448.

1671 Baumbach/Hueck/*Beurskens* § 85 GmbHG Rn. 20; *Oetker*, FS Hopt 2020, S. 901, 920; *Preis/Seiwerth* RdA 2019, 351, 359; Schmidt/Lutter/*Oetker* § 404 AktG Rn. 5; die Ausstrahlungswirkung nicht dezidiert thematisierend, § 5 GeschGehG jedoch in Bezug auf §§ 241 II, 611a BGB und § 79 BetrVG thematisierend Fitting § 79 BetrVG Rn. 3aff.; *Preis/Temming*, Arbeitsrecht I, S. 253–255 Rn. 1180–1181. Die Ausführungen deuten darauf hin, dass § 5 GeschGehG auch im Rahmen der §§ 241 II; 611a BGB, § 79 BetrVG relevant wird.

1672 Nur andeutend Fitting § 79 BetrVG Rn. 3aff; *Preis/Temming*, Arbeitsrecht I, S. 253 Rn. 1180ff.

1673 *Oetker*, FS Hopt 2020, S. 901, 920; Schmidt/Lutter/*Oetker* § 404 AktG Rn. 5.

1674 *Oetker*, FS Hopt 2020, S. 901, 920; Schmidt/Lutter/*Oetker* § 404 AktG Rn. 5.

1675 Schmidt/Lutter/*Oetker* § 404 AktG Rn. 5.

1676 *Brox/Walker*, Allgemeiner Teil des BGB, S. 37 Rn. 16; Creifelds/*Groh*, Analogie; Palandt/*Grüneberg* Einleitung Rn. 48; Staudinger/*Honsell* Einleitung zum BGB Rn. 156.

hätte bei Erkennen dieser Lücke dieselben Rechtssätze herangezogen und wäre zu demselben Abwägungsergebnis gekommen.[1677]

Dem gesetzlichen Wortlaut des § 5 GeschGehG lässt sich entnehmen, dass eine Handlung nicht unter die Verbote des § 4 GeschGehG fällt sofern die näher normierten Voraussetzungen vorliegen. Diese Formulierung deutet dahin, dass der Gesetzgeber in § 5 GeschGehG bewusst nur die Auswirkungen auf die gesetzliche Verschwiegenheitspflicht in § 4 GeschGehG geregelt hat.[1678] So lässt sich auch die gesetzliche Begründung verstehen[1679], die im Falle des Eingreifens von § 5 GeschGehG lediglich die in Abschnitt zwei des Gesetzes geregelten Ansprüche ausschließt.[1680] Eine Stellungnahme zu außerhalb des Geschäftsgeheimnisgesetzes begründeten Ansprüchen oder anderweitiger Rechtsfolgen fehlt.[1681] Zudem stellt die gesetzliche Begründung klar, dass § 5 GeschGehG auch auf § 23 GeschGehG anwendbar ist.[1682] Damit gibt der Gesetzgeber zu erkennen, dass eine über die gesetzliche Verschwiegenheitspflicht in § 4 GeschGehG hinausgehende Legitimationswirkung des § 5 GeschGehG gesondert klargestellt werden muss. Weitergehende Stellungnahmen bezogen auf Verschwiegenheitspflichten außerhalb des Geschäftsgeheimnisgesetzes sind jedoch nicht erfolgt.[1683] Von einer planwidrigen Regelungslücke kann im Ergebnis nicht ausgegangen werden. Der § 5 GeschGehG ist außerhalb des Geschäftsgeheimnisgesetzes nicht analog anzuwenden.[1684]

b) Allgemeingültige Ausstrahlungswirkung von § 5 GeschGehG

aa) Vorgaben des Gesetzestextes

Möglicherweise ist die Frage einer analogen Anwendung jedoch nachrangig, weil § 5 GeschGehG unmittelbar auf Regelungsbereiche außerhalb des Geschäftsgeheimnisgesetzes ausstrahlt. Wie soeben erläutert, thematisiert die Gesetzesbegründung lediglich die Auswirkungen des § 5 GeschGehG auf die Ansprüche des

---

1677 BGH NJW 2014, 2651, 2652/2653 Rn. 14; BGH NJW 2015, 1176, 1176 Rn. 9; BAG NZA 1994, 957, 958 = AP ZPO § 579 Nr. 4; BAG NZA 2001, 516, 518 = AP BetrVG 1972 § 103 Nr. 44; BAG NJW 2003, 2473, 2474/2475 = AP § 611 Organvertreter Nr. 24; Palandt/*Grüneberg* Einleitung Rn. 48; Staudinger/*Honsell* Einleitung zum BGB Rn. 156.

1678 BeckOK GeschGehG/*Hiéramente* § 5 Rn. 7; *Naber/Peukert/Seeger* NZA 2019, 583, 585; Schmitt/Lutter/*Oetker* § 404 AktG Rn. 5; Scholz/*Rönnau* § 85 GmbHG Rn. 52; den Wortlaut offen verstehend *Hiéramente/Golzio* CCZ 2018, 262, 265.

1679 *Hiéramente/Golzio* CCZ 2018, 262, 265.

1680 Begr. RegE, BT-Drucks. 19/4724, S. 27.

1681 *Hiéramente/Golzio* 2018, 262, 265; Schmidt/Lutter/*Oetker* § 404 AktG Rn. 5.

1682 Begr. RegE, BT-Drucks. 19/4724; *Hiéramente/Golzio* CCZ 2018, 262, 265.

1683 *Reinfeld,* Das neue Gesetz zum Schutz von Geschäftsgeheimnissen, S. 94; Schmidt/Lutter/*Oetker* § 404 AktG Rn. 5.

1684 **A.A.** Baumbach/Hueck/*Beurskens* § 85 GmbHG Rn. 20; *Oetker,* FS Hopt 2020, S. 901, 920; Schmidt/Lutter/*Oetker* § 404 AktG Rn. 5.

Abschnitts zwei (§§ 6–8), die bei Vorliegen sämtlicher Voraussetzungen ausgeschlossen sind. Zudem steht die Norm einer Strafbarkeit gemäß § 23 GeschGehG entgegen.[1685] Aussagen über eine Anwendbarkeit außerhalb des Geschäftsgeheimnisgesetzes finden sich dagegen nicht. Wie schon bei Beurteilung der analogen Anwendung, spricht dies für den Willen des Gesetzgebers, die Rechtswirkungen des § 5 GeschGehG auf das Geschäftsgeheimnisgesetz zu beschränken. Auch der Gesetzestext erschöpft sich in der Feststellung, dass die fragliche Handlung nicht in den tatbestandlichen Anwendungsbereich des § 4 GeschGehG fällt.[1686] Dies deutet e contrario dahin, dass die legitimierende Wirkung von § 5 GeschGehG nicht für anderweitige Rechtsnormen außerhalb des Geschäftsgeheimnisgesetzes gilt.[1687]

bb) Eigene Bewertung der Frage mittels weitergehender Auslegung

Die soeben festgestellte Verknüpfung des Ausnahmetatbestandes mit den Verboten des § 4 GeschGehG wurde erst nach den Änderungsvorschlägen des Ausschusses für Recht und Verbraucherschutz in das Gesetz aufgenommen.[1688] Der Regierungsentwurf verzichtete noch auf diese beschränkende Klarstellung.[1689] Die fehlende Klarstellung im Regierungsentwurf wurde von einem Sachverständigen im Rahmen der Anhörung durch den BT-Ausschuss für Recht und Verbraucherschutz herangezogen, um eine Ausstrahlungswirkung des § 5 GeschGehG auf die §§ 85 I GmbHG, 404 AktG, 120 BetrVG zu begründen.[1690] Der erst daraufhin eingefügte Zusatz „(...) *fällt nicht unter die Verbote des § 4 GeschGehG (...)*“spricht für ein enges Verständnis, wonach der Anwendungsbereich des § 5 GeschGehG auf das Geschäftsgeheimnisgesetz beschränkt bleiben soll.[1691] Die zu beurteilende Handlung soll lediglich von dem Verbotstatbestand des § 4 GeschGehG ausgenommen werden.

In die Beurteilung müssen zudem – zeitlich nach der Geheimnisschutz-Richtlinie initiierte – unionsrechtliche Bestrebungen einbezogen werden, den

---

1685 Begr. RegE, BT-Drucks. 19/4724, S. 27; dies feststellend Büscher/*McGuire* § 5 GeschGehG Rn. 2.

1686 BeckOK GeschGehG/*Hiéramente* § 5 Rn. 7; *Oetker,* FS Hopt 2020, S. 901, 919; *Reinfeld,* Das neue Gesetz zum Schutz von Geschäftsgeheimnissen, S. 84.

1687 Fuhlrott/*Hiéramente* DB 967, 968 *Oetker,* FS Hopt 2020, S. 901, 919.

1688 *Fuhlrott/Hiéramente* DB 2019, 967, 969.

1689 *Fuhlrott/Hiéramente* DB 2019, 967, 969; *Naber/Peukert/Seeger* NZA 2019, 583, 585; *Oetker,* FS Hopt, S. 875. 894.

1690 *Hieramente,* Stellungnahme zur BT-Drucks. 19/4724, S. 18.

1691 BeckOK GeschGehG/*Hiéramente* § 5 Rn. 8; *Fuhlrott/Hiéramente* DB 2019, 967, 969; *Naber/Peukert/Seeger* NZA 2019, 583, 583; so auch *Hiéramente,* Stellungnahme zur BT-Drucks, 19/4724, S. 18, der für eine Ausstrahlungswirkung mit dem damals noch unbeschränkten Wortlaut des § 5 GeschGehG-E argumentierte; *Oetker,* FS Hopt 2020, S. 901, 919.

rechtlichen Schutz von Hinweisgebern umfassend zu regeln.[1692] Nachdem das Harmonisierungsbedürfnis im Vorfeld des Gesetzgebungsverfahrens umfassend überprüft wurde[1693], legte die europäische Kommission am 23.4.2018 einen Vorschlag für eine Richtlinie zum Schutz von Personen, die Verstöße gegen das Unionsrecht melden[1694]vor.[1695] Diese mündete mittlerweile in der RL (EU) 2019/1937 zum Schutz von Personen, die Verstöße gegen das Unionsrecht melden[1696], welche am 17.12.2019 in Kraft getreten ist. Auf Grundlage dieser Richtlinie soll das europäische Whistleblowing-Recht umfassend neugestaltet werden.[1697] Da § 5 GeschGehG – respektive Art. 5 RL (EU) 2016/943 – ebenfalls eine Regelung bezüglich des Whistleblowings enthalten, ließe sich aus den fortbestehenden Harmonisierungsabsichten entnehmen, dass die Norm e contrario nicht zu einer allgemeinen Klärung der Rechtslage beiträgt und nur im Anwendungsbereich des Geschäftsgeheimnisgesetzes gelten soll.[1698]

In eine andere Richtung weist womöglich der Zweck der Norm.[1699] Ausweislich der Gesetzesbegründung soll § 5 GeschGehG sicherstellen, dass der Schutz von Geschäftsgeheimnissen nicht absolut wirkt und im Einzelfall hinter gewichtigen Belangen des Allgemeinwohls zurücktreten kann.[1700] Gleichzeitig billigt der Gesetzgeber den gesondert genannten Interessen unter § 5 Nr. 1–3 GeschGehG eine eigenständige Wertigkeit zu, da diese grundsätzlich – bei einer Interessenabwägung zu ihren Gunsten – geeignet seien sollen, den Geheimnisschutz zu verdrängen.[1701] Demensprechend geht die teleologische Ausrichtung des § 5 GeschGehG dahin sicherzustellen, dass bestimmte grundrechtlich geschützte Belange nicht gänzlich verdrängt werden.[1702] Dafür bildet der Ausnahmetatbestand ein rechtstechnisches

---

1692 *DIHK,* Stellungnahme zum Referentenentwurf, S. 3; *Reinfeld,* Das neue Gesetz zum Schutz von Geschäftsgeheimnissen, S. 7; diese bereits zuvor fordernd *Schmitt* RdA 2017, 365, 372; im Ergebnis auch *Lejeune* ITRB 2018, 140, 142.

1693 Umfassend bei EuArbRK/*Fest* Hinweisgeber-RL Art. 1 Rn. 43–44.

1694 Vorschlag für eine Richtlinie des Europäischen Parlaments und des Rates zum Schutz von Personen, die Verstöße gegen das Unionsrecht melden vom 23. 4.2018, COM (2018) 218 final; *Naber/Peukert/Seeger* NZA 2019, 583, 585.

1695 EuArbRK/*Fest* Hinweisgeber-RL Art. 1 Rn. 44; *Reinfeld,* Das neue Gesetz zum Schutz von Geschäftsgeheimnissen, S. 7.

1696 Richtlinie (EU) 2019/1937 des europäischen Parlaments und des Rates vom 23.10.2019 zum Schutz von Personen, die Verstöße gegen das Unionsrecht melden, ABl. EU, L 305/17; nachfolgend Hinweisgeber-Richtlinie.

1697 BeckOK GeschGehG/*Hiéramente* § 5 Rn. 48; EuArbRK/*Fest* Hinweisgeber-RL Art. 1 Rn. 53; *Gerdemann* RdA 2019, 16, 16; *Naber/Peukert/Seeger* NZA 2019, 583, 586; *Reinfeld,* Das neue Gesetz zum Schutz von Geschäftsgeheimnissen, S. 7.

1698 EuArbRK/*Fest* Hinweisgeber-RL Art. 1 Rn. 72; *Naber/Peukert/Seeger* NZA 2019, 583, 585; so im Ansatz *DIHK,* Stellungnahme zum Referentenentwurf, S. 3.

1699 *Oetker,* FS Hopt 2020, S. 901, 920.

1700 Begr. RegE, BT-Drucks. 19/4724, S. 27.

1701 *Oetker,* FS Hopt 2020, S. 901, 919–929.

1702 Vergleich Schmidt/Lutter/*Oetker* § 404 AktG Rn. 5.

Instrument, mittels dessen der Geheimnisschutz flexibel und interessengerecht eingegrenzt werden kann. § 5 GeschGehG kommt demnach in gewisser Hinsicht der Charakter einer „Hintertür“ zu. Würde man dessen Anwendungsbereich auf das Geschäftsgeheimnisgesetz beschränken, könnte dieser Zweck praktisch nicht verwirklicht werden.[1703]

Dies ist am Beispiel der arbeitsvertraglichen Verschwiegenheitspflicht zu verdeutlichen. Offenbart ein Arbeitnehmer unter den Voraussetzungen des § 5 GeschGehG ein Geschäftsgeheimnis, fällt sein Handeln nicht unter die Verbotsnorm des § 4 GeschGehG. Auch der Straftatbestand gemäß § 23 GeschGehG wird nicht verwirklicht. Der Arbeitnehmer kann durch die Offenlegung dennoch gegen die arbeitsvertragliche Pflicht zur Verschwiegenheit verstoßen. Wirkt § 5 GeschGehG soweit nicht ebenfalls legitimierend, muss der Arbeitnehmer mit Sanktionen wegen einer arbeitsvertraglichen Pflichtverletzung rechnen. Entsprechendes gilt im Rahmen der betriebsverfassungsrechtlichen Verschwiegenheitspflicht gemäß § 79 BetrVG. Dadurch würde der Arbeitnehmer respektive das Betriebsratsmitglied an der Wahrnehmung der über § 5 GeschGehG geschützten Interessen trotz dessen legitimierender Wirkung gehindert.[1704] Hinzutritt, dass es im Sinne einer einheitlichen Rechtsordnung zu Wertungswidersprüchen führt, wenn der Gesetzgeber ein bestimmtes Verhalten einerseits als so gewichtig erachtet, dass dieses von dem tatbestandlichen Schutz einer Norm – die ihrerseits mit unter Umständen massiven rechtlichen Konsequenzen für den Verletzten verbunden ist – ausgenommen wird, andererseits spezialgesetzliche Pflichten und Straftatbestände – die eine gleiche Zielrichtung verfolgen – eben dieses Verhalten weiter verbieten und gegebenenfalls sanktionieren.[1705]

Im Ergebnis ist nicht von der Hand zu weisen, dass der Wortlaut der Norm den Ausnahmetatbestand lediglich auf das Geschäftsgeheimnisgesetz bezieht.[1706] Dieses Argument trägt indessen die Ablehnung einer unmittelbaren Anwendbarkeit von § 5 GeschGehG allein noch nicht. Die tatbestandliche Bezugnahme auf § 4 GeschGehG wird in der Begründung des BT-Ausschuss für Recht und Verbraucherschutz nicht weiter erläutert.[1707] Dies legt das Verständnis nahe, dass sich die Aufnahme dieser Norm darin erschöpft, das systematische Verhältnis innerhalb des Geschäftsgeheimnisgesetzes auszudrücken. Weitergehende Aussagen kommen dem aus dieser Perspektive nicht zu. Die Begründung des BT-Ausschusses für Recht und Verbraucherschutz sieht eine weitergehende rechtliche Wirkung des § 5 GeschGehG nicht vor, schließt dann eine solche aber auch nicht aus. Unter

1703 *Oetker,* FS Hopt 2020, S. 901, 920.; Schmidt/Lutter/*Oetker* § 404 AktG Rn. 5.

1704 So *Oetker,* FS Hopt 2020, S. 901, 919–920, zu der aktienrechtlichen Verschwiegenheitspflicht.

1705 *Oetker,* FS Hopt 2020, S. 901, 919–920; **a.A.** *Naber/Peukert/Seeger* NZA 2019, 583, 585.

1706 Schmidt/Lutter/*Oetker* § 404 AktG Rn. 5.

1707 BT-Ausschuss für Recht und Verbraucherschutz, BT-Drucks. 19/8300, S. 14.

Berücksichtigung des umfassenden Schutzzwecks der Ausnahmetatbestände liegt deshalb aus teleologischer Sicht eine Anwendbarkeit des § 5 GeschGehG auch über das Geschäftsgeheimnisgesetz nahe.[1708] Zur Vermeidung von Wertungswidersprüchen ist dem Ausnahmetatbestand des § 5 GeschGehG eine unmittelbare Ausstrahlungswirkung beizumessen.[1709] Er ist auf alle Normen und Pflichten zum Umgang mit Betriebs- und Geschäftsgeheimnissen anzuwenden.[1710]

3. *Zusammenfassung der gefundenen Ergebnisse*

§ 5 GeschGehG kann außerhalb des Geschäftsgeheimnisgesetzes Anwendung finden.[1711] Methodisch basiert dies auf einer unmittelbaren Ausstrahlung der Norm.[1712] Die in der Literatur teilweise befürwortete[1713] analoge Anwendung des § 5 GeschGehG kommt nicht in Betracht, da die fehlende Regelung sonstiger Auswirkungen außerhalb des Geschäftsgeheimnisgesetzes nicht auf einer planwidrigen Regelungslücke basiert.[1714] Trotz des im Gesetzeswortlaut anklingenden Willens des Gesetzgebers sprechen der Zweck der Norm, die gebotene Vermeidung von Wertungswidersprüchen und der Gedanke der Einheit der Rechtsordnung dafür, § 5 GeschGehG außerhalb des Geschäftsgeheimnisgesetzes Regelungswirkung beizumessen.[1715]

1708 *Oetker*, FS Hopt 2020, S. 901, 919; Schmidt/Lutter/*Oetker* § 404 AktG Rn. 5.

1709 **A.A.** BeckOK GeschGehG/*Hiéramente* § 5 Rn. 8; Köhler/Bornkamm/Feddersen/*Alexander* § 5 GeschGehG Rn. 11; *Schreiber* NZWiSt 2019, 332, 337.

1710 **A.A.** BeckOK GeschGehG/*Hiéramente* § 5 Rn. 8; Köhler/Bornkamm/Feddersen/*Alexander* § 5 GeschGehG Rn. 11; *Schreiber* NZWiSt 2019, 332, 337.

1711 Baumbach/Hueck/*Beurskens* § 85 GmbHG Rn. 20; *Oetker*, FS Hopt 2020, S. 901, 920; **a.A.** BeckOK GeschGehG/*Hiéramente* § 5 Rn. 8; Köhler/Bornkamm/Feddersen/*Alexander* § 5 GeschGehG Rn. 11; *Schreiber* NZWiSt 2019, 2019, 332; 337; im Ergebnis offenlassend *Fuhlrott/Hieramente* DB 2019, 967, 969; die Anwendbarkeit von § 5 GeschGehG nur für § 85 GmbHG ausdrücklich ablehnend Scholz/*Rönnau* § 85 GmbHG Rn. 52.

1712 **A.A.** Köhler/Bornkamm/Feddersen/*Alexander* § 5 GeschGehG Rn. 11; eine entsprechende Anwendung befürwortend Baumbach/Hueck/Beurskens § 85 GmbHG Rn. 20; Oetker, FS Hopt 2020, S. 901, 920.

1713 Baumbach/Hueck/*Beurskens* § 85 GmbHG Rn. 20; *Oetker*, FS Hopt 2020, S. 901, 920.

1714 **A.A.** *Oetker*, FS Hopt 2020, S. 901, 920.

1715 Baumbach/Hueck/Beurskens § 85 GmbHG Rn. 20; Harte-Bavendamm/*Ohly*/Kalbfus § 5 GeschGehG Rn. 56; Oetker, FS Hopt 2020, S. 901, 919–920; Schmidt/Lutter/*Oetker* § 404 AktG Rn. 5.

II. Vorliegen eines Geschäftsgeheimnisses als Voraussetzung der Ausstrahlung von § 5 GeschGehG

1. Hinführung zur Problematik

Nach den soeben getroffenen Feststellungen kann § 5 GeschGehG zwar auch außerhalb des Geschäftsgeheimnisgesetzes legitimierende Wirkung entfalten. Die inhaltliche Reichweite bleibt jedoch klärungsbedürftig. Dies basiert auf Folgendem. Verschwiegenheitspflichten sind gegenständlich zwar oftmals auf die Wahrung tatbestandlicher Betriebs- und Geschäftsgeheimnisse gerichtet. Überwiegend ist ihr Anwendungsbereich jedoch nicht auf diese beschränkt, sondern umfasst auch die Pflicht anderweitige „Geheimnisse" vertraulich zu behandeln, welche die Tatbestandsvoraussetzungen eines Betriebs- und Geschäftsgeheimnisses nicht zwingend erfüllen. Angeführt werden kann hier zunächst die aktienrechtliche Verschwiegenheitspflicht der Aufsichtsratsmitglieder gemäß §§ 116 i.V.m. 93, 404 AktG. Diese verpflichtet die Aufsichtsratsmitglieder, „vertrauliche Angaben und Geheimnisse, namentlich Betriebs- und Geschäftsgeheimnisse" zu bewahren. Gleiches gilt für die Verschwiegenheitspflichten des Geschäftsführers, der Aufsichtsratsmitglieder oder Liquididatoren einer GmbH gemäß § 85 I GmbHG. Danach dürfen die genannten Personengruppen „Geheimnisse, namentlich Betriebs- und Geschäftsgeheimnisse nicht unbefugt offenbaren". Auch die Strafnorm des § 203 I, II StGB verbietet die Offenbarung „eines zum persönlichen Lebensbereich gehörenden Geheimnisses oder eines Betriebs- und Geschäftsgeheimnisses". Dies führt zu der Frage, ob die außerhalb des Geschäftsgeheimnisgesetzes bestehende Regelungswirkung des § 5 GeschGehG an das Vorliegen eines tatbestandlichen Geschäftsgeheimnisses im Sinne von § 2 Nr. 1 GeschGehG geknüpft ist.

2. Inhaltlich unbeschränkte echte Allgemeingültigkeit von § 5 GeschGehG

Möglich ist zunächst die Annahme, dass § 5 GeschGehG im Anwendungsbereich sonstiger Verschwiegenheitspflichten nicht an das Vorliegen eines Geschäftsgeheimnisses im Sinne des § 2 Nr. 1 GeschGehG geknüpft ist. Nach einem solchen Verständnis wäre die Ausstrahlung der Norm weit ausgestaltet.[1716] § 5 GeschGehG hätte die inhaltliche Reichweite eines unbegrenzt wirkenden, allgemeingültigen Ausnahmetatbestandes. Rechtliche Konsequenz wäre, dass der Verstoß gegen gesetzliche (z.B. §§ 116, 93 AktG, 85 GmbHG, 203 StGB) oder vertragliche (z.B. § 241 II BGB) Verschwiegenheitspflichten gemäß § 5 GeschGehG umfassend legitimiert sein kann. Verletzungshandlungen könnten bei Vorliegen eines berechtigten Interesses umfassend legitimiert sein. Bei der erlangten, genutzten oder offengelegten

1716 Die Unabhängigkeit von der Tatbestandsmäßigkeit der Information andeutend Fitting § 79 BetrVG Rn. 3aff.

Information müsste es sich nicht um ein Geschäftsgeheimnis im Sinne von § 2 Nr. 1 GeschGehG handeln. Dieses weite Verständnis ist insbesondere aufgrund folgender Überlegung in Frage zu stellen.

Mit § 5 GeschGehG macht der Gesetzgeber deutlich, dass die dort genannten Schutzgüter – aufgrund ihrer besonderen Relevanz – dem Interesse an dem Nichtbekanntwerden von Geschäftsgeheimnissen unter Umständen vorgezogen werden müssen. Im Vergleich mit anderweitigen vertraulichen Informationen kommt dem tatbestandlichen *Geschäftsgeheimnis* im Sinne des § 2 Nr. 1 GeschGehG jedoch eine besondere Stellung zu. Nur *Geschäftsgeheimnisse* sind im Rahmen eines zusammenhängend kodifizierten Regelungswerkes sowohl zivil- als auch strafrechtlich geschützt. Dies verdeutlicht die gesetzgeberische Wertung einer erhöhten Schutzbedürftigkeit. Betrachtet man diese Wertung, könnte dies nahelegen, dass ein Ausnahmetatbestand, in dessen Anwendungsbereich selbst die Verletzung eines Geschäftsgeheimnisses legitimiert werden kann, erst recht für sonstige „Geheimnisse“ und vertrauliche Informationen gilt.

3. *Durch § 2 Nr. 1 GeschGehG beschränkte unechte Allgemeingültigkeit von § 5 GeschGehG*

Möglicherweise ist § 5 GeschGehG jedoch auch außerhalb des Stammgesetzes stets an das Vorliegen eines tatbestandsmäßigen Geschäftsgeheimnisses geknüpft.[1717] Konsequenz dieses engen Verständnisses wäre, dass § 5 GeschGehG keine echte Allgemeingültigkeit zukommt. Die Außenwirkung von § 5 GeschGehG wäre darauf beschränkt, Sachverhaltskonstellationen, die in den Anwendungsbereich des Geschäftsgeheimnisgesetzes fallen, aus dem Tatbestand möglicherweise zusätzlich eingreifender externer Verschwiegenheitspflichten herauszunehmen.

Nach diesem Verständnis kann § 5 GeschGehG zwar grundsätzlich auch außerhalb des Geschäftsgeheimnisgesetzes legitimierend wirken, und eine Handlung dem Anwendungsbereich gesetzlicher und vertraglicher Verschwiegenheitspflichten, namentlich der §§ 404 AktG, 120 BetrVG, 85 GmbHG, 203 StGB, 241 II BGB etc. entziehen. Diese Wirkung wäre jedoch auf Sachverhaltskonstellationen beschränkt, die in den Anwendungsbereich des Geschäftsgeheimnisgesetzes fallen und stellt lediglich sicher, dass eine Handlung, die aus dem Tatbestand des § 4 GeschGehG wieder herausgenommen ist, nicht etwaigen anderen Verschwiegenheitspflichten unterfällt. Insoweit kann von einer unechten Allgemeingültigkeit gesprochen werden.

Nach diesem Verständnis wäre der Verweis auf die Hinweisgeber-Richtlinie – welcher angeführt wurde, um gegen die Allgemeinverbindlichkeit des § 5 GeschGehG zu argumentieren – entkräftet. § 5 Nr. 2 GeschGehG würde nicht zwangsläufig eine abschließende Regelung in Bezug auf Whistleblowing-Aktivitäten enthalten.[1718]

1717 EuArbRK/*Fest* Hinweisgeber-RL Art. 1 Rn. 72; EuArbRK/*Schubert* RL (EU) 2016/943 Art. 5 Rn. 15; *Oetker*, FS Hopt 2020, S. 901, 921.

1718 EuArbRK/*Fest* Hinweisgeber-RL Art. 1 Rn. 72.

Ginge man von einem engen Verständnis aus, ist der Ausnahmetatbestand nur im Rahmen von Normen und Pflichten anwendbar, die gegenständlich auf Betriebs- und Geschäftsgeheimnisse ausgerichtet sind. § 5 Nr. 2 GeschGehG regelt dann nur das Verhältnis von Whistleblowing zu solchen anderweitigen Normen bzw. Rechtspflichten. Dies beließe der Hinweisgeber-Richtlinie gleichwohl einen eigenständigen Anwendungsbereich.[1719]

4. *Bewertung der vorgestellten Problematik*

Nachdem sich Argumente für beide Lösungsansätze finden, muss die inhaltliche Reichweite des Ausnahmetatbestandes im Wege weiterer Auslegung ausgelotet werden.

Der Wortlaut der Norm bezieht sich gleich in zweierlei Hinsicht auf den Fachterminus *Geschäftsgeheimnis.* Zunächst muss es sich bei der zu beurteilenden Handlung um die „Erlangung, die Nutzung oder die Offenlegung eines Geschäftsgeheimnisses" handeln. Zudem soll dies auf Rechtsfolgenseite bei Vorliegen der weiteren Voraussetzungen nicht unter die Verbotsliste in § 4 GeschGehG subsumiert werden können. Auch diese Norm erfordert das Vorliegen sämtlicher Tatbestandsmerkmale, die in § 2 Nr. 1 GeschGehG aufgelistet sind.[1720] Somit kann der Gesetzeswortlaut für ein enges Verständnis angeführt werden, nach welchem der Ausnahmetatbestand in § 5 GeschGehG stets durch das Vorliegen eines tatbestandsmäßigen *Geschäftsgeheimnisses* bedingt ist.[1721] Auch der Wortlaut der unionsrechtlichen Vorgabe in Art. 5 RL (EU) 2016/943 bezieht sich ausdrücklich auf *Geschäftsgeheimnisse.* Nach Erwägungsgrund 20 der Richtlinienbegründung ist Art. 5 RL (EU) 2016/943 teleologisch darauf ausgerichtet, den Schutz von *Geschäftsgeheimnissen* zu begrenzen.[1722] Auf diese Zweckrichtung verweist auch der deutsche Gesetzgeber in der Begründung des Regierungsentwurfs.[1723] Zusammenfassend legen der Gesetzeswortlaut und die Begründungen der unionsrechtlichen Vorgabe wie auch der deutschen Umsetzung nahe, dass § 5 GeschGehG stets das Vorliegen eines *Geschäftsgeheimnisses* voraussetzt.[1724]

Weiterhin muss die Auslegung die neue Hinweisgeber-Richtlinie[1725] berücksichtigen. Mit dieser wird deutlich, dass der Unionsgesetzgeber keinesfalls davon ausgegangen ist, die „Whistleblowing-Thematik" sei mit § 5 Nr. 2 GeschGehG

1719 EuArbRK/*Fest* Hinweisgeber-RL Art. 1 Rn. 72.

1720 *Reinfeld,* Das neue Gesetz zum Schutz von Geschäftsgeheimnissen, S. 84.

1721 *Naber/Peukert/Seeger* NZA 2019, 583, 585; *Reinfeld,* Das neue Gesetz zum Schutz von Geschäftsgeheimnissen, S. 84.

1722 RL (EU) 2016/943, Erwägungsgrund 20, ABl.EU, L 157/5.

1723 Begr. RegE, BT-Drucks. 19/4724, S. 27.

1724 *Reinfeld,* Das neue Gesetz zum Schutz von Geschäftsgeheimnissen, S. 84.

1725 Richtlinie (EU) 2019/1937 Des europäischen Parlaments und des Rates vom 23.10.2019 zu Schutz von Personen, die Verstöße gegen das Unionsrecht melden, ABl. EU, L 305/17.

einer abschließenden Regelung zugeführt.[1726] Wäre Art. 5 RL (EU) 2016/943 als allgemeingültiger Ausnahmetatbestand für die unter lit. a-d) aufgezählten Fallkonstellationen gedacht, wäre grundsätzlich festgelegt gewesen, unter welchen Voraussetzungen interne Hinweise zulässig sind. Einer umfassenden Harmonisierung dieser Thematik hätte es nicht mehr bedurft.[1727] Somit legt eine unionsrechtskonforme Auslegung nahe, § 5 GeschGehG keine echte Allgemeingültigkeit beizumessen.[1728]

Auch der eingangs aufgeworfene Erst-Recht-Schluss ist bei näherer Betrachtung nicht zwingend. Es ist zwar nicht von der Hand zu weisen, dass Geschäftsgeheimnisse eine besonders geschützte Form vertraulicher Informationen darstellen. Dies zeugt von einer – anderweitige „Geheimnisse" wohl auch treffenden – Relevanz. Deswegen liegt der Schluss nahe, dass dann, wenn der rechtliche Geheimnisschutz zurückzutreten habe, dies erst recht für weniger stark geschützte anderweitige geheime Angaben gelten muss. Die Regelung des § 5 GeschGehG lässt sich jedoch nicht nur mit der hohen Relevanz der angesprochenen Interessen, sondern auch mit der umfassenden Wirkung des durch das Geschäftsgeheimnisgesetz vermittelten Schutzes begründen. Mit dem Stammgesetz zum Schutz von Geschäftsgeheimnissen hat der Gesetzgeber ein weit reichendes Schutzkonzept geschaffen. Trotz dessen Regelungsweite sollten andere relevante Interessen nicht über Gebühr beschränkt werden. Der Ausnahmetatbestand basiert unter diesem Blickwinkel nicht nur auf der herausragenden Relevanz der geschützten Fallgruppen, sondern lässt sich auch mit dem weitläufigem Regelungsumfang des Geschäftsgeheimnisgesetzes begründen. Dies spricht wiederrum für eine teleologisch zwingende Verknüpfung von § 5 GeschGehG und § 2 Nr. 1 GeschGehG. Dem entsprechend lässt sich der Schutzzweck von § 5 GeschGehG ebenfalls für ein enges Verständnis anführen.

Unter Berücksichtigung all dessen ist § 5 GeschGehG keine echte Allgemeingültigkeit beizumessen.[1729] Das vorgestellte weite Verständnis der Norm würde dem gesetzgeberischen Willen und unionsrechtlichen Vorgaben widersprechen. Zudem überdehnte es den Wortlaut von § 5 GeschGehG. Ein Vergleich mit der Hinweisgeber-Richtlinie und der Zweck von Geheimnisschutz-Richtlinie und Geschäftsgeheimnisgesetz führen zu dem Schluss, dass § 5 GeschGehG auch außerhalb dessen Anwendungsbereiches stets das Vorliegen eines Geschäftsgeheimnisses im Sinne von § 2 Nr. 1 GeschGehG voraussetzt.[1730] Damit überzeugt das

1726 EuArbRK/*Fest* Hinweisgeber-RL Art. 1 Rn. 72.

1727 Hierzu EuArbRK/*Fest* Hinweisgeber-RL Art. 1 Rn. 72; den Anwendungsbereich auf Unternehmensgeheimnisse beziehend *Wiese*, Die EU-Richtlinie über den Schutz vertraulichen Know-hows und vertraulicher Geschäftsinformationen, S. 134.

1728 *Naber/Peukert/Seeger* NZA 2019, 583, 585; *Wiese*, Die EU-Richtlinie über den Schutz vertraulichen Know-hows und vertraulicher Geschäftsinformationen, S. 134.

1729 EuArbRK/*Schubert* RL (EU) 2016/943 Art. 5 Rn. 14; *Oetker*, FS Hopt 2020, S. 901, 921.

1730 *Oetker*, FS Hopt 2020, S. 901, 921; *Wiese*, Die EU-Richtlinie über den Schutz vertraulichen Know-hows und vertraulicher Geschäftsinformationen, S. 134.

enge Verständnis der Norm. § 5 GeschGehG entfaltet lediglich unechte Allgemeinverbindlichkeit. Die Norm lässt sich zwar auch im Rahmen von sonstigen Verschwiegenheitspflichten anwenden.[1731] Dies gilt jedoch nur, soweit der fragliche Sachverhalt grundsätzlich in den Anwendungsbereich des Geschäftsgeheimnisgesetzes fällt, und darüber hinaus von anderweitigen gesetzlichen und vertraglichen Regelungen erfasst ist.[1732]

1731 *Oetker*, FS Hopt 2020, S. 901, 920.
1732 *Oetker*, FS Hopt 2020, S. 901, 920.

§ 9 Haftung des Rechtsverletzers auf Schadensersatz

A. Einführung

Der zweite Abschnitt des Geschäftsgeheimnisgesetzes thematisiert in den §§ 6–14 GeschGehG die Haftung des Rechtsverletzers. Mit § 6 GeschGehG stehen dem Geheimnisinhaber Ansprüche auf Beseitigung und Unterlassung zu. In § 7 GeschGehG sind die Ansprüche auf Vernichtung, Herausgabe, Rückruf, Entfernung und Rücknahme vom Markt enthalten. § 8 GeschGehG normiert einen Auskunftsanspruch über rechtsverletzende Produkte und einen Schadensersatzanspruch bei Verletzung dieser Auskunftspflicht. Zuletzt regelt § 10 GeschGehG die Haftung des Rechtsverletzers auf Schadensersatz. Dies entspricht dem aus dem Bereich des geistigen Eigentums vorbekannten Anspruchskanon.[1733] Unter Berücksichtigung der schwerpunktmäßigen Ausrichtung der Arbeit soll nachfolgend lediglich der Schadensersatzanspruch in § 10 GeschGehG Gegenstand vertiefter Untersuchung werden.

B. Voraussetzungen des Schadensersatzanspruchs wegen der Verletzung eines Geschäftsgeheimnisses

I Systematischer Aufbau des § 10 GeschGehG

§ 10 GeschGehG normiert Regelungen zur Haftung des Rechtsverletzers.[1734] Laut Gesetzesbegründung werden damit die Vorgaben des Art. 14 I S. 1 RL (EU) 2016/943 umgesetzt.[1735] Die Norm ist in drei Absätze untergliedert. § 10 I S. 1 GeschGehG verpflichtet den Rechtsverletzer zum Ersatz des entstandenen Schadens. § 10 II GeschGehG eröffnet ergänzend die Abschöpfung des Verletzergewinns (S. 1) und die Schadenberechnung im Wege der Lizenzanalogie (S. 2) und damit die Möglichkeit einer dreifachen Schadensberechnung.[1736] § 10 III GeschGehG bezieht zudem

---

1733 *Ohly* GRUR 2019, 441, 449.

1734 Büscher/*Tochtermann* § 10 GeschGehG Rn. 1; *Fuhlrott/Hiéramente* DB 2019, 967, 968; Köhler/Bornkamm/Feddersen/*Alexander* § 10 GeschGehG Rn. 1; *Naber/Peukert/Seeger* NZA 2019, 583, 587; *Reinfeld,* Das neue Gesetz zum Schutz von Geschäftsgeheimnissen, S. 121; *Richter* ArbRAktuell 2019, 375, 377; *Scholtyssek/Judis/Krause* CCZ 2020, 23, 28; dies als zu weitläufig kritisierend Harte-Bavendamm/Ohly/*Kalbfus* § 10 GeschGehG Rn. 1.

1735 Begr. RegE, BT-Drucks. 19/4724, S. 32.

1736 Begr. RegE, BT-Drucks. 19/4724, S. 32.; Harte-Bavendamm/Ohly/*Kalbfus* § 10 GeschGehG Rn. 1; *Ohly* GRUR 2019, 441, 449.

den Ersatz immaterieller Schäden mit ein.[1737] Letzteres ist unter den Vorbehalt der Billigkeit gestellt.[1738]

Der Schadensersatzanspruch gemäß § 10 I S. 1 GeschGehG ist an das Vorliegen zweier Voraussetzungen geknüpft.[1739] Der Rechtsverletzer muss ein Geschäftsgeheimnis gemäß § 4 rechtswidrig erlangt, genutzt oder offengelegt (1) und dabei vorsätzlich oder fahrlässig gehandelt haben (2).[1740] Weder Gesetzestext noch amtliche Begründung konkretisieren die Voraussetzungen für die Verantwortlichkeit des Rechtsverletzers, sodass nach den allgemeinen Regelungen in §§ 276 ff. BGB jede Form von Vorsatz und Fahrlässigkeit erfasst ist.[1741] Ferner ordnet die Norm gemäß § 10 I S. 2 GeschGehG an, dass § 619a BGB unberührt bleibt. Der Regelungsgehalt dieses Verweises bleibt weitgehend unklar. Unter Rückgriff auf die bereits herausgearbeiteten Ergebnisse[1742] bezüglich der Bedeutung der gesetzlichen Formulierung „unberührt bleiben" im Sinne des Geschäftsgeheimnisgesetzes ergibt sich aus § 10 I S. 2 GeschGehG, dass § 619a BGB unverändert Anwendung finden soll.[1743] Wie sich dies im Einzelnen auf das Rechtsfolgenregime des Geschäftsgeheimnisgesetz auswirken soll, wird weder durch den Gesetzestext noch durch die amtliche Begründung deutlich.

II. Rechtliche Bedeutung des Verweises auf § 619a BGB

Um die Auswirkungen des § 10 I S. 2 GeschGehG auf das Wirkungsgeflecht des Geschäftsgeheimnisgesetzes zu verstehen, bedarf der Regelungsgehalt des § 619a

---

1737 Begr. RegE, BT-Drucks. 19/4724, S. 32; Harte-Bavendamm/Ohly/*Kalbfus* § 10 GeschGehG Rn. 1.

1738 Harte-Bavendamm/Ohly/*Kalbfus* § 10 GeschGehG Rn. 1.

1739 Begr. RegE, BT-Drucks. 19/4724, S. 32; Büscher/*Tochtermann* § 10 GeschGehG Rn. 7ff.; Harte-Bavendamm/Ohly/*Kalbfus* § 10 GeschGehG Rn. 8ff.; Köhler/Bornkamm/Feddersen/*Alexander* § 10 GeschGehG Rn. 10ff.

1740 Begr. RegE, BT-Drucks. 19/4724, S. 32; BeckOK GeschGehG/*Spieker* § 10 Rn. 3; Büscher/*McGuire* § 10 GeschGehG Rn. 9; Harte-Bavendamm/Ohly/*Kalbfus* § 10 GeschGehG Rn. 8–10; Köhler/Bornkamm/Feddersen/*Alexander* § 10 GeschGehG Rn. 10ff.; *Reinfeld,* Das neue Gesetz zum Schutz von Geschäftsgeheimnissen, S. 122; *Richter* ArbRAktuell 2019, 375, 377; im Ergebnis *Wiese,* Die EU-Richtlinie über den Schutz vertraulichen Know-hows und vertraulicher Geschäftsinformationen, S. 182.

1741 BeckOK GeschGehG/*Spieker* § 10 GeschGehG Rn. 3; Büscher/*Tochtermann* § 10 GeschGehG Rn. 10; Harte-Bavendamm/Ohly/*Kalbfus* § 10 GeschGehG Rn. 14; Köhler/Bornkamm/Feddersen/*Alexander* § 10 GeschGehG Rn. 21; Staudinger/*Georg Caspers* Vor §§ 275–278; *Wiese,* Die EU-Richtlinie über den Schutz vertraulichen Know-hows und vertraulicher Geschäftsinformationen, S. 182.

1742 Zu der Bedeutung des Merkmals „bleiben unberührt" in § 1 III GeschGehG, siehe Teil 2, § 5, B., IV., S. 128ff.

1743 Büscher/*Tochtermann* § 10 GeschGehG Rn. 13; Harte-Bavendamm/Ohly/*Kalbfus* § 10 GeschGehG Rn. 15; *Naber/Peukert/Seeger* NZA 2019, 583, 587.

BGB näherer Betrachtung. Sodann sind die Folgen für das Verständnis der Gesetzesregelungen zu untersuchen.

Im Rahmen von gesetzlichen Ersatzansprüchen muss regelmäßig der Anspruchssteller alle anspruchsbegründenden Voraussetzungen darlegen und beweisen.[1744] Im Anwendungsbereich vertraglicher Pflichtverletzungen greift die ausdrückliche Beweislastregel des § 280 I S. 2 BGB.[1745] Danach entfällt die Pflicht zum Schadensersatz gemäß § 280 I S. 1 BGB dann, wenn der Schuldner die Pflichtverletzung nicht zu vertreten hat. Der Anspruchsgegner muss beweisen, dass er die Pflichtverletzung nicht zu vertreten hat.[1746] Gemäß § 619a BGB hat der Arbeitnehmer abweichend von § 280 I S. 2 BGB Ersatz für den aus der Verletzung einer Pflicht aus dem Arbeitsverhältnis entstehenden Schaden nur zu leisten, wenn er die Pflichtverletzung zu vertreten hat. Damit muss der Arbeitgeber in arbeitsvertraglichen Haftungskonstellationen nicht nur die Pflichtverletzung, sondern auch das Vertretenmüssen des Arbeitnehmers beweisen, um Ersatz beanspruchen zu können.[1747] Dogmatisch betrachtet regelt § 619a BGB nicht die Haftung im Arbeitsverhältnis[1748], sondern stellt im Rahmen dieser lediglich Sonderregelungen für die Beweislast auf.[1749] Die materiellen Voraussetzungen der Haftung richten sich weiterhin nach den allgemeinen Regelungen und werden durch den Anwendungsbereich des § 619a BGB nicht tangiert.[1750]

Nach dem Gesetzeswortlaut des § 10 I GeschGehG soll diese Regelung weiterhin Geltung beanspruchen.[1751] Um zu beurteilen, ob und gegebenenfalls wie sich

---

1744 BeckOK/*Schaub* § 276 Rn. 54; Jauernig/*Mansel* § 619a BGB Rn. 9; *Looschelders* SchuldRAT § 24 Rn. 8/9; Köhler/Bornkamm/Feddersen/*Alexander* § 10 GeschGehG Rn. 24; Staudinger/*Hager* Vor §§ 823ff. BGB Rn. 37.

1745 Köhler/Bornkamm/Feddersen/*Alexander* § 10 GeschGehG Rn. 23; *Reichold,* MünchArbR § 57 Rn. 13; Palandt/*Grüneberg* § 280 BGB Rn. 34; *Preis/Temming,* Arbeitsrecht I, S. 518 Rn. 2564; Staudinger/*Hager* Vor §§ 823ff. BGB Rn. 37.

1746 *Looschelders* SchuldRAT § 24 Rn. 9; Palandt/*Grüneberg* § 280 BGB Rn. 34; Staudinger/*Hager* Vor §§ 823ff. BGB Rn. 37.

1747 BAG NZA 2015, 1517, 1519 Rn. 25; ErfK/*Preis* § 619a BGB Rn. 2; MüKoBGB/*Henssler* § 619a Rn. 43; *Reichold,* MünchArbR § 57 Rn. 13; Palandt/*Weidenkaff* § 619a BGB Rn. 6; *Preis/Temming,* Arbeitsrecht I, S. 518 Rn. 2464; *Schwab* NZA-RR 2016, 173, 179; Staudinger/*Richardi/Fischinger* § 619a BGB Rn. 24.

1748 BeckOK BGB/*Feuerborn* § 619a BGB Rn. 3; Palandt/*Weidenkaff* § 619a BGB Rn. 4 und 5; *Preis/Temming,* Arbeitsrecht I, S. 518 Rn. 2465; *Schwab* NZA-RR 2016, 173, 179; Staudinger/*Richardi/Fischinger* § 619a BGB Rn. 23.

1749 BeckOK BGB/*Feuerborn* § 619a BGB Rn. 2; ErfK/*Preis* § 619a BGB Rn. 2; MüKoBGB/*Henssler* § 619a Rn. 43; Palandt/*Weidenkaff* § 619a BGB Rn. 4; *Preis/Temming,* Arbeitsrecht I, S. 518 Rn. 2465; *Schwab* NZA-RR 2016, 173, 179.

1750 BeckOK BGB/*Feuerborn* § 619a BGB Rn. 3; ErfK/*Preis* § 619a BGB Rn. 15; MüKoBGB/*Henssler* § 619a Rn. 15; *Preis/Temming,* Arbeitsrecht I, S. 518 Rn, 2465; *Schwab* NZA-RR 2016, 173, 179; Staudinger/*Richardi/Fischinger* § 619a BGB Rn. 23.

1751 Köhler/Bornkamm/Feddersen/*Alexander* § 10 GeschGehG Rn. 23; *Naber/Peukert/Seeger* NZA 2019, 583, 587.

dies im Rahmen des Schadensersatzanspruchs gemäß § 10 I GeschGehG auswirkt, stellt sich zunächst die Frage, der Beweislastverteilung nach der Konzeption des Geschäftsgeheimnisgesetzes. Dem Gesetzeswortlaut sind dazu keine Angaben zu entnehmen. Nach der Gesetzesbegründung soll die Beweislast für das Verschulden wie im Deliktsrecht üblich bei dem Inhaber des Geschäftsgeheimnisses liegen.[1752] Handelt es sich bei dem Geheimnisverletzer um einen Arbeitnehmer, der zu dem Geheimnisinhaber in einem Vertragsverhältnis steht, haftet dieser zudem aufgrund der arbeitsvertraglichen Pflichtverletzung aus §§ 611a, 280 I BGB.[1753] Gemäß § 280 I S. 2 BGB trifft die Beweislast für fehlendes Vertretenmüssen bei vertraglichen Pflichtverletzungen grundsätzlich den Anspruchsgegner.[1754] Dieser muss sich entlasten. § 619a BGB führt in Abkehr von dieser Grundregel zu einer Beweislastverschiebung zulasten des Arbeitgebers. Im Problemfeld des Geheimnisschutzes muss also dieser als Geheimhalter das Vertretenmüssen des Verletzers darlegen und beweisen.[1755] Nach § 10 I S. 2 GeschGehG soll diese Regelung unverändert fortgelten.[1756] Damit ist der Geheimnisinhaber sowohl im Rahmen der gesetzlichen Schadensersatzansprüche als auch bei Geltendmachung eines Ersatzanspruchs wegen der arbeitsvertraglichen Pflichtverletzung beweispflichtig für das Vertretenmüssen des Geheimnisverletzers.[1757] Nach alldem erscheint der § 10 I S. 2 GeschGehG lediglich als Verweis auf die geltende Rechtslage ohne weitergehenden Regelungsinhalt.[1758]

1752 Begr. RegE, BT-Drucks. 19/4724, S. 32; Köhler/Bornkamm/Feddersen/*Alexander* § 10 GeschGehG Rn. 24; *Reinfeld,* Das neue Gesetz zum Schutz von Geschäftsgeheimnissen, S. 122; *Richter* ArbRAktuell 2019, 375, 377.

1753 Büscher/*McGuire* § 10 GeschGehG Rn. 13; Köhler/Bornkamm/Feddersen/*Alexander* § 10 GeschGehG Rn. 24.

1754 Köhler/Bornkamm/Feddersen/*Alexander* § 10 GeschGehG Rn. 23–24; *Preis/Temming,* Arbeitsrecht I, S. 518 Rn. 2464; *Reinfeld,* Das neue Gesetz zum Schutz von Geschäftsgeheimnissen, S. 122.

1755 Köhler/Bornkamm/Feddersen/*Alexander* § 10 GeschGehG Rn. 25; *Preis/Temming,* Arbeitsrecht I, S. 518 Rn. 2464; *Reinfeld,* Das neue Gesetz zum Schutz von Geschäftsgeheimnissen, S. 122; *Richter* ArbRAktuell 2019, 375, 377.

1756 Harte-Bavendamm/Ohly/*Kalbfus* § 10 GeschGehG Rn. 15; Köhler/Bornkamm/Feddersen/*Alexander* § 10 GeschGehG Rn. 24; *Naber/Peukert/Seeger* NZA 2019, 583, 587; *Reinfeld,* Das neue Gesetz zum Schutz von Geschäftsgeheimnissen, S. 122.

1757 Köhler/Bornkamm/Feddersen/*Alexander* § 10 GeschGehG Rn. 24–25; *Reinfeld,* Das neue Gesetz zum Schutz von Geschäftsgeheimnissen, S. 122; *Richter* ArbRAktuell 2019, 375, 377.

1758 Harte-Bavendamm/Ohly/*Kalbfus* § 10 GeschGehG Rn. 15; so wohl auch *Naber/Peukert/Seeger* NZA 2019, 593, 587; **a.A.** Köhler/Bornkamm/Feddersen/*Alexander* § 10 GeschGehG Rn. 25.

III. Richtlinienkonformität der Einbeziehung des § 619a BGB

Nach den soeben herausgearbeiteten Ergebnissen enthält der § 10 I S. 2 GeschGehG einen Verweis auf eine ausschließlich in innerstaatlichen Zusammenhängen Geltung beanspruchende Beweislastregelung. Die unionsrechtliche Vorgabe sieht eine solche nicht vor. Nach Art. 14 I Uabs. 2 RL (EU) 2016/943 haben die Mitgliedsstaaten zwar die Möglichkeit die Haftung von Arbeitnehmern für Schäden zu begrenzen, die ihren Arbeitgebern durch den rechtswidrigen Erwerb, die rechtswidrige Nutzung oder Offenlegung entstanden sind, sofern sie nicht vorsätzlich handeln.[1759] Diese Möglichkeit einer Privilegierung ist auf eine Haftungsbeschränkung zugunsten der Arbeitnehmer gerichtet.[1760] Konkrete Aussagen zur prozessualen Beweislast sind damit nicht verbunden. Auch im Übrigen finden sich keine einschlägigen Regelungen in der Richtlinie. Deswegen bleibt zu klären, ob der innerstaatliche Gesetzgeber mit der Bezugnahme auf eine spezifische Regelung des deutschen Arbeitsvertragsrechts die Schutzinteressen des Geheimnisinhabers richtlinienwidrig beeinträchtigt.

Der Normbefehl des Art. 14 I RL (EU) 2016/943 verpflichtet die Mitgliedsstaaten zwingend und verbindlich zur Schaffung eines näher bezeichneten Rechtsfolgensystems. Bei Vorliegen der Voraussetzungen müssen die Mitgliedsstaaten wirksam gewährleisten, dass der Verletzte Ersatz für erlittene Schäden erhält. Dem entspricht die Pflicht aus Art. 6 I i.V.m. II lit. c) RL (EU) 2016/943, wonach es den Mitgliedsstaaten obliegt, ein solches Rechtsfolgensystem wirksam und abschreckend auszugestalten. In Anbetracht dieser Vorgaben erscheint die Anwendung des § 619a BGB unter Berücksichtigung der in Art. 4 III Uabs. 2 EUV verankerten Pflicht zur ordnungsgemäßen Anwendung des Unionsrechts[1761] problematisch. Gemäß Art. 288 III AEUV können die Mitgliedsstaaten die Art und Weise der Umsetzung von Richtlinienvorgaben selbst festlegen.[1762] Dabei müssen die Mitgliedsstaaten gemäß Art. 4 III Uabs. 2 EUV aber alle Verpflichtungen erfüllen, die sich aus den Verträgen oder Handlungen der Organe der Union ergeben.[1763] Aus dieser Pflichtenlage folgt das Gebot zur vollständigen Anwendung des Unionsrechts[1764] und der

---

1759 RL (EU) 2016/943, Erwägungsgrund 30 ABl. EU L 157/7; Harte-Bavendamm/Ohly/*Kalbfus* Einl. C. Rn. 102.

1760 Harte-Bavendamm/Ohly/*Kalbfus* Einl. C. Rn. 102; *Wiese,* Die EU-Richtlinie über den Schutz vertraulichen Know-hows und vertraulicher Geschäftsinformationen, S. 192.

1761 Pechstein/Nowak/Häde/*Franzius* Art. 4 EUV Rn. 115ff.; Streinz/*Streinz* Art. 4 EUV Rn. 32.

1762 Callies/*Ruffert* EUV/AEUV Art. 288 AEUV Rn. 26; EuArbRK/*Höpfner* Art. 288 AEUV Rn. 17; MüKo-Lauterkeitsrecht/*Leible* Grundlagen Rn. 155; Pechstein/Nowak/Häde/*Grundel* Art. 288 AEUV Rn. 23–24; Streinz/*W. Schroeder* Art. 288 AEUV Rn. 71.

1763 Pechstein/Nowak/Häde/*Franzius* Art. 4 EUV Rn. 115ff.; Streinz/*Streinz* Art. 4 EUV Rn. 32.

1764 Streinz/*Streinz* Art. 4 EUV Rn. 32.

Effet-Utile-Grundsatz.[1765] Danach müssen die Richtlinienvorgaben stets so umgesetzt werden, dass der vollständige Regelungsgehalt in das nationale Recht übernommen wird und das Unionsrecht effektive Wirkung entfalten kann.[1766]

Nach den Vorgaben der Richtlinie müssen die Mitgliedsstaaten effektive und abschreckende Sanktionsmöglichkeiten[1767] bei der Verletzung von Geschäftsgeheimnissen schaffen. Ebenso wirksam wie auch abschreckend ist ein auch in der prozessualen Durchsetzbarkeit möglichst effektiv zu handhabendes Schadenersatzregime.[1768] Dies relativiert § 619a BGB durch die Beweiserleichterung auf der vertraglichen Ebene. Die faktische Möglichkeit einer gerichtlichen Durchsetzung wird durch die Beweislastumkehr nicht unerheblich erschwert. Der Arbeitgeber muss das Verschulden des Arbeitnehmers nachweisen, was oftmals nicht möglich sein wird. Obgleich die arbeitsvertragliche Ebene dem Anwendungsbereich der Richtlinie nicht unmittelbar unterfällt, könnte der ausdrückliche Verweis auf eine innerstaatliche Beweislasterleichterung den abschreckenden Effekt des Sanktionensystems im direkten Vergleich mit den Mitgliedsstaaten abschwächen. Demensprechend ist fraglich, ob ein derart relativierter Rechtsbehelf noch „wirksam und abschreckend“[1769] im Sinne des Art. 6 II lit. c) RL (EU) 2016/943 ist. Dies könnte gegen den Effet-Utile-Grundsatz gemäß Art. 4 III Uabs. 2 EUV verstoßen, weil die Richtlinienvorgaben nicht vollständig in das Geschäftsgeheimnisgesetz übernommen wurden.[1770]

Im Ausgangspunkt ist zu berücksichtigen, dass zwar § 280 I S. 2 BGB als auch die Sonderregelung für das Arbeitsvertragsrecht in § 619a BGB Spezifika des innerstaatlichen Rechts sind.[1771] Der Effet-Utile-Grundsatz bezieht sich jedoch lediglich auf die wirksame Umsetzung von Richtlinienvorgaben. Diese wurden durch das Geschäftsgeheimnisgesetz umgesetzt. In dessen Regelungsbereich wirkt sich § 619a BGB nicht aus, da die Beweislast nach der gesetzlichen Konzeption ohnehin den Anspruchsteller trifft. Es sind keine Anhaltspunkte ersichtlich, dass die RL (EU) 2016/943 günstigere, innerstaatliche Anspruchsvoraussetzungen auf der vertraglichen Ebene ausschließt. Deswegen tangiert die Geltung der Beweislastregel die Übernahme der unionsrechtlichen Vorgaben nicht unmittelbar. Die Klarstellung in § 10 I S. 2 GeschGehG weicht damit lediglich dahingehend von der unionsweit einheitlich konzipierten Schadenersatzregelung ab, dass eine tatsächliche

---

1765 Callies/*Ruffert* EUV/AEUV Art. 288 Rn. 26; MüKo-Lauterkeitsrecht/*Leible* Grundlagen Rn. 160; Pechstein/Nowak/Häde/*Franzius* Art. 4 EUV Rn. 115ff.

1766 *Anweiler*, Die Auslegungsmethoden des Gerichtshofs der Europäischen Gemeinschaften, S. 219; Callies/*Ruffert* EUV/AEUV Art. 288 AEUV Rn. 26; MüKo-Lauterkeitsrecht/*Leible* Grundlagen Rn. 160; Pechstein/Nowak/Häde/*Franzius* Art. 4 EUV Rn. 115ff.; Pechstein/Nowak/Häde/*Grundel* Art. 288 AEUV Rn. 24.

1767 Pechstein/Nowak/Häde/*Franzius* Art. 4 EUV Rn. 118.

1768 Pechstein/Nowak/Häde/*Franzius* Art. 4 EUV Rn. 118,

1769 Pechstein/Nowak/Häde/*Franzius* Art. 4 EUV Rn. 118.

1770 Pechstein/Nowak/Häde/*Franzius* Art. 4 EUV Rn. 115.

1771 Zu diesen Normen *Preis/Temming*, Arbeitsrecht I, S. 518 Rn. 2464.

prozessuale Erschwernis für den Geheimnisinhaber aufrechterhalten wird. Dies könnte zu dem Schluss führen, das Rechtsfolgensystem des Geschäftsgeheimnisgesetzes sei nicht mehr „wirksam und abschreckend" im Sinne des Art. 6 II lit. c) RL (EU) 2016/943 ausgestaltet. Bei dieser Begünstigung handelt es sich jedoch um ein Spezifikum des deutschen Rechts, durch welches lediglich abweichend von § 280 I BGB das durch die Richtlinie ohnehin vorgegebene Schutzniveau wiederhergestellt wird. Die Richtlinie verhält sich über eine Verteilung der Beweislast nicht. Mangels anderer Anhaltspunkte ist deshalb davon auszugehen, dass aus Sicht des Richtliniengebers die Beweislast – allgemeinen Grundsätzen folgend- für die anspruchsbegründenden Voraussetzungen den Geschädigten trifft. Damit bewirkt § 619a BGB in tatsächlicher Hinsicht lediglich die Wiederherstellung der durch die Richtlinie unmittelbar vorgegebenen Beweislastverteilung auch auf der vertraglichen Ebene.

Eine Verletzung des Effet-Utile-Grundsatzes würde vor diesem Hintergrund nur dann in Betracht kommen, wenn dieser dem innerstaatlichen Gesetzgeber abverlangen würde, keinerlei – auf innerstaatlichen Grundsätzen basierende – mittelbare Abweichungen von dem vorgegebenen Schutzkonzept in ein Umsetzungsgesetz zu integrieren. Dies würde jedoch zu weit führen und den in Art. 288 II AUEV eingeräumten Umsetzungsspielraum untergraben.[1772] Die Mitgliedsstaaten dürfen bei der Umsetzung von Richtlinien deren Anwendungsbereich ausgenommene Bereiche mit einbeziehen und nationale Besonderheiten berücksichtigen.[1773] Auch der innerstaatliche Gesamtzusammenhang der Rechtsordnung darf bei der Umsetzung bedacht werden.[1774] Hinzutritt, dass die Konzeption der RL (EU) 2016/943 in verschiedenen Regelungen die Interessen der Arbeitnehmer schützt.[1775] Beispielhaft zeigt dies Art. 1 III RL (EU) 2016/943.[1776] Diesem Schutzzweck entspricht auch § 619a BGB. Zudem dient diese Norm der Sicherung der privilegierten Arbeitnehmerhaftung.[1777] Eine solche gewährleistet grundsätzlich auch Art. 14 I Uabs. 2 RL (EU) 2016/943 ausdrücklich.[1778] Zusammenfassend erscheint die Einbeziehung des § 619a BGB unter Berücksichtigung des Wortlauts in Art. 6 I lit. c), Art. 14 I, II RL (EU) 2016/943 zwar problematisch, im Ergebnis aber unter Berücksichtigung des von der Richtlinie etablierten Schutzniveaus zulässig. Im Ergebnis verstößt § 10 I S. 2 GeschGehG nicht gegen die Vorgaben aus Art. 6 I lit. c) RL (EU) 2016/943 i.V.m. Art. 4 III Uabs. 2 EUV. Der Effet-Utile-Grundsatz ist nicht tangiert.

1772 Pechstein/Nowak/Häde/*Grundel* Art. 288 AUEV Rn. 29–32.
1773 MüKo-Lauterkeitsrecht/*Leible* Grundlagen Rn. 158; Pechstein/Nowak/Häde/*Grundel* Art. 288 AEUV Rn. 29.
1774 EuArbRK/*Höpfner* Art. 288 AEUV Rn. 18.
1775 Köhler/Bornkamm/Feddersen/*Alexander* § 10 GeschGehG Rn. 23.
1776 Köhler/Bornkamm/Feddersen/*Alexander* § 10 GeschGehG Rn. 23.
1777 ErfK/*Preis* § 619a BGB Rn. 4.
1778 Köhler/Bornkamm/Feddersen/*Alexander* § 10 GeschGehG Rn. 25.

C. Rechtsfolgen des Ersatzanspruchs

I. Umfang des Schadensersatzanspruchs

Liegen die Voraussetzungen des § 10 I GeschGehG vor, ist der Geheimnisverletzer verpflichtet, dem Geheimnisinhaber den entstandenen Schaden zu ersetzen.[1779] Unter Schaden sind sämtliche unfreiwillige Vermögenseinbußen zu verstehen.[1780] Nach allgemeinen Grundsätzen wird der zu ersetzende Schaden im Wege der Differenzhypothese ermittelt.[1781] Im Rahmen dieser wird die bestehende Vermögenslage mit der hypothetischen Vermögenslage verglichen, die bestehen würde, wenn das schädigende Ereignis nicht eingetreten wäre.[1782] Die § 249ff. BGB sind gesetzliche Grundlage für die Schadenberechnung[1783], was auch im Rahmen des Anspruchs aus § 10 I GeschGehG gilt.[1784] Somit sind gemäß § 249 I BGB der tatsächliche entstandene Schaden und gemäß § 252 BGB der entgangene Gewinn ersatzfähig.[1785] Darüber hinaus kann der Schaden gemäß § 10 II GeschGehG auch durch Herausgabe des durch den Geheimnisverletzer erzielten Gewinns (S. 1) oder im Wege einer Lizenzanalogie (S. 2) berechnet werden.[1786] Dies entspricht der bereits aus

---

1779 Köhler/Bornkamm/Feddersen/*Alexander* § 10 GeschGehG Rn. 1; *Reinfeld,* Das neue Gesetz zum Schutz von Geschäftsgeheimnissen, S. 123.

1780 *Looschelders,* SchuldRAT § 44 Rn. 1.

1781 BGH NJW 1987, 50, 51 = BGHZ 98, 212; BGH NJW 2011, 1962, 1963 Rn. 8 = BGHZ 188, 78; BGH NJW 2012, 3165, 3170 Rn. 42 = BGHZ 193, 297; BGH NJW 2013, 2345, 2346 Rn. 20; BGH NJW 2015, 1373, 1374 Rn. 7; BAG NJW 2013, 331 Rn. 18 = AP ZPO § 287 Nr. 27; BeckOK BGB/*Flume* § 249 Rn. 37; *Looschelders,* SchuldRAT § 44 Rn. 3; MüKoBGB/*Oetker* § 249 Rn. 18; Palandt/*Grüneberg* Vor § 249 BGB Rn. 10.

1782 BGH NJW 2011, 1962m 1963 Rn. 8 = BGHZ 188, 78; BGH NJW 2012, 3165, 3170 Rn. 42 = BGHZ 193, 297; BGH NJW 2013, 2345, 2346 Rn. 20; BGH NJW 2015, 1373, 1374 Rn. 7; BAG NJW 2013, 331 Rn. 18 = AP ZPO § 287 Nr. 27; BeckOK BGB/*Flume* § 249 Rn. 37; *Looschelders,* SchuldRAT § 44 Rn. 3; MüKoBGB/*Oetker* § 249 Rn. 18; Palandt/*Grüneberg* Vor § 249 BGB Rn. 10.

1783 BeckOK BGB/*Flume* § 249 Rn. 5; *Looschelders,* SchuldRAT § 44 Rn. 3; MüKoBGB/*Oetker* § 249 Rn. 1; Palandt/*Grüneberg* Vor § 249 BGB Rn. 1; *Wiese,* Die EU-Richtlinie über den Schutz vertraulichen Know-hows und vertraulicher Geschäftsinformationen, S. 189.

1784 Büscher/*Tochtermann* § 10 GeschGehG Rn. 16; Harte-Bavendamm/Ohly/*Kalbfus* § 10 GeschGehG Rn. 33 u. 42; Köhler/Bornkamm/Feddersen/*Alexander* § 10 GeschGehG Rn. 26; *Wiese,* Die EU-Richtlinie über den Schutz vertraulichen Know-hows und vertraulicher Geschäftsinformationen, S. 189.

1785 Büscher/*Tochtermann* § 10 GeschGehG Rn. 16; Harte-Bavendamm/Ohly/*Kalbfus* § 10 GeschGehG Rn. 42–46; Köhler/Bornkamm/Feddersen/*Alexander* § 10 GeschGehG Rn. 27–32; *Wiese,* Die EU-Richtlinie über den Schutz vertraulichen Know-hows und vertraulicher Geschäftsinformationen, S. 190.

1786 Harte-Bavendamm/Ohly/*Kalbfus* § 10 GeschGehG Rn. 33; *Krüger/Wiencke/Koch* GRUR 2020, 578, 583.

dem Immaterialgüterrecht bekannten Methode der dreifachen Schadensberechnung.[1787] Bei dieser handelt es sich um eine – durch die Rechtsprechung entwickelte[1788] -Methode, den zu ersetzenden Schaden zu berechnen.[1789] Der Geschädigte kann wählen, ob er gemäß § 249 ff. BGB den tatsächlich entstandenen Schaden, den vom Verletzer tatsächlich erzielten Gewinn[1790] oder die Gebühr, die er im Falle einer Lizenzvergabe erhalten hätte[1791], geltend machen will.[1792] Dieser Grundsatz wurde für den Regelungsbereich der Rechte des Geistigen Eigentums durch das Gesetz zur Verbesserung der Durchsetzung von Rechten des geistigen Eigentums vom 7.7.2008[1793] gesetzlich anerkannt.[1794] Im Zuge der hiermit einhergehenden Veränderungen haben zahlreiche Gesetze den Grundsatz der dreifachen Schadensberechnung in den gesetzlichen Wortlaut aufgenommen. Zu nennen sind § 97 II

1787 Begr. RegE, BT-Drucks. 19/4724, S. 32; BeckOK GeschGehG/*Spieker* § 10 Rn. 5; *Böhm/Nestler* GRUR-Prax 2018, 181, 182; Büscher/*Tochtermann* § 10 GeschGehG Rn. 16; Köhler/Bornkamm/Feddersen/*Alexander* § 10 GeschGehG Rn. 33; *Ohly* GRUR 2019, 441, 449; *Reinfeld,* Das neue Gesetz zum Schutz von Geschäftsgeheimnissen, S. 123; *Scholtyssek/Judis/Krause* CCZ 2020, 23, 28; *Wiese,* Die EU-Richtlinie über den Schutz vertraulichen Know-hows und vertraulicher Geschäftsinformationen, S. 190.

1788 BGH NJW 1966, 823, 823 = BGHZ 44, 372; BGH NJW 1992, 2753, 2754 = BGHZ 119, 20; BGH NJW 1993, 1989, 1989 = BGHZ 122, 262; BGH NJW 2008, 373, 373 = BGHZ 173, 374; BGH GRUR 2009, 856, 859 Rn. 32 = BGHZ 181, 98; BGH GRUR 2010, 237, 237ff; BGH GRUR 2010, 1090, 1090 Rn. 18.

1789 MüKoBGB/*Oetker* § 253 Rn. 55ff.; *Ohly* GRUR 2019, 441, 449; umfassend dargestellt bei *Raue,* Die dreifache Schadensberechnung, S. 225ff.

1790 BGH GRUR 1962, 509, 512; BGH GRUR 2009, 856, 859 Rn. 32 = BGHZ 181, 98; BGH GRUR 2010, 237, 239 Rn. 20; BGH GRUR 2010, 1090, 1090 Rn. 20; BeckOK GeschGehG/*Spieker* § 10 Rn. 5; Köhler/Bornkamm/Feddersen/*Alexander* § 10 GeschGehG Rn. 36; umfassend bei *Raue,* Die dreifache Schadensberechnung, S. 398ff.; *Reinfeld,* Das neue Gesetz zum Schutz von Geschäftsgeheimnissen, S. 124–126; *Wiese,* Die EU-Richtlinie über den Schutz vertraulichen Know-hows und vertraulicher Geschäftsinformationen, S. 183.

1791 BGH GRUR 2010, 237, 238 Rn. 18; BeckOK GeschGehG/*Spieker* § 10 Rn. 5; Köhler/Bornkamm/Feddersen/*Alexander* § 10 GeschGehG Rn. 37; umfassend bei *Raue,* Die dreifache Schadensberechnung, S. 252ff.; *Reinfeld,* Das neue Gesetz zum Schutz von Geschäftsgeheimnissen, S. 124–126; *Wiese,* Die EU-Richtlinie über den Schutz vertraulichen Know-hows und vertraulicher Geschäftsinformationen, S. 185.

1792 BeckOK GeschGehG/*Spieker* § 10 Rn. 5; Büscher/*Tochtermann* § 10 GeschGehG Rn. 16; *Böhm/Nestler* GRUR-Prax 2018, 181, 182; Köhler/Bornkamm/Feddersen/*Alexander* § 10 GeschGehG Rn. 34; MüKoBGB/*Oetker* § 253 Rn. 55; *Raue,* Die dreifache Schadensberechnung, S. 37; *Reinfeld,* Das neue Gesetz zum Schutz von Geschäftsgeheimnissen, S. 123; *Scholtyssek/Judis/Krause* CCZ 2020, 23, 28.

1793 BGBl. 2008 Teil I Nr. 28, S. 1191 – Umsetzung der Durchsetzungsrichtlinie 2004/48/EG v. 29.4.2004.

1794 *Köhler*/Bornkamm/Feddersen, 37. Aufl. 2019, § 9 UWG Rn. 1.36; MüKoBGB/*Oetker* § 253 Rn. 59; im Ergebnis *Scholtyssek/Judis/Krause* CCZ 2020, 23, 28.

UrhG, § 33a GWB, § 139 BPatG, § 24 GebrMG, §§ 14, 128 MarkenG, § 42 DesignG und § 37 SortenschutzG.[1795] Das Bürgerliche Recht und das Lauterkeitsrecht fallen zwar nicht in den Anwendungsbereich dieses Gesetzes, jedoch wird eine Anwendung der dreifachen Schadensberechnung auch dort bejaht.[1796] Ebenso galt dies für Ansprüche nach §§ 17 ff. UWG 2004.[1797] § 10 II GeschGehG bestimmt nunmehr, dass der zu ersetzende Schaden auch im Falle der Geheimnisverletzung auf diesem Wege berechnet werden kann.[1798]

II. Arbeitsrechtliche Besonderheiten

Nach der Gesetzesbegründung soll der von der Rechtsprechung entwickelte Grundsatz zur beschränkten Arbeitnehmerhaftung Anwendung finden.[1799] Bei diesem handelt es sich um ein richterrechtlich geprägtes Haftungsprivileg zugunsten von Arbeitnehmern.[1800] Arbeitgeber können den Arbeitsablauf und Arbeitsbedingungen der Arbeitnehmer einseitig bestimmen und durch deren Arbeitskraft Gewinne erzielen. Daraus begründet sich eine Organisationshoheit des Arbeitgebers.[1801] Zudem führen betriebliche Schäden oftmals zu hohen Ersatzkosten, welche die wirtschaftlichen Möglichkeiten der Arbeitnehmer übersteigen.[1802] Um dem Rechnung zu tragen, soll der Umfang der Haftung von Arbeitnehmern, in entsprechender Anwendung des § 254 BGB beschränkt werden, soweit diese den Schaden bei der Durchführung einer betrieblich veranlassten Tätigkeit verursacht

---

1795 Dargestellt bei BeckOK GeschGehG/*Spieker* § 10 Rn. 2; Büscher/*Tochtermann* § 10 GeschGehG Rn. 2; MüKoBGB/*Oetker* § 253 Rn. 59; *Reinfeld,* Das neue Gesetz zum Schutz von Geschäftsgeheimnissen, S. 125.

1796 *Köhler*/Bornkamm/Feddersen, 37. Aufl. 2019, § 9 UWG Rn. 1.36ff; MüKoBGB/*Oetker* § 253 Rn. 56.

1797 BGH GRUR 1960, 554, 556; BGH GRUR 1977, 539, 541; Köhler/Bornkamm/Feddersen/*Alexander* § 10 GeschGehG Rn. 33; MüKoBGB/*Oetker* § 253 Rn. 56; *Reinfeld,* Das neue Gesetz zum Schutz von Geschäftsgeheimnissen, S. 124; *Scholtyssek/Judis/Krause* CCZ 2020, 23, 28.

1798 Begr. RegE, BT-Drucks. 19/4724, S. 32.

1799 Begr. RegE, BT-Drucks. 19/4724, S. 32.

1800 Grundlegend durch BAG NZA 2994, 1083; BeckOK ArbR/*Hesse* § 619a BGB Rn. 5; Köhler/Bornkamm/Feddersen/*Alexander* § 10 GeschGehG Rn. 25; MüKoBGB/*Henssler* § 619a Rn. 5–7; *Reichold,* MünchArbR § 57 Rn. 19ff.; *Preis/Temming,* Arbeitsrecht I, S. 502 Rn. 2379ff.; *Reinfeld,* Das neue Gesetz zum Schutz von Geschäftsgeheimnissen, S. 122; *Schwab* NZA-RR 2016, 173–174; Staudinger/*Richardi/Fischinger* § 619a BGB Rn. 37.

1801 BAG NZA 1994, 1083, 1085; Köhler/Bornkamm/Feddersen/*Alexander* § 10 GeschGehG Rn. 25; MüKoBGB/*Henssler* § 619a Rn. 9; *Reichold,* MünchArbR § 57 Rn. 19; *Preis/Temming,* Arbeitsrecht I, S. 503 Rn. 2384; Staudinger/*Richardi/Fischinger* § 619a BGB Rn. 56.

1802 *Preis/Temming,* Arbeitsrecht I, S. 502 Rn. 2379.

haben.[1803] Dies wird damit begründet, dass sich der Arbeitgeber die Betriebsgefahr zurechnen lassen muss.[1804] Der Anwendungsbereich dieses Haftungsprivilegs ist an das Vorliegen von zwei Voraussetzungen geknüpft. Der Schaden muss durch einen Arbeitnehmer[1805] und während der Durchführung einer betrieblichen Tätigkeit[1806] verursacht worden sein.[1807] Eine betriebliche Tätigkeit erfordert eine Handlung des Arbeitnehmers, die dem arbeitsvertraglich übernommenen Pflichtenkreis zugeordnet werden kann, oder im Interesse des Arbeitnehmers oder des Betriebes erfolgt ist.[1808] Liegen die Voraussetzungen vor, haftet der Arbeitnehmer nicht uneingeschränkt für den gesamten Schaden, sondern wird in Abhängigkeit von dem Grad seines Verschuldens und weiterer im Einzelfall relevanter Faktoren privilegiert.[1809] Dies muss im Wege einer einzelfallbezogenen Abwägung ermittelt werden.[1810] Dabei lässt sich jedoch ein pauschalierter Rahmen feststellen. Handelt ein Arbeitnehmer vorsätzlich oder grob fahrlässig, soll er regelmäßig den gesamten Schaden tragen. Bei mittlerer Fahrlässigkeit ist eine Quotelung zwischen Arbeitnehmer und Arbeitgeber vorzunehmen und im Fall der leichten Fahrlässigkeit fällt der Schaden regelmäßig dem Arbeitgeber zu.[1811] Diese Haftungsbeschränkung soll

---

1803 BAG NZA 1994, 1083, 1084; BeckOK ArbR/*Hesse* § 619a BGB Rn. 5; Köhler/Bornkamm/Feddersen/*Alexander* § 10 GeschGehG Rn. 25; MüKoBGB/*Henssler* § 619a Rn. 10; *Reichold,* MünchArbR § 57 Rn. 30–31; *Preis/Temming,* Arbeitsrecht I, S. 503 Rn. 2385.

1804 BAG NZA 1994, 1083, 1085; BeckOK ArbR/*Hesse* § 619a BGB Rn. 5; Köhler/Bornkamm/Feddersen/*Alexander* § 10 GeschGehG Rn. 25; MüKoBGB/*Henssler* § 619a Rn. 9; *Reichold,* MünchArbR § 57 Rn. 19; *Preis/Temming,* Arbeitsrecht I, S. 503 Rn. 2384; Staudinger/*Richardi/Fischinger* § 619a BGB Rn. 56.

1805 MüKoBGB/*Henssler* § 619a Rn. 16; Staudinger/*Richardi/Fischinger* § 619a BGB Rn. 64.

1806 MüKoBGB/*Henssler* § 619a Rn. 22; Staudinger/*Richardi/Fischinger* § 619a BGB Rn. 62.

1807 BAG NZA 1994, 1083, 1086; BeckOK ArbR/*Hesse* § 619a BGB Rn. 5; Köhler/Bornkamm/Feddersen/*Alexander* § 10 GeschGehG Rn. 25; *Krause* NZA 2003, 577, 579 und 581; MüKoBGB/*Henssler* § 619a Rn. 8; *Reichold,* MünchArbR § 57 Rn. 31; *Preis/Temming,* Arbeitsrecht I, S. 503 Rn. 2383; *Schwab* NZA-RR 2016, 173; Staudinger/*Richardi/Fischinger* § 619a BGB Rn. 62f.

1808 BeckOK ArbR/*Hesse* § 619a BGB Rn. 7; MüKoBGB/*Henssler* § 619a Rn. 22; *Reichold,* MünchArbR § 57 Rn. 32–33; *Preis/Temming,* Arbeitsrecht I, S. 503 Rn. 2385; Staudinger/*Richardi/Fischinger* § 619a BGB Rn. 62–63.

1809 BeckOK ArbR/*Hesse* § 619a BGB Rn. 9; Köhler/Bornkamm/Feddersen/*Alexander* § 10 GeschGehG Rn, 25; MüKoBGB/*Henssler* § 619a Rn. 34; *Reichold,* MünchArbR § 57 Rn. 35; *Preis/Temming,* Arbeitsrecht I, S. 504 Rn. 2387; Staudinger/*Richardi/Fischinger* § 619a BGB Rn. 45.

1810 Köhler/Bornkamm/Feddersen/*Alexander* § 10 GeschGehG Rn. 25; MüKoBGB/*Henssler* § 619a BGB Rn. 34; *Preis/Temming,* Arbeitsrecht I, S. 504 Rn. 2387; *Reinfeld,* Das neue Gesetz zum Schutz von Geschäftsgeheimnissen, S. 122.

1811 BeckOK ArbR/*Hesse* § 619a BGB Rn. 9ff.; Harte-Bavendamm/Ohly/*Kalbfus* Einl. C. Rn. 99; Köhler/Bornkamm/Feddersen/*Alexander* § 10 GeschGehG Rn. 25;

nach ausdrücklicher Angabe in der Gesetzesbegründung auch im Rahmen des § 10 GeschGehG gelten.[1812]

Ungeachtet des ausdrücklichen Hinweises in der Gesetzesbegründung erscheint der praktische Anwendungsbereich des Haftungsprivilegs, bei Geheimnisschutzsachverhalten zweifelhaft. Wie soeben erläutert, fußt die beschränkte Haftung der Arbeitnehmer auf dem Umstand, dass dieser in eine Organisationseinheit eingegliedert ist, die dem Verantwortungsbereich und der Herrschaftsmacht des Arbeitgebers untersteht.[1813] In diesem Zusammenhang profitiert letzterer von der eingebrachten Arbeitsleistung der Beschäftigten.[1814] Gerade auf diesem spezifischen Abhängigkeitsverhältnis basiert das Bedürfnis, den Arbeitnehmer von der Haftung für arbeitsplatzbezogene Schäden zu entlasten. Deswegen erfordert die Anwendbarkeit des Haftungsprivilegs eine Betriebsbezogenheit der schadenverursachenden Tätigkeit. Konkret müsste die geheimnisverletzende Handlung also während der Ausführung der arbeitsvertraglich übernommenen Pflichten oder im Interesse des Arbeitgebers erfolgt sein. Andernfalls kommen die Grundsätze zur beschränkten Arbeitnehmerhaftung nicht zur Anwendung.[1815]

Durch die Verletzung von Geschäftsgeheimnissen wenden sich Arbeitnehmer aber derart schwerwiegend gegen Interessen des Arbeitgebers und den Betrieb, dass bezweifelt werden muss, ob ein praktisches Bedürfnis für ein Haftungsprivileg besteht, welches primär darauf basiert, dass der Arbeitnehmer schützenswerter Bestandteil des Verantwortungsbereichs des Arbeitgebers ist. Dementsprechend ist zu hinterfragen, ob Konstellationen denkbar sind, in denen der Arbeitnehmer ein Geschäftsgeheimnis verletzt und dennoch die Betriebsbezogenheit der Tätigkeit ebenso wie das Organisationsrisiko auf Seiten des Arbeitgebers gewahrt sind. Arbeitnehmer, die sensible unternehmensinterne Informationen vorsätzlich für sich nutzen oder offenlegen, handeln dadurch ihren arbeitsvertraglichen Pflichten bewusst zuwider. Der Vorgang erfolgt offenkundig nicht im Interesse des Arbeitgebers oder des Betriebes. Ein solches Tätigwerden kann in Ermangelung der Betriebsbezogenheit nicht zu einer Haftungserleichterung führen. Auch Arbeitnehmer, die durch ihr Verhalten grob fahrlässig einen Geheimnisverlust herbeiführen, wenden sich derart gegen legitime Interessen des Arbeitgebers, dass diese

---

MüKoBGB/*Henssler* § 619a Rn. 36–40; *Reichold,* MünchArbR § 57 Rn. 35; *Preis/Temming,* Arbeitsrecht I, S. 504 Rn. 2387ff.; *Reinfeld,* Das neue Gesetz zum Schutz von Geschäftsgeheimnissen, S. 122; *Schwab* NZA-RR 2016, 173, 174; Staudinger/*Richardi/Fischinger* § 619a BGB Rn. 75ff.

1812 Begr. RegE; BT-Drucks. 19/4724, S. 32; Büscher/*Tochtermann* § 10 GeschGehG Rn. 13; Harte-Bavendamm/Ohly/*Kalbfus* § 10 GeschGehG Rn. 78; *Naber/Peukert/Seeger* NZA 2019, 583, 587; *Richter* ArbRAktuell 2019, 375, 377–378.

1813 MüKoBGB/*Henssler* § 619a Rn. 9; Staudinger/*Richardi/Fischinger* § 619a BGB Rn. 31.

1814 *Preis/Temming,* Arbeitsrecht I, S. 503 Rn. 2384–2385.

1815 Zu den Grundzügen der beschränkten Arbeitnehmerhaftung siehe die soeben erfolgten Erläuterungen.

Pflichtverletzung nicht mehr betriebsbezogen erfolgt. Für eine Haftungserleichterung ist schon deshalb kein Raum.

Es sind jedoch Konstellationen denkbar, in denen Arbeitnehmer ihren arbeitsvertraglich übertragenen Pflichten nachkommen und in diesem Zusammenhang mit Geschäftsgeheimnissen in Berührung kommen. Dabei kann auch leicht fahrlässiges Verhalten seitens des Arbeitnehmers unter Umständen eine Geheimnisverletzung herbeiführen. In derartigen Sachverhaltskonstellationen kann die Betriebsbezogenheit nicht pauschal verneint werden. Anhand einer einzelfallorientierten Bewertung der Umstände muss dann der Grad an Verantwortlichkeit bewertet werden, um zu beurteilen, in welchem Umfang der Arbeitnehmer Ersatz leisten muss. Damit lässt sich festhalten, dass Sachverhaltsgestaltungen denkbar sind, in denen Arbeitnehmer die Tatbestandsvoraussetzungen des § 4 GeschGehG erfüllen und die Anwendung der beschränkten Arbeitnehmerhaftung dennoch möglich bleibt.[1816] Der Hinweis in der Gesetzesbegründung macht deutlich, dass dieses Prinzip auch im Rahmen von § 10 I und III GeschGehG Geltung beansprucht, soweit es sich bei dem Anspruchsgegner um einen Arbeitnehmer handelt.[1817] Dabei muss jedoch stets im Einzelfall festgestellt werden, ob die Geheimnisverletzung überhaupt einer betriebsbezogenen Tätigkeit zugeordnet werden kann.

D. Ersatz immaterieller Schäden

I. Dogmatische Bewertung des immateriellen Schadens

§ 10 III GeschGehG regelt, dass der Inhaber eines Geschäftsgeheimnisses auch wegen des Schadens, der nicht Vermögensschaden ist, von dem Rechtsverletzer eine Entschädigung in Geld verlangen kann, soweit dies der Billigkeit entspricht. Nach der Gesetzesbegründung soll diese Regelung Art. 14 II S. 1 RL (EU) 2016/943 umsetzen.[1818] Dieser ordnet an, dass die Gerichte bei der Festsetzung der Höhe des Schadensersatzanspruches alle relevanten Faktoren und unter anderem auch den immateriellen Schaden berücksichtigen sollen.[1819] Mit Hinblick auf die strukturellen und sprachlichen Unterschiede zwischen der unionsrechtlichen Vorgabe und der Umsetzung durch das Geschäftsgeheimnisgesetz[1820] ist unklar, ob es sich bei der

---

1816 Büscher/*Tochtermann* § 10 GeschGehG Rn. 13; Köhler/Bornkamm/Feddersen/*Alexander* § 10 GeschGehG Rn. 25; im Ergebnis wohl auch *Naber/Peukert/Seeger* NZA 2019, 593, 587; *Reinfeld,* Das neue Gesetz zum Schutz von Geschäftsgeheimnissen, S. 122; *Richter* ArbRAktuell 2019, 375, 377; im Ergebnis *Wiese,* Die EU-Richtlinie über den Schutz vertraulichen Know-hows und vertraulicher Geschäftsinformationen, S. 192.

1817 Begr. RegE, BT-Drucks. 19/4724, S. 32.

1818 Begr. RegE; BT-Drucks. 19/4724, S. 32.

1819 Köhler/Bornkamm/Feddersen/*Alexander* § 10 GeschGehG Rn. 39.

1820 Büscher/*Tochtermann* § 10 GeschGehG Rn. 4.

Regelung in § 10 III GeschGehG um eine eigenständige Anspruchsgrundlage handelt, oder die Ausführungen in Abs. 3 lediglich eine weitere Bemessungsgrundlage für den gemäß § 10 I GeschGehG normierten Anspruch liefern. Dem gesetzlichen Wortlaut lässt sich dies nicht zweifelsfrei entnehmen. Am Wortlaut orientiert liegt die Wertung als eigenständige Anspruchsgrundlage nahe. In der Literatur wird dies, wenngleich überwiegend ohne nähere Begründung angenommen.[1821]

Nach der Gesetzesbegründung beinhaltet Abs. 3 „einen Anspruch des Inhabers des Geschäftsgeheimnisses auf eine Geldentschädigung für erlittene immaterielle Nachteile, soweit dies der Billigkeit entspricht".[1822] Im Weiteren heißt es, „der Anspruch könne neben oder gesondert von einem Ersatz des Vermögensschadens geltend gemacht werden. Die Voraussetzungen der Billigkeit betreffen sowohl das Bestehen des Anspruchs wie auch dessen Höhe".[1823] Diese Formulierung deutet darauf hin, dass § 10 III GeschGehG eigenständige rechtliche Bedeutung zukommen soll. Schadensersatzansprüche wegen des Vermögensschadens und wegen weiterer erlittener immaterieller Nachteile vermitteln das Bild voneinander unabhängiger, selbstständig geregelter Ansprüche.[1824]

Diese Auffassung lässt sich durch einen Vergleich mit anderen Rechtsnormen stützen.[1825] Die in Art. 14 II S. 1 RL (EU) 2016/943 vorgegebene Einbeziehung des immateriellen Schadens ist kein Novum des Unionsrechts. Die verwendeten Begrifflichkeiten sind aus der an früherer Stelle bereits erörterten Enforcement-Richtlinie[1826] bekannt.[1827] Gemäß Art. 13 RL 2004/48/EG kann der Rechtsinhaber bei Vorliegen der weiteren Voraussetzungen von dem Rechtsverletzer Ersatz des tatsächlich erlittenen Schadens verlangen. Nach Art. 13 I lit. a) RL 2004/48/EG sollen die Gerichte bei der Festsetzung des Schadens alle in Frage kommenden Aspekte berücksichtigen. Hierzu zählt unter anderem auch der erlittene immaterielle Schaden.

Art. 13 I Uabs. 2 lit. a) RL 2004/48/EG war Gegenstand eines Vorabentscheidungsverfahrens gemäß Art. 267 AUEV vor dem europäischen Gerichtshof. Dieser

---

1821 BeckOK GeschGehG/*Spieker* § 10 Rn. 1; Büscher/*Tochtermann* § 10 GeschGehG Rn. 17; Köhler/Bornkamm/Feddersen/*Alexander* § 10 GeschGehG Rn. 39; so wohl auch *Ohly* GRUR 2019, 441, 449; *Reinfeld,* Das neue Gesetz zum Schutz von Geschäftsgeheimnissen, S. 126–127.

1822 Begr. RegE, BT-Drucks. 19/4724, S. 32.

1823 Begr. RegE, BT-Drucks. 19/4724, S. 32–33.

1824 Im Ergebnis BeckOK GeschGehG/*Spieker* § 10 Rn. 4.

1825 BeckOK GeschGehG/*Spieker* § 10 Rn. 4; Büscher/*Tochtermann* § 10 GeschGehG Rn. 17; *Böhm/Nestler* GRUR-Prax 2018, 181, 181; Köhler/Bornkamm/Feddersen/*Alexander* § 10 GeschGehG Rn. 39; *Reinfeld,* Das neue Gesetz zum Schutz von Geschäftsgeheimnissen, S. 127.

1826 Zu der RL 2004/48/EG, siehe Teil 1, § 3, B. I., S. 99ff.

1827 Büscher/*Tochtermann* § 10 GeschGehG Rn. 3; *Wiese,* Die EU-Richtlinie über den Schutz vertraulichen Know-hows und vertraulicher Geschäftsinformationen, S. 182f.

hatte entschieden, dass die unionsrechtliche Vorgabe zum Schadensersatz dahingehend ausgelegt werden muss, dass der durch die Rechtsverletzung Geschädigte neben dem Ersatz des materiellen Schadens auch seinen immateriellen Schaden ersetzt verlangen kann.[1828] Der Entscheidung lässt sich entnehmen, dass der Ersatz immaterieller Schäden im Rahmen der Enforcement-Richtlinie von der Geltendmachung materieller Schäden unabhängig bleiben soll. Da die Enforcement-Richtlinie und die Geheimnisschutz-Richtlinie ausweislich des Erwägungsgrundes 39 thematisch verwandt sind, und die Regelungen zum Schadensersatz einen vergleichbaren Wortlaut aufweisen[1829], können diese Feststellungen zur Auslegung des Art. 14 RL (EU) 2016/943 herangezogen werden.[1830] Demnach kommt der Einbeziehung immaterieller Schäden auch im Anwendungsbereich des unionsrechtlichen Geheimnisschutzes ein gewisser Grad an Selbständigkeit zu.

Die Vorgaben der Enforcement-Richtlinie wurden durch das Gesetz zur Verbesserung der Durchsetzung von Rechten des geistigen Eigentums vom 7.7.2008[1831] umgesetzt. Dieses ergänzt und ändert verschiedene Vorschriften aus dem Bereich des geistigen Eigentums. Unter anderem wurde § 97 UrhG angepasst.[1832] Gemäß § 97 II S. 1 UrhG muss derjenige, der das Urheberrecht oder ein anderes nach diesem Gesetz geschütztes Recht widerrechtlich verletzt, dem Verletzten den entstandenen Schaden ersetzten. Über § 97 II S. 4 UrhG können Urheber, Verfasser und ausübende Künstler auch wegen des Schadens der nicht Vermögensschaden ist, eine Entschädigung in Geld verlangen, wenn und soweit dies der Billigkeit entspricht. Damit weist auch die Umsetzung der Enforcement-Richtlinie durch § 97 II S. 4 UrhG eine mit § 10 III GeschGehG vergleichbare Systematik auf.[1833] § 97 II S. 4 UrhG wird als selbstständiger Anspruch auf den Ersatz des immateriellen Schadens wegen einer Urheberrechtsverletzung verstanden.[1834] Dass die dargelegten systematischen Parallelen nicht unbeabsichtigt sind[1835], zeigt, dass die Gesetzesbegründung zu § 10 III GeschGehG den § 97 II S. 4 UrhG dezidiert als vergleichbare Regelung benennt.[1836]

1828 EuGH BeckRS 2016, 80500 Rn. 28.

1829 *Wiese,* Die EU-Richtlinie über den Schutz vertraulichen Know-hows und vertraulicher Geschäftsinformationen, S. 182.

1830 *Böhm/Nestler* GRUR-Prax 2018, 181, 181.

1831 BGBl. 2008 Teil I Nr. 28, S. 1191.

1832 BeckOK Urheberrecht/*Reber* § 97 UrhG Rn. 1.

1833 Büscher/*Tochtermann* § 10 GeschGehG Rn. 17; Köhler/Bornkamm/Feddersen/*Alexander* § 10 GeschGehG Rn. 39.

1834 BeckOK Urheberrecht/*Reber* § 97 Rn. 129; Dreier/Schulze/*Specht* § 97 UrhG Rn. 95ff.; *Reinfeld,* Das neue Gesetz zum Schutz von Geschäftsgeheimnissen, S. 127; *Spindler*/Schuster § 97 UrhG Rn. 52; Ulmer-Eilfort/*Obergfell* § 97 UrhG Rn. 28; Wandtke/Bullinger/*v.Wolf* § 97 UrhG Rn. 84.

1835 Köhler/Bornkamm/Feddersen/*Alexander* § 10 GeschGehG Rn. 39.

1836 Begr. RegE, BT-Drucks. 19/4724, S. 32.

Als weitere Vorschrift, die § 10 III GeschGehG strukturell und sprachlich ähnelt, ist auf § 15 AGG zu verweisen. Gemäß § 15 I S. 1 AGG ist der Arbeitgeber bei einem Verstoß gegen das Benachteiligungsgebot verpflichtet, den hierdurch entstandenen Schaden zu ersetzen. Über § 15 II S. 1 AGG kann der Benachteiligte auch wegen eines Schadens der nicht Vermögensschaden ist, eine angemessene Entschädigung in Geld verlangen. Auch der § 15 II S. 1 AGG wird als selbständige Anspruchsgrundlage aufgefasst.[1837] Unter Berücksichtigung der Einheit der Rechtsordnung sprechen diese Parallelen dafür, auch § 10 III GeschGehG als eigenständige Anspruchsgrundlage zu werten. Da § 10 GeschGehG anhand einer vorbekannten Struktur aufgebaut ist, spricht dies in Ermangelung gegenteiliger Anhaltspunkte dafür, dass die Norm dieser auch inhaltlich entsprechen soll.[1838] Dies gilt umso mehr, als die Gesetzesbegründung ausdrücklich den Bezug zu § 97 II S. 4 UrhG herstellt.[1839] Im Ergebnis ist mit § 10 III GeschGehG eine eigenständige Anspruchsgrundlage normiert.[1840] Damit enthält das Geschäftsgeheimnisgesetz eine Durchbrechung des Prinzips aus § 253 BGB.[1841] Danach kann wegen eines Schadens, der nicht Vermögensschaden ist, eine Entschädigung in Geld nur in den durch das Gesetz bestimmten Fällen gefordert werden. § 10 III GeschGehG geht insoweit als das speziellere Gesetz vor.[1842]

II. Richtlinienkonformität des § 10 III GeschGehG

Interpretiert man § 10 III GeschGehG als eigenständigen Anspruch zur Geltendmachung immaterieller Schäden, wirft dies die Frage nach der Richtlinienkonformität der Norm auf. In der Begründung des Regierungsentwurfs macht der Gesetzgeber deutlich, durch § 10 III GeschGehG solle der Vorgabe in Art. 14 II S. 2 RL (EU) 2016/943 nachgekommen werden.[1843] Wie soeben thematisiert, gibt

---

1837 BAG NZA 2010, 280, Rn. 16 = AP AGG § 15 Nr. 2; BAG NZA 2014, 372, 376 Rn. 37; BAG NZA 2018, 519, 520 Rn. 17 = AP SGB IX § 81 Nr. 22; BAG LSK 2020, 802; ErfK/*Schlachter* § 15 AGG Rn. 8; *Jacobs* RdA 2009, 193, 193.

1838 Im Ergebnis wohl BeckOK GeschGehG/*Spieker* § 10 Rn. 4; Köhler/Bornkamm/Feddersen/*Alexander* § 10 GeschGehG Rn. 39.

1839 Begr. RegE, BT-Drucks. 19/4724, S. 32.

1840 BeckOK GeschGehG/*Spieker* § 10 Rn. 1; Büscher/*Tochtermann* § 10 GeschGehG Rn. 17; Köhler/Bornkamm/Feddersen/*Alexander* § 10 GeschGehG Rn. 39; so wohl auch *Ohly* GRUR 2019, 441, 449; *Reinfeld,* Das neue Gesetz zum Schutz von Geschäftsgeheimnissen, S. 126–127.

1841 Büscher/*Tochtermann* § 10 GeschGehG Rn. 17; Köhler/Bornkamm/Feddersen/*Alexander* § 10 GeschGehG Rn. 39; *Reinfeld,* Das neue Gesetz zum Schutz von Geschäftsgeheimnissen, S. 126.

1842 Büscher/*Tochtermann* § 10 GeschGehG Rn. 17; Köhler/Bornkamm/Feddersen/*Alexander* § 10 GeschGehG Rn. 39; *Reinfeld,* Das neue Gesetz zum Schutz von Geschäftsgeheimnissen, S. 126; dasselbe gilt für § 15 AGG ErfK/*Schlachter* § 15 AGG Rn. 8.

1843 Begr. RegE, BT-Drucks. 19/4724, S. 32.

Art. 14 II RL (EU) 2016/943 jedoch nur vor, dass der immaterielle Schaden bei der Festsetzung der Höhe des Schadensersatzanspruchs gemäß Abs. 1 berücksichtigt werden kann. Obgleich die Berücksichtigung immaterieller Nachteile unter Rückgriff auf die Rechtsprechung des europäischen Gerichtshofs zu Art. 13 I Uabs. 2 lit. a) Enforcement-RL[1844] dahin tendiert, dass diese eigenständig geltend gemacht werden können, enthält Art. 14 RL (EU) 2016/943 keine ausdrückliche eigenständige Anspruchsgrundlage für deren Geltendmachung.[1845] Deswegen könnte § 10 III GeschGehG den unionsrechtlichen Vorgaben zuwiderlaufen.

Zur Beantwortung muss ermittelt werden, ob die Anwendung der Vorgaben aus Art. 14 II S. 1 RL (EU) 2016/943 oder des § 10 III GeschGehG zu unterschiedlichen Ergebnissen führen können. Gemäß § 10 III GeschGehG kann der Verletzte eine Entschädigung in Geld für erlittene immaterielle Nachteile fordern.[1846] Nach der Konzeption des Art. 14 I, II RL (EU) 2016/943 sollen die immateriellen Nachteile als Berechnungsfaktoren in den Schadensersatz nach Abs. 1 einbezogen werden. Wirtschaftlich betrachtet ergibt sich daraus für den Geheimnisinhaber kein erkennbarer Unterschied. Erleidet er immaterielle Nachteile wegen einer Verletzung seiner Geschäftsgeheimnisse, steht ihm ein Entschädigungsanspruch in Geld zu. Nach Art. 14 I, II RL (EU) 2016/943 sollen die Mitgliedsstaaten gewährleisten, dass Inhaber eines rechtswidrig beeinträchtigten Geschäftsgeheimnisses eine Entschädigung in Geld erhalten. Dabei sollen nicht nur Vermögensschäden, sondern auch immaterielle Nachteile berücksichtigt werden. Diese Vorgabe erfüllt § 10 III GeschGehG umfassend im Wege eines selbständigen Schadensersatzanspruchs wegen Nichtvermögensschäden. Darüber hinaus zählt Art. 14 RL (EU) 2016/943 nicht zu den veränderungsfest ausgestalteten Regelungen, gemäß Art. 1 Uabs. 2 RL (EU) 2016/943. Damit legt Art. 14 RL (EU) 2016/943 nur einen Mindestschutz fest. Ein weitergehender Schutz ist gemäß Art. 1 I RL (EU) 2016/943 möglich. Durch die deutsche Konzeption, nach der immaterielle Schäden nicht lediglich als Berechnungsgrundlage mit einbezogen werden, sondern im Wege eines eigenständigen Anspruchs geltend gemacht werden, erhöht sich der Schutz für Geheimnisinhaber. Damit widerspricht § 10 III GeschGehG den Richtlinienvorgaben insoweit nicht.

Als problematisch könnte sich jedoch erweisen, dass § 10 III GeschGehG den Ersatz immateriellen Schadens ausdrücklich unter den Vorbehalt der „Billigkeit" stellt. Danach soll ein solcher Schaden also nur dann realisiert werden können, wenn er sich auf Grundlage einer gesonderten Prüfung als „billig", d.h. angemessen erweist.[1847] Eine solche Einschränkung ist dem Wortlaut des Art. 14 II RL (EU) 2016/943 ausdrücklich nicht zu entnehmen. Deswegen ist zu fragen, ob Art. 14 RL (EU) 2016/943 für die Einbeziehung des immateriellen Schadens ebenfalls ein

1844 EuGH BeckRS 2016, 80500 Rn. 28.

1845 Im Ergebnis wohl *Wiese,* Die EU-Richtlinie über den Schutz vertraulichen Know-hows und vertraulicher Geschäftsinformationen, S. 184–185.

1846 Büscher/*Tochtermann* § 10 GeschGehG Rn. 17.

1847 Im Ergebnis auch Köhler/Bornkamm/Feddersen/*Alexander* § 10 GeschGehG Rn. 41.

wertendes Korrektiv vorsieht. Andernfalls wäre § 10 III GeschGehG richtlinienwidrig ausgestaltet. Den Gerichten wäre ein Korrektiv an die Hand gegeben, durch welches der Ersatz von Nichtvermögensschäden beschränkt werden kann. Das durch die Richtlinie vorgegebene Mindestschutzniveau wäre dann unterschritten.

Nach dem Wortlaut des Art. 14 I, II RL (EU) 2016/943 sollen die zuständigen Gerichte bei der Festsetzung des Schadensersatzes gemäß Abs. 1 alle relevanten Faktoren (...) berücksichtigen. Der immaterielle Schaden ist nur einer von mehreren beispielhaft aufgeführten Umständen zur Schadensberechnung, den die Gerichte im Streitfall zu „berücksichtigen" haben. Nach diesen Formulierungen ist nur grob umrissen, wie die Höhe des ersatzfähigen Schadens festgesetzt werden soll. Es müssen im Einzelfall alle relevanten Umstände mit einbezogen werden. Die weitere Konkretisierung ist damit den Gerichten einzelfallbezogen vorbehalten. Auch dies erfordert eine Bewertung, die sich regelmäßig am Maßstab der Angemessenheit zu orientieren haben wird. Da keine weiteren Anhaltspunkte aufgeführt sind, werden die Gerichte erwartungsgemäß auch mit einbeziehen, was nach allgemeinen Vorstellungen „recht und billig" ist. Jedoch ist nicht zu verkennen, dass die beispielhaft genannten Bemessungsfaktoren eher „harte", wirtschaftlich orientierte Umstände sind. Auch wenn mit dem immateriellen Schaden ausdrücklich ein „anderer" Faktor genannt wird, bedeutet dies nicht, dass dessen Festsetzungen einer allgemeinen Billigkeitsbewertung durch ein Gericht überantwortet werden soll. Einen solchen Vorbehalt macht indessen § 10 III GeschGehG (...soweit...).

In den Erwägungsgründen der Richtlinie finden sich allerdings weitergehende Ausführungen zu den vorgesehenen Maßnahmen, Verfahren und Rechtsbehelfen. Im Erwägungsgrund 21 heißt es, diese „(...) sollen gewährleisten, dass die zuständigen Gerichte Faktoren wie dem Wert eines Geschäftsgeheimnisses, der Schwere des Verhaltens, das zum rechtswidrigen Erwerb oder zur rechtswidrigen Nutzung oder Offenlegung geführt hat, sowie den Auswirkungen dieses Verhaltens Rechnung tragen". Weiter wird ausgeführt, es „(...) sollte sichergestellt sein, dass die zuständigen Gerichte über das Ermessen verfügen, die Interessen der an einem Rechtsstreit beteiligten Parteien und die Interessen Dritter, gegebenenfalls auch der Verbraucher, gegeneinander abzuwägen". Damit wird der Begriff „Ermessen" ausdrücklich eingeführt. Da ein solches regelmäßig nicht frei und willkürlich, sondern nach den Grundsätzen der Billigkeit auszuüben ist, gibt dies einem Billigkeitskriterium Raum. Damit werden die Vorstellung des Richtliniengebers deutlich, den Gerichten letztendlich einen Ermessensspielraum für die Rechtsfolgen einer Geheimnisverletzung einzuräumen. Dies rechtfertigt den Ersatz immaterieller Schäden an einem Billigkeitsmaßstab auszurichten. Eine Zusammenschau des Richtlinienwortlauts in Art. 14 I, II RL und der Erwägungsgründe ergibt, dass der Umfang des Schadensersatzanspruchs einer wertenden Festsetzung durch die Gerichte zugänglich ist. Dies ist mit dem Begriff der Billigkeit in § 10 III GeschGehG richtlinienkonform umgesetzt.

III. Geltung des § 619a BGB im Rahmen von § 10 III GeschGehG

Während die Gesetzesbegründung ausdrücklich ausführt, dass die Grundsätze zur beschränkten Arbeitnehmerhaftung insgesamt auf § 10 GeschGehG Anwendung finden sollen[1848], ist der Geltungsbereich von § 619a BGB unklar. § 10 I S. 2 GeschGehG ordnet lediglich an, dass § 619a BGB unberührt bleibt. Darüber hinaus gehende Angaben in der Gesetzesbegründung fehlen. Der Gesetzeswortlaut verdeutlicht nicht hinreichend, ob die Beweislastregel des § 619a BGB nur im Rahmen des Schadensersatzanspruches in § 10 I GeschGehG Anwendung finden soll oder sich auch auf die nachfolgenden Absätze zwei und drei bezieht.

Der systematische Aufbau der Norm spricht zunächst gegen ein weites Verständnis in diesem Sinne. § 10 GeschGehG ist in drei Absätze untergliedert. Die Absätze 1 und 3 enthalten jeweils eigenständige Ansprüche. Da § 619a BGB lediglich in Abs. 1 in Bezug genommen wird, ließe sich dies dahin verstehen, dass die Beweislastumkehr nicht auf den Anspruch auf immateriellen Ersatz gemäß Abs. 3 Anwendung finden soll. Andererseits normiert § 10 I GeschGehG die Anspruchsvoraussetzungen im Allgemeinen, Abs. 2 lediglich Fragen der Schadensbemessung und Abs. 3 erstreckt den Anspruch auf immaterielle Schäden. Dies ist so zu interpretieren, dass die vorangestellten Anspruchsvoraussetzungen in Abs. 1 für alle nachfolgenden Regelungen der Norm gelten.

Darüber hinaus ist der Zweck der Norm zu betrachten. § 619a BGB soll das Haftungsprivileg der beschränkten Arbeitnehmerhaftung auf prozessualer Ebene umsetzten.[1849] Deswegen muss die arbeitnehmerorientierte Beweislastverteilung im Anwendungsbereich dieser Haftungserleichterung stets Anwendung finden.[1850] Nach der Gesetzesbegründung gilt dieser im Anwendungsbereich des § 10 GeschGehG insgesamt, was den vorstehenden Grundsätzen Rechnung trägt.[1851] Aus der teleologischen Ausrichtung des § 619a BGB folgt im Ergebnis, dass dessen Anwendungsbereich ebenfalls weit verstanden und auf den gesamten § 10 GeschGehG erstreckt werden muss. Damit gilt die Beweislastregelung insbesondere auch im Rahmen des Anspruchs auf Ersatz des immateriellen Schadens in § 10 III GeschGehG.[1852]

E. Abschließende Bewertung der Richtlinienkonformität von § 10 GeschGehG

Die unionsrechtlichen Vorgaben setzt der Schadensersatzanspruch in § 10 I GeschGehG hinreichend und richtlinienkonform um. Art. 14 I Uabs. 2 RL (EU) 2016/943

1848 Begr. RegE; BT-Drucks. 19/4724, S. 32.

1849 BeckOK BGB/*Feuerborn* § 619a BGB Rn. 4; ErfK/*Preis* § 619a BGB Rn. 4; MüKoBGB/*Henssler* § 619a Rn. 43.

1850 ErfK/*Preis* § 619a BGB Rn. 3.

1851 Begr. RegE; BT-Drucks. 19/4724, S. 32.

1852 Offenlassend Köhler/Bornkamm/Feddersen/*Alexander* § 10 GeschGehG Rn. 23ff.

eröffnet den Mitgliedsstaaten die Möglichkeit, die Haftung von Arbeitnehmern zu begrenzen, sofern diese nicht vorsätzlich gehandelt haben. Dies ergibt sich auch aus den Erwägungsgründen der Richtlinie.[1853] Die Grundsätze zur beschränkten Arbeitnehmerhaftung entsprechen dieser Vorgabe, sodass deren Einbeziehung nicht bedenklich ist. Unter diesem Gesichtspunkt ist zu beachten, dass § 619a BGB nicht die Haftung der Arbeitnehmer regelt, sondern lediglich die Beweislastverteilung zum Inhalt hat.[1854] Dementsprechend kann § 10 I S. 2 GeschGehG – und die dort enthaltene Bezugnahme auf § 619a BGB – nicht der Umsetzung des Art. 14 I Uabs. 2 RL (EU) 2016/943 dienen. Die Einbeziehung von § 619a BGB ist auf unionsrechtlicher Ebene nicht vorgegeben. Wie oben bereits aufgezeigt, dient die Norm der prozessualen Sicherung der beschränkten Arbeitnehmerhaftung[1855] und kann insgesamt ohne Verstoß gegen die unionsrechtlichen Vorgaben eingefügt werden. Somit ist § 10 I GeschGehG insgesamt als richtlinienkonform zu bewerten.

§ 10 II GeschGehG enthält keine problematischen Abweichungen. Die Norm regelt lediglich Fragen der Schadensberechnung. Der Begriff „auch" zeigt, dass die genannten Berechnungsgrundlagen nicht abschließend sind. Damit konform gibt Art. 14 II RL (EU) 2016/943 vor, dass bei der Festsetzung der Höhe des Schadensersatzes alle relevanten Faktoren berücksichtigt werden können. In § 10 III GeschGehG hat der innerstaatliche Gesetzgeber einen selbständigen Schadensersatzanspruch zur Geltendmachung immaterieller Nachteile vorgesehen. Dies entspricht insoweit nicht den unionsrechtlichen Vorgaben, als Art. 14 II RL (EU) 2016/943 einen eventuellen immateriellen Schaden lediglich zur Berechnung des in Art. 14 I RL (EU) 2016/943 vorgesehenen Ersatzanspruches vorsieht. Dies führt indessen substanziell nicht zu einer veränderten Bewertung der Rechtslage und ist darüber hinaus insoweit zulässig, als Art. 14 I RL (EU) 2016/943 lediglich einen Mindestschutz vorsieht.

Zudem war zu untersuchen, ob der in § 10 III GeschGehG eingefügte Vorbehalt zugunsten einer Billigkeitsprüfung den unionsrechtlichen Vorgaben entspricht. Im Ergebnis lässt der Unionsgesetzgeber eine wertende Prüfung durch die Gerichte zu. Damit ist auch § 10 III GeschGehG nicht zu beanstanden. § 10 GeschGehG ist insgesamt richtlinienkonform.

F. Abschließende Bewertung der arbeitsrechtlichen Haftung wegen einer Verletzung von Geschäftsgeheimnissen

Arbeitnehmer sind arbeitsvertraglich dazu verpflichtet, Geschäftsgeheimnisse zu bewahren. Eine Verletzung dieser Pflicht kann zu arbeitsvertraglichen

---

1853 RL (EU) 2016/943, Erwägungsgrund 30, ABl. EU L 157/7.

1854 BeckOK BGB/*Feuerborn* § 619a BGB Rn. 3; *Preis/Temming*, Arbeitsrecht I S. 518 Rn. 2465; *Schwab* NZA-RR 2016, 173, 179.

1855 BeckOK BGB/*Feuerborn* § 619a BGB Rn. 4.

Haftungsansprüchen führen. Durch den Verweis auf § 619a BGB wird klargestellt, dass die besondere prozessuale Beweislastverteilung zugunsten des Arbeitnehmers aufrechterhalten wird.[1856] Daneben unterfallen Zuwiderhandlungen den gemäß § 4 II Nr. 2 und 3 GeschGehG normierten Handlungsverboten.[1857] Bei Erfüllung der übrigen Voraussetzungen kann hieraus eine Verpflichtung des Arbeitnehmers gemäß § 10 I GeschGehG resultieren, dem Arbeitgebern den entstandenen Schaden zu ersetzten.[1858] Der Umfang des zu ersetzenden Schadens ist unter Berücksichtigung der beschränkten Arbeitnehmerhaftung zu ermitteln, falls diese im Einzelfall Geltung beansprucht.[1859] Tatbestandlich setzt § 10 I GeschGehG vorsätzliches oder fahrlässiges Handeln voraus.[1860] Nach den soeben erläuterten Grundzügen muss der Arbeitnehmer den vollen Schaden nur ersetzten, soweit er vorsätzlich oder grob fahrlässig gehandelt hat.[1861] Ist ihm lediglich leichte Fahrlässigkeit vorzuwerfen, ist der Schaden durch den Arbeitgeber zu tragen.[1862] Bei mittlerer Fahrlässigkeit muss eine Quote im Einzelfall gebildet werden, sodass sich die Haftungslast zwischen Arbeitnehmer und Arbeitgeber aufteilt.[1863] Die Beweislast hierfür trifft den Geheimnisinhaber.[1864]

1856 Büscher/*Tochtermann* § 10 GeschGehG Rn. 13; Köhler/Bornkamm/Feddersen/*Alexander* § 10 GeschGehG Rn. 24; *Reinfeld,* Das neue Gesetz zum Schutz von Geschäftsgeheimnissen, S. 122; *Richter* ArbRAktuell 375, 377.

1857 Köhler/Bornkamm/Feddersen/*Alexander* § 10 GeschGehG Rn. 17ff.

1858 Köhler/Bornkamm/Feddersen/*Alexander* § 10 GeschGehG Rn. 17ff.

1859 Büscher/*Tochtermann* § 10 GeschGehG Rn. 13; Köhler/Bornkamm/Feddersen/*Alexander* § 10 GeschGehG Rn. 25; *Naber/Peukert/Seeger* NZA 2019, 593, 587; *Reinfeld,* Das neue Gesetz zum Schutz von Geschäftsgeheimnissen, S. 122; *Richter* ArbRAktuell 2019, 375, 377–378; *Wiese,* Die EU-Richtlinie über den Schutz vertraulichen Know-hows und vertraulicher Geschäftsinformationen, S. 192.

1860 Büscher/*Tochtermann* § 10 GeschGehG Rn. 9; *Reinfeld,* Das neue Gesetz zum Schutz von Geschäftsgeheimnissen, S. 122.

1861 Harte-Bavendamm/Ohly/*Kalbfus* Einl. C. Rn. 99; Köhler/Bornkamm/Feddersen/*Alexander* § 10 GeschGehG Rn. 25; *Reinfeld,* Das neue Gesetz zum Schutz von Geschäftsgeheimnissen, S. 122.

1862 Harte-Bavendamm/Ohly/*Kalbfus* Einl. C. Rn. 99; Köhler/Bornkamm/Feddersen/*Alexander* § 10 GeschGehG Rn. 25; *Reinfeld,* Das neue Gesetz zum Schutz von Geschäftsgeheimnissen, S. 122.

1863 Harte-Bavendamm/Ohly/*Kalbfus* § 10 GeschGehG Rn. 99; Köhler/Bornkamm/Feddersen/*Alexander* § 10 GeschGehG Rn. 25; *Reinfeld,* Das neue Gesetz zum Schutz von Geschäftsgeheimnissen, S. 122.

1864 Büscher/*Tochtermann* § 10 GeschGehG Rn. 13; Köhler/Bornkamm/Feddersen/*Alexander* § 10 GeschGehG Rn. 24; *Naber/Peukert/Seeger* NZA 2019, 583, 587; *Reinfeld,* Das neue Gesetz zum Schutz von Geschäftsgeheimnissen, S. 122; *Richter* ArbRAktuell 2019, 375, 377–378.

§ 10 Zusammenfassung der Ergebnisse zur inhaltlichen Reichweite des Geheimnisschutzes nach dem Geschäftsgeheimnisgesetz im Vergleich zu der tradierten Rechtsauffassung

A. Veränderten Tatbestandsvoraussetzungen zur Qualifikation einer Information als Geschäftsgeheimnis

I. Bezeichnung des Schutzgegenstandes

Die vorstehenden Untersuchungen zu den Regelungen des Geschäftsgeheimnisgesetzes zeigen, dass sich insbesondere die gegenständliche Reichweite des Geheimnisschutzes verändert hat. Obgleich die Legaldefinition dem tradierten Geheimnisbegriff überwiegend ähnelt[1865], verändern sich die tradierten Voraussetzungen eines geschützten Unternehmensgeheimnisses.[1866]

Nach vormaliger Rechtslage definierte man Betriebs- oder Geschäftsgeheimnisse als Tatsachen, die im Zusammenhang mit einem Geschäftsbetrieb stehen, nicht offenkundig, sondern nur einem eng begrenzten Personenkreis bekannt sind, an deren Geheimhaltung der Unternehmer ein berechtigtes wirtschaftliches Interesse hat und die nach seinem bekundeten oder doch erkennbaren Willen auch geheim bleiben sollen. Mit Einführung des § 2 Nr. 1 GeschGehG handelt es sich bei einem Geschäftsgeheimnis nunmehr um eine Information, die weder insgesamt noch in der genauen Anordnung und Zusammensetzung ihrer Bestandteile den Personen in den Kreisen, die üblicherweise mit dieser Art von Information umgehen, allgemein bekannt oder ohne Weiteres zugänglich ist und daher von wirtschaftlichem Wert ist (§ 2 Nr. 1 lit. a GeschGehG), die Gegenstand von den

---

1865 EuArbRK/*Schubert* RL (EU) 2016/943 Art. 2 Rn. 15; *Fuhlrott/Hiéramente* DB 2019, 967, 967; *Harte-Bavendamm*/Ohly/Kalbfus Einl. A. Rn. 132; MüKo-Lauterkeitsstrafrecht Vor §§ 17–19 UWG Rn. 15; *Naber/Peukert/Seeger* NZA 2019, 583, 583; *Preis/Temming,* Arbeitsrecht I, S. 252 Rn. 1175; Scholz/*Rönnau* § 85 GmbHG Rn. 15.

1866 EuArbRK/*Schubert* RL (EU) 2016/943 Art, 2 Rn. 15; *Harte-Bavendamm*/Ohly/Kalbfus Einl. A. Rn. 132; *Naber/Peukert/Seeger* NZA 2019, 583, 583.vergleichende Gegenüberstellung bei *Rody,* Der Begriff und die Rechtsnatur von Geschäfts- und Betriebsgeheimnissen unter Berücksichtigung der Geheimnisschutz-Richtlinie, S. 50ff.; Scholz/*Rönnau* § 85 GmbHG Rn. 15.

Umständen nach angemessenen Geheimhaltungsmaßnahmen durch ihren rechtmäßigen Inhaber ist (§ 2 Nr. 1 lit. b GeschGehG) und bei der ein berechtigtes Interesse an der Geheimhaltung besteht (§2 Nr. 1 lit. c GeschGehG). Mit der gesetzlichen Neuregelung wurde somit die sprachliche Trennung zwischen Betriebs- und Geschäftsgeheimnissen aufgegeben.[1867] Das Schutzobjekt des rechtlichen Geheimnisschutzes wird nunmehr einheitlich als *Geschäftsgeheimnis* tituliert.[1868] Da die Unterscheidung praktisch irrelevant war ergeben sich hierdurch – neben der sprachlichen Vereinfachung – keine inhaltlichen Änderungen.[1869]

II. Veränderungen auf der tatbestandlichen Ebene

Beide Begriffsdefinitionen setzen übereinstimmend voraus, dass potenzielle „Geheimnisse" der Außenwelt im Großen und Ganzen unbekannt sein müssen. Trotz sprachlicher Abweichungen bewirkt die Neuregelung gemäß § 2 Nr. 1 lit. a) Hs. 1 GeschGehG keine signifikanten inhaltlichen Veränderungen.[1870]

Dafür rückt der deutsche Gesetzgeber – nach den Vorgaben der Geheimnisschutz-Richtlinie – von dem ursprünglich geforderten Unternehmensbezug ab.[1871] Aufgrund

---

1867 *Apel/Walling* DB 2019, 891, 894; *Dumont* BB 2018, 2441, 2443; EuArbRK/*Schubert* RL (EU) 2016/943 Art. 2 Rn. 13; *Fuhlrott* ArbRAktuell 2020, 70, 79; *Hauck* GRUR-Prax 2019, 223, 223; *Hiéramente/Golzio* CCZ 2018, 262, 264; *Kalbfus* GRUR 2016, 1009, 1010; *McGuire,* FS Harte-Bavendamm 2020, S. 367, 374; *Naber/Peukert/Seeger* NZA 2019, 583, 583; *Oetker,* FS Hopt 2020, S. 901, 905; *Preis/Temming,* Arbeitsrecht I, S. 252 Rn. 1175; *Schulte* ArbRB 2019, 143, 144; *Voigt/Herrmann/Grabenschröer* BB 2019, 142, 142.

1868 *Apel/Walling* DB 2019, 891; 894; *Dumont* BB 2018, 2441, 2443; EuArbRK/*Schubert* RL (EU) 2016/943 Art. 2 Rn. 13; *Fuhlrott* ArbRAktuell 2020, 79, 79; *Hauck* NJW 2016, 2218, 2219; *Hiéramente/Golzio* CCZ 2018, 262, 264; *Kalbfus* GRUR 2016, 1009, 1010; *McGuire,* FS Harte-Bavendamm 2020, S. 367, 374; *Naber/Peukert/Seeger* NZA 2019, 583, 583; *Oetker,* FS Hopt 2020, S. 901, 905; *Preis/Temming,* Arbeitsrecht I, S. 252 Rn. 1175; *Rauer/Eckert* DB 2016, 1239, 1240; *Reinfeld,* Das neue Gesetz zum Schutz von Geschäftsgeheimnissen, S. 10; *Schulte* ArbRB 2019, 143, 144; *Voigt/Herrmann/Grabenschröer* BB 2019, 142, 142.

1869 *Apel/Walling* DB 2019, 891, 894; *Dumont* BB 2018, 2441, 2443; EuArbRK/*Schubert* RL (EU) 2016/943 Art. 2 Rn. 13; *Fuhlrott* ArbRAktuell 2020, 79, 79; *Hauck* GRUR 2016, 1009, 1010; *Oetker,* FS Hopt 2020, S. 901, 905; *Rauer/Eckert* DB 2016, 1239, 1240; im Ergebnis *Preis/Temming,* Arbeitsrecht I, S. 252 Rn. 1175; *Reinfeld,* Das neue Gesetz zum Schutz von Geschäftsgeheimnissen, S. 9.

1870 *Baranowski/Glaßl* BB 2016, 2563, 2564; EuArbRK/*Schubert* RL (EU) 2016/943 Art. 2 Rn. 15; *McGuire,* FS Harte-Bavendamm 2020, S. 367, 373; *Rody,* Der Begriff und die Rechtsnatur von Geschäfts- und Betriebsgeheimnissen unter Berücksichtigung der Geheimnisschutz-Richtlinie, S. 169; Scholz/*Rönnau* § 85 GmbHG Rn. 20; *Witz,* FS Harte-Bavendamm 2020, S: 441, 443.

1871 *Alexander* WRP 2017, 1034, 1038 Rn. 37; BeckOK GeschGehG/*Hiéramente* § 2 Rn. 16; *Brammsen* wistra 2018, 449, 451; EuArbRK/*Schubert* (EU) 2016/943 Art. 2 Rn. 16; *Gaugenrieder* BB 2014, 1987, 1988; *Kalbfus* GRUR 2016, 1009, 1011; Köhler/

dessen wurde zwar befürchtet, dass künftig auch private Geheimnisse des Unternehmensinhabers erfasst seien.[1872] Davon ist jedoch nicht auszugehen.[1873] Zunächst vermittelt bereits der Titel des Gesetzes einen hinreichenden Unternehmensbezug. Nach diesem sind die einzelnen Regelungen auf den „Schutz von Geschäftsgeheimnissen“ ausgerichtet. Dieser Wortwahl haftet bereits an, dass die gegenständlich erfassten Informationen mit dem geschäftlichen Wirken des Inhabers in Zusammenhang stehen müssen.[1874] Unter Berücksichtigung des allgemeinen Sprachverständnisses können sonstige private Informationen nicht Inhalt eines „Geschäftsgeheimnisses“ sein.[1875]

Darüber hinaus ist das Harmonisierungsvorhaben der RL (EU) 2016/943 insgesamt auf den Schutz von Unternehmen ausgerichtet.[1876] Der dem Geschäftsgeheimnisgesetz und der Richtlinie danach weiterhin immanent anhaftende Unternehmensbezug ist außerdem auch tatbestandlich verankert. Das Geschäftsgeheimnisgesetz verknüpft die geschützte Information über zwei Merkmale mit dem jeweiligen Unternehmen. Zunächst muss das Schutzobjekt – über das Tatbestandsmerkmal des wirtschaftlichen Wertes – das Potenzial in sich bergen, bei Erlangung, Nutzung oder Offenbarung den Geheimnisinhaber wirtschaftlich zu schwächen.[1877] Diese Voraussetzungen erfüllen typischerweise Informationen, die in Bezug zu der wirtschaftlichen Betätigung des Unternehmens oder des Betriebs stehen, während sonstige Geheimnisse zumeist der Privatsphäre des Unternehmensinhabers zuzuordnen sind.[1878] Darüber hinaus regelt § 2 Nr. 2 GeschGehG, dass Inhaber eines Geschäftsgeheimnisses jede natürliche oder juristische Person

---

Bornkamm/Feddersen/*Alexander* § 2 GeschGehG Rn. 83; MüKoStGB/*Joecks/Miebach* § 23 GeschGehG Rn. 28; *Ohly* GRUR 2019, 441, 442; *Rody,* Der Begriff und die Rechtsnatur von Geschäfts- und Betriebsgeheimnissen unter Berücksichtigung der Geheimnisschutz-Richtlinie, S. 169; *Schmitt* RdA 2017, 365, 369; *Trebeck/Schulte-Wissermann* NZA 2018, 1175, 1177.

1872 *Brammsen* wistra 2018, 449, 451; *Hauck* NJW 2016, 2218, 2221.

1873 EuArbRK/*Schubert* RL (EU) 2016/943 Art. 2 Rn. 16; *McGuire,* FS Harte-Bavendamm 2020, S. 367, 373; *Rody,* Der Begriff und die Rechtsnatur von Geschäfts- und Betriebsgeheimnissen unter Berücksichtigung der Geheimnisschutz-Richtlinie, S. 169; Scholz/*Rönnau* § 85 GmbHG Rn. 18.

1874 *Alexander,* Wettbewerbsrecht, S. 510 Rn. 1951.

1875 *Alexander,* Wettbewerbsrecht, S. 510 Rn. 1951.

1876 Köhler/Bornkamm/Feddersen/*Alexander* § 2 GeschGehG Rn. 83; im Ergebnis auch MüKoStGB/*Joecks/Miebach* § 23 GeschGehG Rn. 28; *Ohly* GRUR 2019, 441, 442; Scholz/*Rönnau* § 85 GmbHG Rn. 18.

1877 *McGuire,* FS Harte-Bavendamm 2020, S. 367, 373; auf das Merkmal des kommerziellen Wertes abstellend *Hauck* NJW 2016, 2218, 2221.

1878 BeckOK GeschGehG/*Hiéramente* § 2 Rn. 16; *McGuire,* FS Harte-Bavendamm 2020, S. 367, 3737; im Ergebnis MüKoStGB/*Joecks/Miebach* § 23 GeschGehG Rn. 28; Scholz/*Rönnau* § 85 GmbHG Rn. 18.

ist, welche die rechtmäßige Kontrolle über das Geschäftsgeheimnis besitzt.[1879] Dieses Tatbestandsmerkmal entspricht Art. 39 II lit. c) Hs. 2 TRIPS-Abkommen.[1880] Dieser wurde innerstaatlich so ausgelegt, dass die fragliche Information Unternehmensbezug aufzuweisen hat.[1881] Der innerstaatliche Gesetzgeber hat – die unionsrechtlichen Vorgaben[1882] umsetzend – damit ein Begriffsverständnis geschaffen, welches den notwendigen Unternehmensbezug trotz der mangelnden Nennung weiterhin immanent voraussetzt.[1883]

Einen darüberhinausgehenden Paradigmenwechsel bedeutet das Erfordernis angemessener Geheimhaltungsmaßnahmen.[1884] Daraus ergibt sich eine Verobjektivierung des subjektiven Geheimhaltungswillens.[1885] Der Inhaber muss nach außen erkennbare, feststellbare Maßnahmen ergreifen, um den Geheimnisschutz

1879 Zu der entsprechend Richtlinienvorgabe EuArbRK/*Schubert* RL (EU) 2016/943 Art. 2 Rn. 16; *Schmitt* RdA 2017, 356, 369; *Trebeck-Schulte-Wissermann* NZA 2018, 1175, 1177.

1880 Im Ergebnis *Trebeck/Schulte-Wissermann* NZA 2018, 1175, 1177.

1881 Busche/Stoll/*Wiebe/Peter,* TRIPs Art. 39 Rn. 17; *Kalbfus* GRUR 2016, 1009, 1011; *Trebeck/Schulte-Wissermann* NZA 2018, 1175, 1177.

1882 EuArbRK/*Schubert* RL (EU) 2016/943 Art. 2 Rn. 16; *Rody,* Der Begriff und die Rechtsnatur von Geschäfts- und Betriebsgeheimnissen unter Berücksichtigung der Geheimnisschutz-Richtlinie, S. 169; **a.A.** *Gaugenrieder* BB 2014, 1987, 1988.

1883 *Alexander* AfP 2019, 1, 5; BeckOK GeschGehG/*Hiéramente* § 2 Rn. 16; EuArbRK/*Schubert* RL (EU) 2016/943 Art. 2 Rn. 16; Köhler/Bornkamm/Feddersen/*Alexander* § 2 GeschGehG Rn. 83; *McGuire,* FS Harte-Bavendamm 2020, S. 367, 373; MüKoStGB/*Joecks/Miebach* § 23 GeschGehG Rn. 28; *Schmitt* RdA 2017, 365, 369; Scholz/*Rönnau* § 85 GmbHG Rn. 18; *Trebeck/Schulte-Wissermann* NZA 2018, 1175, 1177l.

1884 *Apel/Walling* DB 2019, 891, 894; *Arens* GWR 2019, 375, 376; *Baranowski/Glaßl* BB 2016, 2563, 2564; *Bissels/Schroeders/Ziegelmayer* DB 2016, 2295, 2296; *Brammsen* wistra 2018, 449, 451; *Dumont* BB 2018, 2441, 2443; EuArbRK/*Schubert* RL (EU) 2016/943 Art. 2 RN. 17; *Freckmann/Schmoll* BB 2017, 1780, 1781; *Fuhlrott* ArbRAktuell 2020, 79, 79; *Fuhlrott/Hiéramente* DB 2019, 967, 967; *Gaugenrieder* BB 2014, 1987, 1988; *Harte-Bavendamm*/Ohly/Kalbfus Einl. A. Rn. 132; *Hauck* NJW 2016, 2218, 2220; *Hauck* GRUR-Prax 2019, 223, 224; *Kalbfus* GRUR-Prax 2017, 391, 391ff.; *Leister* GRUR-Prax 2019, 75, 75; *Lejeune* ITRB 2018, 140, 14*McGuire,* FS Harte-Bavendamm 2020, S. 367, 373; MüKo-Lauterkeitsstrafrecht Vor §§ 17–19 UWG Rn. 15; *Naber/Peukert/Seeger* NZA 2019, 583, 584; *Oetker* ZESAR 2017, 257, 259; *Ohly,* FS Harte-Bavendamm 2020, S. 385, 396; *Preis/Temming,* Arbeitsrecht I, S. 252 Rn. 1175; *Rody,* Der Begriff und die Rechtsnatur von Geschäfts- und Betriebsgeheimnissen unter Berücksichtigung der Geheimnisschutz-Richtlinie, S, 169; *Schulte* ArbRB 2019, 143, 144; *Voigt/Herrmann/Grabenschröer* BB 2019, 142142.

1885 *Bissels/Schroeders/Ziegelmayer* DB 2016, 2295, 2296; *Dumont* BB 2018, 2441, 2443; *Freckmann/Schmoll* BB 2017, 1780, 1781; *Köhler*/Bornkamm/Feddersen, 37. Aufl. 2019, § 17 UWG Rn. 17; MüKoStGB/*Joecks/Miebach* § 23 GeschGehG Rn. 29; *Naber/Peukert/Seeger* NZA 2019, 583, 584.

auszulösen.[1886] Im Vergleich mit dem zuvor erforderlichen Geheimhaltungswillen[1887] werden die Schutzvoraussetzungen erhöht.[1888] Dies führt jedoch zu weiteren Unsicherheiten[1889], weswegen eine Konkretisierung durch die Rechtsprechung und Literatur zu erfolgen hat. Mit der Einführung des § 2 Nr. 1 lit. c) GeschGehG ist das berechtigte Geheimhaltungsinteresse nunmehr Voraussetzung eines schützenswerten Geschäftsgeheimnisses.

B. Auswirkungen der Änderungen auf die Reichweite des Geheimnisschutzes

Die vorgestellten tatbestandlichen Änderungen wirken sich auch auf die Reichweite des Geheimnisschutzes aus.

Das Erfordernis des berechtigten Geheimhaltungsinteresses gemäß § 2 Nr. 1 lit. c) GeschGehG wurde vorstehend dahingehend interpretiert, dass zwei Voraussetzungen kombiniert werden. Zunächst muss sich die Information – wie auch schon nach der tradierten Rechtsauffassung – auf die Wettbewerbsposition des Unternehmensinhabers auswirken oder diesen sonst wie schädigen. Darüber hinaus ist das berechtigte Geheimhaltungsinteresse ausgeschlossen, wenn die Information einen Rechtsverstoß betrifft. Damit ist der nach vormaliger Rechtslage offene Meinungsstreit hinsichtlich der Einbeziehung von rechtswidrigen Geschäftsgeheimnissen entschieden. Solche Informationen sind vom Tatbestand eines Geschäftsgeheimnisses nicht erfasst.[1890]

Nach alter Rechtslage wurde diskutiert, inwieweit Betriebs- und Geschäftsgeheimnisse einen Vermögenswert verkörpern müssen. Verortet wurde diese Problematik im Rahmen des objektiven Geheimhaltungsinteresses. Nach herrschender Auffassung in Rechtsprechung und Literatur war man der Ansicht, ein solcher

---

1886 *Apel/Walling* DB 2019, 891, 894; *Baranowski/Glaßl* BB 2016, 2563, 2564; *Bissels/Schroeders/Ziegelmayer* DB 2016, 2295, 2296; *Freckmann/Schmoll* BB 2017, 1780, 1781; *Hauck* GRUR-Prax 2019, 375, 377; *Rody*, Der Begriff und die Rechtsnatur von Geschäfts- und Betriebsgeheimnissen unter Berücksichtigung der Geheimnisschutz-Richtlinie, S. 169.

1887 Köhler/Bornkamm/Feddersen/*Alexander* § 2 GeschGehG Rn. 20; *Rody*, Der Begriff und die Rechtsnatur von Geschäfts- und Betriebsgeheimnissen unter Berücksichtigung der Geheimnisschutz-Richtlinie, S. 169.

1888 *Apel/Walling* DB 2019, 891, 894; *Arens* GWR 2019, 375, 376; *Dumont* BB 2018, 2441, 2443; EuArbRK/*Schubert* RL (EU) 2016/943 Art. 2 Rn. 17; *Hauck* GRUR-Prax 2019, 375, 377; *Voigt/Herrmann/Grabenschröer* BB 2019, 142, 143; **a.A.** *Brammsen* wistra 2018, 449, 451; MüKo-Lauterkeitsstrafrecht Vor §§ 17–19 UWG Rn. 15.

1889 *Freckmann/Schmoll* BB 2017, 1780, 1781.

1890 *Apel/Walling* DB 2019, 891, 894; Köhler/Bornkamm/Feddersen/*Alexander* § 2 GeschGehG Rn. 78; *Preis/Temming*, Arbeitsrecht I, S. 254 Rn. 1178; **a.A.** BeckOK GeschGehG/*Hiéramente* § 2 Rn. 73; BeckOK GmbHG/*Dannecker/N. Müller* § 85 Rn. 42; *Ohly* GRUR 2019, 441, 443; *Ullrich* NZWiSt 2019, 65, 67.

Vermögenswert sei nicht erforderlich. Es sei insoweit ausreichend, wenn die fragliche Tatsache geeignet erscheint, sich nachteilig für das Unternehmen auszuwirken.

Im Rahmen dieser Arbeit wurde die Frage untersucht, ob ein gemäß § 2 Nr. 1 GeschGehG geschütztes Geschäftsgeheimnis aufgrund des geforderten wirtschaftlichen Wertes nunmehr einen bestimmten positiven Vermögenswert aufweisen muss. Dabei wurde die unionsrechtliche Vorgabe in Art. 2 Nr. 1 lit. b) RL (EU) 2016/943 dahingehend interpretiert, dass mit dem Merkmal des kommerziellen Werts, der nach den Erwägungsgründen mit einem Handelswert verbunden sein soll, ein positiver Vermögenswert gefordert ist. Dies wurde nicht in das Geschäftsgeheimnisgesetz übernommen. § 2 Nr. 1 lit. a) Hs. 2 GeschGehG ist weiter gefasst und setzt nicht das Vorliegen eines Vermögenswertes voraus. Da Art. 2 Nr. 1 RL (EU) 2016/943 lediglich Mindestvorgaben enthält, kann diese Abweichung als richtlinienkonform gewertet werden. Damit bleibt es im Rahmen des Geschäftsgeheimnisgesetzes bei der bislang herrschenden Auffassung, dass Geschäftsgeheimnisse keinen konkreten Vermögenswert verkörpern müssen.[1891]

Vor der vorgestellten Änderung wurde das objektive Interesse, eine bestimmte Tatsache geheim zu halten anhand von dessen Wettbewerbsrelevanz beurteilt. Nach der vorstehend vorgestellten Interpretation des § 2 Nr. 1 lit. c) GeschGehG setzt das Tatbestandsmerkmal weiterhin voraus, dass sich die geheim zu haltende Information auf die Wettbewerbsposition des Geheimnisinhabers auswirkt, oder diesem sonst zu schädigen vermag.[1892] Aufgrund dessen bleibt die Wettbewerbsrelevanz weiterhin Voraussetzung eines rechtlich geschützten Geschäftsgeheimnisses.[1893]

C. Zusammenfassung der Neuausrichtung des Geheimnisschutzes

Nur Informationen nach Maßgabe des § 2 Nr. 1 GeschGehG werden durch das Rechtsfolgensystem des Geschäftsgeheimnisgesetzes geschützt. Dieses ist primär zivilrechtlich ausgestaltet. Die Ansprüche umfassen gemäß §§ 6–9 GeschGehG Beseitigung, Unterlassung, Vernichtung, Herausgabe, Rückruf, Entfernung, Rücknahme und Auskunft über rechtsverletzende Produkte sowie Schadensersatz bei

---

1891 EuArbRK/*Schubert* RL (EU) 2016/943 Art. 2 Rn. 16; *Ohly* GRUR 2019, 441, 443; **a.A.** MüKoStGB/*Joecks/Miebach* § 23 GeschGehG Rn. 27.

1892 Zu dem Regelungsgehalt des § 2 Nr. 1 lit. c) GeschGehG, siehe Teil 2, § 6, B., V., S. 182ff.

1893 Zu der entsprechenden Richtlinienvorgabe EuArbRK/*Schubert* RL (EU) 2016/943 Art. 2 Rn. 16; *Rody,* Der Begriff und die Rechtsnatur von Geschäfts- und Betriebsgeheimnissen unter Berücksichtigung der Geheimnisschutz-Richtlinie, S. 169; *Oetker* ZESAR 2017, 257, 259.

der Verletzung dieser Auskunft.[1894] Mit § 10 GeschGehG wird ein deliktisch geprägter Anspruch auf Schadensersatz normiert. § 23 GeschGehG stellt die Verletzung von Geschäftsgeheimnissen unter Strafe. Die Strafregelungen entsprechen in weiten Teilen den bislang einschlägigen §§ 17–19 UWG 2004.[1895]

Eine grundlegende Änderung im Vergleich zum tradierten strafrechtlich ausgerichteten Schutzkonzept bedeutet die zivilrechtliche Orientierung der Rechtsfolgenseite.[1896] Einheitliche Voraussetzung der Ansprüche gemäß §§ 6, 7, 8 und 10 GeschGehG ist, dass der Anspruchsgegner Rechtsverletzer ist und damit im Sinne des § 2 Nr. 3 GeschGehG gegen die in § 4 GeschGehG enthaltenen Handlungsverbote verstoßen hat.[1897] Das Geschäftsgeheimnisgesetz beschreibt in § 4 verbotene Handlungsweisen. In Abgrenzung hierzu lässt sich § 3 GeschGehG entnehmen, unter welchen Voraussetzungen geheime Information weiterhin erlaubt erlangt, genutzt und offengelegt werden dürfen.

Dem Zusammenspiel von §§ 3 und 4 GeschGehG lässt sich entnehmen, dass der Umgang mit fremden Geschäftsgeheimnissen solange zulässig ist, wie dieser als befugt qualifiziert werden kann. Verstößt eine Vorgehensweise gegen gesetzliche Regelungen, rechtsgeschäftliche Vereinbarungen oder anderweitige Gepflogenheiten und erfolgt damit unbefugt, ist der Erwerb, die Nutzung oder die Offenlegung unzulässig. Damit soll das Stammgesetz zum Schutz von Geschäftsgeheimnissen Schutzlücken füllen, verdrängt jedoch bereits existierende gesetzliche Regelungen oder abweichende rechtsgeschäftliche Vereinbarungen nicht. Diese grundlegende Konzeption hat in den §§ 1 III Nr. 1–4 und 3 II GeschGehG gesetzlichen Ausdruck gefunden. Damit vermittelt das Geschäftsgeheimnisgesetz lediglich einen Zugangsschutz, sichert dem Inhaber jedoch keine absolute Rechtsposition.[1898]

1894 *Adam* SPA 2019, 9, 10; *Alexander* AfP 2019, 1, 2; *Apel/Walling* DB 2019, 891, 893; *Fuhlrott/Hiéramente* DB 2019, 967, 967; *Hiéramente/Golzio* CCZ 2018, 262, 263; *Holthausen* NZA 2019, 1378, 1378; *Oetker*, FS Hopt 2020, S. 901, 904; *Preis/Seiwerth* RdA 2019, 351, 352; *Voigt/Herrmann/Grabenschröer* BB 2019, 142, 143.

1895 *Apel/Walling* DB 2019, 891, 893; *Brammsen* wistra 2018, 449, 454; *Fuhlrott/Hiéramente* DB 2019, 967, 967; *Hiéramente/Golzio* CCZ 2018, 262, 263; *Naber/Peukert/Seeger* NZA 2019, 583, 587; *Oetker*, FS Hopt 2020, S. 901, 904; *Oltmanns/Fuhlrott* NZA 2019, 1384, 1386; *Passarge* CB 2018, 144, 145; *Preis/Seiwerth* RdA 2019, 351, 352.

1896 *Alexander* AfP 2019, 1, 2; *Apel/Walling* DB 2019, 891, 891–893; *Baranowski/Glaßl* BB 2016, 25663–2564; *Hauck* NJW 2016, 2218, 2218; *Harte-Bavendamm*/Ohly/Kalbfus Einl. A. Rn. 130; *Hauck* GRUR-Prax 2019, 223, 223; Köhler/Bornkamm/Feddersen/*Alexander* Vor § 1 GeschGehG Rn. 44; *Naber/Peukert/Seeger* NZA 2019, 583, 587; *Oetker*, FS Hopt 2020, S. 901, 904; *Ohly* GRUR 2019, 441, 442.

1897 Köhler/Bornkamm/Feddersen/*Alexander* Vor § 1 GeschGehG Rn. 2.

1898 *Apel/Walling* DB 2019, 891, 893; *Baranowski/Glaßl* BB 2016, 2563, 2564; *Heinzke* CCZ 2016, 179, 180; Köhler/Bornkamm/Feddersen/*Alexander* Vor § 1 GeschGehG Rn. 73; grundlegende Darstellung bei *Rody*, Der Begriff und die Rechtsnatur von Geschäfts- und Betriebsgeheimnissen unter Berücksichtigung der Geheimnisschutz-Richtlinie, S. 171ff.; *Voigt/Herrmann/Grabenschröer* BB 2019, 142, 143.

Dieses entspricht dem Konzept der tradierten Rechtslage.[1899] Insofern ergeben sich keine Neuerungen.[1900] Trotz der bezweckten Verbesserung des Geheimnisschutzes vermittelt auch das Stammgesetz dem Rechtsinhaber keine ausschließende subjektive Rechtsposition.[1901]

Eine Neuerung beinhaltet § 5 GeschGehG. Mit diesem ist ein Ausnahmetatbestand geschaffen, welcher den neugefassten Geheimnisschutz von der tradierten Rechtslage abhebt.[1902] Die Norm enthält Fallgestaltungen, bei deren Vorliegen eine Handlung nicht unter die Verbote des § 4 GeschGehG fällt. Dabei ist die Vorschrift weit formuliert und nicht hinreichend konkretisiert, weshalb Anwendungsunsicherheiten verbleiben. Dies wurde im Rahmen vorstehender Untersuchungen ausgelegt und kritisch bewertet. Dabei sind folgende Ergebnisse festzuhalten.

Nach Konzeption der unionsrechtlichen Vorgabe kann der Ausnahmetatbestand in vier abschließend normierten Sachverhaltskonstellationen eingreifen. Dabei bleibt die vierte Tatbestandsalternative in Art. 5 lit. d) RL (EU) 2016/943, die auf den Schutz eines durch das Unionsrecht oder das nationale Recht anerkannten legitimen Interesses abhebt, weitgehend unkonturiert. Der innerstaatliche Gesetzgeber hat diese Vorgabe noch erweitert und mit § 5 GeschGehG einen generalklauselartigen Ausnahmetatbestand zum Schutze jedweden berechtigten Interesses geschaffen. Die in § 5 Nr. 1–3 GeschGehG vorgegebenen Fallkonstellationen dienen lediglich als Anhaltspunkt für eine Konkretisierung. Diese Ausweitung ist unter Berücksichtigung des durch die Richtlinie vorgegebenen Mindestschutzniveaus unzulässig. § 5 GeschGehG muss deswegen richtlinienkonform dahingehend ausgelegt werden, dass ein „berechtigtes Interesse" den Vorgaben des Art. 5 lit. d) RL (EU) 2016/943 entsprechen muss. Rechtsunsicherheiten ergeben sich auch bezüglich der vorgesehenen Rechtsfolge. Obwohl dies dem Gesetzeswortlaut nicht unmittelbar entnommen werden kann, muss § 5 GeschGehG dahingehend ausgelegt werden, dass die genannten Fallkonstellationen gegenüber dem Geheimhaltungsinteresse nicht per se, sondern nur bei überwiegendem Interesse im Einzelfall vorgehen.

Zudem wurde die Außenwirkung des Ausnahmetatbestandes im Rahmen von externen Verschwiegenheitspflichten festgestellt. Nach den erarbeiteten Ergebnissen

---

1899 *Baranowski/Glaßl* BB 2016, 2563, 2564; *Hauck* GRUR-Prax 2019, 223, 223.

1900 Annähernd *Apel/Walling* DB 2019, 891, 893; *Baranowski/Glaßl* BB 2016, 2563, 2564; *Hauck* GRUR-Prax 2019, 223, 223; *Rody*, Der Begriff und die Rechtsnatur von Geschäfts- und Betriebsgeheimnissen unter Berücksichtigung der Geheimnisschutz-Richtlinie, S. 259f.

1901 *Apel/Walling* DB 2019, 891, 893; *Baranowski/Glaßl* BB 2016, 2563, 2564; *Hauck* GRUR-Prax 2019, 223, 223; *Voigt/Herrmann/Grabenschröer* BB 2019, 142, 143; zu der entsprechenden Richtlinienvorgabe *Rody*, Der Begriff und die Rechtsnatur von Geschäfts- und Betriebsgeheimnissen, S. 259.

1902 *Apel/Walling* DB 2019, 891, 893 und 898; *Dumont* BB 2018, 2441, 2443; im Ergebnis *Trebeck/Schulte-Wissermann* NZA 2018, 1175, 1178; *Voigt/Herrmann/Grabenschröer* BB 2019, 142, 143.

kann § 5 GeschGehG auch außerhalb des Geschäftsgeheimnisgesetzes legitimierend wirken. Voraussetzung dieser „Ausstrahlungswirkung“ ist jedoch das Vorliegen eines Geschäftsgeheimnisses im Sinne von § 2 Nr. 1 GeschGehG. Damit kann dem Ausnahmetatbestand lediglich eine unechte Allgemeingültigkeit beigemessen werden. Die Norm kann im Wirkungsbereich außerhalb des Geschäftsgeheimnisgesetzes begründeter Verschwiegenheitspflichten Geltung beanspruchen. Dies gilt jedoch nur, soweit der fragliche Sachverhalt grundsätzlich dem Geschäftsgeheimnisgesetz zugeordnet werden kann und zudem auch durch externe gesetzliche oder vertragliche Regelungen erfasst wird. Gehen diese über den Anwendungsbereich des §§ 4, 2 Nr. 1 GeschGehG hinaus, ist die legitimierende Wirkung des § 5 GeschGehG dagegen ausgeschlossen.

Teil 3 Auswirkungen des Geschäftsgeheimnisgesetzes auf das arbeitsvertragliche Rechte- und Pflichtengefüge

Wie bereits erörtert, waren Betriebs- und Geschäftsgeheimnisse vor Inkrafttreten des Geschäftsgeheimnisgesetzes nicht nur Gegenstand der §§ 17 ff. UWG 2004. Neben zahlreichen spezialgesetzlichen Regelungen werden diese insbesondere auch auf arbeitsvertraglicher Ebene relevant. Die in § 241 II BGB verankerte allgemeine Nebenpflicht zu Verschwiegenheit untersagt es den Arbeitnehmern, Betriebs- und Geschäftsgeheimnisse ihres Arbeitgebers zu offenbaren.[1903] Die vorstehend herausgearbeiteten Änderungen durch das neue Stammgesetz, führen zu der Frage, wie sich diese auf das arbeitsvertragliche Rechte- und Pflichtengefüge und insbesondere die allgemeine Pflicht zur Verschwiegenheit auswirken. Unter Berücksichtigung der festgestellten Differenzen ist unklar, welche Anforderungen ein Betriebs- und Geschäftsgeheimnis – als tatbestandliche Begrenzung von Verschwiegenheitspflichten außerhalb des Stammgesetzes – künftig erfüllen muss. Da § 2 Nr. 1 GeschGehG im Unterschied zur tradierten Definition der Rechtsprechung angemessene Geheimhaltungsmaßnahmen voraussetzt[1904], würde die Übernahme dieser Legaldefinition die tatbestandlichen Voraussetzungen externer Regelung und Pflichten grundlegend verändern. Eine Pflichtverletzung wegen Offenbarung oder Verwertung des Geschäftsgeheimnisses hinge dann davon ab, dass der Arbeitgeber angemessene Geheimhaltungsmaßnahmen getroffen hatte.[1905]

1903 Zur arbeitsvertraglichen Verschwiegenheitspflicht siehe Teil 1, § 2, B., III., S. 62ff.

1904 Zu den tatbestandlichen Unterschieden zwischen dem tradierten Geheimnisbegriff und der Legaldefinition des § 2 Nr. 1 GeschGehG, siehe Teil 2, § 10, A., II., S. 332ff.

1905 BeckOK GeschGehG/*Fuhlrott* § 3 GeschGehG Rn. 26; ErfK/*Kania* § 79 BetrVG Rn. 2; *Oetker*, FS Hopt 2020, S. 901, 917; *Preis/Seiwerth* RdA 2019, 351, 353.

§ 11 Ausstrahlung des § 2 Nr. 1 GeschGehG auf das Arbeitsverhältnis

A. Arbeitsrechtliche Konsequenzen des Verstoßes gegen § 4 GeschGehG

I. Einführung in die Problematik

Unter Berücksichtigung der Bedeutung von Betriebs- und Geschäftsgeheimnissen im Rahmen des arbeitsvertraglichen Rechte- und Pflichtengefüges ist zunächst unklar, wie sich § 2 Nr. 1 GeschGehG fortan in dessen Geltungsbereich auswirkt.

Wird ein Geschäftsgeheimnis durch einen Arbeitnehmer verletzt, kann dieser Sachverhalt sowohl gesetzliche als auch vertragliche Konsequenzen auslösen. Die beiden Ebenen müssen bei der Bewertung jedoch streng auseinandergehalten werden. Nimmt der Arbeitnehmer eine Handlung vor, die mit den gesetzlich normierten Verboten des § 4 GeschGehG nicht vereinbart werden kann, folgt daraus lediglich, dass diese den deliktisch geprägten Verhaltenspflichten der §§ 3–5 GeschGehG widerspricht. Dem Arbeitgeber als Geheimnisinhaber stehen die Ansprüche gemäß §§ 6 ff. GeschGehG zu. Die vertragliche Beziehung zwischen Arbeitgeber und Arbeitnehmer und das auf dieser Grundlage von dem Arbeitnehmer geforderte Verhalten werden hiervon nicht unmittelbar und zwingend tangiert. Zu untersuchen ist, ob sich der Verstoß gegen § 4 GeschGehG unmittelbar auf die vertragliche Ebene zwischen Arbeitnehmer und Arbeitgeber auswirkt. Dafür müsste der gesetzliche Verstoß gleichzeitig den arbeitsvertraglich geforderten Pflichten zuwiderlaufen. In Konsequenz wäre der Handelnde nicht nur „Rechtsverletzer" im Sinne des § 2 Nr. 3 GeschGehG, sondern müsste sich auch in seiner Rolle als Arbeitnehmer wegen vertragswidrigem Verhalten im Verhältnis zum Arbeitgeber verantworten.

Eine arbeitsvertragliche Pflichtverletzung ist nicht nur dann zu bejahen, wenn die Hauptleistungspflichten nicht eingehalten werden. Daneben bestehen weitere Nebenpflichten, deren Missachtung ebenfalls zur Begründung eines solchen Vorwurfs herangezogen werden kann.[1906] Wie an früherer Stelle dargelegt, sind Arbeitnehmer über zahlreiche – in §§ 242, 241 II BGB verankerte – Nebenpflichten gehalten, bei der Durchführung des Arbeitsverhältnisses die Rechte, Rechtsgüter und Interessen des Arbeitgebers zu schützen und das eigene vertragliche Verhalten der Förderung des mit der Arbeitsleistung verfolgten Zwecks anzupassen.[1907] Die hieraus abgeleiteten Konkretisierungen sind nicht abschließend.[1908] Es fragt sich,

---

1906 ErfK/*Preis* § 611a BGB Rn. 748; *Preis/Temming*, Arbeitsrecht I, S. 517 Rn. 2455.
1907 Zu den arbeitsvertraglichen Nebenpflichten, siehe Teil 1, § 2, B., I., S. 59ff.
1908 ErfK/*Preis* § 611a BGB Rn. 445.

ob der Verstoß gegen § 4 GeschGehG zu einer arbeitsvertraglichen Nebenpflichtverletzung führt.

II. Gesetzgeberische Wertung durch das Geschäftsgeheimnisgesetz

Die Neuregelungen zum Schutz der Geschäftsgeheimnisse fußen auf der Erkenntnis des Unionsgesetzgebers, dass Geschäftsgeheimnisse einen erheblichen wirtschaftlichen Wert für Unternehmen darstellen und dementsprechend geschützt werden müssen.[1909] Dem Geschäftsgeheimnisgesetz liegt die gesetzgeberische Intention zugrunde, den rechtlichen Schutz von Geschäftsgeheimnissen den Richtlinienvorgaben entsprechend anzupassen und dadurch zu verbessern.[1910] Die unionsrechtlichen Regelungen und die mitgliedsstaatlichen Umsetzungen verdeutlichen damit die erhebliche – eine zusammenhängende gesetzliche Regelung rechtfertigende – Schutzbedürftigkeit von Geheimnisinhabern. Der Verlust von sensiblen Unternehmensinformationen kann zu erheblichen wirtschaftlichen und existenziellen Schäden führen.[1911] Deswegen sollen Inhaber von Geschäftsgeheimnissen bereits auf gesetzlicher Ebene vor unerlaubten Zugriffnahmen durch unternehmensinterne und -externe Personen abgesichert werden.

Das Arbeitsverhältnis hebt sich durch eine besonders starke persönliche Bindung der Vertragsparteien von anderen Dauerschuldverhältnissen ab.[1912] Dies wirkt sich auf die Intensität der einzuhaltenden Nebenpflichten dahingehend aus, dass die Vertragsparteien spezifische Rücksichtnahmepflichten treffen.[1913] Da diese in einem erhöhten Maße mit den Rechtsgütern ihres Gegenübers in Berührung kommen, müssen sie auch dessen Interessen in besonderem Maße berücksichtigen.[1914] Setzt man nun die soeben getroffenen Feststellungen in Bezug zueinander, wird folgendes deutlich. Die Schäden, die durch den unlauteren Verlust von Geschäftsgeheimnissen drohen, sind derart schwerwiegend, dass eine unionsweit einheitliche gesetzliche Regelung für notwendig befunden wurde. Arbeitnehmer

---

1909 RL (EU) 2016/943, Erwägungsgrund 2, ABl. L 157/1; *Wiese,* Die EU-Richtlinie über den Schutz vertraulichen Know-hows und vertraulicher Geschäftsinformationen, S. 1–4.

1910 Begr. RegE, BT-Drucks. 19/4724, Begründung Allgemeiner Teil, S. 16.

1911 *Rody,* Der Begriff und die Rechtsnatur von Geschäfts- und Betriebsgeheimnissen unter Berücksichtigung der Geheimnisschutz-Richtlinie, S. 27; *Wiese,* Die EU-Richtlinie über den Schutz vertraulichen Know-hows und vertraulicher Geschäftsinformationen, S. 2.

1912 BAG NZA 1996, 637, 638 = AP BGB § 242 Auskunftspflicht Nr. 24; ErfK/*Preis* § 611a BGB Rn. 708; *Reichhold,* MünchArbR § 53 Rn. 15; MüKoBGB/*Maties* § 611a BGB Rn. 872; *Preis/Temming,* Arbeitsrecht I, S. 250 Rn.1162.

1913 BAG NZA 1996, 637, 638 = AP BGB § 242 Auskunftspflicht Nr. 24; *Reichhold,* MünchArbR § 53 Rn. 15; *Preis/Temming,* Arbeitsrecht I, S. 250 Rn. 1160–1161.

1914 *Reichhold,* MünchArbR § 53 Rn. 15.

sind arbeitsvertraglich in besonderem Maße verpflichtet, Handlungen zu unterlassen, die den Arbeitgeber schädigen können.[1915] Bei einer wertenden Gegenüberstellung erschließt sich ohne weiteres, dass eine Handlung, die der Unionsgesetzgeber mittels einer gesetzlichen Harmonisierung im gesamten Binnenmarkt zum Schutz der Geheimnisinhaber untersagt, zugleich auch mit den vertraglichen besonderen Rücksichtnahmepflichten des Arbeitnehmers kollidiert. Vor diesem Hintergrund kann ein zum Schutze des Geheimnisinhabers gesetzlich verbotenes Verhalten nicht mit der arbeitsvertraglichen Treuepflicht vereinbar sein.

III. Systematischer Vergleich mit der nach vormaliger Rechtslage anerkannten Pflicht zur Verschwiegenheit

Diese Auffassung stützt ein Vergleich mit der bisherigen Rechtslage. Bereits vor Inkrafttreten der Änderungen waren Arbeitnehmer arbeitsvertraglich verpflichtet, Betriebs- und Geschäftsgeheimnisse zu bewahren. Diese Untergruppe der arbeitsvertraglichen Nebenpflichten war gegenständlich durch den Begriff „Betriebs- und Geschäftsgeheimnisse" begrenzt, der sich wiederum nach den Kriterien der vormaligen §§ 17 ff. UWG beurteilte. Der allgemeinen Akzeptanz dieser Fallgruppe in Rechtsprechung und Literatur kann zwar die Wertung entnommen werden, dass sich ein Arbeitnehmer, der den gesetzlichen Regelungen zum Schutze von Betriebs- und Geschäftsgeheimnissen zuwiderhandelt, nicht vertragstreu verhält. Die tatbestandlichen Voraussetzungen, nach denen eine Geheimnisverletzung bejaht werden kann, haben sich jedoch durch das Inkrafttreten des Geschäftsgeheimnisgesetzes verändert, was den tradierten Inhalt der arbeitsvertraglichen Verschwiegenheitspflicht tangieren kann. Eine Handlung wird nur von §§ 4, 2 Nr. 1 GeschGehG erfasst, wenn der Geheimnisinhaber angemessene Geheimhaltungsmaßnahmen trifft.

Durch diese weitere Anforderung sollte der Geheimnisschutz jedoch nicht geschwächt werden. Nach der Konzeption des Geschäftsgeheimnisgesetzes soll lediglich das erhöhte gesetzliche Schutzniveau zugunsten der Geheimnisinhaber mit ebenfalls erhöhten Schutzanforderungen verbunden werden. Es sind indessen keine Anhaltspunkte dafür ersichtlich, dass die Wertung, nach der Arbeitnehmer, die gegen gesetzliche Regelungen zum Schutze von Geschäftsgeheimnissen verstoßen, auch arbeitsrechtlich sanktioniert werden können, nicht mehr gilt bzw. verdrängt werden soll. Die Neukonzeption eines gesetzlichen Schutzregimes zwingt nicht zu der Schlussfolgerung, dass ein bestehendes vertragliches Schutzregime eingeschränkt oder gar aufgegeben würde. Die Unterschiede zwischen der tradierten arbeitsvertraglichen Pflicht zur Verschwiegenheit und den gesetzlichen Handlungspflichten gemäß § 4 GeschGehG stehen deshalb der Annahme, ein Verstoß gegen diese Norm bewirke zugleich einen arbeitsvertraglichen Pflichtenverstoß, nicht entgegen.

1915 MüKoBGB/*Maties* § 611a Rn. 872.

Die tatbestandlichen Voraussetzungen in § 2 Nr. 1 GeschGehG verengen zudem den gegenständlichen Anwendungsbereich des gesetzlichen Geheimnisschutzes im Vergleich zur vorherigen Rechtslage. Deswegen führt eine Handlung, die den Voraussetzungen des § 4 GeschGehG entspricht, auch unter Zugrundelegung der tradierten Voraussetzungen zu der Annahme einer Verletzung der arbeitsvertraglichen Verschwiegenheitspflicht.[1916]

IV. Verhaltensanforderungen an einen Arbeitnehmer im Rahmen der Nebenpflichten gemäß § 241 II BGB

Wie an anderer Stelle der Arbeit aufgezeigt, ist die arbeitsvertragliche Verschwiegenheitspflicht lediglich eine von mehreren möglichen Konkretisierungen der allgemeinen Interessenwahrungs- und Rücksichtnahmepflicht. Diese verpflichtet den Arbeitnehmer, die Interessen des Arbeitgebers umfassend zu wahren, soweit dies – unter Berücksichtigung mehrerer Faktoren, namentlich der eigenen Stellung im Betrieb, der Interessen der übrigen Arbeitnehmer und des übergeordneten Vertragszwecks – gerechtfertigt erscheint. Abstrahiert man das in § 4 GeschGehG beschriebene Verhalten von den Besonderheiten der einzelnen Tatbestandsvarianten, so handelt es sich einheitlich um Vorgänge, in denen sich der Verletzer – im Arbeitsverhältnis also der Arbeitnehmer – relevante vertrauliche Informationen aus der Sphäre des Arbeitgebers aneignet, was wirtschaftliche Interessen des Arbeitgebers existenziell zu beeinträchtigen vermag. Ein solches Verhalten läuft der arbeitsvertraglichen Pflicht zur Interessenwahrung und Rücksichtnahme diametral entgegen.[1917] Für die Wertung ist nicht entscheidend, ob es sich bei der vertraulichen Information um ein Betriebs- oder Geschäftsgeheimnis im engeren Sinne handelt und ob dies nach alter Rechtslage oder gemäß § 2 Nr. 1 GeschGehG beurteilt werden muss.[1918] Nimmt ein Arbeitnehmer eine Handlung vor, die nach einer Wertung in der Laiensphäre den in § 4 GeschGehG beschriebenen Vorgängen entspricht, handelt er den Interessen des Arbeitgebers zuwider und verletzt seine vertraglichen Nebenpflichten gemäß §§ 242, 241 II BGB.[1919]

V. Ergebnis

Verstößt der Arbeitnehmer – im Rahmen des Arbeitsverhältnisses – gegen § 4 GeschGehG begründet dies eine arbeitsvertragliche Nebenpflichtverletzung. Die Mitarbeiter eines Betriebes sind in dessen organisatorischer Einheit

---

1916 Küttner/*Kania*, Personalbuch, *Verschwiegenheitspflicht*, Rn. 2–5; *Preis/Temming*, Arbeitsrecht I, S. 252 Rn. 1175.

1917 *Fuhlrott* ArbRAktuell 2020, 79, 80; Küttner/*Kania*, Personalbuch, *Verschwiegenheitspflicht*, Rn. 6.

1918 *Fuhlrott* ArbRAktuell 2020, 79, 80; Küttner/*Kania*, Personalbuch, *Verschwiegenheitspflicht*, Rn. 6.

1919 *Fuhlrott* ArbRAktuell 2020, 79, 80.

angegliedert, tragen durch die Erbringung ihrer Arbeitsleistung zur Erreichung der wirtschaftlichen Zwecke bei und sind dementsprechend insgesamt dem „Lager des Arbeitgebers" zuzuordnen. Dieser kann erwarten, dass sich die Arbeitnehmer dieser Position entsprechend verhalten. Diese Erwartung findet ihre rechtliche Grundlage in den §§ 242, 241 II BGB. Eine Handlung, die darauf gerichtet ist, sensible und wirtschaftlich relevante Geschäftsinformationen an Dritte weiterzugeben oder unbefugt zu nutzen, ist damit nicht zu vereinbaren. Dies gilt auch unabhängig davon, ob das Verhalten den gesetzlichen Tatbeständen des § 4 GeschGehG entspricht. Die Bandbreite in Betracht kommender Rücksichtnahmepflichten ist – entsprechend der Vielfalt gegebener Interessen – weiter und geht über die tatbestandlich normierten Verhaltenspflichten nach dem Geschäftsgeheimnisgesetz hinaus. Die arbeitsrechtliche Missbilligung eines Verhaltens, welches den gesetzlichen Vorschriften zum Schutz der Geschäftsgeheimnisse widerspricht, verändert sich nicht wegen der strengeren Anforderungen des § 2 Nr. 1 GeschGehG im Vergleich zu der tradierten Definition eines Betriebs- und Geschäftsgeheimnisses. Der Arbeitnehmer handelt bereits deshalb pflichtwidrig, weil er – unter Missachtung der Interessen seines Arbeitgebers die gebotene Rücksichtnahme vermissen lässt. Eine Handlung, welche die tatbestandlichen Voraussetzungen des § 4 GeschGehG erfüllt, bewirkt nach alldem, erst recht eine arbeitsvertragliche Pflichtverletzung.

B. Konkretisierungswirkung des § 2 Nr. 1 GeschGehG in Bezug auf die arbeitsvertragliche Verschwiegenheitspflicht

I. Unmittelbare Reichweite des § 2 Nr. 1 GeschGehG

Da der Verstoß gegen § 4 GeschGehG grundsätzlich auch den vertraglichen Nebenpflichten eines Arbeitnehmers zuwiderläuft, bleibt zu klären, ob sich damit der gegenständliche Anwendungsbereich der tradierten arbeitsvertraglichen Verschwiegenheitspflicht dahingehend konkretisiert, dass diese nunmehr die Tatbestandsmerkmale des § 2 Nr. 1 GeschGehG voraussetzt. Käme man zu dem Ergebnis, dass ein *Betriebs- und Geschäftsgeheimnis* im Sinne der arbeitsvertraglichen Verschwiegenheitspflicht weiterhin nach den tradierten Voraussetzungen beurteilt werden muss, würde sich der Verstoß gegen § 4 GeschGehG zwar dennoch – wie soeben ausgeführt – auf die Ebene des arbeitsvertraglichen Rechte – und Pflichtengefüges auswirken. Eine arbeitsvertragliche Pflichtverletzung könnte jedoch auch angenommen werden, wenn die fragliche Information den Anforderungen in § 2 Nr. 1 GeschGehG nicht entspricht.[1920]

1920 Harte-Bavendamm/Ohly/*Kalbfus* Einl. C. Rn. 8.

Zunächst muss der konkrete Regelungsgehalt der Legaldefinition ermittelt werden. Die Begriffsbestimmungen in § 2 Nr. 1 GeschGehG können auf zwei unterschiedliche Art und Weisen verstanden werden. Möglicherweise wollte der Gesetzgeber ein abschließendes und umfassendes Begriffsverständnis bestimmen, mit der Konsequenz einer allgemeingültigen Legaldefinition. Dann beansprucht dieser künftig auch für andere Regelungen und Verpflichtungen Geltung, die den Begriff *Betriebs- und Geschäftsgeheimnis* verwenden. Denkbar ist jedoch auch ein enges Verständnis, bei dem die Definitionen in § 2 Nr. 1 GeschGehG ausschließlich für das Geschäftsgeheimnisgesetz gelten. Nach Wortlaut der Legaldefinition ist eine Information, die alle vorausgesetzten Merkmale erfüllt, ein Geschäftsgeheimnis „im Sinne dieses Gesetzes".[1921] E contrario weist diese Formulierung darauf hin, dass die Tatbestandsvoraussetzungen außerhalb des gesetzlichen Anwendungsbereichs nicht begriffsbegrenzend fungieren.[1922]

Dieses Verständnis stützt die Begründung des Regierungsentwurfs.[1923] Diese stellt ausdrücklich klar, dass die Definitionen in § 2 lediglich für das Geschäftsgeheimnisgesetz gelten sollen.[1924] Danach lässt sich der gesetzgeberische Wille dahin deuten, dass die verbindliche Wirkung der Legaldefinition auf das Geschäftsgeheimnisgesetz beschränkt bleiben soll.[1925] Unter Berücksichtigung der Sachverständigenanhörung im BT-Ausschuss für Recht und Verbraucherschutz ist diese Sicht jedoch nicht zwingend. Im Rahmen dessen ist die Ausstrahlungswirkung der Legaldefinition ausdrücklich, allerdings nur für das Strafrecht, befürwortet worden.[1926] In der Beschlussempfehlung wurde dies nicht mehr thematisiert, die Anwendbarkeit außerhalb des Gesetzes aber auch nicht explizit in Frage gestellt. Darauf gestützt, könnte der Wille des Gesetzgebers auch dahingehend gedeutet werden, dass die Anwendbarkeit außerhalb des Geschäftsgeheimnisgesetzes zumindest nicht explizit ausgeschlossen werden sollte.[1927] Da auch Stellungnahmen der Sachverständigen zur Auslegung des gesetzgeberischen Willens herangezogen werden können[1928], hätte eine ablehnende Klarstellung bezüglich des dort angesprochenen weiten Verständnisses der Legaldefinition erwartet werden können. Die Aussagen des Sachverständigen wurden durch den BT-Ausschuss für

---

1921 ErfK/*Preis* § 611a BGB Rn. 711; Harte-Bavendamm/Ohly/*Kalbfus* Einl. C. Rn. 134; *McGuire,* FS Harte-Bavendamm 2020, S. 367, 383; *Oetker,* FS Hopt 2020, S. 901, 915; *Preis/Seiwerth* RdA 2019, 351, 353; Scholz/*Rönnau* § 85 GmbHG Rn. 15.

1922 *Oetker,* FS Hopt 2020, S. 901, 915; dies anerkennend Harte-Bavendamm/Ohly/*Kalbfus* Einl. C. Rn. 134; *McGuire,* FS Harte-Bavendamm 2020, S: 367, 383; Scholz/*Rönnau* § 85 GmbHG Rn. 15.

1923 *Oetker,* FS Hopt 2020, S. 901, 915.

1924 Begr. RegE, BT-Drucks. 19/4724, S. 21.

1925 Büscher/*McGuire* § 2 GeschGehG Rn. 2; *Oetker,* FS Hopt 2020, S. 901, 915; *Reinfeld,* Das neue Gesetz zum Schutz von Geschäftsgeheimnissen, S. 17.

1926 *Hiéramente,* Stellungnahme zur BT-Drucks. 19/4724, S. 2.

1927 **A.A.** Büscher/*McGuire* § 2 GeschGehG Rn. 2.

1928 BVerfG NZA 2018, 774, 779 Rn. 74; BAG NZA 2019, 455.

Recht und Verbraucherschutz jedoch auch nicht bestätigt, sondern lediglich nicht mehr angesprochen. Deswegen darf dem letztlich kein allzu starkes Gewicht beigemessen werden.

Im Ergebnis lässt sich der gesetzgeberische Wille nicht zweifelsfrei erkennen. Unter Berücksichtigung von Wortlaut und Gesetzesbegründung dürfte die verbindliche Festlegung einer allgemeingültigen Legaldefinition von Betriebs- und Geschäftsgeheimnissen jedoch nicht intendiert gewesen sein.[1929] Im Ergebnis ist die eingangs aufgeworfene Frage dahingehend zu beantworten, dass den Begriffsbestimmungen in § 2 Nr. 1 GeschGehG zumindest nicht ohne weiteres eine allgemeine, übergreifende Wirkung zukommt.[1930] Den vorstehenden Anknüpfungspunkten wird teilweise weiter entnommen, dass damit eine Ausstrahlungswirkung des § 2 Nr. 1 GeschGehG insgesamt ausgeschlossen sei.[1931]

Dem kann jedoch nicht gefolgt werden.[1932] Die Klarstellungen im Gesetzeswortlaut („im Sinne dieses Gesetzes") und der amtlichen Begründung („gelten lediglich für dieses Gesetz") beschränken zunächst nur die unmittelbare verbindliche Geltung dieser Definitionen auf das Geschäftsgeheimnisgesetz.[1933] Ein Verbot der Übernahme des gesetzlichen Begriffs auch in anderen Regelungszusammenhänge lässt sich daraus nicht ableiten.[1934] Zusammenfassend ist eine Ausstrahlungswirkung weder vorgegeben noch ausdrücklich ausgeschlossen.[1935] Unter Berücksichtigung der zuvor herausgearbeiteten Ergebnisse, nach denen von der Legaldefinition schutzbereichserweiternd abgewichen werden darf, ist jedoch festzuhalten, dass es grundsätzlich zulässig sein kann, in anderen Regelungszusammenhängen die tradierte Definition beizubehalten.[1936] In Bezug auf das Arbeitsrecht wird deswegen teilweise davon abgesehen, angemessene Geheimhaltungsmaßnahmen in den Tatbestand der arbeitsvertraglichen Verschwiegenheitspflicht aufzunehmen.[1937] Ob

---

1929 ErfK/*Preis* § 611a BGB Rn. 711; Köhler/Bornkamm/Feddersen/*Alexander* § 2 GeschGehG Rn. 7.

1930 Wohl BeckOK GeschGehG/*Fuhlrott/Hiéramente* Vor § 2; Büscher/*McGuire* § 2 GeschGehG Rn. 2; *Oetker,* FS Hopt 2020, S. 901, 915.

1931 Büscher/*McGuire* § 2 GeschGehG Rn. 2; so wohl *Oetker,* FS Hopt 2020, S. 901, 918; *Reinfeld,* Das neue Gesetz zum Schutz von Geschäftsgeheimnissen, S. 17.

1932 ErfK/*Preis* § 611a BGB Rn. 711; Köhler/Bornkamm/Feddersen/*Alexander* § 2 GeschGehG Rn. 7; *Preis/Seiwerth* § 611a BGB Rn. 711.

1933 BeckOK GeschGehG/*Fuhlrott/Hiéramente* Vor § 2 GeschGehG; *McGuire,* FS Harte-Bavendamm 2020, S. 367, 383.

1934 Im Ergebnis wohl BeckOK GeschGehG/*Fuhlrott/Hiéramente* Vor § 2 GeschGehG; Köhler/Bornkamm/Feddersen/*Alexander* § 2 GeschGehG Rn. 7; *McGuire,* FS Harte-Bavendamm 2020, S. 367, 383.

1935 Im Ergebnis wohl Köhler/Bornkamm/Feddersen/*Alexander* § 2 GeschGehG Rn. 6–7; *McGuire,* FS Harte-Bavendamm 2020, S. 367, 383.

1936 Köhler/Bornkamm/Feddersen/*Alexander* § 2 GeschGehG Rn. 7; *Oetker,* FS Hopt 2020, S. 901, 918; *Oetker* ZESAR 2017, 257, 259.

1937 *Oetker* ZESAR 2017, 257, 259.

die Legaldefinition auf andere Regelungszusammenhänge ausstrahlen kann und ob dies der jeweiligen Regelung oder Verpflichtung gerecht werden kann, muss im Rahmen weiterer Untersuchungen geklärt werden.

II. Ausstrahlungswirkung durch systematische Übertragung der Voraussetzungen des § 2 Nr. 1 GeschGehG

Hiernach bleibt nunmehr zu klären, ob die Legaldefinition eines *Geschäftsgeheimnisses* in § 2 Nr. 1 GeschGehG – ungeachtet der soeben verneinten Allgemeingültigkeit – in anderer Weise auf sonstige Regelungen und Verpflichtungen einwirkt. Die Norm könnte die arbeitsvertragliche Verschwiegenheitspflicht zumindest konkretisieren.

1. Übertragung der Voraussetzungen des Art. 2 Nr. 1 RL (EU) 2016/943 aufgrund unionsrechtlicher Vorgaben

Methodisch ist es denkbar, § 2 Nr. 1 GeschGehG im Wege der systematischen Auslegung der §§ 611a, 241 II BGB in die arbeitsvertragliche Verschwiegenheitspflicht hineinzulesen.[1938] Unter diesem Ansatz ist eine Norm im Gesamtzusammenhang der Rechtsordnung zu betrachten und so auszulegen, dass keine Wertungswidersprüche entstehen.[1939] Eine Begrenzung findet die systematische Auslegung darin, dass die gefundene Lesart den Zwecken der jeweiligen Regelung nicht widersprechen darf.[1940]

Da der Umgang mit Betriebs- und Geschäftsgeheimnissen Gegenstand einer unionsweiten Harmonisierung ist, kommt ein richtlinienkonformes Verständnis anderer Regelungen und Verpflichtungen, insbesondere der arbeitsvertraglichen Verschwiegenheitspflicht in Betracht.[1941] Normen und Rechtsgrundsätze, die eine europäische Richtlinie umsetzten, müssen die unionsrechtlichen Vorgaben vollständig widerspiegeln.[1942] Die Grundsätze der arbeitsvertraglichen Verschwiegenheitspflicht und deren Verortung in den §§ 242, 241 II BGB indessen beruhen auf einer Rechtspraxis, die aus einer Zeit lange vor der Geheimnisschutz-Richtlinie datiert. Es handelt sich nicht um eine Rechtspraxis, die zur Umsetzung einer europäischen Richtlinie entwickelt wurde und dementsprechend im Lichte dieser

1938 BeckOK GeschGehG/*Fuhlrott/Hiéramente* Vor § 2 GeschGehG.

1939 MüKoBGB/*Säcker* Einleitung Rn. 140.

1940 *Brox/Walker*, Allgemeiner Teil des BGB, S. 35 Rn. 11; Palandt/*Grüneberg* Einleitung Rn. 42; Staudinger/*Honsell* Einleitung zum BGB Rn. 143

1941 *Trebeck/Schulte-Wissermann* NZA 2018, 1175, 1178; vergleichbarer Ansatz in Bezug auf § 79 BetrVG DKW/*Buschmann* § 79 BetrVG Rn. 8.

1942 EuGH NJW 1994, 2474, 2474 = EuZW 1994, 498; BAG NJW 1996, 25292523 = AP GG Art. 3 Nr. 226; Palandt/*Grüneberg* Einleitung Rn. 43; Staudinger/*Honsell* Einleitung zum BGB Rn. 146.

Normen ausgelegt werden muss. Entsprechendes gilt für sonstige einschlägige Vorschriften, die bereits vor Erlass der Richtlinie existierten.[1943]

Gleichwohl erscheint eine richtlinienkonforme Auslegung solcher Regelungen und Verpflichtungen, dennoch möglich.[1944] Es müsste dann dem Harmonisierungsbestreben des Richtliniengebers entsprechen, über den Anwendungsbereich der RL (EU) 2016/943 hinaus unionsweite Voraussetzungen eines Betriebs- und Geschäftsgeheimnisses festzulegen. Ausweislich Erwägungsgrund 14 war es nach den Vorstellungen des Richtliniengebers „(...) wichtig, eine homogene Definition des Begriffs *Geschäftsgeheimnis* festzulegen". Diese Formulierung wird staatenübergreifend verstanden. Ihre Kernaussage ist demnach darauf gerichtet, dass Geschäftsgeheimnisse – im Bereich der Umsetzung der Richtlinie – unionsweit nach einheitlichen Mindestvoraussetzungen definiert werden sollen.[1945] Zudem könnte die Formulierung einen darüber hinausgehenden Erkenntniswert bezüglich der Vorstellungen des Richtliniengebers zu weiteren innerstaatlichen Auswirkungen liefern.[1946] Eine „homogene Definition des Begriffs *Geschäftsgeheimnis*" könnte überdies beinhalten, dass nunmehr auch sämtliche anderweitigen nationalen Regelungen, die den Begriff „Betriebs- und Geschäftsgeheimnis" verwenden, einer einheitlichen Auslegung, und zwar nach Maßgabe der Richtlinie unterliegen sollen.[1947]

Dies stützt Erwägungsgrund 11, worin der Richtliniengeber das Verhältnis der Geheimnisschutz-Richtlinie zu anderweitigen Rechtsvorschriften über den Umgang mit geheimen Unternehmensinformationen thematisiert. Danach soll die Richtlinie unionsweite und nationale Vorschriften unberührt lassen, aufgrund derer Informationen gegenüber der Öffentlichkeit oder staatlichen Stellen offengelegt werden müssen. Dies gilt ebenso für Vorschriften, die es staatlichen Stellen erlauben, Informationen zu erheben oder an die Öffentlichkeit weiterzugeben.[1948] Nach Vorgabe des Richtliniengebers sollen demnach öffentlich-rechtliche Rechtsvorschriften, die den Umgang staatlicher Stellen mit Betriebs- und Geschäftsgeheimnissen zum Inhalt haben, unberührt bleiben.[1949] Aussagen zu den privatrechtlichen und strafrechtlichen Regelungen und Verpflichtungen im Übrigen, die den Begriff „Betriebs- und Geschäftsgeheimnis" zum Gegenstand haben finden sich nicht.[1950]

1943 **A.A.** *Trebeck/Schulte-Wissermann* NZA 2018, 1175, 1178.

1944 *Trebeck/Schulte-Wissermann* NZA 2018, 1175, 1178.

1945 *Baranowski/Glaßl* BB 2016, 2563, 2563; EuArbR/*Schubert* RL (EU) 2016/943 Art. 2 Rn. 1; *Wiese*, Die EU-Richtlinie über den Schutz vertraulichen Know-hows und vertraulicher Geschäftsinformationen, S. 59.

1946 *Trebeck/Schulte-Wissermann* NZA 2018, 1175, 1178.

1947 Durchklingend bei *Maaßen* GRUR 2019, 352, 353; *Rody*, Der Begriff und die Rechtsnatur von Geschäfts- und Betriebsgeheimnissen, S. 170; *Trebeck-Schulte-Wissermann* NZA 2018, 1175, 1178.

1948 RL (EU) 2016/943, Erwägungsgrund 11, ABl. EU L 157/3.

1949 Büscher/*McGuire* § 1 GeschGehG Rn. 15.

1950 Für eine autonome Begriffsbildung GroßKom-AktG/*Hopt/Roth* § 116 Rn. 195.

Dies kann e contrario dahin verstanden werden, dass diese nicht zwangsläufig unberührt bleiben sollen. Veränderungen der objektiven Schutzvoraussetzungen dieser Regelungen durch die Geheimnisschutz-Richtlinie und ihre mitgliedsstaatlichen Umsetzungen sind demnach nach unionsrechtlichem Verständnis nicht ausgeschlossen. Lediglich der Bereich öffentlich-rechtlicher Vorschriften ist hiervon ausgenommen. Das Geschäftsgeheimnisgesetz gewährleistet diese unionsrechtliche Vorgabe in § 1 II GeschGehG[1951], sodass die Aussagen des Erwägungsgrundes 11 auch bei Annahme einer Ausstrahlung des § 2 Nr. 1 GeschGehG nicht konterkariert würden.

Letztendlich fehlt es jedoch an eindeutig aussagekräftigen und belastbaren Anhaltspunkten zu möglichen Auswirkungen der Geheimnisschutz-Richtlinie auf die nationalen privatrechtlichen und strafrechtlichen Vorschriften im thematischen Zusammenhang des Schutzes von Betriebs- und Geschäftsgeheimnissen. Die RL (EU) 2016/943 und die erkennbaren Vorstellungen des Richtliniengebers erfordern deshalb nicht zwangsläufig, die sonstigen mitgliedstaatlichen Regelungen des Umgangs mit Betriebs- und Geschäftsgeheimnissen richtlinienkonform im Sinne der Legaldefinition der Richtlinie auszulegen. Es lässt sich lediglich feststellen, dass der Unionsgesetzgeber bestrebt war, möglichst homogen und einheitlich zu definieren, welche Voraussetzungen eine Information erfüllen muss, um als Geschäftsgeheimnis zu gelten.[1952] Dieser Intention könnte zwar dienlich sein, wenn § 2 Nr. 1 GeschGehG nicht nur für das Geschäftsgeheimnisgesetz, sondern für alle Regelungen zum Umgang mit Betriebs- und Geschäftsgeheimnissen maßgeblich ist.[1953] Zwingend ist diese Schlussfolgerung aus unionsrechtlicher Sicht nicht.

2. Übertragung der Voraussetzungen des § 2 Nr. 1 GeschGehG aufgrund innerstaatlicher Vorgaben

Denkbar ist der Begründungsansatz, dass die Voraussetzungen des § 2 Nr. 1 GeschGehG in die arbeitsvertragliche Verschwiegenheitspflicht hineingelesen werden müssen, weil es nach innerstaatlichen Grundsätzen geboten ist, den Begriff „Geschäftsgeheimnis“ respektive „Betriebs- und Geschäftsgeheimnis“ sowohl im

1951 § 1 II S. 1 GeschGehG dahingehend interpretierend, dass für öffentlich-rechtliche Vorschriften die geltenden Definitionen maßgeblich bleiben *Reinfeld,* Das neue Gesetz zum Schutz von Geschäftsgeheimnissen, S. 16.

1952 *Maaßen* GRUR 2019, 352, 353; im Ergebnis *Rody,* Der Begriff und die Rechtsnatur von Geschäfts- und Betriebsgeheimnissen, S. 170.

1953 *Maaßen* GRUR 2019, 352, 353; *Rody,* Der Begriff und die Rechtsnatur von Geschäfts- und Betriebsgeheimnissen unter Berücksichtigung der Geheimnisschutz-Richtlinie, S. 170; *Trebeck/Schulte-Wissermann* NZA 2018, 1178, 1175, 1178; **a.A.** GroßKom-AktG/*Hopt/Roth* § 116 Rn. 195.

Umsetzungsbereich der Richtlinie als auch in sonstigen Regelungszusammenhängen einheitlich zu definieren.[1954]

Das deutsche Recht ist geprägt durch den Gedanken der Einheit der Rechtsordnung. Dies beschreibt die allgemein anerkannte Ansicht, dass die geltenden Rechtsnormen als zusammenhängende Einheit verstanden werden müssen, wobei begriffliche, systematische und wertende Unterschiede zu vermeiden sind.[1955] Dahinter steht das Prinzip, dass eine den Grundsätzen eines Rechtsstaates entsprechende Rechtsanwendung nur möglich ist, wenn die einzelnen Normen und Gesetze einheitlich ausgelegt und interpretiert werden. Nach der Rechtsprechung müssen Begriffe, die in verschiedenen Regelungszusammenhängen – unter Umständen rechtsgebietsübergreifend – verwendet werden, nicht zwangsläufig einheitlich definiert werden. Dadurch berücksichtige die Auslegung auch die Spezifika der jeweiligen Regelungsmaterie.[1956] Stimmen jedoch die mit einer Norm verfolgten Interessen überein, gebiete es die Einheit und Stringenz der Rechtsordnung, übereinstimmende Begriffe einheitlich zu definieren.[1957] Bei der Auslegung einzelner Gesetze sei stets zu beachten, dass sich das Rechtssystem zu einer möglichst widerspruchslosen Einheit zusammenfügen muss.[1958]

Überträgt man die Legaldefinition des § 2 Nr. 1 GeschGehG nicht einheitlich auf sämtliche Vorschriften und durch die Rechtspraxis anerkannte Verpflichtungen, die den tradierten Begriff „Betriebs- und Geschäftsgeheimnis" aufgreifen, könnte dies zu erheblichen Wertungswidersprüchen innerhalb der Gesamtrechtsordnung führen.[1959] Die Konsequenz eines solchen Versäumnisses wäre, dass die Frage, ob eine unternehmensinterne kaufmännische oder technische Information als rechtlich schützenswertes *Geschäftsgeheimnis* gewertet werden kann, je nach einschlägigem Rechtsgebiet respektive verletzter Norm oder Pflicht unterschiedlich zu beurteilen ist.[1960] Geheimnisinhaber könnten nur noch erschwert feststellen, ob und gegebenenfalls wie sensible Informationen rechtlich geschützt sind. Dasselbe gölte für mit diesen in Berührung kommende Dritte und deren Möglichkeiten, das eigene Handeln und eventuell drohende Sanktionen rechtssicher zu beurteilen. Nach hier vertretener Ansicht können diese Unsicherheiten konsequent vermieden werden,

---

1954 Scholz/*Rönnau* § 85 GmbHG Rn. 15: zurückhaltend BeckOK GeschGehG/*Fuhlrott/Hieramente* Vor § 2.

1955 Creifelds/*Weber*, Einheit der Rechtsordnung.

1956 BVerfGE 25, 309, 313; BGH NJW 1987, 1710, 1711 = BGHSt 34, 221; BeckOK-StGB/*Heintschel-Heinegg* § 1 Rn. 24.

1957 BAG NZA 2004, 319, 320 = AP BGB § 622 Nr. 62.

1958 BGH NJW 1959, 1230, 1234 = BGHSt 13, 102; BAG NJW 1968, 1740, 1741; BeckOK-StGB/*Heintschel-Heinegg* § 1 Rn. 24.

1959 So im Ergebnis auch ErfK/*Preis* § 611a BGB Rn. 711; *Preis/Seiwerth* RdA 2019, 351, 353, die auf eine Ungleichbehandlung gemäß Art. 3 I GG abstellen; Scholz/*Rönnau* § 85 GmbHG Rn. 16, der ein „überschießendes beschuldigtenunfreundliches Strafrecht" befürchtet.

1960 So im Ergebnis *Preis/Seiwerth* RdA 2019, 351, 353.

wenn dem Stammgesetz zum Schutz von Geschäftsgeheimnissen allgemeingültig zu entnehmen ist, was ein Geschäftsgeheimnis ausmacht und welche Voraussetzungen für dessen Vorliegen erfüllt sein müssen. Die soeben angesprochenen Rechtsunsicherheiten könnten allenfalls dann gerechtfertigt sein, wenn die spezifische Interessenlage der zu untersuchenden Norm oder Pflicht eine von den Vorgaben des Stammgesetzes abweichende Interpretation gebietet.[1961]

Diese stimmen mit der Systematik der überkommenen Rechtslage überein.[1962] Vor der Neuregelung wurden die von der Rechtsprechung zu den tradierten §§ 17ff. UWG herausgearbeiteten Kriterien rechtsgebietsübergreifend adaptiert.[1963] Man ging somit von einem im wesentlichen einheitlichen Begriffsverständnis aus, welches demnach auch im Rahmen der arbeitsvertraglichen Verschwiegenheitspflicht angewendet wurde. Das Geschäftsgeheimnisgesetz ersetzt den bisherigen lauterkeitsrechtlichen Geheimnisschutz. Die §§ 17– 19 UWG 2004 werden gemäß Art. 5 GeschGehG mit Inkrafttreten des Gesetzes aufgehoben und durch näher ausgestaltete Rechtsbehelfe ersetzt. Es entspräche einer konsequenten Fortführung dieser Rechtspraxis, nach Ablösung der § 17 ff. UWG 2004 durch das Geschäftsgeheimnisgesetz nun auch dessen Begriffsverständnis rechtsgebietsübergreifend anzuwenden.[1964] Überzeugende Gründe, warum der Geheimnisbegriff – von diesem homogen geprägten Verständnis abweichend – je nach verletzter Norm oder Pflicht variieren sollte, lassen sich nicht finden. Die ablehnenden Literaturstimmen begnügen sich oftmals mit einem Verweis auf den Gesetzeswortlaut[1965], ohne dies weiterführend zu begründen oder sich mit der Zielsetzung von Richtlinie und Gesetz auseinander zu setzten.

3. *Zwischenfazit zur Ausstrahlungswirkung der Legaldefinition im Rahmen externer Verschwiegenheitspflichten*

Zusammenfassend kann zwar nachvollzogen werden, dass Gesetzesbegründung und Wortlaut zur Ablehnung einer Ausstrahlungswirkung der Legaldefinition herangezogen werden.[1966] Im Ergebnis überzeugt dies jedoch nicht. Die Übertragbarkeit der Legaldefinition auf Rechtsnormen außerhalb des Geschäftsgeheimnisgesetzes wird zwar nicht verbindlich angeordnet.[1967] Ein dahingehendes Verbot

---

1961 Scholz/*Rönnau* § 85 GmbHG Rn. 16.

1962 BeckOK GeschGehG/*Fuhlrott* § 3 Rn. 25; *Oetker,* FS Hopt 2020, S. 901, 916; *Oltmanns/Fuhlrott* NZA 2019, 1384, 1387.

1963 Zu dem tradierten Begriffsverständnis, siehe Teil 1, § 2, C., S. 65ff.; *Fuhlrott/Hiéramente* DB 2019, 967, 968; *Oetker,* FS Hopt, S. 875, 890; *Oltmanns/Fuhlrott* NZA 2019, 1384, 1387.

1964 BeckOK GeschGehG/*Fuhlrott* § 3 Rn. Rn. 25; *Oetker,* FS Hopt 2020, S. 901, 916.

1965 So verweist Büscher/*McGuire* § 2 GeschGehG Rn. 2 nur auf die Gesetzesbegründung.

1966 So durch Büscher/*McGuire* § 2 GeschGehG Rn. 2; *McGuire,* FS Harte-Bavendamm 2020, S. 367, 383.

1967 BeckOK GeschGehG/*Fuhlrott/Hiéramente* Vor § 2; *McGuire,* FS Harte-Bavendamm 2020, S: 367, 383; Scholz/*Rönnau* § 85 GmbHG Rn. 16.

lässt sich jedoch weder dem Gesetzestext noch der dazu ergangenen Begründung entnehmen.[1968] Ein Vergleich mit der Situation vor Inkrafttreten des Geschäftsgeheimnisgesetzes legt nahe, den Begriff des Geschäftsgeheimnisses wie zuvor einheitlich zu definieren und sich hierbei an den Vorgaben des Stammgesetzes zu orientieren.[1969] Im Ergebnis sprechen die überzeugenderen Gründe dafür, dass § 2 Nr. 1 GeschGehG grundsätzlich auch in anderen Regelungszusammenhängen Anwendung finden kann.[1970]

Die Voraussetzungen des § 2 Nr. 1 GeschGehG können im Wege der Auslegung in andere Normen und Pflichten übertragen werden.[1971] Wie teilweise in der Literatur vertreten[1972], könnten sämtliche Regelungen zum Schutz von Betriebs- und Geschäftsgeheimnissen richtlinienkonform ausgelegt werden. Da diese jedoch keine Umsetzungsakte darstellen, bereits vor Inkrafttreten der RL (EU) 2016/943 existierten und ein dahingehender Wille des Richtliniengebers nicht zweifelsfrei ermittelt werden kann, scheint eine richtlinienkonforme Übertragung der Voraussetzungen des Art. 2 Nr. 1 RL (EU) 2016/943 nicht überzeugend.[1973] Vorzugswürdig erscheint es, die jeweils fragliche Regelung im Gesamtzusammenhang des innerstaatlichen Rechts auszulegen. Dies entspricht dem Konzept der innerstaatlichen Rechtsordnung, nachdem diese – basierend auf dem Rechtsstaatsprinzip gemäß

1968 So wohl *DGB*, Stellungnahme zur BT-Drucks. 19/4724, S. 8; *McGuire*, FS Harte-Bavendamm 2020, S. 367, 383; Scholz/*Rönnau* § 85 GmbHG Rn. 16.

1969 *Oltmanns/Fuhlrott* NZA 2019, 1384, 1387; *Trebeck/Schulte-Wissermann* NZA 2018, 1175, 1178.

1970 Baumbach/Hueck/*Beurskens* § 85 GmbHG Rn. 7; BeckOK BGB/*Maties* § 611a Rn. 1002ff.; BeckOK GmbHG /*Dannecker/N. Müller* § 85 Rn. 39; ErfK/*Kania* § 79 BetrVG Rn. 2; ErfK/*Preis* § 611a BGB Rn. 711; Köhler/Bornkamm/Feddersen/*Alexander* § 2 GeschGehG Rn. 7; *Preis/Seiwerth* RdA 2019, 351, 353; *Preis/Temming*, Arbeitsrecht I, S. 252 Rn. 1175; *Trebeck/Schulte-Wissermann* NZA 1175, 1178; zurückhaltend BeckOK GeschGehG/*Fuhlrott/Hiéramente* Vor § 2; *Fuhlrott/Hiéramente* DB 2019, 967, 968; GK-BetrVG/*Oetker* § 79 Rn. 21; *Hiéramente*, Stellungnahme zur BT-Drucks. 19/4724, S. 2; *Naber/Peukert/Seeger* NZA 2019, 583, 587; *Oetker* ZESAR 2017, 257, 261; *Partsch/Rump* NJW 2020, 118, 119; so wohl auch DKW/*Buschmann* § 79 BetrVG Rn. 8; eine Übernahme i immaterialgüterrechtlichen Kontexten bejahend und für das allgemeine Vertragsrecht, die Verschwiegenheitspflicht des Arbeitnehmers und das Zivilprozessrecht verneinend *McGuire*, FS Harte-Bavendamm 2020, S. 367, 383; **a.A.** BeckOK GeschGehG/*Fuhlrott* § 3 Rn. 26; *DGB*, Stellungnahme zur BT-Drucks. 19/4724, S. 2; die Ausstrahlung zumindest in Bezug auf § 79 BetrVG bzw. § 93 I S. 3 AktG und § 404 AktG ablehnend *Oetker*, FS Hopt 2020, S. 901, 918; *Oltmanns/Fuhlrott* NZA 2019, 1384, 1387; im Rahmen des § 85 GmbHG Scholz/*Rönnau* § 85 GmbHG Rn. 16.

1971 ErfK/*Kania* § 79 BetrVG Rn. 2; ErfK/*Preis* § 611a BGB Rn. 711; *Preis/Seiwerth* RdA 2019, 351, 353; im Ansatz BeckOK GeschGehG/*Fuhlrott/Hiéramente* Einleitung vor § 2 GeschGehG.

1972 *Trebeck/Schulte-Wissermann* NZA 2018, 1175, 1178.

1973 **A.A.** *Trebeck/Schulte-Wissermann* NZA 2018, 1175, 1178.

Art. 20 III GG – als zusammengefasste Einheit verstanden werden muss.[1974] Dem entsprach auch die Systematik der tradierten Normen zum Schutz der Geschäftsgeheimnisse.

Die systematische Auslegung und damit insbesondere auch die harmonisierende Interpretation gleichlautender Begriffe, die in verschiedenen Regelungszusammenhängen unabhängig voneinander verwendet werden, findet jedoch in der *ratio legis* eine Begrenzung.[1975] Das Bestreben die Einheit der Rechtsordnung zu wahren, erfordert eine einheitliche Begriffsauslegung nur bei übereinstimmender Interessenlage. Deswegen muss einzelfallbezogen untersucht werden, ob der Zweck der jeweiligen Regelung oder vertraglichen Verpflichtung einer Übertragung der Legaldefinition möglicherweise entgegensteht.[1976]

Die Tatbestandsvoraussetzungen in § 2 Nr. 1 GeschGehG basieren auf dem speziellen Schutzkonzept des Geschäftsgeheimnisgesetzes. In dem dieses den Schutzgegenstand definiert, einem Inhaber zuordnet, bestimmte näher beschriebene Handlungen für unerlaubt erklärt und dem Inhaber Rechtsbehelfe zur Verfügung stellt, ist es von seiner gesamten inneren Systematik her auf den Schutz des Geheimnisinhabers zugeschnitten. Um diesen erhöhten rechtlichen Schutz mit kollidierenden Interessen in Ausgleich zu bringen, begrenzt § 2 Nr. 1 GeschGehG dessen Anwendungsbereich und verlangt insbesondere über das Merkmal der angemessenen Geheimhaltungsmaßnahmen in § 2 Nr. 1 lit. b) GeschGehG einen aktiven Mitwirkungsakt des Inhabers. Deswegen erscheint die Übernahme der Legaldefinition nur in solchen Regelungszusammenhängen gerechtfertigt, die dieser konzeptionellen Ausrichtung entsprechen. Dies kann unter Berücksichtigung des jeweils geschützten Rechtsguts und des Normzwecks ermittelt werden. Gemäß § 1 I GeschGehG bezweckt das Geschäftsgeheimnisgesetz geheime Informationen gegen rechtswidrige Erlangung, Nutzung und Offenlegung zu schützen. Geschütztes Rechtsgut ist damit das Individualinteresse des Geheimnisinhabers.[1977] § 2 Nr. 1 GeschGehG kann nur im Rahmen von Regelungen und Verpflichtungen Ausstrahlungswirkung entfalten, die dem entsprechen.[1978]

1974 *Ipsen,* Staatsrecht I, S. 207 Rn. 749.

1975 Palandt/*Grüneberg* Einleitung Rn. 42.

1976 So wohl auch Köhler/Bornkamm/Feddersen/*Alexander* § 2 GeschGehG Rn. 7; im Ansatz auch Scholz/*Rönnau* § 85 GmbHG Rn. 16.

1977 Büscher/*McGuire* § 1 GeschGehG Rn. 13; *Reinfeld,* Das neue Gesetz zum Schutz von Geschäftsgeheimnissen, S. 3.

1978 Ähnlicher Begründungsansatz Köhler/Bornkamm/Feddersen/*Alexander* § 2 GeschGehG Rn. 7.

4. Systematische Übertragung der Voraussetzungen aus § 2 Nr. 1 GeschGehG auf die arbeitsvertragliche Verschwiegenheitspflicht

Nachdem die grundsätzliche Möglichkeit einer Ausstrahlung in den Anwendungsbereich anderer Normen- und Pflichtengefüge bejaht wurde und die Voraussetzungen unter Heranziehung des jeweiligen Schutzgegenstandes weiter konkretisiert sind, bleibt zu klären, ob dies auch im Rahmen der arbeitsvertraglichen Pflicht zur Verschwiegenheit gilt. Diese ist darauf gerichtet, die Geschäftsinteressen des Arbeitgebers zu wahren.[1979] Geschützes Rechtsgut der arbeitsvertraglichen Verschwiegenheitspflicht ist damit das individuelle Geheimhaltungsinteresse des Arbeitgebers. Unter Berücksichtigung des Zwecks der Nebenpflicht und des geschützten Rechtsguts entspricht die Verschwiegenheitspflicht damit dem Schutzzweck des Geschäftsgeheimnisgesetzes. Eine Konkretisierung der arbeitsvertraglichen Verschwiegenheitspflicht durch Ausstrahlung des § 2 Nr. 1 GeschGehG könnte deshalb gerechtfertigt sein.[1980]

Entgegenstehen könnte indessen § 1 III Nr. 4 GeschGehG. Danach sollen die Rechte und Pflichten aus dem Arbeitsverhältnis unberührt bleiben. Die Legaldefinition in § 2 Nr. 1 GeschGehG unterscheidet sich grundsätzlich nur durch das Merkmal der angemessenen Geheimhaltungsmaßnahmen von dem tradierten lauterkeitsrechtlichen Verständnis. Bei dieser Voraussetzung handelt es sich jedoch nicht um eine Pflicht des Arbeitgebers aus dem Arbeitsverhältnis, sondern um eine Obliegenheit, bei deren Nichtbeachtung er keine Ansprüche wegen Rechtsverletzung geltend machen kann.[1981] Da § 1 III Nr. 4 GeschGehG zudem keine Bereichsausnahme für das gesamte Arbeitsrecht normiert[1982], steht die Norm der Übernahme der Legaldefinition im Rahmen der arbeitsvertraglichen Verschwiegenheitspflicht nicht entgegen.

Ein anderes Bedenken könnte sich aus der besonderen Pflichtenlage im Arbeitsverhältnis ergeben. Dies begründet eine besondere persönliche Bindung der Vertragspartner, welches die Inhalte der Nebenpflichten prägt.[1983] Vor diesem Hintergrund könnte es die Interessen des Arbeitgebers unzumutbar und zweckwidrig beeinträchtigen, wenn ihm der Arbeitnehmer bei einer Verletzungshandlung entgegenhalten könnte, trotz dieser besonderen Vertrauensbindung habe er,

---

1979 ErfK/*Preis* § 611a BGB Rn. 708; Küttner/*Kania,* Personalbuch *Verschwiegenheitspflicht* Rn. 1; *Reichhold,* MünchArbR § 54 Rn. 37; MüKoBGB/*Spinner* § 611a BGB Rn. 993; *Preis/Temming,* Arbeitsrecht I, S. 252 Rn. 1173ff.; Schaub/*Linck* § 53 Rn. 3.

1980 BeckOK BGB/*Maties* § 611a Rn. 1002ff.; *Preis/Seiwerth* RdA 2019, 351, 353; so wohl auch *Partsch/Rump* NJW 2020, 118, 119 und 121; **a.A.** *Holthausen* NZA 2019, 1377, 1379.

1981 *Baranowski/Glaßl* BB 2016, 2563, 2565; *Harte-Bavendamm*/Ohly/Kalbfus § 2 GeschGehG Rn. 40; *Heinzke* CCZ 2016, 179, 182.

1982 Zu § 1 III Nr. 4 GeschGehG und dessen Regelungsgehalt, siehe Teil 2, § 5, B., IV., 5., S. 148ff.

1983 BAG NZA 1996, 637, 638.

der Arbeitgeber, angemessene Geheimhaltungsmaßnahmen versäumt und deshalb fehle es an einem tatbestandlichen Pflichtenverstoß. Das personalgeprägte Verhältnis der Arbeitsvertragsparteien beinhaltet damit einen Aspekt, der in der Gesetzeskonzeption des Geschäftsgeheimnisgesetzes keine Bedeutung erlangt. Dies könnte ein Festhalten an den tradierten Begriffen erfordern. Demgegenüber ist jedoch zu berücksichtigen, dass es der Arbeitgeber unschwer in der Hand hat, die tatbestandlichen Voraussetzungen des § 2 Nr. 1 GeschGehG herbeizuführen und somit Rechtsklarheit zu schaffen. Eine unzumutbare und nicht beherrschbare Beeinträchtigung der Interessen des Geheimnisinhabers ist folglich auch unter dem hier erörterten Gesichtspunkt nicht zu verzeichnen. Im Ergebnis strahlt die Legaldefinition auf das Arbeitsvertragsrecht aus.[1984] Die Schutzobjekte der arbeitsvertraglichen Verschwiegenheitspflicht und des Geschäftsgeheimnisgesetzes müssen einheitlich ausgelegt werden.[1985] Die jeweiligen Interessenlagen rechtfertigen es nicht – dem Prinzip der Einheit der Rechtsordnung entgegen – den einheitlich verwendeten Begriff *Betriebs- und Geschäftsgeheimnisses* bzw. *Geschäftsgeheimnisses* abweichend zu definieren.[1986]

III. Abschließende Bewertung der Konkretisierungswirkung von § 2 Nr. 1 GeschGehG in Bezug auf die arbeitsvertragliche Verschwiegenheitspflicht

Die soeben herausgearbeiteten Ergebnisse lassen sich wie folgt zusammenfassen. Obwohl der Gesetzgeber die Begriffsbestimmungen in § 2 GeschGehG augenscheinlich nur für das Gesetz bestimmt hatte, müssen sonstige mitgliedsstaatliche Rechtsnormen, die den tradierten Begriff *Betriebs- und Geschäftsgeheimnis* verwenden und die arbeitsvertragliche Verschwiegenheitspflicht künftig systematisch einheitlich ausgelegt werden. Die Voraussetzungen in § 2 Nr. 1 GeschGehG sind zu übertragen.[1987] Dies hat lediglich dann nicht zu erfolgen, wenn die spezifische

---

1984 BeckOK BGB/*Maties* § 611a Rn. 1002ff.; ErfK/*Preis* § 611a BGB Rn. 711; Küttner/*Kania,* Personalbuch, *Verschwiegenheitspflicht,* Rn. 2; *Preis/Seiwerth* RdA 2019, 351, 353; *Preis/Temming,* Arbeitsrecht I, S. 252 Rn. 1175; **a.A.** *McGuire,* FS Harte-Bavendamm 2020, S. 367, 383; die Anwendbarkeit des § 2 Nr. 1 GeschGehG im Rahmen der arbeitsvertraglichen Verschwiegenheitspflicht offenlassend *Fuhlrott* ArbRAktuell 2020, 79, 80.

1985 ErfK/*Preis* § 611a BGB Rn. 711; *Preis/Temming,* Arbeitsrecht I, S. 252 Rn. 1175; **a.A.** *McGuire,* FS Harte-Bavendamm 2020, S. 367, 383.

1986 So wohl auch BeckOK BGB/*Maties* § 611a Rn. 1002ff.; *Preis/Seiwerth* RdA 2019, 351, 353; **a.A.** Harte-Bavendamm/Ohly/*Kalbfus* § 10 GeschGehG Rn. 8; *McGuire,* FS Harte-Bavendamm 2020, S. 367, 383.

1987 ErfK/Preis § 611a BGB Rn. 711; Küttner/*Kania,* Personalbuch, *Verschwiegenheitspflicht,* Rn. 2–5; *Preis/Seiwerth* RdA 2019, 351, 353; *Preis/Temming,* Arbeitsrecht I, S. 252 Rn. 1175; *Trebeck/Schulte-Wissermann* NZA 2018, 1175, 1178.

Interessenlage des einzelnen Regelungszusammenhangs dem entgegensteht.[1988] Somit hat die arbeitsvertragliche Verschwiegenheitspflicht im Zuge der Neuregelung dahingehend eine Konkretisierung erfahren, dass die tatbestandlichen Merkmale des § 2 Nr. 1 GeschGehG nunmehr Voraussetzung eines Pflichtverstoßes sind.[1989] Die Auswirkungen auf die anderweitigen – bereits angesprochenen[1990] – Rechtsnormen, müssen im Zuge der weiteren Untersuchungen unter Berücksichtigung des jeweiligen Zwecks der Norm und des geschützten Rechtsguts ermittelt werden.

1988 Ähnlich bei *Oetker,* FS Hopt 2020, S. 901, 917; eine vergleichbare Argumentation findet sich bei Köhler/Bornkamm/Feddersen/*Alexander* § 2 GeschGehG Rn. 7.

1989 ErfK/*Preis* § 611a BGB Rn. 711; Küttner/*Kania,* Personalbuch, *Verschwiegenheitspflicht,* Rn. 2; *Preis/Temming,* Arbeitsrecht, S 252 Rn. 1175; *Preis/Seiwerth* RdA 2019, 351, 353; so wohl auch *Partsch/Rump* NJW 2020, 118, 119 und 121; **a.A.** *Holthausen* NZA 2019, 1377, 1379.

1990 Überblick über die Rechtsnormen, die den Begriff *Betriebs- und Geschäftsgeheimnis* enthalten, siehe Teil 1, § 2, A., IV., 4., S. 58f.

§ 12 Das Erfordernis angemessener Geheimhaltungsmaßnahmen im Arbeitsverhältnis

A. Geheimhaltungsmaßnahmen im Umgang mit Arbeitnehmern

I. Einführung

Soeben wurde festgestellt, dass der Schutz von Betriebs- und Geschäftsgeheimnissen im Arbeitsverhältnis künftig sowohl auf vertraglicher als auch auf gesetzlicher Ebene voraussetzt, dass der Arbeitgeber angemessene Geheimhaltungsmaßnahmen gemäß § 2 Nr. 1 lit. b) GeschGehG getroffen hat. Es bleibt zu untersuchen, welche Sicherungsmaßnahmen im Umgang mit Arbeitnehmern geeignet erscheinen.[1991] Nach der Gesetzesbegründung kommen hierfür sowohl physische Zugangsbeschränkungen und Vorkehrungen wie auch vertragliche Sicherungsmechanismen in Betracht.[1992] Grundsätzlich obliegt es dem Geheimnisinhaber, Maßnahmen zum Schutz seiner geheimen Geschäftsinformationen auszuwählen.[1993] Angesichts der knappen Anhaltspunkte in Gesetz und Richtlinie erscheint es zweifelhaft, ob die angestrebte wirtschaftliche Effizienzsteigerung verwirklicht werden kann, wenn Unternehmensinhaber eher willkürlich Maßnahmen treffen, die sie im Einzelfall für geeignet erachten. Vielmehr obliegt es der Rechtspraxis, Kriterien zur Beurteilung angemessener Maßnahmen herauszuarbeiten. Dieser Prozess ist bereits in Gang gesetzt.[1994] Im Folgenden soll aus arbeitsrechtlicher Perspektive untersucht werden, welche Vorkehrungen als angemessene Geheimhaltungsmaßnahme im Sinne des § 2 Nr. 1 lit. b) GeschGehG in Betracht kommen.

1991 *Maaßen* GRUR 2019, 352, 356.

1992 Begr. RegE, BT-Drucks. 19/4724, S. 22.

1993 Büscher/*McGuire* § 2 GeschGehG Rn. 47; *Rauer/Eckert* DB 2016, 1239, 1240.

1994 *Apel/Walling* DB 2019, 891; *Arens* GWR 2019, 375; *Dumont* BB 2018, 2441, 2443; *Hiéramente/Golzio* CCZ 2018, 262, 266/267; *Holthausen* NZA 2019, 1377, 1378; *Kalbfus* GRUR-Prax 2017, 391; *Lauck* GRUR 2019, 1132; *Leister* GRUR-Prax 2019, 75; *Maaßen* GRUR 2019, 352; *Naber/Peukert/Seeger* NZA 2019, 583; *Ohly* GRUR 2019, 441, 443/444; *Partsch/Rump* NJW 2020, 118; *Passarge* CB 2018, 144; *Richter* ArbRAktuell 2019, 375; *Scholtyssek/Judis/Krause* CCZ 2020, 23; *Trebeck/Schulte-Wissermann* NZA 2018, 1175, 1178; *Voigt/Herrmann/Grabenschröer* BB 2019, 142, 144ff; *Weigert* NZA 2020, 209.

II. Festlegung eines systematischen Rahmens

Zunächst ist ein systematischer Rahmen festzulegen. Nach hier vertretener Auffassung erscheint es sinnvoll, insoweit sowohl die zu schützenden Geschäftsgeheimnisse[1995] als auch die zu ergreifenden Maßnahmen zu kategorisieren.[1996] Dabei bietet sich folgende Struktur an.

Die zu schützenden Geheimnisse können insbesondere nach Relevanz für das jeweilige Unternehmen bzw. der Bedeutung eines Geheimnisverlustes eingeordnet werden.[1997] Danach lassen sich drei Gruppen bilden, welche die Bedeutung des Geheimnisses und die Anforderungen an Sicherungsmaßnahmen in Beziehung setzten.[1998] Geschäftsgeheimnisse, die nicht der schwerpunktmäßigen Tätigkeit des Unternehmens zuzurechnen sind und deren Verlust allenfalls geringe Auswirkungen hat, sind durch einfache Geheimhaltungsmaßnahmen zu schützen.[1999] In eine nächste Kategorie sind Geheimnisse einzuordnen, welche die Kerntätigkeit des Unternehmens zwar nicht unmittelbar betreffen, dieser jedoch mittelbar zugerechnet werden können.[2000] In diesem Bereich sind deutlich erhöhte Schutzmaßnahmen erforderlich. Der dritten Kategorie können sodann diejenigen Geheimnisse zugerechnet werden, die den Schwerpunkt der unternehmerischen Tätigkeiten ausmachen.[2001] Hier werden unter Berücksichtigung des Werts des Geheimnisses, der

---

1995 *Harte-Bavendamm*/Ohly/Kalbfus § 2 GeschGehG Rn. 58–59; Köhler/Bornkamm/Feddersen/*Alexander* § 2 GeschGehG Rn. 56; *Partsch/Rump* NJW 2020, 118, 120.

1996 Begr. RegE, BT-Drucks. 19/4724, S. 22; *Hauck* GRUR-Prax 2019, 223, 224; *Holthausen* NZA 2019, 1377, 1378; *Kalbfus* GRUR-Prax 2017, 391, 393; *Maaßen* GRUR 2019, 352, 356; *Scholtyssek/Judis/Krause* CCZ 2020, 23, 26–27; *Voigt/Herrmann/Grabenschröer* BB 2019, 142, 144.

1997 *Fuhlrott/Hiéramente* DB 2019, 967, 970; *Dann/Markgraf* NJW 2019, 1774, 1776; *Harte-Bavendamm*/Ohly/Kalbfus § 2 GeschGehG Rn. 59; *Holthausen* NZA 2019, 1377, 1378; *Leister* GRUR-Prax 2019, 75, 76; *Maaßen* GRUR 2019, 352, 356.

1998 Vergleichbar auch bei BeckOK GeschGehG/*Fuhlrott* § 2 Rn. 23; *Hauck* GRUR-Prax 2019, 223, 224; Köhler/Bornkamm/Feddersen/*Alexander* § 2 GeschGehG Rn. 56; *Leister* GRUR-Prax 2019, 75, 76; *Maaßen* GRUR 2019, 352, 356; *Reinfeld,* Das neue Gesetz zum Schutz von Geschäftsgeheimnissen, S. 56.

1999 Vergleichbar auch bei BeckOK GeschGehG/*Fuhlrott* § 2 Rn. 23; Köhler/Bornkamm/Feddersen/*Alexander* § 2 GeschGehG Rn. 56; *Reinfeld,* Das neue Gesetz zum Schutz von Geschäftsgeheimnissen, S. 56.

2000 Vergleichbar auch bei BeckOK GeschGehG/*Fuhlrott* § 2 Rn. 23; Köhler/Bornkamm/Feddersen/*Alexander* § 2 GeschGehG Rn. 56; *Reinfeld,* Das neue Gesetz zum Schutz von Geschäftsgeheimnissen, S. 56.

2001 Vergleichbar auch bei BeckOK GeschGehG/*Fuhlrott* § 2 Rn. 23; *Fuhlrott/Hiéramente* DB 2019, 967, 970; *Harte-Bavendamm*/Ohly/Kalbfus § 2 GeschGehG Rn. 59; Köhler/Bornkamm/Feddersen/*Alexander* § 2 GeschGehG Rn. 56; *Leister* GRUR-Prax 2019, 75, 76; *Maaßen* GRUR 2019, 352, 356; *Reinfeld,* Das neue Gesetz zum Schutz von Geschäftsgeheimnissen, S. 56.

Größe des Unternehmens und der akuten Gefährdungslage[2002] die effizientesten Maßnahmen nötig, die das Unternehmen ergreifen kann.[2003]

In der Literatur wird vereinzelt vertreten, der Wert eines Geheimnisses könne nicht als geeignetes Abgrenzungskriterium zur Beurteilung der Angemessenheit einer Geheimhaltungsmaßnahme herangezogen werden.[2004] Gegen eine solche Betrachtungsweise sprächen sowohl der Wortlaut des § 2 Nr. 1 lit. b) GeschGehG als auch die Systematik und der Sinn und Zweck des Geschäftsgeheimnisgesetzes.[2005] In diese Richtung tendiert auch eine Auffassung, nach der dem Wert einer geheimen Information zwar Anhaltspunkte über die Geheimhaltungsbedürftigkeit entnommen werden könnten.[2006] Ein erhöhter Wert würde jedoch keine weitergehenden Schutzmaßnahmen erfordern.[2007] Die Geheimhaltungsbedürftigkeit sei vielmehr offensichtlich und demgemäß geringere Schutzanforderungen vonnöten.[2008]

Mit der wohl überwiegend vertretenen Ansicht kann dieser abweichenden Auffassungen nicht zugestimmt werden.[2009] Nach den zuvor herausgearbeiteten Ergebnissen ist dem Wortlaut des § 2 Nr. 1 GeschGehG lediglich zu entnehmen, dass die Angemessenheit einer Geheimhaltungsmaßnahme einzelfallabhängig beurteilt werden muss.[2010] Weitergehende Konkretisierungen sind nicht ersichtlich.[2011] Damit kann der – den Wert des Geschäftsgeheimnisses für unbeachtlich haltenden Auffassung – zwar insoweit zugestimmt werden, dass dem Wortlaut keine dafür sprechenden Anhaltspunkte zu entnehmen sind[2012]. Dies darf jedoch

---

2002 BeckOK GeschGehG/*Fuhlrott* § 2 Rn. 25ff.; *Fuhlrott/Hiéramente* DB 2019, 967, 970; *Hauck* GRUR-Prax 2019, 223, 224; *Holthausen* NZA 2019, 1377, 1378; *Maaßen* GRUR 2019, 352, 356; *Partsch/Rump* NJW 2020, 118, 120; *Preis/Seiwerth* RdA 2019, 351, 352; *Reinfeld,* Das neue Gesetz zum Schutz von Geschäftsgeheimnissen, S. 51; *Richter* ArbRAktuell 2019, 375, 376.

2003 So wohl auch *Fuhlrott/Hiéramente* DB 2019, 967, 970; *Scholtyssek/Judis/Krause* CCZ 2020, 23, 24.

2004 *Lauck* GRUR 2019, 1132, 1132; *Weigert* NZA 2020, 209, 210ff.

2005 *Lauck* GRUR 2019, 1132, 1132 ff.; *Weigert* NZA 2020, 209, 211ff.

2006 *Weigert* NZA 2019, 209, 209ff.

2007 *Weigert* NZA 2019, 209, 209ff.

2008 *Weigert* NZA 2019, 209, 109ff.

2009 BeckOK GeschGehG § 2 Rn. 26; *Fuhlrott/Hiéramente* DB 2019, 967, 968; *Hauck* GRUR-Prax 2019, 223, 224; *Holthausen* NZA 2019, 1377, 1378; Köhler/Bornkamm/Feddersen/*Alexander* § 2 GeschGehG Rn. 67; *Leister* GRUR-Prax 2019, 75, 76; *Maaßen* GRUR 2019, 352, 356; *Preis/Seiwerth* RdA 2019, 351, 352; *Reinfeld,* Das neue Gesetz zum Schutz von Geschäftsgeheimnissen, S. 51; *Richter* ArbRAktuell 2019, 375, 376; *Scholtyssek/Judis/Krause* CCZ 2020, 23, 24.

2010 Zu dem Tatbestandsmerkmal der angemessenen Geheimhaltungsmaßnahmen in § 2 Nr. 1 lit. b) GeschGehG, siehe Teil 2, § 6, B., IV., S. 174ff.; *Holthausen* NZA 2019, 1377, 1378; *Leister* GRUR-Prax 2019, 75, 77; *Maaßen* GRUR 2019, 352, 353.

2011 *Holthausen* NZA 2019, 1377, 1379.

2012 *Lauck* GRUR 2019, 1132, 1132; *Weigert* NZA 2020, 209, 211.

nicht dahingehend interpretiert werden, der Gesetzeswortlaut spreche dagegen, den Wert als geeignetes Abgrenzungskriterium zu betrachten. Nach den zuvor gewonnenen Ergebnissen konkretisiert der Gesetzeswortlaut das in § 2 Nr. 1 lit. b) GeschGehG geforderte Tatbestandsmerkmal lediglich nicht weiter. Dies ist der Rechtspraxis überlassen.[2013] Unter Berücksichtigung der Ziele des Geheimnisschutzes – diesen zur Förderung der Wirtschaftskraft von Unternehmen zu stärken – erscheint es geradezu zwingend geboten, den Wert des Geheimnisses für das jeweilige Unternehmen in die einzelfallorientierte Betrachtung einzubeziehen. Wirtschaftlich und ökonomisch sinnvoller Geheimnisschutz erfordert stets auch eine Kosten-Nutzen-Betrachtung.[2014] Sollen die tatsächlichen Aufwendungen für den Schutz von Geschäftsgeheimnissen möglichst geringgehalten werden, sind aufwendige und kostenintensive Maßnahmen nur einzusetzen, wenn sich dies wegen der Bedeutung der fraglichen Information für das Unternehmen rentiert.[2015] Deswegen erweist sich der Wert eines Geschäftsgeheimnisses als geeigneter Faktor zur Beurteilung der Angemessenheit einer Geheimhaltungsmaßnahme im Sinne von § 2 Nr. 1 lit. b) GeschGehG.[2016]

Auch die Maßnahmen zum Geheimnisschutz sind zu systematisieren. Diese können nach ihrer jeweiligen Funktion eingeteilt werden. Zunächst können Geheimhaltungsmaßnahmen eine Warnfunktion erfüllen.[2017] Diese verdeutlicht den Mitarbeitern, dass es sich vorliegend um eine vertrauliche Information handelt.[2018] Dadurch kann insbesondere auch verhindert werden, dass Arbeitnehmer versehentlich einen Geheimnisverlust herbeiführen, weil sie sich der Geheimhaltungsbedürftigkeit gar nicht bewusst sind. Im Übrigen wirkt die Warnfunktion am schwächsten und bildet deshalb die erste Funktionsstufe. Die zweite Stufe bildet die Erschwernisfunktion. Maßnahmen, die dieser zugeordnet werden können, erschweren den Zugriff auf Geschäftsgeheimnisse derart, dass Arbeitnehmer diese nur unter Überwindung einer objektiven Hemmschwelle erlangen können. Sodann erfolgt an dritter Stelle einer solchen Systematik die Blockade-/Abschirmfunktion.

2013 So wohl auch *Holthausen* NZA 2019, 1377, 1379; *Scholtyssek/Judis/Krause* CCZ 2020, 23, 24.

2014 So wohl auch Köhler/Bornkamm/Feddersen/*Alexander* § 2 GeschGehG Rn. 67; *Maaßen* GRUR 2019, 352, 356; **a.A.** *Weigert* NZA 2020, 209, 210ff.

2015 So wohl auch Köhler/Bornkamm/Feddersen/*Alexander* § 2 GeschGehG Rn. 67; *Maaßen* GRUR 2019, 352, 356.

2016 BeckOK GeschGehG/*Fuhlrott* § 2 Rn. 26; *Fuhlrott/Hiéramente* DB 2019, 967, 968; *Hauck* GRUR-Prax 2019, 223, 224; *Holthausen* NZA 2019, 1377, 1378; Köhler/Bornkamm/Feddersen/*Alexander* § 2 GeschGehG Rn. 67; *Leister* GRUR-Prax 2019, 75, 76; *Maaßen* GRUR 2019, 352, 356; *Preis/Seiwerth* RdA 2019, 351, 352; *Reinfeld,* Das neue Gesetz zum Schutz von Geschäftsgeheimnissen, S. 51; *Richter* ArbRAktuell 2019, 375, 376; *Scholtyssek/Judis/Krause* CCZ 2020, 23, 24; **a.A.** *Lauck* GRUR 2019, 1132, 1132; kritisch *Weigert* NZA 2020, 209, 214.

2017 *Partsch/Rump* NJW 2020, 118, 120.

2018 *Maaßen* GRUR 2019, 352, 358; *Partsch/Rump* NJW 2020, 118, 120.

In diesem Funktionsbereich sollen Geheimhaltungsmaßnahmen nach Möglichkeit absolut fungieren und verhindern, dass Arbeitnehmer auf schützenswerte Informationen Zugriff nehmen können.

Nach der vorstehend vorgestellten Systematik ist zunächst die Schutzbedürftigkeit der fraglichen Information zu bestimmen.[2019] Dem ist die Funktion einer Schutzmaßnahme auf das konkrete Geheimnis zuzuordnen.[2020] Nach diesem Ergebnis ist einzelfallbezogen die geeignete Maßnahme zu definieren.

III. Angemessene Geheimhaltungsmaßnahmen im Umgang mit Arbeitnehmern

1. *Physische Zugangsbeschränkungen für Arbeitnehmer*

Im Umgang mit Arbeitnehmern umfasst die Kategorie der physischen Zugangsbeschränkungen sämtliche unternehmensinternen Einrichtungen, die gewährleisten, dass Arbeitnehmer nicht in Kontakt mit Informationen bzw. körperlichen Informationsträgern kommen aus denen sich geheime Geschäftsinformationen ergeben, sofern sie hierzu nicht befugt sind.[2021] Eine physische Zugangsbeschränkung liegt demnach immer vor, wenn Arbeitnehmer körperlich daran gehindert sind, auf die fraglichen Materialien zuzugreifen.[2022] Dies ist zum Beispiel zu bejahen, wenn Dokumente in einem verschlossenen Tresor aufbewahrt werden.[2023] Der Tresor kann der dritten Funktionsstufe zugeordnet werden, da er die fraglichen Informationen grundsätzlich vor jedwedem unbefugten Zugriff abschirmt.

In diesem Zusammenhang ist unklar, ob es den Voraussetzungen angemessener Geheimhaltungsmaßnahmen auch genügt, wenn der Arbeitgeber geheimhaltungsbedürftiges Material an anderen, weniger sicheren Orten, etwa einer verschlossene Schreibtischschublade, unterbringt. Im Gegensatz zum Tresor ist diese nicht explizit auf den Schutz der dort verwahrten Gegenstände ausgerichtet. Auf der einen Seite sichert der Arbeitgeber die fraglichen Materialien damit aber ebenfalls vor unbefugten Zugriffen. Darüber hinaus wird dokumentiert, dass die weggeschlossenen Materialien und Gegenstände eben nicht frei zugänglich sind. Arbeitnehmer müssen sowohl einen physischen als auch psychischen Widerstand überwinden, um die geheimen Informationen zu erlangen. Andererseits liegt auf der Hand, dass ein zum Geheimnisbruch entschlossener Arbeitnehmer die Schublade ohne

---

2019 BeckOK GeschGehG/*Fuhlrott* § 2 Rn. 23.

2020 BeckOK GeschGehG/*Fuhlrott* § 2 Rn. 23.

2021 Köhler/Bornkamm/Feddersen/*Alexander* § 2 GeschGehG Rn. 59; im Ergebnis auch *Arens* GWR 2019, 375, 377; *Harte-Bavendamm*/Ohly/Kalbfus § 2 GeschGehG Rn. 62; *Leister* GRUR-Prax 2019, 75, 77; *Partsch/Rump* NJW 2020, 118, 120; ähnlich *Rosenkötter/Seeger* NZBau 2019, 619, 621.

2022 Ähnlich *Fuhlrott/Hiéramente* DB 2019, 967, 970; *Harte-Bavendamm*/Ohly/Kalbfus § 2 GeschGehG Rn. 62; *Rosenkötter/Seeger* NZBau 2019, 619, 621.

2023 *Maaßen* GRUR 2019, 352, 357.

weiteres aufbrechen kann. Eine verschlossene Schreibtischschublade dürfte somit im Regelfall lediglich die Warn- bzw. Erschwernisfunktion erfüllen.

Vor diesem Hintergrund stellt sich die Frage, ob die soeben vorgestellte Einteilung auf das Arbeitsverhältnis übertragbar ist. Möglicherweise ist mit Blick auf die besondere Pflichtenlage im Arbeitsverhältnis eine geänderte Beurteilung geboten. Es fragt sich – mit anderen Worten -, ob der Arbeitgeber mit Rücksicht auf die einem jeden Arbeitsverhältnis immanente Vertrauensgrundlage den Arbeitnehmern mit den gleichen Sicherungserwartungen begegnen muss wie einem unternehmensfremden Dritten. Womöglich kann er sich mit Rücksicht auf das vertraglich verortete Vertrauensverhältnis auf die Installierung von Maßnahmen beschränken, die lediglich die Warn- und Erschwernisfunktion erfüllen. Eine verschlossene Schublade verdeutlicht hinreichend, dass der Arbeitgeber die Inhalte vor dem Zugriff Unbefugter schützen will. Dazu wird dem Arbeitnehmer eine physische Erschwernis entgegengesetzt, welche er – die eigene Hemmschwelle überschreitend – durchbrechen muss.

Zu berücksichtigen ist, dass Arbeitnehmer und Arbeitgeber durch den Arbeitsvertrag gemäß § 611a BGB verbunden sind. Dieser beinhaltet über § 241 II BGB Nebenpflichten, die den Arbeitnehmer zur Rücksichtnahme und Förderung des Vertragszwecks zwingen. Diese resultieren aus der persönlichen Bindung der Arbeitsvertragsparteien.[2024] Aufgrund dieser besonderen Vertrauensstellung der Parteien ist der Arbeitgeber nicht gehalten, von vorne herein rücksichtsloses und rechtswidriges Verhalten der eigenen Arbeitnehmer in Rechnung zu stellen. Er darf Vertragstreue erwarten. Deswegen erscheint es im Umgang mit der eigenen Belegschaft denkbar, auch Geheimnisse der dritten Kategorie nur durch Maßnahmen der ersten und zweiten Funktionsstufe zu schützen. Gerechtfertigt ist eine solche Beurteilung jedenfalls, wenn das Unternehmen aufgrund seiner Größe und Leistungsstärke gegenüber seiner Belegschaft schon wirtschaftlich darüberhinausgehende Maßnahmen nicht gewährleisten kann.[2025] Belastet ist eine solche Beurteilung indessen mit dem Risiko, dass der darlegungs- und beweisbelastete Geheimnisinhaber im Streitfall die Angemessenheit der von ihm konkret ausgewählten Maßnahme nicht zur Geltung bringen kann.[2026]

In größeren Einheiten ist es denkbar, ganze Bereiche in einem Unternehmen räumlich abzugrenzen und dort sensible Information aufzubewahren.[2027] Dann muss sichergestellt sein, dass nur Geheimnisträger diese Bereiche betreten können.[2028] Dies kann sowohl über tatsächliche Verschlüsselungsmechanismen als auch ein Code-Wort-System erreicht werden. Wirksam ist dies jedoch nur, wenn

---

2024 ErfK/*Preis* § 611a BGB Rn. 707ff.

2025 Bei kleineren und mittleren Unternehmen muss deren geringere Leistungsstärke berücksichtigt werden *Maaßen* GRUR 2019, 352, 353.

2026 Begr. RegE, BT-Drucks. 19/4724, S. 22; *Alexander* WRP 2017, 1034, 1039.

2027 *Maaßen* GRUR 2019, 352, 357.

2028 *Maaßen* GRUR 2019, 352, 357.

das Unternehmen parallel eine systematische Erfassung etabliert, welche Arbeitnehmer mit Geheimnissachverhalten umzugehen haben und folglich auch nur zugangsberechtigt sind.[2029]

2. *Andere Vorkehrungen personeller Art*

a) *Kennzeichnung*

Dokumente und Materialien können als vertraulich gekennzeichnet werden.[2030] Nach der Gesetzesbegründung ist dies jedoch nicht zwingend erforderlich.[2031] Eine solche Maßnahme könnte zudem lediglich die Warnfunktion erfüllen und würde deswegen nur im Fall wenig schutzbedürftiger Informationen den Anforderungen des § 2 Nr. 1 genügen. Den Arbeitnehmern wäre jedoch zumindest vor Augen geführt, dass es sich um vertrauliche Informationen handelt.[2032] Dadurch kann der unbeabsichtigte Abfluss von Geschäftsgeheimnissen verhindert werden.

b) *Schulungen und Handlungsanweisungen*

Als weitere angemessene Geheimhaltungsmaßnahme im Umgang mit Arbeitnehmern erweist sich die Durchführung umfassender Schulungen.[2033] Damit kann den betroffenen Arbeitnehmern einerseits die Sensibilität geheimer Information und andererseits die Relevanz der Geheimhaltung vor Augen geführt werden.[2034] Zudem kann der Belegschaft näher gebracht werden, wie mit geheimen Geschäftsinformationen bei Erfüllung arbeitsvertraglicher Pflichten umgegangen werden muss, damit diese bestmöglich geschützt sind.[2035] So müssen Arbeitnehmer zunächst instruiert werden, welche wirtschaftlichen Folgen Geschäftsgeheimnisse für das Unternehmen oder den Betrieb haben können, und dass sie diese deshalb vor jedwedem Abfluss schützen müssen.[2036] Ebenso bietet es sich an im Wege des

---

2029 *Fuhlrott/Hiéramente* DB 2019, 967, 970; *Holthausen* NZA 2019, 1377, 1378; *Maaßen* GRUR 2019, 352, 357; *Naber/Peukert/Seeger* NZA 2019, 2019, 583, 584; *Partsch/Rump* NJW 2020, 118, 120–121.

2030 *Arens* GWR 2019, 375, 377; *Holthausen* NZA 2019, 1377, 1378; *Maaßen* GRUR 2019, 352, 358; *Ohly* GRUR 2019, 441, 444.

2031 Begr, RegE, BT-Drucks. 19/4724, S. 22.

2032 *Maaßen* GRUR 2019, 352, 358.

2033 BeckOK GeschGehG/*Fuhlrott* § 2 Rn. 37; *Dann/Markgraf* NJW 2019, 1774, 1776; *Fuhlrott* ArbRAktuell 2020, 79, 80; *Fuhlrott/Hiéramente* DB 2019, 967, 972; *Harte-Bavendamm*/Ohly/Kalbfus § 2 GeschGehG Rn. 62; *Holthausen* NZA 2019, 1377, 1378; *Maaßen* GRUR 2019, 352, 359; *Naber/Peukert/Seeger* NZA 2019, 583, 584; *Ohly* GRUR 2019, 441, 444; *Richter* ArbRAktuell 2019, 375, 376.

2034 *Fuhlrott/Hiéramente* DB 2019, 967, 972; *Maaßen* GRUR 2019, 352, 359.

2035 *Fuhlrott* ArbRAktuell 2020, 79, 80; *Harte-Bavendamm*/Ohly/Kalbfus § 2 GeschGehG Rn. 63; *Richter* ArbRAktuell 2019, 375, 376.

2036 *Fuhlrott* ArbRAktuell 2020, 79, 80; ähnlich auch *Harte-Bavendamm*/Ohly/Kalbfus § 2 GeschGehG Rn. 63.

arbeitgeberseitigen Direktionsrechts konkrete Handlungsanweisungen zum täglichen Umgang mit geheimen Geschäftsinformationen zu erteilen.[2037] Arbeitnehmer sind auf diesem Weg zu instruieren, wie sensible Materialen oder Dokumente nach Gebrauch unter Verschluss zu bringen sind.[2038] Sind die Informationen digital gesichert, müssen Arbeitnehmer wissen, wie sie diese nach Gebrauch wieder sperren bzw. sicherstellen können, dass unbefugte Dritte keine Kenntnis nehmen. Geheimhaltungsmaßnahmen dieser Art erfüllen die Warn- und Erschwernisfunktion.

c) Digitale Maßnahmen

Der Umgang von Arbeitnehmern mit Geschäftsgeheimnissen ist zudem nach Möglichkeit auf der digitalen Ebene abzusichern.[2039] Durch Passwörter kann sichergestellt werden, dass nur befugte Mitarbeiter Zugriff nehmen können.[2040] Aufgrund des technologischen Fortschritts bestehen weitgehende Möglichkeiten für Arbeitnehmer, Material unerkannt digital abzuspeichern und so aus dem Unternehmen zu führen.[2041] Unternehmen müssen ein Konzept entwickeln, wie Arbeitnehmer einerseits digital mit geheimen Informationen arbeiten können, aber jedoch verhindert wird, dass diese unerkannt das Material abspeichern oder versenden.[2042] Dies kann über Passwörter, Verschlüsselung von Daten, Firewalls oder entsprechende Sicherungsmechanismen auf der IT-Ebene gewährleistet werden.[2043] Entsprechend leistungsfähige Unternehmen können IT-Spezialisten zur Entwicklung eines solchen Sicherungssystems einschalten.

2037 BeckOK/*Fuhlrott* § 2 Rn. 40 und 45ff.; *Fuhlrott* ArbRAktuell 2020, 79, 80; *Fuhlrott/Hiéramente* DB 967, 970

2038 BeckOK/*Fuhlrott* § 2 Rn. 45ff.

2039 *Fuhlrott/Hiéramente* DB 967, 970; Köhler/Bornkamm/Feddersen/*Alexander* § 2 GeschGehG Rn. 63; *Maaßen* GRUR 2019, 352, 358; *Ohly* GRUR 2019, 441, 444; *Partsch/Rump* NJW 2020, 118, 121; *Richter* ArbRAktuell 2019, 375, 376; *Rosenkötter/Seeger* NZBau 2019, 619, 621.

2040 *Böhm/Nestler* GRUR-Prax 2018, 181, 182; *Fuhlrott/Hiéramente* DB 967, 970; Köhler/Bornkamm/Feddersen/*Alexander* § 2 GeschGehG Rn. 63; *Partsch/Rump* NJW 2020, 118, 121; *Richter* ArbRAktuell 2019, 375, 376; *Rosenkötter/Seeger* NZBau 2019, 619, 621.

2041 *Ohly* GRUR 2019, 441, 444.

2042 *Arens* GWR 2019, 375, 377; *Fuhlrott/Hiéramente* DB 967, 970; *Maaßen* GRUR 2019, 352, 358; *Ohly* GRUR 2019, 441, 444.

2043 *Böhm/Nestler* GRUR-Prax 2018, 181, 182; *Fuhlrott/Hiéramente* DB 967, 970; *Maaßen* GRUR 2019, 352, 358; *Ohly* GRUR 2019, 441, 444; *Richter* ArbRAktuell 2019, 375, 376.

3. *Geheimhaltungsmaßnahmen auf arbeitsvertraglicher Ebene*

Auf vertraglicher Ebene können insbesondere Verschwiegenheitspflichten in die Arbeitsverträge der Arbeitnehmer aufgenommen werden.[2044] Unter Berücksichtigung der Gesetzesbegründung, die von der Möglichkeit ausgeht, angemessene Geheimhaltungsvereinbarungen durch vertragliche Sicherungsmechanismen zu etablieren[2045], entsprechen Verschwiegenheitsklauseln grundsätzlich diesen Voraussetzungen.[2046] Welche Anforderungen insoweit zu stellen sind, soll an späterer Stelle erörtert werden.[2047]

B. Verhältnis des Erfordernisses angemessener Geheimhaltungsmaßnahmen zur arbeitsvertraglichen Verschwiegenheitspflicht

I. Hinführung zur Problematik und bisherige Aufarbeitung in der Literatur

Nach der Gesetzesbegründung kann ein vertragliches Sicherungskonzept als angemessene Geheimhaltungsmaßnahme grundsätzlich genügen. Auch die jedem

---

2044 *Apel/Walling* DB 2019, 891, 897; *Arens* GWR 2019, 375, 377; BeckOK/*Fuhlrott* § 2 Rn. 51; *Fuhlrott* ArbRAktuell 2020, 79, 80; *Fuhlrott/Hiéramente* DB 2019, 967, 971; *Harte-Bavendamm*/Ohly/Kalbfus § 2 GeschGehG Rn. 63; *Holthausen* NZA 2019, 1377, 1378; Köhler/Bornkamm/Feddersen/*Alexander* § 2 GeschGehG Rn. 60; *Leister* GRUR-Prax 2019, 75, 77; *Maaßen* GRUR 2019, 352, 359; *Partsch/Rump* NJW 2020, 118, 120; *Richter* ArbRAktuell 2019, 375, 376; *Rosenkötter/Seeger* NZBau 2019, 619, 621; *Wiese,* Die EU-Richtlinie über den Schutz vertraulichen Know-hows und vertraulicher Geschäftsinformationen, S. 53.

2045 Begr. RegE, BT-Drucks. 19/4724, S. 22.

2046 *Alexander* WRP 2017, 1034, 1039; *Apel/Walling* DB 2019, 891, 897; *Arens* GWR 2019, 375, 377; *Baranowski/Glaßl* BB 2016, 2563, 2565; BeckOK/*Fuhlrott* § 2 Rn. 51; *Bissels/Schroeders/Ziegelmayer* DB 2016, 2295, 2296; *Dann/Markgraf* NJW 2019, 1774, 1776; *Dumont* BB 2018, 2441, 2443; *Freckmann/Schmoll* BB 2017, 1780, 1783; *Fuhlrott/Hiéramente* DB 2019, 967, 971; *Hauck* NJW 2016, 2218, 2220; *Heinzke* CCZ 2016, 179, 182; Köhler/Bornkamm/Feddersen/*Alexander* § 2 GeschGehG Rn. 61; *Lejeune* CR 2016, 330, 333; *Maaßen* GRUR 2019, 352, 359; *Naber/Peukert/Seeger* NZA 2019, 583, 584; *Ohly* GRUR 2019, 441, 444; *Partsch/Rump* NJW 2020, 118, 120; *Rauer/Eckert* DB 2016, 1239, 1240; *Redeker/Pres/Gittinger* WRP 2015, 681, 686; *Richter* ArbRAktuell 2019, 375, 376; *Rosenkötter/Seeger* NZBau 2019, 619, 621; *Trebeck/Schulte-Wissermann* NZA 2018, 1175, 1177; *Voigt/Herrmann/Grabenschröer* BB 2019, 142, 145; einschränkend *Krüger/Wiencke/Koch* GRUR 2020, 578, 582; **a.A.** *Gaugenrieder* BB 2014, 1987, 1988.

2047 Zu der Zulässigkeit und den Voraussetzungen von Verschwiegenheitsklauseln, siehe Teil 3, § 12, C., S. 376ff.

Arbeitsvertrag immanente Nebenpflicht zur Verschwiegenheit soll vor Geheimnisverrat schützen.[2048] Unter dieser Prämisse ist unklar, ob es davon verschiedener, gesonderter Geheimhaltungsmaßnahmen im Arbeitsverhältnis überhaupt bedarf. In der Literatur wird teilweise vertreten, dass gesonderte Geheimhaltungsmaßnahmen ohnehin nicht ausnahmslos zwingend erforderlich seien.[2049] Ein Verzicht sei zum Beispiel möglich, wenn evident ist, dass es sich um eine vertrauliche Information handelt.[2050] Mit Rücksicht darauf seien auch keine weitergehenden Maßnahmen hinsichtlich solcher Informationen nötig, die der arbeitsvertraglichen Nebenpflicht zur Verschwiegenheit unterfallen.[2051] Nach dieser Ansicht fungiert die Verschwiegenheitspflicht des Arbeitnehmers als eine Art interne, dem Arbeitsvertrag immanente Geheimhaltungsmaßnahme.

II. Eigene Stellungnahme

Dies indessen ist bereits mit der Legaldefinition der Richtlinie und des Geschäftsgeheimnisgesetzes kaum zu vereinbaren. Diese verlangen mit dem Tatbestandsmerkmal „Maßnahme“ ein aktives Tätigwerden des Arbeitnehmers.[2052] Die arbeitsvertragliche Verschwiegenheitspflicht ist dagegen keine Maßnahme im Sinne eines aktiven Tuns, sondern entsteht ipso iure gemäß §§ 611a, 241 II BGB mit Abschluss eines wirksamen Arbeitsvertrages. Dem Einwand könnte entgegengehalten werden, dass „Maßnahme“ auch in dem Abschluss des wirksamen Arbeitsvertrages gesehen werden kann. Die Begründung eines Arbeitsverhältnisses erfordert aktives Tätigwerden und ist notwendige Voraussetzung der Verschwiegenheitspflicht. Die damit einhergehenden rechtlichen Konsequenzen erscheinen jedoch nach hier vertretener Ansicht nicht schlüssig.

2048 EuArbRK/*Schubert* RL (EU) 2016/943 Art. 2 Rn. 6; GRUR-Stellungnahme v. 19.3.2014 zu COM (2013) 813 final, S. 5; *Redeker/Pres/Gittinger* WRP 2015, 681, 685.

2049 Kalbfus/Harte-Bavendamm/*Ann, Loschelder, Schulte-Franzheim,* Fachausschuss für Wettbewerbs- und Markenrecht zum Richtlinienvorschlag über den Schutz von Geschäftsgeheimnissen, GRUR 2014, 453, 454; *Maaßen* GRUR 2019, 352, 359; so wohl auch *Apel/Walling* DB 2019, 891, 895.

2050 GRUR-Stellungnahme v. 19.3.2014 zu COM (2013) 813 final, S. 5; Kalbfus/*Harte-Bavendamm,* Fachausschuss für Wettbewerbs- und Markenrecht zum Richtlinienvorschlag über den Schutz von Geschäftsgeheimnissen, GRUR 2014, 453, 454.

2051 EuArbRK/*Schubert* RL (EU) 2016/943 Art. 2 Rn. 6; GRUR-Stellungnahme v. 19.3.2014 zu COM (2013) 813 final, S. 5; Kalbfus/*Harte-Bavendamm,* Fachausschuss für Wettbewerbs- und Markenrecht zum Richtlinienvorschlag über den Schutz von Geschäftsgeheimnissen, GRUR 2014, 453, 454; *Maaßen* GRUR 2019, 352, 359; **a.A.** *Gaugenrieder* BB 2014, 1987, 1988; wohl auch *Apel/Walling* DB 2019, 891, 895; *Ohly* GRUR 2019, 441, 444.

2052 Zu den Voraussetzungen einer angemessenen Geheimhaltungsmaßnahme, siehe Teil 2, § 6, B., IV., S. 174ff.

Ein systematischer Einwand ergibt sich daraus, dass auf Grundlage der oben vorgestellten Rechtsauffassung eine jede vertrauliche betriebliche Information durch die Pflicht, Geschäftsgeheimnisse zu bewahren, zu einem tatbestandlich geschützten Geschäftsgeheimnis werden würde. Dies hätte die Anwendung des Sanktionensystems des Geschäftsgeheimnisgesetzes zur Folge, obgleich auf diese Weise die Festlegung des Schutzgutes und die Schutzmaßnahme ununterscheidbar zusammenfielen. Zudem würden aus dieser Sicht besondere Verschwiegenheitsklauseln überflüssig und damit grundsätzlich entbehrlich sein. Sie würden nur das wiederholen, was bereits aufgrund der arbeitsvertraglichen Verschwiegenheitspflicht gölte. Die gesetzgeberische Intention des § 1 III Nr. 4 GeschGehG ist damit nicht zu vereinbaren. Nach der Begründung des BT-Ausschusses für Recht und Verbraucherschutz soll der spezielle Vorrang rechtsgeschäftlicher Vereinbarungen in Arbeitsverträgen gelten.[2053] Einer solchen Zielsetzung bedürfte es nicht, wenn bereits die arbeitsvertragliche Verschwiegenheitspflicht für sich genommen eine ausreichende Schutzfunktion ergäbe. Zudem verdeutlicht diese Begründung des Gesetzesausschusses, dass das bisherige Konzept arbeitsvertraglicher Verschwiegenheitsklauseln fortbestehen sollte. Ein Vergleich mit den – bereits als mögliche Geheimhaltungsmaßnahme ausgewiesenen – besonderen Verschwiegenheitsklauseln zeigt aber, dass die arbeitsvertragliche Verschwiegenheitspflicht aus §§ 611a, 241 II BGB dem nicht entspricht. Erstere schützen einzelne Informationen und machen diese dadurch zu Geschäftsgeheimnissen. Letztere verpflichtet in der Folge Arbeitnehmer, bestehende Geschäftsgeheimnisse des Arbeitgebers zu bewahren. Das Verständnis der arbeitsvertraglichen Verschwiegenheitspflicht als ausreichende Geheimhaltungsmaßnahme im Sinne des Geschäftsgeheimnisgesetzes weist der Verschwiegenheitspflicht aus §§ 611a, 241 II BGB eine Funktion zu, die der Teleologie dieser Norm nicht entspricht. Diese sollen Geschäftsgeheimnisse schützen, aber nicht solche begründen.

Ein weiteres Bedenken steht dem entgegen. Ausweislich der Gesetzesbegründung kommt zwar ein vertragliches Sicherungskonzept grundsätzlich als Geheimhaltungsmaßnahme in Betracht.[2054] Diese muss jedoch auch den Umständen entsprechend angemessen sein. Dabei kann nicht pauschal definiert werden, wann eine Maßnahme dieser Voraussetzung genügt. Insbesondere muss stets die geheim zu haltende Information selbst in die Wertung mit einbezogen werden.[2055] Zwingende Voraussetzung dafür ist die Identifizierbarkeit der Information.[2056] Die arbeitsvertragliche Pflicht zur Verschwiegenheit erfasst dagegen pauschal sämtliche Informationen des Arbeitgebers. Ohne Inbezugnahme einer konkreten

2053 BT- Ausschuss für Recht und Verbraucherschutz, BT-Drucks. 19/8300, S. 13.
2054 Begr. RegE, BT-Drucks. 19/4724, S. 22.
2055 Büscher/*McGuire* § 2 GeschGehG Rn. 46; *Hauck* NJW 2016, 2218, 2220; *Heinzke* CCZ 2016, 179, 182.
2056 Büscher/*McGuire* § 2 GeschGehG Rn. 46.

Information kann nicht im konkreten Einzelfall beurteilt werden, ob die arbeitsvertragliche Nebenpflicht auch angemessen ist.

Dieses Ergebnis unterstützen die Vorgaben der Richtlinie. Gemäß Art. 1 III lit. a) RL (EU) 2016/943 darf diese nicht so ausgelegt werden, dass die Nutzung von Informationen durch Arbeitnehmer nicht beschränkt wird, die kein Geschäftsgeheimnis im Sinne von Art. 2 Nr. 1 RL (EU) 2016/943 darstellen. Dies lässt erkennen, dass die Richtlinie ein legitimes Nutzungsinteresse des Arbeitnehmers an Informationen und Kenntnissen, die er im Arbeitsverhältnis erwirbt, anerkennt. Vor dem Hintergrund dieser Zielsetzung ist es erforderlich, das legitime Nutzungsinteresse des Arbeitnehmers und das berechtigte Geheimhaltungsinteresse des Arbeitgebers angemessen und rechtssicher voneinander abzugrenzen. Damit wäre es nicht vereinbar, auf dem Wege einer letztlich konturlosen, weil nicht auf konkrete Informationen bezogenen arbeitsvertraglichen Verschwiegenheitspflicht den Umfang der Geschäftsgeheimnisse nicht klar abgrenzbar zu erweitern. Dies stellte den Schutz den Arbeitnehmerinteressen, wie in Art. 1 III lit. a) RL (EU) 2016/943 bezweckt, in Frage.

III. Lösungsansatz über das Weisungsrecht des Arbeitgebers, gemäß § 106 GewO

1. *Einführung*

Möglicherweise könnte sich die arbeitsvertragliche Verschwiegenheitspflicht durch eine Weisung des Arbeitgebers dahingehend konkretisieren lassen, dass die Voraussetzungen angemessener Geheimhaltungsmaßnahmen zu bejahen sind. Gemäß § 106 GewO kann der Arbeitgeber Inhalt, Ort und Zeit der Arbeitsleistung nach billigem Ermessen näher bestimmen, soweit diese Arbeitsbedingungen nicht durch Arbeitsvertrag, Betriebsvereinbarung, einen anwendbaren Tarifvertrag oder gesetzliche Vorschriften festgelegt sind. Die Möglichkeit des Arbeitgebers, die vertraglichen Pflichten des Arbeitnehmers in diesem Rahmen einseitig zu konkretisieren, ist Bestandteil jedes Arbeitsverhältnisses.[2057] Eine wirksame Weisung gemäß § 106 GewO ist für den Arbeitnehmer verbindlich und kann bei Nichtbeachtung eine ordentliche oder außerordentliche Kündigung rechtfertigen.[2058] Über § 106 S. 2 GewO unterfällt auch die Ordnung und das Verhalten der Arbeitnehmer im Betrieb der Weisungsbefugnis des Arbeitgebers. Dies gilt gleichermaßen auch für Nebenleistungen und Nebentätigkeiten.[2059]

2057 BAG NZA 2001, 780, 780 = AP BGB § 611 Direktionsrecht Nr. 61; BAG NZA 2005, 359, 360 = AP BGB § 611 Direktionsrecht Nr. 64; ErfK/*Preis* § 106 GewO Rn. 3; *Preis/Temming,* Arbeitsrecht I, S. 164 Rn. 707; *Reichhold,* MünchArbR § 40 Rn. 16; Schaub/*Linck* § 45 Rn. 13.

2058 ErfK/*Preis* § 106 GewO Rn. 1; *Preis/Temming,* Arbeitsrecht I, S. 164 Rn. 709; *Reichhold,* MünchArbR § 40 Rn. 33.

2059 HWK/*Lemke* § 106 GewO Rn. 3; *Reichhold,* MünchArbR § 40 Rn. 24.

2. Weisungen in Bezug auf Geschäftsgeheimnisse

Vor diesem Hintergrund kann der Arbeitgeber seine Mitarbeiter gemäß § 106 GewO anweisen, Geschäftsgeheimnisse auf konkrete Art und Weise zu bewahren und auch das Verhalten im Betrieb darauf auszurichten.[2060] Arbeitgeber können beispielsweise festlegen, dass geheime Informationen stets sachgerecht gesichert werden müssen, indem Arbeitnehmer Schreibtische bzw. Bürotüren verschließen oder den PC vor Verlassen des Arbeitsplatzes sperren müssen.[2061] Ebenso kann angeordnet werden, dass Arbeitnehmer Material nicht aus der betrieblichen Sphäre mitnehmen und nicht mit Außenstehenden über entsprechende Themen sprechen dürfen.[2062] Darüber hinaus sind viele weitere Anordnungen denkbar, mit denen der Arbeitgeber situationsadäquat die Arbeitnehmer zum Schutz vertraulicher Informationen veranlassen kann.[2063]

Unklar ist jedoch, ob solche Weisungen die arbeitsvertragliche Verschwiegenheitspflicht dergestalt konkretisieren, dass eine angemessene Geheimhaltungsmaßnahme im Sinne des § 2 Nr. lit. b) GeschGehG angenommen werden kann. Der Arbeitgeber wird mit Erteilung der Weisung aktiv tätig, sodass diese Grundvoraussetzung noch unproblematisch bejaht werden kann. Eines Rückgriffs auf den Abschluss des Arbeitsvertrags bedarf es damit nicht mehr. Dies löst auch das Problem, dass die Pflicht, Geschäftsgeheimnisse vertraulich zu behandeln und die Maßnahme, mittels derer geheime Informationen zu geschützten Geschäftsgeheimnissen werden, nicht ohne hinreichende Konkretisierung gleichsam uno actu zusammenfallen sollen. Denn damit kann eine Weisung des Arbeitgebers den Bezug zu konkreten Geschäftsgeheimnissen herstellen und vermag folglich die arbeitsvertragliche Verschwiegenheitspflicht hinreichend zu konkretisieren. Unklar bleibt hingegen dennoch, ob eine Weisung gemäß § 106 GewO insgesamt den Anforderungen an angemessene Geheimhaltungsmaßnahmen genügen kann.

Nach der Gesetzesbegründung kommen neben tatsächlichen Schutzvorkehrungen auch vertragliche Sicherheitsmechanismen in Betracht.[2064] Das Direktionsrecht ist jedoch nicht arbeitsvertraglich gesondert vereinbart, sondern jedem Arbeitsverhältnis immanent.[2065] Es konkretisiert die Leistungspflicht des Arbeitnehmers und unterliegt dabei den durch § 106 GewO gezogenen Grenzen.[2066] Vor diesem Hintergrund könnte zwar die Ausübung des Weisungsrechts als angemessene vertragliche Sicherungsmaßnahme in einem weiten Sinne begriffen werden.[2067] Ebenso ist

2060 BeckOK GeschGehG/*Fuhlrott* § 2 Rn. 45.
2061 *Maaßen* GRUR 2019, 352, 358; im weiteren Sinne auch BeckOK GeschGehG/*Fuhlrott* Rn. 45.
2062 *Maaßen* GRUR 2019, 352, 358.
2063 BeckOK GeschGehG/*Fuhlrott* § 2 Rn. 45.
2064 Begr. RegE, BT-Drucks. 19/4724, S. 22.
2065 BAG NZA 2005, 359, 360 = AP BGB § 611 Direktionsrecht Nr. 64; BAG NZA 2001, 780, 780 = AP BGB § 611 Direktionsrecht Nr. 61; ErfK/*Preis* § 106 GewO Rn. 1.
2066 ErfK/*Preis* § 106 GewO Rn. 5.
2067 HWK/*Lembke* § 106 GewO Rn. 4.

zu bedenken, dass nach der Gesetzesbegründung vertragliche Sicherungskonzepte deshalb Geschäftsgeheimnisse wirksam schützen können, weil der Arbeitnehmer bei Nichtbeachtung Sanktionen zu befürchten hat. Dies soll Arbeitnehmer davon abhalten, vertragsbrüchig zu werden und Geschäftsgeheimnisse zu verwerten oder preiszugeben. Diese Überlegung greift jedoch grundsätzlich auch bei Verstößen gegen arbeitgeberseitige Weisungen. Bei Nichtbeachtung drohen dem Arbeitnehmer arbeitsrechtliche Sanktionen bis hin zu einer ordentlichen oder auch außerordentlichen Kündigung.[2068] Richten sich die Weisungen des Arbeitgebers auf den Umgang mit Geschäftsgeheimnissen, gilt dies in gleicher Weise.

Demgegenüber deutet aber die Gesetzesbegründung darauf hin, dass sich die Einrichtung angemessener Geheimhaltungsmaßnahmen nicht darauf beschränken darf, nur irgendetwas zu tun, was am Ende zum Schutz von Geschäftsgeheimnissen beitragen mag. Die geforderten Zugangsbeschränkungen, Vorkehrungen und Mechanismen lassen sich vielmehr dahin verstehen, dass dem Geheimnisinhaber die Etablierung eines systematischen und auf die Sicherung von Geschäftsgeheimnissen ausgerichteten Konzeptes abverlangt wird.[2069] Dieses kann zwar sowohl physischer als auch vertraglicher Natur sein. Erforderlich ist jedoch, dass die angemessenen Geheimhaltungsmaßnahmen demnach einen Mindestgrad systematisch-organisatorischer Eigenständigkeit aufweisen und sich von den tatsächlichen oder rechtlichen Gegebenheiten unterscheiden lassen, die ohnehin vorhanden sind. Zu letzterem ist aber auch die arbeitsvertragliche Verschwiegenheitspflicht zu zählen. Wird diese durch Ausübung des Weisungsrechts gemäß § 106 GewO ausgeformt, vermag dies die gebotenen Maßnahmen mit einer hinreichenden organisatorischen Verfestigung nicht zu verwirklichen. Der Geheimnisinhaber muss darüber hinausgehen und ein Konzept entwerfen, welches primär auf die Sicherung von Geschäftsgeheimnissen ausgerichtet ist.[2070]

Dafür spricht auch die teleologische Ausrichtung des Tatbestandsmerkmals „angemessener Geheimhaltungsmaßnahmen". Der erhöhte rechtliche Schutz von Geschäftsgeheimnissen und das strenge Sanktionenregime soll dadurch gerechtfertigt werden, dass auch die Schutzvoraussetzungen strenger[2071] ausgestaltet sind.[2072] Unter diesem Gesichtspunkt kann die Voraussetzung in Art. 2 Nr. 1 lit. c) RL (EU) 2016/943/§ 2 Nr. 1 lit. b) GeschGehG dahin interpretiert werden, dass der Geheimnisinhaber nur dann von dem rechtlichen Geheimnisschutz profitieren soll, wenn er sich aktiv darum bemüht hat.[2073] Dieses Prinzip könnte durch zu

---

2068 ErfK/*Preis* § 106 GewO Rn. 1.

2069 *Holthausen* NZA 2019, 1377, 1378.

2070 Ebenfalls ein geeignetes Schutzsystem fordernd *Böhm/Nestler* GRUR-Prax 2018, 181, 182; *Heinzke* CCZ 2016, 179, 183; *Holthausen* NZA 2019, 1377, 1378; *Kalbfus* GRUR-Prax 2017, 391, 392.

2071 *Baranowski/Glaßl* BB 2016, 2563, 2565; *Schmitt* RdA 2017, 265, 369.

2072 *Kalbfus* GRUR 2016, 1009, 1011 „austarierter Interessenausgleich".

2073 *Freckmann/Schmoll* BB 2017, 1780, 1781; im Ansatz *Bissels/Schroeders/Ziegelmayer* DB 2016, 2295, 2296; *Hauck* NJW 2016, 2218, 2220; *Lejeune* CR 2016, 330, 333 auf die

geringe Anforderungen an den Mitwirkungsbeitrag des Geheimnisinhabers verfehlt werden. Unter dieser Prämisse ist zu beachten, dass das Direktionsrecht des Arbeitgebers von Gesetzes wegen besteht. Mit der Erteilung einer entsprechenden Weisung drückt der Arbeitgeber grundsätzlich nur seinen Geheimhaltungswillen aus. Aufgrund der drohenden Sanktionen bei Missachtung einer Weisung durch Arbeitnehmer können diese zwar davon abgehalten werden, Geheimhaltungspflichten zu verletzen. Dies erfüllt jedoch noch nicht die Voraussetzungen eines zweckgerichteten, abgrenzbaren Konzepts zum Schutz von Geschäftsgeheimnissen.[2074]

In eine gleiche Richtung weisen die unionsrechtlichen Vorgaben. Der Richtlinienbegründung lässt sich entnehmen, dass nur solche Informationen rechtlich geschützt sind, bei denen die legitime Erwartung besteht, dass die Vertraulichkeit gewahrt bleibt.[2075] Das Adjektiv „legitim" wurde im Rahmen dieser Arbeit – im Kontext des Erwägungsgrundes 14 – dahingehend verstanden, dass etwas nach objektiven Maßstäben begründet bzw. gerechtfertigt ist.[2076] Durch eine Weisung im Sinne des § 106 GewO wird der Arbeitnehmer zwar rechtlich verpflichtet, dieser nachzukommen.[2077] Letztendlich kann er das Verhalten seiner Mitarbeiter jedoch nicht weiter beeinflussen. Ob diese der Weisung nachkommen werden, ist für den Arbeitgeber zunächst nicht ersichtlich. Die Erwartung, dass die fraglichen Informationen vertraulich behandelt werden, kann nur mit dem Vertrauen in die eigene Belegschaft begründet werden. Hierbei handelt es sich jedoch nicht um ein objektives Kriterium, das zu Begründung einer legitimen Erwartung herangezogen werden kann.

Zusammenfassend könnte die Ausübung des Direktionsrechts unter Heranziehung der Gesetzesbegründung, die auch vertragliche Sicherungsmechanismen ausreichen lassen will, zwar eine angemessene Geheimhaltungsmaßnahme darstellen. Dagegen sprechen jedoch sowohl die Auslegung der amtlichen Begründung als auch der Normzweck des § 2 Nr. 1 lit. b) GeschGehG und die unionsrechtlichen Vorgaben. Weisungen des Arbeitgebers können zwar mittelbar zur Absicherung von Geschäftsgeheimnissen führen. Ein hiermit final bezwecktes, eigenständiges Sicherungskonzept, welches dem Normzweck des § 2 Nr. 1 GeschGehG hinreichend gerecht wird, kann darin nach hier vertretener Ansicht indes nicht gesehen werden.

---

die besondere Pflicht der Unternehmen aktiv tätig zu werden und die Geheimnisse durch entsprechende Maßnahmen zu sichern abstellend.

2074 Technische und organisatorische Maßnahmen fordernd *Schmitt* RdA 2017, 365, 369.

2075 RL (EU) 2016/943, Erwägungsgrund 14, ABl. EU L 157/4; *Heinzke* CCZ 2016, 179, 182.

2076 Zum Regelungsgehalt des Erwägungsgrundes 14, siehe Teil 2, § 6, B., V., 2., b), S. 183f.

2077 ErfK/*Preis* § 106 GewO Rn. 1; *Reichhold,* MünchArbR § 40 Rn. 33; *Preis/Temming,* Arbeitsrecht I, S. 164 Rn. 709.

IV. Fazit

Im Ergebnis sprechen überwiegende und durchgreifende Argumente gegen das Verständnis der arbeitsvertraglichen Verschwiegenheitspflicht gemäß §§ 611a, 241 II BGB als angemessene Geheimhaltungsmaßnahme im Sinne des Geschäftsgeheimnisgesetzes. Diese genügt für sich genommen nicht, weitergehende Maßnahmen sind erforderlich.[2078] Der notwendige Bezug zu einer konkret bestimmbaren Information kann auch nicht durch die Ausübung des Direktionsrechts in § 106 GewO hergestellt werden. Damit würde der erkennbare Normzweck unterlaufen, den Arbeitgeber zu veranlassen, final auf den Schutz von Geschäftsgeheimnissen ausgerichtete Schutzvorkehrungen in den betrieblichen Ablauf zu integrieren.

C. Angemessene Geheimhaltungsmaßnahmen durch arbeitsvertragliche Verschwiegenheitsklauseln

I. Einführung und rechtlicher Rahmen

In diesem Zusammenhang stellt sich ferner die Frage, unter welchen Voraussetzungen arbeitsvertragliche Verschwiegenheitsklauseln eine angemessene Geheimhaltungsmaßnahme im Sinne des § 2 Nr. lit. b) GeschGehG darstellen können. Typischerweise sind Verschwiegenheitsklauseln Gegenstand arbeitsvertraglicher Regelungen.[2079] Dies kann in Form deklaratorischer Klauseln erfolgen, die in ihrem Regelungsgehalt nicht über die allgemeine arbeitsvertragliche Verschwiegenheitspflicht hinausgehen.[2080] In der Vertragspraxis anzutreffen sind auch Konkretisierungen und/oder Erweiterungen der allgemeinen Verschwiegenheitspflicht.[2081] Diese sind innerhalb der Grenzen aus § 307 BGB und der §§ 134, 138 BGB zulässig.[2082] Dabei kommen insbesondere Erweiterungen in zeitlicher und inhaltlicher Hinsicht in Betracht.[2083] Da nach der hier vertretenen Ansicht die arbeitsvertragliche Verschwiegenheitspflicht den Anforderungen des § 2 Nr. 1 lit. b) GeschGehG für sich genommen nicht genügt, bleibt zu erörtern, ob und gegebenenfalls mit welchen Erfordernissen arbeitsvertragliche Verschwiegenheitsabreden angemessene Geheimhaltungsmaßnahmen sein können.

2078 *Gaugenrieder* BB 2014, 1987, 1988.
2079 *Preis/Reinfeld* AuR 1989, 361, 364; *Taeger*, Die Offenbarung von Betriebs- und Geschäftsgeheimnissen, S. 95.
2080 *Lejeune* CR 2016, 330, 332; *Redeker/Pres/Gittinger* WRP 2015, 681, 685 Rn. 19.
2081 *Reichhold*, MünchArbR § 54 Rn. 32.
2082 Lunk/*Panzer-Heermeier/Zange*, S. 443 Rn. 1401; *Benecke*, MünchArbR § 33 Rn. 113.
2083 *Nebendahl*, MünchArbR § 140 Rn. 4.; *Reichhold*, MünchArbR § 54 Rn. 34.

II. Bewertung der Geeignetheit von Verschwiegenheitsklauseln

Nach der Gesetzesbegründung genügen im Einzelfall auch vertragliche Sicherungsmechanismen zum Schutz von Geschäftsgeheimnissen.[2084] Vor dem Hintergrund der oben gefundenen Ergebnisse muss eine solche rechtliche Sicherungsmaßnahme zwei Voraussetzungen gewährleisten. Der Geheimnisinhaber muss aktiv tätig werden. Als Bestandteil des Arbeitsvertrages handelt es sich bei speziellen Verschwiegenheitsklauseln um Regelungsinhalte eines gegenseitigen Vertrages im Sinne der §§ 320ff BGB.[2085] Deren Einbeziehung erfolgt durch Angebot und Annahme der Arbeitsvertragsparteien gemäß §§ 145ff. BGB.[2086] Dies erfordert übereinstimmende Willenserklärung der Vertragsparteien.[2087] Die Abgabe einer Willenserklärung, gerichtet auf den Einbezug einer besonderen Verschwiegenheitsklausel kann als aktives Tätigwerden im Sinne des § 2 Nr. 1 lit. b) GeschGehG gewertet werden. Der Arbeitgeber ergreift damit eine objektiv feststellbare Maßnahme.

Darüber hinaus muss die vertragliche Abrede wirksam sein.[2088] Unwirksame Klauseln entfalten keine rechtlichen Wirkungen und sind demnach nicht geeignet, einen faktisch wirksamen Schutz zu etablieren.[2089] Kann eine arbeitsrechtliche Verschwiegenheitsklausel grundsätzlich eine angemessene Geheimhaltungsmaßnahme im Sinne des § 2 Nr. 1 lit. b) GeschGehG sein[2090], muss jedoch im Einzelfall bewertet werden, welche Anforderungen an die konkrete Ausgestaltung ein angemessener Geheimnisschutz stellt.[2091] Zu berücksichtigen ist dabei, dass vertragliche

---

2084 Begr, RegE, BT-Drucks. 19/4724, S. 22.

2085 ErfK/*Preis* § 611a BGB Rn. 311; *Benecke,* MünchArbR § 36 Rn. 27; *Preis/Temming,* Arbeitsrecht I, S. 36 Rn. 159.

2086 ErfK/*Preis* § 611a BGB Rn. 311, *Benecke,* MünchArbR § 36 Rn. 27.

2087 ErfK/*Preis* § 611a BGB Rn. 311; MüKoBGB/*Busche* § 145 Rn. 5.

2088 *Bissels/Schroeders/Ziegelmayer* DB 2016, 2295, 2296; EuArbRK/*Schubert* RL (EU) 2016/943 Art. 2 Rn.7; *Freckmann/Schmoll* BB 2017, 1780; 1783; *Redeker/Pres/Gittinger* WRP 2015, 681, 686 Rn. 22; *Trebeck/Schulte-Wissermann* NZA 2018, 1175, 1177.

2089 *Bissels/Schroeders/Ziegelmayer* DB 2016, 2295, 2299; *Freckmann/Schmoll* BB 2017, 1780, 1784,

2090 *Alexander* WRP 2017, 1034, 1039 Rn. 54; *Apel/Walling* DB 2019, 891, 896; *Bissels/Schroeders/Ziegelmayer* DB 2016, 2295, 2296; EuArbRK/*Schubert* RL (EU) 2016/943 Art. 2 Rn. 7; *Freckmann/Schmoll* BB 2017, 1780, 1783; *Hauck* NJW 2016, 2218, 2220; *Kalbfus* GRUR-Prax 2017, 391, 393; Kalbfus/Harte-Bavendamm/*Ohly*, Fachausschuss für Wettbewerbs und Markenrecht zum Richtlinienvorschlag über den Schutz von Geschäftsgeheimnissen, GRUR 2014, 453, 454; *Lejeune* CR 2016, 330, 333; Stellungnahme des Max-Planck-Instituts vom 12.5.2014, GRUR Int. 2014, 554, 556; *Naber/Peukert/Seeger* NZA 2019, 583, 585; *Reder/Pres/Gittinger* WRP 2015, 681, 686; *Trebeck/Schulte-Wissermann* NZA 2018, 1175, 1177; *Wiese,* Die EU-Richtlinie über den Schutz vertraulichen Know-hows und vertraulicher Geschäftsinformationen, S. 53; im Ergebnis *Maaßen* GRUR 2019, 352, 359; **a.A.** *Gaugenrieder* BB 2014, 1987, 1988.

2091 *Alexander* WRP 2017, 1034, 1039 Rn. 54; *Apel/Walling* DB 2019, 891, 896; *Bissels/Schroeders/Ziegelmayer* DB 2016, 2295, 2296; *Freckmann/Schmoll* BB 2017, 1780,

Verschwiegenheitsklauseln in Betracht kommen, die eine zeitliche Erweiterung in den nachvertraglichen Raum beinhalten, und solche, die inhaltlich – gegenständlich den Umfang der Verschwiegenheitspflicht erweitern.[2092] Insbesondere fragt sich, in welchem Umfang das zu schützende Geschäftsgeheimnis objektiv und konkret identifizierbar sein muss, damit es zur Beurteilung der Angemessenheit im Einzelfall herangezogen werden kann.

III. Erweiterung der Verschwiegenheitspflicht auf die Zeit nach Beendigung des Arbeitsverhältnisses

1. Einführung und rechtlicher Rahmen

Zu erörtern ist, ob die Vereinbarung einer – womöglich zeitlich unbegrenzten – nachvertraglichen Verschwiegenheitspflicht den Anforderungen des § 2 Nr. 1 lit. b) GeschGehG genügt. Der Arbeitnehmer wird damit verpflichtet, näher definierte Sachverhalte auch nach Beendigung des Arbeitsverhältnisses geheim zu halten. Diese Wirkung können Vertragsabreden aber nur dann entfalten, wenn sie rechtlich wirksam sind.

Die Rechtsprechung und Literatur bieten kein einheitliches Bild zur nachvertraglichen Verschwiegenheitspflicht.[2093] Weit überwiegend ist die Zulässigkeit nachvertraglicher Verschwiegenheitsklauseln im Grundsatz anerkannt.[2094] Auch haben sich übereinstimmende Kriterien herausgebildet, anhand derer die Zulässigkeit nachvertraglicher Verschwiegenheitsklauseln beurteilt werden kann.[2095] Die Anforderungen im Einzelnen sollen nachfolgend anhand exemplarischer Entscheidungen von Bundesarbeit und Bundesgerichtshof dargestellt werden. Vorauszuschicken ist, dass nach Bewertung beider Gerichte eine nachvertragliche Verschwiegenheitspflicht insoweit in Betracht kommen kann, als nicht das

---

1784; Kalbfus/Harte-Bavendamm/*Ohly*, Fachausschuss für Wettbewerbs und Markenrecht zum Richtlinienvorschlag über den Schutz von Geschäftsgeheimnissen, GRUR 2014, 453, 454; *Wiese*, Die EU-Richtlinie über den Schutz vertraulichen Know-hows und vertraulicher Geschäftsinformationen, S. 53.

2092 ErfK/*Preis* § 611a BGB Rn. 715 und 718; *Reichold*, MünchArbR § 54 Rn. 39.

2093 *Freckmann/Schmoll* BB 2017, 1780, 1783; Lunk/*Grimm*, S. 798 Rn. 800.

2094 BGH NJOZ 2001, 2357, 2364; BAG NJW 1983, 134, 135 = AP BGB § 611 Betriebsgeheimnis Nr. 1; BAG NZA 1999, 200, 201 = AP BGB § 611 Treuepflicht Nr. 11; ErfK/*Preis* § 611a BGB Rn. 718; Küttner/*Kania*, Personalbuch, *Verschwiegenheitspflicht*, Rn. 12; Lunk/*Panzer-Heermeier/Zange*, S. 445 Rn. 1210; *Reichhold*, MünchArbR § 54 Rn. 39; die Rechtsprechung zusammenfassend und bestätigend *Freckmann/Schmoll* BB 2017, 1780, 1784 und *Richter/Wodtke* NZA-RR 2007, 281, 285; *Preis/Temming*, Arbeitsrecht I, S. 255, 1183; unter einschränkenden Voraussetzungen Schaub/*Linck* § 53 Rn. 53.

2095 *Bissels/Schroeder/Ziegelmayer* DB 2016, 2295, 2296; *Freckmann/Schmoll* BB 2017, 1780, 1783.

berechtigte Interesse des Arbeitnehmers an der Berufsausübung beeinträchtigt wird.[2096] Ist eine solche Beeinträchtigung festzustellen, ist die Vereinbarung eines nachvertraglichen Wettbewerbsverbots gemäß §§ 74 ff. HGB unumgänglich.[2097] Diese Instrumente einer nachvertraglichen Bindung des Arbeitnehmers sind voneinander abzugrenzen.[2098]

Im Rahmen der arbeitsvertraglichen Nebenpflichten gemäß §§ 611a, 241 II BGB ist es Arbeitnehmern untersagt, in der Branche des Arbeitgebers ein eigenes Unternehmen zu betreiben oder Geschäfte für eigene oder fremde Rechnung zu tätigen.[2099] § 60 HGB kann ein allgemeiner Rechtsgrundsatz entnommen werden, sodass das Wettbewerbsverbot für alle Arbeitnehmer gilt.[2100] Diese Pflicht endet jedoch mit Beendigung des Arbeitsverhältnisses.[2101] Für die Zeit danach ist es Sache des Arbeitgebers, nach Maßgabe der §§ 74 ff. HGB ein nachvertragliches Wettbewerbsverbot zu vereinbaren, welches dem Arbeitnehmer auch nach Ausscheiden aus dem Arbeitsverhältnis Konkurrenztätigkeiten verbietet.[2102] Die inhaltlichen und zeitlichen Anforderungen der §§ 74 ff. HGB sind dabei zu beachten.[2103]

Durch nachvertragliche Verschwiegenheitsklauseln wird der Arbeitnehmer dagegen verpflichtet, bestimmte Betriebs- und Geschäftsgeheimnisse über die Dauer des Arbeitsverhältnisses hinaus nicht preiszugeben oder zu verwerten. Damit wird die allgemeine arbeitsvertragliche Pflicht zur Verschwiegenheit über die Vertragsdauer hinaus zeitlich ausgedehnt. Die Arbeitnehmer sollen verpflichtet werden, Geschäfts- und Betriebsgeheimnisse nach dem Ausscheiden aus dem Arbeitsverhältnis geheim zu halten, d.h. weder zu offenbaren noch zu nutzen. Eine Verpflichtung zur nachvertraglichen Verschwiegenheit ist zwar nicht mit einem umfassenden Wettbewerbsverbot gemäß §§ 60 ff. HGB deckungsgleich. Es sind allerdings fließende Grenzbereiche denkbar, in denen eine nachvertragliche,

---

2096 ErfK/*Preis* § 611a BGB Rn. 718.

2097 BAG NZA 1988, 502, 504 = AP BGB § 611 Betriebsgeheimnis Nr. 5; ErfK/*Preis* § 611a BGB Rn. 718.

2098 Lunk/*Grimm*, S. 798 Rn. 800.

2099 BAG NZA-RR 2010, 461, 461; BAG NZA 2013, 748 Rn. 14; BAG NZA 2015, 429 Rn. 28; ErfK/*Preis* § 611a BGB Rn. 720; *Nebendahl*, MünchArbR § 140 Rn. 1; *Reichhold*, MünchArbR § 54 Rn. 2; Schaub/*Linck* § 53 Rn. 56.

2100 BGH NJW 1984, 116, 117 = AP HGB § 75f. Nr. 2; BAG NJW 1970, 443, 444 = AP GEWO § 133f. Nr. 23; BAG NJW 1970, 626, 628 = BAGE 22, 125; BAG NZA 2013, 749 Rn. 15; BAG NZA 2015, 429 Rn. 28; ErfK/*Preis* § 611a BGB Rn. 720; ErfK/*Oetker* § 60 HGB Rn. 2; Lunk/*Grimm*, S. 796 Rn. 792; *Nebendahl*, MünchArbR § 140 Rn. 5; *Preis/Temming*, Arbeitsrecht I, S. 255 Rn. 1185; *Reichhold*, MünchArbR § 54 Rn. 2.

2101 ErfK/*Oetker* § 60 HGB Rn. 3; Lunk/*Grimm*, S. 796 Rn. 792; *Nebendahl*, MünchArbR § 140 Rn. 1; *Preis/Temming*, Arbeitsrecht I, S. 256 Rn. 1192.

2102 ErfK/*Oetker* § 74 HGB Rn. 1; Lunk/*Grimm*, S. 796 Rn. 792; *Nebendahl*, MünchArbR § 140 Rn. 17; *Preis/Temming*, Arbeitsrecht I, S. 256–257 Rn. 1192–1193; Schaub/*Linck* § 53 Rn. 56.

2103 ErfK/*Oetker* § 74 HGB Rn. 1; *Nebendahl*, MünchArbR § 140 Rn. 5.

insbesondere zeitlich unbegrenzte Verschwiegenheitspflicht auch eine nachvertraglich grundsätzlich zulässige Wettbewerbstätigkeit des Arbeitnehmers[2104] beeinträchtigen kann, ohne dass dies mit den gesetzlich zwingenden (vgl. § 75d HGB) Gegenleistungen der §§ 74 ff. HGB verbunden ist.[2105] Dies erfordert eine weitergehende Abgrenzung.[2106]

2. *Darstellung der Auffassung des Bundesarbeitsgerichts anhand exemplarischer Entscheidungen*

a) Thrombosol – Entscheidung, vom 16.3.1982

Die Thrombosol-Entscheidung[2107] des Bundesarbeitsgerichts macht deutlich, dass Arbeitnehmer nicht nur durch ein nachvertragliches Wettbewerbsverbot, sondern auch durch eine nachvertragliche Verschwiegenheitsklausel daran gehindert werden können, Betriebs- oder Geschäftsgeheimnisse nach Beendigung des Arbeitsverhältnisses preiszugeben oder zu nutzen.[2108] Die arbeitsvertragliche Treuepflicht kann in Ausnahmefällen auch ohne gesonderte Vereinbarung über das Arbeitsverhältnis hinaus fortwirken.[2109] Jedenfalls steht den Vertragsparteien die Möglichkeit offen, eine nachvertragliche Verschwiegenheitsabrede zu vereinbaren.[2110] Diese belastet die betroffenen Arbeitnehmer nicht in derselben Weise wie eine Wettbewerbsabrede, da diese das berufliche Fortkommen nicht unzulässig einschränkt.[2111] Die Arbeitnehmer werden einerseits nur denjenigen gleichgestellt, die von vornherein keine Geheimnisträger waren.[2112] Zudem kann das gesamte berufliche Fortkommen einer Person nicht davon abhängen, dass bestimmte geheime Informationen preisgegeben oder offenbart werden dürfen.[2113]

b) Kundenlisten – Fall, vom 15.12.1987

Im sog. Kundenlisten-Fall[2114] hatte das Bundesarbeitsgericht über die Verwendung von Kundeninformationen durch ehemalige Mitarbeiter zu entscheiden.[2115] Dort

---

2104 ErfK/*Preis* § 611a BGB Rn. 718; *Reichold,* MünchArbR § 54 Rn. 44.
2105 *Reichold,* MünchArbR § 54 Rn. 44.
2106 *Reichold,* MünchArbR § 54 Rn. 44.
2107 BAG NJW 1983, 134 = AP BGB § 611 Betriebsgeheimnis Nr. 1.
2108 BAG NJW 1983, 134, 134 = AP BGB § 611 Betriebsgeheimnis Nr. 1.
2109 BGH NJW 1955, 463, 463 = AP § 60 HGB Nr. 1; BAG NJW 1983, 134, 135 = AP BGB § 611 Betriebsgeheimnis Nr. 1.
2110 BAG NJW 1983, 134, 135 = AP BGB § 611 Betriebsgeheimnis Nr. 1.
2111 BAG NJW 1983, 134, 135 = AP BGB § 611 Betriebsgeheimnis Nr. 1.
2112 BAG NJW 1983, 134, 135 = AP BGB § 611 Betriebsgeheimnis Nr. 1.
2113 Für den gesamten Absatz BAG NJW 1983, 134, 135 = AP BGB § 611 Betriebsgeheimnis Nr. 1.
2114 BAG NZA 1988, 502 = AP BGB § 611 Betriebsgeheimnis Nr. 5.
2115 BAG NZA 1988, 502, 502 = AP BGB § 611 Betriebsgeheimnis Nr. 5; *Freckmann/Schmoll* BB 2017, 1780, 1783; *Richters/Wodtke* NZA-RR 2007, 281, 283.

hatte sich der Beklagte verpflichtet, „die Namen der Kunden, die er durch seine Tätigkeit bei der Firma erfahren hat, in keiner Weise für sich zu verwenden" und „die gesamten Arbeitsunterlagen zurückzugeben".[2116] Im Rahmen einer Anschlusstätigkeit des Beklagten wurden dann jedoch frühere Kunden der Klägerin angesprochen. Diese sah darin eine unzulässige Beeinträchtigung von Geschäftsgeheimnissen.[2117]

Das Bundesarbeitsgericht hat entschieden, dass Arbeitnehmer grundsätzlich verpflichtet sind, Betriebsgeheimnisse auch nach Beendigung des Arbeitsverhältnisses zu bewahren.[2118] Dies beziehe sich jedoch nur auf die geheim zu haltende Tatsache selbst. Ein weitergehendes Verbot, Kunden des ehemaligen Arbeitgebers zu kontaktieren, folge daraus nicht. Will der Arbeitgeber den Arbeitnehmer daran hindern, bedarf es einer nachvertraglichen Wettbewerbsabrede.[2119] Damit konkretisiert das Bundesarbeitsgericht seine in der Thrombosol-Entscheidung getroffenen Feststellungen dahin, dass eine arbeitsvertragliche Verschwiegenheitspflicht zwar grundsätzlich nachwirken kann, der Arbeitnehmer darüber jedoch lediglich das konkrete Geheimnis bewahren muss.[2120] Handlungen, die zwar mittelbar auf der Information basieren, diese jedoch nicht unmittelbar preisgeben oder verwerten, sind ihm nicht verwehrt.[2121]

c) Titanoxid – Entscheidung, vom 15.6.1993

Diese Kriterien differenziert das Bundesarbeitsgericht in der Titanoxid-Entscheidung[2122] weiter.[2123] In dem dieser Entscheidung zugrunde liegenden Sachverhalt wechselte ein Arbeitnehmer zu einem konkurrierenden Unternehmen.[2124] Der zuletzt gültige Anstellungsvertrag enthielt „die Verpflichtung zur Geheimhaltung aller Angelegenheiten vertraulicher Natur (...)".[2125] Außerdem war zunächst ein Wettbewerbsverbot vereinbart.[2126] Die Parteien hatten dieses jedoch einvernehmlich aufgehoben.[2127] Nach Ausscheiden aus dem Arbeitsverhältnis wurde der

---

2116 BAG NZA 1988, 502, 502 = AP BGB § 611 Betriebsgeheimnis Nr. 5.

2117 *Freckmann/Schmoll* BB 2017, 1780, 1783; *Richters/Wodtke* NZA-RR 2007, 281, 283.

2118 BAG NZA 1988, 502, 503 = AP BGB § 611 Betriebsgeheimnis Nr. 5.

2119 Für den gesamten Absatz BAG NZA 1988, 502, 504 = AP BGB § 611 Betriebsgeheimnis Nr. 5.

2120 *Freckmann/Schmoll* BB 2017, 1780, 1783.

2121 So im Ansatz *Freckmann/Schmoll* BB 2017, 1780, 1783; *Richters/Wodtke* NZA-RR 2007, 281, 283.

2122 BAG NZA 1994, 502 = AP BGB § 611 Konkurrenzklausel Nr. 40.

2123 *Freckmann/Schmoll* BB 2017, 1780, 1783; *Richters/Wodtke* NZA-RR 2007, 281, 284.

2124 BAG NZA 1994, 502, 503 = AP BGB § 611 Konkurrenzklausel Nr. 40.

2125 BAG BZA 1994, 502, 503 = AP BGB § 611 Konkurrenzklausel Nr. 40.

2126 BAG NZA 1994, 502, 503 = AP BGB § 611 Konkurrenzklausel Nr. 40.

2127 BAG NZA 1994, 502, 503 = AP BGB § 611 Konkurrenzklausel Nr. 40.

Beklagte in dem Konkurrenzunternehmen erneut mit dem Vertrieb desselben Produktes betraut.[2128]

In diesem Zusammenhang entschied das Bundesarbeitsgericht, dass die nachvertragliche Verschwiegenheitspflicht nicht verletzt ist, wenn Arbeitnehmer rechtmäßig erlangte berufliche Kenntnisse und Erfahrungen nutzen.[2129] Die nachvertragliche Verschwiegenheitspflicht schütze nur vor einer Verwertung durch Weitergabe der geheim zu haltenden Tatsache selbst.[2130] Das berechtigte Interesse des Arbeitgebers, sich durch ein Wettbewerbsverbot vor konkurrierender Tätigkeit und den damit verbundenen Nachteilen zu schützen, sei zwar grundsätzlich anzuerkennen.[2131] Die Freiheit des Arbeitnehmers, über berufliches Fortkommen selbst zu entscheiden, sei jedoch vorrangig.[2132] Dies lasse sich der in Art. 12 I GG verfassungsrechtlich verankerten Selbstbestimmung der Arbeitnehmer entnehmen.[2133] Deswegen seien Arbeitnehmer an der Nutzung ihrer rechtmäßig erlangten beruflichen Kenntnisse und ihres Erfahrungswissens nur gehindert, wenn eine wirksame Wettbewerbsabrede getroffen wurde.[2134] Darüber hinaus bejaht das Bundesarbeitsgericht auch in dieser Entscheidung die grundsätzliche Möglichkeit nachvertraglicher Verschwiegenheitspflichten, ohne dass diese gesondert vereinbart wurden.[2135] Diese seien jedoch nur ausnahmsweise unter den Voraussetzungen der §§ 826, 823 BGB, §§ 1, 17 UWG anzunehmen.[2136]

d) Kantenbänder – Fall, vom 19.5.1998

Im Kantenbänder-Fall[2137] konkretisiert das Bundesarbeitsgericht die Abgrenzung von einer entschädigungslosen Verschwiegenheitspflicht und einem entschädigungspflichtigem nachvertraglichem Wettbewerbsverbot.[2138] Im zugrundeliegenden Sachverhalt hatte sich ein Arbeitnehmer arbeitsvertraglich verpflichtet, sämtliche Geschäftsvorgänge im Zusammenhang mit der Produktion von Kantenbändern über das Arbeitsverhältnis hinaus geheim zu halten und die geschäftlichen Unterlagen zurückzugeben.[2139] Nach Beendigung des Arbeitsverhältnisses

---

2128 BAG NZA 1994, 502, 503 = AP BGB § 611 Konkurrenzklausel Nr. 40.
2129 BAG NZA 1994, 502, 505 = AP BGB § 611 Konkurrenzklausel Nr. 40.
2130 BAG NZA 1994, 502, 506 = AP BGB § 611 Konkurrenzklausel Nr. 40.
2131 BAG NZA 1994, 502, 504 = AP BGB § 611 Konkurrenzklausel Nr. 40.
2132 BAG NZA 1994, 502, 504 = AP BGB § 611 Konkurrenzklausel Nr. 40.
2133 So BAG NZA 1994, 502, 504 = AP BGB § 611 Konkurrenzklausel Nr. 40; mit Verweis auf BGH NJW 1984, 116, 117 = AP HGB § 75f. Nr. 2; BAGE 7, 239, 242.
2134 Für den ganzen Absatz BAG NZA 1994, 502, 504 = AP BGB Konkurrenzklausel Nr. 40.
2135 BAG NZA 1994, 502, 504 = AP BGB § 611 Konkurrenzklausel Nr. 40.
2136 BAG NZA 1994, 502, 504 = AP BGB § 611 Konkurrenzklausel Nr. 40.
2137 BAG NZA 1999, 200 = BAG AP BGB § 611 Treuepflicht Nr. 11.
2138 *Freckmann/Schmoll* BB 2017, 1780, 1783; *Richters/Wodtke* NZA-RR 2007, 281, 284.
2139 BAG NZA 1999, 200, 200 = AP BGB § 611 Treuepflicht Nr. 11.

stellte sich heraus, dass der frühere Arbeitnehmer mittlerweile Mitgesellschafter einer GmbH war, die auf die Produktion von Kantenbändern ausgerichtet ist und dass darüber hinaus Unterlagen abhandengekommen waren.[2140]

Das Bundesarbeitsgericht hat festgestellt, dass weder eine nachvertragliche Verschwiegenheitspflicht noch die allgemeine Treuepflicht genügen, um den Arbeitgeber vor Konkurrenztätigkeit des Arbeitnehmers nach Beendigung der Anstellung zu schützen.[2141] Diese untersage nur das vertragliche Wettbewerbsverbot, welches jedoch grundsätzlich mit Beendigung des Arbeitsverhältnisses ende.[2142] Möchte sich der Arbeitgeber vor konkurrierender Tätigkeit des Arbeitnehmers schützen, muss er ein entschädigungspflichtiges und zeitlich begrenztes Wettbewerbsverbot gemäß §§ 74 ff. HGB vereinbaren.[2143] Fehlt ein solches, darf der Arbeitnehmer nach Ansicht des Bundesarbeitsgerichts zu dem Arbeitgeber in Wettbewerb treten und hierbei auch sein im „Arbeitsverhältnis erworbenes Erfahrungswissen einschließlich der Kenntnis von Betriebs- und Geschäftsgeheimnissen einsetzten“.[2144] Begrenzt werde dies lediglich noch durch die gesetzlichen Bestimmungen zum Schutz vor unlauterem Wettbewerb und den Ansprüchen auf Unterlassung bzw. Schadenersatz gemäß § 1 UWG, §§ 823, 826 BGB.[2145]

Zudem konkretisiert das Bundesarbeitsgericht in dieser Entscheidung die Kriterien zur Abgrenzung von entschädigungsloser Verschwiegenheitspflicht und karenzpflichtigem Wettbewerbsverbot.[2146] Danach können die Arbeitsvertragsparteien zwar vereinbaren, dass der Arbeitnehmer nach seinem Ausscheiden aus dem Arbeitsverhältnis ein konkretes Geschäftsgeheimnis nicht nutzen darf.[2147] Diese Verpflichtung darf sich jedoch nicht pauschal auf sämtliche Geschäftsvorgänge beziehen.[2148] Damit werde dem Arbeitnehmer faktisch jede berufliche Verwertung seiner Kenntnisse verwehrt und die Grenze zur karenzpflichtigen Wettbewerbsabrede sei überschritten.[2149]

Anhand des Kantenbänder-Falls lassen sich die Anforderung an nachvertragliche Verschwiegenheitsklauseln demnach in zweierlei Hinsicht konkretisieren. Zum einen untersagt diese dem betroffenen Arbeitnehmer nicht, zu seinem

---

2140 BAG NZA 1999, 200, 200 = AP BGB § 611 Treuepflicht Nr. 11.
2141 BAG NZA 1999, 200, 201 = AP BGB § 611 Treuepflicht Nr. 11.
2142 BAG NZA 1999, 200, 201 = AP BGB § 611 Treuepflicht Nr. 11.
2143 BAG NZA 1999, 200, 201 = AP BGB § 611 Treuepflicht Nr. 11.
2144 BAG NZA 1999, 200, 201 = AP BGB § 611 Treuepflicht Nr. 11.
2145 BAG NZA 1999, 200, 201 = AP BGB § 611 Treuepflicht Nr. 11.
2146 *Richter/Wodtke* NZA-RR 2007, 281, 285.
2147 BAG NZA 1999, 200, 201 = AP BGB § 611 Treuepflicht Nr. 11; unter Verweis auf BAG NJW 1983, 134 = AP BGB § 611 Betriebsgeheimnis Nr. 1, dort hatte das BAG entschieden, dass die Arbeitsvertragsparteien grundsätzlich vereinbaren können, dass der Arbeitnehmer Betriebsgeheimnisse auch nach Beendigung des Arbeitsverhältnisses wahren muss.
2148 BAG NZA 1999, 200, 201 = AP BGB § 611 Treuepflicht Nr. 11.
2149 BAG NZA 1999, 200, 201 = AP BGB § 611 Treuepflicht Nr. 11.

Arbeitgeber in Wettbewerb zu treten und dabei berufliches Erfahrungswissen und sogar die Kenntnis von Betriebs- und Geschäftsgeheimnissen auszunutzen.[2150] Zum anderen sollen nachvertragliche Verschwiegenheitsklauseln nur wirksam sein, wenn sich die Verpflichtung zur Geheimhaltung auf konkrete Informationen beschränkt.[2151] Soll dem Arbeitnehmer dagegen eine pauschale Verschwiegenheitspflicht in Bezug auf sämtliche Geschäftsvorgänge auferlegt werden, bedarf es hierfür einer entschädigungspflichtigen und zeitlich beschränkten nachvertraglichen Wettbewerbsabrede.[2152]

e) Zusammenfassung der Ansicht des Bundesarbeitsgerichts

Zusammenfassend kann die arbeitsvertragliche Verschwiegenheitspflicht nach Ansicht des Bundesarbeitsgerichts auch ohne besondere Vereinbarung über das Ende des Arbeitsverhältnisses hinaus fortdauern.[2153] Diese Wirkung soll jedoch nur ausnahmsweise unter den Voraussetzungen der §§ 826, 823 BGB, §§ 1, 17 UWG in Betracht kommen.[2154] Von der nachvertraglichen Verschwiegenheitspflicht ausgenommen ist die Verwertung beruflicher Kenntnisse und redlich erworbenen Erfahrungswissens.[2155] Darüber hinaus können die Arbeitsvertragsparteien nachvertragliche Verschwiegenheitsklauseln vereinbaren.[2156] Diese dürfen den Arbeitnehmer nicht insoweit beruflich einschränken, dass die Grenze zu einem entschädigungspflichtigem Wettbewerbsverbot gemäß §§ 74 ff. HGB überschritten ist.[2157] Dies muss unter Einbeziehung aller Umstände beurteilt werden. Wird dem Arbeitnehmer eine pauschale Geheimhaltung sämtlicher Geschäftsvorgänge auferlegt, ist er faktisch derart eingeschränkt, dass die Grenze zu einem Wettbewerbsverbot überschritten ist.[2158] Deswegen müssen

---

2150 *Freckmann/Schmoll* BB 2017, 1780, 1783; *Richters/Wodtke* NZA-RR 2007, 281, 284.

2151 *Richters/Wodtke* NZA-RR 2007, 281, 284.

2152 *Richters/Wodtke* NZA-RR 2007, 281, 284.

2153 ErfK/*Preis* § 611a BGB Rn. 718; *Freckmann/Schmoll* BB 2017, 1780, 1783; Harte-Bavendamm/*Ohly*/Kalbfus § 4 GeschGehG Rn. 41; *Lejeune* CR 2016, 330, 332; *Preis/Temming,* Arbeitsrecht I, S. 255 Rn. 1183.

2154 Harte-Bavendamm/Ohly/*Kalbfus* Einl. C. Rn. 48; *Richter/Wodtke* NZA-RR 2007, 281, 285.

2155 BAG NZA 1994, 502, 504 = AP BGB § 611 Konkurrenzklausel Nr. 40; *Lejeune* CR 2016, 330, 332; *Reinfeld,* Verschwiegenheitspflicht und Geheimnisschutz im Arbeitsrecht, S. 19.

2156 *Freckmann/Schmoll* BB 2017, 1780; 1784; *Reinfeld,* Verschwiegenheitspflicht und Geheimnisschutz im Arbeitsrecht, S. 16; *Richters/Wodtke* NZA-RR 2007, 281, 285.

2157 *Bissels/Schroeders/Ziegelmayer* DB 2016, 2295, 2296; *Freckmann/Schmoll* BB 2017, 1780, 1784; Harte-Bavendamm/Ohly/*Kalbfus* Einl. C. Rn. 47; *Lejeune* CR 2016, 330, 332; *Reinfeld,* Verschwiegenheitspflicht und Geheimnisschutz im Arbeitsrecht, S. 23; *Richter/Wodtke* NZA-RR 2007, 281, 285.

2158 *Richter/Wodtke* NZA-RR 2007, 281, 285.

wirksame Verschwiegenheitsklauseln auf einzelne Geschäftsgeheimnisse beschränkt bleiben.[2159]

3. *Darstellung der Auffassung des Bundesgerichtshofs anhand von exemplarischen Beispielen*

Die Rechtsprechung des Bundesgerichtshofs divergiert in einigen Punkten von der Rechtsprechung des Bundesarbeitsgerichts.[2160] Die folgenden Urteile thematisieren die Voraussetzungen einer nachvertraglichen Geheimhaltungspflicht vornehmlich unter wettbewerbsrechtlichen Aspekten. Jedoch finden sich auch Bezüge zur vertraglichen Verschwiegenheitspflicht.

a) Anreißgerät – Fall, vom 16.11.1954

In dem Anreißgerät-Fall[2161] äußerte sich der Bundesgerichtshof dahingehend, dass der strafrechtliche Schutz gemäß § 17 UWG und damit auch der zivilrechtliche Geheimnisschutz grundsätzlich über die Beendigung des Arbeitsverhältnisses fortdauern kann.[2162] Diese Nachwirkung sei jedoch auf besondere Ausnahmefälle beschränkt, in denen der Arbeitnehmer das vorzeitige Ende des Arbeitsverhältnisses selbst durch vertragsbrüchiges Verhalten provoziert.[2163] Nach Ansicht des Bundesgerichtshof soll nicht jede arbeitnehmerverschuldete Beendigung des Arbeitsverhältnisses zu einer vertraglichen Nachwirkung des Geheimnisschutzes führen.[2164] Diese könne nur in Ausnahmefällen angenommen werden, wenn der Arbeitnehmer die Beendigung provoziert, um Betriebs- und Geschäftsgeheimnisse zu nutzen.[2165] Unter diesen Voraussetzungen könnten „Offenbarung und Verwertung des Betriebs- und Geschäftsgeheimnisses als Verstoß gegen die guten Sitten aufgefasst werden und deswegen gemäß §§ 1, 19 UWG, § 826 BGB Schadensersatzansprüche begründen".[2166]

b) Industrieböden – Entscheidung, vom 21.12.1962

In der Industrieböden-Entscheidung[2167] bestätigt der Bundesgerichtshof, dass die Nachwirkung arbeitsvertraglicher Pflichten den Arbeitnehmer unter Umständen zur Geheimhaltung nach Beendigung des Arbeitsverhältnisses verpflichtet

---

2159 *Freckmann/Schmoll* BB 2017, 1780, 1784; *Richter/Wodtke* NZA-RR 2007, 281, 285.
2160 *Freckmann/Schmoll* BB 2017, 1780, 1783; Harte-Bavendamm/Ohly/*Kalbfus* Einl. C. Rn. 45; *Richters/Wodtke* NZA-RR 2007, 281, 287.
2161 BGH NJW 1955, 463 = AP § 60 HGB Nr. 1.
2162 BGH NJW 1955, 463, 463 = AP § 60 HGB Nr. 1.
2163 BGH NJW 1955, 463, 464 = AP § 60 HGB Nr. 1.
2164 BGH NJW 1955, 463, 463 = AP § 60 HGB Nr. 1.
2165 BGH NJW 1955, 463, 464 = AP § 60 HGB Nr. 1.
2166 BGH NJW 1955, 463, 463 = AP § 60 HGB Nr. 1.
2167 BGH GRUR 1963, 367 = AP UWG § 17 Nr. 7.

kann.[2168] Daneben sei ein Verstoß gegen § 1 UWG möglich.[2169] Dabei darf jedoch die berufliche Entwicklung der betroffenen Arbeitnehmer weder durch § 1 UWG noch durch nachwirkende Treuepflichten unzulässig beschränkt werden.[2170] Deswegen müsse stets unter Berücksichtigung aller relevanten Faktoren abgewogen werden, ob dem betreffenden Verhalten nachvertragliche Verschwiegenheitspflichten entgegenstehen.[2171] Das allgemeine Vertrauensverhältnis zwischen Arbeitgeber und Arbeitnehmer reiche nicht, um nachvertragliche Verschwiegenheitspflichten auszulösen.[2172] Ferner sei im Rahmen einer Gesamtwürdigung aller Umstände zu bewerten, ob die Verschwiegenheitspflicht ausnahmsweise fortwirken soll.[2173]

c) Stapel – Automaten – Entscheidung, vom 19.11.1982

Im zugrundeliegenden Sachverhalt[2174] war der Beklagte bei der Klägerin als Vertriebsleiter tätig. Die Klägerin war mit der Herstellung und dem Vertrieb von Stapelautomaten befasst. Nach Ausscheiden aus dem Arbeitsverhältnis gründete der Beklagte ein mitverklagtes Unternehmen, um ebenfalls Stapelautomaten herzustellen und zu vertreiben. Dem Beklagten wurde die widerrechtliche Verwertung von Betriebsgeheimnissen vorgeworfen.[2175] In dieser Entscheidung bestätigt der Bundesgerichtshof, dass die Verpflichtung Betriebsgeheimnisse zu wahren, grundsätzlich mit Ablauf des Anstellungsverhältnisses endet.[2176] Eine Nachwirkung könne nur in eng begrenztem Umfang angenommen werden.[2177] Nach Ansicht des Bundesgerichtshofs verbiete die arbeitsvertragliche Verschwiegenheitspflicht dem Arbeitnehmer nicht, während des Arbeitsverhältnisses Wettbewerbshandlungen vorzubereiten, die er nach Beendigung vornehmen will.[2178]

d) Spritzgießwerkzeug – Fall, vom 3.5.2001

In der Spritzgießwerkzeuge – Entscheidung[2179] hatte der Bundesgerichtshof über einen vormaligen Arbeitnehmer zu entscheiden, der nach Ausscheiden aus dem Arbeitsverhältnis Konstruktionsunterlagen der Klägerin verwendete, um eine

2168 BGH GRUR 1963, 367, 369 = AP § 17 Nr. 7.
2169 BGH GRUR 1963, 367, 370 = AP UWG § 17 Nr. 7 = BGHZ 38, 391, 396.
2170 BGH NJW 1955, 463, 463/464 = AP § 60 HGB Nr. 1; BGH GRUR 1963, 367, 369 = BGHZ 38, 391 = AP UWG § 17 Nr. 7; BGH GRUR 1983, 179, 180 = AP UWG § 17 Nr. 11; BGH NJOZ 2001, 2357, 2361.
2171 BGH GRUR 1963, 367, 370 = BGHZ 38, 391 = AP UWG § 17 Nr. 7.
2172 BGH GRUR 1963, 367, 370 = BGHZ 38, 391 = AP UWG § 17 Nr. 7.
2173 BGH GRUR 1963, 367, 370 = BGHZ 38, 391 = AP UWG § 17 Nr. 7.
2174 BGH GRUR 1983, 179 = AP UWG § 17 Nr. 11.
2175 Für den gesamten Sachverhalt BGH GRUR 1983, 179, 180 = AP UWG § 17 Nr. 11.
2176 BGH GRUR 1983, 179, 180 = AP UWG § 17 Nr. 11.
2177 BGH GRUR 1983, 179, 180 = AP UWG § 17 Nr. 11.
2178 BGH GRUR 1983, 179, 180 = AP UWG § 17 Nr. 11.
2179 BGH NJOZ 2001, 2357.

konkurrierende Tätigkeit aufzunehmen.[2180] Der Bundesgerichtshof hielt in diesem Zusammenhang zunächst an der bereits erläuterten Rechtsprechung fest, nach der frühere Angestellte nur in sehr begrenzten Umfang aufgrund einer Nachwirkung zur Verschwiegenheit über Betriebs- und Geschäftsgeheimnisse verpflichtet sind.[2181] Diese käme in wettbewerbsrechtlichen Zusammenhängen nur unter den Voraussetzungen des § 1 UWG in Betracht.[2182] Demnach seien Arbeitnehmer in der Weitergabe und Verwertung von redlich erlangten Geschäftsgeheimnissen grundsätzlich frei, solange keine unerlaubte Tätigkeit im Sinne des § 1 UWG vorliegt.[2183]

Daran sei ungeachtet der Rechtsprechung des Bundesarbeitsgerichts für den wettbewerbsrechtlichen Bereich festzuhalten.[2184] Nach Ansicht des Bundesarbeitsgerichts sollen vormalige Arbeitnehmer auch ohne besondere Vereinbarung aufgrund der nachvertraglichen arbeitsrechtlichen Verschwiegenheitspflicht zur Geheimhaltung verpflichtet sein.[2185] Davon ausgenommen ist lediglich die Verwertung beruflichen Erfahrungswissens.[2186] Somit ist der Gegenstand einer Verschwiegenheitspflicht nach Ansicht des Bundesarbeitsgerichts weiter als nach der Auffassung des Bundesgerichtshofs.[2187] Während ersteres nur die Verwertung beruflichen Erfahrungswissens davon ausnimmt[2188], gestattet der Bundesgerichtshof ausgeschiedenen Arbeitnehmern generell die Verwertung redlich erlangter Betriebs- und Geschäftsgeheimnisse.[2189]

Diese Grundsätze gelten ebenfalls für besondere vertragliche Klauseln, mit denen die allgemeine Verschwiegenheitspflicht auf die Zeit nach Vertragsbeendigung ausgedehnt wird.[2190] Im weiteren äußert sich der Bundesgerichtshof auch bezüglich der Voraussetzungen nachvertraglicher Verschwiegenheitsklauseln.[2191] Diese könnten grundsätzlich wirksam vereinbart werden, seien jedoch bezüglich ihrer Voraussetzungen von den nachvertraglichen Wettbewerbsabreden zu unterscheiden.[2192] Die Wirksamkeit einer solchen Abrede müsse im Einzelfall untersucht

2180 BGH NJOZ 2001, 2357, 2358.
2181 BGH NJOZ 2001, 2357, 2361.
2182 BGH NJOZ 2001, 2357, 2361.
2183 BGH NJOZ 2001, 2357, 2361; unter Verweis auf BGH GRUR 1963, 267= AP UWG § 17 Nr. 1 = BGHZ 38, 391, 396; BGH NJW 1955, 463 = AP § 60 HGB Nr. 1; BGH GRUR 1983, 179, 181 = AP UWG § 17 Nr. 11.
2184 BGH NJOZ 2001, 2357, 2361.
2185 Zusammenfassend BGH NJOZ 2001, 2357, 2361.
2186 Siehe Darstellung der Ansicht des Bundesarbeitsgerichts Teil 3, § 12, C., III., 2., S. 380ff.
2187 *Richters/Wodtke* NZA-RR 2007, 281, 287.
2188 Siehe Darstellung der Ansicht des Bundesarbeitsgerichts Teil 3, § 12, C., III., 2., S. 380ff.
2189 BGH NJOZ 2001, 2357, 2360.
2190 *Richters/Wodtke* NZA-RR 2007, 281, 287.
2191 BGH NJOZ 2001, 2357, 2364.
2192 BGH NJOZ 2001, 2357, 2363/2364.

werden.[2193] Dabei müsse Gegenstand und Reichweite der Verschwiegenheitspflicht möglichst genau konkretisiert sein.[2194]

e) Kundenlisten – Fall, vom 27.4.2006

Auch in der Kundendaten-Entscheidung[2195] befasst sich der Bundesgerichtshof mit der nachvertraglichen Verschwiegenheitspflicht und der Abgrenzung zum Wettbewerbsverbot.[2196] Ausgeschiedene Arbeitnehmer dürften während der Beschäftigungszeit erworbene Kenntnisse unbeschränkt verwenden, sofern sie keinem Wettbewerbsverbot unterliegen.[2197] Demzufolge sollen diese einer nachvertraglichen Verschwiegenheitspflicht nicht unterfallen.[2198] Der Bundesgerichtshof konkretisiert, dass dies nur für Informationen gilt, auf die der Arbeitnehmer aus seinem Gedächtnis zurückgreifen kann.[2199] Kenntnisse, die der Arbeitnehmer nur unter Verwendung schriftlicher Unterlagen nutzen kann, sind demnach nicht von der nachvertraglichen Verschwiegenheitspflicht ausgenommen.[2200]

f) Zwischenergebnis zur Ansicht des Bundesgerichtshofs

Nach Ansicht des Bundesgerichtshofs soll die Verschwiegenheitspflicht nur unter besonderen Umständen unter wettbewerbsrechtlichen Aspekten nach Beendigung des Arbeitsverhältnisses fortwirken.[2201] Dem entsprechend enge Voraussetzungen müssen an nachvertragliche Verschwiegenheitsklauseln gestellt werden.[2202] Diese müssen sowohl Gegenstand als auch Zeitrahmen hinreichend genau konkretisieren. Dabei kann die arbeitsvertragliche Verschwiegenheitspflicht den Arbeitnehmer nicht daran hindern, redlich erworbene Geschäftsgeheimnisse für die berufliche Weiterentwicklung zu verwerten.[2203] Dies gilt jedoch nur sofern der Arbeitnehmer auf diese Informationen aus seinem Gedächtnis zurückgreifen kann.[2204] Die Verwendung schriftlicher Unterlagen aus der Zeit der Beschäftigung ist aufgrund der nachvertraglichen Verschwiegenheitspflicht gesperrt.[2205]

2193 BGH NJOZ 2001, 2357, 2364.
2194 BGH NJOZ 2001, 2357, 2364.
2195 BGH GRUR 2006, 1044.
2196 BGH GRUR 2006, 1044ff.
2197 BGH GRUR 2006, 1044, 1045 Rn. 13.
2198 *Freckmann/Schmoll* BB 2017, 1780. 1783.
2199 BGH GRUR 2006, 1044, 1045 Rn. 13.
2200 BGH GRUR 2006, 1004, 1045 Rn. 13.
2201 Harte-Bavendamm/*Ohly/*Kalbfus § 4 GeschGehG Rn. 41; *Richters/Wodtke* NZA-RR 2007, 281, 287.
2202 BGH NJOZ 2001, 2357, 2364; *Richter/Wodtke* NZA-RR 2007, 281, 287.
2203 Harte-Bavendamm/Ohly/*Kalbfus* Einl. C. Rn. 40; *Lejeune* CR 2016, 330, 332.
2204 *Freckmann/Schmoll* BB 2017, 1780, 1783; Harte-Bavendamm/Ohly/*Kalbfus* Einl. C. Rn. 40.
2205 *Freckmann/Schmoll* BB 2017, 1780, 1783; Harte-Bavendamm/Ohly/*Kalbfus* Einl. C. Rn. 40.

4. Zusammenfassende Darstellung der Meinungsstände in Literatur und Rechtsprechung

Nachvertragliche Verschwiegenheitsklauseln sind nach Ansicht der Rechtsprechung und herrschenden Literatur grundsätzlich zulässig.[2206] Die Rechtsprechung des Bundesarbeitsgerichts und weite Teile der arbeitsrechtlichen Literatur gehen davon aus, dass Arbeitnehmer bereits ohne wirksame Vereinbarung verpflichtet sind, Betriebs- und Geschäftsgeheimnisse nach Beendigung des Arbeitsverhältnisses zu wahren.[2207] Nach der Rechtsprechung des Bundesgerichtshofs besteht eine nachvertragliche Pflicht nur unter den besonderen Voraussetzungen des § 1 UWG, kann jedoch wirksam vereinbart werden.[2208] In der Literatur wird teilweise vertreten, dass die Verschwiegenheitspflicht mit Beendigung des Arbeitsverhältnisses ende.[2209]

Anerkannt ist, dass die Arbeitsvertragsparteien wirksame nachvertragliche Verschwiegenheitsklauseln vereinbaren können.[2210] Eine solche Abrede muss jedoch gewährleisten, dass das in Art. 12 GG verankerte Recht des Arbeitnehmers zur beruflichen Weiterentwicklung nicht unzulässig beschränkt wird.[2211] Maßgebliches Kriterium ist, ob die Pflicht zur Wahrung von Betriebs- und Geschäftsgeheimnissen den betroffenen Arbeitnehmer derart beruflich einschränkt, dass es einem

---

2206 BGH GRUR 1983, 179, 180 = AP UWG § 17 Nr. 11; BGH NJOZ 2001, 2357, 2363/2364; BAG NJW 1983, 134, 135 = AP BGB § 611 Betriebsgeheimnis Nr. 1; BAG NZA 1999, 200, 201; BeckOK ArbR/*Joussen* § 611a Rn. 470; BeckOK BGB /*Maties* § 611a Rn. 1002ff.; ErfK/*Preis* § 611a BGB Rn. 718; HWK/*Thüsing* § 611a BGB Rn. 504; Küttner/*Kania,* Personalbuch, *Verschwiegenheitspflicht,* Rn. 12; Lunk/*Panzer-Heermeier/Zange,* S. 445 Rn. 1410; *Nebendahl,* MünchArbR § 140 Rn. 4; *Reichhold,* MünchArbR § 54 Rn. 44; MüKoBGB/*Spinner* § 611a Rn, 1012; *Preis/Temming,* Arbeitsrecht I, S. 255 Rn. 1183; *Preis/Reinfeld* AuR 361, 367; Schaub/*Linck* § 53 Rn. 53; *Voigt/Herrmann/Grabenschröer* BB 2019, 142, 145; **a.A.** nur als Bestandteil eines vertraglichen Wettbewerbsverbotes *Taeger,* Die Offenbarung von Betriebs- und Geschäftsgeheimnissen, S. 97.

2207 BAG NJW 1983, 134, 135 = AP BGB § 611 Betriebsgeheimnis Nr. 1; BAG NZA 1988, 502, 503 = AP BGB § 611 Betriebsgeheimnis Nr. 5; BAG NZA 1994, 502, 506 = AP BGB § 611 Konkurrenzklausel Nr. 40; BeckOK ArbR/*Joussen* § 611a Rn. 470; BeckOK GeschGehG/*Fuhlrott* § 1 Rn. 38; ErfK/*Preis* § 611a BGB Rn. 718; Küttner/*Kania,* Personalbuch, *Verschwiegenheitspflicht,* Rn. 11; *Preis/Temming,* Arbeitsrecht I, S. 255 Rn. 1183; unter Einschränkung *Reichhold,* MünchArbR § 54 Rn. 44.

2208 BGH NJOZ 2001, 2357, 2361–2364.

2209 HWK/*Thüsing* § 611a BGB Rn. 504; MüKoBGB/*Spinner* § 611a Rn. 1012.

2210 BeckOK ArbR/*Joussen* § 611a Rn. 470; BeckOK BGB/*Maties* § 611a Rn. 995; ErfK/*Preis* § 611a BGB Rn. 718; Lunk/*Panzer-Heermeier/Zange,* S. 445 Rn. 1410; *Reichhold,* MünchArbR § 54 Rn. 39; MüKoBGB/*Spinner* § 611a Rn. 1012.

2211 ErfK/*Preis* § 611a BGB Rn. 718; *Reichhold,* MünchArbR § 54 Rn. 45; MüKoBGB/*Spinner* § 611a Rn. 1012; *Preis/Temming,* Arbeitsrecht I, 255 Rn. 1183.

Wettbewerbsverbot gleichkommt.[2212] Dieses kann zulässigerweise nicht durch eine nachvertragliche Verschwiegenheitsabrede vereinbart werden.[2213] Es bedarf dann des Abschlusses eines entschädigungspflichtigen Wettbewerbsverbots gemäß §§ 74 ff. HGB.[2214] Im Einzelfall bedeutet dies, dass umfassend formulierte deklaratorische Klauseln, die lediglich allgemein die Pflicht, alle Betriebs- und Geschäftsgeheimnisse zu bewahren, unbegrenzt auf den Zeitraum nach Beendigung des Arbeitsverhältnisses ausdehnen (sog. Catch-all-Klauseln), unwirksam sind.[2215]

Nachvertragliche Geheimhaltungsvereinbarungen müssen sich stets auf konkret bezeichnete Informationen beziehen.[2216] Zudem dürfen Umfang und Dauer der Verschwiegenheitsverpflichtung nicht dazu führen, dass Arbeitnehmer unzulässig in ihren beruflichen Entwicklungsmöglichkeiten beeinträchtigt werden.[2217] Obwohl eine wirksame Geheimhaltungsvereinbarung besteht, dürfen Arbeitnehmer nach Beendigung des Arbeitsverhältnisses redlich erworbenes Erfahrungswissen und berufliche Kenntnisse weiternutzen.[2218] Diese sind nicht von der nachvertraglichen Verschwiegenheitsklausel erfasst.[2219] Somit darf eine nachvertragliche Verschwiegenheitsklausel den Arbeitnehmer nur daran hindern, die Information durch Verkauf oder Weitergabe an Dritte preiszugeben.[2220] Die Nutzung von beruflichen Kenntnissen und Erfahrungswissen bleibt möglich.[2221] Dies gilt nur insoweit, als der Arbeitnehmer das Wissen in seinem Gedächtnis gespeichert hat. Schriftliche

---

2212 BeckOK ArbR/*Joussen* § 611a Rn. 470; ErfK/*Preis* § 611a BGB Rn. 718; *Nebendahl,* MünchArbR § 140 Rn. 4; *Preis/Temming,* Arbeitsrecht I, S. 255 Rn. 1183; Schaub/*Linck* § 53 Rn. 53.

2213 BAG NZA 1999, 200, 201 = AP BGB § 611 Treuepflicht Nr. 11; BeckOK ArbR/*Joussen* § 611a Rn. 470; *Preis/Temming,* Arbeitsrecht I, S. 255 Rn. 1183.

2214 BAG NZA 1999, 200, 201 = AP BGB § 611 Treuepflicht Nr. 11; BeckOK ArbR/*Joussen* § 611a Rn. 470; ErfK/*Preis* § 611a BGB Rn. 718; *Nebendahl,* MünchArbR § 140 Rn. 4; *Preis/Temming,* Arbeitsrecht I, S. 255 Rn. 1183.

2215 BeckOK BGB/*Maties* § 611a Rn. 996; *Freckmann/Schmoll* BB 2017, 1780, 1783; Lunk/*Grimm,* S. 799 Rn. 800; *Reichhold,* MünchArbR § 54 Rn. 39; *Richters/Wodtke* NZA-RR 2007, 281, 287; Schaub/*Linck* § 53 Rn. 53.

2216 *Freckmann/Schmoll* BB 2017, 1780, 1783; Lunk/*Grimm,* S. 799 Rn. 800; *Nebendahl,* MünchArbR § 140 Rn. 4; *Reichhold,* MünchArbR § 54 Rn. 39; *Preis/Reinfeld* AuR 1989, 361, 367; Schaub/*Linck* § 53 Rn. 53.

2217 BGH NJOZ 2001, 2357, 2363/2364; *Bissels/Schroeders/Ziegelmayer* DB 2016, 2295, 2296; ErfK/*Preis* § 611a BGB Rn. 718; MüKoBGB/*Spinner* § 611a Rn. 1012; *Preis/Reinfeld* AuR 1989, 361, 367; *Preis/Temming,* Arbeitsrecht I, S. 255 Rn. 1183.

2218 BGH GRUR 2006, 1044, 1046 Rn. 13; BAG NZA 1994, 502, 502 = AP BGB § 611 Konkurrenzklausel Nr. 40; Schaub/*Linck* § 53 Rn. 53.; im Ansatz *Bissels/Schroeders/Ziegelmayer* DB 2016, 2295, 2296.

2219 *Freckmann/Schmoll* BB 2017, 1780, 1883; im Ergebnis ErfK/*Preis* § 611a BGB Rn. 718.

2220 Lunk/*Grimm,* S. 798 Rn. 800; *Redeker/Pres/Gittinger* WRP 2015, 681, 686.

2221 Lunk/*Grimm,* S. 799 Rn. 800; *Redeker/Pres/Gittinger* WRP 2015, 681, 686.

Aufzeichnung aus der Zeit der Beschäftigung sind nicht von dem Verbot ausgenommen.[2222]

5. *Auswirkungen des Geschäftsgeheimnisgesetzes auf die Zulässigkeit nachvertraglicher Wettbewerbsabreden*

a) *Vorgaben der Richtlinie (EU) 2016/943*

Die Geheimnisschutz-Richtlinie enthält mit Art. 1 III RL (EU) 2016/943 eine Vorgabe für die arbeitsrechtlichen Auswirkungen der Neuregelung. Nach dieser darf keine Bestimmung der Richtlinie so ausgelegt werden, dass sie eine Grundlage dafür bietet, die Mobilität der Arbeitnehmer zu beschränken. Mobilität umschreibt in diesem Sinne die Möglichkeit der Arbeitnehmer, nach dem Ausscheiden aus einem Arbeitsverhältnis frei einen neuen Arbeitsplatz zu wählen und sich beruflich weiterzuentwickeln. Dies entspricht der soeben vorgestellten Rechtsprechung, nach der eine arbeitsvertragliche Verschwiegenheitspflicht nicht dazu führen darf, dass Arbeitnehmer in ihrer in Art. 12 GG verankerten Möglichkeit der beruflichen Fortentwicklung beschränkt werden.[2223] Auch nach den unionsrechtlichen Vorgaben darf folglich die arbeitsvertragliche Verschwiegenheitspflicht nicht zu entsprechenden Einschränkungen führen.[2224]

Um dies zu garantieren, dürfen Arbeitnehmer gemäß Art. 1 III lit. a) RL (EU) 2016/943 Informationen weiter nutzen, die nicht unter den Geheimnisbegriff des Art. 2 Nr. 1 RL (EU) 2016/943 fallen. Zudem bleiben sie ausweislich des Art. 1 III lit. b) RL (EU) 2016/943 frei in der Nutzung von Erfahrungen und Fähigkeiten, die sie im Laufe ihrer Tätigkeit redlich erworben haben. Diese Regelungen decken sich mit den oben genannten Grundsätzen der deutschen Rechtsprechung zur nachvertraglichen Verschwiegenheitspflicht.[2225] Auch nach Ansicht von Bundesarbeitsgericht und Bundesgerichtshof bezieht sich die nachvertragliche Verschwiegenheitspflicht lediglich auf den geheim zu haltenden Sachverhalt selbst. Darüber hinaus gehende Informationen, die nicht unter den Geheimnisbegriff fallen, sind nicht erfasst.[2226] Dies gilt ebenso für redlich erworbene Erfahrungen und Kenntnisse.[2227]

2222 *Redeker/Pres/Gittinger* WRP 2015, 681, 686.

2223 *Bissels/Schroeders/Ziegelmayer* DB 2016, 2295, 2296; so wohl auch ErfK/*Preis* § 611a BGB Rn. 718; EuArbRK/*Schubert* RL (EU) 2016/943 Art. 1 Rn. 15; Harte-Bavendamm/Ohly/*Kalbfus* Einl. C. Rn. 50; *Preis/Seiwerth* RdA 2019, 351, 358.

2224 EuArbRK/*Schubert* RL (EU) 2016/943 Art. 1 Rn. 15; *Preis/Seiwerth* RdA 2019, 351, 358.

2225 *Bissels/Schroeders/Ziegelmayer* DB 2016, 2295, 2297; ErfK/*Preis* § 611a BGB Rn. 718; EuArbRK/*Schubert* RL (EU) 2016/943 Art. 1 Rn. 15; *Freckmann/Schmoll* BB 2017, 1780, 1784; *Lejeune* CR 330, 331.

2226 BAG NZA 1988, 502, 503 = AP BGB § 611 Betriebsgeheimnis Nr. 5.

2227 BGH GRUR 2006, 1044, 1045 Rn. 13; BAG NZA 1994, 502, 504 = AP BGB § 611 Konkurrenzklausel Nr. 40.

Gemäß Art. 1 III lit. c) RL (EU) 2016/943 dürfen den Arbeitnehmern zudem keine weitergehenden Beschränkungen auferlegt werden, die nicht gemäß dem Unionsrecht oder dem nationalen Recht begründet sind. Deswegen bleibt es insoweit bei dem vorstehend dargestellten Rahmen der Zulässigkeit nachvertraglicher Verschwiegenheitsklauseln.[2228] Diese bleiben grundsätzlich zulässig.[2229] Dabei ist zu beachten, dass die beruflichen Entwicklungsmöglichkeiten des Arbeitnehmers nicht entgegen den Rechten aus Art. 12 GG unzulässig beeinträchtigt werden.[2230] Bei Überschreitung der insoweit gezogenen Grenzen bedarf es weiterhin einer zeitlich begrenzten und entschädigungspflichtigen Wettbewerbsabrede.[2231] Verschwiegenheitsklauseln sind lediglich in Bezug auf bestimmte Geschäftsgeheimnisse möglich[2232], weshalb pauschale Geheimhaltungsvereinbarungen, durch die sämtliche internen Geschäftsvorgänge geheim gehalten werden sollen, sich auch nach der Geheimnisschutz-Richtlinie als unzulässig erweisen. Solche können demnach keine angemessenen Geheimhaltungsmaßnahmen im Sinne der Art. 2 Nr. 1 lit. c) RL (EU) 2016/943/§ 2 Nr. 1 lit. b) GeschGehG sein.[2233]

b) Nachvertragliche Geheimhaltungsklausel im Lichte des § 2 Nr. 1 GeschGehG

aa) Vorgaben des Geschäftsgeheimnisgesetzes

Damit eine Vertragsabrede den Voraussetzungen einer angemessenen Geheimhaltungsmaßnahme im Sinne des § 2 Nr. 1 lit. b) GeschGehG entspricht, muss diese nach vorstehenden Ergebnissen wirksam sein.[2234] Dem kann nur entsprochen werden, soweit sich eine Verschwiegenheitsklausel unter der Geltung des Geschäftsgeheimnisgesetzes als rechtlich zulässig erweist. Gemäß § 1 III Nr. 4 GeschGehG bleiben die Rechte und Pflichten aus dem Arbeitsverhältnis unberührt. Das stellt den Vorrang arbeitsvertraglicher Abreden sicher.[2235] Wegen dieser Norm obliegt es den Arbeitsvertragsparteien somit, von dem Geschäftsgeheimnisgesetz abweichende Regelungen zu treffen.[2236] Ob und unter welchen

---

2228 *Bissels/Schroeders/Ziegelmayer* DB 2016, 2295, 2297; so wohl auch ErfK/*Preis* § 611a BGB Rn. 718; EuArbRK/*Schubert* RL (EU) 2016/943 Art. 1 Rn. 15; *Preis/Seiwerth* RdA 2019, 351, 358.

2229 So wohl auch ErfK/*Preis* § 611a BGB Rn. 718; *Preis/Seiwerth* RdA 2019, 351, 358.

2230 *Bissels/Schroeder/Ziegelmayer* DB 2016, 2295, 2297; EuArbRK/*Schubert* RL (EU) 2016/943 Art. 1 Rn. 16; *Preis/Seiwerth* RdA 2019, 351, 358.

2231 EuArbRK/*Schubert* RL (EU) 2016/943 Art. 1 Rn. 16; *Preis/Seiwerth* RdA 2019, 351, 358.

2232 *Bissels/Schroeders/Ziegelmayer* DB 2016, 2295, 2296.

2233 *Bissels/Schroeders/Ziegelmayer* DB 2016, 2295, 2297; *Freckmann/Schmoll* BB 2017, 1780, 1784.

2234 Zu den Geheimhaltungsmaßnahmen auf vertraglicher Ebene, siehe Teil 3, § 12, C., II., S. 377f.

2235 Zu dem Regelungsgehalt des § 1 III Nr. 4 GeschGehG, siehe Teil 2, § 5, B., IV., 5., S. 148ff.

2236 *Naber/Peukert/Seeger* NZA 2019, 583, 585.

Voraussetzungen eine nachvertragliche Verschwiegenheitspflicht vereinbart werden darf, beantwortet das Geschäftsgeheimnisgesetz nicht. Auch die Begründungen des BT-Ausschusses für Recht und Verbraucherschutz lassen nicht erkennen, ob der Vorrang vertraglicher Vereinbarung unbegrenzt gelten soll oder ob und gegebenenfalls welche Zulässigkeitsgrenzen einzuhalten sind. Mit Blick auf die Ausführungen der Berichterstattung wurde § 1 III Nr. 4 GeschGehG vorstehend dahin interpretiert, dass gegebene Rechtsgrundsätze zu arbeitsvertraglichen Verschwiegenheitsklauseln und die dazu ergangene arbeitsgerichtliche Rechtsprechung nicht unterlaufen werden sollen. Dies findet sich auch in den weiteren Ausführungen der Berichterstattung wieder, wonach die arbeitsgerichtliche Rechtsprechung zur Vereinbarung von Karenzzeiten ausdrücklich aufrechterhalten werden soll.[2237]

All dem kann zusammenfassend entnommen werden, dass nachvertragliche Verschwiegenheitspflichten grundsätzlich möglich bleiben sollen, jedoch von nachvertraglichen Wettbewerbsverboten abgegrenzt werden müssen.[2238] Deswegen muss sich eine wirksame nachvertragliche Verschwiegenheitsklausel stets auf das konkrete Geschäftsgeheimnis beziehen.[2239] Dabei darf die Verwertung redlich erlangten Erfahrungswissens und beruflicher Kenntnisse nicht unterbunden werden.[2240] Andernfalls muss der Klauselinhalt in Form eines karenzpflichtigen Wettbewerbsverbots vereinbart werden.[2241] Eine wirkungsgleiche bloße Verschwiegenheitsverpflichtung ist nach Ansicht des Bundesarbeitsgerichts unzulässig.[2242] Diese Grundsätze beanspruchen auch im Wirkungsbereich des Geschäftsgeheimnisgesetzes weiter Geltung.[2243]

2237 BT-Ausschuss für Recht und Verbraucherschutz, BT-Drucks. 19/8300, S. 13; so auch BeckOK GeschGehG/*Fuhlrott* § 2 Rn. 40; ErfK/*Preis* § 611a BGB Rn. 718; *Naber/Peukert/Seeger* NZA 2019, 583, 585.

2238 BeckOK GeschGehG/*Fuhlrott* § 2 Rn. 40; *Harte-Bavendamm*/Ohly/Kalbfus § 2 GeschGehG Rn. 63; *Holthausen* NZA 2019, 1377, 1381; *Naber/Peukert/Seeger* NZA 2019, 583, 585.

2239 *Harte-Bavendamm*/Ohly/Kalbfus § 2 GeschGehG Rn. 63.

2240 *Harte-Bavendamm*/Ohly/Kalbfus § 2 GeschGehG Rn. 63.

2241 *Harte-Bavendamm*/Ohly/Kalbfus § 2 GeschGehG Rn. 63.

2242 Zu der Rechtsprechung des Bundesarbeitsgerichts zu nachvertraglichen Verschwiegenheitsklauseln, siehe Teil 3, § 12, C., III., 2., S. 380ff.

2243 So wohl auch BeckOK GeschGehG/*Fuhlrott* § 2 Rn. 40; ErfK/*Preis* § 611a BGB Rn. 718; EuArbRK/*Schubert* RL (EU) 2016/943 Art. 1 Rn. 15; *Fuhlrott/Hiéramente* DB 2019, 967, 972; *Holthausen* NZA 2019, 1377, 1381; *Naber/Peukert/Seeger* NZA 2019, 583, 585; *Preis/Seiwerth* RdA 2019, 351, 358.

bb) Zusammenfassende Bewertung nachvertraglicher Verschwiegenheitsklauseln als angemessene Geheimhaltungsmaßnahmen

Nachvertragliche Verschwiegenheitsklauseln kommen als angemessene Geheimhaltungsmaßnahmen in Betracht,[2244] jedoch nur, insoweit die Klausel wirksam ist.[2245] Dies beurteilt sich nach den Maßstäben der bisherigen Rechtslage.[2246] Die arbeitsvertragliche Nebenpflicht zur Geheimhaltung von Geschäftsgeheimnissen kann grundsätzlich – unabhängig von nachvertraglichen Pflichten ipso iure – auf den Zeitraum nach Beendigung des Arbeitsverhältnisses erweitert werden.[2247] Dies darf nicht in Form einer sogenannten „catch-all-Klausel“ erfolgen.[2248] Das zu schützende Geheimnis muss konkret in Bezug genommen sein.[2249] Erfahrungswissen und Kenntnisse, die sich der Arbeitnehmer angeeignet hat, können von einer vertraglichen Verschwiegenheitspflicht nicht erfasst werden.[2250] Insgesamt darf die Klausel nicht so umfassend streng ausgestaltet sein, dass im Einzelfall die Regelungen in §§ 74 ff. HGB über die karenzpflichtigen Wettbewerbsverbote unterlaufen werden.[2251]

2244 BeckOK GeschGehG/*Fuhlrott* § 2 Rn. 54; EuArbRK/*Schubert* RL (EU) 2016/943 Art. 1 Rn. 15–16 und Art. 2 Rn. 6; *Fuhlrott/Hiéramente* DB 2019, 967, 971; *Harte-Bavendamm/*Ohly/Kalbfus § 2 GeschGehG Rn. 63; *Reinfeld,* Das neue Gesetz zum Schutz von Geschäftsgeheimnissen, S. 52; kritisch *Partsch/Rump* NJW 2020, 118, 120.

2245 *Dumont* BB 2018, 2441, 2444; *Holthausen* NZA 2019, 1377, 1381.

2246 Im Ergebnis ErfK/*Preis* § 611a BGB Rn. 718; Harte-Bavendamm/Ohly/*Kalbfus* Einl. C. Rn. 49; *Naber/Peukert/Seeger* NZA 2019, 583, 585; *Preis/Seiwerth* RdA 2019, 351, 358.

2247 BeckOK GeschGehG/*Fuhlrott* § 2 Rn. 54; Küttner/*Kania,* Personalbuch, *Verschwiegenheitspflicht,* Rn. 12; *Naber/Peukert/Seeger* NZA 2019, 583, 585; im Ergebnis *Preis/Seiwerth* RdA 2019, 351, 358; *Reinfeld,* Das neue Gesetz zum Schutz von Geschäftsgeheimnissen, S. 52.

2248 *Apel/Walling* DB 2019, 891, 895; *Dumont* BB 2018, 2441, 2444; Harte-Bavendamm/Ohly/*Kalbfus* Einl. C. Rn. 63; *Holthausen* NZA 2019, 1377, 1379–1380; Küttner/*Kania,* Personalbuch, *Verschwiegenheitspflicht,* Rn. 12; *Partsch/Rump* NJW 2020, 118, 120.

2249 Küttner/*Kania,* Personalbuch, *Verschwiegenheitspflicht,* Rn. 12; *Holthausen* NZA 2019, 1377, 1380; im Ergebnis *Harte-Bavendamm/*Ohly/Kalbfus § 2 GeschGehG Rn. 63.

2250 *Bissels/Schroeders/Ziegelmayer* DB 2016, 2295, 2296; *Harte-Bavendamm/*Ohly/Kalbfus § 2 GeschGehG Rn. 63; Küttner/*Kania,* Personalbuch, *Verschwiegenheitspflicht,* Rn. 12.

2251 BeckOK GeschGehG/*Fuhlrott* § 2 Rn. 40; *Harte-Bavendamm/*Ohly/Kalbfus § 2 GeschGehG Rn. 63; *Holthausen* NZA 2019, 1377, 1381; Küttner/*Kania,* Personalbuch, *Verschwiegenheitspflicht,* Rn. 12; *Naber/Peukert/Seeger* NZA 2019, 583, 585; *Preis/Seiwerth* RdA 2019, 351, 358; *Voigt/Herrmann/Grabenschröer* BB 2019, 142,

IV. Inhaltliche Erweiterungen der Verschwiegenheitspflicht

1. Hinführung zur Problematik und Rechtslage vor Inkrafttreten des Geschäftsgeheimnisgesetzes

Die arbeitsvertragliche Verschwiegenheitspflicht kann inhaltlich erweitert werden.[2252] Denkbar sind insbesondere Klauseln, die den Arbeitnehmer verpflichten, Verschwiegenheit auch bezüglich solcher Sachverhalte zu bewahren, die nicht unter die Legaldefinition des § 2 Nr. 1 GeschGehG subsumiert werden können.[2253] Insoweit sind die vorstehenden Erläuterungen zur nachvertraglichen Verschwiegenheitspflicht entsprechend heranzuziehen. Auch Vertragsklauseln zur inhaltlichen Erweiterung müssen wirksam sein. Es fragt sich, inwieweit die Vereinbarung der Geheimhaltung auch solcher Sachverhalte möglich ist, die über § 2 Nr. 1 GeschGehG hinausgehen.[2254]

Vor Inkrafttreten des Geschäftsgeheimnisgesetzes ging man davon aus, dass inhaltliche Erweiterungen der arbeitsvertraglichen Verschwiegenheitspflicht aufgrund der Vertragsfreiheit prinzipiell möglich sind.[2255] Dabei seien jedoch die gesetzlichen Grenzen aus §§ 307, 134, 138 BGB zu beachten.[2256] Zudem wurde stets vorausgesetzt, dass der Arbeitgeber ein berechtigtes Interesse an der Geheimhaltung hat.[2257] Wie auch im Rahmen der nachvertraglichen Verschwiegenheitspflicht erachtete man pauschale „catch-all-Klauseln", die den Arbeitnehmer verpflichten, alle betrieblichen und geschäftlichen Vorgänge geheim zu halten, als zu weit und deswegen unzulässig.[2258]

145; im Ergebnis auch *Fuhlrott/Hiéramente* DB 2019, 967, 972; *Partsch/Rump* NJW 2020, 118, 120.

2252 ErfK/*Preis* § 611a BGB Rn. 715; *Naber/Peukert/Seeger* NZA 2019, 583, 585; *Preis/Seiwerth* RdA 2019, 351, 356–357; *Richter* ArbRAktuell 2019, 375, 376.

2253 ErfK/*Preis* § 611a BGB Rn. 715; *Naber/Peukert/Seeger* NZA 2019, 583, 585; *Preis/Seiwerth* RdA 2019, 351, 356–367; *Richter* ArbRAktuell 2019, 375, 376.

2254 *Richter* ArbRAktuell 2019, 375, 376.

2255 LAG Hamm DB 1989, 783, 784; ErfK/*Preis* § 611a BGB Rn. 715; MüKoBGB/*Spinner* § 611a Rn. 1011; *Preis/Reinfeld* AuR 1989, 361, 364; *Taeger*, Verschwiegenheitspflicht und Geheimnisschutz im Arbeitsrecht, S. 7; *Trebeck/Schulte-Wissermann* NZA 2018, 1175, 1177.

2256 LAG Hamm DB 1989, 783, 784; Harte-Bavendamm/Ohly/*Kalbfus* Einl. C. Rn. 63; Lunk/*Panzer-Heermeier/Zange*, S. 443 Rn. 1041; *Reichhold*, MünchArbR § 54 Rn. 32; *Preis/Reinfeld* AuR 1989, 361, 364; *Taeger*, Verschwiegenheitspflicht und Geheimnisschutz im Arbeitsrecht, S. 7.

2257 LAG Hamm DB 1989, 783; ErfK/*Preis* § 611a BGB Rn. 715; Lunk/*Panzer-Heermeier/Zange*, S. 443 Rn. 1041; *Reichhold*, MünchArbR § 54 Rn. 39; MüKoBGB/*Spinner* § 611a Rn. 1011; *Preis/Reinfeld* AuR 1989, 361, 364/365.

2258 *Freckmann/Schmoll* BB 2017, 1780, 1784; Lunk/*Panzer-Heermeier/Zange*, S. 443 Rn. 1401; MüKoBGB/*Spinner* § 611a Rn. 1011; *Preis/Reinfeld* AuR 1989, 361, 364; *Trebeck/Schulte-Wissermann* NZA 2018, 1175, 1177.

2. *Verschwiegenheitsklauseln im Lichte des § 2 Nr. 1 lit. b) GeschGehG*

a) Vorgaben der Richtlinie (EU) 2016/943

Unklar ist, ob und gegebenenfalls wie sich die Neuregelungen auf die Vereinbarkeit von Verschwiegenheitspflichten in Bezug auf Sachverhalte außerhalb des Geheimnisbegriffes in § 2 Nr. 1 GeschGehG auswirken.[2259]

Eine Regelung zu arbeitsvertraglichen Beschränkungen enthält die Geheimnisschutz-Richtlinie in Art. 1 III lit. c) (EU) 2016/943. Danach darf die Richtlinie keine Grundlage für zusätzliche Beschränkungen bieten, die nicht gemäß dem Unionsrecht oder dem nationalen Recht auferlegt werden. Dies ist dahingehend zu verstehen, dass bisherige Zulässigkeitsanforderungen an bestehende arbeitsvertragliche Verschwiegenheitsklauseln aufrechterhalten bleiben und auch künftige Abreden daran zu messen sind.[2260] Hiernach aber ist es den Arbeitsvertragsparteien grundsätzlich möglich, eine Klausel in den Arbeitsvertrag zu implementieren, die den Arbeitnehmer verpflichtet, Stillschweigen auch bezüglich solcher Gegenstände zu bewahren, die nicht unter den Anwendungsbereich des Geschäftsgeheimnisgesetzes fallen.[2261] Diese Sicht harmoniert auch mit dem Charakter des Art. 2 Nr. 1 RL (EU) 2016/943 als Mindestvoraussetzung.[2262] Die Arbeitsvertragsparteien können davon schutzbereichserweiternd abweichen.

Problematisch erscheint indes, dass gemäß Art. 1 III lit. a) RL (EU) 2016/943 keine Bestimmung der Richtlinie so ausgelegt werden darf, dass sie eine Grundlage dafür bietet, die Nutzung von Informationen zu beschränken, die kein Geschäftsgeheimnis im Sinne des Art. 2 Nr. 1 RL (EU) 2016/943 darstellen.[2263] Diese Einschränkung ist nach Maßgabe der überkommenen rechtlichen Beurteilung nachvertraglicher Verschwiegenheitspflichten auszulegen.[2264] Auch danach durfte eine vertragliche Erweiterung nicht dazu führen, dass die Nutzung darüberhinausgehender Kenntnisse und das Erfahrungswissen eingeschränkt wird.[2265] Dies resultiert aus der in Art. 12 GG und auf europarechtlicher Ebene in Art. 15 GrCh verankerten Berufsfreiheit.[2266] Unter Berücksichtigung dessen ist Art. 1 III lit. c) RL (EU) 2016/943 dahin zu verstehen, dass Sachverhalte, die nicht dem Geheimnisbegriff unterfallen, zwar auf Grundlage vertraglicher Vereinbarungen in die Verschwiegenheitspflicht

---

2259 Gegen eine Auswirkung *Preis/Seiwerth* RdA 2019, 351, 357.

2260 Zu dem Regelungsgehalt des Art. 1 III lit. c) RL (EU) 2016/943, siehe Teil 2, § 5, A., IV., S. 123.

2261 Kritisch EuArbRK/*Schubert* RL (EU) 2016/943 Art.1 Rn. 15–17.

2262 Zu der Harmonisierungsintensität des Art. 2 Nr. 1 RL (EU) 2016/943, siehe Teil 2, § 6, B., III., 4., S. 172f.

2263 EuArbRK/*Schubert* RL (EU) 2016/943 Art. 1 Rn. 15.

2264 Im Ergebnis EuArbRK/*Schubert* RL (EU) 2016/943 Art. 1 Rn. 15; *Freckmann/Schmoll* BB 2017, 1780, 1784.

2265 Zu der tradierten Beurteilung nachvertraglicher Verschwiegenheitsklauseln, siehe Teil 3, § 12, C., III., S. 378ff.

2266 *Freckmann/Schmoll* BB 2017, 1780, 1784.

einbezogen werden können, dies jedoch nicht dazu führen darf, dass Arbeitnehmer während der Tätigkeit erworbene Fähigkeiten, Kenntnisse und Erfahrungen nicht mehr ausnutzen können.[2267] Demnach kann die arbeitsvertragliche Verschwiegenheitspflicht nach unionsrechtlicher Vorgabe grundsätzlich und unter Beachtung dieser Voraussetzungen auf sonstige Tatsachen erweitert werden.[2268] Derartige Vertragsabreden dürfen nicht dazu führen, dass die Arbeitnehmer in der Ausnutzung ihrer Fähigkeiten und Kenntnisse beschränkt werden.[2269]

b) Auswirkungen des § 1 III Nr. 4 GeschGehG

Auf nationaler Ebene bestimmt § 1 III Nr. 4 GeschGehG, dass die Rechte und Pflichten aus dem Arbeitsverhältnis unberührt bleiben. Dies normiert – wie bereits ausgeführt und auch durch die Gesetzesbegründung[2270] belegt – den Vorrang arbeitsvertraglicher Abreden.[2271] Die Arbeitsvertragsparteien dürfen somit grundsätzlich von den Vorgaben des Geschäftsgeheimnisgesetzes abweichen.[2272] Dabei sind die herkömmlichen Zulässigkeitsvoraussetzungen nach Maßgabe der einschlägigen Rechtsprechung und Literatur zu beachten.[2273] Nach tradierter Auffassung dürfen Sachverhalte nur von einer arbeitsvertraglichen Verschwiegenheitspflicht umfasst werden, sofern ein berechtigtes Geheimhaltungsinteresse des Arbeitgebers besteht. Die Arbeitsvertragsparteien können zwar zulässigerweise vertragliche Verschwiegenheitsklauseln vereinbaren, die über den Geheimnisbegriff in § 2 Nr. 1 GeschGehG hinausgehen.[2274] Hierbei ist das Vorliegen eines berechtigten Geheimhaltungsinteresses gemäß § 2 Nr. lit. c) GeschGehG jedoch zwingend.[2275] Dieses Tatbestandsmerkmal kann mithin auch vertraglich nicht abbedungen werden[2276], geht allerdings über das bisherige Rechtsverständnis auch nicht hinaus, ist insoweit deckungsgleich. Wie auch schon vor Inkrafttreten des Geschäftsgeheimnisgesetzes sind die Grenzen der §§ 307, 134, 138 BGB zu

2267 Im Ergebnis *Freckmann/Schmoll* BB 2017, 1780, 1784.

2268 Im Ergebnis *Freckmann/Schmoll* BB 2017m 1780, 1784.

2269 Im Ergebnis *Freckmann/Schmoll* BB 2017, 1780, 1784.

2270 BT- Ausschuss für Recht und Verbraucherschutz, BT-Drucks. 19/8300, S. 13.

2271 BeckOK GeschGehG/*Fuhlrott* § 1 Rn. 31.

2272 *Naber/Peukert/Seeger* NZA 2019, 583, 585.

2273 EuArbRK/*Schubert* RL (EU) 2016/943 Art. 1 Rn. 15–16; *Naber/Peukert/Seeger* NZA 2019, 583, 585.

2274 Harte-Bavendamm/Ohly/*Kalbfus* Einl. C. Rn. 8; *Naber/Peukert/Seeger* NZA 2019, 583, 585; im Ergebnis *Preis/Seiwerth* NZA 2019, 351, 357; *Richter* ArbRAktuell 2019, 375, 376; kritisch *Holthausen* NZA 2019, 1377, 1380.

2275 DKW/*Buschmann* § 79 BetrVG Rn. 7; *Holthausen* NZA 2019, 1377, 1380; *Lunk/Leder* NJW 2016, 1292, 1293; *Preis/Temming*, Arbeitsrecht I, S. 253 Rn. 1178.

2276 DKW/*Buschmann* § 79 BetrVG Rn. 7; *Holthausen* NZA 2019, 1377, 1380; *Preis/Temming*, Arbeitsrecht I, S. 253 Rn. 1178.

wahren.[2277] Eine richtlinienkonforme Gestaltung dieser Klauseln erfordert zudem, dass lediglich die Preisgabe von betrieblichen und geschäftlichen Sachverhalten untersagt werden kann, da nur solche einen hinreichenden Bezug zu dem Arbeitsverhältnis und den daraus resultierenden Pflichten begründen. Die Nutzungsmöglichkeiten beruflicher Fähigkeiten dürfen durch entsprechende Klauseln jedoch nicht beschränkt werden.[2278]

V. Ausblick: Die konkrete Gestaltung arbeitsvertraglicher Verschwiegenheitsklauseln

Im Ausgangspunkt ist zu berücksichtigen, dass arbeitsvertragliche Regelungen im Regelfall allgemeine Geschäftsbedingungen im Sinne des § 305 I BGB bedeuten. Es werden betriebsweit vorgefertigte Formulare oder solche Vertragsmuster verwendet, auf deren Geltung der Arbeitnehmer im Regelfall keinen Einfluss nehmen kann. Daraus ergibt sich ein Spannungsfeld der Anforderungen des Geschäftsgeheimnisgesetzes und der AGB-rechtlichen Anforderungen, die gleichermaßen zu berücksichtigen sind. Eine vertiefte Befassung mit den Erfordernissen würde den Rahmen dieser Arbeit sprengen, sodass nur die nachfolgenden Ausführungen folgen sollen.

Wie vorstehend aufgezeigt, erfordern Verschwiegenheitsklauseln als angemessene Geheimhaltungsmaßnahmen eine hinreichende Konkretisierung der geheim zu haltenden Sachverhalte. Da nicht jedes im Verlaufe eines Arbeitsverhältnisses relevant werdende Geschäftsgeheimnis arbeitsvertraglich antizipiert werden kann, andererseits aber sowohl nach den Vorgaben des Geschäftsgeheimnisgesetzes als auch des § 307 I S. 2 BGB Konkretisierungs- und Transparenzanforderungen Rechnung zu tragen ist[2279], dürfte ein Ausgleich dergestalt zu suchen sein, dass Sachverhalte nach einer betriebsorganisatorischen bzw. betriebswirtschaftlichen Zuordnung nach Sachgruppen beschrieben werden. Zu denken ist an die konkrete Benennung von Bilanzdaten, die Gruppe aller kundenrelevanten Informationen, die allgemeine Bezeichnung der Arbeitsergebnisse bestimmter Entwicklungsabteilungen[2280] und ähnliches mehr. Durch hinreichende Spezifizierung solcher Sachgruppen an Geheimnissachverhalten dürfte auch bei allgemein gehaltener Beschreibung eine den Anforderungen genügende Konkretisierung erfolgen.

Zugleich ist eine transparente Gestaltung zu gewährleisten. Diese Frage stellt sich insbesondere dann, wenn eine Erweiterung der Verschwiegenheitspflicht auf die Zeit nach Beendigung des Arbeitsverhältnisses vereinbart werden soll. Da eine

---

2277 ErfK/*Preis* § 611a BGB Rn. 715; *Holthausen* NZA 2019, 1377, 1380; *Preis/Seiwerth* RdA 2019, 351, 357.

2278 *Bissels/Schroeders/Ziegelmayer* DB 2016, 2295, 2296; EuArbRK/*Schubert* RL (EU) 2016/943 Art. 1 Rn. 15–16; *Freckmann/Schmoll* BB 2017, 1780, 1784.

2279 *Holthausen* NZA 2019, 1377, 1380–1382.

2280 *Holthausen* NZA 2019, 1377, 1382.

geltungserhaltende Reduktion grundsätzlich ausscheidet[2281], muss eine in die nachvertragliche Zeit reichende Erweiterung auch zwingende Beendigungstatbestände als Eingrenzung der fortdauernden Verschwiegenheitspflicht berücksichtigen. Zu denken ist dabei etwa an die ausdrückliche Regelung eines Endes der Verpflichtung, wenn der Geheimnisschutz nach Maßgabe des § 2 GeschGehG aufgrund künftiger Entwicklungen entfällt.

Einzelheiten einer hinreichenden Ausgestaltung wird die weitere Rechtspraxis entwickeln müssen.

VI. Zusammenfassung der Ergebnisse bezüglich der Implementierung spezifischer Verschwiegenheitsklauseln in Arbeitsverträgen als angemessene Geheimhaltungsmaßnahme im Sinne des § 2 Nr. 1 lit. b) GeschGehG

Nach alldem können besondere arbeitsvertragliche Verschwiegenheitsklauseln die Voraussetzungen angemessener Geheimhaltungsmaßnahmen im Sinne des § 2 Nr. 1 lit. c) GeschGehG erfüllen.[2282] Im Rahmen dieser kann die Verschwiegenheitspflicht der Arbeitnehmer gegenständlich konkretisiert oder erweitert werden.[2283] Zudem können die Arbeitsvertragsparteien eine nachvertragliche Pflicht zur Wahrung der Verschwiegenheit über Geschäftsgeheimnisse vereinbaren.[2284] Voraussetzung derartiger Klauseln ist stets die konkrete Inbezugnahme der geheim zu haltenden Informationen.[2285] Pauschale Vertragsabreden sind sowohl hinsichtlich inhaltlicher als auch zeitlicher Erweiterungen unzulässig.[2286] Außerdem muss sich die Unterlassungspflicht auf die Preisgabe entsprechender sensibler Informationen beziehen. Unter Berücksichtigung der gemäß Art. 12 GG verankerten

---

2281 EuGH NJW 2013, 2579 Rn. 57; BGH NJW 1982, 2309 = BGHZ 84, 109, 115ff.; ErfK/*Preis* § 310 BGB Rn. 104; MüKoBGB/*Basedow* § 306 Rn. 17; Ulmer/Brandner/Hensen/*Schmidt* § 306 BGB Rn. 14.

2282 *Bissels/Schroeders/Ziegelmayer* DB 2016, 2295, 2296; *Fuhlrott/Hiéramente* DB 2019, 697, 971; *Naber/Peukert/Seeger* NZA 2019, 583, 585 ff.; *Ohly* GRUR 2019, 441, 444; *Trebeck/Schulte-Wissermann* NZA 2018, 1175, 1177.

2283 *Bissels/Schroeders/Ziegelmayer* DB 2016, 2295, 2296; *Holthausen* NZA 2019, 1377, 1380; *Naber/Peukert/Seeger* NZA 2019, 583, 585 ff; *Richter* ArbRAktuell 2019, 375, 376; die Auswirkungen auf das Geschäftsgeheimnisgesetz in Frage stellend *Preis/Seiwerth* RdA 2019, 351, 358.

2284 *Bissels/Schroeders/Ziegelmayer* DB 2016, 2295, 2296; *Fuhlrott/Hiéramente* DB 2019, 967, 971; *Naber/Peukert/Seeger* NZA 2019, 583, 585; *Preis/Seiwerth* RdA 2019, 351, 358.

2285 *Holthausen* NZA 2019, 1377, 1380.

2286 *Bissels/Schroeders/Ziegelmayer* DB 2016, 2295, 2296; *Freckmann/Schmoll* BB 2017, 1780, 1784; *Holthausen* NZA 2019, 1377, 1380.

Berufsfreiheit müssen Arbeitnehmer in der Nutzung ihrer Fähigkeiten und Kenntnisse grundsätzlich unbeschränkt bleiben.[2287]

D. Angemessene Geheimhaltungsmaßnahmen durch Betriebsvereinbarung

I. Hinführung zur Problematik

In Betracht zu ziehen ist, Verschwiegenheitspflichten der Arbeitnehmer auf betrieblicher Ebene durch Betriebsvereinbarungen zu regeln. Ob dies rechtlich möglich ist und den Anforderungen an eine angemessene Geheimhaltungsmaßnahme gemäß § 2 Nr. 1 lit. b) GeschGehG genügen kann, soll nachfolgend untersucht werden.

II. Zur Möglichkeit abweichender Kollektivvereinbarungen

Zu klären ist zunächst, ob die Betriebsparteien den Umgang der Belegschaft mit Geschäftsgeheimnissen kollektivvertraglich regeln dürfen. Arbeitgeber und Betriebsrat können gemäß § 77 BetrVG Vereinbarungen treffen. Diese gelten nach § 77 IV S. 1 BetrVG unmittelbar und zwingend.[2288] Die sachliche Reichweite dieser Kompetenz lässt sich der Norm dagegen nicht entnehmen.[2289] Aus der Formulierung in § 88 BetrVG „(...) können insbesondere geregelt werden" entnehmen Rechtsprechung und Literatur übereinstimmend, dass die Norm nicht abschließend ist und den Betriebsparteien eine umfassende Kompetenz zur Regelung formeller und materieller Arbeitsbedingungen zukommt.[2290] Begrenzt wird dies nur durch den Tarifvorbehalt in § 77 III BetrVG.[2291] Damit können Regelungen über den Umgang mit Geschäftsgeheimnissen grundsätzlich durch Betriebsvereinbarung integriert werden.[2292] Nach den vorstehenden Ergebnissen kann gemäß § 1 III Nr. 3 GeschGehG von den Regelungen des Geschäftsgeheimnisgesetzes grundsätzlich

---

2287 Im Ergebnis *Bissels/Schroeders/Ziegelmayer* DB 2016, 2295, 2296; *Freckmann/Schmoll* BB 2017, 1780, 1784; *Naber/Peukert/Seeger* NZA 2019, 583, 585.

2288 BeckOK GeschGehG/*Fuhlrott* § 2 Rn. 60.

2289 ErfK/*Kania* § 77 BetrVG Rn. 36; *Preis/Greiner*, Arbeitsrecht II, S. 529 Rn. 2090.

2290 BAG NZA 1991, 734, 735 = AP BetrVG 1972 § 77 Tarifvorbehalt Nr. 1; BeckOK ArbR/*Werner* § 77 BetrVG Rn. 35; DKW/*Berg* § 77 BetrVG Rn. 81; ErfK/*Kania* § 77 BetrVG Rn. 36; GK-BetrVG/*Kreutz* § 77 Rn. 93; *Oltmanns/Fuhlrott* NZA 2019, 1384, 1388; *Preis/Greiner*, Arbeitsrecht II, S. 529 Rn. 2090; *Richardi* § 77 BetrVG Rn. 89ff.

2291 BAG NZA 1991, 734, 735 = AP BetrVG 1972 § 77 Tarifvorbehalt Nr. 1; BeckOK ArbR/*Werner* § 77 BetrVG Rn. 45; DKW/*Berg* § 77 BetrVG Rn. 81; ErfK/*Kania* § 77 BetrVG Rn. 36; GK-BetrVG/*Kreutz* § 77 BetrVG Rn. 96; *Preis/Greiner*, Arbeitsrecht II, S. 529 Rn. 2090.

2292 BeckOK GeschGehG/*Fuhlrott* § 2 Rn. 58; *Fuhlrott/Hieramente* DB 2019, 967, 972; *Oltmanns/Fuhlrott* NZA 2019, 1384, 1388.

durch Kollektivvereinbarung abgewichen werden. Danach sind – mit Blick auf Erwägungsgrund 12 der Richtlinienbegründung[2293] – divergierende Verschwiegenheitsregelungen bzw. Nutzungsbeschränkungen möglich. Zudem dürfen unterschiedliche Konsequenzen an den Rechtsverstoß geknüpft werden.[2294] Damit steht auch das Geschäftsgeheimnisgesetz einer solchen Regelung nicht entgegen.[2295] Die Betriebsparteien können kollektivvertraglich festlegen, wie die Mitarbeiter mit internen geheimhaltungsbedürftigen Informationen umzugehen haben.[2296]

III. Stellungnahme zu der Eignung von Betriebsvereinbarungen als „angemessene Geheimhaltungsmaßnahme"

Um den tatbestandlichen Voraussetzungen einer angemessenen Geheimhaltungsmaßnahme im Sinne des § 2 Nr. 1 lit. b) GeschGehG zu genügen, muss eine Betriebsvereinbarung die schützende Information hinreichend genau in Bezug nehmen. Grundsätzlich ist es zwar denkbar, Regelungsinhalte zu finden, die Arbeitnehmern die Vertraulichkeit genau bestimmt oder bestimmbarer Informationen auferlegen. Gleichwohl erscheint die Eignung einer Betriebsvereinbarung als solche fragwürdig. Im Vergleich zu individualvertraglichen Abreden gelten diese für sämtliche Arbeitnehmer des Betriebes gemäß § 5 II BetrVG und sind der Natur der Sache nach von einer Abstraktheit gekennzeichnet. Allgemeine Abreden, die nur pauschal die Mitarbeiter verpflichten, betriebsinterne Informationen vertraulich zu behandeln, scheiden indessen aus. Auch als normative Regelung im Wege einer Betriebsvereinbarung ist eine hinreichende Konkretisierung erforderlich, um den Anforderungen an eine systematische „Geheimhaltungsmaßnahme" zu genügen. Zudem könnte die Verschwiegenheitspflicht nachvertraglich erweitert werden.

Hinzu treten weitere Bedenken. Zum einen dürfen solche Regelungen der freiwilligen Mitbestimmung zuzuordnen sein. Soweit die Geheimnissachverhalte den Arbeitsaufgaben des Arbeitnehmers zuzuordnen sind, betrifft die Geheimhaltung das mitbestimmungsfreie Arbeitnehmerverhalten.[2297] Der Arbeitgeber als Geheimnisinhaber, der zu angemessenen Geheimhaltungsmaßnahmen verpflichtet ist, kann diese nicht erzwingen.[2298] Zudem entfalten Vereinbarungen der freiwilligen Mitbestimmung keine Nachwirkung, sofern nicht gesondert vereinbart.[2299] Der Arbeitgeber ist nach alldem stets auf Mitwirkung des Betriebsrats bei den von ihm zu verantwortenden Geheimhaltungsmaßnahmen im Wege einer

---

2293 *Trebeck/Schulte-Wissermann* NZA 2018, 1175, 1180; *Richter* ArbRAktuell 2019, 375, 376.

2294 Zum Regelungsgehalt des § 1 III Nr. 3 GeschGehG, siehe Teil 2, § 5, B., IV., 4., S. 140ff.

2295 Im Ergebnis wohl *Trebeck/Schulte-Wissermann* NZA 2018, 1175, 1180.

2296 Im Ergebnis wohl *Trebeck/Schulte-Wissermann* NZA 2018, 1175, 1180.

2297 BAG NZA 2010, 180, 182 Rn. 17; ErfK/*Kania* § 87 BetrVG Rn. 18 u. 21.

2298 ErfK/*Kania* § 77 BetrVG Rn. 12–13; *Richardi* § 77 BetrVG Rn. 74.

2299 ErfK/*Kania* § 77 BetrVG Rn. 101 und 105; *Richardi* § 77 BetrVG Rn. 177.

Betriebsvereinbarung angewiesen. Dies entzieht die tatbestandliche Sicherstellung der Geschäftsgeheimnisse der alleinigen Zuständigkeit des Arbeitgebers.

Im Ergebnis ist es möglich ebenso wie im Falle arbeitsvertraglicher Abreden, angemessene Geheimhaltungsmaßnahmen kollektivrechtlich durch Betriebsvereinbarung zu treffen.[2300] Die praktische Umsetzbarkeit und damit rechtliche Wirksamkeit erscheinen indessen problematisch.[2301] Generalisierende Regelungsinhalte – wie bei Betriebsvereinbarungen häufig – werden sich insbesondere der nötigen Identifizierung konkreter Geheimnissachverhalte entziehen. Dies ist aber für die Eignung vertraglicher Abreden entscheidend. Für Kollektivvereinbarungen gilt insoweit nichts anderes.

2300 BeckOK GeschGehG/*Fuhlrott* § 2 Rn. 58ff.; *Fuhlrott/Hiéramente* DB 2019, 967, 972.
2301 **A.A.** *Oltmanns/Fuhlrott* NZA 2019, 2019, 1384, 1388.

§ 13 Exkurs: Die Auswirkungen des Geschäftsgeheimnisgesetzes auf die speziellen Verschwiegenheitspflichten von Berufsgeheimnisträgern

A. Einführung

Ungeachtet der bisher erläuterten vertraglichen Verpflichtungen zum Umgang mit Betriebs- und Geschäftsgeheimnissen existieren Berufsgruppen, für die spezialgesetzliche Verschwiegenheitspflichten eingreifen. Dies gilt beispielsweise für Ärzte, Anwälte, Notare u.a.[2302] Diesen Berufsgruppen ist gemein, dass bei ihrer Inanspruchnahme private Informationen in einem Vertrauensverhältnis mitgeteilt werden.[2303] Daher unterliegen sie expliziten standesrechtlichen Verschwiegenheitspflichten. So ergibt sich die ärztliche Verschwiegenheitspflicht aus § 9 I MBO-Ä. Entsprechendes gilt gemäß § 43a II BRAO, konkretisiert durch § 2 BORA für die anwaltliche Verschwiegenheitspflicht. Aus § 5 BOStB ergibt sich die Verschwiegenheitspflicht von Steuerberatern. Notare sind gemäß § 18 I S. 1 BNotO zur Verschwiegenheit verpflichtet. Darüber hinaus ist unter anderem die Offenbarung von Betriebs- und Geschäftsgeheimnissen durch abschließend genannte Berufsgeheimnisträger[2304] in § 203 I StGB und Amtsträger in § 203 II StGB strafbewehrt. Einer strafbewehrten Schweigepflicht unterliegen auch die Beschäftigten dieser Berufsträger (§ 203 StGB IV S.1 StGB). Jedenfalls diese[2305], häufig aber auch die Berufsgeheimnisträger selbst, stehen in Arbeitsverhältnissen. Sie sind gemäß § 611a BGB zur Leistung weisungsgebundener, fremdbestimmter Arbeit in persönlicher Abhängigkeit verpflichtet. Bestehen für einen Tätigkeitsbereich ein gesellschaftlich anerkanntes Berufsbild oder berufsspezifische Verhaltensanforderungen, müssen diese zur Konkretisierung herangezogen werden.[2306] Dies hat zur Folge, dass ein Arbeitnehmer, welcher gegen eine spezifische berufliche Verschwiegenheitspflicht verstößt, seine Arbeitsleistung nicht wie geschuldet erbringt. Damit verletzt der Arbeitnehmer seine arbeitsvertragliche Hauptleistungspflicht. Darüber hinaus wird berufsspezifischen Pflichten zuwiderlaufendes Handeln regelmäßig eine arbeitsvertragliche Nebenpflichtverletzung bedeuten. Eine Bewertung der

---

2302 *Holthausen* NZA 2019, 1377, 1382.

2303 *Fischer* § 203 StGB Rn. 10; *Holthausen* NZA 2019, 1377; 1382; NK-StGB/*Kargl* § 203 StGB Rn. 13–14; MüKoStGB/*Cierniak/Niehaus* § 203 StGB Rn. 42.

2304 MüKoStGB/*Cierniak/Niehaus* § 203 StGB Rn. 31.

2305 *Holthausen* NZA 2019, 1377, 1382.

2306 BAG NZA 1997, 885, 886 = AP BGB § 611 Lehrer, Dozenten Nr. 127; BeckOK ArbR/*Joussen* § 611a BGB Rn. 351.

Auswirkungen des Geschäftsgeheimnisgesetzes auf das arbeitsrechtliche Pflichtengefüge erfordert es deshalb auch, die Wechselwirkungen des Geschäftsgeheimnisgesetzes auf § 203 StGB und die berufsspezifischen Verschwiegenheitspflichten mit einzubeziehen.

B. Konkretisierungswirkung des § 2 Nr. 1 GeschGehG auf § 203 StGB

I. Zweck und geschütztes Rechtsgut von § 203 StGB

Nach vormaliger Rechtslage wurde für die Begriffsbestimmung im Rahmen von § 203 StGB – ungeachtet etwaiger sprachlicher Abweichungen – auf das zu den tradierten §§ 17ff. UWG entwickelte Konzept zurückgegriffen.[2307] Es fragt sich, ob fortan die Voraussetzungen des § 2 Nr. 1 GeschGehG berücksichtigt werden müssen. Wie bereits dargestellt, kann die Legaldefinition des § 2 Nr. 1 GeschGehG auch auf andere, externe Verschwiegenheitspflichten ausstrahlen und sie ist gegebenenfalls im Wege systematischer Interpretation dort zur Geltung zu bringen. Dies allerdings setzt voraus, dass die betreffende Verschwiegenheitspflicht nach Zweck und geschütztem Rechtsgut den Vorgaben des Geschäftsgeheimnisgesetzes entspricht.[2308]

Zweck des § 203 StGB ist der Ausgleich des Interessenskonfliktes, der sich für Betroffene ergibt, die bei Inanspruchnahme der genannten Berufsgruppen gezwungen sind, private Informationen preiszugeben.[2309] Welches Rechtsgut § 203 StGB dabei schützen soll, ist nicht abschließend geklärt.[2310] Unklar ist, ob die Norm primär auf den Schutz der Individualinteressen ausgerichtet ist[2311] oder ob gleichwertig oder sogar vorrangig das Allgemeininteresse an der gesetzmäßigen Funktionsausübung der genannten Berufsgruppen[2312]gewahrt werden

---

2307 BeckOK StGB/*Weidemann* § 203 Rn. 4–5; Lackner/Kühl/*Heger* § 203 StGB Rn. 14; NK-StGB/*Kargl* § 203 StGB Rn. 6; MüKoStGB/*Cierniak/Niehaus* § 203 Rn. 12; *Ramirez,* Der strafrechtliche Schutz von Geschäfts- und Betriebsgeheimnissen, S. 148; Schönke/Schröder/*Eisele* § 203 StGB Rn. 5.

2308 Zu der Ausstrahlungswirkung des § 2 Nr. 1 GeschGehG, siehe Teil 3, § 11, B., S. 347ff.

2309 MüKoStGB/*Cierniak/Niehaus* § 203 StGB Rn. 7.

2310 NK-StGB/*Kargl* § 203 StGB Rn. 2; MüKoStGB/*Cierniak/Niehaus* § 203 StGB Rn. 4; *Rogall* NStZ 1983, 1, 3.

2311 BeckOK StGB/*Weidemann* § 203 Rn. 2; *Fischer* § 203 StGB Rn. 3; MüKoStGB/*Cierniak/Niehaus* § 203 StGB Rn. 6; NK-StGB/*Kargl* § 203 StGB Rn. 2; *Rogall* NStZ 1983, 1, 4.

2312 OLG Karlsruhe NJW 1984, 676, 676; OLG Köln NStZ 1983, 412, 413; KG NJW 1992, 2771, 2771; *Heckel* NVwZ 1994, 224, 227; Lackner/Kühl/*Heger* § 203 StGB Rn. 1; *Ramirez,* Der strafrechtliche Schutz von Geschäfts- und Betriebsgeheimnissen, S. 175.

soll.[2313] Für die Einbeziehung von Allgemeininteressen spricht, dass umfassende berufsrechtliche Verschwiegenheitspflichten nicht nur zu einem Schutz des Einzelnen führen, sondern auch das gesellschaftliche Interesse an einer ordnungsgemäßen Berufsausübung und ebenso das allgemeine soziale Vertrauen dadurch gewährleistet ist. Damit stimmen Zweck und geschütztes Rechtsgut von § 203 StGB nicht vollständig mit den Regelungszielen des Geschäftsgeheimnisgesetzes überein.

II. Auswirkungen des § 1 III Nr. 1 GeschGehG

Dieses Ergebnis könnte durch § 1 III Nr. 1 GeschGehG bereits gesetzlich berücksichtigt sein. Danach soll der berufs- und strafrechtliche Schutz von Geschäftsgeheimnissen, deren unbefugte Offenbarung von § 203 StGB erfasst wird, unberührt bleiben. Dies beinhaltet, dass Verpflichtungen, die sich aus dem Schutz der Geheimnissphäre des Einzelnen sowie dem Allgemeininteresse an der Verschwiegenheit der in Krankheit und Rechtsfragen helfenden Berufe, ergeben unverändert fortgelten. Tatbestand, Voraussetzungen und die dazu ergangene Rechtsprechung sollen weiter Geltung beanspruchen.[2314] Dennoch könnten der Zweck von § 203 StGB und das geschützte Rechtsgut einer Ausstrahlung grundsätzlich entgegenstehen. Eine solche Sicht wird möglicherweise der funktionellen Bedeutung des § 203 StGB nicht gerecht. § 203 StGB stellt den Bruch verschiedener extern bestehender Verschwiegenheitspflichten unter Strafe. Die Offenlegung von Betriebs- und Geschäftsgeheimnissen verstößt bei den in § 203 StGB erfassten Sachverhalten vorrangig gegen eine externe berufsspezifische Verschwiegenheitspflicht. Erst über diesen Verstoß erfüllt die zu beurteilende Handlung mittelbar auch die objektiven Tatbestandsvoraussetzungen von § 203 StGB.[2315] Der Schutz des Betriebs- und Geschäftsgeheimnisses erfolgt demnach über die speziellen Berufspflichten und wird über § 203 StGB lediglich strafrechtlich gebündelt.[2316] Deswegen müssen auch die berufsspezifischen Verschwiegenheitspflichten hinsichtlich ihres Schutzzwecks und ihres Schutzgutes untersucht werden, um abschließend beantworten zu können, ob der Begriff Betriebs- und Geschäftsgeheimnis fortan nach den Voraussetzungen des § 2 Nr. 1 GeschGehG zu bestimmen ist.

2313 *Fischer* § 203 StGB Rn. 19; Lackner/Kühl/*Heger* § 203 StGB Rn. 1; NK-StGB/*Kargl* § 203 StGB Rn. 2.

2314 Zu dem Regelungsgehalt von § 1 III Nr. 1 GeschGehG, siehe Teil 2, § 5, B., IV., 2., S. 130ff.

2315 So auch *Hiéramente,* Stellungnahme zur BT-Drucks. 19/4724, S. 17.

2316 *Hiéramente,* Stellungnahme zur BT-Drucks. 19/4724, S. 17.

III. Vorgaben der speziellen Verschwiegenheitspflichten

1. Einführung und die genannten Berufsgruppen

In § 203 StGB werden sieben Berufsgruppen benannt. Dies sind Ärzte bzw. Angehörige weiterer heilender Berufe[2317] (Nr. 1), Berufspsychologen (Nr. 2), Rechtsanwälte und weitere Angehörige des Rechts- und Wirtschaftslebens[2318] (Nr. 3), Ehe-, Jugend-, Sucht- usw. Beratungsstellen (Nr. 4), Mitglieder einer Beratungsstelle nach §§ 3 und 8 des Schwangerschaftskonfliktgesetzes (Nr. 5), staatlich anerkannte Sozialarbeiter bzw. Sozialpädagogen (Nr. 6) und Angehörige eines Unternehmens der privaten Kranken-, Unfall- oder Lebensversicherung oder privatärztlichen, steuerberaterlichen oder anwaltlichen Verrechnungsstelle (Nr. 7). Für diese Berufsgruppen existieren spezielle Verschwiegenheitspflichten, welche teilweise durch standesrechtliche Normen konkretisiert werden (§ 43a II BRAO, § 2 BORA, § 9 MBO-Ä, § 5 BOStB).

2. Zweck berufsspezifischer Verschwiegenheitspflichten

Der Schutzzweck einer berufsständischen Verschwiegenheitspflicht kann am Beispiel der anwaltlichen Berufsanforderungen verdeutlicht werden. Gemäß § 43a II S. 1 BRAO, § 2 BORA sind Rechtsanwälte zur Verschwiegenheit über alles verpflichtet, was ihnen im Rahmen ihrer Tätigkeit bekannt geworden ist. Diese Pflicht soll nach Ansicht des Bundesverfassungsgerichts nicht nur die Geheimhaltungsinteressen des Mandanten schützen, sondern auch das allgemeine Vertrauen in die anwaltliche Tätigkeit.[2319] Dementsprechend sieht das Oberverwaltungsgericht Berlin-Brandenburg neben dem Interesse des Mandanten das berufliche Interesse des Anwalts selbst durch die anwaltliche Verschwiegenheitspflicht als geschützt.[2320] Dieser würde nicht von Mandanten konsultiert, könnten diese nicht auf seine Verschwiegenheit vertrauen.[2321]

Das Bundesverfassungsgericht sieht darüber hinaus das Allgemeininteresse an einer wirksamen und geordneten Rechtspflege durch die anwaltliche Verschwiegenheitspflicht geschützt.[2322] Dem folgt das Oberverwaltungsgericht Berlin-Brandenburg.[2323] Auch nach Ansicht der Literatur soll die anwaltliche Verschwiegenheitspflicht nicht nur die Geheimhaltungsinteressen des Mandanten, sondern darüber hinaus die Vertrauenswürdigkeit des gesamten Berufsstandes absichern.[2324]

2317 MüKoStGB/*Cierniak/Niehaus* § 203 StGB Rn. 34; NK-StGB/*Kargl* § 203 StGB Rn. 30.
2318 MüKoStGB/*Cierniak/Niehaus* § 203 StGB Rn. 36; NK-StGB/*Kargl* § 203 StGB Rn. 32.
2319 BVerfGE 110, 226, juris Rn. 119.
2320 OVG Berlin-Brandenburg BeckRS 2019, 5275 Rn. 14.
2321 OVG Berlin-Brandenburg BeckRS 2019, 5275 Rn. 14.
2322 BVerfG AnwBl 2015, 440, juris Rn. 18.
2323 OVG Berlin-Brandenburg BeckRS 2019, 5275 Rn. 14.
2324 BeckOK BRAO/*Römermann*/Praß § 43a Rn. 9.

Die Verschwiegenheitspflichten der in § 203 StGB genannten Berufsgruppen verfolgen grundsätzlich dieselbe Zweckrichtung. Die vorstehend genannten Zwecke der anwaltlichen Berufsanforderungen lassen sich deshalb auf die Verschwiegenheitspflichten der im Übrigen erfassten Berufsgruppen übertragen. Schutzgüter der speziellen berufsspezifischen Verschwiegenheitspflicht sind somit neben dem Individualinteresse des Geheimnisträgers an der Geheimhaltung auch das Individualinteresse des Berufsgeheimnisträgers an der funktionierenden Ausübung seiner Tätigkeit und ebenso das Allgemeininteresse an der Vertrauenswürdigkeit der Berufsgruppe. Diese durch die berufsspezifischen Normen – und damit gebündelt auch durch § 203 StGB[2325] – geschützten Rechtsgüter gehen über den Schutzumfang des Geschäftsgeheimnisgesetzes hinaus. Dieses ist allein auf den Schutz der individuellen Geheimhaltungsinteressen ausgerichtet. Die erhöhten Anforderungen an den Geheimnisinhaber in § 2 Nr. 1 GeschGehG werden jedoch gerade damit gerechtfertigt, dass diesem auf Rechtsfolgenseite ein speziell auf ihn ausgerichtetes Schutzsystem zukommt.[2326] Da dies den Schutzzwecken des § 203 StGB und den berufsspezifischen Normen nicht entspricht, sondern dahinter zurückbleibt und deren weitergehende Ziele nicht berücksichtigt, erscheint es nicht gerechtfertigt, den Schutzbereich den engeren Voraussetzungen der Legaldefinition des § 2 Nr. 1 GeschGehG zu unterwerfen.[2327]

3. *Ungeeignetheit der Legaldefinition*

Auch praktische Erwägungen lassen die Legaldefinition im Rahmen der speziellen Verschwiegenheitspflichten von Berufsgeheimnisträgern ungeeignet erscheinen.[2328] Zunächst ist zu bedenken, dass die in den Nummern 1–7 genannten Berufsgruppen gemein haben, dass die Inanspruchnahme der Dienste meist in den Geschäftsräumen des Anbietenden stattfindet. So sucht ein Patient seinen Arzt, Zahnarzt, Psychiater oder Tierarzt regelmäßig in dessen Praxisräumen auf. Ein Mandant kommt in die Kanzlei seines Anwalts. Auch Beratungsstellen und Versicherungen haben zumeist Geschäftsräume, in denen Beratungen und Kundengespräche durchgeführt werden. Herrschaftsmacht und Organisationshoheit über diese Räumlichkeiten liegen nicht beim Geheimnisinhaber. Dieser hat praktisch keine wirksamen Möglichkeiten, angemessene Geheimhaltungsmaßnahmen im Organisationsbereich der Berufsgeheimnisträger zu treffen. Deshalb können die Erwägungen zu angemessenen Geheimhaltungsmaßnahmen[2329] nicht übernommen

---

2325 *Hiéramente,* Stellungnahme BT-Drucks. 19/4724, S. 17.

2326 Zu der Ausstrahlungswirkung des § 2 Nr. 1 GeschGehG, siehe Teil 3, § 11, B., S. 347ff.

2327 Im Ergebnis wohl auch *Hiéramente,* Stellungnahme zur BT-Drucks. 19/4724, S. 17; *Trebeck/Schulte-Wissermann* NZA 2018, 1175, 1180.

2328 Siehe auch *Partsch/Rump* NJW 2020, 118, 120.

2329 Zu den angemessenen Geheimhaltungsmaßnahmen, siehe Teil 2, § 6, B., IV., S. 174ff.

werden.[2330] Auf der anderen Seite ist es Aufgabe des Berufsträgers selbst, seinen geschäftlichen Betrieb so zu gestalten, dass Kundeninformationen gesichert sind. Im Ergebnis eignet sich das Merkmal angemessener Geheimhaltungsmaßnahmen durch den Geheimnisinhaber gemäß § 2 Nr. 1 lit. b) GeschGehG nicht für den Gegenstand berufsspezifischer Normen.[2331]

Zumindest in Bezug auf die anwaltliche Verschwiegenheitspflicht erscheint ein weiteres Tatbestandsmerkmal der Legaldefinition problematisch. Wie bereits an anderer Stelle behandelt, fordert der Gesetzestext in § 2 Nr. 1 lit. c) GeschGehG das Vorliegen eines berechtigten Geheimhaltungsinteresses. Diese Voraussetzung muss dahingehend interpretiert werden, dass rechtswidrige Sachverhalte nicht unter den gesetzlichen Begriff eines Geschäftsgeheimnisses subsumiert werden können.[2332] Im Anwendungsbereich der anwaltlichen Verschwiegenheitspflicht gemäß § 43 II BRAO, § 2 BORA hätte dies zur Folge, dass der Rechtsbeistand von seinen berufsspezifischen Schutzpflichten entbunden wäre, soweit die in Rede stehenden Sachverhalte Gesetzesverstöße zum Inhalt haben. Dies wäre insbesondere mit der Position des Strafverteidigers unvereinbar. Die Funktionsfähigkeit des anwaltlichen Berufsstandes würde ausgehöhlt, wenn diese Informationen ungehindert weitergeben dürften, nur weil mangels berechtigten Geheimhaltungsinteresses kein rechtlich schützenswertes Geschäftsgeheimnis im Sinne des § 2 Nr. 1 GeschGehG bejaht werden kann.

Diese Überlegung wird insbesondere in Bezug auf die anwaltliche Verschwiegenheitspflicht deutlich, lässt sich jedoch auch auf weitere Berufsgruppen übertragen. Auch ein Steuerberater, Notar, Arzt oder Mitarbeiter einer Beratungsstelle kann seine gegenüber dem Kunden bestehenden Schutzpflichten nicht davon abhängig machen, dass dieser sich rechtstreu verhält. Die Aufgabe von Anwälten und anderen Funktionsträgern des Rechtslebens, Mitarbeitern von Versicherungen bzw. Beratungsstellen und Sozialarbeitern liegt gerade nicht darin, Rechtsverstöße und Verfehlungen des Kunden aufzudecken. Vielmehr sollen diese in einem übergeordneten Sinne durch Beratung und Hilfeleistung auf Seiten des Rechtsverstoßenden zur Wiederherstellung der Rechtsordnung und des Rechtsfriedens beitragen. Auch Ärzte, Psychiater und andere Berufsgeheimnisträger im Gesundheitswesen nehmen eine Schutzfunktion ein, die nicht von der Rechtstreue des Patienten abhängen darf. Konsequenterweise kann der Geheimnisschutz durch diese Berufsgeheimnisträger nicht deshalb eingeschränkt sein bzw. ganz entfallen, weil die betreffende Information in einem rechtswidrigen Kontext steht.

2330 *Partsch/Rump* NJW 2020, 118, 120.

2331 *Partsch/Rump* NJW 2020, 118, 120.

2332 Zu dem Merkmal des § 2 Nr. 1 lit. c) GeschGehG, siehe Teil 2, § 6, B., V., S. 182ff.

4. *Zusammenfassende Bewertung der Ausstrahlungswirkung von § 2 Nr. 1 GeschGehG in Bezug auf § 203 StGB und die Verschwiegenheitspflichten der dort genannten Berufsgeheimnisträger*

Nachdem Schutzgut und Schutzrichtung der einzelnen Verschwiegenheitspflichten gegen eine Übernahme der Legaldefinition sprechen, stützt dieses Ergebnis der Normzweck des § 203 StGB. Wie erläutert, kann das Schutzgut des § 203 StGB nicht allein auf das individuelle Geheimhaltungsinteresse des Geheimnisinhabers beschränkt werden. Darüber hinaus weicht die Schutzrichtung des § 203 StGB in einem weiteren Punkt von den Vorgaben des Geschäftsgeheimnisgesetzes ab. Dessen Normen sind teleologisch auf die Wahrung des Geheimhaltungsinteresses des Betriebsinhabers bzw. Arbeitgebers[2333] oder des Unternehmens[2334] ausgerichtet. Das geschützte Individualinteresse ist in einen wirtschaftlichen Kontext zu setzten.[2335]§ 203 StGB soll zwar auch die Interessen von Privatperson und Unternehmen[2336] schützen, die bestimmten Berufsgruppen Informationen offenlegen.[2337] Die Geheimnisinhaber begeben sich dabei in ein regelmäßig von besonderem Vertrauen geprägtes persönliches Verhältnis zu dem Berufsgeheimnisträger. Dies begründet gewissermaßen eine Abhängigkeit, die sie zur Preisgabe der fraglichen Informationen veranlasst.[2338] Daraus resultiert ein erhöhtes Schutzbedürfnis dieser Personen.[2339] Der Geschäftsgeheimnisbegriff in § 2 Nr. 1 GeschGehG nimmt diese Besonderheit nicht in den Blick.[2340]

Zusammenfassend unterscheiden sich spezifische Verschwiegenheitspflichten von Berufsgeheimnisträgern von den zuvor behandelten Normen und Pflichten zum Schutz von Geschäftsgeheimnissen.[2341] Die Legaldefinition in § 2 Nr. 1 GeschGehG kann uneingeschränkt nur in Regelungszusammenhängen übernommen werden, in denen Normzweck und Schutzgut mit dem Geschäftsgeheimnisgesetz übereinstimmen. Dies kann weder in Bezug auf § 203 StGB noch auf die einzelnen standesrechtlichen Verschwiegenheitspflichten bejaht werden. Die Legaldefinition eines geschützten Geschäftsgeheimnisses ist deswegen teleologisch dahingehend zu reduzieren, dass personal geprägte Abhängigkeitsverhältnisse der in § 203

2333 ErfK/*Kania* § 79 BetrVG Rn. 1; Fitting § 79 BetrVG Rn. 1.

2334 MüKoStGB/*Kiethe* § 404 AktG Rn. 2.

2335 Vgl. zum Unternehmensbezug des Geschäftsgeheimnisgesetzes, siehe Teil 2, § 10, A., II., S. 332ff.

2336 *Fischer* § 203 StGB Rn. 203 StGB.

2337 MüKoStGB/*Kiethe* § 404 AktG Rn. 7.

2338 *Fischer* § 203 StGB Rn. 3; MüKoStGB/*Kiethe* § 404 AktG Rn. 7; NK-StGB/*Kargl* § 203 StGB Rn. 3.

2339 NK-StGB/*Kargl* § 203 STGB Rn. 3.

2340 Vgl. zum Unternehmensbezug des Geschäftsgeheimnisgesetzes, siehe Teil 2, § 10, A., II., S. 332ff.

2341 *Hiéramente/Golzio* CCZ 2018, 262, 265; *Hiéramente,* Stellungnahme zur BT-Drucks. 19/4724, S. 17; *Partsch/Rump* NJW 2020, 118, 120.

StGB abschließend aufgezählten Dienstleister nicht erfasst werden.[2342] Sowohl das Tatbestandsmerkmal angemessener Geheimhaltungsmaßnahmen (§ 2 Nr. lit. b) GeschGehG)[2343] als auch das berechtigte Geheimhaltungsinteresse (§ 2 Nr. lit. c) GeschGehG) können nicht übernommen werden.[2344]

2342 Ähnlich *Rump/Partsch* NJW 2020, 118, 120.

2343 *Partsch/Rump* NJW 2020, 118, 120.

2344 Wohl ebenfalls gegen eine Auswirkung des Geschäftsgeheimnisgesetzes im Rahmen von § 203 StGB *Hiéramente/Golzio* CCZ 2018, 262, 265.

§ 14 Arbeitsrechtliche Würdigung externer Whistleblowing-Handlungen

A. Einführung in die Rechtsproblematik des „Whistleblowings“

I. Begriff „Whistleblowing“

Der Begriff „Whistleblowing“ stammt aus dem U.S. amerikanischen Rechtskreis und leitet sich von dem englischen „to blow a whistle“ ab.[2345] Obwohl dies korrekterweise mit „eine Pfeife blasen“ in die deutsche Sprache überführt werden müsste, versteht man unter diesem Begriff oftmals verpfeifen.[2346] Darauf basierend, ist der Begriff überwiegend negativ konnotiert.[2347] Im Kontext nachfolgender Überlegungen beschreibt Whistleblowing einen Vorgang, bei dem Mitarbeiter tatsächliche oder empfundene Missstände offenlegen.[2348] Oftmals wird die aufdeckende Person auch mit dem neutraleren Begriff „Hinweisgeber“ umschrieben.[2349] Hinweisgeber und Whistleblower sollen vorliegend synonym verstanden werden. Weiter wird zwischen internem und externem Whistleblowing differenziert.[2350] Ersteres

---

2345 *Becker,* Whistleblowing, S. 18; *Berthold,* Whistleblowing in der Rechtsprechung des Bundesarbeitsgerichts, S. 1; *Bürkle* DB 2004, 2158, 2158; *Reinfeld,* Das neue Gesetz zum Schutz von Geschäftsgeheimnissen, S. 85; *Schulz,* Ethikrichtlinien und Whistleblowing, S. 23.

2346 *Becker,* Whistleblowing, S. 18; *Berthold,* Whistleblowing in der Rechtsprechung des Bundesarbeitsgerichts, S. 1; Küttner/*Kania,* Personalbuch *Whistleblowing,* Rn. 1; *Müller* NZA 2002, 424, 426; *Reinfeld,* Das neue Gesetz zum Schutz von Geschäftsgeheimnissen, S. 85; *Schulz,* Ethikrichtlinien und Whistleblowing, S. 23; *Ullrich* NZWiSt 2019, 65, 65.

2347 *Becker,* Whistleblowing, S. 18; *Berthold,* Whistleblowing in der Rechtsprechung des Bundesarbeitsgerichts, S. 1; *Schulz,* Ethikrichtlinien und Whistleblowing, S. 23; *Ullrich* NZWiSt 2019. 65, 65.

2348 *Bauschke* öAT 2019, 133, 134; *Becker,* Whistleblowing, S. 21; *Berthold,* Whistleblowing in der Rechtsprechung des Bundesarbeitsgerichts, S. 1; *Bürkle* DB 2004, 2158, 2158; ErfK/*Preis* § 611a BGB Rn. 716; *Eufinger* NZA 2017, 619, 619; *Groß/Platzer* NZA 2017, 1097, 1097; Küttner/*Kania,* Personalbuch *Whistleblowing,* Rn. 1; Köhler/Bornkamm/Feddersen/*Alexander* § 5 GeschGehG Rn. 26; *Preis/Seiwerth* RdA 2019, 351, 355; *Reinhardt-Kasperek/Kaindl* BB 2018, 1332, 1332; *Schulz,* Ethikrichtlinien und Whistleblowing, S. 23; *Ullrich* NZWiSt 2019, 65, 65.

2349 *Bauschke* öAT 2019, 133, 134; *Berthold,* Whistleblowing in der Rechtsprechung des Bundesarbeitsgerichts, S. 1.

2350 *Bauschke* öAT 2019, 133, 134; *Becker,* Whistleblowing, S. 19; *Eufinger* NZA 2017, 619, 619; *Gerdemann* RdA 2019, 16, 16/17; Köhler/Bornkamm/Feddersen/*Alexander* § 5 GeschGehG Rn. 26; Küttner/*Kania,* Personalbuch *Whistleblowing,* Rn. 1; *Oetker*

beschreibt Konstellationen, in denen Verstöße und Fehlverhalten innerhalb des Unternehmens einem Compliance Beauftragten oder einer anderweitigen Stelle mitgeteilt wird.[2351] Bei letzterem wenden sich Arbeitnehmer an externe insbesondere öffentliche Stellen.[2352] Beispielhaft können die Staatsanwaltschaft oder die öffentlichen Medien genannt werden.[2353]

II. Rechtlicher Rahmen des externen Whistleblowings

1. Bisherige gesetzliche Grundlagen

Bislang war die Frage nach der rechtlichen Einordnung externer und interner Hinweisgeber gesetzlich nicht systematisch geregelt.[2354] Der Themenkreis „Whistleblowing" war zunächst weder auf unionsrechtlicher noch auf nationaler Ebene zusammenhängend kodifiziert. Vereinzelt finden sich Normen, die einen Bezug zu Whistleblowing-Sachverhalten aufweisen.[2355] Gemäß § 17 II ArbSchG[2356] dürfen sich Beschäftigte an die zuständige Behörde wenden, wenn sie auf Grund konkreter Anhaltspunkte der Auffassung sind, dass die vom Arbeitgeber getroffenen Maßnahmen und bereitgestellten Mittel nicht ausreichen, um Sicherheit und Gesundheitsschutz bei der Arbeit zu gewährleisten und der Arbeitgeber einer darauf gerichteten Beschwerde des Beschäftigen nicht abhilft. Auch in § 84 BetrVG

ZESAR 2017, 257, 262; *Reinhardt-Kasperek/Kaindl* BB 2018, 1332, 1332; *Schreiber* NZWiSt 2019, 332, 332; *Schulz,* Ethikrichtlinien und Whistleblowing, S. 23.

2351 *Bauschke* öAT 2019, 133, 134; *Becker,* Whistleblowing, S. 19; *Gerdemann* RdA 2019, 16, 16/17; Köhler/Bornkamm/Feddersen/*Alexander* § 5 GeschGehG Rn. 26; Küttner/*Kania,* Personalbuch *Whistleblowing,* Rn. 9; *Oetker* ZESAR 2017, 257, 262; *Reinhardt-Kasperek/Kaindl* BB 2018, 1332, 1332; *Schreiber* NZWiSt 2019, 332, 333; *Schulz,* Ethikrichtlinien und Whistleblowing, S. 23.

2352 *Bauschke* öAT 2019, 133, 134; *Becker,* Whistleblowing, S. 19; *Gerdemann* RdA 2019, 16, 16/17; Köhler/Bornkamm/Feddersen/*Alexander* § 5 GeschGehG Rn. 26; Küttner/*Kania,* Personalbuch *Whistleblowing,* Rn. 2; *Reichhold,* MünchArbR § 54 Rn. 41; *Oetker* ZESAR 2017, 257, 262; *Reinhardt-Kasperek/Kaindl* BB 2018, 1332, 1332; *Schreiber* NZWiSt 2019, 332, 332; *Schulz,* Ethikrichtlinien und Whistleblowing, S. 23.

2353 Köhler/Bornkamm/Feddersen/*Alexander* § 5 GeschGehG Rn. 26; *Oetker* ZESAR 2017, 257, 262; *Reinhardt-Kasperek/Kaindl* BB 2018, 1332, 1332; *Schreiber* NZWiSt 2019, 332,333.

2354 *Eufinger* ZRP 2016, 229, 230; *Fischer-Lescano* AuR 2016, 4, 4; *Groß/Platzer* NZA 2017, 1097, 1097; Köhler/Bornkamm/Feddersen/*Alexander* § 5 GeschGehG Rn. 33; *Reinfeld,* Das neue Gesetz zum Schutz von Geschäftsgeheimnissen, S. 85; *Schmidt* RdA 2017, 365, 365.

2355 *Garden/Hiéramente* BB 2019, 963, 965; *Preis/Seiwerth* RdA 2019, 351, 355; *Reinfeld,* Das neue Gesetz zum Schutz von Geschäftsgeheimnissen, S. 86; *Schmidt* RdA 2017, 365,365.

2356 ErfK/*Preis* § 611a BGB Rn. 716; *Garden/Hiéramente* BB 2019, 963, 965; *Oetker* ZESAR 2017, 257, 262; *Schmitt* RdA 2017, 365,365.

findet sich ein betriebsverfassungsrechtliches Beschwerderecht der Arbeitnehmer[2357] gegenüber der zuständigen Stelle des Betriebs, falls dieser sich vom Arbeitgeber oder von den Arbeitnehmern des Betriebs benachteiligt oder ungerecht behandelt oder in sonstiger Weise beeinträchtigt fühlt.[2358] Gemäß § 13 AGG haben Beschäftigte das Recht, sich bei der zuständigen Stelle des Unternehmens oder der Dienststelle zu beschweren, wenn sie sich im Zusammenhang mit ihrem Beschäftigungsverhältnis vom Arbeitgeber, von Vorgesetzten, anderen Beschäftigten oder Dritten wegen eines in § 1 genannten Grundes benachteiligt fühlen.[2359]

Des Weiteren verpflichtet § 25a I S. 6 Nr. 3 KWG[2360] Kreditinstitute, eine ordnungsgemäße Geschäftsorganisation zu errichten, die es den Mitarbeitern unter Wahrung der Vertraulichkeit ihrer Identität ermöglicht, Verstöße gegen Verordnungen und Gesetze zu melden. Eine ähnliche Systematik weist § 4d I FinDAG[2361] auf, der die Bundesanstalt für Finanzdienstleistungen verpflichtet, ein System zur Annahme von Meldungen über potenzielle oder tatsächliche Verstöße gegen nationale oder unionsrechtliche Rechtsvorschriften zu errichten. Gemäß § 4d VI FinDAG dürfen Mitarbeiter, die eine Meldung nach Abs. 1 abgeben und bei Unternehmen oder Personen beschäftigt sind, die von der Bundesanstalt beaufsichtigt werden oder auf die Tätigkeiten von beaufsichtigten Personen oder Unternehmen ausgelagert wurden weder arbeitsrechtlich noch strafrechtlich zur Verantwortung gezogen oder zum Ersatz von Schäden herangezogen werden, soweit die Meldung nicht vorsätzlich oder grob fahrlässig unwahr abgegeben worden ist.[2362]

Die genannten Normen gelten nicht allgemein für den Themenkreis Whistleblowing, sondern regeln spezifische Konstellationen und haben dementsprechend einen sehr begrenzten Anwendungsbereich.[2363] Dies genügt nicht zur Annäherung an eine systematische und allgemeine Regelung ähnlich gelagerter Sachverhaltskonstellationen.[2364] Zudem setzten die genannten Beschwerderechte eine eigene Betroffenheit des Hinweisenden voraus[2365], während Hinweisgeber typischerweise nicht nur im Zusammenhang mit den eigenen Angelegenheiten tätig werden.

Darüber hinaus fällt die Offenlegung von Informationen durch Arbeitnehmer gegenüber öffentlichen Stellen in die Schutzbereiche der Petitionsfreiheit gemäß

2357 *Garden/Hiéramente* BB 2019, 963, 965; *Schmitt* RdA 2017, 365, 365.

2358 *Gerdemann* RdA 2019, 16, 18.

2359 *Fischer-Lescano* AuR 2016, 4, 5; *Garden/Hiéramente* BB 2019, 963, 965; *Gerdemann* RdA 2019, 16, 18; *Schmidt* RdA 2017, 365, 365.

2360 *Garden/Hiéramente* BB 2019, 963, 965; *Reinfeld,* Das neue Gesetz zum Schutz von Geschäftsgeheimnissen, S. 86; *Schmitt* RdA 2017, 365, 365.

2361 *Garden/Hiéramente* BB 2019, 963, 965; *Oetker* ZESAR 2017, 257, 262; weiter erläuternd *Reinfeld,* Das neue Gesetz zum Schutz von Geschäftsgeheimnissen, S. 86.

2362 *Gerdemann* RdA 2019, 16, 18.

2363 *Fischer-Lescano* AuR 2016, 4, 5; *Garden/Hiéramente* BB 2019, 963, 965.

2364 *Fischer-Lescano* AuR 2016, 4, 5; *Garden/Hiéramente* BB 2019, 963, 965; *Schmitt* RdA 2017, 365, 365.

2365 *Fischer-Lescano* AuR 2016, 4, 5.

Art. 17 GG, der allgemeinen Handlungsfreiheit nach Art. 2 I GG und der Meinungsfreiheit gemäß Art. 5 I GG.[2366] Im Kontext des externen Whistleblowing ergibt sich gemäß § 158 StPO das Recht, die Anzeige einer Straftat und dem Strafantrag bei den Behörden und Beamten des Polizeidienstes und dem Amtsgerichten mündlich oder schriftlich anzubringen.[2367] Die Ausübung dieser Rechte wird durch das gegenläufige Geheimhaltungsinteresse des Unternehmensinhabers begrenzt.[2368] Grundrechtlich resultiert dies aus Art. 2 I i.V.m, Art. 1 I, Art. 12, Art. 14 GG.[2369] Auf formellgesetzlicher Ebene vermitteln die §§ 164, 186, 187 StGB i.V.m. § 823 II BGB, §§ 823, 824 BGB dem Arbeitgeber gesetzlichen Schutz gegen Whistleblower.[2370] Die widerstreitenden Positionen sind anhand noch darzustellender Interessen zum Ausgleich zu bringen.

Hinzu treten die unionsrechtlichen Bemühungen, den Themenkomplex Whistleblowing zu harmonisieren und einer gesetzlichen Regelung zuzuführen.[2371] Art. 5 lit. b) RL (EU) 2016/943 – der in § 5 Nr. 2 GeschGehG umgesetzt wurde – normiert insoweit eine Ausnahme von dem Verbot Geschäftsgeheimnisse zu erwerben, zu nutzen und zu offenbaren, sofern dies zur Aufdeckung eines beruflichen oder sonstigen Fehlverhaltens oder ein illegalen Tätigkeit erfolgt ist und der Hinweisgeber in der Absicht gehandelt hat, das öffentliche Interesse zu schützen. Darüber ist am 17. 12. 2019 die Richtlinie (EU) 2019/1937 des Europäischen Parlaments und des Rates zum Schutz von Personen, die Verstöße gegen das Unionsrecht melden in Kraft getreten.[2372] Ziel der unionsrechtlichen Harmonisierung ist es, das europäische Whistleblowing-Recht umfassend zu regeln[2373] und unionsweite Mindeststandards zu schaffen, die es Hinweisgebern erleichtern, Missstände anzuzeigen, ohne persönliche Nachteile zu erleiden.[2374] Gemäß Art. 1 I RL (EU) 2019/1937 beschränkt sich der sachliche Anwendungsbereich zwar auf die Meldung von Verstößen gegen das Unionsrecht. Dabei handelt es sich ausweislich des Richtlinientextes in Art. 1 I RL (EU) 2019/1937 jedoch nur um Mindeststandards, sodass unter

2366 *Becker,* Whistleblowing, S. 25; *Groß/Platzer* NZA 2017, 1097, 1098; *Schmidt* RdA 2017, 365, 365.

2367 *Fischer-Lescano* AuR 2016, 4, 5.

2368 *Becker,* Whistleblowing, S. 59; *Schmitt* RdA 2019, 365, 366; *Schulz,* Ethikrichtlinien und Whistleblowing, S. 26.

2369 *Schmitt* RdA 2017, 365, 366,

2370 *Becker,* Whistleblowing, S. 25.

2371 Umfassend bei EuArbRK/*Fest* Hinweisgeber-RL Art. 1 Rn. 1ff.; *Garden/Hiéramente* BB 2019, 963, 963; Köhler/Bornkamm/Feddersen/*Alexander* § 5 GeschGehG Rn. 31; *Reinfeld,* Das neue Gesetz zum Schutz von Geschäftsgeheimnissen, S. 89.

2372 Zu der Hinweisgeber-Richtlinie, siehe Teil 2, § 8, D., I., 2., b), bb), S. 299f.

2373 BeckOK GeschGehG/*Hiéramente* § 5 Rn. 48; *Gerdemann* RdA 2019, 16, 16.

2374 BeckOK GeschGehG/*Hiéramente* § 5 Rn. 48; *Diling* CCZ 2019, 214, 214; *Gerdemann* RdA 2019, 16, 19.

Berücksichtigung der fehlenden innerstaatlichen Regelung eine darüberhinausgehende Harmonisierungswirkung zu erwarten ist.[2375]

2. Arbeitsvertragliche Verortung des Whistleblowings

Handelt es sich bei der offenlegenden Person um einen Arbeitnehmer, ist fraglich, inwieweit dieser durch die externe Weitergabe betriebsinterner Informationen vertragliche Nebenpflichten gemäß §§ 242, 241 II BGB verletzt und sich dadurch arbeitsrechtlichen Sanktionen aussetzt.[2376] Dabei stellt sich insbesondere die Frage, unter welchen Voraussetzungen einem externen Hinweisgeber verhaltensbedingt ordentlich und außerordentlich gekündigt werden darf.[2377] Aus den §§ 242, 241 II BGB resultieren – wie bereits erläutert – Nebenpflichten, nach denen der Arbeitnehmer sein Verhalten gegenüber dem Arbeitgeber ausrichten muss.[2378] Da die Offenlegung von betriebsinternen Informationen gegebenenfalls erhebliche nachteilige Folgen für das Unternehmen und den Unternehmensinhaber mit sich bringen kann[2379], verhält sich der Hinweisgeber mit einem solchen Vorgehen unter Umständen nicht mehr vertragstreu.[2380]

In erster Linie kommen Verletzungen der allgemeinen Interessenwahrungspflicht und der Verschwiegenheitspflicht in Betracht. Während erstere den Arbeitnehmer grundlegend verpflichtet, die Interessen und Rechtsgüter des Arbeitgebers zu wahren, setzt letztere voraus, dass Mitarbeiter als Betriebs- und Geschäftsgeheimnis geschützte Informationen bewahren müssen.[2381] Dabei müssen auch die Grundrechte des Arbeitgebers berücksichtigt und abgewogen werden.[2382]

2375 BeckOK GeschGehG/*Hiéramente* § 5 Rn. 48; *Garden/Hiéramente* BB 2019, 963, 964.

2376 *Becker*, Whistleblowing, S. 25; ErfK/*Preis* § 611a BGB Rn. 716; *Fischer-Lescano* AuR 2016, 4, 5; *Gerdemann* RdA 2019, 16, 17; *Groß/Platzer* NZA 2017, 1097, 1098; *Oetker* ZESAR 2017, 257, 262; *Reinfeld*, Das neue Gesetz zum Schutz von Geschäftsgeheimnissen, S. 94; *Schmidt* RdA 2017, 365, 365; *Trebeck/Schulte-Wissermann* NZA 2018, 1175, 1178.

2377 *Reinfeld*, Das neue Gesetz zum Schutz von Geschäftsgeheimnissen, S. 94; *Schreiber* NZWiSt 2019, 332, 333; *Trebeck/Schulte-Wissermann* NZA 2018, 1175, 1178.

2378 Zu dem arbeitsvertraglichen Nebenpflichtengefüge, siehe Teil 1, § 2, B., I., S. 59ff.

2379 Köhler/Bornkamm/Feddersen/*Alexander* § 5 GeschGehG Rn. 26; *Schmitt* RdA 2017, 365, 365.

2380 Im Ergebnis *Schmitt* RdA 2017, 365, 366; *Trebeck/Schulte-Wissermann* NZA 2018, 1175, 1178.

2381 Im Ergebnis *Oetker* ZESAR 2017, 257, 262; *Schmitt* RdA 2017, 365, 366; *Trebeck/Schulte-Wissermann* NZA 2018, 1175, 1178.

2382 *Schmitt* RdA 2017, 365, 366; *Trebeck/Schulte-Wissermann* NZA 2018, 1175, 1178.

B. Auswirkungen des Geschäftsgeheimnisgesetzes auf die arbeitsrechtliche Würdigung externer Whistleblower

I. Arbeitsrechtliche Bewertung von „Whistleblowing- Handlungen" vor Inkrafttreten des Geschäftsgeheimnisgesetzes

1. Einführung in die Beurteilung der Weitergabe von Hinweisen durch Arbeitnehmer an außerbetriebliche Stellen

Trotz fehlender gesetzlicher Regelung wurden Anzeigen durch Mitarbeiter des Unternehmens schon lange in der deutschen Rechtsprechung thematisiert.[2383] Der Begriff „Whistleblowing" war dabei zunächst noch nicht dezidiert gebräuchlich. Ebenso wenig war der Regelungsbereich dogmatisch eindeutig erschlossen.[2384] Gleichwohl haben sich Kriterien herausgebildet, nach denen beurteilt werden kann, wann eine Whistleblowing-Handlung die Grenze zu einer arbeitsvertraglichen Pflichtverletzung überschreitet und damit zur Rechtfertigung arbeitsrechtlicher Sanktionen wie etwa der ordentlichen oder außerordentlichen verhaltensbedingten Kündigung oder einer Schadensersatzforderung herangezogen werden kann.[2385]

Bereits das Reichsarbeitsgericht hatte sich mit der Anzeige eines Arbeitnehmers gegen seinen Arbeitgeber befasst und dabei zu entscheiden, ob die Anzeige des Arbeitgebers durch den Arbeitnehmer bei der Staatsanwaltschaft einen wichtigen Kündigungsgrund darstellt.[2386] Dies beantwortete das Reichsarbeitsgericht zu Lasten des Arbeitnehmers. Nach einer solchen Anzeige sei es für den Arbeitgeber unzumutbar, das Dienstverhältnis aufrechtzuerhalten.[2387] Auch das Bundearbeitsgericht hatte sich bereits früh mit dieser Fragestellung zu beschäftigen.[2388] Dabei stellte das Gericht bereits 1959 fest, dass ein Arbeitnehmer, der gesetzwidrige Handlungen seines Arbeitgebers anzeigt, fristlos entlassen werden kann.[2389] Auch

---

2383 Umfassende Darstellung der Rechtsprechung zum Whistleblowing *Kreis,* Whistleblowing als Beitrag zur Rechtsdurchsetzung, S. 32ff.

2384 *Berthold,* Whistleblowing in der Rechtsprechung des Bundesarbeitsgerichts, S. 1; *Forst* NJW 2011, 3477, 3478.

2385 Zur arbeitsrechtlichen Würdigung von Whistleblowing-Handlungen *Kreis,* Whistleblowing als Beitrag zur Rechtsdurchsetzung, S. 49ff.

2386 RAGE 10, 464, 468.

2387 RAGE 10, 464, 468; eine tiefergehende Darstellung der Entscheidung durch das Reichsarbeitsgericht findet sich bei *Berthold,* Whistleblowing in der Rechtsprechung des Bundesarbeitsgerichts, S. 10.

2388 *Reinfeld,* Das neue Gesetz zum Schutz von Geschäftsgeheimnissen, S. 94.

2389 BAG NJW 1961, 44, 44 = AP BGB § 626 Verdacht strafbarer Handlung Nr. 10; *Berthold,* Whistleblowing in der Rechtsprechung des Bundesarbeitsgerichts, S. 11; *Reinfeld,* Das neue Gesetz zum Schutz von Geschäftsgeheimnissen, S. 96.

nachfolgende Entscheidungen behandelten die Problematik, wobei vereinzelt nunmehr auch Gegenrechte des Arbeitnehmers in die Entscheidung einbezogen wurden.[2390]

Die heutigen Kriterien zur arbeitsrechtlichen Bewertung von Whistleblowing fußen auf der Entscheidung des Bundesverfassungsgerichts[2391] vom 2.7.2001.[2392] Im Anschluss hat das Bundesarbeitsgericht in wesentlich drei Leitentscheidungen herausgearbeitet, unter welchen Voraussetzungen Arbeitnehmer interne Missstände bekannt machen dürfen und wann eine solche Handlung eine arbeitsvertragliche Pflichtverletzung darstellt.[2393] Im Jahre 2011 hatte auch der Europäische Gerichtshof für Menschenrechte über die Kündigungsrelevanz von Strafanzeigen gegen den Arbeitgeber zu entscheiden.[2394] Diese Entwicklung ist nachfolgend anhand der maßgeblichen Entscheidungen aufzuzeigen.

2. Rechtsprechung des Bundesverfassungsgerichts

Grundlage der Entscheidung des Bundesverfassungsgerichts war die Verfassungsbeschwerde eines Arbeitnehmers, dessen fristlos ausgesprochene Kündigung im anschließenden Kündigungsschutzprozess für wirksam erachtet wurde. Dem Beschwerdeführer wurde zu Lasten gelegt, in einem staatsanwaltlichen Ermittlungsverfahren gegen die Beklagte des Kündigungsschutzprozesses ausgesagt und der Staatsanwaltschaft relevante Unterlagen übergeben zu haben. Deshalb kündigte die Beklagte dem Beschwerdeführer fristlos.[2395] Nachdem die Kündigung des Arbeitsverhältnisses im Instanzenzug für wirksam erachtet wurde und das Bundesarbeitsgericht die Beschwerde zurückgewiesen hatte, legte der Beschwerdeführer Verfassungsbeschwerde ein und rügte die Verletzung seiner Rechte aus Art. 2 I GG i.V.m. dem Rechtsstaatsprinzip aus Art. 20 III GG und Art. 12 I GG in Verbindung mit dem Sozialstaatsprinzip.[2396]

Das Bundesverfassungsgericht entschied, dass ein Arbeitnehmer, der wahrheitsgemäß gegenüber der Staatsanwaltschaft gegen den Arbeitgeber aussagt und der Staatsanwaltschaft nach Aufforderung Unterlagen übergibt, wegen diesem Verhalten nicht fristlos entlassen werden darf.[2397] Dies beruhe darauf, dass die Wahrnehmung staatsbürgerlicher Rechte und Pflichten keine zivilrechtlichen

---

2390 Vergleiche die eingehende Darstellung bei *Berthold,* Whistleblowing in der Rechtsprechung des Bundesarbeitsgerichts, S. 11ff.

2391 BVerfG NJW 2001, 3474.

2392 *Berthold,* Whistleblowing in der Rechtsprechung des Bundesarbeitsgerichts, S. 22. Thematisiert *Fischer-Lescano* AuR 2016, 4, 5; *Reinfeld,* Das neue Gesetz zum Schutz von Geschäftsgeheimnissen, S. 94.

2393 *Reinfeld,* Das neue Gesetz zum Schutz von Geschäftsgeheimnissen, S. 94.

2394 *Reinfeld,* Das neue Gesetz zum Schutz von Geschäftsgeheimnissen, S. 94.

2395 BVerfG NJW 2011, 3474.

2396 Bezüglich des gesamten Sachverhalts BVerfG NJW 2001, 3474, 3474–3475.

2397 BVerfG NJW 2001, 3474, 3474.

Nachteile nach sich ziehen dürfe.[2398] Die Kündigung des Arbeitsverhältnisses sei insoweit ein solcher Nachteil. Eine gerichtliche Entscheidung, welche dies verkenne, verstoße gegen das Grundrecht gemäß Art. 2 I GG i.V.m. mit dem Rechtsstaatsprinzip.[2399] Dies gelte jedoch nur insoweit, als der Arbeitnehmer mit seiner Anzeige redlich handelt und nicht wissentlich unwahre oder leichtfertig falsche Angaben macht.[2400] Zusammenfassend anerkannte das Bundesverfassungsgericht in dieser Entscheidung erstmalig ein gemäß Art. 2 I GG i.V.m. dem Rechtsstaatsprinzip grundrechtlich verankertes Recht auf Wahrnehmung staatsbürgerlicher Rechte und Pflichten im Zusammenhang mit der Strafverfolgung.[2401] Dies stehe der Annahme einer arbeitsrechtlichen Pflichtverletzung in Whistleblowing-Konstellationen grundsätzlich entgegen.[2402]

3. Rezeption durch das Bundesarbeitsgericht

Das Bundesarbeitsgericht hat die Vorgaben des Bundesverfassungsgerichts übernommen und weiter konkretisiert.[2403] Die grundlegende Übernahme der Vorgaben erfolgte mit Urteil des Bundesarbeitsgerichts vom 3.7.2003, auf welchem die aktuelle arbeitsgerichtliche Whistleblowing-Rechtsprechung fußt.[2404] Nachdem der dortige Kläger seinen Arbeitgeber, den Beklagten, bei der Staatsanwaltschaft angezeigt hatte, wurde ihm gekündigt. Der Kläger meinte, dass kein Kündigungsgrund vorläge, da er mit der Anzeige zur Wahrung berechtigter Interessen gehandelt habe. Der Beklagte sah in der Anzeige dagegen einen schweren Vertrauensbruch, insbesondere da der Kläger nie versucht habe, den Sachverhalt intern aufzuklären. Das Bundesarbeitsgericht greift die soeben vorgestellte Entscheidung des Bundesverfassungsgerichts auf[2405] und konstatiert, dass die grundsätzlich jeden Arbeitnehmer treffenden arbeitsvertraglichen Nebenpflichten durch die Verfassung beschränkt werden.[2406] Mit der Erstattung einer Strafanzeige nimmt der Arbeitnehmer nach der Auffassung des Bundesverfassungsgerichts[2407] ein von der

---

2398 *Forst* NJW 2011, 3477, 3478.

2399 BVerfG NJW 2011, 3474, 3475/3476; *Berthold,* Whistleblowing in der Rechtsprechung des Bundesarbeitsgerichts, S. 22; *Fischer-Lescano* AuR 2016, 4, 5; *Forst* NJW 2011, 3477, 3478.

2400 *Berthold,* Whistleblowing in der Rechtsprechung des Bundesarbeitsgerichts, S. 22ff.; *Reinfeld,* Das neue Gesetz zum Schutz von Geschäftsgeheimnissen, S. 95.

2401 *Berthold,* Whistleblowing in der Rechtsprechung des Bundesarbeitsgerichts, S. 22ff; *Fischer-Lescano* AuR 2016, 4, 5.

2402 *Berthold,* Whistleblowing in der Rechtsprechung des Bundesarbeitsgerichts, S. 22ff; *Fischer-Lescano* AuR 2016, 4, 5.

2403 So auch *Reinfeld,* Das neue Gesetz zum Schutz von Geschäftsgeheimnissen, S. 95.

2404 *Berthold,* Whistleblowing in der Rechtsprechung des Bundesarbeitsgerichts, S. 25.

2405 BVerG NJW 2011, 3474.

2406 BAG NZA 2004, 427, 429.

2407 BAG NZA 2004, 427, 429 zitiert BVerfG NJW 2001, 3474.

Rechtsordnung gebilligtes und in Art. 2 I GG i.V.m. dem Rechtstaatsprinzip verankertes Grundrecht wahr.[2408] Dementsprechend dürfe diese Handlung nicht zur Rechtfertigung einer fristlosen Kündigung herangezogen werden, soweit sie nicht wissentlich oder leichtfertig falsch erfolgt ist.[2409]

Nach Ansicht des Bundesarbeitsgerichts genügt der Umstand, dass der Arbeitnehmer keine wissentlich oder leichtfertig falschen Angaben getätigt hat, jedoch nicht, um eine vertragswidrige Pflichtverletzung pauschal zu verneinen. Das Bundesverfassungsgericht habe insoweit nur festgestellt, dass die gutgläubige Einschaltung der Staatsanwaltschaft im Regelfall nicht zu einer fristlosen Kündigung führen dürfe. Es seien jedoch auch Konstellationen denkbar, in denen hiervon abweichend auch eine nicht wissentlich oder leichtfertig falsche Anzeige zur Rechtfertigung einer fristlosen Kündigung führen kann.[2410] Nach Ansicht des Bundesarbeitsgerichts muss die vertragliche Rücksichtnahmepflicht unter Berücksichtigung der widerstreitenden Interessen beider Vertragsparteien verstanden werden.[2411] Die gemäß Art. 12 I GG grundrechtlich geschützte Betätigungsfreiheit des Arbeitgebers und die gemäß Art. 2 I GG i.V.m. dem Rechtsstaatsprinzip gemäß Art. 20 III GG, Art. 17 GG und Art. 5 I GG geschützte Position des Arbeitnehmers seien in ihrer Wechselwirkung zu berücksichtigen.[2412] Vor diesem Hintergrund stellte eine Anzeige durch den Arbeitnehmer eine arbeitsvertragliche Pflichtverletzung dar, soweit sie als unverhältnismäßige Reaktion auf das Verhalten des Arbeitgebers bewertet werden kann.[2413] Hierfür nennt das Bundesarbeitsgericht Beurteilungskriterien. Dies sind die Berechtigung der Anzeige, die Motivation des Anzeigenden und das Fehlen eines innerbetrieblichen Abhilfeversuchs.[2414]

Mit Urteil vom 7.12.2006[2415] präzisiert das Bundesarbeitsgericht seine Auseinandersetzung mit Whistleblowing-Handlungen.[2416] Im dortigem Sachverhalt erstattete ein Arbeitnehmer Strafanzeige gegen die Vorsitzende seiner Arbeitgeberin – einen gemeinnützigen Verein – und deren Ehemann wegen der Veruntreuung von Geldern, was zu einer Verurteilung wegen Untreue führte. Das Verfahren gegen den Ehemann wurde eingestellt. Anschließend kündigte der beklagte Verein das Arbeitsverhältnis fristlos und hilfsweise fristgerecht. Er rechtfertigte die Kündigungen damit, dass der Kläger nicht zur Erstattung der Strafanzeige berechtigt gewesen sei. Er hätte zunächst innerbetriebliche Abhilfemöglichkeiten

---

2408 BAG NZA 2004, 427, 429.
2409 BVerfG NJW 2001, 3747; bestätigt durch BAG NZA 2004, 427, 429.
2410 BAG NZA 2004, 427, 429.
2411 BAG NZA 2004, 427, 429.
2412 BAG NZA 2004, 427, 430; *Berthold,* Whistleblowing in der Rechtsprechung des Bundesarbeitsgerichts, S. 25.
2413 BAG NZA 2004, 427, 430; *Berthold,* Whistleblowing in der Rechtsprechung des Bundesarbeitsgerichts, S. 27; *Fischer-Lescano* AuR 2016, 4, 5.
2414 BAG NZA 2004, 427, 430.
2415 BAG NZA 2007, 502 = AP KSchG 1969 § 1 Verhaltensbedingte Kündigung.
2416 *Berthold,* Whistleblowing, S. 28.

ausschöpfen müssen und sei selbst nicht gefährdet gewesen, da er als Krankenwagenfahrer tätig war und ihn niemand mit Unregelmäßigkeiten bei der Verwaltung von Geldern in Verbindung gebracht habe.[2417] Das Bundesarbeitsgericht konkretisiert im Rahmen dieser Entscheidung seine Vorgaben zur Beurteilung von Whistleblowing-Handlungen.[2418] Die Wahrnehmung staatsbürgerlicher Rechte im Zusammenhang mit der Erstattung von Strafanzeigen könne nicht an die berufliche Stellung des Arbeitnehmers und deren Bewertung durch den Arbeitgeber oder Dritte geknüpft sein.[2419] Zudem könne die Berechtigung zur Erstattung der Anzeige nach Ansicht des Bundesarbeitsgerichts nicht an das tatsächliche Vorliegen einer Straftat geknüpft werden.[2420] Es sei gerade der Zweck eines Ermittlungsverfahrens, zu überprüfen, ob eine Straftat vorliegt.[2421] Deshalb könne die Berechtigung zur Anzeige nur in den Fällen verneint werden, in denen der Arbeitnehmer weiß, dass die getätigten Vorwürfe nicht zutreffen bzw. er dies leicht hätte erkennen können oder er sein Recht unverhältnismäßig ausgeübt hat.[2422]

Auch die – bereits in der Entscheidung von 2003 thematisierte[2423] – Rechtsfrage, wann die Anzeige des Arbeitnehmers ausnahmsweise eine unverhältnismäßige Reaktion und damit eine Pflichtverletzung darstellt, konkretisiert das Bundesarbeitsgericht weitergehend. Unternimmt der Arbeitnehmer keine Bemühungen, den Sachverhalt vorrangig intern zu klären, könne dies zwar grundsätzlich eine arbeitsvertragliche Nebenpflichtverletzung begründen.[2424] Dies trete jedoch zurück, wenn es sich bei den begangenen Straftaten um schwerwiegende Sachverhalte handelt oder die Straftaten durch den Arbeitgeber selbst begangen wurden.[2425]

2417 BAG NZA 2007, 502, 502 = AP KSchG 1669 § 1 Verhaltensbedingte Kündigung; so auch zusammengefasst bei *Berthold,* Whistleblowing, S. 28–29.

2418 *Berthold,* Whistleblowing, S. 28; *Reinfeld,* Das neue Gesetz zum Schutz von Geschäftsgeheimnissen, S. 95.

2419 BAG NZA 2007, 502, 503 Rn. 17 = AP KSchG 1969 § 1 Verhaltensbedingte Kündigung Nr. 5.

2420 BAG NZA 2007, 502, 504 Rn. 18 = AP KSchG 1969 § 1 Verhaltensbedingte Kündigung Nr. 5.

2421 BAG NZA 2007, 502, 504 Rn. 18 = AP KSchG 1969 § 1 Verhaltensbedingte Kündigung Nr. 5.

2422 BAG NZA 2007, 502, 504 Rn. 18 = AP KSchG 1969 § 1 Verhaltensbedingte Kündigung Nr. 5.

2423 BAG NZA 2004, 427, 430 = AP KSchG 1969 § 1 Verhaltensbedingte Kündigung Nr. 45.

2424 Im Ergebnis BAG NZA 2007, 502, 503 Rn. 17 = AP KSchG 1969 § 1 Verhaltensbedingte Kündigung Nr. 5.

2425 BAG NZA 2007, 502, 503 Rn. 17 = AP KSchG 1969 § 1 Verhaltensbedingte Kündigung Nr. 5; *Reinfeld,* Das neue Gesetz zum Schutz von Geschäftsgeheimnissen, S. 95.

4. *Rechtsprechung des Europäischen Gerichtshofs für Menschenrechte*

a) Rechtssache Heinisch

Mit Urteil vom 21.7.2011[2426] hat sich auch der Europäische Gerichtshof für Menschenrechte zum Maßstab für die Beurteilung von Whistleblower-Handlungen positioniert.[2427] Der Gerichtshof hatte über den Fall einer Altenpflegerin zu entscheiden, die nach einer Strafanzeige gegen ihren Arbeitgeber zunächst fristgerecht und nach dem Versuch sich dagegen gewerkschaftlich zu wehren, fristlos entlassen wurde.[2428] Die Wirksamkeit der Kündigungen wurde im Kündigungsschutzprozess bestätigt.[2429]

Über mehrere Jahre hatte die Beschwerdeführerin wiederholt und zuletzt mit anwaltlicher Unterstützung Mängel der Versorgungsleistung gegenüber der Geschäftsleitung geltend gemacht und insbesondere Personalmangel und unzureichende hygienische Grundversorgung gerügt. Nachdem der Arbeitgeber nicht reagierte, erstattete sie Strafanzeige wegen Betrugs in besonders schwerem Fall. Die Arbeitsgerichte sahen in der Strafanzeige einen wichtigen Grund im Sinne von § 626 BGB und erachteten die Kündigung als rechtmäßig.[2430] Nach Ansicht des Europäischen Gerichtshofs für Menschenrechte fällt Whistleblowing in den Schutzbereich der Meinungsfreiheit gemäß Art. 10 EMRK.[2431] Der Anwendungsbereich dieses Grundrechts erfasst auch das privatrechtliche Verhältnis von Arbeitnehmer und Arbeitgeber und folglich Meinungsäußerungen am Arbeitsplatz.[2432] Deswegen stelle die Kündigung der Beschwerdeführerin einen Eingriff in ihre gemäß Art. 10 EMRK gewährleistete Meinungsfreiheit dar.[2433] Dieser Eingriff könne jedoch auch gerechtfertigt sein, soweit er gesetzlich vorgesehen ist, ein berechtigtes Ziel im Sinne von Art. 10 II EMRK verfolgt und in einer demokratischen Gesellschaft notwendig ist, um dieses Ziel zu erreichen.[2434] Nach Ansicht des Europäischen Gerichtshofs für Menschenrechte müsse bei dieser Prüfung eine Abwägung der berechtigten Geheimhaltungsinteressen des Arbeitgebers mit dem Interesse des Arbeitnehmers an der Meinungsäußerung erfolgen.[2435] Der Gerichtshof nennt Kriterien, die bei dieser Abwägung berücksichtigt werden müssen. Dies sind das öffentliche Interesse an der Aufdeckung, mögliche Handlungsalternativen

---

2426 EGMR – *Heinisch* NZA 2011, 1269 = NJW 2011, 3501.

2427 *Fischer-Lescano* AuR 2016, 4, 5; *Schmitt* RdA 2017, 365, 366.

2428 EGMR NZA 2011, 1269, 1269 = NJW 2011, 2501 = AP BGB § 626 Nr. 235.

2429 EGMR – *Heinisch* AuR 2011, 355, 355–356.

2430 Für die gesamte Sachverhaltsschilderung EGMR NZA 2011, 1269, 1269 = NJW 2011, 3501 = AP BGB § 626 Nr. 235.

2431 EGMR NZA 2011, 1269, 1270 Rn. 43 = NJW 2011, 3501 = AP BGB § 626 Nr. 235.

2432 EGMR NJW 1996, 375; EGMR NZA 2011, 1269, 1270 Rn. 44 = NJW 2011, 3501 = AP BGB § 626 Nr. 235.

2433 EGMR NZA 2011, 1269, 2370 Rn. 45 = NJW 2011, 3477.

2434 EGMR NZA 2011, 1269, 1270 Rn. 46 = NJW 2011, 3477.

2435 EGMR NZA 2011, 1269, 1271 Rn. 64 = NJW 2011, 3477; *Forst* NJW 2011, 3477, 3479.

der aufdeckenden Person, insbesondere die Möglichkeit einer vorherigen innerbetrieblichen Anzeige, die Authentizität der aufgedeckten Information, die Gut- bzw. Bösgläubigkeit des Handelnden und der eingetretene Schaden bei dem Arbeitgeber.[2436] Dieser Maßstab deckt sich weitgehend mit den Kriterien der Rechtsprechung des Bundesarbeitsgerichts.[2437]

b) Auswirkungen der Rechtsprechung des Europäischen Gerichtshofs für Menschenrechte

Mit Rücksicht auf die übernationale Verortung des Europäischen Gerichtshofs für Menschenrechte fragt sich, wie sich dieses Urteil auf die hier vorgestellte Rechtslage auswirkt. Bei der Europäischen Menschenrechtskonvention handelt es sich um einen völkerrechtlichen Vertrag, dem der deutsche Gesetzgeber gemäß Art. 59 II GG zugestimmt hat.[2438] Rechtsfolge dieser Zustimmung ist die Übernahme in innerstaatliches Recht.[2439] Demzufolge ist die Europäische Menschenrechtskonvention Teil des einfachen Bundesrechtes.[2440] Das Bundesverfassungsgericht geht davon aus, dass die Gewährleistungen der Europäischen Menschenrechtskonvention und die Entscheidungen des Gerichtshofs bei der Auslegung des Verfassungsrechts berücksichtigt werden müssen.[2441] Dies gilt insbesondere auch für die Fachgerichte bei der Anwendung des nationalen Rechts.[2442] Auf der Ebene des Unionsrechts ist zudem Art. 52 III S. 1 GrCh zu beachten.[2443] Danach dürfen unionsrechtliche Grundrechte, deren Anwendungsbereich sich mit einer Gewährleistung der Europäischen Menschenrechtskonvention deckt, nicht hinter dessen Gewährleistungen zurückbleiben.[2444] Daraus folgt, dass die Rechtsprechung zu Art. 10 EMRK bei der Auslegung der gemäß Art. 11 GrCh unionsrechtlich gewährleisteten Meinungsfreiheit berücksichtigt werden muss.[2445] Zusammenfassend strahlen die Konventionsrechte der Europäischen Menschenrechtskonvention sowohl auf die Auslegung der nationalen Verfassung als auch auf die unionsrechtlichen Grundrechte aus.[2446] Soweit diese berührt sind, müssen die vorstehend

---

2436 EGMR NZA 2011, 1269, 1269, 1271 Rn. 65ff. = NJW 2011, 3477.
2437 *Schmitt* RdA 2017, 365, 367.
2438 *Schlachter* RdA 2012, 108, 109.
2439 Dreier/*Heun* Art. 59 GG Rn. 47.
2440 Dreier/*Heun* Art. 59 GG Rn. 47; *Schlachter* RdA 2012, 108, 109; ErfK/*Preis* § 611a BGB Rn. 717; *Forst* NJW 2011, 3477, 3479; v. Mangoldt/Klein/Stark/*Kempen* Art. 59 GG Rn. 92; *Preis/Seiwerth* RdA 2019, 351, 356.
2441 BVerfG NJW 2004, 3407, 3407; *Schlachter* RdA 2012, 108, 109.
2442 BVerfG NJW 2010, 3008, 3015 Rn. 74.
2443 ErfK/*Preis* § 611a BGB Rn. 717; *Preis/Seiwerth* RdA 2017, 351, 355.
2444 ErfK/*Preis* § 611a BGB Rn. 717; *Preis/Seiwerth* RdA 2017, 351, 355.
2445 ErfK/*Preis* § 611a BGB Rn. 717; *Preis/Seiwerth* RdA 2017, 351, 355; *Schmitt* RdA 2017, 365, 367/368.
2446 Im Ergebnis auch ErfK/*Preis* § 611a BGB Rn. 717; *Preis/Seiwerth* RdA 2019, 351, 355.

erörterten Regelungen konventionsgemäß ausgelegt werden.[2447] Im Ergebnis ist die Rechtsprechung des Europäischen Gerichtshofs für Menschenrechte für die nationale Rechtsanwendung verbindlich.[2448]

Trotz der Übereinstimmungen beinhaltet die Entscheidung des Europäischen Gerichtshofs für Menschenrechte ein Novum im Vergleich zu der bis dahin ergangenen Rechtsprechung von Bundesverfassungsgericht und Bundesarbeitsgericht. Dies liegt in dem Hinweis auf die besondere Bedeutung des öffentlichen Interesses an der Offenlegung betriebsinterner Missstände als Beurteilungskriterium der Verhältnismäßigkeit.[2449]

c) *Rezeption der Rechtsprechung des Europäischen Gerichtshofs für Menschenrechte durch das Bundesarbeitsgericht*

Mit Urteil vom 15.12.2016 führt das Bundesarbeitsgericht seine Rechtsprechung zum Whistleblowing fort.[2450] Diese Entscheidung stellt unter Bezugnahme auf die Rechtsprechung des Europäischen Gerichtshofs für Menschenrechte fest, dass bei der Verhältnismäßigkeit einer Anzeige durch Arbeitnehmer auch das öffentliche Interesse an einer Offenlegung einbezogen werden muss.[2451] Im Übrigen hält das Bundesarbeitsgericht an den Leitlinien seiner Grundsatzentscheidung von 2003 fest.[2452]

5. *Zusammenfassung der tradierten Kriterien zur Beurteilung der Kündigungsrelevanz einer Whistleblowing-Handlung*

a) *Stufenmodell der Rechtsprechung*

Die von der Rechtsprechung aufgestellten Kriterien zur Beurteilung von externen Whistleblowing-Aktivitäten stimmen weitgehend überein.[2453] Es kann festgehalten werden, dass der externe Hinweis eines Arbeitnehmers auf interne Missstände nicht zwingend eine Verletzung der arbeitsvertraglichen Nebenpflichten aus

---

2447 ErfK/*Preis* § 611a BGB Rn. 717; *Preis/Seiwerth* RdA 2019, 351, 355.

2448 Im Ergebnis ErfK/*Preis* § 611a BGB Rn. 717; *Fischer-Lescano* AuR 2016, 4, 5; *Preis/Seiwerth* RdA 2019, 351, 355.

2449 *Schlachter* RdA 2012, 108, 110; *Gerdemann* RdA 2019, 16, 17; *Oetker* ZESAR 2017, 257, 262; im Ergebnis *Reinfeld,* Das neue Gesetz zum Schutz von Geschäftsgeheimnissen, S. 96.

2450 BAG NZA 2017, 703, 703 = AP KSchG 1969 § 1 Verhaltensbedingte Kündigung Nr. 55.

2451 BAG NZA 2017, 703, 704 Rn. 14 = AP KSchG 1969 § 1 Verhaltensbedingte Kündigung Nr. 55; *Gerdemann* RdA 2019, 16, 17.

2452 BAG NZA 2017, 703, 704 Rn. 14 = AP KSchG 1969 § 1 Verhaltensbedingte Kündigung Nr. 55.

2453 *Forst* NJW 2011, 3477, 3480; *Schmitt* RdA 2017, 365, 368.

§§ 242, 241 II BGB bedeutet.[2454] Aus den Grundrechten der Arbeitnehmer resultieren staatsbürgerliche Rechte und Pflichten, die dazu berechtigten, potenziell strafbares Handeln den zuständigen Stellen anzuzeigen, soweit der Arbeitnehmer nicht wissentlich oder leichtfertig falsche Angaben tätigt.[2455] Aufgrund dessen rechtfertigt ein solches Verhalten nicht ohne weiteres arbeitsrechtliche Sanktionen.[2456] Bei der Beurteilung der Handlung müssen jedoch auch die Interessen des Arbeitgebers berücksichtigt werden.[2457] Deswegen kann eine externe Whistleblowing-Handlung eine vertragliche Pflichtverletzung darstellen, soweit sie unberechtigt erfolgt ist oder eine unverhältnismäßige Reaktion auf das Verhalten des Arbeitgebers darstellt.[2458]

Die Berechtigung einer Whistleblowing-Handlung gemäß Art. 2 I GG i.V.m. mit dem Rechtsstaatsprinzip aus Art. 20 III GG setzt voraus, dass der Arbeitnehmer weder wissentlich falsche noch leichtfertig unwahre Angaben macht.[2459] Bei der Beurteilung dieser Voraussetzung wird der Ausgang des Strafverfahrens grundsätzlich nicht einbezogen.[2460] Diesem kann aber Indizwirkung zukommen, dass die Anzeige nicht leichtfertig falsch erhoben wurde.[2461] Die Berechtigung des Arbeitnehmers setzt nicht voraus, dass tatsächlich ein strafwürdiges Verhalten vorliegt.[2462] Zentrales Kriterium ist vielmehr, dass der Arbeitnehmer nicht schon im Vorhinein weiß, dass seine Vorwürfe nicht zutreffen oder dies zumindest bei

---

2454 ErfK/*Preis* § 611a BGB Rn. 716; *Holthausen* NZA 2019, 1377, 1381; *Preis/Seiwerth* RdA 2019, 351, 355; *Reinfeld,* Das neue Gesetz zum Schutz von Geschäftsgeheimnissen, S. 95; Staudinger/*Richardi/Fischinger* § 611 BGB Rn. 1207–1208.

2455 ErfK/*Preis* § 611a BGB Rn. 716; *Holthausen* NZA 2019, 1377, 1381; MüKoBGB/*Spinner* § 611a BGB Rn. 1010; *Müller* NZA 2002, 424, 430; *Reichhold,* MünchArbR § 54 Rn. 41; *Preis/Seiwerth* RdA 2019, 351, 355; *Reinfeld,* Das neue Gesetz zum Schutz von Geschäftsgeheimnissen, S. 95.

2456 Im Ergebnis ErfK/*Preis* § 611a BGB Rn. 716; *Reinfeld,* Das neue Gesetz zum Schutz von Geschäftsgeheimnissen, S. 94–95.

2457 ErfK/*Preis* § 611a BGB Rn. 716; *Preis/Seiwerth* RdA 2019, 351, 355; kritisch AR-*Kamanabrou* § 611a BGB Rn. 375.

2458 BAG NZA 2004, 427, 430 = AP KSchG 1969 § 1 Verhaltensbedingte Kündigung Nr. 45; im Ergebnis ErfK/*Preis* § 611a BGB Rn. 716; *Fischer-Lescano* AuR 2016, 4, 5; *Groß/Platzer* NZA 2017, 1097, 1098; *Reichhold,* MünchArbR § 54 Rn. 41; *Preis/Seiwerth* RdA 2019, 351, 355; *Reinfeld,* Das neue Gesetz zum Schutz von Geschäftsgeheimnissen, S. 95.

2459 BAG NZA 2004, 427, 427, 428; ErfK/*Preis* § 611a BGB Rn. 716; *Berthold,* Whistleblowing, S. 69; *Preis/Seiwerth* RdA 2019, 351, 355; *Reinfeld,* Das neue Gesetz zum Schutz von Geschäftsgeheimnissen, S. 95.

2460 BAG NZA 2007, 502, 504 Rn. 18; im Ergebnis *Reinfeld,* Das neue Gesetz zum Schutz von Geschäftsgeheimnissen, S. 95.

2461 BAG NZA 2007, 502, 504 Rn. 18.

2462 Im Ergebnis *Reinfeld,* Das neue Gesetz zum Schutz von Geschäftsgeheimnissen, S. 95.

Anwendung der erforderlichen Sorgfalt hätte erkennen müssen.[2463] Die Berechtigung des Whistleblowing setzt Gutgläubigkeit des Hinweisgebers in Bezug auf das Vorliegen einer Straftat voraus.[2464] Bei Vorliegen der weiteren Voraussetzungen ist der gutgläubige Whistleblower geschützt.[2465]

Die Verhältnismäßigkeit der Anzeige wird von Rechtsprechung und Literatur übereinstimmend insbesondere unter Berücksichtigung von drei Kriterien beurteilt.[2466] Zunächst ist die Motivation des Hinweisgebers maßgeblich.[2467] Dieser darf nicht aus zu missbilligenden Motiven gehandelt haben.[2468] Dies wird damit begründet, dass ein Arbeitnehmer, der aus Rache oder in Schädigungsabsicht handelt, nicht mehr in Wahrnehmung staatsbürgerlicher Rechte agiert.[2469] Dabei müsse der Arbeitnehmer jedoch nicht ausschließlich aus schützenswerten Motiven handeln. Es genüge vielmehr, wenn dieser nicht ausschließlich oder vorrangig zur Verfolgung missbilligter Ziele tätig wird.[2470] Sofern zugleich weitere schützenswerte Allgemeininteressen relevant waren, steht dies der Verhältnismäßigkeit der Anzeige nicht entgegen.

Zudem muss berücksichtigt werden, ob dem Arbeitnehmer Möglichkeiten zur innerbetrieblichen Klärung zur Verfügung standen und ob ein öffentliches Interesse an der Offenlegung besteht.[2471] Objektiv setzt die externe Weitergabe von Informationen voraus, dass sich der Hinweisgeber zunächst vergeblich bemüht hat, den Sachverhalt intern aufzuklären.[2472] Erst nachdem der Versuch

---

2463 BAG NZA 2007, 502, 504 Rn. 18; im Ergebnis *Reinfeld,* Das neue Gesetz zum Schutz von Geschäftsgeheimnissen, S. 95.

2464 *Gerdemann* RdA 2019, 16, 18; *Reinfeld,* Das neue Gesetz zum Schutz von Geschäftsgeheimnissen, S. 95.

2465 Im Ergebnis *Reinfeld,* Das neue Gesetz zum Schutz von Geschäftsgeheimnissen, S. 95.

2466 ErfK/*Preis* § 611a BGB Rn. 716; *Forst* NJW 2011, 3477; *Reinfeld,* Das neue Gesetz zum Schutz von Geschäftsgeheimnissen, S. 95; Staudinger/*Richardi/Fischer* § 611 BGB Rn. 1208.

2467 BAG NZA 2017, 703, 704 Rn. 14 = AP KSchG 1969 § 1 Verhaltensbedingte Kündigung; BAG NZA 2004, 427, 430 = AP KSchG 1969 § 1 Verhaltensbedingte Kündigung Nr. 45; *Reichhold,* MünchArbR § 54 Rn. 41; *Reinfeld,* Das neue Gesetz zum Schutz von Geschäftsgeheimnissen, S. 95.

2468 BAG NZA 2004, 427; ErfK/*Preis* § 611a BGB Rn. 716; *Gerdemann* RdA 2019, 16, 18; *Preis/Seiwerth* RdA 2019, 351, 355; *Schmitt* RdA 2017, 365, 366.

2469 BAG NZA 2004, 427, 439 = AP KSchG 1969 § 1 Verhaltensbedingte Kündigung Nr. 45; *Becker,* Whistleblowing, S. 92; ErfK/*Preis* § 611a BGB Rn. 716; *Schmitt* RdA 2017. 365, 366.

2470 BAG NZA 2004, 427, 430; *Gerdemann* RdA 2016, 16, 18; *Reichhold,* MünchArbR § 54 Rn. 46.

2471 BAG NZA 2017, 703, 704 Rn. 14 = AP KSchG 1969 § 1 Verhaltensbedingte Kündigung; BAG NZA 2004, 427, 430; *Reinfeld,* Das neue Gesetz zum Schutz von Geschäftsgeheimnissen, S. 95.

2472 BAG NZA 2004, 427, 430; BAG NZA 2015, 245, 251 Rn. 63 = AP KSchG 1969 § 15 Nr. 76; BeckOK GeschGehG/*Hiéramente* § 5 Rn. 38; *Berthold,* Whistleblowing in der Rechtsprechung des Bundesarbeitsgerichts, S. 70; ErfK/*Preis* § 611a BGB Rn. 716;

zur innerbetrieblichen Abhilfe gescheitert ist, kann sich der Arbeitnehmer rechtmäßig an öffentliche Stellen wenden.[2473] Eine früher in der Literatur vertretene Auffassung ging davon aus, dass eine vorrangige innerbetriebliche Klärung ohne Ausnahme erforderlich ist.[2474] Demgegenüber hat sich mittlerweile – ausgehend von der Grundsatzentscheidung des Bundesarbeitsgericht[2475] – die Auffassung durchgesetzt, dass dies nur insoweit gilt, als nach objektiver Betrachtung davon ausgegangen werden kann, dass der Arbeitgeber einer Beschwerde durch den Arbeitnehmer nachgeht.[2476] Kann diese Prognose nicht getroffen werden, dürfen sich Arbeitnehmer unmittelbar an externe Stellen wenden. Dies gilt zunächst für den Fall, dass dem Arbeitgeber die Gesetzwidrigkeit bereits bekannt ist und er diese billigt.[2477] Ein vorrangiger innerbetrieblicher Abhilfeversuch erscheint auch dann überflüssig, wenn die Beseitigung des gesetzwidrigen Zustandes nicht möglich ist.[2478] Schließlich entfällt diese Pflicht auch, wenn sich die gesetzwidrige Handlung gegen den Arbeitnehmer selbst richtet oder dieser sich durch die Nichtoffenlegung strafbar machen würde.[2479] Zusammenfassend ist ein vorheriger innerbetrieblicher Abhilfeversuch im Einzelfall nicht erforderlich, wenn dieser von vornherein erfolglos erscheint oder den Arbeitnehmer unverhältnismäßig belasten würde.[2480]

Gerdemann RdA 2019, 16, *Preis/Seiwerth* RdA 2019, 351, 355; *Schmitt* RdA 2017, 365, 366; *Reinfeld,* Das neue Gesetz zum Schutz von Geschäftsgeheimnissen, S. 95; *Reinhardt-Kasperek/Kaindl* BB 2018, 1332; 1333; *Trebeck/Schulte-Wissermann* NZA 2018, 1175; *Ullrich* NZWiSt 2019, 65, 68.

2473 BAG NZA 2004, 427, 430; ErfK/*Preis* § 611a BGB Rn. 716; *Reichhold,* MünchArbR § 54 Rn. 41.

2474 *Müller* NZA 2004, 427, 332; *Preis/Reinfeld,* AuR 1989, 361, 372f.

2475 BAG NZA 2004, 427 =AP KSchG 1969 § 1 Verhaltensbedingte Kündigung Nr. 45.

2476 BAG NZA 2004, 427, 430 = AP KSchG 1969 § 1 Verhaltensbedingte Kündigung Nr. 45; *Berthold,* Whistleblowing in der Rechtsprechung des Bundesarbeitsgerichts, S. 70; ErfK/*Preis* § 611a BGB Rn. 716; *Holthausen* NZA 2019, 1377, 1381; *Reichhold,* MünchArbR § 54 Rn. 41*Preis/Seiwerth* RdA 2019, 351, 355; im Ergebnis *Reinfeld,* Das neue Gesetz zum Schutz von Geschäftsgeheimnissen, S. 95; Staudinger/*Richardi/Fischinger* § 611 BGB Rn. 1207.

2477 LAG Baden-Württemberg NZA 1987, 756, 756; ErfK/*Preis* § 611a BGB Rn. 716; *Gerdemann* RdA 2019, 16, 18; *Holthausen* NZA 2019, 1377, 1381; *Ullrich* NZWiSt 2019, 65, 68.

2478 ErfK/*Preis* § 611a BGB Rn. 716.

2479 BAG NZA 2004, 427, 427 = AP KSchG § 1 Verhaltensbedingte Kündigung Nr. 45; *Berthold,* Whistleblowing in der Rechtsprechung des Bundesarbeitsgerichts, S. 70; ErfK/*Preis* § 611a BGB Rn. 716; *Schmitt* RdA 2019, 16, 18.

2480 BAG NZA 2015, 245, 251 Rn. 63 = AP KSchG 1969 § 15 Nr. 76; *Berthold,* Whistleblowing in der Rechtsprechung des Bundesarbeitsgerichts, S. 70; *Gerdemann* RdA 2019, 16, 18; *Preis/Seiwerth* RdA 2019, 351, 355; *Reichhold,* MünchArbR § 54 Rn. 41; *Schmitt* RdA 2017, 365, 366.

b) Adressat der Offenlegung

Nachdem die gerichtlichen Entscheidungen zur Whistleblowing-Problematik überwiegend Strafanzeigen durch den Arbeitnehmer thematisieren, bleibt zu klären, ob diese sich grundsätzlich auch gegenüber der allgemeinen Öffentlichkeit offenbaren dürfen.

aa) Rechtsprechung

Eine stringente und einheitliche Rechtsprechung zu der Frage, unter welchen Voraussetzungen Arbeitnehmer sensible Informationen an die Öffentlichkeit weitergeben dürfen, ist nicht zu erkennen.[2481] Es existieren jedoch einige Entscheidungen, anhand derer die Bewertung der Rechtsprechung erkennbar wird. Das Bundesverfassungsgericht hat entschieden, dass Beamte und Angestellte des öffentlichen Dienstes verpflichtet sind, bei verfassungswidrigem Handeln ihrer Behörde zunächst die gesetzlich vorgesehenen Abhilfemöglichkeiten in Anspruch zu nehmen, bevor bei Erfolglosigkeit unter Umständen die allgemeine Öffentlichkeit eingeschaltet werden darf.[2482]

Der Bundesgerichtshof hat mit Urteil vom 20.1.1981 festgestellt, dass widerrechtlich beschaffte betriebsinterne Informationen unter Umständen auch der allgemeinen Öffentlichkeit gegenüber preisgegeben werden dürfen. Dies setze allerdings das Vorliegen betriebsinterner Missstände, die Betroffenheit der Öffentlichkeit durch diese und die fehlende Möglichkeit interner Klärung, voraus.[2483] Das Bundesverfassungsgericht hat dies dahingehend eingeschränkt, dass widerrechtlich beschaffte Informationen nur veröffentlicht werden dürfen, wenn die Bedeutung der Information für die Öffentlichkeit die mit der Veröffentlichung einhergehenden Nachteile eindeutig überwiegt.[2484]

Nach Ansicht des Bundesarbeitsgerichts kann ein Arbeitnehmer Informationen unter Umständen unmittelbar an die Öffentlichkeit weitergeben, wenn ein innerbetrieblicher Missstand vorliegt, der die Öffentlichkeit wesentlich berührt und die Pflicht zum Stillschweigen den Arbeitnehmer einem inneren Konflikt aussetzen würde.[2485] Instanzengerichtliche Entscheidungen haben die Anzeige bei der Staatsanwaltschaft als angemessenes Vorgehen im Verhältnis zur Weitergabe an die Öffentlichkeit im Rahmen der Interessenabwägung bewertet.[2486]

2481 *Berthold,* Whistleblowing, S. 33.

2482 BVerfG NJW 1970, 1498, 1498 = BVerfGE 28, 191; *Berthold,* Whistleblowing, S. 35.

2483 BGH NJW 1981, 1089, 1089 = BGHZ 80, 25.

2484 BVerfG NJW 1984, 1741, 1743 = BVerfGE 66, 116.

2485 *Berthold,* Whistleblowing, S. 39; die Entscheidung wurde nicht veröffentlicht, sodass auf die Sekundärliteratur zurückgegriffen werden muss.

2486 LAG Berlin BeckRS 2009, 68064; LAG Köln NRA-RR 2012, 298, 301.

bb) Meinungsstand in der Literatur

Nach herrschender Meinung in der Literatur kann Whistleblowing nicht gegenüber beliebigen Adressaten erfolgen.[2487] Staatsbürgerliche Rechte aus Art. 2 I GG i.V.m. Art. 20 III GG gewährleisten lediglich die Teilhabe an gesetzlich geregelten Verfahren bzw. Abhilfemöglichkeiten. Deswegen dürfe die Anzeige ausschließlich gegenüber der zuständigen Behörde erfolgen.[2488] Im Falle betriebsinternen strafwürdigen Verhaltens können sich Arbeitnehmer grundsätzlich nur an die Staatsanwaltschaft wenden.[2489] Teilweise findet sich die Ansicht, dass die Missstände auch gegenüber der allgemeinen Öffentlichkeit bekannt gemacht werden dürfen, soweit kein milderes Mittel ersichtlich ist.[2490]

cc) Zusammenfassung

In Rechtsprechung und Literatur werden Whistleblowing-Aktivitäten gegenüber der allgemeinen Öffentlichkeit überwiegend kritisch betrachtet. Danach war der Hinweis gegenüber der allgemeinen Öffentlichkeit nach alter Rechtslage grundsätzlich unzulässig. Lediglich in Ausnahmekonstellationen konnte unter engen Voraussetzungen hierauf zurückgegriffen werden. Dabei haben Rechtsprechung und Literatur keine feststehenden Kriterien zur Beurteilung herausgearbeitet. Verallgemeinernd lässt sich jedoch festhalten, dass der Hinweis an die Öffentlichkeit nur als Ultima-ratio in Betracht kam. Dies war der Fall, wenn die Offenbarung der fraglichen Informationen durch gewichtige öffentliche Interessen gerechtfertigt und kein milderes Mittel ersichtlich war.

II. Auswirkungen des § 5 Nr. 2 GeschGehG auf Whistleblowing durch Arbeitnehmer

1. *Einführung in die Problematik und bisherige Aufarbeitung in der Literatur*

Da mit § 5 Nr. 2 GeschGehG nunmehr eine Norm existiert, die „Whistleblowing" bezogen auf den Schutz von Geschäftsgeheimnissen von zivilrechtlichen oder

---

2487 *Becker,* Whistleblowing, S. 123; *Kreis,* Whistleblowing als Beitrag zur Rechtsdurchsetzung, S. 144ff.; MüKo-Lauterkeitsrecht/*Brammsen* § 17 UWG Rn. 61; Staudinger/*Preis* § 626 BGB Rn. 133; *Trebeck/Schulte-Wissermann* NZA 2018, 1175, 1178; *Wiese,* Die EU-Richtlinie über den Schutz vertraulichen Know-hows und vertraulicher Geschäftsinformationen, S. 78; nur auf die Anzeige ggü. der Staatsanwaltschaft abstellend *Reichhold,* MünchArbR § 54 Rn. 41.

2488 Staudinger/*Preis* § 626 BGB Rn. 133; *Wiese,* Die EU-Richtlinie über den Schutz vertraulichen Know-hows und vertraulicher Geschäftsinformationen, S. 78.

2489 *Becker,* Whistleblowing, S. 122.

2490 *Schmitt* RdA 2017, 365, 366; Staudinger/*Preis* § 626 BGB Rn. 133; dies ablehnend *Becker,* Whistleblowing, S. 127.

strafrechtlichen Sanktionen ausnimmt, stellt sich die Frage, ob sich dies auch auf die soeben vorgestellte arbeitsrechtliche Bewertung derartiger Sachverhalte auswirkt.[2491] Möglicherweise führt das Inkrafttreten des Geschäftsgeheimnisgesetzes zu einer geänderten Beurteilung.

Diese Frage wurde in der Literatur sowohl unter Bezugnahme auf die Geheimnisschutz-Richtlinie[2492], als auch die Gesetzesentwürfe[2493] und die endgültige Gesetzesfassung[2494] aufgeworfen und diskutiert. Dabei wurde vermehrt die Befürchtung geäußert, die bestehenden Kriterien für ein arbeitsrechtlich zulässiges Whistleblowing könnten durch § 5 Nr. 2 GeschGehG teilweise aufgeweicht werden.[2495] Nach § 5 Nr. 2 GeschGehG müsse das zu legitimierende Verhalten keine verhältnismäßige Reaktion auf den gerügten Missstand sein, insbesondere erfordert der gesetzliche Tatbestand keinen vorherigen innerbetrieblichen Abhilfeversuch.[2496] Zudem seien weder der grundsätzliche Ablauf noch die potenziellen Adressaten einer solchen Anzeige konkretisiert, sodass dies im Belieben des Arbeitnehmers steht.[2497] Andere Stimmen tendieren dahin, die tradierten Kriterien gleichwohl beizubehalten.[2498] Über das Merkmal des „berechtigten Interesses“ seien die Vorgaben des Europäischen Gerichtshofs für Menschrechte in die Voraussetzungen nach dem Geschäftsgeheimnisgesetz zu integrieren.[2499] Teilweise werden die Auswirkungen des § 5 Nr. 2 GeschGehG in Bezug auf den Vorrang der innerbetrieblichen Abhilfe und den potenziellen Adressatenkreis der Offenlegung

---

2491 *Schreiber* NZWiSt 2019, 332, 337.

2492 *Bissels/Schroeders/Ziegelmayer* DB 2016, 2295, 2298; *DGB*, Stellungnahme zu COM (2013) 813 final, S. 3; *Oetker* ZESAR 2017, 257, 257ff.; *Wiese*, Die EU-Richtlinie über den Schutz vertraulichen Know-hows und vertraulicher Geschäftsinformationen, S. 132ff.

2493 *Alexander* AfP 2019, 1, 8; *v. Busekist/Racky* ZRP 2018, 135, 138; *Hiéramente/Golzio* CCZ 2018, 262, 265; *Reinhardt-Kasperek/Kaindl* BB 2018, 1332, 1333; *Trebeck/Schulte-Wissermann* NZA 2018, 1175, 1178ff.;

2494 BeckOK GeschGehG/*Hiéramente* § 5 Rn. 36ff.; ErfK/*Kania* § 611a BGB Rn. 717; Köhler/Bornkamm/Feddersen/*Alexander* § 5 GeschGehG Rn. 26ff.; *Naber/Peukert/Seeger* NZA 2019, 583, 585; *Reinfeld*, Das neue Gesetz zum Schutz von Geschäftsgeheimnissen, S. 94ff.; *Ohly* GRUR 2019, 441, 448; *Schreiber* NZWiSt 2019, 332, 337.

2495 BeckOK GeschGehG/*Hiéramente* § 5 Rn. 39; *Naber/Peukert/Seeger* NZA 2019, 583, 586; *Reinhardt-Kasperek/Kaindl* BB 2018, 1332, 1334–1336; *Schreiber* NZWiSt 2019, 332, 337.

2496 *Naber/Peukert/Seeger* NZA 2019, 583, 586.

2497 *Hiéramente/Golzio* CCZ 2018, 262, 265; *Naber/Peukert/Seeger* NZA 2019, 583, 586; *Reinhardt-Kasperek/Kaindl* BB 2018, 1332, 1334–1336.

2498 ErfK/*Preis* § 611a BGB Rn. 717; Harte-Bavendamm/*Ohly*/Kalbfus § 5 GeschGehG Rn. 48; Köhler/Bornkamm/Feddersen/*Alexander* § 5 GeschGehG Rn. 45; *Preis/Seiwerth* RdA 2019, 341, 356–357; *Rönnau*, FS Merkel, S. 909, 927.

2499 ErfK/*Preis* § 611a BGB Rn. 717; *Preis/Seiwerth* RdA 2019, 351, 356–357; in diese Richtung tendieren auch Harte-Bavendamm/*Ohly*/Kalbfus § 5 GeschGehG Rn. 48; Köhler/Bornkamm/Feddersen/*Alexander* § 5 GeschGehG Rn. 45.

differenziert beurteilt.[2500] Vor diesem Hintergrund bedarf es weiterer Untersuchungen, ob die richterrechtlich entwickelten Voraussetzungen, unter Geltung des Geschäftsgeheimnisgesetzes aufrechterhalten werden können.

2. *Eigene Stellungnahme zu den Auswirkungen von § 5 Nr. 2 GeschGehG auf das arbeitsrechtliche Pflichtengefüge*

a) *Abschließende Regelung von „Whistleblowing-Konstellationen" durch § 5 Nr. 2 GeschGehG*

Denkbar ist § 5 Nr. 2 GeschGehG stets unmittelbar heranzuziehen, wenn ein Arbeitnehmer betriebliche Missstände gegenüber öffentlichen Stellen offenlegt. Damit wäre eine umfassende Legitimationsgrundlage in Whistleblowing-Konstellationen gegeben.[2501] In Konsequenz eines solchen Verständnisses würde sich die Frage, ob der Arbeitnehmer mit seinem Verhalten vertragliche Nebenpflichten gemäß §§ 242, 241 II BGB verletzt, nur nach den Voraussetzungen des § 5 Nr. 2 GeschGehG richten. Liegen diese vor, fehlte es am Tatbestand einer Pflichtverletzung. Der Arbeitnehmer hätte arbeitsrechtliche Sanktionen nicht zu befürchten. Soweit die herkömmlichen Rechtsprechungskriterien enger ausgerichtet sind, etwa mit dem Erfordernis eines vorherigen innerbetrieblichen Abhilfeversuchs bzw. einer Anzeige nur bei der Staatsanwaltschaft, wäre dies obsolet. Bereits die Feststellung der Voraussetzungen des § 5 Nr. 2 GeschGehG genügte, um das Verhalten des Arbeitnehmers zu legitimieren. Dies wirft die Frage auf, ob § 5 Nr. 2 GeschGehG in derartigen Konstellationen umfassend und einschränkungslos herangezogen werden kann.

„Whistleblowing" beschreibt im Wirkungsbereich des § 5 Nr. 2 GeschGehG die Offenlegung rechtswidriger Vorgänge, betrieblicher Missstände und sonstigen Fehlverhaltens[2502] gegenüber externen Stellen zum Schutz berechtigter interner oder allgemeiner öffentlicher Interessen. Zum Ausgleich gebracht werden soll das Schutzinteresse des Berechtigten und das öffentliche Interesse an der Aufdeckung missbilligter Sachverhalte. Ob zwischen den Beteiligten dieses Interessenkonfliktes eine besondere rechtliche Beziehung besteht, die ihrerseits mit eigenen Rechten und Pflichten verbunden ist, spielt im gesetzlichen Lösungsprogramm keine Rolle.

Es kann jedoch nicht außer Acht gelassen werden, dass im Arbeitsverhältnis ein eigenständiges Pflichtengefüge begründet ist, welches unter anderem den Arbeitnehmer zur Interessenwahrung und Rücksichtnahme verpflichtet.[2503] Bewirkt ein

---

2500 *Preis/Seiwerth* RdA 2019, 351, 357.

2501 Dies abwägend BeckOK GeschGehG/*Hiéramente* § 5 Rn. 36ff.; *Naber/Peukert/Seeger* NZA 2019, 583, 587.

2502 *Becker,* Whistleblowing, S. 20/21; *Berthold,* Whistleblowing in der Rechtsprechung des Bundesarbeitsgerichts, S. 1; EuArbRK/*Fest* Hinweisgeber-RL Art. 1 Rn. 2; *Müller* NZA 2002, 424, 426; *Schulz,* Ethikrichtlinien und Whistleblowing, S. 23.

2503 *Oetker* ZESAR 2017, 257, 262.

Arbeitnehmer die Offenlegung von zu missbilligenden Vorgängen, schadet dies dem öffentlichen Ansehen des Arbeitgebers und kann – zumindest mittelbar – beträchtlichen Schaden auslösen. Ein solches Verhalten läuft unter Umständen existenziellen Interessen des Arbeitgebers und damit den Pflichten des Arbeitnehmers aus §§ 242, 241 II BGB zuwider.[2504] Diesen Interessenschutz nimmt § 5 GeschGehG mit Rücksicht auf die gesetzlich intendierten, gegenläufigen Schutzgüter indessen nicht in den Blick.[2505]

Vor diesem Hintergrund stellt sich die Frage, ob die Schutzbereiche des § 5 Nr. 2 GeschGehG und die arbeitsvertraglichen Schutzpflichten aus §§ 242, 241 II BGB in wesentlichen Teilen nicht unterschiedliche Regelungsgegenstände betreffen und deshalb nebeneinander mit eigenständigen Pflichten gesehen werden müssen.[2506] Dann könnte der Arbeitnehmer, auch wenn sein Verhalten unter § 5 Nr. 2 GeschGehG zu subsumieren ist, gleichwohl mit seinem Tun gegen die Pflicht zur Rücksichtnahme verstoßen.[2507] Billigt man vor diesem Hintergrund § 5 Nr. 2 GeschGehG und der arbeitsvertraglichen Rücksichtnahmepflicht jedenfalls teilweise unterschiedliche Schutzzwecke zu, kann die arbeitsrechtliche Behandlung des Whistleblowings nicht durch mittelbare Anwendung des § 5 Nr. 2 GeschGehG abschließend gelöst werden.[2508] Die Rücksichtnahmepflicht behält vielmehr ihre eigenständige Bedeutung.[2509] Whistleblowing im Rahmen eines Arbeitsverhältnisses bedarf der Bewertung auch unter diesem rechtlichen Gesichtspunkt.[2510] Dies entspricht dem Grundsatz des § 1 III Nr. 4 GeschGehG.[2511]

Es fragt sich zudem, ob unter dem Gesichtspunkt der arbeitsvertraglichen Verschwiegenheitspflicht § 5 Nr. 2 GeschGehG eine andere Wirkung beizumessen ist. Diese setzt jedoch tatbestandlich voraus, dass es sich bei den offengelegten Informationen um Geschäftsgeheimnisse im Sinne des § 2 Nr. 1 GeschGehG handelt.[2512] Gemäß § 2 Nr. 1 lit. c) GeschGehG zählen Informationen über rechtswidrige Sachverhalte nicht als Geschäftsgeheimnis im tatbestandlichen Sinn. Legt ein Arbeitnehmer betriebsinterne Rechtsverstöße offen, ist die arbeitsvertragliche

---

2504 *Oetker* ZESAR 2017, 257, 262; *Wiedemann/Seyfert* CCZ 2019, 12, 19.

2505 *Oetker* ZESAR 2017, 257, 262.

2506 So *Kreis,* Whistleblowing als Beitrag zur Rechtsdurchsetzung, S. 74.

2507 EuArbRK/*Schubert* RL (EU) 2016/943 Art. 5 Rn. 14; *Oetker* ZESAR 2017, 257, 263; *Wiedemann/Seyfert* CCZ 2019, 12, 19.

2508 BeckOK GeschGehG/*Hiéramente* § 5 Rn. 42; *Naber/Peukert/Seeger* NZA 2019, 583, 585; *Oetker* ZESAR 2017, 257, 262; im Ergebnis *Scholtyssek/Judis/Krause* CCZ 2020, 23, 26.

2509 Vergleichbar *Kreis,* Whistleblowing als Beitrag zur Rechtsdurchsetzung, S. 74–75.

2510 BeckOK GeschGehG/*Hiéramente* § 5 Rn. 42; *Hiéramente/Golzio* CCZ 2018, 262, 265; *Oetker* ZESAR 2017, 257, 263.

2511 BeckOK GeschGehG/*Hiéramente* § 5 Rn. 42.

2512 Im Ansatz EuArbRK/*Schubert* RL (EU) 2016/943 Art. 5 Rn. 14; *Wiese,* Die EU-Richtlinie über den Schutz vertraulichen Know-hows und vertraulicher Geschäftsinformationen, S. 134.

Verschwiegenheitspflicht damit bereits tatbestandlich nicht tangiert.[2513] Die Legaldefinition in § 2 Nr. 1 GeschGehG enthält zudem weitere spezifische Anforderungen, die nicht bezüglich sämtlicher betriebsinterner Informationen zwingend bejaht werden müssen, nur weil deren Bekanntwerden dem Arbeitgeber schaden könnte. Vielmehr sind zahlreiche Betriebsinterna denkbar, die Gegenstand einer Whistleblowing-Handlung sein könnten ohne die Tatbestandsvoraussetzungen eines Geschäftsgeheimnisses zu erfüllen. In Konsequenz verstoßen Hinweisgeber mit der Offenlegung solcher Sachverhalte nicht zwingend gegen die arbeitsvertragliche Verschwiegenheitspflicht.[2514]

Zusammenfassend beurteilt sich die Frage nach den arbeitsrechtlichen Konsequenzen einer Whistleblowing-Handlung danach, ob der Arbeitnehmer im Einzelfall gegen die allgemeine Interessenwahrungspflicht gemäß §§ 242, 241 II BGB verstoßen hat.[2515] Ein Verstoß gegen die Verschwiegenheitspflicht kommt lediglich dann ergänzend in Betracht, wenn es sich bei der offengelegten Information um ein Geschäftsgeheimnis im Sinne des § 2 Nr. 1 GeschGehG handelt[2516] oder der Arbeitnehmer ein solches im Zuge der Whistleblowing-Handlung aufdeckt. Aber auch dann kann das Verhalten des Arbeitnehmers grundsätzlich eine arbeitsvertragliche Pflichtverletzung wegen eines Verstoßes gegen die Interessen des Arbeitgebers bedeuten.[2517] Damit kann sich die arbeitsrechtliche Sanktionierung eines Whistleblowers zumindest nicht unmittelbar im Wege einer direkten Gesetzesanwendung nach den Voraussetzungen des § 5 Nr. 2 GeschGehG richten.[2518]

b) Ausstrahlung der Wertungen in § 5 Nr. 2 GeschGehG auf die allgemeine Rücksichtnahmepflicht

Möglicherweise wirkt sich § 5 Nr. 2 GeschGehG mittelbar auf die allgemeine Rücksichtnahmepflicht aus. Dann könnte Whistleblowing unter Umständen nicht mehr an den tradierten Kriterien, sondern den Voraussetzungen des Auffangtatbestandes zu messen sein. Dies könnte sich ergeben, wenn die vormaligen richterrechtlich geprägten Anforderungen zulässigen Whistleblowings unter Berücksichtigung der in § 5 Nr. 2 GeschGehG zum Ausdruck kommenden gesetzlich Wertung nicht

---

2513 Fitting § 79 BetrVG Rn. 3b; *Kreis,* Whistleblowing als Beitrag zur Rechtsdurchsetzung, S. 74.

2514 *Oetker* ZESAR 2017, 257, 263.

2515 *Oetker* ZESAR 2017, 258, 263; *Scholtyssek/Judis/Krause* CCZ 2020, 23, 26; *Wiedemann/Seyfert* CCZ 2019, 12, 19.

2516 *DGB*, Stellungnahme zu COM (2013)812 final, S. 3; ähnlicher Ansatz *Kreis,* Whistleblowing als Beitrag zur Rechtsdurchsetzung, S. 74.

2517 EuArbRK/*Schubert* RL (EU) 2016/943 Art. 5 Rn. 14; *Wiedemann/Seyfert* CCZ 2019, 12, 19.

2518 BeckOK GeschGehG/*Hiéramente* § 5 Rn. 42; Harte-Bavendamm/Ohly/*Kalbfus* Einl. C. Rn. 13; *Naber/Peukert/Seeger* NZA 2019, 583, 585; im Ergebnis *Scholtyssek/Judis/Krause* CCZ 2020, 23, 26.

aufrecht erhalten bleiben können. Der Ausnahmetatbestand könnte die übergreifende Vorstellung des Gesetzgebers zum Ausdruck bringen, unter welchen Voraussetzungen Whistleblowing-Handlungen rechtmäßig sein sollen.

Mit Blick auf die RL (EU) 2016/943 und ihre Begründung erscheint ein solches Verständnis indessen zweifelhaft.[2519] Nach Erwägungsgrund 20 soll sich der Schutz von Geschäftsgeheimnissen nicht auf Fälle erstrecken, in denen die Offenlegung eines Geschäftsgeheimnisses insoweit dem öffentlichen Interesse dient, als ein regelwidriges Verhalten, ein Fehlverhalten oder eine illegale Tätigkeit von unmittelbarer Relevanz aufgedeckt wird.[2520] Diese systematische Verknüpfung des Ausnahmetatbestandes mit dem gesetzlich intendierten Geheimnisschutz legt es nahe, dass nach unionsrechtlicher Absicht Art. 5 lit. b) RL (EU) 2016/943 lediglich den Anwendungsbereich des normierten Geheimnisschutzes beschränken und nicht abschließend Zulässigkeitsvoraussetzungen für Whistleblowing-Handlungen vorgeben sollte.[2521] Eine Intention, den Ausnahmetatbestand auch übergreifend für andere Rechtsmaterien zu regeln, ist nicht zu erkennen. Die unionsrechtliche Richtlinie enthält keine umfassenden Vorgaben für die Bewertung des Phänomens „Whistleblowing“[2522], die in anderen rechtlichen Zusammenhängen, etwa dem arbeitsrechtlichen Pflichtengefüge, Wirkung entfalten könnten.

Dass der Richtliniengeber mit Art. 5 lit. b) RL (EU) 2016/943 nicht den rechtlichen Umgang mit Hinweisgebern umfassend vorgeben wollte[2523], belegt ferner der Umstand, dass der Regelungsgegenstand „Whistleblowing“ Ziel unionsrechtlicher Harmonisierungsbestrebungen ist.[2524] Mit der bereits thematisierten „Hinweisgeber-Richtlinie“ sollten europaweit gültige Standards zur Beurteilung von Whistleblowing-Sachverhalten eingeführt werden.[2525] Dies lässt das Verständnis des Richtliniengebers erkennen, dass Art. 5 lit. b) RL (EU) 2016/943 noch keine umfassende Regelung der rechtlichen Problematik des Whistleblowings enthält.[2526] Die Hinweisgeber-Richtlinie gibt in Art. 15 I Verhaltensanforderungen für eine ordnungsgemäße Anzeigenerstattung vor.[2527] Einer solchen Regelung bedürfte es

---

2519 *Hiéramente/Golzio* CCZ 2018, 262, 265; wohl **a.A.** Harte-Bavendamm/Ohly/*Kalbfus* Einl. C. Rn. 13.

2520 RL (EU) 2016/943, Erwägungsgrund 20, ABl. EU L 157/5.

2521 *Hiéramente/Golzio* CCZ 2018, 262, 265; *Naber/Peukert/Seeger* NZA 2019, 583, 585; *Oetker* ZESAR 2017, 257, 263.

2522 *Hiéramente/Golzio* CCZ 2018, 262, 265; EuArbRK/*Fest* Hinweisgeber-RL Art. 1 Rn. 72; *Naber/Peukert/Seeger* NZA 2019, 583, 585; *Oetker* ZESAR 2017, 257, 263.

2523 EuArbRK/*Fest* Hinweisgeber-RL Art. 1 Rn. 72; *Hiéramente/Golzio* CCZ 2018, 262, 265.

2524 *Reinfeld,* Das neue Gesetz zum Schutz von Geschäftsgeheimnissen, S. 8; *Wiedemann/Seyfert* CCZ 2019, 12, 12; ähnlich *DIHK,* Stellungnahme zum Referentenentwurf, S. 3.

2525 Zur Hinweisgeber-Richtlinie siehe Teil 2, § 8, D., I., 2., b), S. 298ff.

2526 Hierzu auch EuArbRK/*Fest* Hinweisgeber-RL Art. 1 Rn. 72.

2527 *Schreiber* NZWiSt 2019, 332, 337.

nicht, wenn aus unionsrechtlicher Sicht mit der Richtlinie das Phänomen Whistleblower bereits abschließend behandelt ist.[2528]

Mangels entgegenstehender Anhaltspunkte im Gesetzgebungsprozess ist davon auszugehen, dass auch der deutsche Gesetzgeber dies nicht anders gesehen hat. Daraus lässt sich ableiten, dass § 5 Nr. 2 GeschGehG keine übergreifenden Regelungen des Whistleblowings enthält.[2529] Die Norm soll vielmehr festlegen, unter welchen Voraussetzungen der rechtliche Geheimnisschutz zum Schutze von Whistleblowing-Aktivitäten zurückzutreten hat.[2530] Dies spricht für ein enges Verständnis der tatbestandlichen Begrenzung. Auch die Begründung des Regierungsentwurfs spricht gegen einen anderen Interpretationsansatz. Danach ist Voraussetzung des § 5 Nr. 2 GeschGehG, „dass die das Geschäftsgeheimnis aufdeckende Person in der Absicht gehandelt hat, das öffentliche Interesse zu schützen". Die Regelung bezieht sich dezidiert auf die Verletzung von Geschäftsgeheimnissen. Eine umfassende Regelung der Zulässigkeit des Whistleblowings war nicht beabsichtigt.

Die Rechtsprechung zur arbeitsrechtlichen Bewertung von Hinweisgebern hat sich, wie aufgezeigt, über einen langen Zeitraum entwickelt und sie spiegelt die innerstaatlichen Vorstellungen und Wertungen eines angemessenen Ausgleiches der widerstreitenden Interessen wider. § 5 Nr. 2 GeschGehG geht damit nicht konform.[2531] Ohne belastbare Anhaltspunkte einer dahingehenden Intention kann nicht davon ausgegangen werden, dass damit die tradierten Rechtsprechungsgrundsätze abgelöst werden sollen.[2532] Vielmehr muss auch weiterhin die Rechtsprechung des Europäischen Gerichtshofs für Menschenrechte und deren Rezeption durch die deutsche Rechtsprechung bei der Auslegung und Anwendung des innerstaatlichen Rechts berücksichtigt werden.[2533]

c) Fazit zu den Auswirkungen des § 5 Nr. 2 GeschGehG auf die deutsche Rechtsprechung im Umgang mit Whistleblowern

Zusammenfassend lässt sich festhalten, dass sich § 5 Nr. 2 GeschGehG nicht auf die arbeitsrechtliche Beurteilung von Whistleblowing-Konstellationen auswirkt.[2534]

2528 *Naber/Peukert/Seeger* NZA 2019, 583, 585; offenlassend *Schreiber* NZWiSt 2019, 332, 337.

2529 *Müllmann* ZRP 2019, 25, 26.

2530 *Müllmann* ZRP 2019, 25, 26.

2531 *Schreiber* NZWiSt 2019, 332, 337.

2532 *Fuhlrott/Hiéramente* DB 967, 969; *Hiéramente/Golzio* CCZ 2018, 262, 265; im Ergebnis *Scholtyssek/Judis/Krause* CCZ 2018, 23, 26; *Schreiber* NZWiSt 2019, 332, 337.

2533 BeckOK GeschGehG/*Hiéramente* § 5 Rn. 46; ErfK/*Preis* § 611a BGB Rn. 717; *Fuhlrott/Hiéramente* DB 2019, 967, 969; *Preis/Seiwerth* RdA 2017, 351, 357.

2534 BeckOK GeschGehG/*Hiéramente* § 5 Rn. 41; ErfK/*Preis* § 611a BGB Rn. 717; im Ergebnis EuArbRK/*Fest* Hinweisgeber-RL Art. 1 Rn. 72; *Fuhlrott/Hiéramente* DB 2019, 967, 969; *Hiéramente/Golzio* CCZ 2018, 262, 265; so wohl auch *Holthausen* NZA 2019, 1377, 1381; Köhler/Bornkamm/Feddersen/*Alexander* § 5 GeschGehG

Ob ein externer Hinweisgeber mit seinem Verhalten den vertraglichen Pflichten gemäß §§ 242, 241 II BGB zuwiderhandelt, muss weiterhin nach den tradierten Grundsätzen der Rechtsprechung beurteilt werden.[2535] Dies folgt daraus, dass der arbeitsrechtliche Vorwurf an einen Whistleblower primär darin besteht, mit seinem Verhalten die arbeitsvertragliche Interessenwahrungspflicht zu verletzen.[2536] Die § 5 Nr. 2 GeschGehG zugrundeliegende Interessenlage ist damit nicht deckungsgleich, weshalb die Regelung auf diese arbeitsrechtliche Konfliktsituation nicht unmittelbar angewendet werden kann.[2537] Aber auch darüber hinaus enthält das Geschäftsgeheimnisgesetz keine Wertentscheidungen, die in die Beurteilung der allgemeinen Interessenwahrungspflicht übertragen werden müssen.[2538] Die innerstaatliche Rechtsprechung und insbesondere das Stufenmodell des Bundesarbeitsgerichts können beibehalten werden.[2539]

Rn. 45; *Naber/Peukert/Seeger* NZA 2019, 583, 586; für den Vorrang innerbetrieblicher Abhilfe *Preis/Seiwerth* RdA 2019, 351, 357; *Preis/Temming,* Arbeitsrecht I, S. 254–255 Rn. 1180a-1181; *Scholtyssek/Judis/Krause* CCZ 2020, 23, 26; *Reinfeld,* Das neue Gesetz zum Schutz von Geschäftsgeheimnissen, S. 96; *Schmitt* RdA 2017, 365, 371; im Ergebnis offenlassend *Schreiber* NZWiSt 2019, 332, 337; im Ansatz *Rönnau,* FS Merkel, S. 909, 925ff., der eine Beibehaltung der tradierten Kriterien zumindest im strafrechtlichen Kontext fordert; **a.A.** Harte-Bavendamm/*Ohly*/Kalbfus § 5 GeschGehG Rn. 15–16; *Trebeck/Schulte-Wissermann* NZA 2018, 1175, 1178–1179.

2535 ErfK/*Preis* § 611a BGB Rn. 717; *Fuhlrott/Hiéramente* DB 2019, 967, 969; *Hiéramente/Golzio* CCZ 2018, 262, 265; *Holthausen* NZA 2019, 1377, 1381; *Naber/Peukert/Seeger* NZA 2019, 583, 586; so wohl auch *Reinfeld,* Das neue Gesetz zum Schutz von Geschäftsgeheimnissen, S. 96.

2536 *Bissels/Schroeders/Ziegelmayer* DB 2016, 2295, 2298; *Fuhlrott/Hiéramente* DB 2019, 967, 969; *Oetker* ZESAR 2017, 257, 263; *Scholtyssek/Judis/Krause* CCZ 2020, 23, 26; *Schreiber* NZWiSt 2019, 332, 338.

2537 *Naber/Peukert/Seeger* NZA 2019, 583, 585; *Oetker* ZESAR 2017, 257, 263.

2538 *Oetker* ZESAR 2017, 257, 263; wohl **a.A.** Harte-Bavendamm/*Ohly*/Kalbfus § 5 GeschGehG Rn. 15.

2539 BeckOK GeschGehG/*Hiéramente* § 611a BGB Rn. 41; ErfK/*Preis* § 611a BGB Rn. 717; *Fuhlrott/Hiéramente* DB 2019, 967, 696; *Hiéramente/Golzio* CCZ 2019, 262, 265; *Holthausen* NZA 2019, 1377, 1381; *Naber/Peukert/Seeger* NZA 2019, 583, 585; *Oetker* ZESAR 2017, 257, 263; bezüglich des Vorrangs innerbetrieblicher Abhilfe *Preis/Seiwerth* RdA 2019, 351, 357; *Scholtyssek/Judis/Krause* CCZ 2020, 23, 26; *Schreiber* NZWiSt 2019, 332, 338; Im Ansatz Büscher/*McGuire* § 5 GeschGehG Rn. 24; *Ohly* GRUR 2019, 441, 448; *Reinfeld,* Das neue Gesetz zum Schutz von Geschäftsgeheimnissen, S. 96; *Reinhardt-Kasperek/Kaindl* BB 2018, 1332, 1334–1336.

Teil 4 Auswirkungen des Geschäftsgeheimnisgesetzes auf gesetzliche Regelungen zum Umgang mit Betriebs- und Geschäftsgeheimnissen

Neben dem Stammgesetz zum Schutz von Geschäftsgeheimnissen existieren zahlreiche, diesen Begriff aufgreifende Normen und Pflichten[2540], die ihre Geltung im Zuge der Gesetzesnovellierung nicht eingebüßt haben. Aufgrund der festgestellten tatbestandlichen Änderung zwischen der tradierten Rechtslage und dem neuen Geschäftsgeheimnisgesetz müssen diese hinsichtlich einer etwaigen Neujustierung untersucht werden.

2540 Büscher/*McGuire* § 2 GeschGehG Rn. 2; *Kalbfus* GRUR 2016, 1009, 1011, Fußnote 32.

§ 15 Die Auswirkungen des Geschäftsgeheimnisgesetzes auf die betriebsverfassungsrechtliche Verschwiegenheitspflicht in § 79 BetrVG

A. Rechtlicher Rahmen

Schweigepflichten betriebsverfassungsrechtlicher Vertretungen regelt § 79 BetrVG. Danach obliegt es den Mitgliedern des Betriebsrates und weiterer, im einzelnen bezeichneter Gremien, Betriebs- und Geschäftsgeheimnisse, die ihnen wegen ihrer Zugehörigkeit zum Betriebsrat bekannt geworden und vom Arbeitgeber ausdrücklich als geheimhaltungsbedürftig bezeichnet worden sind, nicht zu offenbaren und nicht zu verwerten. Gegenständlich gilt die Norm nur für Betriebs- und Geschäftsgeheimnisse.[2541]

Vor der Neuregelung subsumierte man darunter im Regelungsbereich des § 79 I BetrVG Tatsachen, die im Zusammenhang mit dem technischen Betrieb oder der wirtschaftlichen Betätigung des Unternehmens stehen, nur einem begrenzten betrieblichen Personenkreis bekannt, also nicht offenkundig sind, nach dem bekundeten Willen des Arbeitgebers geheim gehalten werden sollen und an deren Geheimhaltung dieser ein berechtigtes wirtschaftliches Interesse hat.[2542] Bei kumulativem Vorliegen dieser Voraussetzungen handelt es sich bei der fraglichen Tatsache materiell um ein Betriebs- oder Geschäftsgeheimnis.[2543] Wie bereits erörtert, wurde für die Begriffsbestimmung auch im Rahmen des § 79 I BetrVG auf die Vorgaben der tradierten Rechtsprechung zu den vormaligen §§ 17ff. UWG zurückgegriffen.[2544]

2541 AR-*Rieble/Kolbe* § 79 BetrVG Rn. 2; BeckOK ArbR/*Werner* BetrVG § 79 Rn. 1; DKW/*Buschmann* § 79 BetrVG Rn. 7; ErfK/*Kania* § 79 BetrVG Rn. 2; Fitting § 79 BetrVG Rn. 3; HWGNRH/*Nicolai* § 79 Rn. 3; *Rieble/Klebeck* NZA 2006, 758, 764; Schaub/*Ahrendt* § 230 Rn. 29.

2542 BAG NZA 1988, 63, 63 = AP BetrVG 1972 § 79 Nr. 2; LAG Schleswig-Holstein NZA-RR 2016, 77, 78 Rn. 44; AR-*Rieble/Kolbe* § 79 BetrVG Rn. 2; BeckOK ArbR/*Werner* BetrVG § 79 Rn. 1; DKW/*Buschmann* § 79 BetrVG Rn. 7; ErfK/*Kania* § 79 BetrVG Rn. 2; Fitting § 79 BetrVG Rn. 3; GK-BetrVG/*Oetker* § 79 BetrVG Rn. 11; HWGNRH/*Nicolai* § 79 Rn. 1; *Rieble/Klebeck* NZA 2006, 758, 764.

2543 DKW/*Buschmann* § 79 BetrVG Rn. 7; ErfK/*Kania* § 79 BetrVG Rn. 2; Fitting § 79 BetrVG Rn. 3; GK-BetrVG/*Oetker* § 79 BetrVG Rn. 12; Schaub/*Ahrendt* § 230 Rn. 29.

2544 Zur tradierten Begriffsbestimmung, siehe Teil 1, § 2, C., S. 65ff.; GK-BetrVG/*Oetker* § 79 BetrVG Rn. 12; HWGNRH/*Nicolai* § 79 Rn. 3; *Oltmanns/Fuhlrott* NZA 2019, 1384, 1387.

Die betriebsverfassungsrechtliche Verschwiegenheitspflicht erfordert jedoch darüber hinausgehend, dass der Arbeitgeber die Information ausdrücklich als geheimhaltungsbedürftig deklariert.[2545] Nur bei Vorliegen dieser Geheimhaltungserklärung handelt es sich auch formell um ein Betriebs- oder Geschäftsgeheimnis.[2546] Weitere Voraussetzung ist, dass der Verpflichtete die entsprechenden Tatsachen aufgrund seiner Position als Mitglied des Betriebsrates erlangt hat.[2547] Wird die fragliche Information auf anderem Wege bekannt, ist die Verschwiegenheitspflicht nicht tangiert.[2548] Der verpflichtete Personenkreis erfasst zunächst gemäß § 79 I BetrVG die Mitglieder des Betriebsrates sowie die Ersatzmitglieder. Zudem sind die Mitglieder, der gemäß § 79 II BetrVG aufgezählten Institutionen erfasst.[2549] Dies sind der Gesamtbetriebsrat, der Konzernbetriebsrat, die Jugend- und Auszubildendenvertretung, die Konzern- Jugend- und Auszubildendenvertretung, der Wirtschaftsausschuss, die Bordvertretung, der Seebetriebsrat, die gemäß § 3 I BetrVG gebildeten Vertretungen der Arbeitnehmer, die Einigungsstelle, die tarifliche Schlichtungsstelle, und die betriebliche Beschwerdestelle. Darüber hinaus sind gemäß § 79 II BetrVG auch die Mitglieder von Gewerkschaften und Arbeitgebervereinigungen erfasst. An die Pflichtverletzungen aus § 79 BetrVG schließen sich verschiedene Sanktionsmöglichkeiten an.

Die Verletzung der Verschwiegenheitspflicht kann einen Antrag gemäß § 23 I BetrVG auf Ausschluss aus oder Auflösung des Betriebsrats wegen grober Verletzung gesetzlicher Pflichten rechtfertigen.[2550] Des Weiteren ist der § 79 BetrVG Schutzgesetz im Sinne des § 823 II BGB, sodass eine Schadensersatzanspruch wegen Schutzgesetzverletzung in Betracht kommt.[2551] Daneben kommt ein Unterlassungsanspruch in Betracht.[2552] Verletzt ein Betriebsratsmitglied seine Pflicht gemäß § 79 I BetrVG ist gleichzeitig die arbeitsvertragliche Pflicht zur Verschwiegenheit

---

2545 AR-*Rieble/Kolbe* § 79 BetrVG Rn. 4; BeckOK ArbR/*Werner* BetrVG § 79 Rn. 4; DKW/*Buschmann* § 79 BetrVG Rn.14; ErfK/*Kania* § 79 BetrVG Rn. 7; Fitting § 79 BetrVG Rn. 5; GK-BetrVG/*Oetker* § 79 BetrVG Rn. 27; HWGNRH/*Nicolai* § 79 Rn. 7; *Krois,* MünchArbR § 295 Rn. 210; *Naber/Peukert/Seeger* NZA 2019, 583, 587; Schaub/*Ahrendt* § 230 Rn. 29.

2546 DKW/*Buschmann* § 79 BetrVG Rn. 14; ErfK/*Kania* § 79 BetrVG Rn. 7; Fitting § 79 BetrVG Rn. 5; GK-BetrVG/*Oetker* § 79 BetrVG Rn. 27; *Krois,* MünchArbR § 295 Rn. 210.

2547 AR-*Rieble/Kolbe* § 79 BetrVG Rn. 3; BeckOK ArbR/*Werner* BetrVG § 79 Rn. 8; ErfK/*Kania* § 79 BetrVG Rn. 9; Fitting § 79 BetrVG Rn. 7; GK-BetrVG/*Oetker* § 79 BetrVG Rn. 39; *Rieble/Klebeck* NZA 2006, 758, 764; Schaub/*Ahrendt* § 230 Rn. 29.

2548 BeckOK ArbR/*Werner* BetrVG § 79 Rn. 8; *Rieble/Klebeck* NZA 2006, 758, 764.

2549 Fitting § 79 BetrVG Rn. 10.

2550 BeckOK ArbR/*Werner* BetrVG § 79 Rn. 26; DKW/*Buschmann* § 79 BetrVG Rn. 54; Fitting § 79 BetrVG Rn. 41; GK-BetrVG/*Oetker* § 79 BetrVG Rn. 72.

2551 BeckOK ArbR/*Werner* BetrVG § 79 Rn. 28; DKW/*Buschmann* § 79 BetrVG Rn. 56; GK-BetrVG/*Oetker* § 79 BetrVG Rn. 74; Schaub/*Ahrendt* § 230 Rn. 32.

2552 Fitting § 79 BetrVG Rn. 42; GK-BetrVG § 79 BetrVG Rn. 76.

tangiert, sodass die Pflichtverletzung eine außerordentliche Kündigung gemäß § 15 KSchG, § 626 BGB rechtfertigen kann.[2553] Die vorsätzliche Verletzung der Pflicht aus § 79 BetrVG ist in § 120 BetrVG mit Strafe bedroht.[2554]

B. Neubewertung der betriebsverfassungsrechtlichen Verschwiegenheitspflicht unter Berücksichtigung des Geschäftsgeheimnisgesetzes

I. Konkretisierungswirkung des § 2 Nr. 1 GeschGehG in Bezug auf die betriebsverfassungsrechtliche Verschwiegenheitspflicht in § 79 I BetrVG

1. Einführung in die Fragestellung

Die oben genannten rechtlichen Rahmenbedingungen zeigen an, dass die Verschwiegenheitspflicht des § 79 I BetrVG zu den gesetzlichen Regelungen außerhalb des Geschäftsgeheimnisgesetzes gehört, die sich aber inhaltlich in gleicher Weise auf die Geheimhaltung von Betriebs- und Geschäftsgeheimnissen beziehen. Es bedarf der Erörterung, ob dieser Begriff fortan unter Berücksichtigung des § 2 Nr. 1 GeschGehG systematisch ausgelegt werden muss.[2555] Alternativ könnte das Vorliegen eines Betriebs- und Geschäftsgeheimnisses weiterhin anhand der tradierten Kriterien zu beurteilen sein.

Im Rahmen dieser Arbeit wurde bereits festgestellt, dass sich die in § 2 Nr. 1 GeschGehG normierten Kriterien grundsätzlich auch auf außerhalb des Geschäftsgeheimnisgesetzes bestehende Rechte und Pflichten auswirken können.[2556] Soweit die einer konkreten Regelung zugrunde liegenden Interessen und Wertungen mit denjenigen des Geschäftsgeheimnisses übereinstimmen, ist die Norm unter Berücksichtigung des § 2 Nr. 1 GeschGehG systematisch auszulegen.[2557] Hierfür sind jeweils Zweck und geschütztes Rechtsgut der jeweiligen Verschwiegenheitspflicht heranzuziehen und hinsichtlich der Konformität mit dem Geschäftsgeheimnisgesetz zu untersuchen.[2558]

2553 DKW/*Buschmann* § 79 BetrVG Rn. 55; Fitting § 79 BetrVG Rn. 41; GK-BetrVG/*Oetker* § 79 BetrVG Rn. 79.

2554 AR-*Rieble/Kolbe* § 79 BetrVG Rn. 1; BeckOK ArbR/*Werner* BetrVG § 79 Rn. 29; DKW/*Buschmann* § 79 BetrVG Rn. 57; Fitting § 79 BetrVG Rn. 44; GK-BetrVG/*Oetker* § 79 BetrVG Rn. 81; HWGNRH/*Nicolai* § 79 Rn. 1; *Boemke,* MünchArbR § 287 Rn. 40; Schaub/*Ahrendt* § 230 Rn. 29.

2555 *Preis/Seiwerth* RdA 2019, 351, 353.

2556 Zu der Ausstrahlungswirkung des § 2 Nr. 1 GeschGehG, Teil 3, § 11, B., S. 347ff.

2557 Köhler/Bornkamm/Feddersen/*Alexander* § 2 GeschGehG Rn. 7.

2558 Zur methodischen Begründung der Ausstrahlungswirkung von § 2 Nr. 1 GeschGehG, siehe Teil 3, § 11, B., II., 3., S. 354ff.

§ 2 Nr. 1 GeschGehG unterwirft die Erlangung rechtlichen Schutzes im Vergleich zu der tradierten Rechtslage strengeren Voraussetzungen.[2559] Es ist insbesondere ein aktiver Mitwirkungsbeitrag des Geheimnisinhabers erforderlich. Den strengeren Kriterien stehen indessen Regelungen auf der Rechtsfolgenseite gegenüber, die ein umfassendes Sanktionssystem enthalten. Mit Blick auf das insoweit erhöhte Schutzniveau erweist sich dieser bei einer Gesamtbetrachtung als nicht herabgesenkt. Da die strengeren Voraussetzungen des § 2 Nr. 1 GeschGehG eine Form der rechtlichen Zugangsbeschränkung für den umfassenden Schutz des Geschäftsgeheimnisgesetzes darstellen, ist eine Ausstrahlung in andere gesetzliche Regelungen denkbar, wenn auch diese maßgeblich den Schutz des Geheimnisinhabers intendieren. Gegebenenfalls bringen die höheren Voraussetzungen des Schutzobjektes zwar eine entsprechende Eingangshürde für den Geheimnisinhaber mit sich. Dies lässt dann aber den umfassenden Schutz speziell auf die Wahrung seiner Interessen zugeschnittener gesetzlicher Regelungen aus. Im Hinblick darauf erweisen sich die strengeren Voraussetzungen des § 2 Nr. 1 GeschGehG als zumutbar und letztlich ausgewogen.

In der Literatur herrscht Uneinigkeit bezüglich der Frage, ob das Vorliegen eines Betriebs- und Geschäftsgeheimnisses fortan unter Berücksichtigung von § 2 Nr. 1 GeschGehG bestimmt werden muss. Eine Meinungsgruppe bejaht dies.[2560] Unter Berücksichtigung von Art. 3 I GG sei ein gleichlaufendes Begriffsverständnis geboten.[2561] § 79 BetrVG müsse dementsprechend verfassungskonform unter Berücksichtigung der Vorgaben des § 2 Nr. 1 GeschGehG ausgelegt werden.[2562] Andererseits tendiert eine starke Meinungsgruppe dennoch dazu, die Anwendbarkeit des § 2 Nr. 1 GeschGehG auf andere Normen – und damit auch die betriebsverfassungsrechtliche Verschwiegenheitspflicht – insgesamt abzulehnen.[2563] Setzte man das Merkmal der angemessenen Geheimhaltungsmaßnahmen auch außerhalb des Geschäftsgeheimnisgesetzes begriffskonstituierend voraus, würde dies das vermittelte Schutzniveau absenken.[2564] Dies sei nicht Intention des Gesetzgebers gewesen.[2565] Die in § 79 I BetrVG getroffenen Wertungen bezüglich des Verhältnisses von

---

2559 *Naber/Peukert/Seeger* NZA 2019, 583, 584.

2560 ErfK/*Kania* § 79 BetrVG Rn. 2; Harte-Bavendamm/Ohly/*Kalbfus* Einl. C. Rn. 134; *Preis/Seiwerth* RdA 2019, 351, 353; *Preis/Temming,* Arbeitsrecht I, S. 252 Rn. 1175; zurückhaltend, jedoch im Ansatz DKW/*Buschmann* § 79 BetrVG Rn. 8; Fitting § 79 BetrVG Rn. 3a; für § 85 GmbHG Baumbach/Hueck/*Beurskens* § 85 GmbhG Rn. 7; BeckOK GmbHG/*Dannecker/N. Müller* § 85 Rn. 39; Scholz/*Rönnau* § 85 GmbHG Rn. 16.

2561 ErfK/*Kania* § 79 BetrVG Rn. 2; *Preis/Seiwerth* RdA 2019, 351, 353.

2562 ErfK/*Kania* § 79 BetrVG Rn. 2; Harte-Bavendamm/Ohly/*Kalbfus* Einl. C. Rn. 134; *Preis/Seiwerth* RdA 2019, 351, 353; für eine richtlinienkonforme Auslegung DKW/*Buschmann* § 79 BetrVG Rn. 8.

2563 BeckOK GeschGehG/*Fuhlrott* § 3 Rn. 26; *Oetker,* FS Hopt 2020, S. 901, 918; *Oltmanns/Fuhlrott* NZA 2019, 1384, 1387.

2564 *DGB*, zu COM (2013) 813 final, S. 5; *Oetker,* FS Hopt 2020, S, 901, 917–918.

2565 *Oetker,* FS Hopt 2020, S. 901, 917.

Arbeitgeber und Betriebsrat sollten nicht verändert werden.[2566] Dem entsprechend könne die Geheimhaltungspflicht der Betriebsratsmitglieder nicht davon abhängen, ob der Arbeitgeber angemessene Geheimhaltungsmaßnahmen getroffen hat.[2567]

2. Rechtliche Bewertung unter Berücksichtigung des Schutzzwecks von § 79 I BetrVG

Sollen im Zusammenhang der betrieblichen Mitbestimmung vertrauliche Daten an die betriebsverfassungsrechtlichen Einrichtungen weitergegeben werden, führt dies oftmals zu einem Interessenskonflikt zwischen den beteiligten Parteien.[2568] Einerseits können die Vertretungseinrichtungen ihre Aufgaben nur sachgerecht wahrnehmen, wenn die zuständigen Personen umfassend informiert werden.[2569] Deswegen erhalten die Mitglieder des Betriebsrats über die Kenntnisse eines gewöhnlichen Betriebsangehörigen weit hinausgehende, umfassende Einblicke in sensible Betriebsinterna. Andererseits besteht ein Interesse des Arbeitgebers, vertrauliche Informationen zu schützen, und den Kreis der Informierten möglichst gering zu halten, um insbesondere einen Datenabfluss an Wettbewerber zu vermeiden.[2570]

Diese Interessenkollision soll mit der Verschwiegenheitspflicht gemäß § 79 I BetrVG in Ausgleich gebracht werden.[2571] Es sollen der Verlust sensibler Informationen vermieden und damit die Wettbewerbsposition des Arbeitgebers abgesichert werden.[2572] Zweck der Norm ist es, dem Arbeitgeber einen Ausgleich für die umfassenden Informations- und Mitwirkungsrechte zu bieten.[2573] Mittelbar wird dadurch auch die Kommunikation zwischen Arbeitgeber und Betriebsrat gefördert. Durch die Verschwiegenheitspflicht geschützt, hat der Arbeitgeber weniger

---

2566 BeckOK GeschGehG/*Fuhlrott* § 3 Rn. 26; *Oltmanns/Fuhlrott* NZA 2019, 1384, 1387.

2567 BeckOK GeschGehG/*Fuhlrott* § 3 Rn. 26; *Oetker,* FS Hopt 2020, S. 901, 917–918; *Oltmanns/Fuhlrott* NZA 2019, 1384, 1387.

2568 ErfK/*Kania* § 79 BetrVG Rn. 1; Fitting § 79 BetrVG Rn. 1; WPK/*Preis* § 79 BetrVG Rn. 1.

2569 ErfK/*Kania* § 79 BetrVG Rn. 1; GK-BetrVG/*Oetker* § 79 Rn. 9.

2570 ErfK/*Kania* § 79 BetrVG Rn. 1; WRP/*Preis* § 79 BetrVG Rn. 1; zu der Informationsweitergabe durch die Mitglieder des Betriebsrates *Rieble/Klebeck* NZA 2006, 758, 759.

2571 ErfK/*Kania* § 79 BetrVG Rn. 1; Fitting § 79 BetrVG Rn. 1; GK-BetrVG/*Oetker* § 79 Rn. 9; *Keilich* SPA 2019, 153, 153–154; *Rieble/Klebeck* NZA 2006, 758, 764; *Weber,* Die Schweigepflicht des Betriebsrats, S. 11; WRP/*Preis* § 79 BetrVG Rn. 1; ebenfalls annehmend, dass die Verschwiegenheitspflicht das Pendant zur Information des Betriebsrats darstellt *Naber/Peukert/Seeger* NZA 2019, 583, 586.

2572 HWGNRH/*Nicolai* § 79 Rn. 1; *Karthaus* NZA 2018, 1180, 1182; *Krois,* MünchArbR § 295 Rn. 203; *Weber,* Die Schweigepflicht des Betriebsrats, S. 11.

2573 GK-BetrVG/*Oetker* § 79 Rn. 9; *Weber,* Die Schweigepflicht des Betriebsrats, S. 11.

Anlass, seine Informationspflichten zu vernachlässigen, um sich vor dem Verlust sensibler Informationen zu schützen.[2574]

Flankiert wird dies durch die Strafvorschrift in § 120 BetrVG.[2575] Bei dem über §§ 79 I, 120 BetrVG geschützten Rechtsgut handelt es sich somit um das Individualinteresse des Geheimnisinhabers an der Wahrung seiner Geschäftsgeheimnisse.[2576] Im Ergebnis stimmen damit Normzweck und geschütztes Rechtsgut der §§ 79, 120 BetrVG und des Geschäftsgeheimnisgesetz überein. Demzufolge könnte der Begriff „Betriebs- und Geschäftsgeheimnis" auch im Rahmen der betriebsverfassungsrechtlichen Verschwiegenheitspflicht entsprechend den in § 2 Nr. 1 GeschGehG normierten Voraussetzungen ausgelegt werden.[2577]

3. *Auseinandersetzung mit den kritischen Stimmen in der Literatur*

a) *Einführung in die Problematik*

Der in der Literatur geäußerten Kritik kann trotz der grundsätzlich übereinstimmenden teleologischen Ausrichtung der Norm insoweit zugestimmt werden, als die Verknüpfung der betriebsverfassungsrechtlichen Verschwiegenheitspflicht mit der Obliegenheit angemessener Geheimhaltungsmaßnahmen den tatbestandlichen Anwendungsbereich des § 79 I BetrVG verengt.[2578] Betriebsratsmitglieder wären künftig nur dann zur Geheimhaltung von Informationen verpflichtet, wenn der Arbeitgeber diese aktiv durch ein tatsächliches bzw. vertragliches Schutzkonzept gesichert hat. Da sämtliche Informationen, die keinen spezifischen Geheimhaltungsmaßnahmen unterfallen, aus dem Anwendungsbereich des § 79 I BetrVG ausscheiden, verringerte sich der Kreis potenzieller Schutzobjekte. Dies entspricht zumindest insoweit nicht der Intention des Gesetzgebers, als dieser die Begriffsbestimmungen in § 2 GeschGehG ausdrücklich nur für den Anwendungsbereich des Geschäftsgeheimnisgesetzes etabliert hat.[2579] Dementsprechend gelten diese – wie im Rahmen der arbeitsvertraglichen Verschwiegenheitspflicht ausgeführt[2580] – nicht schon Kraft gesetzgeberischer Anordnung unmittelbar auch für andere Normen und Pflichten zum Umgang mit Betriebs- und Geschäftsgeheimnissen.[2581]

2574 ErfK/*Kania* § 79 BetrVG Rn. 1; Fitting § 79 BetrVG Rn. 1; *Weber,* Die Schweigepflicht des Betriebsrats, S. 11; WRP/*Preis* § 79 BetrVG Rn. 1.

2575 HWGNRH/*Nicolai* § 79 Rn. 1; *Boemke,* MünchArbR § 287 Rn. 40; *Rieble/Klebeck* NZA 2006, 758, 764.

2576 ErfK/*Kania* § 120 BetrVG Rn. 1; GK-BetrVG/*Oetker* § 120 Rn. 9; HWGNRH/*Nicolai* § 79 Rn. 1; *Rieble/Klebeck* NZA 2006, 759, 764; WRP/*Preis* § 120 BetrVG Rn. 2.

2577 ErfK/*Kania* § 79 BetrVG Rn. 2; *Naber/Peukert/Seeger* NZA 2019, 583, 587; im Ansatz *Bissels/Schroeders/Ziegelmayer* DB 2016, 2295, 2297; *Oetker* ZESAR 2017, 257, 261; **a.A** *Oltmanns/Fuhlrott* NZA 2019, 1384, 1387.

2578 *Naber/Peukert/Seeger* NZA 2019, 583, 584.

2579 *Oetker,* FS Hopt 2020, S. 901, 915; *Preis/Seiwerth* RdA 2019, 351, 353.

2580 Zur inhaltlichen Reichweite des § 2 Nr. 1 GeschGehG, siehe Teil 3, § 11, B., I., S. 347ff.

2581 ErfK/*Kania* § 79 BetrVG Rn. 2.

Auch kann den in der Literatur geäußerten Bedenken darin zugestimmt werden, dass mit einer Übernahme der Legaldefinition in § 2 Nr. 1 GeschGehG nicht die in § 79 I BetrVG ausgedrückten Wertungen bezüglich des Interessenausgleichs im Mitbestimmungsrecht unterlaufen werden dürfen.[2582] Wie bereits ausgeführt, sprechen indessen systematische Gründe dafür, die Voraussetzungen des § 2 Nr. 1 GeschGehG auch im Rahmen des § 79 I BetrVG anzuwenden.[2583] Vor Inkrafttreten des Geschäftsgeheimnisgesetzes wurde der Begriff „Betriebs- und Geschäftsgeheimnis" in § 79 I BetrVG in Übereinstimmung mit den Voraussetzungen der §§ 17 ff. UWG 2004 definiert.[2584] Nachdem diese aufgehoben und durch entsprechende Normen ersetzt sind, entspräche es der tradierten Systematik nunmehr auf die Voraussetzungen des § 2 Nr. 1 GeschGehG zurückzugreifen.[2585] Wie schon im Rahmen der Konkretisierung der arbeitsvertraglichen Verschwiegenheitspflicht kann zudem die Einheit der Rechtsordnung zur Begründung eines gleichlaufenden Begriffsverständnisses herangezogen werden.[2586] Zur Vermeidung von Wertungswidersprüchen und Rechtsunsicherheiten, sollte der Begriff „Betriebs- und Geschäftsgeheimnis" nach den Vorgaben des Stammgesetzes zum Schutz von *Geschäftsgeheimnissen* beurteilt werden.[2587] Ein gespaltenes Begriffsverständnis wäre systematisch inkonsequent.[2588] Auch die Vertreter der eine Ausstrahlungswirkung grundsätzlich ablehnenden Ausrichtung erkennen die grundsätzliche Wertigkeit dieser Aspekte durchaus an.[2589] Nach alledem ist eine Konkretisierungswirkung der Begriffsbestimmungen in § 2 Nr. 1 GeschGehG auf § 79 I BetrVG nur dann zu verneinen, wenn dies der tatsächlichen Interessenlage widerspräche und eine Verschiebung des gesetzlich austarierten Gleichgewichts zu Lasten einer Betriebspartei zur Folge hätte.

Hinter § 79 I BetrVG steht die Wertung, dass der Arbeitgeber zwar verpflichtet ist, den Betriebsrat zu informieren. Dieser darf die erlangten Kenntnisse jedoch

---

2582 *Naber/Peukert/Seeger* NZA 2019, 583, 587; für die aktienrechtliche Verschwiegenheitspflicht *Oetker,* FS Hopt, S. 875, 891–892.

2583 Zu dem notwendigen Gleichlauf des Begriffs „Betriebs- und Geschäftsgeheimnis", siehe Teil 3, § 11, B., S. 347ff.

2584 BeckOK GeschGehG/*Fuhlrott* § 3 Rn. 25; ErfK/*Kania* § 79 BetrVG Rn. 2; GK-BetrVG/*Oetker* § 79 Rn. 12; *Oltmanns/Fuhlrott* NZA 2019, 1384, 1387; Richardi/*Thüsing* § 79 BetrVG Rn. 5; *Weber,* Die Schweigepflicht des Betriebsrats, S. 27; für die aktienrechtliche Verschwiegenheitspflicht *Oetker,* FS Hopt 2020, S. 901, 916.

2585 BeckOK GeschGehG/*Fuhlrott* § 3 Rn. 25; ErfK/*Kania* § 79 BetrVG Rn. 2; *Oetker,* FS Hopt 2020, S. 901, 916; *Oltmanns/Fuhlrott* NZA 2019, 1384, 1387; im Ergebnis *Preis/Seiwerth* RdA 2019, 351, 353.

2586 Im Ansatz *Oetker,* FS Hopt 2020, S. 901, 917.

2587 Für ein gleichlaufendes Begriffsverständnis *Partsch/Rump* NJW 2020, 118, 121.

2588 Zu der Begründung, weshalb der Begriff Betriebs- und Geschäftsgeheimnis einheitlich ausgelegt werden muss, siehe Teil 3, § 11, B., S. 347ff.

2589 BeckOK GeschGehG/*Fuhlrott* § 3 Rn. 25; *Oetker,* FS Hopt 2020, S. 901, 916–917; *Oltmanns/Fuhlrott* NZA 2019, 1384, 1387.

lediglich im Rahmen der gesetzlich normierten Aufgaben verwenden und ist dem Arbeitgeber im Übrigen zur Vertraulichkeit verpflichtet. Bei vordergründiger Betrachtung erscheint der Standpunkt, wonach Mitglieder des Betriebsrats sensible Informationen ungehindert nicht allein deshalb offenbaren dürfen, weil der Arbeitgeber sein ausreichendes Schutzkonzept errichtet hat, diese Wertung zu unterlaufen. Da die Verschwiegenheitspflicht ein Korrelat weitgehender Informationsrechte des Betriebsrats ist, könnte die Schaffung zusätzlicher Erfordernisse für den Arbeitgeber, den im Betriebsverfassungsgesetz angelegten Interessensausgleich aus dem Gleichgewicht bringen.

b) Formelle Geheimhaltungserklärung als angemessene Geheimhaltungsmaßnahme gemäß § 2 Nr. 1 lit. b) GeschGehG

In diesem Zusammenhang fragt sich, ob eine arbeitgeberseitige formelle Geheimhaltungserklärung im Sinne des § 79 I BetrVG bereits den Anforderungen einer angemessenen Geheimhaltungsmaßnahme entspricht. Ist dies zu bejahen, wäre der Geheimnisbegriff in § 79 I BetrVG zwar dogmatisch betrachtet durch eine weitere Voraussetzung ergänzt. Bei tatsächlicher Betrachtungsweise ergäbe sich jedoch keine weitergehende Anforderung über das tradierte Begriffsverständnis hinaus. Eine Absenkung des betriebsverfassungsrechtlichen Geheimnisschutzes ist dann nicht zu befürchten.

In der Literatur wird dies teilweise befürwortet.[2590] Dabei wird dies jedoch als Begründung angeführt, die Ausstrahlung des § 2 Nr. 1 GeschGehG insgesamt abzulehnen. Das Erfordernis angemessener Geheimhaltungsmaßnahmen wäre im Regelungszusammenhang des § 79 I BetrVG mit der formellen Geheimhaltungserklärung immanent verwirklicht und deswegen obsolet.[2591] Dem § 2 Nr. 1 GeschGehG komme somit kein eigenständiger Anwendungsbereich zu. Den Vorstellungen des Gesetzgebers entspräche deshalb am ehesten im Rahmen des § 79 I BetrVG den tradierten Geheimnisbegriff beizubehalten.[2592] Nach der Gesetzesbegründung solle das Zusammenspiel von Arbeitgeber und Interessenvertretung nicht verändert und die tradierte Rechtslage in diesem Zusammenhang beibehalten werden.[2593]

Ungeachtet der gezogenen rechtlichen Konsequenzen bleibt jedoch zunächst unklar, ob die formelle Geheimhaltungserklärung den Anforderungen in § 2 Nr. 1 lit. c) GeschGehG entsprechen kann. Dem könnte die Konzeption des § 79 I BetrVG entgegenstehen. Wie bereits ausgeführt setzt dieser nicht nur das Vorliegen eines

---

2590 BeckOK GeschGehG/*Fuhlrott* § 3 Rn. 26; im Ansatz *Bissels/Schroeders/Ziegelmayer* DB 2016, 2295, 2297; EuArbRK/*Schubert* RL (EU) 2016/943 Art. 2 Rn. 20; **a.A.** Fitting § 79 BetrVG Rn. 5.

2591 BeckOK GeschGehG/*Fuhlrott* § 3 Rn. 26.

2592 BeckOK GeschGehG/*Fuhlrott* § 3 Rn. 26.

2593 BeckOK GeschGehG/*Fuhlrott* § 3 Rn. 26.

tatbestandsmäßigen Schutzobjektes voraus. Zusätzlich muss der Arbeitgeber die fragliche Information ausdrücklich für geheimhaltungsbedürftig erklären (sog. formelles Geheimnis).[2594] Damit weicht die betriebsverfassungsrechtliche Verschwiegenheitspflicht von den anderen vertraglichen und gesetzlichen Pflichten zum Umgang mit Betriebs- und Geschäftsgeheimnissen strukturell ab. Während sich letztere bereits aus dem materiellen Vorliegen eines Betriebs- und Geschäftsgeheimnisses ergeben, sind die Mitglieder des Betriebsrates nur dann zur Geheimhaltung verpflichtet, wenn der Arbeitgeber dieses aktiv und ausdrücklich der Verschwiegenheitspflicht aus § 79 I BetrVG unterworfen hat.[2595] Die formelle Erklärung ersetzt jedoch nicht das materielle Vorliegen eines Betriebs- und Geschäftsgeheimnisses.[2596] Informationen die den Voraussetzungen des Schutzobjektes nicht entsprechen, können der Geheimhaltung nicht willkürlich durch Erklärung des Arbeitgebers unterworfen werden.[2597] Lediglich die Prüfung eines zusätzlichen Geheimhaltungswillens wird obsolet, da dieser bereits in der ausdrücklichen Erklärung Ausdruck findet.[2598]

Wollte man die formelle Geheimhaltungserklärung zugleich als angemessene Geheimhaltungsmaßnahme im Sinne des § 2 Nr. 1 lit. b) GeschGehG werten, würde dies zunächst der systematischen Konzeption des § 79 I BetrVG zuwiderlaufen. Dogmatisch betrachtet handelt es sich bei der ausdrücklichen Geheimhaltungserklärung um ein spezifisches Tatbestandsmerkmal der betriebsverfassungsrechtlichen Verschwiegenheitspflicht. Ob eine Information ein Betriebs- und Geschäftsgeheimnis darstellt, beurteilt sich hingegen auch im Anwendungsbereich des § 79 I BetrVG nach den tradierten materiellen Voraussetzungen. Soweit § 79 I BetrVG eine Geheimhaltungserklärung fordert, dient dies nicht der Bestimmung des Geheimnisbegriffs, sondern erkennbar der Rechtsklarheit im Verhältnis der Betriebsparteien. Schon der tatbestandliche Aufbau des § 79 I BetrVG zeigt, dass der Begriff des Betriebs- und Geschäftsgeheimnisses unabhängig von der Geheimhaltungserklärung vorausgesetzt wird. Diese unterschiedliche Zielsetzung verbietet

---

2594 BeckOK ArbR/*Werner* § 79 BetrVG Rn. 4; Düwell/*Lorenz* § 79 BetrVG Rn. 10; Fitting § 79 BetrVG Rn. 5; GK-BetrVG/*Oetker* § 79 Rn. 27; *Hitzfeld,* Geheimnisschutz im Betriebsverfassungsrecht, S. 60; HWK/*Sittard* § 79 BetrVG Rn. 5; Richardi/*Thüsing* § 79 BetrVG Rn. 7; *Weber,* Die Schweigepflicht des Betriebsrats, S. 59.

2595 BeckOK ArbR/*Werner* § 79 BetrVG Rn. 4; Düwell/*Lorenz* § 79 BetrVG Rn. 10; Fitting § 79 BetrVG Rn. 5; GK-BetrVG/*Oetker* § 79 Rn. 27; HWK/*Sittard* § 79 BetrVG Rn. 5; Richardi/*Thüsing* § 79 BetrVG Rn. 7; *Weber,* Die Schweigepflicht des Betriebsrats, S. 59.

2596 Düwell/*Lorenz* § 79 BetrVG Rn. 10; Fitting § 79 BetrVG Rn. 5; GK-BetrVG/*Oetker* § 79 Rn. 29; *Hitzfeld,* Geheimnisschutz im Betriebsverfassungsrecht, S. 61; Richardi/*Thüsing* § 79 BetrVG Rn. 7.

2597 ErfK/*Kania* § 79 BetrVG Rn. 7; Fitting § 79 BetrVG Rn. 5; GK-BetrVG/*Oetker* § 79 Rn. 29; *Hitzfeld,* Geheimnisschutz im Betriebsverfassungsrecht, S. 61; Richardi/*Thüsing* § 79 BetrVG Rn. 7.

2598 GK-BetrVG/*Oetker* § 79 Rn. 28; *Weber,* Die Schweigepflicht des Betriebsrats, S. 59.

es, die Geheimhaltungserklärung als angemessene Geheimhaltungsmaßnahme zu bewerten. Dies führte zu einem Zirkelschluss.[2599] Wie schon angesprochen, stünde dem auch der Zweck der formellen Geheimhaltungserklärung entgegen. Dieses Erfordernis soll sicherstellen, dass die Betriebsratsmitglieder rechtssicher und zuverlässig wissen, welche Informationen als Betriebs- und Geschäftsgeheimnis geschützt sind.[2600] Wenn aber eine Information unter Umständen erst durch die Erklärung des Arbeitgebers materiell zu einem Geschäftsgeheimnis wird, wären die Mitglieder des Betriebsrats mit erneuten Rechtsunsicherheiten belastet. Sie müssten nunmehr beurteilen, ob eine arbeitgeberseitige Geheimhaltungserklärung im Einzelfall den Anforderungen einer angemessenen Geheimhaltungsmaßnahme genügt und damit ein tatbestandliches Geschäftsgeheimnis vorliegt. Damit wäre der Zweck dieser Erklärung, den Betriebsratsmitgliedern Unsicherheiten über die tatbestandlichen Voraussetzungen eines Betriebs- und Geschäftsgeheimnisses zu ersparen, verfehlt.

Problematisch erscheint schließlich auch, dass die Erklärung des Arbeitgebers keiner bestimmten Form bedarf.[2601] Sie kann grundsätzlich auch mündlich erfolgen.[2602] Der Arbeitgeber muss jedoch im Streitfall darlegen und beweisen, dass er angemessene Geheimhaltungsmaßnahmen getroffen hat. Eine mündliche Geheimhaltungserklärung wird hier zumindest nicht zweckdienlich sein.

Darüber hinaus kann auf die Argumentation im Rahmen der arbeitgeberseitigen Weisung gemäß § 106 GewO verwiesen werden.[2603] Der Geheimnisinhaber soll durch die Voraussetzung angemessener Geheimhaltungsmaßnahmen in § 2 Nr. 1 lit. b) GeschGehG angehalten werden, proaktiv tätig zu werden und den rechtlichen Schutz durch einen systematischen eigenen Beitrag zu erwirken. Hierfür muss er ein zweckgerichtetes Schutzkonzept umsetzen. Eine Geheimhaltungserklärung im Sinne des § 79 I BetrVG erfüllt diese Vorgabe nicht hinreichend. Der Arbeitgeber könnte durch dieselbe Handlung sowohl bestehende Geschäftsgeheimnisse in den Anwendungsbereich des § 79 I BetrVG einbeziehen als auch bis dahin ungeschützte Informationen zu tatbestandlichen Geschäftsgeheimnissen aufwerten. Dies widerspricht den Zwecken der angemessenen Geheimhaltungsmaßnahmen in § 2 Nr. 1 lit. b) GeschGehG. Im Ergebnis erfüllt die Geheimhaltungserklärung

---

2599 Den Zirkelschluss grundsätzlich anerkennend BeckOK GeschGehG/*Fuhlrott* § 3 Rn. 26.

2600 GK-BetrVG/*Oetker* § 79 Rn. 27; *Weber,* Die Schweigepflicht des Betriebsrats, S. 62.

2601 BeckOK ArbR/*Werner* § 79 BetrVG Rn. 5; DKW/*Buschmann* § 79 BetrVG Rn. 14; Düwell/*Lorenz* § 79 BetrVG Rn. 10; Fitting § 79 BetrVG Rn. 5; GK-BetrVG/*Oetker* § 79 BetrVG Rn. 33; *Hitzfeld,* Geheimnisschutz im Betriebsverfassungsrecht, S. 60; HWK/*Sittard* § 79 BetrVG Rn. 5; Richardi/*Thüsing* § 79 BetrVG Rn. 8; *Weber,* Die Schweigepflicht des Betriebsrats, S. 60.

2602 ErfK/*Kania* § 79 BetrVG Rn. 7; GK-BetrVG/*Oetker* § 79 BetrVG Rn. 33; Richardi/*Thüsing* § 79 BetrVG Rn. 8; *Weber,* Die Schweigepflicht des Betriebsrats, S. 60.

2603 Zu der arbeitgeberseitigen Weisung, siehe Teil 3, § 12, B., III., 2., S. 373ff.

des Arbeitgebers gemäß § 79 BetrVG nicht die Voraussetzungen einer angemessenen Geheimhaltungsmaßnahme.[2604]

c) Gesamtabwägung unter Berücksichtigung des Schutzniveaus

Eine Gesamtwürdigung zeigt, dass die Konkretisierung von § 79 I BetrVG durch § 2 Nr. 1 GeschGehG nicht zwangsläufig zu einem Ungleichgewicht des mitbestimmungsrechtlichen Interessengeflechts führen wird.[2605] In diese Überlegung muss insbesondere mit einbezogen werden, welche Interessen des Arbeitgebers durch die unbefugte Weitergabe von sensibler Unternehmensinterna durch Mitglieder des Betriebsrats tangiert werden. Nach den bisherigen Ergebnissen sind die Vorgaben des Geschäftsgeheimnisgesetzes auf die individuellen Bedürfnisse des Inhabers ausgerichtet, bestimmte Informationen im Verborgenen zu halten, um die eigene Wettbewerbsstellung positiv zu beeinflussen.[2606] Durch die zusammenhängende Kodifizierung ergibt sich ein abgeschlossenes Regelwerk, welches aufgrund der Legaldefinition in § 2 Nr. 1 GeschGehG und den weiteren Normierungen klar definiert unter welchen Voraussetzungen dieses wirtschaftlich geprägte Interesse geschützt ist. Damit erhält der Begriff „Betriebs- und Geschäftsgeheimnis" einen geschäftlichen und wettbewerbsrechtlichen Bezug, der im Zusammenhang anderweitiger gesetzlicher Verschwiegenheitspflichten nicht ohne weiteres übergangen werden kann. In Verbindung mit den vorstehend aufgeführten systematischen und dogmatischen Ansätzen spricht auch dies dafür, den Begriff einheitlich zu definieren.

Dies dürfte jedoch aus den oben genannten Gründen nicht zu einer Verkürzung des betriebsverfassungsrechtlichen Geheimnisschutzes führen. Insbesondere über die Merkmale des wirtschaftlichen Werts (§ 2 Nr. 1 lit. a) Hs. 2 GeschGehG) und des berechtigten Geheimhaltungsinteresses (§ 2 Nr. 1 lit. c) GeschGehG) ist sichergestellt, dass es sich bei einem Geheimnisinhaber notwendigerweise um einen Teilnehmer des wirtschaftlichen bzw. geschäftlichen Verkehrs handelt. Dass diese teilweise erhöhten Anforderungen – insbesondere auch in Form von Obliegenheiten – unterliegen ist ein anerkanntes Prinzip der Rechtsordnung, auf dem zum Beispiel auch das Handelsgesetzbuch basiert. Zwar ist der Hinweis, dass die Übernahme des § 2 Nr. 1 GeschGehG die gesetzlichen Anforderungen erhöht und deshalb den Schutz des Arbeitgebers verringern könnte, nachvollziehbar. Allerdings wird dadurch dem Arbeitgeber nicht der über § 79 BetrVG vermittelte Schutz entzogen bzw. vermindert, ohne dass er darauf Einfluss nehmen könnte. Ihm wird durch eine nach § 2 Nr. 1 GeschGehG ergänzte Begriffsdefinition

2604 So wohl auch Fitting § 79 BetrVG Rn. 5; **a.A.** Beck OK GeschGehG/*Fuhlrott* § 3 Rn. 26.

2605 EuArbRK/*Schubert* RL (EU) 2016/943 Art. 2 Rn. 20.

2606 Zu dem Schutzkonzept des Geschäftsgeheimnisgesetzes, siehe Teil 3, § 11, B., II., 3., S. 356.

lediglich eine weitere Handlung abverlangt, die aber in seinen Herrschaftsbereich fällt und nach den Maßstäben des Geschäftsgeheimnisgesetzes zumutbar ist. Dieser Mitwirkungsbeitrag belastet den Arbeitgeber jedoch nicht mehr, als von einem geschäftserfahrenen Teilnehmer des Rechtsverkehrs in eigenen Angelegenheiten typischerweise erwartet wird. Damit lässt sich die Obliegenheit angemessener Geheimhaltungsmaßnahmen[2607] unter Rückgriff auf die wettbewerbsorientierten Interessen und die damit einhergehende Flexibilität im geschäftlichen und unternehmerischen Verkehr nicht als unmittelbare Minderung des über § 79 I BetrVG zu erreichenden Schutzes qualifizieren.

Diese Überlegung kann dahin ergänzt werden, dass der Arbeitgeber auch dann nicht schutzlos ist, wenn er seiner Obliegenheit aus § 2 Nr. 1 lit. b) GeschGehG nicht nachkommt. Nur weil der Arbeitgeber keine angemessenen Geheimhaltungsmaßnahmen trifft und die fraglichen Informationen deshalb nicht in den Anwendungsbereich des § 79 I BetrVG einbezogen sind, dürfen die Mitglieder des Betriebsrats diese dennoch nicht ungehindert weitergeben. Sie sind Arbeitnehmer des Unternehmens.[2608] Als solche sind sie über ihre Amtspflichten der arbeitsvertraglichen Pflicht zur Rücksichtnahme unterworfen und müssen sensible Unternehmensinformationen bereits aufgrund des bestehenden Vertrauensverhältnisses für sich behalten.[2609]

Zudem ist der Betriebsrat gemäß § 2 I BetrVG zur vertrauensvollen Zusammenarbeit mit dem Arbeitgeber verpflichtet. Er ist gehalten, das Wohl des Betriebs zu fördern und kurzfristigen individuellen Interessen der Belegschaft vorzuziehen.[2610] Auch wegen dieser Verpflichtung dürften keine vertraulichen Informationen weitergegeben werden, selbst wenn diese wegen fehlender angemessener Geheimhaltungsmaßnahmen nicht unter § 79 I BetrVG fallen. Soweit das Bekanntwerden einer Information geeignet ist die Wettbewerbslage des Unternehmens negativ zu beeinflussen, schadet dies den betrieblichen Interessen und denjenigen der Belegschaft.

Zusammenfassend zeigt sich, dass auch die hier diskutierte tatbestandliche Konkretisierung des § 79 BetrVG eine grundsätzliche Störung des betriebsverfassungsrechtlichen Gleichgewichts nicht zur Folge hat. Die dem Mitbestimmungsgefüge anhaftenden Wertungen erfahren keine wesentliche Veränderung.[2611] Es sind lediglich die Handlungspflichten der Beteiligten neu zu justieren. Eine solche systematische Anpassung an die Rechtsentwicklung erscheint im Interesse der Einheit der Rechtsordnung sachgerecht und damit verbundene Handlungspflichten hinnehmbar. Auch unter Berücksichtigung flankierender Verhaltenspflichten der

---

2607 *Ohly* GRUR 2019, 441, 443.
2608 EuArbRK/*Schubert* RL (EU) 2016/943 Art. 2 Rn. 20.
2609 ErfK/*Kania* § 79 BetrVG Rn. 6; *Fuhlrott/Hiéramente* DB 2019, 967, 970.
2610 ErfK/*Koch* § 2 BetrVG Rn. 2.
2611 EuArbRK/*Schubert* RL (EU) 2016/943 Art. 2 Rn. 20.

Mitglieder des Betriebsrats führte dies jedoch faktisch nicht zu einer Schlechterstellung des Arbeitgebers.

Damit bleiben die grundsätzlichen Wertungen des § 79 I BetrVG auch bei einer Konkretisierung durch § 2 Nr. 1 GeschGehG erhalten. Von dieser tatbestandlichen Konkretisierung ist auszugehen.[2612] Dieses Ergebnis erscheint auch unter Berücksichtigung der grundrechtlich verankerten Gleichbehandlung gemäß Art. 3 I GG zwingend.[2613] Es ist kein sachlich tragfähiger Grund erkennbar, weshalb Geheimnisverräter je nach verletzter Verschwiegenheitspflicht mit unterschiedlichen Voraussetzungen konfrontiert sein sollen.[2614] In Konsequenz setzt die Verschwiegenheitspflicht der Betriebsratsmitglieder fortan gemäß § 2 Nr. 1 lit. b) GeschGehG voraus, dass der Arbeitgeber angemessene Geheimhaltungsmaßnahmen getroffen hat.[2615]

II. Einbeziehung gesetzeswidriger Vorgänge in den Tatbestand eines Betriebs- und Geschäftsgeheimnisses

Vor dem Inkrafttreten des Geschäftsgeheimnisgesetzes wurde in der betriebsverfassungsrechtlichen Literatur und Rechtsprechung diskutiert, ob Informationen über gesetzwidrige Vorgänge in den Schutzbereich des § 79 I BetrVG einbezogen sind.[2616] Dogmatisch fußt diese Meinungsverschiedenheit auf der Frage, ob ein „berechtigtes Geheimhaltungsinteresse" des Arbeitgebers nur ein rechtlich schutzwürdiges ist oder ob potenziell jedes Interesse in Betracht kommt.[2617] Während vereinzelt ein weites Verständnis befürwortet wurde[2618], lehnte es die überwiegende Meinung ab, gesetzwidrige Vorgänge als schützenswerte Tatsachen in den Anwendungsbereich des § 79 I BetrVG einzubeziehen.[2619] Begründet wurde dies

---

2612 ErfK/*Kania* § 79 BetrVG Rn. 2; Harte-Bavendamm/Ohly/*Kalbfus* Einl. C. Rn. 134; zurückhaltend EuArbRK/*Schubert* RL (EU) 2016/943 Art. 2 Rn. 20; *Preis/Seiwerth* RdA 2019, 351, 353; im Ergebnis *Partsch/Rump* NJW 2020, 118, 119; wohl auch *Richter* ArbRAktuell 2019, 375, 376; eine Ausstrahlung befürchtend *DGB*, Stellungnahme zur BT-Drucks. 19/4724, S. 8; **a.A.** *Böning/Heidfeld* AuR 2018, 555, 558.

2613 *Preis/Seiwerth* RdA 2019, 351, 353.

2614 *Preis/Seiwerth* RdA 2019, 351, 353.

2615 ErfK/*Kania* § 79 BetrVG Rn. 2; EuArbRK/*Schubert* RL (EU) 2016/943 Art. 20; Harte-Bavendamm/Ohly/*Kalbfus* Einl. C. Rn. 134; *Partsch/Rump* NJW 2020, 118, 119 und 121; *Preis/Seiwerth* RdA 2019, 351, 353; *Richter* ArbRAktuell 2019, 375, 378; **a.A.** BeckOK GeschGehG/*Fuhlrott* § 3 Rn. 26; *Böning/Heidfeld* AuR 2018, 555, 558; Büscher/*McGuire* § 2 GeschGehG Rn. 2; *Oetker*, FS Hopt 2020, S. 901, 918; *Oltmanns/Fuhlrott* NZA 2019, 1384, 1387.

2616 Zu der Einbeziehung gesetzwidriger Vorgänge, siehe Teil 1, § 2, C., II, 6., c), S. 79ff.

2617 *Weber*, Die Schweigepflicht des Betriebsrats, S. 49.

2618 LAG Frankfurt AP BGB § 611 Schweigepflicht Nr. 2; eingehende Darstellung bei *Weber*, Die Schweigepflicht des Betriebsrats, S. 50.

2619 BeckOK ArbR/*Werner* § 79 BetrVG Rn. 10; ErfK/*Kania* § 79 BetrVG Rn. 6; GK-BetrVG/*Oetker* § 79 Rn. 19; *Hitzfeld*, Geheimnisschutz im Betriebsverfassungsrecht,

primär mit der Einheit der Rechtsordnung, die einer Auffassung widerspreche, nach der rechtswidriges Verhalten des Arbeitgebers rechtlichen Schutz genießen soll.[2620] Wie bereits aufgezeigt ist dieser Meinungsstreit dahingehend aufzulösen, dass der Begriff „Betriebs- und Geschäftsgeheimnis" rechtsgebietsübergreifend ein anerkanntes und schutzwürdiges Geheimhaltungsinteresse voraussetzt. Damit kann sich der Geheimnisschutz des § 79 I BetrVG tatbestandlich nicht auf Informationen über rechtswidrige Vorgehensweisen und Praktiken beziehen.[2621]

Nach Inkrafttreten der Geheimnisschutz-Richtlinie und im Verlauf des Gesetzgebungsverfahrens äußerten sich zahlreiche Stimmen in der Literatur kritisch, da die Legaldefinition des Geschäftsgeheimnisses das Merkmal eines berechtigten Geheimhaltungsinteresses aufzugeben schien. Es wurde angenommen, der gänzliche Wegfall eines objektiven Korrektivs könnte dazu führen, dass die Betriebsratsmitglieder zukünftig verpflichtet sind, auch rechtswidrige Sachverhalte geheim zu halten.[2622] Neben diesen geäußerten Bedenken wurde vorgebracht, dass dies die Einheit der Rechtsordnung störe, der Schutzbereich somit deutlich weiter sei als derjenige der §§ 79, 120 BetrVG.[2623] Ergebnis dieser „Schieflage" sei, dass Sachverhalte, die aus betriebsverfassungsrechtlicher Perspektive im Sinne der §§ 79, 120 BetrVG straffrei bleiben, nichtsdestotrotz gemäß § 23 GeschGehG sanktioniert werden könnten.[2624] Wie bereits in anderem Zusammenhang erläutert, wurde auf Vorschlag des BT-Ausschuss für Recht und Verbraucherschutz – auch um diesen Bedenken entgegenzutreten – das Tatbestandsmerkmal des berechtigten Geheimhaltungsinteresses gemäß § 2 Nr. 1 lit. c) GeschGehG in die Legaldefinition eingegliedert.[2625]

Nach dem Regelungsinhalt dieses Kriteriums setzt das berechtigte Geheimhaltungsinteresse bezüglich bestimmter Informationen voraus, dass diese geeignet sind, die Wettbewerbslage des Unternehmens zu beeinflussen und sich darüber hinaus nicht auf einen rechtswidrigen Sachverhalt beziehen.[2626] Da die Voraussetzungen des § 2 Nr. 1 GeschGehG nach hier vertretener Auffassung in § 79 BetrVG hineingelesen werden müssen, ist mit Inkrafttreten des Geschäftsgeheimnisgesetzes zugleich geregelt, dass Informationen über gesetzwidrige Vorgänge und

---

S. 72; *Krois*, MünchArbR § 295 Rn. 207; NK-GA/*Waskow* § 79 BetrVG Rn. 6; *Oetker* ZESAR 2017, 257, 261; *Preis/Seiwerth* RdA 2019, 351, 359; *Weber*, Die Schweigepflicht des Betriebsrats, S. 53–55.

2620 GK-BetrVG/*Oetker* § 79 Rn. 19; *Weber*, Die Schweigepflicht des Betriebsrats, S. 51.

2621 Zu der Einbeziehung gesetzwidriger Vorgänge, siehe Teil 1, § 2, C., II., 6., c), S. 79ff.

2622 *DGB*, Stellungnahme zur BT-Drucks. 19/4724; *Semsrott*, Stellungnahme zur BT-Drucks. 19/4724, S. 2.

2623 *Karthaus* NZA 2018, 1180, 1183.

2624 *Karthaus* NZA 2018, 1180, 1183.

2625 Zu der Bedeutung des Merkmals „berechtigtes Geheimhaltungsinteresse „im Sinne des § 2 Nr. 1 lit. c) GeschGehG, siehe Teil 2, § 6, B., V., S. 182ff.

2626 Zu der Bedeutung des Merkmals „berechtigtes Geheimhaltungsinteresse" im Sinne des § 2 Nr. 1 lit. c) GeschGehG, siehe Teil 2, § 6, B., V., S. 182ff.

Praktiken des Unternehmens nicht von der Verschwiegenheitspflicht der Betriebsratsmitglieder erfasst sind.[2627] Damit haben sich die zunächst geäußerten Bedenken erübrigt.

III. Informationsinteresse der Arbeitnehmer

1. Einführung in die Problematik vor Inkrafttreten der Neuregelung

Nach vormaliger Rechtslage wurde problematisiert, ob das berechtigte Geheimhaltungsinteresse des Arbeitgebers von entgegenstehenden Informationsinteressen der Arbeitnehmer verdrängt werden kann.[2628] Rechtliche Konsequenz wäre, dass der Schutz von Betriebs- und Geschäftsgeheimnissen eingeengt ist.[2629] Die Mitglieder des Betriebsrats dürften grundsätzlich geheimhaltungsbedürftige Informationen an die Belegschaft weitergeben. Vor Inkrafttreten des Geschäftsgeheimnisgesetzes war diese Frage in Rechtsprechung und Literatur nicht abschließend geklärt. Grundsätzlich müssen Betriebs- und Geschäftsgeheimnisse vertraulich behandelt werden. Andererseits gehört die Kommunikation mit der Belegschaft zu den elementaren Aufgaben der Arbeitnehmervertretung, weshalb seitens der Arbeitnehmer regelmäßig ein erhebliches Informationsbedürfnis besteht.[2630] In der jüngeren Vergangenheit vor Inkrafttreten des Geschäftsgeheimnisgesetzes wurde diese Meinungsverschiedenheit insbesondere – angestoßen durch einen Beschluss des LAG Schleswig-Holstein – anhand der Fragestellung aufgearbeitet, ob Informationen über personelle Maßnahmen als Betriebs- und Geschäftsgeheimnis im Sinne des § 79 I BetrVG zu behandeln sind.[2631]

2. Meinungsstand in der Rechtsprechung

Ob das berechtigte Geheimhaltungsinteresse und damit der Anwendungsbereich des § 79 I BetrVG bei Vorliegen gegenläufiger Informationsinteressen der Arbeitnehmer verneint werden kann, wurde bislang nicht höchstrichterlich entschieden. Diese Fragestellung wurde jedoch im Rahmen von drei landesarbeitsgerichtlichen Beschlüssen diskutiert.

In seinem Beschluss vom 20.5. 2015[2632] war das LAG Schleswig-Holstein mit der Frage konfrontiert, ob und in welchem Umfang ein geplanter interessenausgleichspflichtiger Personalabbau ein Betriebs- und Geschäftsgeheimnis im Sinne von § 79 I BetrVG darstellt. Das Gericht hatte zunächst festgehalten, dass die

2627 So wohl im Ergebnis auch DKW/*Buschmann* § 79 BetrVG Rn. 9; Fitting § 79 BetrVG Rn. 3a; *Oetker*, FS Hopt 2020, S. 901, 908; *Preis/Seiwerth* RdA 2019, 351, 359ff.
2628 *Weber*, Die Schweigepflicht des Betriebsrats, S. 40.
2629 *Weber*, Die Schweigepflicht des Betriebsrates, S. 40.
2630 *Weber*, Die Schweigepflicht des Betriebsrates, S. 40.
2631 GK-BetrVG/*Oetker* § 79 Rn. 16.
2632 LAG Schleswig-Holstein NZA-RR 2016, 77ff.

Klassifizierung einer Information als „Betriebs- und Geschäftsgeheimnis" stets ein objektives Geheimhaltungsinteresse voraussetzt. Fehlt dieses, könne eine Tatsache nicht willkürlich als ein schutzbedürftiges Geheimnis deklariert und somit der Geheimhaltungsbedürftigkeit unterworfen werden.[2633] Im Ergebnis entschied das LAG Schleswig-Holstein, dass Informationen über einen interessenausgleichspflichtigen Personalabbau in Abgrenzung zu den personellen Einzelmaßnahmen beurteilt werden müssen[2634] und nicht pauschal und in Gänze als Betriebs- und Geschäftsgeheimnis deklariert werden können.[2635] In dem zu entscheidenden Fall könne ein objektiv berechtigtes Interesse an der Geheimhaltung insoweit nicht bejaht werden, dass die geplanten Betriebsänderungen der Belegschaft erst mitgeteilt werden dürfen, wenn die Verhandlungen konkret abgeschlossen sind.[2636] Ab dem Beginn der gemäß §§ 111, 112 ff. BetrVG notwendigen Verhandlungen habe der Arbeitgeber etwaige Reaktionen der Belegschaft und Unruhe hinzunehmen.[2637] Bei der Beurteilung der Verschwiegenheitspflicht aus § 79 I BetrVG müsse auch das Interesse der Vertretungsgremien an einer hinreichenden Information und Kommunikationsmöglichkeiten mit der Belegschaft einbezogen werden.[2638] Überwiegt dieses, sei das berechtigte Geheimhaltungsinteresse zu negieren, um die freie Kommunikation von Arbeitnehmern und Arbeitnehmervertretern zu gewährleisten.[2639] Nach dieser Entscheidung ist das Tatbestandsmerkmal eines berechtigten Geheimhaltungsinteresses nach Wertungsgesichtspunkten zu beurteilen, wobei die gegenläufigen Interessen der Arbeitnehmer einzubeziehen sind. Überwiegen diese, tritt das berechtigte Geheimhaltungsinteresse zurück, um den Informationsfluss an die Belegschaft zu ermöglichen.[2640]

Mit Beschluss vom 12.3.2015 hatte das LAG Hessen über die beabsichtigte außerordentliche Kündigung eines Betriebsratsmitglieds zu befinden, der seine Verschwiegenheitspflicht missachtet haben sollte.[2641] Dabei war die Geheimhaltungsbedürftigkeit eines geplanten Personalabbaus von Bedeutung. Die Arbeitgeberin plante einen konzernweiten Arbeitsplatzabbau und führte darüber Gespräche mit dem Betriebsrat. Anschließend informierte das fragliche Betriebsratsmitglied die Belegschaft über den geplanten Stellenabbau, obwohl die Arbeitgeberin

---

2633 LAG Schleswig-Holstein NZA-RR 2016, 77, 79; Richardi/*Thüsing* § 79 BetrVG Rn. 7.

2634 LAG Schleswig-Holstein NZA-RR 2016, 77, 80 Rn. 56, 58.

2635 LAG Schleswig-Holstein NZA-RR 2016, 77, 79 Rn. 50.

2636 LAG Schleswig-Holstein NZA-RR 2016, 77, 80 Rn. 61; *Brammsen/Schmitt* NZA-RR 2016, 77, 81; DKW/*Buschmann* § 79 BetrVG Rn. 8.

2637 LAG Schleswig-Holstein NZA-RR 2016, 77, 80 Rn. 65.

2638 LAG Schleswig-Holstein NZA-RR 2016, 77, 80ff; *Brammsen/Schmitt* NZA-RR 2016, 77, 81; ErfK/*Kania* § 79 BetrVG Rn. 4.

2639 LAG Schleswig-Holstein NZA-RR 2016, 77, 80 Rn. 63; DKW/*Buschmann* § 79 BetrVG Rn. 8; *Oetker* ZESAR 2017, 257, 260.

2640 *Oetker* ZESAR 2017, 257, 261.

2641 LAG Hessen BeckRS 2016, 66338.

ausdrücklich um Stillschweigen gebeten hatte.[2642] Die Arbeitgeberin begehrte die Ersetzung der Zustimmung des Betriebsrates zur beabsichtigten außerordentlichen Kündigung und hilfsweise den Ausschluss des Betriebsratsmitglieds aus dem Betriebsrat.[2643] Sie führte an, der Personalabbau habe noch nicht festgestanden und sei deswegen zwingend geheim zu halten gewesen.[2644] Das LAG Hessen gestand der Arbeitgeberin ein berechtigtes Interesse an der Geheimhaltung der Informationen über den Personalabbau zu, da diese als „Insiderinformationen" im Sinne der §§ 13 I, 14 I, 15 I WpHG[2645] geeignet seien, die Börsen- und Marktpreise erheblich zu beeinflussen.[2646] Damit handele es sich bei den fraglichen Informationen um Betriebs- und Geschäftsgeheimnisse im Sinne des § 79 I BetrVG.[2647] Ein Informationsinteresse der Belegschaft hat keine Berücksichtigung gefunden.

Auch mit Beschluss vom 20.3.2017 hatte das LAG Hessen über die Geheimhaltungsbedürftigkeit eines geplanten Personalabbaus entschieden.[2648] Ein Betriebsratsmitglied hatte entgegen der arbeitgeberseitigen ausdrücklichen Bitte um Vertraulichkeit die Gewerkschaft über die geplante Einstellung einer Produktionslinie und die damit einhergehende Schließung eines Betriebsteils informiert.[2649] Das LAG Hessen entschied, dass ein geplanter interessenausgleichspflichtiger Personalabbau nicht unmittelbar und in Gänze als Betriebs- und Geschäftsgeheimnis im Sinne des § 79 I BetrVG gewertet werden kann.[2650] Informationen über personelle Vorgänge können zwar grundsätzlich in den Anwendungsbereich der Verschwiegenheitspflicht fallen. Dies gelte jedoch nicht mehr, sobald der Arbeitgeber das betriebsverfassungsrechtliche Mitwirkungsverfahren eingeleitet hat. Dem Arbeitgeber könne kein objektiv berechtigtes Interesse zugestanden werden, einen geplanten Stellenabbau erst bekannt zu geben, wenn sämtliche Verhandlungen abgeschlossen sind.[2651] Nach Ansicht des LAG Hessen überwiegen ab dem Zeitpunkt der Bekanntgabe gegenüber dem Betriebsrat die Kommunikations- und Informationsbedürfnisse von Betriebsrat und Belegschaft.[2652]

2642 Für die gesamte Sachverhaltsschilderung LAG Hessen BeckRS 2016, 66338, Rn. 3–4.

2643 LAG Hessen BeckRS 2016, 66338 Rn. 5.

2644 LAG Hessen BeckRS 2016, 66338 Rn. 7.

2645 Diese Vorschriften wurden mit Inkrafttreten der Marktmissbrauchsverordnung am 2. 07. 2016 aufgehoben und durch entsprechende im wesentliche inhaltsgleiche Vorschriften der MAR ersetzt.

2646 LAG Hessen BeckRS 2016, 66339 Rn. 25.

2647 LAG Hessen BeckRS 2016, 66338 Rn. 25; *Ginal* GWR 2016, 104, 104; GK-BetrVG/*Oetker* § 79 Rn. 16.

2648 LAG Hessen BeckRS 2017, 109499.

2649 LAG Hessen BeckRS 2017, 109499 Rn. 3.

2650 LAG Hessen BeckRS 2017, 109499 Rn. 18; Anmerkung *Buschmann* AuR 2017, 413, 414.

2651 LAG Hessen BeckRS 2017, 109499 Rn. 18.

2652 LAG Hessen BeckRS 2017, 109499 Rn. 18.

Zusammenfassend griff die veröffentlichte Rechtsprechung vor Inkrafttreten des Geschäftsgeheimnisgesetzes auf das Merkmal des berechtigten Geheimhaltungsinteresses zurück, um einer Information den Schutz als Betriebs- und Geschäftsgeheimnis zu entziehen und so einen Informationsabfluss an die Belegschaft zu ermöglichen.[2653] Dies zuvor stets objektiv bestimmte Tatbestandsmerkmal sei nicht frei von Wertungsgesichtspunkten und müsse unter Berücksichtigung der gegenläufigen Arbeitnehmerinteressen bestimmt werden.[2654] Überwiegen diese – wie im Falle des interessenausgleichspflichtigen Personalabbaus – ist ein berechtigtes Geheimhaltungsinteresse des Arbeitgebers zu verneinen.[2655] Damit kann die fragliche Information nicht als Betriebs- und Geschäftsgeheimnis gewertet werden und wird deswegen nicht von der gesetzlichen Verschwiegenheitspflicht in § 79 I BetrVG erfasst.[2656] Eine gefestigte Rechtsprechung lässt sich aus diesen Entscheidungen jedoch nicht ableiten.

3. Tradierter Meinungsstand in der Literatur

a) Arbeitnehmerinteressen berücksichtigende Stimmen

Die Literatur beantwortet diese Frage uneinheitlich. Einige Stimmen gehen dahin, das berechtigte Geheimhaltungsinteresse wertend und unter Berücksichtigung der gegenläufigen Informationsinteressen der Arbeitnehmer zu bestimmen.[2657] Daraus resultiert die Möglichkeit des Betriebsrats, bestimmte Informationen ungehindert an die Belegschaft weiter zu geben.[2658] Dabei verweisen jedoch einige lediglich auf die soeben skizzierte landesarbeitsgerichtliche Rechtsprechung und schlussfolgern aus dieser, der Arbeitnehmer habe kein berechtigtes Interesse einen interessenausgleichspflichtigen Personalabbau insgesamt abzulehnen.[2659] Eine darüberhinausgehende umfassende Auseinandersetzung mit der dahinterstehenden Problematik findet sich oftmals nicht. Andere begründen diese Auffassung mit den Informations- und Erörterungspflichten des Betriebsrats[2660] oder mit

2653 *Oetker* ZESAR 2017, 257, 259–260.

2654 LAG Schleswig-Holstein NZA-RR 2016, 77, 80 Rn. 57; *Brammsen/Schmitt* NZA-RR 2016, 77, 81.

2655 *Brammsen/Schmitt* NZA 2016–RR 2016, 77, 81.

2656 *Brammsen/Schmitt* NZA 2016–RR 2016, 77, 81.

2657 *Bieback* RdA 1978, 82, 90; *Buschmann* AuR 2015, 355, 356; DKW/*Buschmann* § 79 BetrVG Rn. 8; ErfK/*Kania* § 79 BetrVG Rn. 4; *Fangmann* AuR 1980, 129, 150; so wohl auch *Karthaus* NZA 2018, 1180, 1183, *Kittner* ZHR 136 (1972), 208, 231ff.; *Kreitner*, Küttner Personalbuch, Betriebsgeheimnis, Rn. 11; *Nagel* BB 1979, 1799, 1804; nur in Ausnahmefällen *Taeger*, Die Offenbarung von Betriebs- und Geschäftsgeheimnissen, S. 115–116.

2658 ErfK/*Kania* § 79 BetrVG Rn. 4.

2659 *Kreitner*, Küttner Personalbuch, Betriebsgeheimnis, Rn. 11.

2660 *Buschmann* AuR 2015, 355, 356; Düwell/*Lorenz* § 79 BetrVG Rn. 13ff.; ErfK/*Kania* § 79 BetrVG Rn. 4.

dem Bedürfnis der Arbeitnehmer[2661], über relevante Informationen Kenntnis zu erlangen. Deswegen könne das Interesse, Informationen über bestimmte Sachverhalte oder Problematiken zurückzuhalten, nicht einseitig und ausschließlich unter Berücksichtigung der Arbeitgeberinteressen bestimmt werden.[2662] Soweit gegenläufige Informationsinteressen überwiegen, kann der Arbeitgeber kein objektiv berechtigtes Geheimhaltungsinteresse beanspruchen.[2663] Einige Literaturstimmen schließlich stellen auf die Relevanz der fraglichen Informationen für die betroffene Belegschaft ab.[2664] Aufgrund der vorzunehmenden Interessenabwägung überwiege die Notwendigkeit, bestimmte Umstände mit der Belegschaft zu teilen, soweit diese in besonderem Maße betroffen ist.[2665]

b) Arbeitnehmerinteressen nicht berücksichtigende Stimmen

Andere Literaturstimmen tendieren demgegenüber dahin, das berechtigte Geheimhaltungsinteresse nach streng objektiven Kriterien zu beurteilen. Eine Interessenabwägung mit der gegenläufigen Position der Arbeitnehmer habe nicht zu erfolgen.[2666] Entscheidend sei ausschließlich, ob die fragliche Tatsache geeignet ist, die Wettbewerbsfähigkeit des Unternehmens negativ zu beeinflussen.[2667] Daraus resultiere, dass sowohl beabsichtigte personelle Einzelmaßnahmen als auch ein interessenausgleichspflichtiger Personalabbau bis zu ihrer Realisierung als Betriebs- und Geschäftsgeheimnisse im Sinne des § 79 I BetrVG geschützt sein können.[2668] Solche Vorgänge erfolgten regelmäßig im Lichte des Erhalts der Wettbewerbsfähigkeit des Unternehmens und seien damit grundsätzlich geeignet dessen Wettbewerbsposition zu beeinflussen.[2669] Das LAG Schleswig-Holstein greift diese Rechtsauffassung in den Entscheidungsgründen auf, lehnt sie aber wegen zu pauschaler Perspektive ab.[2670] Es erfolge weder eine Abwägung der widerstreiten

---

2661 *Bieback* RdA 1978, 82, 90; *Taeger,* Die Offenbarung von Betriebs- und Geschäftsgeheimnissen, S. 115–116.

2662 *Bieback* RdA 1978, 82, 90.

2663 ErfK/*Kania* § 79 BetrVG Rn. 4; *Taeger,* Die Offenbarung von Betriebs- und Geschäftsgeheimnissen, S. 115–116.

2664 *Fangmann* AuR 1980, 126, 150; *Taeger,* Die Offenbarung von Betriebs- und Geschäftsgeheimnissen, 115–116.

2665 *Fangmann* AuR 1980, 126, 150; *Taeger,* Die Offenbarung von Betriebs- und Geschäftsgeheimnissen, S. 115–116.

2666 *Hueck* RdA 1975, 35, 41; *Krois,* MünchArbR § 295 Rn. 207; *Weber,* Die Schweigepflicht des Betriebsrates, S. 45.

2667 GK-BetrVG/*Oetker* § 79 Rn. 16; *Müller* BB 2013, 2293, 2294; *Oetker* ZESAR 2017, 257, 260; *Rieble/Klebeck* NZA 2006, 758, 765; Richardi/*Thüsing* § 79 BetrVG Rn. 6; *Weber,* Die Schweigepflicht des Betriebsrats, S. 45ff.

2668 GK-BetrVG/*Oetker* § 79 Rn. 16; Richardi/*Thüsing* § 79 BetrVG Rn. 5.

2669 GK-BetrVG/*Oetker* § 79 Rn. 16.

2670 LAG Schleswig-Holstein NZA-RR 2016, 77, 80 Rn. 57.

Interessen noch werde hinreichend zwischen personellen Einzelmaßnahmen[2671] und einem beabsichtigten umfassenden Stellenabbau differenziert.[2672] Innerhalb dieser Meinungsgruppe gehen die Auffassungen auseinander, inwiefern es dem Betriebsrat im Ergebnis möglich ist, bestimmte Informationen mit der Belegschaft zu teilen. Einerseits wird vertreten, dass der Betriebsrat zwar grundsätzlich ungehindert mit den Arbeitnehmern kommunizieren darf. Bei dem „berechtigten Geheimhaltungsinteresse" handele es sich lediglich nicht um den korrekten dogmatischen Ansatzpunkt, um dies zu erreichen.[2673] Andere sind der Auffassung, die Verschwiegenheitspflicht der Betriebsratsmitglieder gelte uneingeschränkt auch gegenüber den Arbeitnehmern. Hiervon sei lediglich in Ausnahmefällen abzuweichen.[2674]

4. Bewertung des Rückgriffs auf das Informationsinteresse der Arbeitnehmer im Rahmen des „berechtigten Geheimhaltungsinteresses"

Die Beurteilung der Geheimhaltungsbedürftigkeit personeller Maßnahmen und Vorgänge vereint zwei abstrakte Fragestellungen.[2675] Auf übergeordneter Ebene muss bewertet werden, ob die Mitglieder des Betriebsrats über § 79 BetrVG daran gehindert sind, relevante Informationen an die Arbeitnehmer weiterzugeben.[2676] Dabei muss erörtert werden, ob das „objektiv berechtigte Geheimhaltungsinteresse" einen geeigneten dogmatischen Anknüpfungspunkt hierfür bietet.[2677] Grundsätzlich lässt sich nachvollziehen, weshalb es dem Betriebsrat nach Ansicht der Rechtsprechung grundsätzlich möglich sein soll, sensible Information mit den Arbeitnehmern zu teilen.[2678] Es gehört zu den gesetzlichen Aufgaben einer Vertretungseinrichtung, die Arbeitnehmer unmittelbar betreffende Angelegenheiten umfassend mit diesen zu erörtern und hierbei beratend tätig zu werden.[2679] Im Falle eines interessenausgleichspflichtigen Personalabbaus zum Beispiel sind die erfassten Mitarbeiter derart involviert, dass es unerlässlich erscheint, diese ab einem gewissen Zeitpunkt umfassend in Kenntnis zu setzten.[2680]

2671 In Bezug auf personelle Einzelmaßnahmen scheint die Rechtsprechung der Literaturmeinung zumindest nicht zu widersprechen LAG Schleswig-Holstein NZA-RR 2016, 77, 80 Rn. 58.

2672 LAG Schleswig-Holstein NZA-RR 2016, 77, 80 Rn. 57–58.

2673 *Brammsen/Schmitt* NZA-RR 2016, 77, 81ff.

2674 GK-BetrVG/*Oetker* § 79 Rn. 22.

2675 *Brammsen/Schmitt* NZA-RR 2016, 77, 81.

2676 *Brammsen/Schmitt* NZA-RR 2016, 77, 81; DKW/*Buschmann* § 79 BetrVG Rn. 8.

2677 *Brammsen/Schmitt* NZA-RR 2016, 77, 81; ähnlich *Weber*, Die Schweigepflicht des Betriebsrates, S. 46.

2678 *Brammsen/Schmitt* NZA-RR 2016, 77, 81ff.; DKW/*Buschmann* § 79 BetrVG Rn. 8; *Hueck* RdA 1975, 35, 41; *Weber*, Die Schweigepflicht des Betriebsrats, S. 40–41.

2679 Ähnlich *Weber*, Die Schweigepflicht des Betriebsrates, S. 40–41.

2680 *Brammsen/Schmitt* NZA-RR 2016, 77, 83; DKW/*Buschmann* § 79 BetrVG Rn. 8.

Dabei dürfte jedoch die dogmatische Begründung der landesarbeitsgerichtlichen Rechtsprechung mit einigen inhaltlichen und systematischen Mängeln behaftet sein.[2681] Nach übereinstimmender Ansicht der betriebsverfassungsrechtlichen Literatur und Rechtsprechung orientierte man sich für die Definition eines Betriebs- und Geschäftsgeheimnisses an den im Rahmen der früheren §§ 17 ff. UWG entwickelten Voraussetzungen.[2682] In diesem Regelungszusammenhang ging man davon aus, dass der Geheimnisinhaber ein berechtigtes Geheimhaltungsinteresse hat, wenn die geheim zu haltende Tatsache geeignet ist, sich auf die Wettbewerbsfähigkeit des Unternehmens negativ auszuwirken oder dem Geheimnisträger sonst wirtschaftlichen Schaden zuzufügen.[2683] Die gegenläufigen Informationsinteressen der Belegschaft wurden hierbei nicht berücksichtigt.[2684]

Indem das Informationsbedürfnis der Belegschaft in die Frage nach einem „berechtigten Geheimhaltungsinteresse“ einbezogen wird, erweitern sich faktisch die Tatbestandsvoraussetzungen eines „Betriebs- und Geschäftsgeheimnisses. Dies erscheint unter zweierlei Gesichtspunkten problematisch. Zunächst steht die – sich aus der Begründung des Landesarbeitsgerichts inzident ergebende – Definition des objektiv berechtigten Interesses in Widerspruch zu der anerkannten Rechtsprechung des Bundesgerichtshofs und des Bundesarbeitsgerichts.[2685]

Außerdem würde die Annahme eines wertenden Moments dazu führen, dass das objektive Geheimhaltungsinteresse und damit der Tatbestand eines „Betriebs- und Geschäftsgeheimnisses“ stets verneint werden müssten, wenn ein ausreichendes Informationsinteresse der Arbeitnehmer besteht. Konsequenterweise würde dadurch jedoch die Geheimhaltungspflicht aus § 79 I BetrVG insgesamt entfallen.[2686] Der Betriebsrat dürfte die fraglichen Informationen nicht nur mit der Belegschaft teilen, sondern könnte diese mangels Schutzfähigkeit jedem beliebigen Dritten, insbesondere auch Konkurrenten mitteilen.[2687] Dies wäre schwerlich mit dem Zweck der Norm in Einklang zu bringen.[2688] Wie bereits erörtert, ist die Norm teleologisch dahin ausgerichtet, die Geheimhaltungsinteressen des Arbeitgebers zu wahren. Das über § 79 I BetrVG geschützte Rechtsgut ist das individuelle Interesse des Arbeitgebers, sicherzustellen, dass betriebliche und geschäftliche Informationen auch unter Berücksichtigung der Aktivitäten des Betriebsrates gesichert

---

2681 *Brammsen/Schmitt* NZA-RR 2016, 77ff.; GK-BetrVG/*Oetker* § 79 Rn. 22.

2682 Zur tradierten Definition eines Betriebs- und Geschäftsgeheimnisses, siehe Teil 1, § 2, C., S. 65ff.

2683 *Brammsen/Schmitt* NZA-RR 2016, 77,82.

2684 Zum Inhalt des berechtigten Geheimhaltungsinteresses, siehe Teil 1, § 2, C., II., 6., S. 77ff.

2685 *Brammsen/Schmitt* NZA-RR 2016, 77,82.

2686 *Hueck* RdA 1975, 35,41.

2687 *Brammsen/Schmitt* NZA-RR 2016, 77,82.

2688 *Brammsen/Schmitt* NZA-RR 2016, 77, 82; GK-BetrVG/*Oetker* § 79 Rn. 22; *Krois*, MünchArbR § 295 Rn. 207.

bleiben.[2689] Eine Interpretation der Verschwiegenheitspflicht, nach der sonst tatbestandlich erfasste Informationen offenbart werden dürfen, weil und soweit gegenläufige Interessen dies rechtfertigen und das Geheimhaltungsinteresse des Arbeitgebers im Kollisionsfall zurücktreten muss, erscheint vor diesem Hintergrund widersprüchlich.[2690] Dogmatisch stringent führte die Ansicht der Rechtsprechung zwangsläufig dazu, dass § 79 I BetrVG abweichend von der vorherrschenden Auffassung teleologisch auf den Schutz der Betriebsratstätigkeit und der Arbeitnehmer ausgerichtet ist, das mit der Norm geschützte Rechtsgut somit auch in dem Kommunikationsinteresse definiert ist.

Auch der systematische Aufbau des § 79 I BetrVG legt es nahe, dass berechtigte Geheimhaltungsinteresse nicht allein wegen gegenläufiger Informationsbedürfnisse der Belegschaft zu verneinen.[2691] Gemäß § 79 I S. 1 BetrVG sind die Betriebsratsmitglieder grundsätzlich verpflichtet, im Rahmen ihrer Tätigkeit erlangte „Betriebs- und Geschäftsgeheimnisse" vertraulich zu behandeln. In den Sätzen 3 und 4 finden sich Ausnahmen, die der Gewährleistung der Aufgabenwahrnehmung dienen.[2692] Dieser systematische Aufbau zeigt, dass der Gesetzgeber die Verschwiegenheitspflicht zunächst umfassend ausgestaltet, dabei jedoch anerkannt hat, dass dabei auch die Interessen des Betriebsrates an der sachgerechten Wahrnehmung seines Tätigkeitsfeldes einbezogen werden müssen.[2693] Eine gesetzliche Ausnahme für Informationen an die Belegschaft findet sich nicht, was dafür spricht, dass dies nach Ansicht des Gesetzgebers nicht notwendig war, um die Funktionsfähigkeit des betriebsverfassungsrechtlichen Mitbestimmungssystems zu gewährleisten.[2694] In diesem Zusammenhang ist auch zu beachten, dass der Gesetzgeber umfassende Erörterungspflichten des Arbeitgebers gegenüber der Belegschaft und deren Interessenvertretungen im Betriebsverfassungsgesetz angelegt hat,[2695] wie zum Beispiel die §§ 75, 80, 111ff. BetrVG verdeutlichen. Damit ist aber eine Wertung getroffen, unter welchen Voraussetzungen der Arbeitgeber Informationen offenlegen muss.[2696] Insgesamt zeigt dies, dass eine Ausnahme von der Verschwiegenheitspflicht unter dem Gesichtspunkt des Informationsinteresses weder in der systematischen Struktur des § 79 BetrVG noch im Gesamtzusammenhang des Gesetzes angelegt ist.[2697] Unter Berücksichtigung dieser Feststellungen

---

2689 Ausführungen zu dem Normzweck und dem geschützten Rechtsgut des § 79 BetrVG, siehe Teil 4, § 15, B., I., S. 441ff.

2690 *Brammsen/Schmitt* NZA-RR 2016, 77, 82; GK-BetrVG/*Oetker* § 79 Rn. 22.

2691 GK-BetrVG/*Oetker* § 79 Rn. 22; *Krois,* MünchArbR § 295 Rn. 207.

2692 GK-BetrVG/*Oetker* § 79 Rn. 22; *Krois,* MünchArbR §295 Rn. 207; NK-GA/*Waskow* § 79 BetrVG Rn. 11.

2693 Im Ergebnis *Krois,* MünchArbR § 295 Rn. 207.

2694 GK-BetrVG/*Oetker* § 79 Rn. 22; im Ergebnis *Krois,* MünchArbR § 295 Rn. 207; NK-GA/*Waskow* § 79 BetrVG Rn. 13.

2695 *Weber,* Die Schweigepflicht des Betriebsrats, S. 45.

2696 *Weber,* Die Schweigepflicht des Betriebsrats, S. 45.

2697 So wohl auch *Weber,* Die Schweigepflicht des Betriebsrats, S. 45.

kann die Verschwiegenheitspflicht des § 79 I BetrVG nicht über das Merkmal des „berechtigten Geheimhaltungsinteresses" dann eingeschränkt werden, wenn die Arbeitnehmer ein grundsätzlich nachvollziehbares Interesse an Informationen über bevorstehende personelle Maßnahmen haben.[2698] Eine solche tatbestandliche Lösung widerspricht der systematischen Struktur der Norm, die einen anderen gesetzgeberischen Willen deutlich macht.

5. *Auswirkungen des Geschäftsgeheimnisgesetzes auf den Informationsfluss zwischen Betriebsrat und Belegschaft*

a) *Hinführung zur Problematik*

Da sich § 2 Nr. 1 GeschGehG nach den bislang gefundenen Ergebnissen auf den Anwendungsbereich der betriebsverfassungsrechtlichen Verschwiegenheitspflicht auswirkt, müssen auch die Möglichkeiten des Betriebsrates, sensible Informationen mit der Belegschaft zu teilen, einer Neubewertung unterzogen werden. Mit dem Geschäftsgeheimnisgesetz existieren nunmehr Regelungen, die – ungeachtet der im einzelnen klärungsbedürftigen Außenwirkung – zumindest eine gesetzgeberische Wertung enthalten, unter welchen Umständen Geschäftsgeheimnisse erlangt, genutzt und offengelegt werden dürfen. Nachdem das von dem LAG Schleswig-Holstein gewählte methodische Vorgehen, das „berechtigte Geheimhaltungsinteresse" zu relativieren, um den Informationsfluss zwischen Betriebsrat und Belegschaft zu ermöglichen, bereits auf Grundlage der vormaligen Rechtslage kritisiert wurde, fragt sich, wie diese Problematik im Anwendungsbereich des Geschäftsgeheimnisgesetzes beurteilt werden muss. Nach den Ergebnissen dieser Arbeit finden sonstige gesetzliche Regelungen zum Umgang mit Betriebs- und Geschäftsgeheimnissen grundsätzlich weiter Anwendung und werden durch das Geschäftsgeheimnisgesetzes nicht verdrängt. Dies gilt auch für § 79 I BetrVG.[2699] Um die veränderte Rechtslage bei der Bewertung der Informationsweitergabe an die Belegschaft einzubeziehen, muss einerseits ermittelt werden, ob derartige Handlungen § 79 I BetrVG – dessen Anwendungsbereich gemäß § 2 Nr. 1 GeschGehG konkretisiert ist – unterfallen. Zudem bedarf es einer weitergehenden Beurteilung, wie ein solches Vorgehen nach den Regelungen des Geschäftsgeheimnisgesetzes zu beurteilen ist.

2698 *Brammsen/Schmitt* NZA-RR 2016, 77, 82; GK-BetrVG/*Oetker* § 79 Rn. 22; *Oetker* ZESAR 2017, 257, 260; **a.A.** DKW/*Buschmann* § 79 BetrVG Rn. 8.

2699 Zu den Auswirkungen auf anderweitige gesetzliche Verschwiegenheitspflichten, siehe Teil 4, § 15, B., I., S. 441ff.

b) Die Informationsweitergabe als erlaubte Handlung gemäß § 3 II GeschGehG

Die Weitergabe von Informationen an die Belegschaft durch den Betriebsrat könnte zunächst eine erlaubte Handlung im Sinne des § 3 II GeschGehG darstellen.[2700] Danach darf ein Geschäftsgeheimnis erlangt, genutzt und offengelegt werden, wenn dies durch Gesetz, aufgrund eines Gesetzes oder durch Rechtsgeschäft gestattet ist. § 79 I BetrVG indessen erlaubt weder Erlangung und Nutzung noch Offenlegung von Geschäftsgeheimnissen, sondern verpflichtet die Betriebsratsmitglieder gerade dazu, diese nicht zu offenbaren und nicht zu verwerten.[2701] Mittelbar könnte die Weitergabe von grundsätzlich vertraulichen Informationen an die Belegschaft jedoch gerade aufgrund von § 79 I BetrVG möglich sein.[2702] Dies wäre der Fall, wenn die gesetzliche Verschwiegenheitspflicht so verstanden werden könnte, dass der Informationsfluss zwischen den Mitgliedern des Betriebsrates und der Arbeitnehmerschaft tatbestandlich gerade nicht erfasst ist, soweit ein überwiegendes Interesse der Arbeitnehmer besteht, an den Informationen teilzuhaben. Bei einem solchen Verständnis wäre diese Form der Kommunikation aufgrund des richterrechtlich ausgestalteten Anwendungsbereichs des § 79 I BetrVG gestattet.[2703] Würde man § 79 I BetrVG unter Heranziehung dieser Rechtsauffassung als Erlaubnisnorm im Sinne des § 3 II GeschGehG werten, müsste die Informationsweitergabe in Konsequenz weiterhin anhand von § 79 I BetrVG beurteilt werden.[2704] Im Ergebnis wirkte sich das Geschäftsgeheimnisgesetzes nicht auf die Würdigung derartiger Sachverhaltskonstellationen aus.[2705]

Ausweislich der gesetzlichen Begründung zu § 3 II GeschGehG sollen Sonderregelungen zu Geschäftsgeheimnissen in anderen Gesetzen vorgehen. Dies betreffe unter anderem Vorschriften über gesetzlich verankerte Rechte der Interessenvertretungen der Arbeitnehmer.[2706] Diese Formulierung folgt der grundsätzlichen Konzeption des Geschäftsgeheimnisgesetzes, nach der bestehende Schutzlücken ausgefüllt werden sollen.[2707] Darüber hinausgehend wird dem in der Literatur vereinzelt entnommen, der Gesetzgeber habe mit § 3 II GeschGehG gerade auch

2700 EuArbRK/*Schubert* RL (EU) 2016/943 Art. 4 Rn. 27; *Karthaus* NZA 2018, 1180, 1182; *Preis/Seiwert* RdA 2019, 351, 359; im Ansatz *Schmitt* RdA 2017, 365, 370.

2701 *Karthaus* NZA 2018, 1180, 1182.

2702 EuArbRK/*Schubert* RL (EU) 2016/943 Art. 4 Rn. 27; *Karthaus* NZA 2018, 1180, 1182; *Preis/Seiwerth* RdA 2019, 351, 359.

2703 EuArbRK/*Schubert* RL (EU) 2016/943 Art. 4 Rn. 27; *Preis/Seiwerth* RdA 2019, 351, 359.

2704 So wohl BeckOK GeschGehG/*Fuhlrott* § 3 Rn. 20.1; *Karthaus* NZA 2018, 1180, 1183; *Preis/Seiwerth* RdA 2019, 351, 359.

2705 BeckOK GeschGehG/*Fuhlrott* § 3 Rn. 26; EuArbRK/*Schubert* RL (EU) 2016/943 Art. 4 Rn. 27; *Oltmanns/Fuhlrott* NZA 2019, 1384, 1387; *Preis/Seiwerth* RdA 2019, 351, 359; so wohl auch Fitting § 79 BetrVG Rn. 3a.

2706 Begr. RegE, BT-Drucks. 19/4724, S. 26.

2707 Zur Konzeption des Geschäftsgeheimnisgesetzes, siehe Teil 2, § 7, C., I., S. 215ff.

§ 79 I BetrVG im Blick gehabt.[2708] Vordergründig erscheint dies nachvollziehbar, da es sich bei § 79 I BetrVG – wie von der Gesetzesbegründung beschrieben – um eine Sonderregelung über Geschäftsgeheimnisse handelt. Zudem kann die Norm inhaltlich den Regelungen über die Rechte der Arbeitnehmer zugeordnet werden. Problematisch erscheint jedoch, dass § 79 I BetrVG nach Wortlaut und Regelungszusammenhang kein Recht begründet.[2709] Dogmatisch handelt es sich um eine Pflicht der Betriebsratsmitglieder, die mit den umfassenden Mitbestimmungs- und Mitwirkungspflichten korreliert.[2710] Das Recht, Geschäftsgeheimnisse zu offenbaren, könnte sich allenfalls mittelbar über die Möglichkeit, sensible Informationen im Rahmen der sachgerechten Aufgabenwahrnehmung an die Arbeitnehmer zu kommunizieren, ergeben.

Die Annahme, dass der Gesetzgeber mit § 3 II GeschGehG lediglich die vormalige Rechtslage aufrechterhalten wollte, erscheint zudem unter einem weiteren Gesichtspunkt fraglich. Der Argumentationsansatz, den Informationsfluss zwischen Interessenvertretung und Arbeitnehmer aus dem Tatbestand des § 79 I BetrVG auszuklammern, ist nämlich keineswegs eine allgemein anerkannte Rechtspraxis, die ohne weiteres übernommen werden kann.[2711] In Bezug auf das Geschäftsgeheimnisgesetz wird geltend gemacht, über §§ 1 III Nr. 4, 3 I Nr. 3, 3 II GeschGehG solle lediglich die bestehende Rechtslage zu § 79 I BetrVG aufrechterhalten werden.[2712] Die bisherige Ansicht der Rechtsprechung ist jedoch höchstrichterlich nicht bestätigt und entspricht auch nicht allgemeiner Rechtsauffassung. Gewichtige Stimmen in der Literatur sprechen sich, gegen eine solche Argumentation aus.[2713] Deswegen kann dem Gesetzestext in Verbindung mit der amtlichen Begründung letztendlich nicht zweifelsfrei entnommen werden, dass der Gesetzgeber über § 3 II GeschGehG i.V.m. § 79 I BetrVG lediglich die alte Rechtslage perpetuieren wollte.[2714] Auch die Gestaltung eines Informationsflusses zwischen Betriebsrat und Belegschaft lässt sich aus diesem Zusammenhang nicht ableiten.

Ob es sich bei § 79 I BetrVG um eine Erlaubnisnorm im Sinne des § 3 II GeschGehG handelt, entscheidet sich danach, ob bestimmte innerbetriebliche und personelle Vorgänge im Verhältnis zwischen den Betriebsratsmitgliedern und den

---

2708 BeckOK GeschGehG/*Fuhlrott* § 3 Rn. 26; *Preis/Seiwerth* RdA 2019, 351, 359; auf unionsrechtlicher Ebene *Bissels/Schroeders/Ziegelmayer* DB 2016, 2295, 2297.

2709 BeckOK GeschGehG/*Fuhlrott* § 3 Rn. 26; *Oltmanns/Fuhlrott* NZA 2019, 1384; 1387; *Karthaus* NZA 2018, 1180, 1183.

2710 BeckOK GeschGehG/*Fuhlrott* § 3 Rn. 26; *Oltmanns/Fuhlrott* NZA 2019, 1384, 1387.

2711 *Oetker* ZESAR 2017, 257, 260; es finden sich Stimmen in der Literatur, die von einer bestehenden Rechtslage sprechen, die mit Inkrafttreten des Geschäftsgeheimnisgesetzes lediglich übernommen werden sollte BeckOK GeschGehG/*Fuhlrott* § 3 Rn. 26.

2712 BeckOK GeschGehG/*Fuhlrott* § 3 Rn. 26; *Oltmanns/Fuhlrott* NZA 2019, 1384, 1387.

2713 GK-BetrVG/*Oetker* § 79 Rn. 16; *Müller* BB 2013, 2293, 2294; *Oetker* ZESAR 2017, 257, 260; *Rieble/Klebeck* NZA 2006, 758, 765; Richardi/*Thüsing* § 79 BetrVG Rn. 6.

2714 **A.A.** BeckOK GeschGehG/*Fuhlrott* § 5 Rn. 51.

Arbeitnehmern von dem Tatbestand eines Geschäftsgeheimnisses ausgenommen sind. In diesem Fall würde die gesetzliche Verschwiegenheitspflicht diese Maßnahmen mittelbar zulassen.[2715] Unter Rückgriff auf die Erwägungen zur vormaligen Rechtslage, setzte dieser dogmatische Ansatz jedoch voraus, dass Informationen des Betriebsrates an die Arbeitnehmer, nicht als Geschäftsgeheimnis geschützt sind, weil es an dem „berechtigten Geheimhaltungsinteresse“ fehlt. Es wurde bereits festgestellt, dass § 79 I BetrVG systematisch ausgelegt werden muss, sodass die Voraussetzungen des Schutzobjektes fortan an § 2 Nr. 1 GeschGehG zu messen sind. Deswegen muss die Berechtigung des arbeitgeberseitigen Interesses daran, dass der Betriebsrat Informationen, wie zum Beispiel über einen bevorstehenden Personalabbau, gegenüber der Belegschaft nicht offenbart, künftig nach § 2 Nr. 1 lit. c) GeschGehG beurteilt werden.[2716] Vor diesem Hintergrund könnte die Offenlegung solcher Informationen aus dem tatbestandlichen Anwendungsbereich der Verschwiegenheitspflicht ausgeklammert und der Kommunikationsvorgang damit mittelbar aufgrund von § 79 I BetrVG gestattet sein. Gemäß § 2 Nr. 1 lit. c) GeschGehG hat der Geheimnisinhaber ein „berechtigtes Geheimhaltungsinteresse“, wenn die fragliche Information das Potenzial birgt, sich auf die Wettbewerbsposition des Unternehmens negativ auszuwirken oder dieses anderweitig zu schädigen. Dabei darf sich die geheim zu haltende Information nicht auf einen rechtswidrigen Sachverhalt beziehen.[2717]

Die dogmatische Kritik an der bisherigen Rechtsprechung zur Einbeziehung eines Informationsinteresses in die Beurteilung des Geheimhaltungsinteresses bei § 79 BetrVG ist unter Geltung des Geschäftsgeheimnisgesetzes umso berechtigter. Im Rahmen des § 2 Nr. 1 lit. c) GeschGehG sind gegenläufige Interessen nicht einzubeziehen. Dieses Tatbestandmerkmal enthielt der erste Entwurf des § 2 Nr. 1 GeschGehG nicht. Dies deutet darauf hin, dass die Geheimhaltungsbedürftigkeit einer Information nach den ursprünglichen Vorstellungen des Gesetzgebers nicht durch verschiedene Interessen der beteiligten Personen bedingt sein sollte. Erst im BT-Ausschuss für Recht und Verbraucherschutz wurde § 2 Nr. 1 lit. c) GeschGehG eingefügt, um der Rechtsprechung des Bundesverfassungsgerichts und den unionsrechtlichen Vorgaben der Geheimnisschutz-Richtlinie gerecht zu werden. Entsprechend der unionsrechtlichen Vorgabe in Art. 2 Nr. 1 RL (EU) 2016/943 sollte das berechtigte Interesse Teil der Legaldefinition werden.[2718] Wie bereits dargestellt, kann die gesetzgeberische Korrektur als Reaktion auf die Kritik gewertet werden, nach der Entwurfsfassung des Gesetzes seien auch Informationen über rechtswidrige Sachverhalte in den tatbestandlichen Schutz einbezogen. Deswegen wurde § 2 Nr. 1 lit. c) GeschGehG im Rahmen dieser Arbeit dahin verstanden,

---

2715 EuArbRK/*Schubert* RL (EU) 2016/943 Art. 4 Rn. 27.

2716 *Karthaus* NZA 2018, 1180, 1183.

2717 Zur Einbeziehung rechtswidriger Informationen in den tatbestandlichen Anwendungsbereich des § 2 Nr. 1 GeschGehG, siehe Teil 2, § 6, B., V., S. 182ff.

2718 *Oetker* ZESAR 2017, 257, 260.

dass Informationen über rechtswidrige Sachverhalte aus dem Anwendungsbereich des § 2 Nr. 1 GeschGehG herausgenommen werden sollen. Etwaige gegenläufige Informationsinteressen hingegen sind bei der Frage nach einem berechtigten Geheimhaltungsinteresse nicht zu berücksichtigen. Somit führte die bisherige Rechtsprechung dazu, dass der Begriff Betriebs- und Geschäftsgeheimnis im Bereich der Mitbestimmung abweichend definiert wird, wenn bereits bei den Tatbestandsvoraussetzungen des Schutzobjektes die gegenläufigen Informationsinteressen der Arbeitnehmer einzubeziehen sind. Dieses Verständnis bedeutete nach Inkrafttreten des Geschäftsgeheimnisgesetzes eine dezidierte Abweichung von den Voraussetzungen der Legaldefinition. Dies wiederum widerspräche dem klaren Ziel der Richtlinie (EU) 2016/943, die auf einen einheitlichen unionsweiten Schutz von Geschäftsgeheimnissen abzielt.

Darüber hinaus würde das Verständnis der Rechtsprechung nicht nur den Tatbestandsvoraussetzungen, sondern auch der Systematik des § 2 Nr. 1 GeschGehG entgegenstehen. Im Gegensatz zur tradierten Rechtslage ist nunmehr gesetzlich festgeschrieben, unter welchen Voraussetzungen ein Geschäftsgeheimnis vorliegt. Über § 2 Nr. 1 lit. c) GeschGehG ergibt sich, wann der Inhaber einer Information ein berechtigtes Interesse hat, diese geheim zu halten. Auch wenn man annimmt, dass im Verhältnis Arbeitgeber und Betriebsrat ausnahmsweise ein berechtigtes Geheimhaltungsinteresse zu verneinen ist, weil Informationsinteressen der Arbeitnehmer dies rechtfertigen, kann sich dies nicht auf das Außenverhältnis bei der Weitergabe an unbeteiligte Dritte auswirken. Weitere Konsequenz dieser Einschränkung aber wäre, dass die Bewertung als geschütztes Geschäftsgeheimnis auch davon abhängt, gegenüber wem die Information nicht weitergeben werden darf. Dies entspricht nicht den Vorgaben in § 2 Nr. 1 GeschGehG, der abschließend definiert, unter welchen Voraussetzungen ein solches anzunehmen ist. Das berechtigte Geheimhaltungsinteresse kann nur im Rahmen des § 2 Nr. 1 lit. c) GeschGehG negiert werden. Interpretiert man diese Voraussetzung in Bezug auf die Informationsinteressen der Arbeitnehmer abweichend, kann dies nicht zu Folge haben, dass die Information in sämtlichen anderen Kommunikationsverhältnissen auch nicht mehr als Betriebs- und Geschäftsgeheimnis gilt. Damit würde sich jedoch die Geheimhaltungsbedürftigkeit einer Information einzelfallbezogen aus dem Verhältnis des Empfängers zu derjenigen Person ergeben, auf deren Verschwiegenheit es gerade ankommt.

Im Ergebnis kann das berechtigte Interesse, eine Information geheim zu halten im Rahmen des § 79 I BetrVG nicht wegen der Informationsinteressen der Belegschaft, verneint werden.[2719] Dies galt schon nach vormaliger Rechtslage und wird mit Inkrafttreten des Geschäftsgeheimnisgesetzes bestärkt.[2720] Gegen ein solches

---

2719 GK-BetrVG/*Oetker* § 79 Rn. 22; *Oetker*, FS Hopt 2020, S. 901, 909; *Oetker* ZESAR 2017, 257, 260; **a.A.** davon ausgehend, die Offenlegung sei nach der Neuregelung nicht verboten *Karthaus* NZA 2018, 1180, 1183.

2720 *Oetker* ZESAR 2017, 257, 260; **a.A.** *Karthaus* NZA 2018, 1180, 1183.

Verständnis sprechen der auf die gesamte Rechtsordnung ausstrahlende § 2 Nr. 1 GeschGehG, der Schutzzweck des Geschäftsgeheimnisgesetzes und der systematische Aufbau von § 79 I BetrVG. Um das berechtigte Geheimhaltungsinteresse des Arbeitgebers zu ermitteln, müssen die Voraussetzungen des § 2 Nr. 1 lit. c) GeschGehG herangezogen werden. Dieses Tatbestandsmerkmal indessen ist objektiv zu bestimmen. Für die Begründung eines berechtigten Geheimhaltungsinteresses genügt es, wenn sich die fragliche Information auf einen rechtmäßigen Sachverhalt bezieht und dessen Bekanntwerden geeignet ist, die Wettbewerbsfähigkeit des Unternehmens zu beeinflussen. Demgegenüber handelt es sich bei § 79 I BetrVG nicht um eine Norm, die Erlangung, Nutzung und Offenlegung eines Geschäftsgeheimnisses gestattet oder aufgrund derer diese Vorgänge gestattet sind. Die betriebsverfassungsrechtliche Verschwiegenheitspflicht kann nicht als Erlaubnisnorm im Sinne des § 3 II GeschGehG gewertet werden.[2721]

c) *Informationsweitergabe als Bruch einer Verschwiegenheitsverpflichtung im Sinne der §§ 4 II Nr. 2, 3 GeschGehG*

aa) Dogmatische Bewertung

Ein anderer Ansatz besteht darin, die gesetzliche Verschwiegenheitspflicht als „Verpflichtung zur Beschränkung der Nutzung des Geschäftsgeheimnisses" bzw. als „Verpflichtung, das Geschäftsgeheimnis nicht offenzulegen" im Sinne der §§ 4 II Nr. 2, 3 GeschGehG aufzufassen.[2722] Diese Betrachtungsweise setzt zunächst voraus, dass es sich bei der betriebsverfassungsrechtlichen Verschwiegenheitspflicht um eine „Verpflichtung" im Sinne der § 4 II Nr. 2, 3 GeschGehG handelt.[2723] Der gesetzliche Wortlaut enthält keine Kriterien, wie eine Nutzungsbeschränkung oder eine Verpflichtung zur Vertraulichkeit ausgestaltet sein müssen.[2724] Auch Konkretisierungen bezüglich der Rechtsgrundlage einer solchen Verpflichtung lassen sich der Norm nicht entnehmen.[2725] Dass der gesetzliche Wortlaut somit auf jedwede „Verpflichtung" abstellt, ohne diese weiteren Kriterien zu unterwerfen, deutet darauf hin, dass dieser Begriff im Rahmen des §§ 4 II Nr. 2, 3 GeschGehG weit zu verstehen ist.[2726]

Ausweislich der amtlichen Begründung ist der Nutzungsvorgang unzulässig, wenn die handelnde Person dadurch gegen eine vertragliche oder sonstige Verpflichtung zur Beschränkung der Nutzung verstößt. Gleiches gilt für die Offenlegung, sofern der Handelnde gegen eine Vertraulichkeitsvereinbarung oder eine

2721 So wohl auch *Karthaus* NZA 2018, 1180, 1183.
2722 *Böning/Heidfeld* AuR 2018, 555, 558; *Karthaus* NZA 2018, 1180, 1183; *Preis/Seiwerth* RdA 2019, 351, 359.
2723 *Preis/Seiwerth* RdA 2019, 351, 359.
2724 *Preis/Seiwerth* RdA 2019, 351, 359.
2725 Im Ergebnis *Preis/Seiwerth* RdA 2019, 351, 359.
2726 *Preis/Seiwerth* RdA 2019, 351, 359.

sonstige Verpflichtung verstößt, das Geschäftsgeheimnis nicht offenzulegen.[2727] Auch diese Formulierung spricht für ein weites Verständnis.[2728] Nicht nur, dass neben den vertraglichen Verpflichtungen auch nicht weiter konkretisierte „sonstige Verpflichtungen" erfasst sein sollen, stellt die vertragliche Verpflichtung – die aufgrund ihrer privatautonomen, weiten Ausgestaltung im Vergleich zu der gesetzlichen Verschwiegenheitspflicht ein volatileres und weniger handhabbares Abgrenzungskriterium bildet – zudem die einzige gesondert genannte Form der Nutzungsbeschränkung bzw. Verschwiegenheitsverpflichtung dar. Wenn bereits eine vertragliche Verpflichtung genügt, um eine Handlung als verboten im Sinne der §§ 4 II Nr. 2 und 3 GeschGehG zu qualifizieren, gilt dies erst recht für eine gesetzliche Verschwiegenheitspflicht, deren Legitimationsgrundlage somit der objektiven Rechtsordnung entspringt.

Der Wortlaut der amtlichen Begründung entspricht den Formulierungen in der unionsrechtlichen Vorgabe des Art. 4 III lit. b) und c) RL (EU) 2016/943.[2729] Damit lässt sich das weite Verständnis des Begriffs „Verpflichtung" auf die Vorstellungen des Richtliniengebers rückführen. Auch in den Erwägungen zur Richtlinie führt dieser aus, dass „(...) die Einstufung des Erwerbs eines Geschäftsgeheimnisses als rechtmäßig die Geheimhaltungspflicht in Bezug auf das Geschäftsgeheimnis oder jegliche Beschränkung der Nutzung des Geschäftsgeheimnisses, die Rechtsvorschriften der Union oder der Mitgliedsstaaten dem Empfänger auferlegen, unberührt (...)"[2730] bleiben sollen. Damit kommt es bereits nach unionsrechtlichem Verständnis auf das Bestehen einer Verschwiegenheitspflicht oder Nutzungsbeschränkung an sich an. Diese „Pflicht" ist nicht mit weiteren Voraussetzungen verbunden. Damit stellt die betriebsverfassungsrechtliche Verschwiegenheitspflicht eine potenzielle Beschränkung von Nutzung und Offenlegung im Sinne der § 4 II Nr. 2, 3 GeschGehG dar.[2731] Liegen sämtliche Voraussetzungen des § 79 I BetrVG vor, unterfällt die Informationsweitergabe durch Mitglieder und Ersatzmitglieder des Betriebsrats an die Arbeitnehmer somit den Handlungsverboten in §§ 4 II Nr. 2 und 3 GeschGehG.[2732]

Nach diesem Verständnis kommt es für die Frage, ob das Vorgehen eines Betriebsratsmitglieds den Handlungsverboten in § 4 II GeschGehG widerspricht, darauf an, ob die gesetzliche Verschwiegenheitspflicht in § 79 BetrVG berührt ist. Die Mitglieder des Betriebsrates können Geschäftsgeheimnisse grundsätzlich gemäß § 3 I Nr. 3 GeschGehG in Verbindung mit ihren gesetzlich geregelten

2727 Begr. RegE, BT-Drucks. 19/4724, S. 27–28.
2728 *Preis/Seiwerth* RdA 2019, 351, 359.
2729 *Preis/Seiwerth* RdA 2019, 351, 359.
2730 RL (EU) 2016/943, Erwägungsgrund 18, ABl. EU L 157/4.
2731 *Preis/Seiwerth* RdA 2019; eine gesetzliche Pflicht für ausreichend erachtend BeckOK GeschGehG/*Hiéramente* § 4 Rn. 67; Büscher/*McGuire* § 4 GeschGehG Rn. 26; Köhler/Bornkamm/Feddersen/*Alexander* § 4 GeschGehG Rn. 58.
2732 Im Ergebnis *Karthaus* NZA 2018, 1180, 1183.

Mitbestimmungs- und Mitwirkungsrechten erlaubt erlangen.[2733] Sind die Voraussetzungen in § 79 I BetrVG nicht gegeben, weil zum Beispiel die ausdrückliche Geheimhaltungserklärung des Arbeitgebers fehlt, dürfen die Mitglieder des Betriebsrates das fragliche Geschäftsgeheimnis grundsätzlich frei kommunizieren.[2734] Greifen jedoch die Tatbestandsvoraussetzungen des § 79 BetrVG ein, unterliegen diese einer umfänglichen Verschwiegenheitsverpflichtung und dürfen das Geschäftsgeheimnis gemäß §§ 4 II Nr. 2, 3 GeschGehG weder nutzen noch offenlegen.[2735]

bb) Einbeziehung arbeitnehmerseitiger Informationsinteressen

(1) Hinführung zur Problematik

Soweit die Voraussetzungen des § 79 I BetrVG vorliegen, handelt es sich bei der Weitergabe von sensiblen Informationen durch Mitglieder des Betriebsrats an die Belegschaft damit grundsätzlich um eine rechtswidrige Handlung im Sinne der § 4 II Nr. 2, 3 GeschGehG. Dies führt zu der Frage, ob und wie die gegenläufigen Informationsinteressen der Arbeitnehmer im Rahmen der Neuregelung zu berücksichtigen sind. Wie soeben aufgeführt, ist eine Berücksichtigung im Rahmen der Feststellung des berechtigten Geheimhaltungsinteresses systemwidrig und deswegen abzulehnen.[2736] Die gesetzliche Verschwiegenheitspflicht muss hiervon unabhängig beurteilt werden. Die gegenläufigen Informationsinteressen finden zumindest auf der tatbestandlichen Ebene keine Berücksichtigung. Die betriebsverfassungsrechtliche Verschwiegenheitspflicht besteht grundsätzlich unabhängig von den gegenläufigen Interessen der Arbeitnehmer und dem Bedürfnis des Betriebsrates, seine gesetzlichen Aufgaben sachgerecht wahrzunehmen. Damit kann auch der tatbestandliche Anwendungsbereich der Verschwiegenheitspflicht in § 4 II Nr. 2, 3 GeschGehG nicht über das Merkmal des „berechtigten Interesses" korrigiert werden.

(2) Tatbestandsausnahme gemäß § 5 Nr. 3 GeschGehG

Sofern die Informationsweitergabe an die Arbeitnehmer zum Schutz eines „berechtigten Interesses" erfolgt ist, könnte die fragliche Handlung jedoch der Tatbestandsausnahme des § 5 GeschGehG unterfallen.[2737] Gemäß § 5 Nr. 3 GeschGehG fallen Erlangung, Nutzung und Offenlegung eines Geschäftsgeheimnisses nicht unter die Verbote des § 4 GeschGehG, wenn diese im Rahmen der Offenlegung durch Arbeitnehmer gegenüber der Arbeitnehmervertretung erfolgt sind und erforderlich waren, damit die Arbeitnehmervertretung ihre Aufgaben erfüllen

---

2733 *Preis/Seiwerth* RdA 2019, 351, 359; *Scholtyssek/Judis/Krause* CCZ 2020, 23, 25.
2734 *Preis/Seiwerth* RdA 2019, 351, 359.
2735 So wohl auch *Böning/Heidfeld* AuR 2018, 555, 558.
2736 **A.A.** DKW/*Buschmann* § 79 BetrVG Rn. 8.
2737 *Oetker*, FS Hopt 2020, S. 901, 913; *Preis/Seiwerth* RdA 2019, 351, 359.

kann. Nach den bislang erzielten Ergebnissen gelten die Tatbestandausnahmen des § 5 GeschGehG auch im Rahmen von anderweitigen Normen und Pflichten, die gegenständlich auf Betriebs- und Geschäftsgeheimnisse konkretisiert sind.[2738] Nach der Formulierung des Gesetzestextes sollen jedoch lediglich Sachverhalte erfasst sein, bei denen Arbeitnehmer die Arbeitnehmervertretung informieren.[2739] Ob die umgekehrte Konstellation – bei der die Interessenvertretung Geschäftsgeheimnisse an die Belegschaft weitergibt – ebenfalls gemäß § 5 Nr. 3 GeschGehG legitimiert werden soll, lässt sich dem Gesetzeswortlaut nicht entnehmen.[2740]

Auch die Gesetzesbegründung betont lediglich das Recht der Arbeitnehmer, ihre Interessenvertretungen zu kontaktieren. Um dies weiter zu ermöglichen, sollen Erlangung, Nutzung und Offenlegung eines Geschäftsgeheimnisses im Rahmen der Offenlegung gegenüber der Arbeitnehmervertretung gemäß § 5 Nr. 3 GeschGehG privilegiert werden, soweit die Offenlegung aus der Sicht des Arbeitnehmers erforderlich ist, damit die Arbeitnehmervertretung ihre Aufgaben erfüllen kann.[2741] Diese Formulierung zeigt, dass die Tatbestandsausnahme durch den Umstand legitimiert wird, dass Arbeitnehmer ihrem Recht nachkommen müssen, bestimmte Informationen mit ihren Interessenvertretern zu erörtern, damit diese wiederum ihre gesetzlich normierten Aufgaben sachgerecht erledigen können.[2742] § 5 Nr. 3 GeschGehG gewährleistet, dass Arbeitnehmer, die Informationen weitergeben, unter den tatbestandlichen Voraussetzungen davor geschützt sind, damit eine Geheimnisverletzung zu begehen. Im Gleichlauf hierzu werden die Interessenvertreter geschützt, die die Geschäftsgeheimnisse ohne Einschränkungen erlangen dürfen.[2743]

Auch der Wortlaut der Richtlinienvorgabe in Art. 5 lit. c) RL (EU) 2016/943 beschränkt sich ausdrücklich nur auf die „Offenlegung durch Arbeitnehmer gegenüber ihren Vertretern“. Der argumentative Versuch, auch die umgekehrte Konstellation in die Tatbestandsvoraussetzungen des § 5 Nr. 3 GeschGehG hineinzulesen, überdehnt somit sowohl den gesetzlichen Wortlaut als auch die unionsrechtlichen Vorgaben. Die Tatbestandsausnahme zugunsten der Kommunikation von Arbeitnehmern und ihren Interessenvertretern erfasst zumindest unmittelbar nur die Weitergabe von Informationen durch Arbeitnehmer an ihre Vertreter.[2744]

2738 Zu der inhaltlichen Reichweite des § 5 GeschGehG, siehe Teil 2, § 8, D., S. 296ff.

2739 BeckOK GeschGehG/*Fuhlrott* § 5 Rn. 51; Harte-Bavendamm/*Ohly*/Kalbfus § 5 GeschGehG Rn. 51; *Oetker*, FS Hopt 2020, S. 901, 913; *Preis/Seiwerth* RdA 2019, 351, 359.

2740 Harte-Bavendamm/*Ohly*/Kalbfus § 5 GeschGehG Rn. 51; *Oetker*, FS Hopt 2020, S. 901, 913; *DGB*, Stellungnahme zur BT-Drucks. 19/4724, S. 16.

2741 Begr. RegE, BT-Drucks. 19/4724, S. 29.

2742 *Reinfeld*, Das neue Gesetz zum Schutz von Geschäftsgeheimnissen, Rn. 48.

2743 *Reinfeld*, Das neue Gesetz zum Schutz von Geschäftsgeheimnissen, Rn. 48.

2744 BeckOK GeschGehG/*Fuhlrott* § 5 Rn. 51; *Oetker*, FS Hopt 2020, S. 901, 913; *Preis/Seiwerth* RdA 2019.

Möglicherweise könnte sich der § 5 Nr. 3 GeschGehG jedoch mittels einer analogen Anwendung auch auf Fälle erstrecken, in denen Arbeitnehmervertretungen die Arbeitnehmer informieren.[2745] Eine Gesetzesanalogie setzt wie bereits thematisiert das Bestehen einer planwidrigen Regelungslücke und eine vergleichbare Interessenlage voraus.[2746] Aus dem Wortlaut und den Begründungen zu Richtlinie und Gesetz ergibt sich, dass die Tatbestandsausnahme teleologisch darauf ausgerichtet ist, die Weitergabe von sensiblen Informationen an die Interessenvertretungen zu ermöglichen, damit diese ihre Aufgaben sachgerecht erfüllen können. Aber auch die Information der Belegschaft kann unter Umständen in den Bereich notwendiger Betriebsratstätigkeit fallen. Im Rahmen der Verhandlungen über einen interessenausgleichspflichtigen Personalabbau gemäß §§ 112 ff. BetrVG muss der Betriebsrat die Arbeitnehmer in Kenntnis setzen, um seine Tätigkeit sachgerecht ausüben zu können. Unter diesem Gesichtspunkt dient auch die Information der Arbeitnehmer durch den Betriebsrat dessen sachgerechter Aufgabenwahrnehmung. Insoweit erscheint eine vergleichbare Interessenlage durchaus diskutabel.

Eine analoge Anwendung setzt indessen methodisch voraus, dass der umgekehrte Informationsfluss aufgrund einer planwidrigen Regelungslücke nicht erfasst ist. Die gesetzliche Begründung zu § 5 Nr. 3 GeschGehG stellt jedoch auf das Recht der Arbeitnehmer ab, ihre Interessenvertretungen zu kontaktieren.[2747] Obgleich hierbei Geschäftsgeheimnisse offengelegt und genutzt werden könnten und die Vertreter diese dann kongruent erlangen, soll dieses Recht der Arbeitnehmer durch das Geschäftsgeheimnisgesetz nicht beschränkt werden.[2748] Nach den Vorstellungen des Gesetzgebers, soll die Tatbestandsausnahme somit lediglich die Rechte der Arbeitnehmer wahren. Die Informationsweitergabe an die Belegschaft gehört dagegen in die Sphäre und den Aufgabenbereich der Arbeitnehmervertretung. Diese hat der Gesetzgeber dezidiert nicht miterfasst und die Regelungswirkung ausdrücklich auf die Rechte der Arbeitnehmer beschränkt.[2749] Zudem ist die Möglichkeit eines Informationsflusses sowohl in die eine als auch in die andere Kommunikationsrichtung derart offensichtlich, dass für ein gesetzgeberisches Versehen nichts spricht. Im Ergebnis kann § 5 Nr. 3 GeschGehG auf den umgekehrten Informationsfluss von den Betriebsratsmitgliedern an die Arbeitnehmer auch nicht analog angewendet werden.[2750]

2745 Harte-Bavendamm/*Ohly*/Kalbfus § 5 GeschGehG Rn. 51.

2746 Zu den Voraussetzungen einer Gesetzesanalogie, siehe Teil 2, § 8, D., I., 2., a) S. 297f.

2747 Begr. RegE; BT-Drucks. 19/4724, S. 29.

2748 Begr. RegE, BT-Drucks. 19/4724, S. 29; *Reinfeld,* Das neue Gesetz zum Schutz von Geschäftsgeheimnissen, § 3 Rn. 48.

2749 BeckOK GeschGehG/*Fuhlrott* § 5 Rn. 51.

2750 BeckOK GeschGehG/*Fuhlrott* § 5 Rn. 51; **a.A.** Harte-Bavendamm/*Ohly*/Kalbfus § 5 GeschGehG Rn. 51.

(3) Rückgriff auf das „berechtigte Interesse“

Die Fallvarianten des § 5 Nr. 3 GeschGehG sind nicht abschließend.[2751] Aufgrund des Auffangtatbestandes in § 5 GeschGehG sind Erlangung, Nutzung und Offenlegung grundsätzlich umfassend legitimiert, soweit die fragliche Handlung zum Schutz eines wirtschaftlichen oder ideell ausgestalteten, von der Rechtsordnung anerkannten Interesses erfolgt ist.[2752] Dabei enthalten die ausdrücklich genannten Fallvarianten lediglich Beispiele für ein berechtigtes Interesse und dienen damit der weiteren Konkretisierung dieses Begriffes.[2753] Soweit die Informationsweitergabe an die Arbeitnehmer zum Schutz eines „berechtigten Interesses“ erfolgt, könnte dieser Vorgang unter Rückgriff auf den Auffangtatbestand in § 5 GeschGehG letztlich doch aus dem Anwendungsbereich des § 79 I BetrVG ausgenommen werden.[2754] In Konsequenz wären die Mitglieder des Betriebsrates gesetzlich nicht zur Verschwiegenheit verpflichtet, sodass der Weitergabe von Informationen an die Arbeitnehmer weder eine Verpflichtung zur Beschränkung der Nutzung im Sinne des § 4 II Nr. 2 GeschGehG noch eine Verpflichtung, das Geschäftsgeheimnis nicht offenzulegen gemäß § 4 II Nr. 3 GeschGehG entgegenstünde. Nach der amtlichen Begründung soll das legitime Gruppeninteresse, dass die Arbeitnehmervertretung über einen bevorstehenden Personalabbau informiert, den Anforderungen des § 5 GeschGehG genügen.[2755]

Es wurde hingegen bereits an früherer Stelle die Richtlinienwidrigkeit eines zu weiten Verständnisses des Ausnahmetatbestandes problematisiert.[2756] Dazu wurde herausgearbeitet, dass der Auffangtatbestand richtlinienkonform unter Berücksichtigung der Vorgaben des Art. 5 lit. d) RL (EU) 2016/943 ausgelegt werden muss. Auf dieser Grundlage wird das berechtigte Interesse durch das Erfordernis des Schutzes eines durch das Unionsrecht oder das nationale Recht anerkannten legitimen Interesses eingegrenzt.[2757] Die Informationsweitergabe an die Belegschaft könnte demnach gemäß § 5 GeschGehG aus dem Anwendungsbereich des § 79 I BetrVG ausgenommen sein, wenn der Vorgang durch ein „berechtigtes Interesse“ im Sinne des § 5 GeschGehG gerechtfertigt ist. Dieses müsste anhand der

---

2751 Zur Regelungsintensität des § 5 GeschGehG, siehe Teil 2, § 8, B., V., S. 283ff.; Fitting § 79 BetrVG Rn. 4; *Oetker,* FS Hopt 2020, S. 901, 913; *Preis/Seiwerth* RdA 2019, 351, 359; *Reinfeld,* Das neue Gesetz zum Schutz von Geschäftsgeheimnissen, § 3 Rn. 9.

2752 *Oetker,* FS Hopt 2020, S. 901, 913; *Preis/Seiwerth* RdA 2019, 351, 359; *Reinfeld,* Das neue Gesetz zum Schutz von Geschäftsgeheimnissen, § 3 Rn. 9.

2753 *Oetker,* FS Hopt 2020, S. 901, 913.

2754 Fitting § 79 BetrVG Rn. 4; *Oetker,* FS Hopt 2020, S. 901, 913.

2755 Begr. RegE, BT-Drucks. 19/4724, S. 28; *Oetker,* FS Hopt 2020, S. 901, 913.

2756 Zur Richtlinienkonformität des Auffangtatbestandes, siehe Teil 2, § 8, B., V., 3., S. 285ff.

2757 Zur Richtlinienkonformität des Auffangtatbestandes „zum Schutz eines berechtigten Interesses“ gemäß § 5 GeschGehG, siehe Teil 2, § 8, B., V., 3., S. 285ff.; BeckOK GeschGehG/*Hiéramente* § 5 Rn. 10.1–10.2; *Oetker,* FS Hopt 2020, S. 901, 914.

Vorgaben des Art. 5 lit. d) RL (EU) 2016/943 konkretisiert, das heißt durch das Unionsrecht oder das nationale Recht anerkannt sein.

Bei der Beurteilung, ob ein berechtigtes Interesse besteht, den Arbeitnehmern bestimmte, grundsätzlich geheimhaltungsbedürftige Informationen weiterzugeben, können die Fallvarianten in § 5 Nr. 1–3 GeschGehG konkretisierend herangezogen werden. Da lediglich § 5 Nr. 3 GeschGehG das Verhältnis und die Kommunikation zwischen Arbeitnehmern und deren Vertretungseinrichtungen thematisiert[2758], muss sich dies insbesondere an den Maßstäben dieser Regelung orientieren. Nach Gesetzeswortlaut und amtlicher Begründung handelt es sich bei dem *Recht der Arbeitnehmer, jederzeit ihre Interessenvertretungen zu kontaktieren*, um ein berechtigtes Interesse im Sinne des § 5 GeschGehG.[2759]

Gemäß § 75 I, II BetrVG dient das Tätigwerden des Betriebsrates insbesondere dem Ziel, durch vertrauensvolles Zusammenwirken mit dem Arbeitgeber zu erreichen, dass sämtliche Arbeitnehmer des Betriebes nach den Grundsätzen von Recht und Billigkeit behandelt werden, und dabei auch die Möglichkeit haben, ihre Persönlichkeit frei zu entfalten. Dementsprechend enthält das Betriebsverfassungsgesetz in den §§ 81 ff. Mitwirkungsrechte der Arbeitnehmer.[2760] Diese haben insbesondere gemäß § 82 I S. 1 BetrVG das Recht, in betrieblichen Angelegenheiten, die ihre Person betreffen, von den zuständigen Stellen selbst angehört zu werden. Des Weiteren haben Arbeitnehmer gemäß § 80 I Nr. 3 BetrVG das Recht, den Mitgliedern des Betriebsrats Anregungen zu unterbreiten. Zudem können sie gemäß § 84 I S. 1 BetrVG jederzeit Beschwerde bei den zuständigen Stellen erheben, soweit sie sich von dem Arbeitgeber oder anderen Arbeitnehmern ungerecht behandelt oder in sonstiger Weise beeinträchtigt fühlen. Gemäß § 85 I BetrVG hat der Betriebsrat Beschwerden des Arbeitnehmers entgegenzunehmen. Diese gesetzlichen Möglichkeiten der Arbeitnehmer, zuständige Stellen zu kontaktieren, entspringen der Fürsorgepflicht des Arbeitgebers und dienen damit dem übergeordneten Zweck, die Rechtsgüter, die persönliche Stellung und die freie Entwicklung der Arbeitnehmer im Betrieb zu fördern.

Die Möglichkeit der Arbeitnehmer, ihren Beruf frei auszuüben und sich dabei ungehindert zu entfalten, ist über Art. 12 I GG auch verfassungsrechtlich verankert. Das „berechtigte Interesse“ im Rahmen des § 5 Nr. 3 GeschGehG lässt sich somit dahingehend verstehen, dass Erlangung, Nutzung und Offenlegung von Geschäftsgeheimnissen im Rahmen der Offenlegung durch Arbeitnehmer gegenüber ihren Vertretern so umfassend legitimiert sind, weil diese dadurch ihr verfassungsrechtlich garantiertes Recht auf freie Entfaltung und Schutz im Berufsleben wahrnehmen.

Auch ist zu beachten, dass nach der unionsrechtlichen Auslegungsregel in Art. 1 III RL (EU) 2016/943 der gesamte Geheimnisschutz unionsrechtskonform

---

2758 *Preis/Seiwerth* RdA 2019, 351, 359.
2759 Fitting § 79 BetrVG Rn. 4.
2760 EuArbRK/*Schubert* RL (EU) 2016/943 Art. 5 Rn. 21.

unter dem Gesichtspunkt des Arbeitnehmerschutzes betrachtet werden muss. Die Mobilität und die freie berufliche Entfaltung der Mitarbeiter dürfen nicht beschränkt werden. Geben Mitglieder des Betriebsrates Informationen an die Belegschaft weiter, kann auch dies zum Schutz der Arbeitnehmer, ihrer Rechtsgüter und ihrer Interessen erfolgen. Dies gilt jedenfalls dann, wenn es sich bei den Informationen um personelle Vorhaben, etwa einen geplanten Stellenabbau handelt, da in diesem Fall eine persönliche Betroffenheit regelmäßig naheliegt. Wenn das Recht der Arbeitnehmer, ihre Interessenvertretungen zu kontaktieren, ein „berechtigtes Interesse" im Sinne des § 5 GeschGehG begründet, ist bei einer wertenden Betrachtung nicht ersichtlich, weshalb dies nicht ebenso für das Interesse der Arbeitnehmer gelten soll, über Angelegenheiten, die sie persönlich und unter Umständen existenziell betreffen informiert zu werden, um diese Vorgänge auf Grundlage ausreichender Kenntnisse mit ihren Interessenvertretungen zu besprechen. Deshalb können grundsätzlich auch Konstellationen, in denen der Betriebsrat die Arbeitnehmerschaft über bestimmte interne Vorgänge informiert, von einem „berechtigten Interesse" getragen sein.[2761]

Dieses „berechtigte Interesse" müsste darüberhinausgehend den unionsrechtlichen Vorgaben des Art. 5 lit. d) RL (EU) 2016/943 genügen. Hierfür müsste das Informationsbedürfnis der Belegschaft durch das nationale Recht oder das Unionsrecht anerkannt sein. Dies erscheint problematisch, da § 79 I BetrVG die Informationsinteressen der Arbeitnehmer gerade nicht berücksichtigt und somit nicht als berechtigtes Interesse anerkennt.[2762] Wie vorstehend ausgeführt, enthält das Betriebsverfassungsgesetz diverse Vorschriften über die Beteiligung von Arbeitnehmern. Mittelbar findet das Informationsinteresse der Belegschaft auch über das Instrument der Betriebsversammlung (§§ 42ff. BetrVG) Berücksichtigung. Der Betriebsrat ist zu regelmäßiger Berichterstattung an die Belegschaft verpflichtet (§ 43 I BetrVG). Daraus folgt ein grundsätzlich legitimiertes Informationsinteresse der Arbeitnehmer. Gleichwohl ist die Weitergabe von Betriebs- und Geschäftsgeheimnissen durch Mitglieder des Betriebsrats an die Belegschaft jedoch gerade nicht rechtlich anerkannt.[2763] Die vorstehend dargestellten Aufklärungs- und Informationsrechte verhalten sich nicht über den Umgang mit Geschäftsgeheimnissen. Abweichende Regelungen im Sinne einer zulässigen Offenbarung vertraulicher Sachverhalte lassen sich dem nicht entnehmen. Auch wenn die Belegschaft in Betriebsversammlungen über betriebliche Angelegenheiten unterrichtet wird, stellt dies nicht ohne ausdrückliche Regelung die Weitergabe geheimer Sachverhalte frei.

Zudem fordert Art. 5 lit. d) RL (EU) 2016/943, dass die fragliche Handlung *zum* Schutz eines legitimen Interesses erfolgt ist.[2764] Dies muss im Einzelfall festgestellt

---

2761 BeckOK GeschGehG/*Fuhlrott* § 5 Rn. 51; so wohl auch Fitting § 79 BetrVG Rn. 4.
2762 *Oetker,* FS Hopt 2020, S. 901, 914.
2763 *Oetker,* FS Hopt 2020. S. 901, 914.
2764 *Oetker,* FS Hopt 2020, S. 901, 914.

werden. Auch unter diesem Gesichtspunkt erscheint die Anwendbarkeit des § 5 GeschGehG problematisch.[2765] Es kann nicht pauschal festgestellt werden, dass die Information der Belegschaft stets final auf den Schutz der Arbeitnehmer ausgerichtet ist. Deswegen kann der Informationsfluss von Betriebsrat zu Arbeitnehmern im Ergebnis nicht verallgemeinernd aus dem Tatbestand der §§ 4 II Nr. 2 und 3 GeschGehG i.V.m. § 79 I BetrVG herausgenommen werden.[2766] Ein geeignetes Abgrenzungskriterium könnte möglicherweise die persönliche Betroffenheit der informierten Arbeitnehmer bieten. In diesem Fall könnte die Weitergabe von Informationen an die Belegschaft im Einzelfall zulässig sein.[2767] Aber auch in derartigen Konstellationen bleibt problematisch, dass die Informationsinteressen der Belegschaft eben nicht rechtlich anerkannt sind.

C. Zusammenfassung und abschließende Stellungnahme

Im Ergebnis ist die Auffassung der Rechtsprechung, nach der die gegenläufigen Informationsinteressen der Belegschaft bereits im Rahmen der Tatbestandsvoraussetzungen eines Geschäftsgeheimnisses zu berücksichtigen sind, abzulehnen.[2768] Weder der Zweck des rechtlichen Geheimnisschutzes noch der systematische Aufbau von § 2 Nr. 1 GeschGehG und § 79 I BetrVG lassen ein solches Verständnis zu. Unter Zugrundelegung dieses Verständnisses kann § 79 I BetrVG nicht als gestattendes Gesetz im Sinne des § 3 II GeschGehG gewertet werden. Dogmatisch betrachtet enthält diese Norm lediglich eine an die Betriebsratsmitglieder gerichtete Verpflichtung, Betriebs- und Geschäftsgeheimnisse geheim zu halten. Da eine Betrachtungsweise, nach welcher der Tatbestand der Norm ausnahmsweise reduziert wird, soweit gegenläufige Interessen dies im Einzelfall rechtfertigen, nicht in Frage kommt, erlaubt § 79 I BetrVG dieses Verhalten auch nicht mittelbar. Damit lässt sich die Norm lediglich als gesetzliche Verpflichtung, ein erlaubt erlangtes Geschäftsgeheimnis nicht weiter zu verwenden, im Sinne der § 4 II Nr. 2 und 3 GeschGehG in das Regelwerk des Geschäftsgeheimnisgesetzes eingliedern.

Die gegenläufigen Interessen der Arbeitnehmer können nur im Rahmen der Tatbestandsausnahme des § 5 GeschGehG berücksichtigt werden. Da § 5 Nr. 3 GeschGehG nicht den Informationsfluss von den Betriebsratsmitgliedern zu den Arbeitnehmern erfasst, kommt lediglich der Auffangtatbestand in Betracht. Es muss im Einzelfall geprüft werden, ob die Belegschaft ein berechtigtes Interesse hat, die fraglichen Informationen zu erlangen. Dies könnte in Ausnahmefällen

---

2765 *Oetker*, FS Hopt 2020, S. 901, 914.

2766 Wohl **a.A.** Fitting § 79 BetrVG Rn. 4.

2767 So wohl auch *Oetker*, FS Hopt 2020, S. 901, 914.

2768 Auswirkungen durch das Geschäftsgeheimnisgesetz ablehnend BeckOK GeschGehG/*Fuhlrott* § 5 Rn. 51; *Oltmanns/Fuhlrott* NZA 2019, 1384, 1387; zum Zeitpunkt des Regierungsentwurfs eine Abkehr von der alten Rechtslage fürchtend *DGB*, Stellungnahme zur BT-Drucks. 19/4724, S. 8.

zu bejahen sein, wenn es sich bei diesen um Informationen wie personelle Vorgänge oder einen geplanten Stellenabbau handelt, da die Arbeitnehmer dann in besonderer Weise persönlich betroffen sind. Damit bewirkt das Geschäftsgeheimnisgesetz im Verhältnis zur bisherigen Konzeption der Rechtsprechung einen Paradigmenwechsel.[2769] Nach dieser wurde das berechtigte Geheimhaltungsinteresse zugunsten der Informationsinteressen der Arbeitnehmer verneint.[2770] Nach dem Geschäftsgeheimnisgesetz besteht die betriebsverfassungsrechtliche Verschwiegenheitspflicht unabhängig von den gegenläufigen Interessen der Arbeitnehmer und kann lediglich ausnahmsweise über § 5 GeschGehG zurücktreten, sofern ein besonderes Interesse der Belegschaft an der Informationserlangung positiv festgestellt wird.[2771]

2769 **a.A** BeckOK GeschGehG/*Fuhlrott* § 5 Rn. 51; *DGB*, Stellungnahme zur BT-Drucks. 19/4724, S. 8; *Oltmanns/Fuhlrott* NZA 2019, 1384, 1387.

2770 *DGB*, Stellungnahme zur BT-Drucks. 19/4724, S. 8.

2771 **a.A** BeckOK GeschGehG/*Fuhlrott* § 5 Rn. 51.

§ 16 Auswirkungen des Geschäftsgeheimnisgesetzes auf die aktienrechtliche Verschwiegenheitspflicht in §§ 93, 116, 404 AktG

A. Rechtlicher Rahmen

Über die Verweisungsnorm[2772] in § 116 S. 1 AktG sind die Mitglieder des Aufsichtsrates wie auch diejenigen des Vorstandes gemäß § 93 I S. 3 AktG verpflichtet, über vertrauliche Angaben und Geheimnisse der Gesellschaft, namentlich Betriebs- und Geschäftsgeheimnisse, die ihnen im Rahmen ihrer Tätigkeit im Aufsichtsrat bekannt geworden sind, Stillschweigen zu bewahren. Darüber hinaus enthält § 116 S. 2 AktG die besondere Verpflichtung, vertrauliche Berichte und vertrauliche Beratungen geheim zu halten.[2773] Das Bedürfnis, die Aufsichtsratsmitglieder einem gesetzlichen Stillschweigegebot zu unterwerfen, findet seine teleologische Grundlage in den gemäß § 90 AktG normierten Informationspflichten des Vorstandes.[2774] Um die damit eingehenden Möglichkeiten des Aufsichtsrates, weitgehende Einblicke in die Unternehmensinterna zu erhalten auszugleichen, sollen vertrauliche Angaben und Geheimnisse der Gesellschaft geschützt bleiben.[2775] Deswegen erstreckt sich der personelle Anwendungsbereich der aktienrechtlichen Verschwiegenheitspflicht auf sämtliche Mitglieder des Aufsichtsrats.[2776] Da diesem auch Vertreter der Belegschaft – und damit Arbeitnehmer angehören[2777] – müssen

---

2772 ErfK/*Oetker* § 116 AktG Rn. 1.

2773 *Weninger*, Mitbestimmungsspezifische Interessenkonflikte von Arbeitnehmervertretern im Aufsichtsrat, S. 279.

2774 ErfK/*Oetker* § 116 AktG Rn. 5; GroßKom-AktG/*Hopt/Roth* § 116 Rn. 190; *Henssler*/Strohn § 116 AktG Rn. 9; Hüffer/*Koch* § 116 AktG Rn. 9; MüKoAktG/*Habersack* § 116 Rn. 52; *Oetker*, FS Hopt 2010, S. 1091, 1091; *Spindler*/Stilz § 116 AktG Rn. 99.

2775 GroßKom-AktG/*Hopt/Roth* § 116 Rn. 190; *Henssler*/Strohn § 116 AktG Rn. 9; MüKoAktG/*Habersack* § 116 Rn. 52; *Oetker*, FS Hopt 2010, S. 1091, 1091; *Oetker*, FS Wißmann, S. 396, 409; *Spindler*/Stilz § 116 AktG Rn. 99.

2776 ErfK/*Oetker* § 116 AktG Rn. 5; GroßKom-AktG/*Hopt/Roth* § 116 Rn. 211; *Henssler*/Strohn § 116 AktG Rn. 9; KK-AktG/*Mertens/Cahn* § 116 Rn. 39; MüKoAktG/*Habersack* § 116 Rn. 58; *Oetker*, FS Hopt 2010, S. 1091, 1091; *Spindler*/Stilz § 116 AktG Rn. 103; *Weninger*, Mitbestimmungsspezifische Interessenkonflikte von Arbeitnehmervertretern im Aufsichtsrat, S. 281.

2777 ErfK/*Oetker* § 116 AktG Rn. 5; GroßKom-AktG/*Hopt/Roth* § 116 Rn. 211; *Henssler*/Strohn § 116 AktG Rn. 9; KK-AktG/*Mertens/Cahn* § 116 Rn. 39; MüKoAktG/

bei der Beurteilung der arbeitsrechtlichen Auswirkungen des Geschäftsgeheimnisgesetzes auch dessen Einfluss auf die §§ 93 I S. 2, 116 S. 1 und 2 AktG berücksichtigt werden.

Der gegenständliche Anwendungsbereich dieser gesetzlichen Verschwiegenheitspflicht ist mit der generellen Einbeziehung von vertraulichen Angaben und Geheimnissen weit gefasst.[2778] Potenzielle Schutzobjekte sind damit nicht nur als Betriebs- und Geschäftsgeheimnis geschützte Tatsachen. Diese werden lediglich als Unterfall genannt.[2779] Nach vormaliger Rechtslage ging die überwiegende Meinung dahin, den Geheimnisbegriff nach dem objektiven Interesse des Unternehmens zu bestimmen.[2780] Ein Geheimnis war danach eine Tatsache, die nicht allgemein, sondern nur einem engen Personenkreis bekannt ist und nach dem sich aus dem Geschäftsinteresse ableitbaren Willen der Gesellschaft nicht weitergegeben werden soll.[2781] Damit wurde der Geheimnisbegriff vorrangig objektiv bestimmt.[2782] Ein darüberhinausgehender Geheimhaltungswille des Vorstands oder des Aufsichtsrates wurde nicht für erforderlich erachtet.[2783] Da das Unternehmensinteresse grundsätzlich eine Vielzahl verschiedener Interessen kombiniert, wurde der Vorstand herangezogen, um das Unternehmensinteresse zu konkretisieren.[2784] Man

---

Habersack § 116 Rn. 58; *Oetker*, FS Hopt 2010, S. 1091, 1091; *Spindler*/Stilz § 116 AktG Rn. 103.

2778 Grigoleit/*Grigoleit/Tomasic* § 116 AktG Rn. 16; GroßKom-AktG/*Hopt/Roth* § 116 Rn. 195ff.; *Henssler*/Strohn § 116 AktG Rn. 9; Hüffer/*Koch* § 116 AktG Rn. 9; KK-AktG/*Mertens/Cahn* § 116 Rn. 44; MüKoAktG/*Spindler* § 93 Rn. 133; *Spindler*/Stilz § 116 AktG Rn. 109.

2779 Grigoleit/*Grigoleit/Tomasic* § 116 AktG Rn. 16; GroßKom-AktG/*Hopt/Roth* § 116 Rn. 195; MüKoAktG/*Spindler* § 93 Rn. 134; *Spindler*/Stilz § 116 AktG Rn. 110.

2780 BAG NJW 1975, 1412, 1413 = BGHZ 64, 325; ErfK/*Oetker* § 116 AktG Rn. 6; Grigoleit/*Grigoleit/Tomasic* § 116 AktG Rn. 17; GroßKom-AktG/*Hopt/Roth* § 116 Rn. 195; *Henssler*/Strohn § 116 AktG Rn. 9; Hüffer/*Koch* § 116 AktG Rn. 10; KK-AktG/*Mertens/Cahn* § 116 Rn. 41; *Lutter*, Information und Vertraulichkeit im Aufsichtsrat, S. 132; MüKoAktG/*Spindler* § 93 Rn. 134; MüKoAktG/*Habersack* § 116 Rn. 55; *Spindler*/Stilz § 116 AktG Rn. 110.

2781 Grigoleit/*Grigoleit/Tomasic* § 116 AktG Rn. 16; GroßKom-AktG/*Hopt/Roth* § 116 Rn. 195; KK-AktG/*Mertens/Cahn* § 116 Rn. 47; MüKoAktG/*Habersack* § 116 Rn. 55; *Ries/Haimerl* NZG 2018, 621, 621; *Spindler*/Stilz § 116 AktG Rn. 110.

2782 ErfK/*Oetker* § 116 AktG Rn. 6; Grigoleit/*Grigoleit/Tomasic* § 116 AktG Rn. 16; GroßKom-AktG/*Hopt/Roth* § 116 Rn. 195; *Henssler*/Strohn § 116 AktG Rn. 9; KK-AktG/*Mertens/Cahn* § 116 Rn. 47; *Köstler/Zachert/Müller*, Aufsichtsratspraxis Rn. 532; *Lutter*, Information und Vertraulichkeit im Aufsichtsrat, S. 132; MüKo-AktG/*Habersack* § 116 Rn. 55; *Spindler*/Stilz § 116 AktG Rn. 110.

2783 GroßKom-AktG/*Hopt/Roth* § 116 Rn. 195; KK-AktG/*Mertens/Cahn* § 116 Rn. 47; *Lutter*, Information und Vertraulichkeit im Aufsichtsrat, S. 132; MüKoAktG/*Habersack* § 116 Rn. 55; **a.A.** *Klinkhammer/Rancke*, Verschwiegenheitspflicht der Aufsichtsratsmitglieder, S. 31.

2784 Grigoleit/*Grigoleit/Tomasic* § 116 AktG Rn. 16; *Henssler*/Strohn § 116 AktG Rn. 9; *Spindler*/Stilz § 116 AktG Rn. 110.

sprach insoweit von dem Vorstand als „Herr der Gesellschaftsgeheimnisse".[2785] Ein subjektiver Geheimhaltungswille wurde zumeist für nicht erforderlich erachtet.[2786] Obwohl Betriebs- und Geschäftsgeheimnisse nur eine Sonderform des Geheimnisses darstellen sollen, können diese beiden Begriffe nach überkommener Ansicht nur schwer voneinander abgegrenzt werden.[2787] Die aktienrechtliche Verschwiegenheitspflicht bezieht sich darüber hinaus auch auf vertrauliche Angaben.[2788] Hierbei handelt es sich um Tatsachen, die bereits einem größeren Personenkreis bekannt sind, deren Bekanntwerden jedoch nachteilige Folgen für das Unternehmen mit sich führen könnte.[2789]

Im Unterschied zu der betriebsverfassungsrechtlichen Verschwiegenheitspflicht kommt es nicht darauf an, ob der Arbeitgeber die Tatsache formell der Geheimhaltung unterworfen hat.[2790] Der fragliche Arbeitnehmer muss das Geheimnis oder die vertrauliche Information im Rahmen seiner Tätigkeit im Aufsichtsrat erfahren haben.[2791] Inhaltlich gilt die Verschwiegenheitspflicht gegenüber allen dritten Personen, die nicht Mitglied des Aufsichtsrats oder des Vorstandes sind.[2792] Dies sind die Ersatzmitglieder, Ehrenmitglieder des Aufsichtsrats, die Aktionäre, der Betriebsrat, die Gewerkschaften und die Mitarbeiter.[2793]

Gemäß § 404 I AktG wird mit Freiheitsstrafe bis zu einem Jahr oder mit Geldstrafe bestraft, wer ein Geheimnis, namentlich ein Betriebs- oder Geschäftsgeheimnis, das ihm in seiner Eigenschaft als Mitglied des Aufsichtsrats bekanntgeworden ist, unbefugt offenbart. Die strafrechtliche Sanktion bezieht sich – ausweislich des

---

2785 *Henssler/*Strohn § 116 AktG Rn. 9; Hüffer/*Koch* § 116 AktG Rn. 10; MüKoAktG/*Spindler* § 93 Rn. 136; *Spindler/*Stilz § 116 AktG Rn. 110.

2786 GroßKom-AktG/*Hopt/Roth* § 116 Rn. 195; *Ries/Haimerl* NZG 2018, 621,621.

2787 GroßKom-AktG/*Hopt/Roth* § 116 Rn. 195.

2788 ErfK/*Oetker* § 116 AktG Rn. 5; Grigoleit/*Grigoleit/Tomasic* § 116 AktG Rn. 16; GroßKom-AktG/*Hopt/Roth* § 116 Rn. 198; *Henssler/*Strohn § 116 AktG Rn. 9; KK-AktG/*Mertens/Cahn* § 116 Rn. 49; MüKoAktG/*Habersack* § 116 Rn. 57; *Spindler/*Stilz § 116 AktG Rn. 112.

2789 Grigoleit/*Grigoleit/Tomasic* § 116 AktG Rn. 16; GroßKom-AktG/*Hopt/Roth* § 116 AktG Rn. 198; KK-AktG/*Mertens/Cahn* § 116 Rn. 49; MüKoAktG/*Spindler* § 93 Rn. 137; *Spindler/*Stilz § 116 AktG Rn. 112.

2790 GroßKom-AktG/*Hopt/Roth* § 116 Rn. 195; MüKoAktG/*Spindler* § 93 Rn. 135; Schmidt/Lutter/*Oetker* § 404 AktG Rn. 4; *Spindler/*Stilz § 116 AktG Rn. 110.

2791 ErfK/*Oetker* § 116 AktG Rn. 5; Grigoleit/*Grigoleit/Tomasic* § 116 AktG Rn. 16; GroßKom-AktG/*Hopt/Roth* § 116 Rn. 206; KK-AktG/*Mertens/Cahn* § 116 Rn. 55; MüKoAktG/*Habersack* § 116 Rn. 52; *Spindler/*Stilz § 116 AktG Rn. 114.

2792 Grigoleit/*Grigoleit/Tomasic* § 116 AktG Rn. 20; im Ergebnis *Henssler/*Strohn § 116 AktG Rn. 9; Hüffer/*Koch* § 116 AktG Rn. 9; KK-AktG/AktG/*Mertens/Cahn* § 116 Rn. 56; MüKoAktG/*Habersack* § 116 Rn. 59; *Spindler/*Stilz § 116 AktG Rn. 106.

2793 GroßKom-AktG/*Hopt/Roth* § 116 Rn. 201; KK-AktG/*Mertens/Cahn* § 116 Rn. 56; *Spindler/*Stilz § 116 AktG Rn. 106.

Wortlauts – ausschließlich auf die Verletzung eines Geheimnisses.[2794] Vertrauliche Angaben sind nicht erfasst.[2795]

B. Neubewertung der aktienrechtlichen Verschwiegenheitspflicht unter Berücksichtigung der Änderung der Rechtslage

I. Konkretisierungswirkung des § 2 Nr. 1 GeschGehG in Bezug auf die aktienrechtliche Verschwiegenheitspflicht in §§ 93 I. S. 3, 116 S. 1 AktG

1. Zweck der Verschwiegenheitspflicht

Da der Gesetzeswortlaut die aktienrechtliche Verschwiegenheitspflicht dezidiert auf Betrieb- und Geschäftsgeheimnisse der Gesellschaft erstreckt, stellt sich auch in diesem Zusammenhang die Frage, ob diese fortan unter Berücksichtigung des § 2 Nr. 1 GeschGehG systematisch ausgelegt werden muss. Alternativ könnten die §§ 93 I S. 3, 116 S. 1, 404 AktG aufgrund der spezifischen Wertungen im Aktienrechts weiterhin anhand der tradierten Kriterien zu beurteilen sein. Außerhalb des Geschäftsgeheimnisgesetzes bestehende Verschwiegenheitspflichten müssen nach den vorstehend getroffenen Feststellungen unter Berücksichtigung der dortigen Legaldefinition ausgelegt werden, wenn der Schutzzweck und das über die Regelungen geschützte Rechtsgut dies rechtfertigen. Dabei dürfen die mit der jeweiligen Anordnung der Verschwiegenheit zum Ausdruck gebrachten spezifischen Wertungen nicht unterlaufen werden.[2796]

Die Regelung in §§ 93 I S. 3, 116 S. 1, 404 AktG ist darauf ausgerichtet, die funktionierende Zusammenarbeit von Aufsichtsrat und Vorstand zu ermöglichen.[2797] § 90 I AktG verpflichtet den Vorstand, dem Aufsichtsrat bezüglich der Belange der Gesellschaft Bericht zu erstatten. Da die Mitglieder des Aufsichtsrates dadurch die Möglichkeit haben, umfassend Kenntnis von Unternehmensinterna zu erlangen, sind sie ausgleichend verpflichtet, vertrauliche Angaben und Geheimnisse der Gesellschaft für sich zu behalten.[2798] Damit erlaubt es die aktienrechtliche Verschwiegenheitspflicht dem Vorstand, sensible Informationen an den Aufsichtsrat

---

2794 MüKoAktG/*Schaal* § 404 Rn. 20; *Spindler/*Stilz § 116 AktG Rn. 109.

2795 MüKoAktG/*Schaal* § 404 Rn. 22; *Spindler/*Stilz § 116 AktG Rn. 109.

2796 Zu den Auswirkungen des § 2 Nr. 1 GeschGehG im Rahmen externer gesetzlicher Verschwiegenheitspflichten, siehe Teil 4, § 15, B., I., S. 441ff.

2797 ErfK/*Oetker* § 116 AktG Rn. 5; GroßKom-AktG/*Hopt/Roth* § 116 Rn. 190; *Henssler/*Strohn § 116 AktG Rn. 9; Hüffer/*Koch* § 116 AktG Rn. 9; KK-AktG/*Mertens/Cahn* § 116 Rn. 38; *Spindler/*Stilz § 116 AktG Rn. 103.

2798 ErfK/*Oetker* § 116 AktG Rn. 5; Hüffer/*Koch* § 116 AktG Rn. 9; *Spindler/*Stilz § 116 AktG Rn. 99.

weiterzugeben, ohne ein Bekanntwerden außerhalb des Unternehmens befürchten zu müssen.[2799] Dieser benötigt eine rechtzeitige und umfassende Informationsweitergabe, um seinen Aufgaben als Überwachungs- und Kontrollorgan der Gesellschaft hinreichend nachzukommen.[2800] Zusammengefasst dient die Verschwiegenheitspflicht in §§ 93 I S. 3, 116, 404 AktG dem reibungslosen Funktionieren und dem Schutz der Aktiengesellschaft.[2801] In diesem Zusammenhang wird nunmehr relevant, dass es sich bei einer Aktiengesellschaft um eine juristische Person handelt.[2802] Diese ist rechtsfähig und damit Träger von Rechten und Pflichten.[2803] Inhaber der unternehmensinternen Betriebs- und Geschäftsgeheimnisse ist somit die Aktiengesellschaft selbst. Damit findet die aktienrechtliche Verschwiegenheitspflicht aus §§ 93 I S. 3, 116 S. 1, 404 AktG ihre Legitimationsgrundlage in dem individuellen Schutz des Geheimnisinhabers.[2804]

In diesem Punkt ähnelt die Regelung in §§ 93 I S. 3, 116 S. 1, 404 AktG den im Geschäftsgeheimnisgesetz verkörperten Strukturen. Beide Regelungskomplexe beinhalten eine – final auf den Schutz des Geheimnisinhabers ausgerichtete – gesetzliche Verpflichtung, nach der es einem bestimmten Personenkreis verwehrt ist, Betriebs- und Geschäftsgeheimnisse weiterzugeben. Eine unter systematischen Gesichtspunkten übereinstimmende Auslegung des Begriffs Betriebs- und Geschäftsgeheimnisses wäre somit denkbar. Zudem können die bezüglich des betriebsverfassungsrechtlichen Pendants in § 79 I BetrVG aufgeführten Argumente auf die aktienrechtliche Verschwiegenheitspflicht übertragen werden.[2805] Auch in dortigen Zusammenhängen orientierte man sich für die Definition eines Betriebs- und Geschäftsgeheimnisses an den zu den früheren §§ 17 ff. UWG entwickelten Kriterien.[2806] Ebenfalls können der Gedanke der Einheit der Rechtsordnung und das Bestreben nach Rechtssicherheit angeführt werden, um den Anwendungsbereich des §§ 93 I S. 3, 116, 404 AktG unter Einbeziehung des § 2 Nr. 1 GeschGehG auszulegen.

2799 GroßKom-AktG/*Hopt/Roth* § 116 Rn. 190.

2800 GroßKom-AktG/*Hopt/Roth* § 116 Rn. 212; MüKoAktG/*Habersack* § 116 Rn. 52; *Spindler*/Stilz § 116 AktG Rn. 103.

2801 GroßKom-AktG/*Hopt/Roth* § 116 Rn. 190; Hüffer/*Koch* § 116 AktG Rn. 9; KK-AktG/*Mertens/Cahn* § 116 Rn. 38; *Köstler/Zachert/Müller*, Aufsichtsratspraxis Rn. 528; *Lutter*, Information und Vertraulichkeit im Aufsichtsrat, S. 125–127; MüKoAktG/*Habersack* § 116 Rn. 52.

2802 MüKoAktG/*Habersack* Einleitung Rn. 1.

2803 *Brox/Walker*, Allgemeiner Teil des BGB, S. 317.

2804 Erbs/Kohlhaas/*Schaal* § 404 AktG Rn. 2.

2805 Siehe eingehend bei *Oetker*, FS Hopt 2020, S. 901, 904ff; vergleich mit der Darstellung im Rahmen der Konkretisierung des § 79 BetrVG siehe Teil 4, § 15, B., I., S. 441ff.

2806 *Oetker*, FS Hopt 2020, S. 901, 916.

2. Schutzgut der Verschwiegenheitspflicht

Darüber hinaus müsste die aktienrechtliche Verschwiegenheitspflicht aber auch hinsichtlich des geschützten Rechtsguts den Vorgaben des Geschäftsgeheimnisgesetzes entsprechen. Dessen Schutzgut bildet unter Berücksichtigung vorstehender Erwägungen das individuelle Geheimhaltungsinteresse des Geheimnisinhabers.[2807]

Welches das über §§ 93 I S. 3, 116 S. 1, 404 AktG geschützte Rechtsgut ist, wird in der Literatur nicht einheitlich beantwortet. Eine Meinungsgruppe sieht in dem Geheimhaltungsinteresse bzw. der Geheimsphäre der Gesellschaft das über die Verschwiegenheitsverpflichtung geschützte Rechtsgut.[2808] Dabei wird jedoch teilweise dahingehend differenziert, ob daneben auch die spezifischen Interessen der Anteilseigner geschützt sind[2809] oder ob es nur auf die Belange der Aktiengesellschaft selbst ankommt[2810]. Überwiegend wird vertreten, dass die Interessen der Arbeitnehmer kein über §§ 93 I S. 3, 116 S. 1, 404 AktG geschütztes Rechtsgut darstellen.[2811] Andere erkennen nur das Unternehmensinteresse als Schutzgut der Verschwiegenheitspflicht an, stellen für dessen Ermittlung jedoch gleichberechtigt auf die Anteilseigner und die Arbeitnehmer ab.[2812] Nach weiterer Auffassung sollen das Schutzgut der aktienrechtlichen Verschwiegenheitspflicht und das Geheimhaltungsinteresse auseinandergehalten werden.[2813] Das über §§ 93 I S. 3, 116 S. 1, 404 AktG geschützte Rechtsgut sei das Vermögen der Aktiengesellschaft.[2814] Vertreter dieser Ansicht stellen zur Konkretisierung des Rechtsguts auf die Interessen der Gesellschaft und der Anteilseigner ab.[2815]

Geben Mitglieder des Aufsichtsrates vertrauliche Angaben oder Geheimnisse der Gesellschaft weiter, kann dies unter Umständen der wirtschaftlichen Kraft und somit mittelbar auch dem Vermögen der Gesellschaft schaden.[2816] Ungeachtet dessen erscheint die Ansicht, nach der das Geheimhaltungsinteresse der Aktiengesellschaft nicht das über §§ 93 I S. 3, 116 S. 1, 404 AktG geschützte Rechtsgut

---

2807 Zu dem über das Geschäftsgeheimnisgesetz geschützten Rechtsgut, siehe Teil 3, § 11, B., II., 3., S. 354ff.

2808 Henssler/Strohn/*Raum* § 404 AktG Rn. 1; MüKoAktG/*Schaal* § 404 Rn. 3; MüKoStGB/*Weiß* § 404 AktG Rn. 1; Schmidt/Lutter/*Oetker* § 404 AktG Rn. 1.

2809 MüKoAktG/*Schaal* § 404 Rn. 3; Schmidt/Lutter/*Oetker* § 404 AktG Rn. 1; Spindler/Spitz/*Hefendehl* § 404 AktG Rn. 8.

2810 MüKoStGB/*Weiß* § 404 AktG Rn. 1; *Reichard* GWR 2017, 72, 72–73.

2811 MüKoAktG/*Schaal* § 404 Rn. 3; Schmidt/Lutter/*Oetker* § 404 AktG Rn. 1; Spindler/Spitz/*Hefendehl* § 404 AktG Rn. 8.

2812 *Klinkhammer/Rancke*, Verschwiegenheitspflicht der Aufsichtsratsmitglieder, S. 35; *Spindler/Stilz* § 116 AktG Rn. 103.

2813 Spindler/Spitz/*Hefendehl* § 404 AktG Rn. 4.

2814 Spindler/Spitz/*Hefendehl* § 404 AktG Rn. 4; Geheimhaltungsinteresse und Vermögen als nebeneinander geschützt anerkennend MüKoStGB/*Weiß* § 404 AktG Rn. 2.

2815 Spindler/Spitz/*Hefendehl* § 404 AktG Rn. 8.

2816 MüKoStGB/*Weiß* § 404 AktG Rn. 2.

darstellt[2817], konstruiert.[2818] Die Verschwiegenheitspflicht in §§ 93 I S. 3, 116 S. 1 AktG untersagt den Mitgliedern des Aufsichtsrates, vertrauliche Angaben und Geheimnisse der Gesellschaft weiterzugeben. Der Straftatbestand in § 404 I AktG ist dagegen auf die unbefugte Offenbarung von Geheimnissen beschränkt. Diese Einschätzung der Strafbewehrung zeigt, dass mit der Regelung gerade das Geheimhaltungsinteresse und nicht das Vermögen insgesamt geschützt werden sollte. Das über § 404 AktG geschützte Rechtsgut lässt sich somit zunächst dahingehend präzisieren, dass die Norm auf das Geheimhaltungsinteresse des Unternehmens[2819] und nicht dessen Vermögen ausgerichtet ist.[2820]

Darüber hinaus erscheint es vorzugswürdig, einzig auf die Belange der Gesellschaft abzustellen[2821], da das hinter dieser verkörperte „Interesse" ohnehin nicht einseitig bestimmt werden kann, sondern sich vielmehr durch die Zusammenschau verschiedener Einzelinteressen ergibt.[2822] Dabei müssen die Belange der Anteilseigner und der Arbeitnehmer gleichrangig berücksichtigt und in Ausgleich gebracht werden.[2823] Wertete man die individuellen Interessen der Anteilseigner als gesondertes Schutzgut[2824], würde dies die mosaikartige Konzeption des Unternehmensinteresses untergraben. Eine solche Ansicht verkennt, dass die divergierenden Interessen in ein Wertungssystem eingegliedert sind, welches nicht unabhängig beurteilt werden kann.[2825] Informationsinteressen der Allgemeinheit zählen nach überwiegender Ansicht dagegen nicht zu dem gemäß §§ 93 I S. 3, 116, 404 AktG geschützten Rechtsgut.[2826] Zusammengefasst ist die aktienrechtliche Verschwiegenheitspflicht auf den Schutz und die Interessen des Unternehmens ausgerichtet[2827] und soll dieses einerseits vor dem Verlust sensibler Daten nach außen schützen und dadurch andererseits die innerorganschaftliche Zusammenarbeit verbessern[2828]. Bei dem geschützten Rechtsgut handelt es sich um das

---

2817 Spindler/Spitz/*Hefendehl* § 404 AktG Rn. 4.
2818 **A.A.** MüKoStGB/*Weiß* § 404 AktG Rn. 2.
2819 Henssler/Strohn/*Raum* § 404 AktG Rn. 1; MüKoAktG/*Schaal* § 404 Rn. 3; MüKoStGB/*Weiß* § 404 AktG Rn. 1.
2820 Beide als gleichberechtigt geschützt anerkennend MüKoStGB/*Weiß* § 404 AktG Rn. 2.
2821 Henssler/Strohn/*Raum* § 404 AktG Rn. 1; MüKoStGB/*Weiß* § 404 AktG Rn. 1; **a.A.** MüKoStGB/*Schaal* § 404 Rn. 3.
2822 *Klinkhammer/Rancke,* Verschwiegenheitspflicht der Aufsichtsratsmitglieder, S. 33ff; *Reichard* GWR 2017, 72, 73; Spindler/Spitz/*Hefendehl* § 404 AktG Rn. 8.
2823 *Klinkhammer/Rancke,* Verschwiegenheitspflicht der Aufsichtsratsmitglieder, S. 35; *Spindler/Stilz* § 116 AktG Rn. 103.
2824 MüKoAktG/*Schaal* § 404 AktG Rn. 3.
2825 *Reichard* GWR 2017, 72, 72; Spindler/Spitz/*Hefendehl* § 404 AktG Rn. 8.
2826 *Spindler/*Stilz § 116 AktG Rn. 103.
2827 *Klinkhammer/Rancke,* Verschwiegenheitspflicht der Aufsichtsratsmitglieder, S. 33; *Lutter,* Information und Vertraulichkeit im Aufsichtsrat, S. 125–127; MüKoAktG/*Schaal* § 404 Rn. 3.
2828 GroßKom-AktG/*Hopt/Roth* § 116 Rn. 190.

Geheimhaltungsinteresse der Gesellschaft.[2829] Damit entspricht die teleologische Konzeption der Verschwiegenheitspflicht der Aufsichtsratsmitglieder denjenigen des Geschäftsgeheimnisgesetz. Eine Ausstrahlung des § 2 Nr. 1 GeschGehG ist nach diesen Grundsätzen denkbar.[2830]

3. *Wertungen der aktienrechtlichen Verschwiegenheitspflicht*

Doch auch im Rahmen des aktienrechtlichen Geheimnisschutzes muss beachtet werden, dass eine hinsichtlich der Voraussetzungen aus § 2 Nr. 1 GeschGehG erfolgende Konkretisierung des §§ 93 I S. 3, 116 S. 2, 404 AktG nicht dazu führen darf, dass die der aktienrechtlichen Verschwiegenheitspflicht zugrunde liegenden Wertungen ausgehöhlt werden. Daneben darf auch der vermittelte Schutzstandard zumindest in tatsächlicher Hinsicht nicht gemindert werden.[2831] Käme man zu dem Ergebnis, dass ein Betriebs- oder Geschäftsgeheimnis auch in aktienrechtlichen Zusammenhängen fortan nur noch bejaht werden kann, wenn alle Voraussetzungen des § 2 Nr. 1 GeschGehG erfüllt sind, wäre die Verschwiegenheitspflicht der Aufsichtsratsmitglieder in Bezug auf Geschäftsgeheimnisse daran gebunden, dass der Vorstand diese durch aktive Maßnahmen abgesichert hat.[2832] Ob dies mit den grundlegenden Wertungen der gesetzlichen Regelung vereinbart werden kann, muss im Rahmen einer Gesamtabwägung beurteilt werden.

Zunächst ist zu bedenken, dass die aktienrechtliche Verschwiegenheitspflicht gegenständlich nicht auf Betriebs- und Geschäftsgeheimnisse beschränkt ist.[2833] Die Mitglieder des Aufsichtsrates sind gemäß § 93 I S. 3 AktG und der Verweisungsnorm in § 116 S. 1 AktG verpflichtet, Stillschweigen sowohl über vertrauliche Angaben als auch Geheimnisse der Gesellschaft zu wahren.[2834] Betriebs- und Geschäftsgeheimnisse werden zwar gesondert genannt, jedoch lediglich als Unterform eines sonstigen Geheimnisses.[2835] Dies erscheint problematisch, weil § 2 Nr. 1 GeschGehG nur die Voraussetzungen eines Geschäftsgeheimnisses beschreibt.[2836] Im Falle einer konkretisierenden Wirkung dieser Norm würden sich dessen Tatbestandsmerkmale nicht auf die vertraulichen Angaben und die sonstigen Geheimnisse beziehen.[2837] In tatsächlicher Hinsicht hätte dies zur Folge, dass diese beiden potenziellen Schutzobjekte der aktienrechtlichen Verschwiegenheitspflicht

---

2829 Henssler/Strohn/*Raum* § 404 AktG Rn. 1; MüKoStGB/*Schaal* § 404 Rn. 3; MüKoStGB/*Weiß* § 404 AktG Rn. 1.
2830 *Ries/Haimerl* NZG 2018, 621, 622.
2831 *Oetker*, FS Hopt 2020, S. 901, 917.
2832 *Oetker*, FS Hopt 2020, S. 901, 917; *Ries/Haimerl* NZG 2018, 621, 622.
2833 ErfK/*Oetker* § 116 AktG Rn, 6a; *Ries/Haimerl* NZG 2018, 621, 622–623.
2834 ErfK/*Oetker* § 116 AktG Rn. 6a.
2835 *Ries/Haimerl* NZG 2018, 621, 622–623.
2836 *Ries/Haimerl* NZG 2018, 621, 622–623.
2837 *Ries/Haimerl* NZG 2018, 621, 622–632.

weiterhin nach den tradierten Voraussetzungen geschützt sind.[2838] Geschäftsgeheimnisse hingegen würden dem Stillschweigegebot nur noch unterfallen, wenn und soweit diese durch angemessene Geheimhaltungsmaßnahmen im Sinne des § 2 Nr. 1 lit. b) GeschGehG abgesichert werden.[2839]

Eine solche Interpretation erscheint zunächst unter Gleichheitsgesichtspunkten fragwürdig. Aus Art. 3 I GG ergibt sich der allgemeine Gleichheitssatz.[2840] Diesem kommt nicht nur der Status positiven Rechts zu, nach welchem jedem Mensch der öffentlich-rechtliche Anspruch zusteht, vor dem Gesetz gleich behandelt zu werden.[2841] Darüber hinaus enthält der Gleichheitssatz nach ständiger Rechtsprechung des Bundesverfassungsgerichts ein allgemeines Strukturprinzip der geltenden Rechtsordnung.[2842] Die oben dargestellte differenzierte Interpretation des Verschwiegenheitsgebots für Aufsichtsratsmitglieder könnte den Gleichheitssatz verletzen, wenn sich daraus eine wesentliche Ungleichbehandlung eines im Wesentlichen gleichen Sachverhaltes ergeben würde.[2843] § 93 I S. 3 AktG benennt mit den vertraulichen Angaben und Geheimnissen der Gesellschaft zwei potenzielle Schutzobjekte. Diese stehen alternativ zueinander und stellen gesetzessystematisch voneinander zu unterscheidende Sachverhalte dar.[2844] Unter diesem Gesichtspunkt könnten diese beiden Alternativen auch divergierenden Voraussetzungen unterworfen sein.

Ausweislich der Gesetzesangabe handelt es sich bei Betriebs- und Geschäftsgeheimnissen jedoch nur um eine bestimmte Form eines Gesellschaftsgeheimnisses.[2845] Bildete man somit die Vergleichsgruppe der Geheimnisse der Gesellschaft, würde es eine wesentliche Ungleichbehandlung mit sich führen, wenn bestimmte Geheimnisse besonderen schärferen Voraussetzungen unterliegen würden. Diese Ungleichbehandlung müsste in besonderer Weise sachlich gerechtfertigt sein.[2846] Betriebs- und Geschäftsgeheimnisse sind aber nur eine spezielle Ausprägung sonstiger Geheimnisse, unterfallen diesem Begriff jedoch denklogisch ebenfalls. Bei einer Verletzung greifen dieselben Rechtsfolgen bzw. Sanktionsmöglichkeiten ein.

2838 *Ries/Haimerl* NZG 2018, 621, 622–623.

2839 *Ries/Haimerl* NZG 2018, 621, 622–623.

2840 BeckOK Grundgesetz/*Kischel* Art. 3 GG Rn. 1; ErfK/*Schmidt* Art. 3 GG Rn. 1; v. Münch/Kunig/*Boysen* Art. 3 GG Rn. 1.

2841 BVerfGE 6, 84, 91; BVerfGE 3, 383, 391; BVerfGE 1, 208, 242; Dreier/*Heun* Art. 3 GG Rn. 18; Maunz/Dürig/*Kirchhof* Art. 3 GG Rn. 72; v. Münch/Kunig/*Boysen* Art. 3 GG Rn. 1.

2842 BVerfGE 6, 84, 91; Dreier/*Heun* Art. 3 GG Rn. 16; ErfK/*Schmidt* Art. 3 GG Rn. 2.

2843 BeckOK Grundgesetz/*Kischel* Art. 3 GG Rn. 14; ErfK/*Schmidt* Art. 3 GG Rn. 33; v. Münch/Kunig/*Boysen* Art. 3 GG Rn. 62.

2844 GroßKom-AktG/*Hopt/Roth* § 116 Rn. 198.

2845 Grigoleit/*Grigoleit/Tomasic* § 116 AktG Rn. 16; GroßKom-AktG/*Hopt/Roth* § 116 Rn. 195; MüKoAktG/*Spindler* § 93 Rn. 134; *Spindler*/Stilz § 116 AktG Rn. 110.

2846 BeckOK Grundgesetz/*Kischel* Art. 3 GG Rn. 14; v. Münch/Kunig/*Boysen* Art. 3 GG Rn. 100.

Insbesondere unterfällt die unbefugte Offenbarung eines Gesellschaftsgeheimnisses – im Gegensatz zu den vertraulichen Angaben – einheitlich der Strafnorm in § 404 I AktG.[2847] Da die Verletzung einer als „Geheimnis" geschützten Information somit einheitlich strengen Sanktionen unterliegt, erscheint es naheliegend, diesen Schutz parallel dazu auch auf tatbestandlicher Ebene übereinstimmenden Voraussetzungen zu unterwerfen. Letztlich könnte nur die konkretisierende Wirkung des Geschäftsgeheimnisgesetzes zur Rechtfertigung der Ungleichbehandlung angeführt werden.

Da die Strafnorm in § 404 AktG generalisierend die Verletzung von Gesellschaftsgeheimnissen erfasst, wirkte sich die Konkretisierung lediglich einer Unterform auf den tatbestandlichen Anwendungsbereich aus.[2848] Hinsichtlich der Offenbarung von Betriebs- und Geschäftsgeheimnissen wäre die Strafbarkeit daran geknüpft, dass angemessene Geheimhaltungsmaßnahmen ergriffen wurden.[2849] Handelt es sich bei dem Verletzungsobjekt hingegen um ein sonstiges Geheimnis, wären diese dagegen nicht Voraussetzung.[2850] Dies ist unter Berücksichtigung des strafrechtlichen Bestimmtheitsgebots[2851] fragwürdig. Das Bestimmtheitsgebot ist in Art. 103 II GG verankert.[2852] Nach dessen Gewährleistungen darf eine Tat nur bestraft werden, wenn die Strafbarkeit gesetzlich bestimmt war, bevor die Tat begangen wurde. Dem entsprechend muss der Normadressat stets vorhersehen können, welches Verhalten verboten und damit strafbar ist.[2853] Nach dem Grundsatz der Normenklarheit wird hierfür gefordert, dass ein strafrechtlicher Tatbestand präzise bestimmt, welches Verhalten vorwerfbar ist und damit als Straftat qualifiziert werden kann.[2854] Würde man für den Begriff „Betriebs- und Geschäftsgeheimnisse" auf die Voraussetzungen des § 2 Nr. 1 GeschGehG abstellen und damit das Vorhandensein angemessener Geheimhaltungsmaßnahmen voraussetzen, hätte dies zur Folge, dass der Normadressat nicht rechtssicher beurteilen könnte, ob eine Handlung gemäß § 404 I AktG strafbar ist. Aufgrund der schon nach vormaliger Rechtslage schwierigen Abgrenzung sonstiger Geheimnisse von Betriebs- und Geschäftsgeheimnissen könnte der Rechtsanwender nicht zweifelsfrei beurteilen, ob er sich strafbar macht. Dies wäre mit dem strafrechtlichen Bestimmtheitsgebot nicht zu vereinbaren.[2855]

2847 MüKoAktG/*Schaal* § 404 Rn. 20; *Spindler/*Stilz § 116 AktG Rn. 109.

2848 Im Ergebnis *Ries/Haimerl* NZG 2018, 621, 622–623.

2849 *Ries/Haimerl* NZG 2018, 621, 622–623.

2850 *Ries/Haimerl* NZG 2018, 621, 622–623.

2851 Maunz/Dürig/*Remmert* Art. 103 II Rn. 87; Sachs/*Degenhart* Art. 103 GG Rn. 53.

2852 Maunz/Dürig/*Remmert* Art. 103 II Rn. 87; Sachs/*Degenhart* Art. 103 GG Rn. 53.

2853 BeckOK Grundgesetz/*Radtke/Hagemeier* Art. 3 GG Rn. 23; Dreier/*Schulze-Fielitz* Art. 103 II GG Rn. 23; Maunz/Dürig/*Remmert* Art. 103 II GG Rn. 88.

2854 Dreier/*Schulze-Fielitz* Art. 103 II GG Rn. 23; Maunz/Dürig/*Remmert* Art. 103 II GG Rn. 87–88.

2855 GroßKom-AktG/*Hopt/Roth* § 116 Rn. 195.

Problematisch erscheint ferner, dass der Anwendungsbereich der Verschwiegenheitspflicht bislang nach festen Prinzipien bestimmt wurde.[2856] Die herrschende Literatur und Rechtsprechung nimmt an, dass es sich bei der Regelung um zwingendes Recht handelt, welches durch Satzung oder Geschäftsordnung weder eingeschränkt noch erweitert werden kann.[2857] Danach liegt der Anwendungsbereich des Stillschweigegebots nicht im Verfügungsbereich der Gesellschaftsorgane[2858], sondern ergibt sich aus den gesetzlichen Vorgaben.[2859] Nach übereinstimmender Ansicht richtet sich das Vorliegen eines Betriebs- oder Geschäftsgeheimnisses nach dem objektiven Unternehmensinteresse, sodass die Verschwiegenheitspflicht letztlich durch dieses bestimmt ist.[2860] Die Übertragung des § 2 Nr. 1 GeschGehG würde diesen beiden Grundsätzen widersprechen.[2861] Zunächst könnte der Vorstand über den Gegenstand der Verschwiegenheitspflicht disponieren, in dem bezüglich bestimmter Informationen angemessene Geheimhaltungsmaßnahmen getroffen oder diese gerade nicht vorgenommen wurden.[2862] Außerdem käme es nicht mehr auf das objektive Unternehmensinteresse, sondern auf einen tatsächlichen Handlungsbeitrag des Vorstandes an.[2863]

2856 *Reichard* GWR 2017, 72, 73; *Ries/Haimerl* NZG 2018, 621, 622–623; *Weninger,* Mitbestimmungsspezifische Interessenkonflikte von Arbeitnehmervertretern im Aufsichtsrat, S. 277.

2857 BGH NJW 1975, 1412, 1412 = BGHZ 64, 325; BGH NZG 2016, 910, 912 Rn. 34; *Böning/Heidfeld* AuR 2018, 555, 559; ErfK/*Oetker* § 116 AktG Rn. 6; *Grigoleit/Tomasic* § 116 AktG Rn. 18; GroßKom-AktG/*Hopt/Roth* § 116 AktG Rn. 191; Hüffer/*Koch* § 116 AktG Rn. 10; *Klinkhammer/Rancke,* Verschwiegenheitspflicht der Aufsichtsratsmitglieder, S. 37–38; KK-AktG/*Mertens/Cahn* § 116 Rn. 50; *Lutter,* Information und Vertraulichkeit im Aufsichtsrat, S. 190ff; *Reichard* GWR 2017, 72, 74; *Ries/Haimerl* NZA 2018, 621, 622; *Weninger,* Mitbestimmungsspezifische Interessenkonflikte von Arbeitnehmervertretern im Aufsichtsrat, S. 277.

2858 BGH NJW 2016, 2569 34; GroßKom-AktG/*Hopt/Roth* § 116 Rn. 196; *Lutter,* Information und Vertraulichkeit im Aufsichtsrat, S. 190 u. 210; *Ries/Haimerl* NZG 2018, 621, 622; *Weninger,* Mitbestimmungsspezifische Interessenkonflikte von Arbeitnehmervertretern im Aufsichtsrat, S. 278.

2859 BGH NJW 2016, 2569 Rn. 34; *Weninger,* Mitbestimmungsspezifische Interessenkonflikte von Arbeitnehmervertretern im Aufsichtsrat, S. 277.

2860 BGH NJW 2016, 2569 Rn. 34; ErfK/*Oetker* § 116 AktG Rn. 6; GroßKom-AktG/*Hopt/Roth* § 116 Rn. 195; *Reichard* GWR 2017, 72, 73; *Ries/Haimerl* NZG 2018, 621, 622; *Weninger,* Mitbestimmungsspezifische Interessenkonflikte von Arbeitnehmervertretern im Aufsichtsrat, S. 277.

2861 *Böning/Heidfeld* AuR 2018, 555, 559; *Ries/Haimerl* NZG 2018, 621,622.

2862 *Böning/Heidfeld* AuR 2018, 555, 559; *Ries/Haimerl* NZG 2018, 621,622.

2863 *Böning/Heidfeld* AuR 2018, 555, 559; *Ries/Haimerl* NZG 2018, 621,622.

4. Abschließende Stellungnahme zur Konkretisierung von §§ 93 S. 3 i.V.m. 116 S. 1 und 2, 404 AktG durch § 2 Nr. 1 GeschGehG

Zusammenfassend bedeutete die Übernahme der Legaldefinition im Rahmen der Verschwiegenheitspflicht aus §§ 93 I S. 3, 116, S. 1, 404 AktG zunächst, dass die dem Wortlaut anhaftende Wertung, wonach Betriebs- und Geschäftsgeheimnisse lediglich eine Unterform sonstiger Geheimnisse sind, aus dem Wertungsgleichgewicht gebracht wäre.[2864] Einzig die Betriebs- und Geschäftsgeheimnisse müssten durch angemessene Geheimhaltungsmaßnahmen gesichert sein, um in den Anwendungsbereich der Regelung zu fallen.[2865] Dies würde diesen – obgleich nach tradierter Rechtslage als Unterform eines sonstigen Geheimnisses zu werten – den Status einer Sonderform zugestehen, welche nur unter verschärften Voraussetzungen über die aktienrechtliche Verschwiegenheitspflicht geschützt ist.[2866] Diese Differenzierung zwischen Betriebs- und Geschäftsgeheimnissen einerseits und sonstigen Geheimnissen andererseits verstößt sowohl gegen den allgemeinen Gleichheitsgrundsatz aus Art. 3 I GG als auch gegen das strafrechtliche Bestimmtheitsgebot gemäß Art. 103 II GG.

Zudem hätte die Übernahme der Legaldefinition zur Folge, dass zwei grundsätzliche Wertungen der aktienrechtlichen Verschwiegenheitspflicht unterlaufen werden.[2867] Der Anwendungsbereich dieser Regelung könnte fortan flexibel durch den Vorstand eingeengt oder erweitert werden.[2868] Hierfür wäre nicht mehr das objektive Unternehmensinteresse, sondern eine tatsächliche Handlung des Vorstandes maßgeblich.[2869] Dies würde die Möglichkeit einer vertrauensvollen Zusammenarbeit von Vorstand und Aufsichtsrat erheblich schwächen.[2870] Im Ergebnis minderte die Konkretisierung des Verschwiegenheitsverbots in §§ 93 I S. 3, 116 S. 1, 404 AktG durch die Voraussetzungen des § 2 Nr. 1 GeschGehG den vermittelten Schutzstandard erheblich und ist deswegen abzulehnen.[2871] Der Begriff „Betriebs- und Geschäftsgeheimnis" in den §§ 93 I S. 3, 116 S. 1 AktG ist unabhängig von der Neuregelung des Geheimnisschutzes nach den tradierten Kriterien auszulegen.[2872]

2864 *Ries/Haimerl* NZG 2018, 621, 622–623.

2865 *Ries/Haimerl* NZG 2018, 621, 622–623.

2866 Im Ergebnis *Ries/Haimerl* NZG 2018, 621, 622.

2867 *Ries/Haimerl* NZG 2018, 621, 622–623.

2868 *Böning/Heidfeld* AuR 2018, 555, 559; im Ergebnis *Ries/Haimerl* NZG 2018, 621, 622–623.

2869 *Ries/Haimerl* NZG 2018, 621, 622–623.

2870 *Böning/Heidfeld* AuR 2018, 555, 559.

2871 GroßKom-AktG/*Hopt/Roth* § 116 Rn. 195; *Oetker*, FS Hopt 2020, S. 901, 917–918.

2872 *Böning/Heidfeld* AuR 2018, 555, 559; ErfK/*Oetker* § 116 AktG Rn. 6a; EuArbRK/*Schubert* Art. 2 RL (EU) 2016/943 Rn. 21; Groß-Kom-AktG/*Hopt/Roth* § 116 Rn. 195; *Oetker*, FS Hopt 2020, S. 901, 917–918; *Ries/Haimerl* NZG 2018, 621, 623; Schmidt/Lutter/*Oetker* § 404 AktG Rn. 4; **a.A.** Scholz/*Rönnau* § 85 GmbHG Rn. 16.

II. Auswirkungen der Neuregelung auf den Informationsfluss zwischen den Arbeitnehmern im Aufsichtsrat und der Belegschaft

1. Tradierter Meinungsstand zu der Geltung der Verschwiegenheitspflicht im Innenverhältnis zwischen den Arbeitnehmervertretern im Aufsichtsrat und der Belegschaft

Ähnlich der in betriebsverfassungsrechtlichen Zusammenhängen diskutierten Frage wurde auch in Bezug auf die aktienrechtliche Verschwiegenheitspflicht problematisiert, ob die Arbeitnehmervertreter im Aufsichtsrat die Möglichkeit haben, der Belegschaft bestimmte, von den §§ 93 I S. 3, 116 AktG gegenständlich erfasste Informationen weiterzugeben. Die aktienrechtliche Literatur ist überwiegend der Auffassung, dass sich das Stillschweigegebot grundsätzlich ausnahmslos auch auf das unternehmensinterne Innenverhältnis zu den Arbeitnehmern erstreckt.[2873] Ungeachtet des Arguments, dass die durch die Belegschaft in den Aufsichtsrat entsandten Arbeitnehmervertreter durchaus ein Interesse haben werden, das „Wahlvolk" zu informieren, gelte die Verschwiegenheitspflicht unterschiedslos für alle Organmitglieder.[2874]

Weiterhin wurde jedoch problematisiert, ob die Verschwiegenheitspflicht unter Umständen zugunsten überwiegender Informationsinteressen der Belegschaft zurücktreten muss.[2875] Dogmatischer Ansatzpunkt hierfür war das objektive Geheimhaltungsinteresse des Unternehmens. Dabei tendierten einige Stimmen dahin, das Geheimhaltungsinteresse des Unternehmens mit gegenläufigen Informationsinteressen der Arbeitnehmer abzuwägen und gegebenenfalls zugunsten

---

2873 *Bruder,* Die Weitergabe von Insiderinformationen durch Arbeitnehmervertreter, S. 97; ErfK/*Oetker* § 116 AktG Rn. 5; GroßKom-AktG/*Hopt/Roth* § 116 Rn. 215; *Hengeler,* FS Schilling, S. 175, 193ff.; KK-AktG/*Mertens/Cahn* § 116 Rn. 39; *Lutter,* Information und Vertraulichkeit im Aufsichtsrat, S. 205; MüKoAktG/*Habersack* § 116 Rn. 58; *Oetker* ZESAR 2017, 257, 260; *Spindler*/Stilz § 116 AktG Rn. 104.

2874 *Bruder,* Die Weitergabe von Insiderinformationen durch Arbeitnehmervertreter, S. 97; ErfK/*Oetker* § 116 Rn. 5; *Grigoleit/Tomasic* § 116 AktG Rn. 20; GroßKom-AktG/*Mertens/Cahn* § 116 Rn. 211 u. 215; Hüffer/*Koch* § 116 AktG Rn. 10; KK-AktG/*Mertens/Cahn* § 116 Rn. 39; MüKoAktG/*Habersack* § 116 Rn. 58; *Spindler*/Stilz § 116 AktG Rn. 104; *Weninger,* Mitbestimmungsspezifische Interessenkonflikte von Arbeitnehmervertretern im Aufsichtsrat, S. 280.

2875 ErfK/*Oetker* § 116 AktG Rn. 6; GroßKom-AktG/*Hopt/Roth* § 116 Rn. 215; *Klinkhammer/Rancke,* Verschwiegenheitspflicht der Aufsichtsratsmitglieder, S. 49ff.; MüKoAktG/*Habersack* § 116 Rn. 58; *Nagel* BB 1979, 1799, 1804; *Oetker,* FS Hopt 2020, S. 901, 909–910; *Weninger,* Mitbestimmungsspezifische Interessenkonflikte von Arbeitnehmervertretern im Aufsichtsrat, S. 281.

letzterer zurücktreten zu lassen.[2876] Überwiegend war man jedoch der Ansicht, das Vorliegen vertraulicher Angaben und Geheimnissen der Gesellschaft sei allein unter Rückgriff auf das objektive Unternehmensinteresse zu bestimmen.[2877] Die Mitglieder des Aufsichtsrates müssten ihr Verhalten einzig nach diesem ausrichten. Eine Kollision mit etwaigen anderweitigen Pflichten oder Interessen müsste grundsätzlich zugunsten des Unternehmensinteresses gelöst werden.[2878] Da sich dieses jedoch aus der Zusammenschau aller relevanten Interessen – und damit auch der Perspektive der Belegschaft – ergäbe, bedeute dies nicht, dass Informationen unter keinen Umständen an die Arbeitnehmer weitergegeben werden dürfen.[2879] Unter Umständen könne es im objektiven Interesse der Gesellschaft liegen, die Arbeitnehmer über bestimmte Angelegenheiten in Kenntnis zu setzten.[2880] In diesem Fall müsse bereits der gegenständliche Anwendungsbereich der Verschwiegenheitspflicht verneint werden.[2881]

Dabei wurde diskutiert, wie umfassend das Informationsinteresse der Belegschaft ausgestaltet sein muss, um das objektive Unternehmensinteresse insgesamt zugunsten der Offenlegung gegenüber der Belegschaft zu beeinflussen.[2882] Gewichtige Stimmen in der Literatur beschränken sich auf den Hinweis, dass die Verschwiegenheitspflicht der Aufsichtsratsmitglieder nicht zu eng gezogen sein darf, soweit es sich um für die Belegschaft besonders relevante Informationen handelt.[2883]

Der Bundesgerichtshof hat sich mit Urteil vom 5.6.1975[2884] zur Reichweite und Disponibilität der §§ 93 I S. 3, 116 S. 1, 2 AktG geäußert. Der Aufsichtsrat einer

2876 *Klickhammer/Rancke,* Verschwiegenheitspflicht der Aufsichtsratsmitglieder, S. 49ff.; *Köstler/Zachert/Müller,* Aufsichtsratspraxis Rn. 555; *Nagel* BB 1979, 1799, 1804.

2877 *Bruder,* Die Weitergabe von Insiderinformationen durch Arbeitnehmervertreter, S. 97; ErfK/*Oetker* § 116 AktG Rn. 5; *Grigoleit/Tomasic* § 116 AktG Rn. 17; GroßKom-AktG/*Hopt/Roth* § 116 Rn. 215; *Henssler/*Strohn § 116 AktG Rn. 9; MüKoAktG/*Habersack* § 116 Rn. 63.

2878 ErfK/*Oetker* § 116 AktG Rn. 6; GroßKom-AktG/*Hopt/Roth* § 116 Rn. 201; *Spindler/* Stilz § 116 AktG Rn. 116.

2879 ErfK/*Oetker* § 116 AktG Rn. 5; GroßKom-AktG/*Hopt/Roth* § 116 Rn. 215; Hüffer/*Koch* § 116 AktG Rn. 10; KK-AktG/*Mertens/Cahn* § 116 Rn. 39; MüKoAktG/*Habersack* § 116 Rn. 58.

2880 ErfK/*Oetker* § 116 AktG Rn. 5; MüKoAktG/*Habersack* § 116 Rn. 58; *Weninger,* Mitbestimmungsspezifische Interessenkonflikte von Arbeitnehmervertretern im Aufsichtsrat, S. 281.

2881 ErfK/*Oetker* § 116 AktG Rn. 5; GroßKom-AktG/*Hopt/Roth* § 116 Rn. 215; KK-AktG/*Mertens/Cahn* § 116 Rn. 39; MüKoAktG/*Habersack* § 116 Rn. 58; *Weninger,* Mitbestimmungsspezifische Interessenskonflikte von Arbeitnehmervertretern im Aufsichtsrat, S. 281.

2882 Eingehend bei *Weninger,* Mitbestimmungsspezifische Interessenkonflikte von Arbeitnehmervertretern im Aufsichtsrat, S. 281ff.

2883 GroßKom-AktG/*Hopt/Roth* § 116 Rn. 215; KK-AktG/*Mertens/Cahn* § 116 Rn. 39.

2884 BGH NJW 1975, 1412, 1412ff = BGHZ 64, 325.

Aktiengesellschaft hatte eine Klausel in die Geschäftsordnung aufgenommen, nach der „(..) alle Kenntnisse, die ein Aufsichtsratsmitglied in dieser Eigenschaft erhält als Firmengeheimnis (...)" geheim gehalten werden sollten. Der Bundesgerichtshof hatte über die Zulässigkeit dieser Klausel zu entscheiden.[2885] In diesem Zusammenhang hielt das Gericht fest, dass der Anwendungsbereich der aktienrechtlichen Schweigepflicht objektiv nach dem Unternehmensinteresse bestimmt werden muss.[2886] Dies gelte für die Aktionäre und die Arbeitnehmer gleichermaßen, weshalb letztere grundsätzlich keine Möglichkeit haben, sensible Informationen eigenmächtig an die Belegschaft weiterzugeben.[2887] Nach Ansicht des Bundesgerichtshofs kann es jedoch unter Umständen gerade im objektiven Interesse des Unternehmens sein, bestimmte Angelegenheiten mit „einem geschlossenen Kreis oder der Öffentlichkeit" zu besprechen. Dies müsse jedoch im Einzelfall beurteilt werden.[2888] Damit räumt das Gericht den Aufsichtsratsmitgliedern die Möglichkeit ein, ungehindert mit den Arbeitnehmern zu kommunizieren, sofern dies dem objektiven Interesse des Unternehmens entspricht.[2889]

Auf dieser Grundlage gingen die herrschende Meinung in der Literatur und die Rechtsprechung nach Maßgabe der vormaligen Rechtsprechung übereinstimmend davon aus, dass die Verpflichtung der Aufsichtsratsmitglieder, vertrauliche Angaben und Geheimnisse der Gesellschaft nicht mit der Belegschaft zu erörtern, objektiv nach dem Interesse des Unternehmens bestimmt werden muss.[2890] Im Einzelfall könne dieses – die Interessen der Arbeitnehmer einbeziehend – insgesamt darauf gerichtet sein, bestimmte Informationen an die Mitarbeiter weiterzugeben.

2. *Abschließende Stellungnahme zu dieser Problematik*

In Anlehnung an die zu § 79 I BetrVG angestellten Überlegungen kann einer Ansicht, nach der das objektive Interesse des Unternehmens zugunsten der Informationsinteressen der Belegschaft zurücktreten soll, nicht gefolgt werden. Während im Anwendungsbereich des § 79 I BetrVG noch angeführt werden konnte, dass es Teil der wesentlichen Aufgaben eines Betriebsrates ist, für eine hinreichende Informationsbasis in der Belegschaft zu sorgen, gilt dies nicht für die Arbeitnehmervertreter im Aufsichtsrat. Die Beteiligung von Arbeitnehmern im Aufsichtsrat dient primär nicht der kollektiven Vertretung von Arbeitnehmerinteressen, sondern bezweckt die Einbeziehung der Arbeitnehmerperspektive zur bestmöglichen Ermittlung des Unternehmensinteresses.[2891] Dem entsprechend muss

---

2885 BGH NJW 1975, 1412, 1412ff. = BGHZ 64, 325.

2886 BGH NJW 1975, 1412, 1413 = BGHZ 64, 325.

2887 BGH NJW 1975, 1412, 1413 = BGHZ 64, 325; so auch BGH NJW 2016, 2569 Rn. 33.

2888 BGH NJW 1975, 1412, 1413 = BGHZ 64, 325; so schon RAG Beschluss vom 1.10.1930 ARS 10, 122.

2889 *Oetker*, FS Hopt 2020, S. 901, 909–910.

2890 Statt aller Groß-Kom-AktG/*Hopt/Roth* § 116 Rn. 195 u. 215.

2891 *Hengeler*, FS Schilling, S. 175, 195.

sich auch deren Verpflichtung, bestimmte Informationen vertraulich zu behandeln, maßgeblich am Unternehmensinteresse orientieren.

Wenn bereits der Schutzzweck des § 79 I BetrVG eine Interpretation ausschließt, nach der das Geheimhaltungsinteresse des Arbeitgebers im Kollisionsfall zurückweichen muss[2892], gilt dies erst recht in aktienrechtlichen Zusammenhängen, da hier die dem Betriebsverfassungsrecht typischerweise anhaftende Konfliktlage nicht gegeben ist. Auch im Anwendungsbereich der §§ 93 I S. 3, 116 S. 1 AktG wird zur Definition eines Betriebs- und Geschäftsgeheimnisses überwiegend auf die zu den früheren §§ 17 ff. UWG entwickelte Rechtsprechung zurückgegriffen. Da diese Definition gegenläufige Informationsinteressen nicht berücksichtigt, führte die in der Literatur teilweise vertretene Ansicht, nach der das berechtigte Geheimhaltungsinteresse des Unternehmens durch gegenläufige Interessen der Arbeitnehmer verdrängt wird, zu einer Unbestimmtheit des Geheimnisbegriffs und bewirkt damit Rechtsunsicherheit. Wie auch § 79 I BetrVG, enthält § 93 I S. 4 AktG eine gesetzliche Ausnahme von der Verschwiegenheitspflicht. In systematischer Hinsicht deutet dies darauf hin, dass anderweitige Ausnahmen von dem Gesetzgeber nicht vorgesehen sind. Mit der Normierung der §§ 93 I S. 3, 116 S. 1, 404 I AktG hat dieser bereits eine Wertung zugunsten des objektiven Interesses des Unternehmens getroffen.[2893]

Insgesamt ist das Zusammenspiel der Gesellschaftsorgane und damit auch §§ 93 I S. 3, 116 S. 1 AktG teleologisch auf das Wohl der Aktiengesellschafts ausgerichtet.[2894] Ein Verständnis, nach dem die Unternehmensinteressen mit gegenläufigen Interessen abgewogen werden müssen, widerspricht diesem Schutzzweck. Eine Berücksichtigung des Informationsbedürfnisses der Belegschaft kann lediglich ausnahmsweise dann erfolgen, wenn die Weitergabe und Erörterung bestimmter Angelegenheiten mit den Mitarbeitern insgesamt dem Unternehmenswohl entsprechen.[2895] In diesem Fall ist das Unternehmensinteresse insgesamt darauf gerichtet, die Informationen an die Arbeitnehmer weiterzugeben.[2896] Ist dies jedoch nicht der Fall, kann das Unternehmensinteresse nicht unter Berücksichtigung etwaiger gegenläufiger Interessen relativiert werden.[2897] Im Ergebnis ist der herrschenden

---

2892 Zu der vergleichbaren Problematik bezüglich § 79 BetrVG, siehe Teil 4, § 15, B., III., S. 453ff.

2893 BGH NJW 2016, 2569 Rn. 33.

2894 Statt aller GroßKom-AktG/*Hopt/Roth* § 116 Rn. 190.

2895 ErfK/*Oetker* § 116 AktG Rn. 5; GroßKom-AktG/*Hopt/Roth* § 116 Rn. 215; Hüffer/*Koch* § 116 AktG Rn. 10; KK-AktG/*Mertens/Cahn* § 116 Rn. 39; MüKoAktG/*Habersack* § 116 Rn. 58.

2896 ErfK/*Oetker* § 116 AktG Rn. 5; MüKoAktG/*Habersack* § 116 Rn. 58; *Weninger,* Mitbestimmungsspezifische Interessenkonflikte von Arbeitnehmervertretern im Aufsichtsrat, S. 281.

2897 *Bruder,* Die Weitergabe von Insiderinformationen durch Arbeitnehmervertreter, S. 97; ErfK/*Oetker* § 116 AktG Rn. 5; *Grigoleit/Tomasic* § 116 AktG Rn. 17; GroßKom-AktG/*Hopt/Roth* § 116 Rn. 215; *Henssler/*Strohn § 116 AktG Rn. 9; MüKoAktG/*Habersack* § 116 Rn. 63.

Meinung in der Literatur und der Rechtsprechung des Bundesgerichtshofs zu folgen. Die Mitglieder des Aufsichtsrates können der Verschwiegenheitspflicht aus §§ 93 I S. 3, 116 S. 1 AktG unterfallende Informationen nicht mit der Belegschaft teilen.[2898] In besonderen Konstellationen kann das Informationsbedürfnis der unternehmensinternen Arbeitnehmer als Bestandteil der Gesellschaftsinteressen mit einfließen, sodass insoweit keine vertrauliche Angelegenheit mehr besteht. In diesem Fall entfällt die Verschwiegenheitspflicht insgesamt.[2899]

3. *Neubewertung der Problematik im Lichte des Geschäftsgeheimnisgesetzes*

Parallel zu den Überlegungen im Rahmen von § 79 I BetrVG fragt sich auch in aktienrechtlichen Zusammenhängen, ob nach Inkrafttreten des Geschäftsgeheimnisgesetzes eine Neubewertung geboten ist. Da die §§ 93 I S. 3, 116 S. 1, 404 AktG zumindest auch die Weitergabe von Betriebs- und Geschäftsgeheimnissen erfassen und mit dem Geschäftsgeheimnisgesetz nunmehr eine Regelung zum Umgang mit diesen existiert, könnte den gesetzlichen Wertungen entnommen werden, wann Betriebs- und Geschäftsgeheimnisse an die Arbeitnehmer kommuniziert werden dürfen.[2900]

Dies könnte zunächst unter Heranziehung der §§ 3 II GeschGehG, 4 II Nr. 2, 3 GeschGehG erfolgen. Hier ist jedoch die soeben getroffene Feststellung zu berücksichtigen, wonach die aktienrechtliche Verschwiegenheitspflicht weiterhin unter Zugrundelegung des tradierten Begriffsverständnisses beurteilt werden muss.[2901] Eine systematische Übernahme der Voraussetzung aus § 2 Nr. 1 GeschGehG erfolgt nicht.[2902] § 3 II GeschGehG beschreibt jedoch nur, unter welchen Voraussetzungen eine diesen Voraussetzungen entsprechende Information erlangt, genutzt und offengelegt werden darf. Dies gilt auch vice versa für die Handlungsverbote in § 4 II Nr. 2, 3 GeschGehG. Somit wirken sich die beiden Normen nicht auf die aktienrechtliche Verschwiegenheitspflicht aus.[2903] Darüberhinaus enthält § 5 GeschGehG Tatbestandsausnahmen, welche allgemeingültig für den Umgang mit Geschäftsgeheimnissen oder – den tradierten Begriff verwendend – Betriebs- und

---

2898 *Bruder,* Die Weitergabe von Insiderinformationen durch Arbeitnehmervertreter, S. 97; ErfK/*Oetker* § 116 AktG Rn. 5; *Grigoleit/Tomasic* § 116 AktG Rn. 17; GroßKom-AktG/*Hopt/Roth* § 116 Rn. 215; *Henssler*/Strohn § 116 AktG Rn. 9; MüKoAktG/*Habersack* § 116 Rn. 63; **a.A.** EuArbRK/*Schubert* RL (EU) 2016/943 Art. 4 Rn. 27.

2899 ErfK/*Oetker* § 116 AktG Rn. 5; MüKoAktG/*Habersack* § 116 Rn. 58; *Weninger,* Mitbestimmungsspezifische Interessenkonflikte von Arbeitnehmervertretern im Aufsichtsrat, S. 281.

2900 So *DGB,* Stellungnahme zur BT-Drucks. 19/4724, S. 12.

2901 ErfK/*Oetker* § 116 AktG Rn. 6a; *Oetker,* FS Hopt 2020, S. 901, 909–910.

2902 *Oetker,* FS Hopt 2020, S. 901, 909–910

2903 So wohl auch ErfK/*Oetker* § 116 AktG Rn. 6a; **a.A.** EuArbRK/*Schubert* RL (EU) 2016/943 Art. 4 Rn. 27.

Geschäftsgeheimnissen herangezogen werden können. Im Rahmen früherer Ausführungen wurde jedoch dargestellt, dass dem § 5 GeschGehG keine echte Allgemeingültigkeit zukommt. Die Norm kann zwar grundsätzlich über den Anwendungsbereich des Geschäftsgeheimnisgesetzes hinaus angewendet werden. Dies gilt jedoch nur, soweit der zu beurteilenden Handlung ein tatbestandliches Geschäftsgeheimnis im Sinne des § 2 Nr. 1 GeschGehG zugrunde liegt, welches lediglich zusätzlich von einer anderen gesetzlichen oder vertraglichen Regelung erfasst ist.[2904]

Das Gebot in §§ 93 I S. 3, 116 S. 1 AktG gebietet es den Mitgliedern des Aufsichtsrates über vertrauliche Angaben und Geheimnisse der Gesellschaft, namentlich Betriebs- und Geschäftsgeheimnisse Stillschweigen zu bewahren. Das Vorliegen eines Betriebs- und Geschäftsgeheimnisses ist weiterhin nach den tradierten Kriterien zu beurteilen. Diese sind weiter als die Voraussetzungen des § 2 Nr. 1 GeschGehG. Eine Information, welche durch die Mitglieder des Aufsichtsrates geheim gehalten werden muss, kann zugleich auch den Regelungen des Geschäftsgeheimnisgesetzes unterfallen.[2905] Dies kommt nur in Betracht, wenn angemessene Geheimhaltungsmaßnahmen getroffen wurden.[2906] Zwingend ist dies jedoch nicht. Vertrauliche Angaben, Geheimnisse und sogar Betriebs- und Geschäftsgeheimnisse im Sinne der §§ 93 I S. 3, 116 S. 1 AktG sind potenziell auch Informationen, Vorgänge und Angelegenheiten, die dem Anwendungsbereich des neu kodifizierten Geheimnisschutzes nicht unterfallen.[2907]

Eine Handlung könnte über § 5 GeschGehG nur dann aus dem Tatbestand der aktienrechtlichen Sorgfaltspflichtverletzungen herausgenommen sein, wenn es sich bei dem in Bezug genommenen Schutzobjekt um ein tatbestandliches Geschäftsgeheimnis im Sinne des § 2 Nr. 1 GeschGehG handelt[2908], was angemessene Geheimhaltungsmaßnahmen voraussetzt.[2909] Selbst bei Vorliegen dieser Voraussetzungen bleibt eine Lösung über § 5 GeschGehG indessen eher theoretischer Natur.[2910] Nicht von vornherein ausgeschlossen, wenngleich eher fernliegend bleiben die Tatbestandsvarianten in § 5 Nr. 1 und 2 GeschGehG. Wie bereits ausgeführt, umfasst § 5 Nr. 3 GeschGehG lediglich den umgekehrten Informationsfluss und lässt sich nicht analog auf die Weitergabe von Informationen an die Interessenvertretungen anwenden.[2911] Zudem kommt die Einbeziehung der Arbeitnehmervertreter im

---

2904 Zu der Reichweite von § 5 GeschGehG, siehe Teil 2, § 8, D., S. 296ff.

2905 ErfK/*Oetker* § 116 AktG Rn. 6a.

2906 ErfK/*Oetker* § 116 AktG Rn. 6a.

2907 ErfK/*Oetker* § 116 AktG Rn. 6a.

2908 Für eine entsprechende Gesetzesanwendung *Oetker*, FS Hopt 2020, S. 901, 920.

2909 Zu den Voraussetzungen eines Geschäftsgeheimnisses im Sinne von § 2 Nr. 1 GeschGehG, siehe Teil 2, § 6, B., S. 160ff.

2910 **A.A.** *Oetker*, FS Hopt 2020, S. 901, 918ff.

2911 Zu § 5 Nr. 3 GeschGehG, siehe Teil 4, § 15, B., III., 5., c), bb), (2), S. 468ff.

Aufsichtsrat in den Begriff „Arbeitnehmervertretung" im Sinne des Geschäftsgeheimnisgesetzes nicht in Betracht.[2912]

Damit könnte allenfalls der Auffangtatbestand zum Schutz eines berechtigten Interesses gemäß § 5 S. 1 Hs. 2 GeschGehG wirksam werden.[2913] Dieser ist nach den vorstehenden Ergebnissen jedoch richtlinienkonform dahingehend auszulegen, dass das fragliche Interesse durch das nationale Recht oder das Unionsrecht anerkannt sein muss.[2914] §§ 93 I S. 3, 116 S. 1 AktG kennen gerade keine Ausnahme der Verschwiegenheitspflicht zugunsten von Mitteilungen an die Belegschaft.[2915] Auch ein entsprechender Informationsanspruch seitens der Arbeitnehmer existiert nicht[2916], sodass im Ergebnis ein unionsrechtlich oder im nationalen Recht anerkanntes legitimes Interesse nicht gegeben ist. Es ist gerade nicht die Aufgabe der Arbeitnehmervertreter im Aufsichtsrat, die Interessen einzelner Arbeitnehmer oder Arbeitnehmergruppen zu fördern. Die Perspektive der Mitarbeiter soll in die Unternehmensführung deshalb einbezogen werden, um an der Wahrung des Unternehmensinteresses bestmöglich mitzuwirken.[2917] Das Interesse der Belegschaft an aufsichtsratsinternen Informationen findet nach alldem keine anerkannte rechtliche Verortung.[2918] Deshalb bietet der Ausnahmetatbestand des § 5 GeschGehG keine Grundlage dafür, eine Handlung aus dem Anwendungsbereich des aktienrechtlichen Stillschweigegebots auszuklammern.[2919] Die Frage, ob Arbeitnehmer im Aufsichtsrat Informationen an die Belegschaft weitergeben dürfen, bedarf nach Inkrafttreten des Geschäftsgeheimnisgesetzes keiner Neubewertung.[2920]

2912 Zu dem Begriff der „Arbeitnehmervertretung", siehe Teil 2, § 7, C., I., 4., b), S. 223ff.

2913 ErfK/*Oetker* § 116 AktG Rn. 6a; *Oetker,* FS Hopt 2020, S. 901, 913.

2914 Zur Richtlinienkonformität des Auffangtatbestandes in § 5 GeschGehG, siehe Teil 2, § 8, B., V., 3., S. 285ff.

2915 *Oetker,* FS Hopt 2020, S. 901, 914.

2916 *Oetker,* ZESAR 2017, 257, 260.

2917 *Hengeler,* FS Schilling, S. 175, 195.

2918 *Hengeler,* FS Schilling, S. 175–196; so wohl auch *Oetker,* FS Hopt 2020, S. 901, 914–915.

2919 **A.A.** eine entsprechende Gesetzesanwendung vornehmend *Oetker,* FS Hopt 2020, S. 901, 920.

2920 *Oetker,* FS Hopt 2020, S. 901, 914–915; anders bei *Böning/Heidfeld* AuR 2018, 555, 558–559; für eine Lösung gemäß § 3 II GeschGehG EuArbRK/*Schubert* RL (EU) 2016/943 Art. 4 Rn. 27: **a.A.** *DGB,* Stellungnahme zur BT-Drucks. 19/4724, S. 12.

III. Auswirkungen der Neuregelung auf den Informationsfluss zwischen den Arbeitnehmern im Aufsichtsrat und den betriebsverfassungsrechtlichen Einrichtungen

1. Tradierter Meinungsstand zu der Geltung der Verschwiegenheitspflicht im Innenverhältnis zwischen Arbeitnehmervertretern im Aufsichtsrat und Betriebsrat

Vor der Neuregelung des Geheimnisschutzes befassten sich Literatur und Rechtsprechung zudem mit der Frage, ob die Arbeitnehmervertreter im Aufsichtsrat der Regelung in §§ 93 I S. 3, 116 S. 1 und 2 AktG unterfallende Informationen an den Betriebsrat weitergeben dürfen. Obgleich dessen Mitglieder gemäß § 79 I BetrVG ihrerseits zur Verschwiegenheit angehalten sind, ging die herrschende Ansicht davon aus, dass das aktienrechtliche Stillschweigegebot ausnahmslos auch die Kommunikation mit dem Betriebsrat erfasst.[2921] Dies ergäbe sich im Umkehrschluss zu § 79 I S. 4 BetrVG.[2922] Nach dieser Norm soll die betriebsverfassungsrechtliche Verschwiegenheitspflicht nicht gegenüber den Arbeitnehmervertretern im Aufsichtsrat gelten. Da die §§ 93 I S. 3 oder 116 AktG keine entsprechende Regelung enthalten, könne davon ausgegangen werden, dass der Gesetzgeber ausnahmslos auch die Kommunikation mit dem Betriebsrat erfassen wollte.[2923] Eine analoge Anwendung des § 79 I S. 4 BetrVG scheide aus, da der Gesetzgeber die Ausnahmeregelung bewusst auf die Informationsweitergabe durch den Betriebsrat an die Arbeitnehmervertreter im Aufsichtsrat beschränkt hat.[2924] Davon könne selbst dann nicht abgewichen werden, wenn das Aufsichtsratsmitglied zugleich dem Betriebsrat angehört.[2925] In der Literatur wurde teilweise diskutiert, dass die Information des Betriebsrates unter Umständen dem Unternehmensinteresse

---

2921 BAG NZG 2009, 669, 671; OLG Stuttgart NZG 2007, 72, 73; ErfK/*Oetker* § 116 AktG Rn. 5; EuArbRK/*Schubert* RL (EU) 2016/943 Art. 4 Rn. 27; GroßKom-AktG/*Hopt/Roth* § 116 Rn. 214; *Henssler*/Strohn § 116 AktG Rn. 9; KK-AktG/*Mertens/Cahn* § 116 Rn. 56; *Lutter*, Information und Vertraulichkeit im Aufsichtsrat, S. 203; MüKoAktG/*Habersack* § 116 Rn. 64; *Weninger*, Mitbestimmungsspezifische Interessenkonflikte von Arbeitnehmervertretern im Aufsichtsrat, S. 291; **a.A.** *Köstler/Zachert/Müller*, Aufsichtsratspraxis Rn. 554.

2922 BAG NZG 2009, 669, 671; EuArbRK/*Schubert* RL (EU) 2016/943 Art. 4 Rn. 27; GroßKom-AktG/*Hopt/Roth* § 116 Rn. 214; *Weninger*, Mitbestimmungsspezifische Interessenkonflikte von Arbeitnehmervertretern im Aufsichtsrat, S. 288.

2923 BAG NZG 2009, 669, 671; EuArbRK/*Schubert* RL (EU) 2016/943 Art. 4 Rn. 27; GroßKom-AktG/*Hopt/Roth* § 116 Rn. 214; *Weninger*, Mitbestimmungsspezifische Interessenkonflikte von Arbeitnehmervertretern im Aufsichtsrat, S. 288.

2924 *Weninger*, Mitbestimmungsspezifische Interessenkonflikte von Arbeitnehmervertretern im Aufsichtsrat, S. 288.

2925 OLG Stuttgart NZG 2007, 72, 74; MüKoAktG/*Habersack* § 116 Rn. 64; *Lutter*, Information und Vertraulichkeit im Aufsichtsrat, S. 203.

entsprechen könnte.[2926] In diesem Fall müsse ein Geheimhaltungsinteresse und damit die Verschwiegenheitspflicht in Bezug auf die Mitglieder des Betriebsrates verneint werden.[2927]

2. Neubewertung der Problematik im Lichte des Geschäftsgeheimnisgesetzes

a) Unmittelbare Auswirkungen des Geschäftsgeheimnisgesetzes

Wortlautorientiert ist zu diskutieren, ob diese Beurteilung wegen § 3 I Nr. 3 GeschGehG einer Neubewertung unterzogen werden muss. Gemäß § 3 I Nr. 3 GeschGehG darf ein Geschäftsgeheimnis durch ein Ausüben von Informations- und Anhörungsrechten der Arbeitnehmer oder Mitbestimmungs- und Mitwirkungsrechten der Arbeitnehmervertretung rechtmäßig erlangt werden. Laut der Gesetzesbegründung soll diese Regelung sicherstellen, dass die Beteiligungsrechte der Arbeitnehmer nicht mit dem Hinweis auf das Vorliegen von Geschäftsgeheimnissen eingeschränkt werden.[2928] Bei einer am Wortlaut orientierten Betrachtungsweise könnte diese Handlungserlaubnis das Kommunikationsspektrum der Arbeitnehmervertreter im Aufsichtsrat beeinflussen. Bei diesen handelt es sich um Mitarbeiter des Unternehmens. § 3 I Nr. 3 GeschGehG beinhaltet danach auch die Aussage, dass Arbeitnehmer, die dem Aufsichtsrat angehören, ein Geschäftsgeheimnis an ihre Interessenvertreter, mithin dem Betriebsrat, weitergeben dürfen. § 3 I Nr. 3 GeschGehG erlaubt jedoch nur die Erlangung eines Geschäftsgeheimnisses im Sinne von § 2 Nr. 1 GeschGehG. Da die §§ 93 I S. 3, 116 S. 1 und 2 AktG aus den dargelegten Gründen ohne Eingrenzung auf die tatbestandlichen Erfordernisse des § 2 Nr. 1 GeschGehG weiterhin nach den tradierten Voraussetzungen ausgelegt werden müssen, können dem Erlaubnistatbestand jedenfalls keine unmittelbaren Aussagen dazu entnommen werden, wann eine Information im Anwendungsbereich der aktienrechtlichen Verschwiegenheitspflicht weitergegeben werden darf. Diese ist gegenständlich weiter gefasst. Wie oben ausgeführt, kann auch § 5 GeschGehG nur herangezogen werden, wenn die fragliche Information zudem die Voraussetzungen des § 2 Nr. 1 GeschGehG erfüllt.[2929]

2926 GroßKom-AktG/*Hopt/Roth* § 116 Rn. 214; *Weninger*, Mitbestimmungsspezifische Interessenkonflikte von Arbeitnehmervertretern im Aufsichtsrat, S. 288ff; so wohl auch EuArbRK/*Schubert* RL (EU) 2016/943 Art. 4 Rn. 27.

2927 EuArbRK/*Schubert* RL (EU) 2016/943 Art. 4 Rn. 27; GroßKom-AktG/*Hopt/Roth* § 116 Rn. 214; *Weninger*, Mitbestimmungsspezifische Interessenkonflikte von Arbeitnehmervertretern im Aufsichtsrat, S. 288ff.

2928 Begr. RegE, BT-Drucks. 19/4724, S. 26.

2929 *Oetker*, FS Hopt 2020, S. 901, 921.

b) Mittelbare Auswirkungen aufgrund der Wertungen aus den Neuregelungen des Geschäftsgeheimnisgesetzes und der Geheimnisschutz-Richtlinie

Auch wenn die Neuregelungen nicht unmittelbar anwendbar sind, beinhalten die europäische Richtlinie und das Geschäftsgeheimnisgesetz Aussagen und Wertungen zum Verhältnis der Kommunikation von Arbeitnehmern und ihren Interessenvertretungen und dem rechtlichen Geheimnisschutz. Obwohl ein Betriebs- und Geschäftsgeheimnis im Sinne des § 93 I S. 3 AktG nach den tradierten Kriterien beurteilt werden muss, handelt es sich bei dieser Norm thematisch um eine Regelung zum Schutz von Geschäftsgeheimnissen. Damit unterfällt auch die aktienrechtliche Verschwiegenheitspflicht – im weiteren Sinne – systematisch dem Schutzbereich. Die Richtlinie (EU) 2016/943 und das Geschäftsgeheimnisgesetz basieren auf der Wertung, dass der rechtliche Geheimnisschutz zwar gestärkt werden soll, dies jedoch nicht zu einer Minderung von Arbeitnehmerrechten führen darf.[2930] Insbesondere müssen die gesetzlich vorgesehenen Möglichkeiten, Interessenvertretungen in Anspruch zu nehmen und mit diesen zu kommunizieren, ungehindert fortbestehen.[2931] Es ist deshalb zu untersuchen, ob die Neuausrichtung des rechtlichen Geheimnisschutzes hinsichtlich des Schutzes von Betriebs- und Geschäftsgeheimnissen im Aktienrecht zu unzulässigen Einschränkungen der Möglichkeiten einer Interaktion von Beschäftigten und Betriebsrat führt, die es aufzulösen gilt.

Nach Erwägungsgrund 18 der Richtlinienbegründung, sollen Erwerb und Offenlegung von Geschäftsgeheimnissen als rechtmäßig gelten, wenn sie im Rahmen der Inanspruchnahme des Rechts der Arbeitnehmervertreter auf Information, Anhörung und Mitwirkung gemäß dem Unionsrecht oder dem nationalen Recht oder den Gepflogenheiten der Mitgliedsstaaten sowie im Rahmen der kollektiven Vertretung der Interessen der Arbeitnehmer und Arbeitgeber erfolgt sind.[2932] Dementsprechend legt Art. 3 I lit. c) RL (EU) 2016/943 fest, dass Geschäftsgeheimnisse im Rahmen der Inanspruchnahme von Arbeitnehmer- oder Arbeitnehmervertretungsrechten im Rahmen der kollektiven Interessenvertretung rechtmäßig erlangt werden dürfen. Darüberhinausgehend enthält Art. 5 lit. c) RL (EU) 2016/943 eine Tatbestandsausnahme, nach der Arbeitnehmer Geschäftsgeheimnisse gegenüber ihren Vertretern offenlegen dürfen, sofern dies im Rahmen der rechtmäßigen Erfüllung der Aufgaben dieser Vertreter erfolgt und zur Erfüllung dieser Aufgaben erforderlich war. Zusammenfassend soll das Zusammenwirken von Arbeitnehmern und ihren Interessenvertretern durch die Richtlinie nicht gestört werden.[2933]

2930 Zu den Zielen der Neuregelung, siehe Teil 2, § 5, S. 117ff.

2931 Zu der Kommunikation von Arbeitnehmern und Interessenvertretungen, siehe Teil 2, § 5, B., IV., 4., S. 140ff.

2932 RL (EU) 2016/943, Erwägungsgrund 18, ABl.EU L157/4.

2933 Zu der Kommunikation von Arbeitnehmern und Interessenvertretungen, siehe Teil 2, § 5, B., IV., 4., S. 140ff.

Auch das Geschäftsgeheimnisgesetz thematisiert das Verhältnis von kollektiver Interessenvertretung und Geheimnisschutz mehrfach. Zum einen – wie soeben ausgeführt – in den §§ 3, 5 GeschGehG. Daneben bestimmt § 1 III Nr. 4 GeschGehG, dass die Rechte der Arbeitnehmervertretungen unberührt bleiben sollen. Der Begründung zu § 5 Nr. 3 GeschGehG des Regierungsentwurfs lässt sich entnehmen, dass die Kommunikation zwischen Arbeitnehmern und ihren Vertretern nicht mit dem Hinweis auf das Vorliegen von Geschäftsgeheimnissen eingeschränkt werden darf.[2934] Im Ergebnis sind die europäische Geheimnisschutz-Richtlinie und die innerstaatliche Umsetzung von der Wertung geprägt, dass die Interessenskollision zwischen rechtlichem Geheimnisschutz und kollektiver Interessenvertretung und der hierfür notwenigen Kommunikation nicht zu Lasten letzterem aufgelöst werden dürfen. Diese Wertung ergibt sich aus zwei Aspekten. Der rechtliche Geheimnisschutz darf die gesetzlich vorgeschriebenen Rechte und Aufgaben von Arbeitnehmervertretungen nicht beschränken bzw. erschweren. Es muss aber auch die ungehinderte Kommunikation zwischen Arbeitnehmern und ihren Vertretern weiterhin gewährleistet sein.

Es fragt sich nun, ob diese gesetzlichen Wertungen auch im Rahmen des Anwendungsbereichs von §§ 93 I S. 3, 116 S. 1 und 2 AktG beachtet werden müssen. Im Zuge dieser Arbeit wurde dargelegt, dass die Arbeitnehmer im Aufsichtsrat keine Arbeitnehmervertretung im Sinne des Geschäftsgeheimnisgesetzes bilden.[2935] Deswegen können mögliche mittelbare Auswirkungen der Neuregelung nicht mit der Wertung begründet werden, die Rechte der „Arbeitnehmervertretungen“ dürften nicht beschränkt werden.[2936] Hiernach bleibt die Frage offen, ob die Möglichkeiten von Arbeitnehmern, sich an ihre Interessenvertretungen zu wenden, grundsätzlich nicht unter Berufung auf ein Geschäftsgeheimnis scheitern dürfen. Mit diesem Einwand könnte auch den Arbeitnehmern im Aufsichtsrat die Befugnis zukommen, ungehindert mit dem Betriebsrat zu kommunizieren und diese Geheimnissachverhalte zu vermitteln.

Aber auch dies überzeugt nicht. Zwar haben Arbeitnehmer gesetzlich Rechte, an der kollektiven Interessenvertretung teilzuhaben und die Gremien mit Informationen zu versorgen.[2937] Diese dürfen durch die Neuregelungen auch nicht beschränkt werden. Die gesetzlich vorgesehenen Rechte auf Information und Anhörung sind jedoch darauf ausgerichtet, Arbeitnehmern die Möglichkeit zu geben, arbeitsplatzbezogene Angelegenheiten, die sie in ihrer Position als Beschäftigte betreffen, mit Interessenvertretern zu besprechen. Die Arbeitnehmer im Aufsichtsrat erhalten weitgehende unternehmensinterne Einblicke. Dabei handelt es sich

---

2934 Begr. RegE, BT-Drucks. 19/4724, S. 29.

2935 *Oetker*, FS Hopt 2020, S. 901, 912; **a.A.** EuArbRK/*Schubert* RL (EU) 2016/943 Art. 4 Rn. 27.

2936 *Oetker*, FS Hopt 2020, S. 901, 912.

2937 Zu den Rechten der Arbeitnehmer auf Information und Anhörung, siehe Teil 2, § 7., C., I., 4., S. 223ff.

jedoch regelmäßig nicht um einen möglichen Gegenstand der hier thematisierten Informations- und Anhörungsrechte. Folglich werden die Wertungen des Geheimnisschutzes auch nicht dadurch konterkariert, dass die Arbeitnehmervertreter im Aufsichtsrat auch gegenüber dem Betriebsrat an die Verschwiegenheitspflicht aus den §§ 93 I S. 3, 116 S. 1 und 2 AktG gebunden sind. Der Anwendungsbereich dieses Stillschweigegebots wird durch die Neuregelungen des Geheimnisschutzes auch nicht mittelbar beeinflusst. Für das Aktienrecht ergeben sich somit keine Auswirkungen.[2938]

2938 Vergleichbar *Oetker,* FS Hopt 2020, S. 901, 921–922; *Ries/Haimerl* NZG 2018, 621, 623; **a.A.** *DGB*, Stellungnahme zur BT-Drucks. 19/4724, S. 12f.

§ 17 Auswirkungen des Geschäftsgeheimnisgesetzes auf die Unterrichtung des Wirtschaftsausschusses gemäß § 106 II BetrVG

A. Allgemeine Informationen zu der Vorschrift des § 106 II BetrVG

Im Verhältnis des Unternehmens zu den Vertretungsorganen werden Informationen ausgetauscht, sodass der Schutz von Betriebs- und Geschäftsgeheimnissen relevant wird. Gemäß § 106 II S. 1 Hs. 1 BetrVG muss der Unternehmer den Wirtschaftsausschuss rechtzeitig und umfassend über die wirtschaftlichen Angelegenheiten des Unternehmens unterrichten. Gemäß § 106 II Hs. 2 BetrVG steht dies unter dem Vorbehalt, dass dadurch nicht die Betriebs- und Geschäftsgeheimnisse des Unternehmens gefährdet werden.

Der gesetzlichen Formulierung lässt sich nicht unmittelbar entnehmen, ob Betriebs- und Geschäftsgeheimnisse generell von der Informationspflicht des Unternehmers ausgenommen sind oder ob dies nur ausnahmsweise bei Vorliegen bestimmter Voraussetzungen der Fall sein soll. In Rechtsprechung und Literatur wird weithin übereinstimmend angenommen, dass sich die Unterrichtungspflicht des Unternehmers grundsätzlich auch auf Betriebs- und Geschäftsgeheimnisse erstreckt.[2939] Hiervon könne nur ausnahmsweise im Falle einer konkreten Gefährdung von Geheimnissachverhalten abgewichen werden.[2940] Wie die genauen Voraussetzungen des Gefährdungstatbestandes ausgestaltet sind, ist Gegenstand eingehender Erörterungen in der Literatur.[2941] Einigkeit besteht insoweit, dass die bloße Weitergabe einer Information an den

---

2939 BAG DB 2001, 598, 600 = AP Nr. 2 zu § 109 BetrVG 1972; BeckOK ArbR/*Besgen* § 106 BetrVG Rn. 16; *Bösche/Grimberg* AiB 1989, 108, 110-111; ErfK/*Kania* § 106 BetrVG Rn. 6; DKW/*Däubler* § 106 BetrVG Rn. 59; Fitting §106 BetrVG Rn. 44; *Oetker*, FS Wißmann, S. 396, 401; GK-BetrVG/*Oetker* § 106 Rn. 143; *Stamer*, MünchArbR § 307 Rn. 57

2940 BAG DB 2001, 598, 600 = AP Nr. 2 zu § 109 BetrVG 1972; LAG Köln, 9 TaBV 94/10, juris Rn. 32; LAG Köln NZA-RR 2005, 32, 33; ErfK/*Kania* § 106 BetrVG Rn. 6; *Oetker*, FS Wißmann, S. 396, 402; Fitting § 106 BetrVG Rn. 43-44; *Stamer*, MünchArb § 307 Rn. 57.

2941 Weiterführend bei *Oetker*, FS Wißmann, S. 396, 400ff.

Wirtschaftsausschuss nicht ausreicht, um eine Gefährdung anzunehmen.[2942] Darüber hinaus wird in Literatur und Rechtsprechung überwiegend vertreten, dass der Gefährdungstatbestand bejaht werden kann, wenn konkrete Anhaltspunkte die Unzuverlässigkeit eines Ausschussmitgliedes nahelegen oder wenn das Betriebs- oder Geschäftsgeheimnis für Bestand und Entwicklung des Unternehmens von besonderer Bedeutung ist.[2943]

In der Literatur wird teilweise vertreten, dass diese Auffassung zu weit sei[2944] und eine Gefährdung von Betriebs- und Geschäftsgeheimnissen nur angenommen werden könne, wenn konkrete Anhaltspunkte dafür sprechen, dass die fragliche Tatsache durch die Unterrichtung bekannt werden könnte.[2945] Unabhängig von dieser Differenzierung herrscht jedoch weitestgehend Einigkeit, dass es sich bei der Vorbehaltsregelung um eine Ausnahmekonstellation handelt, die nur bei Vorliegen konkreter Anhaltspunkte eingreift.[2946] Diese müsse der Unternehmer im Einzelfall sorgsam prüfen und objektiv begründen.[2947] Dies wird auf die Gesetzessystematik gestützt.[2948]

Dass die Verschwiegenheitspflicht des § 79 I BetrVG gemäß § 79 II BetrVG auch für die Mitglieder des Wirtschaftsausschusses gilt, zeige, dass diese nach Auffassung des Gesetzgebers grundsätzlich auch Betriebs- und Geschäftsgeheimnisse erlangen können.[2949] Die Meinungen in der Literatur divergieren auch bezüglich der dogmatischen Einordnung dieses Vorbehalts. Während teilweise davon ausgegangen wird, dass es sich bei diesem um ein negatives Tatbestandsmerkmal handelt, bei dessen Vorliegen eine Informationspflicht des Unternehmers abgelehnt

2942 GK-BetrVG/*Oetker* § 106 Rn. 143; *Oetker*, FS Wißmann, S. 396, 400; Richardi/*Annuß* § 106 BetrVG Rn. 34.

2943 BAG DB 2001, 598, 600 = AP Nr. 2 zu § 109 BetrVG 1972; OLG Karlsruhe NZA 1085, 570, 571 = AP BetrVG 1972 § 121 Nr. 1; LAG Köln, 9 TaBV 94/10, juris Rn. 32; Düwell/*Steffen* § 106 BetrVG Rn. 20; ErfK/*Kania* § 106 BetrVG Rn. 6; *Hacker*, Die Pflicht des Unternehmers zur Vorlage des Prüfungsberichtes des Abschlussprüfers an den Wirtschaftsausschuss, S. 38-39; Richardi/*Annuß* § 106 BetrVG Rn. 34.

2944 GK-BetrVG/*Oetker* § 106 Rn. 145; *Oetker*, FS Wißmann, S. 396, 403.

2945 *Bösche/Grimberg* AiB 1989, 108, 111; GK-BetrVG/*Oetker* § 106 Rn. 144; eingehend bei *Oetker*, FS Wißmann, S. 396, 403.

2946 BAG BG 2001, 598, 600 = AP Nr. 2 zu § 109 BetrVG 1972; LAG Köln, 9 TaBV 94/10, juris Rn. 32; LAG Köln NZA-RR 2005, 32, 33; BeckOK ArbR/*Besgen* § 106 BetrVG Rn. 16 u. 18; Düwell/*Steffen* § 106 BetrVG Rn. 20; ErfK/*Kania* § 106 BetrVG Rn. 6; GK-BetrVG/*Oetker* § 106 BetrVG Rn. 144; *Oetker*, FS Wißmann, S. 396, 401; **a.A.** *Gutzmann* DB 1989, 1083, 1084; *Hacker*, Die Pflicht des Unternehmers zur Vorlage des Prüfungsberichts des Abschlussprüfers an den Wirtschaftsausschuss, S. 41.

2947 OLG Karlsruhe NZA 1985, 570, 571 = AP BetrVG 1972 § 121 Nr. 1; BeckOK ArbR/*Besgen* § 106 BetrVG Rn. 16; Fitting § 106 BetrVG Rn. 44; Richardi/*Annuß* § 106 BetrVG Rn. 35.

2948 ErfK/*Kania* § 106 BetrVG Rn. 6; *Oetker*, FS Wißmann, S. 396, 401.

2949 *Oetker*, FS Wißmann, S. 396, 401.

werden muss[2950], ordnen andere § 106 II Hs. 2 BetrVG als Zurückbehaltungsrecht[2951] bzw. Auskunftsverweigerungsrecht[2952] ein.

B. Neubewertung der Unterrichtspflicht des Wirtschaftsausschusses unter Berücksichtigung der Änderung der Rechtslage

I. Konkretisierungswirkung des § 2 Nr. 1 GeschGehG auf den Vorbehalt zugunsten von Betriebs- und Geschäftsgeheimnissen in § 106 II BetrVG

Um die möglichen Auswirkungen des Geschäftsgeheimnisgesetzes auf die Unterrichtung des Wirtschaftsausschusses zu beurteilen, muss zunächst nach dem bereits angewendeten Prüfprogramm untersucht werden, ob sich § 2 Nr. 1 GeschGehG konkretisierend auf § 106 II BetrVG auswirkt. Käme man zu dem Ergebnis, dass die Norm fortan unter Übernahme von dessen Voraussetzungen systematisch ausgelegt werden muss, könnte der Unternehmer ein Geschäftsgeheimnis nur noch vor dem Wirtschaftsausschuss zurückhalten, soweit über die sonstigen Voraussetzungen hinaus alle Tatbestandsmerkmale des § 2 Nr. 1 GeschGehG erfüllt sind. Insbesondere würde der Vorbehalt zugunsten von Betriebs- und Geschäftsgeheimnissen das Vorliegen angemessener Geheimhaltungsmaßnahmen im Sinne von § 2 Nr. 1 lit. b) GeschGehG erfordern.

Unter Berücksichtigung der erarbeiteten Ergebnisse ist die Legaldefinition in den außerhalb des Geschäftsgeheimnisgesetzes bestehenden gesetzlichen Regelungen zum Umgang mit Betriebs- und Geschäftsgeheimnissen nur zu berücksichtigen, wenn der jeweilige Normzweck und das geschützte Rechtsgut dies rechtfertigen. Darüber hinaus dürfen spezifische normative Wertungen der systematisch einheitlichen Auslegung nicht im Wege stehen. Inbesondere darf der über die Norm vermittelte Schutz nicht abgesenkt werden.[2953] Die in § 106 II BetrVG vorgesehene Möglichkeit, bestimmte Informationen nicht an den Wirtschaftsausschuss weiterzugeben, wenn Betriebs- und Geschäftsgeheimnisse gefährdet werden, begrenzt die grundsätzlich umfassenden Pflicht des Unternehmers, den Wirtschaftsausschuss gemäß § 106 I BetrVG über wirtschaftliche Angelegenheiten

---

2950 GK-BetrVG/*Oetker* § 106 Rn; *Gutzmann* DB 1989, 1083, 1084; *Stamer*, MünchArbR § 307 Rn. 57; Richardi/*Annuß* § 106 BetrVG Rn. 34.

2951 DKW/*Däubler* § 106 BetrVG Rn. 60; *Hacker*, Die Pflicht des Unternehmers zur Vorlage des Prüfungsberichts des Abschlussprüfers an den Wirtschaftsausschuss, S. 41.

2952 BeckOK ArbR/*Besgen* § 106 BetrVG Rn. 16; ErfK/*Kania* § 106 BetrVG Rn. 6; Fitting § 106 BetrVG Rn. 43.

2953 Zu den Hintergründen und Voraussetzungen der Konkretisierungswirkung von § 2 Nr. 1 GeschGehG, siehe Teil 3, § 11, B., S. 347ff.

zu informieren.[2954] Bei dem Wirtschaftsausschuss handelt es sich um ein Hilfsorgan des Betriebsrates, dessen Funktion primär darin besteht, in wirtschaftlichen Angelegenheiten beratend tätig zu werden und den Betriebsrat darüber zu informieren.[2955] Über § 79 I und II BetrVG sind sowohl die Mitglieder und Ersatzmitglieder des Betriebsrates als auch diejenigen des Wirtschaftsausschusses umfassend zur Verschwiegenheit über Betriebs- und Geschäftsgeheimnisse verpflichtet. Da § 106 II BetrVG dennoch eine Vorbehaltsregelung zugunsten von Betriebs- und Geschäftsgeheimnissen enthält, bezweckt die Norm deren speziellen Schutz im Falle einer besonderen Gefährdung.[2956] Mittelbar dient § 106 II BetrVG damit dem Geheimhaltungsinteresse des Unternehmens.[2957]

Trotz des ausbalancierten Ineinandergreifens von Informations- und Verschwiegenheitspflichten, durch welches das betriebliche Mitbestimmungsgefüge geprägt ist, soll der Unternehmer in Ausnahmefällen die Möglichkeit haben, besonders gefährdete Betriebs- und Geschäftsgeheimnisse zurückzuhalten.[2958] Damit enthält § 106 II BetrVG eine Abwägungsentscheidung zugunsten des Geheimhaltungsinteresses des Unternehmens. Darin ist das geschützte Rechtsgut zu erkennen. Im Ergebnis bezweckt § 106 II BetrVG – wie auch die Regelungen des Geschäftsgeheimnisgesetzes – den individuellen Schutz des Geheimnisinhabers vor dem Verlust seiner Unternehmensgeheimnisse.

Damit erscheint die Übernahme der strengeren Voraussetzungen des § 2 Nr. 1 GeschGehG grundsätzlich möglich. Dies ist zudem auch systematisch stringent. Gemäß § 79 II BetrVG unterliegen die Mitglieder des Wirtschaftsausschusses ebenfalls der betriebsverfassungsrechtlichen Verschwiegenheitspflicht. Wie bereits ausgeführt, richtet diese sich künftig nach den Voraussetzungen des § 2 Nr. 1 GeschGehG.[2959] Im Sinne der Rechtssicherheit und der Einheit der Rechtsordnung müssen die Schutzobjekte, die dem Wirtschaftsausschuss mitgeteilt werden, und diejenigen, bezüglich derer er einer Verschwiegenheitspflicht unterliegt, nach denselben Kriterien beurteilt werden.[2960]

2954 BeckOK ArbR/*Besgen* § 106 BetrVG Rn. 16; Düwell/*Steffan* § 106 BetrVG Rn. 20; ErfK/*Kania* § 106 BetrVG Rn. 6; GK-BetrVG/*Oetker* § 106 Rn. 141; Richardi/*Annuß* § 106 BetrVG Rn. 32.

2955 BAG AP BetrVG 1972 § 108 Nr. 1 = DB 1078, S. 2223 = AuR 1980, S. 30; BAG AP BetrVG 1972 § 108 Nr. 2; BAG NZA 1991, 644, 648 = AP BetrVG 1972 § 106 Nr. 10; BAG NZA 2006, 1422, 1424 = AP BetrVG 1972 § 118 Nr. 79; BeckOK ArbR/*Besgen* § 106 BetrVG Rn. 2; Düwell/*Steffan* § 106 BetrVG Rn. 13; ErfK/*Kania* § 106 BetrVG Rn. 1; GK-BetrVG/*Oetker* § 106 Rn. 11; Richardi/*Annuß* § 106 BetrVG Rn. 4.

2956 Im Ergebnis ErfK/*Kania* § 106 BetrVG Rn. 6; GK-BetrVG/*Oetker* § 106 Rn. 143; *Oetker*, FS Wißmann, S. 396, 403.

2957 Im Ergebnis *Oetker*, FS Wißmann, S. 396, 398.

2958 *Gutzmann* DB 1989, 1083, 1084.

2959 Zu der konkretisierenden Wirkung von § 2 Nr. 1 GeschGehG im Rahmen des § 79 I BetrVG, siehe Teil 4, § 15, B., I., S. 441ff.

2960 DKW/*Däubler* § 106 BetrVG Rn. 59.

Dennoch dürfte die Konkretisierungswirkung auch im Rahmen von § 106 II BetrVG zu einer Beeinträchtigung der hinter dieser Norm stehenden Wertungen führen. Wie auch schon im Regelungszusammenhang des § 79 I BetrVG darf nicht außer Acht gelassen werden, dass § 2 Nr. 1 GeschGehG engere Voraussetzungen enthält als der tradierte Begriff eines Betriebs- und Geschäftsgeheimnisses.[2961] Damit verringerte sich der Kreis der von § 106 II S. 1 Hs. 2 BetrVG erfassten Schutzobjekte faktisch, da diese ohne angemessene Geheimhaltungsmaßnahmen nicht mehr einbezogen sind.[2962]

Zu berücksichtigen ist jedoch, dass es sich bei § 106 II S. 1 Hs. 2 BetrVG im Gegensatz zu den zuvor erläuterten Normen nicht um eine Verschwiegenheitsverpflichtung, sondern um die vorgelagerte Einschränkung einer Informationspflicht handelt. Insgesamt dient § 106 II BetrVG der Information des Wirtschaftsausschusses, damit dieser seiner gesetzlich vorgesehenen Beratungsfunktion sachgerecht nachkommen kann.[2963] Der Vorbehalt zugunsten von Betriebs- und Geschäftsgeheimnissen regelt lediglich eine Ausnahmekonstellation[2964], in welcher das Geheimhaltungsinteresse des Geheimnisinhabers vorzugswürdig ist. Damit dient jedoch nicht die Regelung des § 106 II BetrVG insgesamt, sondern nur der Vorbehalt zugunsten von Betriebs- und Geschäftsgeheimnissen im zweiten Halbsatz dem Schutz des Geheimnisinhabers.

Zudem wird diese Regelung in Rechtsprechung und Literatur restriktiv verstanden. Betriebs- und Geschäftsgeheimnisse dürfen nur unter besonderen Voraussetzungen zurückbehalten werden.[2965] Der Unternehmer muss im Einzelfall prüfen und begründen, dass eine Gefährdung gegeben ist.[2966] In § 106 II BetrVG findet somit die Wertung Ausdruck, dass Wirtschaftsausschuss und Betriebsrat von den wirtschaftlichen Angelegenheiten Kenntnis erlangen sollen.[2967] Die Funktionsfähigkeit des Unternehmens und die Kooperation und Zusammenarbeit der verschiedenen Organe genießen grundsätzlich Vorrang gegenüber dem Geheimhaltungsinteresse

---

2961 Zu den Unterschieden im Begriffsverständnis, siehe Teil 2, § 10, A., II., S. 332ff.

2962 Zu der Problematik des herabgesenkten Schutzniveaus, eingehend, siehe Teil 4, § 15, B., I., 3., S. 444ff.

2963 BAG NZA 1990, 150, 153 = AP BetrVG 1972 § 106 Nr. 6; *Bösche/Grimberg* AiB 1989, 108, 110; GK-BetrVG/*Oetker* § 106 Rn. 56; *Hacker*, Die Pflicht des Unternehmers zur Vorlage des Prüfungsberichts des Abschlussprüfers an den Wirtschaftsausschuss, S. 17-18.

2964 BAG BG 2001, 598, 600 = AP Nr. 2 zu § 109 BetrVG 1972; LAG Köln, 9 TaBV 94/10, juris Rn. 32; LAG Köln NZA-RR 2005, 32, 33; BeckOK ArbR/*Besgen* § 106 BetrVG Rn. 16 u. 18; ErfK/*Kania* § 106 BetrVG Rn. 6.

2965 BeckOK ArbR/*Besgen* § 106 BetrVG Rn. 18; ErfK/*Kania* § 106 BetrVG Rn. 6; GK-BetrVG/*Oetker* § 106 Rn. 144; Richardi/*Annuß* § 106 BetrVG Rn. 34; **a.A.** *Hacker*, Die Pflicht des Unternehmers zur Vorlage des Prüfungsberichts des Anschlussprüfers an den Wirtschaftsausschuss, S. 41.

2966 Zu den rechtlichen Grundlagen von § 106 BetrVG, Teil 4, § 17, A., S. 501ff.

2967 GK-BetrVG/*Oetker* § 106 Rn. 56.

des Unternehmers. Dabei sind die Mitglieder des Wirtschaftsausschusses gemäß § 79 II BetrVG zur Verschwiegenheit verpflichtet. Ein weitergehender Schutz wird lediglich dann erforderlich, wenn im Einzelfall besondere Anhaltspunkte dafür sprechen, dass eine Tatsache durch diesen Vorgang nach außen dringt und damit ihren Status als rechtlich geschütztes Geheimnis verliert.[2968] § 106 II S. 1 Hs. 2 BetrVG 2 prägt damit auch die Wertung, dass Betriebs- und Geschäftsgeheimnisse an den Wirtschaftsausschuss weitergegeben werden sollen und lediglich ein Abfluss an außenstehende Dritte vermieden werden muss.

Vor diesem Hintergrund aber kann dem Unternehmer zugemutet werden, durch angemessene Geheimhaltungsmaßnahmen diesen Abfluss zu vermeiden und die ungestörte Kommunikation mit dem Wirtschaftsausschuss zu ermöglichen. Dies gilt umso mehr, als der Unternehmer auch nach bisheriger Rechtslage aktiv tätig werden musste, um eigenverantwortlich im Einzelfall zu prüfen und zu begründen, weshalb die Unterrichtung des Wirtschaftsausschusses Betriebs- und Geschäftsgeheimnisse gefährden kann. Zusammenfassend widerspricht die Übernahme der Voraussetzungen aus § 2 Nr. 1 GeschGehG den mit § 106 II S. 1 Hs. 2 BetrVG verbundenen Wertungen nicht, sondern bestärkt und konkretisiert diese. Primäre Schutzrichtung der Norm ist das Informationsbedürfnis des Wirtschaftsausschusses unter Berücksichtigung der Gefahr eines Geheimnisverlustes durch diesen Vorgang. Die Voraussetzungen in § 2 Nr. 1 GeschGehG werden dieser Intention gerecht. Damit ist § 106 II S. 1 Hs. 2 BetrVG fortan unter Übernahme der Legaldefinition des Geschäftsgeheimnisgesetzes auszulegen.[2969]

II. Unwirksamkeit der Vorbehaltsregelung durch den Einfluss des § 3 I Nr. 3 GeschGehG

1. Einführung in die Problematik

Nachdem nunmehr die Konkretisierungswirkung von § 2 Nr. 1 GeschGehG auf § 106 II S. 1 Hs. 2 GeschGehG bejaht wurde, bleibt zu untersuchen, ob sich durch die Ausstrahlung des Geschäftsgeheimnisgesetzes mögliche weitere Änderungen ergeben. Da die Mitglieder des Wirtschaftsausschusses gemäß § 79 II BetrVG ebenfalls der betriebsverfassungsrechtlichen Verschwiegenheitspflicht unterfallen, kann zunächst auf die dazu angestellten Erörterungen verwiesen werden.[2970] Weiterhin ist § 3 I Nr. 3 GeschGehG zu berücksichtigen. Danach darf ein Geschäftsgeheimnis durch Ausüben von Informations- und Anhörungsrechten der

2968 GK-BetrVG/*Oetker* § 106 Rn. 144.

2969 DKW/*Däubler* § 106 BetrVG Rn. 59; **a.A.** BeckOK ArbR/*Besgen* § 106 BetrVG Rn. 17; BeckOK GeschGehG/*Fuhlrott* § 1 Rn. 48.

2970 Zu den Auswirkungen des Geschäftsgeheimnisgesetzes auf § 79 I BetrVG, siehe Teil 4, § 15, B., I., S. 441ff.

Arbeitnehmer oder Mitwirkungs- und Mitbestimmungsrechten der Arbeitnehmervertretung erlangt werden.

Bei einer nur am Gesetzeswortlaut orientierten Betrachtung harmoniert der Regelungsbereich von § 3 I Nr. 3 GeschGehG nicht mit der Vorbehaltsregelung in § 106 II S. 1 Hs. 1 BetrVG. Ersterem lässt sich entnehmen, dass Arbeitnehmer und Arbeitnehmervertreter im Rahmen der Ausübung ihrer gesetzlich vorgesehenen Informations- bzw. Mitbestimmungs- und Mitwirkungsrechte Geschäftsgeheimnisse erlangen dürfen. Diese Rechtsfolge ist mit keinen weiteren Voraussetzungen verbunden. § 106 II S. 1 Hs. 2 BetrVG dagegen verknüpft die Erlangung von geheimhaltungsbedürftigen Informationen mit der weiteren Voraussetzung, dass durch diesen Vorgang keine Betriebs- und Geschäftsgeheimnisse gefährdet werden dürfen.

Da die Unterrichtungspflicht in § 106 II S. 1 BetrVG aufgrund der soeben vorgenommenen Konkretisierung ebenfalls einen Vorgang beschreibt, durch welchen Geschäftsgeheimnisse im Sinne des § 2 Nr. 1 GeschGehG erlangt werden dürfen, könnten dem Vorbehalt zugunsten von Betriebs- und Geschäftsgeheimnissen die Wertungen des Erlaubniskataloges in § 3 GeschGehG entgegenstehen. Diesem kann entnommen werden, dass Arbeitnehmer im Rahmen der Inanspruchnahme ihrer Informationsrechte Geschäftsgeheimnisse erlangen dürfen. Dies soll unabhängig von einer möglichen weiteren Gefährdung der Geschäftsgeheimnisse der Fall sein. Käme man zu dem Ergebnis, dass die Regelung des Geschäftsgeheimnisgesetzes nicht mit § 106 II S. 1 Hs. 2 BetrVG in Einklang zu bringen ist, bedürfte § 106 II BetrVG einer gesetzeskonformen Auslegung. Dies würde mit einem Wegfall des Gefährdungstatbestandes und damit einer Ausweitung der Informationspflicht einhergehen.

2. Sachliche Anwendbarkeit des § 106 II BetrVG

Eine Kollision der beiden Normen kommt nur in Betracht, wenn § 106 II BetrVG ein Anhörungs- oder Informationsrecht der Arbeitnehmer oder ein Mitwirkungs- und Mitbestimmungsrecht der Arbeitnehmervertretung enthält. Der Wirtschaftsausschuss ist ein Hilfsorgan des Betriebsrates und damit nicht als selbstständiges Organ der Mitbestimmung auf Unternehmensebene einzuordnen.[2971] Deshalb kommen Mitwirkungs- und Mitbestimmungsrechte der Arbeitnehmervertretung nicht in Betracht.

§ 106 II S. 1 BetrVG regelt jedoch einen gesetzlichen Unterrichtungsanspruch gegen den Unternehmer[2972] und damit ein „Recht auf Informationserteilung". Um die Voraussetzungen des § 3 I Nr. 3 GeschGehG zu erfüllen, müsste es sich

2971 ErfK/*Kania* § 106 BetrVG Rn. 1; DKW/*Däubler* § 106 Rn. 2; Fitting § 106 BetrVG Rn. 2; GK-BetrVG/*Oetker* § 106 Rn. 10.

2972 ErfK/*Kania* § 106 BetrVG Rn. 4; DKW/*Däubler* § 106 BetrVG Rn. 39; Fitting § 106 BetrVG Rn. 7; GK-BetrVG/*Oetker* § 106 Rn. 56; *Stamer*, MünchArbR § 307 Rn. 41.

bei diesem Informationsanspruch um einen „Anspruch der Arbeitnehmer" handeln. Da das Recht auf Informationserteilung in § 106 II S. 1 BetrVG dem Wirtschaftsausschuss als Organisationseinheit zugeteilt wird, könnte dies den Voraussetzungen des § 3 I Nr. 3 GeschGehG nur entsprechen, wenn sich diese Einheit aus Arbeitnehmern zusammensetzt. § 107 BetrVG regelt die Zusammensetzung des Wirtschaftsausschusses. Nach dem Gesetzeswortlaut kommt es hierfür nur auf die Unternehmenszugehörigkeit an. Ob mit der Unternehmenszugehörigkeit im Sinne des § 107 I BetrVG gemeint ist, dass nur Arbeitnehmer Mitglied des Wirtschaftsausschusses werden können, wird in der Literatur nicht einheitlich beantwortet. Teilweise wird dies bejaht.[2973] Andere sehen den Kreis potenzieller Mitglieder nicht auf Arbeitnehmer beschränkt.[2974] Da es sich bei § 106 II S. 1 BetrVG jedoch zumindest auch um ein Recht von Arbeitnehmern auf Informationserteilung handelt, muss der Meinungsstreit an dieser Stelle nicht entschieden werden.

Die Fallgruppe in § 3 I Nr. 3 GeschGehG beschreibt grundsätzlich, unter welchen Voraussetzungen Arbeitnehmer im Rahmen der Inanspruchnahme ihrer Informations- und Anhörungsrechten Geschäftsgeheimnisse erlangen dürfen. Diese gesetzgeberische Wertung könnte der Vorbehaltsregelung in § 106 II S. 1 BetrVG entgegenstehen. Da diese Norm die erlaubte Erlangung von Geschäftsgeheimnissen nicht unter den Vorbehalt einer Gefährdung stellt, könnte § 106 II BetrVG fortan im Lichte des Geschäftsgeheimnisgesetzes auszulegen sein, sodass die Unterrichtungspflicht uneingeschränkt für jegliche Geschäftsgeheimnisse gilt.

3. Konkrete Anwendbarkeit des § 106 II BetrVG

Erforderlich wäre jedoch, dass das Informationsrecht in der fraglichen Sachverhaltskonstellation auch tatsächlich besteht. Sind Betriebs- und Geschäftsgeheimnisse im Einzelfall nicht gefährdet, unterfallen sie ohne weiteres der Unterrichtungspflicht nach § 106 II BetrVG und können unproblematisch durch die Mitglieder des Wirtschaftsausschusses erlangt werden.[2975] In dieser Sachverhaltskonstellation entspricht die Bewertung nach § 106 II S. 1 Hs. 2 BetrVG den Vorgaben des § 3 I Nr. 3 GeschGehG. Die Wertungen der beiden Normen divergieren nur im Falle einer Gefährdung von Betriebs- und Geschäftsgeheimnissen.

2973 BeckOK ArbR/*Besgen* § 106 BetrVG Rn. 3; ErfK/*Kania* § 107 BetrVG Rn. 3.

2974 DKW/*Däubler* § 107 Rn. 7; Fitting § 107 BetrVG Rn. 6; GK-BetrVG/*Oetker* § 107 Rn. 11; Richardi/*Annuß* § 107 BetrVG Rn. 4.

2975 BAG DB 2001, 598, 600 = AP Nr. 2 zu § 109 BetrVG 1972; BeckOK ArbR/*Besgen* § 106 BetrVG Rn. 16; *Bösche/Grimberg* AiB 1989, 108, 110-111; ErfK/*Kania* § 106 BetrVG Rn. 6; DKW/*Däubler* § 106 BetrVG Rn. 59; Fitting §106 BetrVG Rn. 43-44; *Oetker*, FS Wißmann, S. 396, 401; GK-BetrVG/*Oetker* § 106 Rn. 143; *Stamer*, MünchArbR § 307 Rn. 57.

Gemäß § 106 II S. 1 Hs. 2 BetrVG muss der Unternehmer den Betriebsrat dann nicht informieren. Davon abweichend ist die erlaubte Erlangung gemäß § 3 I Nr. 3 GeschGehG weiterhin möglich. Dies lässt die gesetzgeberische Intention erkennen, die mitbestimmungsrelevante Kommunikation mit den Arbeitnehmern nicht durch die Gefährdung von Geschäftsgeheimnissen nach außen zu beschränken.

Die beiden Normen können jedoch nur kollidieren, soweit im Falle gefährdeter Geschäftsgeheimnisse überhaupt eine Unterrichtungspflicht und damit ein Informationsrecht der Arbeitnehmer besteht. Es stellt sich deshalb die Frage, wie der Vorbehalt in § 106 II Hs. BetrVG dogmatisch einzuordnen ist. In Betracht kommt einerseits die Wertung als negatives Tatbestandsmerkmal.[2976] In diesem Falle besteht bei einer Gefährdung von vornherein keine Informationspflicht des Unternehmers.[2977] Andererseits könnte § 106 II S. 1 Hs. 2 BetrVG auch als Zurückbehaltungs-[2978] bzw. Auskunftsverweigerungsrecht[2979] und damit als Gegenrecht des Unternehmers verstanden werden, welches der grundsätzlich bestehenden Informationspflicht entgegengehalten werden kann.

Nach dem Gesetzeswortlaut findet die Informationspflicht des Unternehmers schon auf tatbestandlicher Ebene in der Gefährdung von Betriebs- und Geschäftsgeheimnissen eine Schranke.[2980] Diese spricht dagegen, den Vorbehalt als Gegenrecht zu interpretieren. Eine solche Ansicht widerspräche auch dem Aufbau der Norm.[2981] Die Formulierung „soweit" setzt der Informationspflicht eine gegenständliche Grenze, welche unmittelbar in die Regelung der Unterrichtungspflicht eingegliedert ist und damit deren Reichweite von vornherein schützt. Damit handelt es sich um ein Tatbestandsmerkmal, mit dem Inhalt, dass eine solche Gefährdung nicht vorliegen darf.[2982] Der zweite Halbsatz in § 106 II S. 1 BetrVG muss als negatives Tatbestandsmerkmal gewertet werden, bei dessen Vorliegen die Informationspflicht insgesamt entfällt.[2983] Im Falle einer konkreten Gefährdung von Betriebs- und Geschäftsgeheimnissen besteht bereits keine Unterrichtungspflicht des Unternehmers. Damit ist § 3 I Nr. 3 GeschGehG

2976 GK-BetrVG/*Oetker* § 106 Rn; *Gutzmann* DB 1989, 1083, 1084; *Stamer,* MünchArb § 307 Rn. 57; Richardi/*Annuß* § 106 BetrVG Rn. 34.

2977 GK-BetrVG/*Oetker* § 106 Rn; *Gutzmann* DB 1989, 1083, 1084; *Stamer,* MünchArb § 307 Rn. 57; Richardi/*Annuß* § 106 BetrVG Rn. 34.

2978 DKW/*Däubler* § 106 BetrVG Rn. 60; *Hacker,* Die Pflicht des Unternehmers zur Vorlage des Prüfungsberichts des Abschlussprüfers an den Wirtschaftsausschuss, S. 41.

2979 BeckOK ArbR/*Besgen* § 106 BetrVG Rn. 16; ErfK/*Kania* § 106 BetrVG Rn. 6; Fitting § 106 BetrVG Rn. 43.

2980 *Gutzmann* DB 1989, 1083, 1084.

2981 *Oetker,* FS Wißmann, S. 396, 400.

2982 *Oetker,* FS Wißmann, S. 396, 400.

2983 GK-BetrVG/*Oetker* § 106 Rn. 141; *Gutzmann* DB 1989, 1083, 1084; *Stamer,* MünchArbR § 307 Rn. 57; Richardi/*Annuß* § 106 BetrVG Rn. 34.

auf diese nicht anwendbar. Ist eine Gefährdung der Betriebs- und Geschäftsgeheimnisse zu bejahen, entspricht die Weitergabe der Information nicht einem Informationsrecht der Arbeitnehmer, da ein solches nicht besteht. § 3 I Nr. 3 GeschGehG wirkt sich nicht auf die Vorbehaltsregelung in § 106 II S. 1 Hs. 2 GeschGehG aus. Eine Neuausrichtung ist nicht erforderlich.[2984]

2984 BeckOK GeschGehG/*Fuhlrott* § 1 Rn. 48; Fitting § 106 BetrVG Rn. 43.

§ 18 Zusammenfassung der wesentlichen Ergebnisse

1. Mit Inkrafttreten des Geschäftsgeheimnisgesetzes existiert in Deutschland erstmalig ein kohärent kodifiziertes Stammgesetz zum Schutz von Unternehmensgeheimnissen. Dieses basiert auf den unionsrechtlichen Vorgaben der RL (EU) 2016/943 und kann trotz im einzelnen kritischer Abweichungen insgesamt als richtlinienkonform bewertet werden.
2. Im Zuge der Novellierung ist der rechtliche Schutz von Geschäftsgeheimnissen nunmehr primär zivilrechtlich ausgestaltet. Mit § 23 GeschGehG existiert lediglich eine strafrechtliche Regelung. Dogmatisch betrachtet, kann der Geheimnisschutz nicht in das System bestehender Schutzrechte eingegliedert werden. Der Gesetzgeber hat ein eigenständiges, gleichwertiges, auf Informationen und Know-how ausgerichtetes, Schutzrecht geschaffen. Die vormals strittige Frage, nach der möglichen Bewertung als klassisches Immaterialgüterrecht kann somit abschließend verneint werden.
3. Das Geschäftsgeheimnisgesetz ist konzeptionell darauf ausgerichtet, innerstaatliche Schutzlücken zu schließen. Bestehende Rechte und Pflichten sollen nicht überlagert werden. Dies wird einerseits durch § 1 GeschGehG gewährleistet. Danach sollen externe gesetzliche Strafnormen zum Umgang mit Unternehmensgeheimnissen, grundrechtlich geschützte Betätigungen und die Möglichkeit individual- und kollektivvertraglicher Vereinbarungen fortbestehen. Zudem beinhaltet das Zusammenspiel der Handlungsverbote in § 4 GeschGehG und der erlaubten Handlungen in § 3 GeschGehG, dass nur der unbefugte Umgang mit Geschäftsgeheimnissen untersagt ist. Damit vermittelt das Geschäftsgeheimnisgesetz allein einen Schutz vor aus gesetzlichen und vertraglichen Grundlagen oder aufgrund sonstiger Gepflogenheiten untersagten Einwirkungen auf die geschützte Information.
4. Mit § 2 Nr. 1 GeschGehG ist der Begriff des Betriebs- und Geschäftsgeheimnisses erstmalig legaldefiniert. Diese Definition *kann* grundsätzlich auch über den Anwendungsbereich des Stammgesetzes hinaus Geltung beanspruchen. Dies ist jedoch insoweit eingeschränkt, als der Zweck und das geschützte Rechtsgut der zu beurteilenden Regelung einer solchen Ausstrahlung nicht entgegenstehen dürfen. Liegen diese Voraussetzungen vor, finden die Merkmale des § 2 Nr. 1 GeschGehG auch im Rahmen externer Verschwiegenheitspflichten im Wege der systematischen Übertragung Anwendung.

5. § 5 GeschGehG klammert Erwerb, Nutzung und Offenlegung von Geschäftsgeheimnissen bei Vorliegen näher definierter Voraussetzungen aus dem Anwendungsbereich des § 4 GeschGehG aus. Der Ausnahmetatbestand ist nicht abschließend, sondern kann zum Schutze weiterer berechtigter Interessen wirksam werden. Dies ist jedoch unter Berücksichtigung von Art. 5 lit. d) RL (EU) 2016/943 einschränkend auszulegen. Das „berechtigte Interesse" muss durch das nationale Recht oder das Unionsrecht anerkannt sein muss.
6. Besondere Bedeutung kommt § 5 Nr. 2 GeschGehG zu, welcher Ausnahmen vom Geheimnisschutz zugunsten von externen Whistleblowing-Handlungen zulässt. Gemäß § 5 Nr. 2 Hs. 2 GeschGehG müssen diese geeignet sein, das allgemeine öffentliche Interesse zu schützen. Dieses Tatbestandsmerkmal ist gemischt objektiv-subjektiv zu verstehen. Die zu beurteilende Aufdeckung muss objektiv geeignet sein, das öffentliche Interesse zu schützen und der Hinweisgeber muss dies subjektiv zumindest auch wollen. Dieser Voraussetzung genügt es grundsätzlich auch, wenn der Whistleblower gutgläubig, aber irrigerweise von dem Vorliegen eines Fehlverhaltens ausgegangen ist.
7. Eine Handlung kann gemäß § 5 GeschGehG nicht pauschal aus dem Anwendungsbereich des § 4 GeschGehG herausgenommen werden. Erforderlich ist stets eine Interessenabwägung im Einzelfall. Dabei ist auf eine strenge Verhältnismäßigkeitsprüfung abzustellen.
8. § 5 GeschGehG findet auch in Bezug auf anderweitige Verpflichtungen zum Umgang mit Betriebs- und Geschäftsgeheimnissen Anwendung. Dabei kommt der Regelung keine echte Allgemeingültigkeit zu. Die legitimierende Wirkung des § 5 GeschGehG ist untrennbar mit dem Vorliegen eines Geschäftsgeheimnisses im Sinne von § 2 Nr. 1 GeschGehG verknüpft.
9. Handelt es sich bei der geheimnisverletzenden Person um einen Arbeitnehmer des Geheimnisinhabers, bedeutet diese Handlung neben dem Verstoß gegen § 4 GeschGehG auch eine arbeitsvertragliche Nebenpflichtverletzung. Sowohl die Nebenpflicht, die Interessen und Rechtsgüter des Arbeitgebers zu wahren als auch die bereits nach vormaliger Rechtslage anerkannte Pflicht zur Verschwiegenheit über Betriebs- und Geschäftsgeheimnisse sind durch ein solches Verhalten tangiert.
10. Die arbeitsvertragliche Verschwiegenheitspflicht ist fortan unter Berücksichtigung des § 2 Nr. 1 GeschGehG zu bewerten. Die neue Begriffsbestimmung wirkt insoweit konkretisierend. Eine arbeitsvertragliche Verletzung der Verschwiegenheitspflicht ist nunmehr daran geknüpft, dass der Arbeitgeber angemessene Geheimhaltungsmaßnahmen gemäß § 2 Nr. 1 lit. b) GeschGehG getroffen hat. Trotz dieser erhöhten Anforderung werden dessen Interessen hierdurch nicht unzureichend beeinträchtigt. Wie auch das Geschäftsgeheimnisgesetz ist die arbeitsvertragliche Verschwiegenheitspflicht darauf ausgerichtet, die individuellen Geheimhaltungsinteressen des Arbeitgebers zu schützen. Dies rechtfertigt es, diesem einen

aktiven Mitwirkungsbeitrag abzuverlangen, um dadurch im Ausgleich den umfassenden rechtlichen Schutz zu erlangen. Auch ohne entsprechende Vorkehrungen ist der Arbeitgeber aufgrund der allgemeinen Interessenwahrungspflicht des Arbeitnehmers nicht gänzlich schutzlos.

11. Im Umgang mit Arbeitnehmern bedarf das Erfordernis angemessener Geheimhaltungsmaßnahmen einer besonderen Beurteilung. Die jeweils erforderliche Maßnahme muss unter Wahrung allgemeiner Kriterien im Einzelfall ausgewählt werden. Dafür müssen zunächst die zu schützenden Informationen nach der Relevanz für das Unternehmen und der wirtschaftlichen Bedeutung des Geheimnisverlustes kategorisiert werden. Anschließend sind die in Betracht kommenden Maßnahmen nach ihrer Funktion und Wirkungsweise einzuteilen.
12. Unter Berücksichtigung der Schutzbedürftigkeit der jeweiligen Information kommen drei Kategorien von Maßnahmen nach abgestufter Wirkungsintensität in Betracht. Maßnahmen können zunächst eine Warnfunktion, darüberhinausgehend eine Erschwernisfunktion oder schließlich eine umfassende Blockade- bzw. Abschirmfunktion erfüllen. Wie effektiv das Schutzkonzept ausgestaltet sein muss, richtet sich nach Schutzbedürftigkeit und Relevanz der zu schützenden Information. Je gewichtiger diese ist, desto effektiver muss die ausgewählte Vorgehensweise wirken. Im Umgang mit Arbeitnehmern können zunächst tatsächliche Zugangsbeschränkungen errichtet werden. Darüber hinaus müssen die Mitarbeiter durch Kennzeichnungen, Schulungen und allgemeine Handlungsanweisungen für die Bedeutsamkeit von Geschäftsgeheimnissen sensibilisiert werden.
13. Die jedem Arbeitsverhältnis immanente Pflicht zur Verschwiegenheit über Betriebs- und Geschäftsgeheimnisse genügt allein den Anforderungen angemessener Geheimhaltungsmaßnahmen im Sinne des § 2 Nr. 1 lit. b) GeschGehG nicht. Den Voraussetzungen kann es jedoch grundsätzlich entsprechen, wenn die Vertragsparteien diese durch die wirksame Vereinbarung von Verschwiegenheitspflichten inhaltlich und zeitlich konkretisieren. Für die Beurteilung dieser Klauseln gelten weiterhin die durch Rechtsprechung und Literatur entwickelten Anforderungen.
14. Auch durch kollektivrechtliche Vereinbarungen darf von den Vorgaben des Geschäftsgeheimnisgesetzes abgewichen werden. Dies ergibt sich gemäß § 1 III Nr. 3 GeschGehG und gilt sowohl für die Tarif- als auch für die Betriebsparteien.
15. Die Regelungen des Geschäftsgeheimnisgesetzes wirken sich nicht auf die Beurteilung der Verschwiegenheitspflicht der in § 203 StGB genannten Berufsgeheimnisträger aus. Schutzzweck und Schutzgut dieser spezifischen Verhaltenspflichten stehen einer Konkretisierungswirkung des § 2 Nr. 1 GeschGehG entgegen. Die Legaldefinition eines Geschäftsgeheimnisses muss teleologisch reduziert werden, sodass die spezifischen Verschwiegenheitspflichten der in § 203 StGB aufgezählten Personenkreise nicht erfasst sind.

16. Darüber hinaus wirken sich die Regelungen des Geschäftsgeheimnisgesetzes auch nicht auf die individualarbeitsrechtliche Beurteilung externer Hinweisgeber aus. Deren Vorgehen kann aus arbeitsrechtlicher Perspektive primär deswegen pflichtwidrig sein, weil sie durch die externe Offenlegung betrieblicher Missstände der Verpflichtung zur Rücksichtnahme zuwiderhandeln. Diese Nebenpflicht wird durch das Geschäftsgeheimnisgesetz weder unmittelbar noch mittelbar tangiert.
17. Die betriebsverfassungsrechtliche Verschwiegenheitspflicht gemäß § 79 I BetrVG muss fortan unter Berücksichtigung des § 2 Nr. 1 GeschGehG systematisch ausgelegt werden. Dies beinhaltet auch die Verpflichtung des Betriebsinhabers, sensible Information im Rahmen von angemessenen Geheimhaltungsmaßnahmen abzusichern. Die in § 79 BetrVG zum Ausdruck kommenden Wertungen stehen dem nicht entgegen. Der Betriebsinhaber muss lediglich einen eigenen, in seinen Herrschaftsbereich fallende Mitwirkungsbeitrag erbringen, durch welchen er nicht über das Maß hinaus belastet wird, welches einem erfahrenen Teilnehmer des Geschäftsverkehrs gewöhnlich abverlangt wird. Zudem ist der Betriebsinhaber weiterhin gemäß § 2 I BetrVG geschützt. Im Zuge dieser Konkretisierungswirkung ist die vormalige Streitfrage, ob Informationen über rechts- oder sittenwidrige Vorgänge in den Tatbestand des Verschwiegenheitsgebotes einbezogen werden müssen, obsolet geworden. Dies würde nicht mit der Voraussetzung eines berechtigten Geheimhaltungsinteresses im Sinne des § 2 Nr. 1 lit. c) GeschGehG in Einklang stehen.
18. Der vormalige Meinungsstreit, ob das berechtigte Geheimhaltungsinteresse des Arbeitgebers und damit der Tatbestand eines Betriebs- oder Geschäftsgeheimnisses unter Umständen verneint werden kann, weil gewichtige Informationsinteressen der Arbeitnehmer entgegenstehen, bedarf mit Blick auf das Geschäftsgeheimnisgesetzes einer Neubewertung. Die Mitglieder des Betriebsrates können relevante Informationen nur ausnahmsweise mit der Belegschaft teilen, soweit diese in besonderem Maße darauf angewiesen sind. Derartige Kommunikationsvorgänge können nicht als erlaubte Handlung im Sinne des § 3 II GeschGehG, sondern nur als Nutzung, oder Offenlegung entgegen einer bestehenden Verschwiegenheitspflicht im Sinne des § 4 II Nr. 2, 3 GeschGehG bewertet werden. Dabei kann das Informationsinteresse der Belegschaft auf der tatbestandlichen Ebene des § 79 I BetrVG nicht berücksichtigt werden, da der Tatbestand des § 2 Nr. 1 GeschGehG dem entgegensteht. Der nach seinem unmittelbaren Wortlaut nur den Kommunikationsfluss von den Arbeitnehmern an die Interessenvertretungen erfassende § 5 Nr. 3 GeschGehG kann nicht analog herangezogen werden. Ausnahmsweise kann die zu beurteilende Handlung unter Rückgriff auf den weitreichenden Auffangtatbestand des § 5 GeschGehG aus dem Anwendungsbereich des § 79 I BetrVG ausgenommen sein. Dies setzt wegen des Erfordernisses einer

richtlinienkonformen Auslegung jedoch ein nach innerstaatlichem oder Unionsrecht anerkanntes Interesse voraus.

19. Im Anwendungsbereich der aktienrechtlichen Verschwiegenheitspflicht gemäß §§ 93, 116, 404 AktG wirkt sich das Geschäftsgeheimnisgesetz insgesamt *nicht* aus. Eine konkretisierende Einflussnahme des § 2 Nr. 1 GeschGehG ist unter Berücksichtigung der besonderen Wertungen des Aktienrechts abzulehnen. Offene Streitfragen wie die Weitergabe sensibler Informationen an die Belegschaft oder den Betriebsrat durch Arbeitnehmervertreter im Aufsichtsrat sind nach tradierten Grundsätzen ausschließlich unter Berücksichtigung des Unternehmensinteresses zu beurteilen. Eine Neubewertung der aktienrechtlichen Verschwiegenheitspflicht ist insgesamt nicht gefordert.
20. Die Regelungen des Geschäftsgeheimnisgesetzes werden auch im Hinblick auf die Unterrichtung des Wirtschaftsausschusses gemäß § 106 II BetrVG relevant. Die dortige Vorbehaltsregelung zugunsten von Betriebs- und Geschäftsgeheimnissen muss fortan einheitlich mit § 79 I BetrVG unter Rückgriff auf § 2 Nr. 1 GeschGehG ausgelegt werden. Weitergehende Auswirkungen durch die Neuregelung konnten nicht festgestellt werden. Mit Blick auf die unterschiedlichen tatbestandlichen Anforderungen, welche die §§ 3 I Nr. 3 GeschGehG, 106 II S. 1 Hs. 1 BetrVG für die Mitteilung geschützter Informationen an Arbeitnehmer vorsehen, kommt es zu keiner inhaltlichen Überschneidung. Im Falle einer Gefährdung von Betriebs- und Geschäftsgeheimnissen ist der § 3 I Nr. 3 GeschGehG mangels gesetzlicher Informationspflicht der Arbeitnehmer im Wirtschaftsausschuss tatsächlich nicht anwendbar.

Literaturverzeichnis:

Adam, Inka: Alles Geheim! – Der Entwurf des Geschäftsgeheimnisgesetzes, SPA 2019, 9–11

Ahlberg, Hartwig/Götting, Horst-Peter (Hrsg.): BeckOK Urheberrecht, 27. Edition, Stand 15.3., München 2020 (zit.: BeckOK Urheberrecht/*Bearbeiter*)

Albrecht, Friedrich/Kur, Annette/ Bomhard, Verena von (Hrsg.): BeckOK Markenrecht, 21. Edition, Stand 1.5., München 2020 (zit.: Beck OK Markenrecht/*Bearbeiter*)

Alexander, Christian: Gegenstand, Inhalt und Umfang des Schutzes von Geschäftsgeheimnissen nach der Richtlinie (EU) 2016/943, WRP 2017, 1034–1045

Alexander, Christian: Geheimnisschutz nach dem GeschGehGE und investigativer Journalismus, AfP 2019, 1–11

Alexander, Christian: Grundstrukturen des Schutzes von Geschäftsgeheimnissen durch das neue GeschGehG, WRP 2019, 673–679

Alexander, Christian: Das Spannungsfeld zwischen investigativem Journalismus und dem Schutz von Geschäftsgeheimnissen, AfP 2017, 469–475

Alexander, Christian: Wettbewerbsrecht mit Schutz von Geschäftsgeheimnissen, 2. Aufl., Köln 2019 (zit.: *Alexander,* Wettbewerbsrecht)

Alexander-Katz, Richard: Gutachten für den 23. Deutschen Juristentag, in: Verhandlungen des dreiundzwanzigsten deutschen Juristentages, Bd. 1, Berlin 1895 (zit.: *Alexander-Katz,* Verhandlungen des 23. DJT, Bd. I)

Allianz für Sicherheit in der Wirtschaft e.V.: Stellungnahme zum Entwurf eines Gesetzes zu EU-Richtlinie betreffend den Schutz von Geschäftsgeheimnissen, abrufbar unter: *https://www.bmjv.de/SharedDocs/Gesetzgebungsverfahren/Stellungnahmen/2018/Downloads/05042018_Stellungnahme_ASW_GeschGehG.pdf;jsessionid=615A91A0D9348D2E08807089A623D08B.2_cid324?__blob=publicationFile&v=2,* letzter Zugriff: 23.6.2020, 16:54 Uhr (zit.: *ASW,* Stellungnahme zum Referentenentwurf)

Ann, Christoph: EU-Richtlinie zum Schutz vertraulichen Know-hows – Wann kommt das neue deutsche Recht, wie sieht es aus, was ist noch offen?, GRUR-Prax 2016, 465–467

Ann, Christoph: Know-how – Stiefkind des Geistigen Eigentums, GRUR 2007, 39–43

Ann, Christoph: Stellungnahme zur BT-Drucksache 19/4724, abrufbar unter: *https://kripoz.de/wp-content/uploads/2018/12/stellungnahme-ann.pdf,* letzter Zugriff: 23.6.2020, 16:57 Uhr (zit.: *Ann,* Stellungnahme zur BT-Drucks. 19/4724)

Anweiler, Jochen: Die Auslegungsmethoden des Gerichtshofs der Europäischen Gemeinschaften, Diss. Göttingen 1996

Apel, Simon/Walling, Sebastian: Das neue Geschäftsgeheimnisgesetz: Überblick und erste Praxishinweise, DB 2019, 891–898

Arens, Stephan: Gesetz zum Schutz von Geschäftsgeheimnissen (GeschGehG) – neue Herausforderungen für den Geschäftsführer, GWR 2019, 375–377

Baker & McKenzie: Study on Trade Secrets and Confidential Business Information in the Internal Market, MARKT/2011/128/D, April 2013, abrufbar unter: *https://www.google.com/search?client=firefox-b-d&q=Baker+%26+McKenzie%3A+Study+on+Trade+Secrets+and+Confidential+Business+Information+in+the+Internal+Market%2C+MARKT%2F2011%2F128%2FD%2C+April+2013*, letzter Zugriff: 24.6.2020, 16:12 Uhr (zit.: *Baker & McKenzie*, Study on Trade Secrets and Confidential Business Information in the Internal Market/2011/128/D.)

Baranowski, Anne/Glaßl, Ramon: Anforderungen an den Geheimnisschutz nach der neuen EU-Richtlinie, BB 2016, 2563–2569

Baumbach, Adolf (Begr.)/*Hueck, Alfred* (Hrsg.): Gesetz betreffend die Gesellschaften mit beschränkter Haftung, 22. Aufl., München 2019 (zit.: Baumbach/Hueck/*Bearbeiter*)

Bauschke, Hans-Joachim: Geschäftsgeheimnisse und Bezug zum Whistleblowing – Gesetzliche Neuregelung, öAT 2019, 133–136

Bayreuther, Frank: Tarifautonomie als kollektiv ausgeübte Privatautonomie. Tarifrecht im Spannungsfeld von Arbeits-, Privat- und Wirtschaftsrecht, München 2005 (zit.: *Beyreuther,* Tarifautonomie als kollektiv ausgeübte Privatautonomie)

Becker, Cornelius: Whistleblowing. Anzeigerecht und Anzeigepflicht des Arbeitnehmers in der Privatwirtschaft, Diss. Osnabrück 2012 (zit.: *Becker,* Whistleblowing)

Berthold, Annemarie: Whistleblowing in der Rechtsprechung des Bundesarbeitsgerichts, Diss. München 2010 (zit.: *Berthold,* Whistleblowing in der Rechtsprechung des Bundesarbeitsgerichts)

Beyer, Ulrich: Whistleblowing in Deutschland und Großbritannien. Ein Vergleich anhand der Umsetzung von Art.11 I und 6 RL 89/391 EWG, Diss. Halle Wittenberg 2012 (zit.: *Beyer,* Whistleblowing in Deutschland und Großbritannien)

Bieback, Karl-Jürgen: Arbeitsverhältnis und Betriebsratsamt bei der außerordentlichen Kündigung von Betriebsratsmitgliedern, RdA 1978, 82–97

Bissels, Alexander/Schroeders, Kathrin/Ziegelmayer, David: Arbeitsrechtliche Auswirkungen der Geheimnisschutzrichtlinie – Richtlinie über den Schutz vertraulichen Know-hows und vertraulicher Geschäftsinformationen, DB 2016, 2295–2299

Boecken, Winfried/Düwell, Franz Josef/Diller, Martin/Hanau, Hans (Hrsg.): Nomos Kommentar – Gesamtes Arbeitsrecht, Bd. 1, Baden-Baden 2016 (zit.: NK-GA/*Bearbeiter*).

Böhm, Rainer/Nestler, Anke: EU-Richtlinie zum Know-how-Schutz: Quantifizierung des Schadensersatzes, GRUR-Prax 2018, 181–183

Bonin, Birger: Die Richtlinie 2002/14/EG zur Unterrichtung und Anhörung der Arbeitnehmer und ihrer Umsetzung in das Betriebsverfassungsrecht, AuR 2004, 321–327

Böning, Marta/Heidfeld, Birgit: Gesetzentwurf zum Schutz von Geschäftsgeheimnissen (GeschGehG) – Maulkorb zu Lasten der Beschäftigten und ihrer Interessenvertretungen, AuR 2018, 555–559

Bösche, Burchard/Grimberg, Herbert: Der Wirtschaftsausschuss – Informationsorgan des Betriebsrates, AiB 1989, 108–113

Brammsen, Joerg/ Apel, Simon: Das Geschäftsgeheimnisgesetz (GeschGehG) ist da – jetzt fängt die Arbeit erst an, BB 18/2019, I-I

Brammsen, Joerg/Schmitt, Oliver: Anmerkung zu LAG Schleswig-Holstein vom 20.5.2015, NZA-RR 2016, 77–83

Brammsen, Joerg: „Durchlöcherter" Bestandsschutz – Wirtschaftsgeheimnisse im 21. Jahrhundert, ZIP 2016, 2193–2201

Brammsen, Joerg: Die EU-Know-how-Richtlinie 943/2016, §§ 17 ff UWG und das geplante Geschäftsgeheimnisstrafrecht (§ 23 GeschGehG-RegE), wistra 2018, 449–457

Brammsen, Joerg: Lauterkeitsstrafrecht. Sonderband zum Münchner Kommentar Lauterkeitsrecht, München 2020 (zit.: MüKo-Lauterkeitsstrafrecht/*Bearbeiter*)

Brammsen, Joerg: Reformbedürftig! – Der Regierungsentwurf des neuen Geschäftsgeheimnisschutzgesetzes, BB 2018, 2446–2450

Brox, Hans/Walker, Wolf-Dietrich: Allgemeiner Teil des BGB, 43. Aufl., München 2019, (zit.: *Brox/Walker,* Allgemeiner Teil des BGB)

Bruder, Annette: Die Weitergabe von Insiderinformationen durch Arbeitnehmervertreter, Diss, München 2007

Brungs, Mario: Whistleblowing. Eine Untersuchung arbeitsrechtlicher Aspekte und des Reformbedarfs nach der Entscheidung des Europäischen Gerichtshofs für Menschenrechte, Diss. Köln 2015 (zit.: *Brungs,* Whistleblowing)

Buck, Holger: Das Geschäftsgeheimnis und sein neuer eigenständiger Schutz, Juris Die Monatszeitschrift, 2020/2, 59 (zit.: *Buck,* JM 2020/2, 59)

Bundesverband der Deutschen Industrie e.V.: Stellungnahme zum Entwurf eines Gesetzes zur Umsetzung der Richtlinie (EU) 2016/943 zum Schutz von Geschäftsgeheimnissen vor rechtswidrigem Erwerb sowie rechtswidriger Nutzung und Offenlegung (GeschGehG), abrufbar unter: *https://www.bmjv.de/SharedDocs/Gesetzgebungsverfahren/Stellungnahmen/2018/Downloads/05152018_Stellungnahme_BDI_ergaenz_GeschGehG.pdf?__blob=publicationFile&v=1,* letzter Zugriff: 24.6. 2020. 09:39 Uhr (zit.: *BDI,* Stellungnahme zur Umsetzung der Know-how-Richtlinie)

Bundesverband der Deutschen Industrie: Ergänzung der Stellungnahme eines Gesetzes zur Umsetzung der Richtlinie (EU) 2016/943 zum Schutz von Geschäftsgeheimnissen vor rechtswidrigem Erwerb sowie rechtswidriger Nutzung und Offenlegung, abrufbar unter: *https://www.bmjv.de/SharedDocs/Gesetzgebungsverfahren/Stellungnahmen/2018/Downloads/05152018_Stellungnahme_BDI_ergaenz_GeschGehG.pdf;jsessionid=615A91A0D9348D2E08807089A623D08B.2_cid324?__blob=publicationFile&v=1*, letzter Zugriff: 24.6.2020, 09:41 Uhr (zit.: *BDI,* Ergänzung zur Stellungnahme zur Umsetzung der Know-how-Richtlinie)

Bundesverband Deutscher Zeitungsverleger e.V./u.A.: Stellungnahme zu dem Referentenentwurf eines Gesetzes zur Umsetzung der Richtlinie (EU) 2016/943 über den Schutz vertraulichen Know-hows und vertraulicher Geschäftsinformationen (Geschäftsgeheimnisse) vor rechtswidrigem Erwerb sowie rechtswidriger Nutzung und Offenlegung, abrufbar unter: *https://www.bmjv.de/SharedDocs/Gesetzgebungsverfahren/Stellungnahmen/2018/Downloads/05182018_Stellungnahme_DJV_GeschGehG.pdf?__blob=publicationFile&v=1,* letzter Zugriff: 24.6.2020. 09:42 Uhr (zit.: *BDZV/u.A.*, Stellungnahme zum Referentenentwurf)

Bundesverband Informationswirtschaft, Telekommunikation und neue Medien (Bitkom): Stellungnahme zum Referentenentwurf zur Umsetzung der Know-how-Richtlinie vom 18. 5. 2018, abrufbar unter: *https://www.bmjv.de/SharedDocs/Gesetzgebungsverfahren/Stellungnahmen/2018/Downloads/05182018_Stellungnahme_bitkom_GeschGehG.pdf,* letzter Zugriff: 23.6.2020, 17:37 Uhr (zit.: *Bitkom,* Stellungnahme zum Referentenentwurf)

Bundesvereinigung der Deutschen Arbeitgeberverbände: Stellungnahme zum Referentenentwurf (GeschGehGE) vom 16. 5. 2018, abrufbar unter: *https://www.bmjv.de/SharedDocs/Gesetzgebungsverfahren/Stellungnahmen/2018/Downloads/05182018_Stellungnahme_BDA_GeschGehG.pdf?__blob=publicationFile&v=1,* letzter Zugriff: 24.6.2020, 09:46 Uhr (zit.: *BDA,* Stellungnahme zum Referentenentwurf)

Bürkle, Jürgen: Weitergabe von Informationen über Fehlverhalten in Unternehmen (Whistleblowing) und Steuerung auftretender Probleme durch ein Compliance-System, DB 2004, 2158–2161

Bürkle, Jürgen: Whistleblowerschutz bei „unethischem" Verhalten, CCZ 2018, 193–194

Busche, Jan/Stoll, Peter-Tobias/Wiebe, Andreas (Hrsg.): TRIPs. Internationales und europäisches Recht des geistigen Eigentums, 2. Aufl., Köln 2013 (zit.: Busche/Stoll/Wiebe/*Bearbeiter,* TRIPs)

Büscher, Wolfgang (Hrsg.): Gesetz gegen den unlauteren Wettbewerb Kommentar, Köln 2019 (zit.: Büscher/*Bearbeiter*)

Buschmann, Rudolf: Anmerkung zu LAG Hessen vom 20.3.2017, AuR 2017, 413–415

Buschmann, Rudolf: Entlassungspläne als Geschäftsgeheimnis iSd. § 79 BetrVG, AuR 2015, 355–356

Buschmann, Rudolf: Kein Maulkorb für Arbeitnehmer und ihre Vertreter, AuR 2019, 197–197

Busekist, Konstantin von/ Racky, Franz: Hinweisgeber- und Geschäftsgeheimnisschutz – ein gelungener Referentenentwurf, ZRP 2018, 135–138

Callies, Christian/Ruffert, Matthias (Hrsg.): EUV/AEUV Das Verfassungsrecht der Europäischen Union mit Europäischer Grundrechtecharta Kommentar, 5. Aufl., München 2016 (zit.: *Callies*/Ruffert/*Bearbeiter*)

Dann Matthias/Markgraf, Jochen W.: Das neue Gesetz zum Schutz von Geschäftsgeheimnissen, NJW 2019, 1774–1779

Dannecker, Gerhard: Der Schutz von Betriebs- und Geschäftsgeheimnissen – Zur Situation nach der Neuregelung durch das zweite Gesetz zur Bekämpfung der Wirtschaftskriminalität, BB 1987, 1614–1622

Däubler, Wolfgang/Hjort, Jens Peter/u.A. (Hrsg.): Arbeitsrecht Handkommentar, 4. Aufl., Baden-Baden 2017 (zit.: DHSW/*Bearbeiter*)

Däubler, Wolfgang/Klebe, Thomas/Wedde, Peter (Hrsg.): BetrVG Betriebsverfassungsgesetz, 17. Aufl., Frankfurt am Main 2020 (zit.: DKW/*Bearbeiter*)

Däubler, Wolfgang/u.A. (Hrsg.): BetrVG Betriebsverfassungsgesetz, 16. Aufl., Frankfurt am Main 2018 (zit.: DKKW/*Bearbeiter*, 16. Aufl. 2018)

Deinert, Olaf/Heuschmid, Johannes/Zwanziger, Bertram (Hrsg.): Arbeitsrecht Handbuch für die Praxis, 10. Aufl., Frankfurt am Main 2019 (zit.: DHZ/*Bearbeiter*)

Deinert, Olaf: Vorschlag für eine europäische Mitbestimmungsrichtlinie und Umsetzungsbedarf im Betriebsverfassungsgesetz, NZA 1999, 800–805

Depenheuer, Frank: Zulässigkeit und Grenzen der Verwertung von Unternehmensgeheimnissen durch den Arbeitnehmer, Diss. Köln 1995

Desaunettes, Luc/Hilty, Reto M./Knaak, Roland/Kur, Anette: Stellungnahme des Max-Planck-Instituts für Innovation und Wettbewerb zu Referentenentwurf eines Gesetzes zur Umsetzung der Richtlinie (EU) 2016/943 zum Schutz von Geschäftsgeheimnissen vor rechtswidrigem Erwerb sowie rechtswidriger Nutzung und Offenlegung vom 17. April 2018, abrufbar unter: *https://www.bmjv.de/SharedDocs/Gesetzgebungsverfahren/Stellungnahmen/2018/Downloads/05182018_Stellungnahme_hilty_GeschGehG.pdf;jsessionid=0065549E46BABEB1FDD7957EDC92D082.2_cid334?__blob=publicationFile&v=1*, letzter Zugriff: 24.6.2020, 10:11 Uhr (zit.: *Desaunettes/Hilty/Knaack*, MPI-Stellungnahme)

Deutsche Vereinigung für gewerblichen Rechtsschutz und Urheberrecht e.V. (GRUR): Stellungnahme zum Referentenentwurf des Bundesministeriums der Justiz und für Verbraucherschutz – Entwurf eines Gesetzes zur Umsetzung der Richtlinie (EU) 2016/943 zum Schutz von Geschäftsgeheimnissen vor rechtswidrigem Erwerb sowie rechtswidriger Nutzung und Offenlegung, abrufbar unter: *https://www.bmjv.de/SharedDocs/Gesetzgebungsverfahren/Stellungnahmen/2018/Downloads/05222018_Stellungnahme_GRUR_GeschGehG.pdf;jsessionid=0065549E46BABEB1FDD-7957EDC92D082.2_cid334?__blob=publicationFile&v=1*, letzter Zugriff: 24.6.2020. 10:12 Uhr (zit.: *Deutsche Vereinigung für gewerblichen Rechtsschutz und Urheberrecht e.V.*, Stellungnahme zum RefE)

Deutscher Gewerkschaftsbund: Stellungnahme des Deutschen Gewerkschaftsbundes aus Anlass der öffentlichen Anhörung im Ausschuss für Recht und Verbraucherschutz des Deutschen Bundestages zur BT-Drucksache 19/4724, abrufbar unter: *https://kripoz.de/wp-content/uploads/2018/12/stellungnahme-boening-dgb.pdf*, letzter Zugriff: 24.6.2020, 10:14 Uhr (zit.: DGB, Stellungnahme zur BT-Drucks. 19/4724)

Deutscher Gewerkschaftsbund: Stellungnahme zum Referentenentwurf des BMVJ zur Umsetzung der Richtlinie (EU) 2016/943 zum Schutz von Geschäftsgeheimnissen vor rechtswidrigem Erwerb sowie rechtswidriger Nutzung und Offenlegung vom 18.5.2018, abrufbar unter: *https://www.bmjv.de/SharedDocs/Gesetzgebungsverfahren/Stellungnahmen/2018/Downloads/05182018_Stellungnahme_DGB_GeschGehG.pdf;jsessionid=615A91A0D9348D2E08807089A623D08B.2_cid324?__blob=publicationFile&v=1*, letzter Zugriff: 24.6.2020, 10:16 Uhr (zit.: DGB, Stellungnahme zum Referentenentwurf des BMVJ)

Deutscher Gewerkschaftsbund: Stellungnahme zum Vorschlag der EU-Richtlinie über den Schutz vertraulichen Know-hows und vertraulicher Geschäftsinformationen (Geschäftsgeheimnisse) vor rechtswidrigem Erwerb sowie rechtswidriger Nutzung und Offenlegung.COM (2013) 813 final vom 27.1.2015, abrufbar unter: *https://www.google.com/search?client=firefox-b-d&q=Deutscher+Gewerkschaftsbund%3A+Stellungnahme+zum+Vorschlag+der+EU-Richtlinie+%C3%BCber+den+Schutz+vertraulichen+Know-hows+und+vertraulicher+Gesch%C3%A4ftsinformationen+%28Gesch%C3%A4ftsge-heimnisse%29+vor+rechtswidrigem+Erwerb+sowie+rechtswidriger+Nutzung+und+Offenle-gung.COM+%282013%29+813+final+vom+27.1.2015*, letzter Zugriff: 24.6.2020, 10:19 Uhr (zit.: DGB, zu COM (2013) 813 final)

Deutscher Industrie und Handelskammertag e.V.: Stellungnahme zum Referentenentwurf (GeschGehGE) vom 16.5.2018, abrufbar unter: *https://www.bmjv.de/SharedDocs/Gesetzgebungsverfahren/Stellungnahmen/2018/Downloads/05162018_Stellungnahme_DIHK_GeschGehG.pdf?__blob=publicationFile&v=1*, letzter Zugriff: 24.6.2020, 10:36 Uhr (zit.: *DIHK*, Stellungnahme zum Referentenentwurf)

Dietz, Rolf: Die Pflicht ehemaliger Beschäftigter zu Verschwiegenheit über Betriebsgeheimnisse, in: Festschrift für Justus Wilhelm Hedemann zum 60. Geburtstag, Jena, 1938, S. 330–340 (zit.: *Dietz*, FS Hedemann)

Diling, Johannes: Der Schutz von Hinweisgebern und betroffenen Personen nach der EU-Whistleblower-Richtlinie, CCZ 2019, 214–224

Dornbusch, Gregor/Fischermeier, Ernst/Löwisch, Manfred (Hrsg.): AR – Kommentar zum gesamten Arbeitsrecht, 9. Aufl., Köln 2019 (zit.: AR-*Bearbeiter*)

Dorner, Michael H.: Know-how- Schutz im Umbruch. Rechtsdogmatische und informationsökonomische Überlegungen, Köln 2014 (zit.: *Dorner,* Know-how-Schutz im Umbruch)

Dreier, Horst (Hrsg.): Grundgesetz-Kommentar, Bd. 1: Art. 1–19 GG, 3. Aufl., Tübingen 2013, Bd, 2: 20–82 GG, 3. Aufl., Tübingen 2015, Bd. 3: Art. 83–146 GG, 3. Aufl., Tübingen 2018 (zit.: Dreier/*Bearbeiter*)

Dreier, Thomas/Schulze, Gernot/Specht, Louisa: Urheberrechtsgesetz Kommentar, 6. Aufl., München 2018 (zit.: Dreier/Schulze/*Bearbeiter*)

Dreier, Thomas: TRIPS und die Durchsetzung von Rechten des geistigen Eigentums, GRUR Int 1996, 205–218

Drygala, Tim/ Staake, Marco/Szalai, Stephan: Kapitalgesellschaftsrecht. Mit Grundzügen des Konzern- und Umwandlungsrechts, Heidelberg (u.a.) 2012 (zit.: *Drygala/Staake/Szalai,* Kapitalgesellschaftsrecht)

Dudenredaktion (Hrsg.): angemessen, Duden online, o.J., abrufbar unter: *https://www.duden.de/rechtschreibung/angemessen*, letzter Zugriff: 24.6.2020, 15:56 Uhr (zit.: Duden, angemessen, Bedeutungsübersicht)

Dudenredaktion (Hrsg.): berechtigt, Duden online, o.J., abrufbar unter: *https://www.duden.de/rechtschreibung/berechtigt*, letzter Zugriff: 24.6.2020, 15:58 Uhr (zit.: Duden, berechtigt, Bedeutungsübersicht)

Dudenredaktion (Hrsg.): Information, Duden online, o.J., abrufbar unter: https://www.duden.de/rechtschreibung/Information, letzter Zugriff: 24.6.2020, 15:48 Uhr (zit.: Siehe Duden, Information, die, Bedeutungsübersicht)

Dudenredaktion (Hrsg.): Know-how, Duden online, o.J., abrufbar unter: *https://www.duden.de/rechtschreibung/Know_how*, letzter Zugriff: 24.6.2020, 15:54 Uhr (zit.: Duden, Know-how, das, Bedeutungsübersicht)

Dudenredaktion (Hrsg.): legitim, Duden online, o.J., abrufbar unter: *https://www.duden.de/rechtschreibung/legitim*, letzter Zugriff: 24.6.2020, 15:51 Uhr (zit.: Siehe Duden, legitim, Bedeutungsübersicht)

Dudenredaktion (Hrsg.): Wert, Duden online, o.J., abrufbar unter: *https://www.duden.de/rechtschreibung/Wert*, letzter Zugriff: 24.6.2020, 15:44 Uhr (zit.: Duden, Wert, der, Bedeutungsübersicht)

Dumont, Nicolas M.: Happy End für ein Stiefkind? – Regierungsentwurf zur Umsetzung der Know-how-Richtlinie, BB 2018, 2441–2446

Düwell, Franz Josef (Hrsg.): Betriebsverfassungsgesetz Handkommentar, 5. Aufl., Baden Baden 2018 (zit.: Düwell/*Bearbeiter*)

Eisele, Jörg: Strafrecht – Besonderer Teil II. Eigentumsdelikte und Vermögensdelikte, 5. Aufl., Stuttgart 2019 (zit.: *Eisele,* Strafrecht – Besonderer Teil II)

Eisele, Jörg; Bechtel, Alexander: Der Schadensbegriff bei den Vermögensdelikten, JuS 2018, 97–103

Engländer, Armin/Zimmermann, Till: Whistleblowing als strafbarer Verrat von Geschäfts- und Betriebsgeheimnissen? Zur Bedeutung des juristisch-ökonomischen Vermögensbegriffs für den Schutz illegaler Geheimnisse bei § 17 UWG, NZWiSt 2012, 328–333

Epping, Volker/Hillgruber, Christian (Hrsg.): BeckOK Grundgesetz, 42. Edition, Stand 1.12., München 2019 /zit.: BeckOK Grundgesetz/Bearbeiter)

Erbs, Georg (Begr.)/*Kohlhaas, Max/Häberle, Peter* (Hrsg.): Strafrechtliche Nebengesetze, 229. Ergänzungslieferung, München März 2020 (zit.: Erbs/Kohlhaas/*Bearbeiter*)

Eufinger, Alexander: EU-Geheimnisschutzrichtlinie und Schutz von Whistleblowern, ZRP 2016, 229–231

Eufinger, Alexander: Verletzung der Fürsorgepflicht durch arbeitgeberseitiges Whistleblowing, NZA 2017, 619–624

Europäische Kommission: Europa 2020: Eine Strategie für intelligentes, nachhaltiges und integratives Wachstum, KOM (2010) 2020 vom 3. März 2010, abrufbar unter: *https://eur-lex.europa.eu/legal-content/DE/TXT/PDF/?uri=CELEX:52010DC2020&from=DE*, letzter Zugriff: 23.6.2020, 13:44 Uhr (zit.: *Europäische Kommission*, Strategie Europa 2020)

Europäische Kommission: MEMO v. 28.11.2013, MEMO/13/1061, abrufbar unter: *https://ec.europa.eu/commission/presscorner/detail/en/MEMO_13_1061*, letzter Zugriff: 23.6.2020, 13:45 Uhr (zit.: *Europäische Kommission*, Memo/13/1061)

Europäische Kommission: Pressemitteilung v. 28.11.2013, IP/13/1176, abrufbar unter: https://ec.europa.eu/commission/presscorner/detail/de/IP_13_1176, letzter Zugriff: 24.6.2020, 10:50 Uhr (zit.: *Europäische Kommission*, Pressemitteilung, IP/13/1176)

Fangmann, Helmut D.: Rechtsprobleme der Kommunikation in mitbestimmten Unternehmen, AuR 1980, 129–151

Fezer, Karl-Heinz/Büscher, Wolfgang/Obergfell, Eva Inés (Hrsg.): Lauterkeitsrecht Kommentar zum Gesetz gegen den unlauteren Wettbewerb (UWG), Band 2 §§ 3a-20 UWG, 3. Aufl., München 2016 (zit.: Fezer/Büscher/Obergfell/*Bearbeiter)*

Fischer, Thomas (Hrsg.): Strafgesetzbuch Kommentar, 67. Aufl., München 2020 (zit.: Fischer/*Bearbeiter*)

Fischer-Lescano, Andreas: Internationalrechtliche Regulierung des Whistleblowings – Anpassungsbedarf im dt. Recht – Teil 1, AuR 2016, 4–9

Fitting, Karl (Begr.): Betriebsverfassungsgesetz Handkommentar, 29.Aufl., München 2018 (zit.: Fitting, 29. Aufl. 2018)

Fitting, Karl (Begr.): Betriebsverfassungsgesetz, 30. Aufl., München 2020 (zit.: Fitting)

Fleischer, Holger/Goette, Wulf: Münchner Kommentar zum GmbhG, Bd. 3: § 53–88, 3. Aufl., München 2018 (zit.: MüKoGmbhG/*Bearbeiter*)

Forst, Gerrit: Strafanzeige gegen den Arbeitgeber – Grund zur Kündigung des Arbeitsvertrages, NJW 2011, 3477–3482

Franzen, Martin/Gallner, Inken/Oetker, Hartmut (Hrsg.): Kommentar zum europäischen Arbeitsrecht, 3. Aufl., München 2020 (zit.: EuArbRK/*Bearbeiter*)

Freckmann, Anke/Schmoll, Andrea: Geheimnisschutzrichtlinie: Neuer Standard für Vertraulichkeitsvereinbarungen und arbeitsvertragliche Verschwiegenheitsklauseln, BB 2017, 1780–1785

Fritzsche, Jörg/Münker, Reiner/Stollwerk, Christoph (Hrsg.): BeckOK UWG, 8. Edition, Stand 15.2., München 2020 (zit.: BeckOK UWG/*Bearbeiter*)

Fuhlrott, Michael/Hiéramente, Mayeul (Hrsg.): BeckOK GeschGehG, 3. Edition, Stand 15.3.2020 (zit.: BeckOK GeschGehG/Bearbeiter)

Fuhlrott, Michael/Hieramente, Mayeul: Arbeitsrechtlicher Handlungsbedarf durch das Geschäftsgeheimnisgesetz – Überblick zu den Eckpunkten des Gesetzes und möglichen arbeitsrechtlichen Implikationen -, DB 2019, 967–972

Fuhlrott, Michael: Geschäftsgeheimnisschutz durch arbeitsrechtliche Sicherungsmaßnahmen, ArbRAktuell 2020, 79–81

Gagel, Alexander (Begr.): SGBII/SGB III Grundsicherung und Arbeitsförderung Kommentar, Bd. 1, EL 77 Stand: 1. März, München 2020 (zit.: Gagel/*Bearbeiter*)

Garden, Florian/Hieramente, Mayeul: Die neue Whistleblowing-Richtlinie der EU – Handlungsbedarf für Unternehmen und Gesetzgeber, BB 2019, 963–969

Gärtner, Anette/Oppermann, Luise Antonie: Viel Licht und etwas Schatten – wann besteht ein berechtigtes Geheimhaltungsinteresse, BB 35/2910, I-I

Gärtner, Anette: Zum Richtlinienentwurf über den Schutz von Geschäftsgeheimnissen, NZG 2014, 650–652

Gaugenrieder, Eileen: Einheitliche Grundlage für den Schutz von Geschäftsgeheimnissen in Europa – Zukunftstraum oder Alptraum, BB 2014, 1987–1992

Gaul, Dieter: Die nachvertragliche Geheimhaltungspflicht eines ausgeschiedenen Arbeitnehmers, NZA 1988, 225–233

Gaul, Björn: Die neue EG-Richtlinie zum Betriebs- und Unternehmensübergang – 1. Teil: Begriffe, Haftungsfragen, Unterrichtungspflichten, Kündigung, Insolvenzfall, BB 1999, 526–530

Gerdemann, Simon: Revolution des Whistleblowing-Rechts oder Pfeifen im Walde? Der Richtlinienvorschlag der Europäischen Kommission zum Schutz von Whistleblowern, RdA 2019, 16–28

Gerdom, Thomas: Gemeinschaftsrechtliche Unterrichtungs- und Anhörungspflichten und ihre Auswirkungen auf das Betriebsverfassungs-, Personalvertretungs- und Mitarbeitervertretungsrecht. Zum Umsetzungsbedarf der Richtlinie 2002/14/EG, Diss. Bonn 2009 (zit.: *Gerdom,* Gemeinschaftsrechtliche Unterrichtungs- und Anhörungspflichten)

Gersdorf, Hubertus/Paal, Boris P. (Hrsg.): BeckOK Informations- und Medienrecht, 27. Edition, Stand 1.2.2020, München 2020 (zit.: BeckOK Informations- und Medienrecht/*Bearbeiter*)

Ginal, Jens: Verrat von Geschäftsgeheimnissen durch Betriebsratsmitglied, GWR 2016, 104–104

Goette, Wulf/Habersack, Mathias/Kalss, Susanne (Hrsg.): Münchner Kommentar zum Aktiengesetz, Bd. 1, 5. Aufl., München 2019, Bd. 2, 5. Aufl., München 2019, Bd. 6, 4. Aufl., München 2017 (zit.: MüKoAktG/*Bearbeiter*)

Götz, Andreas: Der Schutz von Betriebs- und Geschäftsgeheimnissen im Zivilverfahren, Diss. Regensburg 2013

Grabitz, Eberhard (Begr.)/*Hilf, Meinhard/Nettersheim, Martin* (Hrsg.): Das Recht der Europäischen Union, EL 69 Stand: Februar, München 2020 (zit.: Gabitz/Hilf/Nettersheim/*Bearbeiter*)

Gramlich, Ludwig/Lütke, Hans Josef: § 5 Nr. 2 GeschGehG – Ethisch motivierte Durchbrechung von Geschäftsgeheimnissen, wistra 2019, 480–485

Greßlin, Martin/Römermann, Martin: Arbeitsrechtliche Gestaltungsmöglichkeiten zum Schutz von betrieblichem Know-how, BB 2016, 1461–1465

Grigoleit, Hans Christoph: Aktiengesetz Kommentar, 1. Aufl., München 2013 (zit.: Grigoleit/*Bearbeiter*)

Groneberg, Rut: Whistleblowing. Eine rechtsvergleichende Untersuchung des US-amerikanischen, englischen und deutschen Rechts unter besonderer Berücksichtigung des Entwurfs eines neuen § 612a BGB, Diss. Passau 2009/2010 (zit.: *Groneberg*, Whistleblowing)

Groß, Nadja/Platzer, Matthias: Whistleblowing: Keine Klarheit beim Umgang mit Informationen und Daten, NZA 2017, 1097–1104

GRUR: Stellungnahme zum Vorschlag für eine Richtlinie über den Schutz vertraulichen Know-hows und vertraulicher Geschäftsinformationen (Geschäftsgeheimnisse) vor rechtswidrigem Erwerb sowie rechtswidriger Nutzung und Offenlegung, COM (2013) 813 final vom 19. März 2014, abrufbar unter *http://www.grur.org/uploads/tx_gstatement/2014–03–19_GRUR_Stellungnahme_zum_Know-how-Schutz.pdf*, letzter Zugriff: 24.6.2020, 11:07 Uhr (zit.: GRUR-Stellungnahme v. 19.3. 2014 zu COM (2013) 813 final, S. 1)

GRUR-Fachausschuss für Wettbewerbs- und Markenrecht: Stellungnahme zum Referentenentwurf eines Gesetzes zum Schutz von Geschäftsgeheimnissen (GeschGehG) am 25.4.2018 in Berlin, GRUR 2018, 706–708 (zit.: GRUR-Fachausschuss/*Stellungnehmender* GRUR 2018, 706)

Gsell, Beate/Krüger, Wolfgang/Lorenz, Stephan/Reymann, Christoph (Hrsg.:) Beck Online Großkommentar BGB, Stand 1. 12. 2019., München 2020 (zit.: BeckOGK/*Bearbeiter*)

Gutzmann, Ulrich: Die Unterrichtungspflicht des Wirtschaftsausschusses gem. §§ 106 II und 108 V BetrVG DB 1989, 1083–1086

Hacker, Isabel Charlotte: Die Pflicht des Unternehmers zur Vorlage des Prüfungsberichts des Abschlussprüfers an den Wirtschaftsausschuss unter besonderer Berücksichtigung einer entsprechenden Verpflichtung bei Großbanken, Diss. Bonn 2002 (zit.: *Hacker,* Die Pflicht des Unternehmers zur Vorlage des Prüfungsberichtes des Abschlussprüfers an den Wirtschaftsausschuss)

Hans-Böckler-Stiftung: Verfassungsrechtliche Grenzen gesetzlicher Pflichten zur Offenlegung von Arbeits- und Beschäftigungsbedingungen. Gutachten im Auftrag des WSI, Study Nr. 6 Oktober 2016, abrufbar unter: *https://www.boeckler.de/pdf/p_wsi_studies_6_2016.pdf,* letzter Zugriff: 24.6.2020, 11:12 Uhr (zit.: *Hans-Böckler-Stiftung*, Studie)

Harte-Bavendamm, Henning/Henning-Bodewig, Frauke (Hrsg.): Gesetz gegen den unlauteren Wettbewerb Kommentar, 4. Aufl., München 2016 (zit.: Harte-Bavendamm/Henning-Bodewig/*Bearbeiter)*

Harte-Bavendamm, Henning/Ohly, Ansgar/Kalbfus, Björn (Hrsg.): Gesetz zum Schutz von Geschäftsgeheimnissen Kommentar, 1. Aufl., München 2020 (zit.: Harte-Bavendamm/Ohly/Kalbfus)

Harte-Bavendamm, Henning: Reform des Geheimnisschutzes: naht Rettung aus Brüssel? Zum Richtlinienvorschlag zum Schutz von Geschäftsgeheimnissen, in: Festschrift für Helmut Köhler zum 70. Geburtstag, München 2014, S. 235–251 (zit.: *Harte-Bavendamm,* FS Köhler)

Harte-Bavendamm, Hennig: Stellungnahme zum Entwurf des Gesetzes zur Umsetzung der Richtlinie (EU) 2016/943 zum Schutz von Geschäftsgeheimnissen vor rechtswidrigem Erwerb sowie rechtswidriger Nutzung und Offenlegung, abrufbar unter: *https://kripoz.de/wp-content/uploads/2018/12/stellungnahme-harte-bavendamm.pdf,*letzter Zugriff: 24.6.2020, 11:14 Uhr (zit.: *Harte-Bavendamm,* Stellungnahme zur BT-Drucks. 19/4724)

Harte-Bavendamm, Hennig: Wettbewerbsrechtliche Aspekte des Reverse Engineering von Computerprogrammen, GRUR 1990, 657–664

Hau, Wolfgang/Poseck, Roman: BeckOK BGB, 54. Edition, Stand 1.5., München 2020 (zit.: BeckOK BGB/Bearbeiter)

Hauck, Ronny: Geheimnisschutz im Zivilprozess – was bringt die neue EU-Richtlinie für das deutsche Recht?, NJW 2016, 2218–2223

Hauck, Ronny: Grenzen des Geheimnisschutzes, WRP 2018, 1032–1037

Hauck, Ronny: Stellungnahme zum Referentenentwurf eines Gesetzes zur Umsetzung der Richtlinie (EU) 2016/943 über den Schutz vertraulichen Know-hows und vertraulicher Geschäftsinformationen (Geschäftsgeheimnisse vor rechtswidrigem Erwerb sowie rechtswidriger Nutzung und Offenlegung vom 15. 5. 2018, abrufbar unter: *https://www.bmjv.de/SharedDocs/Gesetzgebungsverfahren/Stellungnahmen/2018/Downloads/05152018_Stellungnahme_hauck_GeschGehG.pdf?__blob=publicationFile&v=1,* letzter Zugriff: 24. 6. 2020, 11:17 Uhr (zit.: *Hauck,* Stellungnahme zum Referentenentwurf)

Hauck, Ronny: Was lange währt ... – Das Gesetz zum Schutz von Geschäftsgeheimnissen (GeschGehG) ist in Kraft, GRUR-Prax 2019, 223–225

Heckel, Christian: Behördeninterne Geheimhaltung. Ein Beitrag zum amtsinternen Datenaustausch, NVwZ 1994, 224–229

Heintschel-Heinegg, Bernd von (Hrsg.): BeckOK StGB, 46. Edition, Stand 1.5.2020, München 2020 (zit.: BeckOK StGB/*Bearbeiter*)

Heinzke, Philippe: Richtlinie zum Schutz von Geschäftsgeheimnissen, CCZ 2016, 179–183

Hengeler, Hans: Zum Beratungsgeheimnis im Aufsichtsrat einer Aktiengesellschaft, in: Festschrift für Wolfgang Schilling zum 65. Geburtstag, Berlin 1973, S. 175–206 (zit.: *Hengeler,* FS Schilling)

Henning-Bodewig, Frauke: „Unlautere" Geschäftspraktiken und der Bezug zu Art. 10 bis PVÜ – Warum „unseriöse" Geschäftspraktiken keinen Sinn ergibt, GRUR Int. 2014, 997–1005

Henning-Bodewig, Frauke: Internationale Standards gegen unlauteren Wettbewerb, GRUR Int. 2013, 1–11

Henssler, Martin/Strohn, Lutz (Hrsg.): Gesellschaftsrecht, 4. Aufl., München 2019 (zit.: Henssler/Strohn/*Bearbeiter*)

Henssler, Martin/Willemsen, Heinz Josef/Kalb, Heinz-Jürgen (Hrsg.): Arbeitsrecht Kommentar, 8. Aufl., Köln 2018 (zit.: HWK/*Bearbeiter*)

Hermes, Christoph Julius: TRIPS im Gemeinschaftsrecht. Zu den innergemeinschaftlichen Wirkungen von WTO-Übereinkünften, Diss. Kiel 2001 (zit.: *Hermes,* TRIPS im Gemeinschaftsrecht)

Herrmann, Volker: Praktische Auswirkungen der neuen EU-Richtlinie zum Schutz von vertraulichem Know-how und Geschäftsgeheimnissen, CB 2016, 368–370

Hieramente, Mayeul/Golzio, Jann Ole: Die Reform des Geheimnisschutzes aus Sicht der Compliance-Abteilung – Ein Überblick, CCZ 2018, 262–267

Hiéramente, Mayeul: Stellungnahme als Sachverständiger vom 10.12.2018 im Rahmen der Anhörung des Rechtsausschusses, abrufbar unter: *https://kripoz.de/wp-content/uploads/2018/12/stellungnahme-hi%C3%A9ramente.pdf*, letzter Zugriff: 24.6.2020, 13:13 Uhr (zit.: *Hiéramente,* Stellungnahme zur BT-Drucks. 19/4724)

Hilty, Reto M./Jaeger, Thomas/Kitz Volker: Geistiges: Eigentum Herausforderung und Durchsetzung, 2008 (zit.: *Hilty/Jaeger/Kitz,* Geistiges Eigentum)

Hirte, Heribert/Mülbert, Peter O./Roth, Markus: Aktiengesetz Großkommentar, Bd. 4/2: §§ 92–94; 5. Aufl., o.O. 2015, Bd. 5: §§ 95–116, 5. Aufl., Berlin (u.a.) 2019 (zit.: GroßKom-AktG/*Bearbeiter*)

Hitzfeld, Ulrike: Geheimnisschutz im Betriebsverfassungsrecht, Diss. Mannheim 1989

Hoeren, Thomas/Münker, Reiner: Die EU-Richtlinie für den Schutz von Geschäftsgeheimnissen und ihre Umsetzung – unter besonderer Berücksichtigung der Produzentenhaftung, WRP 2018, 150–155

Hoeren, Thomas/Münker, Reiner: Die neue EU-Richtlinie zum Schutz von Betriebsgeheimnissen und die Haftung Dritter, CCZ 2008, 85–88

Hoffmann, Markus: Mehrfachschutz geistigen Eigentums im deutschen Rechtssystem, Diss. Dresden 2008

Hogan Lovells International LLP: Report on Trade Secrets fort the European Commission: Study on Trade secrets and Parasitic Copying (Look-alikes), MARKT/2010/20/D vom 23.9. 2011, abrufbar unter: https://www.google.com/search?client=firefox-b-d&q=Hogan+Lovells+International+LLP%3A+Report+on+Trade+Secrets+fort+the+European+Commission%3A+Study+on+Trade+secrets+and+Parasitic+Copying+%28Look-alikes%29%2C+MARKT%2F2010%2F20%2FD, letzter Zugriff: 24.6.2020, 13:36 Uhr (zit.: *Hogan Lovells*, Report on Trade Secrets fort the, European Commission (2011))

Holthausen, Joachim: Die arbeitsvertragliche Verschwiegenheit. Vertragsgestaltung nach Inkrafttreten des GeschGehG, NZA 2019, 1377–1383

Hromadka, Wolfgang: Rechtsfragen zum Eurobetriebsrat, DB 1995, 1125–1131

Hueck, Götz: Zur Verschwiegenheitspflicht der Arbeitnehmervertreter im Aufsichtsrat, RdA 1975, 35–42

Hufen, Friedhelm: Staatsrecht II Grundrechte, 8. Aufl., München 2020, (zit.: *Hufen*, Staatsrecht II)

Hüffer, Uwe (Begr.)/*Koch, Jens* (Bearb.) Aktiengesetz, 14. Aufl., München 2020. (zit.: Hüffer/*Koch*)

Hümmerich, Klaus/Boecken, Winfried/Düwell, Franz Josef (Hrsg.): Anwalt Kommentar Arbeitsrecht, Bd. 1, 2. Aufl., Bonn 2009 (zit.: AnwK-ArbR/*Bearbeiter*)

Industriegewerkschaft Bauen-Agrar-Umwelt (IG BAU): Stellungnahme zum Referentenentwurf des BMVJ eines Gesetzes zur Umsetzung der Richtlinie (EU) 2016/943 über den Schutz vertraulichen Know-hows und vertraulicher Geschäftsinformationen (Geschäftsgeheimnisse) vor rechtswidrigem Erwerb sowie rechtswidriger Nutzung und Offenlegung, abrufbar unter: *https://www.bmjv.de/SharedDocs/Gesetzgebungsverfahren/Stellungnahmen/2018/Downloads/04242018_Stellungnahme_IG_Bau_GeschGehG.pdf?__blob=publicationFile&v=1*, letzter Zugriff: 24.6.2020, 13:35 Uhr (zit.: *IG BAU*, Stellungnahme zum Referentenentwurf des BMJ)

Industrieverband e.V.: Stellungnahme zum Referentenentwurf eines Gesetzes zur Umsetzung der RL (EU) 2016/943 zum Schutz von Geschäftsgeheimnissen vor rechtswidrigem Erwerb sowie rechtswidriger Nutzung und Offenlegung, abrufbar unter: *https://www.bmjv.de/SharedDocs/Gesetzgebungsverfahren/Stellungnahmen/2018/Downloads/05112018_Stellungnahme_IVGT_GeschGehG.pdf?__blob=publicationFile&v=1*, letzter Zugriff: 24.6.2020, 13:37 Uhr (zit.: Industrieverband, Stellungnahme zum Referentenentwurf)

Ipsen, Jörn: Staatsrecht I Staatsorganisationsrecht, 31. Aufl. München 2019 (zit.: *Ipsen,* Staatsrecht I)

Jacobs, Matthias: Grundprobleme des Entschädigungsanspruchs nach § 15 II AGG, RdA 2009, 193–204

Jarass, Hans D. (Hrsg.): Charta der Grundrechte der Europäischen Union Kommentar, 3. Aufl., München 2016 (zit.: Jarass/*Bearbeiter*)

Jauernig, Othmar (Begr.)/*Stürner, Rolf* (Hrsg.): BGB – Bürgerliches Gesetzbuch Kommentar, 17. Aufl., München 2018 (zit.: Jauernig/*Bearbeiter*)

Joecks, Wolfgang/Miebach, Klaus (Hrsg.): Münchner Kommentar zum StGB, Bd. 1, 3. Aufl. 2017, Bd. 4, 3. Aufl., München 2017, Bd. 6, 3. Aufl., München 2018, Bd. 7, 3. Aufl., München 2019 (zit.: MüKoStGB/*Bearbeiter*)

Kalbfus, Björn: Die EU-Geschäftsgeheimnis-Richtlinie. Welcher Umsetzungsbedarf besteht in Deutschland, GRUR 2016, 1009–1017

Kalbfus, Björn: Angemessene Geheimhaltungsmaßnahmen nach der Geschäftsgeheimnis-Richtlinie, GRUR-Prax 2017, 391–393

Kalbfus, Björn Helge: Know-how-Schutz in Deutschland zwischen Strafrecht und Zivilrecht – welcher Reformbedarf besteht?, Diss. Augsburg 2010/2011 (zit.: *Kalbfus,* Know-how-Schutz in Deutschland)

Kalbfus, Björn/Harte-Bavendamm, Henning: Protokoll der Sitzung des Fachausschusses für Wettbewerbs- und Markenrecht zum Richtlinienvorschlag über den Schutz von Geschäftsgeheimnissen, GRUR 2014, 453–457 (zit.: Kalbfus/Harte-Bavendamm/*Stellungnehmender,* Fachausschuss für Wettbewerbs- und Markenrecht zum Richtlinienvorschlag über den Schutz von Geschäftsgeheimnissen)

Kalbfus, Björn: Zur Rechtsnatur von Geschäftsgeheimnissen: Bringt das Geschäftsgeheimnisgesetz mehr Klarheit?, in: Praxis des geistigen Eigentums, Festschrift für Henning Harte-Bavendamm zum 70. Geburtstag, 2020, S. 341–354 (zit.: *Kalbfus,* FS Harte-Bavendamm 2020)

Kamababrou, Sudabeh: Arbeitsrecht, Tübingen 2017

Kamann, Klaus-Udo/Hess, Harald/Schlochauer, Ursula/Glaubitz, Werner (Hrsg.): BetrVG Kommentar, 10. Aufl., Köln 2018 (zit.: HWGNRH/*Bearbeiter*)

Karthaus, Boris: Omertá in der Betriebsverfassung, NZA 2018, 1180–1185

Keilich, Jochen: Reden ist Silber, Schweigen ist Gold – Eine Übersicht über die Geheimhaltungspflichten im Arbeitsrecht, SPA 2019, 153–155

Kiel, Heinrich/Lunk, Stefan/Oetker, Hartmut (Hrsg.): Münchner Handbuch zum Arbeitsrecht – Gesamtwerk in vier Bänden, Bd. 1 (Individualarbeitsrecht I), 4. Aufl., München 2018, Bd. 2 (Individualarbeitsrecht II), 4. Aufl., München2018, Bd. 3 (Kollektives Arbeitsrecht I), 4. Aufl., München 2019 (zit.: MünchArbR/*Bearbeiter*)

Kindhäuser, Urs/Neumann, Ulfrid/Paeffgen, Hans-Ullrich (Hrsg.): Strafgesetzbuch Nomos Kommentar, 5. Aufl., Baden-Baden 2017 (zit.: NK-StGB/*Bearbeiter*)

Kittner, Michael: Unternehmensverfassung und Information – Die Schweigepflicht von Aufsichtsratsmitgliedern, ZHR 136 (1972), 208–251

Klinkhammer, Heinz/Rancke, Friedbert: Verschwiegenheitsgebot der Aufsichtsratsmitglieder: Zum Transparenzgebot im Mitbestimmungsgesetz 1976 und seiner Begrenzung durch die aktienrechtliche Verschwiegenheitspflicht der Mandatsträger, Königstein 1978 (zit.: *Klinkhammer/Rancke,* Verschwiegenheitspflicht der Aufsichtsratsmitglieder)

Köhler, Helmut/Bornkamm, Joachim/Feddersen, Jörn (Hrsg.): Gesetz gegen den unlauteren Wettbewerb, 37. Aufl., München 2019 (zit.: Köhler/Bornkamm/Feddersen/*Bearbeiter*, 37. Aufl. 2019)

Köhler, Helmut/Bornkamm, Joachim/Feddersen, Jörn; Alexander, Christian (Hrsg.): Gesetz gegen den unlauteren Wettbewerb, 38. Aufl., München 2020 (zit.: Köhler/Bornkamm/Feddersen/Alexander/*Bearbeiter*)

Kokott, Juliane: Schlussanträge vom 7.4.2016 – C-673/13 P, BeckRS 2016, 80597 (zit.: *Kokott,* Schlussanträge v. 7.4.2016 – C 673/13 P)

Kolbe, Sebastian: Mitbestimmung und Demokratieprinzip, Tübingen 2013

Koós, Clemens: Die europäische Geschäftsgeheimnis-Richtlinie – ein gelungener Wurf? Schutz von Know-how und Geschäftsinformationen – Änderungen im deutschen Wettbewerbsrecht, MMR 2016, 224–228

Köstler, Roland/Zachert, Ulrich/Müller, Matthias: Aufsichtsratspraxis: Handbuch für die Arbeitnehmervertreter im Aufsichtsrat, 9. Aufl., Frankfurt am Main 2009 (zit.: *Köstler/Zachert/Müller,* Aufsichtsratspraxis)

Kraßer, Rudolf: Grundlagen des zivilrechtlichen Schutzes von Geschäfts- und Betriebsgeheimnissen sowie von Know-how, GRUR 1977, 177–196

Kraßer, Rudolf: Der Schutz des Know-how nach deutschem Recht, GRUR 1970, 587–597

Krause, Rüdiger: Geklärte und ungeklärte Probleme der Arbeitnehmerhaftung, NZA 2003, 577–586

Krebs, Peter/Becker, Maximilian: Entstehung und Abänderbarkeit von Gewohnheitsrecht, JuS 2013, 97–103

Kreis, Simona: Whistleblowing als Beitrag zur Rechtsdurchsetzung, Diss. Freiburg 2016

Krüger, Stefan/Wiencke, Julia/Koch, André: Der Datenpool als Geschäftsgeheimnis, GRUR 2020, 578–584

Kur, Annette/Bomhard, Verena von/Albrecht, Friedrich (Hrsg.): Markenrecht, 2. Aufl., München 2018 (zit.: / Kur/v. Bomhard/Albrecht/*Bearbeiter*)

Küttner, Wolfdieter (Begr.): Personalbuch 2020, 27. Aufl., München 2020 (zit.: Küttner/*Kania*, Personalbuch *Stichwort*)

Lackner, Karl/Kühl, Kristian/Heger, Martin (Hrsg.): Strafgesetzbuch Kommentar, 29. Aufl., München 2018 (zit.: Lackner/Kühl/*Bearbeiter*)

Lauck, Simon: Angemessene Geheimhaltungsmaßnahmen nach dem Geschäftsgeheimnisgesetz. Weshalb der Wert des Geschäftsgeheimnisses irrelevant ist, GRUR 2019, 1132–1133

Leister, Alexander: „Angemessene Geheimhaltungsmaßnahmen" – Handlungsbedarf in der Praxis durch Neudefinition des Geschäftsgeheimnisbegriffs, GRUR-Prax 2019, 75–77

Leister, Alexander: Liberalisierung von Reverse Engineering durch Geschäftsgeheimnisgesetz: Wie können sich Unternehmen noch schützen?, GRUR-Prax 2019, 175–177

Lejeune, Matthias: Anmerkungen zur Umsetzung der EU-Richtlinie 2016/943, ITRB 2018, 140–144

Lejeune, Mathias: Die neue EU Richtlinie zum Schutz von Know-how und Geschäftsgeheimnissen – Wesentliche Inhalte und Anpassungsbedarf im deutschen Recht sowie ein Vergleich zur Rechtslage in den USA, CR 2016, 330–342

Looschelders, Dirk: Schuldrecht – Allgemeiner Teil, 17. Aufl., München 2019 (zit.: *Looschelders* SchuldR AT)

Looschelders, Dirk: Schuldrecht – Besonderer Teil, 15. Aufl., München 2020 (zit.: *Looschelders* SchuldR BT)

Lunk, Stefan (Hrsg.): AnwaltFormulare Arbeitsrecht, 3. Aufl., Anwalt Formulare, 3. Aufl., Bonn 2017 (zit.: Lunk/*Bearbeiter*)

Lunk, Stefan; Leder, Tobias: Der Arbeitsvertrag – Einzelne Vertragsklauseln, NJW 2016, 1292

Lutter, Marcus: Information und Vertraulichkeit im Aufsichtsrat, 2. Aufl., Köln (u.a.) 1979 (zit.: *Lutter*, Information und Vertraulichkeit im Aufsichtsrat)

Maaßen, Stefan: „Angemessene Geheimhaltungsmaßnahmen" für Geschäftsgeheimnisse, GRUR 2019, 352–360

Mangold, Herrmann von/Klein, Friedrich/Starck, Christian (Begr.): Grundgesetz Kommentar, Bd. 2: Art. 20–82 GG, 7. Aufl., München 2018 (zit.: v. Mangoldt/Klein/Starck/*Bearbeiter)*

Mann, Thomas; Worthmann, Esther-Maria: Berufsfreiheit (Art. 12 GG) –Strukturen und Problemkonstellationen, JuS 2013, 385–392

Maunz, Theodor/Dürig, Günter (Begr.): Grundgesetz Kommentar Loseblatt, 90. EL Februar, München 2020 (zit.: Maunz/Dürig/*Bearbeiter*)

Max-Planck-Institut für Innovation und Wettbewerb: Stellungnahme des Max-Planck-Instituts für Innovation und Wettbewerb vom 12.5.2014 zum Vorschlag der Europäischen Kommission für eine Richtlinie über den Schutz vertraulichen Know-hows und vertraulicher Geschäftsinformationen (Geschäftsgeheimnisse) vor rechtswidrigem Erwerb sowie rechtswidriger Nutzung und Offenlegung vom 28.11.2013, COM (2013) 813 final, GRUR Int. 2014, 554–561 (zit.: Stellungnahme des Max-Planck-Instituts vom 12.5.2014)

Mayer, Markus A.: Geschäfts- und Betriebsgeheimnis oder Geheimniskrämerei, GRUR 2011, 884–888

McGuire, Mary-Rose: Begriff und Rechtsnatur des Geschäftsgeheimnisses – Über ungeschriebene Unterschiede zwischen altem und neuem Recht, in: Praxis des Geistigen Eigentums, Festschrift für Henning Harte-Bavendamm zum 70. Geburtstag, 2020, S. 367–383 (zit.: *McGuire,* FS Harte-Bavendamm 2020)

McGuire, Mary-Rose: Know-how: Stiefkind, Störenfried oder Sorgenkind? Lücken und Regelungsalternativen vor dem Hintergrund des RL-Vorschlags, GRUR 2015, 424, 436

McGuire, Mary-Rose: Der Schutz von Know-how im System des Immaterialgüterrechts Perspektiven für die Umsetzung der Richtlinie über Geheimnisse, GRUR 2016, 1000, 1008

Mes, Peter: Arbeitsplatzwechsel und Geheimnisschutz, GRUR 1979, 584–593

Müller, Michael: Whistleblowing – Ein Kündigungsgrund?, NZA 2002, 424–437

Müller, Stefan: Die Geheimhaltungspflichten des Betriebsrats und seiner (Ersatz-) Mitglieder nach § 79 I BetrVG, BB 2013, 2293–2297

Müller-Glöge, Rudi/Preis, Ulrich/Schmidt, Ingrid (Hrsg.): Erfurter Kommentar zum Arbeitsrecht, 20. Aufl., München 2020 (zit.: ErfK/*Bearbeiter*)

Müllmann, Dirk: Mehr als nur Whistleblowing: Gesetz zum Schutz von Geschäftsgeheimnissen, ZRP 2019, 25–26

Münch, Ingo von/Kunig, Philip: Grundgesetz Kommentar, Bd. 1: Präambel bis Art. 69, 6. Aufl., München 2012 (zit.: v. Münch/Kunig/*Bearbeiter*)

Münchner Kommentar zum Lauterkeitsrecht: Hrsg. *Heermann, Peter/Schlinghoff, Jochen,* Band 2 §§ 5–20 UWG, 2. Aufl., München 2014 (zit.: MüKo-Lauterkeitsrecht/*Bearbeiter*)

Naber, Sebastian/Peukert, Matthias/Seeger, Börge: Arbeitsrechtliche Aspekte des Geschäftsgeheimnisgesetzes, NZA 2019, 583–588

Nagel, Bernhard: Die Verlagerung der Konflikte um die Unternehmensmitbestimmung auf das Informationsproblem BB 1979, 1799–1804

Nastelski, Karl: Der Schutz der Betriebsgeheimnisse, GRUR 1957, 1–8

Oebbecke, Johannes S.: Der „Schutzgegenstand" der Verwandten Schutzrechte: eine einheitliche Lösung für die Probleme des Teilschutzes, der Bearbeitung und der freien Benutzung unter dem Blickwinkel immaterialgüterrechtlicher Gemeinsamkeiten, Frankfurt 2011 (zit.: *Oebbecke,* der „Schutzgegenstand" der Verwandten Schutzrechte)

Oetker, Hartmut: Neujustierung des arbeitsrechtlichen Schutzes von Geschäftsgeheimnissen vor Offenbarung durch das Unionsrecht, ZESAR 2017, 257–264

Oetker, Hartmut: Aktienrechtliche Verschwiegenheitspflicht und Geschäftsgeheimnisgesetz, in: Festschrift für Klaus J. Hopt zum 80. Geburtstag, Berlin/Boston 2020, S. 901–922 (zit.: *Oetker,* FS Hopt 2020)

Oetker, Hartmut: Verschwiegenheitspflicht der Aufsichtsratsmitglieder und Kommunikation im Aufsichtsrat, in: Unternehmen, Markt und Verantwortung. Festschrift für Klaus J. Hopt zum 70. Geburtstag, Berlin 2010, S. 1091–1107 (zit.: *Oetker,* FS Hopt 2010)

Oetker, Hartmut: Verschwiegenheitspflichten des Unternehmers als Schranke für die Unterrichtung gegenüber Wirtschaftsausschuss und Betriebsrat in wirtschaftlichen Angelegenheiten, in: Arbeitsrecht im sozialen Dialog. Festschrift für Hellmut Wißmann zum 65. Geburtstag, München 2005, S. 396–411 (zit.: *Oetker,* FS Wißmann)

Ohly, Ansgar: Der Geheimnisschutz im deutschen Recht: heutiger Stand und Perspektiven, GRUR 2014, 1–11

Ohly, Ansgar: Das neue Geschäftsgeheimnisgesetz im Überblick, GRUR 2019, 441–451

Ohly, Ansgar/Sosnitza, Olaf (Hrsg.): Gesetz gegen den unlauteren Wettbewerb, 7. Aufl., München 2016 (zit.: Ohly/Sosnitza)

Ohly, Ansgar: Das auf die Verletzung von Geschäftsgeheimnissen anwendbare Recht, in: Praxis des geistigen Eigentums, Festschrift für Henning Harte-Bavendamm zum 70. Geburtstag, 2020, S. 385–400 (zit.: *Ohly,* FS Harte-Bavendamm 2020)

Oltmanns, Sönke/Fuhlrott, Michael: Geheimhaltungspflichten des Betriebsrates im arbeitsgerichtlichen Verfahren, NZA 2019, 1384–1389

Palandt, Otto (Begr.): Bürgerliches Gesetzbuch Kommentar, 79. Aufl. München 2020 (zit.: Palandt/*Bearbeiter*)

Partsch, Christoph/Rump, Lauritz: Auslegung der „angemessenen Geheimhaltungsmaßnahme“ im Geschäftsgeheimnis-Schutzgesetz, NJW 2020, 118–121

Partsch, Christoph: Umsetzungsdefizite und Nachteile des Entwurfs eines Geschäftsgeheimnisgesetzes, Stellungnahme zur BT-Drucks. 19/4724, abrufbar unter: *https://kripoz.de/wp-content/uploads/2018/12/stellungnahme-partsch.pdf,* letzter Zugriff: 24.6.2020, 14:07 Uhr (zit.: *Partsch,* Stellungnahme zur BT-Drucks. 19/4724)

Passarge, Malte: Der Entwurf eines Gesetzes zum Schutz von Geschäftsgeheimnissen (GeschGehG) – Das Gegenteil von gut gemacht ist gut gemeint, CB 2018, 144–147

Pechstein, Mathias/Nowak, Carsten/Häde, Ulrich (Hrsg.): Frankfurter Kommentar zu EUV; GRC und AEUV, Bd. 1: EUV und GRC; Bd. 3: AEUV Art. 101–215; Bd. 4: AEUV Art. 216–358, 1. Aufl., Tübingen 2017 (zit.: Pechstein/Nowak/Häde/*Bearbeiter*)

Prein, Paul: Der Geheimnisschutz im wirtschaftlichen Wettbewerb nach deutschem Recht, Diss. Köln 1932

Preis, Ulrich/Temming, Felipe (Hrsg.): Arbeitsrecht Individualarbeitsrecht Lehrbuch für Studium und Praxis, 6. Aufl., Köln 2020 (zit.: *Preis/Temming,* Arbeitsrecht I)

Preis, Ulrich: Arbeitsrecht Individualarbeitsrecht Lehrbuch für Studium und Praxis, 5. Aufl., Köln 2017 (zit.: *Preis,* Arbeitsrecht I, 5. Aufl. 2017)

Preis, Ulrich/Greiner, Stefan: Arbeitsrecht Kollektivarbeitsrecht Lehrbuch für Studium und Praxis, 5. Aufl. Köln 2020 (zit.: *Preis/Greiner,* Arbeitsrecht II)

Preis, Ulrich/Sagan, Adam (Hrsg.): Europäisches Arbeitsrecht: Grundlagen, Richtlinien, Folgen für die deutsche Rechtspraxis, 2. Aufl., Köln 2019 (zit.: Preis/Sagan/*Bearbeiter*)

Preis, Ulrich/Seiwerth, Stephan: Geheimnisschutz im Arbeitsrecht nach dem Geschäftsgeheimnisgesetz; RdA 2019, 351–360

Preis, Ulrich/Reinfeld, Roland: Schweigepflicht und Anzeigerecht im Arbeitsverhältnis, AuR 1989, 361, 374

Ramirez, Rodrigo Aldoney: Der strafrechtliche Schutz von Geschäfts- und Betriebsgeheimnissen, Diss. Freiburg 2007

Raue, Benjamin: Die dreifache Schadensberechnung Eine Untersuchung zum deutschen und europäischen Immaterialgüter-, Lauterkeits- und Bürgerlichen Recht, Baden-Baden 2017 (zit.: *Raue,* Die dreifache Schadensberechnung)

Rauer, Nils/Eckert, Anne: Richtlinie zur Harmonisierung des Know-how-Schutzes in der EU, DB 2016, 1239–1244

Rauer, Nils: Richtlinienentwurf: Europaweit einheitlicher Schutz von Geschäftsgeheimnissen, GRUR-Prax 2014, 2–4

Redeker, Sandra Sophia/Pres. Sascha/Gittinger, Corin: Einheitlicher Geheimnisschutz in Europa (Teil 1). Die Entwürfe zur Know-how-Richtlinie, deren Konsequenzen für das innerbetriebliche Vertragsmanagement (Teil1) und die erforderlichen Auswirkungen auf den Zivilprozess (Teil 2), WRP 2015, 681–688

Reger, Gerald: Der internationale Schutz gegen unlauteren Wettbewerb und das TRIPS-Übereinkommen, Diss. München 1998

Reichard, Michael: Die Verschwiegenheitspflicht von Aufsichtsratsmitgliedern, GWR 2017, 72–74

Reichold, Herrmann: Durchbruch zu einer europäischen Betriebsverfassung- Die Rahmen-Richtlinie 2002/14/EG zur Unterrichtung und Anhörung der Arbeitnehmer, NZA 2003, 289–299

Reinbacher, Tobias: Die Strafbarkeit des Whistleblowings nach § 17 UWG im Lichte der Geheimnisschutzrichtlinie, KriPoZ 2018, S. 115–121

Reinfeld, Roland: Das neue Gesetz zum Schutz von Geschäftsgeheimnissen, München 2019

Reinfeld, Roland: Verschwiegenheitspflicht und Geheimnisschutz im Arbeitsrecht, Göttingen 1989

Reinhardt-Kasperek, Sarah/Kaindl, Gerd: Whistleblowing und die EU-Geheimnisschutzrichtlinie – Ein Spannungsverhältnis zwischen Geheimnisschutz und Schutz der Hinweisgeber, BB 2018, 1332–1336

Richardi, Reinhard (Hrsg.): Betriebsverfassungsgesetz Kommentar, 16. Auf., München 2018 (zit.: Richardi/*Bearbeiter*)

Richter, Tim: Das Geschäftsgeheimnisgesetz und dessen Ausstrahlung in das Arbeitsrecht, ArbRAktuell 2019, 375–378

Richters, Swantje; Wodtke, Carolina, Schutz von Betriebsgeheimnissen aus Unternehmenssicht, NZA-RR 2003, 281–288

Rieble, Volker/Klebeck, Ulf: Strafrechtliche Risiken der Betriebsratsarbeit, NZA 2006, 758–769

Ries, Melanie/Haimerl, Sebastian: Auswirkungen der EU-Geheimnisschutz-Richtlinie auf die Verschwiegenheitspflicht von Vorstandsmitgliedern nach § 93 I S. 3 AktG, NZG 2018, 621–623

Rody, Yasamin: Der Begriff und die Rechtsnatur von Geschäfts- und Betriebsgeheimnissen unter Berücksichtigung der Geheimnisschutz-Richtlinie, Diss. Augsburg 2018

Rogall, Klaus: Die Verletzung von Privatgeheimnissen (§203 StGB) – Aktuelle Probleme und ungelöste Fragen, NStZ 1983, 1–9

Rolfs, Christian/Giesen, Richard/Kreikebohm, Ralf/Udschind, Peter (Hrsg.): BeckOK Arbeitsrecht, 55. Edition, Stand 1.3., München 2020 (BeckOK ArbR/*Bearbeiter*)

Römermann, Volker (Hrsg.): BeckOK BRAO, 7. Edition, Stand 1.5., München 2020 (zit.: BeckOK BRAO)

Rönnau, Thomas: Die Haftungsfreistellung des „Whistleblowers" nach § 5 Nr. 2 GeschGehG – eine gelungene Regelung? In: Festschrift für Reinhard Merkel zum 70. Geburtstag, Berlin 2020, S. 909–928 (zit.: *Rönnau*, FS Merkel)

Rosenkötter, Anette/Seeger, Sebastian: Das neue Geschäftsgeheimnisgesetz Auswirkungen auf das Akteneinsichtsrecht im Vergabeverfahren, NZBau 2019, 619–622

Rützel, Stefan: Illegale Unternehmensgeheimnisse, GRUR 1995, 557–561

Sachs, Michael (Hrsg.): Grundgesetz Kommentar, 8. Aufl., München 2018 (zit.: Sachs/*Bearbeiter*)

Säcker, Franz Jürgen/Rixecker, Roland/Oetker, Hartmut/Limperg, Bettina (Hrsg.): Münchner Kommentar zum Bürgerlichen Gesetzbuch, Bd. 1: §§ 1–240, 8. Aufl., München 2018, Bd. 2: Schuldrecht – Allgemeiner Teil I, 8. Aufl., München 2019, Band 5: §§ 535–630g, 8. Aufl., München 2020, Bd. 6: Schuldrecht – Besonderer Teil IV, 7. Aufl., München 2017 (zit.: MüKoBGB/*Bearbeiter*)

Salger, Carsten/Breitfeld, Anja: Regelungen zum Schutz von betrieblichem Know-how – die Sicherung von Geschäfts- und Betriebsgeheimnissen, BB 2005, 154–159

Saugmandsgaard, Henrik: Schlussantrag vom 4.5.2017 – C – 566/15, BeckRS 2017, 109457 (zit.: *Saugmandsgaard,* Schlussantrag vom 4.5.2017 – C-566/15)

Schaub, Günther (Begr.): Arbeitsrechts-Handbuch, 18. Aufl., München 2019 (zit.: Schaub/*Bearbeiter*)

Schlachter, Monika: EGMR: Kündigung wegen „Whistleblowing"? – Der Schutz der Meinungsfreiheit vor dem EGMR. Besprechung des Urteils EGMR v. 21.7. 2011 – 28274/08, RdA 2012, 108–112

Schmid, Paul: Der gesetzliche Schutz der Fabrik- und Geschäftsgeheimnisse in Deutschland und im Ausland, Tübingen 1907 (zit.: *Schmid,* Der gesetzliche Schutz der Fabrik- und Geschäftsgeheimnisse)

Schmidt, Karsten; Lutter, Marcus (Hrsg.): Aktiengesetz Kommentar, 4. Auflage, Köln 2020 (zit.: Schmidt/Lutter/*Bearbeiter)*

Schmitt, Laura: Whistleblowing revisited – Anpassungs- und Regelungsbedarf im deutschen Recht. Zugleich ein Beitrag zu den arbeitsrechtlichen Auswirkungen der Geheimnisschutzrichtlinie, RdA 2017, 365–373

Schnabel, Christoph: Rechtswidrige Praktiken als Betriebs- und Geschäftsgeheimnisse, CR 2016, 342–348

Scholtyssek, Swen/Judis, Christian Michael/Krause, Sven: Das neue Geschäftsgeheimnisgesetz – Risiken, Chancen und konkreter Handlungsbedarf, CCZ 2020, 23–29

Scholz, Franz (Hrsg.): Kommentar zum GmbH-Gesetz, Bd. 3: §§53–85, 12 Aufl., Köln 2020 (zit.: Scholz/*Bearbeiter*)

Schönke, Adolf/Schröder, Horst: Strafgesetzbuch Kommentar, 30. Aufl., München 2019 (zit.: Schönke/Schröder/*Bearbeiter*)

Schreiber, Markus: Das neue Gesetz zum Schutz von Geschäftsgeheimnissen – ein „Freifahrtschein" für Whistleblower, NZWiSt 2019, 332–338

Schulte, Wienhold: Mehr Schutz für Geschäftsgeheimnisse. Ein Überblick über die Regelungen des neuen Geschäftsgeheimnisgesetzes (GeschGehG), ArbRB 2019, 143–147

Schulz, Mike: Ethikrichtlinien und Whistleblowing – Arbeitsrechtliche Aspekte der Einführung eines Compliance-Systems, Diss. Augsburg 2009 (zit.: *Schulz,* Ethikrichtlinien und Whistleblowing)

Schulze, Reiner (Hrsg.): Bürgerliches Gesetzbuch Nomos Handkommentar, 10. Aufl., Baden-Baden 2019 (zit.: HK-BGB/*Bearbeiter*)

Schwab, Brent: Haftung im Arbeitsverhältnis – 1. Teil: Die Haftung des Arbeitnehmers, NZA-RR 2016, 173–179

Schwipper, Markus: Öffentliche Meinungsäußerungen des Betriebsrats und seiner Mitglieder – Zulässigkeit und Grenzen, Diss. Osnabrück 2011/2012 (zit.: *Schwipper,* Öffentliche Meinungsäußerungen des Betriebsrates)

Semsrott, Arne: Stellungnahme zu dem Entwurf eines Gesetzes zur Umsetzung der Richtlinie (EU) 2016/943 zum Schutz von Geschäftsgeheimnissen vor rechtswidrigem Erwerb sowie rechtwidriger Nutzung und Offenlegung vom11.12.2018, abrufbar unter: *https://kripoz.de/wp-content/uploads/2018/12/stellungnahme-semsrott-okf.pdf,* letzter Zugriff: 24.6–2018, 14:51 Uhr (zit.: *Semsrott,* Stellungnahme zur BT-Drucks. 19/4724)

Spindler, Gerald/Stilz, Eberhard: Kommentar zum Aktiengesetz, Bd. 1: §§ 1–149, 4. Aufl., München 2019 (zit.: Spindler/Stilz/*Bearbeiter*)

Spindler, Gerald/Schuster, Fabian (Hrsg.): Recht der elektronischen Medien, 4. Aufl., München 2019 (zit.: Spindler/Schuster/*Bearbeiter*)

Staudinger, Julius von (Hrsg.): Kommentar zum Bürgerlichen Gesetzbuch – Buch 1: Allgemeiner Teil, Einleitung zum BGB, §§ 1–14, VerschG; Buch 2: Recht der Schuldverhältnisse, §§ 255–304 (Leistungsstörungsrecht 1), Berlin 2019; §§ 611–613 (Dienstvertragsrecht 1), Berlin 2016; §§ 613a-619a (Betriebsübergang, Zahlung der Vergütung, Arbeitsschutz, Arbeitnehmerhaftung), Berlin 2019; §§ 620–630 (Beendigung von Dienst- und Arbeitsverhältnissen), Berlin 2019; § 823 A-D (Unerlaubte Handlungen 1), Berlin 2017; §§ 826–829, §§ 1–19 ProdHaftG (Unerlaubte Handlungen 2, Produkthaftung), Berlin 2018 (zit.: Staudinger/*Bearbeiter*)

Stern, Klaus/Becker, Florian: Grundrechte-Kommentar, 3. Aufl., Köln 2019 (zit.: Stern/Becker/*Bearbeiter*)

Streinz, Rudolf, Europarecht, 11. Aufl., Heidelberg 2019 (zit.: *Streinz,* Europarecht)

Streinz, Rudolf (Hrsg.): EUV/AEUV Vertrag über die Europäische Union und die Arbeitsweise der Europäischen Union, 3. Aufl., München 2018 (zit.: Streinz/*Bearbeiter*)

Taeger, Jürgen: Die Offenbarung von Betriebs- und Geschäftsgeheimnissen, Diss. Hannover 1987

Teplitzky, Otto/Pfeifer Karl-Nikolaus/Leistner, Matthias (Hrsg.): Großkommentar UWG, Bd. 3: §§ 8–22, 2. Aufl., Berlin 2013 (zit.: GK-UWG/*Bearbeiter*).

Trebeck, Joachim/Schulte-Wissermann, Lisa: Die Geheimnisschutzrichtlinie und deren Anwendbarkeit Auswirkungen auf Compliance und Whistleblowing im deutschen Arbeitsrecht, NZA 2018, 1175–1180

Ullrich, Ines: Der Schutz von Whistleblowern aus strafrechtlicher Perspektive – Rechtslage de lege lata und de lege ferenda, NZWiSt 2019, 65–71

Ulmen, Peter/Brandner, Hans Erich/Hensen, Horst-Dieter (Hrsg.): AGB-Recht, 12. Aufl., Köln 2016 (zit.: Ulmer/Brander/Hensen/*Bearbeiter*)

Ulmer-Eilfort, Constanze/Obergfell, Eva Inés (Hrsg.): Verlagsrecht Kommentar, 1. Aufl., München 2013 (zit.: Ulmer-Eilfort/Obergfell/*Bearbeiter*)

Vedder, Christoph/Heintschel von Heinegg, Wolff (Hrsg.): Europäisches Unionsrecht Handkommentar, 2. Aufl., Baden-Baden 2018 (zit.: Vedder/Heintschel von Heinegg/*Bearbeiter*)

Voigt Paul/Herrmann, Volker/Grabenschröer, Jan Felix: Das neue Geschäftsgeheimnisgesetz – praktische Hinweise zur Umsetzung für Unternehmen, BB 2019, 142–146

Wandtke, Artur-Axel/Bullinger, Winfried (Hrsg.): Praxiskommentar Urheberrecht, 5. Aufl., München 2019 (zit.: Wandtke/Bullinger/*Bearbeiter*)

Weber, Angela: Die Schweigepflicht des Betriebsrats, Diss. Münster 1999

Weber, Claus (Hrsg.): Creifelds, Rechtswörterbuch, 23. Edition, München 2019 (zit.: Creifelds/*Bearbeiter*).

Weiden, Hendrike: Aktuelle Berichte – Juni 2016, GRUR 2016, 573–574

Weigert, Daniel: Angemessene Geheimhaltungsmaßnahmen im Sinne des Geheimnisschutzgesetzes – Geheimnisschutz ad absurdum, NZA 2020, 209–214

Weiss, Manfred: Die Umsetzung der Richtlinie über die Europäische Betriebsräte, AuR 1995, 438–444

Weninger, Heike: Mitbestimmungsspezifische Interessenkonflikte von Arbeitnehmervertretern im Aufsichtsrat, Diss. Dresden 2009

Westermann, Harm Peter/Grunewald, Barbara/Maier-Reimer, Georg (Hrsg.)/*Erman, Walter* (Begr.): Ermann BGB Kommentar, Bd. 2, 16. Aufl., Köln 2020 (zit.: Erman/*Bearbeiter*)

Wiedemann, Michael/Seyfert, Stefen: Richtlinienentwurf der EU-Kommission zum Whistleblowing, CCZ 2019, 12–21

Wiese, Elena: Die EU-Richtlinie über den Schutz vertraulichen Know-hows und vertraulicher Geschäftsinformationen. Inhalt und Auswirkungen der Richtlinie (EU) 2016/943 auf den gesetzlichen Schutz des Unternehmensgeheimnisses, Diss. Münster 2017 (zit.: *Wiese,* Die EU-Richtlinie über den Schutz vertraulichen Know-hows und vertraulicher Geschäftsinformationen)

Wiese, Günther/u.A. (Hrsg.): Betriebsverfassungsgesetz Gemeinschaftskommentar, Band I, 11. Aufl., Köln 2018, Band II, 11. Aufl., Köln 2018 (zit.: GK-BetrVG/*Bearbeiter*)

Witz, Wolfgang: Grenzen des Geheimnisschutzes, in: Festschrift für Joachim Bornkamm zum 65. Geburtstag, München 2014, S. 513–526 (zit.: *Witz,* FS Bornkamm)

Witz, Wolfgang: Know-how Schutz vs. Reverse Engineering, in: Praxis des geistigen Eigentums, Festschrift für Henning Harte-Bavendamm zum 70. Geburtstag, 2020, S. 441–450 (zit.: *Witz,* FS Harte-Bavendamm 2020)

Wlotzke, Otfried/Preis, Ulrich/Kreft, Burghard (Hrsg.): Betriebsverfassungsgesetz Kommentar, 4. Aufl., München 2009 (zit.: WPK/*Bearbeiter*)

Wolf, Manfred/Wellenhofer, Marina: Sachenrecht, 34. Aufl., München 2019 (zit.: *Wolf/Wellenhofer*, Sachenrecht)

Wolff, Heinrich Amadeus: Der verfassungsrechtliche Schutz der Betriebs- und Geschäftsgeheimnisse, NJW 1997, 98–101

Würtenberger, Gert/Freischem, Stephan: Stellungnahme zum Referentenentwurf des Bundesministeriums der Justiz und für Verbraucherschutz – Entwurf eines Gesetzes zur Umsetzung der RL 2016/943/EU zum Schutz von Geschäftsgeheimnissen vor rechtswidrigem Erwerb sowie rechtswidriger Nutzung und Offenlegung, GRUR 2018, 708–713

Ziegelmayer, David: Geheimnisschutz ist eine große Nische. Zu den unterschätzten Auswirkungen des GeschGehG, CR 2018, 693–699

Ziemons, Hildegard/Jaeger, Carsten/Pöschke, Moritz (Hrsg.): BeckOK GmbHG, 44. Edition, Stand 1.5., München 2020 (zit.: BeckOK GmbHG/*Bearbeiter*)

Zöllner, Wolfgang/Noak, Ulrich: Kölner Kommentar zum Aktiengesetz, Bd. 2/ Teil 2: §§ 95–117 AktG, Band 2/2 §§ 95–117 AktG, 3. Aufl., 3. Aufl., Köln 2012 (zit.: KK-AktG/*Bearbeiter*)

Zöllner, Wolfgang/Loritz; Karl-Georg, Curt/Hergenröder, Wolfgang (Hrsg.): Arbeitsrecht, 7. Aufl., München 2015 (zit.: *Zöllner/Loritz/Hergenröder,* Arbeitsrecht)

www.ingramcontent.com/pod-product-compliance
Ingram Content Group UK Ltd.
Pitfield, Milton Keynes, MK11 3LW, UK
UKHW021826290926
8980IPUK00004B/279

9 783631 835081